Prof. Dr. Matthias Beenken | Dr. Alexander Braml | Prof. Dr. Sascha Fauler |
Prof. Dr. Uwe Gail | Michael Lubahn | Lars Moormann | Florian Neuland |
Per Protoschill | Rolf Saalfrank | Sylvia Topper

Steuerung, Zusammenarbeit und Leadership

Bachelor Professional in Versicherungen und Finanzanlagen

Prof. Dr. Matthias Beenken | Dr. Alexander Braml | Prof. Dr. Sascha Fauler |
Prof. Dr. Uwe Gail | Michael Lubahn | Lars Moormann | Florian Neuland |
Per Protoschill | Rolf Saalfrank | Sylvia Topper

Steuerung, Zusammenarbeit und Leadership

Bachelor Professional in Versicherungen und Finanzanlagen

Verlag Versicherungswirtschaft | VVW BWV

Bibliografische Information der Deutschen Nationalbibliothek

Die Deutsche Nationalbibliothek verzeichnet diese Publikation in der Deutschen Nationalbibliografie; detaillierte bibliografische Daten sind im Internet über http://dnb.d-nb.de abrufbar.

An der RaumFabrik 35, 76227 Karlsruhe
info@vvw.de

Berufsbildungswerk der Deutschen Versicherungswirtschaft (BWV) e. V.
Arabellastraße 29, 81925 München
info-bb@bwv.de

Gleichstellungshinweis
Aus Gründen der besseren Lesbarkeit wird auf die gleichzeitige Verwendung der Sprachformen männlich, weiblich und divers (m/w/d) verzichtet. Sämtliche Personenbezeichnungen gelten gleichermaßen für alle Geschlechter.

ISBN 978-3-96329-555-3
E-ISBN 978-3-86298-909-6

Vorwort

Der Titel Bachelor Professional steht seit 2020 für die Fortbildungen auf Fachwirt- und Meisterniveau. In der Versicherungswirtschaft bildet der neue Bachelor Professional in Versicherungen und Finanzanlagen – mit seinen Prüfungsbereichen „Kundenbedarfsfelder" (mit den Schwerpunkten Sach- und Vermögensschutz oder Vorsorge), „Kernprozesse gestalten" sowie „Steuerung, Zusammenarbeit und Leadership" – eine zentrale Grundlage für die Zukunftskompetenzen der Versicherungswirtschaft. Dabei rückt er Schlüsselthemen wie Kundenzentrierung, Leadership sowie den Umgang mit Nachhaltigkeit und technologischer Transformation in den Fokus.

In enger Zusammenarbeit mit führenden Expert:innen der Branche haben der BWV Bildungsverband und der Verlag Versicherungswirtschaft ein umfassendes Grundlagenwerk in mehreren Bänden geschaffen. Dieses dient als Standardwerk für die Kompetenzvermittlung in der neuen Fortbildung. Um den dynamischen Entwicklungen der Versicherungsbranche gerecht zu werden, werden die Inhalte regelmäßig überarbeitet und aktualisiert.

Der vorliegende Band ist ein praxisorientierter Begleiter für den Prüfungsbereich „Steuerung, Zusammenarbeit und Leadership". Darin sind die zentralen Kompetenzen für eine moderne, nachhaltige und kundenorientierte Gestaltung der Versicherungswirtschaft versammelt. Im Fokus stehen die Analyse von Prozessen, das Erkennen von Transformationspotenzialen sowie die Entwicklung und Umsetzung innovativer, digital geprägter Steuerungs- und Vertriebsansätze.

Ein weiterer Schwerpunkt liegt auf Führung, Zusammenarbeit und Personalentwicklung. Der Band zeigt auf, wie Führungsaufgaben, Organisationsformen und Personalprozesse zielgerichtet geplant und umgesetzt werden können, unter Berücksichtigung aktueller Arbeitsmarkttrends, Nachhaltigkeitsaspekte und rechtlicher Rahmenbedingungen.

Abgerundet wird das Werk durch die praxisnahe Darstellung von Projektmanagement und Berufsausbildung. Damit bietet dieser Band eine kompakte, praxisorientierte Unterstützung für eine erfolgreiche Vorbereitung auf den Prüfungsbereich „Steuerung, Zusammenarbeit und Leadership".

Die zehn Autor:innen dieses Bandes verfügen über langjährige Praxis- und Führungserfahrung in der Versicherungswirtschaft. Sie bringen ihr fachliches Know-how aus unterschiedlichen Tätigkeitsfeldern ein und zeigen praxisnah auf, wie Steuerung, Leadership, Zusammenarbeit und Projektmanagement zukunftsorientiert umgesetzt werden können.

Inhalt

Bearbeiterverzeichnis

Kapitel 1: Dr. Alexander Braml

Kapitel 2: Dr. Alexander Braml

Kapitel 3: Lars Moormann

Kapitel 4: Lars Moormann

Kapitel 5: Prof. Dr. Uwe Gail

Kapitel 6: Sylvia Topper

Kapitel 7: Florian Neuland

Kapitel 8: Prof. Dr. Matthias Beenken

Kapitel 9: Prof. Dr. Matthias Beenken

Kapitel 10: Prof. Dr. Matthias Beenken

Kapitel 11: Rolf Saalfrank

Kapitel 12: Per Protoschill

Kapitel 13: Florian Neuland

Kapitel 14: Dr. Alexander Braml

Kapitel 15: Florian Neuland

Kapitel 16: Florian Neuland

Kapitel 17: Sylvia Topper

Kapitel 18: Michael Lubahn

Kapitel 19: Prof. Dr. Sascha Fauler, FOM Hochschule Bonn

Profil Proximus Versicherung AG – 140 Jahre Erfahrung

Historie

1885	Gründung der Dresdner Feuerversicherung AG mit den Geschäftszweigen: Feuer-, Transport- und Haftpflichtversicherung
1924	Übernahme der Chemnitzer Lebensversicherung AG (gegründet 1910)
1945	Verlegung des Gesellschaftssitzes nach München
1951	Fusion der Chemnitzer Lebensversicherung AG mit der Düsseldorfer Lebensversicherung AG neuer Name: Proximus Lebensversicherung AG
1951	Gründung der Proximus Versicherung AG. Umfirmierung der Dresdner Feuerversicherung AG in Proximus Allgemeine Versicherung AG und Aufnahme des Geschäftszweiges Kraftfahrtversicherung
1965	Bestandsübernahme der Ambrosia Lebensversicherung AG (gegründet 1930)
1968	Aufnahme des Geschäftszweiges Unfallversicherung
1970	Gründung der Proximus Krankenversicherung AG als Tochter der Proximus Versicherung AG und der Proximus Lebensversicherung AG
1985	Gründung der Allgemeinen Deutschen Rechtsschutzversicherung AG gemeinsam mit fünf anderen Versicherern
1988	Kauf der Süddeutschen Handelsbank AG
1988	Gründung der Proximus Bausparkasse AG
1990	Gründung der Proximus Assicurazioni S. p. A., Italien
1991	Übernahme der Mehrheitsanteile der Allgemeinen Deutschen Rechtsschutzversicherung AG und Umbenennung zur Proximus Rechtsschutz Versicherung AG
1992	Gründung weiterer Gesellschaften in Belgien, Dänemark, Frankreich, Großbritannien, Niederlande und Polen
1998	Gründung der Proximus Invest GmbH
2008	Gründung der Proximus Kreditversicherung AG und Umbenennung der Proximus Bausparkasse AG in Proximus Bauspar AG
2014	Gründung der Proximus Vertriebs-GmbH

Adressen der Konzerngesellschaften

Proximus Versicherung AG

Proximus-Platz 1, 80333 München

Proximus Allgemeine Versicherung AG

Proximus-Platz 1, 80333 München

Proximus Krankenversicherung AG

Proximus-Allee 6–8, 80333 München

Proximus Lebensversicherung AG

Proximus-Platz 1, 80333 München

Proximus Rechtsschutz Versicherung AG

Proximus-Platz 1, 80333 München

Proximus Kreditversicherung AG

Proximus-Allee 7a, 80333 München

Suddeutsche Handelsbank AG

Proximus-Allee 7–9, 80333 München

Proximus Invest GmbH

Proximus-Allee 4, 80333 München

Proximus Bauspar AG

Proximus-Allee 3–5, 80333 München

Proximus Vertriebs-GmbH

Proximus-Allee 2, 80333 München

Filialnetz

Landesdirektion Nord

22297 Hamburg

Landesdirektion Ost

10333 Berlin

Landesdirektion Süd

70583 Stuttgart

Landesdirektion West

50117 Köln

30 Bezirksdirektionen

Weitere Betriebsstätten

Kunden-Service-Center Hannover

30625 Hannover

Leistungszentrum für die Krankenversicherung

44139 Dortmund

Proximus Akademie

34117 Kassel

Konzernstruktur Proximus Versicherung AG

Proximus Versicherung AG

100 %	Anteil an der Proximus Allgemeine Versicherung AG
100 %	Anteil an der Proximus Lebensversicherung AG
100 %	Anteil an der Proximus Kreditversicherung AG
100 %	Anteil an allen Auslandsgesellschaften
100 %	Anteil an der Proximus Vertriebs-GmbH
70 %	Anteil an der Proximus Rechtsschutz Versicherung AG
70 %	Anteil an der Proximus Invest GmbH
50 %	Anteil an der Proximus Krankenversicherung AG
10 %	Anteil an der Proximus Bauspar AG
10 %	Anteil an der Süddeutschen Handelsbank AG

Proximus Lebensversicherung AG

80 %	Anteil an der Proximus Bauspar AG
60 %	Anteil an der Süddeutschen Handelsbank AG

50 %	Anteil an der Proximus Krankenversicherung AG
25 %	Anteil an der Proximus Invest GmbH

Proximus Krankenversicherung AG

30 %	Anteil an der Süddeutschen Handelsbank
10 %	Anteil an der Proximus Bauspar AG

Süddeutsche Handelsbank AG

5 %	Anteil an der Proximus Invest GmbH

Weitere Angaben

Sitz: München, 3 HR B 62384711 AG, München

Gerichtsstand: München

USt-IdNr.: DE 199998888333

VersSt-Nr.: 1234/110/00011

Zum 31.12.2024 waren 8.305 Mitarbeiter bei der Proximus Gruppe beschäftigt, davon waren 588 Auszubildende. Hinzu kommen 3.068 selbstständige Handelsvertreter, die ausschließlich

für die Proximus Versicherungsgesellschaften vermitteln. Es bestehen zu 301 Maklern und Mehrfachvermittlern Geschäftsbeziehungen.

Darüber hinaus unterhält die Süddeutsche Handelsbank AG einen eigenen Versicherungsvermittlungsdienst in der Rechtsform einer GmbH, welcher ausschließlich für die Gesellschaften der Proximus Gruppe vermittelt. Die Süddeutsche Handelsbank AG fungiert als Verwahrstelle der Proximus Invest GmbH.

Die Hauptgeschäftsfelder der Proximus Gruppe sind die Lebens-, Kranken-, Kraftfahrt- und Haftpflichtversicherung. Die Lebensversicherung erzielt 50 % des gesamten Beitragsvolumens.

Die Versicherungsgesellschaften der Proximus Gruppe sind u. a.

Mitglied

- des Gesamtverbandes der Deutschen Versicherungswirtschaft e. V. (GDV)
- des Verbandes der Privaten Krankenversicherung e. V. (PKV-Verband, auch Ombudsmann für die Private Kranken- und Pflegeversicherung)

- des Arbeitgeberverbandes der Versicherungsunternehmen in Deutschland e. V. (AGV)
- des Berufsbildungswerks der Deutschen Versicherungswirtschaft (BWV) e. V.
- des Versicherungsombudsmann e. V.
- der Verkehrsopferhilfe e. V.
- der Deutschen Gesellschaft für Versicherungs- und Finanzmathematik e. V. (DGVFM)
- der Deutschen Kernreaktor-Versicherungsgemeinschaft (DKVG)
- der Pharma-Rückversicherungs-Gemeinschaft

Die Finanzdienstleistungsunternehmen der Proximus Gruppe sind

u. a. Mitglied

- des Bundesverbandes deutscher Banken e. V. (BdB)
- des Bundesverbandes Investment und Asset Management e. V. (BVI)
- der Entschädigungseinrichtung deutscher Banken (EdB)

Die Versicherungsgesellschaften sind

- dem Regressverzichtsabkommen der Deutschen Feuerversicherer (RVA),
- dem Teilungsabkommen Mieterregress,
- dem Code of Conduct,
- dem Verhaltenscodex für den Vertrieb und
- der Auskunftsstelle über den Versicherungs-/Bausparkassenaußendienst und Versicherungsmakler in Deutschland e. V. (AVAD) als Teilnehmer

beigetreten.

Rechtliche Auslegung der Proximus Gruppe

Die Gesellschaften der Proximus Gruppe nehmen im Falle der Einlösung der Erstprämie an, dass für den Begriff „unverzüglich" eine Dauer von 3 Tagen anzusetzen ist, es sei denn, dass besondere Umstände eine spätere Zahlung entschuldigen.

Ergebnisse der Proximus Gruppe (Gesamt)

Versicherung	**2024**	**2023**	**2022**
Gebuchte Beiträge, brutto, selbst abgeschlossenes Geschäft (in Mio. EUR)	9.909	9.760	9.702
Aufwendungen für Versicherungsfälle, brutto (in Mio. EUR)	8.997	8.921	8.708
Kapitalanlagen (in Mrd. EUR)	61,4	59,3	58,9
Verträge (in Mio. Stück)	10,39	10,2	10,14
Finanzdienstleistungen			
Proximus Bauspar AG Bausparsumme (in Mio. EUR) Bauspareinlage (in Mio. EUR) Bilanzsumme (in Mio. EUR)	4.928 772 944	4.926 761 937	4.843 782 939
Süddeutsche Handelsbank AG Bilanzsumme (in Mio. EUR)	3.354	3.351	3.347
Proximus Invest GmbH Fondsvermögen (in Mio. EUR)	7.924	7.911	7.903
Vermögensanlagen der Proximus Gruppe (in Mrd. EUR)	83,2	83,2	81,4

Kennzahlen Proximus Lebensversicherung AG	**2024**	**2023**	**2022**
Beitragseinnahmen (in Mio. EUR)	3.938	4.043	4.287
Anzahl Verträge (in Mio.)	4,4	4,52	4,79
Bestand VSu (in Mio. EUR)	125.483	126.090	136.893
Eigenkapitalquote			
Nettoverzinsung	2,6	2,4	2,5

Kennzahlen Proximus Krankenversicherung AG	**2024**	**2023**	**2022**
Beitragseinnahmen (in Mio. EUR)	577	552	540
Aufwendungen für Versicherungsfälle, brutto, (in Mio. EUR)	442	443	439
Versicherte Personen (in Tsd.)	501	501	496
Deckungsrückstellung (in Mio. EUR)	449	447	447
Stand RfB (in Mio. EUR)	368	354	338
RfB-Quote	63,9	64,1	62,7
Versicherungsgeschäftliche Ergebnisquote	10,4	10,3	10,8
Nettoverzinsung in Prozent	2,6	2,4	2,5

Ausgangsfall

Die Proximus Versicherung AG ist mit ihren 140 Jahren Erfahrung bekannt für steten Wandel und Innovationen. Der Vorstand ist sich sicher, dass die strategischen Ziele nur dann erreichbar sind, wenn die Kunden bei allen Entscheidungen im Mittelpunkt stehen.

Die Consultants Lisa Becker und Max Meier sind Mitarbeitende der neu etablierten Inhouse Consulting Division der Proximus Versicherung AG. Beide sind seit vielen Jahren in unterschiedlichen Fachfunktionen für das Unternehmen tätig und mit den grundsätzlichen Abläufen gut vertraut. Der Vorstand hat mit der Gründung der Division erkannt, dass die Einheit notwendig ist, um auf Veränderungsbedarfe auch künftig schnell reagieren zu können. So ist es der Proximus Versicherung AG weiterhin möglich, sich den ständig ändernden Herausforderungen anzupassen, Wettbewerbsvorteile zu erlangen und langfristigen Erfolg zu erzielen. Die Handlungsmaxime bleibt unverändert – die Kunden stehen im Mittelpunkt.

Mit Gründung der Inhouse Consulting Division bei der Proximus Versicherung AG wird auch das Ziel verfolgt, künftige Veränderungsprojekte erfolgreicher abzuschließen. Somit gehört es zu einer äußerst wichtigen Aufgabe der Kollegen aus dem Team von Lisa und Max, mit Change-Management den Wandel zu gestalten. Dafür wurde die Inhouse Consulting Division mittlerweile um die Kollegen Alina und Peter erweitert. Als erfahrene Change-Manager agieren sie projektbezogen, mit unterschiedlicher Verantwortung und Team-Größe. Je nach Projekt kann es entweder sein, dass sie lediglich beratend darin tätig sind oder sogar, dass sie Projekte vollständig leiten und sich dabei die Teams so zusammenstellen wie die einzelnen Kompetenzen für das konkrete Vorhaben benötigt werden.

Mit Lisa und Max arbeiten sie meist Seite an Seite. Bei dem Projekt, das die Proximus Versicherung AG gerade am meisten bewegt, ist Lisa aufgrund ihrer negativen Erfahrung beim vorherigen Arbeitgeber besonders gespannt, wie die Change-Manager vorgehen werden. Denn auch bei der Proximus Versicherung AG steht die Einführung einer neuen Beratungssoftware für den Vertrieb an. Für diesen Zeitraum wurde eigens eine Stabsstelle eingerichtet, die sich um das bevorstehende Projekt kümmert. Über diese Stabsstelle sollen die einzelnen Stakeholder so aufeinander abgestimmt werden, dass ein möglichst effektiver Prozess möglich wird. Die Arbeit des Change-Managements beginnt in diesem Fall weit vor der eigentlichen Umsetzung des Projekts mit diversen vorbereitenden Maßnahmen.

1 Bewerten der Elemente der Unternehmenssteuerung und Analysieren von Prozessen hinsichtlich möglichen Veränderungspotenzials

Handlungssituation

Die Proximus Unternehmensgruppe ist ein großer deutscher Anbieter von Versicherungs- und Finanzdienstleistungen. Auf Basis ihres Geschäftsmodells sowie der Tatsache, dass sie Dienstleistungen und keine Sachgüter produziert, unterliegt die Proximus Versicherung AG vielfältigen Anforderungen und Besonderheiten. Hierbei ist an aufsichtsrechtliche Vorschriften zu denken, ebenso an Herausforderungen in der Finanzierung des Geschäfts sowie die Unverzichtbarkeit eines umfangreichen Risikomanagements. Äußere Einflüsse aus der Politik und aus sich ändernden rechtlichen Vorgaben, der demographische Wandel oder auch die zunehmenden Unwetterereignisse erfordern der Proximus Unternehmensgruppe stetige Anpassungs- und Entwicklungsbereitschaft ab.

Alina und Peter sind Teil eines interdisziplinär besetzten Projektteams der Inhouse Consulting Division, das sich mit dem Change, also dem Wandel, beschäftigt. Bevor sie im Team in die Projektarbeit am Change-Management einsteigen, machen sie sich mit Lisa und Max vorab die wesentlichen betriebswirtschaftlichen Grundlagen sowie Besonderheiten des Geschäftsmodells „Versicherungsschutz" bewusst.

Planung, Leitung und Kontrolle im Unternehmen

Steuerung, Zusammenarbeit und Leadership ist das Programm, das den Tätigkeitsbereich und die Verantwortung der Unternehmensleitung umfassend beschreibt. Ob in Einzelunternehmen, in Personen- oder in Kapitalgesellschaften – der Leitung obliegt die Verantwortung für die Steuerung und die strategischen Entscheidungen des Unternehmens. Der Vorstand der Proximus Versicherungsgruppe hat daher die Aufgabe, die Gegenwart erfolgreich zu managen wie ebenso die Weichen in Richtung einer erfolgreichen Zukunft zu stellen. Im Rahmen der Personalführung und damit in Fragen der Zusammenarbeit und des Leaderships agiert die Unternehmensleitung sowohl als „Takt- und Impulsgeber" als auch – im besten Fall – als Vorbild im Umgang mit den Menschen, die für das Unternehmen arbeiten.

Mit der Leitung eines Unternehmens gehen vielfältige Anforderungen und Herausforderungen einher. Diese zeigen sich auf mehreren Ebenen. So besteht in Teilen die Notwendigkeit, die Unternehmensziele zu erfüllen, um gesetzlichen Vorgaben gerecht zu werden. Gleichzeitig sind die Forderungen der Stakeholder, der Anspruchsgruppen an ein Unternehmen, zu befriedigen.[1]

Dazu bedarf es einer sorgfältigen Planung der Ziele sowie der Schaffung und Nutzung geeigneter Controllinginstrumente. Das laufende Controlling dient dazu, den Zielerreichungsgrad jederzeit nachvollziehen und bei Bedarf geeignete Anpassungen vornehmen zu können. Gleichzeitig obliegt der Unternehmensleitung die Aufgabe, die internen Prozesse so zu gestalten, dass diese optimal auf die Erfüllung der Zielvorgaben ausgerichtet sind.

Als eines der wichtigsten Unternehmensziele dient dabei die Sicherheit („safety first")[2] und damit der Fortbestand des Unternehmens in die Zukunft. Das Unternehmensziel der Sicherheit gewinnt im Versicherungsunternehmen darüber hinaus weitere Bedeutungen: Der Wortstamm „sicher" ist im Wort der Ver-SICHER-ung bereits enthalten. Versicherungen, und damit auch die Proximus Versicherung AG, verkaufen **Sicherheit** als Dienstleistung. Kunden würden sich niemals bei der Proximus Versicherung AG versichern, wären sie sich nicht **sicher**, im Fall der Fälle den finanziellen Ausgleich für einen erlittenen Schaden, die Leistung aus einer Krankenversicherung oder die zuverlässigen Zahlungen aus einer Rentenversicherung auch in 30, 40 oder 50 Jahren tatsächlich zu erhalten. Um das Ziel der Sicherheit langfristig zu gewährleisten, unterliegen Versicherungsgesellschaften zudem erhöhten aufsichtsrechtlichen Vorschriften, die im Wesentlichen im *Versicherungsaufsichtsgesetz* (VAG) geregelt sind und durch die *Bundesanstalt für Finanzdienstleistungsaufsicht* (BaFin) als staatliche Aufsichtsbehörde auch streng kontrolliert werden (Stichwort Solvabilität).

Zur Sicherung der Existenz des Unternehmens dient das Risikomanagement.[3] Unternehmens- und versicherungstechnische Risiken müssen erkannt sowie bewertet werden und die Unternehmensleitung hat geeignete Maßnahmen zu ergreifen, diese Risken zu minimieren beziehungsweise diesen Risiken adäquat zu begegnen. Die notwendigen finanziellen Mittel für den Betrieb und die Sicherung des Unternehmens müssen beschafft (Finanzierung) und in geeigneter Art und Weise erfolgreich im Unternehmen eingesetzt werden (Investition). Zudem besteht die Anforderung, geeig-

---

1 Vgl. Günter Wöhe, Ulrich Döring und Gerrit Brösel: Einführung in die Allgemeine Betriebswirtschaftslehre. München: Verlag Franz Vahlen 2023, 49f.

2 Vgl. Steven Haberman und Dufresne in: David J. Cummins und Richard A. Derrig (Hrsg.): Managing the Insolvency Risk of Insurance Companies. Heidelberg: Springer Verlag 1991, 136 f.

3 Vgl. Wöhe et al. 2023, 202–206.

nete Maßnahmen zur Risikoteilung zu ergreifen, zum Beispiel in Form des Einkaufs von Rückversicherungsschutz.

Externe Einflüsse auf ein Unternehmen

Um die Zukunftsfähigkeit zu sichern, muss sich der Vorstand aber auch durchgehend mit den sich ändernden externen Einflüssen[4] beschäftigen und darauf reagieren. Sechs wesentliche Einflusssphären externer Faktoren können wir beispielhaft unterscheiden:

- Einflüsse aus dem **politischen Umfeld**: Hierunter fällt zum Beispiel die Frage, welche Gesetze eine jeweils aktuelle Bundesregierung beschließt, die Einfluss auf die Versicherungsbranche haben.
- Einflüsse aus dem **rechtlichen Umfeld**: Diese Einflüsse beziehen sich etwa auf die Anwendung bestehender Gesetze oder ergeben sich aus der aktuellen Rechtsprechung im Rahmen von Gerichtsurteilen.
- Einflüsse aus dem **wirtschaftlichen Umfeld**: In die unternehmerischen Entscheidungen müssen zum Beispiel die aktuelle Konjunkturphase, das aktuelle Zinsniveau oder die Mitbewerbersituation einbezogen werden.
- Einflüsse aus dem **technischen Umfeld**: Diese Einflüsse zeigen sich in mehrfacher Hinsicht. So ist die Frage nach der Entwicklung neuer Technologien relevant, die einerseits während der Entwicklungsphase und dann im täglichen Einsatz versichert werden müssen. Gleichzeitig kommen diese neuen Technologien unter Umständen im Versicherungsunternehmen selbst zum Einsatz. Ein markantes Beispiel hierfür sind etwa die Entwicklungen im Rahmen der Künstlichen Intelligenz (KI).
- Einflüsse aus dem **soziokulturellen Umfeld**: Hierunter fällt zum Beispiel die Frage, welche Werte eine Gesellschaft vertritt. Auch die demographische Entwicklung einer Gesellschaft, in der Menschen zudem immer länger leben, bringt erhebliche Herausforderungen gerade in der Personenversicherung mit sich.
- Einflüsse aus der **natürlichen Umwelt**. Aus der fortschreitenden Klimakrise beispielsweise resultieren zunehmend Schäden aus Starkwetterereignissen oder Hitzetote weltweit. Diese Entwicklungen haben unmittelbaren Einfluss auf das Versicherungsgeschäft.

[4] Vgl. Manfred Bardmann: Grundlagen der Allgemeinen Betriebswirtschaftslehre. Geschichte – Konzepte – Digitalisierung. Wiesbaden: Springer Gabler 2019, 260f., 277.

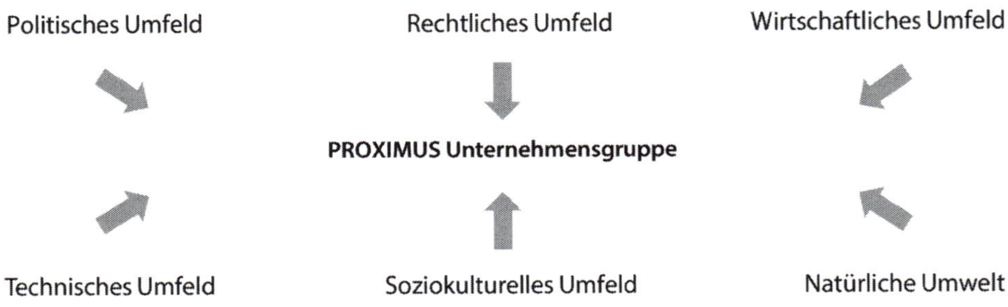

Abbildung 1.1: Externe Einflussfaktoren auf die Proximus Unternehmensgruppe

Alle diese Einflussfaktoren verändern sich – mal schneller, mal langsamer. Dieser Wandel wirkt fortlaufend von außen auf Unternehmen, so auch auf die Proximus Versicherung AG. Erkannte Veränderungs**notwendigkeit** bedarf in der betrieblichen Umsetzung allerdings einer vorhandenen Veränderungs**bereitschaft**. Der Wandel will daher gestaltet sein und Unternehmen sind gefordert, die Mitarbeitenden auf diesem Weg zu begleiten. Change-Management ist das Schlagwort, das eben diese Herausforderungen beschreibt.

Alina und Peter bereiten sich auf die ersten Sitzungen der Projektgruppe vor, die die Einführung der neuen Vertriebssoftware begleiten soll. Begleiten bedeutet hier, das Projektteam hat den Auftrag, ein Konzept auszuarbeiten, wie alle Mitarbeitenden der Proximus Versicherung AG, die von der Einführung der neuen Vertriebssoftware betroffen sind, auf dem Weg dieser Veränderung aktiv begleitet werden können.

Vorab machen sich Alina und Peter, die beide selbst ursprünglich nicht aus der Versicherungsbranche kommen, mit betriebswirtschaftlichen Besonderheiten und darauf aufbauend vor allem mit Herausforderungen in Bezug auf das Produkt Versicherungsschutz und Servicedienstleistungen vertraut.

Strategische und operative Entscheidungen

Entscheidungen stehen im Mittelpunkt jeder betriebswirtschaftlichen Tätigkeit. Dabei können wir strategische von operativen Entscheidungen unterscheiden.[5] Strategische Entscheidungen sind durch Langfristigkeit gekennzeichnet, operative Entscheidungen dienen eher kurz- und mittelfristig dazu, die langfristigen strategischen Ziele zu erreichen. Dabei können wir uns vor Augen führen, dass Menschen an allen Stellen, auf jeder Hierarcheebene und an jeder Position im Unternehmen tagtäglich unzählige Entscheidungen treffen. Alle diese Entscheidungen beeinflussen den Erfolg des Unternehmens mittelbar oder sogar unmittelbar. Die Unternehmensleitung trifft dabei die strategischen Entscheidungen. Gemeint sind damit die Tätigkeiten der Planung, Organisation, Leitung und Kon-

5 Vgl. Wöhe et al. 2023, 73.

trolle des Unternehmens. Operative Entscheidungen dagegen treffen Mitarbeitende auf jedem Arbeitsplatz, in jeder Position und andauernd, an jedem einzelnen Tag.

Alina und Peter überlegen, wer welche Entscheidungen im Projekt der Einführung einer neuen Schadensoftware getroffen hat oder treffen muss: Der Vorstand trifft eine strategische Entscheidung, zum Beispiel zur Einführung der neuen Software, welche dem Unternehmen langfristig zur Verfügung stehen soll. Die Mitarbeitenden im Schadenbereich, die dann konkret mit dieser Software arbeiten, treffen nahezu unzählig viele operative, damit tagesaktuelle und eher kurzfristige Entscheidungen im Rahmen des Einsatzes dieser Software.

Unternehmensziele und Zielbeziehungen

Alle Entscheidungen im Unternehmen dienen letztendlich dazu, die Unternehmensziele zu erreichen. Unternehmensziele lassen sich in zwei Dimensionen unterschieden, zum einen in **Formalziele** und zum anderen in die **Sachziele**. Die Formalziele können wir weiter in **monetäre (finanzwirtschaftliche)** und **nicht-monetäre (nicht-finanzwirtschaftliche) Ziele** unterteilen.[6] Was bedeuten aber diese Unterscheidungen?

Formalziele beantworten die Frage nach dem betriebswirtschaftlichen Erfolg des Unternehmens. Sachziele dienen dann dazu, die Formalziele zu erreichen und beantworten daher die Frage nach den konkreten Maßnahmen, die dafür ergriffen werden müssen. Die Sachziele richten sich daher nach den Formalzielen.

Die Formalziele können zudem in monetäre und nicht-monetäre Ziele unterschieden werden. Monetäre Ziele sind dadurch gekennzeichnet, dass sie mithilfe der Zahlen aus dem Jahresabschluss **berechnet** werden können. Nicht-monetäre Ziele sind dadurch gekennzeichnet, dass sie „nur" **gemessen** werden können, zum Beispiel über Umfragen (wie die Kundenzufriedenheit) oder über Stichprobenkontrollen (wie die Qualität).

Wesentliche Formalziele im Unternehmen

Monetäre Formalziele	Nicht-monetäre Formalziele
• Sicherheit „Safety first", Stärkung der Eigenkapitalquote) • Rentabilität (Return on Invest, mittels steigender Gewinne und/oder sinkender Kostenquoten) • Wachstum (Umsatz und Stückzahlen) • Liquidität (jederzeitige Erfüllbarkeit der kurzfristigen Verbindlichkeiten) • Produktivität (Input-Output-Relation) • Unternehmenswertsteigerung (Marktkapitalisierung der Proximus Versicherung AG)	• Kundenzufriedenheit • Mitarbeiterzufriedenheit • Qualität der Produkte und Dienstleistungen (Service) • (Markt-)Macht • Einhaltung der ESG-Kriterien, damit Nachhaltigkeit bezogen auf Umweltaspekte (Environmental), gesellschaftlichen Mehrwert (Social) und Grundlagen guter Unternehmensführung (Governance)

Tabelle 1.1: Wichtige monetäre und nicht-monetäre Formalziele

[6] Vgl. Wöhe et al. 2023, 63, ähnlich 66f., 473.

Alina und Peter nehmen sich den aktuell veröffentlichten und konsolidierten Jahresabschluss der Proximus Unternehmensgruppe zur Hand. Konsolidiert bedeutet, dass die Jahresabschlüsse aller Unternehmensteile und Einzelgesellschaften, die unter dem Dach der Proximus Unternehmensgruppe vereint sind, im Konzern-Jahresabschluss zusammengeführt sind. Aus den Zahlen des Jahresabschlusses, die Alina und Peter in der Bilanz und in der Gewinn- und Verlustrechnung ablesen können, berechnen sie die Kennzahlen der Sicherheit, der Eigenkapitalrentabilität und der Wachstumsraten des vergangenen Geschäftsjahres.

Zu guter Letzt muss sich der Vorstand im Zuge der strategischen Zielplanung bewusst machen, dass sich Ziele und Zielerreichungsgrade gegenseitig beeinflussen. Dabei können wir drei Beziehungsebenen[7] unterscheiden:

- **Komplementäre Zielbeziehungen**: Die Erreichung eines Formalziels beeinflusst die Erreichung eines anderen Formalziels positiv. So führen beispielsweise steigende Gewinne (Rentabilität) potenziell zu steigender Sicherheit des Unternehmens (steigende Eigenkapitalquote) oder steigende Qualität führt zu steigender Kundenzufriedenheit.
- **Konkurrierende Zielbeziehungen**: Die Erreichung eines Formalziels beeinflusst die Erreichung eines anderen Ziels negativ, geht also zu dessen Lasten. So kostet Wachstum Geld und geht damit, zumindest kurz- bis mittelfristig, in einem ersten Schritt also, zu Lasten der Rentabilität. Auch geht das Ziel der Sicherheit in der Geldanlage (in umgekehrter Argumentation zu oben) zu Lasten der Rentabilität. Als Faustformel gilt: Je sicherer eine Geldanlage ist, desto weniger rentabel wird diese sein.
- **Indifferente Zielbeziehungen**: Die Erreichung eines Formalziels ist unabhängig von der Erreichung eines anderen Formalziels; die beiden Ziele beeinflussen sich also nicht. So kann ein Unternehmen das Ziel der Produktivität verfolgen, ohne dass dabei das Ziel des Wachstums oder soziale Ziele unmittelbar beeinflusst werden. Auch können beispielsweise das Ziel der Liquidität und das Ziel der Marktmacht unabhängig voneinander erreicht werden.

Das Prinzip der Wirtschaftlichkeit

Dem Wirtschaftlichkeitsprinzip (auch ökonomisches Prinzip genannt) folgend muss die Unternehmensleitung im Rahmen der Planung abwägen, ob sie eher den Aufwand (Kosten) minimieren oder den Ertrag maximieren möchte. Beides gleichzeitig lässt sich zumindest kurzfristig und unter Einbezug der Ressourcen nicht erreichen. Daher unterscheiden wir nach dem **Minimalprinzip** und dem **Maximalprinzip**. Das Minimalprinzip besagt, dass ein bestimmtes Planziel, wie eine Ertragssteigerung, mit dem geringsten Aufwand und damit den geringsten Kosten erreicht werden soll. Das

[7] Vgl. im Folgenden Bardmann 2019, 390 oder Ingo Balderjahn und Günter Specht: Einführung in die Betriebswirtschaftslehre. Stuttgart: Schäffer-Poeschel Verlag 2020, 113.

Maximalprinzip hingegen besagt, dass ein bestimmter Aufwand definiert – also geplant – wird, und damit ein möglichst hoher Ertrag erreicht werden soll.[8]

Übertragen wir diese Prinzipien auf die Proximus Versicherung AG: Der häufigste Fall in Unternehmen ist die Anwendung des Minimalprinzips. Die Zielplanung für das nächste Jahr, wie zum Beispiel eine Umsatzsteigerung von 2 %, wird fixiert und dieses Ziel soll unter dem Anfall möglichst geringer Kosten erreicht werden. Es gibt aber auch den entgegengesetzten Fall in Unternehmen. Verdeutlichen wir uns das am Beispiel der Einführung eines neuen Produktbausteins in der Hausratversicherung. Der Vorstand kann dabei entscheiden, ob er ein bestimmtes Wachstumsziel im Rahmen der Produkteinführung vorgibt, das möglichst wenig Kosten mit sich bringen soll, was wiederum dem Minimalprinzip entspricht. Oder der Vorstand entscheidet – was in diesem Szenario eher der Wirklichkeit entspricht –, dass er ein bestimmtes Budget für die Produkteinführung zur Verfügung stellt, mit dem dann möglichst viele neue Verträge oder Einschlüsse in bestehende Policen unter Wahl des Produktbausteins verkauft werden sollen. Hier kommt dann das Maximalprinzip zur Anwendung.

Alina und Peter diskutieren die Frage nach den Unternehmenszielen bezogen auf die Proximus Versicherung AG. Der Vorstand als Unternehmensleitung definiert also die Formalziele, die langfristig erreicht und gesichert werden sollen oder müssen. Die Sachziele umfassen darauf aufbauend alle Maßnahmen, um die Formalziele zu erreichen. Alina erläutert diesen Zusammenhang am Beispiel des Wachstums: Wachstum stellt ein monetäres Formalziel dar, das langfristig gesichert werden muss. Im Versicherungsunternehmen wird Wachstum üblicherweise über die Messgrößen des Umsatzes (Beitragseinnahmen von Versicherungsprämien) und über Stückzahlen (abgeschlossene Versicherungsverträge) ermittelt. Um dieses Formalziel jetzt zu erreichen, müssen viele Maßnahmen im Rahmen der Sachziele ergriffen werden. So muss die Proximus Versicherung AG neue und marktfähige Produkte entwickeln und diese vermarkten. Nur so lassen sich Neukunden gewinnen und Bestandskunden von neuen Produkten überzeugen. Gleichzeitig muss die Proximus Versicherung AG diese Produkte aktiv über die bestehenden Vertriebswege verkaufen. Alle diese Maßnahmen (und das sind nur wenige Beispiele!) verursachen gleichzeitig Kosten und stehen daher zumindest kurz- bis mittelfristig in Konkurrenz zum Formalziel der Rentabilität.

Nachhaltigkeit und das Anspruchsgruppenkonzept

Nicht zuletzt mit der Stärkung des Gedankens der Nachhaltigkeit[9] hat das Stakeholder-Konzept weitere Bedeutung für Unternehmen gewonnen. Unter Stakeholdern verstehen wir alle Gruppen und Personen, die in irgendeiner Weise geartetes Interesse (engl. „*to have a stake*") an einem Unternehmen haben. Der Begriff geht in seiner ursprünglichen Bedeutung zurück auf den US-amerikanischen Wissenschaftler Edward

---

8 Vgl. Balderjahn und Specht 2020, 10.

9 Vgl. etwa Dietmar Ernst, Ulrich Sailer, Robert Gabriel (Hrsg.): Nachhaltige Betriebswirtschaft. Konstanz und München: UVK 2021.

E. Freeman und wurde von diesem in Abgrenzung zum reinen Shareholderkonzept entwickelt.[10] Es stehen somit nicht mehr allein die Interessen der Shareholder, also der Anteilseigner/Eigentümer eines Unternehmens, im Fokus der unternehmerischen Entscheidungen, sondern die Interessen aller oder möglichst vieler Anspruchsgruppen, damit der Stakeholder.[11]

Abbildung 1.2: Stakeholder der Proximus Unternehmensgruppe (ohne Anspruch auf Vollständigkeit)

Ansprüche der Stakeholder an Unternehmen ergeben sich grundsätzlich aus Macht (Eigentümer, Staat, Marktführer), aus Recht und Gesetz (Staat, BaFin), aus Vertrag (Mitarbeitende, Kunden, Lieferanten) und/oder auch aus der Moral (Gesellschaft). Dabei gelten in der weitesten Definition, die sich bis heute entwickelt hat, zwischenzeitlich etwa auch die Natur an sich oder zum Beispiel kommende Generationen als Stakeholder eines Unternehmens. Auch diese sind unmittelbar oder mittelbar von der unternehmerischen Tätigkeit betroffen. Diese Anspruchsgruppen verfügen jedoch über keine „eigene Stimme“. So muss diesen Gruppen über dazu benannte Personen oder Organisationen, über Stellvertreter also, in den Diskussionen Gehör verschafft werden, soll das Unternehmen tatsächlich umfassend nachhaltig ausgerichtet und geführt werden.[12]

Peter wird nun eines klar: Es sind die Stakeholder, denen die Proximus Unternehmensgruppe im Rahmen der Erfüllung der Formalziele Rede und Antwort stehen muss. Alle Anspruchsgruppen stellen Forderungen an die Proximus Versicherung AG, die sich mit den Formalzielen decken: So verlangen die Anteilseigner (Shareholder) etwa eine Verzinsung des eingesetzten Kapitals (Return on Invest), die Kunden wünschen sich qualitativ hochwertige Produkte, die Lieferanten wünschen sich langfristige Aufträge oder die Mitarbeitenden einen sicheren Arbeitsplatz. Diese Ansprüche ergeben sich im Weitesten aus Macht oder Verträgen. Gleichzeitig erhebt der Staat gesetzliche Ansprüche, wie etwa zur Sicherstellung der Sicherheit (Solvabilität) oder der Liquidität. Darüber hinaus gibt es aber auch

---

10 Vgl. R. Edward Freeman: Strategic Management. A Stakeholder Approach. Boston/London/Melbourne/Toronto: Pitman 1984.

11 Vgl. Elisabeth Göbel: Unternehmensführung und Moral. Konstanz und München: UVK 2014, 44.

12 Vgl. Alexander Braml: Sinnstiftung in Unternehmen ermöglichen. Marburg: Metropolis Verlag 2021, 110–114.

gesellschaftliche Ansprüche an ein Unternehmen, die sich aus moralischer Verpflichtung zum Beispiel gegenüber der Natur oder auch gegenüber künftigen Generationen ergeben.

1.1 Besonderheiten der Dienstleistungsproduktion bei Versicherungen in Abgrenzung zur Sachgüterproduktion

Alina überlegt, wie die Produktion in Unternehmen organisiert ist, um die Unternehmensziele zu erreichen. Dabei wird ihr bewusst, dass diese Organisation eine der wichtigsten Aufgaben der Unternehmensleitung darstellt.

Die Produktion der Dienstleistung „Versicherungsschutz" ist das Geschäftsmodell der Proximus Versicherung AG. Die Unternehmensziele müssen in eine Hierarchie gebracht und erreicht werden. Die Unternehmensleitung muss den Stakeholdern gegenüber die Frage beantworten, ob deren Interessen oder gar Ansprüche zufriedenstellend und erfolgreich befriedigt werden. Dazu ist es unabdingbar, dass eine Wertschöpfung erbracht wird. Vereinfacht ausgedrückt: Das, was ein Unternehmen produziert, muss **mehr wert** sein als die Summe der Einzelteile, die zur Produktion benötigt werden, um erfolgreich zu sein. Dazu wird die reine Mengenbetrachtung (was benötige ich zur Produktion und wie viele Stückzahlen produziere ich?) um eine Wertbetrachtung (Kosten auf der einen und Verkaufspreise auf der anderen Seite in Euro) ergänzt.

Zur Verdeutlichung kann folgendes einfaches Modell dienen, anhand dessen der Produktionsprozess innerhalb eines Unternehmens gut veranschaulicht wird:

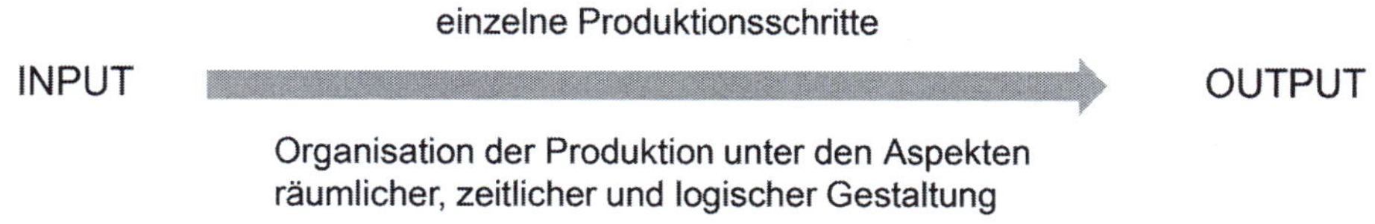

Abbildung 1.3: Input-/Outputmodell eines Unternehmens

Unter den Input in ein Unternehmen fallen die Produktionsfaktoren[13]:

- **Betriebsmittel** wie Gebäude, Grundstücke, Maschinen und Anlagen, Büro- und Geschäftsausstattung oder der Fuhrpark
- **Roh-, Hilfs- und Betriebsstoffe**, also alle Materialien, die im Unternehmen ver- und bearbeitet werden oder die zur Produktion benötigt werden, wie etwa Strom

[13] Vgl. im Folgenden Wöhe 2023, 28.

- *die ausführende Arbeit*, also Mitarbeitende mit entsprechendem Wissen, die diese Be- und Verarbeitung bis hin zum Endprodukt ausführen.

Diese drei Gruppen an Produktionsfaktoren stellen die Grundlage dar und werden als Elementarfaktoren bezeichnet. Ergänzend dazu kommen wiederum die Faktoren der Planung, Leitung und Kontrolle ins Spiel. Die Unternehmensleitung, der sogenannte **dispositive Faktor**, ist verantwortlich dafür, dass der Prozess der Produktion und damit die einzelnen Produktionsschritte organisiert ablaufen. Der Vorstand der Proximus Versicherung AG entscheidet daher, **wo** örtlich produziert wird, **wann** zeitlich oder **wie schnell** produziert wird und **in welcher** logischen Reihenfolge die Produktionsschritte erfolgen. Die finanzielle Komponente kommt dann ins Spiel, wenn wir uns klarmachen, dass die Beschaffung des Inputs oder die Aufrechterhaltung der Servicebereitschaft finanziert werden müssen.

Der Output stellt das fertige Erzeugnis dar, das im Unternehmen hergestellt, also produziert wird. Dieses Produkt eines Unternehmens kann dann entweder ein Sachgut oder eine Dienstleistung sein.[14] Unter Sachgüter fallen zum Beispiel Konsumgüter wie Smartphones, Stühle oder Fahrräder. Unter Dienstleistungen dagegen fallen zum Beispiel eine U-Bahn-Fahrt, ein Haarschnitt oder eben Versicherungsprodukte mit allen angeschlossenen Services.

Dienstleistungen sind dadurch gekennzeichnet, dass sie immateriell sind. Eine U-Bahn-Fahrt können wir anders als ein Smartphone nicht „anfassen". Ein weiteres Merkmal von Dienstleistungen ist die Gleichzeitigkeit von Produktion und Verbrauch. So wird die U-Bahn-Fahrt in dem Moment für mich „produziert", also durch das Transportunternehmen erbracht, in dem ich eben mit der U-Bahn fahre.

Wenn wir diese Zusammenhänge auf die Dienstleistung Versicherungsschutz beziehen, wird klar: Versicherungsschutz wird immer dann produziert, wenn Kunden die verschiedenen Services rund um ihre Versicherungsverträge in Anspruch nehmen. Im Rahmen des Vertragsabschlusses erbringen zum Beispiel Versicherungsvermittler und Versicherungsvermittlerinnen Beratungsdienstleistungen. Im Rahmen der laufenden Vertragsverwaltung erbringen Mitarbeitende im Innendienst Serviceleistungen. Und ein gemeldeter Schaden- oder Leistungsfall löst Dienstleistungs- und Serviceprozesse im Rahmen der Schadenbearbeitung aus.

Das Produkt „Versicherungsschutz" ist durch ein weiteres Merkmal gekennzeichnet: die Erklärungsbedürftigkeit. Versicherungs-, Vorsorge- und Anlageprodukte sind teilweise sehr komplex und müssen den Kunden erklärt werden. Das ist eine wesentliche Aufgabe des Versicherungsvertriebs. Gleichzeitig müssen der Bedarf und die Überzeugung der Notwendigkeit von Versicherungen oftmals erst geweckt werden. Auch hier ist der Vertrieb gefragt, im Rahmen von Beratungsgesprächen den Bedarf an Ab-

[14] Vgl. Balderjahn und Specht 2020, 8, 180f.

sicherung oder Kapitalbildung aufzuzeigen und so das Sicherheitsbedürfnis von Menschen zu befriedigen. Vielfältige Marketingmaßnahmen flankieren diese Bemühungen – denken wir hier zum Beispiel an die Werbung für Versicherungsprodukte.

Alina und Peter wird klar: Die Proximus Versicherung AG produziert eine Dienstleistung, nämlich Versicherungsschutz. Dabei erhalten die Kunden ein Versprechen für die Zukunft: Finanzielle Nachteile durch Schaden- oder Leistungsfälle werden ausgeglichen. Verbrieft wird dieses Versprechen durch die Versicherungspolice, in der die vertraglichen Vereinbarungen dafür geregelt sind und die bestimmten gesetzlichen Vorschriften unterliegt. Als wesentliche und spezielle Rechtsnorm dient dabei das Versicherungsvertragsgesetz (VVG).

Zusammenfassung

Im Rahmen der Gestaltung des Produktionsprozesses müssen vielfältige Entscheidungen getroffen werden. So haben auch der Vorstand der Proximus Versicherung AG und alle Entscheidungsträger im Unternehmen die Aufgabe, den Prozess der Dienstleistungsproduktion des eigenen Produkts in Form von Versicherung, Vorsorge und Geldanlage mit allen angeschlossenen Serviceprozessen zu gestalten; Planung. Leitung und Kontrolle sind die Begriffe, die diese Tätigkeit des dispositiven Faktors beschreiben. Gleichzeitig unterliegen alle diese Entscheidungen externen Einflüssen, also Einflüssen, die sich aus der Realität ergeben, in die die Proximus Versicherung AG eingebunden ist. So müssen etwa bestehende und neue Gesetze beachtet werden, die wirtschaftliche Lage hat ebenso Einfluss auf das Geschäftsmodell wie auch die technischen, demografischen und natürlichen (Umwelt-)Veränderungen.

Um produzieren und die Dienstleistungsbereitschaft aufrecht erhalten zu können, werden Produktionsfaktoren benötigt: Verwaltungsgebäude, IT, Strom, Policenpapier, Drucker, Mitarbeitende, der Fuhrpark usw. Diese Produktionsfaktoren müssen eingekauft werden und im Rahmen des Produktionsprozesses logisch, örtlich und zeitlich koordiniert werden.

Mit allen unternehmerischen Entscheidungen verfolgt die Proximus Versicherung AG die Erreichung der Unternehmensziele. Diese Erreichung ist den Stakeholdern gegenüber aus Macht, Recht und Gesetz, Vertrag oder aus moralischen Ansprüchen heraus nachzuweisen. Dieser Nachweis geschieht über die Veröffentlichung des Jahresabschlusses. Aus dem Jahresabschluss lassen sich unter anderem die Vermögensverteilung oder der Erfolg (oder Misserfolg) eines Geschäftsjahres herauslesen. Über die Kennzahlenanalyse können zudem die Formalziele berechnet werden, wie zum Beispiel die Sicherheit, das Wachstum oder die Eigenkapitalrentabilität.

2 Aufbau- und Ablauforganisation

Alina und Peter diskutieren weiter. Wenn also auch die Proximus Versicherung AG als Versicherungsunternehmen ein Produkt herstellt – eben in der Ausprägung einer Dienstleistung – muss auch diese Produktion organisiert werden. Dabei muss die Organisation so effizient gestaltet sein, dass auch unter diesem Aspekt die Unternehmensziele erreicht werden. Alina und Peter machen sich schlau, welche Informationen sie zum Begriff der „Organisation" finden.

Unter dem Begriff der Organisation verstehen wir die zielorientierte, ganzheitliche Strukturierung eines Unternehmens sowie den dauerhaften Prozess, diese Gestaltungsform zu erreichen, zu überprüfen und gegebenenfalls anzupassen. Der institutionelle Organisationsbegriff besagt, dass das Unternehmen eine Organisation **ist**, da es als soziales System arbeitsteilig organisiert ist. Der instrumentelle Organisationsbegriff dagegen besagt, dass diese Arbeitsteilung unter Zuhilfenahme von Führungsinstrumenten geeignet ist, die Unternehmensziele effizient, also produktiv und wirksam zu erreichen. Das Unternehmen **hat** also auch eine Organisation.[1]

Kommen wir nochmals zurück auf das Modell, wie Produktionsprozesse in Unternehmen ablaufen (vgl. Abbildung 1.4). Wie wir uns schon erarbeitet hatten, ist die Unternehmensleitung verantwortlich dafür, dass der Prozess der Produktion und damit die einzelnen Produktionsschritte organisiert ablaufen. Folgende Fragestellungen stehen dabei im Mittelpunkt: Wo soll produziert werden? Wann, also zu welchen Zeiten, soll produziert werden und wie schnell sollten Dienstleistungsprozesse ablaufen, um die Kunden zufrieden zu stellen? In welcher logischen Reihenfolge müssen die Produktionsschritte erfolgen, um die geforderte Effizienz zu erreichen? Wie sind die Führungsstrukturen und Kommunikationswege zu gestalten, um reibungslose Abläufe zu fördern? Und wie kann es gelingen, Mitarbeitende mit der passenden Qualifikation zur richtigen Zeit an den richtigen Orten einsetzen zu können?

Alle diese Fragen betreffen die Organisation eines Unternehmens und um alle diese Fragen zu beantworten, sind zwei Ausprägungen der Organisation in Unternehmen zu berücksichtigen, die Aufbau- und die Ablauforganisation.[2]

Die Aufbauorganisation

Die **Aufbauorganisation** beantwortet die Frage danach, wie das Unternehmen **aufgebaut** ist. Aufgrund der Tatsache, dass es sich dabei um systembezogene Fragen (das Unternehmen als System) handelt, wird die Aufbauorganisation auch **Systemorganisation** genannt.

---

1 Vgl. Balderjahn und Specht 2020, 125.

2 Vgl. im Folgenden zum Thema der Aufbau- und Ablauforganisation u.a. Balderjahn und Specht 2020, 125–130 und Göbel 2014, 107–112.

Hierbei geht es um die Frage des hierarchischen Aufbaus eines Unternehmens und damit um die Gestaltung der Struktur. Im Versicherungsunternehmen ist eine Grundstruktur dabei durch die gesetzlich geforderte Spartentrennung schon vorgegeben, vgl. § 8, Abs. 4 Versicherungsaufsichtsgesetz (VAG): So sind mit der Komposit-, der Lebens- und der Krankenversicherung drei voneinander unabhängige Sparten und damit Betriebsteile einzurichten. Innerhalb der Betriebsteile geht es dann um den Aufbau beziehungsweise das System: Welche Hauptabteilungen innerhalb der Ressorts (Sparten) gibt es, welche Unterabteilungen, welche Gruppen usw.? Der Vorstand delegiert damit Verantwortung durch die Vergabe von Leitungs- und Entscheidungsbefugnissen. Ein Ziel von Delegation ist es, Entscheidungen an der Stelle im Unternehmen treffen zu lassen, an der das für die Entscheidung notwendige Wissen sowie die entsprechende Erfahrung vorhanden sind. Ein weiteres Ziel von Delegation ist es, die Unternehmensleitung zu entlasten, damit diese ihren eigentlichen Aufgaben (Planung, Leitung und Kontrolle) nachkommen kann. Weitere Fragen, die sich der Vorstand bei der Ausgestaltung oder Weiterentwicklung dieses Systems stellen muss, sind zum Beispiel auch, ob es eine zentrale Hauptverwaltung oder (auch) weitere dezentrale Verwaltungsstandorte gibt oder wie die Vertriebswege strukturiert und damit organisiert sind.

Ein entscheidendes Merkmal der Aufbauorganisation ist es, welche Stellen anderen Stellen gegenüber Weisungsbefugnis haben, also Leitungs- und Führungsfunktionen übernehmen. Gerade größere Unternehmen sind meistens hierarchisch aufgebaut, sodass eine übergeordnete Stelle (Führungskraft wie Abteilungs- oder Gruppenleitung) einer untergeordneten Stelle (nächste Führungsebene oder Mitarbeitende) fachlich und gegebenenfalls disziplinarisch, damit personalrechtlich, weisungsbefugt ist. Grafisch sind solche Systeme durch sogenannte *Organigramme* dargestellt und bilden so die Struktur und damit eben den Aufbau eines Unternehmens ab.

In der groben Unterscheidung in die Linien- oder Matrixorganisation finden sich unterschiedliche Formen dieser Organigramme und damit der Weisungsbefugnisse wieder. Die Linienorganisation ist durchgängig von oben nach unten strukturiert. Dabei ist jede Stelle lediglich einer anderen Stelle im Unternehmen untergeordnet; es gibt nur eine Befehlslinie. In der Mehrlinienorganisation dagegen sind nachgeordnete Stellen meist zwei anderen (höheren) Stellen untergeordnet. So können etwa Fach- und Personalunterstellung unterschiedlich sein. Während also eine Stelle die fachliche Leitung innehat, trägt eine andere Stelle die disziplinarische Verantwortung. In der Stab-Linienorganisation übernehmen Stabsabteilungen unterstützende Aufgaben. Stabsabteilungen beziehungsweise -stellen sind nicht in der Linie weisungsbefugt, beraten Leitungsinstanzen und bereiten Daten auf sowie Entscheidungen vor. Beispiele für Stabsstellen sind die Rechtsabteilung, die Personalabteilung, die IT-Abteilung oder die Assistenz der Geschäftsleitung.

Der Linien- steht die Matrixorganisation gegenüber. Die Matrixorganisation ist dadurch gekennzeichnet, dass sich Hierarchiesysteme, also Weisungsbefugnisse, auf zwei Ebenen aufteilen: auf die **Objekt**- und auf die **Funktionsebene**. Die Objektebene bezieht sich auf die Produkte selbst. Im Versicherungsunternehmen können wir hier im Privatkundenbereich an die Sachversicherungen, wie etwa an die Hausrat- oder an die Wohngebäudeversicherung, genauso aber an die Haftpflicht-, Kfz- oder Rechtsschutzversicherung denken. Hier gibt es jeweils eine vorgesetzte Stelle, die die Fachverantwortung zum Beispiel in der Produktentwicklung trägt.

Daneben gibt es die Funktionsebene, worunter wir die Prozessschritte im Ablauf der Produktionserstellung verstehen. Im Versicherungsunternehmen sind das, bezogen auf den logischen und zeitlichen Ablaufprozess der Erstellung der Dienstleistung Versicherungsschutz, zum Beispiel die Produktentwicklung, das Marketing oder der Vertrieb. Hier werden die Arbeiten ausgeführt, um die Produkte zu entwickeln, zu vermarkten und zu vertreiben. Je nach Ausgestaltung der Matrixorganisation ergeben sich unterschiedliche Führungsverantwortungen beziehungsweise unterschiedliche Weisungsgebundenheiten der untergeordneten Stellen von zwei Seiten – eben der Objekt- und der Funktionsverantwortung.

Je größer Unternehmen sind, desto komplexer ist die Organisationsstruktur. Dennoch ist die Unternehmensleitung im Rahmen ihrer Tätigkeit gefordert, eine Struktur des Unternehmens einzurichten und laufend weiterzuentwickeln. Die Vor- und Nachteile der Arten der Linienorganisation (Einlinien-, Mehrlinien-, Stabliniensystem) oder der Matrixorganisation ergeben sich aus unterschiedlichen Perspektiven. Um sich für ein System oder Mischformen zu entscheiden, sollte der Vorstand zum Beispiel folgende Fragestellungen in die Überlegungen mit einbeziehen:

- Schnelligkeit der Informationsübermittlung
- Effizienz der Kommunikationswege und -kanäle
- Einheit der Auftragserteilung
- Klarheit in der Auftragserteilung
- Bedeutung der Fachautorität im Produktionsprozess
- Abgrenzung von Zuständigkeiten
- Arbeitsbelastung der Mitarbeitenden an den verschiedenen Stellen
- Geschwindigkeit der Anpassungsmöglichkeiten
- Grad der Zentralisierung/Dezentralisierung
- Konfliktpotential (konstruktiv versus destruktiv)
- Kosten.

Alina und Peter werfen einen Blick in die Sammlung der Bedingungswerke der Proximus Versicherung AG für Privat- und Gewerbekunden und finden gleich auf den ersten Seiten die Organigramme, die die Struktur des Proximus Konzerns abbilden. Anhand dieser Seiten und Bilder machen sie sich mit dem systematischen organisatorischen Aufbau der Proximus Versicherung AG vertraut.

Ablauforganisation

Die Ablauforganisation beantwortet die Frage danach, wie die Dienstleistungsprozesse in Versicherungsunternehmen rund um die Verträge und die Kunden organisiert sind. Daher wird die Ablauforganisation auch **Prozessorganisation** genannt. Wie wir im voranstehenden Kapitel 1.2 bereits gesehen haben (vgl. Abbildung 1.4), bezieht sich die Organisation des Ablaufs auf die Aspekte der räumlichen, zeitlichen und logischen Gestaltung. Der Vorstand muss also klären, wo im Versicherungsunternehmen welche Aufgaben zu welcher Zeit und in welcher Geschwindigkeit zu erledigen sind. Die Frage nach der Geschwindigkeit wirkt sich beispielsweise unmittelbar auf das Unternehmensziel der Kundenzufriedenheit aus: Je schneller Mitarbeitende der Proximus Versicherung AG die Kundenanfragen beantworten, umso höher ist die Zufriedenheit bei den Kunden. Gleichzeitig ist die Unternehmensleitung jedoch gefordert, Effizienz- und damit Kostenaspekte (denken wir an unser Unternehmensziel der Rentabilität des Geschäfts zurück) nicht aus den Augen zu verlieren, was zu den bereits dargestellten Zielkonflikten führen kann.

Damit die Mitarbeitenden der Proximus Versicherung AG wissen, wie sie ihre Aufgaben erledigen müssen, sind alle die genannten Fragen in die Überlegungen zum Ablauf der Produktion niedergeschrieben. So finden sich die definierten Prozesse auch unter Qualitätssicherungsgedanken beispielsweise in Arbeitsanweisungen, Handbüchern und Richtlinien, aber auch in Zeichnungsgrundsätzen zur Rückversicherung wieder.

Auch die individuelle Arbeitsplatzbeschreibung aller Mitarbeitenden bietet relevante Informationen, wo, mit welchen Vollmachten, in welcher Arbeitszeit oder in welcher Einbindung in die hierarchischen Strukturen die Aufgaben des eigenen Jobs zu erledigen sind. Diese Daten der Arbeitsplatzbeschreibung dienen zur Orientierung und auch zur rechtlichen Absicherung für die Mitarbeitenden, aber auch für das Unternehmen, zum Beispiel als Basis für Stellenausschreibungen.

Interne Revisionsprozesse haben die Aufgabe, regelmäßig in den einzelnen Bereichen und Abteilungen zu überprüfen, ob die Mitarbeitenden die festgelegten Prozesse sowie externe Anforderungen eingehalten haben. Die Revisionsabteilung prüft beispielsweise, ob die Rechtsvorschriften des Versicherungsvertragsgesetzes (VVG) gegenüber den Kunden oder auch Rückversicherungsvorgaben erfüllt wurden. Falls die interne Revision hier Abweichungen feststellt, müssen geeignete Maßnahmen ergriffen werden. Das können entweder Schulungsmaßnahmen für die Mitarbeitenden sein oder auch die Überprüfung und Anpassung der Abläufe, insofern sich diese als nicht (mehr) sinnvoll oder ineffizient herausstellen.

Die Unternehmensleitung ist aber auch hier ohnehin gefordert, die Abläufe und Prozesse fortlaufend auf den Prüfstand zu stellen. Diese Prüfung bezieht sich auf interne Veränderungen (Umstrukturierung, Einführung neuer Produkte usw.) und richtet sich nach der Geschäftstätigkeit. Gleichzeitig müssen sich ändernde Rahmenbedingungen beachtet werden, wenn es beispielsweise zu rechtlichen Änderungen kommt. Die optimale Gestaltung im Zusammenspiel zwischen Aufbau- und Ablauforganisation ist eine der Kernaufgaben der Unternehmensleitung und unterliegt im Zeitablauf einem stetigen Wandel, ist also unter veränderten (internen und externen) Rahmenbedingungen immer wieder neu zu hinterfragen.

Agile Organisationsformen sind dadurch gekennzeichnet, schnell auf Veränderungen reagieren zu können. Weitgehend selbstorganisierte Teams arbeiten dabei nah am Kunden, pflegen eine offene Kommunikationskultur und lernen im Team aus Fehlern. In etablierten Großkonzernen, wie die Proximus Versicherung AG einer ist, setzen sich solche neuern Konzepte jedoch, wenn überhaupt, nur langsam durch.

Alina und Peter schauen gemeinsam in die Arbeitsplatzbeschreibung zu ihrem eigenen Job. Was sind die konkreten Aufgaben, Ziele und Verantwortungsbereiche, die für die Erledigung ihrer Aufgaben dort festgeschrieben sind? Wie sieht die Organisationstruktur ihres Arbeitsbereichs aus und welche Vollmachten haben sie eigentlich zur Erledigung ihrer Aufgaben im Change-Projekt der Inhouse Consulting Division? Das Intranet der Proximus Versicherung AG bietet den beiden hier viele Möglichkeiten, sich zu informieren und die entsprechenden Anweisungen oder Leitfäden zu finden.

Zusammenfassung

Um ein Unternehmen im Sinne der Zielerreichung führen zu können, bedient sich die Unternehmensleitung des Instruments des Organisierens. Nachdem der Vorstand nicht alle Aufgaben selbst erledigen kann, ist er gezwungen, Entscheidungen und Verantwortung zu delegieren sowie Entscheidungsbefugnisse zu vergeben. Diese Verteilung der Entscheidungsbefugnisse richtet sich zum Beispiel nach dem Objekt- und/oder Funktionsprinzip, woraus sich die Struktur eines Unternehmens (wie die Einteilung in Hauptabteilungen, Sparten, Ressorts) ergibt. Dabei handelt es sich um die sogenannte Aufbau- oder Systemorganisation. Veranschaulicht und dargestellt wird dieser Zusammenhang des Aufbaus des Unternehmens über Organigramme. Wie wir gesehen haben, unterliegt ein Versicherungsunternehmen wie die Proximus Versicherung AG mit dem Spartentrennungsprinzip dabei sogar gesetzlichen Vorgaben.

Gleichzeitig obliegt dem Vorstand die Aufgabe, das Unternehmen effizient zu leiten und dafür eine Ablauf- oder Prozessstruktur und damit -organisation zu schaffen, zu überprüfen und bei Bedarf zu verändern beziehungsweise anzupassen. Dafür bedient sich der Vorstand meist einer Stabsabteilung, nämlich der Betriebsorganisation. Während also die übergeordnete Verantwortung für effiziente Abläufe und die Zielerreichung beim Vorstand verbleibt, überträgt er die Gestaltung dafür an die Betriebsorganisation. Und so hängen die Aufbau- und die Ablauforganisation zusammen: Nur durch geeignete Strukturen (Aufbau) ist ein erfolgversprechender Prozess der Erstellung der Dienstleistung Versicherungsschutz und der Aufrechterhaltung der Betriebs- und Servicebereitschaft (Ablauf) gewährleistet.

3 Risiko und Solvabilitätsbedarf

3.1 Einleitung

In einer zunehmend komplexen und dynamischen Finanz- und Versicherungswelt gewinnen die Begriffe Risiko und Solvabilität stetig an Bedeutung. Versicherungsunternehmen stehen vor der Herausforderung, Risiken zu identifizieren, zu bewerten und zu steuern, um langfristig ihre Leistungsfähigkeit zu sichern. Gleichzeitig sind sie verpflichtet, ausreichende Eigenmittel vorzuhalten, um auch in Krisenzeiten ihre Verpflichtungen gegenüber den Versicherungsnehmern erfüllen zu können. Dieses Kapitel widmet sich dem Zusammenspiel von Risiko und Solvabilitätsbedarf und beleuchtet deren grundlegende Konzepte, regulatorische Anforderungen sowie praktische Umsetzungsansätze.

Im Dezember 2024 stellte die Finanzaufsicht BaFin einen Insolvenzantrag für den Sachversicherer Element Insurance AG, nachdem das Unternehmen der BaFin zuvor die Überschuldung angezeigt hatte. Grund für die Überschuldung war die Kündigung eines Rückversicherungsvertrags durch den Rückversicherer.

Kann das der Proximus Versicherung AG ebenfalls passieren? Wie kann sich die Proximus Versicherung AG dagegen schützen, mehr Risiken einzugehen, als sie decken kann, und welche Rolle spielt die Rückversicherung dabei?

Diese beiden Themen – „Risiko" und „Rückversicherung" – schauen wir uns in diesem und dem nächsten Kapitel an. Die Themen werden zunächst sachlich dargestellt. Am Ende jedes Themas folgt eine handlungsorientierte Betrachtungsweise für die Proximus Versicherung AG.

3.2 Risiko

Zu Beginn des Kapitels ist der Begriff „Risiko" zu (er-)klären. **Risiko** ist eine Abweichung von etwas Geplantem oder Erwartetem. Hiernach kann ein Risiko auch eine positive Abweichung sein. Jedoch sind mit Risiken oft Entwicklungen oder Ereignisse gemeint, die sich negativ auf die Vermögens-, Finanz- und Ertragslage eines Unternehmens auswirken können.

Dadurch ergibt sich, dass in der Versicherungsbranche das prinzipielle Eintreten eines Schadenereignisses an sich noch kein Risiko darstellt. Denn der Eintritt eines Schadenfalls wird mit einer gewissen Wahrscheinlichkeit und einer gewissen Schadenhöhe erwartet. Dabei spricht man von dem Erwartungswert eines Schadens, der auch für die Tarifierung verwendet wird.

Wenn allerdings die Höhe des Schadens und/oder die Eintrittshäufigkeit von der Erwartung abweicht, entsteht ein Risiko. Das Versicherungsunternehmen muss nun einen höheren Schaden auszahlen als erwartet und erleidet damit – isoliert betrachtet – eine negative finanzielle Auswirkung.

Die Identifizierung von Risiken ist daher ein elementarer Bestandteil der Versicherungsprozesse. Weitergehende Details hierzu werden im Rahmen der Kundenbedarfsfelder erläutert.

Risiken können nicht nur durch das Schreiben eines Versicherungsvertrags mit dem Versicherungsnehmer entstehen, sondern beispielsweise auch durch die Kapitalanlagen des Versicherers, Fehler in den internen Prozessen oder an weiteren Stellen im Unternehmen.

Jedes Unternehmen – auch außerhalb der Versicherungsbranche – ist somit Risiken ausgesetzt und sollte sich dieser bewusst sein. Für die Versicherungsbranche gehört der Umgang mit Risiken jedoch zum Kerngeschäft und zur Daseinsberechtigung. Die Versicherungsbranche übernimmt Risiken von den Versicherungsnehmern und daher ist der angemessene Umgang mit Risiken von elementarer Bedeutung.

3.3 Risikomanagement

Risikomanagement ist also ein zentrales Element in der Steuerung von Versicherungsunternehmen. Einerseits ist es natürlich im eigenen Interesse des Versicherungsunternehmens, finanzielle Verluste so gut wie möglich zu vermeiden. Andererseits existiert mit Solvency II ein regulatorisches Aufsichtssystem, welches von den Versicherungsunternehmen ein aktives und angemessenes Auseinandersetzen mit den Risiken erwartet. Solvency II wird in dem Absatz 3.7 näher erläutert.

Das „Committee of Sponsoring Organizations of the Treadway Commission" – eine privatwirtschaftliche Organisation, die Ansätze zu einer besseren Unternehmensführung liefert – hat im Jahr 2004 Risikomanagement wie folgt definiert:

„Enterprise Risk Management (ERM) ist ein Prozess, der durch den Vorstand, das Management und andere Mitarbeiter eines Unternehmens im Rahmen der Strategieentwicklung und unternehmensweit umgesetzt wird. Ziel ist es, potenzielle Ereignisse zu identifizieren, die das Unternehmen beeinflussen könnten und Risiken so zu steuern, dass sie innerhalb des Risikoappetits bleiben, um eine angemessene Sicherheit in Bezug auf das Erreichen der Unternehmensziele zu gewährleisten."[1]

Auch wenn diese Definition allgemein für Unternehmen gilt, zeigt sie vier elementare Grundzüge eines Risikomanagements auf:

- Vorstand und Management übernehmen eine aktive Rolle
- Risikomanagement ist ein Teil der Strategieentwicklung
- Risiken sollen im Risikoappetit bleiben
- Übergeordnetes Ziel ist die Erreichung der Unternehmensziele

Somit zeigt sich die Relevanz und Bedeutung von einem angemessenen Risikomanagement insbesondere für Versicherungsunternehmen, deren Kerngeschäft die Übernahme von Risiken ist.

Risikomanagement dient dazu, Risiken beziehungsweise potenzielle Gefahren für das Unternehmen frühzeitig zu erkennen und geeignete Maßnahmen zur Begrenzung oder Vermeidung von Risiken zu treffen.

Versicherungsunternehmen stehen vor einer Vielzahl an Unsicherheiten: Naturkatastrophen, Pandemien, Zinsänderungen, Cyberangriffe oder große Schadenereignisse können gravierende finanzielle Folgen haben. Ein wirksames Risikomanagement ermöglicht es, solche Risiken systematisch zu erfassen, zu bewerten und geeignete Steuerungsinstrumente einzusetzen.

Ein angemessenes Risikomanagement umfasst dabei folgende Schritte:

- **Identifikation:** Es werden alle Risiken, denen das Unternehmen ausgesetzt ist, identifiziert. Dabei werden neben den internen Faktoren auch externe (zum Beispiel ökonomische Rahmenbedingungen, rechtliches Umfeld) berücksichtigt.
- **Bewertung:** Mithilfe unterschiedlicher Methoden werden die Risiken bewertet. Dabei spielen unter anderem Eintrittswahrscheinlichkeiten, Eintrittshäufigkeiten und Korrelationen mit anderen Risiken eine Rolle. Die Bewertung hilft auch dabei, weniger materielle Risiken von „größeren" Risiken zu unterscheiden.
- **Management:** Im Rahmen des Managements von Risiken geht es um die Definition von Risikoappetit, Limiten und Triggern. Die Auswirkungen materieller Risiken werden durch verschiedene Methoden, wie beispielsweise Rückversicherung oder „Vier-Augen-Prinzip" reduziert. Dabei gibt es unterschiedliche Stufen, Risiken zu managen: vermeiden, vermindern, begrenzen, selbst tragen oder versichern, finanzieren.

---

1 Quelle: Übersetzte Version der Definition: COSO – „Enterprise Risk Management: Integrated Framework" (2004).

- **Reporting:** Es existieren verschiedene Berichtsformate, in denen die relevanten Risiken an die Stakeholder (unter anderem Vorstand, Aufsicht, Shareholder) kommuniziert werden.
- **Überwachung:** In diesem Schritt werden die Risiken regelmäßig überwacht. Dadurch wird sichergestellt, dass die Management-Maßnahmen angemessen funktionieren und die Exponierung im vordefinierten Rahmen bleibt.

Durch ein angemessenes Risikomanagement im Unternehmen kann die Geschäftsperformance verbessert und die Erreichung der Geschäftsziele unterstützt werden. Ziel des Risikomanagements ist es, eine fundierte Entscheidungsbasis für das Management zu schaffen und die Widerstandsfähigkeit des Unternehmens zu stärken.

3.4 Risikokategorien

In der Wissenschaft gibt es unterschiedliche Ansätze Risiken zu kategorisieren. Da im Abschnitt 3.7 Solvency II als aufsichtsrechtlicher Rahmen für Versicherungen eingeführt wird, wird im Folgenden auch die dort verwendete Kategorisierung von Risiken genutzt. Demnach lassen sich die Risiken, denen Versicherungsunternehmen ausgesetzt sind, in folgende Kategorien einteilen:

Versicherungstechnische Risiken:

- Je nach Art des Geschäfts unterteilt sich diese Kategorie in folgende weitere Unterkategorien:
  - Versicherungstechnische Risiken für Schaden-Unfall-Versicherung
  - Versicherungstechnische Risiken für Lebensversicherung
  - Versicherungstechnische Risiken für Krankenversicherung

Marktrisiken:

- Zinsänderungsrisiken, Aktienkursrisiken, Immobilienrisiken, Wechselkursrisiken, Konzentrationsrisiken, Spreadrisiken
  - Gegenparteiausfall-/Kreditrisiken
  - Operationelle Risiken
  - Risiko der immateriellen Vermögensgegenstände
  - Reputationsrisiken
  - Strategische Risiken
  - Liquiditätsrisiken

Bei der Identifizierung von Risiken im ersten Schritt des Risikomanagement-Zyklus sind zumindest diese Risikokategorien zu berücksichtigen. Damit zeigt sich, dass hierbei nicht nur die Risiken betrachtet werden, denen ein Versicherungsunternehmen durch die Versicherungstechnik, also die Policen mit den Versicherungsnehmern, ausgesetzt ist, sondern zu einem umfassenden Risikomanagement alle Risiken gehören, die in irgendeiner Weise eine negative Auswirkung auf das Unternehmen haben könnten.

Diese Kategorisierung der Risiken ist für die Unternehmen bei der Identifikation von Risiken hilfreich. Darüber hinaus sind aber gegebenenfalls weitere Risikoarten zu berücksichtigen, wenn die Unternehmen eine gewisse Exponierung aufweisen. So sollten beispielsweise auch kontinuierlich Emerging Risks betrachtet werden. Hierunter versteht man Risiken, die sich gerade erst entwickeln oder deren mögliche Auswirkungen noch nicht vollständig bekannt oder verstanden sind.

Die Proximus Versicherung AG stellt sich im Rahmen des Risikomanagements die Frage, inwieweit sie von dem Klimawandel betroffen sein wird. Hat dieser Auswirkungen auf die angebotenen Versicherungsprodukte? Zugleich beschäftigt sich eine Arbeitsgruppe mit den Auswirkungen autonomen Fahrens auf die Kfz-Versicherung und analysiert, welche Folgen ein Wandel der Automobilbranche haben wird.

Für den zweiten Schritt im Risikomanagementprozess stellt sich nun die Frage, wie Risiken monetär zu bewerten sind. Dabei soll die Höhe des erwarteten Geldbetrags ermittelt werden, der für das Versicherungsunternehmen notwendig ist, um das Risiko abzudecken. Ein einfacher Ansatz bietet eine sogenannte Heat-Map, die Risiken nach ihrer Eintrittswahrscheinlichkeit und ihrer Auswirkungen einteilt.

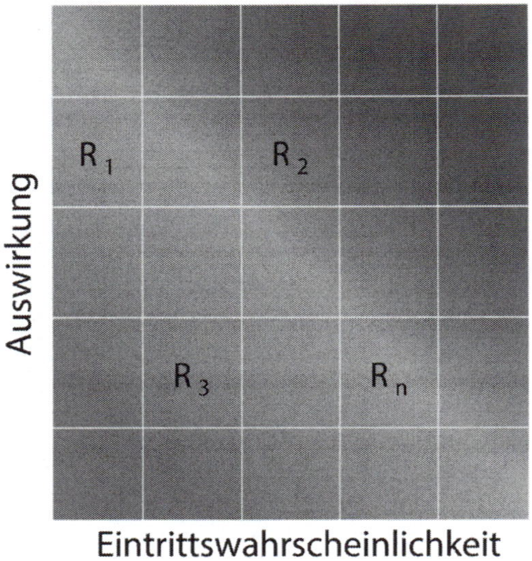

Abbildung 3.1: Illustrative Heat-Map zur Bewertung von Risiken

Mit diesem Ansatz lassen sich schnell die materiellsten Risiken feststellen. Das können beispielsweise Risiken mit geringerer Eintrittswahrscheinlichkeit aber hohen Auswirkungen sein oder auch Risiken mit hoher Eintrittswahrscheinlichkeit und geringen Auswirkungen.

Ergänzen wir nun die Achsen um konkrete Werte für Auswirkungen und Eintrittswahrscheinlichkeiten, lassen sich für die einzelnen Risiken in der Heat-Map messbare Werte ableiten. So lässt sich letztendlich die Summe aller Risiken angeben.

Ein ausgereifteres Risikomanagement, das heutzutage von Versicherungsunternehmen verwendet wird, nutzt komplexere mathematische Modelle zur Bewertung von Risiken. Aus diesen ergibt sich schließlich eine Kennzahl, die die Risikotragfähigkeit eines Versicherers mit den Risiken, denen das Unternehmen ausgesetzt ist, vergleicht. Sie gibt also Auskunft darüber, inwieweit ein Versicherungsunternehmen über ausreichende Eigenmittel verfügt, um die bestehenden Risiken abzusichern. Es handelt sich hierbei um die Solvabilitätskennzahl.

Solvabilitätskennzahl = Risikotragfähigkeit/Risikoexponierung = verfügbare Eigenmittel/Risikokapital

Die Solvabilitätskennzahl ist eine Quote, die zwei Werte in Relation zueinander setzt. Da die Risikotragfähigkeit des Unternehmens größer sein sollte als die Exponierung, sollte die Solvabilitätskennzahl über 100 % liegen. Ein Wert unter 100 % bedeutet, dass das Unternehmen mehr Risiken eingegangen ist, als es in der Lage wäre, zu tragen. Dementsprechend könnte ein größeres Risiko schnell zu einem finanziellen Verlust führen, der für das Unternehmen weitreichende Folgen – bis hin zur Insolvenz – haben könnte.

Eine Solvabilitätsplanung hilft, eine zu niedrige Solvenzquote zu vermeiden und stellt somit sicher, dass das Unternehmen immer über ausreichend Eigenmittel verfügt, um die eingegangenen Risiken zu decken. In diesem Kontext spielt auch der bereits genannte Begriff „Risikoappetit" eine Rolle. Versicherungsunternehmen legen im Rahmen ihrer Strategie fest, wie viele Risiken sie eingehen möchten beziehungsweise wie hoch die Solvabilitätskennzahl sein soll. Bei einigen kapitalmarktnotierten Unternehmen liegt die geplante Solvabilitätskennzahl bei um die 200 %. Mithilfe verschiedener Risikomanagementmaßnahmen wird die Erreichung dieser Kennzahl aktiv gesteuert. Eine Methode ist dabei beispielsweise Rückversicherung, womit Risiken vom Erstversicherer an den Rückversicherer transferiert werden. [siehe Kapitel 4.3].

Bisher haben wir uns auf die Vermeidung eines finanziellen Verlusts und damit interne Zwecke des Risikomanagements fokussiert. Im Folgenden wird diese Sichtweise um die regulatorischen Anforderungen ergänzt.

3.5 Versicherungsaufsicht

Die Versicherungsaufsicht ist ein zentrales Element der Finanzmarktregulierung in Deutschland und hat folgende Ziele:

1. Schutz der Interessen der Versicherten
2. Gewährleistung der Funktionsfähigkeit und Stabilität der Versicherungswirtschaft
3. Identifikation von Risiken für das Finanzsystem

Die Aufsicht sorgt dafür, dass Versicherungsunternehmen jederzeit in der Lage sind, ihren vertraglichen Verpflichtungen nachzukommen, und dabei in geordneten, transparenten Strukturen agieren.

Insbesondere der Versichertenschutz beziehungsweise Verbraucherschutz ist eine elementare Aufgabe der Aufsicht. Da sich das Produkt Versicherung grundlegend von anderen Produkten unterscheidet, ist das Vertrauen der Versicherungsnehmer in die Versicherungsbranche der wichtigste Baustein für den Erfolg der Branche. Die Versicherungsnehmer vertrauen – wie beispielsweise in der Lebensversicherung – über Jahre ihr Geld einem Versicherungsunternehmen an, in der Absicht, viele Jahre oder Jahrzehnte später Geld von dem Versicherungsunternehmen ausgezahlt zu bekommen.

Die Aufsicht über Versicherungsunternehmen in Deutschland beruht auf mehreren gesetzlichen Grundlagen:

- Versicherungsaufsichtsgesetz (VAG)
- Solvency-II-Richtlinie (EU-Richtlinie 2009/138/EG)
- Versicherungsvertragsgesetz (VVG)
- Weitere Verordnungen und Rundschreiben der Bundesanstalt für Finanzdienstleistungsaufsicht (BaFin).

Die **Bundesanstalt für Finanzdienstleistungsaufsicht** (BaFin) ist die zentrale Aufsichtsbehörde für den Versicherungssektor in Deutschland. Sie wurde im Jahr 2002 durch die Zusammenlegung von drei ehemaligen Aufsichtsämtern gegründet und ist dem Bundesministerium der Finanzen unterstellt. Sie hat ihren Sitz in Bonn.

Der versicherungsaufsichtliche Aufgabenbereich der BaFin umfasst folgende Tätigkeiten, wobei die Sicherstellung fairer Bedingungen für die Versicherungsnehmer im Vordergrund steht:

- **Erlaubniserteilung:** Prüfung und Genehmigung zur Aufnahme des Versicherungsgeschäfts.
- **Marktaufsicht:** Überwachung der Produktgestaltung, Prämienkalkulation und Geschäftsmodelle.
- **Risikomanagement und Governance:** Überprüfung der organisatorischen Strukturen und internen Kontrollsysteme.
- **Solvabilitätsüberwachung:** Kontrolle der Eigenmittelausstattung nach Solvency II.
- **Sicherstellung der Liquidität und Zahlungsfähigkeit:** Verhinderung von Insolvenzrisiken.

Die BaFin ist Teil des europäischen Aufsichtssystems und arbeitet eng mit EIOPA (European Insurance and Occupational Pensions Authority) zusammen. **EIOPA** ist die europäische Aufsichtsbehörde für das Versicherungswesen und die betriebliche Altersversorgung. Sie gibt Leitlinien heraus, führt Stresstests durch und sorgt für eine einheitliche Anwendung des Solvency-II-Regelwerks in den europäischen Mitgliedstaaten. Sie hat ihren Sitz in Frankfurt am Main.

Der Vollständigkeit halber ist noch die **IAIS** (International Association of Insurance Supervisors) zu nennen. Die IAIS ist eine Vereinigung von Versicherungsaufsichtsbehörden aus mehr als 200 Ländern weltweit und hat das Ziel einer effektiven und konsistenten Aufsicht der Versicherungsbranche zum Schutz der Versicherungsnehmer und zur Förderung von stabilen Versicherungsmärkten.

Die Versicherungsaufsicht in Deutschland ist ein vielschichtiges System, das auf nationalen und europäischen Regelwerken basiert. Mit der BaFin verfügt Deutschland über eine leistungsfähige Aufsichtsbehörde, die sowohl die Stabilität des Marktes als auch den Schutz der Versicherten sicherstellt. Die Integration in den europäischen

Aufsichtsrahmen sowie die kontinuierliche Weiterentwicklung von Vorschriften und Instrumenten gewährleisten eine moderne, risikoorientierte und transparente Aufsichtspraxis.

3.6 Regulatorische Anforderungen

Bereits 1973 wurde mit der sogenannten „Erste Richtlinie Lebensversicherung" (Richtlinie 73/239/EWG) ein regulatorisches Aufsichtssystem eingeführt, welches ein paar Jahre später durch weitere Richtlinien zur Nichtlebensversicherung (Richtlinie 79/267/EWG) ergänzt wurde und als Solvency I bezeichnet wurde.

Über mehrere Jahrzehnte galt das sogenannte Solvency-I-System als aufsichtsrechtlicher Rahmen für Versicherungsunternehmen in der Europäischen Union.

Solvency I hatte zum Ziel, eine Mindestkapitalausstattung von Versicherungsunternehmen sicherzustellen. Es basierte dabei im Wesentlichen auf zwei Komponenten:

1. Die Solvenzspanne (Solvency Margin): Sie war das Maß für die Eigenmittelausstattung und sollte als Sicherheitsreserve dienen.
2. Die Mindestgarantieforderung: Ein absoluter Mindestbetrag an Eigenmitteln, den jedes Versicherungsunternehmen vorhalten musste.

Die Berechnung der erforderlichen Solvenzspanne basierte auf einfachen Kennzahlen und unterschied sich je nach Versicherungszweig. Im Bereich der Nichtlebensversicherung basierte die geforderte Solvenzspanne beispielsweise auf einer Kombination aus Bruttoprämienvolumen und durchschnittlichen Schadenkosten. Für Lebensversicherungen spielten dagegen die mathematischen Rückstellungen und versicherungstechnischen Verpflichtungen eine größere Rolle.

Ein zentrales Merkmal war die einfache Anwendbarkeit und Nachvollziehbarkeit. Kleinere und mittlere Versicherungsunternehmen konnten ohne komplexe Modelle ihren Solvenzstatus berechnen und gegenüber der Aufsicht nachweisen.

Bei Solvency I handelte es sich jedoch um eine statische, vergangenheitsorientierte Betrachtung, die keine differenzierte Risikoanalyse beinhaltete. Daher wurde Solvency I im Laufe der Zeit zunehmend kritisiert. Die wesentlichen Schwachstellen waren:

- **Keine Risikodifferenzierung:** Alle Unternehmen mussten die gleichen Anforderungen erfüllen – unabhängig von ihrer individuellen Risikosituation.
- **Vergangenheitsbezogenheit:** Die Kapitalanforderung basierte auf historischen Daten, nicht auf aktuellen oder zukünftigen Risiken.
- **Marktverzerrungen:** Aufgrund der starren Vorschriften war eine flexible Kapitalsteuerung kaum möglich.

- **Keine Integration qualitativer Anforderungen:** Governance, Risikomanagement und interne Kontrollsysteme wurden nicht berücksichtigt.
- **Mangel an Transparenz und Vergleichbarkeit:** Unternehmen konnten trotz gleicher Solvenzquote sehr unterschiedliche Risikoprofile haben.

Diese Defizite wurden insbesondere nach der Finanzkrise 2008 deutlich, als viele Unternehmen unter systemischen Risiken litten, die im Solvency-I-Regime nicht angemessen abgebildet wurden.

Schon in den frühen 2000er Jahren begannen die Vorbereitungen für ein neues Aufsichtsregime, das besser an die Anforderungen moderner Finanzmärkte angepasst war. Mithilfe von Expertengruppen, Konsultationen und empirischen Studien (zum Beispiel den Quantitative Impact Studies – QIS) wurde schrittweise ein neues Rahmenwerk entwickelt: Solvency II.

3.7 Solvency II

3.7.1 Einführung und Einleitung

Die Idee zu einem modernen, risikobasierten Aufsichtssystem entstand bereits Ende der 1990er-Jahre. Die Europäische Kommission leitete erste Analysen ein und verkündete 2001 in einem offiziellen Dokument das Ziel, ein grundlegend neues Aufsichtssystem für Versicherungsunternehmen zu schaffen. Der Begriff „Solvency II" wurde erstmals öffentlich verwendet.

Entgegen Solvency I sollte die Entwicklung von Solvency II sich nicht nur auf Kapitalanforderungen beschränken, sondern ein ganzheitliches Steuerungs- und Aufsichtskonzept beinhalten. Daher wurde ein systematischer, mehrjähriger Projektprozess gestartet, der alle Akteure einband:

- Europäische Kommission
- Nationale Aufsichtsbehörden (wie BaFin)
- Fachverbände und Industrie (zum Beispiel GDV, Insurance Europe)
- Wissenschaft und Aktuare

Die Entstehung von Solvency II war ein iterativer, mehrstufiger Prozess:

a) Konsultationen und Arbeitsgruppen

   Zwischen 2002 und 2007 fanden intensive Konsultationen mit den verschiedenen Akteuren statt. Parallel wurden diverse Expertengruppen und technische Arbeitskreise unter Leitung der damaligen CEIOPS (Vorläufer der heutigen EIOPA) gebildet. Ziel war es, eine praxisnahe und risikosensitive Regulierung zu entwickeln.

b) Quantitative Impact Studies (QIS)

Ein wesentliches Element zur Wirkung und Machbarkeit waren die sogenannten Quantitative Impact Studies (QIS). In fünf Runden (QIS1 bis QIS5) zwischen 2005 und 2010 testeten Versicherungsunternehmen in ganz Europa freiwillig die geplanten Berechnungsmethoden.

Diese Studien ermöglichten es, Schwachstellen frühzeitig zu erkennen, Annahmen zu kalibrieren und einen Dialog zwischen Regulierern und Industrie zu etablieren.

c) Verabschiedung der Richtlinie

Nach Jahren intensiver Vorbereitung legte die Europäische Kommission 2007 ihren Vorschlag zur Solvency-II-Richtlinie vor. Schließlich wurde die Solvency-II-Richtlinie 2009/138/EG am 25. November 2009 vom Europäischen Parlament und dem Rat der Europäischen Union verabschiedet.

Bei Solvency II handelt es sich um das aktuelle europäische Aufsichtssystem. Es gilt für alle (Rück-)Versicherungsunternehmen und -gruppen mit Sitz in der Europäischen Union. Ausgenommen sind nur – unter bestimmten Bedingungen – sehr kleine Versicherungsunternehmen, insbesondere wenn deren Bruttobeitragseinnahmen unter 5 Millionen € liegen.

Solvency II trat am 1. Januar 2016 nach mehrmaliger Verschiebung endgültig in Kraft. Es ist ein risikobasiertes Aufsichtssystem. Somit orientiert sich also die Intensität und Ausgestaltung der Regulierung und Überwachung am tatsächlichen Risikoprofil eines Unternehmens – anders als in Solvency I, wo pauschale oder einheitliche Anforderungen für alle Marktteilnehmer vorgegeben waren.

Solvency II war auch für einige Länder weltweit Ausgangsbasis für eine Neugestaltung deren Aufsichtssysteme. In den Jahren 2013 bis 2020 wurden in vielen Ländern neue Aufsichtssysteme eingeführt, die überwiegend einem risikobasierten Ansatz folgten.

Die Solvency-II-Rahmenrichtlinie wurde von den Mitgliedstaaten der Europäischen Union bis zum 31. März 2015 in nationales Recht umgesetzt. In Deutschland erfolgte die Umsetzung durch das Gesetz zur Modernisierung der Finanzaufsicht über Versicherungen im Versicherungsaufsichtsgesetz.

Das **Versicherungsaufsichtsgesetz (VAG)** bildet die zentrale gesetzliche Grundlage für die Regulierung und Beaufsichtigung von Versicherungsunternehmen in Deutschland. Es regelt die Voraussetzungen für die Geschäftstätigkeit, die Anforderungen an die Unternehmensführung, die Eigenmittelausstattung sowie die Berichtspflichten gegenüber der Aufsicht.

Somit spiegelt das VAG auch die fünf übergeordneten Ziele von Solvency II:

1. Erhöhung des Schutzes der Versicherungsnehmer
2. Stärkung der Finanzstabilität in Europa
3. Einführung eines risikobasierten Kapitalansatzes
4. Förderung eines einheitlichen europäischen Binnenmarkts
5. Anreiz zur Verbesserung der Unternehmensführung und Risikosteuerung

Die finale Ausgestaltung und Umsetzung von Solvency II vollzog sich in einem mehrstufigen Prozess nach dem sogenannten Lamfalussy-Verfahren. Heute existieren aufbauend auf der Solvency-II-Richtlinie eine delegierte Rechtsakte, technische Standards und aufsichtliche Leitlinien, Empfehlungen und Auslegungsentscheidungen. Im Folgenden werden die wesentlichsten Elemente von Solvency II vorgestellt, ohne in die entsprechenden Dokumente zu verlinken.

Für die Versicherungsunternehmen in Deutschland und auch den anderen Ländern der Europäischen Union war die Einführung von Solvency II mit einigen Herausforderungen verbunden:

- **Technische Komplexität:** Die Umstellung der Bilanzen war anspruchsvoll.
- **Datenverfügbarkeit und IT-Infrastruktur:** Viele Unternehmen mussten ihre Systeme grundlegend modernisieren.
- **Kalibrierungsfragen:** Die Höhe der Kapitalanforderungen war lange umstritten.
- **Proportionalität in der Praxis:** Kleine Versicherer befürchteten übermäßige Belastung.

Solvency II steht für einen Paradigmenwechsel: Weg von pauschalen Vorgaben hin zu einer dynamischen, marktorientierten und qualitativ fundierten Aufsichtspraxis. Auch wenn die Umsetzung mit Herausforderungen verbunden war, gilt Solvency II heute international als eines der modernsten Aufsichtssysteme weltweit – und ist eine Blaupause für andere Branchen und Regionen.

3.7.2 Aufbau Solvency II

Das europäische Aufsichtssystem Solvency II wurde als umfassendes und risikobasiertes Regelwerk für Versicherungsunternehmen konzipiert. Es regelt nicht nur – wie wir es von Solvency I kennen – die Höhe der Eigenmittel, die ein Unternehmen zur Abdeckung seiner Risiken vorhalten muss, sondern auch die Anforderungen an Risikomanagement, Unternehmensführung und Transparenz. Der Aufbau von Solvency II folgt dabei einem Drei-Säulen-Modell, das quantitative, qualitative und berichtspflichtige

Aspekte systematisch miteinander verbindet. Damit verwendet Solvency II auch den Ansatz, der bereits mit Basel II für den Bankensektor eingeführt worden war.

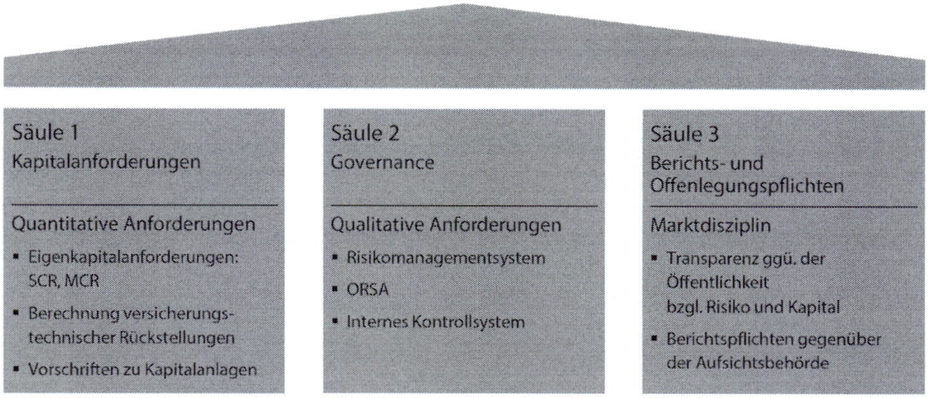

Abbildung 3.2: Die drei Säulen von Solvency II mit den jeweiligen Schwerpunkten

Die drei Säulen von Solvency II:

1. Die erste Säule umfasst die Berechnung des Solvabilitätskapitalbedarfs, die Bewertung der Vermögenswerte und Verbindlichkeiten sowie die Eigenmittelklassifizierung.
2. Die zweite Säule ergänzt die quantitativen Vorgaben um qualitative Anforderungen an die Organisationsstruktur, Steuerung und Risikokultur der Unternehmen.
3. Die dritte Säule enthält Vorschriften zur Offenlegung und Berichterstattung an die Öffentlichkeit und an die Aufsichtsbehörde.

Die drei Säulen von Solvency II sind eng miteinander verzahnt und kombiniert. Davon ungeachtet, werden wir die drei Säulen im Folgenden zunächst einzeln betrachten.

3.7.2.1 Säule 1 – Quantitative Anforderungen

Die erste Säule von Solvency II legt den Fokus auf die quantitative Bewertung der Risiken und der Kapitalausstattung von Versicherungsunternehmen. Unter quantitativer Bewertung von Risiken verstehen wir die Berechnung von Risiko mit einem mathematischen Modell. Säule 1 bildet das Fundament des aufsichtsrechtlichen Systems und soll sicherstellen, dass Versicherer über ausreichend Eigenmittel verfügen, um ihre Verpflichtungen auch unter Stressbedingungen erfüllen zu können. Die zentrale Idee besteht darin, dass die Kapitalanforderungen dem individuellen Risikoprofil eines Unternehmens angemessen sein müssen. Das bedeutet, dass die zu berechnende Solvenzquote über 100 % liegt.

Solvabilitätskapitalanforderung (SCR)

Solvency II basiert auf einer ökonomischen Sichtweise. Das bedeutet, dass für die Berechnung von Risikokapital Marktwerte zu verwenden sind und eine ökonomische Bilanz aufgestellt werden muss, um die vorhandenen Eigenmittel zu ermitteln.

Das zentrale Element der ersten Säule ist die sogenannte Solvabilitätskapitalanforderung. So wird das benötigte Risikokapital unter Solvency II genannt. Da Solvency II ein europäisches System ist, wird auch oft der englische Begriff Solvency Capital Requirement mit der Abkürzung SCR verwendet.

Zur Ermittlung des Risikokapitals wird in Solvency II das Risikomaß „Value at Risk" mit einem bestimmten Konfidenzintervall verwendet. Auf diese Kennzahl wird in diesem Kontext nicht weiter eingegangen. Die Solvabilitätskapitalanforderung beziehungsweise das SCR stellt das ökonomisch notwendige Kapital dar, das ein Versicherungsunternehmen vorhalten muss, um mit einer Wahrscheinlichkeit von 99,5 % innerhalb eines Jahres nicht insolvent zu werden. Anders gesagt steht die Höhe des Risikokapitals für einen Verlust, der in dieser Höhe nur einmal in 200 Jahren erwartet wird. Das SCR soll also auch unter widrigen Marktbedingungen die Zahlungsfähigkeit sichern.

Die Berechnung des SCR kann in Solvency II auf verschiedene Arten erfolgen, wie folgende Abbildung zeigt.

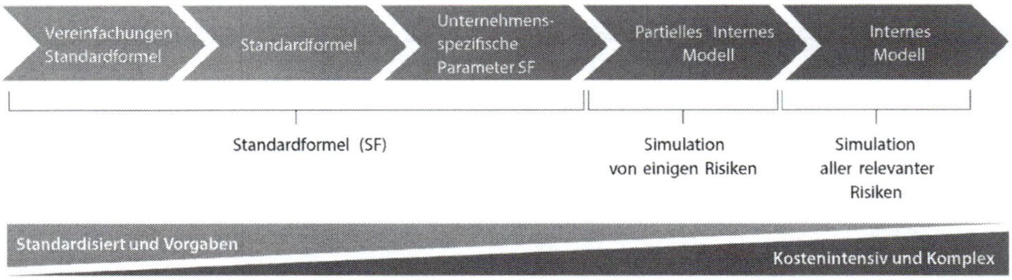

Abbildung 3.3: Berechnungsmöglichkeiten des SCR im Rahmen von Solvency II

Die meisten Unternehmen verwenden die in Solvency II definierte Standardformel – gegebenenfalls mit möglichen Vereinfachungen oder unternehmensspezifischen Werten. Die Standardformel basiert auf einem deterministischen Berechnungsmodell und deckt die quantitativen Risikomodule.

Alternativ kann ein Versicherungsunternehmen partiell interne Modelle oder ein vollständig internes Modell verwenden, das die tatsächlichen Risiken spezifischer und unternehmensorientierter abbildet. Bei partiell internen Modellen werden einzelne Module der Standardformel durch interne Teilmodelle ersetzt. Ein vollständig internes Modell basiert auf einer vollständig stochastischen Berechnung des SCR. Diese Modelle müssen von der Aufsicht genehmigt werden und erfordern umfangreiche Dokumentation, Validierung und Tests.

Übersicht Risikomodule

Die Standardformel gliedert sich in die folgenden Hauptrisikomodule:

1. Versicherungstechnisches Risiko
2. Marktrisiko
3. Kreditrisiko (Gegenparteiausfallrisiko)
4. Immaterielle Vermögensgegenstände
5. Operationelles Risiko
6. Adjustierung durch Diversifikation und Verlustausgleich (zum Beispiel mit latenten Steuern)

Einige dieser Hauptrisikomodule (zum Beispiel Marktrisiko und versicherungstechnisches Risiko) sind in Untermodule aufgeteilt. Nachdem alle Risiken der Untermodule quantifiziert wurden, werden sie zum SCR des Hauptrisikomoduls aggregiert. Dabei kommen vordefinierte Korrelationsmatrizen zum Einsatz, die die Diversifikation zwischen den Modulen berücksichtigen. Das bedeutet: Nicht alle Risiken treten gleichzeitig mit maximalem Ausmaß auf – durch ihre teilweise Unabhängigkeit reduziert sich der Kapitalbedarf im Vergleich zur bloßen Addition der Einzelbeträge.

Der gleiche Berechnungsansatz mit Korrelationsmatrizen erfolgt bei der Berechnung des Basic-SCR. Dieses wird durch eine Aggregation der Hauptrisikomodule „Versicherungstechnisches Risiko", „Marktrisiko", „Gegenparteiausfallrisiko" und „Immaterielle Vermögensgegenstände" berechnet.

Das „Operationelle Risiko" wird zum Basic-SCR hinzugerechnet, und es erfolgen Anpassungen beispielsweise aufgrund latenter Steuern, um den Gesamtsolvabilitätsbedarf – das SCR – zu berechnen.

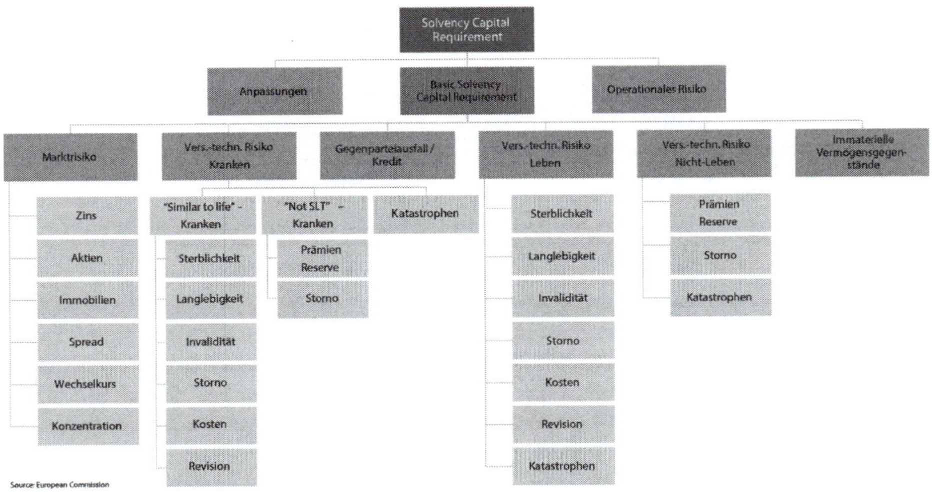

Abbildung 3.4: Die Risikomodule im Standardansatz von Solvency II

Im Folgenden werden die einzelnen Risikomodule detaillierter vorgestellt:

1. Versicherungstechnisches Risiko

Dieses Modul bildet die Risiken ab, die direkt aus dem Versicherungsgeschäft resultieren – also durch Prämien, Schäden, Rückstellungen und Vertragsbedingungen. Es wird unterteilt in:

- **Lebensversicherungstechnisches Risiko:** Risiken durch Langlebigkeit, Sterblichkeit, Berufsunfähigkeit, Storno etc.
- **Nichtlebensversicherungstechnisches Risiko:** Risiken durch Schadenhäufigkeit und -höhe, insbesondere bei Naturkatastrophen oder Großschäden.
- **Krankenversicherungstechnisches Risiko:** Risiken im Zusammenhang mit medizinischen Kosten und biometrischen Faktoren.

Hierbei wird unter anderem geprüft, wie stark Abweichungen vom Erwartungswert (zum Beispiel höhere Sterblichkeit oder unerwartete Stornos) die Verpflichtungen des Unternehmens verändern würden.

2. Marktrisiko

Das Marktrisiko beschreibt Verluste, die durch Änderungen der Marktpreise von Kapitalanlagen entstehen können. Es umfasst folgende Untermodule:

- **Zinsänderungsrisiko:** Verluste durch veränderte Marktzinsen bei verzinslichen Anlagen und Verpflichtungen.
- **Aktienrisiko:** Kursverluste bei Aktienanlagen.

- **Immobilienrisiko:** Wertveränderungen bei Immobilienanlagen.
- **Spreadrisiko:** Veränderung der Risikoprämien von Anleihen gegenüber sicheren Referenzzinssätzen.
- **Wechselkursrisiko:** Verluste durch ungünstige Wechselkursveränderungen bei Fremdwährungspositionen.
- **Konzentrationsrisiko.** Risiken durch zu starke Gewichtung einzelner Emittenten oder Assetklassen.

3. Kreditrisiko (Gegenparteiausfallrisiko)

Dieses Modul deckt das Risiko ab, dass eine Gegenpartei – zum Beispiel ein Rückversicherer oder ein Derivatekontrahent – ihren Verpflichtungen nicht nachkommt. Es wird ebenfalls in zwei Komponenten unterteilt:

- **Typ-1-Gegenparteien:** Rückversicherer, Banken, zentrale Gegenparteien (höheres Ausfallrisiko bei Einzelereignis)
- **Typ-2-Gegenparteien.** Versicherungsnehmer, Vermittler, kleinere Partner (viele Einzelrisiken, aber geringere Einzelwirkung)

Die Bewertung basiert auf Bonität, Forderungshöhe, Sicherheiten und vertraglichen Regelungen.

4. Immaterielle Vermögensgegenstände

Im Rahmen von Solvency II spielen immaterielle Vermögensgegenstände (zum Beispiel Markenrechte, Software, Patente, Kundenbeziehungen) eine untergeordnete, aber besonders restriktiv behandelte Rolle. Grund dafür ist ihre meist eingeschränkte Liquidierbarkeit und die Unsicherheit in der Bewertung – insbesondere in Stress- oder Abwicklungsszenarien.

Immaterielle Vermögensgegenstände sind nicht-physische wirtschaftliche Güter, die auf der Aktivseite der Bilanz stehen, aber keinen direkt realisierbaren Marktwert haben – zumindest nicht in der gleichen Verlässlichkeit wie zum Beispiel Kapitalanlagen oder Rückversicherungsforderungen.

Um diese sowohl in der Bilanz als auch folglich in der Standardformel anzusetzen, sind restriktive Anforderungen zu erfüllen. Daher spielen sie eine untergeordnete Rolle.

5. Operationelles Risiko

Das operationelle Risiko bezieht sich auf Verluste, die aus internen Prozessfehlern, Systemausfällen, menschlichen Fehlern oder externen Ereignissen (zum Beispiel Cyberangriffen, Naturkatastrophen) entstehen. Die externen Ereignisse, die beispielsweise zu einer Betriebsunterbrechung führen können, sind dabei von versicherungstechnischen Risiken abzugrenzen.

Die Standardformel sieht eine vereinfachte, pauschale Berechnung vor, die sich in der Regel an der Höhe der versicherungstechnischen Rückstellungen und der Prämienvolumina orientiert. Im Standardansatz erfolgt keine direkte Modellierung einzelner operationeller Risiken.

Über die Quantifizierung von operationellen Risiken gab es in der Entstehungszeit von Solvency II zahlreiche Diskussionen. Es stellte sich die Frage, ob es sinnvoll ist, für die Risiken in diesem Modul Risikokapital vorzuhalten, oder ob es eher als qualitatives Risiko betrachtet wird und entsprechende Gegenmaßnahmen zur Prävention notwendig wären. Letztendlich wird das operationelle Risiko sowohl als quantitatives als auch als qualitatives Risiko betrachtet. Somit wird es uns auch in der Säule 2 wieder begegnen.

Die Berechnung des einzelnen Risikokapitals der Module basiert auf einem vordefinierten Ansatz, der zumeist ein sogenanntes „Schockszenario" darstellt. Der Ansatz basiert dabei auf dem bereits erwähnten Risikomaß Value-at-Risk mit einem Konfidenzlevel von 99,5 %.

Die Standardformel von Solvency II bietet mit diesem Ansatz ein strukturiertes, nachvollziehbares System zur Quantifizierung des Kapitalbedarfs auf Basis der individuellen Risikoexponierung eines Versicherungsunternehmens. Die Aufteilung in Risikomodule sorgt für Transparenz, Konsistenz und Vergleichbarkeit.

Der Ansatz zeigt auch auf, dass die Berechnung des Gesamtsolvabilitätsbedarfs deutlich komplexer und umfangreicher ist, als es unter Solvency I der Fall war.

Neben dem SCR wird auch eine Mindestkapitalanforderung (Minimum Capital Requirement – MCR) mit einem vereinfachten Ansatz berechnet. Die Mindestkapitalanforderung ist die untere Grenze der Eigenmittelausstattung und dient als zusätzliche Sicherheitsbarriere. Sie ist weniger risikosensitiv als das SCR und stellt sicher, dass die Unternehmen zumindest eine grundlegende Kapitalausstattung besitzen.

Wie bereits in einem vorherigen Kapital beschrieben, wird die Risikoexponierung – also das SCR – in ein Verhältnis zu der Risikotragfähigkeit – also den vorhandenen Eigenmitteln – gesetzt, um die „finanzielle Sicherheit" eines Unternehmens über die Solvenzquote zu bestimmen. Daher handelt der nächste Abschnitt von den Eigenmitteln.

Marktwertbilanzierung und Eigenmittelermittlung unter Solvency II

Solvency II verfolgt das Ziel, die finanzielle Lage von Versicherungsunternehmen möglichst realistisch, zeitnah und risikosensibel abzubilden. Ein zentrales Element dabei ist die sogenannte marktwertbasierte Bilanzierung („market-consistent valuation") in Verbindung mit der präzisen Ermittlung der verfügbaren Eigenmittel. Neben der Ermittlung des SCR bildet dieses Konzept das Fundament für die quantitative Bewertung im Rahmen der ersten Säule von Solvency II.

Die Solvency-II-Bilanz unterscheidet sich grundlegend von der handelsrechtlichen Bilanz (zum Beispiel nach HGB oder IFRS). Während letztere auf Vorsichtsprinzipien und historische Kosten setzt, basiert die Solvency-II-Bilanz auf den aktuellen ökonomischen Werten der Vermögensgegenwerte (Aktivseite) und Verbindlichkeiten (Passivseite). Alle Positionen sind so zu bewerten, als würden sie am Bilanzstichtag am Markt veräußert oder erfüllt.

Für Vermögenswerte auf der Aktivseite bedeutet dies:

- Börsennotierte Wertpapiere werden mit Marktpreisen bewertet.
- Immobilien werden regelmäßig extern bewertet.
- Derivate und strukturierte Produkte werden auf Basis von Bewertungsmodellen angesetzt.

Für Verbindlichkeiten auf der Passivseite und damit insbesondere für die versicherungstechnischen Rückstellungen gilt:

- Die Rückstellungen werden als „Best Estimate Liabilities" (BEL) berechnet. Dabei handelt es sich um den erwarteten Barwert der künftigen Verpflichtungen, unter Verwendung aktueller Annahmen (Sterblichkeit, Schadenaufwand, Storno etc.).
- Zusätzlich wird eine „Risikomarge" angesetzt, die jenes Kapital abbildet, das ein Dritter verlangen würde, um die Verpflichtungen zu übernehmen.

Diese marktkonsistente Bilanz bildet die Grundlage für die Ermittlung der Solvenzkapitalanforderung (SCR) und die Eigenmittelausstattung. Da wir die Berechnung des SCR bereits im Abschnitt 3.7.2.1 betrachtet haben, werfen wir nun ein Blick auf die Ermittlung der vorhandenen Eigenmittel.

Die **vorhandenen Eigenmittel** – in Solvency II „Own Funds" genannt – ergeben sich aus der Differenz zwischen den marktkonsistent bewerteten Vermögenswerten und den Marktwerten der Verbindlichkeiten.

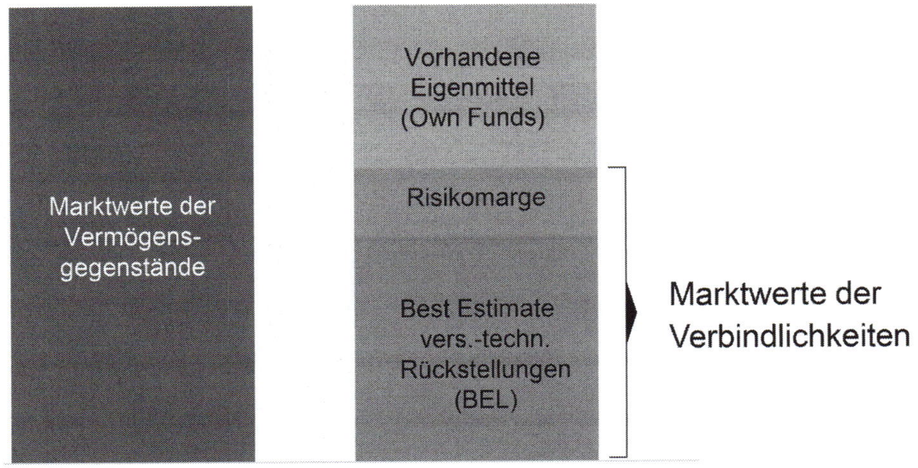

Abbildung 3.5: Solvency II-Bilanz zur Ermittlung der „Vorhandenen Eigenmittel"

Zur Berechnung der verfügbaren Eigenmittel gelten weitere bestimmte qualitative Anforderungen an die Eigenmittelbestandteile. Diese werden in drei Stufen („Tiers") unterteilt:

- Tier 1: Eigenmittel höchster Qualität (zum Beispiel Stammkapital, Rücklagen, einbehaltene Gewinne), die dauerhaft zur Verfügung stehen und höchste Verlustabsorptionsfähigkeit besitzen.
- Tier 2: Ergänzungskapital mit begrenzter Verfügbarkeit oder Verlusttragfähigkeit (zum Beispiel nachrangige Schuldtitel).
- Tier 3: Eigenmittel geringster Qualität, die nur eingeschränkt zur Bedeckung des SCR verwendet werden dürfen (zum Beispiel bestimmte befristete oder nachrangige Instrumente).

Die Zuordnung erfolgt nach Kriterien wie Dauerhaftigkeit, Nachrangigkeit, Kündbarkeit und Ausschüttungsbeschränkungen.

Die Unterteilung der Eigenmittel ist notwendig, da die Eigenmittel nur in bestimmtem Umfang zur Bedeckung des SCR beziehungsweise MCR herangezogen werden dürfen. Beispielsweise dürfen Tier-2- und Tier-3-Mittel zusammen nur bis zu 50 % des SCR decken. Für die Bedeckung des MCR sind nur Tier-1- und teilweise Tier-2-Mittel zulässig.

Solvenzquote

Nach der Berechnung des Gesamtsolvabilitätsbedarfs und der anrechenbaren Eigenmittel kann die Solvency II-Quote berechnet werden:

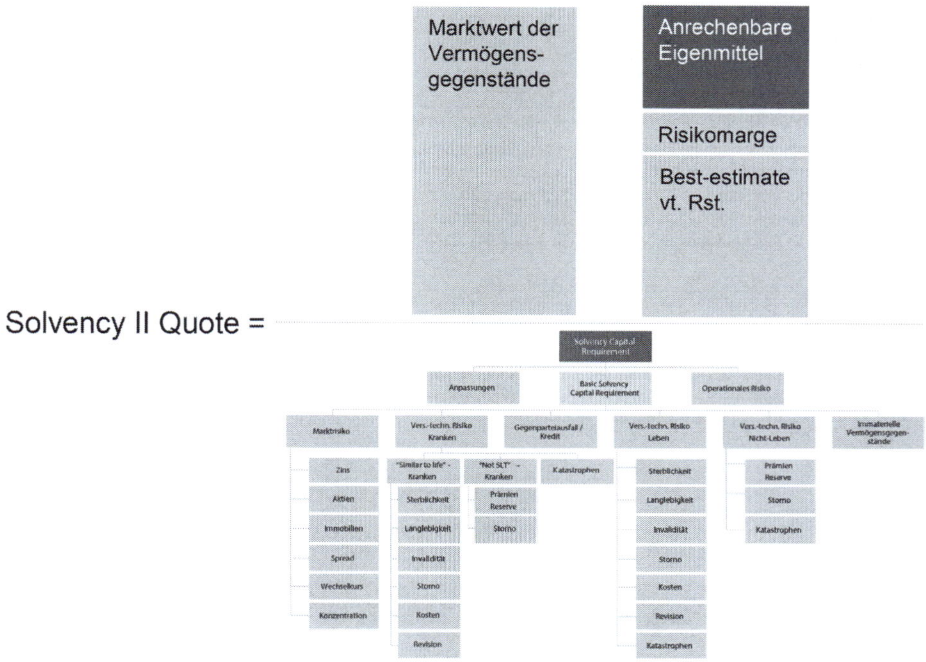

Abbildung 3.6: Berechnung der Solvenzquote

Solvenzquote = (Verfügbare Eigenmittel/Solvabilitätskapitalanforderung (SCR)) × 100 %

Die Solvenzquote ist eine zentrale Kennzahl im Solvency-II-System und gibt das Verhältnis der verfügbaren Eigenmittel zur Solvabilitätskapitalanforderung (SCR) an. Sie zeigt an, inwieweit ein Versicherungsunternehmen mit eigenem Kapital gegen seine quantifizierten Risiken abgesichert ist. Bei der Berechnung dürfen nur die anrechenbaren Eigenmittel berücksichtigt werden, die nach Solvency II als tierklassifiziert und verfügbar gelten.

Sinkt die Solvenzquote unter 100 %, ist dies ein Signal dafür, dass die vorhandenen Eigenmittel nicht mehr ausreichen, um die aufsichtsrechtlich erforderliche Solvabilitätskapitalanforderung (SCR) vollständig zu decken. In einem solchen Fall sieht das Versicherungsaufsichtsgesetz (VAG) – in Umsetzung der Solvency-II-Richtlinie – abgestufte Maßnahmen und Interventionsmöglichkeiten für die Aufsicht vor.

Rechtlicher Rahmen

Gemäß § 137 VAG ist das betroffene Unternehmen verpflichtet, der BaFin unverzüglich eine Sanierungsmaßnahme in Form eines realistischen und nachvollziehbaren Plans vorzulegen, um innerhalb eines angemessenen Zeitraums wieder eine SCR-Bedeckung von mindestens 100 % herzustellen. Dieser sogenannte Finanzierungsplan muss die Ursachen der Unterdeckung analysieren und geeignete Maßnahmen zur Wiederherstellung der Solvenz aufzeigen.

Die Aufsicht hat in dieser Situation weitreichende Eingriffsrechte. Zu den typischen Maßnahmen zählen:

- Anforderung eines Sanierungsplans mit konkretem Zeitplan und Berichtspflichten
- Einschränkung oder Untersagung von Dividenden- und Bonuszahlungen
- Kapitalerhöhungsanordnungen
- Vorgaben zur Reduktion bestimmter Risiken oder Geschäftsbereiche
- Einschränkung der Geschäftstätigkeit (zum Beispiel Neugeschäftsstopp)
- Intensive Überwachung und Berichtspflichten (häufigere Berichterstattung oder Sonderprüfungen)

Wenn ein Unternehmen neben dem SCR auch die Mindestkapitalanforderung (MCR) unterschreitet, verschärfen sich die Maßnahmen nochmals. In diesem Fall muss das Unternehmen innerhalb eines Monats einen kurzfristigen Sanierungsplan einreichen; andernfalls kann die Aufsichtsbehörde die Geschäftserlaubnis entziehen.

Die BaFin handelt dabei gemäß dem Prinzip der Verhältnismäßigkeit. Die Maßnahmen hängen von der Schwere und Dauer der Unterdeckung sowie vom Risikoprofil des Unternehmens ab. Eine kurzfristige Unterschreitung aufgrund extremer Marktbedingungen kann anders bewertet werden als strukturelle Kapitalmängel.

Aktuell (2024/2025) erreichen die Lebensversicherer im Mittel Solvenzquoten von rund 480 %, die Schaden- und Unfallversicherer von 280 %und die Rückversicherer von 290 %.

Die Solvenzquote ist nicht nur eine bedeutende Kennzahl für die Aufsicht, sondern wird auch in Unternehmensberichten veröffentlicht und dient externen Stakeholdern zur Bewertung der finanziellen Stabilität eines Versicherers.

Zusammenfassung Säule 1

Säule 1 von Solvency II bildet die quantitative Grundlage für eine risikoorientierte Aufsicht. Durch die Kombination aus risikobasierter Kapitalanforderung, marktwertbasierter Bilanzierung und strenger Eigenmittelklassifizierung trägt sie maßgeblich zur finanziellen Stabilität und Belastbarkeit von Versicherungsunternehmen bei. Die Unternehmen werden dazu verpflichtet, ihre Kapitalausstattung laufend an ihre individuelle Risikolage anzupassen – und damit dauerhaft die Interessen der Versicherungsnehmer zu schützen.

3.7.2.2 Säule 2

Während die erste Säule von Solvency II den Fokus auf die quantitativen Anforderungen wie Kapitalbedarf und Bilanzierung legt, beschäftigt sich die zweite Säule mit den qualitativen Anforderungen. Dabei geht es um die angemessene Steuerung, Kontrolle und Überwachung der Risiken eines Versicherungsunternehmens. Die Säule 2 stellt sicher, dass das Unternehmen nicht nur rechnerisch über ausreichende Eigenmittel verfügt (basierend auf der Solvenzquote), sondern auch organisatorisch und personell in der Lage ist, Risiken frühzeitig zu erkennen, angemessen zu steuern und zu kommunizieren.

Im Zentrum der Säule 2 stehen Anforderungen an das Governance-System und das Risikomanagement, die für alle Versicherungsunternehmen verbindlich gelten. Dabei werden sowohl die internen Strukturen als auch die Leitungs- und Kontrollprozesse betrachtet. Die Aufsicht prüft, ob diese Systeme wirksam funktionieren und zur nachhaltigen Stabilität des Unternehmens beitragen.

Die zweite Säule gliedert sich in mehrere zentralen Elemente, die im Zusammenspiel eine ganzheitliche Risikoüberwachung und Unternehmenssteuerung ermöglichen:

- **ORSA (Own Risk and Solvency Assessment):** Eigene unternehmensindividuelle Beurteilung der aktuellen und zukünftigen Risikosituation und Solvabilitätslage.
- **Fit and proper:** Anforderungen an Qualifikation und Zuverlässigkeit von Führungskräften und Schlüsselfunktionsträgern.
- **Schlüsselfunktionen:** Einrichtung und Unabhängigkeit zentraler Kontrollfunktionen wie Risikomanagement, Compliance, Interne Revision und Aktuariat.
- **Outsourcing.** Anforderungen an die Auslagerung wesentlicher Funktionen, inklusive Kontroll- und Informationspflichten.
- **Stresstests und Sensitivitätsanalysen:** Analyse der Unternehmensstabilität bei extremen Marktereignissen oder Abweichungen.
- **Szenarioanalysen:** Betrachtung alternativer, plausibler Zukunftsszenarien zur Vorbereitung auf unterschiedliche Marktentwicklungen.
- **Operationale Risiken:** Identifikation und Steuerung von Risiken, die aus Prozessen, Systemen, Menschen oder externen Ereignissen entstehen.

Diese Elemente werden im weiteren Verlauf dieses Abschnitts ausführlich und systematisch erläutert. Ziel ist es, ein ganzheitliches Verständnis für die qualitative Steuerung innerhalb des Solvency-II-Rahmens zu vermitteln.

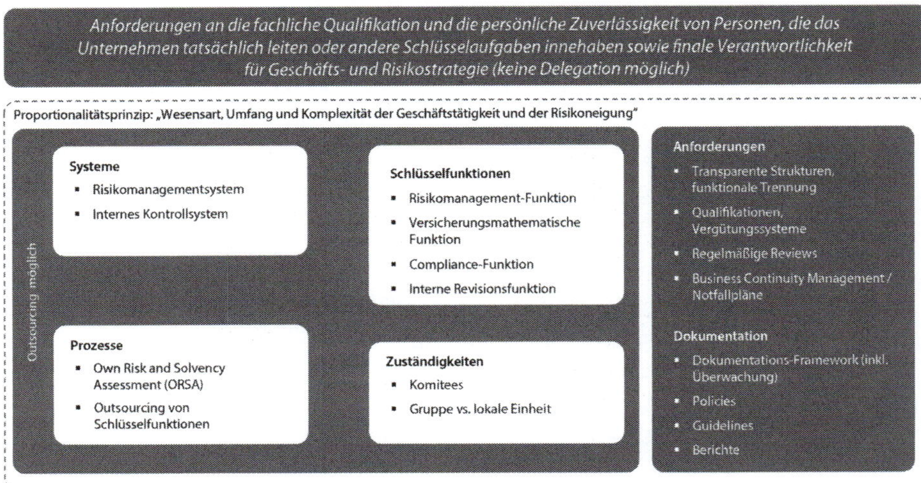

Abbildung 3.7: Anforderungen der Säule 2 von Solvency II auf einen Blick

In der Standardformel der Säule 1 werden die quantitativen Risiken betrachtet. Die entsprechenden Risikokategorien (zum Beispiel Marktrisiko, versicherungstechnisches Risiko) haben wir bereits kennengelernt. Für diese Risiken ist eine Hinterlegung mit Risikokapital sinnvoll, um Auswirkungen der Risiken bei Eintritt zu bewältigen.

Darüber hinaus existieren weitere Risikokategorien, die als qualitative Risiken bezeichnet werden. Qualitative Risiken sind nicht unmittelbar messbar durch quantitative Modelle, wirken sich aber wesentlich auf die Stabilität und Steuerungsfähigkeit eines Unternehmens aus. Sie betreffen organisatorische, prozessuale und externe Einflussfaktoren. Im Folgenden sind einige qualitative Risiken aufgelistet:

1. Strategische Risiken

Strategische Risiken ergeben sich aus Fehlentscheidungen oder aus der gewählten Unternehmensstrategie selbst – etwa durch Fehleinschätzungen von Märkten, Kundenbedarfen oder Wettbewerbsentwicklungen. Typische Ursachen:

- Markteintrittsstrategien ohne ausreichende Risikobewertung
- Misslungene Digitalisierungsvorhaben
- Zu aggressive Wachstumsziele ohne Kapitaldeckung
- Unzureichende Diversifikation des Produktportfolios

Strategische Risiken haben oft langfristige Effekte auf Kapitalbedarf und Unternehmenswert, sind aber schwer antizipierbar und nur begrenzt modellierbar.

2. Reputationsrisiko

Reputationsrisiken sind Gefahren, die durch einen Verlust des Vertrauens seitens Kunden, Geschäftspartnern, Regulatoren oder der Öffentlichkeit entstehen. Sie wirken häufig als Folge anderer Risiken. Typische Ursachen:

- Negative Medienberichterstattung
- Unzureichende Reaktion auf Skandale oder Kundenbeschwerden
- Mangelhafte ESG-Berichterstattung oder „Greenwashing"
- Datenpannen oder Verstöße gegen den Datenschutz

Das Reputationsrisiko ist kaum messbar, hat aber potenziell existenzbedrohende Folgen (zum Beispiel Kündigungswellen, Rücknahme der Lizenz, Vertrauensverlust am Kapitalmarkt).

3. Compliance-Risiko

Compliance-Risiken entstehen aus der Nichteinhaltung gesetzlicher, regulatorischer oder unternehmensinterner Vorgaben. Typische Ursachen:

- Fehler in der Geldwäscheprävention
- Verletzungen des Datenschutzrechts (zum Beispiel DSGVO)
- Mangelhafte Umsetzung der Solvency-II-Anforderungen
- Versäumnisse bei Offenlegungspflichten gegenüber der BaFin oder EIOPA

Compliance-Verstöße führen nicht nur zu Geldstrafen, sondern beeinträchtigen häufig auch die Reputation und das Rating des Unternehmens.

4. Liquiditätsrisiko

Das Liquiditätsrisiko beschreibt die Gefahr, dass ein Versicherungsunternehmen nicht in der Lage ist, fällige Zahlungsverpflichtungen fristgerecht und vollständig zu erfüllen, obwohl es bilanziell als solvent gilt. Es handelt sich dabei um eine zeitliche Diskrepanz zwischen Mittelzuflüssen und -abflüssen – nicht um einen Kapitalmangel im engeren Sinne. Typische Ursachen:

- Hohe Schadenzahlungen nach Großereignissen (zum Beispiel Naturkatastrophen)
- Rückkäufe oder Massenkündigungen von Lebensversicherungsverträgen
- Zahlungsverpflichtungen aus derivativen Finanzinstrumenten
- Ausfall von Gegenparteien oder verspätete Rückversicherungsleistungen
- Engpässe bei der Veräußerung illiquider Kapitalanlagen (zum Beispiel Immobilien, Private Equity)

Das Liquiditätsrisiko kann trotz ausreichender Eigenmittel zu gravierenden Problemen bis hin zur Zahlungsunfähigkeit führen. Daher ist ein robustes Liquiditätsmanagement – in Form von laufender Planung, Stresstests und Notfallmaßnahmen – unerlässlich, um das Vertrauen von Aufsichtsbehörden, Versicherungsnehmern und Kapitalmärkten zu sichern.

Neben den hier genannten qualitativen Risiken müssen von den Versicherungsunternehmen alle Risiken identifiziert werden, denen das jeweilige Unternehmen ausgesetzt ist. Dazu können auch personelle Risiken, Governance-Risiken, Nachhaltigkeits-Risiken und Emerging Risks gehören. Letztere sind neue oder sich verändernde Risiken (zum Beispiel Klimawandel, globale Gesundheitskrisen oder geopolitische Eskalationen), die sich bislang nicht in bekannten Risikomodellen oder Erfahrungswerten spiegeln, deren Eintritt aber potenziell hohe Auswirkungen auf das Unternehmen haben kann. Sie zeichnen sich durch eine hohe Unsicherheit, geringe Datenverfügbarkeit und häufig systemischen Charakter aus.

Die Identifikation, Analyse und Bewertung dieser Risiken erfolgen im Rahmen des ORSA-Prozesses.

ORSA (Own Risk and Solvency Assessment)

Das Own Risk and Solvency Assessment (ORSA) – auf Deutsch „Eigene Risikoeinschätzung und Beurteilung der Solvabilitätslage“ – ist ein zentrales Instrument der zweiten Säule von Solvency II. Es verbindet das unternehmensindividuelle Risikoprofil mit den aufsichtsrechtlichen Anforderungen an die Kapitalausstattung. Ziel ist es, die Risikotragfähigkeit eines Versicherungsunternehmens dauerhaft sicherzustellen – unter Berücksichtigung sowohl quantitativer als auch qualitativer Faktoren.

Anders als bei der starren, regulatorisch vorgegebenen Berechnung des Solvabilitätskapitalbedarfs (SCR) in der ersten Säule verfolgt das ORSA einen flexiblen, prozessualen Ansatz: Es liegt in der Verantwortung des Unternehmens, die eigenen Risiken zu identifizieren, deren Auswirkungen auf die Solvabilität zu analysieren und daraus eine strategische Solvabilitätsplanung abzuleiten. Der ORSA-Prozess soll fest in die Unternehmensführung integriert sein.

Ein umfassender ORSA-Prozess besteht aus mehreren ineinandergreifenden Schritten:

1. **Beschreibung des Geschäftsmodells und der Risikostrategie:** Klare Definition der Unternehmensziele, strategischen Ausrichtung und Risikobereitschaft (Risikoappetit).
2. **Identifikation, Klassifikation und Bewertung der wesentlichen Risiken:** Erfassung aller relevanten Risikoarten (versicherungstechnisch, Markt, Kredit, operationell, Reputationsrisiken etc.) aus Sicht des Unternehmens – sowohl quantitative (aus Säule 1) als auch qualitative Risiken.

3. **Szenarioanalysen und Stresstests:** Quantitative Simulationen zur Abschätzung der Auswirkungen von Extremereignissen auf Eigenmittel und Kapitalanforderungen.
4. **Projektionsrechnungen über den Planungszeitraum:** Mittelfristige Betrachtung (3 bis 5 Jahre), ob das Unternehmen auch unter geplanten Veränderungen (zum Beispiel Wachstum, neue Produkte) über ausreichendes Kapital verfügt.
5. **Abgleich von interner Risikobetrachtung und regulatorischen Anforderungen:** Ermittlung von Abweichungen zwischen interner Kapitalbewertung und aufsichtsrechtlich gefordertem SCR. Dies kann besonders relevant sein, wenn das Unternehmen ein internes Modell verwendet oder Risiken sieht, die in der Standardformel nicht ausreichend abgebildet sind.
6. **Ableitung konkreter Steuerungsmaßnahmen:** Die Ergebnisse des ORSA sollen in Geschäftsentscheidungen einfließen: zum Beispiel Kapitalmaßnahmen, Produktanpassungen, Limitsteuerung oder Anpassung der Rückversicherungsstrategie.
7. **Erstellung des ORSA-Berichts:** Dokumentation der Ergebnisse in einem strukturierten Bericht, der vom Vorstand zu prüfen und der Aufsicht zur Verfügung zu stellen ist.

Das ORSA dient somit primär der Selbststeuerung und ist damit ein strategisches Managementwerkzeug. Im Fokus steht nicht nur die Gegenwartsbetrachtung, sondern insbesondere die zukünftige Entwicklung der Risikolage und der Kapitalausstattung. Das Unternehmen muss in der Lage sein, fundierte Aussagen über die Tragfähigkeit seines Geschäftsmodells unter verschiedenen Annahmen und Marktentwicklungen zu treffen.

Ein Bestandteil der Unternehmenssteuerung und des ORSA-Prozesses ist die Solvabilitätsplanung. Dabei wird die künftige Entwicklung des Solvabilitätsbedarfs und der vorhandenen Eigenmittel prognostiziert. Die Solvabilitätsplanung ermöglicht eine frühzeitige Identifikation von Engpässen und die Einleitung geeigneter Gegenmaßnahmen.

Ein zentrales Qualitätsmerkmal des ORSA ist seine Integration in die Unternehmensführung. Die Geschäftsleitung trägt die Verantwortung für die Durchführung und die Ergebnisse. Sie muss in der Lage sein, die Zusammenhänge zwischen Strategie, Risiko und Kapitalanforderung zu verstehen und aktiv zu steuern. Das ORSA darf nicht nur von der Risikomanagementfunktion bearbeitet werden – vielmehr ist es eine gemeinschaftliche Aufgabe von Risikomanagement, Controlling, Aktuariat, Unternehmensplanung und Vorstand. Der ORSA-Report liefert wertvolle Informationen über die finanzielle Stabilität und die Risikosituation für das Unternehmen zum aktuellen Zeitpunkt und über die nächsten 3 bis 5 Jahre. Er verknüpft alle relevanten Bereiche und die Geschäfts- und Risikostrategie.

Die Solvabilitätsplanung ist ein zentraler Bestandteil der Unternehmenssteuerung und des ORSA-Prozesses. Dabei wird die künftige Entwicklung des Solvabilitätsbedarfs und der vorhandenen Eigenmittel prognostiziert. Hierbei spielen folgende Elemente eine Rolle:

- Mittelfristige Unternehmensplanung
- Berücksichtigung geplanter Risiken und Maßnahmen
- Szenarioanalysen und Stresstests
- Integration in die strategische Unternehmensplanung

Die Solvabilitätsplanung ermöglicht eine frühzeitige Identifikation von Engpässen und die Einleitung geeigneter Gegenmaßnahmen.

Die rechtliche Verankerung des ORSA (Artikel 45 der Solvency-II-Richtlinie) findet sich in Deutschland in den §§ 26 und 27 Versicherungsaufsichtsgesetz (VAG). Darüber hinaus existieren ergänzende Leitlinien zum ORSA-Prozess.

Versicherungsunternehmen sind verpflichtet, mindestens einmal jährlich ein vollständiges ORSA durchzuführen. Zusätzlich ist ein außerplanmäßiges ORSA durchzuführen, wenn sich wesentliche Änderungen im Risikoprofil ergeben – etwa bei Fusionen, Geschäftsneuausrichtungen, grundlegend neuen Produkten oder signifikanten Marktverwerfungen.

Zusammenfassung

Das ORSA ist das Herzstück der zweiten Säule von Solvency II. Es stellt sicher, dass Versicherungsunternehmen über ein effektives, vorausschauendes Steuerungsinstrument verfügen, das über die rein quantitative Kapitalbetrachtung hinausgeht. Es verbindet Risikomanagement, Unternehmensplanung und Governance zu einem integrierten Steuerungssystem und fördert eine verantwortungsvolle und nachhaltige Unternehmensführung. Ein gut umgesetztes ORSA stärkt nicht nur die Aufsichtskommunikation, sondern auch die finanzielle Resilienz und Wettbewerbsfähigkeit eines Versicherers.

Fit-and-proper-Anforderungen und Schlüsselfunktionen

Ein weiterer wichtiger Bestandteil der zweiten Säule von Solvency II sind die sogenannten Fit-and-Proper-Anforderungen. Sie sollen sicherstellen, dass alle Personen, die maßgeblich an der Leitung oder Überwachung eines Versicherungsunternehmens beteiligt sind oder Schlüsselaufgaben übernehmen, sowohl fachlich qualifiziert („fit") als auch persönlich zuverlässig („proper") sind. Diese Anforderungen tragen wesentlich zur wirksamen Governance und zum Vertrauen in die Versicherungsbranche bei.

Die Anforderungen gelten für:

- Mitglieder des Verwaltungs-, Management- oder Aufsichtsorgans.
- Inhaber von Schlüsselfunktionen. In Solvency II werden zumindest folgende Funktionen als Schlüsselfunktionen bezeichnet:
    - **Risikocontrolling:** Verantwortlich für die laufende Identifikation, Bewertung, Überwachung und Berichterstattung der Risiken. Sie unterstützt die Unternehmensleitung bei der Risikostrategie und der Entwicklung des ORSA-Prozesses.
    - **Compliance:** Überwacht die Einhaltung gesetzlicher und aufsichtsrechtlicher Vorschriften sowie interner Richtlinien. Sie identifiziert Compliance-Risiken und berichtet regelmäßig an die Unternehmensleitung.
    - **Interne Revision:** Prüft unabhängig die Wirksamkeit des internen Kontrollsystems, der Risikosteuerung und der Governance-Prozesse. Sie berichtet direkt an das Aufsichtsorgan und darf in ihrer Tätigkeit nicht eingeschränkt werden.
    - **Versicherungsmathematische Funktion (aktuarielle Funktion):** Bewertet die Angemessenheit der versicherungstechnischen Rückstellungen, unterstützt bei der Produktentwicklung und beim Risikomanagement. Die Funktion ist eng in die Erstellung der Solvency-Bilanz eingebunden.
- Weitere Führungskräfte mit maßgeblichem Einfluss auf das Risikoprofil wie zum Beispiel Schadenleitung.

Ziel ist es, durch geeignete personelle Besetzungen die Stabilität und Integrität der Versicherungsunternehmen zu sichern und Risiken aus Managementfehlern oder Interessenskonflikten zu minimieren.

Die Anforderungen unterteilen sich in zwei zentrale Dimensionen:

- **Fachliche Eignung („fit")**
    - Nachweisbare Kenntnisse und Erfahrungen in der Versicherungswirtschaft oder in relevanten Führungs- oder Kontrollfunktionen
    - Vertrautheit mit regulatorischen Anforderungen, Geschäftsmodellen und Risikomanagement
    - Kontinuierliche Weiterbildung zur Aufrechterhaltung der Qualifikation
- **Persönliche Zuverlässigkeit („proper")**
    - Integrität und einwandfreier Leumund
    - Keine rechtskräftigen Verurteilungen wegen Wirtschafts- oder Vermögensdelikten
    - Keine gravierenden Verstöße gegen aufsichtsrechtliche Bestimmungen in der Vergangenheit

Diese Kriterien sind sowohl bei der Erstbestellung als auch während der gesamten Amtszeit regelmäßig zu prüfen. Versicherungsunternehmen sind verpflichtet, einen strukturierten Auswahl- und Beurteilungsprozess für relevante Personen zu etablieren. Die Aufsicht kann im Rahmen ihrer Befugnisse die Abberufung ungeeigneter Personen verlangen oder deren Bestellung untersagen.

Für Inhaber von Schlüsselfunktionen gelten besonders strenge Maßstäbe. Sie müssen in der Lage sein, ihre Funktion unabhängig, objektiv und mit ausreichendem Einfluss auszuüben. Die Umsetzung der fit-and-proper-Anforderungen sind von den Unternehmen in einer Leitlinie zu definieren und die Funktionen selbst sind namentlich zu nennen. Die Unternehmensleitung trägt dafür die Verantwortung und hat deren Unabhängigkeit organisatorisch sicherzustellen.

Die Aufgaben der Schlüsselfunktionen werden in der folgenden Abbildung illustrativ dargestellt:

Risikocontrolling-Funktion

- Messung, Überwachung und Steuerung von Risiken auf Einzelbasis und aggregierter Basis, sowie Berichterstattung der Risiken
- Integriert in Entscheidungsprozesse des Versicherungsunternehmens
- Implementierung des Internen Kontrollsystems
- Internes Modell

Compliance-Funktion

- Überwachung der Einhaltung der Rechts- und Verwaltungsvorschriften
- Identifikation und Beurteilung des mit Nicht-Einhaltung der rechtlichen Vorgaben verbundenen Risikos
- Beurteilung mögl. Auswirkungen von Änderungen des Rechtsumfelds auf Unternehmen
- Frühwarnsystem und Compliance-Risiko

Interne Revision

- Bewertung der Angemessenheit und Wirksamkeit des Internen Kontrollsystems
- Objektiv und unabhängig von Geschäftseinheiten

Versicherungsmathematische Funktion

- Koordination der Berechnung der versicherungstechnischen Rückstellungen
- Gewährleistung der Angemessenheit der verwendeten Methoden und Basismodelle, sowie der Annahmen und Daten zur Berechnung der versicherungstechnischen Rückstellungen

Abbildung 3.8: Aufgaben der Schlüsselfunktionen

Outsourcing

Versicherungsunternehmen greifen aus Effizienz- oder Spezialisierungsgründen häufig auf externe Dienstleister zurück. Solvency II erlaubt grundsätzlich die Auslagerung von Aufgaben, stellt jedoch klare Anforderungen an die Auswahl, Steuerung und Überwachung solcher Maßnahmen. Ziel ist es, sicherzustellen, dass auch bei der Auslagerung wesentlicher Funktionen oder Tätigkeiten die Unternehmenssteuerung, Kontrolle und Kontinuität jederzeit gewährleistet bleiben. Besonders dann, wenn es sich um wesentliche oder kritische Funktionen handelt – wie etwa Schlüsselfunktionen oder IT-Systeme – ist eine besonders sorgfältige Ausgestaltung und Überwachung der Auslagerung erforderlich.

Vor jeder Auslagerung muss das Versicherungsunternehmen eine Risikoanalyse durchführen. Dabei sind sowohl die potenziellen Auswirkungen auf die Geschäftsprozesse als auch die Abhängigkeiten vom Dienstleister zu bewerten. Es ist zudem sicherzustellen, dass das Unternehmen weiterhin über alle notwendigen Informationen verfügt, um die ausgelagerte Tätigkeit angemessen überwachen zu können.

Eine zentrale aufsichtsrechtliche Anforderung besteht darin, dass das Unternehmen die Verantwortung für ausgelagerte Tätigkeiten nicht abgeben kann. Die Geschäftsleitung bleibt also in jedem Fall in der Pflicht, die korrekte und ordnungsgemäße Erfüllung der Aufgaben sicherzustellen. Dies gilt insbesondere für die Auslagerung von Schlüsselfunktionen wie der internen Revision, Compliance oder dem Risikomanagement. Solche Auslagerungen sind der BaFin im Vorfeld anzuzeigen, wobei in manchen Fällen auch eine aufsichtsrechtliche Genehmigung erforderlich ist. Gleiches gilt auch für die Auslagerung weiterer wichtiger Funktionen, wie beispielsweise eine Teilausgliederung der Schadenbearbeitung.

Im Fall eines Outsourcings besitzt die BaFin das sogenannte Zugangs- und Informationsrecht. Das bedeutet, dass externe Dienstleister verpflichtet sein müssen, der BaFin im Bedarfsfall Einsicht in relevante Daten, Prozesse und Systeme zu gewähren. Zudem muss das Unternehmen eine Exit-Strategie vorhalten, mit der es bei schwerwiegenden Leistungsstörungen oder Vertragsbeendigungen in der Lage ist, die ausgelagerten Funktionen kurzfristig zurückzuholen oder durch andere Anbieter zu ersetzen.

Sensitivitätsanalysen, Stresstests und Szenarioanalysen

Sensitivitätsanalysen, Stresstests und Szenarioanalysen ermöglichen es Versicherungsunternehmen, die potenziellen Auswirkungen extremer oder alternativer Entwicklungen auf ihre finanzielle Lage, Kapitalausstattung und Risikotragfähigkeit systematisch zu untersuchen. Ziel ist es, die Widerstandskraft des Unternehmens gegenüber unerwarteten Ereignissen zu stärken und gezielte Maßnahmen vorzubereiten.

Sensitivitätsanalysen

Sensitivitätsanalysen dienen der Analyse, wie stark sich zentrale Kennzahlen (zum Beispiel Eigenmittel, Solvenzquote, SCR) verändern, wenn einzelne Einflussgrößen leicht angepasst werden. Sie konzentrieren sich auf die Variation eines Faktors unter Beibehaltung aller anderen Rahmenbedingungen. Typische Anwendungsfelder:

- Wie verändert sich die Solvenzquote bei einem Zinsrückgang von 50 Basispunkten?
- Welchen Einfluss hat eine Veränderung der Sterblichkeitsannahmen auf die versicherungstechnischen Rückstellungen?

- Wie reagiert das Kapitalergebnis auf Veränderungen von Aktienkursen oder Credit Spreads?

Sensitivitätsanalysen helfen, relevante Treiber im Risikoprofil zu identifizieren, die eine besondere Steuerung oder zusätzliche Kapitalunterlegung erfordern.

Stresstests

Stresstests gehen über Sensitivitätsanalysen hinaus. Sie analysieren die Auswirkungen extremer, aber plausibler Schocks auf das Unternehmen. Dabei werden oft mehrere Risikofaktoren gleichzeitig verändert, um realitätsnahe Krisenszenarien zu simulieren.

■ BEISPIELE FÜR STRESSTESTS:

- Ein gleichzeitiger Rückgang von Aktienmärkten um 25 % und Anstieg der Spreads um 150 Basispunkte
- Ein unerwarteter Großschaden in der Schadenversicherung kombiniert mit Rückversicherungsausfall
- Ein massenhafter Vertragsrückkauf in der Lebensversicherung in einem Niedrigzinsumfeld ■

Stresstests sind ein zentrales Instrument zur Bewertung der „Resilienz" eines Unternehmens. Die BaFin verlangt regelmäßig unternehmensinterne sowie marktwirtschaftlich ausgerichtete Stresstests, die im Rahmen des ORSA zu dokumentieren sind.

Szenarioanalysen

Szenarioanalysen betrachten alternative Zukunftsentwicklungen, die auf konsistenten Annahmen beruhen. Anders als bei punktuellen Sensitivitätsanalysen oder vereinfachten Stresstests wird hier eine umfassendere, realitätsnahe Entwicklung modelliert – zum Beispiel ein mehrjähriges Niedrigzinsszenario mit anhaltender Inflation und gleichzeitiger Veränderung der Kundenverhalten.

Ziel ist es, unterschiedliche wirtschaftliche, politische oder unternehmensspezifische Entwicklungspfade zu analysieren und zu bewerten, welche Auswirkungen diese auf die Geschäftsentwicklung, Kapitalanforderung und Risikotragfähigkeit haben.

■ BEISPIELHAFTE SZENARIEN:

- Ein Szenario „Inflation und politische Instabilität in Europa"
- Ein Szenario „Digitale Disruption durch BigTech im Versicherungsmarkt"
- Ein Nachhaltigkeitsszenario mit klimabedingten Extremereignissen ■

Szenarioanalysen sind oft qualitativer Natur, lassen sich aber durch quantitative Projektionen in ORSA und die mittelfristige Solvabilitätsplanung integrieren. Unternehmen entwickeln zunehmend interne Szenarien, die strategisch relevante Entwicklungen abbilden und mit Frühindikatoren verknüpft werden.

Stresstests, Sensitivitätsanalysen und Szenarioanalysen sind keine isolierten Tools, sondern integrale Bestandteile eines modernen Risikomanagementsystems nach Solvency II. Sie helfen Unternehmen, Risiken nicht nur zu identifizieren, sondern deren potenzielle Auswirkungen zu verstehen und präventiv zu steuern. Insbesondere im Rahmen des ORSA liefern diese Methoden wertvolle Erkenntnisse für die Unternehmensführung, Aufsicht und strategische Planung – und stärken damit die finanzielle Widerstandsfähigkeit.

Operationelle Risiken und das Interne Kontrollsystem

Operationelle Risiken haben wir bereits als das Risiko von Verlusten, die durch unzureichende oder versagende interne Prozesse, Menschen oder Systeme oder durch externe Ereignisse entstehen, definiert. Sie umfassen eine Vielzahl potenzieller Schwachstellen in der Organisation, deren Bewertung stark auf qualitativen Methoden basiert.

Typische Ursachen von operationellen Risiken können sein:

- Systemausfälle, Datenverluste, Cyberangriffe
- Betrug, Fehlverhalten von Mitarbeitenden, Verstöße gegen interne Richtlinien
- Fehlerhafte Vertragsbearbeitung, Schadenregulierung oder Buchhaltung
- Brand- oder Wasserschäden (mit Auswirkung auf die Fortführung des Geschäftsbetriebs)
- Fehlgeschlagene Projektimplementierungen (zum Beispiel IT-Transformationen)

Operationelle Risiken sind allgegenwärtig, schwer zu quantifizieren und erfordern daher ein systematisches und kontinuierliches Management.

Ein effektives **Internes Kontrollsystem (IKS)** ist das zentrale Instrument zur Steuerung operationeller Risiken. Es besteht aus einer Gesamtheit von Grundsätzen, Verfahren und Maßnahmen, die sicherstellen sollen, dass das Unternehmen regelkonform, effizient und risikobewusst arbeitet. Unter Solvency II ist das IKS Bestandteil des Governance-Systems und für alle Versicherungsunternehmen verpflichtend.

Ein wirksames Internes Kontrollsystem basiert auf mehreren zentralen Elementen, die in allen relevanten Geschäftsbereichen systematisch umgesetzt werden müssen. Grundlage ist die Festlegung von klaren Kontrollzielen innerhalb sämtlicher wesentlichen Prozesse. Diese Ziele dienen als Orientierung für die Ausgestaltung konkreter Kontrollmaßnahmen. Ergänzt wird dies durch eine eindeutige Definition von Verantwortlichkeiten und eine strukturierte Rollenverteilung, wobei das Vier-Augen-Prinzip als elementarer Grundsatz zur Reduktion von Fehler- und Manipulationsrisiken dient.

Darüber hinaus ist es erforderlich, standardisierte Arbeitsabläufe zu etablieren und diese nachvollziehbar zu dokumentieren – beispielsweise durch Prozesshandbücher, Ablaufbeschreibungen oder Kontrollmatrizen. Damit verbunden ist die Pflicht zur laufenden Überwachung der Wirksamkeit bestehender Kontrollen, um Schwachstellen frühzeitig zu erkennen und Gegenmaßnahmen einleiten zu können. Ein weiterer wichtiger Aspekt ist die regelmäßige und adressatengerechte Berichterstattung an das Management, um Transparenz über das Risikoumfeld und die Kontrollsituation herzustellen. Schließlich müssen Eskalationsprozesse definiert sein, die bei Kontrollverstößen oder dem Versagen von Kontrollen einen strukturierten Umgang mit den identifizierten Mängeln sicherstellen.

Das IKS wird nicht nur auf oberster Unternehmensebene verankert, sondern auch auf die operativen Einheiten ausgerollt. Dabei nehmen insbesondere die Interne Revision sowie die Risikomanagementfunktion eine überwachende und prüfende Rolle ein. Sie kontrollieren die Umsetzung der internen Kontrollen, bewerten deren Effektivität und geben Handlungsempfehlungen zur Optimierung. So trägt das Interne Kontrollsystem wesentlich zur Beherrschung operationeller Risiken und zur Einhaltung aufsichtsrechtlicher Anforderungen im Sinne von Solvency II bei.

Zur wirksamen Steuerung und Reduktion operationeller Risiken setzen Versicherungsunternehmen eine Vielzahl an Maßnahmen ein, die sowohl präventiv als auch korrektiv wirken. Ein zentrales Element ist die Schulung und Sensibilisierung der Mitarbeitenden, um ein ausgeprägtes Risikobewusstsein zu fördern und sicherzustellen, dass interne Richtlinien und Prozesse verstanden und eingehalten werden. Besonders im Bereich der Informationssicherheit spielen IT-Sicherheitsmaßnahmen sowie Notfall- und Wiederanlaufpläne eine tragende Rolle, da technische Störungen oder Cyberangriffe erhebliche operative und finanzielle Schäden verursachen können.

Zudem trägt die Automatisierung kritischer Geschäftsprozesse dazu bei, manuelle Fehlerquellen zu reduzieren und Prozesssicherheit zu erhöhen. Insbesondere in Bereichen mit hohen Datenvolumina oder komplexen Abläufen kann die technische Unterstützung maßgeblich zur Risikoreduktion beitragen. Ergänzend wird vielfach ein internes Hinweisgebersystem (Whistleblowing-System) etabliert, das es Mitarbeitenden ermöglicht, anonym auf Missstände oder Regelverstöße hinzuweisen. Dies stärkt die Unternehmenskultur der Offenheit und beugt systemischen Problemen vor.

Ein weiterer wichtiger Baustein ist die risikoorientierte Auditplanung durch die Interne Revision. Sie stellt sicher, dass besonders gefährdungsanfällige Prozesse und Organisationseinheiten regelmäßig und vertieft überprüft werden. So wird das interne Kontrollumfeld stetig weiterentwickelt, Schwachstellen werden frühzeitig erkannt und Gegenmaßnahmen können gezielt eingeleitet werden. In Summe ergibt sich ein abgestimmtes Maßnahmenpaket, das die operationelle Widerstandsfähigkeit des Versicherungsunternehmens nachhaltig stärkt.

Proportionalitätsprinzip

Solvency II ist ein prinzipienbasiertes Aufsichtssystem. Das bedeutet, dass es keine klaren Vorgaben zur Ausgestaltung der einzelnen Anforderungen gibt, sondern die Unternehmen selbst ihren Ansatz festlegen. Diese Art der Umsetzung basiert auf dem sogenannten Proportionalitätsprinzip. Es besagt, dass die aufsichtsrechtlichen Anforderungen an Versicherungsunternehmen in einem angemessenen Verhältnis zu deren Größe, Komplexität, Risikoprofil und Geschäftsmodell stehen sollen. Ziel ist es, eine sachgerechte und praxisnahe Regulierung zu ermöglichen, ohne kleinere oder weniger komplexe Unternehmen übermäßig zu belasten.

Inhaltlich bedeutet Proportionalität, dass ein Unternehmen die Anforderungen zwar vollumfänglich erfüllen muss, deren Umsetzung jedoch an das individuelle Risikoprofil angepasst werden kann. Dabei geht es nicht um eine „Erleichterung", sondern um eine differenzierte Anwendung, die eine effiziente und zielgerichtete Steuerung unterstützt.

Dieses Proportionalitätsprinzip gilt für alle drei Säulen. Im Folgenden zwei Anwendungsbeispiele zu der Umsetzung in der zweiten Säule.

■ BEISPIELE

1. **Governance-System:** Ein kleines Versicherungsunternehmen ohne komplexe Finanzprodukte kann zum Beispiel die Schlüsselfunktionen in Personalunion besetzen – sofern Unabhängigkeit und Interessensfreiheit gewahrt bleiben.
2. **ORSA-Prozess.** Die Ausgestaltung des Own Risk and Solvency Assessment kann je nach Risikoexposition und Geschäftsmodell in seinem Detaillierungsgrad und der Häufigkeit der Durchführung variieren. Für kleinere Unternehmen ist ein vereinfachter ORSA-Prozess zulässig, solange die Risiken vollständig abgedeckt sind. ■

Zusammenfassung Säule 2

Die zweite Säule von Solvency II legt den Fokus auf die qualitativen Anforderungen an das Risikomanagement und die Governance von Versicherungsunternehmen. Sie verlangt nicht nur die Einrichtung eines wirksamen internen Steuerungssystems, sondern auch eine unternehmensspezifische Auseinandersetzung mit Risiken über den sogenannten ORSA-Prozess (Own Risk and Solvency Assessment).

Kernbestandteile der Säule 2 sind unter anderem die Fit-and-Proper-Anforderungen an Leitungspersonal, die Einrichtung von vier unabhängigen Schlüsselfunktionen (Risikomanagement, Compliance, Interne Revision, Versicherungsmathematische Funktion), die Regeln für Outsourcing sowie der Umgang mit operationellen Risiken. Methoden wie Stresstests, Sensitivitätsanalysen und Szenarioanalysen helfen, Risiken greifbar zu machen und vorausschauend zu steuern.

Das Interne Kontrollsystem dient als zentrales Instrument zur Überwachung der Risiken im Tagesgeschäft. Ergänzt wird dies durch das Proportionalitätsprinzip, das es ermöglicht, die Anforderungen flexibel und angemessen an Größe, Komplexität und Risikoprofil des Unternehmens anzupassen.

Insgesamt schafft die zweite Säule die Grundlage für eine risikoorientierte, verantwortungsvolle Unternehmensführung und stärkt so die Stabilität und Belastbarkeit der Versicherungsbranche im regulatorischen Rahmen von Solvency II.

3.7.2.3 Säule 3

Die dritte Säule des Aufsichtsregimes Solvency II widmet sich dem Thema Transparenz und stellt umfassende Anforderungen an die aufsichtsrechtliche Berichterstattung und Offenlegung. Ziel ist es, die Nachvollziehbarkeit der finanziellen Lage, der Risikosituation und der Steuerungsprozesse von Versicherungsunternehmen zu erhöhen – sowohl gegenüber der Aufsicht als auch gegenüber der Öffentlichkeit und dem Kapitalmarkt.

Säule 3 ergänzt damit die quantitativen Kapitalanforderungen aus Säule 1 und die qualitativen Governance-Elemente aus Säule 2 um eine transparente, strukturierte Offenlegung. Durch die Transparenz entscheidungsrelevanter Informationen soll ein einheitliches Verständnis der Finanzstärke und Risikotragfähigkeit von Versicherern gefördert werden. Gleichzeitig sollen Marktteilnehmer – wie Analysten, Investoren oder Ratingagenturen – in die Lage versetzt werden, fundierte Einschätzungen über die Stabilität und Nachhaltigkeit eines Unternehmens vorzunehmen.

Ein wesentliches Instrument dieser Transparenzstrategie ist die Trennung zwischen narrativen Berichten (beschreibende und erklärende Inhalte) und quantitativen Berichtspflichten (standardisierte Datenmeldungen). Diese Informationen richten sich sowohl an interne Adressaten wie die BaFin, als auch an die externe Öffentlichkeit, wodurch der Wettbewerbsdruck steigt und das Marktverhalten stärker durch regulatorische Offenlegung beeinflusst wird.

Die Berichterstattung unter Säule 3 ist damit nicht nur ein Instrument der Aufsichtskontrolle, sondern wird zunehmend als Teil des strategischen Reputations- und Stakeholder-Managements verstanden. Im weiteren Verlauf dieses Kapitels werden die einzelnen Berichtstypen, deren Inhalte, Frequenz sowie die jeweiligen Adressaten im Detail dargestellt.

Berichtstypen

Im Rahmen von Säule 3 verlangt Solvency II von Versicherungsunternehmen die regelmäßige Erstellung und Übermittlung verschiedener Berichte, die entweder der Öffentlichkeit zugänglich gemacht oder ausschließlich der Aufsichtsbehörde zur Verfügung gestellt werden. Dabei wird grundsätzlich zwischen narrativen und quantitativen Berichtspflichten unterschieden. Beide Berichtstypen zielen darauf ab, Transparenz über die finanzielle Lage, das Risikoprofil und die Steuerungsmechanismen der Unternehmen zu schaffen.

Narrative Berichte enthalten beschreibende und erläuternde Informationen zur Geschäfts- und Risikolage eines Versicherungsunternehmens. Sie sollen sicherstellen, dass qualitative Aspekte des Risikomanagements, der Governance und der strategischen Ausrichtung nachvollziehbar dokumentiert werden.

Die wichtigsten narrativen Berichtstypen sind:

1. **Solvency and Financial Condition Report (SFCR):** Der SFCR ist öffentlich und enthält unter anderem folgende Inhalte:
   - Beschreibung der Geschäftstätigkeit
   - Informationen zur Governance-Struktur und zum internen Kontrollsystem
   - Angaben zur Risikosituation, inklusive Sensitivitäten und Stresstests
   - Informationen über das verwendete Kapitalmodell (Standardformel oder internes Modell)
   - Angaben zur Kapitalausstattung und zur Solvenzquote

   Dieser Bericht ist standardmäßig einmal jährlich zu erstellen.
2. **Regular Supervisory Report (RSR):** Der RSR ist ein nicht-öffentlicher Bericht, der ausschließlich für die Aufsichtsbehörde erstellt wird. Er enthält weiterführende Detailinformationen zur Unternehmenssteuerung und Risikoanalyse und dient der vertieften Überwachung durch die BaFin. Der RSR ist in der Regel umfangreicher als der SFCR und bietet der Aufsicht ein vollständiges Bild der internen Prozesse und Risikostrukturen.

   Auch dieser Bericht ist in der Regel einmal jährlich zu erstellen. Die BaFin kann bei wesentlichen Änderungen auch außerplanmäßige RSRs anfordern.

Die sogenannten Quantitative Reporting Templates (QRTs) bestehen aus standardisierten Berichtsformularen. Sie ermöglichen eine systematische und vergleichbare Erfassung finanzmathematischer und betriebswirtschaftlicher Kennzahlen. Sie beinhalten unter anderem:

- Bilanz und Eigenmittelstruktur (Marktwertbilanz)
- Detaillierte Aufschlüsselungen zu Kapitalanforderungen (SCR, MCR)
- Angaben zu versicherungstechnischen Rückstellungen
- Informationen zu Investitionen und Asset-Allokation
- Gruppen- und Einzelunternehmen-bezogene Risikokennzahlen

Die QRTs sind in ihrer Struktur hochgradig standardisiert und müssen elektronisch und in vorgegebenen Formaten übermittelt werden. Dadurch wird eine automatisierte Auswertung durch die Aufsicht ermöglicht, was zur Effizienz der Überwachung beiträgt. Diese Berichte werden quartalsweise und jährlich erstellt. Die quartalsweisen QRTs beinhalten reduzierte Inhalte, während die Jahres-QRTs umfassende Daten enthalten.

Die narrative und die quantitative Berichterstattung ergänzen sich inhaltlich. Während die QRTs einen zahlenbasierten Überblick über die finanzielle Lage geben, ermöglichen die SFCR- und RSR-Berichte eine qualitative Einordnung der Daten in den unternehmerischen und regulatorischen Kontext. Beide Perspektiven sind erforderlich, um ein vollständiges Bild der Risikoposition und Steuerungsfähigkeit eines Versicherungsunternehmens zu erhalten.

Die Berichte richten sich an unterschiedliche Gruppen, die jeweils eigene Informationsinteressen verfolgen:

1. **Aufsichtsbehörden (zum Beispiel BaFin, EIOPA):** Die Aufsichtsbehörden nutzen sowohl narrative als auch quantitative Berichte zur laufenden Überwachung der Solvabilität, zur Analyse des Risikoprofils und zur Beurteilung der Governance-Strukturen. Für die Aufsicht sind insbesondere die QRTs und der RSR von zentraler Bedeutung, da sie standardisiert, detailliert und nicht öffentlich sind.
2. **Öffentlichkeit und Versicherungsnehmer:** Über den SFCR erhalten interessierte externe Parteien – insbesondere Versicherungsnehmer und Konsumenten – Einblick in die finanzielle Lage und Risikosteuerung eines Versicherungsunternehmens. Dies stärkt das Vertrauen in die Stabilität des Marktes und unterstützt informierte Entscheidungen.
3. **Wettbewerber und Marktteilnehmer:** Da der SFCR öffentlich zugänglich ist, erhalten auch andere Versicherer und Marktakteure Einblick in Geschäftsstrategien, Risikoprofile und Kapitalausstattung. Dies fördert Markttransparenz, erhöht aber auch den Wettbewerbsdruck.
4. **Analysten, Investoren und Ratingagenturen:** Für Kapitalmarktteilnehmer liefern die Berichte wertvolle Informationen zur Bonität und Zukunftsfähigkeit eines Versicherungsunternehmens. Sie werden zur Beurteilung der finanziellen Solidität und zur Ableitung von Investment- und Bewertungsempfehlungen genutzt.

Die Berichterstattung unter Säule 3 ist sowohl inhaltlich als auch zeitlich klar geregelt und richtet sich an eine breite Gruppe von Adressaten. Sie ist ein zentrales Element der Transparenzpflichten von Versicherungsunternehmen und trägt wesentlich zur Glaubwürdigkeit, Vergleichbarkeit und Stabilität des Versicherungsmarkts bei. Die Einhaltung der Berichtspflichten erfordert eine enge Zusammenarbeit zwischen den Fachabteilungen und eine hohe Daten- und Prozessqualität im Unternehmen.

3.7.3 Was bedeutet Solvency II für die Proximus Versicherung AG in der Praxis?

Die **Proximus Versicherung AG** steht vor der Herausforderung, ein stabiles und nachhaltiges Risikomanagement mit den Anforderungen der europäischen Solvency-II-Richtlinie in Einklang zu bringen. Was bedeutet das konkret für die tägliche Praxis?

1. **Strategische Verankerung des Risikomanagements:** Der Vorstand der Proximus Versicherung AG hat den Umgang mit Risiken fest in der Unternehmensstrategie verankert. In der jährlichen Strategieklausur wird der **Risikoappetit** überprüft: Wie viel Risiko darf eingegangen werden, ohne die Stabilität zu gefährden? Daraus ergeben sich Zielwerte, zum Beispiel eine Solvenzquote von mindestens 200 %.
2. **Identifikation und Bewertung von Risiken:** Im Rahmen der regelmäßigen Risikoidentifikation analysiert das Risikocontrolling-Team alle wesentlichen Gefährdungen – von klassischen Schadenereignissen über Cyberrisiken bis hin zu Reputations- oder Klimarisiken. Diese werden mit internen Modellen bewertet, und besonders kritische Risiken wie Naturkatastrophen werden mit **Stresstests und Szenarioanalysen** untersucht.
3. **Kapitalanforderungen berechnen:** Zur Berechnung der **Solvabilitätskapitalanforderung (SCR)** nutzt die Proximus Versicherung AG die **Standardformel** von Solvency II. Alle Risikomodule – vom versicherungstechnischen Risiko bis zum Marktrisiko – werden systematisch quantifiziert. Ergänzt wird dies durch eine laufende Bewertung der **Eigenmittel** auf Marktwertbasis.
4. **Steuerung der Risiken:** Um Risiken abzufedern, nutzt die Proximus Versicherung AG **Rückversicherungsverträge**, klare **Limitvorgaben**, **Frühwarnindikatoren** sowie ein strukturiertes **Internes Kontrollsystem**. Für besonders sensible Bereiche – etwa bei der IT-Sicherheit – bestehen **Notfallpläne** und **interne Kontrollroutinen**.
5. **Durchführung des ORSA-Prozesses:** Einmal jährlich erstellt das Unternehmen einen **ORSA-Bericht**. Darin wird dargelegt, ob das vorhandene Kapital auch unter Stressszenarien und mittelfristig zur Deckung aller Risiken ausreicht. Die Geschäftsleitung analysiert auf dieser Basis Anpassungen in Kapitalausstattung, Geschäftsschwerpunkten oder Risikosteuerung.
6. **Einhaltung qualitativer Anforderungen:** Die Proximus Versicherung AG erfüllt die **Fit-and-Proper-Anforderungen** durch regelmäßige Überprüfung der Qualifikationen und Integrität von Führungskräften und Schlüsselfunktionsträgern. Zudem sind die Funktionen **Risikomanagement, Compliance, Interne Revision und Aktuariat** organisatorisch unabhängig aufgestellt.

7. **Offenlegung und Berichterstattung:** Jährlich veröffentlicht die Proximus Versicherung AG ihren **SFCR-Bericht**, in dem sie transparent über ihre Solvenzlage, Risikopositionen und Steuerungsprozesse informiert. Zusätzlich übermittelt sie **QRTs** an die BaFin und erstellt den nicht-öffentlichen **RSR** für die Aufsicht.

Für die Proximus Versicherung AG ist Solvency II kein reines Aufsichtsprojekt, sondern integraler Bestandteil der Unternehmensführung. Die Richtlinie zwingt dazu, Risiken systematisch zu verstehen, Kapital vorausschauend zu planen und Entscheidungen fundiert zu treffen. So entsteht nicht nur Sicherheit für die Aufsicht, sondern auch Stabilität und Vertrauen für Kunden, Eigentümer und Mitarbeitende.

4 Risikoteilung und Rückversicherung

4.1 Einleitung

Versicherungsunternehmen stehen vor der zentralen Herausforderung, Risiken nicht nur zu identifizieren und zu bewerten, sondern auch so zu steuern, dass ihre finanzielle Stabilität – insbesondere im Schadenfall – dauerhaft gewährleistet bleibt. Wie im vorangegangenen Kapitel erläutert, ist die Messung und Quantifizierung von Risiken ein essenzieller Bestandteil des unternehmerischen Risikomanagements. Insbesondere die Solvenzquote spielt hierbei eine Schlüsselrolle, da sie Auskunft über die Fähigkeit eines Versicherers gibt, auch unter Stressbedingungen seine Verpflichtungen gegenüber Versicherungsnehmern erfüllen zu können.

Ein entscheidender Aspekt im Risikomanagement von Versicherungsunternehmen ist die aktive Steuerung des Risikoappetits. Damit ist gemeint, dass Versicherer bewusst entscheiden, wie viel Risiko sie unter Berücksichtigung ihrer Kapitalausstattung, Geschäftsstrategie und regulatorischen Anforderungen eingehen wollen. Die daraus abgeleitete Risikoexponierung – also die Summe der übernommenen Risiken – muss dabei stets im Einklang mit der verfügbaren Risikotragfähigkeit stehen.

In der Praxis bedeutet das: Werden bestimmte Risiken zu groß, zu volatil oder zu stark konzentriert – etwa durch Naturkatastrophen, industriell-technische Großrisiken oder systemische Ereignisse –, stoßen Versicherer an Grenzen. Einerseits können Versicherer gewisse Risiken ausschließen, um in diesen Risikokategorien nicht exponiert zu sein (beispielsweise Cyber). Andererseits können sie auf gezielte Maßnahmen der Risikoteilung zurückgreifen, um diese Risiken dennoch wirtschaftlich tragbar zu halten.

Eine besonders bedeutende und institutionalisierte Form der Risikoteilung ist die Rückversicherung. Sie ermöglicht es Erstversicherungsunternehmen, gezielt Teile ihrer Risikoexponierung auf ein spezialisiertes Rückversicherungsunternehmen zu übertragen. Die Rückversicherung übernimmt dabei bestimmte, vertraglich definierte Risiken gegen Zahlung einer Rückversicherungsprämie. Ziel ist es, die Schadenvolatilität im Bestand zu reduzieren, Großschäden abzufedern und eine dauerhaft stabile Bilanz- und Ergebnislage sicherzustellen.

Rückversicherung ist dabei nicht nur ein Mittel zur kurzfristigen Risikoreduktion, sondern ein strategisches Steuerungsinstrument innerhalb der Unternehmensführung.

Die Entscheidung, welche Risiken rückversichert werden, in welcher Form und bei welchen Rückversicherern, ist eng mit der Risikostrategie des Unternehmens verbunden. Rückversicherungsprogramme werden daher in der Regel sorgfältig geplant, jährlich überprüft und an die jeweilige Risikolage angepasst.

Das Verständnis der Rückversicherung ist für das moderne Versicherungswesen unerlässlich. Sie bildet das Rückgrat vieler Geschäftsmodelle, insbesondere in Sparten mit hohem Schadenpotenzial wie der industriellen Sachversicherung, der Haftpflichtversicherung oder der Lebensversicherung mit hohen Todesfallleistungen.

In den folgenden Kapiteln werden wir die Strukturen, Vertragsformen und Funktionsweisen der Rückversicherung näher kennenlernen.

Die Proximus Versicherung AG nimmt viele Risiken von ihren Versicherungsnehmern auf. Ein wichtiges Kriterium in der Strategie der Proximus Versicherung AG ist eine stabile und angemessene Solvenzquote. Zudem ist der Vorstand der Proximus Versicherung AG an einem stabilen Ergebnisverlauf interessiert und möchte auch bei Großschäden oder unerwartet vielen Einzelschäden eine hohe finanzielle Stabilität erreichen. Manche Risiken schließt die Proximus Versicherung AG komplett aus, andere Risiken allerdings würde sie gerne schon versichern. Jedoch fehlen hierfür einerseits die historischen Erfahrungen, um die Risiken einzuschätzen, und andererseits die finanzielle Sicherheit im Falle eines unerwarteten hohen Schadens, diesen auch tragen zu können.

4.2 Risikoteilung

Risikoteilung bezeichnet die systematische Verteilung eines einzelnen oder aggregierten Risikos auf mehrere Beteiligte mit dem Ziel, die finanzielle Belastung im Schadenfall zu begrenzen. Anstelle einer vollständigen Risikoübernahme durch eine einzelne Partei wird das Risiko so aufgeteilt, dass potenzielle Schäden anteilig getragen oder begrenzt werden können. Die Risikoteilung stellt somit ein zentrales Instrument dar, um übermäßige Belastungen aus dem Versicherungsbestand zu reduzieren und die Stabilität des Unternehmens langfristig zu sichern.

In der Versicherungswirtschaft findet Risikoteilung auf mehreren Ebenen statt:

- Zwischen dem Versicherungsunternehmen und dem Kunden, zum Beispiel durch Selbstbehalte, Höchstentschädigungen oder Wartezeiten.
- Innerhalb des Bestands, durch Risikodiversifikation über verschiedene Sparten, Regionen oder Zielgruppen hinweg.
- Zwischen mehreren Marktteilnehmern, zum Beispiel durch Mitversicherung, Konsortien oder Rückversicherung.

Ziel ist es, das Prinzip der Verluststreuung zu nutzen: Viele zahlen (kleine) Beträge ein (Prämien), um im Schadenfall wenigen Einzelnen eine angemessene Entschädigung zu ermöglichen. Dieses Prinzip funktioniert nur, wenn das versicherte Risiko ausreichend „teilbar" und im Kollektiv kalkulierbar ist – also das sogenannte Gesetz der großen Zahlen zur Anwendung kommen kann.

4.2.1 Gründe für Risikoteilung

Die Risikoteilung dient in der Praxis mehreren betriebswirtschaftlichen und aufsichtsrechtlichen Zielen:

a) **Begrenzung der Maximalbelastung**

Ein zentrales Ziel ist die Begrenzung von Extremverlusten. Selbst bei sorgfältiger Risikoprüfung können unerwartete Großschäden auftreten. Durch die Teilung des Risikos wird sichergestellt, dass ein einzelnes Schadenereignis nicht die finanzielle Existenz des Versicherers gefährdet.

b) **Glättung von Ergebnissen**

Ein wesentliches Ziel der Risikoteilung ist die Glättung der versicherungstechnischen Ergebnisse über verschiedene Geschäftsjahre hinweg. Die Schadenbelastung bei einem Versicherer kann erheblich schwanken. Insbesondere in der Industrieversicherung oder bei Naturgefahren besteht das Risiko hoher Einzelschäden, obwohl die Frequenz an Schäden eher gering ist.

Solche Schwankungen können erhebliche Auswirkungen beispielsweise auf das Jahresergebnis und folglich auch auf die Solvenz-Kennzahlen haben. Eine hohe Volatilität erschwert nicht nur die Planung und Steuerung des Unternehmens, sondern kann auch zu kurzfristigen Kapitalengpässen führen.

Durch gezielte Maßnahmen der Risikoteilung kann das Versicherungsunternehmen die Volatilität seiner Schadenaufwendungen reduzieren. Dies führt zu einer größeren Stabilität der versicherungstechnischen Gewinn- und Verlustrechnung und ermöglicht ein verlässlicheres Controlling sowie eine konsistentere Ergebnisplanung über mehrere Jahre hinweg.

■ **BEISPIEL:**

Betrachten wir als Beispiel die Proximus Versicherung AG. Angenommen, sie würde in einem Jahr zufällig überproportional viele Großschäden verzeichnen, während im Folgejahr kaum Schäden auftreten. Ohne Risikoteilung müsste die Proximus Versicherung AG im ersten Jahr einen Verlust ausweisen, im zweiten hingegen einen deutlichen Gewinn. Die Schadenbelastung im Durchschnitt über beide Jahre ist aber durchaus kalkulierbar und tragbar. Durch geeignete Risikoteilung kann diese Schwankung abgefedert werden – die finanzielle Belastung wird auf mehrere Jahre und/oder mehrere Träger verteilt. Im Teil zur Rückversicherung werden wir uns dieses Beispiel genauer anschauen. ■

In der Rechnungslegung und Bilanzanalyse spricht man in diesem Zusammenhang auch von einer Ergebnisglättung.

c) **Optimierung der Kapitalbindung**

Kapitalanforderungen unter Solvency II richten sich nach Art und Umfang der übernommenen Risiken. Durch die Begrenzung der Risikoexponierung kann die erforderliche Gesamtsolvenzkapitalanforderung – also das SCR – gesenkt und die Eigenkapitalrendite verbessert werden.

d) **Erweiterung der Zeichnungskapazität**

Durch gezielte Risikoteilung kann ein Versicherer auch Risiken oder Großpolicen zeichnen, die sonst die eigenen Kapazitätsgrenzen überschreiten würden. Dadurch wird das Geschäftspotenzial vergrößert, ohne die Risikotragfähigkeit zu überlasten.

e) **Erfüllung aufsichtsrechtlicher Anforderungen**

Ein weiterer zentraler Beweggrund für die Risikoteilung in Versicherungsunternehmen liegt in der Einhaltung regulatorischer Vorgaben. In Solvency II muss die Risikoexponierung eines Versicherers geringer sein als die anrechenbaren Eigenmittel. Damit erreicht der Versicherer eine Solvenzquote über 100 %. Der Versicherer hat auch sicherzustellen, dass er dieses Ziel unter Stress- oder Krisenszenarien erreicht.

Genau hier spielt die Risikoteilung eine entscheidende Rolle: Durch gezielte Maßnahmen zur Risikobegrenzung kann die Risikoexponierung beziehungsweise das Risikokapital reduziert werden. Dies führt unmittelbar zu einer höheren Solvenzquote. Risikoteilung ist damit ein effektives Mittel zur Kapitalsteuerung, das auch im Rahmen von internen Modellen oder dem Standardformel-Ansatz von Solvency II eine wichtige Rolle spielt.

Wie wir im vorherigen Kapitel gelernt haben, verlangt die Aufsicht darüber hinaus im Rahmen des ORSA eine dokumentierte und nachvollziehbare Risikostrategie. Risikoteilung wird dabei explizit als zulässige Maßnahme anerkannt, um die Risikotragfähigkeit zu sichern.

Auch im Kontext von Stresstests oder Szenarioanalysen spielt die Risikoteilung eine zentrale Rolle: Sie kann genutzt werden, um Risikokonzentrationen zu erkennen und gezielt zu steuern und um auf Krisenzeiten vorbereitet zu sein und wirksame Hebel nutzen zu können.

Nicht zuletzt wird Risikoteilung auch von externen Stakeholdern – wie Ratingagenturen oder institutionellen Investoren – als positives Steuerungsmerkmal wahrgenommen. Unternehmen, die über eine nachvollziehbare Risikopolitik und wirksame Risikobegrenzungsmaßnahmen verfügen, gelten als resilienter und kreditwürdiger.

4.2.2 Formen der Risikoteilung

Versicherungsunternehmen stehen eine Vielzahl an Instrumenten zur Risikoteilung zur Verfügung, um Risiken zu teilen oder gezielt zu begrenzen. Die besondere Form der Risikoteilung durch Rückversicherung wird im folgenden Teil detailliert beschrieben. Hier ein Überblick über weitere Möglichkeiten:

- **Selbstbehalte und Wartezeiten.** Der Versicherungsnehmer übernimmt einen Teil des Risikos selbst (zum Beispiel 500 € pro Schadenfall), was zu einer Entlastung des Versicherers bei Klein- und Bagatellschäden führt.
- **Deckungssummenbegrenzungen.** Die maximale Leistungspflicht wird vertraglich limitiert, zum Beispiel auf 5 Millionen € bei einer Betriebshaftpflichtversicherung.
- **Mitversicherung.** Eine praxisrelevante Möglichkeit der Risikoteilung zwischen mehreren Versicherungsunternehmen ist die sogenannte Mitversicherung. Dabei schließen zwei oder mehr Versicherer gemeinsam mit dem Versicherungsnehmer einen Versicherungsvertrag ab und tragen jeweils einen vertraglich festgelegten Anteil des versicherten Risikos. Jeder beteiligte Versicherer haftet direkt und ausschließlich für seinen Anteil – es handelt sich also nicht um eine Rückversicherung, sondern um eine gleichrangige Risikoteilung auf Vertragsebene.

Die Mitversicherung kommt insbesondere dann zum Einsatz, wenn:

- das zu versichernde Risiko so groß ist, dass es die Zeichnungskapazität eines einzelnen Versicherers übersteigt (zum Beispiel bei Industrieanlagen, Infrastrukturprojekten, Transportversicherungen),
- bestimmte Risiken aus rechtlichen, aufsichtsrechtlichen oder bilanziellen Gründen auf mehrere Schultern verteilt werden sollen,
- oder der Versicherungsnehmer ausdrücklich mehrere Versicherer einbinden möchte – etwa zur Stärkung des Vertrauens oder zur Risikostreuung aus seiner Sicht.

■ **BEISPIEL**

Ein Industrieunternehmen möchte eine Sachversicherung über 200 Millionen € abschließen. Ein einzelner Versicherer möchte jedoch nicht mehr als 50 Millionen € Risiko zeichnen. In diesem Fall könnten vier Versicherer zu je 25 % (50 Millionen €) das Risiko gemeinsam übernehmen. Der Versicherungsnehmer erhält einen einheitlichen Versicherungsschein, in dem alle beteiligten Versicherer mit ihren Quoten aufgeführt sind. ■

In der Praxis wird die Mitversicherung häufig von einem sogenannten führenden Versicherer („Leitende Gesellschaft") organisiert. Diese Gesellschaft übernimmt die Verhandlungsführung, stellt den Versicherungsschein aus und übernimmt oft auch die Schadenregulierung. Die mitversichernden Gesellschaften folgen in der Regel den Bedingungen und Entscheidungen des führenden Versicherers, behalten jedoch ihre eigenständige Haftung für ihren Anteil.

Die Mitversicherung ist besonders im industriellen und gewerblichen Geschäft gängige Praxis. Sie erfordert allerdings eine enge Abstimmung zwischen den beteiligten Versicherern und eine klare vertragliche Regelung – etwa zur Schadenbearbeitung, Nachhaftung oder Kündigung einzelner Beteiligter.

- **Konsortiallösungen.** Gerade bei Großrisiken im Industrie- oder Spezialversicherungsbereich arbeiten mehrere Versicherer gemeinsam in einem Konsortium.
- **Portfoliosteuerung.** Durch gezielte Produktgestaltung und Zeichnungspolitik kann das Unternehmen sein Risikoportfolio diversifizieren – etwa durch geografische Streuung oder Begrenzung der Konzentration bestimmter Risiken (zum Beispiel Elementarsparten in bestimmten Regionen).

4.3 Rückversicherung

Wie im vorhergehenden Kapitel dargestellt, ist die Risikoteilung ein zentrales Element des unternehmerischen Risikomanagements in der Versicherungswirtschaft. Während viele Maßnahmen der Risikobegrenzung innerhalb eines Versicherungsunternehmens stattfinden – etwa durch Selbstbehalte, Portfoliosteuerung oder Mitversicherung – stoßen diese internen Instrumente bei bestimmten Risikoarten und Schadenszenarien an ihre Grenzen. Insbesondere bei hohen Einzelrisiken, Kumulierungsgefahren oder außergewöhnlichen Großschäden besteht die Notwendigkeit, Risiken über das eigene Unternehmen hinaus auf weitere Marktteilnehmer zu verteilen. Genau an dieser Stelle setzt die Rückversicherung an.

Die Rückversicherung ist eine institutionalisierte und vertraglich geregelte Form der Risikoteilung zwischen Versicherungsunternehmen. Sie beschreibt das Verhältnis zwischen einem Erstversicherer, der originär Versicherungsverträge mit Kunden abschließt, und einem Rückversicherer, der bereit ist, bestimmte Anteile dieses versicherungstechnischen Risikos gegen Zahlung einer Rückversicherungsprämie zu übernehmen.

Die Rückversicherung verfolgt mehrere zentrale Ziele:

- die Begrenzung außergewöhnlicher Schadenbelastungen (zum Beispiel bei Naturkatastrophen oder Großschäden),
- die Stabilisierung der Geschäftsergebnisse durch Glättung von Schadenverläufen,
- die Optimierung der Eigenkapitalauslastung im Hinblick auf aufsichtsrechtliche Anforderungen (zum Beispiel Solvency II),
- und die Erweiterung der Zeichnungskapazität, insbesondere für Großrisiken oder neue Märkte.

Rückversicherung ist somit mehr als ein reines Absicherungsinstrument: Sie ist ein strategischer Bestandteil moderner Unternehmenssteuerung in Versicherungsunternehmen und eng mit dem Risikomanagement, der Kapitalplanung und der Produktpolitik verknüpft.

In den folgenden Abschnitten wird systematisch dargestellt, welche Formen der Rückversicherung existieren, wie Rückversicherungsverträge ausgestaltet werden, welche Akteure auf dem Rückversicherungsmarkt agieren und welche Rolle Rückversicherung im regulatorischen und betriebswirtschaftlichen Kontext spielt.

4.3.1 Definition

Die Rückversicherung ist ein vertraglich geregeltes Versicherungsverhältnis, bei dem ein Versicherungsunternehmen (der sogenannte Zedent oder Erstversicherer) einen Teil seiner übernommenen Risiken auf ein anderes, spezialisiertes Versicherungsunternehmen (den Rückversicherer) überträgt. Ziel ist es, die eigene Risikoexponierung zu reduzieren und so die finanzielle Stabilität und Solvenz des Unternehmens zu sichern.

Rückversicherung ist die Versicherung eines Versicherungsunternehmens.

(Robert Kiln: Reinsurance in practice, London 1991)

Im Kern ist die Rückversicherung also nichts anderes als eine Versicherung der Versicherung: Der Rückversicherer übernimmt gegen Zahlung einer vereinbarten Rückversicherungsprämie einen Teil der Leistungspflicht, die der Erstversicherer gegenüber seinen Kunden eingegangen ist. Tritt ein Schadenfall ein, beteiligt sich der Rückversicherer gemäß den Vertragsbedingungen anteilig oder ab einer bestimmten Schadenhöhe an der Entschädigungsleistung.

Wichtig ist dabei, dass die Rückversicherung kein direktes Rechtsverhältnis zum ursprünglichen Versicherungsnehmer begründet. Das Vertragsverhältnis besteht ausschließlich zwischen dem Erstversicherer und dem Rückversicherer. Der Versicherungsnehmer hat keine Ansprüche gegen den Rückversicherer und erfährt in der Regel auch nicht, ob und in welchem Umfang Rückversicherungen bestehen.

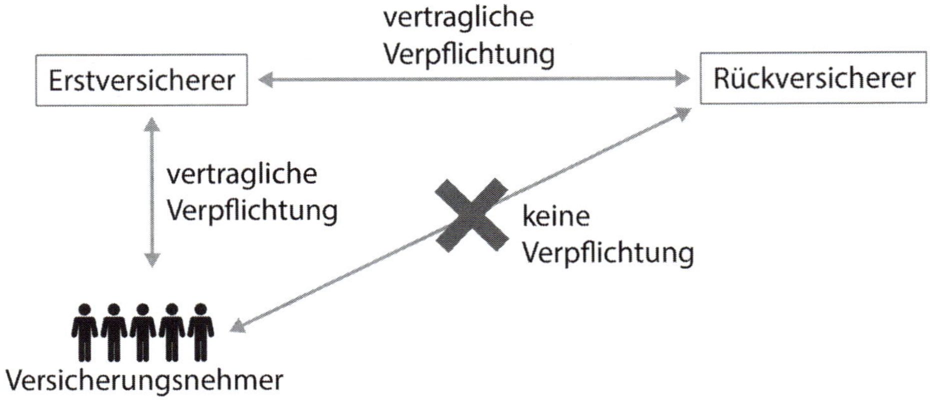

Abbildung 4.1: Vertragsbeziehungen Versicherungsnehmer – Erstversicherer – Rückversicherer

Da Rückversicherer die Risiken vieler unterschiedlicher Erstversicherer übernehmen, verfügen sie in der Regel über ein besonders **breit gestreutes Risikoportfolio**. Durch diese Bündelung entsteht eine hohe **Risikodiversifikation**, sowohl hinsichtlich der versicherten Sparten (zum Beispiel Leben, Schaden, Haftpflicht) als auch der geografischen Verteilung. Der Rückversicherer trägt somit nicht das konzentrierte Risiko eines einzelnen Versicherers oder Marktes, sondern verteilt sein Engagement auf zahlreiche, in Art, Region und Struktur heterogene Risiken. Diese Streuung reduziert die Wahrscheinlichkeit, dass ein einzelnes Schadenereignis zu einer existenzbedrohenden Belastung führt – und bildet die Grundlage für die wirtschaftliche Tragfähigkeit des Rückversicherungsgeschäfts.

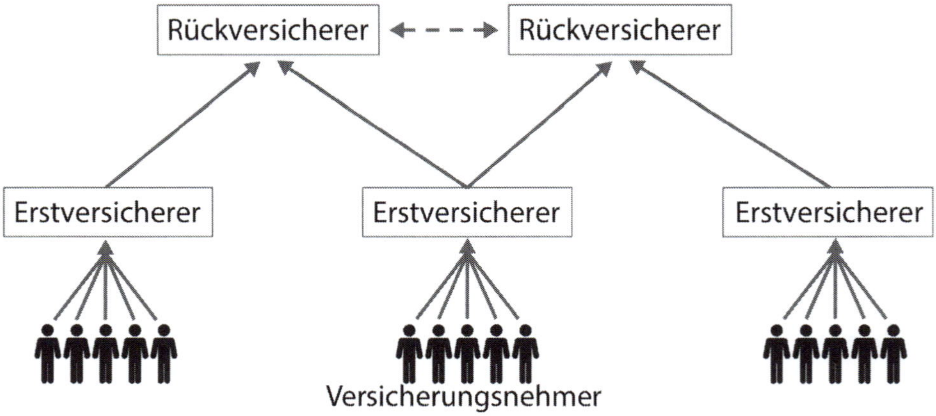

Abbildung 4.2: Verflechtungen in der Versicherungsindustrie

Rückversicherung ist auch ein wesentlicher Bestandteil der internationalen Versicherungslandschaft: Sie ermöglicht den globalen Risikoausgleich. So sind auch Rückversicherungsunternehmen wiederum rückversichert bei anderen Rückversicherern (Retrozession). Dadurch entsteht ein globales Netz an Versicherungs- und Rückversicherungsbeziehungen. Auf diese Weise trägt sie maßgeblich zur **Stabilität des weltweiten Versicherungssystems** bei, insbesondere bei extremen oder systemischen Ereignissen wie Naturkatastrophen, Pandemien oder Terroranschlägen.

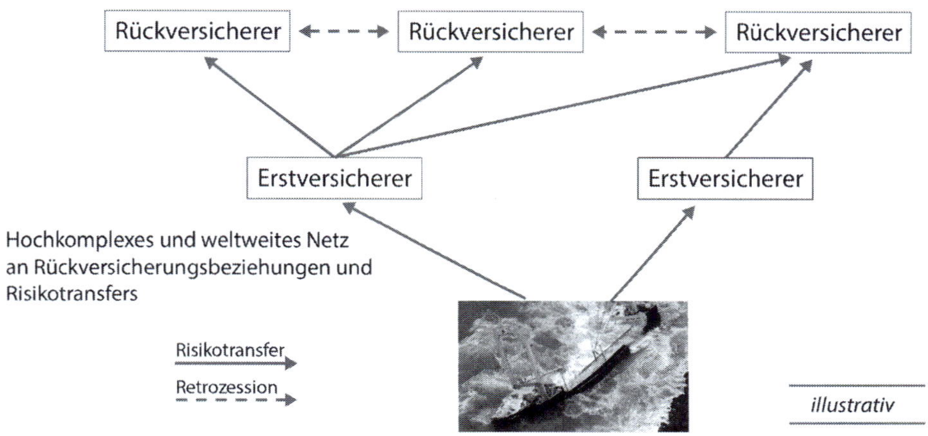

Abbildung 4.3: Weltweites Netz an Rückversicherungsbeziehungen

Rückversicherungsverträge können sehr unterschiedlich ausgestaltet sein. Einige der typischen Gestaltungsparameter werden wir in diesem Kapitel näher kennenlernen.

4.3.2 Vertragsformen in der Rückversicherung

Ein zentrales Unterscheidungskriterium bei Rückversicherungsverträgen ist die Frage, wie der Risikotransfer zwischen Erst- und Rückversicherer organisiert wird. Dabei wird klassisch zwischen zwei Grundformen unterschieden: der fakultativen Rückversicherung und der obligatorischen Rückversicherung. Beide Vertragsformen verfolgen das gemeinsame Ziel, Risiken zu teilen – unterscheiden sich jedoch in Bezug auf Umfang, Verhandlungsaufwand und Automatisierungsgrad.

Fakultative Rückversicherung

Die fakultative Rückversicherung ist eine einzelvertragliche Absicherung für ein spezifisches Risiko oder einen konkreten Versicherungsvertrag. Der Erstversicherer bietet dem Rückversicherer ein einzelnes Risiko zur Rückversicherung an – dieser kann es annehmen oder ablehnen. Eine Verpflichtung zur Übernahme besteht nicht.

Merkmale der fakultativen Rückversicherung:

- **Risikospezifisch:** Jeder Rückversicherungsvertrag bezieht sich auf genau ein Risiko oder einen Vertrag.
- Individuelle Prüfung: Der Rückversicherer prüft jedes Risiko separat und entscheidet im Einzelfall.
- **Hoher Aufwand:** Die Verhandlung, Risikoprüfung und Dokumentation erfolgt individuell und ist aufwändig.
- **Hohe Flexibilität:** Der Erstversicherer kann gezielt Risiken rückversichern, die besonders groß, komplex oder ungewöhnlich sind.

Die fakultative Rückversicherung wird insbesondere in folgenden Fällen eingesetzt:

- Bei Einzelrisiken mit sehr hoher Versicherungssumme, etwa großer Industrieanlagen oder Spezialrisiken (zum Beispiel Flugzeuge, Kraftwerke).
- Wenn ein Risiko nicht in bestehende Rückversicherungsverträge passt.

Die fakultative Rückversicherung ermöglicht es dem Erstversicherer, sehr individuell auf einzelne Risiken zu reagieren – eignet sich aber aufgrund des administrativen Aufwands nicht für die breite Masse des Geschäfts.

Obligatorische Rückversicherung

Bei der obligatorischen Rückversicherung schließen der Erst- und der Rückversicherer einen Rahmenvertrag, der die Rückversicherung ganzer Risikoarten oder -segmente regelt. Der Rückversicherer verpflichtet sich vertraglich, alle Risiken, die bestimmten Kriterien entsprechen, automatisch zu übernehmen.

Merkmale der obligatorischen Rückversicherung:

- **Standardisiert und systematisch:** Der Vertrag deckt einen definierten Bestand oder eine Sparte ab.
- **Automatischer Risikotransfer:** Risiken müssen nicht einzeln vorgelegt oder genehmigt werden.
- **Geringer administrativer Aufwand** im operativen Geschäft.
- **Langfristige Zusammenarbeit** zwischen Erst- und Rückversicherer.

Voraussetzung ist eine detaillierte vertragliche Regelung, die beispielsweise folgende Punkte festlegt:

- Art und Umfang der gedeckten Risiken (zum Beispiel Wohngebäudeversicherungen mit Versicherungssummen bis x €),
- Beteiligungsquote des Rückversicherers,
- Laufzeit und Kündigungsmöglichkeiten.

Obligatorische Rückversicherungsverträge sind vor allem bei großvolumigen, standardisierten Versicherungsprodukten sinnvoll, zum Beispiel in der Sachversicherung von Wohngebäuden oder im Kfz-Bereich. Sie ermöglichen einen effizienten, automatisierten Risikotransfer und entlasten das Underwriting und die Rückversicherungsabteilung im Tagesgeschäft.

4.3.3 Vertragsarten in der Rückversicherung

Neben der Frage, ob ein Rückversicherungsvertrag fakultativ oder obligatorisch gestaltet ist, unterscheidet man im Rückversicherungsgeschäft vor allem nach der Art der Risiko- und Schadenverteilung. Dabei ist die zentrale Unterscheidung, ob sich der Rückversicherer anteilig am Risiko und an der Prämie beteiligt – oder erst ab einer bestimmten Schadenhöhe in die Leistungspflicht eintritt.

Dementsprechend wird zwischen proportionaler Rückversicherung und nicht-proportionaler Rückversicherung unterschieden. Beide Vertragsarten erfüllen unterschiedliche Funktionen im Risikomanagement des Erstversicherers und werden je nach Geschäftsfeld, Risikoart und Zielsetzung eingesetzt.

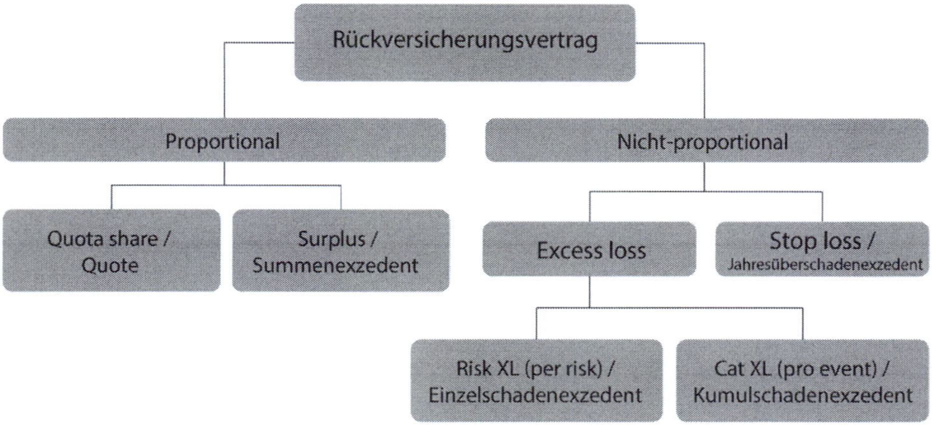

Abbildung 4.4: Übersicht über die traditionellen Rückversicherungs-Vertragsarten

Proportionale Rückversicherung

Bei der proportionalen Rückversicherung übernimmt der Rückversicherer einen festen Anteil („Proportion") an einem Versicherungsrisiko – und zwar sowohl an den Prämieneinnahmen als auch an den Schadenleistungen. Die Beteiligung erfolgt also „im gleichen Verhältnis" (pro rata). Der Maßstab für die Berechnung des „festen Anteils" stellt die Versicherungssumme dar.

Es handelt sich um einen gleichmäßigen Risikotransfer: Der Rückversicherer trägt denselben prozentualen Anteil an allen relevanten Positionen – Prämien, Schäden, Verwaltungskosten und Rückstellungen – wie der Erstversicherer.

Dadurch eignen sich proportionale Verträge besonders für standardisierte Risiken mit gleichmäßiger Schadenverteilung, etwa in der Haftpflichtversicherung, Hausrat- oder Wohngebäudeversicherung. Sie sind auch sinnvoll zur Kapazitätserweiterung – wenn der Erstversicherer mehr Geschäft zeichnen möchte, als seine eigene Risikotragfähigkeit zulässt.

Typische Beispiele für eine proportionale Rückversicherung ist die Quotenrückversicherung (Quota Share) und der Summenexzedentenvertrag (Surplus). Da das Rückversicherungsgeschäft international aufgestellt ist, werden auch häufig die englischen Begrifflichkeiten „Quota share" und „Surplus" verwendet.

Quota Share

Beim Quota Share erfolgt die anteilige Aufteilung aller Risiken innerhalb eines definierten Portfolios nach einem festen, vertraglich vereinbarten Prozentsatz. Das bedeutet: Sowohl Prämien als auch Schäden werden konsequent im gleichen Verhältnis zwischen Erst- und Rückversicherer geteilt – unabhängig von der Höhe der einzelnen Versicherungssummen oder individuellen Risikomerkmalen.

Die Haftung des Rückversicherers ist dabei durch eine vertraglich festgelegte Höchstversicherungssumme begrenzt. Sollte ein einzelnes Risiko eine Versicherungssumme aufweisen, die über diesem Limit liegt, verbleibt der übersteigende Teil vollständig beim Erstversicherer. Auf diese Weise wird sichergestellt, dass der Rückversicherer nicht unbegrenzt haftet.

Ein konkretes Beispiel verdeutlicht die Funktionsweise: In der folgenden Abbildung ist ein Quota Share dargestellt, bei dem der Rückversicherer 80 % des Risikos übernimmt, während der Erstversicherer 20 % behält. Dieses Verhältnis wird auf alle Risiken angewendet, die unter den Geltungsbereich des Vertrags fallen – zum Beispiel eine bestimmte Sparte oder ein regional abgegrenzter Bestand.

Die Folgen dieses festen Verhältnisses sind:

- Der Rückversicherer erhält 80 % der verdienten Prämien des betreffenden Portfolios vom Erstversicherer,
- und beteiligt sich im Gegenzug mit 80 % an allen entstandenen Schäden.

Diese Form der Rückversicherung eignet sich insbesondere für homogen strukturierte Portfolios mit standardisierten Produkten. Sie ist einfach kalkulierbar, effizient in der Verwaltung und ermöglicht dem Erstversicherer eine klare Steuerung seiner Risiko- und Kapitalbelastung.

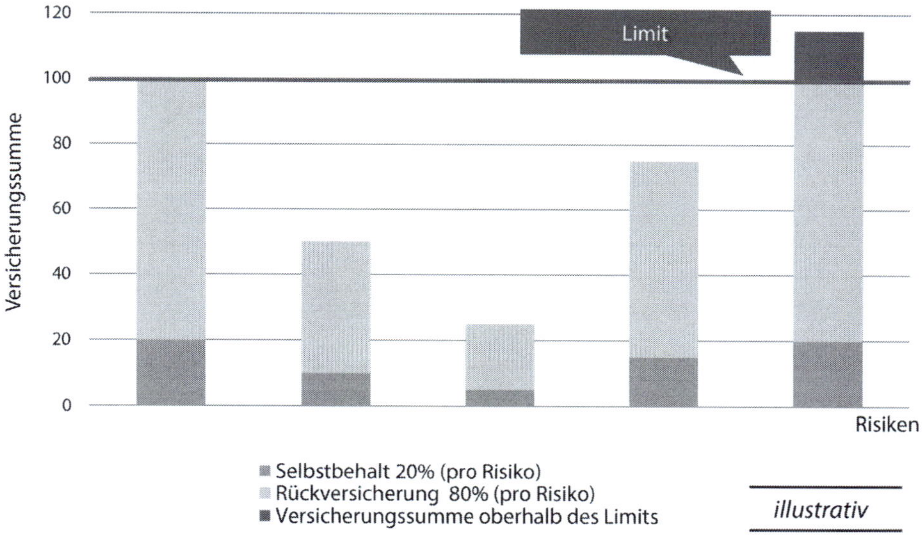

Abbildung 4.5: Funktionsweise des Quota Share

Damit ergeben sich für den Quota Share folgende Vor- und Nachteile.

Vorteile:

- Proportionale Verringerung des versicherungstechnischen Risikos beim Erstversicherer
- Einfache Verwaltung
- Rückversicherung trägt jedes Risiko mit
- Schutz gegen Irrtums- und Änderungsrisiken (zum Beispiel Inflation)

Nachteile:

- Keine Homogenisierung eines (heterogenen) Portefeuilles
- Beteiligung des Rückversicherers am meist stabileren Klein- und Mittelgeschäft

Ein Quota Share wird oft für große und überwiegend homogene Versicherungsbestände sowie für Bestands-Aufbauphasen zu Zwecken der Finanzierung verwendet. Auch bei neuartigen Risiken, bei denen dem Erstversicherer die „Erfahrung" fehlt, ist ein Quota Share eine sinnvolle Rückversicherungsform.

Surplus

Beim **Surplus** unterscheidet sich die Beteiligung des Rückversicherers pro Risiko beziehungsweise Versicherungssumme. Hierbei existiert ein Selbstbehalt des Erstversicherer – auch Maximum genannt – bis zu dem der Erstversicherer die Haftung selbst trägt. Die darüber hinaus gehende Haftung wird dann bis zu einem definierten Limit zwischen Erst- und Rückversicherer aufgeteilt. Somit ergeben sich unterschiedliche Proportionen für unterschiedliche Versicherungssummen in einem Portfolio.

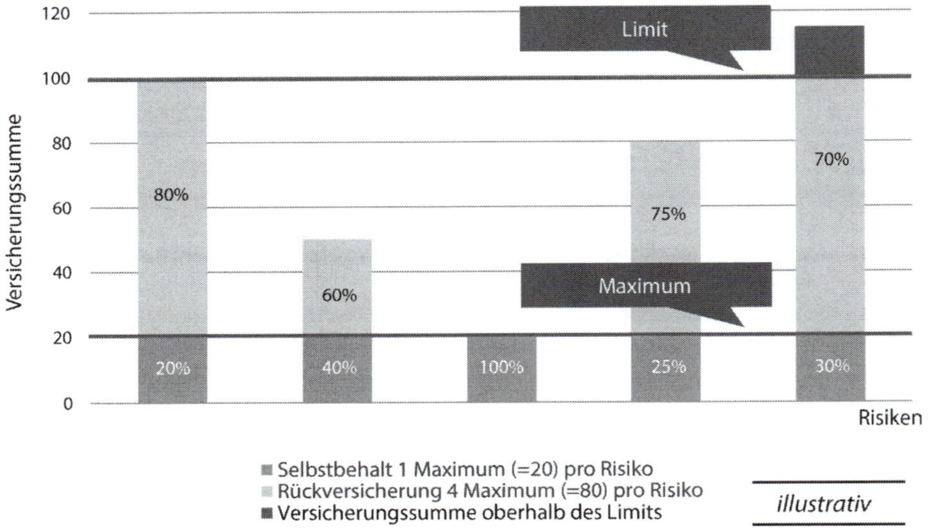

Abbildung 4.6: Funktionsweise des Surplus

Für die Berechnung eines Surplus-Vertrags werden zwei zentrale Parameter festgelegt: das sogenannte Maximum und der daraus abgeleitete Exzedent (auch als Haftungsstrecke bezeichnet). Das Maximum gibt an, bis zu welcher Versicherungssumme der Erstversicherer ein Risiko vollständig auf eigene Rechnung übernimmt. Der Exzedent beschreibt die Höhe, bis zu der der Rückversicherer darüber hinaus haftet – und wird als Vielfaches des Maximums definiert.

In unserem Beispiel beträgt das Maximum 20. Das vertraglich vereinbarte Limit – also die maximal rückversicherbare Versicherungssumme – liegt bei 100. Der Exzedent ergibt sich somit aus der Differenz zwischen Limit und Maximum:

100 – 20 = 80.

Da 80 einem Vielfachen von vier Maxima entspricht, beträgt der Exzedent 4 Surplus-Linien.

Basierend auf diesem Verhältnis wird für jedes versicherte Risiko die Anteilskomponente zwischen Erst- und Rückversicherer individuell berechnet. Maßgeblich ist dabei die Relation des Maximums zur tatsächlichen Versicherungssumme.

Ein Beispiel: Ein Risiko mit einer Versicherungssumme von 50 wird gezeichnet. Das Maximum des Erstversicherers liegt bei 20, somit ergibt sich:

20 ÷ 50 = 0,4 beziehungsweise 40 % → Anteil des Erstversicherers, 60 % verbleiben beim Rückversicherer.

Diese Proportionsberechnung dient anschließend als Grundlage für die gesamte Vertragsabwicklung. Das bedeutet:

- 60 % der Prämieneinnahmen aus diesem Vertrag werden an den Rückversicherer abgeführt.
- Im Schadenfall übernimmt der Rückversicherer 60 % der Leistungen, unabhängig von der Höhe des konkreten Schadens.

Das gilt auch für kleinere Schäden, die unterhalb des Maximums liegen – etwa ein Schaden in Höhe von 10. Auch hier trägt der Rückversicherer 60 %, obwohl der Erstversicherer das Risiko in dieser Schadenhöhe allein abdecken könnte. Entscheidend ist nicht die absolute Schadenhöhe, sondern das einmal berechnete Proportionsverhältnis.

Damit ergeben sich für den Surplus folgende Vor- und Nachteile.

Vorteile:

- Homogenisierung des Portefeuilles
- Stabiles Klein- und Mittelgeschäft bleibt im Selbstbehalt des Erstversicherers, aber kein Schutz gegen Kumulrisiken
- Schutz gegen Schwankungsrisiko

Nachteile:

- Höherer administrativer Aufwand
- Gefahr einer adversen Selektion
- Verlauf beim Rückversicherer schwankungsanfälliger

Der Surplus kommt insbesondere bei heterogenen Versicherungsbeständen und bei Beständen mit Großschadenpotential zum Einsatz.

Quotierung proportionale Rückversicherung

Die vom Erstversicherer an den Rückversicherer zu zahlende Rückversicherungsprämie wird bei proportionalen Rückversicherungsverträgen, wie dem Quota-Share oder Surplus-Vertrag, zunächst auf Basis des vereinbarten Proportionsverhältnisses berechnet. Der Rückversicherer erhält also einen festen Anteil an der vom Erstversicherer eingenommenen Originalprämie – entsprechend seinem Risikoanteil.

Zusätzlich dazu sind in solchen Verträgen üblicherweise zwei weitere Komponenten enthalten, die finanziell zugunsten des Erstversicherers wirken:

1. **Rückversicherungsprovision.** Diese Zahlung stellt eine Art Kostenerstattung dar: Der Rückversicherer vergütet dem Erstversicherer einen Teil der abgeführten Prämie, um dessen Vertriebskosten, Verwaltung und Schadenbearbeitung abzudecken. Da der Erstversicherer weiterhin den direkten Kundenkontakt hält, die Policierung übernimmt und die Schadenregulierung durchführt, erhält er durch die Provision eine angemessene Kompensation für diese Aufgaben.
2. **Gewinnbeteiligung.** Zusätzlich zur Provision kann im Rückversicherungsvertrag eine Gewinnbeteiligung vereinbart werden. Diese kommt zum Tragen, wenn der Rückversicherer mit dem übernommenen Bestand einen versicherungstechnischen Überschuss erzielt – also wenn die abgeführte Prämie die Schaden- und Kostenquote übersteigt. In diesem Fall wird ein Teil des Gewinns an den Erstversicherer ausgeschüttet. Dadurch entsteht ein Anreizsystem, das den Erstversicherer motiviert, ein qualitativ hochwertiges Underwriting zu betreiben und eine effiziente Schadenbearbeitung sicherzustellen.

In der Summe ergibt sich für den Rückversicherer ein Nettoeinnahmenbetrag, der unter dem Bruchteil der ursprünglichen Prämie liegt – weil er sowohl Provisionen zahlt als auch eine mögliche Gewinnbeteiligung einplant. Umgekehrt profitiert der Erstversicherer durch die Rückversicherungsbeteiligung nicht nur von Risikoreduzierung, sondern auch von einer finanziellen Rückvergütung, die seine Kosten und Anreize im operativen Geschäft berücksichtigt.

Nicht-proportionale Rückversicherung

Während bei der proportionalen Rückversicherung Prämien und Schäden in einem festen Verhältnis zwischen Erst- und Rückversicherer geteilt werden, basiert die nicht-proportionale Rückversicherung auf einem gänzlich anderen Prinzip: Hier steht nicht die anteilige Beteiligung an jedem Risiko im Vordergrund, sondern die Übernahme von Schadenbelastungen.

Bei der nicht-proportionalen Rückversicherung tritt der Rückversicherer erst dann in Leistung, wenn die Schäden eine vordefinierte Schwelle überschreiten. Bis zu dieser Grenze trägt der Erstversicherer die Schadenlast allein. Die vertraglich vereinbarten Schwellenwerte werden häufig als Priorität oder Selbstbehalt des Erstversicherers bezeichnet. Der Rückversicherer sichert demnach nicht das gesamte Risiko ab, sondern nur die Schadenexzedenten oberhalb dieser Schwelle – und oft auch nur bis zu einer bestimmten Höchstgrenze, dem sogenannten Limit oder Plafond.

Diese Rückversicherungsform hat sich insbesondere zur Absicherung gegen Großschäden, Kumulrisiken oder außergewöhnliche Schadenjahre bewährt. Sie dient in erster Linie der Ergebnisstabilisierung und der Begrenzung finanzieller Extrembelastungen – nicht der gleichmäßigen Risikoteilung wie bei proportionalen Verträgen.

Charakteristisch für die nicht-proportionale Rückversicherungen ist:

- eine variable Schadenbeteiligung des Rückversicherers, abhängig vom tatsächlichen Schadenverlauf,
- eine größere Ergebnisvolatilität für den Rückversicherer, da er nur in besonders schlechten Jahren eintritt,
- und eine stärkere Eigenverantwortung des Erstversicherers bei der Risiko- und Schadensteuerung unterhalb der Priorität.

Nicht-proportionale Verträge sind insbesondere dann sinnvoll, wenn der Erstversicherer einen hohen Selbstbehalt tragen kann und sich gezielt gegen Extremereignisse oder Schadenhäufungen absichern möchte – zum Beispiel bei Naturkatastrophen, Industriehaftpflichtfällen oder Pandemieauswirkungen. Auch zur Einhaltung regulatorischer Vorgaben, insbesondere bei der Begrenzung aggregierter Schadenrisiken, kommt diese Rückversicherungsform häufig zum Einsatz.

In den folgenden Abschnitten werden die wichtigsten Vertragsarten der nicht-proportionalen Rückversicherung vorgestellt, die gewöhnlich nach der Art des Verlustes, auf die die Priorität und das Limit angewendet werden, klassifiziert werden.

Abbildung 4.7: Klassifizierung der Vertragsarten der nicht-proportionalen Rückversicherung

Einzelschadenexzedent/Excess of Loss

Die Einzelschadenexzedentenrückversicherung – international bekannt als Excess of Loss (XoL) – ist eine der am häufigsten eingesetzten Formen der nicht-proportionalen Rückversicherung. Sie dient dazu, einzelne Großschäden zu begrenzen und damit die Ergebnisstabilität des Erstversicherers zu sichern.

Die Excess-of-Loss-Vereinbarung basiert auf dem Prinzip: „Der Rückversicherer sichert den Teil eines Schadens ab, der den Selbstbehalt des Erstversicherers übersteigt – bis zu einem bestimmten Höchstbetrag."

Das bedeutet:

- Der Erstversicherer trägt Schäden bis zur vereinbarten Priorität (Retention) vollständig selbst.
- Der Rückversicherer leistet erst ab dieser Schwelle – und zwar bis zum vereinbarten Limit.

- Der Schutz bezieht sich in der Regel auf Einzelschäden (nicht auf kumulierte Schäden eines Zeitraums).

In der Praxis wird die Struktur von nicht-proportionalen Rückversicherungsverträgen häufig in einer kompakten Kurzformel angegeben, die den Geltungsbereich des Rückversicherers beschreibt. Insbesondere beim Excess of Loss folgt die Schreibweise dem Muster:

„Maximale Schadenleistung des Rückversicherers nach maximaler Schadenleistung des Erstversicherers" bzw. „Rückversicherungsdeckung in excess of (xs) Priorität des Erstversicherers"

■ **BEISPIEL:**

„2.000 xs 1.000" bedeutet, dass der Rückversicherer Schäden oberhalb von 1.000 übernimmt, und zwar bis zu einem Schadengesamtbetrag von 3.000. Die maximale Leistung des Rückversicherers in diesem Vertrag beträgt also 2.000, und der Erstversicherer trägt alle Schäden bis zur Priorität von 1.000 selbst. Zusätzlich trägt der Erstversicherer auch alle Schadenzahlungen selbst, die oberhalb des Limits – in diesem Beispiel 3.000 – liegen. ■

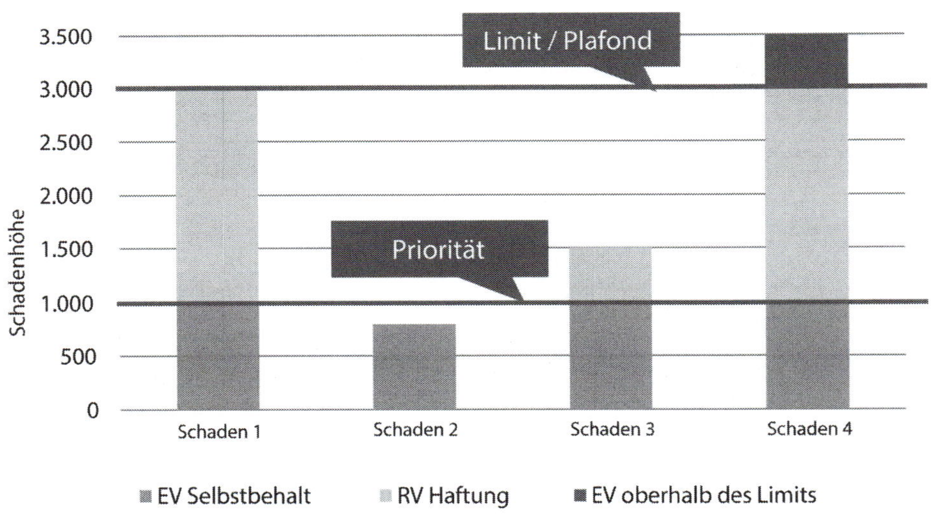

Abbildung 4.8: Funktionsweise des Einzelschadenexzedenten

Die folgende Tabelle zeigt – anhand des gewählten Beispiels (2.000 xs 1.000) – für beispielhafte Schäden die Zahlungen des Erst- und Rückversicherers:

Schadenhöhe	Schadenaufwand Erstversicherer	Schadenaufwand Rückversicherer	Bemerkung
800	800	0	unterhalb der Priorität
1.500	1.000	500	anteilige Rückdeckung
3.000	1.000	2.000 (max.)	Rückversicherer erreicht Limit
4.000	2.000	2.000	1.000 über Limit trägt wieder Erstversicherer

Tabelle 4.1: Schadenverteilung Einzelschadenexzedent

Vorteile:

- Homogenisierung der Schadenzahlungen
- Schutz gegen Großschäden mit potenziell sehr hohen Schadenhöhen
- Begrenzung der Eigenkapitalbelastung durch außergewöhnliche Einzelschäden

Nachteile:

- Bedingter Schutz gegen Änderungsrisiken
- Eingeschränkter Schutz gegen Kumulrisiken

Erstversicherer nutzen diese Vertragsform, um gezielt die Volatilität ihrer Ergebnisse zu reduzieren und gleichzeitig mehr Geschäft zeichnen zu können, ohne übermäßige Risikokonzentrationen einzugehen.

Bei der Ausgestaltung eines Excess-of-Loss-Vertrags sind mehrere Aspekte zu berücksichtigen:

- Deckungsumfang: Beschränkt sich der Vertrag auf Einzelschäden (per Risk) oder bestimmte Ursachen (zum Beispiel Feuer, Explosion)?
- Anzahl der Verträge (Risiken): Gilt die Deckung für alle Risiken eines Portfolios oder nur für einzelne definierte Verträge?
- Kombination mit Layern: Häufig wird ein Risiko in mehreren „Schichten" rückversichert (zum Beispiel 2 Millionen xs 1 Millionen; 3 Millionen xs 3 Millionen).

Der Excess-of-Loss stellt somit ein hocheffizientes Instrument zur Steuerung von Spitzenrisiken und zur Stabilisierung des versicherungstechnischen Ergebnisses – besonders in kapitalintensiven oder schadenintensiven Sparten – dar.

Kumulschadenexzedent/Catastrophe Excess of Loss

Die Kumulschadenexzedentenrückversicherung, international bekannt als Catastrophe Excess of Loss (Cat-XL), ist eine spezielle Form der nicht-proportionalen Rückversicherung, die den Erstversicherer gegen außergewöhnliche Schadenereignisse mit kumulativem Charakter absichert. Anders als bei dem Einzelschadenexzedenten steht hier nicht das einzelne Risiko, sondern die aggregierte Schadenbelastung aus einem einzelnen Ereignis im Vordergrund.

Cat-XL-Verträge kommen immer dann zum Einsatz, wenn ein einzelnes Schadenereignis – etwa ein Sturm, ein Hochwasser, ein Erdbeben oder ein Großbrand – gleichzeitig mehrere Einzelverträge oder Risiken des Versicherungsportfolios betrifft. Man spricht in solchen Fällen von einem Kumulrisiko.

Der Cat-XL greift also, wenn ein einzelnes Schadenereignis bei einem Versicherungsunternehmen eine Vielzahl von Schäden gleichzeitig verursacht und die kumulierte Gesamtschadenbelastung aus diesem Ereignis eine festgelegte Priorität überschreitet. Ab diesem Punkt beteiligt sich der Rückversicherer – wie beim Einzelschadenexzedent – bis zu einem vertraglich vereinbarten Limit an der Schadenregulierung.

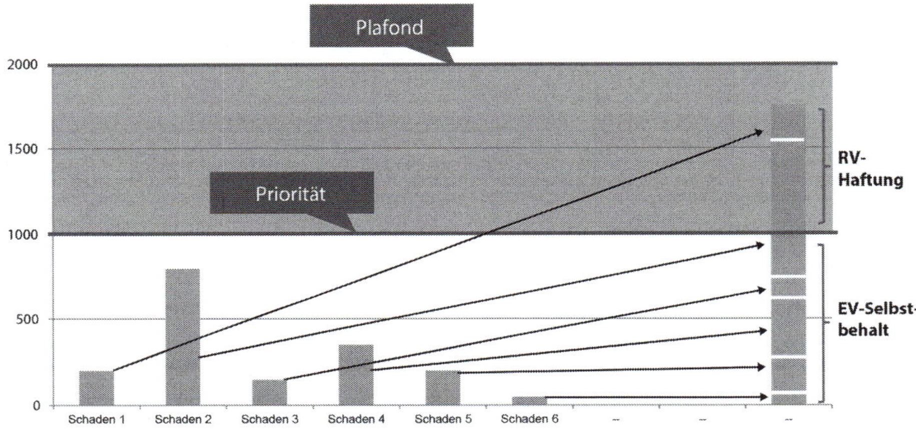

Abbildung 4.9: Beispiel Cat-XL (1.000 xs. 1.000) mit Schäden aus einem Kumulereignis

Die Struktur folgt der bekannten Schreibweise: „Rückversicherungsdeckung xs Priorität", zum Beispiel 1.000 xs 1.000.

Das bedeutet:

- Der Rückversicherer übernimmt kumulierte Schadenlasten, die über 1.000 hinausgehen,
- bis zu einem Höchstbetrag von 1.000.
- Die maximale Rückversicherungsleistung beträgt in diesem Fall also 1.000 pro Ereignis.

Die Abrechnung erfolgt ereignisbasiert, nicht schadensfallbezogen.

Ein Cat-XL-Vertrag weist mehrere charakteristische Merkmale auf, die ihn deutlich von anderen Rückversicherungsformen unterscheiden. Im Zentrum steht die Tatsache, dass sich die Rückversicherungsleistung nicht auf einen einzelnen Schadenfall, sondern auf die kumulierte Schadenbelastung aus einem einzelnen Schadenereignis bezieht. Die Eintrittspflicht des Rückversicherers wird also durch ein Gesamtereignis ausgelöst, das mehrere versicherte Risiken gleichzeitig betrifft.

Ein wesentliches Merkmal dieser Vertragsform ist die Ereignisorientierung. Der Rückversicherer leistet nur dann, wenn die Schäden aus einem eindeutig identifizierbaren Ereignis stammen. Um eine eindeutige Abgrenzung zu ermöglichen, wird im Vertrag eine präzise Definition des „Ereignisses" festgelegt – häufig anhand von zeitlichen, geografischen oder sachlichen Kriterien. So kann etwa vereinbart sein, dass alle Schäden, die innerhalb von 72 Stunden nach dem Eintritt eines Sturmtiefs entstehen, als ein einziges Ereignis gelten.

Darüber hinaus wird die Deckung meist nicht unbegrenzt gewährt, sondern auf eine bestimmte Anzahl von Ereignissen pro Versicherungsjahr begrenzt – beispielsweise maximal zwei katastrophale Schadenereignisse mit voller Rückversicherungsleistung. Nach Ausschöpfung dieser „Ereigniskapazitäten" verbleibt das restliche Schadenrisiko vollständig beim Erstversicherer oder es wird eine sogenannte Wiederauffüllung (gegen neue Prämienzahlung) vereinbart.

Cat-XL-Verträge werden insbesondere in Sparten eingesetzt, in denen Kumulschäden systematisch auftreten können, zum Beispiel:

- Wohngebäude- und Hausratversicherung bei Naturkatastrophen (Sturm, Hagel, Überschwemmung)
- Industrieversicherung, wenn mehrere Standorte gleichzeitig betroffen sein können
- Unfall- und Kfz-Versicherung bei Extremereignissen (zum Beispiel Massenkarambolagen)
- Lebens- und Krankenversicherung bei pandemischen oder terroristischen Szenarien

Diese Vertragsform ist für den Erstversicherer besonders wichtig, um katastrophenartige Großereignisse bilanziell zu bewältigen, ohne die eigene Solvenz zu gefährden.

Der Cat-XL ist ein zentrales Instrument zur Absicherung gegen katastrophale Großereignisse, bei denen es zu einer Vielzahl gleichzeitiger Schäden kommt. Er ergänzt den Einzelschadenexzedenten um eine ereignisbezogene, aggregierte Deckung und schützt den Erstversicherer vor der Konzentration von Extremrisiken. In Zeiten zunehmender Naturgefahren, geopolitischer Unsicherheiten und systemischer Risiken kommt der Cat-XL-Rückversicherung eine zunehmend strategische Bedeutung zu.

Jahresüberschadenexzedent/Stop-Loss

Die Stop-Loss-Rückversicherung ist eine besondere Form der nicht-proportionalen Rückversicherung, bei der der Rückversicherer nicht einzelne Schäden oder Ereignisse absichert, sondern das gesamte Jahresergebnis eines Versicherungsportfolios. Ziel ist es, den Erstversicherer gegen außergewöhnlich hohe Schadenquoten abzusichern, die die Rentabilität oder sogar die Solvenz des Unternehmens gefährden könnten.

Die Stop-Loss-Rückversicherung gilt daher als klassisches Instrument zur Ergebnisstabilisierung, insbesondere in Sparten mit unvorhersehbarem Schadenverlauf oder bei Neugeschäften mit unsicherer Schadenentwicklung.

Die Leistungspflicht des Rückversicherers wird nicht durch die Höhe eines Einzelschadens, sondern durch das Verhältnis zwischen gesamten Schadenaufwendungen und Prämieneinnahmen (Schadenquote) ausgelöst.

Ein Stop-Loss-Vertrag definiert zwei zentrale Größen:

- eine **Priorität**, meist in Form einer Schadenquote (zum Beispiel 120 %),
- und ein **Limit**, das die maximale Rückversicherungsleistung begrenzt.

■ **BEISPIEL**

Ein Vertrag mit Stop-Loss 200 % xs 120 % bedeutet, dass der Rückversicherer für alle Schäden leistet, die zu einer Schadenquote von über 120 % führen – und zwar bis zu einer Schadenquote von 200 %. Übersteigt die Schadenquote 200 %, liegt der übersteigende Anteil wieder beim Erstversicherer. ■

Stop-Loss-Verträge werden in der Praxis insbesondere dort eingesetzt, wo:

- eine hohe Ergebnisvolatilität besteht,
- eine neue Sparte oder ein neues Produkt mit unsicherer Schadenentwicklung eingeführt wird,
- der Erstversicherer besonders kapitalintensive Risiken trägt,
- oder bei kleineren/mittleren Versicherern mit begrenzter Risikotragfähigkeit.

Die konkrete Gestaltung eines Stop-Loss-Vertrags erfordert die Definition mehrerer Parameter:

- Schadenquote-Bemessungsgrundlage: Häufig wird die „Netto-Schadenquote" verwendet (nach Abzug von Provisionen, vor Rückversicherung).
- Vertragsjahr/Geltungszeitraum: Meist kalenderjährlich, alternativ auch schadendatumbezogen.
- Limitierungen: Häufig Begrenzung auf maximal eine Stop-Loss-Leistung pro Jahr oder ein Gesamtlimit über mehrere Jahre.

- Prämienkalkulation: Die Rückversicherungsprämie bemisst sich auf Basis von Schadenschwankungsrisiken, Exponierung und Volatilität des Portfolios.

Die Stop-Loss-Rückversicherung ist ein wirkungsvolles Instrument zur Absicherung des versicherungstechnischen Gesamtergebnisses eines Portfolios. Sie bietet dem Erstversicherer eine wertvolle Sicherheit gegen außergewöhnliche Schadenjahre und ist besonders dort geeignet, wo klassische Einzel- oder Ereignisdeckungen an ihre Grenzen stoßen. Als flexible Ergänzung zu proportionalen und exzedenten Verträgen trägt sie maßgeblich zur Stabilität und Steuerbarkeit der finanziellen Unternehmensentwicklung bei.

Quotierung nicht-proportionale Rückversicherung

Im Gegensatz zur proportionalen Rückversicherung, bei der die Rückversicherungsprämie als fester Anteil der Originalprämie automatisch aus dem Proportionsverhältnis abgeleitet wird, erfordert die Prämienkalkulation in der nicht-proportionalen Rückversicherung eine individuelle Bewertung des Risikoexposures. Die Prämie wird hier nicht aus einer festen Quote berechnet, sondern basiert auf einer aktuariellen Einschätzung der Wahrscheinlichkeit und des Umfangs möglicher Schadenbelastungen oberhalb der Priorität (bis zum Limit).

Für die Quotierung werden insbesondere folgende Faktoren berücksichtigt:

- die Schadenhistorie des Erstversicherers (Frequenz und Schwere),
- das Exponierungsprofil des rückversicherten Portfolios (zum Beispiel geografische Konzentration, Risikoklassen, Kumulpotenzial),
- die Höhe von Priorität und Limit (je niedriger die Priorität, desto höher das Risiko für den Rückversicherer),
- sowie gegebenenfalls das Modellieren extremer Schadenereignisse mittels Stochastik oder Szenarioanalysen beziehungsweise Berechnung des „possible maximum loss" (größtmöglicher Schaden).

Das Ergebnis ist eine Rückversicherungsprämie in absoluten Zahlen. Rückversicherer kalkulieren dabei beispielsweise mit einer sogenannten Burning-Cost-Methode (auf Basis vergangener Schadenereignisse) oder unter Anwendung von Exposure-Ratings oder Extrapolation.

Die Prämienhöhe muss also so bemessen sein, dass sie das erwartete Schadenrisiko, die Verwaltungskosten sowie einen Risikoaufschlag und Kapitalbindungskosten des Rückversicherers deckt – und gleichzeitig für den Erstversicherer wirtschaftlich tragbar bleibt. Die Prämienverhandlung ist daher bei nicht-proportionalen Verträgen individuell und analytisch anspruchsvoller.

4.3.4 Alternativer Risikotransfer (ART)

Neben den klassischen Rückversicherungsverträgen hat sich in den letzten Jahrzehnten ein eigenes Segment entwickelt, das unter dem Begriff Alternativer Risikotransfer (Alternative Risk Transfer, ART) zusammengefasst wird. Ziel des ART ist es, Versicherungsrisiken auf andere Weise als über konventionelle Rückversicherung zu transferieren – insbesondere durch Verknüpfung mit den globalen Kapitalmärkten. Der Hintergrund: Klassische Rückversicherungskapazitäten sind nicht unbegrenzt verfügbar und unterliegen zyklischen Schwankungen. Gleichzeitig wachsen viele Risiken – etwa Naturkatastrophen, Pandemien oder Cyberrisiken – in ihrer Komplexität und Schadenhöhe. ART-Lösungen schaffen hier zusätzliche finanzielle Kapazitäten und Diversifikationspotenzial.

Ein zentrales Instrument des ART sind sogenannte Insurance-Linked Securities (ILS) – darunter insbesondere Katastrophenanleihen (Cat Bonds). Dabei emittiert ein Versicherungs- oder Rückversicherungsunternehmen über eine Zweckgesellschaft eine Anleihe an Investoren, die im Gegenzug Kapital zur Verfügung stellen. Tritt ein definiertes Schadenereignis (zum Beispiel ein Hurrikan bestimmter Stärke in einer bestimmten Region) ein, verliert der Investor sein Kapital ganz oder teilweise – und dieses fließt zur Schadenregulierung an den Versicherer. Die Höhe des Kapitals ist dabei durch die „Schwere" des Ereignisses (zum Beispiel Erdbeben der Stärke 5,4) klar definiert und richtet sich nicht nach der tatsächlichen Schadenhöhe. Tritt das Ereignis nicht ein, erhält der Investor neben dem Kapital attraktive Renditen. Der Risikotransfer erfolgt hier also direkt vom Versicherer an den Kapitalmarkt, ohne klassische Rückversicherungsbeziehung.

Weitere ART-Instrumente sind unter anderem:

- Collateralized Reinsurance, voll besicherte Rückversicherungsverträge über spezialisierte Investoren,
- Industry Loss Warranties (ILWs), bei denen die Rückversicherungsleistung an Branchenverlustschwellen gekoppelt ist,
- sowie hybride Produkte, die Elemente von Rückversicherung, Finanzierung und Kapitalmarktstruktur kombinieren.

ART-Lösungen bieten insbesondere bei hohen Kumulrisiken, nicht-traditionellen Risiken oder sehr großen Risikotransferbedarfen einen alternativen Zugang zu Kapital. Sie sind jedoch mit höherem strukturellem und rechtlichem Aufwand verbunden, erfordern finanztechnische Expertise und unterliegen einer strengen regulatorischen Bewertung, insbesondere unter Solvency II. Dennoch gelten sie als zunehmend relevante Ergänzung zur klassischen Rückversicherung – nicht zuletzt, weil sie zur Stabilisierung der Rückversicherungsmärkte beitragen und für Investoren eine interessante

Anlageklasse darstellen, die weitgehend unabhängig von konjunkturellen Schwankungen ist.

4.3.5 Wirkung von Rückversicherung unter Solvency II

Im Rahmen des europäischen Aufsichtsregimes Solvency II spielt Rückversicherung eine zentrale Rolle bei der Steuerung der Solvenzanforderungen. Solvency II verfolgt einen risikobasierten Ansatz: Die Höhe des erforderlichen Eigenkapitals richtet sich nach dem individuellen Risikoprofil des Versicherers. Je höher die Risiken im Bestand, desto mehr Eigenmittel muss das Unternehmen vorhalten.

Rückversicherung reduziert diese Risiken gezielt und trägt somit zur Senkung des Gesamtsolvabilitätsbedarfs, dem SCR, bei. Durch den Transfer insbesondere von versicherungstechnischem Risiko an den Rückversicherer kann ein Erstversicherer seine Risikoposition deutlich verringern. In der Folge sinkt das aggregierte Risikokapital, das zur Bedeckung unerwarteter Schäden erforderlich ist.

Im Standardformelansatz nach Solvency II wird die Wirkung von Rückversicherung explizit berücksichtigt – insbesondere:

- bei der Reduktion der versicherungstechnischen Risiken (wie Prämien- und Reservierungsrisiko),
- bei der Minderung von Konzentrationsrisiken und Kumulgefahren,
- sowie bei der Berechnung des Rückversicherungsschutzes als risikomindernde Maßnahme.

Auch in internen Modellen ist die Abbildung von Rückversicherung ein zentrales Element. Hier werden Rückversicherungsverträge in der Risikosimulation berücksichtigt und beeinflussen sowohl die SCR-Ermittlung als auch die Own Risk and Solvency Assessment (ORSA).

4.3.6 Zusammenfassung

Die Rückversicherung ist ein zentrales Element der Risikosteuerung in der Versicherungswirtschaft. Sie ermöglicht es Erstversicherern, ihre Schadenexponierung gezielt zu reduzieren, finanzielle Schwankungen zu glätten, ihre Zeichnungskapazität zu erweitern und regulatorische Kapitalanforderungen – etwa unter Solvency II – effizient zu erfüllen. Als strategisches Instrument trägt Rückversicherung damit entscheidend zur Stabilität, Planbarkeit und Widerstandsfähigkeit des Versicherungsunternehmens bei.

In diesem Kapitel haben wir insbesondere die klassisch-traditionellen Rückversicherungsformen und Ansätze des alternativen Risikotransfers kennengelernt. Die Wahl zwischen diesen Vertragsarten richtet sich stets nach den individuellen Zielen des

Erstversicherers. Während proportionale Verträge vor allem auf eine breite Risikoteilung und die Erweiterung der Zeichnungskapazität abzielen, dienen nicht-proportionale Deckungen der Absicherung gegen Extremereignisse und Kumulschäden sowie der Stabilisierung des versicherungstechnischen Ergebnisses.

In der Praxis ist es daher üblich, verschiedene Formen zu kombinieren, um ein ausgewogenes Rückversicherungsprogramm zu gestalten. Erst diese Kombination ermöglicht eine ganzheitliche Steuerung: Sie erlaubt es, operative Risiken effizient auszulagern, das Eigenkapital zu schonen und zugleich die finanzielle Widerstandskraft des Unternehmens in Stressszenarien zu sichern.

Dabei muss jedoch berücksichtigt werden, dass Rückversicherung stets mit Kosten verbunden ist. Der Abschluss eines Rückversicherungsvertrags stellt deshalb nicht nur eine risikotechnische, sondern auch eine betriebswirtschaftliche Entscheidung dar. Besonders leistungsstarke Formen – etwa Stop-Loss-Rückversicherung – können mit erheblichen Prämienbelastungen einhergehen. Es geht also nicht um eine Maximierung des Rückversicherungsschutzes, sondern um eine wirtschaftlich sinnvolle Optimierung zwischen Kosten und Risikoentlastung. Vor diesem Hintergrund sind Unternehmen gefordert, ihre Rückversicherungsstrategie regelmäßig zu überprüfen und an die Risikotragfähigkeit sowie die Kapital- und Ertragslage anzupassen. Erschwerend kommt hinzu, dass Rückversicherer auf Schadenentwicklungen (zum Beispiel durch fortschreitenden Klimawandel oder vermehrte Cyberattacken) zunehmend mit dem Rückzug aus besonders risikobehafteten Deckungen oder mit steigenden Prämien reagieren. Damit entstehen zusätzliche Herausforderungen für Erstversicherer, ihre Rückversicherungskosten unter Kontrolle zu halten und zugleich ausreichenden Schutz sicherzustellen.

Unser Kapitel konzentriert sich auf die klassischen Rückversicherungsverträge, die auf den Transfer von versicherungstechnischem Risiko ausgerichtet sind. Darüber hinaus gibt es jedoch eine wachsende Zahl an innovativen Rückversicherungslösungen, die über den traditionellen Risikotransfer hinausgehen. Dazu zählen neben den Formen des alternativen Risikotransfers unter anderem auch Finanzrückversicherung, bei der vor allem bilanziellen oder liquiditätsbezogenen Zielen Rechnung getragen wird.

Diese modernen Rückversicherungsinstrumente bieten zusätzliche Flexibilität und sind insbesondere für die Bewältigung komplexer, systemischer oder schwer kalkulierbarer Risiken geeignet.

Die Rückversicherung bleibt – in all ihren Ausprägungen – ein unverzichtbarer Bestandteil einer professionellen Versicherungsstrategie. Sie bildet das Rückgrat der Risikoteilung innerhalb der Branche und ist gleichzeitig ein dynamisches Feld, das sich kontinuierlich weiterentwickelt. Für Erstversicherer gilt es, die passenden Rückversicherungslösungen zu wählen, zielgerichtet zu kombinieren und regelmäßig an veränderte Risikolagen, regulatorische Anforderungen und Marktentwicklungen anzupassen.

4.4 Was bedeutet Rückversicherung für die Proximus Versicherung AG in der Praxis?

Für die Proximus Versicherung AG ist Rückversicherung weit mehr als ein formaler Risikotransfer – sie ist ein **strategisches Instrument zur Steuerung von Risiko, Kapital und Stabilität.** Rückversicherungsverträge werden gezielt eingesetzt, um sowohl die finanzielle Resilienz des Unternehmens zu sichern als auch die Anforderungen aus Regulierung, Rating und Wettbewerb effizient zu erfüllen. Was bedeutet das konkret für die tägliche Praxis?

1. **Rückversicherung als Bestandteil der Geschäftsstrategie:** Die Rückversicherungspolitik ist eng mit der Gesamtstrategie der Proximus Versicherung AG verzahnt. Der Rückversicherungsbedarf wird jährlich im Rahmen der strategischen Planung und Kapitalsteuerung überprüft. Ziel ist es, mit einem ausgewogenen Mix aus proportionalen und nicht-proportionalen Verträgen die Wachstumsziele abzusichern, die Solvabilität zu schützen und Großschäden zu begrenzen.
2. **Ausgestaltung eines strukturierten Rückversicherungsprogramms:** Die Proximus Versicherung AG setzt auf ein mehrschichtig aufgebautes Rückversicherungsprogramm. Neben proportionalen Quota Share-Verträgen zur Kapazitätserweiterung kommen gezielt Surplus-Verträge zum Einsatz. Zur Absicherung extremer Schäden nutzt das Unternehmen Einzelschaden-Exzedenten und Cat-XL-Deckungen. In besonders volatilen Sparten ergänzt ein Stop-Loss-Vertrag den Schutz.
3. **Vertragspartnerauswahl und Marktbeobachtung:** Die Auswahl der Rückversicherer erfolgt auf Basis strenger Kriterien: Finanzstärke, Vertragszuverlässigkeit, Servicequalität und langfristige Partnerschaft. Das Rückversicherungsteam der Proximus Versicherung AG beobachtet kontinuierlich den Markt, vergleicht Angebote und bewertet Rückversicherer regelmäßig anhand von Bonitätskriterien.
4. **Verhandlung, Platzierung und Vertragsmanagement:** Die Vertragsverhandlungen werden sorgfältig vorbereitet und in enger Zusammenarbeit mit Maklern geführt. Besonderes Augenmerk liegt auf der klaren Definition von Deckungsinhalten, Prioritäten und Ausschlüssen. Nach Platzierung erfolgt eine laufende Überwachung und Dokumentation im Rückversicherungsmanagementsystem – inklusive Fristen, Abrechnungen und Schadenmeldungen.
5. **Schadenabwicklung und Rückversicherungsclearing:** Im Schadenfall erfolgt eine strukturierte Rückversicherungsmeldung. Die Proximus Versicherung AG nutzt automatisierte Prozesse, um Rückversicherungsforderungen fristgerecht geltend zu machen. Die internen Kontrollprozesse stellen sicher, dass Rückversi-

cherungsansprüche vollständig dokumentiert, korrekt bilanziert und zeitnah realisiert werden.

6. **Rückversicherung im Risikomanagement und ORSA:** Rückversicherungsverträge werden im Risikomodell sowie im ORSA-Prozess explizit berücksichtigt. Sie reduzieren das versicherungstechnische Risiko und wirken risikomindernd auf das SCR. Veränderungen im Rückversicherungsprogramm fließen in die mittel- bis langfristige Kapitalplanung und das Szenariomanagement ein.
7. **Aufsicht und Berichtspflichten:** Im Rahmen von Solvency II dokumentiert die Proximus Versicherung AG alle Rückversicherungsbeziehungen in den QRTs sowie im SFCR und RSR. Die aufsichtsrechtliche Anerkennung der Rückversicherungsverträge als risikomindernde Maßnahmen wird regelmäßig geprüft – auch im Hinblick auf Vertragsstruktur, Gegenparteienrisiken und Liquiditätswirkungen.
8. **Betriebswirtschaftliche Bewertung und Effizienz der Rückversicherung:** Rückversicherung ist nicht nur ein Risiko-, sondern auch ein Kostenfaktor, der aktiv gesteuert werden muss. Die Proximus Versicherung AG bewertet Rückversicherungsverträge deshalb regelmäßig unter betriebswirtschaftlichen Gesichtspunkten: Welche Verträge entlasten das Eigenkapital effizient? Wo steht der Prämienaufwand in einem angemessenen Verhältnis zur Risikoreduktion? Besonders bei kostenintensiven Deckungen – etwa Stop-Loss-Verträgen – erfolgen Kosten-Nutzen-Analysen und Szenariobetrachtungen. Ziel ist nicht die maximale Risikoauslagerung, sondern eine ökonomisch sinnvolle Absicherung, die zur nachhaltigen Ertrags- und Bilanzsteuerung beiträgt.

Fazit

Für die Proximus Versicherung AG ist Rückversicherung ein **integraler Bestandteil des Risikomanagements, der Kapitalsteuerung und der Unternehmenssteuerung insgesamt.** Nur durch ein durchdachtes Rückversicherungskonzept lässt sich die Balance zwischen Wachstum, Sicherheit und Regulatorik nachhaltig sichern. Dabei steht nicht nur der finanzielle Schutz im Vordergrund, sondern auch die strategische Flexibilität, das Vertrauen von Stakeholdern und die Fähigkeit, in einem volatilen Umfeld verantwortungsvoll zu agieren.

5 Externe Einflüsse

Die Proximus Versicherung AG, wie auch andere Versicherungsunternehmen, spielt eine zentrale Rolle in der modernen Volkswirtschaft. Sie bietet nicht nur finanziellen Schutz vor Risiken wie Krankheit, Unfall oder Naturkatastrophen, sondern ist auch ein bedeutender Investor am Kapitalmarkt.

Die Branche befindet sich jedoch in einem ständigen Wandel und steht unter dem Einfluss vielfältiger äußerer Faktoren, die sowohl Chancen als auch Herausforderungen mit sich bringen.

Externe Einflüsse – also Faktoren, die außerhalb des unmittelbaren Einflussbereichs der Proximus Versicherung AG liegen – sind besonders relevant für Versicherungen, da sie das Geschäftsmodell, die Risikobewertung, die Produktgestaltung und die Kundenbeziehung maßgeblich beeinflussen.

Dazu gehören politische Entscheidungen, wirtschaftliche Entwicklungen, technologische Innovationen, demografische Trends, ökologische Veränderungen und gesellschaftlicher Wandel. Auch globale Krisen wie Pandemien oder geopolitische Spannungen wirken sich direkt oder indirekt auf die Versicherungswirtschaft aus.

Ziel dieses Kapitels ist es, einen Überblick über die wichtigsten externen Einflussfaktoren auf Versicherungsunternehmen zu geben. Dabei werden die Ursachen, Wirkungsweisen und potenziellen Reaktionen der Unternehmen auf diese Einflüsse systematisch dargestellt. Die Analyse soll nicht nur das Verständnis für die Komplexität der Branche vertiefen, sondern auch Hinweise auf zukünftige Entwicklungen und strategische Handlungsoptionen liefern.

5.1 Auswirkungen nationaler und internationaler politischer Entwicklungen und rechtlicher Vorschriften

Globale Krisen wie Pandemien, Kriege, Handelskonflikte oder politische Instabilitäten wirken sich zunehmend direkt auf die Versicherungsbranche aus. Sie betreffen nicht nur einzelne Regionen oder Sektoren, sondern gefährden die wirtschaftliche Stabilität ganzer Märkte und das Vertrauen in internationale Systeme. Versicherer sind deshalb gefordert, ihre Geschäftsmodelle widerstandsfähiger gegenüber geopolitischen Schocks zu machen.

Dem trägt auch die Entwicklung der rechtlichen Vorschriften insbesondere im Bereich der Aufsicht Rechnung.

Nationale und internationale politische Entwicklungen

Militärische Konflikte wie der Ukrainekrieg haben direkte Folgen für internationale Versicherungsbeziehungen, zum Beispiel durch:

- Sanktionen gegen bestimmte Länder
- Versicherungsverbote für Kriegsschäden
- Volatilität an den Kapitalmärkten

Darüber hinaus stellen Cyberangriffe, die oft mit geopolitischen Spannungen verbunden sind, ein wachsendes Risiko für Versicherer dar – sowohl als eigene Bedrohung als auch als versichertes Risiko für Kunden.

Das BSI (Bundesamt für Sicherheit in der Informationstechnik) stellt eine erhöhte Cyberbedrohungslage für Deutschland im Kontext des Ukrainekonflikts fest, die auf eine ohnehin schon angespannte Gesamtbedrohungslage trifft. Das Spektrum der Bedrohungslage betrifft dabei DDoS-Angriffe, Cyberspionage und finanziell motivierten Ransomware-Angriffe.

Der Trend zur wirtschaftlichen Entflechtung – etwa zwischen China und den USA oder Russland und der EU – beeinflusst den internationalen Handel und damit verbundene Versicherungsprodukte wie Transport-, Exportkredit- oder Investitionsversicherungen. Versicherer müssen stärker mit politischen Risiken kalkulieren, wenn sie international tätig sind.

Ebenfalls betrifft diese Lage die Gewerbekunden der Versicherungsunternehmen. Die hierdurch für deren Geschäft eintretenden Risiken würden sie gerne versichern. Dies bietet für die Versicherer Chancen, jedoch birgt dies auch erhebliche Risiken.

Rechtliche Vorschriften

Versicherungsunternehmen unterliegen einer Vielzahl regulatorischer Vorschriften, die ihr Handeln in nahezu allen Bereichen beeinflussen.

Diese regulatorischen Rahmenbedingungen dienen verschiedenen Zwecken:

- Schutz der Versicherten und Begünstigten
- Stabilität des Finanzsystems
- Transparenz des Marktes

Insbesondere nach der Finanzkrise 2008 hat sich die Aufsicht über Versicherer deutlich verschärft – sowohl auf nationaler als auch auf internationaler Ebene.

So wurden Regeln für „global systemrelevante" Versicherer (G-SII) eingeführt, um sicherzustellen, dass ihre Insolvenz das Finanzsystem nicht in Gefahr bringt. Hierzu gehören die Versicherer: AIG, MetLife und Prudential Financial, Generali, Aviva und Prudential, Axa, Ping An und Allianz. Diese Versicherer müssen höhere Kapitalpuffer halten, um ihre finanzielle Widerstandsfähigkeit gegen Krisen zu erhöhen.

In Deutschland ist die Bundesanstalt für Finanzdienstleistungsaufsicht (BaFin) für die Überwachung der Versicherungsunternehmen zuständig. Sie prüft unter anderem, ob Versicherer über ausreichende Eigenmittel verfügen, ihre Risiken angemessen steuern und ihre Verpflichtungen gegenüber Versicherungsnehmern und Begünstigten erfüllen können. Die BaFin erlässt zudem Richtlinien zur Unternehmensführung, zur Risikosteuerung und zum Vertrieb von Versicherungsprodukten. Auch die Umsetzung europäischer Vorgaben wie der Solvency-II-Richtlinie liegt in ihrem Zuständigkeitsbereich.

Ein zentrales Element der rechtlichen Vorschriften zur Regulierung in der EU ist das Solvency-II-Regime, das 2016 in Kraft trat. Zu den Details vgl. Kapitel 4.1.1.3.

Gerade diese rechtlichen Aufsichtsvorgaben haben starke Auswirkungen sowohl auf die vorzuhaltenden Eigenmittel als auch auf die Risiken, welche Versicherer versichern oder bei der Kapitalanlage eingehen.

Insgesamt steht die Versicherungswirtschaft unter einer umfassenden Überwachung:

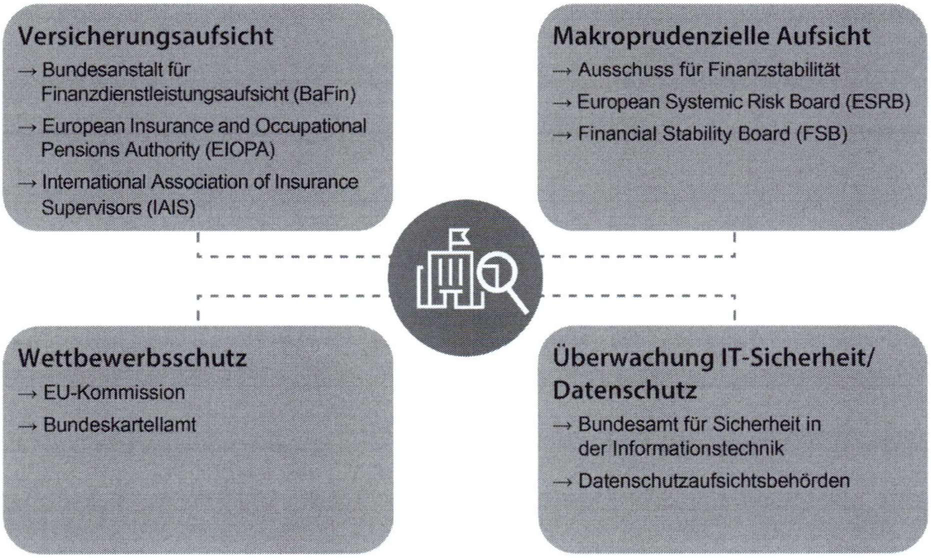

Abbildung 5.1: Überwachung der Versicherungswirtschaft

Politischer und gesellschaftlicher Druck zur Förderung nachhaltigen Wirtschaftens hat dazu geführt, dass ESG-Kriterien (Environmental, Social, Governance) zunehmend in regulatorische Anforderungen und Investitionsentscheidungen einfließen. Versicherungsunternehmen sind gefordert:

- Nachhaltigkeitsberichte zu veröffentlichen (zum Beispiel gemäß EU-Taxonomie, SFDR)
- Kapitalanlagen nach ESG-Kriterien umzustrukturieren
- Nachhaltige Versicherungsprodukte zu entwickeln (zum Beispiel Rabatte für umweltfreundliches Verhalten)

Diese Entwicklungen erhöhen den organisatorischen und finanziellen Aufwand, eröffnen aber zugleich neue Geschäftsmöglichkeiten in Bereichen wie grüner Mobilität, Energiewende oder CO_2-Kompensation.

5.2 Auswirkungen wirtschaftlicher Einflüsse

Die Versicherungsbranche befindet sich in einem stetigen Wandel, der maßgeblich durch veränderte Wettbewerbsbedingungen und eine dynamische Marktentwicklung geprägt ist. Neue Akteure, veränderte Kundenanforderungen und technologische Innovationen sorgen für einen intensiveren Wettbewerb und erfordern von etablierten Unternehmen flexible und zukunftsorientierte Strategien. Innovative Start-ups im Bereich InsurTech bringen digitale Geschäftsmodelle, agile Prozesse und kundenorientierte Produkte in den Markt. Sie setzen häufig auf:

- Schnelle Produktentwicklung
- Automatisierte Schadenbearbeitung
- Nutzung von Big Data und KI

Die nachfolgende Übersicht zeigt die Marktreife und das Innovationspotential von InsurTechs:

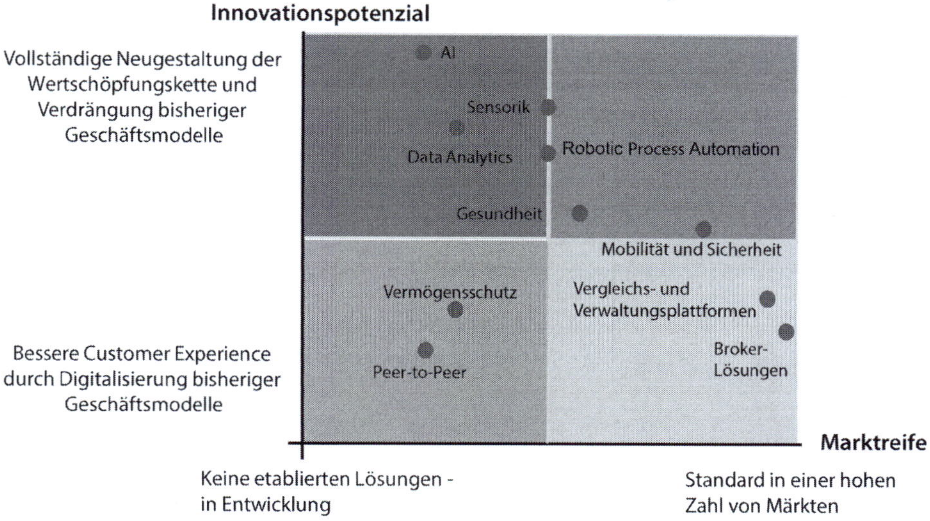

Abbildung 5.2: Innovationspotenzial

Diese Unternehmen gewinnen zunehmend Marktanteile und zwingen traditionelle Versicherer, ihre Digitalisierung zu beschleunigen. Der GDV sagt hierzu: „Die InsurTech-Startups zeichnen sich durch sehr hohe Wachstumsraten aus."[1]

Zudem drängen globale Tech-Giganten wie Google, Amazon oder Apple als potenzielle Plattformanbieter in den Versicherungsmarkt. Ihre Stärke liegt in umfangreichen Kundendaten und einer ausgeprägten digitalen Infrastruktur, die sie für integrierte Ökosysteme nutzen können.

Angesichts dieses zunehmenden Wettbewerbs und regulatorischer Anforderungen kommt es in der Branche vermehrt zu Fusionen und Übernahmen. Größere Einheiten profitieren von Skaleneffekten, besserer Kapitalausstattung, einem breiteren Produktportfolio und der Hebung von Synergieeffekten.

Skaleneffekte bedeutet, dass die Herstellkosten einzelner Güter sinken, wenn die produzierten Stückzahlen steigen. Dies gilt auch für das Versicherungsprodukt.

Synergieeffekte durch Fusionen und Übernahmen entstehen durch die Reduzierung von Kosten, die bessere Auslastung der Ressourcen und das Teilen von Know-how.

Gab es in Deutschland im Jahr 1960 noch 939 Versicherungsunternehmen unter Bundesaufsicht, so waren es im Jahr 2022 nur noch 506, wobei ein großer Rückgang insbe-

[1] GDV, ECONOMIC RESEARCH, INSURANCE FLASH, 2023/02, https://www.gdv.de/resource/blob/128666/96c4187fb062e-3f224e0cfb36038d4ce/publikation-insurance-flash-02-insurtechs-startups-data.pdf; zuletzt abgerufen am 18. Januar 2026.

sondere im Bereich der Schaden- und Unfallversicherungsunternehmen zu verzeichnen ist.

Diese Konsolidierung birgt jedoch auch Risiken: Integrationsprobleme, kulturelle Unterschiede und mögliche Monopolisierungstendenzen müssen aktiv gesteuert werden.

Ferner gehören zu den wirtschaftlichen Einflüssen der zunehmende Innovationsdruck und das Erfordernis der Produktentwicklung. Der Markt verlangt zunehmend nach innovativen und maßgeschneiderten Produkten, wie zum Beispiel:

- On-Demand-Versicherungen für flexible Bedürfnisse
- Nachhaltige und sozial verantwortliche Produkte
- Verbundlösungen, die mehrere Versicherungsprodukte bündeln

Die Versicherer müssen ihre Produktentwicklung dabei stärker an Kundenbedürfnissen ausrichten, Innovationszyklen verkürzen und dabei immer mehr und umfangreichere regulatorische Vorgaben beachten.

Ebenfalls haben der Preis- und Margendruck erheblich zugenommen. Der intensive Wettbewerb führt oft zu einem Preiswettbewerb, der Margen schrumpfen lässt. Versicherer suchen daher nach Effizienzsteigerungen durch Prozessoptimierungen und Technologieneinsatz. Gleichzeitig müssen sie neue Erlösquellen erschließen, etwa durch Zusatzservices oder datenbasierte Geschäftsmodelle.

Nach wie vor sind Rückversicherer ein zentrales Element der internationalen Risikoverteilung. Zu beachten ist dabei aber auch, dass globale Krisen:

- Rückversicherungskapazitäten einschränken,
- Preise erhöhen,
- und zu strikteren Zeichnungsrichtlinien führen.

Das bedeutet: Erstversicherer müssen ihre Risikopolitik und Kapitalausstattung robuster gestalten, um unabhängiger von volatilen Rückversicherungsmärkten zu werden.

5.3 Auswirkungen volkswirtschaftlicher Zusammenhänge und Entwicklungen auf Versicherungsunternehmen

Versicherungsunternehmen agieren in einem komplexen ökonomischen Umfeld, das maßgeblich durch makroökonomische Rahmenbedingungen beeinflusst wird. Diese wirtschaftlichen Zusammenhänge wirken sich sowohl direkt auf das operative Geschäft als auch indirekt auf strategische Entscheidungen von Versicherungsunternehmen aus. Zu den wichtigsten volkswirtschaftlichen Einflussfaktoren zählen das Zinsniveau, das Wirtschaftswachstum, die Inflation sowie demografische Entwicklungen.

Die Versicherungswirtschaft ist dabei ein wichtiger Wirtschaftszweig, der Risiken für Privatpersonen und Unternehmen absichert. Sie wirkt sich auf die volkswirtschaftlichen Kennzahlen aus, wie zum Beispiel die Bruttowertschöpfung und die Arbeitsplatzentwicklung. Versicherer sind zudem bedeutende institutionelle Anleger und tragen zur Finanzierung von Unternehmen und Immobilien bei. Allerdings haben die volkswirtschaftlichen Veränderungen auch erhebliche Einflüsse auf Versicherungsunternehmen.

Allgemeine makro- und mikroökonomische Auswirkungen der Preistheorie-/ Geldpolitik

Eine der gravierendsten Auswirkungen auf Versicherungsunternehmen resultiert aus dem allgemeinen **Zinsniveau**. Da Versicherer in der Regel über große Kapitalanlagen verfügen, spielen Zinserträge eine entscheidende Rolle für ihre Ertragslage. Besonders Lebensversicherungsunternehmen sind traditionell stark von langfristigen Zinsentwicklungen abhängig, da sie ihren Kunden garantierte Verzinsungen auf langfristige Verträge bieten.

In Phasen niedriger Zinsen – wie sie seit der globalen Finanzkrise 2008 und verstärkt seit der expansiven Geldpolitik der Europäischen Zentralbank (EZB) zu beobachten sind – geraten Lebensversicherer unter erheblichen Druck. Die Renditen aus festverzinslichen Wertpapieren, die einen Großteil der Kapitalanlagen ausmachen, sinken, wodurch es zunehmend schwieriger wird, die garantierten Leistungen zu erwirtschaften. Dies kann zu einer Reduktion der Überschussbeteiligungen, einer Umstellung der Produktpalette (zum Beispiel hin zu fondsgebundenen Versicherungen) und sogar zu Marktbereinigungen führen.

Auch die **Inflation** stellt einen bedeutenden volkswirtschaftlichen Faktor dar, der sich auf Versicherungsunternehmen auswirkt. Eine steigende Inflationsrate führt dazu, dass die zukünftigen Schadenkosten höher ausfallen, insbesondere im Bereich der Schaden- und Unfallversicherung. Beispielsweise können Reparaturkosten, medizinische Leistungen oder Baukosten durch inflationäre Entwicklungen stark steigen, was die versicherungstechnischen Rückstellungen und Prämienkalkulationen beeinflusst.

Darüber hinaus wirkt sich Inflation auch auf die Kapitalanlagestrategie aus. Realwertverluste bei nominal fixierten Wertpapieren können die Rendite der Anlagen schmälern. Um dieser Entwicklung entgegenzuwirken, sind Versicherer zunehmend gezwungen, in inflationsresistente Anlageformen wie Immobilien, Aktien oder inflationsindexierte Anleihen zu investieren, was wiederum neue Risikopotenziale birgt.

Der allgemeine **Konjunkturverlauf** hat zudem direkte Auswirkungen auf die Nachfrage nach Versicherungsprodukten. In wirtschaftlich prosperierenden Zeiten steigt das Einkommen der Haushalte, was eine höhere Nachfrage nach Altersvorsorgeprodukten, Lebensversicherungen oder Zusatzversicherungen zur Folge hat. Unternehmen investieren mehr und benötigen betrieblich bedingte Versicherungen wie Haftpflicht- oder Maschinenversicherungen.

In **Rezessionsphasen** hingegen sinken Einkommen und Konsumfreude, wodurch Versicherungsabschlüsse rückläufig sein können. Zusätzlich steigt in solchen Phasen das Risiko von Zahlungsausfällen und Forderungsausfällen, was insbesondere für Kredit- und Kautionsversicherer relevant ist. Auch die Schadenhäufigkeit in bestimmten Sparten kann zunehmen – etwa durch eine erhöhte Betrugsneigung in wirtschaftlich angespannten Zeiten.

Auch die Entwicklungen auf dem **Arbeitsmarkt** – insbesondere die Beschäftigungsquote und Lohnentwicklung – beeinflussen maßgeblich die Beitragseinnahmen zum Beispiel in der betrieblichen Altersvorsorge oder bei Gruppenversicherungen. Je höher die Beschäftigungsquote, desto größer ist die potenzielle Kundenbasis für entsprechende Produkte.

Wirkungen und Grenzen der nationalen und internationalen Wirtschafts-/Fiskal- und Geldpolitik

Die Wirtschafts- und Fiskalpolitik ist ein zentrales Instrument zur Steuerung von Konjunktur, Beschäftigung, Preisstabilität und gesamtwirtschaftlichem Wachstum. Sowohl auf nationaler als auch auf internationaler Ebene versuchen Regierungen, durch verschiedene Maßnahmen Einfluss auf die ökonomische Entwicklung zu nehmen. Während ihre Wirkung unter bestimmten Bedingungen erheblich sein kann, stoßen wirtschafts- und fiskalpolitische Maßnahmen auch an strukturelle, institutionelle und globale Grenzen.

Die Wirtschafts- und Fiskalpolitik verfolgt im Rahmen der gesamtwirtschaftlichen Steuerung verschiedene Ziele:

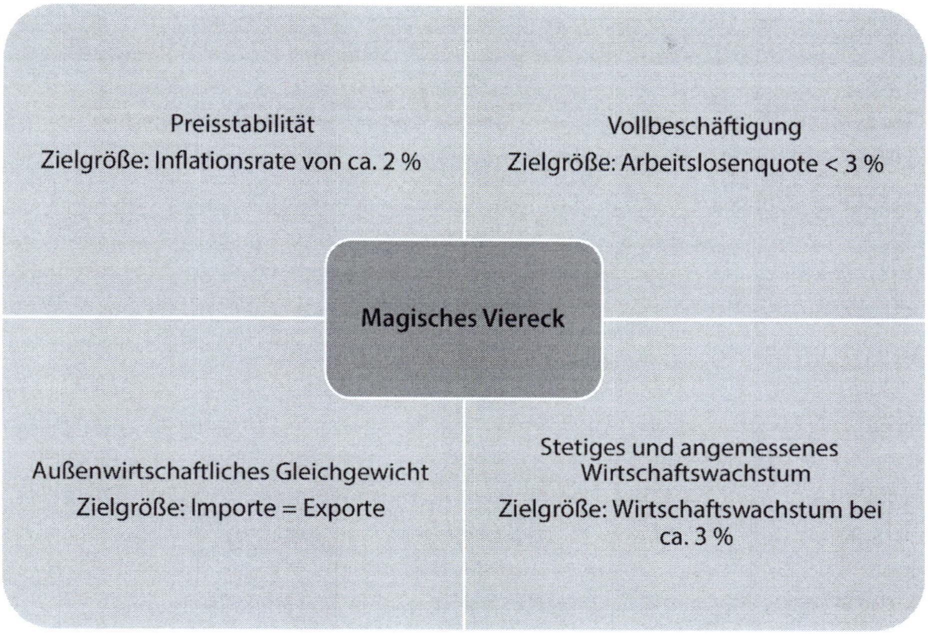

Abbildung 5.3: Ziele der Wirtschafts- und Fiskalpolitik

Diese vier Ziele des magischen Vierecks sind in der Wirtschaftspolitik verankert und bilden den normativen Rahmen staatlichen Handelns.

Dabei umfasst die Fiskalpolitik vor allem den Einsatz staatlicher Einnahmen und Ausgaben zur **Stabilisierung der Konjunktur**. Zu den klassischen Instrumenten zählen die Veränderung der Staatsausgaben (zum Beispiel Investitionen in Infrastruktur) oder der Steuersätze. Die Wirtschaftspolitik im weiteren Sinne schließt auch Strukturpolitik, Wettbewerbspolitik und Industriepolitik ein.

Nationale fiskalpolitische Maßnahmen zeigen ihre Wirkung über verschiedene Kanäle. Nach der **keynesianischen Theorie** kann ein konjunktureller Abschwung durch expansive Fiskalpolitik – also höhere Staatsausgaben oder Steuersenkungen – abgefedert werden. Dadurch wird die gesamtwirtschaftliche Nachfrage gesteigert, was Beschäftigung und Produktion ankurbelt.

In der Praxis haben **Konjunkturprogramme** – wie beispielsweise in der globalen Finanzkrise 2008/2009 oder während der COVID-19-Pandemie – kurzfristig stabilisierende Effekte gezeigt. Die Wirksamkeit hängt jedoch stark von der Höhe des Multiplikators, der Ausgangslage der Wirtschaft und der fiskalischen Nachhaltigkeit ab. In Hochzins- oder hochverschuldeten Volkswirtschaften ist der fiskalpolitische Spielraum oftmals begrenzt.

Zudem existiert eine **Zeitverzögerung** (time lag), bis fiskalpolitische Maßnahmen wirksam werden. Entscheidungs- und Implementierungsprozesse in der Politik erfordern Zeit, während ökonomische Schocks oft unmittelbare Reaktionen verlangen. Auch ist die Wirkung fiskalpolitischer Impulse in offenen Volkswirtschaften durch Importeinsickern begrenzt: Ein Teil der erhöhten Nachfrage fließt ins Ausland ab, was die Effektivität nationaler Maßnahmen schmälert.

In einer globalisierten Welt stoßen nationale wirtschaftspolitische Maßnahmen zunehmend an ihre Grenzen. Offene Kapitalmärkte, global vernetzte Lieferketten und mobile Unternehmen bedeuten, dass nationale Maßnahmen **Spillover-Effekte** erzeugen können, die andere Länder betreffen – positiv wie negativ. Insbesondere in der Europäischen Union, mit einer gemeinsamen Währungs- und teilweise koordinierten Wirtschaftspolitik, wird die Notwendigkeit internationaler Abstimmung deutlich.

Die Europäische Wirtschafts- und Währungsunion (EWWU) zeigt exemplarisch die Herausforderungen und Grenzen nationaler Fiskalpolitik innerhalb eines supranationalen Rahmens. Während die Geldpolitik von der Europäischen Zentralbank (EZB) zentral gesteuert wird, bleibt die Fiskalpolitik in der Verantwortung der Mitgliedstaaten. Dies führt zu **Koordinierungsproblemen**, insbesondere bei asymmetrischen Schocks, bei denen einzelne Länder unterschiedlich stark betroffen sind.

Zudem sind die Mitgliedstaaten durch **fiskalpolitische Regeln** wie den Stabilitäts- und Wachstumspakt eingeschränkt. Diese sollen die Haushaltsdisziplin wahren, schränken aber gleichzeitig die Möglichkeit zur expansiven Fiskalpolitik ein, insbesondere in Krisenzeiten. Die Diskussion um Reformen der Fiskalregeln – etwa im Kontext der europäischen Schuldenkrise – verdeutlicht die bestehenden Spannungsfelder zwischen nationaler Souveränität und europäischer Stabilität.

Auf **internationaler Ebene** wirken sich wirtschafts- und fiskalpolitische Maßnahmen zunehmend wechselseitig aus. So kann eine expansive Fiskalpolitik in einem großen Wirtschaftsraum wie den USA globale Auswirkungen haben, etwa durch veränderte Kapitalflüsse, Zinsniveaus oder Wechselkurse. Auch protektionistische Maßnahmen wie Zölle oder Subventionen – zuletzt verstärkt in den USA und China – beeinflussen globale Märkte und stellen die internationale wirtschaftspolitische Kooperation vor Herausforderungen.

Die Möglichkeiten der Koordination auf globaler Ebene sind bislang begrenzt. Institutionen wie der Internationale Währungsfonds (IWF), die Weltbank oder die G20 bieten Foren für wirtschaftspolitische Abstimmungen, haben aber keine bindende Durchsetzungskraft. Unterschiedliche Interessenlagen, politische Systeme und Entwicklungsstände erschweren eine effektive internationale Zusammenarbeit.

Ein weiteres Problem stellt die „race to the bottom"-Dynamik dar, insbesondere im Bereich der Unternehmensbesteuerung. Länder versuchen, durch Steuerwettbewerb

Investitionen anzuziehen, was die Steuerbasis und damit den fiskalpolitischen Spielraum einzelner Staaten untergräbt. Initiativen wie die OECD-Reform zur globalen Mindestbesteuerung sind erste Schritte, um dem entgegenzuwirken, stoßen jedoch auf Widerstände und lange Umsetzungsfristen.

Zwar verfügt die nationale und internationale Wirtschafts- und Fiskalpolitik über wirkungsvolle Instrumente zur Stabilisierung und Steuerung ökonomischer Prozesse. Ihre Wirkung hängt jedoch von zahlreichen Faktoren ab: institutionelle Rahmenbedingungen, internationale Verflechtungen, wirtschaftliche Ausgangslagen und politische Umsetzbarkeit. Die zunehmende Globalisierung und die Komplexität moderner Herausforderungen machen deutlich, dass wirtschaftspolitische Maßnahmen nicht isoliert betrachtet werden können. Eine stärkere Koordination, langfristige Orientierung und institutionelle Reformen sind notwendig, um die Wirksamkeit wirtschaftspolitischer Strategien auch in Zukunft zu sichern.

5.4 Auswirkungen technischer Einflüsse und Entwicklungen sowie Versicherungsmöglichkeiten neuer Technologien

Der technologische Fortschritt gehört zu den einflussreichsten externen Faktoren, die das Geschäftsmodell von Versicherungsunternehmen nachhaltig verändern.

Von der Digitalisierung interner Prozesse bis zur Entwicklung neuer Geschäftsmodelle durch InsurTechs: Die technologische Transformation bietet erhebliche Chancen, stellt aber auch bestehende Strukturen infrage.

Die Digitalisierung betrifft nahezu alle Bereiche eines Versicherungsunternehmens – von der Angebotserstellung über die Schadenbearbeitung bis hin zum Kundenservice. Wichtige Entwicklungen sind:

- Self-Service-Portale und Apps für Kunden
- Digitale Schadenbearbeitung mit automatisierten Workflows
- Einsatz von Chatbots im Kundenkontakt
- Elektronische Signaturen und papierlose Kommunikation

Diese Maßnahmen führen zu Kostenersparnis, höherer Geschwindigkeit und verbesserter Kundenerfahrung, setzen aber hohe Investitionen in IT-Infrastruktur und Datensicherheit voraus.

Moderne Technologien wie KI und Data Analytics ermöglichen eine tiefere Risikobewertung, zielgruppengenaue Produktgestaltung und Betrugserkennung.

■ **BEISPIELE**

- Predictive Analytics zur Vorhersage von Schadenfällen
- Telematik-Tarife in der Kfz-Versicherung basierend auf dem Fahrverhalten
- Personalisierte Tarife auf Basis individueller Gesundheitsdaten (zum Beispiel über Wearables) ■

Datenschutz und ethische Fragen gewinnen in diesem Zusammenhang stark an Bedeutung. Die Balance zwischen Effizienz und Vertrauen wird zur zentralen Herausforderung, damit der Einsatz neuer Technologien für Versicherungsunternehmen Akzeptanz am Markt und damit bei den Kunden findet.

Mit der zunehmenden Digitalisierung wächst auch das Risiko von Cyberangriffen, Datenverlusten und Systemausfällen. Versicherungsunternehmen müssen daher nicht nur ihre eigenen Systeme schützen, sondern auch Produkte entwickeln, die Cyberrisiken bei Kunden absichern.

Gleichzeitig wächst der Markt für Cyber-Versicherungen, insbesondere im Gewerbebereich. Diese Absicherungen erfordern hochspezialisierte Risikoanalysen und regelmäßige Anpassungen an die sich schnell wandelnde Bedrohungslage.

Technologische Entwicklungen eröffnen neuen Marktteilnehmern aber auch den Zugang zur Versicherungsbranche:

- InsurTechs bieten digitale, flexible Versicherungsprodukte mit hohem Automatisierungsgrad.
- Plattformanbieter wie Amazon oder Google könnten in Zukunft Versicherungsleistungen in ihr Ökosystem integrieren.

Traditionelle Versicherungsunternehmen stehen daher unter Innovationsdruck, um ihre Wettbewerbsfähigkeit zu erhalten und technologische Entwicklungen aktiv mitzugestalten.

5.5 Auswirkungen soziokultureller Einflüsse

Versicherungsunternehmen stehen in einem ständigen Spannungsverhältnis zwischen Stabilität und Wandel. Neben ökonomischen und politischen Rahmenbedingungen beeinflussen zunehmend auch soziokulturelle Faktoren das Geschäftsmodell, die Produktgestaltung und die Kommunikation der Versicherer. In einer sich wandelnden Gesellschaft, geprägt durch demografische Verschiebungen, veränderte Wertvorstellungen, Digitalisierung und neue Lebensstile, sind Versicherer gezwungen, ihre Strategien anzupassen.

Demographie und Fachkräftemangel

Der demografische Wandel zählt zu den langfristig wirksamsten externen Einflüssen auf die Versicherungswirtschaft. Veränderungen in der Altersstruktur, der Haushaltszusammensetzung und der Lebenserwartung beeinflussen sowohl die Nachfrage nach Versicherungen als auch die Kalkulation von Risiken und Leistungen.

In vielen Industrieländern, insbesondere in Deutschland, steigt der Anteil älterer Menschen an der Gesamtbevölkerung stetig. Gründe dafür sind sinkende Geburtenraten und eine steigende Lebenserwartung. Diese Entwicklung hat mehrere Auswirkungen:

- Renten- und Lebensversicherungen: Die steigende Lebenserwartung stellt traditionelle Kalkulationsmodelle infrage. Längere Leistungsdauern führen zu höheren Auszahlungen und machen die Absicherung komplexer.
- Kranken- und Pflegeversicherungen: Der medizinische Versorgungsbedarf nimmt mit dem Alter zu. Private Krankenversicherer müssen zunehmend mit steigenden Gesundheitskosten und einer älteren Versichertengemeinschaft kalkulieren.
- Kapitalanlagen: Die Alterung beeinflusst das Spar- und Konsumverhalten – was auch Rückwirkungen auf die Investmentstrategie der Versicherer haben kann.

Neben der Alterung verändert sich auch die Zusammensetzung der Haushalte:

- Mehr Einpersonenhaushalte
- Steigende Scheidungsraten
- Größere Diversität in Lebensmodellen

Demografischer Wandel bringt auch veränderte Risikobilder mit sich:

- Mehr chronische Krankheiten
- Höherer Bedarf an Pflegeleistungen
- Zunahme altersbedingter Berufsunfähigkeiten

Diese Trends wirken sich auf die Nachfrage nach bestimmten Versicherungsprodukten aus. Beispielsweise verlieren klassische Familienversicherungen an Bedeutung, während individualisierte und flexible Angebote an Relevanz gewinnen.

Fachkräftemangel in der Versicherungsbranche: Ursachen, Auswirkungen und Handlungsstrategien

Die Versicherungsbranche steht angesichts des demografischen Wandels, der Digitalisierung und veränderter Arbeitsmarktbedingungen aber auch vor zunehmenden Herausforderungen bei der Rekrutierung und Bindung qualifizierter Fachkräfte. Der Fachkräftemangel ist dabei nicht nur ein quantitatives, sondern auch ein qualitatives Problem, das langfristig die Wettbewerbsfähigkeit, Innovationsfähigkeit und Kundenzufriedenheit der Unternehmen gefährden kann. Die Ursachen des Fachkräftemangels sind vielfältig und betreffen sowohl strukturelle als auch branchenspezifische Faktoren:

Die Alterung der Gesellschaft betrifft auch die Versicherungsbranche. Eine große Zahl erfahrener Mitarbeitenden wird in den kommenden Jahren altersbedingt ausscheiden. Gleichzeitig rücken aufgrund rückläufiger Geburtenzahlen weniger junge Fachkräfte nach. Der daraus resultierende „Replacement Gap" stellt ein zentrales Problem dar.

Hinzu kommt, dass Versicherungsunternehmen zunehmend mit einem schlechten Image bei jungen Berufseinsteigern zu kämpfen haben. Die Branche gilt zu Unrecht als wenig innovativ, bürokratisch und wenig dynamisch.[2] Gleichzeitig fehlt es an zielgruppengerechter Kommunikation über berufliche Entwicklungsmöglichkeiten, etwa im Vertrieb, in der IT oder im Underwriting.

Die digitale Transformation führt in den Unternehmen dazu, dass neue Kompetenzen benötigt werden – insbesondere in den Bereichen IT, Data Science, Cybersecurity, Prozessautomatisierung und künstliche Intelligenz. Gleichzeitig fehlt es in vielen Unternehmen an internem Know-how und externem Zugang zu entsprechenden Fachkräften, da diese hochqualifizierten Arbeitskräfte auch von anderen Branchen stark nachgefragt werden.

Viele Versicherungsunternehmen befinden sich an traditionellen Standorten, die nicht für alle jungen Fachkräfte attraktiv erscheinen. Hinzu kommt ein intensiver Wettbewerb um Talente mit anderen Branchen wie der Tech-Industrie oder der Finanzwirtschaft, die oft modernere Arbeitsbedingungen und höhere Gehälter bieten.

Der Fachkräftemangel hat weitreichende Auswirkungen auf die Versicherungswirtschaft:

- Fehlende Fachkräfte führen zu Engpässen in der Schadenbearbeitung, der Kundenbetreuung und der Vertragsverwaltung. Dies kann die Servicequalität mindern und sich negativ auf die Kundenzufriedenheit auswirken.
- Ohne ausreichend qualifiziertes Personal wird die Umsetzung digitaler Transformationsprozesse gebremst. Der Mangel an IT- und Datenexperten erschwert die Entwicklung neuer digitaler Geschäftsmodelle, Analyseverfahren und automatisierter Prozesse.
- Versicherer, die nicht in der Lage sind, talentierte Fachkräfte zu gewinnen oder zu halten, laufen Gefahr, gegenüber agilen und innovativen Wettbewerbern an Boden zu verlieren – insbesondere InsurTechs, FinTechs und branchennahen Technologieunternehmen.

---

[2] Das Investment, „13 Versicherer verraten, wie sie Fachkräfte gewinnen", https://www.dasinvestment.com/13-versicherer-verraten-wie-sie-fachkraefte-gewinnen/?viewall; zuletzt abgerufen am 18. Januar 2026.

- Der zunehmende Wettbewerb um qualifizierte Arbeitskräfte führt zudem zu steigenden Löhnen, höheren Rekrutierungskosten und einem erhöhten Aufwand für Employer Branding und Personalentwicklung.

Um dem Fachkräftemangel zu begegnen, sind umfassende Strategien auf mehreren Ebenen erforderlich:

- **Employer Branding und Nachwuchsgewinnung:** Versicherungsunternehmen müssen sich als attraktive Arbeitgeber positionieren. Dies erfordert eine moderne, authentische Kommunikation, gezielte Ansprache junger Zielgruppen über digitale Kanäle und Kooperationen mit Hochschulen, Berufsschulen und Weiterbildungseinrichtungen. Programme wie duale Studiengänge, Praktika und Trainee-Programme können den Zugang zu Nachwuchskräften erleichtern.
- **Weiterbildungs- und Qualifizierungsmaßnahmen:** Lebenslanges Lernen und interne Weiterqualifizierung gewinnen zunehmend an Bedeutung. Versicherer sollten gezielt in die Weiterbildung bestehender Mitarbeitenden investieren, etwa durch E-Learning-Angebote, Coaching oder Kompetenzzentren. Besonders im Bereich Digitalisierung und Datenanalyse ist ein kontinuierlicher Kompetenzaufbau notwendig.
- **Arbeitsbedingungen und Unternehmenskultur:** Flexible Arbeitszeitmodelle, Homeoffice, flache Hierarchien und eine mitarbeiterorientierte Führungskultur sind zentrale Elemente, um Fachkräfte zu binden und neue zu gewinnen. Unternehmen, die Diversität, Work-Life-Balance und Sinnstiftung fördern, erhöhen ihre Attraktivität als Arbeitgeber.
- **Nutzung internationaler Arbeitsmärkte und Fachkräftezuwanderung:** Insbesondere bei IT- und Datenberufen kann die gezielte Rekrutierung internationaler Fachkräfte Abhilfe schaffen. Dabei spielen auch die rechtlichen Rahmenbedingungen und Integrationsangebote eine Rolle.
- **Kooperation mit InsurTechs und externen Dienstleistern:** Versicherer können bestimmte Leistungen – insbesondere in der IT und Prozessentwicklung – auch durch Kooperationen mit InsurTechs oder durch Outsourcing abdecken. Dies entlastet interne Ressourcen und eröffnet Zugang zu externem Know-how.

Der Fachkräftemangel stellt eine strategische Herausforderung für die Versicherungsbranche dar. In der letzten Jahren hat hier bereits ein erhebliches Umdenken in der Personalpolitik stattgefunden, ebenfalls in einem Wandel der Unternehmenskultur und der Außendarstellung. Versicherungsunternehmen, die sich frühzeitig auf die veränderten Anforderungen des Arbeitsmarkts einstellen und gezielt in Mitarbeiterbindung und -gewinnung investieren, werden im Wettbewerb um Talente und Innovationen erfolgreich bestehen können. Dabei ist es entscheidend, sowohl kurzfristige Maßnahmen als auch langfristige Transformationsprozesse miteinander zu verknüpfen, um zukunftsfähige Personalstrukturen aufzubauen.

Veränderungen von Kundenbedürfnissen

Ein weiterer soziokultureller Megatrend ist der Wertewandel hin zu mehr Individualisierung, Selbstverwirklichung und Lebensstilorientierung. Klassische Versicherungsprodukte, die auf standardisierten Lebensläufen basieren – zum Beispiel Lebensversicherung bis zum Renteneintritt mit fester Familie und Haus –, entsprechen immer seltener den tatsächlichen Bedürfnissen vieler Menschen.

Versicherungsunternehmen müssen deshalb modulare, flexible und personalisierbare Produkte entwickeln, die sich an heterogene Lebensentwürfe anpassen lassen. Auch die Bereitschaft zur langfristigen Bindung an einen Anbieter sinkt – Transparenz, Vergleichbarkeit und Flexibilität gewinnen an Bedeutung. Das beeinflusst auch die Kundenbindung und erfordert neue Ansätze im Customer-Relationship-Management.

Gleichzeitig gewinnen Nachhaltigkeit, soziale Verantwortung und ethische Unternehmensführung (Corporate Social Responsibility, kurz CSR) zunehmend an Bedeutung. Kunden – insbesondere jüngere Generationen – erwarten von Versicherern nicht nur wirtschaftliche Stabilität, sondern auch gesellschaftliches Engagement und ökologische Verantwortung, zum Beispiel in der Kapitalanlagepolitik.

Moderne Versicherungsnehmer erwarten zunehmend:

- Transparenz bei Vertragsbedingungen und Prämien
- Flexibilität in der Gestaltung und Kündigung von Verträgen
- Digitale Zugänglichkeit rund um die Uhr
- Schnelle und unkomplizierte Schadenregulierung

Diese Erwartungen lassen sich nur durch eine konsequente Kundenorientierung erreichen. Hier hat es in der Versicherungsbranche in den letzten Jahren bereits sehr viele Entwicklungen gegeben und der Kunde steht bei den Unternehmen im Mittelpunkt. Durch den Umbau traditioneller Geschäftsprozesse wird diesem Trend weiter Rechnung getragen. Besonders jüngere Zielgruppen (zum Beispiel Generation Z) reagieren sensibel auf umständliche, analoge und wenig transparente Angebote.

Gesellschaftliche Trends wie Urbanisierung, Internationalisierung, Selbstständigkeit und die sogenannte Gig Economy verändern die Lebensrealitäten vieler Menschen. Klassische Lebensentwürfe mit sicherem Angestelltenverhältnis und Familienmodell verlieren an Bedeutung. Dies wirkt sich direkt auf die Nachfrage nach Versicherungsschutz aus:

- Individuelle Absicherung statt standardisierter Gruppenverträge
- Kurze Vertragslaufzeiten statt jahrzehntelanger Bindung
- Versicherungen „on demand“ für kurzfristige Risiken

Darüber hinaus wachsen neue Berufsrisiken – zum Beispiel bei digitalen Nomaden oder Influencern – für die es oft noch keine etablierten Versicherungslösungen gibt.

Trotz hoher Marktdurchdringung genießt die Versicherungsbranche nicht immer das volle Vertrauen der Bevölkerung. Gründe dafür sind unter anderem:

- Intransparente Produkte
- Historische Skandale oder Fehlberatungen
- Unklare Ausschlussklauseln

Gleichzeitig stehen Kundinnen und Kunden heute einer Informationsflut gegenüber, etwa durch Vergleichsportale oder Bewertungsplattformen. Versicherer müssen daher an ihrer Reputation arbeiten, Vertrauen aktiv aufbauen und ihre Rolle als verlässlicher Partner in einer komplexen Welt neu definieren.

Auch Themen wie Gendergerechtigkeit, Inklusion, kulturelle Vielfalt und soziale Verantwortung gewinnen an Bedeutung – sowohl in der Kommunikation nach außen als auch innerhalb der Organisation. Unternehmen, die soziale Werte glaubwürdig vertreten, können sich langfristig einen Wettbewerbsvorteil verschaffen und neue Kundengruppen erschließen.

Zudem verändern sich die Erwartungen an Versicherungen: Jüngere Generationen erwarten digitale Services, transparente Produkte und Nachhaltigkeit.

Die Digitalisierung hat das Kommunikationsverhalten und die Informationsbeschaffung grundlegend verändert. Soziale Medien, Vergleichsportale und Online-Bewertungen haben einen hohen Einfluss auf die öffentliche Wahrnehmung von Versicherern und das Vertrauen der Kunden. Gleichzeitig erwarten Verbraucher schnelle, transparente und einfache Prozesse – von der Beratung über den Vertragsabschluss bis zur Schadenabwicklung.

Die „Generation Z" und „Millennials" zeigen eine wachsende Affinität zu digitalen Self-Service-Angeboten, Apps und Chatbots, bei gleichzeitiger Skepsis gegenüber klassischen Vertriebswegen wie Außendienst oder Makler. Versicherungsunternehmen müssen daher zunehmend digitale Vertriebskanäle, intuitive Kundenportale und Omnichannel-Kommunikation aufbauen. Gleichzeitig wünschen sich ältere Kunden persönliche Beratung und finanzielle Sicherheit.

Auch die Akzeptanz und Nutzung neuer Technologien – etwa Telematik-Tarife in der Kfz-Versicherung oder digitale Gesundheitsdaten für individualisierte Policen – ist kulturell geprägt. Datenschutzbedenken, technisches Verständnis und Vertrauen in digitale Systeme sind dabei wichtige soziokulturelle Einflussgrößen.

Versicherer stehen also vor der Herausforderung, unterschiedliche Zielgruppen alters- und lebensphasenbezogen anzusprechen – und gleichzeitig ihre Produkte und Prozesse dem demografischen Wandel anzupassen.

Inwieweit Versicherungsunternehmen den Kundenerwartungen gerecht werden, kann man mit Kundenbefragungen messen. Kundenloyalität wird dabei bereits seit vielen Jahren und über alle Branchen hinweg zum Beispiel mit dem sog. Net Promoter Score (NPS) gemessen. Diese Kennzahl ergibt sich aus den Antworten auf eine einzige Frage: „Auf einer Skala von 0 bis 10, wie wahrscheinlich ist es, dass Sie diese Versicherung einem Freund oder Kollegen weiter empfehlen?" Die Antworten der Befragten werden drei Kategorien zugeordnet. Dabei stehen nur Werte von 9 oder 10 für wirklich loyale und begeisterte Kunden, sogenannte „Promotoren", 7 und 8 für eher „passiv Zufriedene" und Werte von 6 oder weniger für sog. „Kritiker". Um den NPS-Wert zu ermitteln, subtrahiert man den Anteil der Kritiker von dem der Promotoren. Minuswerte bedeuten dann, dass es mehr Kritiker als Anhänger gibt.

5.6 Auswirkungen der Einflüsse der natürlichen Umwelt

Der Klimawandel stellt eine der größten Herausforderungen für die Versicherungsbranche im 21. Jahrhundert dar. Zunehmende Extremwetterereignisse, regulatorische Anforderungen im Bereich Nachhaltigkeit und ein wachsendes gesellschaftliches Bewusstsein für Umweltfragen wirken sich direkt und indirekt auf Versicherungsunternehmen aus. Sie betreffen sowohl das Risikomanagement als auch die Produktgestaltung, Kapitalanlage und Unternehmensstrategie.

Starkregen, Stürme, Dürren und Überschwemmungen treten infolge des Klimawandels häufiger und intensiver auf. Diese Entwicklungen führen zu steigenden Schadensummen in der Sach- und Rückversicherung. Besonders betroffen sind:

- Gebäude- und Hausratversicherungen
- Landwirtschaftsversicherungen
- Industrie- und Transportversicherungen

Versicherer müssen ihre Risikomodelle laufend anpassen, neue Versicherungsgrenzen und Ausschlüsse definieren sowie ihre Rückversicherungskapazitäten neu bewerten.

Die nachfolgende Veröffentlichung des GDV zeigt die zehn verheerendsten Naturkatastrophen in Deutschland von 2002 bis 2024:

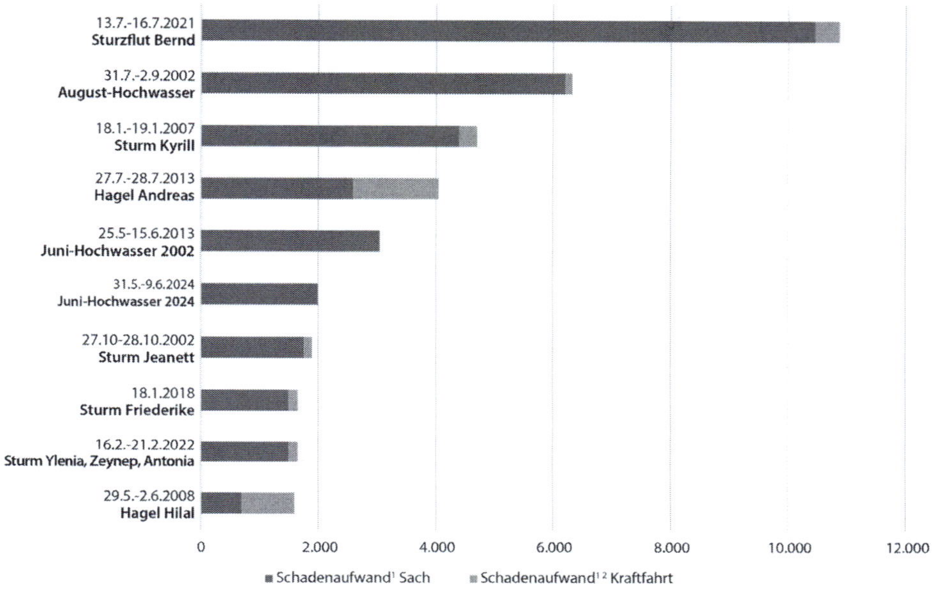

Abbildung 5.4: Naturkatastrophen in Deutschland

Klimarisiken werden zunehmend als systemische Risiken verstanden – also Risiken, die ganze Volkswirtschaften und Finanzsysteme destabilisieren können. Die Versicherungsaufsicht (zum Beispiel EIOPA, BaFin) verlangt daher:

- Klimarisiko-Stresstests
- Integration von Umweltfaktoren in das Risikomanagement
- Offenlegung klimabezogener Finanzrisiken

Diese Anforderungen verlangen eine neue Form der Risikoanalyse, die physische, transitorische und regulatorische Klimarisiken einbezieht.

Versicherer erkennen aber auch zunehmend, dass Klimafaktoren nicht nur Risiken, sondern auch strategische Chancen mit sich bringen:

- Entwicklung neuer Geschäftsmodelle rund um Resilienz, Prävention und Klimaschutz
- Kooperationen mit Technologieunternehmen und Start-ups
- Positionierung als nachhaltiger und verantwortungsbewusster Marktakteur

Damit der Wandel gelingt, sind langfristiges Denken, Investitionen in Know-how und die Integration von Nachhaltigkeit in alle Unternehmensbereiche erforderlich.

Die COVID-19-Pandemie hat deutlich gemacht, wie verletzlich auch hochentwickelte Versicherungssysteme sind. Zu den Auswirkungen zählten:

- Erhöhte Schadenaufkommen in der Reise-, Kranken- und Betriebsunterbrechungsversicherung
- Rückgänge im Neugeschäft, vor allem im Bereich der Lebensversicherungen
- Finanzielle Belastungen durch Stornierungen und Prämienausfälle

Zudem wurde die Notwendigkeit deutlich, Pandemierisiken besser zu modellieren und in Produkte sowie Rückversicherungsverträge zu integrieren. Viele Versicherer arbeiten seither an Lösungen zur Absicherung zukünftiger Gesundheitskrisen.

6 Auswirkungen unternehmerischer Entscheidungen auf die betriebliche Rechnungslegung

Lisa und Max wollen sich im Unternehmen weiter vernetzen und auch mehr über das Thema Rechnungslegung erfahren, da sie verstanden haben, dass unternehmerische Entscheidungen, die im Unternehmen getroffen werden, direkten Einfluss auf die betriebliche Rechnungslegung haben. Zudem möchten sie die Zahlen in der Bilanz der Proximus Versicherung AG besser verstehen. Sie treffen sich daher mit Kollegen aus der Abteilung Rechnungswesen und stellen alle ihre offenen Fragen.

Versicherungsunternehmen spielen eine wichtige Rolle in der globalen Finanzwelt. Sie helfen dabei, Risiken zu verteilen, investieren große Summen und beeinflussen mit ihren Entscheidungen nicht nur Finanzmärkte, sondern auch ihre eigene Buchführung. Entscheidungen zur Gestaltung von Produkten, zur Geldanlage oder zur Steuerung von Risiken wirken sich direkt auf die Bewertung, Bilanzierung und Offenlegung aus.

Dabei werden gesetzliche Vorgaben wie Solvency II oder die Business Judgement Rule (§ 93 AktG) immer wichtiger, denn sie machen deutlich, wie verantwortungsvoll die Unternehmensleitung bei riskanten Entscheidungen handeln muss. Ein gutes Risikomanagement ist darum nicht nur für die Führung des Unternehmens entscheidend (vgl. Kapitel 2 „Aufbau- und Ablauforganisation“), sondern auch für klare und verlässliche Finanzberichte. Ob es um Rückstellungen, versicherungstechnische Reserven oder Investitionen geht, alle Entscheidungen sollten auf soliden Informationen beruhen, damit Transparenz und Übersicht in der Bilanz gewährleistet sind.

Nach den internationalen Rechnungslegungsvorschriften (IFRS) liegt der Fokus darauf, wichtige Informationen offen zu legen, damit aktuelle und zukünftige Anteilseigner/Shareholder gut informiert sind. Im deutschen Handelsrecht (HGB) steht hingegen vor allem der Schutz der Gläubiger im Mittelpunkt. Zudem wird großer Wert auf eine vorsichtige Gewinnverteilung gelegt, damit die Stabilität und Sicherheit des Unternehmens nicht gefährdet werden.

Im weiteren Verlauf wird auf die HGB-Vorschriften Bezug genommen, vor allem ab § 238 HGB; hier werden die Grundlagen zur Buchführung geregelt.

6.1 Internes und externes Rechnungswesen von Versicherungsunternehmen

Versicherungsunternehmen müssen ihre finanzielle Lage präzise und nachvollziehbar darstellen und das sowohl gegenüber internen Entscheidungsträgern als auch gegenüber externen Interessengruppen. Deshalb wird die Rechnungslegung in zwei zentrale Bereiche unterteilt: das interne und das externe Rechnungswesen.

Das **interne Rechnungswesen** dient in erster Linie der Steuerung und Planung innerhalb des Unternehmens. Hier werden Daten erfasst und ausgewertet, um beispielsweise Rückstellungen zu kalkulieren, Prämien richtig zu gestalten oder Risiken besser zu steuern. Auch für Budgetplanung, Kostenkontrolle und die Entwicklung neuer Produkte ist dieser Bereich entscheidend. Da die Informationen nicht veröffentlicht werden müssen, können sie gezielt auf die Bedürfnisse des Managements zugeschnitten sein.

Das **externe Rechnungswesen** hingegen richtet sich an außenstehende Parteien wie Aufsichtsbehörden, Investoren, Gläubiger oder die Öffentlichkeit. Es folgt klaren gesetzlichen Vorgaben – wie etwa dem Handelsgesetzbuch (HGB) in Deutschland oder den internationalen Standards IFRS – und muss bestimmte Berichtsformen wie Jahresabschlüsse, Lageberichte und Offenlegungspflichten erfüllen. Ziel ist es, ein möglichst objektives Bild der wirtschaftlichen Situation des Unternehmens zu vermitteln.

Im Vergleich bedeutet das:

Rechnungswesen bei Versicherungsunternehmen	
Internes Rechnungswesen	**Externes Rechnungswesen (Rechnungslegung)**
• Steuerung & Planung • Produktkalkulation • Budgetierung & Controlling • Risikoanalyse • Management-Zwecke • Flexibel & intern nutzbar	• Information nach außen (Informationspflicht) • Gesetzlich geregelt • Jahresabschluss, Bilanz • Gesetzliche Grundlagen: HGB, IFRS • Aufsicht, Transparenz • Pflicht zur Offenlegung
Adressaten: Innerhalb des Unternehmens	Adressaten: Außerhalb des Unternehmens (Stakeholder)
Beide Bereiche greifen ineinander und sind wichtig für die stabile und transparente Unternehmensführung.	

Tabelle 6.1: Rechnungswesen bei Versicherungsunternehmen

Gerade bei Versicherungsunternehmen, die mit großen Geldsummen und langfristigen Risiken arbeiten, ist die Verbindung beider Bereiche besonders wichtig. Nur durch ein gutes Zusammenspiel von interner Analyse und externer Transparenz kann das Unternehmen verantwortungsvoll handeln und Vertrauen schaffen.

6.1.1 Aufgaben der Rechnungslegung in Kapitalgesellschaften

Die Rechnungslegung erfüllt mehrere wichtige Aufgaben, insbesondere für Kapitalgesellschaften wie Versicherungsunternehmen. Sie sorgt nicht nur für Transparenz und Rechenschaft, sondern auch für Rechtssicherheit und eine stabile Unternehmensführung.

Ausschüttungsregeln nach dem HGB

Wie in vielen Bereichen des Handelsgesetzbuchs (HGB) gilt auch bei der Gewinnausschüttung das Vorsichtsprinzip. Dieses soll verhindern, dass zu hohe Gewinnentnahmen erfolgen, was den Gläubigerschutz gefährden könnte. Gleichzeitig sollen jedoch auch die Anteilseigner nicht benachteiligt werden, indem ihnen Gewinne ohne rechtliche Grundlage vorenthalten werden. Dieses Spannungsverhältnis ist ein zentrales Element in der Gestaltung von Ausschüttungspolitik.[1]

Vertiefung: Das Vorsichtsprinzip in der Rechnungslegung

Das Vorsichtsprinzip ist ein zentraler Grundsatz der deutschen Handelsbilanzierung nach dem Handelsgesetzbuch (HGB). Es besagt, dass Unternehmen bei der Bewertung ihrer Vermögenswerte und Schulden besonders vorsichtig sein sollen. Gewinne dürfen erst ausgewiesen werden, wenn sie sicher sind; Verluste dagegen müssen bereits berücksichtigt werden, wenn sie absehbar sind.

Ziel des Prinzips:

- Schutz der Gläubiger vor übermäßigen Ausschüttungen
- Sicherstellung der finanziellen Stabilität des Unternehmens
- Vermeidung von zu optimistischen Bewertungen

Das Vorsichtsprinzip findet sich konkret im HGB **§ 252 Abs. 1 Nr. 4**, wo es heißt: „Die Bewertung hat unter Beachtung der Vorsicht zu erfolgen, insbesondere sind alle vorhersehbaren Risiken und Verluste, die bis zum Abschlussstichtag entstanden sind, zu berücksichtigen, auch wenn sie erst nach dem Abschlussstichtag bekannt geworden sind..."

Es gehört zu den **Grundsätzen ordnungsmäßiger Buchführung (GoB)** und beeinflusst somit sämtliche Bilanzierungsentscheidungen – etwa Rückstellungen, Abschreibungen oder das Anlagevermögen.[2]

Dokumentations- und Rechenschaftsfunktion

Der Jahresabschluss stellt einen formellen Nachweis über die wirtschaftliche Lage des Unternehmens dar. Da er regelmäßig offengelegt werden muss, hat er einen hohen Informationsgehalt für externe Adressaten wie zum Beispiel: Investoren, Banken oder

[1] Fachlicher Bezug: HGB § 252 (Vorsichtsprinzip); § 268 Abs. 8 (Ausschüttungsbegrenzung durch Bilanzpositionen).
[2] Wöhe, G./Döring, U.: Einführung in die Allgemeine Betriebswirtschaftslehre, Vahlen Verlag.

Aufsichtsbehörden. Diese Funktion dient also der Transparenz und Rechenschaft gegenüber Dritten.[3]

Informationsfunktion[4]

Die Rechnungslegung erfüllt außerdem eine Informationsfunktion, die mehrere Aspekte umfasst:

- **Haftungsbeschränkung**: Sie zeigt auf, dass die Gesellschafter nur mit ihrer Einlage haften und nicht mit ihrem Privatvermögen – ein wesentliches Merkmal der Kapitalgesellschaft.
- **Kapitalmärkte**: Anleger und Analysten nutzen Finanzberichte, um Entscheidungen zu treffen; das wiederum stärkt Marktvertrauen.
- **Rechtssicherheit**: Auch für das Unternehmen selbst sind klare Regeln der Bilanzierung wichtig, um steuerliche und rechtliche Risiken zu minimieren.

6.1.2 Besondere Aufgaben der Rechnungslegung in Versicherungsunternehmen

Versicherungsunternehmen haben zusätzlich zu den allgemeinen Pflichten der Rechnungslegung weitere spezielle Aufgaben.[5] Diese hängen direkt mit ihrem Geschäftsmodell und der staatlichen Aufsicht zusammen.

Leistungen und Risikotransfer dokumentieren	Versicherer müssen genau darstellen, wie ihre Leistungsprozesse ablaufen, etwa wenn sie Schäden regulieren oder Leistungen an Versicherte auszahlen. Sie müssen auch aufzeigen, wie sie Risiken übernehmen und absichern, zum Beispiel über Rückversicherungen. Relevante Vorschriften dazu: • § 341a HGB: Besonderheiten der Rechnungslegung bei Versicherungsunternehmen • Solvency-II-Richtlinie: Anforderungen zur Risikomodellierung und -transparenz[6]
Finanzprodukte erfassen	Viele Versicherungsunternehmen bieten auch Finanzprodukte an, etwa fondsgebundene Policen oder Kapitalanlagen. Diese müssen übersichtlich und korrekt in den Berichten erfasst werden, damit sowohl Kunden als auch Aufsichtsbehörden nachvollziehen können, was mit dem Geld geschieht. Relevante Vorschriften dazu: • §§ 341b–341e HGB zu Kapitalanlagen und Bewertungen

3 *Fachlicher Bezug*: § 238 ff. HGB (Buchführungspflichten); § 264 HGB (Offenlegungspflicht).

4 *Fachlicher Bezug*: Grundsatz der Klarheit und Übersichtlichkeit gemäß § 243 HGB; Bedeutung für Stakeholder aus betriebswirtschaftlicher Sicht z. B. in Wöhe/Döring.

5 Farny, Versicherungsbetriebslehre, Verlag Versicherungswirtschaft.

6 Solvency-II-Richtlinie (2009/138/EG) sowie Delegierte Verordnung (EU) 2015/35.

Ansprüche der Versicherungsnehmer dokumentieren	Wenn Kunden Anspruch auf Beitragsrückerstattungen oder eine Überschussbeteiligung haben, muss dies klar dokumentiert werden. Denn dabei geht es um eine finanzielle Beteiligung der Versicherungsnehmer am Unternehmenserfolg. Relevante Vorschriften dazu: • § 341f HGB zur versicherungstechnischen Rückstellung • Versicherungsaufsichtsgesetz: § 153 VAG zur Beteiligung an Überschüssen
Rechenschaft gegenüber der BaFin	Versicherungsunternehmen stehen unter besonderer Kontrolle der Bundesanstalt für Finanzdienstleistungsaufsicht (BaFin). Sie müssen regelmäßig Rechenschaft über ihre finanzielle Lage, ihre Risiken und ihre Prozesse ablegen. Die Rechnungslegung ist dafür das zentrale Werkzeug. Relevante Vorschriften dazu: • § 24 ff. VAG: Berichtspflichten an die BaFin • Solvency-II-Reporting-Formate wie QRTs (Quantitative Reporting Templates)[7]

Tabelle 6.2: Übersicht der Aufgaben der Rechnungslegung im Versicherungsunternehmen

6.2 Geschäftsvorgänge

6.2.1 Bilanz und GuV-Rechnung von Versicherungsunternehmen

In Deutschland regelt das Handelsgesetzbuch (HGB) genau, wie Unternehmen ihre Bilanz und ihre Gewinn- und Verlustrechnung (GuV) aufbauen müssen. Für die meisten Unternehmen gelten die §§ 266 HGB (Bilanzgliederung) und § 275 HGB (GuV-Formate). Dort steht zum Beispiel, welche Posten in der Bilanz vorkommen sollen (zum Beispiel Eigenkapital, Rückstellungen) und welche Gliederungsformen bei der GuV erlaubt sind (Gesamtkostenverfahren oder Umsatzkostenverfahren).[8] Doch bei Versicherungsunternehmen ist das etwas anders!

Laut § 341a Abs. 2 S. 2 HGB gelten die allgemeinen Vorschriften zu Bilanz und GuV nicht direkt für Versicherungsunternehmen. Stattdessen müssen Versicherungsunternehmen besondere Formblätter verwenden, die speziell auf ihre Branche zugeschnitten sind. Auch § 330 Abs. 3 und 4 HGB bestätigt: Versicherer müssen nicht die üblichen Schemata benutzen, sondern sich an die Formblätter der Versicherungsunternehmen (laut Verordnung über Rechnungslegung der Versicherer (RechVersV)) halten, die in speziellen Rechtsverordnungen näher geregelt sind.

7 Solvency-II-Richtlinie (2009/138/EG) sowie Delegierte Verordnung (EU) 2015/35.
8 Coenenberg, A. G./Fischer, T. M.: *Jahresabschluss und Jahresabschlussanalyse*, Schäffer-Poeschel Verlag.

Diese besonderen Vorgaben tragen der Tatsache Rechnung, dass Versicherungsunternehmen ganz andere Geschäftsprozesse haben, zum Beispiel:

- versicherungstechnische Rückstellungen (für künftige Schäden)
- Prämieneinnahmen
- Leistungen an Kunden (zum Beispiel Renten oder Schadenzahlungen)

Die Rechnungslegung muss diese **versicherungsbetrieblichen Besonderheiten** korrekt und verständlich abbilden; deshalb ist die Form der Bilanz und GuV hier **abweichend** von anderen Branchen.

6.2.2 Besonderheiten zur Bilanz von Versicherungsunternehmen

Versicherungsunternehmen führen ein spezielles Geschäft, das sich deutlich von anderen Branchen unterscheidet, und deshalb gelten für ihre Bilanzen besondere Regeln und Darstellungsformen.

1. Regelmäßige Beitragseinnahmen vs. unvorhersehbare Leistungen

Anders als viele andere Unternehmen haben Versicherer einen **festen Zufluss von Beiträgen**, da Kunden ihre Prämien regelmäßig zahlen. Die Ausgaben für Versicherungsfälle wie Unfälle oder Krankheiten treten dagegen zufällig und unregelmäßig auf – diese Unsicherheit muss in der Bilanz berücksichtigt werden. Relevante Vorschriften dazu:

- § 341a HGB: Sondervorschriften für Versicherer
- RechVersV (Versicherungs-Rechnungslegungsverordnung): Gliederung der Bilanz mit spezieller Position für versicherungstechnische Aufwendungen

2. Nachhaftung über die Versicherungsperiode hinaus

Versicherer haften oft über die Laufzeit des Vertrags hinaus – etwa bei langfristigen Schäden oder Spätfolgen. Diese sogenannte Nachhaftung wird in der Bilanz durch besondere Rückstellungen abgebildet – zum Beispiel für Schäden, die zwar verursacht, aber noch nicht reguliert wurden. Relevante Vorschriften dazu:

- § 341 g Abs. 1 und (2) HGB: Rückstellungen für Versicherungsverträge
- § 341f HGB: Deckungsrückstellungen zur Lebens- und Krankenversicherung
- § 88 ff. VAG: Anforderungen an versicherungstechnische Rücklagen

3. Finanzierungsfunktion der Rückstellungen

Die versicherungstechnischen Rückstellungen dienen nicht nur zur Risikovorsorge, sondern haben auch eine Finanzierungsfunktion: Versicherer dürfen diese Gelder zum

Beispiel am Kapitalmarkt investieren, solange sie damit die Verpflichtungen gegenüber ihren Kunden erfüllen können. Relevante Vorschriften dazu:

- § 124 ff. VAG: Kapitalanlagevorschriften für Versicherer
- Solvency II: Grundsätze zur Sicherstellung der Zahlungsfähigkeit (Risikobasiert)

4. Speziell für Versicherer: Rückversicherung als Risikosteuerung

Ein besonderes Merkmal ist die Rückversicherung: Versicherer geben Teile ihrer Risiken an andere Versicherer weiter, um sich abzusichern. Diese Rückversicherungsbeziehungen müssen in der Bilanz sichtbar sein – etwa durch abgegebene Leistungen oder empfangene Rückversicherungsansprüche. Relevante Vorschriften dazu:

- RechVersV: Rückversicherungsforderungen als eigener Bilanzposten

Darstellung Formblatt 1 für die Bilanz von Versicherungsunternehmen

Laut BaFin stellt das Formblatt 1 als **nicht amtliche Vorlage im Word-Format**[9] zur Verfügung. Die **gesetzliche Grundlage** und die Verweise auf das Formblatt in der RechVersV[10].

[9] Vgl. https://www.bafin.de/SharedDocs/Downloads/DE/Formular/VA/dl_rechversv_formblatt1_va.html; zuletzt abgerufen am 13. Juli 2025.

[10] Vgl. https://www.gesetze-im-internet.de/rechversv/; zuletzt abgerufen am 13. Juli 2025.

Formblatt 1

Name: ....
Sitz: ....
Jahresbilanz zum ....

Aktivseite

	Euro	Euro	Euro	Euro
A. (weggefallen)				
B. Immaterielle Vermögensgegenstände				
I. Selbst geschaffene gewerbliche Schutzrechte und ähnliche Rechte und Werte			......	
II. Entgeltlich erworbene Konzessionen, gewerbliche Schutzrechte und ähnliche Rechte und Werte sowie Lizenzen an solchen Rechten und Werten			......	
III. Geschäfts- oder Firmenwert			......	
IV. Geleistete Anzahlungen			......	......
C. Kapitalanlagen				
I. Grundstücke, grundstücksgleiche Rechte und Bauten einschließlich der Bauten auf fremden Grundstücken			......	
II. Kapitalanlagen in verbundenen Unternehmen und Beteiligungen				
1. Anteile an verbundenen Unternehmen		......		
2. Ausleihungen an verbundene Unternehmen		......		
3. Beteiligungen		......		
4. Ausleihungen an Unternehmen, mit denen ein Beteiligungsverhältnis besteht.		......	......	
III. Sonstige Kapitalanlagen				
1. Aktien, Anteile oder Aktien an Investmentvermögen und andere nicht festverzinsliche Wertpapiere		......		
2. Inhaberschuldverschreibungen und andere festverzinsliche Wertpapiere		......		
3. Hypotheken-, Grundschuld- und Rentenschuldforderungen		......		
4. Sonstige Ausleihungen				
a) Namensschuldverschreibungen	......			
b) Schuldscheinforderungen und Darlehen	......			
c) Darlehen und Vorauszahlungen auf Versicherungsscheine	......			
d) Übrige Ausleihungen	......	......		
5. Einlagen bei Kreditinstituten		......		
6. Andere Kapitalanlagen		......	......	
IV. Depotforderungen aus dem in Rückdeckung übernommenen Versicherungsgeschäft			......	......
D. Kapitalanlagen für Rechnung und Risiko von Inhabern von Lebensversicherungspolicen				......
E. Forderungen				
I. Forderungen aus dem selbst abge-				

Passivseite

	Euro	Euro	Euro
A. Eigenkapital			
I. Eingefordertes Kapital			
Gezeichnetes Kapital[3)]		......	
abzüglich nicht eingeforderter ausstehender Einlagen			
II. Kapitalrücklage		......	......
III. Gewinnrücklagen			
1. Gesetzliche Rücklage[4)]	......		
2. Rücklage für Anteile an einem herrschenden oder mehrheitlich beteiligten Unternehmen	......		
3. Satzungsmäßige Rücklagen	......		
4. Andere Gewinnrücklagen	......	......	
IV. Gewinnvortrag/Verlustvortrag[5),6a)]		......	
V. Jahresüberschuß/Jahresfehlbetrag[5),6a)]		......	......
B. Genussrechtskapital			......
C. Nachrangige Verbindlichkeiten			......
D. (weggefallen)			
E. Versicherungstechnische Rückstellungen			
I. Beitragsüberträge			
1. Bruttobetrag	......		
2. davon ab: Anteil für das in Rückdeckung gegebene Versicherungsgeschäft	......	......	
II. Deckungsrückstellung			
1. Bruttobetrag	......		
2. davon ab: Anteil für das in Rückdeckung gegebene Versicherungsgeschäft	......	......	
III. Rückstellung für noch nicht abgewickelte Versicherungsfälle			
1. Bruttobetrag[6b)]	......		
2. davon ab: Anteil für das in Rückdeckung gegebene Versicherungsgeschäft	......	......	
IV. Rückstellung für erfolgsabhängige und erfolgsunabhängige Beitragsrückerstattung[7)]			
1. Bruttobetrag	......		
2. davon ab: Anteil für das in Rückdeckung gegebene Versicherungsgeschäft	......	......	
V. Schwankungsrückstellung und ähnliche Rückstellungen[8)]		......	
VI. Sonstige versicherungstechnische Rückstellungen			
1. Bruttobetrag	......		
2. davon ab:	......	......	......

Abbildung 6.1: Formblatt 1 Seite 1, Bilanz Versicherungsunternehmen

schlossenen Versicherungsgeschäft
an:
1. Versicherungsnehmer[2] ......
2. Versicherungsvermittler ......
3. Mitglieds- und Trägerunternehmen ....

II. Abrechnungsforderungen aus dem Rückversicherungsgeschäft
III. Eingefordertes, noch nicht eingezahltes Kapital[1] ......
IV. Sonstige Forderungen ....

F. Sonstige Vermögensgegenstände

I. Sachanlagen und Vorräte ......
II. Laufende Guthaben bei Kreditinstituten, Schecks und Kassenbestand ......
III. Andere Vermögensgegenstände ....

G. Rechnungsabgrenzungsposten
I. Abgegrenzte Zinsen und Mieten ......
II. Sonstige Rechnungsabgrenzungsposten ....

H. Aktive latente Steuern ......

I. Aktiver Unterschiedsbetrag aus der Vermögensverrechnung ......

K. Nicht durch Eigenkapital gedeckter Fehlbetrag ......

Summe der Aktiva ......

Anteil für das in Rückdeckung gegebene Versicherungsgeschäft

F. Versicherungstechnische Rückstellungen im Bereich der Lebensversicherung, soweit das Anlagerisiko von den Versicherungsnehmern getragen wird
I. Deckungsrückstellung
1. Bruttobetrag ......
2. davon ab:
Anteil für das in Rückdeckung gegebene Versicherungsgeschäft ....
II. Übrige versicherungstechnische Rückstellungen
1. Bruttobetrag ......
2. davon ab:
Anteil für das in Rückdeckung gegebene Versicherungsgeschäft ....

G. Andere Rückstellungen
I. Rückstellungen für Pensionen und ähnliche Verpflichtungen ......
II. Steuerrückstellungen ......
III. Sonstige Rückstellungen ....

H. Depotverbindlichkeiten aus dem in Rückdeckung gegebenen Versicherungsgeschäft ......

I. Andere Verbindlichkeiten
I. Verbindlichkeiten aus dem selbst abgeschlossenen Versicherungsgeschäft gegenüber
1. Versicherungsunternehmern ......
2. Versicherungsvermittlern ......
3. Mitglieds- und Trägerunternehmen ....
II. Abrechnungsverbindlichkeiten aus dem Rückversicherungsgeschäft ......
III. Anleihen ......
davon: konvertibel ... Euro
IV. Verbindlichkeiten gegenüber Kreditinstituten ......
V. Sonstige Verbindlichkeiten ....
davon:
aus Steuern: ......Euro
im Rahmen der sozialen Sicherheit: ......Euro

K. Rechnungsabgrenzungsposten ......

L. Passive latente Steuern ......

Summe der Passiva ......

Fußnoten zu Formblatt 1:

1) An die Stelle des Aktivpostens E III „Eingefordertes, noch nicht eingezahltes Kapital" tritt bei Versicherungsvereinen auf Gegenseitigkeit in der Bilanz der Aktivposten E III „Wechsel der Zeichner des Gründungsstocks" und bei anderen Versicherungsunternehmen, die kein gezeichnetes Kapital haben, der den ausstehenden Einlagen auf das gezeichnete Kapital entsprechende Posten.

2) Lebensversicherungsunternehmen sowie Pensions- und Sterbekassen, bei denen Forderungen gemäß § 15 auftreten, haben den Aktivposten E I 1 „Forderungen aus dem selbst abgeschlossenen Versicherungsgeschäft an Versicherungsnehmer" in der Bilanz wie folgt zu untergliedern:
„a) fällige Ansprüche ......
b) noch nicht fällige Ansprüche ....".

Abbildung 6.1: Formblatt 1 Seite 2, Bilanz Versicherungsunternehmen

[3] An die Stelle des Passivpostens A I „Gezeichnetes Kapital“ tritt bei Versicherungsvereinen auf Gegenseitigkeit in der Bilanz der Passivposten A I „Gründungsstock“, bei Versicherungsunternehmen, die keine Kapitalgesellschaften oder Versicherungsvereine auf Gegenseitigkeit sind, der dem gezeichneten Kapital entsprechende Posten, bei Niederlassungen der Passivposten A I „Feste Kaution“.

[4] An die Stelle des Passivpostens A III 1 „gesetzliche Rücklage“ tritt bei öffentlich-rechtlichen Versicherungsunternehmen in der Bilanz der Passivposten A III 1 „Sicherheitsrücklage“ und bei Versicherungsvereinen auf Gegenseitigkeit der Passivposten A III 1 „Verlustrücklage gemäß § 37 VAG“.

[5] Wird die Bilanz unter Berücksichtigung der teilweisen Verwendung des Jahresergebnisses aufgestellt, so tritt in der Bilanz an die Stelle der Passivposten A IV „Gewinnvortrag/Verlustvortrag“ und A V „Jahresüberschuss/Jahresfehlbetrag“ der Passivposten A IV „Bilanzgewinn/Bilanzverlust“; ein vorhandener Gewinn- oder Verlustvortrag is in diesen Passivposten einzubeziehen und in der Bilanz oder im Anhang gesondert anzugeben.

[6] Pensions- und Sterbekassen haben zu den Abschlussstichtagen, zu denen eine versicherungsmathematische Berechnung der Deckungsrückstellung nicht erfolgt, in der Bilanz

a) an Stelle der Passivposten A IV „Gewinnvortrag/Verlustvortrag“ und A V „Jahresüberschuss/Jahresfehlbetrag“ den Passivposten A IV „Gesamt-Ausgleichsposten“ auszuweisen und wie folgt zu untergliedern:

„1. Ausgleichsposten	……	
2. Bilanzgewinn/Bilanzverlust zum ……	……	……“.

b) An Stelle des Passivpostens E II 1 „Bruttobetrag“ auszuweisen die Posten

„1 a) Bruttobetrag laut versicherungsmathematischer Berechnung zum ……	……	
b) zuzüglich Zuführung aus der Rückstellung für Beitragsrückerstattung	……	……“

[7] Krankenversicherungsunternehmen haben den Passivposten E IV “Rückstellung für erfolgsabhängige und erfolgsunabhängige Beitragsrückerstattung“ in der Bilanz wie folgt zu untergliedern:

„1. erfolgsabhängige			
a) Bruttobetrag	……		
b) davon ab: Anteil für das in Rückdeckung gegebene Versicherungsgeschäft	……	……	
2. erfolgsunabhängige			
a) Bruttobetrag	……		
b) davon ab: Anteil für das in Rückdeckung gegebene Versicherungsgeschäft	……	……	……“.

[8] Der Passivposten E V gilt nur für Schaden- und Unfallversicherungsunternehmen sowie Rückversicherungsunternehmen.

Abbildung 6.1: Formblatt 1 Seite 3, Bilanz Versicherungsunternehmen

6.2.3 Besondere Merkmale der Gewinn- und Verlustrechnung (GuV) bei Versicherungsunternehmen

Versicherungsunternehmen haben ein spezielles Geschäftsmodell, bei dem die üblichen Regeln zur Gewinn- und Verlustrechnung angepasst werden müssen. Das liegt an den einzigartigen Abläufen wie Schadenregulierung, Prämienzahlungen und Rückstellungen für Risiken.

1. Trennung von versicherungstechnischem und nicht-versicherungstechnischem Geschäft

Die GuV bei Versicherern ist **zweigeteilt**: Der **versicherungstechnische Teil** zeigt Erträge und Aufwendungen, die direkt mit dem Versicherungsbetrieb zu tun haben (zum Beispiel Prämien, Schadenaufwand). Der **nicht-versicherungstechnische Teil** enthält zum Beispiel Kapitalanlagen und allgemeine Verwaltungskosten.

Relevante Vorschriften dazu:

- **§ 274 RechVersV** (Rechnungslegungsverordnung für Versicherer): Formblatt zur GuV mit separater Darstellung beider Bereiche – siehe nachstehend die Darstellung der GuV lt. Formulare der BaFin.

2. Detaillierte Trennung der Aufwandsarten

In der GuV wird genau unterschieden:

- Aufwendungen für Versicherungsfälle (zum Beispiel Schadenzahlungen)
- Aufwendungen für den Versicherungsbetrieb (Verwaltungs- und Betriebskosten)
- Abschlussaufwendungen (Kosten für Vertragsabschluss, zum Beispiel Provisionen)

Diese Trennung hilft dabei, die Wirtschaftlichkeit einzelner Geschäftsbereiche besser zu beurteilen.

Relevante Vorschriften dazu:

- **§ 274 Abs. 2 RechVersV**: Vorschriften zur Gliederung der GuV mit detaillierten Aufwandskategorien
- Unterstützt durch **§ 341b HGB**: Bewertung von Kapitalanlagen (ergänzend für Ertragsseite)

3. Periodenabhängige Buchung bei Rückstellungen

Besonders bei **Schadenrückstellungen** ist wichtig, dass der Aufwand **zeitlich korrekt** zugeordnet wird. Schäden können zum Beispiel erst Monate nach Vertragsende auftreten – die Rückstellungen müssen trotzdem schon jetzt berücksichtigt werden, damit die Zahlen stimmen.

Relevante Vorschriften dazu:

- **§ 341g HGB**: Rückstellungen für Versicherungsfälle
- **§ 88 ff. VAG**: Anforderungen an versicherungstechnische Rücklagen und deren zeitliche Abgrenzung

Darstellung Formblatt 2 und 3 der Gewinn- und Verlustrechnung (GuV) von Versicherungsunternehmen

Laut Die BaFin stellt das Formblatt 2 und 3 als **nicht amtliche Vorlage im Word-Format**[11] zur Verfügung. Die **gesetzliche Grundlage** und die Verweise auf das Formblatt 3 in der RechVersV.[12]

Formblatt 2 laut BaFin-Darstellung:

[11] https://www.bafin.de/SharedDocs/Downloads/DE/Formular/VA/dl_rechversv_formblatt1_va.html; BaFin – Publikationen & Daten – Formblatt 2 – nicht amtliche Fassung / https://www.bafin.de/SharedDocs/Downloads/DE/Formular/VA/dl_rechversv_formblatt2_va.html; BaFin – Publikationen & Daten – Formblatt 3 – nicht amtliche Fassung / https://www.bafin.de/SharedDocs/Downloads/DE/Formular/VA/dl_rechversv_formblatt3_va.html; zuletzt abgerufen am 13. Juli 2025.

[12] RechVersV – Verordnung über die Rechnungslegung von Versicherungsunternehmen / https://www.gesetze-im-internet.de/rechversv/BJNR337800994.html; Formblatt 2 RechVersV – Einzelnorm / https://www.gesetze-im-internet.de/rechversv/formblatt_2.html

Formblatt 2

Name: ....
Sitz: ....
Gewinn- und Verlustrechnung
für die Zeit vom .... **bis** ....

Posten	Euro	Euro	Euro	Euro
I. Versicherungstechnische Rechnung				
1. Verdiente Beiträge für eigene Rechnung				
a) Gebuchte Bruttobeiträge		......		
b) Abgegebene Rückversicherungsbeiträge		......	......	
c) Veränderung der Bruttobeitragsüberträge		......		
d) Veränderung des Anteils der Rückversicherer an den Bruttobeitragsüberträgen		......	......	......
2. Technischer Zinsertrag für eigene Rechnung				......
3. Sonstige versicherungstechnische Erträge für eigene Rechnung				......
4. Aufwendungen für Versicherungsfälle für eigene Rechnung				
a) Zahlungen für Versicherungsfälle				
aa) Bruttobetrag		......		
bb) Anteil der Rückversicherer		......	......	
b) Veränderung der Rückstellung für noch nicht abgewickelte Versicherungsfälle				
aa) Bruttobetrag		......		
bb) Anteil der Rückversicherer		......	......	......
5. Veränderung der übrigen versicherungstechnischen Netto-Rückstellungen[1)]				
a) Netto-Deckungsrückstellung			......	
b) Sonstige versicherungstechnische Netto-Rückstellungen			......	......
6. Aufwendungen für erfolgsabhängige und erfolgsunabhängige Beitragsrückerstattungen für eigene Rechnung				......
7. Aufwendungen für den Versicherungsbetrieb für eigene Rechnung				
a) Bruttoaufwendungen für den Versicherungsbetrieb			......	
b) davon ab:				
erhaltene Provisionen und Gewinnbeteiligungen aus dem in Rückdeckung gegebenen Versicherungsgeschäft			......	......
8. Sonstige versicherungstechnische Aufwendungen für eigene Rechnung				......
9. Zwischensumme				......
10. Veränderung der Schwankungsrückstellung und ähnlicher Rückstellungen				......
11. Versicherungstechnisches Ergebnis für eigene Rechnung				......
II. Nichtversicherungstechnische Rechnung				
1. Erträge aus Kapitalanlagen				
a) Erträge aus Beteiligungen		......		
davon:				
aus verbundenen Unternehmen..............Euro				
b) Erträge aus anderen Kapitalanlagen				
davon:				
aus verbundenen Unternehmen............Euro				
aa) Erträge aus Grundstücken, grundstücksgleichen Rechten und Bauten einschließlich der Bauten auf fremden Grundstücken				
bb) Erträge aus anderen Kapitalanlagen	......			
c) Erträge aus Zuschreibungen	......	......		
d) Gewinne aus dem Abgang von Kapitalanlagen		......		
e) Erträge aus Gewinngemeinschaften, Gewinnabführungs- und Teilgewinnabführungsverträgen		......		
		......	......	
2. Aufwendungen für Kapitalanlagen				
a) Aufwendungen für die Verwaltung von Kapitalanlagen, Zinsaufwendungen und sonstige Aufwendungen für die Kapitalanlagen				
b) Abschreibungen auf Kapitalanlagen		......		
c) Verluste aus dem Abgang von Kapitalanlagen		......		
d) Aufwendungen aus Verlustübernahme		......	......	
			......	
3. Technischer Zinsertrag			......	......
4. Sonstige Erträge			......	

Abbildung 6.2: Formblatt 2 Seite 1, BaFin

5. Sonstige Aufwendungen [2)]	......	......
6. Ergebnis der normalen Geschäftstätigkeit		......
7. Außerordentliche Erträge	......	
8. Außerordentliche Aufwendungen	......	
9. Außerordentliches Ergebnis		......
10. Steuern vom Einkommen und vom Ertrag	......	
11. Sonstige Steuern	......	......
12. Erträge aus Verlustübernahme	......	
13. Auf Grund einer Gewinngemeinschaft, eines Gewinnabführungs- oder eines Teilgewinnabführungsvertrages abgeführte Gewinne	......	......
14. Jahresüberschuss/Jahresfehlbetrag [3)]		......

Fußnoten zu Formblatt 2:

1) Sofern ein Passivposten „Deckungsrückstellung" in der Bilanz nicht vorhanden ist, entfallen beim Posten I 5 in der versicherungstechnischen Rechnung die beiden Unterposten a und b. und der Posten erhält folgende Bezeichnung:

„5. Veränderung der sonstigen versicherungstechnischen Netto-Rückstellungen ......".

2) International tätige Rückversicherungsunternehmen dürfen Sonderzuführungen zur Rückstellung für noch nicht abgewickelte Versicherungsfälle statt in der versicherungstechnischen Rechnung unter dem Posten I 4 b „Veränderung der Rückstellung für noch nicht abgewickelte Versicherungsfälle" in der nichtversicherungstechnischen Rechnung unter dem Posten II 5 „Sonstige Aufwendungen" ausweisen; in diesem Fall haben die international tätigen Rückversicherungsunternehmen den Posten II 5 wie folgt zu untergliedern:

„a) Sonderzuführungen an die Rückstellung für noch nicht abgewickelten Versicherungsfälle	......		
b) übrige Aufwendungen	......	......	......".

3) Bei Berücksichtigung der Veränderungen von Kapital- und Gewinnrücklagen sowie des Genussrechtskapitals in der nichtversicherungstechnischen Rechnung ist diese in Fortführung der Nummerierung um folgende Posten zu ergänzen:

„15. Gewinnvortrag/Verlustvortrag aus dem Vorjahr		......
		......
16. Entnahmen aus der Kapitalrücklage		......
		......
17. Entnahmen aus Gewinnrücklagen		
a) aus der gesetzlichen Rücklage [a)]	......	
b) aus der Rücklage für Anteile an einem herrschenden oder mehrheitlich beteiligten Unternehmen	......	
c) aus satzungsmäßigen Rücklagen	......	
d) aus anderen Gewinnrücklagen	......	......
		......
18. Entnahmen aus Genussrechtskapital		......
		......
19. Einstellungen in Gewinnrücklagen		
a) in die gesetzliche Rücklage [b)]	......	
b) in die Rücklage für Anteile an einem herrschenden oder mehrheitlich beteiligten Unternehmen	......	
c) in satzungsmäßige Rücklagen	......	
d) in andere Gewinnrücklagen	......	......
		......
20. Wiederauffüllung des Genussrechtskapitals		......
21. Bilanzgewinn/Bilanzverlust		......".

a) An die Stelle des Postens II 17a „aus der gesetzlichen Rücklage" in der nichtversicherungstechnischen Rechnung tritt bei öffentlich-rechtlichen Versicherungsunternehmen der Posten II 17 a „aus der Sicherheitsrücklage" und bei Versicherungsvereinen auf Gegenseitigkeit der Posten II 17a „aus der Verlustrücklage gemäß § 37 VAG".

b) An die Stelle des Postens II 19a „ in die gesetzliche Rücklage" in der nichtversicherungstechnischen Rechnung tritt bei öffentlich-rechtlichen Versicherungsunternehmen der Posten II 19a „in die Sicherheitsrücklage" und bei Versicherungsvereinen auf Gegenseitigkeit der Posten II 19a „in die Verlustrücklage gemäß § 37 VAG".

Die Angaben ab Posten II 15 können statt in der nichtversicherungstechnischen Rechnung auch im Anhang gemacht werden.

Abbildung 6.2: Formblatt 2 Seite 2, BaFin

Formblatt 3 laut BaFin-Darstellung:

Formblatt 3

Name:..
Sitz:..
Gewinn- und Verlustrechnung ....
für die Zeit vom ....bis...

	Euro	Euro	Euro
I. Versicherungstechnische Rechnung			
1. Verdiente Beiträge für eigene Rechnung			
a) Gebuchte Bruttobeiträge	......		
b) Abgegebene Rückversicherungsbeiträge	......	......	
c) Veränderung der Bruttobeitragsüberträge	......		
d) Veränderung des Anteils der Rückversicherer an den Bruttobeitragsüberträgen	......	......	......
2. Beiträge aus der Brutto-Rückstellung für Beitragsrückerstattung			......
3. Erträge aus Kapitalanlagen			
a) Erträge aus Beteiligungen		......	
davon: aus verbundenen Unternehmen ....Euro			
b) Erträge aus anderen Kapitalanlagen			
davon: aus verbundenen Unternehmen ....Euro			
aa) Erträge aus Grundstücken, grundstücksgleichen Rechten und Bauten einschließlich der Bauten auf fremden Grundstücken	......		
bb) Erträge aus anderen Kapitalanlagen	......	......	
c) Erträge aus Zuschreibungen		......	
d) Gewinne aus dem Abgang von Kapitalanlagen		......	
e) Erträge aus Gewinngemeinschaften, Gewinnabführungs- und Teilgewinnabführungsverträgen		......	......
f) (weggefallen)			
4. Nicht realisierte Gewinne aus Kapitalanlagen			......
5. Sonstige versicherungstechnische Erträge für eigene Rechnung			......
6. Aufwendungen für Versicherungsfälle für eigene Rechnung			
a) Zahlungen für Versicherungsfälle			
aa) Bruttobetrag	......		
bb) Anteil der Rückversicherer	......	......	
b) Veränderung der Rückstellung für noch nicht abgewickelte Versicherungsfälle			
aa) Bruttobetrag	......		
bb) Anteil der Rückversicherer	......	......	......
7. Veränderung der übrigen versicherungstechnischen Netto-Rückstellungen			
a) Deckungsrückstellung			
aa) Bruttobetrag	......		
bb) Anteil der Rückversicherer	......	......	
b) Sonstige versicherungstechnische Netto-Rückstellungen		......	......
8. Aufwendungen für erfolgsabhängige und erfolgsunabhängige Beitragsrückerstattungen für eigene Rechnung [1)]			......
9. Aufwendungen für den Versicherungsbetrieb für eigene Rechnung			
a) Abschlussaufwendungen	......		
b) Verwaltungsaufwendungen	......	......	
c) davon ab:			
Erhaltene Provisionen und Gewinnbeteiligungen aus dem in Rückdeckung gegebenen Versicherungsgeschäft		......	......
10. Aufwendungen für Kapitalanlagen			
a) Aufwendungen für die Veraltung von Kapitalanlagen, Zinsaufwendungen und sonstige Aufwendungen für die Kapitalanlagen		......	
b) Abschreibungen auf Kapitalanlagen		......	
c) Verluste aus dem Abgang von Kapitalanlagen		......	
d) Aufwendungen aus Verlustübernahme		......	......
e) (weggefallen)			
11. Nicht realisierte Verluste aus Kapitalanlagen			......
12. Sonstige versicherungstechnische Aufwendungen für eigene Rechnung			......
13. Versicherungstechnisches Ergebnis für eigene Rechnung			......
II. Nichtversicherungstechnische Rechnung			
1. Sonstige Erträge		......	
2. Sonstige Aufwendungen		......	......

Abbildung 6.3: Formblatt 3 Seite 1, BaFin

3. Ergebnis der normalen Geschäftstätigkeit		......
4. Außerordentliche Erträge	......	
5. Außerordentliche Aufwendungen	......	
6. Außerordentliches Ergebnis		......
7. Steuern vom Einkommen und vom Ertrag	......	
8. Sonstige Steuern[2)]	......	......
9. Erträge aus Verlustübernahme	......	
10. Auf Grund einer Gewinngemeinschaft, eines Gewinnabführungs- oder eines Teilgewinnabführungsvertrages abgeführte Gewinne	......	......
11. Jahresüberschuss/Jahresfehlbetrag[3) 4)]		......

[1)] Krankenversicherungsunternehmen haben den Posten I 8 „Aufwendungen für erfolgsabhängige und erfolgsunabhängige Beitragsrückerstattungen für eigene Rechnung" in der versicherungstechnischen Rechnung wie folgt zu untergliedern:

a) erfolgsabhängige	......	
b) erfolgsunabhängige	......	......

[2)] Pensions- Sterbekassen haben nach dem Posten II 8. „Sonstige Steuern" in der nichtversicherungstechnischen Rechnung folgenden Posten einzufügen:
„8a. Ausgleichsposten aus dem Vorjahr ......

[3)] Bei Pensions- und Sterbekassen tritt zu den Abschlussstichtagen, zu denen eine versicherungsmathematische Berechnung der Deckungsrückstellung nicht erfolgt, in der nichtversicherungstechnischen Rechnung an die Stelle des Postens II 11 „Jahresüberschuss/Jahresfehlbetrag" der Posten II 11 „Überschuss/Fehlbetrag

[4)] Bei Berücksichtigung der Veränderungen von Kapital- und Gewinnrücklagen sowie des Genussrechtskapitals in der nichtversicherungstechnischen Rechnung ist diese in Fortführung der Nummerierung um folgende Posten zu ergänzen:

„12 Gewinnvortrag/Verlustvortrag aus dem Vorjahr[a)]		....
13. Entnahmen aus der Kapitalrücklage		....
14. Entnahmen aus Gewinnrücklagen		
a) aus der gesetzlichen Rücklage[b)]	......	
b) aus der Rücklage für eigene Anteile	......	
c) aus satzungsmäßigen Rücklagen	......	
d) aus anderen Gewinnrücklagen	......	....
15. Entnahmen aus Genussrechtskapital		....
16. Einstellungen in Gewinnrücklagen		
a) in die gesetzliche Rücklage[c)]	......	
b) in die Rücklage für eigene Anteile	......	
c) in satzungsmäßige Rücklagen	......	
d) in andere Gewinnrücklagen	......	....
17. Wiederauffüllung des Genussrechtskapitals		......
18. Bilanzgewinn/Bilanzverlust[a)]		......

[a)] Pensions- und Sterbekassen treten zu den Abschlussstichtagen, zu denen eine versicherungsmathematische Berechnung der Deckungsrückstellung nicht erfolgt, in der nichtversicherungstechnischen Rechnung an die Stelle

1. des Postens II 12 „Gewinnvortrag/Verlustvortrag aus dem Vorjahr" der Posten II 12 „Bilanzgewinn/Bilanzverlust zum ...."
2. des Postens II 18 „Bilanzgewinn/Bilanzverlust" der Posten II 18 „Ausgleichsposten"

Abbildung 6.3: Formblatt 3 Seite 2, BaFin

b) An die Stelle des Postens II 14a „aus der gesetzlichen Rücklage" in der nichtversicherungstechnischen Rechnung tritt bei öffentlich-rechtlichen Versicherungsunternehmen der Posten II 14A „aus der Sicherheitsrücklage" und bei den Versicherungsvereinen auf Gegenseitigkeit der Posten II 14a „aus der Verlustrücklage gemäß § 27 VAG".

c) An die Stelle des Postens II 16 a „in die gesetzliche Rücklage" in der nichtversicherungstechnischen Rechnung tritt bei öffentlich-rechtlichen Versicherungsunternehmen der Posten II 16a „in die Sicherheitsrücklage" und bei den Versicherungsvereinen auf Gegenseitigkeit der Posten II 16 a „in die Verlustrücklage gemäß § 37 VAG".

c) An die Stelle des Postens II 16 a „in die gesetzliche Rücklage" in der nichtversicherungstechnischen Rechnung tritt bei öffentlich-rechtlichen Versicherungsunternehmen der Posten II 16a „in die Sicherheitsrücklage" und bei den Versicherungsvereinen auf Gegenseitigkeit der Posten II 16 a „in die Verlustrücklage gemäß § 37 VAG".
Die angaben ab Person II 12 können statt in der nichtversicherungstechnischen Rechnung auch im Anhang gemacht werden.

Abbildung 6.3: Formblatt 3 Seite 3, BaFin

Eigenkapitalstruktur der Passiva

Die Passivseite der Bilanz zeigt, **woher das Geld im Unternehmen kommt**, also wie es finanziert ist. Bei Versicherungsunternehmen spielt dabei das Eigenkapital eine besonders wichtige Rolle. Es stellt das finanzielle Fundament dar, auf dem alle Geschäfte ruhen.

Doch Versicherer arbeiten anders als andere Unternehmen: Sie müssen große Geldbeträge über viele Jahre hinweg sichern und sind gesetzlich verpflichtet, hohe Rücklagen zu bilden. Deshalb ist ihre Passivseite besonders geprägt durch:

- Eigenkapital (Grundkapital, Gewinnrücklagen usw.)
- Versicherungstechnische Rückstellungen (für künftige Leistungen an Kunden)
- Verbindlichkeiten (zum Beispiel gegenüber Rückversicherern oder Kreditinstituten)

Das Eigenkapital steht ganz oben in der Reihenfolge, weil es die stabilste Finanzierungsquelle ist und zugleich das Vertrauen der Aufsichtsbehörden und Kunden sichert. Es muss deshalb **besonders sorgfältig ausgewiesen und geschützt** werden, unter anderem durch Vorschriften des Handelsgesetzbuchs (HGB) und des Versicherungsaufsichtsgesetzes (VAG).

Eigenkapitalposten in der Bilanz im Überblick:[13]

Bezeichnung	Gesetzliche Grundlage	Erläuterung
Gezeichnetes Kapital	§ 272 Abs. 1 HGB	Das Grundkapital einer Kapitalgesellschaft ist meist die Summe der Aktien oder Geschäftsanteile, die laut Satzung ausgegeben wurden.
Eingefordertes Kapital	§ 272 Abs. 1 HGB (i.V.m. Bilanzform nach § 266)	Der Teil des gezeichneten Kapitals, den die Gesellschaft noch von den Gesellschaftern bzw. Aktionären einfordern muss.
Kapitalrücklage	§ 272 Abs. 2 Nr. 1–4 HGB	Gelder, die zum Beispiel bei der Ausgabe von Aktien über dem Nennwert hinaus eingenommen wurden, dienen der Stärkung des Eigenkapitals.
Gewinnrücklagen	§ 272 Abs. 3 HGB	Zurückbehaltene Gewinne, die nicht ausgeschüttet wurden, oft gesetzlich oder freiwillig zur Stärkung der finanziellen Stabilität.
Gewinn- und Verlustvortrag	§ 272 Abs. 4 HGB	Saldo aus Vorjahren, der noch nicht verwendet wurde; kann sowohl ein Gewinn als auch ein Verlust sein.
Jahresüberschuss/ -fehlbetrag	§ 275 Abs. 2 Nr. 20 HGB (GuV); § 268 Abs. 1 HGB (Bilanzposition)	Das Ergebnis des laufenden Geschäftsjahres vor Verwendung; es zeigt, ob das Unternehmen Gewinn gemacht oder Verlust erlitten hat.

[13] Lüdenbach, N./Hoffmann, A.: *Rechnungslegung nach HGB, IFRS und US-GAAP*, IDW Verlag und Coenenberg, A. G./Fischer, T. M.: *Jahresabschluss und Jahresabschlussanalyse*, Schäffer-Poeschel Verlag und Wöhe, G./Döring, U.: *Einführung in die Allgemeine Betriebswirtschaftslehre*, Vahlen Verlag

Genussrechtskapital	§ 278 HGB	Kapital, das durch Ausgabe von sogenannten Genussrechten erhalten wurde, hat Merkmale von Eigen- und Fremdkapital.

Tabelle 6.3: Übersicht der Eigenkapitalpositionen

Umsatzeinnahmen (Beiträge) und Rechnungsabgrenzung (Beitragsüberträge) bei Versicherern:

Bei Versicherungsunternehmen bestehen die Umsatzerlöse hauptsächlich aus den Beiträgen der Kunden, also den Prämieneinnahmen. Die grundsätzliche Berechnungsformel für den Umsatz lautet:

Umsatz = Preis (p) x Menge (q)
also: Beitragshöhe × Anzahl der Verträge

Damit ein Umsatz als Ertrag in der Buchhaltung gilt, muss er bestimmten Regeln entsprechen. Nach dem Realisationsprinzip dürfen Umsätze erst dann gebucht werden, wenn sie wirtschaftlich tatsächlich „verdient" sind – also bei Zahlungseingang oder wenn eine rechtlich gesicherte Forderung entstanden ist.

Allerdings gibt es bei Versicherungen eine Besonderheit: Das Versicherungsjahr (also der Zeitraum des Vertrags) stimmt oft nicht mit dem Geschäftsjahr überein, das zum Beispiel am 31. Dezember endet. Deshalb muss das Unternehmen klären, welcher Teil der Beiträge zu welchem Zeitraum gehört. Dafür wird die **Rechnungsabgrenzung** genutzt – also eine buchhalterische Trennung der Beiträge. Dabei werden sogenannte „Beitragsüberträge" gebildet.

Beitragsüberträge

Wenn Versicherungsunternehmen Beiträge von Kunden erhalten, decken diese oft einen Zeitraum, der nicht genau mit dem Geschäftsjahr übereinstimmt. Damit in der Bilanz die Einnahmen korrekt dem Zeitraum zugeordnet werden, verwendet man sogenannte Beitragsüberträge – also Rechnungsabgrenzungsposten für den noch „unverdienten" Anteil der Prämie.

Laut § 252 Abs. 1 S. 3 HGB gilt das Prinzip der **Einzelbewertung**: Das bedeutet, dass jeder Versicherungsvertrag einzeln betrachtet werden muss. Die zeitliche Abgrenzung der Prämie erfolgt anteilig nach Zeit (**„pro rata temporis"**), also je nachdem, wie viele Tage oder Monate noch verbleiben. Das Prinzip der Einzelbewertung wird auf Abgrenzung von Prämienzahlungen bei Versicherungsverträgen angewendet.

Methoden zur Berechnung der Beitragsüberträge

Es gibt verschiedene Methoden, um die zeitlich passende Aufteilung der Prämie zu berechnen:

Methode	Beschreibung
Bruchteilmethode[14]	Die Prämie wird gleichmäßig auf Monate verteilt, zum Beispiel **1/12 pro Monat**
Pauschalmethode[15]	Annahme: Fälligkeiten sind gleichmäßig über das Jahr verteilt → **50 % vor/nach dem 1. Juli**
Standardsystem	Es werden **Rückstellungen** gebildet für den noch nicht verdienten Anteil der Prämie

Tabelle 6.4: Methoden zur Prämienaufteilung

Abgrenzung von Begrifflichkeiten:

Rücklagen sind zurückgelegte Gewinne, die nicht ausgeschüttet werden. Sie dienen dazu, das Unternehmen finanziell zu stärken und abzusichern.

Rückstellungen sind Reserven für erwartete Kosten, die zwar noch nicht sicher feststehen, aber wahrscheinlich auftreten, zum Beispiel für kommende Schäden oder Prozesse.

Verbindlichkeiten sind Schulden – also Beträge, die das Unternehmen anderen zahlen muss, zum Beispiel an Lieferanten, Banken oder Dienstleistern, etc.

Forderungen sind Geldbeträge, die das Unternehmen von anderen erhält, zum Beispiel von Kunden, weil eine Leistung erbracht wurde, also „offene Rechnungen".

Reservierung von Schadenrückstellungen

Versicherungsunternehmen müssen jederzeit genügend Mittel bereithalten, um Schäden ihrer Kunden zu regulieren, auch wenn diese noch nicht vollständig abgewickelt sind. Deshalb werden sogenannte Schadenrückstellungen gebildet. Das bedeutet: Für erwartete, aber noch offene Versicherungsfälle wird in der Bilanz vorsorglich ein Betrag reserviert.

Diese Rückstellungen wirken sich direkt auf die Schadenaufwendungen in der Gewinn- und Verlustrechnung (GuV) aus. Denn: Die Bildung solcher Rückstellungen wird dort als Aufwand verbucht und mindert damit den Gewinn im entsprechenden Geschäftsjahr. Gleichzeitig haben Rückstellungen auch eine **steuernde Wirkung** auf den Schadenverlauf: Sie helfen dabei, finanzielle Schwankungen über mehrere Jahre hinweg auszugleichen, sofern das gesetzlich erlaubt ist.

Damit alles **zeitlich korrekt** erfasst wird, ist eine **periodengerechte Abgrenzung** vorgeschrieben. Das heißt: Die Rückstellungen müssen genau dem Geschäftsjahr zuge-

[14] Farny, Versicherungsbetriebslehre, Verlag Versicherungswirtschaft.
[15] Coenenberg, A. G./Fischer, T. M.: Jahresabschluss und Jahresabschlussanalyse, Schäffer-Poeschel Verlag.

ordnet werden, in dem der Schaden passiert ist, auch wenn die Auszahlung erst später erfolgt. In der Bilanz erscheinen diese Posten unter „Rückstellungen für noch nicht abgewickelte Versicherungsfälle" und in der GuV unter „Aufwendungen für Versicherungsfälle".[16]

Inhalt der Aufwendungen für Versicherungsfälle

Wenn Versicherungsunternehmen Schäden regulieren oder Leistungen auszahlen, entstehen dafür **Kosten**, die in der Gewinn- und Verlustrechnung (GuV) als „Aufwendungen für Versicherungsfälle" ausgewiesen werden.

Zu diesen Aufwendungen gehören:

- **Direkte Schadenzahlungen** an Versicherte zum Beispiel bei einem Unfall, einem Feuerschaden oder einer Operation
- **Rückstellungen für bereits gemeldete,** aber noch nicht vollständig abgewickelte Schäden
- **Rückstellungen für Schäden,** die erst nach Geschäftsjahresende gemeldet werden könnten (Spätschäden)
- **Auszahlungen bei Renten- oder Lebensversicherungen**
- **Bearbeitungs- und Regulierungsaufwand**[17], zum Beispiel Kosten für Schadenabteilungen oder externe Gutachter, etc.

Diese Kosten müssen dem richtigen Geschäftsjahr zugeordnet werden – auch wenn die Zahlung vielleicht erst später erfolgt. Deshalb sind die zeitliche Abgrenzung und die Bildung von Schadenrückstellungen besonders wichtig für eine korrekte Bilanz und GuV.

Schadenrückstellungen

Versicherungsunternehmen bilden Schadenrückstellungen, wenn ein Versicherungsfall zwar schon bekannt ist, aber noch nicht vollständig abgewickelt wurde. Dabei wird ein Geldbetrag reserviert, um die späteren Kosten abzusichern.

Diese Rückstellungen wirken sich **direkt** auf die Gewinn- und Verlustrechnung (GuV) aus:

- Wenn eine Rückstellung **gebildet** wird, entsteht ein **Aufwand**, der Gewinn sinkt.
- Wenn eine Rückstellung später **aufgelöst** wird (weil weniger gezahlt werden musste als erwartet), entsteht ein **Ertrag**, der Gewinn steigt.

---

[16] Farny, Versicherungsbetriebslehre, Verlag Versicherungswirtschaft und Lüdenbach, N./Hoffmann, A.: Rechnungslegung nach HGB, IFRS und US-GAAP, IDW Verlag und Coenenberg, A. G./Fischer, T. M.: Jahresabschluss und Jahresabschlussanalyse, Schäffer-Poeschel Verlag.

[17] Farny, *Versicherungsbetriebslehre*, Verlag Versicherungswirtschaft.

Diese Regel ist besonders wichtig, wenn die Auflösung erst im folgenden Geschäftsjahr erfolgt: Dann verbessert sich das Ergebnis in dem Jahr der Auflösung, obwohl der Schaden ursprünglich früher passiert ist.

Mit dieser Vorgehensweise können starke Schwankungen bei den Jahresergebnissen abgemildert werden. Rückstellungen sind also nicht nur eine Vorsichtsmaßnahme, sondern helfen auch dabei, das Ergebnis zu „glätten" und über Jahre hinweg stabiler zu machen, natürlich immer im Rahmen der gesetzlichen Vorschriften.

Versicherungsunternehmen müssen verschiedene Rückstellungen bilden, um finanziell auf alle Eventualitäten vorbereitet zu sein. Zwei wichtige Formen sind die **Schadenrückstellung** und die **Schwankungsrückstellung**, die sich deutlich unterscheiden:

Schadenrückstellungen	Schwankungsrückstellungen
Diese Rückstellung betrifft Versicherungsfälle, die bereits passiert sind, aber noch nicht vollständig bearbeitet oder ausgezahlt wurden. Das heißt: Ein Kunde oder ein Dritter hat bereits einen Anspruch, der dem Versicherer bekannt ist. Auch Spätschadenrückstellungen gemäß § 341g Abs. 2 sind zu berücksichtigen: Hier ist der Schaden vom Grunde her schon eingetreten, dem Versicherer aber noch nicht bekannt. Solche Rückstellungen gelten als ungewisse Verbindlichkeiten und gehören damit zum Fremdkapital – sie müssen in der Bilanz und als Aufwand in der GuV erfasst werden.	Die Schwankungsrückstellung ist **vorsorglich** gebildet für zukünftige mögliche Abweichungen im Schadenverlauf. Das heißt: Sie betrifft noch nicht eingetretene Schäden, bei denen kein konkreter Anspruch besteht. Sie dient dazu, Ergebnisschwankungen über Jahre hinweg auszugleichen – ist also eine Art finanzielle Sicherheitsreserve. In der Rechnungslegung wird sie eher wie eine steuerfreie Rücklage behandelt und nicht als Fremdkapital, da sie „jetzt" kein echtes Risiko abbildet.
Praxisrelevant für: • Einzelschadenrückstellung: Schadenbereich • Spätschadenrückstellungen: Schadenbereich und gegebenenfalls Aktuariat o.ä.	Praxisrelevant für: • Rechnungslegung
Fremdkapital	Rücklage/Eigenkapitalähnlich
GuV: Aufwand bei Bildung, Ertrag bei Auflösung	GuV: Keine direkte GuV-Wirkung
Gesetzliche Grundlage: • § 341g HGB: Versicherungstechnische Rückstellungen für Schäden • § 249 HGB: Bildung von Rückstellungen für ungewisse Verbindlichkeiten	Gesetzliche Grundlage: • § 29 RechVersV: Schwankungsrückstellungen als spezielle versicherungstechnische Rücklage • §341h HGB: Schwankungsrückstellungen und ähnliche Rückstellungen

Tabelle 6.5: Vergleich Schaden- zu Schwankungsrückstellung

Besonderheit: Schwankungsrückstellungen in der Schadenversicherung

In der Schadenversicherung, besonders bei Komposit-Versicherungssparten wie zum Beispiel Haftpflicht-, Unfall- oder Sachversicherungen, kann es vorkommen, dass die tatsächlichen Schadenzahlungen von Jahr zu Jahr stark schwanken. Die Ursachen sind oft zufällig und schwer planbar: Naturereignisse, Großschäden oder plötzlich verändertes Kundenverhalten.[18]

Um diese Schwankungen finanziell abzufedern, gibt es drei Möglichkeiten:

1. **Erfolgsglättung durch Schadenrückstellungen:** Bildung und spätere Auflösung von Rückstellungen für bekannte, aber noch nicht abgewickelte Schäden – verteilt auf mehrere Geschäftsjahre. Gesetzliche Grundlage: § 341g HGB und § 249 HGB
2. **Rückversicherungspolitik:** Ein Teil der Risiken wird an andere Versicherer weitergegeben. Das verringert die Auswirkungen großer Einzelschäden oder Serienschäden, etc. Gesetzliche Grundlage: **RechVersV** (Ausweis von Rückversicherungsforderungen), dies ist aber nur aus Sicht der Rechnungslegung, zur Rückversicherungspolitik ist noch deutlich mehr zu Berücksichtigen – siehe hierzu auch Kapitel zur Rückversicherung.
3. **Schwankungsrückstellungen (Schwankungsfonds):** Es werden Schwankungsrückstellungen gebildet – als Reserve für statistisch erwartete, aber unsichere Schadenentwicklungen in der Zukunft. Diese Rückstellungen sind **vorsorglich** und nicht an konkrete Schadenfälle gebunden.

Voraussetzungen für Schwankungsrückstellungen

Damit ein Versicherungsunternehmen solche Rückstellungen bilden darf, müssen bestimmte Bedingungen erfüllt sein. Diese ergeben sich aus der RechVersV insbesondere § 29 RechVersV:

Klausel	Erläuterung
Bagatellklausel	Das Unternehmen muss im Durchschnitt der letzten 3 Jahre mindestens 125.000 € verdiente Beiträge aufweisen.
Erheblichkeitsklausel	Es müssen deutliche Schwankungen im Schadenverlauf/-quote erkennbar sein: Schwankungen über 15 bzw. 30 Jahre, je nach Versicherungszweig, mit einer Standardabweichung von mindestens 5 %
Finanzierungsbedarfsklausel	Die kombinierte Schaden- und Kostenquote (Combined Ratio) muss im Beobachtungszeitraum mind. einmal über 100 % liegen.

Tabelle 6.6: Bedingungen Schwankungsrückstellung

Besonderheit: Deckungsrückstellungen in der Lebensversicherung

Lebensversicherungsverträge – insbesondere Kapitallebensversicherungen und private Rentenversicherungen – laufen meist über viele Jahre hinweg. Während dieser

[18] Farny, Versicherungsbetriebslehre, Verlag Versicherungswirtschaft und Lüdenbach/Hoffmann: Rechnungslegung nach HGB, IFRS und US-GAAP, IDW Verlag Coenenberg A. G./Fischer T. M.: Jahresabschluss und Jahresabschlussanalyse, Schäffer-Poeschel Verlag.

Zeit zahlt der Kunde regelmäßig Beiträge ein, wodurch ein Sparprozess entsteht. Die Deckungsrückstellung ist dabei die finanzielle Reserve, die das Versicherungsunternehmen für spätere Auszahlungen bildet.

Bei Vertragsende (im sogenannten Erlebensfall) oder im Todesfall entstehen Zahlungen, die sich aus zwei Bestandteilen zusammensetzen:

- Der **Sparanteil**: Er stammt aus den angesparten Beiträgen.
- Der **Risikoanteil**: Er dient zur Absicherung des Todesfallrisikos.

Alle Beträge werden einzeln pro Vertrag bewertet – das schreibt der Einzelbewertungsgrundsatz nach § 252 Abs. 1 S. 3 HGB („Die einzelnen Vermögensgegenstände und Schulden sind einzeln zu bewerten") vor. Zusätzlich müssen Sicherheitszuschläge berücksichtigt werden, etwa für höhere Lebenserwartung oder langfristige Zinsrisiken.

Damit diese Berechnungen korrekt erfolgen, muss das Versicherungsunternehmen einen verantwortlichen Aktuar einsetzen. Er prüft die versicherungsmathematischen Annahmen, kontrolliert die Höhe der Rückstellungen und erstellt jährlich einen Bericht für den Vorstand.[19]

Bei der Ermittlung der Deckungsrückstellung gelten zudem aufsichtsrechtliche Vorgaben zu den Zinssätzen, etwa:

- **Rechnungszins/Zinsgarantien:** Der garantierte Zinssatz, den das Unternehmen zugesichert hat
- **Zinszusatzreserve:** Eine Rückstellung, wenn der Marktzinssatz unter dem Rechnungszins liegt
- Für die **private Krankenversicherung** gelten ähnliche Regeln bei der Bildung von **Altersrückstellungen**[20]

Zusätzlich müssen bei der Berechnung bestimmte Kostenbestandteile des Unternehmens mitbedacht werden:

- **Verwaltungskosten:** Für laufende Aufgaben wie Betreuung, IT oder Personal
- **Rechnungsmäßige Abschlusskosten (Zillmerung):** Zum Beispiel Vertriebskosten, die mit dem Vertrag verrechnet werden können[21]
- **Restforderungen**: Noch nicht fällige Ansprüche, die in der Zukunft ausgezahlt werden sollen[22]

[19] § 141 VAG: „Der verantwortliche Aktuar hat jährlich einen Bericht zu erstellen."
[20] §§ 88–96 VAG & § 23 RechVersV: Vorschriften zur Berechnung von Deckungs- und Altersrückstellungen, inkl. Zinssätze.
[21] § 341e HGB & § 23 Abs. 3 Nr. 4 RechVersV: Einbeziehung von Abschlusskosten in die Rückstellung (Zillmerung).
[22] § 341f HGB: Rückstellungen für künftige Leistungen; betrifft noch nicht fällige, aber bereits gedeckte Ansprüche.

Kapitalanlagen in der Bilanz bei Versicherungsunternehmen

Versicherungsunternehmen verfügen über große Vermögenswerte, die sie überwiegend in Kapitalanlagen investieren. Insbesondere in der Lebensversicherung werden Beiträge über viele Jahre angespart – oft auf Rechnung und Risiko des Versicherungsnehmers, zum Beispiel bei fondsgebundenen Policen.

Diese Kapitalanlagen stellen den größten Teil des Vermögens dar und werden auf der Aktivseite der Bilanz ausgewiesen.[23]

- **Sicherungsvermögen** (früher: Deckungsstock): Die Kapitalanlagen dienen unter anderem der Bedeckung von Verpflichtungen aus Versicherungsverträgen, also zum Beispiel späteren Leistungen an die Versicherten. Diese Vermögenswerte müssen separat geführt werden – in einem besonderen Sicherungsvermögen, das bis zum 31.12.2003 als Deckungsstock bezeichnet wurde.[24]
- **Bilanzdarstellung nach Anlagearten:** In der Bilanz wird das Sicherungsvermögen allerdings nicht gesondert ausgewiesen. Die Bilanzgliederung erfolgt traditionell nach Anlagearten – zum Beispiel in Grundstücke, Aktien, Rentenpapiere oder Beteiligungen.[25]

Bewertung von Kapitalanlagen

Versicherungsunternehmen sind Kapitalgesellschaften und müssen daher ihre Kapitalanlagen nach den Regeln des HGB bewerten. Für sie gilt § 341a Abs. 1 und Abs. 2 S: 1 HGB.[26] Diese Vorschrift verweist darauf, dass die allgemeinen Bewertungsgrundsätze für Kapitalgesellschaften Anwendung finden.

Das bedeutet: Kapitalanlagen sind grundsätzlich zu den Anschaffungs- oder Herstellungskosten zu bewerten. Dabei gilt das Vorsichtsprinzip: Man geht von vorsichtigen, eher zurückhaltenden Werten aus, also keine übermäßige Erhöhung bei unsicheren Gewinnen.

Zwei wichtige Ausnahmen von der Standardbewertung:

1. Fondsgebundene Lebensversicherungen:

- Bei Verträgen, bei denen der Kunde selbst das Kapitalmarktrisiko trägt (also bei fondsgebundenen Lebensversicherungen), erfolgt die Bewertung nicht zu Anschaffungskosten, sondern zum Zeitwert am Bilanzstichtag.

---

23 § 266 Abs. 2 A. HGB: Gliederung der Aktivseite: „Anlagevermögen" enthält unter anderem Kapitalanlagen.

24 § 125 Abs. 1 VAG: „Versicherungsunternehmen müssen ein Sicherungsvermögen bilden, das die Verpflichtungen gegenüber den Versicherungsnehmern abdeckt."

25 § 26 ff. RechVersV: Gliederung der Kapitalanlagen nach Art der Anlage, nicht nach Zweckbindung.

26 § 341b Abs. 2 S. 1 HGB: „Anteile an Investmentvermögen, die auf Rechnung und Risiko des Versicherungsnehmers gehalten werden, sind mit dem beizulegenden Zeitwert anzusetzen."

- Siehe dazu: § 341b Abs. 2 S. 1 HGB: „Anteile an Investmentvermögen, die auf Rechnung und Risiko des Versicherungsnehmers gehalten werden, sind mit dem beizulegenden Zeitwert anzusetzen."

2. Namensschuldverschreibungen:

- Bei Namensschuldverschreibungen (eine Art langfristiger Darlehensforderung) haben Versicherungsunternehmen ein Wahlrecht: Sie dürfen entweder den fortgeführten Anschaffungswert oder den Nennbetrag ansetzen.
- Siehe dazu: § 341c HGB: „Namensschuldverschreibungen können mit ihrem Nennbetrag oder mit dem fortgeführten Anschaffungswert angesetzt werden."

Bewertung erfolgt nach Niederstwertprinzip:

Beim Niederstwertprinzip geht es darum, wie Vermögenswerte zu bewerten sind, wenn ihr aktueller Marktwert (Zeitwert) unter dem ursprünglichen Anschaffungswert liegt. In der Rechnungslegung wird dabei zwischen zwei Formen unterschieden:

Gemildertes Niederstwertprinzip	Strenges Niederstwertprinzip
Das gemilderte Niederstwertprinzip gilt für bestimmte Finanzanlagen wie: • Beteiligungen • Anteile an verbundenen Unternehmen • langfristig gehaltene Wertpapiere Bei **nur vorübergehender Wertminderung** hat das Unternehmen ein **Wahlrecht**: Es darf entweder den **niedrigeren Zeitwert** ansetzen oder beim **ursprünglichen Buchwert** bleiben. Wenn jedoch eine **dauerhafte Wertminderung** vorliegt, **muss** eine Abwertung erfolgen. Rechtliche Grundlage: • **§ 253 Abs. 3 S 6 HGB** – Regelung zur außerplanmäßigen Abschreibung bei Finanzanlagen bei dauerhafter Wertminderung • **§ 253 Abs. 4 HGB** – Ergänzend zur Beurteilung der Dauerhaftigkeit	Das strenge Niederstwertprinzip gilt für: • Sachanlagen (zum Beispiel Grundstücke, Gebäude, Maschinen) • Umlaufvermögen • kurzfristig gehaltene Wertpapiere und Investmentanteile Bei diesen Vermögensarten muss **immer** eine Abwertung erfolgen, **sobald** der aktuelle Marktwert unter dem Buchwert liegt – egal ob die Wertminderung vorübergehend oder dauerhaft ist. Rechtliche Grundlage: • **§ 253 Abs. 4 HGB** – Bei Umlaufvermögen: zwingende Bewertung zum niedrigeren Wert Seit **BilMoG 2009** auch Umwidmung möglich: **Wertpapiere können als Finanzanlagen klassifiziert werden**, wenn sie dauerhaft gehalten werden sollen ⊠ dann gilt das gemilderte Prinzip.

Tabelle 6.7: Niederstwertprinzip

6.3 Kapitalanlagen: Umgang mit Erträgen und Aufwendungen

Versicherungsunternehmen investieren große Teile ihres Vermögens in Kapitalanlagen, zum Beispiel in Aktien, Anleihen oder Immobilien. Aus diesen Anlagen entstehen regelmäßig Erträge und Aufwendungen, die in der Gewinn- und Verlustrechnung (GuV) richtig erfasst werden müssen.

Erträge aus Kapitalanlagen

Dazu gehören **Zinsen**, **Dividenden** und **Gewinne aus Verkäufen**. Diese Erträge fließen **erfolgswirksam** in die GuV ein – sie erhöhen das Ergebnis des Geschäftsjahres.[27]

Aufwendungen für Kapitalanlagen

Auch **Kosten** entstehen durch Kapitalanlagen – und müssen ebenfalls in der GuV erfasst werden. Diese lassen sich in zwei Gruppen aufteilen:

1. Wertminderungen der Kapitalanlagen:

- **Abschreibungen** bei sinkendem Marktwert
- **Verluste aus Abgängen**, zum Beispiel wenn ein Wertpapier unter Einstandspreis verkauft wird
- **Aufwendungen aus Verlustübernahmen** bei Beteiligungen[28]

2. Verwaltungskosten der Kapitalanlage:

- **Sachliche Aufwendungen** wie IT, Miete oder Depotführung
- **Persönliche Aufwendungen**, zum Beispiel für Mitarbeiter der Kapitalanlageabteilung[29]

Überschussverwendung und Überschussbeteiligung

Versicherungsunternehmen erzielen oft einen finanziellen Überschuss, wenn beispielsweise die Beiträge höher sind als die tatsächlichen Versicherungsleistungen oder wenn Kapitalanlagen erfolgreich waren.

Dieser Gewinn wird auf unterschiedliche Weise verwendet:

1. **Gewinnausschüttung an Eigentümer:** Bei Aktiengesellschaften kann ein Teil des Gewinns als Dividende an die Aktionäre ausgeschüttet werden; das ist der klassi-

---

[27] § 275 Abs. 2 Nr. 10 HGB – „Erträge aus anderen Wertpapieren und Ausleihungen des Finanzanlagevermögens" RechVersV § 274 Abs. 2 Nr. 9 – Ausweis im versicherungstechnischen und nicht-technischen Ergebnis

[28] § 253 Abs. 3 und 4 HGB – Regelung zu Abschreibungen bei dauerhafter oder strenger Wertminderung RechVersV § 274 Abs. 2 Nr. 11–13 – Aufschlüsselung der Aufwendungen aus Kapitalanlagen

[29] § 274 Abs. 2 Nr. 14 RechVersV – „Aufwendungen für die Verwaltung der Kapitalanlagen"

sche Weg der Erfolgsbeteiligung der Eigentümer.[30] Laut § 58 Abs. 4 Aktiengesetz (AktG) zu Entscheidung über Verwendung des Bilanzgewinns, einschließlich Ausschüttung.

2. **Bildung von Rücklagen:** Ein Teil der Überschüsse wird im Unternehmen zurückbehalten und in sogenannte Gewinnrücklagen eingestellt. Diese Rücklagen dienen der Finanzstärkung und Risikoabsicherung für zukünftige Jahre.[31] Laut § 272 Abs. 3 HGB – Definition und Ausweisung von Gewinnrücklagen im Eigenkapital.

3. **Überschussbeteiligung der Versicherungsnehmer:** Vor allem in der **Lebens- und privaten Krankenversicherung** müssen Unternehmen ihre Kunden an den erzielten Überschüssen **beteiligen.** Die Versicherungsnehmer erhalten dabei je nach Vertragsform:

   - eine **Bonuserhöhung** der Versicherungsleistung,
   - eine **Beitragsrückerstattung** oder
   - eine **Gutschrift zur Kapitalbildung.**

   Diese Beteiligung ist gesetzlich geregelt und soll sicherstellen, dass Kunden fair am Erfolg des Unternehmens beteiligt werden.

   Rechtliche Grundlagen dazu sind:

   - § 153 VAG zu „Versicherungsnehmer sind angemessen an den Überschüssen zu beteiligen."
   - § 274 Abs. 2 Nr. 16 RechVersV zu Ausweisung der Überschussverwendung im Jahresabschluss

Beitragsrückerstattungen an Versicherungsnehmer

Versicherungsunternehmen können ihren Kunden Teile der gezahlten Beiträge **zurückerstatten.** Das passiert jedoch nicht willkürlich, sondern folgt bestimmten Regeln. Dabei unterscheidet man zwei Arten:

1. Erfolgsabhängige Beitragsrückerstattung

Diese Form der Rückerstattung hängt vom wirtschaftlichen Erfolg des Unternehmens ab, insbesondere von Überschüssen, die im Geschäftsjahr erzielt wurden. Dazu zählen zum Beispiel gute Kapitalerträge oder günstiger Schadenverlauf im gesamten Bestand.

Merkmale:

- Verbindung mit der Überschussverwendung
- Abhängig von abgrenzbaren Erfolgsgrößen

[30] § 58 Abs. 4 Aktiengesetz (AktG) – Entscheidung über Verwendung des Bilanzgewinns, einschließlich Ausschüttung
[31] § 272 Abs. 3 HGB – Definition und Ausweisung von Gewinnrücklagen im Eigenkapital

- Versicherungsnehmer erhalten zum Beispiel eine Gutschrift, eine Beitragsminderung oder eine Leistungsverbesserung

  Rechtliche Grundlage dafür ist § 153 VAG: „Versicherungsnehmer sind angemessen an den Überschüssen zu beteiligen."

2. Erfolgsunabhängige Beitragsrückerstattung

Hier erfolgt die Rückzahlung **nicht auf Basis des Unternehmenserfolgs**, sondern zum Beispiel bei gutem Verhalten des Versicherten oder vertraglichen Zusagen.[32]

Merkmale:

- Abhängig vom **individuellen Schadenverlauf**, zum Beispiel keine Schadenmeldungen
- Kann sich aus dem **Vertragswerk** selbst ergeben
- Möglicherweise **gesetzlich geregelt** oder tariflich vereinbart

  Rechtliche Grundlage dafür ist: § 274 Abs. 2 Nr. 16 RechVersV: „Aufwendungen für die erfolgsabhängige und erfolgsunabhängige Beitragsrückerstattung"

Rückstellungen für Beitragsrückerstattungen (RfB)

Versicherungsunternehmen erzielen regelmäßig Überschüsse, zum Beispiel durch einen günstigen Schadenverlauf oder erfolgreiche Kapitalanlagen. Diese Überschüsse sollen, insbesondere in der Lebens- und Krankenversicherung – an die Versicherten weitergegeben werden, und zwar in Form einer Überschussbeteiligung gemäß § 153 VAG.[33]

Damit diese Beteiligung nicht zu sprunghaften Änderungen führt, sondern über mehrere Jahre gleichmäßig verteilt werden kann, erfolgt die Zuteilung der Überschüsse zeitversetzt, also nicht sofort, sondern erst nach Ablauf eines Versicherungsjahres, und oft sogar gestaffelt über mehrere Jahre. Grund dafür ist auch das Vorsichtsprinzip nach § 252 Abs. 1 Nr. 4 HGB („Realisationsprinzip: Gewinne dürfen nur berücksichtigt werden, wenn sie am Abschlussstichtag realisiert sind."), das bei der Rechnungslegung vorsichtige Bewertungen verlangt.

Bis zur Zuteilung werden die noch nicht verteilten Überschüsse in einer speziellen Rücklage verbucht: der sogenannten Rückstellung für Beitragsrückerstattung (RfB). Sie wird passiviert in der Bilanz, also als Schuldposten ausgewiesen – und ist damit für das Unternehmen wirtschaftlich eine zukünftige Verpflichtung gegenüber den Versicherungsnehmern. Diese Rückstellung ist ebenfalls gesetzlich geregelt in § 23 RechVersV, wo ihre Erfassung und Abgrenzung beschrieben wird („Rückstellungen für

---

[32] Farny, Versicherungsbetriebslehre, Kap. Leistungsregulierung – Unterscheidung zwischen wirtschaftlich motivierter und vertraglich bedingter Rückerstattung

[33] § 153 VAG: „Versicherungsnehmer sind angemessen an den Überschüssen zu beteiligen."

Beitragsrückerstattung müssen dem versicherungstechnischen Ergebnis zugeordnet werden.").

Eine Ausnahme bilden Direktgutschriften, die dem Versicherungsnehmer sofort und ohne Verzögerung gutgeschrieben werden – zum Beispiel bei Vertragsabschluss oder bei bestimmten garantierten Tarifen. Diese werden nicht in der RfB zurückgestellt, sondern direkt erfolgswirksam erfasst.

Beitragsrückerstattungen in der Lebensversicherung

In der Lebensversicherung erhalten Versicherungsnehmer nicht nur während der Vertragslaufzeit eine laufende Überschussbeteiligung, sondern auch zusätzliche Überschüsse bei Vertragsende. Diese werden als sogenannte Schlussüberschussanteile bezeichnet. Sie dienen dazu, die Versicherten für eine lange Laufzeit und risikobewusstes Verhalten zu belohnen.

Die Schlussüberschussanteile werden während der Laufzeit angesammelt, sind jedoch erst bei Vertragsbeendigung (zum Beispiel im Erlebens- oder Todesfall) zahlbar. Bis zur Auszahlung werden sie als Bestandteil des Postens „Rückstellung für Beitragsrückerstattung (RfB)" passiviert – also als Verpflichtung des Unternehmens in der Bilanz ausgewiesen, laut § 23 RechVersV – Rückstellungen für Beitragsrückerstattungen.

Damit stellt die RfB eine Art „Verteilreserve" dar, über die das Unternehmen die Überschüsse über die Zeit gleichmäßig verteilen kann. Diese gleichmäßige Zuteilung dient dem Vorsichtsprinzip, das die Realisierung von Gewinnen erst bei tatsächlichem Anfall erlaubt, gemäß § 252 Abs. 1 Nr. 4 HGB – Realisationsprinzip.

Konsequenzen bei unzureichender Überschussbeteiligung

Die Versicherungsaufsicht achtet darauf, dass die Versicherten angemessen an den Überschüssen beteiligt werden. Wenn ein Unternehmen die gesetzlichen Mindestzuführungssätze zur RfB unterschreitet oder die Verwendung der Rückstellung nicht angemessen erfolgt, wird ein die **Belange der Versicherten gefährdender Zustand** angenommen (§ 140 Abs. 2 VAG).

In solch einem Fall kann die zuständige Aufsichtsbehörde (BaFin) eingreifen und vom Unternehmen verlangen, einen **Zuführungsplan oder Ausschüttungsplan** zu erstellen. Damit soll gesichert werden, laut § 140 Abs. 3 VAG, dass die Überschussbeteiligung zukünftig den gesetzlichen Anforderungen entspricht und fair gegenüber den Versicherten erfolgt.

6.4 Kennzahlen

Versicherungsunternehmen sind besonders komplexe Finanzbetriebe. Sie verwalten große Kapitalmengen, arbeiten mit langfristigen Verträgen und müssen Risiken vorausschauend absichern. Damit die wirtschaftliche Lage, Stabilität und Leistungsfähigkeit eines Versicherers transparent dargestellt werden, spielt die Analyse von Kennzahlen eine zentrale Rolle in der Rechnungslegung.

Kennzahlen helfen dabei:

- Den **Jahresabschluss** verständlich und vergleichbar zu machen
- **Risiken** frühzeitig zu erkennen
- Die **Solvabilität und Liquidität** des Unternehmens zu beurteilen
- **Rückstellungen, Kapitalanlagen und Eigenmittel** zahlengestützt zu interpretieren
- **Aufsichtsrechtliche Anforderungen und Marktstandards** zu überprüfen

§ 264 Abs. 2 HGB: Ziel der Rechnungslegung ist ein „den tatsächlichen Verhältnissen entsprechendes Bild der Vermögens-, Finanz- und Ertragslage", Kennzahlen sind hier ein wichtiges Instrument zur Konkretisierung dieser Lage.

Kennzahlen werden deshalb regelmäßig analysiert, zum Beispiel:

- in **Bilanzanalysen** (Eigenkapitalquote, Deckungsgrad)
- über die **GuV-Rechnung** (Schadenquote, Kostenquote, Beitragsergebnis)
- im Rahmen der **aufsichtsrechtlichen Berichterstattung**, etwa zur **Eigenmittelausstattung und Risikobewertung** nach Solvency II

Gesetzliche Grundlagen dafür sind:

- **§ 15 Abs. 1 VAG:** Versicherungsunternehmen müssen „alle Informationen liefern, die erforderlich sind, um die Finanzlage zu beurteilen".
- **Art. 51 Solvency II-Richtlinie (EU 2009/138/EG):** Verpflichtung zur regelmäßigen Offenlegung wichtiger quantitativer Kennzahlen, besonders Eigenmittel, Kapitalanlagen und versicherungstechnische Rückstellungen.

Durch die Kennzahlenanalyse können somit nicht nur interne Entscheidungen besser getroffen werden – auch externen Interessenten wie Aufsichtsbehörden, Analysten oder Kunden wird Einblick gewährt, wie „gesund" ein Versicherungsunternehmen wirtschaftet.

Schadenverlauf

Die Schaden- oder Leistungsquote zeigt, wie viel Prozent der eingenommenen Versicherungsbeiträge für Schadenfälle ausgezahlt oder reserviert wurden. Sie ist eine wichtige Kennzahl für Versicherungsunternehmen, um die Rentabilität und Leistungsfähigkeit zu bewerten.[34]

$$\text{Schadenquote} = \frac{\text{Aufwendungen für Versicherungsfälle}}{\text{Beitragseinnahmen (BE)}} \text{ x 100 (in \%)}$$

Dabei werden die Aufwendungen für Versicherungsfälle als alle Zahlungen und Rückstellungen für gemeldete Schäden verstanden. Die Beitragseinnahmen sind die Prämien, die die Versicherten gezahlt haben, meist abzüglich der Versicherungssteuer.[35] Diese Kennzahlen bilden jedoch ausschließlich eine rechnungslegungsorientierte, eindimensionale Betrachtung ab und lassen außer Acht, dass geschäftspolitische Entscheidungen der Versicherer nicht zwangsläufig der reinen Spartenergebnislogik folgen – denn selbst dauerhaft unrentable Sparten werden aus strategischen, regulatorischen oder marktpolitischen Gründen häufig weiter gezeichnet.

Wofür wird sie verwendet?

- Für einzelne Produkte, Sparten oder Vermittler
- Für ganze Abteilungen oder das gesamte Unternehmen
- Zur Bewertung einzelner Kundenbeziehungen

Analysearten:

- **Zeitraumanalyse**: Betrachtung eines bestimmten Zeitraums, zum Beispiel eines Monats oder Quartals
- **Zeitreihenanalyse**: Untersuchung der Entwicklung der Schadenquote über längere Zeiträume, zum Beispiel mehrere Jahre[36]

Was sagt die Quote aus?

- Eine Quote unter 100 % bedeutet, dass das Unternehmen mehr eingenommen als ausgezahlt hat, also zumindest grundlegend laut Rechnungslegung wirtschaftlich ist.

  Ob die Wirtschaftlichkeit wirklich gegeben ist und ob es sich gegebenenfalls lohnt die Versicherungssparte zu betreiben, sind natürlich noch weitere Themen zu berücksichtigen, wie zum Beispiel Combined Ration (siehe nachstehende Ausführungen), ebenso sind bei Longtail-Sparten (wie etwa Lebens- oder Krankenversicherung etc.) zwingend Spätschäden zu berücksichtigen, hier können in einer Geschäftsjahresbetrachtung die Schadenquote im ersten Erhebungszeitraum kleiner (auch deutlich unter 100 %) sein, bedeutet aber nicht gleichzeitig, dass man im Ge-

34 Vgl. https://www.versicherungscheck.net/ratgeber/was-ist-das/schadenquote; zuletzt abgerufen am 13. Juli 2025.
35 Vgl. https://www.versicherungscheck.net/ratgeber/was-ist-das/schadenquote; zuletzt abgerufen am 13. Juli 2025.
36 Vgl. https://de.wikipedia.org/wiki/Zeitreihenanalyse; https://link.springer.com/chapter/10.1007/978-3-662-69532-6_8; zuletzt abgerufen am 13. Juli 2025.

winnbereich ist, da noch offene Schadenfälle oder Spätschäden rückwirkend die Schadenquote (deutlich) negativ belasten können.

- Eine Quote über 100 % zeigt, dass die Schadenzahlungen die Einnahmen übersteigen; das kann zu Prämienerhöhungen oder Vertragskündigungen führen.[37]

Betriebskosteneffizienz

Die Betriebskostenquote zeigt, wie effizient ein Versicherungsunternehmen wirtschaftet. Sie misst den Anteil der Beitragseinnahmen, der für den laufenden Betrieb aufgewendet wird, also für Verwaltung, Vertrieb, IT, Personal usw. Eine niedrige Quote bedeutet: Das Unternehmen arbeitet kosteneffizient

$$\text{Kostenquote} = \frac{\text{Aufwendungen für Versicherungsbetrieb}}{\text{Beitragseinnahmen (BE)}} \text{ x } 100 \text{ (in \%)}$$

Was gehört zu den Betriebskosten?

Diese laufenden Kosten sind notwendig, um den Geschäftsbetrieb aufrechtzuerhalten. Zu den Betriebskosten zählen laut:[38]

- Miete und Nebenkosten
- Gehälter und Sozialabgaben
- Marketing- und Vertriebskosten
- IT- und Verwaltungsausgaben

Was sagt die Quote aus?

- **Niedrige Quote**: Das Unternehmen verwendet wenig von seinen Einnahmen für den Betrieb; das spricht für hohe Effizienz.[39]
- **Hohe Quote**: Ein großer Teil der Einnahmen wird für den Betrieb ausgegeben; das kann auf Ineffizienzen hinweisen.[40]

Wofür wird die Quote verwendet?

- Vergleich von Unternehmen innerhalb einer Branche
- Bewertung der Managementeffizienz
- Identifikation von Einsparpotenzialen

---

37 Vgl. https://www.perfektversichert.de/faq/schadenquote.html; zuletzt abgerufen am 13. Juli 2025.
38 Vgl. https://startupwissen.biz/betriebskosten/; zuletzt abgerufen am 13. Juli 2025.
39 Vgl. https://www.advisedskills.com/de/blog/business-skills/analyzing-operational-costs-key-metrics-explained; zuletzt abgerufen am 13. Juli 2025.
40 Vgl. https://www.advisedskills.com/de/blog/business-skills/analyzing-operational-costs-key-metrics-explained; zuletzt abgerufen am 13. Juli 2025.

■ BEISPIEL ZUR BETRIEBSKOSTENQUOTE

Ein Versicherungsunternehmen hat im Jahr 2024 folgende Zahlen:

- Aufwendungen für den Versicherungsbetrieb: 12 Millionen €
- Beitragseinnahmen (BE): 60 Millionen €

Berechnung: Kostenquote (%) = (12 Millionen €/60 Millionen €) × 100 = 20 %

Das bedeutet: **20 % der Beitragseinnahmen** wurden für den laufenden Betrieb verwendet. Laut FasterCapital ist eine Quote unter 25 % in vielen Branchen ein Zeichen für gute Kosteneffizienz – je nach Unternehmensgröße und Struktur.[41]

Interpretation:

Eine Kostenquote von 20 % zeigt, dass das Unternehmen effizient wirtschaftet.

- Laut AdvisedSkills kann eine solche Quote als Benchmark für ähnliche Unternehmen dienen.[42]■

Hinweis zum oben genannten Beispiel:

Es handelt sich dabei um eine sehr vereinfachte Darstellung des Berechnungsschemas. Die Kostenquote hängt auch stark von der jeweiligen Versicherungssparte, Geschäftsprinzip, usw. ab.

Combined-Ratio: Profitabilität des versicherungstechnischen Geschäfts

Die Combined Ratio (auch Schaden-Kosten-Quote genannt) zeigt, wie profitabel das versicherungstechnische Geschäft eines Unternehmens ist. Sie kombiniert die Schadenquote und die Kostenquote und wird in der Brutto- oder Nettobetrachtung verwendet – je nachdem, ob Rückversicherungen berücksichtigt werden.[43]

$$\text{combined-ratio} = \frac{\text{Aufwendungen für Versicherungsfälle} + \text{Aufwendungen für Versicherungsbetrieb}}{\text{Beitragseinnahmen (BE)}} \times 100 \text{ (in \%)}$$

Was sagt die Kennzahl aus?

- Eine **Combined Ratio unter 100 %** bedeutet: Das Unternehmen arbeitet profitabel.
- Eine **Quote über 100 %** zeigt: Die Ausgaben übersteigen die Einnahmen – das Geschäft ist nicht rentabel.[44]

Warum ist der Zeitvergleich wichtig?

Ein Vergleich der Combined Ratio über mehrere Jahre kann zeigen, wie sich zum Beispiel die Rückversicherungspolitik auf die Profitabilität auswirkt. Dabei bleiben Depot-

41 Vgl. https://fastercapital.com/de/inhalt/Die-Betriebskostenquote-verstehen--Ein-umfassender-Leitfaden.html; zuletzt abgerufen am 13. Juli 2025.

42 Vgl. https://www.advisedskills.com/de/blog/business-skills/analyzing-operational-costs-key-metrics-explained; zuletzt abgerufen am 13. Juli 2025.

43 Vgl. https://www.versicherungsmagazin.de/lexikon/combined-ratio-1944876.html; zuletzt abgerufen am 13. Juli 2025.

44 Vgl. https://fastercapital.com/de/inhalt/Combined-Ratio--Der-Schluessel-zum-Verstaendnis-der-Deckungseffizienz.html; zuletzt abgerufen am 13. Juli 2025.

zinsen unberücksichtigt, da sie nicht direkt dem versicherungstechnischen Ergebnis zugeordnet werden.[45]

Brutto vs. Netto-Betrachtung:[46]

- **Brutto**: Ohne Berücksichtigung der Rückversicherung, zeigt die ursprüngliche Geschäftsentwicklung.
- **Netto**: Nach Abzug der Rückversicherungsanteile, zeigt das tatsächliche Risiko des Unternehmens.

Brutto- und Nettobetrachtung von Beiträgen und Schadenaufwendungen

Nachstehend die Abgrenzung und Erläuterung zur Brutto- und Nettobetrachtung von Beiträgen und Schadenaufwendungen, jeweils mit Quellenangaben direkt dort, wo sie verwendet wurden:

Bezogen auf den einzelnen Versicherungsschein	Bezogen auf externe Rechnungslegung
Inhalt: **Versicherungssteuer**	Inhalt: Beiträge für eigene Rechnung (f. e. R.)
Eine indirekte Steuer auf Versicherungsbeiträge, meist 19 %, (je nach Sparte und Land unterschiedlich)	**Bruttobeiträge abzüglich Rückversicherungsanteile** – also der Teil, der dem Erstversicherer tatsächlich verbleibt[49]
Die Steuer wird im Bruttobeitrag ausgewiesen, also im Gesamtbetrag der Rechnung.[47]	Schadenaufwendungen für eigene Rechnung: Brutto-Schadenaufwendungen, abzüglich Rückversicherungsleistungen
Durchlaufposten: Das Versicherungsunternehmen zieht die Steuer ein und führt sie direkt an das Finanzamt ab – der Kunde zahlt sie über den Beitrag mit.[48]	Salden aus Rückversicherungsbeziehungen: Diese wirken sich direkt auf die Nettobetrachtung aus, sie beeinflussen die f. e. R.-Werte.[50]
	Die f. e. R.-Betrachtung ist **rein rechnungslegungsbezogen** und **nicht steuerlich motiviert**

Tabelle 6.8: Brutto-/Nettobetrachtung

[45] Vgl. https://de.wikipedia.org/wiki/Schaden-Kosten-Quote; https://www.versicherungs-wiki.de/schaden-kosten-quote-auch-combined-ratio/; zuletzt abgerufen am 13. Juli 2025.

[46] Vgl. https://aktuar.de/content/PDF/Fachwissen/2019_12_12_Erl%C3%A4uterung_Combined_Ratio.pdf; zuletzt abgerufen am 13. Juli 2025.

[47] Vgl. https://www.perfektversichert.de/faq/nettobeitrag-vs-bruttobeitrag.html; zuletzt abgerufen am 13. Juli 2025.

[48] Vgl. https://de.wikipedia.org/wiki/Versicherungsteuer_(Deutschland); zuletzt abgerufen am 13. Juli 2025.

[49] Vgl. aikc-online.de/https://aikc-online.de/lexikon/assekuranz/34-beitrage-fur-eigene-rechnung-f-e-r; zuletzt abgerufen am 13. Juli 2025.

[50] Vgl. https://www.haufe.de/id/norm/versicherungsunternehmens-rechnungslegungsverordnung-41-aufwendungen-fuer-versicherungsfaelle-fuer-eigene-rechnung-HI1127652_p41.html; zuletzt abgerufen am 13. Juli 2025.

Vertiefung: Rückversicherungsbeziehungen Verlauf von der Brutto- zur Nettobetrachtung

Die Rückversicherungsbeziehungen spielen eine zentrale Rolle bei der Umwandlung von Brutto- in Nettobeträge im Jahresabschluss von Versicherungsunternehmen. Dabei werden sämtliche Zahlungsströme zwischen Erst- und Rückversicherer berücksichtigt, um die Beiträge und Schadenaufwendungen für eigene Rechnung (f. e. R.) zu ermitteln.

Zunächst erhält der Erstversicherer vom Versicherungsnehmer die Bruttobeiträge, also die gesamten Beitragseinnahmen inklusive der Anteile, die später an Rückversicherer weitergegeben werden. Ebenso werden Bruttoschadenaufwendungen erfasst, die sämtliche Zahlungen für Versicherungsfälle enthalten – unabhängig davon, ob ein Teil davon durch Rückversicherer gedeckt wird. Die Aufteilung dieser Beträge erfolgt je nach Rückversicherungsvertrag proportional oder nichtproportional.[51]

Im nächsten Schritt werden die **Zahlungsströme** mit Rückversicherern verrechnet.

Dazu zählen:

- **Rückversicherungsbeiträge**, die der Erstversicherer an den Rückversicherer zahlt
- **Rückversicherungsleistungen**, die der Erstversicherer im Schadenfall erhält
- **Rückversicherungsprovisionen und gegebenenfalls Depotzinsen** (letztere bleiben bei der Combined Ratio unberücksichtigt[52]

Nach dieser Verrechnung ergibt sich die Nettobetrachtung, also die Beiträge und Schadenaufwendungen für eigene Rechnung (f. e. R.), die im Jahresabschluss ausgewiesen werden. Diese Darstellung ist erforderlich, um die tatsächliche wirtschaftliche Lage des Unternehmens transparent darzustellen.[53]

Die Nettobeträge sind kurzfristig relevant für die operative Steuerung und Profitabilitätsbewertung eines Versicherungsunternehmens, mittel- und langfristig jedoch weniger aussagekräftig, da gemäß dem Schicksalsteilungsprinzip die Risikovorsorge-Rückstellung (RVR) an die Bruttoverläufe angepasst wird, um die tatsächliche Risikostruktur und Belastung angemessen widerzuspiegeln. Sie bilden die Grundlage für Kennzahlen wie die Combined Ratio und ermöglichen Vergleiche über Zeiträume hinweg, etwa zur Analyse der Auswirkungen von Rückversicherungspolitik auf das versicherungstechnische Ergebnis.

Eigenkapitalrentabilität

Die Eigenkapitalrentabilität (auch Return on Equity, kurz ROE) zeigt, wie effizient ein Unternehmen mit dem Kapital seiner Eigentümer wirtschaftet. Sie misst, wie stark sich das eingesetzte Eigenkapital verzinst hat – also wie viel Gewinn im Verhältnis zum

---

51 Vgl. https://link.springer.com/content/pdf/10.1007/978-3-96329-337-5_4.pdf; zuletzt abgerufen am 13. Juli 2025.

52 Vgl. https://www.versicherungs-wiki.de/schaden-kosten-quote-auch-combined-ratio/; zuletzt abgerufen am 13. Juli 2025.

53 Vgl. https://www.drsc.de/app/uploads/2017/03/139_07d_DRAES4_AnlageDRS2-20.pdf und https://www.haufe.de/id/kommentar/joerg-baetgepeter-wollmerthans-juergen-kirschpeter-oser-d-darstellung-des-mittelflusses-im-bereich-der-betrieblichen-taetigkeit-HI12081128.html; zuletzt abgerufen am 13. Juli 2025.

Eigenkapital erzielt wurde. Diese Kennzahl ist besonders für Aktionäre relevant, da sie die Rendite ihres Investments widerspiegelt.[54]

$$\text{EK-Rentabilität} = \frac{\text{Jahresergebnis (bzw. Jahresüberschuss) gemäß GuV-Rechnung}}{\text{Eigenkapital}} \times 100 \text{ (in \%)}$$

Der **Jahresüberschuss** wird aus der **Gewinn- und Verlustrechnung (GuV)** entnommen, meist nach Steuern. Das **Eigenkapital** steht auf der Passivseite der Bilanz und umfasst zum Beispiel gezeichnetes Kapital, Kapitalrücklagen und Gewinnrücklagen.

Was sagt die Kennzahl aus?

- **Hohe Rentabilität** (zum Beispiel >10 %) zeigt eine gute Kapitalverzinsung und ist für Investoren attraktiv.[55]
- **Niedrige oder negative Werte** können auf Ineffizienz oder Verluste hinweisen.[56]

Besonderheiten:

- Bei Einzelunternehmen sollte ein **kalkulatorischer Unternehmerlohn** vom Gewinn abgezogen werden, um faire Vergleiche mit Kapitalgesellschaften zu ermöglichen.[57]
- Die Kennzahl kann durch den **Leverage-Effekt** (Einsatz von Fremdkapital) beeinflusst werden – das erhöht zwar die Rentabilität, aber auch das Risiko.[58]

■ BEISPIEL

Ein Unternehmen erzielt laut GuV einen Jahresüberschuss von 25 Millionen € und verfügt über ein Eigenkapital von 180 Millionen €. Die Berechnung lautet: (25 Millionen €/180 Millionen €) × 100 = 13,9 %

Das bedeutet: Jeder Euro Eigenkapital hat 13,9 Cent Gewinn erwirtschaftet.[59] ■

Bilanzanalyse

Die Bilanzanalyse von Versicherungsunternehmen dient dazu, die wirtschaftliche Lage eines Versicherers anhand seines Jahresabschlusses zu beurteilen. Dabei werden insbesondere die Vermögens-, Finanz- und Ertragslage analysiert – also: Wie solide ist das Unternehmen finanziell aufgestellt, wie profitabel arbeitet es und wie sicher sind seine Rückstellungen?

Ein zentrales Merkmal der Versicherungsbilanz ist die Trennung zwischen versicherungstechnischen und nicht-versicherungstechnischen Komponenten in der Gewinn-

[54] Vgl. https://www.controllingportal.de/Fachinfo/Kennzahlen/Eigenkapitalrent.html; zuletzt abgerufen am 13. Juli 2025.
[55] Vgl. https://welt-der-bwl.de/Eigenkapitalrentabilit%C3%A4t; zuletzt abgerufen am 13. Juli 2025.
[56] Vgl. https://finanzwissen.de/aktien/fundamentalanalyse/kennzahlen/eigenkapitalrentabilitaet/; zuletzt abgerufen am 13. Juli 2025.
[57] Vgl. https://welt-der-bwl.de/Eigenkapitalrentabilit%C3%A4t; zuletzt abgerufen am 13. Juli 2025.
[58] Vgl. https://studyflix.de/wirtschaft/eigenkapitalrentabilitat-1298; zuletzt abgerufen am 13. Juli 2025.
[59] https://studyflix.de/wirtschaft/eigenkapitalrentabilitat-1298; zuletzt abgerufen am 13. Juli 2025.

und Verlustrechnung. Diese Besonderheit hebt die Branche deutlich von anderen Unternehmen ab und wird ausführlich im „Böckler-Papier zur Mitbestimmungspraxis Nr. 15“[60] beschrieben.

Die Bilanzanalyse umfasst unter anderem folgende Schritte:

- **Bewertung der Aktivseite**: Hier stehen Kapitalanlagen im Fokus, da sie oft den größten Teil des Vermögens ausmachen. Ihre Zusammensetzung und Bewertung geben Hinweise auf die Risikostruktur des Unternehmens.
- **Analyse der Passivseite**: Besonders wichtig sind die versicherungstechnischen Rückstellungen, die die zukünftigen Verpflichtungen gegenüber Versicherungsnehmern abbilden.
- **Kennzahlenvergleich**: Kennzahlen wie die Combined Ratio, Eigenkapitalquote oder Rückversicherungsquote helfen, die Leistungsfähigkeit und Sicherheit des Unternehmens zu beurteilen. Diese Kennzahlen werden aus Bilanz, GuV und Lagebericht abgeleitet.[61]

Ein weiterer Aspekt ist die Bilanzpolitik, also die Gestaltungsspielräume bei Bewertung und Ausweis von Bilanzposten. Diese können die Aussagekraft der Bilanz beeinflussen und müssen bei der Analyse berücksichtigt werden. Stille Reserven oder Lasten, die die wirtschaftliche Lage verzerren können – eine kritische Betrachtung ist daher unerlässlich.[62]

Zusätzlich zur nationalen Rechnungslegung nach HGB und RechVersV gewinnt die internationale Perspektive durch IFRS 17 und IFRS 9 zunehmend an Bedeutung. Diese Standards verändern die Bewertung von Versicherungsverträgen und Kapitalanlagen.[63]

6.5 Zusammenfassung

Die Rechnungslegung von Versicherungsunternehmen stellt besondere Anforderungen, da ihre Geschäftsmodelle sich deutlich von denen anderer Branchen unterscheiden. Einerseits geht es darum, intern eine verlässliche Basis für Planung, Steuerung und Risikomanagement zu schaffen. Andererseits müssen außenstehende Interessengruppen wie Behörden, Investoren oder Kunden ein klares Bild von der wirtschaftlichen Lage erhalten.

---

[60] Vgl. https://www.boeckler.de/fpdf/HBS-006909/p_mbf_praxis_2018_15.pdf; zuletzt abgerufen am 13. Juli 2025.

[61] Vgl. Jahresabschlussanalyse im Versicherungsunternehmen – Kennzahlen zur Sicherheitslage, abrufbar unter: https://123versicherung.eu/jahresabschlussanalyse-im-versicherungsunternehmen-kennzahlen-zur-sicherheitslage/; zuletzt abgerufen am 13. Juli 2025.

[62] Vgl. Grundlagen der Jahresabschlussanalyse:https://link.springer.com/chapter/10.1007/978-3-658-17327-2_1; zuletzt abgerufen am 13. Juli 2025.

[63] Vgl. https://www.versicherungsakademie.de/seminar/bilanzierung-von-kapitalanlagen-nach-hgb-und-ifrs-fuer-versicherungsunternehmen-v7302; zuletzt abgerufen am 13. Juli 2025.

Wichtige Kennzahlen in der Versicherungsbilanz sind zum Beispiel die Schadenquote, die zeigt, wie viel der Beitragseinnahmen für Versicherungsfälle ausgezahlt oder zurückgelegt wurde, sowie die Kostenquote, die den Anteil der Betriebskosten an den Beiträgen angibt. Beide Kennzahlen fließen in die sogenannte Combined Ratio ein, die die Rentabilität des versicherungstechnischen Geschäfts bewertet. Ergänzend lässt sich über die Eigenkapitalrentabilität erkennen, wie stark das eingesetzte Kapital verzinst wurde.

Besondere Aufmerksamkeit erfordert die Trennung zwischen Brutto- und Nettobeträgen. Während Bruttobeträge die gesamten Beitragseinnahmen oder Schadenaufwendungen vor Rückversicherungsverrechnung darstellen, zeigen die Nettobeträge (für eigene Rechnung) den Anteil, der letztlich beim Erstversicherer verbleibt. Diese Abgrenzung ergibt sich durch Zahlungsströme wie Rückversicherungsbeiträge und -leistungen und bildet die Grundlage für die Bewertung von Risiken und Erträgen.

In der Bilanz selbst stehen Kapitalanlagen, Rückstellungen und Eigenkapitalpositionen im Fokus. Rückstellungen sichern künftige Leistungen ab, Schwankungsrückstellungen dämpfen unerwartete Entwicklungen im Schadenverlauf, und die Rückstellung für Beitragsrückerstattung dient der fairen Beteiligung der Versicherungsnehmer am Unternehmenserfolg.

Alles in allem ist die Rechnungslegung bei Versicherern ein komplexes Zusammenspiel aus gesetzlichen Vorgaben, betrieblicher Steuerung und langfristiger Finanzplanung. Sie muss gleichzeitig vorsichtig und transparent sein, um Stabilität, Vertrauen und Nachvollziehbarkeit zu gewährleisten.

7 Mit Change-Management den Wandel gestalten

Change-Management verfolgt das Ziel, eine Organisation von einem Ist-Zustand in einen gewünschten Soll-Zustand zu entwickeln, der die Effizienz und Effektivität von Unternehmensaktivitäten nachhaltig steigert. Dabei befasst es sich mit der Vorbereitung, Analyse, Planung, Realisierung, Evaluierung und der laufenden Weiterentwicklung von Veränderungsmaßnahmen. Vollkommen unerheblich ist hierbei, ob es sich um eine kontinuierliche Weiterentwicklung oder eine radikale Neugestaltung handelt, welche die Unternehmensstrategie, Strukturen oder Prozesse, die Unternehmenskultur oder den Einsatz von bestimmten Methoden und Verfahren betrifft. Das Change-Management nimmt im Idealfall nicht nur einzelne akute Problembereiche in den Blick, sondern betrachtet Organisationen aus einer ganzheitlichen Perspektive. Es analysiert aktuelle Fähigkeiten und Potenziale, um systematisch Veränderungsschritte zu planen, sie zu begleiten und letztendlich deren langfristigen Erfolg sicherzustellen.[1]

7.1 Warum permanenter Wandel in jedem Unternehmen nötig ist

Die Kontextbedingungen unserer Welt haben sich in den letzten Jahren radikal verändert. Wir leben global vernetzter, verfügen über immer mehr Wissen und haben einen schnelleren und einfacheren Zugang dazu. Ereignisse wie die Corona-Pandemie und politische Instabilitäten in den darauffolgenden Jahren haben gezeigt, wie schnell tiefgreifende Veränderungen eintreten können und wie intensiv darauf reagiert werden muss. Das Umfeld, das uns durch diese Bedingungen umgibt, wurde bisher vielfach als das VUCA-Umfeld bezeichnet. VUCA ist ein Akronym, das die Welt mit den folgenden Eigenschaften beschreibt:

V = Volatility (volatil, schwankungsintensiv)

Durch den Fortschritt werden Wirtschaftszyklen kürzer. Dennoch können die resultierenden Veränderungen teils tiefgreifenderer sein und stärkere Bewegungen in der gesamten Welt auslösen.

---

1 Vgl. Vahs/Weiand, Workbook Change Management: Methoden und Techniken, 3. Auflage, Stuttgart, Schäffer-Poeschel Verlag, 2020, S. 18–19.

U = Uncertainty (ungewiss)

Das U könnte ebenso für Unberechenbarkeit stehen. Es ist weitaus schwerer geworden, vorherzusehen, was als nächstes die Welt bewegt und wie sie sich verändert. Auf Erfahrungen aus der Vergangenheit kann immer seltener zurückgegriffen werden.

C = Complexity (komplex)

Die wachsende Vielzahl an angesammeltem Wissen sorgt ebenso für Herausforderungen wie die zunehmende Vernetzung. Es gibt immer mehr gegenseitige Abhängigkeiten zwischen verschiedenen Unternehmen und Ländern, die sich über die gesamte Welt erstrecken. Durch internationale Lieferketten kann es passieren, dass ein Ausfall in einem Land eine Krise in einem ganz anderen Land auslöst. Hierdurch entsteht eine Komplexität, die immer schwieriger zu überblicken ist.

A = Ambiguity (mehrdeutig)

Die Vielzahl an Informationen führt dazu, dass diese auch leichter fehlgedeutet werden können. Während es selbst bei einfacher Kommunikation schon zu Missverständnissen kommen kann (siehe zum Beispiel „Die vier Seiten einer Nachricht" von Schulz von Thun, Band Kernkompetenzen), können bei der Weitergabe noch leichter Fehlinterpretationen entstehen.

Die gegenwärtigen Marktbedingungen, unter denen auch Versicherungsunternehmen agieren müssen, scheinen auf den ersten Blick mit dem VUCA-Begriff sehr gut beschrieben zu sein. Da der Fortschritt jedoch immer schneller entsteht, wird davor gewarnt, dass sich unser Umfeld von VUCA zu BANI ändert, falls VUCA nicht sogar schon von BANI abgelöst wurde. Der Begriff BANI ist ebenfalls ein Akronym, das unsere Welt noch etwas drastischer umschreibt:

B = Brittle (brüchig, porös)

Brittle wird als die direkte Auswirkung der zunehmenden Volatilität angesehen und beschreibt, dass einige Systeme den intensiven Schwankungen gar nicht mehr standhalten können. Sie laufen Gefahr unter den ständig wachsenden Anforderungen zu zerbrechen.

A = Anxious (ängstlich, besorgt)

Die wachsende Unsicherheit, die im VUCA-Begriff beschrieben wird, kann dazu führen, dass mit Angst und Sorgen in die unklare Zukunft geschaut wird.

N = Non-linear (nicht linear)

Die Komplexität der Systeme und die Schwankungsintensität lässt nicht mehr zu, dass von einer linearen Bewegung in die Zukunft ausgegangen werden kann. Unabhängig davon, ob es sich um Wachstum – oder im negativen Fall – um einen Rückgang, etwa bei der Anzahl der Kundenverbindungen, handelt: – Intensive Schwankungen sind wahrscheinlicher geworden als lineare Bewegungen.

I = Incomprehensible (unverständlich, unbegreiflich)

Als Konsequenz für die Mehrdeutigkeit, die im VUCA-Begriff mit Ambiguität genannt wird, kann auch Unverständlichkeit entstehen. Die Vielzahl der komplexen Informationen kann dazu führen, dass sie gar nicht mehr vollumfänglich erfasst und begriffen werden können.

Ob wir uns nun wirklich schon in einem BANI-Umfeld befinden oder die Umwelt mit dem Begriff VUCA bereits treffend umschrieben ist, bleibt für ein Unternehmen unerheblich. Der wichtigste Fakt ist, dass wir uns in einer Welt befinden, in der starre Strukturen und lange Produktzyklen nicht mehr haltbar sind. Auf neue Anforderungen muss schnell reagiert werden können. Hierzu helfen beispielsweise zeitgemäße Organisationsformen, wie das agile Projektmanagement. (siehe Kapitel 18.1.3). Eine größere Vielzahl an notwendigen Änderungen, ein tiefgreifenderes Ausmaß und eine weitreichendere Betroffenheit machen die Begleitung von Änderungsvorhaben nötiger als sie je waren. Das Change-Management gewinnt zunehmend an Bedeutung.[2]

Warum Änderungsvorhaben (Change-Projekte) begleitet werden sollten

Neue Gesetze, eine sich verändernde Marktlage und neue Technologien – all dies sind Einwirkungen, auf die auch die Proximus Versicherung AG reagieren muss. Das Unternehmen möchte nicht nur auf die zahlreichen Einflüsse von außen reagieren, sondern hat sich das Ziel gesetzt, weiterhin zu den innovativsten Versicherern auf dem Markt zu gehören. Damit dies gelingt, stehen zahlreiche Veränderungs- und Transformationsmaßnahmen im Unternehmen an. Doch in der Vergangenheit hat sich gezeigt, dass nicht jede Änderung problemlos vollzogen werden kann. Obwohl die Unternehmenssteuerung mit bisherigen Projekten ein positives Ziel verfolgt hat, sind einige davon sogar erheblich gescheitert.

■ BEISPIEL A

Innerhalb der Proximus Versicherung AG war dies zuletzt die Einführung eines KI-Bots für die Mitarbeitenden im telefonischen Kundenservice. Der Bot vereinfacht die Arbeit der Einzelnen ungemein. Bisher mussten die Fachkräfte sich den Vertragsstand der Anrufenden ansehen und die zugehörigen Bedingungen einzeln aufrufen. Wenn sie wissen wollten, ob etwas versichert ist oder nicht, hat lediglich eine Stichwortsuchfunktion weitergeholfen. Die Ausschlüsse mussten ebenso separat betrachtet werden, wie beispielsweise die Deklarationen in den Sachversicherungen, durch die zuvor ausgeschlossene Aspekte teils doch wieder versichert sind. Ob ein neuerer Vertragsstand die Kunden anders oder besser versichern würde, mussten die Mitarbeitenden ähnlich mühsam herausarbeiten.

Der kürzlich eingeführte KI-Bot macht langes Suchen überflüssig. Die Anwendenden rufen sich den Vertrag auf und geben ihre Frage, die Frage der Anrufenden oder einzelne Stichworte zum Anliegen

[2] Vgl. Vera Starker und Tilman Peschke, Hypnosystemische Perspektiven im Change Management – Veränderung steuern in einer volatilen, komplexen und widersprüchlichen Welt, 2. Auflage, Berlin, Springer Gabler, 2022, S. 60–64.

in den Bot ein. Dieser gibt eine Antwort aus und belegt diese mit seiner Quelle. Die zugehörigen Bedingungen werden direkt verlinkt. Sollte es in neueren Vertragsständen relevante Verbesserungen geben, werden Umstellungsmöglichkeiten der Verträge für künftige Fälle aufgezeigt. Ebenso ist eine Absprungmöglichkeit in den Tarifrechner eingebunden. Da der KI-Bot die bisherige Arbeitsweise fast vollständig ersetzen kann, startet er beim Hochfahren der Computer automatisch und überdeckt die bisherige Software. Diese wurde nicht abgeschafft, sondern kann nach wie vor genutzt werden. Vor allem für den Übergang hielten die Verantwortlichen dies für unverzichtbar, falls in bestimmten Fällen eine Notfalllösung gebraucht wird. Die Proximus Versicherung AG war von der Einführung des KI-Tools absolut überzeugt. Sie erhofften sich mehr Effizienz, eine Reduktion der Wartezeiten für Anrufende, eine höhere Upselling-Quote und eine gesteigerte Zufriedenheit der Mitarbeitenden im Service-Center. Stattdessen nutzen gerade mal 10 % der Abteilungszugehörigen das Hilfsmittel und die Arbeitszufriedenheit ist gesunken. Bis heute kann sich die Gesellschaft den Grund hierfür nicht erklären. ■

■ **BEISPIEL B**

Einen noch gravierenderen Fall hat Lisa miterlebt, bevor sie angefangen hat für die Proximus Versicherung AG zu arbeiten. Während sie einige Jahre Berufserfahrung im Außendienst eines Mitbewerbers gesammelt hat, sollte dort eine neue Beratungssoftware für den Ausschließlichkeitsvertrieb eingeführt werden. Die alte Software war für die Menschen im Außendienst zwar sehr einfach zu bedienen und hat dort sehr treue und zuverlässige Dienste geleistet; dennoch war sie in die Jahre gekommen. Schnittstellen zu modernen Apps konnten beispielsweise nicht verknüpft werden, weil die Plattform so alt war, dass sie mit den neuesten Anwendungen schlichtweg nicht mehr kompatibel war. Auch gab es über die Beratungssoftware keine Möglichkeit, online direkt beim Kunden den neuesten Datenstand einzusehen. Die Daten mussten vor dem Kundenbesuch auf eine Offline-Plattform überspielt werden und beim Kunden generierte Verträge oder Änderungen bei Rückkehr in die Büroumgebung zunächst synchronisiert werden.

Der junge Vorstand des Mitbewerbers hatte sich das Ziel gesetzt, hier schnellstmöglich zu modernisieren. Er gründete ein Projektteam, das nur hierfür zuständig war. Zugehörig waren IT-Spezialisten, Menschen aus den einzelnen Fachabteilungen im Innendienst und bereichert wurde das Team durch einige Anwender der Software. Dies waren verschiedene Außendienstmitarbeitende aus allen Bereichen. Sowohl solche, die selbst eine große Versicherungsagentur betrieben haben, als auch welche mit kleineren Agenturen und Innendienstmitarbeitende aus den unterschiedlichen Bereichen im Außendienst. Die Software sollte modern, innovativ und möglichst anwenderorientiert werden. Dass sie möglichst schnell verfügbar sein sollte, wurde durch ein Fertigstellungsdatum deutlich, das sehr ambitioniert festgelegt war.

Auch Lisa durfte als Mitarbeiterin im Außendienst anfangs an Projektmeetings teilnehmen, um ihre Erfahrungen zu teilen und ihre Anforderungen an eine neue Software kundzutun. Das erste gemeinsame Meeting aller Beteiligten fand durch diverse Abstimmungsschwierigkeiten und Terminüberschneidungen erst einige Wochen nach Projektbeginn statt. Die engagierten Softwareentwickler hatten zu diesem Zeitpunkt schon nach ihren Vorstellungen vorgearbeitet. Schließlich hatten vor allem sie sich an den engen Zeitplan zu halten. Im Meeting wurden euphorisch erste Teilergebnisse und einzelne Funktionen vorgestellt. Es wurde sehr deutlich, dass hierfür Menschen mit einer sehr hohen technischen Expertise betraut waren. Dem Außendienst fiel jedoch auch schnell auf, dass die Kernkompetenz der Entwickler wohl nicht in der echten Kundenberatung lag. Vieles erschien ihnen nicht praktikabel und zu umständlich. Schnell kam es zu Meinungsverschiedenheiten.

Die Anwender wurden daraufhin damit beauftragt, ihre wichtigsten Anforderungen und Änderungswünsche zu formulieren. Die Entwickler hatten darauf zu reagieren, was zu ersten Verzögerungen im Projekt führte. Das anvisierte Rollout-Datum wurde schon hierdurch nicht mehr einhaltbar. Der Vorstand hat sich enttäuscht zu einem späteren Datum überreden lassen. Neue Sicherheitsstandards für die Software erhöhten den Aufwand der Entwicklung, technischer Fortschritt musste berücksichtigt werden, neue Tarife machten schon entwickelte Antragsstrecken obsolet und die Interessenkonflikte zwischen Entwicklern und Anwendern kochten immer wieder auf.

Auch das zweite und dritte geplante Datum für die Einführung war nicht einzuhalten. Das Verständnis des Vorstands für die Verzögerungen ließ mehr und mehr nach. Er suchte die Schuld bei einzelnen Projektverantwortlichen und begann diese zu ersetzen. Hierdurch verursachte er jedoch keinen besseren Erfolg, sondern einen Kompetenzverlust. Neue Mitarbeitende mussten sich einarbeiten. Trotzdem erhöhte er den Druck auf die gesamte Gesellschaft. Ein neuer Krankenzusatztarif für den stationären Bereich sollte nur noch über die neue Software anzubieten sein und zeitgleich sollte der alte Tarif eingestellt werden. Es gab einen letzten Rollout-Termin, der nun wirklich einzuhalten war. Die Außendienstmitarbeitenden wurden zeitglich für die neue Software und den neuen Tarif geschult. Die Schulungs-Software ließ auch den Außendienst hoffen, dass sie bald eine neue, zeitgemäße Beratungssoftware als Arbeitswerkzeug zur Verfügung haben würden.

Doch dann kam die Ernüchterung – zuerst für den Außendienst, dann für den Mitbewerber der Proximus Versicherung AG. Der Außendienst konnte wirklich nur diesen einen stationären Krankenzusatztarif über die neue Software anbieten. Eine Kombination mit zum Beispiel einer Zahn- oder Pflegezusatzversicherung war nicht möglich. Dazu musste man den alten Tarifrechner nutzen, über den wiederum der stationäre Tarif nicht angeboten werden konnte. Also mussten die Außendienstmitarbeitenden für eine Beratung zwei Tarifrechner bedienen und zwei Antragsprozesse durchlaufen. Dies war natürlich auch für die Kunden mit einem zeitlichen Mehraufwand verbunden. Noch dazu kam, dass die neue Software nur noch online funktionierte und überhaupt keine Offline-Funktion mehr bot. Außerdem waren die Ladezeiten viel zu lange und die Bedienung zu umständlich. Die Folge war, dass der Umsatz im stationären Krankenzusatzbereich nahezu auf null fiel.

Erneute Schulungen und Incentivierungsversuche der Versicherung verursachten Reaktanz im Außendienst. Im ersten Jahr wurde die neue Software fast gar nicht genutzt. Dies besserte sich erst durch weiteren Zwang. Auch für weitere neue Tarife wurden nur noch Antragsstrecken für die neue Software zur Verfügung gestellt und die des alten Programms abgestellt. Ausweichmöglichkeiten auf Papieranträge wurden soweit möglich aus dem Verkehr gezogen. Die Stimmung im Außendienst war auf einem absoluten Tiefpunkt. ■

Leider sind die genannten Beispiele keine Einzelfälle. In einer von der Mutaree GmbH durchgeführten Studie aus den Jahren 2020/2021 gaben lediglich 16 % der befragten Unternehmen an, dass deren Änderungsvorhaben erfolgreich zu Ende gebracht wurden.[3] Ähnlich drastisch war das Ergebnis einer Untersuchung von McKinsey. Laut dieser verfehlen 70 % der durchgeführten Transformationsprojekte ihr Ziel. Als Hautgründe wurden dabei der Widerstand von Mitarbeitenden und die mangelnde Unterstützung durch das Management genannt.[4] Mutaree ergänzt diese Ansicht durch An-

---

[3] Vgl. „CHANGE-FITNESS-STUDIE 2020/2021", Deutschland, Mutaree GmbH, 2021, https://mutaree.com/services/change-fitness-studie-2020-2021/; zuletzt abgerufen am 19. Februar 2026.

[4] Vgl. Onno Boer/Buck/Guggenberger/Simon, „Wie der Wandel Wirklichkeit wird", in: Akzente 3`19, McKinsey & Company, Dezember 2019, 59–63, https://www.mckinsey.de/~/media/mckinsey/locations/europe%20and%20middle%20east/

forderungen, die sich an Unternehmen ergeben: Eine offenere Kommunikation, die hierarchieübergreifend und vollumfänglich verankert wird, um die Betroffenen von Veränderungen auf dem Laufenden zu halten; die Unterstützung von Mitarbeitenden und deren Partizipation in den Projekten. Ein empathischer Umgang sollte ebenso vorhanden sein wie eine von der Unternehmensführung ausgehende Glaubwürdigkeit, die sich durch alle Ebenen zieht.

Als eines der einflussreichten und populärsten Werke zum Thema Change-Management gilt das Buch „Leading Change" von John P. Kotter. Es wurde bereits 1996 veröffentlicht, hat jedoch seitdem nicht an Aktualität verloren. Kotter hat hierin acht wesentliche Fehler festgehalten, die er als häufigste Gründe für das Scheitern von Change-Projekten ausgemacht hat:

1. **Das Zulassen von zu viel Selbstgefälligkeit:** Änderungen werden angestoßen, ohne dass die betroffenen Menschen davon überzeugt werden und die Dringlichkeit des Vorhabens ebenso spüren.
2. **Die Schaffung einer ausreichend starken Führungskoalition misslingt:** Meistens werden Veränderungen nicht direkt vom Top-Management in die untersten Hierarchieebenen kommuniziert und umgesetzt. Deshalb müssen auch die Ebenen dazwischen, wie zum Beispiel die Leitung der Sparte oder Abteilung, die Veränderung mittragen.
3. **Die Kraft der Vision wird unterschätzt:** Damit die Betroffenen eine Veränderung gerne mittragen, ist es wichtig, dass sie vom Sinn überzeugt sind. Eine starke Vision, die für alle greifbar ist, wirkt richtungsweisend.
4. **Mangelnde Kommunikation der Vision:** Damit eine Vision für alle greifbar wird, muss sie entsprechend kommuniziert werden. Dabei ist darauf zu achten, dass sie glaubhaft vermittelt wird. Zudem muss sie von allen betreffenden Personen empfangen und verstanden werden können.
5. **Zulassen, dass Hindernisse die neue Vision blockieren:** Bei Änderungsvorhaben können Hindernisse auftreten, die zuvor nicht bedacht wurden. Diese Erschwernisse können wiederum dazu führen, dass Menschen sich entmachtet fühlen und das Ziel unerreichbar erscheint. Oftmals ist das Ausmaß der Hindernisse nur im Kopf der Betroffenen so groß, dass das Ziel tatsächlich verfehlt werden könnte.
6. **Die Unfähigkeit, schnelle Erfolge zu erzielen:** Große Transformationsprojekte, wie beispielsweise komplette strategische Neuausrichtungen, benötigen Zeit. Deshalb ist es wichtig, auch kleine Einzeletappen zu planen, deren Erreichen auf dem Weg zum entfernten Ziel als Erfolg verbucht werden können. Quick-Wins machen den Fortschritt sichtbar.

---

deutschland/branchen/konsumguter%20handel/akzente/ausgaben%202019/akzente319gesamt.pdf; zuletzt abgerufen am 19. Februar 2026.

7. **Zu früh den Sieg erklären:** Wenn Änderungen noch nicht fest verankert sind, kann es dazu kommen, dass Menschen auf ihre alten Verhaltensmuster zurückfallen. Deshalb muss zum Beispiel nach Bemühungen zu einem Kulturwandel beobachtet werden, ob sich die angestrebten Veränderungen wirklich gefestigt haben.
8. **Das Versäumnis, Veränderungen fest in der Kultur zu verankern:** Werden Änderungen noch oft hinterfragt, dann sind sie meist noch nicht endgültig angekommen. Ein Wandel ist gefestigt, wenn er den gesamten Kreislauf der jeweiligen Arbeits- oder Unternehmenseinheit bestimmt und wie selbstverständlich durchfließt.

Als mögliche Konsequenzen hielt Kotter fest, dass das Unterlaufen der genannten Fehler dazu führen kann, dass Strategien nicht konsequent implementiert werden. Die erwarteten Synergien durch Akquisitionen können nicht erzielt werden. Restrukturierungsmaßnahmen nehmen zu zeitaufwendige oder kostenintensive Dimensionen an. Kostensenkungsprogramme können nicht greifen und/oder Qualitätsprogramme erreichen nicht die Ergebnisse, die angestrebt wurden.[5]

Wie in einigen der genannten typischen Fehler, die während Veränderungsmaßnahmen passieren, bereits deutlich wird, liegt ein Misslingen oftmals am Faktor Mensch. Menschen binden sich von Natur aus gerne an Gewohnheiten und Ungewohntes bringt sie aus dem Gleichgewicht. Hierbei werden verschiedene Emotionen erlebt. Mit den typischen emotionalen Phasen, die während Veränderungen durchlebt werden, hat sich die Psychiaterin Elisabeth Kübler-Ross beschäftigt. Ursprünglich forschte sie am menschlichen Umgang mit den Themen Sterben und Tod.[6] Erst später wurden ihre Erkenntnisse grafisch dargestellt (Abbildung 7.1: Change Kurve nach Kübler-Ross) und die Darstellung auch unter dem Namen Veränderungskurve oder Change-Kurve bekannt. Am Ausgangspunkt sind die Leistungsbereitschaft und die wahrgenommene eigene Kompetenz von Betroffenen einer Veränderung auf ihrem gewohnten Niveau. Wird eine geplante Neuerung bekannt, so verfallen die Menschen meist zunächst in eine Art Schockstarre und ihre Performance sinkt. In der folgenden Ablehnungsphase möchten sie mit allen Mitteln an Gewohntem festhalten und versuchen, die Verantwortlichen zu überzeugen, dass eine Änderung überhaupt nicht nötig ist. Die bisherige Leistungsbereitschaft wird übertroffen und mit alten Mitteln werden bessere Ergebnisse erzielt. Erst nach und nach wird den Betroffenen bewusst, dass sie sich nicht gegen die anstehenden Neuerungen wehren können und eine rationale Einsicht findet statt. Dies führt zur nächsten Phase. Wenn die emotionale Einsicht stattgefunden hat, befinden sich die Menschen meist in einer Phase, die auch als das Tal der Tränen bekannt ist. Stimmung, wahrgenommene eigene Kompetenz und Leistungsbereitschaft sind auf einem Tiefpunkt. Erst nach und nach kommen die Einzel-

[5] Vgl. John P. Kotter, Leading Change: Wie Sie Ihr Unternehmen in acht Schritten erfolgreich verändern, München, Vahlen, 2016, S. 3–14.
[6] Vgl. Elisabeth Kübler-Ross, Interviews mit Sterbenden, 19. Aufl., Stuttgart, Kreuz-Verlag, 1994.

nen in die Lernphase, in der sie das Neue dann doch erkunden wollen. Sie probieren aus, mit den neuen Mitteln zu arbeiten – egal ob es eine neue Software ist, eine agile Arbeitsweise, nach der zuvor nicht gearbeitet wurde, ein neues Team oder eine völlig andere Art der Neuerung. Das Ausprobieren führt zu der Erkenntnis, dass es so, wie nun gefordert oder nötig, tatsächlich funktioniert. In der letzten Phase werden die Neuerungen vollständig integriert und wie selbstverständlich ausgeführt. Die Leistungsbereitschaft und das Empfinden der eigenen Kompetenz entwickeln ihr volles Potenzial.[7]

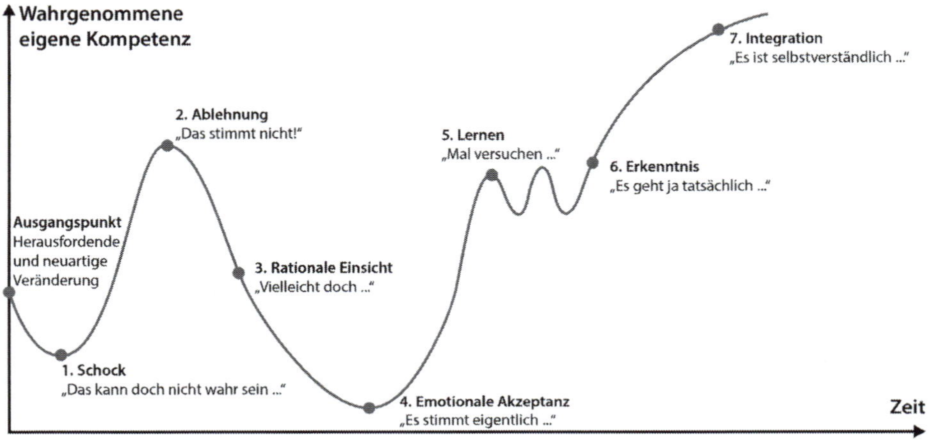

Abbildung 7.1: Change-Kurve nach Kübler-Ross, eigene Darstellung[8]

Für die Initiatoren von Change-Projekten oder die Menschen, die für ihre Durchführung verantwortlich sind, ist wichtig zu wissen, dass jede Person, die von einer Veränderung betroffen ist, die genannten Phasen durchlebt. Sehr individuell sind dabei der Zeitpunkt und die Intensität. Es ist möglich, dass einige Menschen auf dem Weg zum Höhepunkt ihrer Ablehnung sind, während andere, aus der gleichen Abteilung, längst dabei sind, das „Tal der Tränen" zu überwinden. Das Change-Management braucht oftmals ein ausgeprägtes Fingerspitzengefühl, um zu erkennen, in welcher Phase ihre Mitmenschen sich gerade befinden. Denn nur so kann gewährleistet werden, dass der Umgang mit ihnen entsprechend gestaltet wird. Wird ein Change Projekt gut gemanagt, so hilft dies gegen eine zu hohe Intensität der einzelnen Phasen. Umso besser es gelingt, dass der erste Schock, die Ablehnungs-Phase und das „Tal der Tränen" von den

---

7 Vgl. Sabine Einwiller, Sonja A. Sackmann, und Ansgar Zerfaß (Hrsg.), Handbuch Mitarbeiterkommunikation: Interne Kommunikation in Unternehmen, Springer eBook Collection, Wiesbaden, Springer Gabler, 2021, 547–48, https://doi.org/10.1007/978-3-658-23152-1; zuletzt abgerufen am 19. Februar 2026.

8 Vgl. Einwiller/Sackmann/Zerfaß (Hrsg.), Handbuch Mitarbeiterkommunikation: Interne Kommunikation in Unternehmen, Springer eBook Collection, Wiesbaden, Springer Gabler, 2021, S. 547–48, https://link.springer.com/referenceworkentry/10.1007/978-3-658-23390-7_31-1/figures/2; zuletzt abgerufen am 19. Februar 2026.

Einzelnen weniger intensiv durchlebt werden, desto geringer sind die Widerstände und desto größer ist die Aussicht auf einen Erfolg des Veränderungsvorhabens.

Change-Management bei der Proximus Versicherung AG

Mit Gründung der Inhouse Consulting Division bei der Proximus Versicherung AG wurde auch das Ziel verfolgt, künftige Veränderungsprojekte erfolgreicher abzuschließen. Somit gehört es zu einer äußerst wichtigen Aufgabe der Kollegen aus dem Team von Lisa und Max, mit Change-Management den Wandel zu gestalten. Dafür wurde die Inhouse Consulting Division mittlerweile um die Kollegen Alina und Peter erweitert. Als erfahrene Change-Manager agieren sie projektbezogen, mit unterschiedlicher Verantwortung und Team-Größe. Je nach Projekt kann es entweder sein, dass sie lediglich beratend darin tätig sind oder sogar, dass sie Projekte vollständig leiten und sich dabei die Teams so zusammenstellen, wie die einzelnen Kompetenzen für das konkrete Vorhaben benötigt werden. Mit Lisa und Max arbeiten sie meist Seite an Seite.

Bei dem Projekt, dass die Proximus Versicherung AG gerade am meisten bewegt, ist Lisa aufgrund ihrer negativen Erfahrung beim vorherigen Arbeitgeber besonders gespannt darauf, wie die Change-Manager vorgehen werden. Denn auch bei der Proximus Versicherung AG steht die Einführung einer neuen Beratungssoftware für den Vertrieb an. Für diesen Zeitraum wurde eigens eine Stabstelle eingerichtet, die sich um das bevorstehende Projekt kümmert. Über diese Stabstelle sollen die einzelnen Stakeholder so aufeinander abgestimmt werden, dass ein möglichst effektiver Prozess möglich wird. Die Arbeit des Change-Managements beginnt in diesem Fall weit vor der eigentlichen Umsetzung des Projekts, mit diversen vorbereitenden Maßnahmen.

7.2 Vorbereitung und Analyse eines Veränderungsvorhaben

Auftragsklärung

Vor Beginn einer Änderung bedarf es einer Idee, überhaupt etwas zu ändern. Diese Idee kann aus den unterschiedlichsten Ursprüngen entstehen. Dies kann ein geändertes Nachfrageverhalten der Kundschaft sein, ein kreativer Einfall von Mitarbeitenden, Wettbewerbsdruck oder schlichtweg der Wille, etwas anders oder besser zu machen, um sich vom Markt abzuheben. Bei Entscheidungen, die im obersten Management entstehen und von dort aus für das Unternehmen oder einzelne Bereiche angeordnet werden, spricht man von einem Top-down-Vorgehen. Im Gegensatz dazu können Entscheidungs- und Ideenfindungen jedoch auch Bottom-up entstehen. Das heißt, man lässt die Menschen, die von der Änderung am meisten betroffen sind, selbst Ideen ausarbeiten, um Lösungen für bestimmte Problemstellungen zu finden. Dies kann zum Beispiel die Entwicklung eines neuen Tarifs sein, in dessen Prozess der Außendienst besonders eingebunden wird, weil er die Anforderungen der Kundschaft besonders gut kennt.

In Workshop-Formaten werden grundsätzliche Anforderungen und Ideen festgehalten und gemeinsame Lösungskonzepte erarbeitet. Die oberen Hierarchien nehmen hierbei zunächst eine lediglich moderierende Rolle ein. Die direkte Einbindung der Betroffenen führt in der Regel zu einer besonders hohen Akzeptanz unter den Mitarbeitenden, da ihre Bedürfnisse besonders wahrgenommen wurden (siehe auch Kapitel 14, Motivation, Selbstbestimmungstheorie).[9]

Unabhängig davon, wo die Idee entstanden ist oder weiter ausgearbeitet wird, ist es wichtig, zunächst eine konkrete Auftragsklärung durchzuführen. Hierbei soll ein gemeinsames und genaues Verständnis für den Auftrag und das Ziel des Vorhabens unter allen Beteiligten geschaffen werden. Um dieses Verständnis zu schaffen, geht in der Regel jedem Change-Projekt die Ausformulierung eines Projektauftrags vorweg. Als Kernbestandteile gelten die Darstellung des konkreten Problemhintergrunds, der zu erreichenden Ziele (SMART – siehe Kernprozesse Kapitel 2.3), der von den Zielen abgeleiteten Aufgabenstellung, von Budget und Ressourcen sowie den Rahmenbedingungen, die das Projekt beeinflussen oder das Potenzial haben, dies zu tun.[10] Ein Muster für die Auftragsklärung kann wie folgt aussehen:

Projektauftrag	Was soll erreicht werden? Zusammenfassung in einigen Stichwörtern
Problembeschreibung	Was ist der Anlass für den Auftrag? Durch eine konkrete Beschreibung der gegenwärtigen Situation lassen sich die jeweiligen Zielrichtungen ableiten und auf das Ursprungsproblem ausrichten
Auftraggeber	Wer hat das Projekt beauftragt? An wen muss berichtet werden?
Projektverantwortliche	Welche Führungskräfte sind im Projekt involviert? Wer gibt die notwendigen Ressourcen frei?
Projektteam	Wer arbeitet im Projekt mit?
Stakeholder	Wer ist von den Auswirkungen des Projekts direkt oder indirekt betroffen?

9 Vgl. Bernd Blessin und Alexander Wick, Führen und führen lassen: Ansätze, Ergebnisse und Kritik der Führungsforschung, 8., überarbeitete Auflage, UTB Betriebswirtschaftslehre, Management 8532, Konstanz, UVK Verlagsgesellschaft mbH, 2017, S. 391–92.

10 Vgl. Achim Weiand, Toolbox Change Management: 44 Instrumente für Vorbereitung, Analyse, Planung, Umsetzung und Kontrolle, 1. Auflage 2016, Freiburg, Schäffer-Poeschel Verlag für Wirtschaft Steuern Recht GmbH, 2016, S. 4.

Zielsetzung/Benefits	Welche konkreten Ziele verfolgt das Projekt? Welcher Mehrwert soll durch Umsetzung erreicht werden?
Aufgabenstellungen	Welche Arbeitsblöcke oder einzelne Aufgabenbereiche müssen erledigt werden? Durch eine Einteilung des Gesamtprojekts in einzelne Blöcke können Zuständigkeiten besser verteilt und Meilensteine leichter definiert werden
Termine/Meilensteine	Welche (Zwischen-)Ergebnisse sollen wann erreicht werden? Welche Ergebnisse beeinflussen sich gegenseitig?
Budget/Ressourcen	Welche Mittel stehen zur Verfügung? Dies können finanzielle Mittel sein, Personal, Technik, Räumlichkeiten...
Randbedingungen	Was muss neben dem eigentlichen Projekt berücksichtigt werden? Welche Faktoren haben Einfluss auf das Projekt? Was darf nicht vom Projekt beeinflusst werden?
Nicht zu erbringende Leistungen	Auch eine Abgrenzung dessen, womit das Projekt nichts zu tun hat und wo es nicht eingreifen darf, hilft dabei, das eigentliche Ziel des Projekts sehr deutlich werden zu lassen.

Tabelle 7.1: Muster zur Auftragsklärung im Change-Management[11]

Da bei weitreichenden Änderungsvorhaben nicht jede der Fragen zur Auftragsklärung direkt beantwortbar ist, kommen im Change-Management verschiedene Analysetools zum Einsatz.

Analysetools im Change-Management

Um eine möglichst umfangreiche Datengrundlage für die angestrebte Veränderung zu erreichen, kommen im Change-Management sehr unterschiedliche Analyseverfahren zum Einsatz. Diese sind manchmal nötig, um den exakten Auftrag überhaupt erst klären zu können. Oftmals liefern sie jedoch eine Vielzahl von ergänzenden Informationen für die Umsetzung des Change-Projekts. Welche Analysen wann ideal eingesetzt werden sollten, hängt stark vom jeweiligen Projekt ab. Ein Änderungsverfahren ist dabei keinesfalls auf eine einzelne Analyse beschränkt. Die jeweiligen Verfahren können parallel erfolgen, nacheinander, zur Vorbereitung des Projekts oder auch, während die

[11] Vgl. Weiland, Toolbox Change Management: 44 Instrumente für Vorbereitung, Analyse, Planung, Umsetzung und Kontrolle, 19–20.

Umsetzung bereits im Gange ist. Wegen der Vielzahl der möglichen Vorgehensweisen wird im Folgenden nur eine Auswahl von gängigen Analyse-Tools dargestellt.

In Benchmarking-Verfahren lässt sich beispielsweise beobachten, wie Mitbewerber aktuell agieren. Dies kann wichtige Indizien für einen eigenen Handlungsbedarf liefern.[12] SWOT-Analysen können auf vielfältige Weise eingesetzt werden, zum Beispiel produktbezogen, bezogen auf einzelne Dienstleistungen, Abteilungen oder das gesamte Unternehmen (SWOT-Analyse siehe Band Kernprozesse Kapitel 2.3). Ein Analyseverfahren, das oft bereits bei der Auftragsklärung hilft, ist die Stakeholder-Analyse (siehe Kernprozesse Kapitel 8.3). Es empfiehlt sich dabei, nicht nur die direkten Interessengruppen des Projekts zu identifizieren, sondern auch festzuhalten, wer indirekt von den Auswirkungen des Projektes betroffen ist. Um mit der Stakeholder-Analyse ideal weiterarbeiten zu können, empfiehlt es sich darüber hinaus, die Ergebnisse in eine Stakeholder-Matrix zu übertragen, in der wiederum ergänzt wird, wie hoch das Interesse und der Einfluss der jeweiligen Stakeholder am Projekt ist. (Abbildung 7.2: Stakeholder-Matrix (eigene Abbildung)).

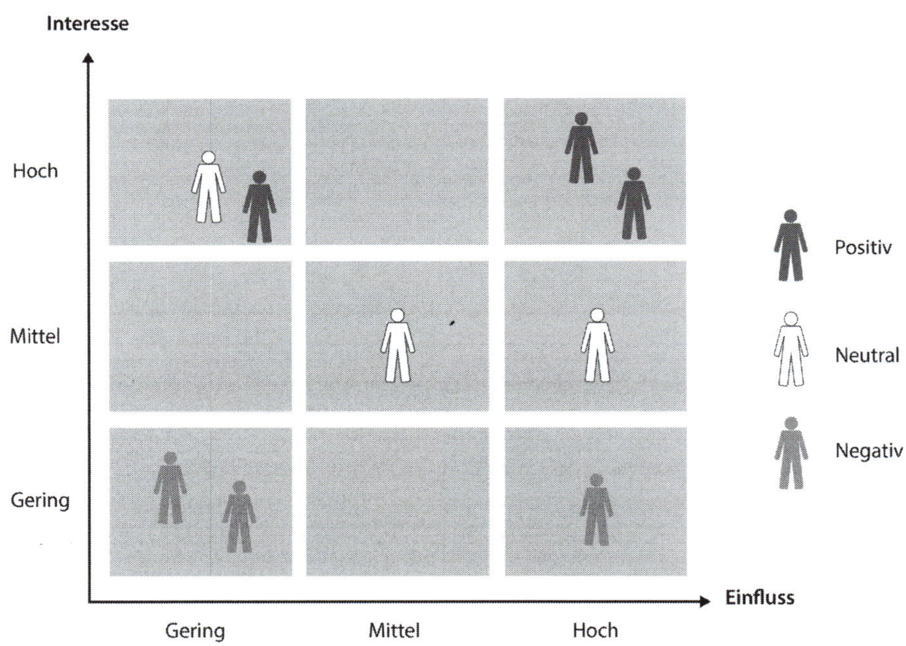

Abbildung 7.2: Stakeholder-Matrix (eigene Abbildung)

[12] Vgl. Ralf T. Kreutzer, Strategische Analyseinstrumente, in: Toolbox für Marketing und Management, Wiesbaden: Springer Fachmedien Wiesbaden, 2024, 132–33, https://doi.org/10.1007/978-3-658-44990-2_3; zuletzt abgerufen am 19. Februar 2026.

Portfolio-Analysen

Möchte ein Unternehmen sein Produktangebot überprüfen, so eignen sich Portfolio-Analysen, wie die BCG-Matrix der Boston Consulting Group, in der Produkte nach ihrer aktuellen Wertschöpfung in die vier Quadranten „Question Marks", „Stars", „Cash Cows" oder „Poor Dogs" zugeordnet werden (siehe Band Kernprozesse Kapitel 9.2).

Eine umfassendere Variante der Portfolio-Analyse bietet die McKinsey-Matrix, die auch unter der Bezeichnung „Marktattraktivitäts-Wettbewerbsvorteils-Portfolio" bekannt ist. Durch die Berücksichtigung einer größeren Vielzahl von Faktoren ist die McKinsey-Matrix komplexer und ermöglicht eine detailliertere Analyse. Dadurch ist sie sehr relevant für große Unternehmen mit vielfältigen Produkten. Die Merkmale, die zur Analyse betrachtet werden, beziehen sich auch auf die Markt- und Wettbewerbs-Position des jeweiligen Unternehmens. Da diese Merkmale flexibel ausgewählt werden können, können sehr individuelle Portfolios entstehen. Im Bereich der Marktattraktivität können Kriterien wie die Marktgröße und das Marktwachstum einbezogen werden. Daneben können das Marktumfeld und die Marktqualität wichtige Merkmale sein. Zur Ermittlung der relativen Wettbewerbsvorteile können beispielsweise die relative Marktposition, das relative Produktionspotenzial und/oder die relativen Qualifikationen von eigenen Mitarbeitenden und Führungskräften betrachtet werden. Ein Beispiel für eine McKinsey-Matrix ist in Abbildung 7.3: McKinsey-Matrix zu sehen.[13]

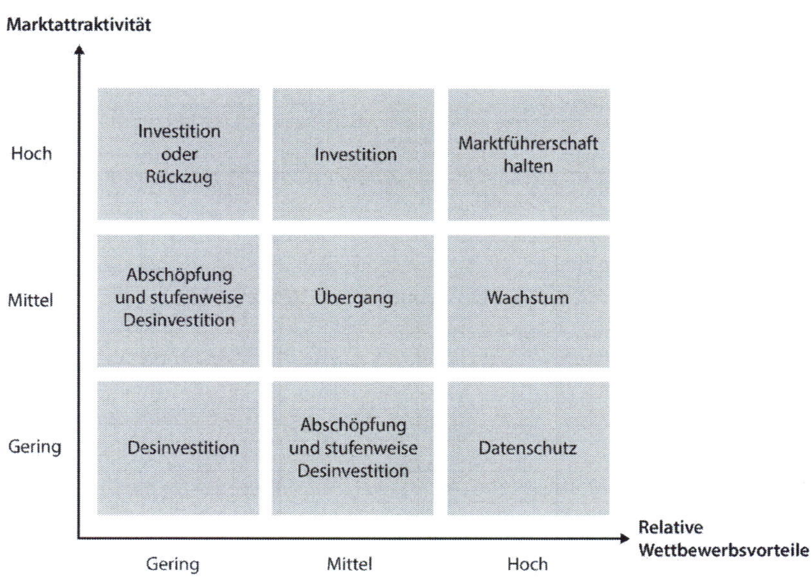

Abbildung 7.3: McKinsey-Matrix, eigene Abbildung, nach Kreutzer[14]

[13] Vgl. Kreutzer, Strategische Analyseinstrumente, in: Toolbox für Marketing und Management, S. 128–130.
[14] Vgl. Kreutzer, Strategische Analyseinstrumente, in: Toolbox für Marketing und Management, S. 128.

PESTEL-Analyse

Für strategische Entscheidungen empfiehlt es sich, eine möglichst umfassende Perspektive auf die Umgebung eines Unternehmens einzunehmen. Eine Umfeldanalyse, die neben der Betrachtung der Umgebung des Unternehmens an einigen Stellen auch Rückschlüsse auf die eigene Organisation zulässt, ist die PESTEL-Analyse. Der Begriff PESTEL ist eine Abkürzung für die Faktoren, deren Chancen und Risiken bei dieser Analyseform betrachtet werden:

- **Political – Politische Faktoren:** Hierbei kann eine Vielzahl von politischen Faktoren relevant sein. Die Stabilität und Verlässlichkeit der Regierung, sich ändernde Regierungsverantwortungen, die Forderung nach bestimmten Standards (zum Beispiel Nachhaltigkeit, Bezahlbarkeit) oder beanspruchbare Förderungen.
- **Economic – Ökonomische Faktoren:** Relevante ökonomische Faktoren sind zum Beispiel die Kaufkraft der Bevölkerung, die Wirtschaftsleistung innerhalb des Zielmarkts und die Währungsstabilität.
- **Social – Soziale Faktoren:** Dies kann beispielsweise die demografische Entwicklung sein, die Arbeitslosenquote, der vorherrschende Bildungsstand oder schlichtweg die gesellschaftliche Erwartung an Unternehmen.
- **Technological – Technologische Faktoren:** Zum Beispiel der Stand der Digitalisierung, der Einsatz neuer Produktions- oder Kommunikationsmethoden, Automatisierung oder die Geschwindigkeit technologischer Entwicklungen.
- **Environmental – Ökologische Faktoren:** Zum Beispiel der Ressourcenverbrauch, das Ausmaß der Umweltbelastung im relevanten Bereich oder der eigene CO_2-Ausstoß.
- **Legal – Rechtliche Faktoren:** Hierbei werden, in Abgrenzung zum Bereich Political, vorwiegend die rechtlich tatsächlich bindenden Faktoren betrachtet, wie Gesetze und Verordnungen.[15]

7-S-Modell

Wird nach dem 7-S-Modell vorgegangen, so werden sieben verschiedene Variablen betrachtet, die mit dem Anfangsbuchstaben S beginnen. Neben drei harten Faktoren, die materiell vorhanden sind oder sich in Zahlen messen lassen, werden in diesem Verfahren auch vier weiche Variablen analysiert, die nicht direkt greifbar sind. Das Modell bezieht sich auf unternehmensinterne Aspekte und lässt vor allem auch Rückschlüsse auf die vorherrschende Unternehmenskultur und die Werte zu, die den Mitarbeitenden besonders wichtig sind. Die Kernvariablen aus diesem Analyse-Verfahren lauten:

- **Strategy (Strategie, harter Faktor):** Umfasst die grundlegende Ausgestaltung der Unternehmensaktivität, durch die ein Vorteil gegenüber anderen Wettbewerbern erzielt werden soll.

[15] Vgl. Kreutzer, Strategische Analyseinstrumente, in: Toolbox für Marketing und Management, S. 104–105.

- **Structure (Struktur, harter Faktor):** Bezieht sich auf die Aufbauorganisation des Unternehmens.
- **Systems (Systeme, harter Faktor):** Hierunter fallen beispielsweise die genutzten Informationssysteme, Budgetierungen sowie Methoden zur Qualitätskontrolle und Messung der Leistungserfüllung.
- **Style (Unternehmenskultur, weicher Faktor):** Enthält neben den von der Unternehmensführung vorgegebenen oder vorgelebten Elementen auch gemeinsame Verhaltensweisen, die sich historisch im Unternehmen entwickelt haben.
- **Staff (Menschen/Mitarbeitende, weicher Faktor):** Ein Unternehmen setzt sich zu einem großen Teil aus seinen eigenen Mitarbeitenden zusammen. Im Bereich „Staff" können diesbezügliche Entwicklungen analysiert werden, wie die Entwicklung der Anzahl von Mitarbeitenden oder Bewerbungen, demographische Entwicklungen und ähnliches.
- **Shared Values (gemeinsame Werte, weicher Faktor):** Sowohl Werte, die vom Unternehmen gewünscht sind, als auch solche, die von den Mitarbeitenden gelebt und als besonders wichtig erachtet werden.
- **Skills (Fähigkeiten, weicher Faktor):** Dies sind beispielsweise die Fähigkeiten von Einzelnen, Qualifikationen, Potenziale zur Weiterentwicklung. Aber auch Corporate Skills, die erst durch das Zusammenwirken entstehen und die Organisation als Ganzes befähigen.[16]

Delphi-Verfahren

Ein weiteres Analyseverfahren, das für Veränderungsvorhaben Anwendung finden kann, ist die Delphi-Methode. Hierbei handelt es sich um ein strukturiertes Kommunikationsverfahren, das vor allem für sehr komplexe Fragestellungen zum Einsatz kommt. In einem klassischen Delphi-Verfahren werden Experten zu einem bestimmten Sachverhalt befragt, um Urteile für ein mögliches Zukunfts-Szenario abzugeben. Die Befragungen finden anonym und standardisiert statt. In einer weiteren Runde werden die aufbereitenden Ergebnisse wiederum einem Expertenteam vorgestellt, das ebenso befragt wird und die jeweiligen Lösungsvorschläge somit erneut weiterentwickelt. Je nach Art der Delphi-Methode kann dieser Prozess so lange wiederholt werden, bis ein bestimmtes Ergebnis erreicht wurde oder ein Vorschlag so weiterentwickelt werden konnte, dass die Befragten keine Kritik mehr äußern und somit ein Konsens herausgearbeitet worden ist. Wichtig ist jedoch zu erwähnen, dass es mittlerweile eine Vielzahl unterschiedlicher Varianten der Delphi-Methode gibt, die in verschiedenen Situationen unterschiedlich angemessen sein können.[17]

---

16 Vgl. Rolf-Dieter Reineke, Gabler Lexikon Unternehmensberatung, Wiesbaden: Springer Fachmedien, 2011, S. 411.

17 Vgl. Michael Häder, Delphi-Befragungen: Ein Arbeitsbuch, 2. Auflage, SpringerLink Bücher, Wiesbaden, VS Verlag für Sozialwissenschaften, 2009, 19–25, https://doi.org/10.1007/978-3-531-91926-3; zuletzt abgerufen am 19. Februar 2026.

Vorbereitung des Change Projekts bei der Proximus Versicherung AG

Um das Projekt „Einführung einer neuen Beratungssoftware“ umzusetzen, haben Alina und Peter mittlerweile einige vorbereitende Maßnahmen getroffen.

In der Proximus Versicherung AG gab es bereits seit einigen Jahren Stimmen im Außendienst, die eine umfangreiche Aktualisierung der bisherigen Software gefordert haben. Durch zahlreiche andere Änderungsmaßnahmen wurde dieses Thema jedoch nie umfassend angegangen. Die permanente Integration wichtiger Neurungen hat dafür gesorgt, dass das vorhandene System nie ganz abgehängt war. Doch die IT-Abteilung sieht die Möglichkeiten zur Erweiterung mittlerweile als ausgeschöpft an. Dinge wie eine plattformübergreifende Bereitstellung, damit die Außendienstmitarbeitenden zum Beispiel mit ihrem eigenen Tablet beraten und die Kunden darauf unterschreiben lassen können, sind mit dem aktuellen System nicht mehr umsetzbar. Der Unternehmensführung sind die aktuellen Probleme bekannt. Eine Lösung wurde schon länger gesucht, jedoch nicht gefunden. Aus Kostengründen wurde zunächst die Aufrüstung der alten Software oder der Einkauf einer fremden Lösung in Betracht gezogen. Bei der Aufrüstung wäre jedoch ein schlechtes Kosten-Nutzen-Verhältnis entstanden und der Fremdeinkauf hätte nur bedingt den eigenen Vorstellungen entsprochen. Deshalb hat man sich nach langem Überlegen für den radikalen Weg entschieden und die eigene Neuentwicklung beschlossen. Nach mehreren Abstimmungsterminen mit dem Change-Management und der Unternehmensführung hat der erste Kick-Off-Termin stattgefunden, bei dem zusätzlich der Leiter der IT-Abteilung, die Vertriebsleitung und Vertreter aus dem Marketing anwesend waren. Hierbei fand zunächst eine konkrete Auftragsklärung statt (siehe Tabelle 7.2: Auftragsklärung der Proximus Versicherung AG).

Projektauftrag	Einführung einer neuen Beratungssoftware Zeitgemäß, pattformübergreifend nutzbar, innovativ, schnell, intuitiv zu bedienen, leicht zu aktualisieren
Problembeschreibung	Bisherige Software veraltet, keine Schnittstellen zu den modernen Kunden- und Außendienst-Apps, altmodisches Design, aufwendige Update-Prozesse beeinträchtigen die Arbeit, nur noch bedingt aktualisierbar, zu langsam, nicht alle heute nötigen Funktionen integrierbar
Auftraggeber	Unternehmensführung

Projektverantwortliche	Vorstand der Proximus: erbittet direkte Abstimmungen bzgl. Gestaltung, Ressourcenfreigabe, Rollout-Plan... Herr Digital: Head of IT, leitet IT-Team zur Entwicklung der Software Change-Abteilung der Inhouse Consulting Division: vermittelnde Rolle zwischen allen Stakeholdern, koordiniert den kompletten Prozess
Projektteam	Alina, Peter und vier weitere Zugehörige des Change-Teams
Stakeholder	IT, Außendienst, Management, Kunden, Compliance und Datenschutz, Fachbereiche, Schadenabteilungen
Zielsetzung/Benefits	Moderne und nachhaltige Softwarelösung für alle Nutzer Zukunftsfähig durch die Nutzung modernster Standards, wodurch eine proaktive Anpassung an geänderte Anforderungen möglich wird Erhöhte Nutzerzufriedenheit, besserer Kundenservice, effizientere Beratungsmöglichkeit
Aufgabenstellungen	Planung und Organisation des Vorhabens Entwicklung der Software Kommunikation und Rollout Feedback und Nachbesserungen
Termine/Meilensteine	Abfrage der Erwartungen der wichtigsten Stakeholder Überführung der Kernpunkte in Projektdesign Entwicklung einzelner Items durch die IT (zum Beispiel Benutzeroberfläche inklusive Absprungmöglichkeiten, Kundendatenverwaltung, Tarifrechner, Tools zur Schadenregulierung...; regelmäßige Erprobung durch Nutzer und Abstimmung mit den weiteren Stakeholdern) Erstellung von Kommunikations- und Rollout-Plans Ausbildung von Change Agents Nutzerschulungen Rollout Feedback und Optimierungen *(ausführlicher Meilensteinplan wird separat erstellt)*
Budget/Ressourcen	Noch zu ermitteln

Randbedingungen	Arbeit der Außendienstkräfte darf nicht beeinträchtigt werden. Zum Übergang sollten beide Systeme parallel nutzbar sein. Notfalllösungen bedenken.
Nicht zu erbringende Leistungen	Die neue Software dient dem Außendienst und soll die Beratungsqualität maßgeblich und langfristig verbessern. Demnach ist es nicht wichtig, besonders einfache und schnelle Lösungen zu finden. Ebenso ist nicht die günstigste Lösung gefragt, sondern eine exzellente. Hindernisse, die in den Köpfen anderer Stakeholder existieren, sollen nicht zu Einschränkungen der späteren Nutzungsqualität führen, sondern zu Lösungen.

Tabelle 7.2: Auftragsklärung der Proximus Versicherung AG

Die Stakeholder-Analyse wäre von den Teilnehmenden am liebsten übersprungen worden. „Das ist halt der Außendienst", meinte eine Person in der Runde. Auf Nachdruck von Alina und Peter wurde sie dennoch durchgeführt und in eine Stakeholder Matrix übertragen (siehe Abbildung 7.4: Stakeholder-Matrix der Proximus Versicherung AG). Das Ergebnis war für einige überraschend. Denn dort fanden auch die Kunden der Proximus Versicherung Erwähnung, die im Beratungsprozess von einer schellen und übersichtlichen Software profitieren. Ebenso wurde zum Beispiel die Schadenabteilung mit einbezogen, die durch die Kleinschadenregulierungsmöglichkeiten der Agenturen Schnittstellen zur Außendienstsoftware hat.

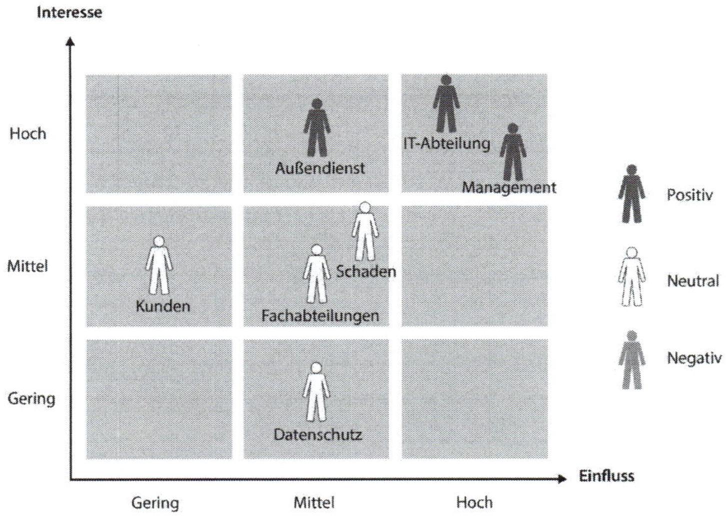

Abbildung 7.4: Stakeholder-Matrix der Proximus Versicherung AG – eigene Abbildung

Change-Prozess (gestalten)

Nach intensiver Vorbereitung kann der eigentliche Veränderungsprozess vollzogen werden. Auch für diesen Zweck gibt es verschiedene Modelle, die angewendet werden können oder eine gute Orientierung für das eigene Change-Projekt bieten. Grundsätzlich wird hierbei zwischen Phasen- und Prozessmodellen unterschieden. Phasenmodelle teilen den Vorgang der Veränderung in mehrere klar definierten Abschnitte auf. Ein bekanntes Beispiel hierfür ist das 8-Stufen-Modell von Kotter, das bereits im Band Kernprozesse geschildert wurde (Kapitel 2.2). In unserer schnelllebigen Welt wird jedoch zunehmend kritisiert, dass sich Phasenmodelle als zu starr erweisen und Veränderungen als abgeschlossenen Prozess darstellen.

Diese Kritik können Prozessmodelle mit ihrer Vorgehensweise mühelos auffangen. In iterativen Abläufen greifen sie kontinuierlich in bestehende Prozesse ein, um einen Wandel zu bewirken. Sie sind flexibel und passen sich geänderten Umfeldbedingungen mühelos an. Auch das 7-S-Modell, das im vorherigen Kapitel als Analyse-Methode vorgestellt wurde, findet teilweise innerhalb der Prozessmodelle Anwendung. Die 7 S werden dabei permanent aufeinander abgestimmt. Im Folgenden werden weitere Phasen- und Prozessmodelle vorgestellt.

7.3 Phasenmodelle im Change-Management

Eiswürfel-Modell

Ein sehr altes Phasenmodell, das aufgrund seiner einfachen und effektiven Struktur bis heute Anwendung im Change-Management findet, ist das Eiswürfel-Modell. Kurt Lewin beschrieb 1947 drei Phasen des Wandels: Unfreeze, Change und Refreeze. Namensgebend für das Modell ist heutzutage die Analogie zu einem Eiswürfel. Denn wenn man einen Eiswürfel oder einen Eisblock in eine neue Form bringen möchte, dann funktioniert das am leichtesten, wenn man ihn zunächst auftaut. In aufgetautem Zustand kann man ihn weitaus einfacher in eine neue Form bringen. Um die neue Form zu verfestigen, muss er dann wieder eingefroren werden. Für das Change-Management sieht das Vorgehen wie folgt aus:

1. **Unfreeze (Auftauen):** Die Unfreeze-Phase dient dazu, die Betroffenen auf eine bevorstehende Veränderung vorzubereiten. Der aktuelle Status quo wird in Frage gestellt, die Notwendigkeit eines Wandels kommuniziert und man beginnt, die Mitarbeitenden für die Veränderung zu motivieren. Damit ein besonders wandlungsfähiger Zustand erreicht wird, sollte in dieser Phase auch schon damit begonnen werden, die Menschen für die neuen Herausforderungen zu befähigen.

Dies kann zum Beispiel durch Weiterbildungen geschehen, um zu gewährleisten, dass die Betroffenen mit der Neuerung umgehen können.

2. **Change (Verändern):** Die geplanten Veränderungen werden nun umgesetzt. Die neuen Prozesse, Systeme oder Verhaltensweisen werden eingeführt und die Mitarbeitenden beauftragt, sie aktiv zu nutzen.
3. **Refreeze (Wiedereinfrieren):** In der dritten Phase werden die Neuerungen verfestigt. Ziel ist es, sie dauerhaft zu etablieren, ohne Gefahr zu laufen, dass die Beteiligten wieder auf ihre alten Prozesse oder Verhaltensweisen zurückfallen. Dies geschieht durch eine Begleitung, in der die Menschen auch aktiv unterstützt werden, wenn Schwierigkeiten auftreten.[18]

5-Phasen-Modell (nach Krüger)

Das 5-Phasen-Modell stammt aus den 2000er Jahren. Es hat die frühen Ansätze aus dem Eiswürfel-Modell und Kotters 8-Stufen-Modell aufgegriffen und weiterentwickelt. Als recht junges Modell bietet es einen aktuellen Ansatz für Veränderungsprozesse, bei dem in den folgenden Phasen vorgegangen wird:

1. **Initialisierung:** Zunächst wird der Wandlungsbedarf festgestellt und analysiert. Durch interne und externe Analysen wird die Situation einschätzbar gemacht. Stakeholder werden ermittelt, Führungskräfte involviert und die Träger der Veränderung aktiviert.
2. **Konzipierung:** In dieser Phase werden die Ziele, die mit der Änderung verfolgt werden, definiert. Durch diese Grundlage wird ein Konzept für das weitere Vorgehen erstellt.
3. **Mobilisierung:** Die bevorstehende Veränderung und das Wandlungskonzept werden den Betroffenen kommuniziert. Die Mobilisierungsphase gilt als besonders bedeutende Phase, weil es die Phase ist, in der die Akzeptanz aller Beteiligten gewonnen werden muss. Die Wandlungsbereitschaft wird hergestellt und die notwendigen Fähigkeiten werden geschaffen.
4. **Umsetzung:** In der Umsetzungsphase werden die geplanten Veränderungen durchgeführt. Dabei muss der Erfolg der Veränderungen im Blick behalten werden und auf Abweichungen sollte schnell mit Korrekturmaßnahmen reagiert werden.
5. **Verstetigung:** Zuletzt gilt es, die Wandlungsergebnisse zu verankern. Dabei soll vermieden werden, dass Mitarbeitende in alte Muster zurückfallen. Außerdem muss auch sichergestellt werden, dass die Betroffenen die Maßnahme für sich als Erfolg ansehen können, um so die Bereitschaft für künftige Veränderungen zu sichern.[19]

[18] Vgl. Kurt Lewin, „Frontiers in Group Dynamics: Concept, Method and Reality in Social Science; Social Equilibria and Social Change", Human Relations 1, Nr. 1 (Juni 1947): S. 34–37, https://doi.org/10.1177/001872674700100103; zuletzt abgerufen am 19. Februar 2026.

[19] Vgl. Wilfried Krüger, Excellence in Change: Wege zur strategischen Erneuerung, 4., überarbeitete und erweiterte Auflage, SpringerLink Bücher, Wiesbaden, Gabler, 2009, S. 68–83, https://doi.org/10.1007/978-3-8349-9510-0; zuletzt abge-

7.4 Prozessmodelle im Change-Management

ADKAR-Modell

Das ADKAR-Modell wurde in den 2000er Jahren von Jeffrey Hiatt entwickelt. Hiatt war Gründer eines renommierten Unternehmens im Bereich Change-Management. In seiner Arbeit erkannte er, dass viele Veränderungsprojekte scheitern, weil die emotionalen und psychologischen Dimensionen des Wandels vernachlässigt werden. Um diesem Problem entgegenzuwirken, wurde das Modell entworfen, das in fünf Elementen dargestellt wird. Teils werden diese als einzelne Schritte bezeichnet. Da die einzelnen Elemente jedoch nicht nacheinander bearbeitet werden müssen und einzeln iterativ wiederholt werden können (zum Beispiel wenn Maßnahmen eingeleitet werden, um das Bewusstsein nochmals zu verstärken, obwohl bereits am Wissen gearbeitet wird), kann dieses Modell nicht nur den Phasen-, sondern ebenso den Prozessmodellen zugeordnet werden.[20] Das Modell basiert auf den fünf Schlüsselelementen:

- **Awarness (Bewusstsein):** Die Menschen müssen wissen, warum die Veränderung ansteht und welche Auswirkungen sie bedeutet. Dies geschieht durch eine klare Kommunikation. Im Idealfall ist dies keine einseitige Kommunikation. Für die Einzelnen muss ebenso die Möglichkeit geschaffen werden, auftretende Fragen stellen zu können.
- **Desire (Verlangen):** Hierbei sollen die Veränderungen so unter die Mitarbeitenden gebracht werden, dass bei ihnen sogar der Wunsch nach einer Veränderung entsteht. Dies kann beispielsweise durch das Aufzeigen von persönlichen Entwicklungsmöglichkeiten passieren.
- **Knowledge (Wissen):** Hierbei geht es nicht nur darum, das Wissen über die geplante Veränderung herzustellen, sondern auch darum, die Informationen bereitzustellen, die in Zukunft benötigt werden. Dies kann durch Trainings oder Mentorings erreicht werden.
- **Ability (Fähigkeit):** Durch Schulungen und praxisnahe Übungen werden die praktischen und methodischen Fähigkeiten entwickelt, effektiv mit der Veränderung umzugehen. In diesem Element sollten nicht nur die fachlichen Elemente berücksichtigt werden, sondern auch die entsprechenden Soft-Skills.
- **Reinforcement (Bestätigung):** Durch positives Feedback und Anerkennung der vollbrachten Leistungen wird sichergestellt, dass die Veränderung nachhaltig im Unternehmen verankert wird.[21]

---

rufen am 19. Februar 2026.

[20] Vgl. Jeff Hiatt, ADKAR: a model for change in business, government, and our community, 1st ed, Loveland, Colorado, Prosci Learning Center Publications, 2006, S. 1–5.

[21] Vgl. Hiatt, S. 43–63.

Agiles Change-Management

Das agile Change-Management unterscheidet sich von den Phasenmodellen grundlegend dadurch, dass es nicht den großen Umbruch von einem Moment auf den anderen bewirken möchte. Veränderungen werden durch kontinuierliche Verbesserungen erzielt, die in kurzen, iterativen Prozessen angestoßen und weiterentwickelt werden. Aus Veränderungsideen werden Maßnahmen entwickelt, die in die regelmäßige Arbeit eingebracht werden. Die Mitarbeitenden sind dabei aktiv in den Prozess einbezogen und gestalten ihn oft sogar selbstorganisiert mit. Durch regelmäßige Meetings, in denen Erkenntnisse ausgewertet und Verbesserungen geplant werden, entstehen schnelle Feedback-Schleifen, die das Vorgehen koordinieren.

Agiles Change-Management lässt oftmals sogar experimentelles Ausprobieren von Ideen zu, die entweder weiterverfolgt oder bei Misslingen in der Praxis wieder verworfen werden. Die gesamte Methode lässt sich ideal in einen Scrum-Prozess einbinden (Scrum siehe Thema Projektmanagement, Kapitel 18.1.3). Die Change Manager werden dabei zu „Agile Coaches" und rücken noch näher an die Mitarbeitenden und Führungskräfte heran, die sie begleiten. Durch die kurzen Vorgehensschleifen können neue Rahmenbedingungen und Anforderungen permanent im Prozess berücksichtigt werden. Hierdurch wird das agile Change-Management besonders flexibel und eignet sich besonders gut, um der Schnelllebigkeit eines BANI-Umfelds ideal zu begegnen.[22]

Der Change-Prozess innerhalb der Proximus Versicherung AG

In unserer schnelllebigen Welt ist es in vielen Fällen von Vorteil, agil und flexibel auf sich ändernde Rahmenbedingungen zu reagieren. Aus diesem Grund sind Alina und Peter große Anhänger des agilen Change-Managements. Dennoch arbeiten sie bei der Einführung der neuen Beratungssoftware nach dem 5-Phasen-Modell von Krüger. Hierzu haben sie sich entschlossen, weil es sich bei dem Projekt um einen größtenteils abgeschlossenen Vorgang handelt, der mit dem vollständigen Rollout endet. Den fünf Phasen wurden die folgenden Schritte zugeordnet:

1. *Initialisierung*
    - *Auftaktveranstaltung mit den Auftraggebern (Geschäftsführung und weitere Stakeholder) zur vollständigen Auftragsklärung*
    - *Ermittlung der Stakeholder*
2. *Konzipierung*
    - *Ermittlung des Bedarfs der Nutzer (Befragung und Workshops mit Außendienstmitarbeitenden)*
    - *Abstimmung von Anforderungen und Möglichkeiten mit IT*

[22] Vgl. *Schulthess* Manager Handbuch 2018/2019, Zürich, Schulthess Management, 2018, S. 18–28.

- *Ermittlung des Ressourcenbedarfs (zum Beispiel Budget und Personal), Freigabe durch Unternehmensleitung)*
- *Entwicklung der Software durch IT-Abteilung*
- *Permanente Feedbackschleifen und Tests durch Pilotagenturen*
- *Erstellung der Kommunikationskampagne*

3. *Mobilisierung*
   - *Einbezug und Ausbildung von Change Agents*
   - *Durchführung der Kommunikationskampagne (nach ADKAR-Modell)*
4. *Umsetzung*
   - *Erste Schulungen mit Schulungs-Oberfläche*
   - *Freischaltung der echten Software (bisherige bleibt als Backup funktionstüchtig)*
   - *Change Agents sind für Hilfe erreichbar; zusätzlich speziell eingerichtete Hilfe-Hotline verfügbar*
   - *Forum ermöglicht gegenseitigen Austausch und gegenseitige Hilfestellung der Außendienstmitarbeiter untereinander*
   - *IT erhält permanent direktes Feedback um auf auftretende Probleme/Störungen schnell reagieren zu können*
5. *Verstetigung*
   - *Workshops unter Außendienstmitarbeitenden erleichtern die weitere Umgewöhnung und liefern Indizien für weiteres Optimierungspotenzial*
   - *Monitoring der Nutzungsquoten von neuer und alter Software*
   - *Langfristig: Abschaltung der alten Software und vollständige Umstellung auf neue Lösung*
   - *Forum und Hotline bleibt bestehen, um künftig notwendigen Optimierungsbedarf beobachten zu können*

Um die Phase der Konzipierung nutzergerecht zu gestalten, war dem Change Team besonders wichtig, vor allem die Meinungen der Nutzer selbst zu kennen. Deshalb wurde eine konzernweite Befragung durchgeführt. Um weitere Details abzufragen, ist das Team mit verschiedenen Agenturen direkt in Kontakt getreten. Hierbei hat man nicht nur besonders große Agenturen betrachtet, sondern auch Einzelagenturen oder sehr spezialisierte Vertriebseinheiten. Diese wurden sogar in einen Dialog mit den Entwicklern gebracht und mit der Erprobung beauftragt.

Innerhalb des gewählten Phasenmodells kam das ADKAR-Prozessmodell zum Einsatz. So wollten Alina und Peter sicherstellen, dass sie die Außendienstmitarbeitenden direkt in die Rollout-Phase miteinbeziehen (siehe Kapitel 7.5 Kommunikation in der Proximus Ver-

sicherung AG). Vorab wurden hierfür auch sogenannte Change Agents aktiviert. Hierbei handelt es sich um Personen, die den Veränderungsvorgang aktiv unterstützen und ihn mittragen. Im Falle der Einführung der neuen Beratungssoftware konnten sich hierfür Mitarbeitende auf Ebene der Vertriebsdirektionen finden lassen. Dies waren zum einen Teil Fachspezialisten, die sich für das, was bevorstand eigens haben briefen lassen; zum anderen Teil handelte es sich um die Pilotagenturen, die die Entwicklung unterstützt haben und sich nun dazu bereiterklärten, ihre bisherigen Erfahrungen aktiv weiterzugeben.

7.5 Kommunikation der Veränderung

Der Kommunikation der geplanten Veränderung wird eine bedeutende Rolle zugeschrieben. Dies spiegelt sich nicht nur in den Change-Modellen aus den vorangegangenen Kapitel 7.3 und 7.4, sondern wird auch deutlich, wenn man sich die häufigsten Gründe für das Scheitern von Veränderungsvorhaben ansieht (siehe Kapitel 7.1 *Warum permanenter Wandel in jedem Unternehmen nötig ist*). Die Kommunikation der Veränderung besteht dabei nicht bloß aus der Weitergabe von Sachinformationen, denn oftmals sind Veränderungen mit Emotionalität verbunden (siehe Veränderungskurve nach Kübler-Ross Abbildung 7.1: Change Kurve nach Kübler-Ross). Wenngleich die **Information** eine der Kernaufgaben ist, die sich auf den gesamten Prozess erstreckt und kontinuierlich aufrechterhalten werden sollte, setzt die Change-Kommunikation jedoch noch früher an und möchte tiefgreifender wirken. Im ersten Schritt setzt sie sich das Ziel, die **Vision des Wandels zu vermitteln**, damit der Sinn hinter der Veränderung verstanden wird. Das **Involvieren** der Betroffenen sorgt für Sicherheit unter ihnen. Denn oftmals kommen Fragen auf, die von den Verantwortlichen für die Veränderung so gar nicht erwartet wurden. Ein Dialog und die Möglichkeit, Fragen zu stellen, sorgen somit nicht nur für **Transparenz** und Fairness, sondern stärken auch das Selbstbewusstsein der Mitarbeitenden, die Veränderung mit anzugehen.

Eine **Beratung** der Führungskräfte sollte ebenso als wesentliche Säule der Change-Kommunikation angesehen werden. Denn in vielen Fällen überbringen die jeweiligen Führungskräfte ihren unterstellten Mitarbeitenden die Botschaft einer Veränderung. Dementsprechend müssen die Führungskräfte gesondert auf diesen Prozess vorbereitet und ihnen die entsprechenden Kompetenzen für eine erfolgreiche Kommunikation vermittelt werden.[23]

[23] Vgl. Gerhild Deutinger, Kommunikation im Change: Erfolgreich kommunizieren in Veränderungsprozessen, 2. Aufl. 2017 (Berlin, Heidelberg: Springer Berlin Heidelberg, 2017), 9–10, https://doi.org/10.1007/978-3-662-53687-2; zuletzt abgerufen am 19. Februar 2026.

Die Aufgaben der Change Kommunikation kann also in den folgenden fünf Kernaufgaben zusammengefasst werden:

- Informieren
- Vision vermitteln
- Involvieren und beteiligen
- Transparenz schaffen
- Beratung

Um dies zu gewährleisten, ist ein hohes Maß an kommunikativer Kompetenz gefragt, die als „die Fähigkeit von Kommunizierenden, angemessenes Verhalten auszuwählen und so interpersonale Ziele zu erreichen, ohne Interessen des Gegenübers zu verletzen" definiert wird.[24]

Angemessenes Verhalten beinhaltet mitunter, dass die richtige Sprache verwendet wird. Hiermit ist nicht nur die Landessprache gemeint, sondern die Art der Sprachwahl, die von den jeweiligen Betroffenen üblicherweise verwendet wird oder sie bewegt. Schon wenn man Kleinkinder beim Spielen sieht, kann man feststellen, dass Mädchen oft anders miteinander sprechen als Jungen und ältere Kinder anders als jüngere. Auch bei Erwachsenen lassen sich erhebliche Unterschiede feststellen: Produktionsmitarbeitende sprechen untereinander anders als das Top-Management, Wissenschaftler anders als Menschen im Vertrieb usw. Möchte man Menschen also wirksam die Vision eines Wandels näherbringen, so ist es hilfreich, ihren Sprachgebrauch authentisch aufzunehmen und zu spiegeln. Zum Verständnis, wie Kommunikation gelingen kann und auf welche Feinheiten dabei zu achten sind, dienen bekannte Kommunikationsmodelle wie das Sender-Empfänger-Modell nach Shannon und Weaver, das Modell nach Schulz von Thun oder die 5 Axiome der Kommunikation nach Paul Watzlawick (Modelle siehe Band Kernprozesse, Kapitel 1.1).

Ein weiteres Modell, das zu Rate gezogen werden kann, wenn es darum geht, Informationen verständlich zu übermitteln, sind die Maximen der Kommunikation nach Grice. Grice hat dieses Modell auf der Grundidee aufgebaut, dass Kommunikation immer als kooperatives Handeln zu betrachten ist. Es besagt, dass ein Kommunikationsziel immer nur erreicht werden kann, wenn eine Idee so verfasst wurde, dass sie vom Gegenüber auch verstanden werden kann. Die elementare Grundlage für die Kommunikation ist, dass (wenigstens ein geringes) gemeinsames Interesse vorliegt. Im Change-Management könnte diese Grundlage beispielsweise durch den Fakt der Zusammenarbeit bestehen.

---

[24] Vgl. John M. Wiemann, „EXPLICATION AND TEST OF A MODEL OF COMMUNICATIVE COMPETENCE", Human Communication Research 3, Nr. 3 (März 1977): 195, https://doi.org/10.1111/j.1468-2958.1977.tb00518.x; zuletzt abgerufen am 19. Februar 2026.

Um die Kommunikation aus dieser Grundlage heraus möglichst effizient und ohne die Möglichkeit von Missverständnissen zu gestalten, hat Grice vier Maxime definiert:[25]

1. **Maxime der Quantität:**
   - Mache den Beitrag so informativ wie möglich!
   - Wichtige Informationen sollten vermittelt werden, überflüssige gilt es zu vermeiden.
   - Eine Verletzung der Maxime würde bedeuten, zu viel oder zu wenig zu sagen.
2. **Maxime der Qualität:**
   - Sage nichts, wofür dir die Gründe fehlen!
   - Falschaussagen oder ungesicherte Spekulationen gilt es zu vermeiden.
   - Eine Verletzung der Maxime würde zum Beispiel bedeuten, Informationen zu verbreiten, die lediglich auf Spekulationen beruhen
3. **Maxime der Relevanz**
   - Sei relevant!
   - Vermeide nebensächliche Informationen, die nicht zum Thema gehören.
   - Eine Verletzung der Maxime könnte auch sein, die Menschen mit Informationen zu versorgen, die sie selbst überhaupt nicht betreffen.
4. **Maxime der Klarheit**
   - Sei eindeutig!
   - Hierbei gilt es, Mehrdeutigkeiten zu vermeiden (siehe zum Beispiel auch Modell nach Schulz von Thun, Band Kernprozesse Kapitel 1.1)
   - Eine Verletzung der Maxime würde bedeuten Informationen zu verbreiten, die doppeldeutig sind oder unterschiedlich interpretiert werden können[26]

Um mit der richtigen Art zu kommunizieren und auch die richtigen Menschen zu erreichen, gilt es grundsätzlich auch zu wissen, wer diese sind und mit welchem Medium sie erreicht werden können. Stakeholder-Analysen sorgen für einen Überblick, wer die zu erreichenden Personen sind (siehe zum Beispiel Kapitel 7.2 Analysetools im Change-Management). Um zu wissen, wie diese Menschen erreicht werden können, sollte man sich Gedanken über deren übliche Kommunikationsmittel und Möglichkeiten der Kommunikation machen. Eine rein handwerklich tätige Person hat beispielsweise oftmals keine eigene Firmen-E-Mail-Adresse und hat während der eigentlichen Tätigkeit auch nur bedingt die Möglichkeit, einen Computer zu bedienen. Außendienstmitarbeitende haben zwar meist durchaus eigene E-Mail-Adressen und Büro-

25 Vgl. Jessica Röhner und Astrid Schütz, Psychologie der Kommunikation, 3., aktualisierte und überarbeitete Auflage, Basiswissen Psychologie, Berlin, Springer, 2020, S. 33–35.

26 Vgl. Röhner und Schütz, S. 33–35.

zeiten, jedoch ebenso Zeiten, in denen sie am Steuer eines PKWs sitzen, um zu Kunden zu gelangen oder in denen sie Kundengespräche führen. Ganz grundsätzlich sind, je nach Zielgruppe, jedoch alle Methoden denkbar, mit denen Menschen erreicht werden können. Ganz egal, ob alt- oder neumodisch. In der heutigen Zeit muss ein Brief beispielsweise gar nicht unbedingt als zu altmodisch erachtet werden, sondern kann genau aus dem Grund, dass er nur noch selten verwendet wird, besonders einprägsam wirken.

Einige Beispiele für Methoden der Kommunikation:

- Face-to-Face (miteinander sprechen)
- Telefonat
- Betriebsversammlung
- Rundmail
- Rundschreiben
- Info-Plakat
- Blog
- Video-Botschaft
- Newsletter
- Mitarbeiterzeitung
- Artikel im Intranet
- Schwarzes Brett
- Schulungen/Workshops
- Social Media

Die Nutzung mehrerer Methoden und Arten der Kommunikation parallel erhöht die Aufmerksamkeit und sorgt dafür, dass die Botschaft auch wirklich empfangen und verstanden wird. Unabhängig davon, welche Methoden zur Übermittlung von verändernden Botschaften ausgewählt wurden, eignet sich oftmals die Methode des **Storytellings**, um sie für alle greifbar zu machen. Hierbei werden die zu übermittelnden Informationen in eine Geschichte gepackt, welche die Betroffenen der Veränderung mitnehmen möchte. In der Geschichte sollten Figuren auftauchen, mit denen sich die Einzelnen leicht identifizieren können. Sie sollte emotional sein, prägnant und positiv abschließen – oder eine Moral übermitteln.[27]

Zur kommunikativen Kompetenz gehört es, so zu kommunizieren, dass interpersonale Ziele erreicht werden können, ohne die Interessen des anderen zu verletzen (sie-

---

27 Vgl. Deutinger, Kommunikation im Change, S. 104–5.

he Definition oben).[28] Eine Veränderung führt meist unweigerlich zu emotionalen Schwankungen (siehe oben, Kübler Ross). Daher sollten die Überbringer der Veränderungsbotschaft nicht nur in der Lage sein, ihre Mitmenschen zu mobilisieren und sie für die Veränderung zu begeistern, sondern auch die Emotionalität von anderen auszuhalten. Unsicherheiten muss offen und dialogorientiert begegnet werden.[29]

In der Praxis, gerade von größeren Unternehmen, helfen meist die Kommunikations- und Marketingabteilungen bei der Change-Kommunikation. Ebenso bieten sie dabei Unterstützung, um eine passende Kommunikationskampagne auszuarbeiten. Dort wird festgelegt, wann und wie welche Kommunikationskanäle bedient werden sollen, um wen zu informieren.

Die Kommunikationskampagne der Proximus Versicherung AG

Schon in der Initialisierungsphase waren Mitarbeitende aus dem Marketing anwesend. Die hauseigene Marketing- und Kommunikationsabteilung wurde beauftragt, die Kommunikationskampagne zu planen und durchzuführen. Durch den frühzeitigen Einbezug war diese Abteilung sehr gut über sämtliche Entwicklungen informiert. So entging den Mitarbeitenden auch nicht, dass schon früher als geplant Informationen an die Außendienstmitarbeitenden gelangt sind. Trotz Verschwiegenheitserklärungen der Pilotagenturen wussten wohl andere Agenturen, dass etwas geplant ist.

Auf einer Jahrestagung wurde der Vorstand direkt mit der Frage konfrontiert, ob ein neues Beratungsprogramm eingeführt werden soll. Darauf hat er salopp erwidert: „da kommt was Heißes auf euch zu!". Diese wenigen Worte haben sich mehr verbreitet, als erwartet und wurden zum Running Gag. Wann immer sich ein Nutzer über seine bisherigen Möglichkeiten ausgelassen hat, wurde er von seinen Kollegen beschwichtigt: „Reg dich nicht auf, bald kommt was Heißes auf uns zu". Für die Marketingabteilung lag es nahe, diese Worte aufzugreifen. So wurde in erster Instanz über sämtliche intern zur Verfügung stehenden Medien ein Videoclip veröffentlicht, der dazu diente, einen großen Spannungsbogen aufzubauen. In diesem kurzen Clip war nicht viel mehr zu sehen als ein gefrorener See, der plötzlich angefangen hat zu brodeln. Die Eisdecke ist aufgebrochen, der Bildschirm wurde schwarz und die Worte „Da kommt was Heißes auf euch zu" erschienen. Diese Worte wurden ganz am Ende durch die Information ersetzt: „Nähere Informationen am 01."

Auch die schwammige Formulierung „am 01." wurde bewusst gewählt. Dies ließ Raum zur Spekulation und hat dazu geführt, dass die Außendienstmitarbeitenden eben auch spekuliert haben und sich darüber ausgetauscht haben, wann genau gemeint sein könnte und was sie erwartet. Das Bewusstsein (vgl. Awarness, ADKAR-Modell) war also geweckt, dass eine Veränderung bevorsteht. Mit „01." war der nächste Monatserste gemeint, der auf einen Freitag fiel. Jeden Freitag wird im Unternehmen eine Rundmail versendet, die über sämtliche Neuerungen informiert (zum Beispiel neue Tarife, Änderungen von Zustän-

28 Vgl. Wiemann, „EXPLICATION AND TEST OF A MODEL OF COMMUNICATIVE COMPETENCE", S. 195.
29 Vgl. Deutinger, Kommunikation im Change, S. 11–14.

digkeiten, neue Marketing-Kampagnen, geänderte rechtliche Anforderungen, Weiterbildungsmöglichkeiten...).

Um zu gewährleisten, dass diese Informationen auch gut an Außendienstmitarbeitende, die viel am Steuer sitzen, gelangen, gibt es dieses Format innerhalb der Proximus Versicherung AG seit einiger Zeit auch zeitgleich als Podcast. Des Weiteren wurden die Informationen über die Neuerung in persönlichen Informations-Mails, dem Intranet usw. gestreut. Somit war sichergestellt, dass sie von jedem, unabhängig von persönlichen Nutzungspräferenzen empfangen werden konnte.

Ein großes Thema in der ersten Information waren die neuen Möglichkeiten: Wie kann die innovative Oberfläche bestmöglich genutzt werden, und dies auch noch flexibel auf sämtlichen eigenen Endgeräten – also mobil und unabhängig? Hierdurch wollte man das Verlangen nach der Änderung (vgl. Desire, ADKAR-Modell) hervorrufen. Das Wissen (vgl. Knowledge, ADKAR-Modell) wurde über die weiteren Informationen in den Veröffentlichungen vermittelt und vor allem in den personalisierten Information-Mails vertieft, in denen die individuellen Möglichkeiten über Schulungen, Ansprechpartner und weitere Unterstützung aufgezeigt wurden. In den Schulungen wurde dann die Fähigkeit hergestellt, mit der neuen Software umzugehen (vgl. Ability, ADKAR-Modell). Zunächst in einer Schulungsumgebung, dann mit der echten Software, um in die wirkliche Nutzung zu kommen. Hier wurden auch die Möglichkeiten des weiteren Austauschs und der Unterstützung aufgezeigt, um sicherzustellen, dass die Mitarbeitenden sich auch sicher fühlen, wenn etwas mal nicht funktioniert und die Nutzung der neuen Software komplett in das tägliche Tun aufgenommen wird (vgl. Bestätigung/Reinforcement, ADKAR-Modell).

Natürlich gab es auch kritische Stimmen der künftigen Nutzer. Auch darauf wurden die Trainer und Change Agents vorbereitet und ihnen im Vorfeld die Veränderungskurve nach Kübler-Ross nähergebracht (siehe Abbildung 7.1: Change Kurve nach Kübler-Ross). An die neue Oberfläche und Funktionsweise mussten sich die Außendienstmitarbeiter zunächst gewöhnen. Manche Funktion wurde nicht direkt entdeckt oder erkannt. In der ein oder anderen Schulung hat dies sogar zu manch lautem Einwand geführt. Die wichtigsten Hinweise für die Personen, die mit der Einweisung in die neue Software beauftragt waren, waren es, erste Spannungen auszuhalten und verständnisvoll zu reagieren. Ein gemeinsames Erarbeiten der Lösungen für die ersten Probleme hat meist dazu geführt, dass aufgeheizte Stimmungen schnell besänftigt wurden. Nach und nach haben sich die Nutzer an das neue System gewöhnt und die kritischen Stimmen wurden leiser.

7.6 Monitoring und Evaluation von Veränderungsvorhaben

Ein entscheidender Schritt zum Abschluss eine Veränderungsprozesses besteht darin, den Wandel zu verstetigen. Geänderte Verhaltensweisen sollen so verinnerlicht werden, dass die Mitarbeitenden, die mit den Neuerungen arbeiten, nicht einfach wieder in ihre alten Muster zurückfallen. Neben einer Evaluation der erzielten Ergebnisse ist dabei auch wichtig, die Veränderungen positiv abzuschließen. Denn in einer schnelllebigen Welt wie der heutigen kann keinesfalls davon ausgegangen werden, dass nun alles bleibt, wie es ist. Ein kontinuierlicher Wandel erfordert kontinuierliche Verbesserungen. Deshalb muss die Veränderungsbereitschaft grundlegend aufrechterhalten werden. Dies kann durch Honorierung der Ergebnisse und Erfolge gefördert werden. Workshops und Ideenpools können dazu beitragen, dass die Partizipation der Mitarbeitenden weiterhin sichergestellt wird und sie sich einbringen können, falls es zu Schwierigkeiten bei der Arbeit im veränderten Zustand kommt.[30]

Um den Change-Fortschritt überhaupt beobachten und abschließend bewerten zu können, sind je nach Veränderungsvorhaben verschiedene Arten von Messgrößen hilfreich. Ein Controlling kann über Wertziele, Leistungsziele oder Sozialziele erfolgen. **Wertziele** sind Ziele, die sich leicht quantifizieren lassen. Meist in monetärer Einheit lassen sich Kennzahlen wie beispielsweise Umsatz, Gewinn, EBIT (Earnings Before Interest and Taxes) oder der Kapitalwert beurteilen. Hierzu können einfache Soll-Ist-Vergleiche durchgeführt werden. **Leistungsziele** entsprechen im Change-Management in der Regel den Veränderungszielen. Hierbei wird also der Fortschritt bei der Veränderung betrachtet. Um diese Zielerreichung zu überprüfen, kann während des Wandels zum Beispiel ein Soll-Ist-Vergleich dienen, der überwacht, ob die geplanten Meilensteine zum geplanten Zeitpunkt erreicht werden. **Sozialziele** beziehen sich auf die Verhaltensweisen der Betroffenen. Es wird überprüft, ob die Veränderungen bei den Mitarbeitenden akzeptiert werden, ob sich Verhaltensweisen verändern und wie sich die Verhaltensweisen gegenüber Verantwortlichen und Führungskräften entwickeln.[31]

Da sich Leistungs- und vor allem Sozialziele teils nur schwer quantifizieren lassen, ist es wichtig, Meinungen direkt bei den Menschen abzuholen, die die Veränderungen erleben. Die Kommunikation spielt hierbei abermals eine entscheidende Rolle. Neben direkten Unterhaltungen können größer angelegte Befragungen, Umfragen oder Workshops durchgeführt werden. Eine weitere Methode, um Meinungen direkt bei den Mitarbeitenden einzuholen und rückzukoppeln, sind sogenannte Soundingboards. Dabei repräsentieren Vertreter aus unterschiedlichen Bereichen ihre aktuellen Erfahrungen. Die Resonanzgruppe eines Soundingboards besteht in der Regel aus

[30] Vgl. Krüger, Excellence in Change, S. 81–83.
[31] Vgl. Krüger, S. 340–41.

10–15 Teilnehmenden und kann aus Personen wie zum Beispiel Führungskräften aus einer Linie, Beratern, Kunden, Mitarbeitenden oder anderen Stakeholdern zusammengesetzt sein. Neben dem Erleben der Veränderung können auch Wahrnehmungen zu geplanten Veränderungen, Ansichten zur Machbarkeit oder der jeweilige Mehrwert einer Änderung aus Sicht der Einzelnen thematisiert werden.[32]

Monitoring und Evaluation bei der Proximus Versicherung AG

Der Erfolg der Einführung der neuen Beratungssoftware wurde vor allem durch die Messung der Nutzungsquote von neuer und alter Software gemessen, da diese besonders leicht zu quantifizieren war. Daneben haben die Verantwortlichen der Maßnahme besonders viel Wert darauf gelegt, dass Kritik wirklich gehört wird und als Grundlage zur Gestaltung von Optimierungen dient. Für die Erklärung von einzelnen Bausteinen, bei denen sich besonders viele Nutzer schwergetan haben, wurden online abrufbare Videos aufgezeichnet. Nach der Veröffentlichung dieser Clips wurden Schwankungen in den Nutzungsquoten seltener und das neue System vollständig akzeptiert.

Trotzdem bleibt die Hotline für Anfragen aktiv und auch das Forum für den Austausch besteht weiterhin. So können neue Anforderungen schnell erkannt und auftretende Probleme schnell identifiziert werden.

Am Ende des Projekts sind Lisa und Max begeistert darüber, wie gut die Einführung der neuen Software funktioniert hat. Max fragt sich, wieso die Einführung des KI-Bots bis heute nicht klappen wollte und die Nutzungsrate nach wie vor niedrig ist. Nachdem Alina und Peter einige weitere Informationen hierzu erhalten haben, fällt ihnen die Antwort relativ leicht.

Die für die Einführung des Bots verantwortlichen Personen waren davon überzeugt, eine besonders gute Funktion einzuführen und sind deshalb davon ausgegangen, dass die Einführung wie von selbst funktioniert. Sie haben die Funktion einfach freigeschaltet und dachten, dass sie direkt genutzt wird. Jedoch hatten sie die potenziellen Nutzer zuvor nicht in einen wandlungsfähigen Zustand gebracht (vgl. zum Beispiel Eiswürfel-Modell von Lewin, Kapitel 7.3 (Phasenmodelle im Change-Management)). Sie sind zu selbstgefällig an die Veränderung herangegangen und haben sie zu wenig kommuniziert (siehe zum Beispiel häufigste Gründe für das Scheitern von Change-Projekten, Kapitel 7.1 (Warum Change Maßnahmen begleitet werden sollten)). Die Mitarbeitenden aus den entsprechenden Abteilungen sind eines Morgens an ihren Arbeitsplatz gelangt und plötzlich sah da etwas anders aus. Dies hat einige verunsichert. Gerade ältere Mitarbeitende, die nicht mit der Nutzung von Computern aufgewachsen sind, hatten sogar Angst, sie könnten etwas falsch machen, wenn sie dort etwas Falsches klicken. Andere Anwender haben sich schlichtweg gestört gefühlt. Sie wollten ihre eigentliche Arbeit erledigen und wussten nicht, dass der neue Bot, den

[32] Vgl. Simon Schoop in: Jan Lies (Hrsg.)., Erfolgsfaktor Change Communications: Klassische Fehler im Change-Management vermeiden, Wiesbaden, Springer Gabler, in Springer Fachmedien Wiesbaden GmbH, 2011), S. 14.

sie erstmal wegklicken wollten, ihnen helfen könnte, ihre Arbeit sogar schneller zu tun. Doch die Mitarbeitenden des Change-Teams sehen das Projekt nicht als vollkommen gescheitert an und sind überzeugt davon, dass sie mit einem zweiten, geführten Rollout auch dem KI-Bot zum Erfolg verhelfen können.

Lisa und Max wollen den zweiten Versuch unbedingt starten und sich dabei von Alina und Peter unterstützen lassen. Sie entschließen sich, die Leitungsebene zu kontaktieren und zu informieren, dass sie sich diesem Problem gerne als nächstes annehmen wollen. Alina und Peter stehen vor einer spannenden und herausfordernden Aufgabe. Denn oft ist es sogar noch schwieriger, ein gescheitertes Projekt zu retten, als ein neues Projekt von Anfang bis zum Ende zum Erfolg zu führen. Dennoch nehmen sie diese Herausforderung sehr gerne an.

8 Einführung in das Vertriebsmanagement

Lernziele: In diesem Kapitel lernen Sie:

- Begriffsinhalt, Bedeutung und Aufgaben des Vertriebsmanagements als Unternehmensfunktion eines Versicherungsunternehmens kennen;
- Die verschiedenartigen Absatzverfahren und Vertriebswege insbesondere auf Basis der handels- und der gewerberechtlichen Kriterien zu unterscheiden;
- Wichtige vertriebsrechtliche Vorgaben wie unter anderem die Wohlverhaltens-, Informations- und Beratungspflichten kennen und erfahren, wie sie anzuwenden sind;
- Wie Provisionen und andere Vergütungs- und Anreizgestaltungen im Vertrieb eingesetzt werden, welche Ziele dabei verfolgt werden, und welche rechtlichen Vorgaben zu beachten sind;
- Wie aus der Unternehmens- eine Vertriebsstrategie eines Versicherers abgeleitet wird.

Handlungssituation
Der Vertrieb der Proximus Versicherung AG basiert schwerpunktmäßig auf einer Ausschließlichkeitsorganisation und einigen wenigen Maklern und Mehrfachvertretern. Der Vertriebsvorstand ist unsicher, ob die Proximus Versicherung AG damit den Markt erfolgreich ausschöpft und hat das Inhouse Consulting mit einer Analyse beauftragt. Lisa und Max sollen zudem prüfen, ob sich die Proximus Versicherung AG für moderne Vertriebsformen wie Onlinevertriebe oder hybride Vermittler öffnen soll. Zudem befürchtet der Vertriebsvorstand, dass die vielfältigen Rechtsvorgaben im Versicherungsvertrieb einem erfolgreichen Vertrieb im Weg stehen, sodass Anliegen wie eine Begrenzung der Abschluss- und Vertriebskosten oder der Absatz nachhaltiger Versicherungen nicht im wünschenswerten Maß gelingt.

8.1 Definition, Bedeutung und Aufgaben des Vertriebsmanagements

Der Vertrieb ist eine **Unternehmensfunktion** des Versicherungsunternehmens. Die Versicherer verfügen in der Regel über eine Organisationseinheit Vertrieb. Sie ist meist als Vorstandsressort entweder nur für Vertrieb oder häufiger in Kombination mit dem Marketing verankert.

Vertrieb wird klassisch als **Absatz** von Versicherungsprodukten vom Versicherer an den Kunden verstanden, direkt oder indirekt über Versicherungsvermittler.[1] Der Absatz kann persönlich („face to face") oder auch unpersönlich (zum Beispiel per Internet-Dialog) erfolgen. Tatsächlich umfasst eine Tätigkeit im Vertrieb mehr als nur den Verkauf von Versicherungen. Das zeigt die nachfolgende rechtliche Definition, die aus der Europäischen Versicherungsvertriebsrichtlinie[2] (IDD[3]) ins deutsche Versicherungsvertragsgesetz (VVG) übernommen wurde:

§ 1a Abs. 1 S. 2 VVG

Zur Vertriebstätigkeit gehören

1. Beratung,
2. Vorbereitung von Versicherungsverträgen einschließlich Vertragsvorschlägen,
3. Abschluss von Versicherungsverträgen,
4. Mitwirken bei Verwaltung und Erfüllung von Versicherungsverträgen, insbesondere im Schadensfall.

Zusätzlich werden Internet-Werbung und Internet-Vergleiche von Versicherungen als Vertriebstätigkeit gewertet, sofern der Kunde direkt oder indirekt online eine Versicherung abschließen kann (vgl. § 1a Abs. 2 VVG).

Eine Vertriebstätigkeit nach der VVG-Definition kann von unterschiedlichen Organisationseinheiten innerhalb eines Versicherungsunternehmens erbracht werden. Neben dem Ressort Vertrieb werden häufig Verwaltung und Erfüllung von Versicherungsverträgen, insbesondere im Schadensfall, von den Spartenbereichen abgedeckt. Das ist eine Folge der **Arbeitsteilung**. Mit ihrer Hilfe werden Gesamtaufgaben wie diejenige des Vertriebs von Versicherungen in einzelne Teilaufgaben unterteilt. Diese werden unterschiedlichen Organisationseinheiten zugewiesen. Der Vorteil dabei ist, dass sich diese Organisationseinheiten spezialisieren und ihre Aufgaben effektiver, also qualitativ besser, sowie effizienter, insbesondere kostengünstiger, erledigen können, als wenn sie in einer einzigen Hand vollumfänglich bearbeitet werden.

■ BEISPIEL

Größere Haftpflichtschäden zu regulieren kann sehr anspruchsvoll sein, wird aber in einem Kundenbestand eines einzelnen Verkaufsmitarbeitenden nur selten vorkommen. Dieser Verkaufsmitarbeitende müsste sich unverhältnismäßig aufwändig einarbeiten und würde möglicherweise dennoch

---

1 Vgl. Farny, Dieter: Versicherungsbetriebslehre, 5. Aufl., 2011 Verlag Versicherungswirtschaft, Karlsruhe, S. 657 ff.

2 Richtlinie (EU) 2016/97 des Europäischen Parlaments und des Rates vom 20. Januar 2016 über Versicherungsvertrieb (Neufassung), Amtsblatt der Europäischen Union vom 2. Februar 2016, S. L26/19–59.

3 Das Kürzel „IDD" steht für „Insurance Distribution Directive" oder zu Deutsch „EU-Versicherungsvertriebsrichtlinie".

Fehler bei der Schadenregulierung machen. Es ist effektiver, also fehlerärmer, und effizienter und somitschneller und kostengünstiger, größere Haftpflichtschäden aus allen Kundenbeständen gebündelt in einer Haftpflichtschaden-Abteilung zu bearbeiten. ■

Merksatz

Der Vertrieb von Versicherungen umfasst neben dem reinen **Verkauf**, also dem Erstellen von Angeboten und dem Abschluss von Versicherungen, auch die **Beratung** zu Versicherungen sowie das **Mitwirken bei Verwaltung und Erfüllung** von Versicherungsverträgen, insbesondere im Schadensfall.

Versicherungen sind **Dienstleistungen**. Sie unterscheiden sich durch folgende drei Merkmale von Produkten:

1. **Vorhalten einer spezifischen Leistungsfähigkeit**: Dienstleister müssen ausreichend Personal vorhalten, das passend ausgebildet ist und an Orten zur Verfügung steht, an denen ein Kunde seine Ansprechpartner erwartet.

   ■ **BEISPIEL:** Die Proximus Versicherung AG setzt über 3.000 Versicherungsvertreter ein, damit in jeder Region ortsnah Ansprechpartner für die Kundengewinnung und Kundenbetreuung vorhanden sind. Das wäre aus der Hauptverwaltung heraus allein nicht zu leisten. ■

2. **Integration des externen Faktors**: Die Dienstleistung wird an den Kunden (externer Faktor) unmittelbar erbracht, der dabei mitwirken, also sich integrieren, muss.

   ■ **BEISPIEL:** Die Proximus Versicherung AG kann keine passenden Versicherungsangebote unterbreiten, wenn die Kunden keine Angaben zu ihren Wünschen und zu ihren Bedürfnissen – Versorgungslücken, Versicherungswerte etc. – machen. ■

3. **Immaterialität**: Das Ergebnis der Dienstleistung ist nicht greifbar, sondern besteht in einem Schutzversprechen, das in einem Versicherungsvertrag dokumentiert wird.

Diese Merkmale erklären, warum der Vertrieb als Unternehmensfunktion eine besondere Bedeutung hat. Es sind sehr viele Personen in diesem Bereich tätig, sei es als Versicherungsangestellte, als Versicherungsvermittler oder als Angestellte in Vermittlerbetrieben. Denn es werden oft dezentral viele kompetente Personen benötigt, die den Kundenbedarf wecken, beraten und verkaufen sowie anschließend die Bestandsverträge betreuen und im Schadenfall die Kunden unterstützen können. Sie müssen zudem erreichen, dass Kunden überhaupt bereit sind, mit ihnen über ihren Bedarf zu sprechen und sich beraten zu lassen. Da das Ergebnis ein nicht greifbares Schutzversprechen ist, braucht es ein besonderes Vertrauen in die handelnden Personen. Kunden müssen vertrauen können, dass dieses Versprechen erstens werthaltig ist – also der Versicherungsbedarf richtig erkannt und korrekt in Versicherungsdeckungen übersetzt wurde – und zweitens im Bedarfsfall auch eingelöst wird.

Das Vertrauen in das Leistungsversprechen ist wichtig, weil Versicherungsverträge als Rechtsprodukte nicht immer leicht zu verstehen sind. Zudem decken sie meist selten eintretende Versicherungsfälle ab, die sich die Kunden bis zu ihrem Eintritt nicht immer vorstellen können („Das ist mir noch nie passiert"). Unangenehme Themen wie Tod, Krankheit, Unfälle und andere schwerwiegende Gefahren des Lebens werden zudem oft verdrängt („Sie wollen mir doch nur Angst machen"). Manchmal haben Kunden schlechte Erfahrungen mit Schadenfällen gemacht oder von solchen Erfahrungen gehört und übertragen sie auf andere Sachverhalte, auch wenn das nicht sinnvoll ist („Im Schadenfall kommen Sie bestimmt mit dem Kleingedruckten, warum das gerade nicht versichert sein soll."). Versicherungsunternehmen und ihre Vermittler leiden unter einem weniger guten Ruf, was auf vereinzelte Vertriebsskandale, aber auch auf hartnäckige Klischees zurückzuführen ist („Die Vermittler wollen nur Provision verdienen, und danach sind sie weg."). Gleichzeitig geht es aber auch um viel Geld – ein umfassend versicherter Kunde muss einen deutlichen Konsumverzicht in Kauf nehmen.

Merksatz

Versicherungen sind Dienstleistungen, die von einer ausreichend großen Zahl qualifizierter Fachkräfte im direkten Austausch mit den Kunden erbracht werden. In Beratung und Betreuung gehen sie auf die individuellen Wünsche und Bedürfnisse der Kunden ein und schaffen dabei ein immaterielles, aber wertvolles Leistungsversprechen, auf das sich die Kunden verlassen können.

In diesem Kapitel wird im Weiteren das **Vertriebsmanagement** eingegrenzt. Darunter soll die Unternehmensfunktion eines Versicherungsunternehmens verstanden werden, die die Organisation und Steuerung des Vertriebs verantwortet. Ihre **Aufgaben** sind:

- Die Festlegung einer **Vertriebsstrategie**, die aus der Unternehmensstrategie des Versicherungsunternehmens abgeleitet wird.
- Die Festlegung der **Vertriebsorganisation**, insbesondere der Absatzverfahren und der Vertriebswege, über die das Versicherungsunternehmen seine Versicherungen absetzt.
- Die **Führung** der im Vertrieb tätigen Personen und Vermittlerunternehmen, wozu die Suche, Ausbildung, Einarbeitung, Zielsetzung und Kontrolle sowie die Beendigung einer Zusammenarbeit gehören. Führung ist dabei weit gefasst zu verstehen als jede Form der Beeinflussung Anderer, um Vertriebsaufgaben zu erfüllen und Vertriebsziele zu erreichen[4], auch ohne formale Weisungsvollmacht gegenüber den selbstständigen Versicherungsvermittlern.
- Das Management der **Kundenbeziehungen** mithilfe der Vertriebsorganisation.
- Die Beschaffung und Nutzung von **Marktinformationen** über die Vertriebsorganisation.

4 Vgl. Wunderer, Rolf: Führung und Zusammenarbeit, 9. Auflage, 2011 Luchterhand Verlag, Köln, S. 4.

Das Vertriebsmanagement grenzt sich von anderen Unternehmensfunktionen eines Versicherers ab, ist aber auf diese angewiesen. So ist das **Marketing** verantwortlich, eine Marketingstrategie zu entwickeln, die vom Vertrieb und seiner Vertriebsstrategie unterstützt wird. Dabei betrachtet das Marketing den gesamten Markt, identifiziert geeignete Teilmärkte und Zielgruppen, entwickelt entweder selbst oder zusammen mit den Spartenbereichen dafür passende Versicherungsprodukte und beobachtet deren Erfolg. Das Vertriebsmanagement sorgt für die konkrete Erschließung der als interessant erkannten Teilmärkte und Zielgruppen und für den erfolgreichen Absatz der Versicherungsprodukte.

Das Vertriebsmanagement ist auch auf die Spartenbereiche und dort die **Antragsabteilungen** (Underwriting) angewiesen, um im Einzelfall die gewünschten Absatzerfolge durch Annahme entsprechender Versicherungsanträge zu erreichen. Das Underwriting wiederum benötigt die Risikoinformationen, die der Vertrieb beschafft. Dabei kann es Interessenkonflikte geben, wenn beispielsweise ein Vermittler einen Rabatt einfordert, mit dem er seinen Kunden vom Vertragsabschluss überzeugen will, das Underwriting seinerseits aber die kalkulierten Versicherungsprämien durchsetzen will, um ein ertragreiches Bestandsgeschäft aufzubauen. Das Vertriebsmanagement muss helfen, diese Interessenkonflikte im beiderseitigen Interesse zu lösen.

Das Inhouse Consulting der Proximus Versicherung AG stellt fest, dass in der Kfz-Versicherung unvernünftig hohe Rabatte vergeben wurden und deshalb die Kfz-Sparte droht, Verluste zu machen. Es schlägt dem Vertriebsmanagement als Maßnahme vor, den Ausschließlichkeitsvertretern der Proximus Versicherung AG Rabattbudgets an die Hand zu geben. Die Höhe sollte proportional zum Kfz-Bestand festgesetzt werden und die betroffenen Vertreter selbst entscheiden können, wie sie diese Rabatte einsetzen. Dadurch erreichen sie erstens, dass die Gesamthöhe der Rabatte begrenzt bleibt, und zweitens, dass die Vertreter selbst ein Interesse an einem sparsamen Einsatz von Rabatten entwickeln, um möglichst viele Kunden damit gewinnen zu können.

Ein weiterer Interessenkonflikt kann zwischen dem Vertriebsmanagement und den **Schaden-/Leistungsabteilungen** entstehen. Der Vertrieb hat ein Interesse an einer großzügigen Schadenregulierung, um die Kunden zufriedenzustellen und sie nicht an den Wettbewerb zu verlieren. Dagegen müssen die Schaden-/Leistungsabteilungen darauf achten, nicht mehr Schäden zu regulieren, als bedingungsgemäß gedeckt und damit auch in die Versicherungsprämien eingerechnet sind. Auch hier ist das Vertriebsmanagement gefordert, einen Interessenausgleich herzustellen.

Das Inhouse Consulting der Proximus Versicherung AG erfährt im Gespräch mit den Führungskräften der Schaden-/Leistungsabteilungen, dass Vertreter der Proximus Versicherung AG immer wieder Kulanzzahlungen für nicht versicherte Schäden mit dem Argument durchsetzen, dass sie sonst große Kundenverbindungen verlieren. Mit dem Vertriebsmanagement werden daraufhin zwei Maßnahmen vereinbart: Zum einen wird eine Ursa-

chenanalyse durchgeführt, warum Kulanzanträge gestellt werden. Möglicherweise treten Wissenslücken bei den Vertretern zutage, die durch gezielte Schulungen geschlossen werden können. Denkbar sind zudem Mängel in der Verständlichkeit der Produktbeschreibungen, die Missverständnisse hervorrufen. Zum anderen wird die Entscheidung über Kulanzzahlungen zu den dezentralen Vertriebsführungskräften der Proximus Versicherung AG verlagert und ihnen ein Budget für Kulanzzahlungen eingeräumt, mit dem sie haushalten müssen.

Der Vertriebsbereich verantwortet einen bedeutenden Anteil der Betriebskosten eines Versicherungsunternehmens. Naturgemäß entsteht dadurch ein Interessenkonflikt zwischen dem Vertrieb und dem Gesamtunternehmen, wie teuer der Vertrieb sein darf. Das Vertriebsmanagement muss deshalb ein **Vertriebscontrolling** betreiben, damit eine sparsame Verwendung von Mitteln sichergestellt wird und eine Begründung für die Notwendigkeit der Mittel geliefert werden kann.

Das Inhouse Consulting der Proximus Versicherung AG stellt fest, dass die Proximus Lebensversicherung AG 10 % ihrer Beitragseinnahmen eines Geschäftsjahres für Abschluss- und Vertriebskosten aufwenden muss. Davon wiederum sind 70 % Vermittlungsvergütungen, hauptsächlich Provisionen für Vertreter und Courtagen für Makler. Die Bereichsleitung ist überrascht, weil sie ihrer Meinung nach nur marktübliche Provisionen und Courtagen vereinbart. Sie verweist auf die Abschlusskostenquote der Proximus Lebensversicherung AG, die 50 Promille (5 %) betrage, genau im Durchschnitt der deutschen Lebensversicherer. Lisa und Max erläutern der Bereichsleitung, dass die Abschlusskostenquote eine andere Bezugsbasis hat, nämlich die Beitragssumme des Neugeschäfts. Bei aufgeschobenen Lebensversicherungen realisiert sich diese Beitragssumme erst über viele Jahre verteilt. Wenn aber die Proximus Lebensversicherung AG wächst, sind automatisch die Belastungen durch einmalige Abschlussvergütungen im Geschäftsjahr prozentual zu den Einnahmen des Geschäftsjahres höher, als es die Abschlusskostenquote suggeriert. Hinzu kommt, dass viele aufgeschobene Lebensversicherungen nicht über die gesamte Aufschubzeit bezahlt werden, sondern vorher zurückgekauft (storniert) oder beitragsfrei gestellt werden. Lisa und Max schlagen dem Vertriebsmanagement vor, ein Vertriebscontrolling einzurichten, um genaueren Aufschluss über die Kosten des Neugeschäfts und die Ursachen für deren Höhe wie unter anderem vorzeitige Vertragsbeendigungen zu gewinnen.

Das Vertriebsmanagement verantwortet einen Bereich, der stark rechtlich reguliert ist. Deshalb ist **Compliance** sehr wichtig, also die Einhaltung von rechtlichen wie von anderen Vorgaben wie beispielsweise den Wettbewerbsrichtlinien der Versicherungswirtschaft oder dem Verhaltenskodex für den Vertrieb. Das zentrale Wohlverhaltens-Prinzip ist wiederum aus der Richtlinie IDD ins deutsche VVG übernommen worden:

§ 1a Abs. 1 S. 1 VVG

Der Versicherer muss bei seiner Vertriebstätigkeit gegenüber Versicherungsnehmern stets ehrlich, redlich und professionell in deren bestmöglichem Interesse handeln.

Das Vertriebsmanagement muss deshalb besonders darauf achten, dass die Vertriebstätigkeit die Anforderungen eines ehrlichen, redlichen und professionellen Wettbewerbs um Kunden erfüllt. Alle Vertriebsaktivitäten sind daran zu messen, ob sie im bestmöglichen Kundeninteresse erfolgen.

Das Vertriebsmanagement plant einen Verkaufswettbewerb und befragt das Inhouse Consulting der Proximus Versicherung AG, ob es Bedenken bezüglich der Compliance gibt. Lisa und Max stellen fest, dass die 100 erfolgreichsten Vertreter eine Reise gewinnen können, die innerhalb eines festgelegten Dreimonatszeitraums die meisten Unfallversicherungen verkaufen. Sie fragen die Bereichsleitung, wie diese sicherstellt, dass alle Kunden, die eine Unfallversicherung angeboten bekommen sollen, genau diese am dringendsten brauchen, und ob nicht im Einzelfall beispielsweise eine Berufsunfähigkeitsversicherung noch wichtiger wäre. Darauf kann die Bereichsleitung keine überzeugende Antwort geben. Die Wettbewerbsausschreibung wird daraufhin revidiert und produktneutral gestaltet.

Das Vertriebsmanagement kann in einem Versicherungskonzern wie der Proximus Versicherung AG in verschiedener Weise angesiedelt sein:

1. Als **Konzern-Vertriebsmanagement** wird es auf Konzernebene angesiedelt, um zentrale Vertriebsentscheidungen für alle Konzernunternehmen einheitlich zu treffen.

   ■ **BEISPIEL**

   Die Proximus Versicherung AG entscheidet auf Konzernebene zentral, alle Versicherungsprodukte über einen Konzern-Ausschließlichkeitsvertrieb sowie über Versicherungsmakler und Mehrfachvertreter zu vertreiben. ■

2. Als **Einzelversicherer-Vertriebsmanagement** richtet jede Konzerngesellschaft ein eigenständiges Vertriebsmanagement ein und entscheidet autark über die Organisation des Vertriebs.

   ■ **BEISPIEL**

   Die Proximus Versicherung AG, Proximus Lebensversicherung und Proximus Krankenversicherung betreiben jeweils ein eigenes Vertriebsmanagement, eigene Ausschließlichkeitsvertriebe und entscheiden autonom, mit welchen Maklern und Mehrfachvertretern sie zusammenarbeiten wollen. ■

3. Das Vertriebsmanagement kann vom Konzern auf eine **Vertriebsgesellschaft ausgelagert** werden. Das kann eine eigene Tochter, eine Beteiligungsgesellschaft oder eine Fremdgesellschaft sein. Vorteil ist, dass sich die Konzern-Versicherer auf ihre Aufgabe als Produktlieferanten konzentrieren und die Vertriebsgesellschaft die Markterschließung als Aufgabe erfüllen kann.

■ **BEISPIEL**

Die Proximus-Vertriebs-GmbH übernimmt die Aufgabe, einen Ausschließlichkeits-, einen Makler- und einen Bankvertrieb von Proximus Versicherungsprodukten zu organisieren. ■

8.2 Absatzverfahren und Vertriebswege im Versicherungsunternehmen

Versicherungen können auf verschiedene Weise abgesetzt werden. Bei den Absatzverfahren können der Direktvertrieb und der Indirektvertrieb oder der personengebundene Vertrieb voneinander unterschieden werden. Der **Direktvertrieb** zeichnet sich dadurch aus, dass der Kunde eigeninitiativ tätig wird und Versicherungen direkt bei einem Versicherer abschließt, ohne eine persönliche Beratung vor Ort in Anspruch zu nehmen. Übliche Wege sind ein Abschluss über die Webseite oder per Telefon. Das ist das übliche Absatzverfahren des **Direktversicherers**. Aber auch andere Versicherungsunternehmen können Direktvertrieb als (zusätzliches) Absatzverfahren einsetzen.

Die Proximus Versicherung AG hat eine Reiserücktrittsversicherung entwickelt und möchte diese erfolgreich verkaufen. Das Inhouse Consulting stellt fest, dass die Kosten des Vertriebs über die Ausschließlichkeitsvertreter oder über Makler und Mehrfachvertreter hoch wären, die Erfolgsaussichten trotzdem gering. Laut einer Marktforschung, die das Marketing durchführen ließ, wollen Kunden Reiserücktrittsversicherungen entweder im Reisebüro oder auf einer Versicherer-Webseite abschließen. Daraufhin empfehlen Lisa und Max, auf der Homepage der Proximus Versicherung AG eine Abschlussstrecke für den Direktabschluss von Reiserücktrittsversicherungen einzurichten. Ansonsten dient die Webseite nur dazu, Interessenten auf die Proximus Versicherung AG aufmerksam zu machen und an eine örtlich naheliegende Agentur weiterzuleiten.

Der indirekte oder Personengebundene Vertrieb setzt dagegen auf Personen, die eine Beratung des Kunden sowie weitere Dienstleistungen wie eine Betreuung, also eine laufende Überprüfung der bestehenden Verträge, oder eine Unterstützung im Schadensfall erbringen können. Dabei kann es sich um Angestellte im Außendienst des Versicherungsunternehmens handeln.

Die Proximus Kreditversicherung AG ist im Geschäftsfeld Kreditversicherung unter anderem auf die Absicherung von Exportkrediten spezialisiert. Beratung und Vertrieb eignen sich wenig für Ausschließlichkeitsvertreter, die zu selten mit solchem Geschäft Berührung haben. Entsprechend spezialisierte Makler sind selten. Deshalb empfiehlt das Inhouse Consulting dem Vertriebsmanagement, in jeder der vier Landesdirektionen je einen An-

gestellte Außendienstmitarbeiter einzustellen, der Beratung, Verkauf und Betreuung von Kreditversicherungen übernimmt.

Viele Versicherer setzen selbstständige Ausschließlichkeitsvertreter ein, die diesen Versicherer ausschließlich vertreten. Andere Versicherer vertreiben ihre Versicherungen über Versicherungsmakler oder über Mehrfachvertreter. Schließlich sind auch Banken und Sparkassen sowie andere Gewerbetreibende (zum Beispiel Autohändler, Reisebüros, Handelsunternehmen, Arbeitgeber gegenüber ihrer Belegschaft etc.) häufiger gewählte, selbstständige Vertriebspartner.

Nach Medien kann man im Wesentlichen drei Formen des Absatzes unterscheiden. Der **Präsenz- oder stationäre Vertrieb** erfolgt von Angesicht zu Angesicht („face to face"), indem sich eine beratende Person und ein Kunde entweder in einem Versicherer- oder Vermittlungsbüro oder beim Kunden vor Ort in dessen Wohnung beziehungsweise Betrieb treffen. Zunehmend werden Versicherungen, bei denen mindestens kein räumliches Zusammentreffen aus einer beratenden Person und dem Kunden notwendig ist, sondern dies auf Distanz („remote") per Telefon oder Videotelefonie erfolgen kann, über **Fernkommunikationsmittel** abgesetzt. Unter Umständen ist noch nicht einmal eine Anwesenheit einer beratenden Person notwendig, wenn der Kunde selbstständig im Internet Versicherungen aussucht und abschließt.

Die Proximus Krankenversicherung AG hat eine Auslandsreisekrankenversicherung entwickelt und möchte diese erfolgreich über die Ausschließlichkeitsvertreter vertreiben. Die aber scheuen den hohen Aufwand einer persönlichen Beratung, weil die Prämien niedrig und die Provisionen daher zu gering sind. Lisa und Max empfehlen dem Vertriebsmanagement, eine Abschlussstrecke für die Internetseite der Proximus Versicherung AG zu schaffen und diese in die Unter-Webseiten der Agenturen einzubinden, damit die Kunden bei ihrem Vertreter vor Ort, aber online solche Versicherungen selbst abschließen können.

Eine Mischung aus stationärem Vertrieb und dem Vertrieb über Fernkommunikationsmittel wird auch als **hybrider Vertrieb** bezeichnet. Dabei setzt ein klassischer Versicherungsvermittler zusätzlich Fernkommunikationsmittel für den Absatz aller oder einzelner Arten von Versicherungen ein. Das vorhergehende Beispiel macht das deutlich.

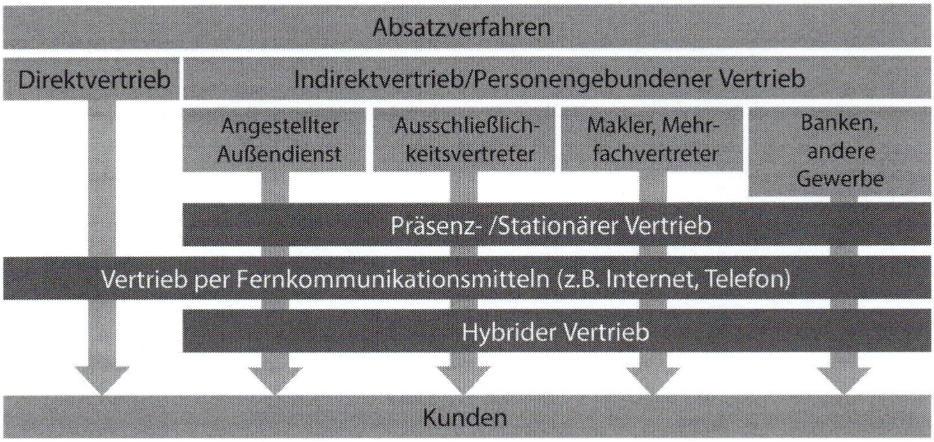

Abbildung 8.1: Absatzverfahren und Vertriebswege

Versicherungsunternehmen fassen diejenigen, die für sie im personengebundenen Vertrieb tätig werden, in sogenannten **Vertriebswegen** zusammen. Es handelt sich um die Summe aller personengebundenen Vertriebspersonen oder -partner, die hinsichtlich bestimmter Merkmale gleich sind. Dabei werden beispielsweise rechtliche und wirtschaftliche Merkmale herangezogen. **Versicherereigene Absatzorgane** sind rechtlich unselbstständig, denn es handelt sich um weisungsgebundene Angestellte, und wirtschaftlich von ihrem Arbeitgeber abhängig. **Versicherergebundene Absatzorgane** sind rechtlich selbstständige Unternehmen, aber wirtschaftlich von ihrem Auftraggeber abhängig. **Versichererfremde Absatzorgane** sind sowohl rechtlich selbstständige Unternehmen als auch wirtschaftlich vom einzelnen Versicherungsunternehmen unabhängig – sie können jederzeit einen anderen Versicherer wählen.[5]

[5] Vgl. Farny 2011, S. 741 ff.

Absatzverfahren			
Direktvertrieb	Indirektvertrieb/Personengebundener Vertrieb		
	Versicherer-eigene Absatzorgane	Versicherer-gebundene Absatzorgane	Versicherer-fremde Absatzorgane
Rechtlich	**Unselbstständig**	Selbstständig	Selbstständig
Wirtschaftlich	**Abhängig**	**Abhängig**	Unabhängig
Beispiele	Angestellter Außendienst	Ausschließlich-keitsvertreter	Makler, Mehrfachvertreter

Abbildung 8.2: Bildung von Vertriebswegen nach rechtlichen und wirtschaftlichen Merkmalen

Die Bildung von Vertriebswegen hat eine hohe praktische Bedeutung. Denn je nach ihren Merkmalen lassen sich Vertriebswege unterschiedlich steuern. Angestellte im Außendienst sind weisungsgebunden und können am besten eingesetzt werden, wenn ein Versicherer bestimmte Vertriebsaufgaben in einer vorgegebenen Weise erledigt sehen möchte. Ausschließlichkeitsvertreter sind selbstständig, ihre unternehmerische Selbstständigkeit muss gewährleistet werden. Gleichzeitig sind sie wirtschaftlich von ihrem einen Auftraggeber abhängig, da sie ein vertretervertragliches Wettbewerbsverbot eingegangen sind. Damit müssen sie die Erwartungen ihres Auftraggebers in ihre eigenen unternehmerischen Überlegungen einbeziehen.

Das Vertriebsmanagement der Proximus Versicherung AG hat mehrfach Beschwerden vom Hausverein der Ausschließlichkeitsvertreter erhalten, wonach die regionalen Vertriebsführungskräfte die Agenturen mit Zielvorgaben konfrontieren und Druck ausüben, diese zu erfüllen. Das Vertriebsmanagement beauftragt das Inhouse Consulting mit einer Untersuchung. Lisa und Max erfahren, dass die Proximus Versicherung AG jedes Jahr Geschäftspläne mit Absatzzielen erstellt und über die regionalen Vertriebsführungskräfte an jede Agentur übergeben lässt. Dabei wird offenbar nicht immer ausreichend deutlich gemacht, dass es sich beim Geschäftsplan nicht um eine Zielvorgabe, sondern um eine Geschäftserwartung der Proximus handelt, die die Agentur beachten kann oder auch nicht. Lisa und Max schlagen der Bereichsleitung vor, die regionalen Vertriebsführungskräfte zu schulen, sensiblere Gespräche zu führen und regelmäßig zu fragen, welche eigenen Absatzziele die Agentur verfolgt. Zudem empfehlen sie die Einrichtung einer Betriebswirtschaftlichen Agenturberatung, die Agenturen berät, wie sie eine eigene Absatzplanung betreiben.

Makler und Mehrfachvertreter sind zwar untereinander rechtlich unterschiedlich. Gegenüber dem einzelnen Versicherer sind sie jedoch nicht nur rechtlich selbstständig, sondern auch wirtschaftlich unabhängig. Sie haben eine Wahl zwischen mehreren oder vielen Versicherungsgesellschaften. Diese Vermittler müssen deshalb anders angesprochen und motiviert werden, immer wieder die Angebote eines Versicherers in Betracht zu ziehen. Versicherer trennen diesen Vertriebsweg deshalb meist auch organisatorisch ab, damit die Führungskräfte des Vertriebs die Besonderheiten dieses Vertriebswegs besser berücksichtigen können.

Banken und Sparkassen werden ebenfalls als eigener Vertriebsweg betrachtet. Dabei sind die meistens als Ausschließlichkeits- oder auch als Mehrfachvertreter der Versicherer anzusehen. Ihre Bedeutung ist aber groß genug, dass sie organisatorisch von anderen Vertriebswegen getrennt werden. Auch sind ihre Anforderungen anders gelagert als bei klassischen Ausschließlichkeitsvertretern, Maklern und Mehrfachvertretern.

Die Proximus Versicherung AG vertreibt Versicherungen über die Süddeutsche Handelsbank AG, die sich auf Kredite und Einlagengeschäfte mit vermögenden Privat- und Firmenkunden spezialisiert hat. Zwar ist Proximus an der Süddeutschen Handelsbank beteiligt, trotzdem stellt sie fest, dass ein erfolgreicher Versicherungsvertrieb über sie nur funktioniert, wenn sie Besonderheiten in der Zusammenarbeit beachtet. Die Bankbeschäftigten sind keine Versicherungsfachleute und brauchen deshalb einfachere, weniger beratungsbedürftige Versicherungsprodukte als der Ausschließlichkeits- und der Maklervertrieb. Außerdem müssen die Produkte in die bankeigene Beratungssoftware eingebunden werden, die für den Ausschließlichkeitsvertrieb entwickelte Agentursoftware kommt nicht in Frage.

Versicherungsunternehmen können folgende Konstellationen bei der Wahl der Vertriebswege verfolgen:

- **Ein-Kanal-Vertrieb**: Es wird nur ein einziger Vertriebsweg definiert. Vorteil ist, dass man die Besonderheiten des Vertriebswegs besonders gut kennt und sich optimal darauf einstellen kann. Nachteil ist, dass die Marktchancen auf diejenigen Kundensegmente begrenzt bleiben, die der Vertriebsweg erreichen kann.

  ▪ BEISPIEL

  Ein Versicherer setzt nur auf Ausschließlichkeitsvertrieb, erreicht darüber aber nur Privat- und Kleingewerbekunden, keine Großgewerbe- und Industriekunden. ▪

- **Doppel-Kanal-Vertrieb**: Es werden zwei konkurrierende Vertriebswege eingesetzt. Dadurch erhöhen sich die Marktchancen, allerdings kann es auch zu Kannibalisierungseffekten kommen. Das Vertriebsmanagement muss Regeln für den Fall gegenseitiger Abwerbung einführen.

  ▪ BEISPIEL

  Ein Versicherer vertreibt seine Versicherungen über Ausschließlichkeitsvertreter und über Banken. Letztere nehmen allerdings Agenturen immer wieder Versicherungskunden ab, sobald diese ein Einlagen- oder Kreditgeschäft in der Bank nachfragen. Es wird ein Organisationsschutzabkommen getroffen, durch das ein Bestandskunde eines Vertriebswegs vom anderen Vertriebsweg nur abgeworben werden darf, wenn erstens der Kunde selbst das wünscht und zweitens der gewinnende Vertriebsweg dem verlierenden Vertriebsweg eine angemessene Abfindung für die verlorene Provisionseinnahme zahlt. ■

- **Multi-Kanal-Vertrieb**: Es werden mehrere, konkurrierende Vertriebswege eingesetzt. Damit erhöhen sich die Marktchancen weiter, gleichzeitig steigt die Komplexität der Abstimmung der Vertriebswegesteuerung untereinander.

  ■ BEISPIEL

  Ein Versicherer bekommt aus dem Maklervertrieb die Möglichkeit, gegen einen Sondertarif ein Paket an Betriebshaftpflichtversicherungen einer bestimmten Branche zu erhalten. Das stellen aber der Ausschließlichkeits- und der Bankvertrieb fest und fordern, dass sie gleich gute Konditionen für die Betriebshaftpflicht beanspruchen können, um nicht die eigenen Bestandskunden hausintern an Makler zu verlieren. ■

- **Omni-Kanal-Vertrieb**: Darunter wird eine Kombination aus verschiedenen Vertriebswegen sowie aus verschiedenen Kontaktwegen verstanden. Der Kunde soll frei entscheiden können, ob er seine Anliegen bei „seinem" Vertriebspartner oder beim Versicherungsunternehmen direkt anbringt, und über welches Medium. Dadurch können unterschiedliche Kundenreisen (**Customer Journey**) unterstützt werden. Allerdings wird die Vertriebskoordination nochmals anspruchsvoller, weil derjenige Vertriebspartner, der den Kunden an den Versicherer vermittelt hat, auch über alle Kontaktaufnahmen informiert werden sollte.

Das Vertriebsmanagement setzt sich mit dem Inhouse Consulting zusammen, weil die Stornoquoten in der Kfz-Versicherung in letzter Zeit ungewöhnlich angestiegen sind. Mithilfe des Marketings wird eine Nachbefragung von Stornierern durchgeführt, die eine überraschende Erkenntnis bringt: Ein beachtlicher Anteil berichtet über eine Verärgerung darüber, dass nach einer Schadenmeldung über die Webseite der Proximus sich weder die Schadenabteilung noch die zuständige Agentur oder der Makler gemeldet hätten, über die ihr Kfz-Versicherungsvertrag vermittelt wurde. Bei der Recherche stoßen Lisa und Max darauf, dass es keinen geregelten Prozess zur Weiterleitung der Online-Schadenmeldung gibt. Zudem ist das Kundencenter nicht darauf eingestellt, bei telefonischen Nachfragen nach dem Bearbeitungsstand des Schadens sensibel zu reagieren, sondern verweist die Kunden auf die Agenturen oder Makler, die ihrerseits uninformiert sind. So entsteht bei Kunden das ungute Gefühl, dass ihnen nicht geholfen werden kann oder sogar nicht geholfen werden soll.

8.3 Grundlagen des Versicherungsvertriebsrechts

8.3.1 Handelsrechtliche Gliederung des Vertriebs

Unternehmer – in diesem Fall Versicherungsunternehmen – können nach dem Handelsgesetzbuch (HGB) drei verschiedene Typen an Hilfspersonen für ihr Handelsgeschäft einsetzen. Zunächst sind **Handlungsgehilfen** (§ 59 HGB) zu nennen, also Angestellte. Versicherungsunternehmen beschäftigen oft eine Vielzahl von Angestellten mit Vertriebstätigkeiten. Häufig, aber nicht immer werden **Handelsvertreter** (§ 84 HGB) beziehungsweise **Versicherungsvertreter** (§ 92 HGB) eingesetzt. Viele Versicherer nehmen zudem Geschäft von Handelsmaklern (§ 93 HGB) an. Das HGB kennt zwar nicht den Begriff des Versicherungsmaklers, aber der Handelsmakler kann verschiedenartige Güter und Dienstleistungen makeln, darunter namentlich auch Versicherungen.

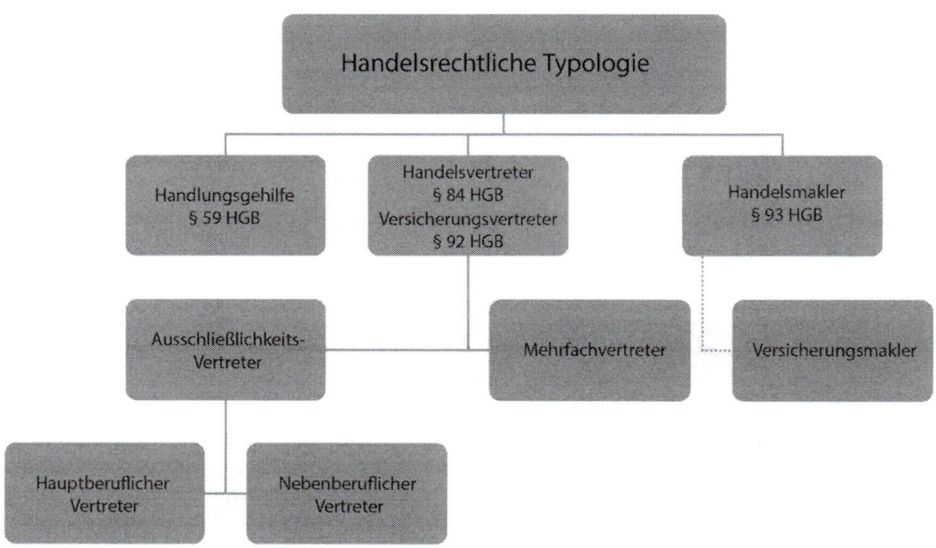

Abbildung 8.3: Handelsrechtliche Typologie des Versicherungsvertriebs

Für das Vertriebsmanagement ist es wichtig zu verstehen, was die entscheidenden Unterschiede zwischen den drei Grundtypen der Hilfspersonen des Versicherers sind. **Angestellte** unterscheiden sich von Handelsvertretern dadurch, dass sie **weisungsgebunden** sind. Der Arbeitgeber kann festlegen, wie sie ihre Tätigkeit ausüben sollen und in welcher Arbeitszeit. Dafür gibt es unter anderem Tarifverträge des Versicherungsgewerbes. Nach dem Manteltarifvertrag für das private Versicherungsgewerbe (MTV) werden zwei Beschäftigtengruppen unterschieden:

- Nach **Teil II MTV Angestellte des Innendienstes und des Außendienstes**, soweit sie nicht unter Teil III fallen. Bei dieser Beschäftigtengruppe ist unter anderem die Wochenarbeitszeit festgelegt. Die Vergütung wird durch Eingruppierung in Gehaltsgruppen festgestellt, wobei die erforderlichen Fachkenntnisse für die ausgeübte Tätigkeit ebenso eine Rolle spielen wie die Entscheidungsbefugnisse und die gegebenenfalls übertragene Fach- oder Führungsverantwortung. Eine weitere Rolle spielt die Beschäftigungszeit. Die Gehälter dazu sind in einem Gehaltstarifvertrag festgelegt.
- Nach **Teil III MTV Angestellte des Werbeaußendienstes**. Dabei handelt es sich um Beschäftigte, die zur Werbung, also zum Verkauf von Versicherungen, angestellt sind. Bei ihnen ist keine bestimmte Arbeitszeit festgelegt, weil das mit der Außendiensttätigkeit schwer vereinbar wäre. Als Vergütung sind Provisionen vorgesehen, also Anteile an den vermittelten Versicherungsprämien. Sie haben Anspruch auf ein im Gehaltstarifvertrag geregeltes Mindesteinkommen, wovon ein kleinerer Teil nicht mit Provisionen verrechnet werden darf, also ein reines Fixum darstellt.

Versicherungsvertreter sind dagegen **selbstständige Gewerbetreibende**. Sie sind ständig damit betraut, für einen oder mehrere Versicherer Versicherungen zu vermitteln oder – je nach Vollmacht – auch diese im Namen eines Versicherers abzuschließen.

§ 84 Abs. 1 S. 2 HGB

Selbständig ist, wer im Wesentlichen frei seine Tätigkeit gestalten und seine Arbeitszeit bestimmen kann.

Versicherungsvertreter dürfen daher nicht Weisungen unterworfen werden, denn sonst wären sie möglicherweise **Scheinselbstständige** – mit unangenehmen sozialversicherungsrechtlichen und arbeitsrechtlichen Folgen. „Im Wesentlichen" deutet allerdings darauf hin, dass es einige Beschränkungen der unternehmerischen Freiheit gibt, die auch ein Versicherungsvertreter hinnehmen muss, ohne deswegen scheinselbstständig zu sein.

■ BEISPIEL

Ein Versicherungsvertreter der Proximus Versicherung AG ist mit dem Logo unzufrieden und gestaltet es für seine Homepage um. Außerdem akzeptiert er die Beratungs- und Agenturverwaltungssoftware nicht und kauft sich eine eigene. Zudem verlangt er auch solche Risiken versichern zu können, die die Proximus Versicherung AG laut ihren Zeichnungsrichtlinien ausgeschlossen hat, weil er Provision verdienen wolle. In diesen Fällen kann die Proximus Versicherung AG eingreifen und den Vertreter anweisen, das Logo unverfälscht zu verwenden, die vorgegebene Software einzusetzen und sich an die Zeichnungsrichtlinien zu halten. ■

Für die Frage, ob ein Versicherungsunternehmen im Vertrieb Außendienstangestellte oder selbstständige Versicherungsvertreter einsetzen sollte, sind verschiedene Aspekte wichtig. Angestellte unterliegen einem arbeitsrechtlichen Schutz. Auf ihre Gehälter – auch auf Provisionen – müssen Sozialversicherungsbeiträge abgeführt werden, von denen der Arbeitgeber je nach Sozialversicherungszweig meist die Hälfte übernehmen muss, also zusätzliche Personalkosten zu tragen hat. Der Arbeitgeber muss zudem dafür sorgen, dass der Arbeitnehmer seine Tätigkeit ausüben kann, beispielsweise einen Dienstwagen und ein Büro zur Verfügung stellen.

Gegenüber Selbstständigen muss der Auftraggeber keinen arbeitsrechtlichen Schutz gewährleisten und keine Sozialversicherungsbeiträge auf deren Provisionen abführen und zum Teil selbst tragen. Auch muss der Auftraggeber keine Dienstwagen und Büros zur Verfügung stellen. Dafür allerdings kann der Auftraggeber keine Weisungen erteilen und nicht verlangen, gegebenenfalls auch andere als solche Tätigkeiten zu erledigen, die eine Provision auslösen. Selbstständige werden attraktive Provisionen fordern. In der Ausschließlichkeit kommt oft eine Bestandsübertragung hinzu, durch die neue Agenturen von Beginn an erste Provisionseinnahmen erzielen können. Versicherungsvertreter haben bei ihrem Ausscheiden unter bestimmten Voraussetzungen einen Ausgleichsanspruch nach § 89b HGB für die wirtschaftlichen Vorteile, die der Versicherer auch nach dem Ausscheiden mit den Kunden erzielen wird, die der ausscheidende Vertreter geworben hat, gewissermaßen eine Abfindung. „Letztlich wird ein erfolgreicher Vertreter wahrscheinlich nicht günstiger, sondern teurer sein als ein Angestellter. Dafür aber trägt er sein unternehmerisches Risiko selbst – in schlechten Jahren muss der Versicherer weniger an ihn zahlen. Und wenn die Erwartungen nicht erfüllt werden, ist eine Trennung leichter zu vollziehen als bei Angestellten.

Die Bereichsleitung Vertrieb wendet sich an das Inhouse Consulting mit folgendem Anliegen. Im Vertrieb der Proximus Versicherung AG sind eine Reihe Verkaufsaußendienstangestellte beschäftigt, für die der Gesamtbetriebsrat eine Betriebsvereinbarung ausgehandelt hat, die aus Sicht der Proximus Versicherung AG deren Einsatz sehr teuer macht. Lisa und Max sollen eine Szenariorechnung anstellen, ob es günstiger wäre, diesen Beschäftigten Handelsvertreterverträge anzubieten. Dafür werden Szenarien berechnet, die eine mittlere, eine unterdurchschnittliche und eine überdurchschnittliche Verkaufsleistung repräsentieren. Es werden die Personalkosten der Angestellten wie Provisionen, Sozialversicherungsbeiträge, Sonderzahlungen, Lohnfortzahlungen im Krankheitsfall, Reisekosten, Dienstwagen, Büro etc. auf der einen und marktübliche Provisionen und Zuschüsse für eine Agentur auf der anderen Seite verglichen. Unabhängig vom Ergebnis weisen Lisa und Max die Bereichsleitung auf einige Nachteile hin, die ein Wechsel vom Angestellten- zum Vertreterstatus mit sich bringen kann. Dazu zählt der Wegfall von Weisungsrechten. In einem umkämpften Arbeitsmarkt besteht das Risiko, die Mitarbeitenden ganz zu verlieren. Die Bereichsleitung überdenkt daraufhin ihre Pläne.

Versicherungsvertreter werden weiter in **Ausschließlichkeitsvertreter** und **Mehrfachvertreter** unterschieden. Ein Ausschließlichkeitsvertreter geht ein vertretervertragliches **Wettbewerbsverbot** ein. Das bedeutet, dass er für keinen anderen als den vertragschließenden Versicherer ohne dessen ausdrückliche Zustimmung tätig werden darf. Für den Fall der Zuwiderhandlung ist in der Regel eine Kündigung ohne Einhaltung einer Kündigungsfrist (fristlose Kündigung) vorgesehen. Manchmal werden auch mehrere Vertreterverträge mit verschiedenen, aber nicht konkurrierenden Versicherern geschlossen. Das nennt man einen **unechten Mehrfachvertreter**, der im Ergebnis doch einer Ausschließlichkeitsbindung unterliegt.

Die Proximus Versicherung AG könnte entweder eine seiner Versicherungsgesellschaften – zum Beispiel die Proximus Allgemeine Versicherung AG – beauftragen, alleine Vertreterverträge mit den Vertretern abzuschließen mit einem Wettbewerbsverbot, und in diesen Verträgen zu regeln, dass die Vertreter auch Lebens-, Kranken-, Rechtsschutz- oder Kreditversicherungen der anderen Proximus Gesellschaften über die Proximus Allgemeine anbieten dürfen. Oder jede einzelne Proximus-Spartenversicherer schließt jeweils einen Vertretervertrag – mit Wettbewerbsverbot für konkurrierende Sparten-Versicherer – ab, damit im Ergebnis der unechte Mehrfachvertreter alle Proximus-Sparten vermitteln kann.

Mehrfachvertreter gehen keine Wettbewerbsverbote ein und können deshalb mehrere, konkurrierende Versicherer anbieten.

Versicherungsvertreter lassen sich zudem nach **hauptberuflichen** und **nebenberuflichen Vertretern** unterscheiden. Eine praktische Relevanz hat das nur in der Ausschließlichkeit – ein nebenberuflicher Mehrfachvertreter würde kaum Akzeptanz am Markt finden. Hauptberufliche Vertreter sind rechtlich bessergestellt als nebenberufliche Vertreter. Allerdings setzt das zwingend voraus, dass ein nebenberuflicher Vertreter in seinem Vertretervertrag als solcher bezeichnet wird, sonst kann sich der Versicherer später nicht darauf berufen. Allerdings kann sich der Versicherer auch dann nicht auf eine Nebenberuflichkeit berufen, wenn die Tätigkeit faktisch als hauptberuflich anzusehen ist. Dabei kommt es nach der **Übergewichtstheorie** darauf an, wo die überwiegende Arbeitszeit eingesetzt und das überwiegende Einkommen erzielt wird.

Die rechtliche Besserstellung erfolgt in dreierlei Hinsicht: Erstens haben hauptberufliche Handelsvertreter Anspruch auf eine mit der Tätigkeitszeit auf bis zu sechs Monate (nach fünf Jahren Tätigkeitszeit) ansteigende **Kündigungsfrist** (vgl. § 89 Abs. 1 HGB), wohingegen sie für Nebenberufler dauerhaft nur einen Monat (vgl. § 92b Abs. 1 HGB) beträgt, jeweils immer zum Ende eines Monats. Vertraglich kann man allerdings längere Kündigungsfristen vereinbaren, die für beide Vertragsparteien gleich lang sein müssen.

Die Bereichsleitung Vertriebsmanagement hat auf einer Fachtagung gehört, dass andere Versicherer zwölf Monate Kündigungsfrist mit ihren hauptberuflichen Ausschließlichkeitsvertretern vereinbaren. Die Proximus Versicherung AG hat bisher keine vertragliche

Regelung und wendet die HGB-Bestimmungen an. Das Inhouse Consulting bekommt den Auftrag, eine Entscheidung über geänderte Vertreterverträge vorzubereiten und Pro- und Contra-Argumente einer verlängerten Kündigungsfrist zu sammeln. Lisa und Max nennen als wichtigstes Pro-Argument, dass die Proximus Versicherung AG im Fall einer Kündigung durch den Vertreter Zeit gewinnt, eine Neubesetzung der Agentur vorzunehmen. Insbesondere, wenn erfolgreiche Vertreter zur Konkurrenz wechseln oder Makler werden wollen, könnten sie sogar durch unmittelbare Freistellung von der Tätigkeit – wenn auch gegen Weiterzahlung der ihnen zustehenden Provisionseinnahmen – ein Jahr lang daran gehindert werden, eine Umdeckung ihres Bestands zu betreiben. Das wichtigste Contra-Argument ist, dass sich die Proximus Versicherung AG auch von weniger erfolgreichen Vertretern nur mit stark verlängerter Frist trennen könnte und sich die Neubesetzung und Wiederbelebung einer Agentur verzögert.

Die zweite rechtliche Besserstellung betrifft die sogenannten **Mindestarbeitsbedingungen**. Für Handelsvertreter, die vertraglich für keinen anderen Auftraggeber tätig werden dürfen und hauptberuflich sein müssen (hauptberuflicher Ausschließlichkeitsvertreter), sieht das HGB die Möglichkeit vor, über eine Rechtsverordnung, „die untere Grenze der vertraglichen Leistungen des Unternehmers" festzusetzen, „um die notwendigen sozialen und wirtschaftlichen Bedürfnisse dieser Handelsvertreter (...) sicherzustellen" (§ 92a HGB). Eine solche Verordnung ist allerdings bisher nicht erlassen worden.

Die Bereichsleitung Vertrieb möchte wissen, wie man den hauptberuflichen Proximus-Vertretern Mindestarbeitsbedingungen gewähren kann. Das Inhouse Consulting befragt dazu die Rechtsabteilung und erfährt, dass eine bewährte Methode die Orientierung am Mindestlohngesetz ist. Allerdings müssen zusätzlich die Agenturkosten berücksichtigt werden. Am einfachsten können die Mindestarbeitsbedingungen durch eine Bestandsübertragung von solchen Beständen gewährleistet werden, die Bestandsprovisionen abwerfen, insbesondere Kompositversicherungen. Alternativ müssten Provisionsgarantien vereinbart werden. Bei denen aber sollte darauf geachtet werden, dass sie in angemessener Zeit durch tatsächlich verdiente Provisionen für Neuabschlüsse wie – im Lauf der Zeit – für aufgebaute Bestände ausgeglichen und damit überflüssig werden. Die Rechtsabteilung warnt, dass Garantievereinbarungen nicht als dauerhafte Kreditgewährung an Agenturen eingesetzt werden dürfen.

Die dritte Besserstellung betrifft den **Ausgleichsanspruch** nach § 89b HGB, der nur hauptberuflichen Vertretern zusteht.

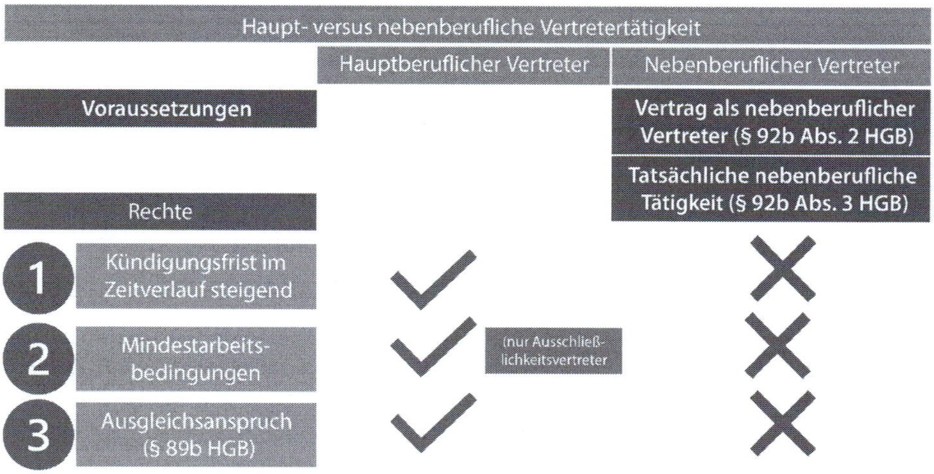

Abbildung 8.4: Unterschiedliche Rechte haupt- und nebenberuflicher Vertreter

Versicherungsmakler unterscheiden sich vom „normalen" Handelsmakler wesentlich, auch wenn das dem HGB nicht zu entnehmen ist. Vielmehr haben Handelsbräuche und Rechtsprechung über lange Zeiträume ein Bild des Versicherungsmaklers entwickelt, das als **„treuhänderähnlicher Sachwalter"** des Kunden umschrieben wird.[6] Während ein Versicherungsvertreter den oder die Versicherungsunternehmen gegenüber dem Kunden vertritt, für die er vertretervertraglich verpflichtet ist, ständig neue Versicherungen zu vermitteln und bestehende Verträge zu betreuen, ist das beim Versicherungsmakler anders. Er wird vom Kunden durch einen expliziten (schriftlichen) oder impliziten (mündlich, durch entsprechendes Handeln) geschlossenen **Maklervertrag** tätig. Gegenstand des Maklervertrags ist die Beschaffung passender Versicherungsverträge. Je nach Ausgestaltung kann sich der Maklervertrag auf alle oder auf bestimmte, einzelne Versicherungsverträge des Kunden beziehen. Zudem kann er sich nur auf Neuabschlüsse oder auch auf Bestandsbetreuungen erstrecken. Damit der Versicherungsmakler sich gegenüber dem Versicherungsunternehmen als Vertreter des Kunden legitimieren kann, benötigt er eine schriftliche **Maklervollmacht** des Kunden. Diese ermächtigt ihn, je nach Ausgestaltung, im Namen des Kunden neue Verträge abzuschließen oder bestehende Verträge zu ändern oder diese auch zu kündigen.

Damit der Versicherungsmakler seiner Pflicht zur Beschaffung passender Versicherungsverträge erfolgreich nachkommen kann, benötigt er sogenannten **Courtagezusagen**. Das sind Zusagen von Versicherungsunternehmen, dass der Makler zum einen deren Versicherungsverträge seinen Kunden überhaupt anbieten darf und zum an-

[6] Vgl. Bundesgerichtshof, Urteil vom 22.5.1985, Az. IVa ZR 190/83, BGHZ 94, 356–364.

deren im Erfolgsfall vom Versicherer eine Courtage erhält. Courtage ist dabei nur ein anderes Wort für Provision.

Merksatz

Provision oder Courtage ist ein Anteil an der Versicherungsprämie, die der Versicherer durch die Vermittlungsleistung eines Versicherungsvermittlers erlangt hat. Der Versicherer kalkuliert die Betriebskosten, die er durch Provisions- oder Courtagezahlungen hat, in die Versicherungsprämien ein. Indirekt tragen die Kunden diese Vergütungen.

Die Pflichten eines Versicherungsmaklers sind umfassend und lassen sich mit folgenden Begriffen umschreiben:

- Versicherungsmakler haben eine **Explorationspflicht**. Sie müssen das Risiko des Kunden untersuchen und stehen in der Verantwortung, dieses richtig zu erkennen und den Versicherungsbedarf abzuleiten. Im Unterschied dazu muss ein Versicherer oder dessen Versicherungsvertreter nur tätig werden, wenn ein Anlass dazu besteht.

  ■ **BEISPIEL:** Ein Kunde fordert den Vertreter auf, seinen Betrieb zu besichtigen und sich ein Bild von seinem Versicherungsbedarf zu machen. ■

- Versicherungsmakler gehen ein **Dauerschuldverhältnis** ein. Sie haben den Kunden und seine Versicherungsverträge so lange zu betreuen, wie der Maklervertrag sowie die über den Maklervertrag vermittelten Versicherungsverträge bestehen. Das schließt ein, in angemessenen Abständen zu prüfen, ob diese Versicherungsverträge noch markt- und bedarfsgerecht sind. Im Unterschied dazu muss ein Versicherer oder dessen Versicherungsvertreter wiederum nur tätig werden, wenn ein Anlass dazu besteht.

  ■ **BEISPIEL:** Ein Firmenkunde ruft beim Versicherer an und fragt, ob seine neu erworbene Maschine in der Geschäftsinhaltsversicherung umfassend mitversichert ist oder nicht. ■

- Versicherungsmakler haben eine Pflicht zum **Tätigwerden**. Wenn sie ein Risiko oder einen Handlungsbedarf erkannt haben, müssen sie entweder eine vorhandene Maklervollmacht nutzen und aktiv werden, oder ansonsten auf den Kunden einwirken, damit der die entsprechende Entscheidung trifft. Im Unterschied dazu können Versicherer und deren Versicherungsvertreter abwarten, ob und wie sich der Kunde entscheidet.

  ■ **BEISPIEL:** Ein Vertreter hat seinen Firmenkunden zu einer Maschinenversicherung beraten und ein Angebot erstellt. Da sich der Kunde nicht gleich entscheiden möchte, geht man ohne Abschluss auseinander, und der Vertreter wartet ab, ob sich der Kunde meldet und einen Abschluss wünscht. ■

- Versicherungsmakler sind „**Bundesgenossen**" oder **Sachwalter** des Kunden und vertreten dessen Interessen gegenüber dem Versicherer. Gleichzeitig stehen sie aber auch in einem **Doppelrechtsverhältnis**. Durch die Courtagezusage entsteht eine vertragsähnliche Verbindung, durch die zwar der Makler nicht etwa verpflichtet werden darf, für den Versicherer Versicherungen zu vermitteln – das wäre eine Handelsvertretung. Aber dennoch muss ein Makler auch die Interessen des Versicherers berücksichtigen.

  ■ **BEISPIEL:** Ein Versicherer ist nur bereit, von einem Makler Geschäft anzunehmen, wenn er sich darauf verlassen kann, dass der Makler ehrliche und vollständige Risikoangaben macht. Eine Weisung des Kunden an den Makler, eine vorvertragliche Anzeigepflichtverletzung zu begehen, um unter falschen Voraussetzungen an einen Versicherungsvertrag zu kommen, wäre ein Verstoß gegen die Versichererinteressen und sollte vom Makler abgelehnt werden. ■

- Versicherungsmakler unterliegen einer weitgehenden **Haftung** für die korrekte Erfüllung des Maklervertrags. Falschberatungen und andere Pflichtverstöße fallen allein zu ihren Lasten. Im Unterschied dazu muss ein Versicherungsunternehmen die Haftung für Schäden übernehmen, die seine Angestellten oder seine Vertreter gegenüber Kunden verschuldet haben, als habe er selbst den Fehler begangen. Das nennt man **Erfüllungsgehilfenhaftung** (vgl. § 278 BGB). Darüber hinaus müssen Versicherer sogar die Haftung übernehmen für Schäden gegenüber Dritten, die keine Kunden sind, die sogenannte **Verrichtungsgehilfenhaftung** (vgl. § 831 BGB). Hiervon kann sich ein Versicherer allerdings befreien (exkulpieren), wenn er nachweist, seinen Verrichtungsgehilfen sorgfältig ausgesucht zu haben.

Merksatz

Die Erfüllungs- und die Verrichtungsgehilfenhaftung für Versicherungsvertreter bestehen völlig unabhängig davon, ob es sich um Ausschließlichkeits- oder um Mehrfachvertreter handelt. Bei Mehrfachvertretern entsteht die Erfüllungsgehilfenhaftung allerdings erst in dem Moment, wo er einen bestimmten Versicherer ausgewählt und diesem einen Versicherungsvertrag vermittelt hat. Die Erfüllungs- und die Verrichtungsgehilfenhaftung für Versicherungsvertreter besteht auch völlig unabhängig von der Tatsache, ob der Vertreter eine Gewerbeerlaubnis hat, oder ob er erlaubnisfrei mit einer sogenannten uneingeschränkten Haftungsübernahme eines Versicherers tätig ist (vgl. Kapitel 8.3.2).

Abschließend soll noch der **Versicherungsberater** erwähnt werden, auch wenn er selten vorkommt. Versicherungsberater beraten Kunden in Zusammenhang mit dem Abschluss von Versicherungsverträgen oder deren Betreuung und der Durchsetzung von Ansprüchen im Schadensfall. Sie können Kunden auch außergerichtlich wie ein Rechtsanwalt vertreten – der Berufsstand des Versicherungsberaters war früher einmal als Ausnahme vom Anwaltsmonopol konzipiert, um den im Versicherungsrecht besonders erfahrenen Personen die Rechtsberatung zu ermöglichen, auch ohne zugelassener Rechtsanwalt zu sein. Versicherungsberater dürfen sich für ihre Tätigkeit nicht von einem Versicherer direkt oder indirekt vergüten lassen, sondern erhalten ihre Vergütung ausschließlich vom Kunden. Sie wird üblicherweise als **Honorar** bezeichnet. Daher hat sich teilweise auch der Begriff „Honorarberater" eingebürgert. Versicherungsberater können darüber hinaus auch Versicherungsverträge an Versicherer vermitteln wie ein Versicherungsmakler. Da sie aber keine Courtagen annehmen dürfen, müssen sie entweder sogenannte **Nettotarife** vermitteln, das sind Versicherungen ohne einkalkulierte Vermittlungskosten. Oder sie brauchen vom Versicherer die Zusage einer sogenannten Durchleitung. Wenn ein Versicherer einen Antrag eines Kunden annimmt, dem eine Beratungsbescheinigung eines Versicherungsberaters beiliegt, muss er die im Bruttotarif enthaltenen Vermittlungskosten ermitteln, mindestens 80 % davon herausrechnen und sie mit den Versicherungsprämien des Kunden über fünf Jahre verteilt verrechnen, wobei der Kunde mindestens 20 % der vereinbarten Prämie auch in diesen fünf Jahre leisten muss (vgl. § 48c VAG). Sinn dahinter ist, dass der Gesetzgeber vermeiden wollte, dass sich Kunden von der Herausgabe eines größeren Einmalbetrags verlocken lassen, eine unüberlegte Abschlussentscheidung zu treffen.

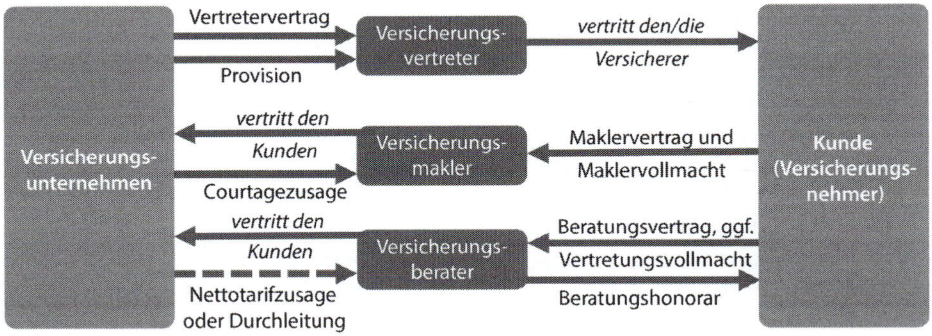

Abbildung 8.5: Verträge und Vergütungsansprüche im selbstständigen Vertrieb

Das Vertriebsmanagement der Proximus Versicherung AG überlegt, künftig mit Versicherungsberatern zusammenzuarbeiten. Das Inhouse Consulting stellt in der Entscheidungsvorlage fest, dass Proximus dafür entweder Nettotarife benötigt oder ein Durchleitungsverfahren installieren muss. Das Durchleitungsverfahren ist verwaltungsaufwändig und lohnt sich kaum angesichts der Tatsache, dass es in Deutschland nur knapp über 300 Versicherungsberater gibt – im Vergleich zu fast 190.000 Versicherungsvermittlern. Sofern sich die Proximus Versicherung AG gegen das Durchleitungsverfahren entscheidet, müssen allerdings die Antragsabteilungen angewiesen werden, keine Anträge mit Beratungsbescheinigung eines Versicherungsberaters anzunehmen. Allerdings empfehlen Lisa und Max zu prüfen, ob man in ausgewählten Sparten (wie vor allem der Lebensversicherung) Nettotarife einführt, die auch von Versicherungsmaklern angeboten werden können, wenn die dafür auf Courtage verzichten. Der Markt ist zwar auch noch klein, aber er könnte künftig wachsen.[7]

8.3.2 Gewerberechtliche Gliederung des Vertriebs

Die Versicherungsvermittlung ist seit der Umsetzung der früheren EU-Versicherungsvermittlerrichtlinie am 22. Mai 2007 ins deutsche Recht ein grundsätzlich registrierungs- und erlaubnispflichtiges Gewerbe. Hintergrund ist, dass der **Europäische Binnenmarkt** neben den Versicherungsunternehmen auch für Versicherungsvermittler, die grenzüberschreitend Versicherungen vermitteln wollen, zugänglich gemacht werden sollte. Diese Vermittler benötigen die Kernfreiheiten des Binnenmarkts, die **Dienstleistungsfreiheit**, also frei in allen derzeit 27 Mitgliedsländern der EU ihre Vermittlungsdienste anbieten zu können, und gegebenenfalls die **Niederlassungsfreiheit**. Damit können sie in jedem Mitgliedsstaat Niederlassungen errichten.

Voraussetzung dafür ist, dass Vermittler von einer Heimataufsichtsbehörde auf ihre Eignung hin überprüft und in ein nationales Online-Register eingetragen worden sind. Anschließend können die Mitgliedsstaaten untereinander das **Notifizierungsverfahren** anwenden. Will also ein Versicherungsvermittler auch in anderen EU-Mitgliedsstaaten tätig werden, zeigt er dies seiner Heimataufsichtsbehörde an. Diese wiederum gibt die Information weiter an die Aufsichtsbehörde des Gastlandes und lässt den Vermittler in das dortige Vermittlerregister eintragen. Dadurch kann der Versicherungsvermittler in diesen Ländern seine Dienste anbieten und Niederlassungen errichten, ohne eine erneute Erlaubnis bei der jeweiligen, ausländischen Aufsicht beantragen zu müssen.

Derzeit machen allerdings weniger als 1 % aller in Europa registrierten Vermittler vom Notifizierungsverfahren Gebrauch.[8] In vielen Ländern wie in Deutschland dominieren Ausschließlichkeitsvertreter, die nicht aus eigener Entscheidung grenzüberschreitend tätig werden können, sondern nur in dem in der Regel nationalen Geschäftsgebiet ihres Vertragspartners. Dennoch ist der Binnenmarkt wertvoll, vor allem für Versicherungsmakler sowie für Firmenkunden, deren Unternehmen grenzüberschreitende Aktivitäten betreiben. Abgesehen davon war die Einführung von Vorgaben für die Eignung von Versicherungsvermittlern für Deutschland ein großer Fortschritt für den gesamten Versicherungsvertrieb, denn solche Vorgaben gab es vorher nicht. Es gab lediglich aufsichtsamtliche Vorgaben an Versicherungsunternehmen, wie sie die Eignung ihrer angestellten Verkäufer und ihrer selbstständigen Vertriebspartner über-

---

7 Vgl. Beenken, Matthias; Schradin, Heinrich R.: Nettotarifangebot deutscher Versicherungsunternehmen, Mitteilung 1/2021 des Instituts für Versicherungswissenschaft an der Universität zu Köln, https://ivk.uni-koeln.de/sites/versicherung_institut/documents/Mitteilungen/Institutsmitteilung_1_2021_final.pdf.

8 Vgl. EIOPA (Hrsg.): 2nd Report on the application of the Insurance Distribution Directive (IDD), EIOPA-BoS-23-477, https://www.eiopa.europa.eu/publications/second-idd-application-report-20222023_en, Frankfurt/Main 7.12.2023, S. 25 f.

prüfen sollten, und diese beschränkten sich auf wenige Aspekte. Insbesondere eine fachliche Eignung musste nicht nachgewiesen werden.

Betroffen von der Regulierung sind alle diejenigen, die gewerbsmäßig in der Versicherungsvermittlung und -beratung tätig sind. Das Versicherungsvertragsgesetz (VVG) definiert einerseits **Versicherungsvermittler** als einen **Oberbegriff**, unter dem sich Versicherungsvertreter und Versicherungsmakler wiederfinden.

Wenn in der Praxis oft ein Gegensatzpaar „Versicherungsvermittler und Versicherungsmakler" gebildet wird, dann ist das falsch. Versicherungsmakler sind Versicherungsvermittler. Ihr Gewerbe besteht genauso wie dasjenige der Versicherungsvertreter daraus, erfolgreich Versicherungsverträge zwischen Versicherungsunternehmen und Kunden zu vermitteln. Sie unterscheiden sich lediglich in der Frage, wer sie damit betraut: Entweder erfolgt die Betrauung als Versicherungsvertreter durch ein oder mehrere Versicherungsunternehmen beziehungsweise durch andere Versicherungsvertreter (in hierarchisch geprägten Vertriebsstrukturen mit Ober- und Untervertretern), oder die Betrauung erfolgt durch den Kunden beim Versicherungsmakler.

Das Versicherungsvertragsgesetz definiert im Unterschied zum Versicherungsvermittler den Versicherungsberater. Die Beschreibung der Tätigkeit ist allerdings seit Umsetzung der Richtlinie IDD in deutsches Recht 2018 nicht mehr vollständig. Seitdem dürfen Versicherungsberater auch Versicherungen vermitteln oder abschließen (vgl. § 34d Abs. 2 GewO), müssten deshalb konsequenterweise auch unter den Oberbegriff „Versicherungsvermittler" fallen.

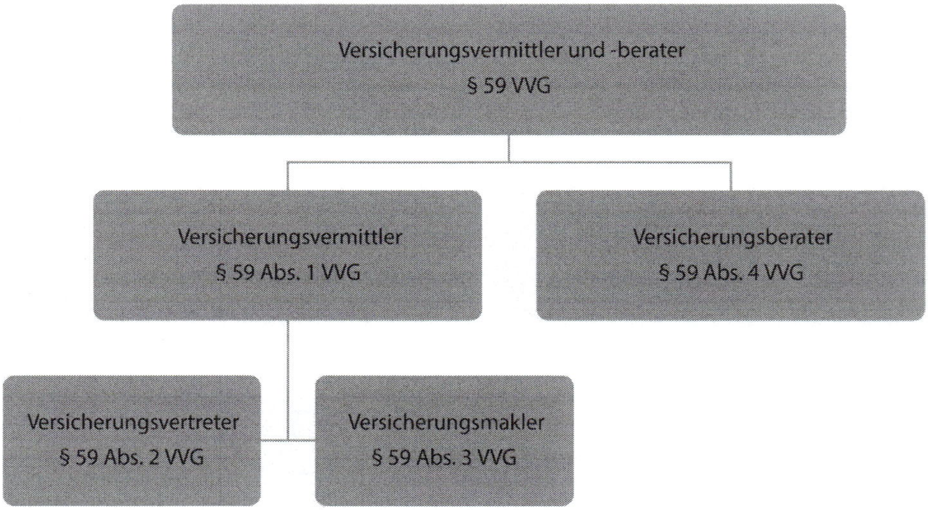

Abbildung 8.6: Versicherungsvermittler und -berater nach § 59 VVG

Wer gewerbsmäßig in der Versicherungsvermittlung und -beratung tätig werden will, muss sich dafür grundsätzlich – es gibt also Ausnahmen – im **Versicherungsvermittlerregister** registrieren lassen (www.vermittlerregister.info). Das Register wird von der Deutschen Industrie- und Handelskammer (DIHK) betrieben. Die DIHK wird als sogenannte „gemeinsame Stelle" im Auftrag der 79 Industrie- und Handelskammern (IHK) in Deutschland tätig, die den Auftrag zum Betrieb über § 11a GewO besitzen.

Eintragungsberechtigt sind einerseits die Industrie- und Handelskammern (IHKn), andererseits aber auch Versicherungsunternehmen. Von den Industrie- und Handelskammern eingetragen werden diejenigen Versicherungsvermittler und -berater, die entweder eine **Gewerbeerlaubnis** nach § 34d Abs. 1 oder 2 GewO benötigen oder eine Befreiung von der Erlaubnispflicht als sogenannte produktakzessorische Vermittler nach § 34d Abs. 6 GewO beantragen.

Eine Gewerbeerlaubnis benötigen:

- **Versicherungsvertreter**, und zwar egal, ob sie als Ausschließlichkeits- oder als Mehrfachvertreter, ob als Haupt- oder als Nebenberufler, ob sie als Ober- oder als Untervertreter eines anderen Vertreters tätig sind. Allerdings gibt es für Ausschließlichkeitsvertreter eine oft genutzte Ausnahme der Erlaubnisfreiheit.

Merksatz

Ausschließlichkeitsvertreter **können**, Mehrfachvertreter **müssen** eine Gewerbeerlaubnis nach § 34d Abs. 1 GewO haben und so eingetragen sein.

- **Versicherungsmakler**, und zwar sowohl die Maklerunternehmen selbst als auch (selbstständige) Untervertreter eines Versicherungsmaklers, die diesen Makler repräsentieren.
- **Versicherungsberater**.

Auf Antrag erlaubnisbefreit und ins Vermittlerregister eingetragen werden **produktakzessorische Versicherungsvertreter und Versicherungsmakler**. Dabei handelt es sich um Gewerbetreibende, die ein anderes Hauptgewerbe als die Versicherungsvermittlung betreiben, aber im Nebengewerbe ausschließlich Versicherungen anbieten, die in Ergänzung zu ihren Hauptprodukten oder Dienstleistungen benötigt werden.

■ **BEISPIEL**

Ein Autohaus vermittelt Autoversicherungen, die zur Zulassung der von ihnen gehandelten Autos notwendig sind. Würde das Autohaus zusätzlich Hausratversicherungen anbieten, wären diese nicht produktakzessorisch, und eine Erlaubnisbefreiung scheidet aus. ■

Eine zahlenmäßig sehr bedeutende Ausnahme von der Erlaubnispflicht – rund sechs von zehn Registrierte machen davon Gebrauch – betrifft die **erlaubnisfreien Ausschließlichkeitsvertreter**, die nach § 34d Abs. 7 S. 1 Nr. 1 GewO von einem Versicherungsunternehmen ins Vermittlerregister eingetragen werden können (nicht: müssen). Voraussetzung dafür ist, dass sie ausschließlich für einen oder für mehrere, nicht konkurrierende Versicherer tätig sind, und dass der Versicherer die uneingeschränkte Haftung aus der Vermittlertätigkeit übernimmt. Dies erfolgt automatisch mit der Eintragung durch den Versicherer.

Nicht im Versicherungsvermittlerregister erfasst werden all diejenigen, die schon deshalb kein Gewerbe haben, weil sie nicht selbstständig tätig sind, also Angestellte von Versicherungs- oder Vermittlungsunternehmen. Außerdem gibt es Selbstständige, die nicht gewerbsmäßig Versicherungen vermitteln. Als gewerbsmäßig gilt eine Tätigkeit nur, wenn sie alle folgenden Anforderungen erfüllt: Sie dient der Gewinnerzielung (es sollen also Provisionen verdient werden), ist auf Dauer angelegt (keine einmalige Gelegenheitsvermittlung) und übersteigt die Bagatellgrenzen des Gewerberechts, die allerdings nicht verbindlich in der GewO festgelegt sind – es geht dabei um außerordentlich unbedeutende, nebenberufliche Vermittlungstätigkeiten. Die Praxisbedeutung schwindet allerdings gemeinsam mit den nebenberuflichen Vertriebsformen, die den heutigen Anforderungen an die Vertriebstätigkeit oft nicht mehr gewachsen sind.

Nicht eingetragen wird auch eine in § 34d Abs. 8 GewO beschrieben Teilgruppe der produktakzessorischen Vermittler. Es handelt sich um bestimmte Vermittler von **Reise- und Garantieversicherungen**, um Bausparkassen und Bausparvermittler im Hinblick auf **Restschuldversicherungen bei Bausparkrediten** sowie um bestimmte **Restschuldversicherungsvermittlungen** als Zusatzleistung zur Lieferung einer Ware oder einer Dienstleistung auf **Kredit**. Dabei gelten auch Obergrenzen der Prämien.

Schließlich gibt es Berufsgruppen, die zwar mit Versicherungen zu tun haben, aber nicht als Vermittler gelten und deshalb ebenfalls nicht ins Vermittlerregister eingetragen werden. Dazu gehören **Tippgeber**. Sie geben nur Tipps für Versicherungsinteressenten an Versicherer oder Versicherungsvermittler weiter und können sich dafür auch bezahlen lassen, dürfen aber selbst nicht beraten und vermitteln. Auch **Kfz-Werkstätten** sind ein Beispiel, die oft für ihre Kunden die Abwicklung eines Kfz-Schadens mit den entsprechenden Versicherungen übernehmen, was aber nicht als Versicherungsvermittlung bewertet wird.

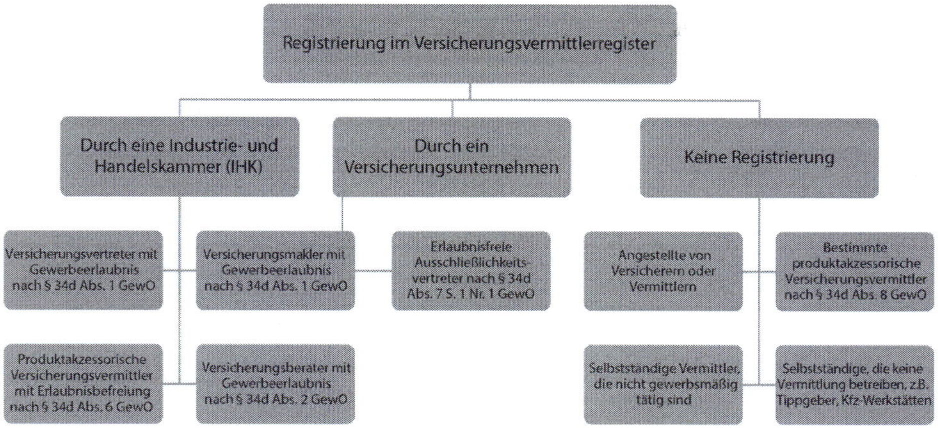

Abbildung 8.7: Registrierung im Versicherungsvermittlerregister

Das Vertriebsmanagement prüft, ob es Ausschließlichkeitsvertreter in das Vermittlerregister eintragen sollte oder nicht. Die Bereichsleitung hat auf einer Tagung gehört, bei einer eigenen Gewerbeerlaubnis müsse der Versicherer nicht mehr für seine Vertreter haften. Das Inhouse Consulting kommt nach einer Rücksprache mit der Rechtsabteilung zu einer anderen Einschätzung. Denn die Erfüllungs- und die Verrichtungsgehilfenhaftung muss die Proximus Versicherung AG auch für ihre Ausschließlichkeitsvertreter mit eigener Gewerbeerlaubnis tragen. Die uneingeschränkte Haftungsübernahme für erlaubnisfreie Vertreter erweitert diese Haftungsübernahme auf weniger praxisrelevante Fälle wie unter anderem, dass eine Verrichtungsgehilfenhaftung zur Diskussion steht, die Proximus Versicherung AG sich aber exkulpieren und den Geschädigten an den Schadenverursacher verweisen könnte. Auch wäre denkbar, dass ein Ausschließlichkeitsvertreter vertragswidrig für fremde Versicherer tätig wird und eine uneingeschränkte Haftungsübernahme für dabei begangene Beratungsfehler gilt. Allerdings hat die Rechtsabteilung Lisa und Max aufgeklärt, dass die Haftungsregelung nur das Außenverhältnis zum Geschädigten betreffen. Im Innenverhältnis zwischen den Vertragspartnern Versicherer und Vertreter gibt es grundsätzlich die Möglichkeit eines Regresses, weil ein Ausschließlichkeitsvertreter durch die Verursachung eines Schadens gegen seine vertraglichen Pflichten verstößt. Wie viele andere Versicherer auch, verspricht die Proximus Versicherung AG jedoch seinen Ausschließlichkeitsvertretern einen weitgehenden Regressverzicht als Anreiz, eine Ausschließlichkeitsbindung einzugehen. Diesen Regressverzicht kann man jedoch einschränken, beispielsweise, wenn es um vorsätzliche oder um grob fahrlässig verursachte Schäden geht.

Voraussetzung für eine Registrierung im Versicherungsvermittlerregister ist entweder eine Gewerbeerlaubnis beziehungsweise eine Erlaubnisbefreiung auf Antrag durch eine Industrie- und Handelskammer oder eine Überprüfung der Eignung durch einen Versicherer, der einen erlaubnisfreien Ausschließlichkeitsvertreter eintragen will.

Dabei sind vier Bereiche zu beachten, in denen die Eignung zu überprüfen ist. Einzutragende Vermittler müssen die gewerberechtliche **Zuverlässigkeit** aufweisen. Das ist in der Regel dann nicht der Fall, wenn der Einzutragende „in den letzten fünf Jahren vor Stellung des Antrages wegen eines Verbrechens oder wegen Diebstahls, Unterschlagung, Erpressung, Betruges, Untreue, Geldwäsche, Urkundenfälschung, Hehlerei, Wuchers oder einer Insolvenzstraftat rechtskräftig verurteilt worden ist" (§ 34d Abs. 5 S. 2 GewO). Den Nachweis erbringt der Einzutragende durch das Führungszeugnis und den Auszug aus dem Gewerbezentralregister. Diese werden bei der Einwohnermeldebehörde beantragt und entweder zur Vorlage bei der Behörde Industrie- und Handelskammer im Gewerbeerlaubnisverfahren bestellt oder vom erlaubnisfreien Vertreter für private Bewerbungszwecke beantragt und dem Versicherer vorgelegt. Wenn es keine Eintragungen gibt, bedeutet das noch nicht in jedem Fall, dass der Einzutragende zuverlässig ist, denn es kann auch andere Gründe für die Annahme einer Unzuverlässigkeit geben.

■ **BEISPIEL**

Ein Versicherungsmakler hat zum wiederholten Mal trotz Aufforderung und mehrere Bußgeldbescheide seiner Industrie- und Handelskammer keinen Nachweis über die **regelmäßige Weiterbildung** von 15 Stunden pro Kalenderjahr (vgl. § 34d Abs. 9 S. 2 GewO) erbracht. Daraufhin erklärt die Industrie- und Handelskammer ihn für unzuverlässig und widerruft die Gewerbeerlaubnis. ■

Versicherungsvermittler müssen in **geordneten Vermögensverhältnissen** leben. Als ungeordnet gelten die Vermögensverhältnisse in der Regel laut § 34d Abs. 5 S. 3 GewO dann, „wenn über das Vermögen des Antragstellers das Insolvenzverfahren eröffnet worden oder er in das Schuldnerverzeichnis nach § 882b der Zivilprozessordnung eingetragen ist". Deshalb muss der Antragsteller bei der Industrie- und Handelskammer Nachweise des Schuldner- und des Insolvenzregisters des zuständigen Amtsgerichts beibringen. Außerdem muss das zuständige Finanzamt bestätigen, dass es auch aus steuerlicher Sicht unbedenklich ist, eine Erlaubnis zu erteilen, also der Antragsteller keine Steuerschulden hat. Wenn Versicherungsunternehmen die geordneten Vermögensverhältnisse des erlaubnisfreien Vertreters überprüfen, sollten sie sich nach Empfehlung der BaFin eine entsprechende Auskunft einer Auskunftei beschaffen, die verschiedene Quellen wie unter anderem die Insolvenz- und Schuldnerregister der Amtsgerichte auswertet.

Die dritte Bedingung für eine Eintragung ist, dass es eine **Haftungsregelung** gibt. Damit sollen Geschädigte eines Versicherungsvermittlers Aussicht auf einen Schadenersatz unabhängig von der Vermögenslage des Verursachers haben. Deshalb muss ein Antragsteller einer Gewerbeerlaubnis einen Versicherungsnachweise einer Berufshaftpflichtversicherung beibringen, die bestimmten, in §§ 11–13 VersVermV geregelten Anforderungen genügen muss. Es gibt zudem ein Verfahren zum Informationsaustausch zwischen den Berufshaftpflichtversicherern und den Industrie- und

Handelskammern, falls ein erlaubnispflichtiger Vermittler nachträglich seine Berufshaftpflichtversicherung kündigt, durch Zahlungsverzug verliert oder nicht auf die alle fünf Jahre an die Inflationsentwicklung anzupassenden Mindestversicherungssummen ändert. Dann informiert der Versicherer die Industrie- und Handelskammer, die wiederum den Vermittler mit Fristsetzung zur Vorlage eines neuen Versicherungsnachweises auffordert und ihn bei erfolglosem Verstreichen aus dem Vermittlerregister austrägt. Dagegen braucht der erlaubnisfreie Vertreter keinen Versicherungsnachweise, bei ihm übernimmt der eintragende Versicherer die uneingeschränkte Haftung.

Schließlich ist ein Qualifikationsnachweis notwendig. Antragsteller auf eine Gewerbeerlaubnis müssen einen **Sachkundenachweis** erbringen. Das ist ein Prüfungsnachweis einer Industrie- und Handelskammer, Näheres dazu geht aus den §§ 2–4 VersVermV hervor. Alternativ kann auch eine gleichgestellte, andere Berufsqualifikation gemäß § 5 VersVermV nachgewiesen werden, wozu unter anderem die abgeschlossene Berufsausbildung als Kaufmann/-frau für Versicherungen und Finanzen gehört. Bei erlaubnisfreien Vertretern muss der eintragende Versicherer eine **angemessene Qualifikation** sicherstellen. Damit besteht Spielraum, auch nur Teilqualifizierungen vorzunehmen bei solchen Vertretern, die nur bestimmte Versicherungen oder Sparten vermitteln.

Voraussetzungen für die Eintragung ins Versicherungsvermittlerregister

Voraussetzung	Gewerbeerlaubnis durch IHK	Erlaubnisfreiheit (Versicherer-Eintragung)
1 Zuverlässigkeit	• Führungszeugnis zur Vorlage bei Behörden • Auszug Gewerbezentralregister zur Vorlage bei Behörden	• Führungszeugnis • Auszug Gewerbezentralregister
2 Geordnete Vermögensverhältnisse	• Nachweise Schuldner- und Insolvenzregister • Unbedenklichkeitsbescheinigung Finanzamt	• Bonitätsauskunft einer gewerblichen Auskunftei
3 Haftungs-Regelung	• Versicherungsbestätigung einer Berufshaftpflichtversicherung	• Nicht notwendig, da uneingeschränkte Haftungsübernahme durch Versicherer
4 Qualifikation	• Nachweis einer erfolgreich vor der IHK abgelegten Sachkundeprüfung • Alternativ Nachweis einer gleichgestellten Berufsqualifikation (vgl. § 5 VersVermV)	• Sicherstellung einer angemessenen Qualifizierung durch den Versicherer
§§ Rechtsquelle	• § 34d Abs. 5 GewO	• § 48 Abs. 2 VAG • BaFin Rundschreiben 11/2018 VA

Abbildung 8.8: Voraussetzungen für die Eintragung ins Vermittlerregister

Versicherungsunternehmen finden Anforderungen zur Zusammenarbeit mit Versicherungsvermittlern in § 48 VAG. Danach müssen sie sich davon überzeugen, dass die Vermittler entweder eine Gewerbeerlaubnis besitzen, was durch einen Blick ins Vermittlerregister festgestellt werden kann. Oder sie müssen wie oben geschildert selbst die Eignung feststellen. Zudem haben Versicherer laufend zu prüfen, ob Vermittler aus dem Vermittlerregister wieder ausgeschieden sind, und daraufhin die Zusammenarbeit beenden. Das erfolgt durch Prüfung der monatlichen Löschlisten der Industrie- und Handelskammern.

Etwas einfacher ist das Verfahren, wenn ein produktakzessorischer Vertreter eine Befreiung von der Erlaubnispflicht bei der Industrie- und Handelskammer beantragt. Wenn er seine Tätigkeit unmittelbar entweder für einen Versicherungsvermittler mit Gewerbeerlaubnis oder für ein Versicherungsunternehmen ausübt, reicht die Vorlage einer Bescheinigung, dass dieser Vermittler beziehungsweise Versicherer die Zuverlässigkeit und die geordneten Vermögensverhältnisse überprüft hat. Der produktakzessorische Vermittler kann in eine Berufshaftpflichtversicherung des Obervermittlers eingeschlossen werden. Zudem hat der Obervermittler oder Versicherer eine angemessene Qualifizierung für die zu vermittelnden Versicherungen sicherzustellen.

Die Proximus Versicherung AG hat verschiedene Anfragen von Außendienstführungskräften vorliegen, weil erfolgreiche Agenturen in deren Verantwortungsbereichen Untervertreter verpflichten wollen. Das Inhouse Consulting soll prüfen, was bei deren Verpflichtung von wem zu beachten ist. Dabei soll auch auf ein wirtschaftliches Verfahren geachtet werden. Gemeinsam mit der Organisationsabteilung, die für die Vertragsgestaltung von Vertriebspartnern zuständig ist, wird dabei eine Handreichung für Außendienstführungskräfte entwickelt. Am einfachsten ist es, wenn die anfragenden Agenturen als erlaubnisfreie Vertreter der Proximus Versicherung AG eingetragen sind. Dann kann die Organisationsabteilung Nachweise der Zuverlässigkeit und der Qualifikation der Untervertreter-Bewerber verlangen und eine Auskunft einer Auskunftei über die Vermögensverhältnisse einholen. Wenn die Eignung nachgewiesen ist, kann die Proximus Versicherung AG diese Untervertreter auch als erlaubnisfreie Vertreter ins Vermittlerregister eintragen. Es fallen für die Bewerber und die Agenturen keine Kosten eines Industrie- und Handelskammer--Erlaubnisverfahrens an. Hat aber die Proximus-Agentur eine eigene Gewerbeerlaubnis, kommt eine Eintragung des Untervertreters durch Proximus nicht in Frage. In diesem Fall muss der Untervertreter-Bewerber aufgefordert werden, eine eigene Gewerbeerlaubnis bei seiner zuständigen Industrie- und Handelskammer zu beantragen und sich von dieser eintragen zu lassen. Erst nachdem die Eintragung erfolgt ist, darf die Person als Untervertreter tätig werden.

Merksatz

Ein Untervermittler folgt gewerberechtlich grundsätzlich dem Obervermittler.

Versicherungsunternehmen sind verpflichtet, am **AVAD-Auskunftsverfahren** teilzunehmen. Die Auskunftsstelle über Versicherungs-/Bausparkassenaussendienst und Versicherungsmakler in Deutschland e.V. (AVAD) ist ein von der Branche getragenes Register, in dem alle Angestellten des Versicherungsaußendienstes, Versicherungsvertreter sowie Versicherungsmakler einzutragen sind, mit denen ein Versicherer zusammenarbeitet (**Tätigkeitsmeldung**). Die BaFin erwartet, dass die Versicherer vor Aufnahme der Zusammenarbeit prüfen, ob AVAD-Auskünfte vorliegen (vgl. BaFin-Rundschreiben 11/2018 VA, Ziff. 3). Nach Ausscheiden hat der Versicherer über den Eingetragenen eine **Auskunft** abzugeben.[9] Dabei informiert der Versicherer unter anderem über die Umstände des Ausscheidens und über Hinweise, die für die Beurteilung der Zuverlässigkeit und der geordneten Vermögensverhältnisse aufschlussreich sein können. Beispielsweise ist anzugeben, ob es unerledigte Pfändungs- und Überweisungsbeschlüsse oder Lastsalden aus unverdienten Provisionsvorschüssen gibt. Ist der Eingetragene mit der Auskunft nicht einverstanden, kann er sie sperren lassen. Das AVAD-Auskunftsverfahren kann als ein Frühwarnsystem verstanden werden, weil es Hinweise auf eine fehlende Eignung zu einem Zeitpunkt geben kann, zu dem es noch lange nicht zu einer rechtskräftigen Verurteilung und einer Eintragung im Führungszeugnis oder zu einer Insolvenz oder zu einer Eintragung ins Schuldnerregister gekommen ist.

8.3.3 Pflichten bei der Vertriebstätigkeit

Der Versicherungsvertrieb hat eine Reihe Pflichten bei seiner Vertriebstätigkeit zu erfüllen. Über allem steht das allgemeines Wohlverhaltensprinzip eines **Handelns im bestmöglichen Interesse des Kunden** (vgl. § 1a Abs. 1 S. 1 VVG). Dieses Prinzip haben Versicherungsunternehmen ebenso wie Versicherungsvermittler und -berater zu beachten (vgl. § 59 VVG).

Insbesondere Vergütungen sollen nicht mit dem bestmöglichen Kundeninteresse kollidieren.

§ 48a Abs. 1 S. 2 VAG:

„Versicherungsunternehmen dürfen keine Vorkehrungen durch die Vertriebsvergütung, Verkaufsziele oder in anderer Weise treffen, durch die Anreize für sie selbst oder Versicherungsvermittler geschaffen werden könnten, einem Kunden ein bestimmtes Versicherungsprodukt zu empfehlen, obwohl sie ein anderes, den Bedürfnissen des Kunden besser entsprechendes Versicherungsprodukt anbieten könnten".

Damit sind viele Steuerungselemente des Vertriebsmanagements angesprochen:

- **Provisionen und Courtagen**, weil diese unter Umständen dazu anregen, auch am Kundeninteresse vorbeizuverkaufen. So könnten Kunden ungeeignete oder zu teure Versicherungen angeboten oder keine Empfehlungen zur Auflösung nicht mehr benötigter Versicherungen gegeben werden.

[9] Ein Muster findet sich auf der Webseite www.avad.de, wo das Verfahren näher beschrieben wird.

- **Wettbewerbe, Incentives, Sondervergütungen**, mit denen unter Umständen einseitig Absatzziele des Versicherers verfolgt werden unabhängig vom Kundeninteresse. So könnten Kunden Versicherungen verkauft bekommen, die zwar nicht in ihrem Interesse liegen, aber zu einem Gewinn eines Wettbewerbs etc. beitragen.
- **Verkaufsziele** wie zum Beispiel **Geschäftspläne** könnten den Fokus der damit Angereizten beeinflussen, das Verkaufsinteresse über dasjenige des Kunden zu stellen. Besonders ist das der Fall, wenn die Zielerfüllung mit Belohnungen wie zum Beispiel Bonifikationen oder sogenannten **Agenturkarrieren** verbunden ist. Damit ist gemeint, dass Versicherungsvertretern Karrierestufen angeboten werden, die mit Titeln und Provisionssatzerhöhungen verbunden sind, wenn sie überdurchschnittliche Erfolge erzielen.
- **Führungsgrundsätze** und eine **Vertriebskultur**, mit denen unter Umständen eine Überbetonung der Zielerreichung von Unternehmenszielen verbunden ist, statt das Kundeninteresse und die Kundenzufriedenheit zu obersten Zielen zu erklären.

Beim Vertrieb von **Versicherungsanlageprodukten** – das sind nicht staatlich geförderte, kapitalbildende Lebens- und Rentenversicherungen – sind **Interessenkonflikte** zu vermeiden, die den Kundeninteressen schaden können (vgl. § 48a Abs. 2-6 VAG). Mehr zu diesen Themen findet sich im Kapitel 8.4.

Der Vertriebsprozess unterliegt verschiedenen **Informations-, Beratungs- und Dokumentationspflichten**. Diese sollen sicherstellen, dass durchgängig das bestmögliche Interesse des Kunden verfolgt wird.

Versicherungsvermittler haben beim ersten geschäftlichen Kontakt dem Kunden eine **statusbezogene Erstinformation** zu übermitteln (vgl. § 15 VersVermV). Durch sie erfährt der Kunde, wer der Vermittler ist und unter welcher betrieblichen Anschrift er tätig ist und in welchem gewerberechtlichen Status er im Versicherungsvermittlerregister eingetragen ist. Weiter ist mitzuteilen, ob eine Beratung angeboten wird, welche Art Vergütung der Vermittler von wem erhält, ob es Beteiligungsverhältnisse von mehr als 10 % an Stimmrechten oder Kapital an einem Versicherer oder durch einen Versicherer am Vermittlerbetrieb gibt. Schließlich sind die Schlichtungsstellen zu benennen, die der Kunde bei Streitigkeiten mit dem Vermittler anrufen kann, das sind die Ombudsleute des Versicherungswesens.

Anschließend folgt ein Komplex an **Beratungs- und Dokumentationspflichten**, die inhaltsgleich für Versicherungsunternehmen in § 6 Abs. 1 VVG und für Versicherungsvermittler in § 61 Abs. 1 VVG geregelt sind. Diese stehen unter einem **Anlassvorbehalt**. Der Anlass wird mit folgenden Merkmalen umrissen:

- **Schwierigkeit, die angebotene Versicherung zu beurteilen**: Es muss herausgefunden werden, ob der Kunde eine angebotene Versicherung versteht und ihren Nutzen beurteilen kann. Dafür sind Fragen sinnvoll, welche Erfahrungen er bisher mit solchen Versicherungen hat.

■ **BEISPIEL:** Ein Fahranfänger hat noch keine Erfahrung mit Kfz-Versicherungen und dementsprechend Schwierigkeiten, die Leistungen angebotener Kfz-Versicherungen zu verstehen und zu beurteilen, welche davon für ihn wichtig sind. ■

- **Person des Versicherungsnehmers und dessen Situation**: Es muss herausgefunden werden, welcher Versicherungsbedarf sich aus der Person selbst und ihren Lebensumständen ergibt.

  ■ **BEISPIEL:** Eine Kundin fragt nach einer Berufsunfähigkeitsversicherung, aber der Vermittler kennt weder deren Alter noch deren Gesundheitssituation, Beruf und Einkommen, sodass er kein passendes Angebot ermitteln kann. Ein Handelsunternehmen möchte ein Angebot für eine Geschäftsinhaltsversicherung haben, aber der Vermittler kennt weder die Art der gehandelten Waren noch deren Wert. Auch kann er sich ohne Betriebsbesichtigung kein Bild davon machen, wie die Waren gelagert sind und ob ausreichende Einbruch- sowie Brandsicherungen vorhanden sind. ■

Daher ist es sinnvoll, zu Beginn des Beratungsprozesses den Anlass zu klären und das Ziel der nachfolgenden Beratung festzulegen. So lässt sich besser eingrenzen, welche Fragen, Beratungen und Begründungen von Angeboten notwendig sind.

Es folgt die Pflicht zur **Befragung** des Kunden nach dessen **Wünschen und Bedürfnissen**. Damit sind einerseits subjektive Wunschvorstellungen („ich möchte im Alter gut versorgt sein"), andererseits objektivierbare Sachverhalte gemeint (zum Beispiel eine Versorgungslücke zwischen dem letzten Einkommen vor Ruhestandseintritt und dem gesetzlichen Rentenversicherungsanspruch). Bei **Versicherungsanlageprodukten** gibt es zusätzliche Fragepflichten.

Gemäß § 7c Abs. 1 VVG sind zu erfragen:

1. Kenntnisse und Erfahrungen des Versicherungsnehmers im Anlagebereich in Bezug auf den speziellen Produkttyp oder den speziellen Typ der Dienstleistung,
2. die finanziellen Verhältnisse des Versicherungsnehmers, einschließlich der Fähigkeit des Versicherungsnehmers, Verluste zu tragen, und
3. die Anlageziele, einschließlich der Risikotoleranz des Versicherungsnehmers.

Ziel ist festzustellen, welche Versicherungsanlageprodukte dem Kunden empfohlen werden können, die für ihn geeignet und angemessen sind (**Eignungs- und Angemessenheitsprüfung**). Weiter ist der Kunde zu fragen, ob bei der Auswahl von Versicherungsanlageprodukten Nachhaltigkeit eine Rolle spielen soll, und wenn ja, welche **Nachhaltigkeitspräferenzen** er hat (vgl. Art. 2 Delegierte Verordnung EU 2021/1257). Zu fragen ist nach den Wünschen bezüglich:

- Mindestanteil an ökologisch nachhaltigen Investitionen im Sinne der Taxonomieverordnung (Verordnung EU 2020/852),
- Mindestanteil an ökologisch und/oder sozial nachhaltigen Investitionen im Sinne der Offenlegungsverordnung (Verordnung EU 20199/2088),
- Berücksichtigung von welchen wichtigsten nachteiligen Auswirkungen auf Nachhaltigkeitsfaktoren nach Art und Umfang (auch „PAI" genannt, für „Principal Adverse Impact").

Die Nachhaltigkeitspräferenzen des Kunden sind bei der Produktauswahl einzubeziehen. Gibt es keine geeigneten Versicherungsanlageprodukte, dürfen auch keine empfohlen werden. Allerdings kann dem Kunden erläutert werden, was am Markt verfügbar ist. Ändert der Kunde daraufhin seine Nachhaltigkeitspräferenzen, ist dies besonders zu dokumentieren.

Im nächsten Schritt erfolgen die **Beratung**, **Angebotsstellung** und **Begründung** für jeden zu einer bestimmten Versicherung abgegeben Rat. Je genauer der Anlass der Beratung geklärt und je besser nach Wünschen und Bedürfnissen gefragt worden ist, desto leichter fällt eine Begründung. Idealerweise braucht sie nur noch Bezug auf die erfragten Wünsche und Bedürfnisse zu nehmen und dem Kunden zu erklären, ob diese vollständig oder in welchen wichtigen Teilen erfüllt werden.

■ **BEISPIEL**

Ein Kunde wünscht eine Altersvorsorge. Es wird eine Versorgungslücke von 1.000 € im Monat festgestellt. Allerdings gibt der Kunde an, maximal 200 € im Monat erübrigen zu können. Davon lässt sich nur die Hälfte der festgestellten Versorgungslücke schließen. Das wird dem Kunden erläutert. ■

Der Kunde hat Anspruch darauf, dass der Versicherer ihm rechtzeitig vor der Antragstellung die **Vertragsbestimmungen** mitteilt, darunter die Versicherungsbedingungen, das Kundeninformationsblatt und weitere in der VVG-InfoV geregelte Informationen (vgl. § 7 Abs. 1 S. 1 VVG). Diese Pflicht wird aus praktischen Gründen vom Versicherer meist an den Vermittler delegiert, damit der unmittelbar in einem Verkaufsgespräch die nötigen Informationen beispielsweise auf Papier aushändigen oder als Datei zuleiten kann. Der Sinn dabei ist, dass der Kunde die Möglichkeit bekommt, den angebotenen Vertrag umfassend zu prüfen und eine informierete Entscheidung zu treffen. Das wird in vielen Fällen eine **Unterbrechung des Verkaufsprozesses** mit sich bringen, damit der Kunde eine **Bedenkzeit** hat. Man nennt das auch **Zwei-Phasen-Verkauf**: In Phase 1 wird der Bedarf ermittelt und ein Angebot mitsamt den Vertragsbestimmungen unterbreitet. In Phase 2 werden gegebenenfalls aufgetretene Fragen und Bedenken geklärt und eine Kaufentscheidung herbeigeführt.

Das Vertriebsmanagement hat aus Verkaufsschulungen die Frage bekommen, wie lange dem Kunden Bedenkzeit eingeräumt werden muss. Das Inhouse Consulting befragt die Rechtsabteilung und gibt folgende Antwort weiter: Es kommt auf den Einzelfall an, ob ers-

tens der Kunde eine Bedenkzeit beansprucht und zweitens eine Bedenkzeit von zum Beispiel mehreren Tagen angesichts der Tragweite der Kaufentscheidung selbst dann sinnvoll ist, wenn der Kunde selbst sich darüber nicht im Klaren ist. Das gilt vor allem für Lebens- und Krankenversicherungen, bei denen eine Fehlentscheidung nur unter einigen Verlusten zu korrigieren ist. Dagegen sollten insbesondere Firmenkunden selbst in der Lage sein, einschätzen zu können, ob sie Bedenkzeit brauchen oder eine unmittelbare Entscheidung treffen.

Sodann erfolgt die **Aufnahme und Weiterleitung des Antrags.** Dabei kann es je nach Art der Versicherung notwendig sein, ausführliche Gesundheitsfragen (Personenversicherungen) oder Risikofragen (Schadenversicherungen) zu stellen. Diese können zu veränderten Angeboten führen, beispielsweise zu Risikozuschlägen oder Leistungsausschlüssen in der Kranken- oder Berufsunfähigkeitsversicherung oder zu Auflagen und Obliegenheiten sowie höheren Einstufungen in Firmen-Schadenversicherungstarifen.

Das Vertriebsmanagement wird von der Lebensversicherungssparte angesprochen, dass es eine auffällige Häufung von vorvertraglichen Anzeigepflichtverletzungen in von Ausschließlichkeitsvertretern vermittelten Berufsunfähigkeitsversicherungen gibt. Das Inhouse Consulting wird mit einer Ursachenanalyse beauftragt. Dabei stellt sich heraus, dass viele Vertreter das Dilemma erleben, dass sie ein Angebot der Berufsunfähigkeitsversicherung zum Tarifbeitrag machen. Wenn dann nach einer positiven Kundenentscheidung die Antragsaufnahme und die Gesundheitsfragen folgen, werden oft Vorerkrankungen genannt. Der Vertreter muss dann eine Ablehnung des Antrags und ein Gegenangebot mit für den Kunden nicht akzeptablen Zuschlägen befürchten. Das ist ein Anreiz, Vorerkrankungen zu bagatellisieren oder sogar offen dazu zu raten, sie nicht anzugeben. Gemeinsam mit dem Team Verkaufstraining überlegen Lisa und Max, ob man die Vertreter schulen könnte, einen anderen Ablauf anzuwenden. Danach würden schon bei der Befragung der Kunden die Gesundheitsfragen thematisiert und dem Kunden von vornherein ein dazu passendes Angebot unterbreitet. Es entfällt die Enttäuschung, wenn ein Angebot zum Tarifbeitrag zurückgezogen wird. Lisa und Max schlagen weiter vor, mit der Informationstechnik zu klären, ob die Beratungssoftware um eine Gesundheitsprüfung ergänzt werden kann. Dann könnte der Vertreter sofort im Verkaufsgespräch ein verbindliches Angebot auf Basis der tatsächlichen Gesundheitssituation unterbreiten.

Versicherer beziehungsweise Vermittler sind weiter verpflichtet, eine **Beratungsdokumentation** zu erstellen und dem Kunden vor Vertragsschluss zuzuleiten. Sinn ist, dass der Kunde die mündlich gestellten Fragen zu Wünschen und Bedürfnissen und seine Antworten darauf, die Angebote und Begründung derselben später nachlesen kann.

Schließlich folgt der **Vertragsschluss.** Es folgt die laufende Betreuung, in der der Versicherer nach § 6 Abs. 4 VVG verpflichtet ist, bei erkennbarem Anlass erneut zu einem bestehenden Vertrag zu beraten.

■ **BEISPIEL**

Ein Kunde ruft im Servicecenter an und gibt an, dass er eine neue Adresse hat. Das Servicecenter sollte prüfen, ob das Auswirkungen auf den Versicherungsvertrag hat, zum Beispiel ein neuer Versicherungsort festgeschrieben und die Versicherungssumme überprüft werden muss. ■

Die Pflicht zur fortlaufenden Beratung und auch zur Unterstützung im Schadensfall wird vom Versicherer auf seine Versicherungsvertreter delegiert. Das ist auch sinnvoll, denn der Vertreter hat den Kontakt zum Kunden. Wurde der Versicherungsvertrag von einem **Makler** vermittelt, hat der Versicherer keine eigenen Beratungs- und Dokumentationspflichten, auch nicht während der Vertragslaufzeit (vgl. § 6 Abs. 6 VVG). Das wäre auch nicht sinnvoll, denn der Kunde hat den Makler beauftragt, seine Interessen sachwalterisch zu vertreten.

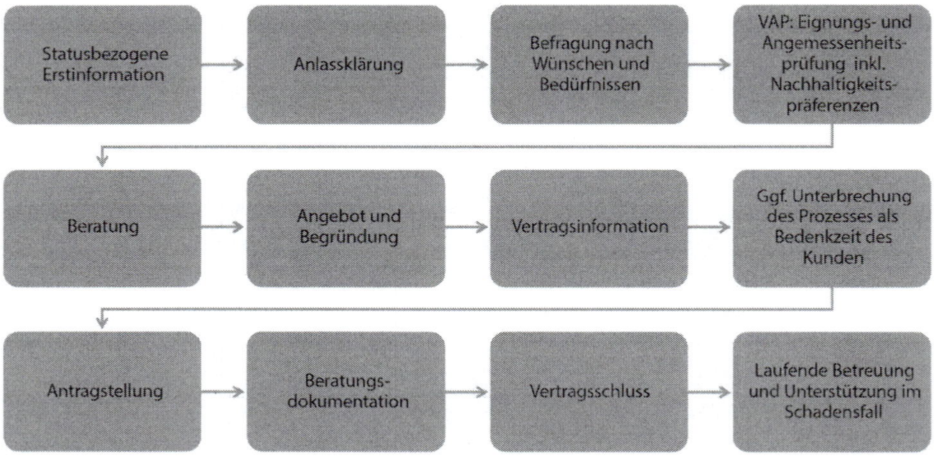

Abbildung 8.9: Vertriebsprozess

Auf die Beratungs- und die Dokumentationsrechte kann der Kunde verzichten. Damit der Verzicht nicht leichtfertig erklärt wird, muss er durch eine gesonderte, schriftliche Erklärung erfolgen, also auf Papier und handschriftlich unterschrieben sein. Zudem muss die Erklärung eine Aufklärung des Kunden enthalten, dass sich dieser Verzicht nachteilig auf seine Möglichkeit auswirken kann, Schadenersatz geltend zu machen. Im Fernabsatz – zum Beispiel per Internet – kann die Verzichtserklärung auch in Textform erfolgen, was dem Medium besser gerecht wird (vgl. §§ 6 Abs. 3, 61 Abs. 2 VVG).

Merksatz

Eine Verzichtserklärung bringt meistens für alle Beteiligten mehr Nachteile als Vorteile – besser auf den Verzicht verzichten.

8.4 Vergütungen und Anreize im Vertrieb

Vergütungen und Anreize spielen im Vertrieb eine besondere Rolle. Sie sind gesetzlich vorgesehen, haben aber auch eine wichtige motivatorische Wirkung.

Für Versicherungsvertreter finden sich entsprechende Regelungen im HGB. Sie werden traditionell auch auf Versicherungsmakler angewendet. Der sogenannte Werbeaußendienst der Versicherungsunternehmen erhält tarifvertraglich eine an den HGB-Regeln orientierte Vergütung.

Die gesetzliche Vergütung ist die **Provision**. Ihre Merkmale sind:

- Sie ist **erfolgsabhängig**. Sie ist fällig, sobald der Kunde die Prämie bezahlt hat, aus der die Provision vertragsgemäß zu berechnen ist (vgl. §§ 87a Abs. 1, 92 Abs. 4 HGB).
- Sie ist **umsatzorientiert**. Sie wird aus der Prämie des Kunden bezahlt (vgl. § 87b Abs. 2 HGB). Dabei legt das HGB nicht die Höhe fest, sondern dies müssen die Vertragsparteien tun. Fehlt eine Vereinbarung, ist ein „üblicher Satz" als vereinbart anzusehen (vgl. § 87b Abs. 1 HGB).
- Sie ist **vom Versicherungsunternehmen zu zahlen**. Sie wird in die Versicherungsprämie einkalkuliert, sodass der Kunde sie faktisch trägt, aber Schuldner gegenüber dem Vertreter ist der Versicherer. Darüber hat der Versicherer eine monatliche Abrechnung zu erstellen und auf Verlangen einen Buchauszug zu erstellen oder andere notwendige Mitteilugen zu machen (vgl. § 87c HGB).

Die Proximus Versicherung AG hat einen neuen Lebensversicherungstarif entwickelt, der aber nicht die bisher gewohnte Provisionshöhe vorsehen soll, sondern eine etwas geringere. Dafür ist der Tarif attraktiver. Das Vertriebsmanagement möchte wissen, ob es einfach die niedrigere Provision zahlen kann, oder ob die Vertreterverträge vorher gekündigt werden müssen. Das Inhouse Consulting befragt die Rechtsabteilung und rät anschließend dringend von einer Kündigung der Handelsvertreterverträge ab, denn das würde Ausgleichsansprüche auslösen, Unruhe bringen und möglicherweise viele Vertreter zur Konkurrenz abwandern lassen. Lisa und Max wurden darüber aufgeklärt, dass die Proximus Versicherung AG die Provisionsbestimmungen aus guten Gründen nicht in den Vertreterverträgen selbst festgehalten hat. Dort steht nur, dass ein Vertreter Anspruch auf Provisionen hat, Näheres geht aus sogenannten Provisionsreversen hervor. Das sind Anlagen zum Vertretervertrag, in denen für jede Sparte die Provisionsregeln einschließlich den regulären Provisionssätzen, den besonderen Provisionssätzen für Ausnahmefälle (zum Beispiel für provisionsreduzierte Kollektivverträge und für Sonderrisiken) und die Regeln für die Berechnung festgehalten sind. Diese Anlagen können ausgetauscht werden, ohne dass es einer Kündigung des Vertretervertrags bedarf. Die Rechtsabteilung hat aber den Rat mitgegeben, dass der Ressortvorstand bei nächster Gelegenheit mit dem Hausverein der Ausschließlichkeitsvertreter über den neuen Tarif und die dafür vorgesehene Provisions-

regelung sprechen sollte. Schließlich möchte das Vertriebsmanagement den neuen Tarif erfolgreich platzieren, und dafür braucht die Proximus Versicherung AG das Wohlwollen der Interessenvertretung, damit die Vertreter den Sinn hinter der Provisionskürzung verstehen und unterstützen. Sonst kann es passieren, dass der neue Tarif nicht verkauft wird.

Es gibt verschiedene Gestaltungs- und Auszahlungsformen der Provision. Die **Abschlussprovision** ist eine **Vorauszahlung** auf eine erst künftig vom Kunden zu zahlende Versicherungsprämie. Sie steht unter dem Vorbehalt, dass der Kunde diese Prämien auch tatsächlich zahlt und den Vertrag nicht vorzeitig storniert, beitragsfrei stellt oder seine vereinbarten Prämien nicht leistet. Dann kommt die sogenannte **Stornohaftung** zum Zug: Die Abschlussprovision muss zeitanteilig zurückgezahlt werden. Die **Stornohaftungszeit** ist gesetzlich für Lebens- und für substitutive Krankenversicherungen (Vollversicherungen) in §°49 VAG geregelt und beträgt fünf Jahre. Vertraglich kann sie verlängert werden.

■ BEISPIELE

- Ein Vertreter erhält 25 Promille Abschlussprovision in der Lebensversicherung. Er vermittelt einen neuen Vertrag, über den der Kunde 20 Jahre lang jährlich 1.500 € einzahlen soll, in Summe sind das 30.000 € Beitragssumme. Die Abschlussprovision wird nach Zahlung der Erstprämie mit 30.000 € x 25 Promille = 750 € ermittelt uns ausgezahlt. Der Kunde kauft jedoch nach einem Jahr bereits den Vertrag zurück. Vom Vertreter werden 750 €: 5 Jahre gesetzliche Stornohaftungszeit x 4 Jahre Stornozeit = 600 € Abschlussprovision zurückgefordert.
- Eine Vertreterin vermittelt eine Hausratversicherung mit 300 € Jahres-Nettoprämie als Drei-Jahres-Vertrag und bekommt dafür 50 % Abschlussprovision auf den Erstjahresbeitrag, also 300 € x 50 % = 150 €. Nach einem Jahr wird der Vertrag schadenbedingt vorzeitig storniert. Vertraglich steht der Vertreterin nur noch die für Einjahresverträge sowie für alle Folgejahre vorgesehene, sogenannte **Folgeprovision** in Höhe von 10 % der Jahres-Nettoprämie zu, hier also 300 € x 10 % = 30 €. Die Differenz aus 150 € erhaltener Abschlussprovision und verdienter Einjahresprovision von 30 € = 120 € muss sie zurückzahlen. ■

Damit das Rückforderungsrisiko in Abschlussprovisions-intensiven Sparten (Lebens- und Krankenversicherung) nicht zu hoch wird, kann eine **Stornoreserve** vereinbart werden. Das bedeutet, dass ein Teil der Abschlussprovision einbehalten und auf einem Konto gesammelt wird, bis feststeht, dass die Abschlussprovision verdient ist.

Das Vertriebsmanagement hat mit hohen Stornoprovisions-Forderungen in der Lebensversicherung zu kämpfen, die von den betroffenen Vertretern oft nicht oder nur in Ratenzahlungen zurückgezahlt werden können. Das Inhouse Consulting bekommt den Auftrag, über Alternativen nachzudenken. Lisa und Max analysieren, was die Ursachen für auffällige Stornierungen sind. Sie stellen dabei fest, dass sich die Probleme auf einen kleineren Anteil an Vertretern konzentriert, die im Lebensversicherungsvertrieb besonders engagiert sind. Diese kann man wiederum in Gruppen unterteilen. Eine enthält dienstjunge, unerfahrene Vertreter. Hier empfehlen Lisa und Max Schulungen, damit sie lernen, qualitativ hochwertiger zu beraten und die Kunden besser zu betreuen. Eine weitere Gruppe hat ein schwieriges Kundenklientel, das sich die sehr hohen Beiträge nicht dauerhaft leisten kann. Hier empfehlen die Consultants Gespräche mit den lokalen Außendienstführungskräften, damit die Vertreter sich eine besser geeignete Klientel suchen und bei finanzschwächeren Kunden stärker auf die finanzielle Tragfähigkeit achten. Schließlich gibt es auch vereinzelt Vertreter, die offenbar „auf das schnelle Geld aus" sind, unseriös verkaufen sowie in rascher Folge die Versicherer wechseln. Hier empfehlen Lisa und Max der Organisationsabteilung, sich künftig AVAD-Auskünfte und andere Informationsquellen genauer anzusehen. In Verdachtsfällen sollten keine Abschlussprovisionen zugesagt werden, sondern nur der Vertrieb sogenannter ungezillmerter Lebensversicherungen. Das sind Lebensversicherungen, in die keine Einmalprovision einkalkuliert ist, sondern eine laufende Provisionszahlung vorgesehen ist. Dadurch entfällt ein Stornorisiko, denn die laufende Provision ist stets erst dann fällig, wenn der Kunde auch die jeweilige (Jahres-)Prämie bezahlt hat.

Die **Bestandsprovision** oder laufende Provision ist ab dem zweiten Vertragsjahr fällig und wird aus der jeweiligen jährlichen Prämienzahlung berechnet. Damit schafft der Versicherer einen Anreiz, dass sich der Vermittler um die Erhaltung des Vertrags bemüht („Betreuung").

Es können auch **Sonderprovisionen** eingesetzt werden, um die Angereizten stärker zu bestimmten Tätigkeiten und Erfolgen zu motivieren. Beispielsweise kann bei der Markteinführung eines neuen Tarifs eine Sonderprovision helfen, dass dieser schnell in nennenswertem Umfang verkauft wird und damit ein ausreichend großer Vertragsbestand entsteht, damit darin der Risikoausgleich im Kollektiv und in der Zeit funktionieren kann. Mit **Staffelprovisionen** können Anreize geschaffen werden, bestimmte Schwellenwerte an Produktionsleistungen zu überschreiten.

Eine weitere Sondervergütungsform ist die **Bonifikation**. Dabei handelt es sich um einen festen Betrag, der für die Erreichung bestimmter Ziele ausgelobt wird. Die Bonifikation hat den Vorteil für den Versicherer, dass das dafür notwendige Budget begrenzt ist, weil der maximal erreichbare Bonifikationsbetrag feststeht. Zudem können die Ziele zur Erreichung des Bonifikationsbetrags nach Bedarf von einem Ausschreibungszeitraum zum nächsten geändert werden. Vor allem aber können auch Aktivitäten angereizt werden, die ein Vertreter für die klassische Abschluss- oder Bestandsprovision allein nicht übernehmen würde.

Die Sparte Komposit hat sich beim Vertriebsmanagement beklagt, dass in ihren Beständen hohe Anteile veralteter Bedingungswerke vertreten sind, was die Schadenregulierung besonders aufwändig macht. Da die Verträge nicht einseitig von der Proximus Versicherung AG geändert werden könnten, wünscht sich die Sparte eine Aktion des Vertriebsmanagements zur Umstellung auf neue Versicherungsbedingungen. Das Inhouse Consulting bekommt den Auftrag festzustellen, wie das am besten umzusetzen ist. Es empfiehlt, jeder Agentur eine Jahresbonifikation auszuloben, abhängig von der Agenturgröße zwischen 5.000 und 15.000 €. Eines der maximal drei bis vier Ziele darin sollte eine Umstellungs-

quote des Altbestands auf neue Bedingungswerke von mindestens 90 % innerhalb eines Kalenderjahres sein.

Provisionen sind grundsätzlich dann fällig, wenn der Kunde die Prämie gezahlt hat, aus der sie zu berechnen sind. Im Ausschließlichkeitsvertretervertrieb können zur Unterstützung von Existenzgründern auch **Provisionsvorschüsse** oder **Provisionsgarantien** vereinbart werden. Damit wird eine künftig erwartete Summe an verdienten Provisionen in eine vorgezogene und gleichmäßig verteilte Zahlung (in der Regel monatlich) umgewandelt. Der Vertreter gewinnt dadurch Kalkulationssicherheit. Zudem hat er selbst sehr viele regelmäßige, monatliche Belastungen (zum Beispiel Mieten, Leasingraten, Löhne), Provisionen aber stellen sich selten gleichmäßig ein. Insbesondere Abschlussprovisionen schwanken stark nach Erfolg. Aber auch Bestandsprovisionen verteilen sich nicht gleichmäßig über das Jahr, sondern fallen bevorzugt zu den Terminen im Kalenderjahr an, zu dem auch Hauptfälligkeiten liegen.

■ **BEISPIEL**

In der Kfz-Versicherung haben fast alle Versicherungsverträge den 1. Januar als Hauptfälligkeit, wodurch im Januar eine besonders hohe Bestandsprovision anfällt, umso weniger in anderen Monaten. ■

Werden Provisionsvorschüsse nicht vollständig ins Verdienen gebracht, muss der Vertreter den Lastsaldo am Ende des Abrechnungszeitraums zurückzahlen. Bei Provisionsgarantien ist das nicht der Fall. Vorschüsse und erst recht Garantien sollten nur zeitbefristet und sparsam eingesetzt werden. Sie dürfen nicht etwa unwirtschaftliche Agenturen über Jahre hin „über Wasser halten", die keine ausreichenden Provisionseinnahmen erzielen.

Es gibt verschiedene weitere Arten von Anreizen, teils materielle und teils immaterielle. Erwähnt werden sollen **Incentives**. Damit werden besondere Leistungen belohnt, oft durch Sachpreise oder Einladungen zu Reisen oder besonderen Veranstaltungen. Sie werden auch schon einmal kurzfristig eingesetzt, wenn in einem bestimmten Zeitraum bestimmte Erfolge erreicht werden sollen. Im Ausschließlichkeitsvertrieb verbreiten sind zudem **Agenturkarrieren**. Bei langjährigen, überdurchschnittlichen Leistungen werden Titel wie im Angestelltenbereich vergeben, gegebenenfalls sind diese auch mit Provisionssatzerhöhungen verbunden.

Gegenüber **Versicherungsmaklern** sind die meisten der hier genannten **Anreize problematisch**, weil sie eine nicht sachgerechte Beeinflussung des Maklers in seiner Rolle als treuhänderähnliche Sachwalter darstellen. Deshalb sollten hier marktübliche Provisionen (Courtagen) als alleiniges Anreizinstrument eingesetzt werden.

Generell muss bei allen Vergütungs- und Anreizgestaltungen beachtet werden, dass diese nicht im Konflikt zum bestmöglichen Kundeninteresse stehen. Sie sollen also nicht dazu führen, dass Kunden weniger gut geeignete Versicherungsprodukte empfohlen bekommen, obwohl es für ihre Bedürfnisse besser gegeben hätte (vgl. §°48a

Abs. 1 VAG). Besonders weitgehende Vorgaben gibt es für den Vertrieb von Versicherungsanlageprodukten (vgl. § 48a Abs. 2–6 VAG).

Das Inhouse Consulting wird vom Vertriebsmanagement zur Hilfe gerufen, nachdem Vorwürfe des Hausvereins bekannt wurden, die Proximus Versicherung AG setze Vertriebsanreize ein, die nicht mit geltendem Recht zu vereinbaren seien. Gemeinsam mit der Schlüsselfunktion Compliance entwickeln Lisa und Max ein Beurteilungsraster, mit dessen Hilfe alle Vergütungen, Anreize und Vertriebssteuerungsmaßnahmen überprüft werden können. Dafür orientieren sie sich an Art. 8 Del. Verordnung 2021/2359[10].

Darin werden sechs Bewertungskriterien genannt, wann Anreize dem Risiko unterliegen können, gegen das bestmögliche Kundeninteresse zu verstoßen:

a) Anreize, bestimmte Produkte anzubieten, obwohl es andere, besser geeignete geben kann.

   ■ **BEISPIEL:** Im Geschäftsplan wird ein Verkaufsziel Unfallversicherungen vorgesehen und mit einer Bonifikation angereizt, im Einzelfall könnten Kunden jedoch dringender Berufsunfähigkeits-, Erwerbsunfähigkeits-, Funktionsinvaliditäts- oder Pflegeversicherungen benötigen. ■

b) Anreize, die ausschließlich oder vorwiegend auf wirtschaftlichen (quantitativen) und nicht auf qualitativen Kriterien beruhen.

   ■ **BEISPIEL:** Eine Zusatzprovision wird ausschließlich nach dem Erreichen einer bestimmten Produktionsmenge berechnet. Dass aber die Kunden wegen eines zu druckvollen Verkaufs unzufrieden sind, sich beschweren und oft früh stornieren, wird nicht berücksichtigt. ■

c) Anreize mit einem unverhältnismäßig hohen Anteil an der Gesamtprämie.

   ■ **BEISPIEL:** Eine Restschuldversicherung ist so kalkuliert, dass sie nur eine Schadenquote von 15 % der Prämien erreicht, aber 60 % Provision an die Vermittler rechtfertigt. ■

d) Anreize, die ganz oder vorwiegend beim Abschluss fällig sind.

   ■ **BEISPIEL:** Einsatz nur von Abschlussprovisionen in der Lebens- und Krankenversicherung, aber keinen Anreiz für deren dauerhafte Aufrechterhaltung (Bestandsprovisionen). ■

e) Fehlende, angemessene Stornohaftungsregeln.

   ■ **BEISPIEL:** Ein Lebensversicherer zahlt einem großen Vertrieb eine so hohe Abschlussprovision, dass die Gefahr besteht, dass sich der Vertrieb trotz der gesetzli-

[10] Delegierte Verordnung (EU) 2017/2359 der Kommission vom 21. September 2017 zur Ergänzung der Richtlinie (EU) 2016/97 des Europäischen Parlaments und des Rates in Bezug auf die für den Vertrieb von Versicherungsanlageprodukten geltenden Informationspflichten und Wohlverhaltensregeln, Amtsblatt der EU vom 20.12.2017, S. L 341/8-18.

chen Stornohaftungsregelung durch gezieltes, frühzeitiges Umdecken zum Schaden der Kunden bereichern kann. ■

f) Vom Erreichen von Schwellenwerte abhängige Anreize.

■ **BEISPIEL:** Es wird eine Staffelprovision in der Lebensversicherung von zusätzlichen 5 Promille auf die Beitragssumme des Neugeschäfts rückwirkend des Geschäftsjahres ausgelobt, wenn im Geschäftsjahr mindestens eine Million Euro Beitragssumme von einer Agentur eingereicht werden. Wenn gegen Jahresende diese Schwelle noch nicht ganz erreicht ist, wird ein übermäßiger finanzieller Druck erzeugt, gegebenenfalls unseriöses und nicht nachhaltiges Geschäft kurzfristig hereinzuholen. Denn allein das Erreichen der Schwelle würde eine Nachzahlung von 1 Mio. € x 5 Promille = 5.000 € Abschlussprovision auslösen. ■

8.5 Vertriebsstrategie

Eine grundlegende Aufgabe des Vertriebsmanagements besteht darin, die Vertriebsstrategie zu gestalten. Sie wird aus der **Unternehmensstrategie** abgeleitet. Ein Versicherungsunternehmen verfolgt darin übergeordnete **Unternehmensziele** wie das Erreichen oder die Verteidigung einer Marktposition (zum Beispiel Position im Ranking der Versicherer nach Beitragseinnahmen), von Sicherheitszielen (zum Beispiel Solvenz-Kennzahlen, Finanzstärke-Rating, Liquidität) und anderen übergeordneten Zielen (zum Beispiel Image des Versicherers).

Die Vertriebsstrategie soll die Unternehmensstrategie unterstützen. Der Begriff der **Strategie** stammt ursprünglich aus der Kriegslehre.[11] Dabei setzt sich ein Unternehmen langfristige Ziele – also mindestens über mehrere Jahre hin – und leitet daraus Pläne ab, wie diese erreicht werden sollen. Dabei wird zusätzlich berücksichtigt, dass es Reaktionen zum Beispiel von Wettbewerbern geben kann, auf die reagiert werden muss. In einer guten Strategie werden solche Reaktionen als Szenarien formuliert und entsprechende Anpassungen der eigenen Vorgehensweise geplant.

Der Vorstand der Proximus Versicherung AG möchte eine eigenständige Unternehmensstrategie für die Proximus Krankenversicherung AG entwickeln. Das Inhouse Consulting befasst sich unter anderem mit dem Risiko, dass die private Krankenvollversicherung aus politischen Gründen in eine gemeinsame Krankenversicherung einbezogen („Bürgerversicherung") und ihr Geschäftsmodell empfindlich beeinträchtigt wird. Lisa und Max entwerfen zusammen mit Branchenfachleuten Szenarien, wie eine solche Zusammenführung aussehen könnte, und wie die Proximus Krankenversicherung AG ihr Geschäftsmodell daraufhin anpassen sollte. Daraus sind auch Schlussfolgerungen für eine Vertriebsstrategie

[11] Vgl. Freiling, Jörg; Reckenfelderbäumer, Martin: Markt und Unternehmung, 3. Aufl. 2010, S. 315.

abzuleiten. Denn je nach Ausgestaltung könnte eine Abschaffung des bisherigen, dualen Krankenversicherungssystems Geschäftsmöglichkeiten für den Versicherungsvertrieb wegbrechen lassen.

Die Vertriebsstrategie sieht eigenständige, strategische Ziele vor. Im Mittelpunkt stehen dabei die Unternehmensziele zur Marktposition mit den Nebenbedingungen, die Sicherheitsziele und andere übergeordnete Ziele nicht zu verletzen.

Der Vertriebsvorstand will eine Fünf-Jahres-Vertriebsstrategie aufstellen und bitte Lisa und Max um Unterstützung. Diese stellen fest, dass die Proximus Versicherung AG laut ihrer Unternehmensstrategie in den nächsten fünf Jahren mindestens eine Position im Beitragsranking der deutschen Versicherer aufrücken will, und zwar durch sogenanntes, organisches Wachstum. Damit ist ein Wachstum aus eigener Kraft ohne Zukäufe von außen gemeint. Lisa und Max prognostizieren zusammen mit Fachleuten, dass das Beitragsvolumen um jährlich 5 % gesteigert werden muss, um im Beitragsranking um die gewünschte Position aufzusteigen. Dieses Wachstum soll erreicht werden mit den Nebenbedingungen, dass erstens das Geschäft weiterhin einen definierten Mindestertrag abwirft, also kein „schlechtes Geschäft" eingekauft wird. Zweitens soll es nicht dem Ruf der Proximus Versicherung AG abträglich sein, zum Beispiel durch Verpflichtung von schlecht beleumundeten Versicherungsvertretern, die ein hohes Neugeschäft aus fragwürdigen Quellen versprechen.

Die Vertriebsstrategie sollte die Umsetzung der strategischen Ziele konkretisieren und dabei vier Bezugspunkte berücksichtigen.[12]

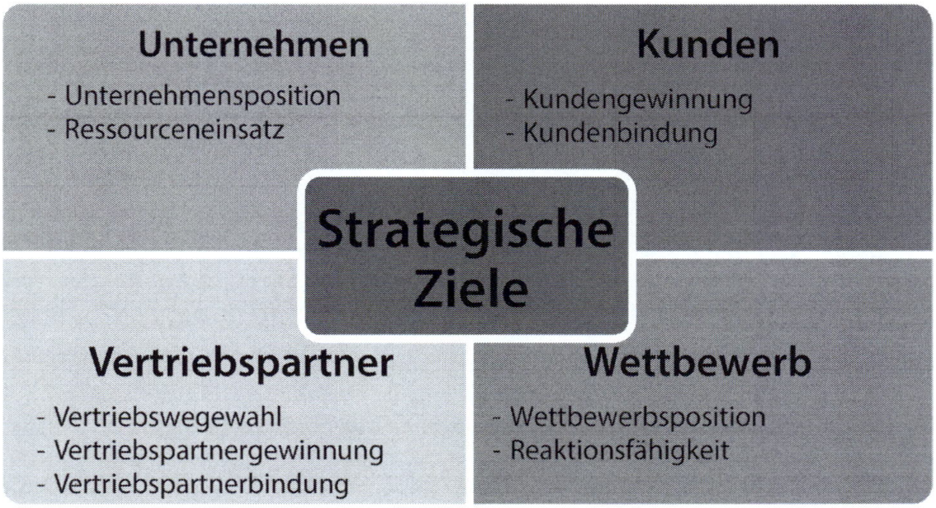

Abbildung 8.10: Ziele und Bezugspunkte der Vertriebsstrategie

[12] Vgl. Homburg, Christian; Schäfer, Heiko; Schneider, Janna: Sales Excellence, 7. Aufl., Gabler Verlag, Wiesbaden 2012, S. 28.

Der erste Bezugspunkt ist das **Unternehmen**. Hierin geht es um die Positionierung des Unternehmens selbst und um die personellen und finanziellen Ressourcen, die für die Erreichung derselben eingesetzt werden sollen.

Das Inhouse Consulting führt zur Vorbereitung einer Vertriebsstrategie eine sogenannte SWOT-Analyse durch. Darin werden systematisch Stärken und Schwächen des Vertriebs der Proximus Versicherung AG sowie Gelegenheiten und Bedrohungen aus dem Marktumfeld untersucht und zu Strategien zusammengefasst, wie man die Unternehmensposition unter Nutzung der Stärken und Vermeidung von Schwächen verbessern kann, indem Gelegenheiten genutzt und Bedrohungen vermieden werden.[13]

SWOT-Analyse des Proximus-Vertriebs	Stärken Strengths (S)	Schwächen Weaknesses (W)
• Beispiele	• Erfolgreiche Ausschließlichkeit • Umfassendes Finanzdienstleistungsangebot • Qualitativ und quantitativ gutes Vertriebs-Backoffice	• Geringe Präsenz im Maklermarkt • Geringe Vertriebskompetenz im Firmenkundengeschäft • Kein Angebot nachhaltiger Versicherungen
Gelegenheiten Opportunities (O)	SO-Strategie: Einsatz von Stärken zur Nutzung von Gelegenheiten	WO-Strategie: Überwindung der Schwächen durch Nutzung von Gelegenheiten
• Guter Ruf im Maklermarkt • Marktpotenzial bei Firmenkunden sowie bei nachhaltigen Versicherungen	• Qualifizierung von Ausschließlichkeits-Agenturen zu Firmenkunden-Spezialisten	• Entwicklung nachhaltiger Versicherungsangebote und Schulung des Vertriebs
Bedrohungen Threads (T)	ST-Strategie: Nutzung der Stärken zur Abwehr von Bedrohungen	WT-Strategie: Einschränkung der Schwächen, Vermeidung von Bedrohungen
• Hohe Provisionsforderungen von Maklerpools und Maklervertrieben • Kosten der Vertriebsregulierung	• Direktanbindung von Maklern (anstelle Poolanbindung) und Nutzung des überlegenen VertriebsBackoffices	• Einführung eines Vertriebscontrollings und striktes Kostenmanagement

Abbildung 8.11: Beispielhafte SWOT-Analyse des Proximus-Vertriebs

Der zweite Bezugspunkt einer Vertriebsstrategie sind die **Kunden**. Es geht um die Frage, wie und welche Kunden gewonnen und dauerhaft an das Versicherungsunternehmen gebunden werden sollen.

Das Inhouse Consulting schlägt vor, in der Vertriebsstrategie zwei Kundengruppen zu definieren, die die Proximus Versicherung AG bevorzugt ansprechen möchte. Die erste sind Privatkunden, die hauptsächlich über die lokale Nähe zu Ausschließlichkeitsagenturen gesucht und von diesen durch einen überlegenen Service gebunden werden. Zu diesem Zweck werden auch Schadenregulierungsvollmachten vergeben und als Anreiz für die dauerhafte Kundenbindung bedeutende Teile der Vertriebsvergütung laufend bezahlt. Regelmäßige Kundenzufriedenheitsbefragungen je Agentur werden zudem als Beurteilungsmaßstab für die Qualität der Vertriebsarbeit etabliert. Die zweite Kundengruppe sind Firmenkunden aus dem Bereich KMU (kleine und mittlere Unternehmen, KMU).

[13] Vgl. Macharzina, Klaus; Wolf, Joachim: Unternehmensführung, 12. Aufl., Gabler Verlag Wiesbaden, 2023, S. 377 f.

Der dritte Bezugspunkt sind die **Vertriebspartner**. Hier ist festzulegen, mit welchen Vertriebswegen der Vertrieb durchgeführt werden soll, und wie Vertriebspartner gefunden und dauerhaft an das Versicherungsunternehmen gebunden werden sollen.

Das Inhouse Consulting schlägt weiter vor, in der Vertriebsstrategie festzuschreiben, dass die bereits erfolgreiche Ausschließlichkeitsorganisation weiter ausgebaut und durch gute Backoffice-Leistungen an die Proximus Versicherung AG gebunden werden soll. Zudem soll erfolgreichen Agenturen eine Qualifizierung zu Firmenkunden-Spezialisten angeboten werden – als Anreiz, ihren Markt auf KMU auszuweiten und schneller zu wachsen. Außerdem soll der Maklermarkt behutsam ausgebaut werden, und zwar durch Direktanbindungen kleiner und mittelgroßer Makler. Dadurch werden Supercourtagen für Pools vermieden, also zusätzliche Vergütungen auf das über Pools gebündelt eingereichte Geschäft. Als Anreize werden dieser Maklerklientel das umfassende Finanzdienstleistungsangebot ebenso angeboten wie eine exzellente Unterstützung durch das Vertriebs-Backoffice. Insgesamt sollte die Proximus Versicherung AG anstreben, nur marktdurchschnittliche Provisionen an die Ausschließlichkeit und Courtagen an die Makler zu zahlen, um die Abschluss- und Vertriebskosten zu begrenzen.

Der vierte Bezugspunkt ist der **Wettbewerb**. Es soll festgelegt werden, welche Wettbewerbsposition das Unternehmen durch die Leistung des Vertriebs erlangen soll, und wie es diese gegen Reaktionen anderer Wettbewerber verteidigt.

Das Inhouse Consulting rät abschließend, in die Vertriebsstrategie Aussagen zur Wettbewerbspositionierung aufzunehmen. Diese könnte lauten, dass die Proximus Versicherung AG für ihre Vertriebspartner ein fairer Vertragspartner sein will, der zwar nicht mit besonders hohen Vergütungen, aber mit überzeugenden Produkten, Qualifizierungsmaßnahmen und Backoffice-Leistungen überzeugt. Dabei könnte helfen, an einer regelmäßigen Marktstudie zur Fairness gegenüber Vertriebspartnern teilzunehmen und positive Ergebnisse zu kommunizieren. Gegenüber den Kunden möchte man sich den Ruf als leistungsstarker Versicherer erarbeiten, der zwar nicht die billigsten Angebote, dafür aber überzeugende Serviceleistungen bietet, vor allem bei der kompetenten und schnellen Schaden- und Leistungsregulierung. Auch hier sollte die Proximus Versicherung AG an Marktforschungen teilnehmen und die Wahrnehmung der eigenen Leistungen durch die Kunden auch im Vergleich zu anderen Versicherern kritisch hinterfragen. Sollten andere Versicherer hier aufholen und die Wettbewerbsposition der Proximus Versicherung AG in Gefahr bringen, entwickelt sie neue Produktideen und Serviceangebote, die bei Bedarf kurzfristig eingeführt werden können.

9 Operatives Vertriebsmanagement

Lernziele: In diesem Kapitel lernen Sie:

- Wie eine Vertriebsplanung aufgebaut wird;
- Wie Vertrieb hinsichtlich struktureller, personeller und prozessualer Aspekte gemanagt wird;
- Wie Marketingmaßnahmen im Vertrieb realisiert werden und
- Wie zentrale Kennziffern zur Steuerung des Vertriebs im Rahmen eines Vertriebscontrollings eingesetzt werden.

Handlungssituation

Der Vertrieb der Proximus Versicherung AG ist komplex, weil er verschiedene Vertriebswege und spezifische Herausforderungen vorsieht. Das Inhouse Consulting ist deshalb gefordert, das Vertriebsmanagement bei der Gestaltung seiner operativen Aufgaben zu unterstützen. Eine der Herausforderungen ist die Digitalisierung, der sich der Vertrieb der Proximus Versicherung AG stellen muss. Die traditionellen, stationären Ausschließlichkeitsagenturen sind darauf nicht vorbereitet. Sie müssen aber mit Unterstützung der Proximus Versicherung AG Anschuss finden, um nicht gegenüber innovativeren Onlinevertriebsformen das Nachsehen zu haben.

9.1 Vertriebsplanung

Eine zentrale, operative Aufgabe des Vertriebsmanagements ist die Vertriebsplanung. Damit soll die Vertriebsstrategie umgesetzt werden. Der **Planungshorizont** beträgt meist ein (Geschäfts-/Kalender-)Jahr. Es können aber auch kurzfristigere Teilplanungen vorgenommen werden, beispielsweise, wenn ein Versicherungsprodukt neu eingeführt oder ein Relaunch stattgefunden hat und dieses rasch in den Markt eingeführt werden soll.

Geplant werden **Vertriebsziele** sowie die **Maßnahmen** zu deren Umsetzung. Vertriebsziele erfüllen mehrere Aufgaben:

- **Selektion**: Durch das Setzen von Zielen kann zwischen verschiedenen Handlungsalternativen entschieden werden – das Wichtige und das Unwichtige werden unterschieden.
- **Orientierung**: Die Vertriebsziele geben den Vertriebsbeschäftigten und Vertriebspartnern wichtige Hinweise, was das Versicherungsunternehmen erreichen will. Dadurch kann die Vertriebsstrategie besser unterstützt werden.
- **Steuerung**: Vertriebsziele sind keine Vorgaben oder Weisungen, welche Tätigkeiten wann und wie zu erbringen sind. Das bleibt in der Entscheidungsfreiheit der Vertriebsbeschäftigten und Vertriebspartner – bei Letzteren muss dies sogar so sein, um keine Scheinselbstständigkeit zu fördern. Aber Vertriebsziele entwickeln dennoch eine steuernde Wirkung.
- **Koordination**: Vertriebsziele helfen, Abhängigkeiten untereinander zu berücksichtigen und die Aktivitäten optimal aufeinander abzustimmen. Die knappste Ressource im Vertrieb ist die Zeit der handelnden Personen. Diese gilt es bestmöglich einzusetzen.
- **Motivation**: Vertriebsziele sind ein zentraler Anreiz zu arbeiten und sich anzustrengen. Damit sie diese Aufgabe bestmöglich erfüllen, müssen die Ziele einerseits ehrgeizig und nicht ohne Anstrengung erreichbar sein, dürfen aber auch nicht unerreichbar hoch sein. Beides würde sonst demotivieren, die Ziele verlieren dann ihre Funktion.
- **Kontrolle**: Wenn Ziele gesetzt wurden, kann auch bestimmt werden, welche Ergebnisse festzustellen sind. Aus den Ergebnissen wiederum können Rückschlüsse darauf gezogen werden, ob die beabsichtigten Aktivitäten entfaltet worden sind.
- **Legitimation**: Vertriebsziele dienen zur Rechtfertigung der zu ergreifenden Maßnahmen.

Die Formulierung von Vertriebszielen gelingt besonders gut durch Anwendung der sogenannten **SMART-Formel**. Man kann sie als Maßstab verstehen, an dem Zielformulierungen zu messen sind. Die Anforderung **S** bedeutet, dass Vertriebsziele **spezifisch** sein sollen, also konkret benennen, was Gegenstand des Ziels ist. Das **M** steht für **messbar** und sagt aus, dass ein Ziel in Zahlen zu fassen ist. Mit **A** wie **attraktiv** ist die Motivationswirkung des Ziels angesprochen, das Ziel soll den Adressaten herausfordern, tätig zu werden. Das wiederum steht unter der Nebenbedingung **R** wie **realistisch**, das Ziel soll nicht übertrieben hoch sein. Oft wird deshalb auf Vorjahresziele Bezug genommen und gezeigt, wie stark die neuen Ziele von den vorherigen abweichen. Schließlich ist mit **T** wie **terminiert** ein Zeitbezug notwendig, in welchem Zeitraum die Ziele erreicht werden müssen.

Kürzel	Bedeutung	Beispiel
S	Spezifisch	Absatz Neuversicherungen zur Einkommenssicherung
M	Messbar	12.000 Stück
A	Attraktiv	Unter Nutzung der neuen Produktlinien mit Top-Rating
R	Realistisch	Zur Steigerung der Vorjahresproduktion um 20 Prozent
T	Terminiert	Im Geschäftsjahr 2025

Abbildung 9.1: SMART-Formel und Beispiel zur Formulierung von Vertriebszielen

Typische Vertriebsziele betreffen den **Umsatz** und den **Absatz**. Der Umsatz ist der mit der erzielten Prämie bewertete Absatz, also Stückzahl mal durchschnittlicher Prämie. Vertriebsrelevant sind sowohl **Neugeschäfte**, also erstmals beim Versicherer abgeschlossene Versicherungsverträge, als auch **Erhöhungen** oder **Verminderungen** bestehender Versicherungsverträge. Erhöhung bedeutet, dass ein bestehender Versicherungsvertrag neu verhandelt wurde mit dem Ergebnis einer höheren als der bisherigen Prämie, Verminderung ist das Gegenteil davon. Auch wenn Verminderungen insgesamt den Versichererumsatz reduzieren, können sie wertvoll sein. Durch Neuverhandlung mit Herabsetzung der Prämie kann ein Versicherungsvertrag an einen gesunkenen Versicherungsbedarf angepasst oder auch eine Kündigung verhindert werden.

Je nach Sparte werden unterschiedliche Größen für die Bewertung des Erfolgs herangezogen:

- **Sach-, Haftpflicht-, Unfall-, Rechtsschutzversicherung (SHUR) sowie Kfz-Versicherung:** Erfolgswirksam ist die Nettojahresprämie des Neu- oder Erhöhungsgeschäfts. Der Vertriebserfolg wird durch Verluste und Verminderungen reduziert, wiederum gemessen in Nettojahresprämie.
- **Lebensversicherung:** Erfolgswirksam ist die Beitragssumme des Neu- oder Erhöhungsgeschäfts, die sich aus der Multiplikation der vereinbarten Prämien und der Anzahl der Jahre der Aufschubzeit ergibt beziehungsweise aus der Einmalprämie bei sofort beginnenden Versicherungen. Der Vertriebserfolg wird durch Verluste und Verminderungen reduziert, gemessen als Beitragssumme. Besonders relevant sind solche Verluste, wenn sie während der Stornohaftungszeit auftreten und Rückforderungen von Abschlussprovisionen in Frage kommen. Ein besonderes Augenmerk gilt speziell Frühstornierungen, also Nichteinlösung von Versicherungsscheinen oder Stornierung/Beitragsfreistellung schon im ersten Vertragsjahr. Das kann unter Umständen auf Mängel in der Beratung hinweisen.

- **Krankenversicherungen:** Erfolgswirksam ist der Monatsbeitrag des Neu- oder Erhöhungsgeschäfts. Der Vertriebserfolg wird durch Verluste und Verminderungen reduziert, gemessen als Monatsbeitrag. Auch hier sind besonders relevant diejenigen Verluste, die während der Stornohaftungszeit auftreten, oder sogar als Frühstornierung.

Die nachfolgende, beispielhafte **Erfolgsstatistik** einer Vertriebseinheit (zum Beispiel eine Versicherungsagentur) zeigt einerseits – mit grünen Überschriften – diejenigen Ursachen für Bestandsänderungen, die auf aktives Handeln der Vertriebseinheit in den Bereichen Akquise wie Bestandsbetreuung hindeutet. Das sind neue, erhöhte, verlorene oder verminderte Verträge. Diese Aktivitäten lösen **Vergütungen** aus, insbesondere Abschlussprovisionen für Neubeträge und für Erhöhungsbeiträge, gegebenenfalls aber auch Stornoprovisionen bei Verlusten und Verminderungen.

Die Erfolgsbewertung stützt sich im Wesentlichen auf die Brutto- und Nettowerte, ausgedrückt in Euro (Umsatz) oder in Stückzahl (Absatz). Hinzu kommt die **Beitragsanpassung** (BAP). Das sind vertraglich vereinbarte Anpassungen bestehender Versicherungsverträge, wenn die Gesamtschadenlast im Verhältnis zu den Gesamtprämien gestiegen ist. Das gibt es mittlerweile in vielen Versicherungszweigen (zum Beispiel Haftpflicht-, Hausrat- Wohngebäude- oder auch Krankenversicherung). Diese Anpassungen erhöhen den Versicherungsbestand zusätzlich. Sie lösen aber keine Abschluss-, sondern nur zusätzliche Bestandsvergütungen aus.

Sparte	Bestand Vorjahr	Neu	Erhöhung	Brutto	Verlust	Verminderung	Netto	BAP*	Bestand
In Euro				Neu + Erhöhung			Brutto – Verlust – Vermind.		Bestand Vorj. + Netto + BAP
SHUR	2.000.000	50.000	10.000	60.000	14.000	2.000	44.000	16.000	2.060.000
Kfz	1.200.000	30.000	5.000	35.000	15.000	4.000	16.000	6.000	1.222.000
Leben**	1.500.000	1.250.000	50.000	1.300.000	150.000	0	1.150.000	650.000	1.546.000
Kranken**	400.000	8.000	1.000	9.000	1.000	0	8.000	12.000	508.000

*BAP = Beitragsanpassung; **In Leben und Kranken sind Bestände und BAP werden Bestände und BAP als Jahresbeitragssumme, die Produktion hingegen als Beitragssumme des Neugeschäfts (Leben) bzw. als Monatsbeitrag (Kranken) ausgewiesen.

Sparte	Bestand Vorjahr	Neu	Erhöhung	Brutto	Verlust	Verminderung	Netto	BAP	Bestand
In Stück				Neu + Erhöhung			Brutto – Verlust – Vermind.		Bestand Vj. + Neu – Verlust
SHUR	6.000	150	50	200	40	20	140	1.000	6.110
Kfz	2.000	50	50	100	25	20	55	0	2.025
Leben*	1.250	25	10	35	2	0	33	0	1.263
Kranken*	250	40	20	60	5	0	55	12.000	508.000

Abbildung 9.2: Beispiel einer Erfolgsstatistik

Für die Vertriebsplanung relevant sind zudem **Kennzahlen**. Damit setzt man verschiedene Größen zueinander in Beziehung. Kennzahlen erleichtern Vergleiche und machen bei einem mehrjährigen Vergleich auf Entwicklungen aufmerksam. Zum Beispiel können Erfolgs- und Bestandzahlen zueinander in Beziehung gesetzt werden, um die **Bestandsausschöpfung** zu verdeutlichen.

Hinweise auf die **Vertriebsqualität** liefern auch Kennzahlen wie beispielsweise:

- **Frühstornoquote** und **Bestandsstornoquote**: Die Frühstornoquote setzt die Summe der Nichteinlösungen von Versicherungsscheinen und von im ersten Vertragsjahr stornierten Verträgen zur Gesamtsumme des Neugeschäfts in Beziehung. Die Bestandstornoquote setzt die insgesamt stornierten Verträge eines Jahres ins Verhältnis zum mittleren Gesamtbestand desselben Jahres. Die Frühstornoquote lässt Rückschlüsse auf die Beratungsqualität, die Bestandsstornoquote auf die Betreuungsqualität zu.
- **Mahnquote**: Verhältnis zwischen Anzahl der Mahnfälle und dem mittleren Bestand. Dies lässt Rückschlüsse auf die Zahlungskraft der vermittelten Kunden, unter Umständen aber auch auf die Betreuungsqualität zu.
- **Beschwerdequote**: Verhältnis der Anzahl der Beschwerden von Kunden zum mittleren Bestand. Auch diese Kennzahl erlaubt Rückschlüsse auf die Beratungs- und Betreuungsqualität derjenigen, die für die Beschwerden verantwortlich sind.
- **Schadenquote**: Das ist das Verhältnis von gezahlten/reservierten Schäden eines Jahres zum mittleren Bestand. Dabei sollten Großschäden gekappt werden, weil sie Aussagen verzerren können. Dann aber lässt die Schadenquote Rückschlüsse auf die Qualität des eingeworbenen Geschäfts zu.

9.2 Strukturelle Vertriebssteuerung

Die strukturelle Vertriebssteuerung dient dazu, die Grundbedingungen für einen funktionierenden Vertrieb eines Versicherers sicherzustellen. Eine Ausprägung ist die **Hierarchie** im Ressort Vertrieb. Damit soll eine optimale Führung der Vertriebswege erreicht werden.

Das Inhouse Consulting soll ein Organigramm des Ressorts Vertrieb erstellen. Lisa und Max erkennen dabei, dass es einige Unklarheiten in der Hierarchie gibt. Sie schlagen dem Vorstand vor, eine neue Struktur einzuführen. Danach soll die Organisationsabteilung als Stabsstelle fungieren und grundsätzliche Fragen der Vertragsgestaltung entscheiden, damit in allen Vertriebswegen einheitliche Regeln für die Zusammenarbeit und für die Vergütungs- und Anreizgestaltung gelten. Auch der Kundenservice soll als Stabsstelle eingeordnet werden, denn die Kunden sollen unabhängig vom Vertriebsweg einheitliche Serviceleistungen erhalten. Weiter sollen drei Vertriebswege definiert werden, Ausschließlichkeit, Makler und Sondervertriebe/Kooperationen. Sie werden unter die Leitung von Führungskräften der Führungsebene 1 (F1) gestellt. Die Ausschließlichkeit ist dabei der zahlenmäßig mit Abstand größte Vertriebsweg. Er wird regional untergliedert in vier Landesdirektionen (LD), die unter LD-Leitungen auf der Führungsebene 2 (F2) stehen. Darunter stehen regional zuständige Bezirksdirektionen (BD). Durch diese regionale Gliederung können die Ausschließlichkeitsvertreter ortsnah gesucht, eingearbeitet und angeleitet werden. Zudem wird die Führungsspanne für die Führungskräfte nicht zu groß. Der Vertriebsweg Makler ist bisher recht klein, weshalb unterhalb der Vertriebswegeleitung nur eine Führungsebene mit Maklerdirektionen installiert wird. Eine ursprüngliche Idee verwerfen Lisa und Max nach Gesprächen mit Ressort-Führungskräften wieder, die Maklerbetreuung den Bezirksdirektionen zu übertragen. Denn die Mentalität von Ausschließlichkeitsvertretern und Maklern ist ebenso unterschiedlich wie die Bedingungen, unter denen die Zusammenarbeit erfolgt. Deshalb sollten die Ansprechpartner aufseiten der Proximus Versicherung AG nicht dieselben sein. Im Vertriebsweg Sondervertriebe, Kooperationen werden sogenannte Key-Account-Manager vorgesehen. Das sind Außendienstmitarbeitende mit weitreichenden Entscheidungskompetenzen, die sich ausschließlich einem zugewiesenen Schlüssel-Vertriebspartner widmen. Vorteil ist, dass sich ein Key-Account-Management um alle Anliegen eines solchen, für das Unternehmen besonders wichtigen und umsatzstarken Vertriebspartner kümmern kann. Das wird zum einen für den Bankvertrieb über die Süddeutsche Handelsbank als auch für andere Kooperationen zum Beispiel mit umsatzstarken Maklerpools, Maklerverbünden und Strukturvertrieben eingerichtet.

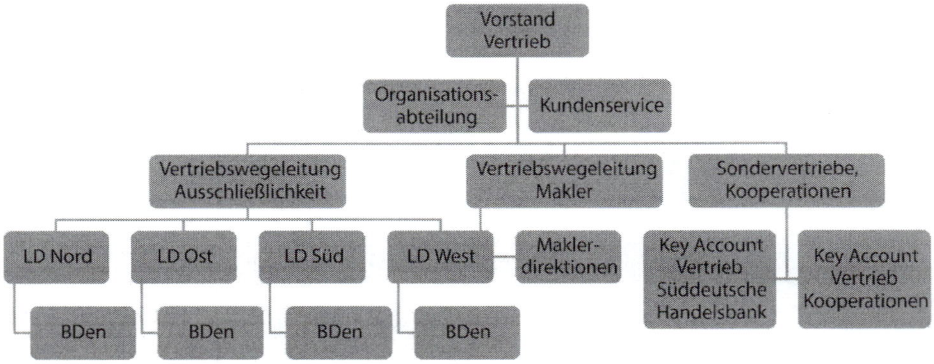

Abbildung 9.3: Beispiel einer Hierarchie im Ressort Vertrieb der Proximus

Zur strukturellen Vertriebssteuerung gehören weitere, allgemeine Regelungen, durch die individuelle Einzelfallentscheidungen vermieden werden. Ein Beispiel sind standardisierte **Vertreterverträge** für die Ausschließlichkeitsvertreter. Diese Vertreterverträge enthalten unter anderem vor, dass die Vertragsparteien benannt werden. Ausschließlichkeitsvertretern wird ein **Agenturstandort** zugewiesen, als ein Ort der Tätigkeit. Damit soll eine ortsnahe Betreuung der Kunden und ein Ausbau der Kundenbestände an bestimmten Orten gefördert werden. Es werden die Aufgaben definiert – die wichtigsten sind die ständige Bemühung um die Gewinnung neuer Kunden sowie die Betreuung der Bestandskunden einschließlich der Unterstützung im Schadenfall.

Eine **Wettbewerbsverbotsklausel** sorgt dafür, dass der Vertreter keine Fremdvermittlungen am Vertragspartner vorbei vornimmt. Es wird geregelt, dass es grundsätzlich Provisionen gibt, die in Provisionsreversen (Anlagen) im Einzelnen festgesetzt werden. Wie jeder Vertrag, enthält auch der Vertretervertrag Kündigungsregelungen.

Der Vertriebsvorstand hat immer wieder Anfragen von erfolgreichen Vertretern bekommen, ob ausnahmsweise Fremdvermittlungen zugelassen werden können, wenn die Proximus Versicherung AG im Wettbewerb keine überzeugenden Angebote machen kann. Er beauftragt das Inhouse Consulting mit einem Lösungsvorschlag. Lisa und Max führen dazu Interviews mit Fachleuten und der Rechtsabteilung und schlagen eine sogenannte Ventillösung vor. Das bedeutet, dass Ausschließlichkeitsvertreter in definierten Ausnahmefällen Versicherungen über eine von der Proximus Versicherung AG benannte Ventilstelle fremdvermitteln können. Als Ventilstelle empfehlen sie einen spezialisierten Ventilvermittler. Mit dem kann die Proximus Versicherung AG vereinbaren, welche Anfragen von Ausschließlichkeitsvertretern er entgegennehmen und an welche Versicherer weitervermitteln darf. Die Ausschließlichkeitsvertreter treten dabei nur als sogenannte Tippgeber auf. Sie müssen also den Kundenkontakt an den Ventilvermittler weitergeben und dürfen selbst keine Beratung und Vermittlung vornehmen. Dadurch vermeidet die Proximus Versicherung AG einerseits Probleme mit einer fehlenden Gewerbeerlaubnis, weil die Ausschließlichkeitsvertreter als erlaubnisfreie Vertreter von der Proximus Versicherung AG registriert werden. Andererseits verhindert die Proximus Versicherung AG Falschberatungen, weil sich die Ausschließlichkeitsvertreter mit den Angeboten fremder Versicherer nicht gut genug auskennen.

Außerdem wird strukturell und damit grundsätzlich festgelegt, wie die **Aus- und die Weiterbildung** für die Ausschließlichkeitsvertreter geregelt werden. Viele Versicherungsunternehmen haben eigene Trainingsabteilungen oder -akademien, die Ausschließlichkeitsvertreter kostenfrei ausbilden und auf die Sachkundeprüfung bei einer IHK vorbereiten sowie die regelmäßige Weiterbildung anbieten.

Generelle Regelungen betreffen die **Bestandsübertragungen** an neue Vertreter, ob und in welcher Höhe sie möglich sind. Damit werden Unzufriedenheiten in der Ausschließlichkeit vermieden, weil die Höhe des übertragenen Bestands den wirtschaftlichen Erfolg der Agentur beeinflusst. **Bestands**- sowie **Organisationsschutzabkommen** helfen, ein gegenseitiges Abwerben von Kunden (Bestandsschutz) oder von Vermittlern und Beschäftigten zwischen den Vertriebswegen (Organisationsschutz) zu vermeiden.

9.3 Personelle Vertriebssteuerung

Vertrieb ist personalintensiv, und deshalb spielt Führung eine bedeutende Rolle. Dabei wird in der Regel zielorientierte, delegative Führung (**Management by Objectives**) angewendet. Das bedeutet, dass im Wesentlichen den Mitarbeitenden Ziele gesetzt werden, diese aber selbst über die Aktivitäten und Maßnahmen zu ihrer Erreichung entscheiden. Führungskräfte konzentrieren sich auf die Einarbeitung, auf die Bewertung der Zielerreichung, und sie greifen ein, wenn Mitarbeitende Schwierigkeiten bei der Umsetzung haben.

Auch gegenüber selbstständigen Vermittlern kann eine Führung im weit verstandenen Sinn ausgeübt werden, wenn man darunter die absichtsgeleitete, soziale und motivierende Beeinflussung Anderer versteht, um gemeinsame Ziele zu erreichen. Das ist die Aufgabe der Außendienstführungskräfte gegenüber Vertriebspartnern. Unter Respektierung von deren Selbstständigkeit nehmen sie Einfluss und motivieren die Vertriebspartner, damit sie das Versicherungsunternehmen in seinen Vertriebszielen unterstützen.

Im Vertrieb eines Versicherungsunternehmens gibt es verschiedene Bereiche und Tätigkeitsfelder für Angestellte. Nachstehend einige Beispiele:

- **Organisierender Außendienst**: Die Aufgabe besteht darin, geeignete Vertriebspartner zu suchen, anzuwerben, anzuleiten, zu kontrollieren oder auch Trennungen vorzunehmen, beispielsweise, wenn sich die gegenseitigen Erfolgserwartungen nicht erfüllen. Diese Mitarbeitenden haben meist Außendienstverträge und sind regional tätig.
- **Werbeaußendienst**: Das sind Angestellte im Außendienst mit Verkaufsaufgaben. Sie werden meist in regional zugeschnittenen Verkaufsbezirken eingesetzt.
- **Organisationsabteilung**: Diese Stabs- oder Linienabteilung ist für Grundsatzfragen des Vertriebs, für die Entscheidungsvorbereitung oder auch die Entscheidung selbst über den Vertragsschluss mit neuen Vertriebspartnern, Vertragsänderungen oder Vertragsbeendigungen verantwortlich. Zudem sind sie für die Abrechnung von Provisionen und anderen Vergütungen und Anreizen zuständig, aber auch für die Beachtung der Vertriebs-Compliance.
- **Vertriebscontrolling**: Dies kann ein Bereich entweder innerhalb des Vertriebsressorts oder des zentralen Unternehmenscontrollings sein. Die Aufgabe besteht in der Unterstützung der Ressortleitung mit der Erhebung, Auswertung und entscheidungsorientierten Aufbereitung von Vertriebszahlen.
- **Verkaufsförderung**: In diesem Bereich können Mitarbeitende teils im Innendienst, teils im angestellten Außendienst tätig sein, mit der Aufgabe, die Vermittler und den Werbeaußendienst bei ihrer Tätigkeit zu unterstützen, beispielsweise mit der

Angebotserstellung, Besuchsbegleitungen oder der Durchführung von Verkaufsaktionen.

- **Schadenaußendienst**: Dieser Bereich ist meist in den Versicherungssparten angesiedelt, aber bietet Arbeitsplätze im angestellten Außendienst mit der Aufgabe, Kundenbesuche und Schadenbesichtigungen vor Ort vorzunehmen sowie Schäden zu regulieren.
- **Außendienstschulung/Training**: Quereinsteiger in den selbstständigen Versicherungsvertrieb müssen zur Sachkundeprüfung vorbereitet werden. Alle im Vertrieb tätigen Vermittler und Angestellten müssen sich mindestens 15 Stunden pro Kalenderjahr weiterbilden (vgl. §§ 34d Abs. 9 GewO, 48 Abs. 2 VAG). Das allein bringt sehr viel Bildungsarbeit mit sich, die auf die Bedürfnisse des Außendienstes abgestimmt sein sollte.
- **Betriebswirtschaftliche Agenturberatung**: Dabei handelt es sich um Spezialisten mit Außendienstvertrag, deren Aufgabe darin besteht, Ausschließlichkeitsvertreter bei betriebswirtschaftlichen Fragen der Agenturführung zu beraten. Dadurch wird die Ertragskraft der Agenturen gestärkt und die Vertreterbindung gefestigt.

Dem Vertriebsmanagement kommt die wichtige Aufgabe zu, die **Vertriebskapazitäten** zu planen und zu steuern. Dabei ist die Vertriebsstrategie zu beachten. Langfristige strategische Ziele zu erreichen mit vertretbaren Mitteln (Investitionen in den Aufbau sowie dauerhafte Kosten des Vertriebs) erfordert einen optimalen Einsatz sowohl der angestellten Mitarbeitenden als auch eine optimale Abdeckung des Tätigkeitsgebiets und der Zielgruppen mit passenden Vertriebspartnern, die die Markterschließung leisten.

9.4 Prozessuale Vertriebssteuerung

Vertrieb umfasst auch verschiedene Prozesse, für deren Gestaltung und Steuerung das Vertriebsmanagement verantwortlich ist. Im Zentrum steht der **Verkaufsprozess**. Dabei kann eine **produktfokussierter Vertriebsansatz** oder ein **ganzheitlicher Beratungsansatz** verfolgt werden. Der produktfokussierte Vertriebsansatz hat den Vorteil, dass er zielorientiert und zeiteffizient durchzuführen ist. Aber er hat den Nachteil, dass der Verkauf einzelner Versicherungsprodukte nicht immer das bestmögliche Interesse des Kunden trifft. Zudem gelingt es dabei weniger gut, Kunden umfassend abzusichern und sie von Wettbewerbseinflüssen fernzuhalten. Der ganzheitliche Beratungsansatz dagegen ist wesentlich aufwändiger. Er ist nur im Zwei-Phasen-Verkauf umsetzbar und damit anspruchsvoller und zeitintensiver. Denn sie müssen in der Lage sein, viele und gute Fragen zu stellen, komplexe Bedarfssituationen zu erfassen und individuelle Lösungskonzepte zu entwickeln. Die Herausforderungen liegen in der Verfügbarkeit aller in unterschiedlichen Bedarfssituationen verfügbaren Produkte, in der Qualifizierung der beratenden Personen und in einer dazu passenden Steuerung. Vergütungen, Anreize und Verkaufsziele sind auf die Förderung ganzheitlicher Beratung auszurichten. Auch benötigen die beratenden Personen **Beratungssoftware** zur Unterstützung.

Die Vertriebsstrategie der Proximus Versicherung AG sieht einen ganzheitlichen Beratungsansatz vor. Das Vertriebsmanagement bittet das Inhouse Consulting um Unterstützung, weil der Ausschließlichkeitsvertrieb bisher keine passende Software zur Verfügung hat. Lisa und Max stellen fest, dass der Ausschließlichkeitsvertrieb bisher mit einem klassischen Agenturverwaltungsprogramm arbeitet, in dem die Kundenverträge und Kundendaten abrufbar sind. Es besitzt Schnittstellen zu verschiedenen Angebotsprogrammen, mit denen Lebens-, Kranken- und Kompositversicherungs-Angebote berechnet und in elektronische Anträge umgewandelt werden können. Lisa und Max empfehlen, gemeinsam mit erfahrenen Vertretern sowie Vertriebs- und IT-Spezialisten der Proximus Versicherung AG ein Anforderungsprofil für ein Customer Relationship Management (CRM) zu entwickeln. Damit könnten viel mehr Informationen über die Kundenverbindung systematisch erfasst und ausgewertet werden. Wiedervorlagen verhindern, dass Zusagen und wichtige Verkaufsansätze verloren gehen. Das kann in Teilen sogar automatisiert erfolgen, indem das CRM eigene Vorschläge für Handlungen und für Angebote mit hoher Erfolgswahrscheinlichkeit bereitstellt („Next Best Action" und „Next Best Offer"). Anschließend soll eine Anschaffung oder Programmierung eines CRM geprüft werden, mit dem umfassende Kundeninformationen erfasst und ausgewertet werden können, insbesondere auch die laufende Kommunikation über verschiedene Kanäle. Weiter sollten Beratungsmodule integriert werden, mit denen typische Privatkunden- und Gewerbekunden ganzheitlich zu ihrem Versicherungs- und Vorsorgebedarf befragt, diese anschließend bewertet, priorisiert und visualisiert werden. Schnittstellen zu den Angebotsprogrammen sollen ermöglichen, direkt entsprechende Daten zu übertragen, damit passende Angebote erstellt und gegebenenfalls in Anträge umgewandelt werden können.

Eine Vorbedingung für erfolgreichen Absatz von Versicherungen ist die **Interessentenbeschaffung** (**Lead Management**). Dabei sind datenschutzrechtliche Anforderungen zu berücksichtigen. Viele Ansprachemöglichkeiten sind nicht erlaubt, solange der Interessent nicht vorher schriftlich zugestimmt hat, beispielsweise Telefonanrufe.

Der Hausverein der Ausschließlichkeitsvertreter hat den Vertriebsvorstand angesprochen, dass die Absatzziele nicht erreicht werden können, wenn die Proximus Versicherung AG die Vertreter nicht mit der Beschaffung von Leads unterstützt. Das Inhouse Consulting bekommt den Auftrag, Beschaffungsmöglichkeiten zu prüfen. Lisa und Max führen dazu auch Expertengespräche mit erfolgreichen Vermittlern und zeigen anschließend verschiedene Möglichkeiten auf. Die wichtigste ist die Empfehlungsakquise. Dabei handelt es sich um eine systematische Ansprache eines jeden Kunden auf die Möglichkeit, den Vertreter in der Familie und im Freundes- und Bekanntenkreis weiterzuempfehlen. Die erfolgreichsten Vertreter gewinnen auf diesem Weg laufend Neukunden. Lisa und Max schlagen vor, die

Vertriebstrainings um unaufdringliche, aber effektive Methoden zur Empfehlungsgewinnung zu ergänzen. Schwieriger stellt sich die Beschaffung von Leads dar, zu denen bisher kein Kontakt bestand („Fremd-/Kaltakquise“). Man kann Leads von Internetanbietern kaufen, die Qualität wird aber von den Experten als durchwachsen und die Kosten als hoch eingeschätzt. Aber Lisa und Max werden darauf aufmerksam gemacht, dass viele Leads schon über die Webseite der Proximus Versicherung AG entstehen können, wenn man diese geschickt gestaltet und Nutzer animiert, nähere Informationen anzufordern und ihre Kontaktdaten zu diesem Zweck freizugeben. Auch könnte Proximus prüfen, mit Vergleichsportalen und anderen Konsumenten-Portalen („Affiliate Marketing“) zusammenzuarbeiten, durch die Leadkunden auf die Proximus Versicherung AG aufmerksam werden. Denn die Erfahrung zeigt, dass ein Teil der Nutzer direkt mit dem Unternehmen Kontakt aufnehmen und nicht zum Beispiel über ein Vergleichsportal Abschlüsse tätigen will („Spill-over-Effekte“). Außerdem haben Lisa und Max interessante Beispiele erfahren, wie Vertreter mit Eventmanagement, also der Durchführung von Veranstaltungen von öffentlichem Interesse zur Generierung von Leads, oder mit Sponsoringmaßnahmen wie zum Beispiel der öffentlichkeitswirksamen Unterstützung von Sportvereinen unter anderem an Neukunden kommen. Manche Vertreter gehen sogar auf Verbrauchermessen und präsentieren dort ihre Angebote und ihre Beratungskompetenz.

Eine weiterer, erfolgskritischer Prozess ist die **Terminbeschaffung**. Erneut gilt es, datenschutzrechtliche Grenzen zu berücksichtigen. So sollte systematisch bei jedem Kundentermin eine **Anruferlaubnis** zu Werbezwecken erbeten und eine schriftliche Zustimmung eingeholt werden. Denn Terminvereinbarungen per Telefon sind weitaus effektiver als die meisten anderen Maßnahmen. Zunehmend sind Kunden auch bereit, sich über **Messenger-Dienste** kontaktieren zu lassen. Erneut ist dabei auf den Datenschutz besonders hinzuweisen. So dürfen grundsätzlich keine personengebundenen Daten bedenkenlos über einen Messenger ausgetauscht werden.

Der Hausverein der Ausschließlichkeitsvertreter hat noch ein Anliegen. Er hat sich darüber beklagt, dass viele Agenturen überlastet sind und keine ausreichende Personalkapazität besitzen, um Terminierungen durchzuführen. Das wiederum senkt aber die Produktivität der Agenturen. Der Bereichsleiter Vertriebsmanagement hat von einer Vertriebskonferenz die Idee mitgenommen, dass die Proximus Versicherung AG ihr eigenes Kundenservicecenter aufstocken und im Agenturauftrag Kundentermine beschaffen könnte. Alternativ wäre auch die Zusammenarbeit mit einem professionellen Callcenter als Servicedienstleister möglich („Outbound-Telefonie“). Lisa und Max werden beauftragt, die Wirtschaftlichkeit dieser Ideen zu untersuchen. In Expertengesprächen mit Vertretern erfahren sie, dass diese zurückhaltend reagieren, weil sie Sorge haben, die Proximus Versicherung AG könnte ihnen „ihre Kunden“ wegnehmen, vielleicht sogar Provisionen vorenthalten. Weitere Vorbehalte betreffen die Idee, dass sie den Service bezahlen sollen. Lisa und Max erläutern anschließend dem Vertriebsmanagement, dass die Dienstleistung Terminierung ohne Weiteres wirtschaftlich sinnvoll umgesetzt werden kann. Aber es müssten sehr sensible Gesprä-

che mit dem Hausverein geführt und vertragliche und andere vertrauensstiftende Maßnahmen gefunden werden, damit die Vertreter den Nutzen für sich erkennen und keine unüberwindbaren Bedenken entwickeln. Dies, zumal sie als selbstständige Unternehmer nicht gezwungen werden können, eine solche Dienstleistung anzunehmen.

9.5 Marketingmaßnahmen im Vertrieb

Im eigenen Verrieb eines Versicherers über Angestellte oder über Ausschließlichkeitsvertreter können zentrale **Verkaufsaktionen** geplant werden, mit deren Hilfe Absatz- und Umsatzziele erreicht werden können.

Ausgangspunkt einer Verkaufsaktion ist ein **Aktionsziel**. Das kann in einem Absatz- oder Umsatzziel bestehen. Dieses kann entweder über Neuverträge an Neukunden oder über einen Ausbau des Bestands erreicht werden. Eine Form ist das **Up-Selling**, also die Erhöhung der Versicherungsprämien zum Beispiel durch Aufstocken der Versicherungssumme oder Vereinbarung höherwertiger Vertragsbedingungen. Eine andere Form ist das **Cross-Selling**, das ist der Verkauf zusätzlicher Versicherungsverträge an vorhandene Kunden. Denkbar sind aber auch andere Ziele wie beispielsweise die Aktualisierung der Vertragsbestände durch Umstellung auf neuere Versicherungsbedingungen.

Als nächstes ist das **Aktionsthema** zu planen. Dabei kann es sich um ein neuartiges Versicherungsprodukt, ein wesentlich verbessertes Versicherungsprodukt, aber auch um eine bestimmte Bedarfssituation (zum Beispiel Altersvorsorge) oder einen bestimmten Beratungsanlass (zum Beispiel Naturkatastrophe als Anknüpfungspunkt für eine Vertragserweiterung um Elementarrisiken) handeln. Dazu wird am besten ein griffiger **Aufhänger** formuliert, unter dem sich die Angesprochenen etwas vorstellen können.

Weiter ist die **Zielgruppe** zu definieren. Das ist eine Personen- beziehungsweise im Firmenkundengeschäft eine Branchen-Gruppe, die bestimmte, für das Aktionsthema bedeutsame Merkmale gemeinsam haben. Eine vorteilhafte Eingrenzung kann auf **Bestandskunden** stattfinden, weil bei diesen die Erfolgswahrscheinlichkeit höher ist als bei **Fremd-/Neukunden**, auch ist die Ansprache unter anderem aus datenschutzrechtlichen Gründen leichter möglich. Weitere Eingrenzungen betreffen den mutmaßlichen Bedarf der anzusprechenden Kunden. Durch **Bestandsselektionen** kann herausgefunden werden, welche Bestandskunden die beabsichtigte Versicherung noch nicht besitzen. Auch lassen sich in einem gut gepflegten Agentur-/Maklerverwaltungsprogramm beziehungsweise CRM soziodemografische (zum Beispiel Alter, Geschlecht, Familienstand, Wohnort) und sozioökonomische Merkmale (zum Beispiel Beruf, Einkommen, Branche) festlegen, die eine Erfolgswahrscheinlichkeit mit sich bringen.

Sodann sind die **Maßnahmen** zu planen, mit denen die Zielgruppe angesprochen und interessiert werden soll. Um Beratungstermine zu vereinbaren, können – je nach vorliegender Erlaubnis – Anrufe (**Call-Aktion**) oder Anschreiben per Post oder über elektronische Medien (**Mailing-Aktion**) in Frage kommen. Besonders aufwändig und manchmal unsensibel, aber rechtlich unbedenklich kann eine **persönliche Ansprache** sein (zum Beispiel bei Messen, Events oder Direktansprache an der Haustür und im Betrieb des Kunden). Über das **Internet** bieten sich weitere Möglichkeiten, angefangen von der Versicherer-Homepage über die Webseiten von Vermittlern, Vergleichsportale oder anderen Arten von Portalen, auf denen sich die Zielgruppe gerne bewegt. **Social Media** ist eine weitere Möglichkeit zur Kontaktanbahnung, allerdings sollte hier beachtet werden, dass viele soziale Medien einen eher privaten Charakter haben und die Akzeptanz gering ausfällt, sich darüber auf Verkaufstermine ansprechen zu lassen. Um die eigentliche Beratung durchzuführen, können **persönliche Beratungstermine** entweder vor Ort beim Kunden oder in einem Büro des Versicherers beziehungsweise des Vermittlers ebenso vorgesehen werden wie eine **Videoberatung** oder eine **Telefonberatung**. Wenn der Kontakt über das Internet beziehungsweise über soziale Medien hergestellt wird, kann eine solche Beratung **medienbruchfrei** angeboten werden. Dazu können unter anderem **Chats**, **Videoberatungen** oder sogar **automatisierte Beratungsstrecken** mithilfe von **Avataren** und KI-gestützten Sprach- und Schrifterkennungstools eingesetzt werden.

Ein weiteres Element der Aktionsplanung ist das **Zeitmanagement**. Dabei geht es um die Frage, zu welcher Jahreszeit welche Themen eine hohe Erfolgswahrscheinlichkeit haben (zum Beispiel Lebens-, Kfz- und Wohngebäudeversicherungen gegen Jahresende, Reiseversicherungen im Sommer). Weiter geht es darum, über welchen Zeitraum eine Aktion erfolgen sollte, zumal jede Aktion auch zeitliche Konflikte mit sich bringt – die „normale Arbeit" läuft parallel weiter. Es müssen also ausreichende **Personalkapazitäten** oder Kapazitäten von **Dienstleistern** (zum Beispiel Callcenter, Marketingdienstleister) verfügbar sein.

Weiter gehört die **Budgetplanung** hinzu. Verkaufsaktionen können vielfältige Kosten verursachen.

■ **BEISPIELE:**

Lead-Kauf, Terminierung, Lohn- und Lohnnebenkosten involvierter Mitarbeitender, Reisekosten, IT-Dienstleistungen, Marketingservices, Tippgeber-Vergütungen, begleitende Werbung, Werbegeschenke. ■

Vor allem sind auch zentrale Kennzahlen zu planen. Das beginnt mit einem **Aktionsziel**, beispielsweise einem bezifferten Absatz im Aktionszeitraum. Daraus kann „rückwärts gerechnet" abgeleitet werden, wie viele Beratungstermine benötigt werden, indem das Aktionsziel durch eine **Abschlussquote** geteilt wird. Daraus wiederum kann ermittelt werden, wie viele Adressen von potenziellen Interessenten gebraucht werden. Dazu wird die Zahl der Beratungstermine durch die **Terminquote** geteilt. Welche Quoten dabei angemessen sind, hängt sehr stark von den Themen, Aufhängern, dem Timing, der gewählten Kontaktmethode, der Qualität der Zielgruppenselektion und Adressbeschaffung oder der Qualifikation der beratenden Personen ab. Es braucht Erfahrung. Ein **Aktionscontrolling** hilft, diese Erfahrung aufzubauen, indem Verkaufsaktionen laufend kontrolliert, Abweichungen festgestellt und deren Ursachen bestimmt werden.

Planungsgegenstand Verkaufsaktion		Beispiel:
Ziel		250 Verträge
Abschlussquote	:	50%
Beratungstermine	=	500
Terminquote	:	20%
Benötigte Adressen	=	2.500

Abbildung 9.4: Beispielhafte Planung einer Verkaufsaktion

Neben Verkaufsaktionen gibt es weitere Marketingmaßnahmen, die dem Vertrieb helfen können. Dazu zählt die **Werbung**. Meist werben Versicherungsunternehmen nicht für konkrete Versicherungsprodukte, weil dies zu viele Vereinfachungen der im Einzelnen komplexen Bedingungen und Preisfindungen erforderlich machen würde. Stattdessen ist **Imagewerbung** verbreitet. Damit wird ein positives Umfeld geschaffen, dass für Vertriebsaktivitäten den Boden bereitet. Dasselbe Ziel verfolgt üblicherweise das **Sponsoring**. Darunter ist zu verstehen, dass Sport-, Kultur- und andere Vereine oder Institutionen von öffentlichem Interesse finanziell unterstützt werden mit der Gegenleistung, dass diese den Sponsor öffentlich benennen (zum Beispiel Verkauf des Stadion-Namens, Anbringen von Sponsoren-Plaketten im Museum). Auch die Öffentlichkeitsarbeit („**Public Relations**") eines Versicherungsunternehmens hat einen wesentlichen Einfluss darauf, ein positives Bild des Unternehmens zu vermitteln oder die schädliche Wirkung von kritischen Informationen über das Unternehmen abzumildern. Auch das hilft dem Vertrieb, weil so ein Grundvertrauen bei Kunden und Interessenten entsteht.

Eine sehr konkrete Unterstützung des Vertriebs erfolgt durch **Verkaufsförderung**. Das Marketing stellt beispielsweise Verkaufsunterlagen („Sales Folder"), Beratungssoftware und Verkaufshilfen (zum Beispiel haptische Verkaufshilfen zur Veranschaulichung von Versicherungssachverhalten, Werbegeschenke) zur Verfügung, mit denen die anspruchsvollen Beratungen unterstützt und zielorientiert zum Erfolg gebracht werden können.

9.6 Vertriebscontrolling

Aufgabe des Vertriebscontrolling ist, das Vertriebsmanagement mit Zahlen zu versorgen und es bei der Planung und Steuerung des Vertriebs zu unterstützen. Vertrieb ist sehr zahlenlastig.

Eine wichtige Voraussetzung ist das **Reporting**. Darunter ist eine regelmäßige Berichterstattung zu verstehen, die entweder händisch-manuell oder automatisiert erfolgt, um einem Adressaten des Reportings (insbesondere Vertriebsleitung) einen laufenden Überblick über vertriebliche Aktivitäten und deren Erfolge zu geben. Manche der Informationen liegen in digitaler Form vor und müssen über Schnittstellen aus entsprechenden Anwendungen ausgelesen werden, beispielsweise Versicherungsanträge und -verträge. Andere müssen von den für die Aktivität Verantwortlichen selbst berichtet werden, beispielsweise Dauer und Entfernung von Dienstreisen und Beratungsterminen.

Gegenstand des Vertriebscontrollings sind die für den Vertriebserfolg wesentlichen Größen und Kennzahlen. So ist für das Vertriebsmanagement die Zahl der **Termine** mit potenziellen Kunden interessant, weil Termine eine notwendige, aber allein nicht hinreichende Bedingung für Verkaufserfolge sind. Informationen über vereinbarte und durchgeführte Termine können allerdings nur von Angestellten verpflichtend eingeholt werden, nicht von selbstständigen Vermittlern. Allerdings entsteht auch nur hier ein bezifferbarer **Terminierungsaufwand** wie zum Beispiel Fahr-, Reise- und andere Terminierungskosten sowie ein beobachtbarer Zeitaufwand.

Das Inhouse Consulting soll das Vertriebsmanagement beraten, ob und wie man die Vertriebsaktivitäten der Ausschließlichkeitsvertreter erheben kann, um mehr über den Fleiß und die Effizienz der Organisation zu erfahren. Lisa und Max erfahren bei einer Rücksprache mit der Rechtsabteilung, dass Proximus kein Reporting von seinen Agenturen verlangen kann, weil das deren Selbstständigkeit in Frage stellen könnte. Aber es spreche nichts dagegen, im Einzelfall Gespräche mit solchen Agenturen zu führen, die die Erwartungen der Proximus Versicherung AG nicht erfüllen, und bei denen die Vertragsfortsetzung in Frage steht. Hier kann – aber nur auf freiwilliger Basis – vereinbart werden, zeitbefristet ein Reporting durchzuführen. Dadurch kann die zuständige Vertriebsführungskraft besser verstehen, warum die in der Kritik stehende Agentur die Erwartungen nicht erfüllt, und welche Unterstützung sie benötigt. Allerdings hat die Rechtsabteilung empfohlen, diese Maßnahme von vornherein zeitlich zu befristen und nach Ablauf eine verbindliche Ent-

scheidung zu treffen, ob die Zusammenarbeit mit der Agentur fortgesetzt oder beendet wird. Eine erfahrene Vertriebsführungskraft ergänzt den Hinweis, dass die Verbindlichkeit noch größer und das Risiko von Missverständnissen reduziert werden kann. Zu Beginn der Beobachtungsphase sollten klare (Teil-) Ziele für den Beobachtungszeitraum vereinbart, schriftlich fixiert und die Konsequenz einer Vertragsbeendigung bei Verfehlen der Vereinbarung benannt werden.

Aus Terminen werden **Anbahnungen**, die als sogenannte **„Sales Pipeline"** für das Vertriebsmanagement wichtig sind. Denn so kann es dem Vorstand jederzeit vorrechnen, mit welcher Wahrscheinlichkeit welche Absatz- und Umsatzerfolge zu erwarten sind. Eine besondere Bedeutung hat die Beobachtung von Anbahnungen bei besonders zeitaufwändig zu akquirierenden Geschäften wie im Industrie- und Großgewerbegeschäft. Anbahnungen können sich dort über Monate und Jahre hinziehen, bis sie zum Abschlusserfolg werden.

Abschlüsse sind eine weitere zentrale Größe und können automatisiert aus den Bestandsführungssystemen eines Versicherers rekonstruiert werden. Sie verursachen einen bedeutenden **Abschlussaufwand**, zum Beispiel Abschlussprovisionen. Gleichzeitig haben Abschlüsse eine Ertragswirkung durch **Erstprämien**. Weiter ist die **Bestandsfestigkeit** von großer Bedeutung. Je länger ein Versicherungsvertrag besteht und vom Kunden bezahlt wird, desto mehr Folgeprämien sind auf der Ertragsseite zu verbuchen. Allerdings entsteht auch ein **Betreuungsaufwand**, zum Beispiel Bestandsprovisionen. Das Vertriebscontrolling sollte unter anderem die **Frühstorno- und die Bestandsstornoquote** besonders beachten.

Schließlich spielen **Schäden und Leistungen** eine Rolle, weil sie einen entsprechenden Aufwand verursachen. Hierauf hat der Vertrieb auch einen Einfluss: Er **selektiert** während der Akquise **vor**, welche Risiken für den Versicherer sinnvoll in Deckung zu nehmen sind und welche nicht. Stellt sich ein Risiko im Nachhinein als nicht auskömmlich kalkuliert dar, ist wieder der Vertrieb gefragt, mit dem Kunden über Maßnahmen zur Verbesserung der Wirtschaftlichkeit des Vertrags („**Sanierung**") zu verhandeln oder auch Vertragskündigungen durchzuführen und gegebenenfalls Neuangebote zu unterbreiten.

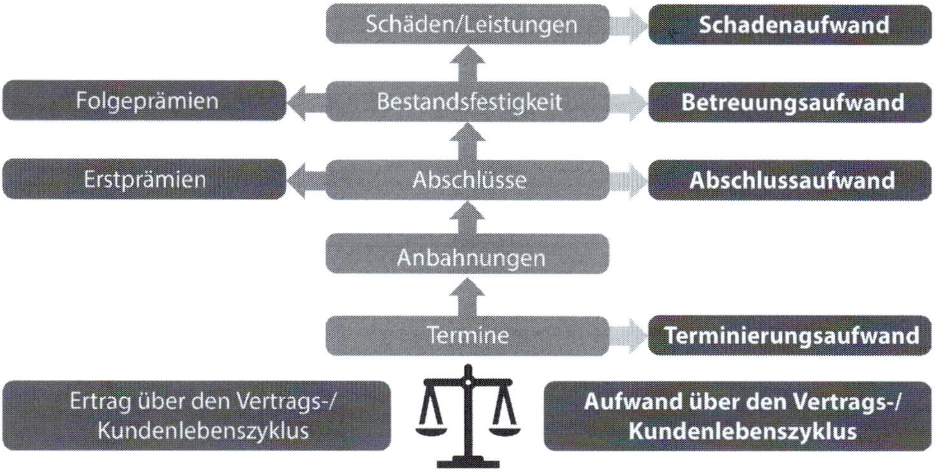

Abbildung 9.5: Vertriebscontrolling: Aktivitäten, Ertrag und Aufwand

Erträge und Aufwände sollten sich im gesamten Lebenszyklus eines Versicherungsvertrags oder einer Kundenverbindung einem ausgewogenen Verhältnis befinden. Man spricht auch vom **„Customer Lifetime Value"** (CLV), also vom Wert einer Kundenverbindung über die gesamte Laufzeit der abgeschlossenen Verträge.

10 Management des Vermittlungsbetriebs

Lernziele: In diesem Kapitel lernen Sie:

- Wie Versicherungsvermittler ihre Existenz gründen,
- welche Fragen sich bei der Planung und Steuerung ihres Vermittlungsbetriebs stellen,
- wie der Vermittlerbetrieb organisatorisch aufgestellt werden kann und
- wie Vermittlerbetriebe beendet und abgewickelt werden einschließlich der wirtschaftlichen Verwertung des Erfolgs.

Die Vertriebsleitung der Proximus Versicherung AG möchte eine betriebswirtschaftliche Agenturberatung für die Ausschließlichkeitsorganisation einführen. Lisa und Max erhalten den Auftrag, dafür die nötigen Vorarbeiten zu leisten und Informationen über wesentliche, betriebswirtschaftliche Fragestellungen der Agenturbetriebe zusammenzutragen. Dabei orientieren sie sich an den typischen Lebensphasen eines Agenturbetriebs, von der Existenzgründung über die Phasen des Aufbaus und der Etablierung des Betriebs bis hin zur Beendigung.

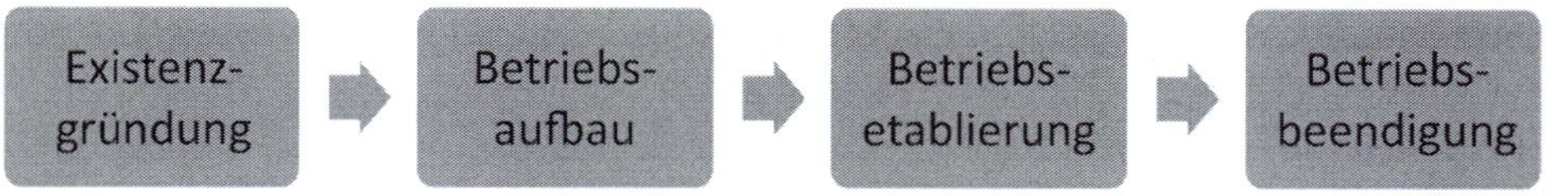

Abbildung 10.1: Lebensphasen eines Vermittlerbetriebs

10.1 Existenzgründung eines Vertreter- oder Maklerbetriebs

Die Existenzgründung eines Vermittlerbetriebs beginnt deutlich vor dem eigentlichen Start des Betriebs mit einer Reihe Vorüberlegungen und Entscheidungen. Sodann sind die regulatorischen Erfordernisse zu erfüllen und der Betrieb aufzunehmen. Zunächst wird es nachfolgend um die Vorüberlegungen gehen.

10.1.1 Vertriebswegewahl

Eine zentrale Frage ist, in welchem **Vertriebsweg** eine Existenzgründung erfolgen soll. Dafür stehen im Wesentlichen zwei Vertriebswege zur Verfügung: Ausschließlichkeit und Makler. Als Mehrfachvertreter ist eine Existenzgründung schwierig, weil Versicherer wenig Interesse daran haben, einen Agenturvertrag mit einem Startup-Unternehmen ohne Wettbewerbsverbot abzuschließen. Allerdings gibt es einige Struktur- oder Finanzvertriebe, die im Mehrfachvertreterstatus tätig sind. Deren neu startende Untervertreter schließen zwar einen Ausschließlichkeitsvertretervertrag mit dem Struktur-/Finanzvertrieb ab, können über diesen aber verschiedene Versicherer vermitteln.

Die Existenzgründung in der Ausschließlichkeit setzt voraus, ein passendes Versicherungsunternehmen zu finden, das einen solchen Agenturvertrag abschließen will. Häufig, wenn auch nicht immer, geht das mit der Verfügbarkeit eines freien **Kundenbestands** einher, den ein Existenzgründer an dem Ort übernehmen könnte, wo er selbst beheimatet und vernetzt ist. Der Vorteil daran ist, dass die Agentur von Beginn an Einnahmen aus Bestandsprovisionen erzielen und an bestehenden Kundenverbindungen anknüpfen kann. Dieser Start ist einfacher als eine „Grüne Wiese-Gründung" ohne Kundenbestand. Weiter sollten Existenzgründe und Versicherer hinsichtlich der Zielgruppen und typischen Versicherungsprodukte „zusammenpassen".

■ **BEISPIEL**

Eine Firmenkundenberaterin einer Geschäftsbank überlegt, sich mit einer Proximus-Agentur selbstständig zu machen. Ihr wird ein Kundenbestand in einem 50 Kilometer entfernten Ort angeboten, an dem sie keine eigenen privaten Kontakte hat. Zudem besteht der Kundenbestand fast nur aus Privatkunden, hauptsächlich mit Auto- und Hausratversicherungen. Dieser Agenturbestand passt weder räumlich noch hinsichtlich der vorherrschenden Kundenzielgruppe für die Bewerberin. ■

Handlungssituation

Lisa und Max empfehlen dem Vertriebsmanagement, eine Orga-Landkarte mit den Agentursitzen zu entwickeln und Szenarien, in welchem Zeithorizont wo Bestände frei werden. Weiter sollte eine Bewerberdatenbank aufgebaut werden, um interessante Bewerber gezielt zu kontaktieren, wenn sich für sie passende Chancen auf eine freiwerdende Agentur oder auf eine Agenturnachfolge-Position bieten. Zudem sollte es ein Agenturnachfolge-Programm geben, mit dem geeignete Bewerber frühzeitig in altersbedingt künftig freiwerdende Agenturen zum Beispiel als Außendienstangestellte oder als selbstständige Untervertreter mit einer finanziellen Förderung eingebunden werden, damit diese Bewerber sich auf die spätere Agenturnachfolge vorbereiten können.

Beim Vergleich von Angeboten von verschiedenen Versicherungsagenturen in der Ausschließlichkeit können weitere Punkte eine Rolle spielen. Dazu gehören die Provisionssätze, die Angebote der Versicherer in den Bereichen Aus- und Weiterbildung, Hard- und Software für den Agenturbetrieb und sonstige Unterstützungsleistungen.

Eine Existenzgründung ist auch als Versicherungsmakler möglich. Empfehlenswert ist sie jedoch nur dann, wenn der Existenzgründer bereits über eine geeignete Ausbildung und hinreichend Berufserfahrung im Versicherungsvertrieb verfügt. Denn die Anforderungen an einen Versicherungsmakler hinsichtlich der Beratungskompetenz, der Fähigkeit zum Versicherungsvergleich und der persönlichen Haftung für Fehler geht viel weiter als in der Ausschließlichkeit. Zudem benötigt ein Versicherungsmakler Zugang zu einer ausreichend großen Zahl von verschiedenen Versicherungsunternehmen und deren Produkten. Existenzgründer werden dafür oft auf die Hilfe von **Maklerpools oder -verbünden** zurückgreifen müssen. Eine **Direktanbindung** an einen Versicherer erhält man oft erst, wenn man bereits im Markt etabliert ist und eine interessante Produktionsstärke anzubieten hat. Mit der Anbindung an Pools oder Verbünde geht ein Existenzgründer Abhängigkeiten ein, vor allem, was deren Marktauswahl angeht.

10.1.2 Regulatorische Anforderungen

In Kap. 8.3.2 wurden bereits die Anforderungen vorgestellt, die Vermittler erfüllen müssen. Zentral ist die Registrierung im Versicherungsvermittlerregister, die wiederum an Anforderungen geknüpft ist. Neben dem für alle Vertriebswege gleichermaßen notwendigen Nachweis der Zuverlässigkeit und der geordneten Vermögensverhältnisse gibt es zwei Anforderungen, die sich nach Vertriebswegen unterscheiden.

Zum einen betrifft dies die Regelung zur beruflichen **Haftung**. In der Ausschließlichkeit hat der Versicherer die Möglichkeit, seinen Vertreter einzutragen und übernimmt damit automatisch auch die uneingeschränkte Haftung für dessen Tätigkeit. Übernimmt der Versicherer die Eintragung jedoch nicht, oder bevorzugt ein Existenzgründer in der Ausschließlichkeit eine eigene Gewerbeerlaubnis, muss er eine Berufshaftpflichtversicherung abschließen und der IHK nachweisen. Das gilt in jedem Fall auch für Existenzgründer, die als Makler oder Mehrfachvertreter tätig werden wollen.

Zum anderen geht es um die **Sachkunde**. Denn eine Gewerbeerlaubnis ist von einem Nachweis einer erfolgreich vor einer IHK abgelegten Sachkundeprüfung abhängig. Auch andere berufliche Qualifikationen können dem gleichgestellt werden. Nur bei dem von einem Versicherer ins Vermittlerregister eingetragenen Ausschließlichkeitsvertreter reicht es aus, dass der eintragende Versicherer eine angemessene Qualifizierung sicherstellt. Das muss keine Sachkundeprüfung sein, ist allerdings im hauptberuflichen Ausschließlichkeitsvertrieb trotzdem oft eine von den Versicherern verlangte Voraussetzung. Entscheidend ist, dass ein erlaubnisfreier Vertreter seine Tätigkeit bereits mit der Eintragung ins Vermittlerregister durch den Versicherer aufnehmen kann, auch wenn der Versicherer bei einem **Quereinsteiger** erst parallel zu seiner ersten Vertretertätigkeit die notwendige Qualifizierung vornimmt. Dagegen müssen Existenzgründer in allen anderen Fällen bereits vor der Antragstellung bei der IHK ihre Sachkunde oder eine gleichgestellte, andere berufliche Qualifikation (zum Beispiel Berufsausbildung als Kaufleute für Versicherungen und Finanzanlagen) abgeschlossen haben. Vorher können sie ihre selbstständige Tätigkeit nicht aufnehmen, nicht einmal probehalber.

Unabhängig von der Frage, wie der Vermittler ins Vermittlerregister eingetragen wird, muss er stets auch eine **Gewerbeanmeldung** beim örtlichen Gewerbeamt vornehmen. Das Gewerbeamt wiederum informiert das zuständige Finanzamt sowie die zuständige IHK über die Gewerbeanmeldung. In der Folge wird der neu Angemeldete zum einen vom Finanzamt zu Details seiner gewerblichen Tätigkeit befragt sowie von der IHK als Mitglied aufgenommen werden. An die IHK sind sodann die satzungsmäßigen Mitgliedsbeiträge zu entrichten.

10.1.3 Rechtsform

Die häufigste und einfachste Rechtsform bei Versicherungsvermittlern ist diejenige des Einzelkaufmanns/der Einzelkauffrau. Diese kann, muss aber nicht ins Handelsregister (Abteilung A) eingetragen werden und bezeichnet sich dann als „eingetragener Kaufmann/Kauffrau" (e.K.), was aber keine besondere rechtliche Bedeutung hat.

In der Ausschließlichkeit verlangen die Versicherer in der Regel, dass der Agenturvertrag mit einer natürlichen Person geschlossen wird, was die Rechtsform Einzelkaufmann nahe legt. Bei juristischen Personen fehlt dem Versicherer sonst die unmittelbare Interventionsmöglichkeit, wenn diese unter Umständen Personen in die Geschäftsleitung beruft, mit denen der Versicherer nicht zusammenarbeiten will oder nicht darf (zum Beispiel wegen fehlender, persönlicher Zuverlässigkeit oder ungeordneten Vermögensverhältnissen).

Im Maklervertrieb ist eine Einzelkaufmannstätigkeit problematisch, weil sie mit einer persönlichen und unbeschränkten Haftung auch gegenüber dem Privatvermögen verbunden ist. Aufgrund der weitreichenden Pflichten ist ein Versicherungsmakler eher gefährdet, dass Fehler auftreten und eine Schadenersatzhaftung zum Tragen kommt. Die **Berufshaftpflichtversicherung** ist dabei kein vollständiger Schutz. Denn zum einen ist deren **Versicherungssumme** begrenzt, das kann unter Umständen im Einzelfall nicht ausreichen. Zum anderen gibt es zulässige Ausschlüsse bei Berufshaftpflichtversicherungen, zum Beispiel derjenige **wissentlicher Pflichtverletzungen**.

■ **BEISPIEL**

Ein Versicherungsmakler fertigt grundsätzlich keine Beratungsdokumentationen an, um sich die Mühe zu ersparen. Dadurch kommt es mehrfach zu Schadenersatzhaftungen, weil Kunden behaupten, sie seien nicht beraten worden, hätten aber zu wichtigen Sachverhalten beraten werden müssen. Mangels Beratungsdokumentationen vermuten auch die Gerichte, dass nicht beraten und damit eine zentrale Pflicht verletzt wurde. Der Berufshaftpflichtversicherer seinerseits kann einwenden, der Versicherungsmakler habe gewusst oder wissen müssen, dass er beraten und diese Beratung dokumentieren muss. ■

Eine Einzelkaufmannstätigkeit hat den Vorteil, dass der Einzelkaufmann allein alle seine geschäftlichen Entscheidungen treffen kann. Gleichzeitig bedeutet das aber auch, dass er stets auf sich allein gestellt ist, beispielsweise wirtschaftlich bei Investitionen oder personell im Krankheits- und Urlaubsfall.

Eine Alternative ist die **Bürogemeinschaft**. Bei ihr schließen sich zwei oder mehr selbstständige Versicherungsvermittler ausschließlich zu dem Zweck zusammen, gemeinsam zu investieren, insbesondere in ein Büro. Die Mitglieder der Bürogemeinschaft behalten aber jeweils ihren eigenen Betrieb, ihren eigenen Kundenbestand und ihre eigenen Geschäftskonten. Sie teilen sich lediglich gemeinsame Investitionen und gemeinsame laufende Kosten (zum Beispiel Büromieten, Gehälter und Sozialversicherungsbeiträge für gemeinsam angestellte Mitarbeitende). Die persönliche und unbeschränkte Haftung bleibt für jeden Partner bestehen, hinzu kommt eine gesamtschuldnerische Haftung für den gemeinsamen Bürobetrieb.

Weitergehend können sich zwei oder mehr Vermittler zu einer **Personenhandelsgesellschaft** zusammenschließen, beispielsweise eine **offene Handelsgesellschaft** (OHG) oder eine **Kommanditgesellschaft** (KG). Der Gesellschaftsvertrag muss allerdings vor einem Notar geschlossen und von diesem zum Handelsregister (Abteilung A) angemeldet werden, es entstehen dadurch Gründungskosten. Vorteil ist, dass ein gemeinsamer Betrieb mit gemeinsamer Gewinnerzielungsabsicht möglich ist. Datenschutzrechtlich gibt es keine Probleme, sich gegenseitig im Urlaubs- oder Krankheitsfall zu vertreten. Allerdings haften die Gesellschafter persönlich und unbeschränkt sowie gesamtschuldnerisch für Verbindlichkeiten der Personenhandelsgesellschaft. Beschränkungen dieser Haftung sind nur bei der KG möglich, und auch nur für einen Teil der Gesellschafter. Scheitert die Personenhandelsgesellschaft, ist die Trennung aufwändig.

Eine **Kapitalgesellschaft** ist eine **juristische Person** und verspricht eine Beschränkung der Haftung auf das Betriebsvermögen sowie einige weitere Vorteile. Die häufigste Form ist die **Gesellschaft mit beschränkter Haftung** (GmbH), die von einem oder mehreren Gesellschaftern gegründet werden kann. Die Gründung ist aufwändig, neben der Errichtung durch Abschluss eines Gesellschaftsvertrags vor einem Notar muss auch ein Grundkapital nachgewiesen werden (zum Beispiel 25.000 € bei der GmbH). Es gibt auch die Möglichkeit, hieran durch Errichtung einer **Unternehmergesellschaft haftungsbeschränkt** (UG haftungsbeschränkt) zu sparen, sie kann mit einem beliebig niedrigeren Grundkapital gegründet werden. Allerdings bedeutet das gleichzeitig, dass die Bonität einer solchen Gesellschaft von Außenstehenden als gering eingeschätzt wird. Eine juristische Person wird anders besteuert als eine natürliche Person oder Personenhandelsgesellschaft (Körperschaftssteuer statt Einkommensteuer, jeweils zusätzlich zu Gewerbesteuer). Die Rechnungslegung ist aufwändiger, eine juristische Person muss als Jahresabschluss eine Bilanz erstellen, während bei Einzelkaufleuten meist eine vereinfachte Einnahmen-Überschuss-Rechnung ausreicht. Vorteile sind eine hohe Firmenkontinuität, eine GmbH kann weiterveräußert werden. Sie kann angestellte Geschäftsführer beschäftigen. Zudem können Pensionszusagen an Gesellschafter-Geschäftsführer getätigt werden.

10.1.4 Standortwahl

Traditionelle, stationäre Vermittlerbetriebe leben sehr stark von ihrer regionalen Verwurzelung und den Kontakten zu dort lebenden Menschen und aktiven Betrieben. Deshalb spielt bei diesen Betrieben die Standortwahl eine entscheidende Rolle. Insbesondere, wenn ein Kundendienstbüro eingerichtet werden soll, ist eine gute Erreichbarkeit für die Zielkunden zu gewährleisten.

In der Ausschließlichkeit wird deshalb der Agenturstandort im Agenturvertrag festgehalten. Dadurch ist der Agenturleiter daran gebunden, an diesem Standort seiner Tätigkeit nachzugehen und gegebenenfalls ein Büro zu eröffnen. Zieht ein Agenturleiter beispielsweise aus privaten Gründen an einen zu weit entfernten, anderen Ort um, muss der Agenturvertrag beendet und gegebenenfalls ein neuer Agenturvertrag am neuen Ort abgeschlossen werden.

Makler können frei über ihren Standort und ihr Tätigkeitsgebiet entscheiden. Aber auch für sie wird es aus praktischen Gründen sinnvoll sein, den Lebens- und Arbeitsmittelpunkt dort zu suchen, wo seine Kontakte und Zielgruppen ansässig sind.

Es gibt auch Vermittlerbetriebe, die beispielsweise über das Internet Kunden akquirieren und betreuen. Für diese spielt der Standort keine entscheidende Rolle. Allerdings ist die Erfolgswahrscheinlichkeit eines solchen Geschäftsmodells im Maklervertrieb größer, weil dies sehr spezialisierte und leicht online zu vertreibende Versicherungsprodukte und Abschlussstrecken erforderlich macht.

10.1.5 Gründungskapital

Vermittlerbetriebe benötigen, wie jeder andere Betrieb auch, ein Gründungskapital. Das kann zwar gerade in der Ausschließlichkeit niedrig ausfallen, ganz ohne geht es aber selbst dort nicht.

Mit dem Gründungskapital wird der Betrieb als solcher eingerichtet. Eine **Mindestausstattung** umfasst in der Regel ein Mobil- und gegebenenfalls Festnetztelefon und einen Pkw, um zu Kundenterminen fahren zu können. Wird ein Büro eröffnet, braucht es eine Büroeinrichtung. Dazu brauchen Vermittlerbetriebe Informationstechnik, um

Angebote berechnen, Anträge erstellen und Kundendaten verwalten zu können. In der Ausschließlichkeit gibt es oft Leasingangebote des Versicherers, damit alle Agenturen eine einheitliche IT-Ausstattung aufweisen. Im Makler- oder Mehrfachvertretervertrieb müssen die Hardware und die Software selbst beschafft werden.

Die Mindestausstattung kann durch eine **Sacheinlage** erreicht werden. Besitzt der Existenzgründer beispielsweise privat einen Pkw, kann er diesen formal in den neu zu errichtenden Betrieb einlegen. Ansonsten muss der Existenzgründer eine **Geldeinlage** vornehmen, um die Mindestausstattung zu finanzieren.

Für die Geldeinlage empfiehlt es sich, ein eigenes **Geschäftskonto** einzurichten („Zwei-Konten-Modell"). Dadurch können private und betriebliche Gelder leichter voneinander getrennt werden. Spätestens beim **Jahresabschluss** lässt sich so einfacher ein Vermögensvergleich durchführen zwischen dem Betriebsvermögen zum Beginn und zum Ende des Geschäftsjahres, und durch welche **Privateinlagen** und **Privatentnahmen** das Betriebsvermögen gesteigert oder wieder gesenkt wurde. Denn diese Einflüsse müssen herausgerechnet werden, um anschließend den zu versteuernden Ertrag des Vermittlerbetriebs feststellen zu können.

Die nachfolgende Abbildung zeigt diese Zusammenhänge schematisch: Der Existenzgründer finanziert die Investitionen zur Betriebserrichtung durch eine Privateinlage beim Betriebsstart. Anschließend wird der Betrieb im Geschäftsjahr laufend Einnahmen aus vor allem Provisionen oder Courtagen erzielen, aber auch laufende Kosten verursachen. Laufende Privatentnahmen können das Betriebsvermögen weiter reduzieren.

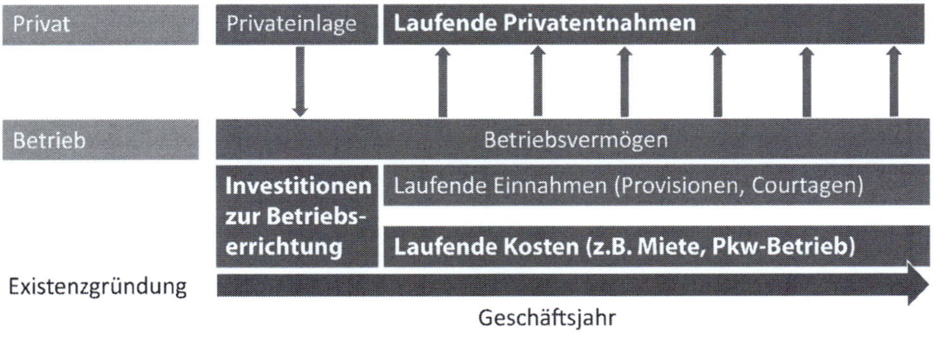

Abbildung 10.2: Schematische Darstellung der Finanzierung einer Existenzgründung

Das Gründungskapital wird im Maklervertrieb erheblich höher ausfallen. Das liegt daran, dass ein Existenzgründer als Makler keine Unterstützung durch einen Versicherer erhält. Seine größte Investition ist deshalb entweder den Neuaufbau eines Kundenbestands vorzunehmen, von dem der Makler seine Betriebskosten tragen und einen Gewinn erzielen kann, oder der Existenzgründer erwirbt einen bestehenden Maklerbetrieb oder dessen Kundenbestand zu einem Kaufpreis. In beiden Fällen kann es um hohe Investitionen gehen, bevor der Makler mit seinem neu gegründeten Betrieb Gewinne erzielen kann.

10.1.6 Liquiditätssicherung

In allen Lebensphasen eines Vermittlerbetriebs ist es unerlässlich, jederzeit fällige Verbindlichkeiten auch bedienen zu können. Denn ansonsten muss eine Insolvenz angemeldet werden. Das wiederum kann fatale Auswirkungen auf die Aufrechterhaltung oder eine künftige Neubeantragung einer Registrierung im Vermittlerregister und damit auf die berufliche Existenz haben.

In der Existenzgründungsphase ist die Sicherstellung der Liquidität besonders schwierig. Naturgemäß beginnt der Betrieb mit hohen Gründungsinvestitionen, die eine entsprechende Liquidität erforderlich machen, und ersten laufenden Kosten (zum Beispiel Miete, Pkw-Leasingrate, Gehälter, Sozialversicherungsabgaben und andere), denen noch keine (ausreichenden) Einnahmen gegenüberstehen.

Tipp

Eine einfache, aber wirksame Methode ist, eine Einnahmen- und Ausgabenübersicht in einer Tabellenkalkulation zu erstellen. Darin werden beispielsweise auf Monatsbasis die gesicherten Einnahmen (zum Beispiel Bestandsprovisionen, Privateinlagen), die erwarteten zusätzlichen Einnahmen (zum Beispiel Abschlussprovisionen), die gesicherten regelmäßigen Ausgaben (zum Beispiel Mieten und Gehälter, Privatentnahmen) und erwartete zusätzliche Ausgaben (zum Beispiel Anschaffungen zur Verbesserung des Geschäftsbetriebs) erfasst und saldiert. Dadurch ergibt sich Monat für Monat entweder ein Liquiditätsüberschuss oder eine -unterdeckung. Diese sollten zusätzlich auf das Jahr summiert werden. Dadurch erhält der Betriebsinhaber einen guten Überblick, wann welche Liquiditätsunterdeckungen zu erwarten sind. Kurzfristige Liquiditätsunterdeckungen können mithilfe eines Kontokorrentkredits der Bank getragen werden. Längerfristige Liquiditätsunterdeckungen können jedoch nur durch Privateinlagen beziehungsweise eine Senkung von Privatentnahmen ausgeglichen werden.

Liquiditätsplan	1. Quartal			2. Quartal		
	Januar	Februar	März	April	Mai	Juni
Geldeingänge:						
Abschlussprovision	5.700,00 €	1.100,00 €	2.500,00 €	3.500,00 €	3.000,00 €	3.000,00 €
Bestandsprovision	32.600,00 €	700,00 €	900,00 €	1.200,00 €	700,00 €	900,00 €
Bonifikation	6.500,00 €	0,00 €	0,00 €	0,00 €	0,00 €	0,00 €
Zuschüsse	1.200,00 €	1.200,00 €	1.200,00 €	1.200,00 €	1.200,00 €	1.200,00 €
Privateinlagen	0,00 €	0,00 €	0,00 €	0,00 €	5.000,00 €	0,00 €
Summe:	46.000,00 €	3.000,00 €	4.600,00 €	5.900,00 €	9.900,00 €	5.100,00 €
Geldabflüsse:						
Löhne/Gehälter	6.800,00 €	6.800,00 €	6.800,00 €	6.800,00 €	6.800,00 €	6.800,00 €
Miete/Nebenkosten	1.300,00 €	1.300,00 €	1.300,00 €	1.300,00 €	1.300,00 €	1.300,00 €
Kfz-Kosten	700,00 €	700,00 €	700,00 €	700,00 €	700,00 €	700,00 €
EDV -Leasing	250,00 €	250,00 €	250,00 €	250,00 €	250,00 €	250,00 €
Telekommunikation	500,00 €	500,00 €	500,00 €	500,00 €	500,00 €	500,00 €
Darlehenszinsen	900,00 €	900,00 €	900,00 €	900,00 €	900,00 €	900,00 €
Material	150,00 €	150,00 €	150,00 €	150,00 €	150,00 €	150,00 €
Zeitschriften	0,00 €	220,00 €	0,00 €	0,00 €	220,00 €	0,00 €
Privatentnahmen	2.500,00 €	2.500,00 €	2.500,00 €	2.500,00 €	2.500,00 €	2.500,00 €
Summe:	13.100,00 €	13.320,00 €	13.100,00 €	13.100,00 €	13.320,00 €	13.100,00 €
Saldo Geldströme:	32.900,00 €	**-10.320,00 €**	**-8.500,00 €**	**-7.200,00 €**	**-3.420,00 €**	**-8.000,00 €**
Anfangsbestand Kasse, Bank	400,00 €	33.300,00 €	22.980,00 €	14.480,00 €	7.280,00 €	3.860,00 €
Endbestand liquide Mittel	33.300,00 €	22.980,00 €	14.480,00 €	7.280,00 €	3.860,00 €	**-4.140,00 €**

Abbildung 10.3: Beispielhafter Ausschnitt einer Liquiditätsplanung

10.1.7 Herausforderungen in der Gründungsphase

Eine zentrale Herausforderung für jeden Existenzgründer besteht darin, neue Kunden zu finden und Versicherungsverträge zu vermitteln.

Selbst, wenn ein Ausschließlichkeitsvertreter einen Kundenbestand erhält, wird der Versicherer darauf achten, dass der neue Agenturleiter erfolgreich eigene Kundenverbindungen aufbaut. Denn übertragene Kundenbestände sind oft von älteren Vorgängern aufgebaut worden, wodurch die Kunden tendenziell ein ähnliches Alter wie der Vorgänger aufweisen. Das bedeutet, dass solche Bestände naturgemäß demografisch bedingt schrumpfen. Hinzu kommt, dass ein Wechsel in der Agenturleitung häufig auch mit Kundenfluktuation einhergeht. So verlassen beispielsweise Kunden den Bestand, weil ihr Hauptkontakt zum Vorgänger bestand und mit dessen Ausscheiden die Bindung verloren geht. Ganz besonders ist das dann der Fall, wenn ein Vorgänger nicht in den Ruhestand, sondern zu einem anderen Versicherer oder in einen anderen Vertriebsweg (zum Beispiel von der Ausschließlichkeit in eine Maklertätigkeit) wechselt. Dann muss der neue Agenturinhaber mit **Umdeckungen** rechnen. Das bedeutet, dass der Vorgänger versuchen wird, seine früheren Kunden zu einer Kündigung der Altverträge und einem neuen Abschluss bei einem anderen Versicherer zu bewegen.

Auch wer als Versicherungsmakler seine Existenz mit einem Kundenbestand starten kann, den er übernimmt, wird Neukunden suchen müssen.

Vorteil eines übernommenen Bestands ist jedoch in jedem Vertriebsweg, dass der Bestand häufig Potenzial für dessen Ausbau bietet. Das können zum Beispiel fehlende Versicherungsverträge bei einzelnen Kunden sein, die noch gar nicht oder bei einem Wettbewerber abgeschlossen wurden. Oder Bestandskunden können Empfehlungen zur Neukundengewinnung aussprechen, beispielsweise Familienmitglieder, Freunde oder berufliche Kontakte angeben.

Das Inhouse Consulting empfiehlt dem Vertriebsmanagement der Proximus Versicherung AG, bei jeder Bestandsübernahme eine Analyse durchzuführen, welche Ausbaupotenziale der zu übertragende Bestand bietet. Existenzgründer sollten anschließend beraten werden, wie sie diese Potenziale am besten ausschöpfen können, und auch darauf abgestimmte Zielvereinbarungen treffen.

Eine weitere zentrale Herausforderung stellt sich im Fall, dass ein Bestand übernommen wird. Wie schon angedeutet wurde, können bei einem Wechsel in der Agenturleitung beziehungsweise des Maklers Kundenverbindungen verloren gehen. Umso wichtiger ist es, dass der Existenzgründer seinen Bestand möglichst schnell kennenlernt. Je nach Bestandsgröße kann das eine zeitlich herausfordernde Aufgabe sein. Hier kann helfen, wenn sich der Existenzgründer den Kunden zunächst auf einem geeigneten Kommunikationsweg vorstellt. Je nachdem, wie der Vorgänger mit seinen Kunden kommuniziert, die entsprechenden Adressen erfasst und gegebenenfalls die datenschutzrechtliche Genehmigung eingeholt hat, können das unterschiedliche Wege sein. Kostengünstig sind E-Mail- oder Messenger-Kontakte anzusprechen. Etwas aufwändiger und traditioneller ist ansonsten der postalische Weg. Sofern eine Telefonnummer vorliegt, kann auch ein kurzer Anruf dazu dienen. Zumindest bei wichtigen Kundenverbindungen sollten schnellstmöglich persönliche Besuche angestrebt werden.

10.2 Planung und Steuerung im Vermittlungsbetrieb

10.2.1 Wirtschaftliche Rahmenbedingungen

Vermittlerbetriebe weisen grundsätzlich drei Arten von **Einnahmen** auf: Abschlussprovisionen, Bestandsprovisionen und Sondervergütungen.

Abschlussprovisionen (im Folgenden immer gleichbedeutend mit Courtagen beim Makler) sind Vorschüsse auf eine künftig erwartete Beitragseinnahme, zu der sich ein Kunde im Versicherungsvertrag verpflichtet. Ob sich diese (vollständig) realisiert, ist allerdings offen. Sie berechnen sich grundsätzlich wie folgt:

Abschlussprovision (Euro) = Bewertungssumme x Abschlussprovisionssatz

Folgende Bewertungssummen sind dabei je nach Sparte gebräuchlich:

- Lebensversicherung: Jahresbeitrag (Euro) x Aufschubzeit (Jahre) x Korrekturfaktor. Als Korrekturfaktoren (größer oder kleiner 1,0) sind unter anderem Tarifart-abhängige Faktoren üblich, bei denen bestimmte, erwünschte Tarife durch Aufwertung bevorzugt oder andere abgewertet werden. Außerdem sind Laufzeitfaktoren verbreitet, mit denen sehr kurze und umgekehrt sehr lange Laufzeiten abgewertet werden, weil beide mit Blick auf die Verteilung der Abschlusskosten (Kurzläufer) oder die Verpflichtungen in der Kapitalanlage (Langläufer) problematisch sind. Teilweise gibt es auch Maximierungsregeln, um zu lang laufende Verträge abzuwerten (zum Beispiel Abschlussprovision in Höhe von maximal 90 % der Erstjahresprämie) Bei einer sofort beginnenden Lebensversicherung gegen Einmalbeitrag ist der Einmalbeitrag gleichzeitig die Bewertungssumme.
- Krankenversicherung: Monatsbeitrag (MB) x Abschlussprovisionssatz.
- Schaden-/Unfallversicherung (Mehrjahresverträge): Jahresnettobetrag x Abschlussprovisionssatz. Jahresnettobeitrag ist der Beitrag ohne Versicherungsteuer.

■ BEISPIELE

- Lebensversicherung: 1.000 € Jahresbeitrag x 20 Jahre Aufschubzeit x Korrekturfaktor 1,1 x 25 Promille Abschlussprovisionssatz = 550 €.
- Krankenversicherung: 200 € MB x 5,0 MB Abschlussprovisionssatz = 1.000 €.
- Schaden-/Unfallversicherung (3-Jahresvertrag): 500 € Jahresnettobeitrag x 50 % Abschlussprovisionssatz = 250 €. ■

Bestandsprovisionen (auch: laufende Provision) sind ab dem zweiten Vertragsjahr fällig. Sie berechnen sich grundsätzlich wie folgt:

Bestandsprovision (Euro) = Jahresbeitrag x Bestandsprovisionssatz

Der Jahresbeitrag versteht sich bei Schaden-/Unfallversicherungen als Jahresnettobeitrag ohne Versicherungsteuer.

■ BEISPIELE

- Lebensversicherung: 1.000 € Jahresbeitrag x 1,0 % Bestandsprovisionssatz = 10 €.
- Krankenversicherung: 200 € MB x 12 Monate x 1,0 % Bestandsprovisionssatz = 24 €.
- Schaden-/Unfallversicherung: 500 € Jahresnettobeitrag x 10 % Bestandsprovisionssatz = 50 €. ■

Provisionen sind grundsätzlich dann fällig, wenn der Kunde die Prämie bezahlt hat, aus der sie zu berechnen sind. Im Ausschließlichkeitsvertrieb können insbesondere Existenzgründer durch **Provisionsvorschüsse** oder **Provisionsgarantien** unterstützt werden. Damit werden die stark schwankenden Einnahmen geglättet, der Existenzgründer kann seine laufenden – und meist gleichmäßigen – Kosten besser tragen. Ein Provisionsvorschuss wird für einen bestimmten Zeitraum (zum Beispiel ein Jahr) vereinbart. In dieser Zeit erhält der Vertreter eine gleichmäßige, monatliche Vorschusszahlung. Dagegen werden die tatsächlich gebuchten Provisionen gebucht, entweder alle oder bestimmte (zum Beispiel nur die Bestandsprovisionen oder bei Abschlussprovisionen nur ein Anteil). Am Ende des Abrechnungszeitraums werden Vorschüsse und gebuchte Provisionen saldiert, ein Lastsaldo ist vom Vertreter zurückzubezahlen, ein Überschuss wird ausbezahlt. Provisionsgarantien funktionieren genauso, nur werden hier Lastsalden zulasten des Versicherungsunternehmens ausgebucht. Das kann beispielsweise bei Existenzgründern sinnvoll sein, die ihren Kundenbestand einschließlich der daraus entstehenden Bestandsprovisionen erst verspätet übertragen erhalten, aber trotzdem ihren Betrieb starten wollen.

Sondervergütungen sind nur bei Versicherungsvertretern üblich und verbreitet. Bei Versicherungsmaklern lassen sich diese nur in wenigen Ausnahmefällen mit deren Rechtsstatus vereinbaren, sondern könnten als nicht statthafte Beeinflussung des Versicherungsmaklers durch einen Versicherer interpretiert werden, damit der Makler keine unbeeinflusste Auswahlentscheidung trifft.

Auch bei Versicherungsvertretern muss ein Versicherer darauf achten, dass er bei der Vergütungsgestaltung generell und speziell bei Sondervergütungen nicht gegen die Regeln des § 48a VAG sowie bei Versicherungsanlageprodukten gegen die Regeln der Delegierten Verordnung (EU) 2017/2359 verstößt. Vergütungen und andere Anreize dürfen nicht zu einem Konflikt mit der Verpflichtung führen, im bestmöglichen Interesse des Kunden zu handeln.

Unterscheiden kann man erfolgsabhängige und nicht erfolgsabhängige Sondervergütungen. **Erfolgsabhängige Sondervergütungen** dienen dazu, den Produktionserfolg zu steigern und in bestimmte Richtungen hin zu steuern. Dafür sind Provisionen allein nicht immer ausreichend geeignet.

Die Proximus Versicherung AG führt einen neuen Tarif in der Unfallversicherung ein und möchte erreichen, dass in kurzer Zeit ein ausreichend großer Bestand aufgebaut wird, damit der Risikoausgleich im Kollektiv (und in der Zeit) funktioniert. Deshalb beschließt das Vertriebsmanagement, im Ausschließlichkeitsvertrieb einen Sonderbonus für diesen Tarif auszuloben, der im ersten Jahr nach der Produkteinführung gilt.

Nicht erfolgsabhängige Sondervergütungen dienen dagegen meist dem Interesse, Vertreter zu unterstützen, die in den Ausbau ihres Betriebs investieren wollen. Beispiele sind Bürokostenzuschüsse, Mitarbeitendenzuschüsse oder Auszubildendenzuschüsse.

Der Einnahmenseite gegenüber steht die Kostenseite. Unter Kosten werden teilweise Ausgaben verstanden, also tatsächliche Abgänge von Geld (zum Beispiel Mietzahlung an den Vermieter). Teilweise handelt es sich dabei auch um einen bewerteten Güterverzehr bei langfristig genutzten Anlagegegenständen. Das wird als **Abschreibung** bezeichnet.

■ **BEISPIEL**

Ein Versicherungsvermittler richtet sich ein Büro ein und schafft dafür Möbel für 12.000 € an. Diese 12.000 € sind zwar eine unmittelbare Geldausgabe an das Möbelhaus. Aus steuerlicher wie aus betriebswirtschaftlicher Sicht wird damit anders umgegangen. Die Möbel sind langfristige Anlagegegenstände, die sich über zehn Jahre entwerten (steuerliche Regel, betriebswirtschaftlich könnte man auch frei andere Zeiträume annehmen). Damit entstehen steuerlich relevante 12.000 €: 10 Jahre = 1.200 € Absetzung für Abnutzung (AfA, Abschreibung), die in den nächsten zehn Jahren jeweils angesetzt werden können. ■

Folgende Kosten fallen typischerweise in einem Vermittlerbetrieb an:

- Bürokosten
  - Bei einem gemieteten Büro: Miete, Nebenkosten
  - Bei einem Büro im eigenen Objekt: Abschreibung auf die Immobilie, Nebenkosten
  - Außerdem: Abschreibung auf Büroinventar oder Sofortabschreibung bei geringwertigen Anlagegütern, Verbrauchsmaterialien
- Personalkosten:
  - Gehälter
  - Arbeitgeberanteile zur Sozialversicherung
- Fahr- und Reisekosten
  - Bei Leasingfahrzeugen: Leasingkosten, Betriebskosten (zum Beispiel Treibstoff/Strom, Wartung, Pflege, Versicherung)
  - Bei gekauften Fahrzeugen: Abschreibung, Betriebskosten
  - Sonstiges: Parkgebühren, sonstige Reisekosten

- IT
  - Bei geleaster Hard- und Software: Leasing- und Wartungsgebühren
  - Bei gekaufter Hard- und Software: Abschreibung, Wartungsgebühren
- Kommunikationskosten
  - Telefongebühren
  - Internetgebühren
- Marketingkosten
  - Werbekosten
  - Tippgebervergütungen, Werbegeschenke
  - Verkaufsförderungsmaterial
  - Sonstige Marketingkosten
- Betriebliche Versicherungen
- Beiträge und Gebühren
- Weiterbildungskosten, Abonnements von Fachzeitschriften und -journalen
- Gewerbesteuer.

Die Differenz aus Einnahmen und Kosten ist der (steuerliche oder betriebswirtschaftliche) **Gewinn**. Dieser ist bei Einzelkaufleuten und Personenhandelsgesellschaften der Einkommensteuer der Inhaber beziehungsweise Personengesellschafter zu unterwerfen. Bei Kapitalgesellschaften wird der an die Gesellschafter ausgeschüttete Gewinn der jeweiligen Einkommensteuer unterworfen.

Vermittler brauchen aus drei Gründen einen Gewinn. Der wohl wichtigste Grund ist, dass der Gewinn das Einkommen des Inhabers sichert. Aus betriebswirtschaftlicher Sicht spricht man auch von einem **kalkulatorischen Unternehmerlohn**. Das ist kein echter Lohn im arbeitsrechtlichen Sinn, sondern derjenige Gewinn, den der Inhaber als Entlohnung seiner Tätigkeit für angemessen hält. Ein weiterer Teil des Gewinns sollte im Betrieb als **Rücklage** zurückgehalten werden. Diese dient dazu, künftige Investitionen zum Beispiele in eine Erweiterung des Betriebs zu investieren. Ein dritter Grund für die Gewinnerzielung ist, dass der Vermittler auch eine **Verzinsung** auf sein im Betrieb investiertes Kapital verlangen kann. Mindestens sollte das so viel sein, wie der Vermittler sonst alternativ mit einer Kapitalanlage als Rendite erwirtschaften könnte.

10.2.2 Erfolgsplanung

Erfolge eines Vermittlers sind von vielen Faktoren abhängig, einer davon kann der Zufall sein. Zufällig werden Neukunden gewonnen, zufällig ergibt sich die Chance auf einen volumenstarken Abschluss. Wie jeder andere Unternehmer auch, sollte ein Vermittler aber nicht in der Hoffnung auf viele positive Zufälle in den Tag hinein leben.

Eine Erfolgsplanung hilft, seine Aktivitäten zu fokussieren und die Wahrscheinlichkeit zu erhöhen, einen gewünschten Erfolg zu erreichen. Zudem hilft eine solche Planung dabei, den Erfolg zu messen und Ziele und Ist zu vergleichen. Das wiederum kann der Vermittler nutzen, um festzustellen, warum es welche positiven oder negativen Abweichungen vom Plan gegeben hat. Widerholt man den Planungsvorgang und die Kontrolle laufend, werden sich schnell Lerneffekte einstellen. Die Planung wird immer realistischer, und bei Fehlentwicklungen kann zeitnah gegengesteuert werden.

Die Proximus Versicherung AG möchte für die neue betriebswirtschaftliche Agenturberatung ein einfaches, aber gut nachvollziehbares System entwickeln, wie eine Agentur ihren Erfolg planen kann. Lisa und Max machen darauf aufmerksam, dass die Zielgrößen einer Agentur und der Proximus Versicherung AG unterschiedlich sind. Während die Proximus Versicherung AG einen bestimmten Absatz von Versicherungsprodukten und den Umsatz daraus plant, geht es einer Agentur zunächst einmal darum, einen angemessenen Gewinn zu erzielen. Diese Größen lassen sich aber zusammenbringen.

Die Erfolgsplanung eines Vermittlers geht vom **Gewinnziel** aus. Dieses Ziel wird auf ein Geschäftsjahr bezogen geplant. Beim Einzelkaufmann passt dafür am besten der Gewinn aus Gewerbebetrieb. Das ist der steuerliche Gewinn, der die Grundlage für die Einkommensbesteuerung darstellt.

Zum Gewinnziel addiert der Vermittler ein **Kostenziel**. Dabei handelt es sich um eine Planung der Kosten des Geschäftsjahres. Kosten sind nicht per se schlecht, sondern notwendig und sinnvoll, um Einnahmen erzielen zu können. In der Addition ergibt sich das **Umsatzziel**. Dabei handelt es sich um die Umsätze aus Provisionen, Courtagen oder sonstigen Vergütungen.

In der weiteren Planung werden die beiden wichtigsten Quellen des Umsatzes berücksichtigt. Vom Umsatzziel wird zunächst die erwartete **Bestandsprovision** abgezogen. Grund ist, dass diese relativ gut planbar ist, wenn ein Bestand zur Verfügung steht und darauf Bestandsprovisionen gezahlt werden. Berücksichtigen muss ein Existenzgründer allerdings, dass er möglicherweise einzelne Kunden und damit Teile des bestandsprovisionspflichtigen Bestands verlieren könnte. Im Ergebnis verbleibt ein **Abschlussprovisionsziel**. In der Ausschließlichkeit könnten auch noch Sondervergütungen eine Rolle spielen – diese werden hier nicht in Betracht gezogen, denn sie sollten keinen wesentlichen Teil der gesamten Einnahmeerzielung ausmachen. Zudem ist es kein Fehler, wenn man in einer Planung Puffer lässt, beispielsweise für den Fall, dass Bestandsverluste oder Frühstornierungen von Abschlüssen mit Rückforderungen von Stornoprovisionen auftreten.

Das Abschlussprovisionsziel wird anschließend auf die **Sparten** verteilt. Das ist deshalb sinnvoll, weil die Sparten jeweils individuelle Vergütungsbesonderheiten aufweisen. Teilt man das jeweilige Abschlussprovisionsziel je Sparte durch den jeweiligen Abschlussprovisionssatz (AP-Satz), ergibt sich die notwendige **Beitragssumme**. Teilt man diese wiederum durch die durchschnittlich erwartete Beitragssumme je Abschluss, ergibt sich das **Produktionsziel** in Stückzahlen.

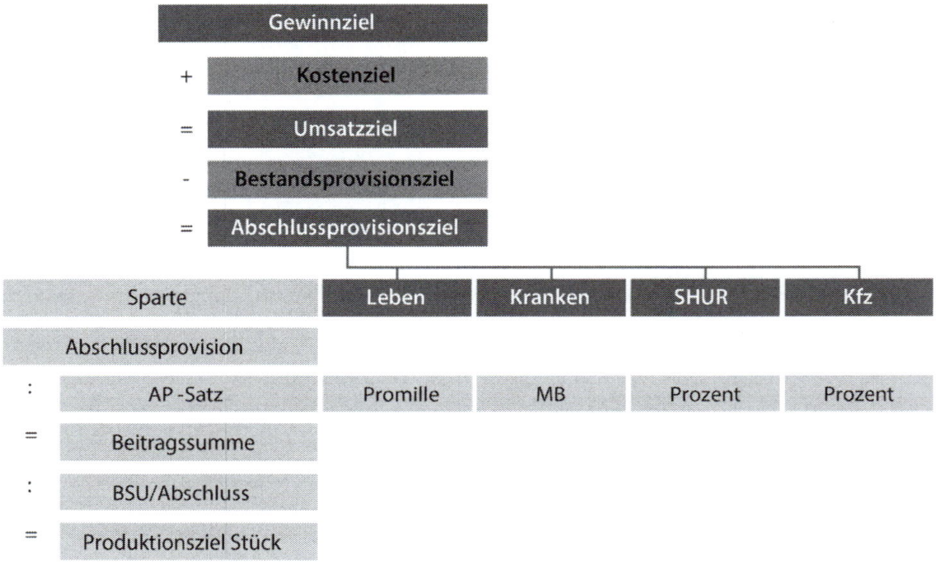

Abbildung 10.4: Schematische Darstellung der Erfolgsplanung eines Versicherungsvermittlers

Die nachfolgende Abbildung zeigt ein Beispiel einer Agenturerfolgsplanung eines Versicherungsvertreters, die zu dessen Provisionssystem passt. Dieser hat ein Gewinnziel von 80.000 € und geht davon aus, 50.000 € an Kosten zu benötigen. In Summe braucht diese Agentur 130.000 € Umsatz. Wenn davon 60.000 € aus Bestandsprovisionen fließen, werden weitere 70.000 € an Abschlussprovisionen benötigt. Diese werden nach verschiedenen Überlegungen auf die Sparten verteilt. Eine Überlegung kann sein, welche Potenziale im vorhandenen Kundenbestand gehoben werden können. Hilfreich kann sein, Produktionserfolge der Vergangenheit in der Agentur zu betrachten. Außerdem können Produktionsschwerpunkte des Versicherers (in der Ausschließlichkeit), neue Produktideen oder aktuelle Ereignisse eine Rolle spielen, welche Sparten im Planungsjahr besonders nachgefragt sein könnten.

Diese AP-Beträge werden durch die Abschlussprovisionssätze geteilt, die der Vermittler im Durchschnitt erwartet zu erhalten. Durchschnitt deswegen, weil es unterschiedlich hohe Provisionssätze je nach Art des Geschäfts gibt. Beispielsweise werden Gruppenverträge niedriger verprovisioniert als Einzelverträge. Es ergeben sich die Beitragssummen je Sparte, die benötigt werden. Diese werden durch die durchschnittlichen Beitragssummen geteilt, die der Vermittler erwartet. Wieder spielt dabei eine Rolle, welche Zielgruppen und welche Geschäfte vermittelt werden sollen. Das Endergebnis sind die Produktionsziele je Sparte in Stückzahl neuer Versicherungsverträge, hier insgesamt 215 Verträge.

	Gewinnziel	80.000 €
+	Kostenziel	+ 50.000 €
=	Umsatzziel	= 130.000 €
-	Bestandsprovisionsziel	- 60.000 €
=	Abschlussprovisionsziel	= 70.000 €

	Sparte	Leben	Kranken	SHUR	Kfz
	Abschlussprovision	15.000 €	15.000 €	25.000 €	5.000 €
:	AP -Satz	25‰	5 MB	50%	10%
=	Beitragssumme	1 Mio. €	3.000 €	50.000 €	50.000 €
:	BSU/Abschluss	25.000 €	200 €	500 €	1.000 €
=	Produktionsziel Stück	40	15	100	50

Abbildung 10.5: Beispiel einer Agenturerfolgsplanung eines Versicherungsvertreters

Vorteil dieser Art von Planung ist, dass auf Abweichungen reagiert werden kann. Im nachfolgenden Beispiel verfehlt die Agentur das ursprüngliche Ziel, 40 neue Lebensversicherungen zu vermitteln, um die Hälfte. Zudem liegt die durchschnittliche Beitragssumme mit 20.000 € etwas niedriger als mit 25.000 € geplant. Dadurch reduziert sich die vermittelte Beitragssumme auf 600.000 €, die Abschlussprovision um 10.000 €. Die Ziele können doch noch erreicht werden, wenn stattdessen die Produktion SHUR um diese 10.000 € erhöht wird. Bei einer Verlagerung des Produktionsschwerpunkts zu höhervolumigen Sachversicherungsverträgen lässt sich das Produktionsziel in Stückzahl sogar erhalten.

	Gewinnziel	80.000 €
+	Kostenziel	+ 50.000 €
=	Umsatzziel	= 130.000 €
-	Bestandsprovisionsziel	- 60.000 €
=	Abschlussprovisionsziel	= 70.000 €

		Leben	Kranken	SHUR	Kfz
	Korrektur	-10.000 €		+10.000 €	
	Sparte	Leben	Kranken	SHUR	Kfz
	Abschlussprovision	15.000 €	15.000 €	35.000 €	5.000 €
:	AP-Satz	25‰	5 MB	50%	10%
=	Beitragssumme	600.000 €	3.000 €	70.000 €	50.000 €
:	BSU/Abschluss	20.000 €	200 €	700 €	1.000 €
=	Produktionsziel Stück	30	15	100	50

Abbildung 10.6: Beispielhafte Korrektur einer Agenturerfolgsplanung

Die Produktionsplanung bedarf einer weiteren Konkretisierung. Denn Neugeschäft fällt selten ohne besonderes Zutun des Vermittlers an. Es muss aktiv akquiriert werden. Dabei hilft eine **Aktionsplanung**.

Der erste Schritt in der Aktionsplanung ist die Ableitung eines **Aktivgeschäft**-Ziels, indem von den Planzahlen das **Passivgeschäft** abgezogen wird. Dabei handelt es sich um Erfahrungswerte eines Vermittlers, welche Geschäfte ohne aktives Werben zustande kommen. Das können beispielsweise Haushaltsgründungen von Kindern der Bestandskunden sein, Empfehlungen oder Angebotsanfragen von Laufkundschaft.

Im zweiten Schritt werden eine oder mehrere Verkaufsaktionen geplant. Dabei empfiehlt es sich, in einer Verkaufsaktion mehrere Sparten und/oder Produkte anzusprechen. Das erfordert einen **Aufhänger** für die Aktion, der einerseits potenzielle Kunden anspricht, andererseits offen genug ist für verschiedene Angebote. Weiter ist die **Zielgruppe** festzulegen. Zunächst sollten Bestandskunden ins Auge gefasst werden, die die entsprechende Versicherung noch nicht abgeschlossen haben. Es können auch weitere Eingrenzungen der Zielgruppe vorgenommen werden, soweit diese Einfluss auf die Abschlusswahrscheinlichkeit haben (zum Beispiel Alter, Beruf).

Bei Bestandskunden besteht eine Geschäftsverbindung, die Erfolgswahrscheinlichkeit ist viel größer als in der **Kaltakquise**. Zudem liegen hier in einem gut gepflegten Bestand Zustimmungen des Kunden vor, ihm neue Produkte auf einem präferierten Kontaktweg anzubieten. Weiter ist die **Maßnahme** festzulegen, mit der ein Kundenkontakt hergestellt wird. Eine besonders hohe Erfolgswahrscheinlichkeit hat eine Telefonakquise, dafür müssen Anrufgenehmigungen vorliegen. Auch ein Kontakt über Messengerdienste oder E-Mail kann erfolgversprechend sein. Seltener erfolgreich sind Mailings. Alternative Ansprachemöglichkeiten bestehen beispielsweise über Verbrauchermessen oder über Vereinsveranstaltungen, wenn dort ein Stand aufgebaut werden kann.

Das nachfolgende Beispiel knüpft an der vorhergehenden Agenturerfolgsplanung eines Vertreters an. Dieser plant eine Verkaufsaktion zur Einkommenssicherung, in deren Zuge beispielsweise Berufsunfähigkeits-, Krankentagegeld- und Unfallversicherungen angeboten werden sollen. Auf diese Weise können mehrere Sparten-Teilziele in einer Aktion verfolgt werden.

Die Agentur plant dabei, im Durchschnitt 1,5 Verträge pro Kunde abzuschließen. Das nennt sich auch **Cross-Selling-Quote**. Diese misst die Anzahl der Verträge je Kunde. Deren Höhe hängt auch vom **Beratungsansatz** ab, ob sich dieser auf einzelne Produkte oder aber umfassender auf ganze Bedarfssituationen fokussiert. Damit sind in diesem Beispiel bei einem Aktionsziel von 60 Verträgen 40 Kunden notwendig, die Abschlüsse tätigen.

Weiter geht die Agentur von einer **Abschlussquote** von 50 % aus, also bei jedem zweiten Kunden erfolgreich zu sein. Auch das hat viel mit dem Beratungsansatz und dem verkäuferischen Geschick zu tun. Hier ergibt sich, dass der Vertreter 80 potenzielle Kunden benötigt, die zu beraten sind. Als Zielgruppe werden hier Bestandskunden mit vorliegender Anruferlaubnis definiert. Geht hier der Vertreter von einen **Terminquote** von 25 % aus, braucht er 320 Adressen.

Stellt sich heraus, dass im Bestand nicht ausreichend viele Zielkunden sind, muss die Eingrenzung der Zielgruppe überdacht und beispielsweise eine Fremdakquise in Betracht gezogen werden.

	Sparte	Leben	Kranken	SHUR	Kfz
	Produktionsziel Stück	40	15	100	50
-	Passivgeschäft	0	0	50	30
=	Aktivgeschäft	40	15	50	20
	Aktion: Einkommenssicherung	20	20	20	
		60			
:	Cross-Selling-Quote	: 1,5 Verträge			
=	Kunden	= 40			
:	Abschlussquote	: 50%			
=	Abschlusstermine	= 80			
:	Terminquote	: 25%			
=	Adressen	= 320			

Abbildung 10.7: Beispielhafte Aktionsplanung

Das Beispiel zeigt weiter, dass bei einer solchen Vorgehensweise sehr viele Termine entstehen können. Im obigen Beispiel sind es 80 Termine, die annahmegemäß zustande kommen. Das kann ein Vermittlerbetrieb wahrscheinlich nur schwer „nebenher" erledigen. Daher sollte eine solche Verkaufsaktion auf einen längeren **Zeitraum** verteilt werden. Das hat auch den Vorteil, dass der Erfolg der Aktion laufend überprüft werden kann.

■ BEISPIEL

Die obige Agentur verteilt die Aktion auf zehn Kalenderwochen, die ihr besonders geeignet erscheinen. Damit werden pro Woche 320 Adressen x 10 % = 32 Kunden angerufen, von denen annahmegemäß 25 % oder acht Kunden einem Termin zustimmen müssten. Nach einer Woche stellt die Agentur fest, dass tatsächlich nur zwei Termine entstanden sind und stoppt die Aktion, um die Ursachen für die deutlich schlechter verlaufene Terminquote zu ermitteln. ■

Schließlich ist auch ein **Marketingbudget** für die Verkaufsaktion zu planen. Beispielsweise könnte die **Terminierung** an Externe wie ein Callcenter vergeben werden, damit die wertvolle und knappe Arbeitszeit des Vermittlers nicht eingeschränkt wird. Auch **Werbegeschenke** und **Verkaufsförderungsmittel** wie zum Beispiel haptische und andere Verkaufshilfen könnten sinnvoll sein.

10.3 Organisation des Vermittlungsbetriebs

10.3.1 Verkaufsprozess

Der wichtigste Geschäftsprozess eines Versicherungsvermittlers ist der Verkaufsprozess. Dieser ist sowohl von praktischen als auch von rechtlichen Überlegungen geprägt. Insbesondere soll er erfolgreich verlaufen und keinen Anlass bieten, dass der Kunde unzufrieden ist oder gar Grund hat, sich falsch beraten zu sehen.

Findet ein erstmaliger Kontakt zu einem Neukunden statt, muss eine **statusbezogene Erstinformation** nach § 15 VersVermV in Textform erteilt werden. Darin sind insbesondere Name und Anschrift des Vermittlers, die Art und Nummer der Registrierung im Vermittlerregister mit Angabe von dessen Adressen und weitere Informationen zu erteilen. Der Kunde soll erfahren, ob er eine Beratung erwarten kann, wie der Vermittler vergütet wird und wie sich ein Kunde im Bedarfsfall beschweren kann. Dafür sind die Adressen des Versicherungsombudsmanns und des Ombudsmanns für die private Kranken- und Pflegeversicherung anzugeben. Sollte es auch Beteiligungen von Versicherungsunternehmen an dem Vermittlerunternehmen oder umgekehrt von über 10 % des Kapitals oder der Stimmrechte geben, ist auch das anzugeben. Die Formvorgabe wird beispielsweise im persönlichen Gespräch durch Übergabe einer entsprechend aussagekräftigen Visitenkarte erledigt. Bei Mails kann die statusbezogene Erstinformation in die automatisch ergänzten Absenderinformationen aufgenommen werden. Auf der Webseite des Vermittlerbetriebs gehört sie an die Stelle, wo ein erster Geschäftskontakt stattfindet – sofern es eine Online-Abschlussmöglichkeit von Versicherungen gibt, dann an diese Stelle, sonst reicht auch das Impressum.

Die wichtigsten Rechtspflichten im Beratungsprozess ergeben sich aus den §§ 60 f. VVG. Die Befragung und Beratung ist vom Anlass abhängig. Deshalb empfiehlt es sich, den **Beratungsanlass** genauer zu bestimmen. Das hat den Vorteil, dass sich Kunde und Vermittler beide auf die Versicherungsthemen fokussieren können, die sich aus dem Anlass ableiten lassen. Der Beratungsanlass sollte auch dokumentiert werden. Beratungsanlässe können vom Kunden ausgehen, zum Beispiel durch eine Anfrage beim Vermittler. Sie können aber auch vom Vermittler gesetzt werden, zum Beispiel im Rahmen einer Verkaufsaktion. Nicht immer ist jedoch auf den ersten Blick klar, worum es tatsächlich geht.

■ **BEISPIELE**

- Eine Kundin fragt beim Vermittler nach dem Preis einer Unfallversicherung. In der Anlassklärung wird deutlich, dass sie damit eigentlich ihr Einkommen absichern will, auch wenn es durch Krankheit verloren geht.
- Eine Vermittlerin spricht den Kunden auf ein neuartiges Rentenversicherungsprodukt an. Im weiteren Gespräch ergibt sich, dass der Kunde keine klare Vorstellung von seiner Rentensituation hat und eine umfassende Rentenberatung benötigt. ■

Weiter soll der Vermittler den Kunden nach seinen **Wünschen und Bedürfnissen** befragen. Auch das ist zu dokumentieren. Gemeint sind subjektive Wunschvorstellungen (zum Beispiel „im Alter gut versorgt sein") sowie objektive Merkmale des Versicherungsbedarfs (zum Beispiel Alter, Wunschtermin für die Altersrente, Einkommen, bisherige Rentenansprüche). Sollten **Versicherungsanlageprodukte** in Frage kommen, sind zusätzliche Fragen gemäß § 7c VVG zu stellen, um beurteilen zu können, welche Versicherungsanlageprodukte für den Kunden **geeignet und angemessen** sind. In diesem Zusammenhang ist auch nach Wünschen hinsichtlich der **Nachhaltigkeit** von Versicherungsanlagen zu fragen. Versicherungsanlageprodukte sind kapitalbildende Lebens- und Rentenversicherungen, die nicht staatlich gefördert werden („Schicht 3-Versicherungen" nach der steuerlichen Zuordnung).

Der Kunde ist anschließend zu **beraten** und jeder zu einer bestimmten Versicherung abgegebene Rat zu **begründen**. Gemeint sind Angebote, zu denen zu erläutern ist, warum sie die Wünsche und Bedürfnisse des Kunden erfüllen können.

Nach § 7 VVG muss der Versicherer eine **Kundeninformation** übermitteln. Sie enthält die Versicherungsbedingungen, ein Kundeninformationsblatt sowie weitere Informationen. Diese Information wird praktischerweise meist vom Vermittler dem Kunden übermittelt, beispielsweise auf Papier oder als Datei. Die Kundeninformation kann zu einer Unterbrechung des Verkaufsprozesses führen, weil sie „rechtzeitig" vor Antragstellung zu erteilen ist. Bei Versicherungen, deren Abschluss mit einem größeren Aufwand beim Kunden verbunden ist, weil es um höhere Prämien geht oder weil eine vorzeitige Stornierung nachteilig ist, sollte der Kunde eine Bedenkzeit erhalten. Man nennt den Prozess dann einen „**Zwei-Phasen-Verkauf**". Die erste Phase ist die Bedarfsermittlung und Angebotsstellung, die zweite Phase der Abschluss nach Bedenkzeit.

Zudem kann es sein, dass der Kunde **Einwände** hat. Das macht erforderlich, Einwände zu erkennen und zu behandeln. Das ist nicht immer offensichtlich. Es kommt darauf an, auch versteckte, verbale oder nonverbale Signale wahrzunehmen.

Eine weitere rechtliche Verpflichtung besteht nach § 60 Abs. 2 VVG für Versicherungsvertreter sowie für solche Versicherungsmakler, die im Einzelfall, also ausnahmsweise, ihre **Beratungsgrundlage** beschränken. Sie müssen eine Mitteilung machen, auf welcher Grundlage sie beraten, also welche Versicherer sie in die Produktauswahl einbeziehen. Ausschließlichkeitsvertreter haben anzugeben, welchen Versicherer sie ausschließlich vertreten.

Danach erst kann der **Abschluss** erfolgen. Beim sogenannten **Antragsmodell** wird dazu der Versicherungsantrag aufgenommen und an den Versicherer übermittelt. Der Versicherer prüft den Antrag und nimmt ihn entweder unverändert an oder macht ein verändertes Gegenangebot oder lehnt ihn ganz ab. Die Unsicherheit über eine Annahme und gegebenenfalls vorgenommene Erschwernisse, wie beispielsweise Risikozuschläge, Leistungsausschlüsse oder Selbstbeteiligungen, erschweren das Geschäft. Deshalb sollte versucht werden, solche Einschränkungen im Vorfeld zu klären. Beispielsweise bei Personenversicherungen kann schon in der Befragung erhoben werden, ob es gesundheitliche Einschränkungen gibt. **Probeanträge** können helfen, spätere Ablehnungen zu vermeiden. Bei gewerblichen und industriellen Schadenversicherungs-Risiken können Besichtigungen durch Fachleute eines Versicherers helfen, geeignete **Schadenverhütungsmaßnahmen** zu ergreifen, um ein Risiko (besser) versicherbar zu machen.

Neben dem Antragsmodell kann auch ein sogenanntes **Invitatiomodell** angewendet werden. Dabei stellt der Kunde rechtlich keinen verbindlichen Antrag, sondern fordert den Versicherer unverbindlich auf, ihm ein Angebot zu machen, wobei die Gesundheits- oder Risikoinformationen wie im normalen Antrag übermittelt werden. Der Versicherer prüft die Aufforderung und gibt gegebenenfalls ein entsprechendes Angebot mit allen Kundeninformationen an den Kunden. Dieser muss allerdings dann eine Annahme erklären, damit der Versicherungsvertrag zustande kommt.

Bevor der Vertrag zustande gekommen ist, hat der Vermittler eine **Beratungsdokumentation** zu erstellen und dem Kunden zur Verfügung zu stellen. Damit soll der Kunde den Anlass, die gestellten Fragen, die Angebote und Begründungen später nachvollziehen können. Im Massengeschäft haben die Vermittler meist Angebotssoftware zur Verfügung, mit der eine Beratungsdokumentation automatisch erzeugt wird. Allerdings sollte ein Vermittler auch solche Sachverhalte gegebenenfalls extra dokumentieren, die wichtig sein können, beispielsweise Rückfragen des Kunden zum angebotenen Versicherungsschutz oder besondere Hinweise und Erläuterungen.

Am Ende steht eine **Verabschiedung** vom Kunden und gegebenenfalls eine Frage nach der Bereitschaft, **Empfehlungen** zu potenziellen Neukunden auszusprechen.

Ein Versicherungsvertrag muss zudem laufend **betreut** werden. Denn es kann im Zeitablauf Veränderungen beim Bedarf des Kunden geben, aber auch neuere Angebote der Versicherer. Besonders gefragt ist der Vermittler im **Schadensfall**, dem Kunden zu helfen, den Schaden zu melden und abzuwickeln. Ausschließlichkeitsvertreter haben oft **Schadenregulierungsvollmachen**, um bestimmte Arten von Schäden und bis zu einer bestimmten Höhe fallabschließend selbst regulieren zu können. Das fördert die Kundenbindung. Versicherungsmakler dürfen keine Schadenregulierungen im Auftrag eines Versicherers durchführen, weil das mit ihrem Rechtsstatus als Vertragspartner des Kunden nicht vereinbar ist.

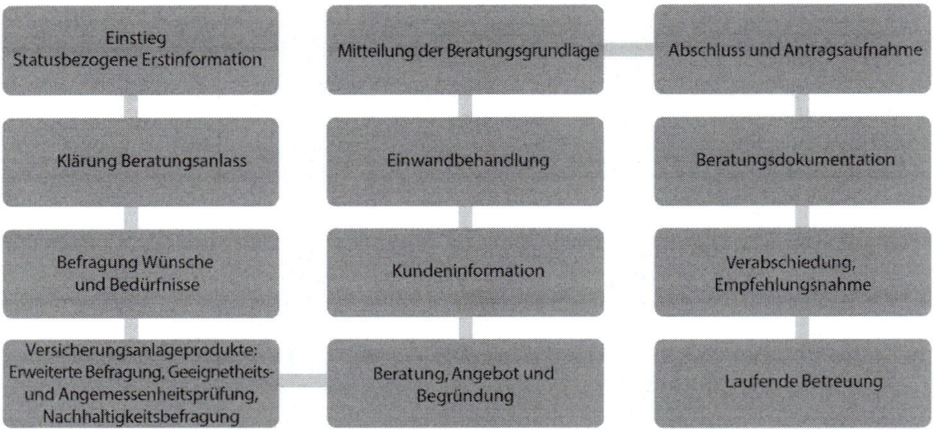

Abbildung 10.8: Beratungsprozess

10.3.2 Weitere Geschäftsprozesse

Neben dem Verkaufsprozess muss ein Vermittler weitere Prozesse in seinem Betrieb beherrschen. Dazu gehört der **Schadenprozess**, der schon im vorherigen Unterkapitel 9.3.1 angesprochen wurde. Es ist wichtig, dass alle Beteiligten im Vermittlerbetrieb wissen, wie mit Schadensmeldungen von Kunden umzugehen ist. Dabei kann es oftmals um eilbedürftige Vorgänge gehen, wenn zum Beispiel über Sofortmaßnahmen zur Schadensbegrenzung zu entscheiden ist oder der Kunde wissen muss, welche Beweissicherungen notwendig sind.

Weiter gibt es Verwaltungsprozesse wie in jedem anderen Unternehmen auch. Die Buchhaltung und der Jahresabschluss gehören dazu. Wird Personal beschäftigt, sind Pflichten und Abläufe wie die Anmeldung bei der Sozialversicherung, die Abführung von Sozialversicherungsbeiträgen, Arbeitszeiterfassung und anderes zu erfüllen.

10.3.3 Personal

Im Vermittlerbetrieb sind verschiedene Beschäftigungsoptionen möglich. Typisch sind:

- Innendienstmitarbeitende in Voll- oder Teilzeit, die beispielsweise Kundenberatung stationär im Büro sowie Verwaltungsaufgaben erfüllen oder dem Außendienst zuarbeiten.
- Angestellte Außendienstmitarbeitende, die in der Regel hauptberuflich verantwortlich sind für Neukundengewinnung und Bestandskundenbetreuung.

- Selbstständige Untervertreter, die mit eigener Registrierung tätig sind, aber das Vermittlungsgeschäft eines anderen Vertreters oder eines Maklers vertreten. Auch ihre Aufgaben liegen in der Neukundengewinnung und Bestandskundenbetreuung.
- Gemischte Innen- und Außendiensttätigkeit: Diese Angestellten nehmen in geringerem Umfang auch Außendiensttermine wahr.
- Geringfügigkeitskräfte: Diese dürfen nur für wenige Stunden beschäftigt werden und nehmen deshalb meist reine Verwaltungsaufgaben wahr.
- Auszubildende: Diese werden zur Ausbildung beschäftigt und sind für den Berufsschulbesuch freizustellen.

Werden Mitarbeitende beschäftigt, sollte auch die **Aufbauorganisation** geklärt werden. Dazu gehört die Frage, wer welche **Vollmachten** bekommt. Bei größeren Betrieben kann die **Führungsspanne** für den Inhaber zu groß werden. Dann sollte eine Führungsebene eingezogen werden, beispielsweise eine Büroleitung für den Innendienst und eine Organisationsleitung für den Außendienst.

10.4 Beendigung des Vermittlungsbetriebs

10.4.1 Arten der Beendigung

Für die Beendigung des Vermittlerbetriebs gibt es verschiedene Gründe. Eine wird der **Ruhestandseintritt** sein, wobei es bei Vermittlern nicht unüblich ist, zumindest nebenberuflich auch noch im Ruhestand weiter tätig zu sein. Das kann bei Vertretern durch die Vereinbarung einer Beendigung des hauptberuflichen Vertretervertrags und Neuabschluss eines nebenberuflichen Vertretervertrags mit dem Versicherer erfolgen. Bei Maklern findet man auch häufiger, dass sie als Berater oder als Teilzeitangestellte beim Nachfolger weiterarbeiten. Das kann dem Nachfolger helfen, wichtige Kundenverbindungen zu erhalten und vom Wissen und den Kontakten des Vorgängers zu profitieren.

Auch schwere Erkrankungen sowie berufliche Wechsel können Gründe für eine Betriebsaufgabe als Versicherungsvermittler sein. Ein spezieller und gar nicht so seltener Fall ist der Wechsel des Vertriebswegs, meist vom Vertreter zum Makler. Das führt zu einer Beendigung des bisherigen Betriebs und dem Neuaufbau. Dafür müssen insbesondere die Kunden überzeugt werden, diesen Wechsel mitzuvollziehen, damit sich die Umgründung auch wirtschaftlich lohnt.

Bei **Versicherungsvertretern** endet die Berufstätigkeit durch Beendigung des Vertretervertrags beziehungsweise der Vertreterverträge bei Mehrfachvertretern. Beendet werden können solche Verträge auf verschiedenen Wegen:

- Fristgerechte Kündigung durch einen der Vertragspartner. Dafür gibt es Kündigungsfristen, die in § 89 HGB geregelt sind. Diese steigen im Lauf der Tätigkeit auf bis zu sechs Monate nach fünf Jahren Tätigkeit an. Diese Kündigungsfristen können vertraglich verlängert werden, aber nur für beide Vertragspartner gleich.
- Vertragsablauf bei einer festen Vertragslaufzeit.
- Beendigung im gegenseitigen Einvernehmen, der beide Parteien zustimmen. In diesem Fall ist keine bestimmte Frist einzuhalten.
- Kündigung aus wichtigem Grund ohne Einhaltung einer Kündigungsfrist durch diejenige Partei, die einen wichtigen Grund hierfür hat. Dabei kann es nur um gravierende Störungen im Vertragsverhältnis gehen, beispielsweise Betrug oder ein Verstoß gegen das Wettbewerbsverbot.
- Tod des Vertreters. Anders als in anderen Wirtschaftsbereichen geht der Betrieb eines verstorbenen Versicherungsvertreters, sofern die Vertretervertrag mit dieser natürlichen Person geschlossen wurde, nicht auf Erben über, die anschließend die vertraglichen Verpflichtungen erfüllen und vermitteln müssen.

Das Vertriebsmanagement möchte wissen, wie sich am besten erreichen lässt, dass ältere Ausschließlichkeitsvertreter rechtzeitig in den Ruhestand treten, damit die Agenturleitung und die Kundschaft sich verjüngen können. Max und Lisa erörtern verschiedene Optionen mit der Rechtsabteilung und informieren das Vertriebsmanagement. Eine Option ist, ähnlich wie bei Angestelltenverträgen Vertreterverträge zu befristen, damit sie automatisch mit Erreichen eines Rentenalters (zum Beispiel demjenigen der Gesetzlichen Rentenversicherung) enden. Damit wird eine Verjüngung durchgesetzt. Gleichzeitig besteht das Risiko, dass ältere Vertreter verloren gehen, obwohl sie für die Proximus Versicherung AG noch sehr wertvolle Dienste leisten können und wollen. Eine Alternative ist deshalb ein unbefristeter Vertretervertrag mit der Klausel, wonach dieser mit Erreichen der Rentenaltersgrenze von der Proximus Versicherung AG gekündigt werden kann. Das erhält die Freiheit zur Fortsetzung der Tätigkeit, signalisiert aber dennoch den Wunsch der Proximus Versicherung AG nach einer altersbedingten Beendigung. Eine bezogen auf diese Klausel ausgesprochene Vertragskündigung kann den betroffenen Vertreter nicht überraschen.

Bei **Versicherungsmaklern** gelten andere Regeln. Hier haben Versicherer keinen Einfluss auf die unternehmerische Entscheidung, wann der Betrieb aufgegeben oder in welche Hände er weitergegeben werden soll. Sofern ein Makler seinen Betrieb endgültig stilllegen will, muss er die Maklerverträge mit den Kunden kündigen und gleichzeitig den Versicherern mitteilen, dass er seine Tätigkeit beendet und keine Courtagen mehr beansprucht. Dann können die Versicherer über die Bestände verfügen und entscheiden, wie diese künftig betreut werden sollen.

Allerdings ist diese Beendigungsform wirtschaftlich unattraktiv. Denn sie vernichtet den Wert des Maklerbetriebs. Besser ist deshalb eine interne Nachfolgeregelung, bei der der Betrieb erhalten bleibt, alternativ ein Verkauf des ganzen Maklerunternehmens oder seiner wesentlichen Werte („Bestandsverkauf"). Dazu mehr im Kapitel 9.4.3.

Auch Versicherer können eine Verbindung zu einem Versicherungsmakler beenden. Ein Grund kann eine veränderte Geschäftspolitik sein, aber auch schlechte Erfahrungen mit der Zusammenarbeit mit dem Makler und der Qualität des von ihm vermittelten Bestands. Dazu muss der Versicherer die Courtagezusage kündigen und mitteilen, danach kein Neugeschäft mehr anzunehmen. Der Versicherer bleibt jedoch verpflichtet, die Bestandsverträge fortzuführen und daraus entstehende Courtageansprüche zu erfüllen. In der Schaden-/Unfallversicherung gäbe es allerdings die Möglichkeit, den Makler aufzufordern, diese Bestände zu anderen Versicherern umzudecken, anderenfalls sie selbst zu kündigen. Bei Lebens- und Krankenversicherungen ist dieses Vorgehen grundsätzlich nicht möglich.

10.4.2 Ausgleichsanspruch der Versicherungsvertreter

Die Beendigung eines Versicherungsvertretervertrags hat einige wirtschaftliche Konsequenzen. Die wichtigste ist, dass gemäß der marktüblichen Vertragsgestaltung der Vertreter einen **Provisionsverzicht** erleidet. Mit der Beendigung des Vertretervertrags erlöschen alle Ansprüche auf Provisionen und sonstige Vergütungen. Dem Vertreter stehen lediglich Provisionen aus bis zur Vertragsbeendigung eingereichtem Geschäft, das bis zur Vertragsbeendigung noch nicht policiert und verprovisioniert wurde, zu.

Max und Lisa wundern sich über die Provisionsverzichtsklausel und fragen einen Fachmann, warum ein solch gravierender Einschnitt in die Rechte des Vertreters durchgesetzt wird. Sie erfahren, dass es Praktikabilitätserwägungen gibt:

Denn die von dem ausscheidenden Vertreter geworbenen Versicherungsverträge werden oft noch über sein Ausscheiden hinaus bestehen bleiben, unter Umständen Jahre und Jahrzehnte. Eigentlich hätte der ausgeschiedene Vertreter ein Recht darauf, hieraus weiterhin Provisionen zu beziehen. Aber erstens weiß niemand im Vorhinein, wie lange diese Kundenverbindungen bestehen bleiben. Zweitens wird es im Zeitablauf immer wahrscheinlicher, dass die Bestandsverträge auch deshalb noch da sind und bezahlt werden, weil sich längst Nachfolger im die Bestandserhaltung kümmern. Es gibt keine vernünftige Möglichkeit, das alles zuverlässig zu prognostizieren und zu bewerten. Aber: Dafür gibt es den Ausgleichsanspruch nach § 89b HGB.

Der Ausgleichsanspruch dient dazu, wirtschaftliche Vorteile auszugleichen, die dem Versicherer aus der Tätigkeit des ausgeschiedenen Vertreters verbleiben, insbesondere entgehende Provisionen. Die Zahlung muss der **Billigkeit** entsprechen. Es gibt Fälle, in denen das auszuschließen ist. Beispielsweise bieten manche Versicherer ihren Vertretern eine vom Versicherer finanzierte Altersvorsorge. In diesen Fällen dürfen sie den Barwert der Vorsorge gegenrechnen. Das liegt daran, dass der Ausgleich in einer „funktionalen Verwandtschaft" zur Altersvorsorge steht. Ausnahme: Wenn zwischen dem Ausscheiden des Vertreters und dem Fälligkeitstermin der Altersvorsorge viele Jahre liegen, kann eine Anrechnung unbillig sein.

Anspruch auf einen Ausgleich haben nur:

- Hauptberufliche Versicherungsvertreter,
- Im Todesfall des hauptberuflichen Vertreters dessen Hinterbliebene.

Demzufolge haben **keinen Anspruch** auf einen Ausgleich:

- Nebenberufliche Versicherungsvertreter, die so im Vertretervertrag bezeichnet wurden und auch faktisch nebenberuflich tätig sind,
- Angestellte,
- Versicherungsmakler.

Der Ausgleich ist erst **fällig**, wenn der Vertretervertrag tatsächlich beendet ist. Er muss dann innerhalb eines Jahres geltend gemacht werden.

Der Ausgleich ist nur bei folgenden **Arten der Vertragsbeendigung** fällig:

- Fristgerechte Kündigung des Vertretervertrags durch den Versicherer,
- Fristgerechte Kündigung des Vertretervertrags durch den Vertreter, aber nur, wenn diesem die Vertragsfortsetzung wegen Alter oder Krankheit nicht mehr zumutbar ist,
- Kündigung aus wichtigem Grund durch den Vertreter,
- Beendigung im gegenseitigen Einvernehmen,
- Tod des Vertreters.

Umgekehrt **entfällt** der Ausgleich bei folgenden Vertragsbeendigungsarten:

- Fristgerechte Kündigung durch den Vertreter ohne die Gründe Alter oder Krankheit (sondern beispielsweise, um zum Wettbewerb zu wechseln),
- Kündigung aus wichtigem Grund durch den Versicherer.

Der Ausgleichsanspruch kann nicht wirksam im Vorhinein ausgeschlossen werden.

Die **Berechnung des Ausgleichs** ist im HGB nicht näher geregelt. § 89b Abs. 2 HGB bringt nur zum Ausdruck, dass die letzten fünf Jahre der Tätigkeit und die in dieser Zeit erzielten durchschnittlichen Jahresprovisionen eine entscheidende Rolle spielen. Da das HGB für alle Branchen und damit für viele verschiedene Besonderheiten gilt, wann es überhaupt zu auszugleichenden Vorteilen kommt, hat der Gesetzgeber auf eine weitere Konkretisierung verzichtet. Dafür haben die Verbände der Versicherungsbranche die sogenannten „**Grundsätze** zur Errechnung der Höhe des Ausgleichsanspruchs" vereinbart. Sie enthalten im Wesentlichen Regeln für die Ausgleichsberechnung in der

- Sachversicherung,
- Dynamischen Lebensversicherung,
- Privaten Krankenversicherung.

Der **Ausgleich Sach** wird in vier Schritten ermittelt. Im ersten Schritt wird die jahresdurchschnittliche Bestandsprovision der letzten fünf Jahre vor Beendigung des Vertretervertrags ermittelt. Dies erfolgt getrennt nach Versicherungszweigen. Die einfache Sachversicherung umfasst die gängigen Sach-, Haftpflicht- und Unfallversicherungen für Privat- und Gewerbekunden. Davon getrennt betrachtet werden die Feuer-Industrie- und Feuer-Betriebsunterbrechungsversicherung, die Unfallversicherung mit Beitragsrückgewähr, die Kraftfahrt-, Transport-, Maschinen-, Rechtsschutz- und Schutzbriefversicherung ermittelt.

Im zweiten Schritt wird geprüft, ob der ausscheidende Vertreter bei Beginn oder im weiteren Verlauf seiner Tätigkeit Bestände erhalten hat, die Vorgänger aufgebaut haben. Weiter wird geprüft, wie lang die Bestandsübertragungen her sind. In der Kraftfahrtversicherung spielen solche Übertragungen keine Rolle mehr, wenn sie zehn und mehr Jahre her sind. In allen anderen Zweigen gilt die Grenze 20 Jahre. Unterhalb dieser Grenze gibt es eine abgestufte Anrechnung. Wenn die Übertragung weniger als zehn Jahre her ist, muss die darauf entfallende Bestandsprovision in allen Zweigen vollständig abgezogen werden. Ab zehn Jahren erfolgt eine teilweise Anrechnung in allen Zweigen außer Kraftfahrzeug, in Höhe von 66 2/3 bei bis zu 15 Jahren und darüber 33 1/3.

Im dritten Schritt wird die verbliebene, durchschnittliche Bestandsprovision je Zweig mit dem Ausgleichswert multipliziert. Dieser repräsentiert die Werthaltigkeit des jeweiligen Versicherungszweigs. Er liegt zwischen 25 und 50 %.

Im vierten Schritt wird eine weitere Multiplikation mit einem von der Tätigkeitsdauer abhängigen Faktor vorgenommen. Die „Grundsätze Sach" unterscheiden hier nach dem Grund für die Ausgleichsberechnung zwischen dem Erlebens- und dem Todesfall des Vertreters. Im Todesfall soll es deutlich geringere Werte geben. Der Gesamtverband der Deutschen Versicherungswirtschaft e.V. hat allerdings seinen Mitgliedsunternehmen empfohlen, davon keinen Gebrauch zu machen. Todesfall-bedingte Ausgleichsberechnungen sollten seltene Ausnahmen sein, und die Hinterbliebenen werden den Ausgleich benötigen. Der Faktor unterscheidet sich wieder nach Versicherungszweigen und kann maximal 2,0 in der Kraftfahrzeug- und Transportversicherung (ab dem 11. Tätigkeitsjahr), aber 6,0 in allen anderen Zweigen erreichen (ab dem beginnenden 20. Tätigkeitsjahr).

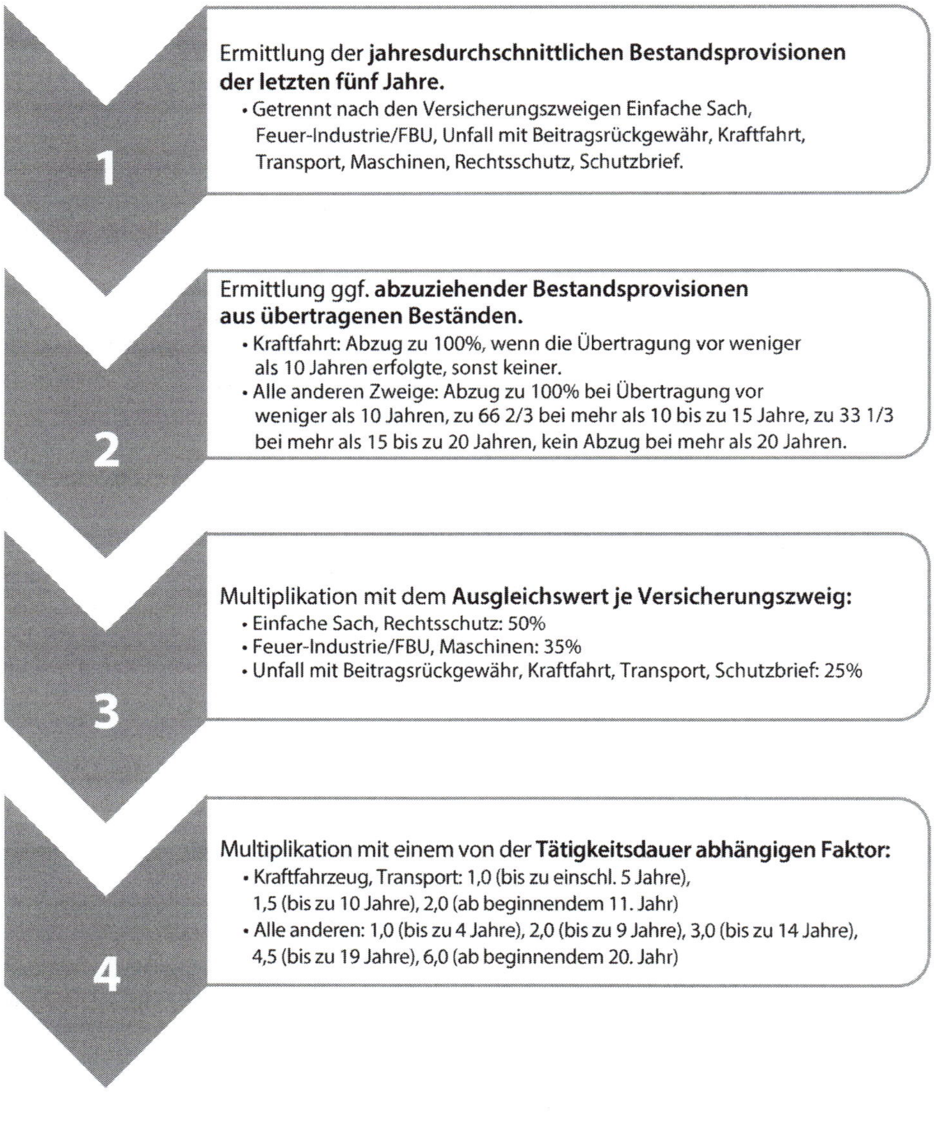

Abbildung 10.9: Vorgehensschema Berechnung Ausgleich Sach

Das Inhouse Consulting empfiehlt dem Vertriebsmanagement, für die neu einzurichtende Agenturberatung ein Tool zu entwickeln, mit dem ältere Agenturinhaber bei der Ermittlung ihres möglichen Ausgleichsanspruchs unterstützt werden können. Das kann ein wichtiges Entscheidungskriterium für die Frage sein, wann eine Agenturaufgabe vorgese-

hen werden soll. Außerdem raten Max und Lisa, dass die Agenturberater einfache Faustformeln für eine ganz überschlägige Berechnung anwenden können. In den beiden meist wichtigsten Bestandsanteilen Einfache Sach- und Kraftfahrzeugversicherung wären das:

- **Einfache Sachversicherung** *können maximal 50 % Ausgleichswert mal Multiplikator 6,0 gleich* **3,0 Jahres-Bestandsprovisionen** *erreicht werden (unter der Annahme, dass mindestens 20 Jahre Tätigkeit erreicht werden und keine Bestandsübertragungen berücksichtigt werden müssen),*
- **Kraftfahrtversicherung** *können maximal 25 % Ausgleichswert mal Multiplikator 2,0 gleich* **eine halbe Jahres-Bestandsprovision** *erreicht werden (unter der Annahme, dass mindestens zehn Jahre Tätigkeit erreicht werden und keine Bestandsübertragungen berücksichtigt werden müssen),*
- *Bei einem* **Bestandsmix** *von beispielsweise 60 % Einfache Sach und 40 % Kraftfahrt wären es: 3,0 Bestandsprovisionen Sach x 60 % + 0,5 Bestandsprovisionen Kraftfahrt x 40 % gleich 2,0 Jahres-Bestandsprovisionen.*

In der Lebensversicherung gibt es nach den Grundsätzen nur einen Ausgleich für dynamische Lebensversicherungen, bei denen eine regelmäßig Erhöhung um einen bestimmten Satz vereinbart wurde. Denn nur in diesen Fällen gehen durch die Provisionsverzichtsklausel beim Vertretervertragsende Abschlussprovisionen verloren. Denn auf die zusätzliche Beitragssumme aus einer dynamischen Erhöhung ist eine Abschlussprovision vorgesehen.

Die Berechnung basiert auf dem Bestand an dynamischen Lebensversicherungen bei Ausscheiden des Vertreters. Dieser wird mit dem Abschlussprovisionssatz multipliziert, anschließend mit einem festen Faktor 0,08. Damit wird berücksichtigt, dass die Dynamikvereinbarungen nur zu einer teilweisen Erhöhung der ursprünglichen Beitragssummen führen, und dass unsicher ist, ob der Kunde diese tatsächlich annehmen wird. Schließlich wird ein von der Tätigkeitsdauer abhängiger Multiplikator angewendet, der maximal 1,5 ab dem beginnenden 20. Jahr der Tätigkeit beträgt.

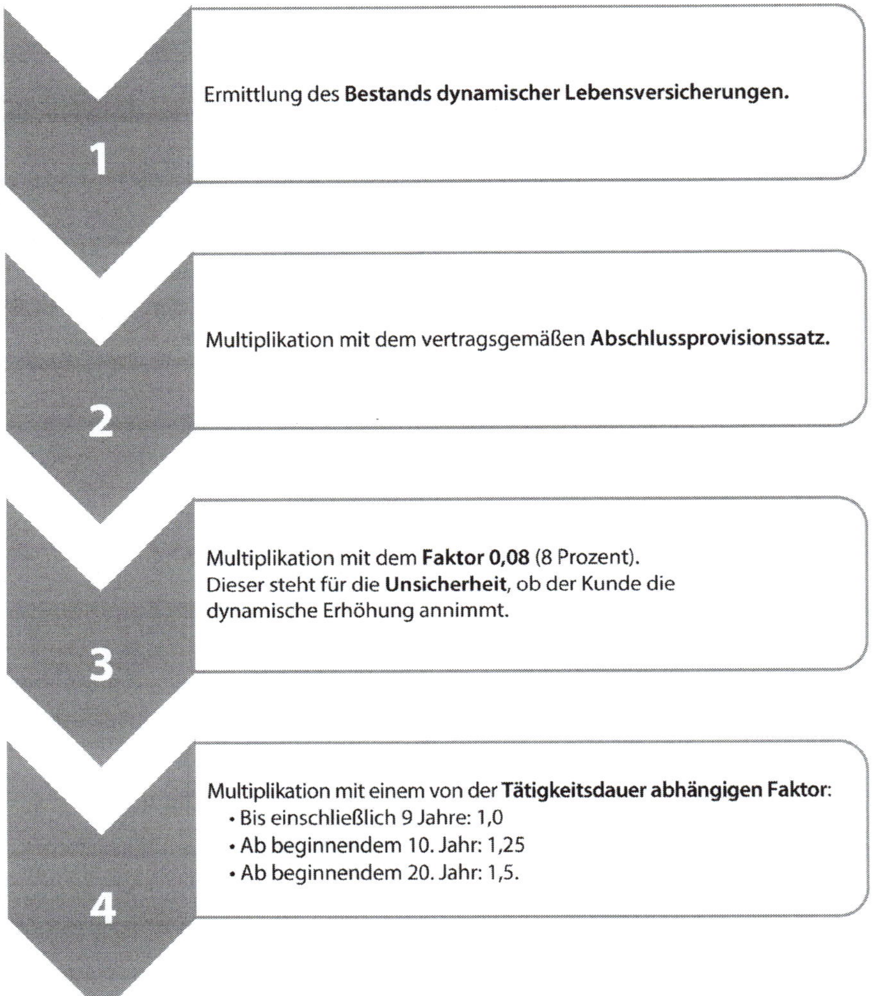

Abbildung 10.10: Vorgehensschema Berechnung Ausgleich Leben

Bislang nicht geregelt ist, wie Ausgleichsberechnungen für solche Lebensversicherungen vorgenommen werden, bei denen keine einmalige Abschlussprovision plus Abschlussprovision auf dynamische Erhöhungen vorgesehen ist, sondern eine laufende Provision.

In der Krankenversicherung wird ebenfalls traditionell eine einmalige Abschlussprovision gezahlt. Ein Provisionsverlust kann hier durch die Vertretervertragsbeendigung nur dann entstehen, wenn es zu sogenannten Aufstockungsfällen kommt. Das sind nachträgliche Erhöhungen der Beiträge in der Krankenversicherung. Beispielsweise können Kunden bei Optionstarifen spätere Verbesserungen des Versicherungsschutzes wählen. Auch können Kinder nachversichert werden.

Die Ausgleichsberechnung basiert auf der durchschnittlich in den letzten fünf Jahren erreichten Abschlussprovision. Dieser Betrag wird mit einem Faktor 0,2 (20 %) multipliziert. Dieser berücksichtigt die Wahrscheinlichkeit, dass es zu ausgleichspflichtigen Aufstockungsfällen kommt. Ein weiterer Faktor 0,4 (40 %) bewertet den Anteil des ausscheidenden Vertreters daran, dass es zu Aufstockung kommt. Der größere Anteil liegt dabei annahmegemäß beim Nachfolger, der auf den Bestandskunden einwirken und ihn beraten muss, um die Aufstockung zu erreichen.

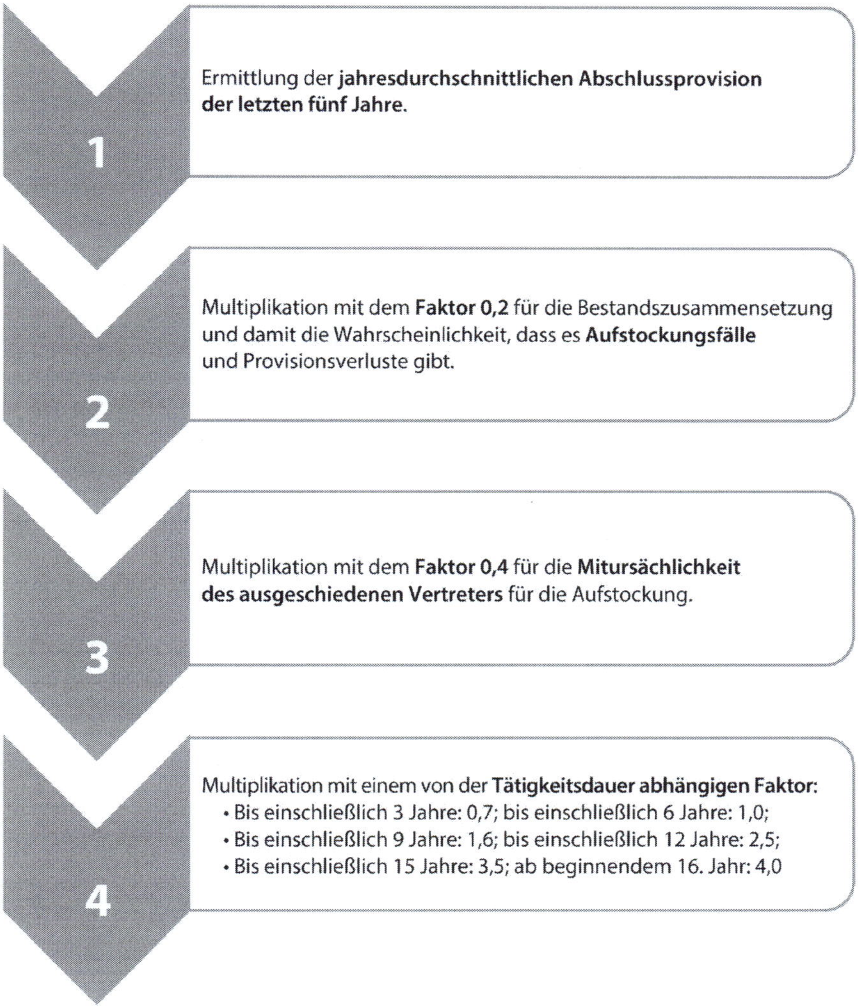

Abbildung 10.11: Vorgehensschema Berechnung Ausgleich Kranken

10.4.3 Nachfolge im oder Verkauf des Maklerbetriebs

Ein Maklerbetrieb sollte zur Erhaltung seines Werts idealerweise eine Nachfolgeregelung finden. Das kann eine Weitergabe des Betriebs in der Familie oder an einen verdienten Mitarbeiter sein. Ein älterer Makler könnte auch Inhaber des Betriebs bleiben, aber die Geschäftsführung in jüngere Hände legen. Das ist eine gute Möglichkeit für jüngere Nachwuchskräfte, ohne eigenes unternehmerisches Risiko in die Leitung eines Maklerunternehmens hineinzuwachsen. Eine spätere Übernahme des Betriebs („Management Buy-Out") kann immer noch erfolgen.

Die Realität vieler Maklerbetriebe ist jedoch, dass es sich um sehr kleine Unternehmen handelt, die keine natürlichen Nachfolger in der Familie oder in der Belegschaft finden. Dann steht der „Verkauf" im Raum.

Verkaufen kann man üblicherweise nur, was einem gehört. Einem Makler gehört im eigentumsrechtlichen Sinn jedoch üblicherweise nur:

- Die Firma, also der Name, unter dem sein Betrieb tätig und am Markt bekannt ist, was für sich ein gewisser Wert sein kann,
- Manchmal die Immobilie, in der ein Maklerbüro betrieben wird,
- Regelmäßig das Inventar (Mobiliar, IT, Verbrauchsmaterial) und
- Häufiger, aber keineswegs immer die Dienstfahrzeuge, denn oft werden diese geleast und gehören damit nicht dem Makler.

Das Wertvollste am Maklerbetrieb sind die Kundenbestände. Kunden „gehören" aber einem Makler nicht. Ein „**Bestand**" ist die Summe der Versicherungsverträge, die unter einer organisatorischen Einheit geführt werden. Versicherungsverträge wiederum „gehören" ausschließlich den Vertragsparteien, also den Versicherungsunternehmen und den Kunden (Versicherungsnehmern).

Verkaufen kann ein Makler hier nur **Informationen zum Bestand** sowie eine **Aussicht auf künftige Courtage-Erzielung**. Diese Aussicht erfüllt sich nur unter zwei auflösenden Bedingungen, die also gleichzeitig erfüllt sein müssen:

- Die Kunden halten ihre Maklerverträge auch gegenüber einem Käufer aufrecht, wozu sie nicht verpflichtet werden können,
- Die Versicherer halten ihre Courtagezusagen auch gegenüber einem Käufer aufrecht, wozu sie ebenfalls nicht verpflichtet werden können.

Nehmen die Kunden einen Maklerwechsel zum Anlass, auch den Maklervertrag zu kündigen, kann der neue Makler mit ihnen keine Courtagen verdienen. Weigern sich die Versicherer, mit dem neuen Makler zusammenzuarbeiten, bleibt diesem nur die Möglichkeit, die „erworbenen" Bestände zu anderen Versicherern umzudecken, von denen er eine Courtagezusage erhält. Das wird oft nicht sinnvoll sein, und selbst in sinnvollen Fällen nicht immer auf Zustimmung der betroffenen Kunden stoßen. Es entsteht ein hoher Arbeitsaufwand mit begrenzten Erfolgsaussichten.

Ein Kauf kann in zwei Formen erfolgen:

- „Share Deal“: Dabei werden alle oder wesentliche Anteile am Maklerunternehmen erworben. Es muss sich deshalb um eine Kapitalgesellschaft handeln.
- „Asset Deal“: Dabei werden nur bestimmte Vermögenswerte veräußert, bei Maklern vor allem der Zugang zu den Bestandsinformationen und damit die Möglichkeit zur Courtageerzielung.

Der Share Deal hat den Vorteil, dass das Maklerunternehmen als solches unverändert bleibt. Es ist nicht notwendig, dass alle Kunden der Übergabe ihrer personengebundenen Informationen an einen Erwerber schriftlich zugestimmt haben müssen, was einen Asset Deal erschwert.

Die Wertermittlung eines Maklerbetriebs erfolgt hauptsächlich auf Basis des Bestands und dessen Aussicht auf künftige Courtage-Erzielung. Eine einfache Form ist die Multiplikatormethode. Es wird ein Mehrfaches einer Jahrescourtageeinnahme gefordert und gegebenenfalls gezahlt. Hier gibt es eine Parallele zu den „Faustformeln“ in der Ausgleichsberechnung, die im Abschnitt 10.4.2 diskutiert wurden. Es gibt aber auch ausgefeiltere Methoden, den Wert eines Bestands zu ermitteln.

11 Einführung einer IT-Anwendung

Lernziel: Die Prozessschritte zur Gestaltung und Einführung einer IT-Anwendung unter Beachtung kommerzieller und ethischer Grundsätze sowie gesetzlich-regulatorischer Rahmenbedingungen verstehen.

Handlungssituation

Lisa und Max sind im Auftrag des internen Consultings immer noch im Bereich Vertrieb tätig. Dort wird aktuell sehr konkret darüber nachgedacht, den Kundenservice- und Kundenberatungsprozess durch eine neue Softwarelösung deutlich besser zu unterstützen – neudeutsch heißt das CRM (Customer-Relationship-Management). Es gibt zwar rudimentäre Funktionalitäten im bestehenden System, deren Anwendung ist aber mit hohem manuellem und fehlerträchtigem Aufwand verbunden. Das Projekt-Management-Office (PMO) hat Vorgaben erstellt, wie so etwas abzulaufen hat. Die Operationalisierung dieser Vorgaben ist aktuell laufend. Die neue EU-Verordnung über die digitale operationale Resilienz im Finanzsektor (Digital Operational Resilience Act, DORA) sowie weitere EU-Verordnungen verschärfen den Druck auf das PMO in Sachen formale Projektabwicklung.

Bereits im ersten Brainstorming, wie man an die Sache herangehen könnte, kristallisieren sich im Projektteam des Vertriebs sehr gegensätzliche Sichten heraus. Ein Kollege, der für seine sehr hemdsärmelige Vorgehensweise bekannt ist, sagt, dass er einige Anbieter mit besten Referenzen von Messen und aus seinem Netzwerk kenne. Die IT sei ohnehin überlastet, lehne neue Projekte meist kategorisch ab oder mache sie unnötig formal und teuer. Man könne doch schon mal anfangen, agil eben. Ein anderer Kollege entgegnet sofort, dass das keine gute Idee sei. Man habe bereits mehrfach und auch kürzlich wieder Ärger gehabt mit Projekten, die man im Alleingang und unter dem Radar von PMO beziehungsweise IT gemacht habe – sogenannte U-Boot-Projekte. Das läuft immer so lange gut, bis die Software, die man auf diese Weise eingeführt hat, mit Daten aus zentralen Systemen (wie zum Beispiel dem Datawarehouse oder dem Kernversicherungssystem) versorgt werden soll oder Daten in andere Systeme liefern muss, um wirklich wirksam zu werden. Die Runde ist sich schnell einig, dass man es richtig machen will und schon mal erste informelle Gespräche mit dem Projekt-Management-Office (PMO) führt, um sich hier einen Rat zu holen.

Lisa und Max vereinbaren also einen Termin mit dem Leiter des PMO. Dieser kommt schnell zur Sache: Früher haben wir Projekte einfach so ohne große Formalitäten gemacht – sozusagen nach Gutsherrnart. Wer sich am besten verkauft hat oder die besten Drähte zum Vorstand hatte, durfte losrennen. Manche rannten auch ohne Erlaubnis los (siehe U-Boot-Projekte). Als dann aber zunehmend Projekte nach dem Verbrennen von viel Aufwand sehr lautstark abgebrochen oder zu teuren Dauerläufern („too big to die") wurden, erhielt ich den Auftrag, das Thema Projekt-Freigabe und -Steuerung nachhaltig zu strukturieren. Dies ging einher mit der regulatorischen Verpflichtung aus der VAIT (Versicherungsaufsichtliche Anforderungen an die IT, seit 17. Januar 2025 ersetzt und verschärft durch DORA), die Steuerung von IT-Projekten klaren Regeln zu unterwerfen. Andere Branchen haben bei solchen Themen einen deutlichen Vorsprung (unter anderem Telekommunikationsunternehmen und die Automobilindustrie). Dort wird der sogenannte Stage-Gate®-Prozess eingesetzt (Anmerkung: Stage-Gate® ist ein geschütztes EU-Warenzeichen des Innovation Management U3 und Product Development Institute Inc.). Wir analysierten daraufhin den Stage-Gate®-Prozess in seiner Vollausprägung und betrachteten dabei insbesondere dessen Vor- und Nachteile sowie die Ausprägungen der Entscheidungsdimensionen in der Versicherungsbranche. Lasst uns erstmal den Stage-Gate®-Prozess in Gänze verstehen, um dann dessen Kalibrierung auf die Proximus Versicherung AG besser nachvollziehen zu können.

11.1 Der Stage-Gate®-Prozess

11.1.1 Hintergründe und Grundsätze

Der Stage-Gate®-Prozess wurde 1986 von Dr. Robert G. Cooper entwickelt, um die gängigen Probleme in der Produktentwicklung, wie zum Beispiel das Überschreiten von Terminen oder Budgets, zu beheben. Dies sollte auch auf Innovations- und Entwicklungsprozesse anwendbar sein. Der Grundgedanke war, den Prozess der Produktentwicklung in Phasen mit klar definierten Zielen (sogenannten Stages) zu unterteilen und auf diese Weise Risiken und Ressourcenverbrauch unter Kontrolle zu behalten. Am Ende einer jeden „Stage" steht eine Prüfung des Projekts („Gate") durch ein interdisziplinäres Team, das über die Weiterführung oder auch die Beendigung des Projekts entscheidet. Der so entstandene Ablauf wurde konsequenterweise Stage-Gate®-Prozess genannt und wird in nahezu allen Branchen mit großem Erfolg eingesetzt.

Der Stage-Gate®-Prozess basiert auf klassischen Projektmanagementprinzipien, ergänzt um Elemente aus der Projektportfoliosteuerung sowie dem Risikomanagement.

Er soll eine Balance zwischen Innovation und Effizienz ermöglichen durch folgende Grundsätze:

- **Phasenorientierung:** Einteilung komplexer Vorhaben in mehrere Abschnitte
- **Kontrollpunkte:** Qualitätssicherung und Investitionsentscheidungen durch formelle Reviews
- **Gatekeeping:** Bewertung durch ein Entscheidungsgremium (Management, Fachexperten, Controlling)

11.1.2 Der Stage-Gate®-Prozess im Detail

Der Stage-Gate®-Prozess besteht aus mehreren Prozessabschnitten, in denen Teilaufgaben der eigentlichen Produktentwicklung von einem oder mehreren Teams bearbeitet werden. Diese Abschnitte sind die Stages. Die Arbeitsergebnisse werden von den Teams am Ende einer Stage zusammengetragen und gemeinsam analysiert. Ziel ist es, mit jeder Stage den Grad der Ungewissheit bezüglich des Erfolgs des gesamten Projekts zu verringern.

An den sich anschließenden Gates werden die Arbeitsergebnisse der Teams von einem interdisziplinär besetzten Gremium nochmals begutachtet und überprüft. Die Entscheidung hinsichtlich der Weiterführung oder der Beendigung des Projekts wird auf Basis eines Kriterienkatalogs getroffen, der unter anderem auch Fragen zur Konformität mit der strategischen Ausrichtung des Unternehmens sowie zur Einhaltung von Gesetzen enthält, also nicht nur technische oder wirtschaftliche Aspekte berücksichtigt.

Die Gates haben somit die Funktion eines Qualitätskontrollpunktes: Die Arbeitsteams stellen ihre Ergebnisse den interdisziplinär zusammengestellten Gatekeepern vor, die auf Grundlage vorgegebener Kriterien prüfen, in welchem Maße die Unsicherheit bezüglich des Entwicklungsprojekts im Verlauf der Stage reduziert werden konnte. Als Ergebnis kann neben einer Weiterführung (GO) oder der Beendigung (STOP) des Projekts auch die Entscheidung getroffen werden, dass das Entwicklungsprojekt zu einem späteren Zeitpunkt wieder bewertet wird (HOLD) oder dass Aufgabenpakete überarbeitet werden müssen (REWORK).

Warum sollte ein Projekt auch mal abgebrochen werden?

- Das Produkt, das im Rahmen des Projekts entwickelt werden sollte, wird nicht länger benötigt, da der Markt neue Erfordernisse hat.
- Die Situation im Unternehmen hat sich verändert und der Fokus liegt inzwischen auf anderen Projekten mit höherer Priorität.

- Im Rahmen einer Phase wurde bemerkt, dass das Projekt zu umfangreich ist und es für die weitere Bearbeitung besser in mehrere Einzel- oder Teilprojekte aufgeteilt werden sollte.
- Die Ergebnisse einer Phase waren nicht zufriedenstellend und es bestehen erhebliche Zweifel an den Erfolgsaussichten

Interessanter Aspekt: Die Möglichkeit, ein Projekt am Ende jeder Phase abbrechen zu können, erleichtert auch das Starten der Projekte an sich. Zu oft liegt nämlich der Fokus ausschließlich auf dem Aufwand, dem Budget und den Aufgaben, die zum Fertigstellen eines Projekts insgesamt notwendig sind. Dies kann zur Folge haben, dass der Umfang des Projekts zu groß erscheint und das Projekt erst gar nicht gestartet wird. Wenn ein Projekt mit dem Wissen gestartet wird, dass es nach jeder Phase bewertet und gegebenenfalls abgebrochen werden kann, ist der Umfang überschaubarer und das Risiko besser zu kontrollieren. Es ist damit häufig auch einfacher, die Zustimmung der Managementebene zu erhalten. Zudem ist ein Kontrollpunkt am Ende jeder Phase in Form eines Gates eine gute Prävention gegen „Zombie"-Projekte, also Projekte, die vor Ewigkeiten gestartet wurden und noch immer mitgeschleppt werden, weil sich niemand traut, sie abzubrechen und weil es keine Ergebnisse aus Vorphasen gibt, die einen Abbruch objektiv nahelegen würden.

11.1.3 Die Phasen (Stages) des Stage-Gate®-Prozesses

Der klassische Stage-Gate®-Prozess besteht aus fünf bis sieben Phasen („Stages"), die jeweils durch sogenannte „Gates" getrennt sind. Jedes Gate fungiert als Entscheidungspunkt auf Basis von vordefinierten Kriterien. Wir visualisieren hier eine Variante mit 6 Stages, wobei jede Stage ab Stage 2 bei entsprechender Größe weiter unterteilt werden kann.

- Stage 0: Ideengenerierung
- Stage 1: Voruntersuchung (Scoping)
- Stage 2: Detaillierte Analyse & Business Case
- Stage 3: Entwicklung
- Stage 4: Test und Validierung
- Stage 5: Markteinführung (Launch)

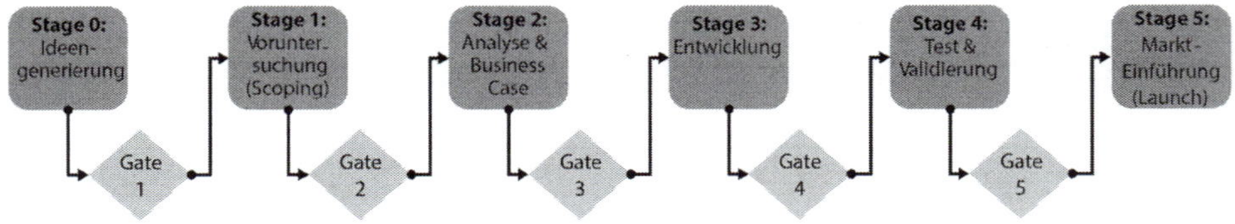

Abbildung 11.1: Das Stage-Gate®-Modell in allgemeiner Form

Hier eine kurze Beschreibung der Stages in allgemeiner Form, die sowohl für Produkteinführungs-Prozesse als auch für IT-Projekte anwendbar ist. In rein agilen Projekten können mehrere Stages (zum Beispiel 2–5) zu Lieferstufen verschmelzen, die dann bis Projektende iteriert werden.

Stage 0: Ideengenerierung

Vor dem Eintritt in den Stage-Gate®-Prozess werden Projekt-Ideen oder -Bedürfnisse innerhalb der Abteilungen und Bereiche generiert, gesammelt und initial bewertet. Methoden hierfür sind Kreativtechniken wie zum Beispiel Design Thinking[1], Trendanalysen, Marktbeobachtungen, SWOT[2]-Analysen oder Kundeninterviews. Diese Aktivitäten liegen außerhalb von Projektstrukturen. Sobald die Idee umgesetzt werden soll, muss sie in den Stage-Gate®-Prozess eingebracht werden.

Stage 1: Voruntersuchung (Scoping)

In dieser Phase werden erste Markt- und Technologieanalysen durchgeführt, sowie Risiken bewertet. Ein Anforderungskatalog, meist in Form einer gewichteten Liste von sehr groben User-Stories der Projektbeteiligten, umreißt den Scope des Vorhabens (Beispiel für eine User-Story: „Als Leiter des Maklervertriebs möchte ich monatsgenau eine Kontaktanalyse meiner Makler erhalten, um schnell auf Auffälligkeiten reagieren zu können"). Erste grobe Wirtschaftlichkeitsabschätzungen (RoI[3], TCO[4]) sollten erstellt werden. Das Ziel dieser Phase liegt darin, einen möglichen Lösungsraum abzugrenzen. Hier könnte auch ein Pilotprojekt oder ein Proof of Concept (PoC) zur Durchführung in der nächsten Phase konzipiert werden.

Stage 2: Detaillierte Analyse & Business Case

In dieser Phase wird auf Basis konkreter Zielstellungen (detaillierte User-Stories) ein fundierter Business Case erstellt. Er enthält in der Regel konkrete Marktanalysen und Zielgruppenbewertungen, die technische Machbarkeit (Machbarkeitsstudien, Proof of Concept) und eine detaillierte Kosten-Nutzen-Rechnung. Daneben muss ein erster grober Projektplan sowie eine Ressourcen- und Kapazitätsplanung mit mittlerem Härtegrad (Fehler +/- 20 %) bereitgestellt werden. In Abstimmung mit der IT sollte hier auch bewertet werden, ob anstelle einer Eigenentwicklung (Make) die Nutzung einer vorhandenen Standard-Technologie (Buy) möglich wäre. Gemeinsam mit dem Einkauf

---

1 Design Thinking ist ein Kreativ-Ansatz, um Probleme zu lösen und neue Ideen zu entwickeln, indem man die Perspektive der Benutzer einnimmt und deren Bedürfnisse versteht.

2 SWOT-Analyse (Akronym für Strengths (Stärken), Weaknesses (Schwächen), Opportunities (Chancen) und Threats (Risiken)) ist ein Instrument der strategischen Bewertung von Unternehmen und Projekten.

3 Der Return on Investment (RoI) ist eine betriebswirtschaftliche Kennzahl, die das Verhältnis zwischen dem Gewinn aus einer Investition und den Kosten dieser Investition misst (Beispiel: Projektkosten 100.000 € und Projekterlös 150.000 € ergeben einen RoI von (150-100)/100, also 50 %).

4 Die Total Cost of Ownership (TCO) werden berechnet, indem alle direkten und indirekten Kosten, die während der gesamten Lebensdauer eines Produkts/Systems anfallen, zusammenstellt. Dies beinhaltet Anschaffungskosten, Betriebskosten, Wartungskosten und eventuelle Entsorgungskosten.

sollte im Falle einer Buy-Entscheidung eine Beschaffungsplanung erarbeitet werden, gegebenenfalls bereits als „Request for Information" (RFI) an externe Partner.

Stage 3: Entwicklung

In dieser Phase wird das Projekt technisch umgesetzt beziehungsweise der Prototyp gebaut. In der agilen Vorgehensweise hat sich der Begriff „Minimum Viable Product" (MVP), wörtlich ein „minimal brauchbares oder existenzfähiges Produkt", durchgesetzt. Es ist die erste minimal funktionsfähige Iteration eines Produkts, die dazu dient, möglichst schnell aus Nutzerfeedback zu lernen und so Fehlentwicklungen vorbei an den Anforderungen der Nutzer zu verhindern. Die Anforderungen der Nutzer werden umgesetzt und das System wird iterativ optimiert. Zu Beginn dieser Phase müssen auf Basis eines „Request for Proposal" (RfP), einer Ausschreibung, die erforderlichen externen Dienstleister an Bord geholt und die internen Ressourcen sichergestellt worden sein.

Stage 4: Test und Validierung

In dieser Phase werden alle erforderlichen Tests durchgeführt, um ein ausreichend hohes Vertrauenslevel zu erhalten, dass die Software in Betrieb oder das Produkt an den Markt gehen kann. Gängig sind hier interne Tests (Unit Tests, Integrationstests), eine Kundeneinbindung durch Beta- beziehungsweise Usability-Tests und Markttests (Piloten, Soft Launches). Auch Last- und Skalierungstests stehen an. Je nach Maturität der entwickelten Lösung kann das Projekt nun in Richtung eines weiteren PoC oder auch in Richtung eines Roll-Out gesteuert werden.

Stage 5: Markteinführung (Launch)

In dieser Phase geht man von einer stabilen Applikation aus und startet die Vorbereitung des Rollouts seitens aller involvierten Parteien (zum Beispiel IT, Marketing, Vertrieb). Entlang des Change-Management-Konzepts (siehe Kapitel Change-Management) werden zum Beispiel Schulungen durchgeführt und Supportstrukturen etabliert. Sobald das Unternehmen in allen Bereichen auf den Start vorbereitet ist, erfolgt der Launch. Dieser wird eng begleitet von einem besonderen Team, das die Anwender, Kunden und beteiligten Einheiten hautnah begleitet und bei Problemen zeitnah Maßnahmen einleitet. Ebenso startet das Monitoring und gegebenenfalls auch das Feedback-Management für Rückkopplungsschleifen.

11.1.4 Die Entscheidungstore (Gates) des Stage-Gate®-Prozesses

Was passiert alles in einem Gate-Meeting? Die bisherigen Ergebnisse werden vorgelegt und diskutiert. Die geplanten Inhalte der nächsten Phase werden vorgestellt. Häufig nehmen die liefernden Einheiten (zum Beispiel IT) gegensätzliche Positionen gegenüber den anfordernden Einheiten (zum Beispiel Vertrieb) ein, wodurch sich unter Beteiligung der Geschäftsleitung konstruktiv-gesunde Gegenpole unter Berücksichtigung aller relevanter Aspekte ergeben können. Das multidisziplinäre Gate-Komitee entscheidet dann anhand diverser phasenbezogener Bewertungskriterien:

- Strategische Passung
- Technische Realisierbarkeit
- Wirtschaftlichkeit
- Risiken
- Kapazitäten & Ressourcenverfügbarkeit

Folgende Entscheidungen sind möglich:

Go	Die nächste Stufe, die Erstellung des Konzepts wird genehmigt. Die angefragten Mittel werden bereitgestellt. Reporting ab sofort durch das PMO.
Stop	Das Projekt wird verworfen, da das Unternehmen andere Prioritäten hat und die Kapazitäten anderweitig investieren möchte.
(On) hold	Die Idee ist grundsätzlich gut. Es soll jedoch noch abgewartet werden. Wiedervorlage durch das PMO.
Rework	Die vorgelegten Unterlagen reichen noch nicht aus und sollen nachgearbeitet werden.

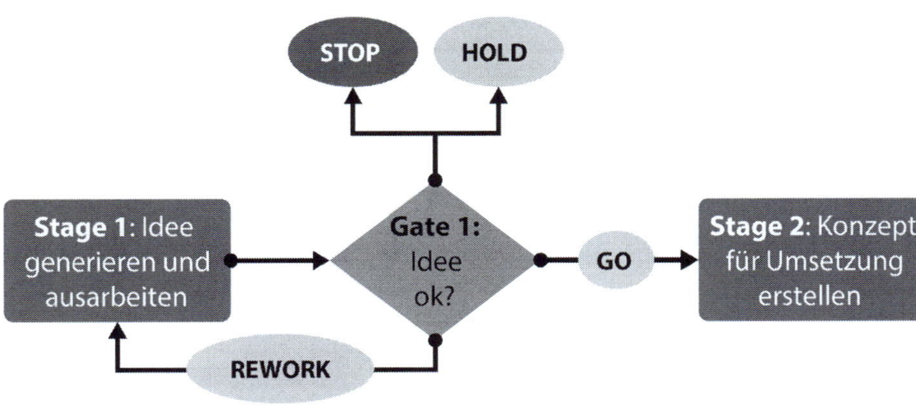

Abbildung 11.2: Die vier Entscheidungs-Optionen eines Gates am Beispiel von Gate 1

11.1.5 Stärken und Schwächen des Stage-Gate®-Prozesses

Durch die klare Strukturierung der Arbeitsstufen und Entscheidungspunkte im Stage-Gate®-Prozess ist eine qualitätsorientierte Fokussierung möglich. Damit der Prozess reibungslos ablaufen kann, müssen jedoch im Vorfeld die Arbeitsergebnisse der Stages und die Entscheidungskriterien sehr genau beschrieben werden. Diese „Vorarbeiten" erweisen sich in der Regel als recht umfangreich und werden meist auch als bürokratisch empfunden. Eine Möglichkeit dieser Kritik zu begegnen, hat Cooper selbst aufgegriffen und neuere Stage-Gate®-Modelle durch die Möglichkeit der Verlagerung von Entscheidungen in die Arbeitsteams angepasst. Zudem sollen „fuzzy gates" das Vorziehen von Arbeitspakten ohne Gate-Validierung ermöglichen und den Entwicklungsprozess flexibilisieren.

Grundsätzlich entscheidend für den Erfolg eines Stage-Gate®-Prozesses in einem Unternehmen ist die Benennung der Gatekeeper und deren Bereitschaft zur Übernahme von unternehmerischer Verantwortung. Die Grundlage der gemeinsamen Entscheidung liegt in der Interdisziplinarität der Gatekeeper: Nur wenn wirklich alle Unternehmensbereiche im Team vertreten sind, kann eine sinnvolle Entscheidung ohne Übergewichtung eines Bereichs getroffen werden. Ist erst einmal das GO für die nächste Stage beschlossen, so sind auch alle Unternehmensbereiche dazu verpflichtet, die notwendigen Ressourcen zur Bearbeitung der kommenden Arbeitspakete gemäß vorgestellter Planung bereit zu stellen. Ist dieses Rollenverständnis auf der Managementebene vorhanden, ermöglicht ein Stage-Gate®-Prozess einen bereichsübergreifenden Austausch zur Allokation von Ressourcen in Projekten und ein gemeinsames Verständnis zur effizienten Steuerung des Projektportfolios.

Stärken des Stage-Gate®-Prozesses im Überblick

- **Transparenz:** Klare Phasenstruktur und definierte Meilensteine sorgen für nachvollziehbare Entscheidungen.
- **Risikomanagement:** Frühzeitige Bewertung reduziert finanzielle und operative Risiken. Frühzeitige Entscheidungspunkte verhindern spätes Scheitern.
- **Fokussierung:** Ressourcen werden auf die aussichtsreichsten Projekte gelenkt.
- **Verbesserte Kommunikation:** Interdisziplinäre Gate-Kommissionen fördern den Austausch.
- **Standardisierung:** Der Prozess ist übertragbar auf viele Projektarten.

Risiken/Schwächen des Stage-Gate®-Prozesses im Überblick

- **Überbürokratisierung:** Zu viel Formalismus kann Innovationsfreude hemmen.
- **Inflexibilität:** Für agile Projektumfelder sind gezielte Anpassung (zum Beispiel Verschmelzung von Stages und Iteration der Lieferstufen) nötig.
- **Gatekeeper-Fehlentscheidungen:** Entscheidungen können subjektiv oder politisch beeinflusst sein. Entscheidungen in frühen Phasen basieren oft auf unsicheren Annahmen.
- **Verzerrung durch kurzfristige KPIs:** Projekte mit strategischem Langfristwert könnten durchfallen.

- **Kosten der Implementierung:** Einführung des Prozesses, Schulungen und Anpassung an die Organisation können aufwendig sein.

Zusammenfassung
Der Stage-Gate®-Prozess ist ein bewährter Mechanismus zur risikoarmen und ressourceneffizienten Steuerung eines Projektportfolios in einem mittleren oder großen Unternehmen. Die wesentlichen Projektphasen („Stages") Idee, Konzept, Umsetzung, Einführung und Erfolgskontrolle werden von den Entscheidern nach und nach in sogenannten „Gates" freigegeben. Das verhindert Ressourcenverschwendung und es wird immer transparent am Richtigen gearbeitet. Die eigentliche Wirksamkeit erhält der Prozess durch eine Anpassung an die Projektlandschaft des Unternehmens sowie eine behutsame und inkrementelle Einführung mit Augenmaß. Agilität und stufenweise Freigabe widersprechen sich nicht.

11.2 Kriterien-Cluster für den Gating-Prozess

Max und Lisa haben nun viel gelernt über die professionelle Steuerung eines Projekt-Portfolios in einem Unternehmen. Im Kontext der Gate-Entscheidungen hörten sie immer wieder, dass die Kriterien für die Freigabe von Projekten sehr vielfältig sind und insbesondere in regulierten Unternehmen wie Versicherungen zu einem hohen Maß unter fremder Kontrolle sind. Eine umfassende Kenntnis dieser Kriterien kann entscheidend sein für die schnelle Umsetzung von Projekten. Da sie den Vertrieb bestmöglich unterstützen wollen, lassen sich Max und Lisa vom Leiter PMO die Vielzahl der Kriterien erläutern, die entlang einer verbindlichen Checkliste von den verantwortlichen Personen geprüft und bestätigt werden müssen.

Bei der Freigabe von Projekten in einem Versicherungsunternehmen müssen unterschiedlichste Kriterien im Rahmen einer Wirtschaftlichkeits- und Risikoprüfung untersucht werden:

- Kaufmännische Kriterien mit Einfluss auf den Geschäftserfolg des Unternehmens
- Unternehmensstrategische Kriterien
- Gesetzlich-regulatorische Kriterien
- Ethische Kriterien und Trends mit Einfluss auf Reputation des Unternehmens

Kernfragen, die in jeder Projektphase dem Projektteam gestellt werden, sind also:

- Warum sollte das Unternehmen gerade dieses Projekt (weiter)machen? Was bringt es? Welches Risiko beseitigt es?

- Gibt es gute Gründe (zum Beispiel Sicherheitsrisiken oder potenzielle Gesetzeskonflikte), das Projekt in der jetzigen Form nicht (weiter)zumachen?

Wir wollen uns diese Blöcke mal etwas genauer ansehen und deren Anwendung im Kontext einer Projektfreigabe verstehen. Dabei wollen wir auch Tipps und Tricks geben, wie man gängige Fehler vermeidet und sein Projekt bestmöglich genehmigt bekommt. Im Projektsteckbrief beziehungsweise -antrag (siehe Kapitel 18.1 Projektmanagement) müssen all diese Kriterien gewürdigt werden durch einen Freigabevermerk der jeweiligen verantwortlichen Stelle (zum Beispiel Controlling für Kostensicht, Datenschutzbeauftragter für Compliance mit der DSGVO, Betriebsrat für Compliance mit dem Betriebsverfassungsgesetz oder IKT-Risikokontrollfunktion für Compliance mit den Anforderungen von DORA).

11.2.1 Kaufmännische Kriterien

Die kaufmännischen Kriterien werden gebündelt im sogenannten Business Case. Ein Business Case ist das zentrale Dokument zur Rechtfertigung von größeren Investitionen oder Projekten. Er zeigt auf, welchen Vorteil das Unternehmen von der Durchführung des beantragten Projekts hat. Dazu muss aufgezeigt werden, was im Verlauf des Projekts investiert werden soll und welche Kosten in der Zeit nach Projektende, also beim Einsatz des Projektergebnisses, entstehen werden. Hier gilt es, umfassend alle Kostenpositionen auf Basis des aktuellen Wissens einzuschätzen und diese Einschätzung im Projektverlauf zu härten. Im Ideenstadium reichen sehr grobe Expertenschätzungen oder Vergleichswerte mit anderen Unternehmen aus. Im Stadium des Projektstarts müssen verlässliche Werte mit geringer Varianz auf dem Tisch liegen, denn ab jetzt werden potenziell bilanzkritische Kosten generiert.

Gängige Kostenpositionen sind:

- Externe Dienstleistung im Projekt (Projektmanager, Entwickler, Berater)
- Interne Projektmitarbeiter (mit einem durchschnittlichen Verrechnungssatz aus Lohn- und Lohnnebenkosten bewertet – zum Beispiel 700 € pro Tag; damit begegnet man einer unschönen Haltung bezüglich des Einsatzes von internen Mitarbeitern, den Eh-da-Kosten)
- Intern verrechnete Kosten (zum Beispiel aus der Notwendigkeit, andere IT-Systeme anzupassen, damit das neue System in Betrieb gehen kann)
- Hardware oder IT-Betriebs-Services, die bereitgestellt werden müssen (Leitungskapazität, Kapazitäten virtueller Server)
- Software-Lizenzen (Kauf oder jährliche Nutzung)
- Betreuung und Nutzung der Software über die Jahre hinweg (Support, Training)

Daraus ergibt sich eine Darstellung der Kosten im Zeitverlauf des Projekts und in der Zeit der Nutzung – die Total-Costs-of-Ownership (TCO).

Der Nutzen, der sich aus dem Projekt ergibt, muss dagegengestellt werden. In der Regel kommt ein positiver „Return on Invest" erst weit nach Projektende. Der Nutzen eines Projekts kann sich vielfältig einstellen. Hier ein paar Beispiele:

- Erzielung von Mehr-Umsatz (zum Beispiel durch Einsatz eines CRM-Tools, mit dessen Hilfe die Kundenansprache optimiert wird – eventuell auf Basis einer Marktstudie)
- Vermeidung von rechtlichen Problemen durch Sicherstellen von Compliance mit Gesetzen und Verordnungen (zum Beispiel Erfüllung von Vorgaben der Regulatorik). Diese Must-have-Projekte sind in der Regel alternativlos, kosten viel Geld und der Nutzen ist ersparter Ärger für den Vorstand. Dieser Punkt führt in der Regel dazu, dass nicht das „Ob" diskutiert wird, sondern die Frage, „Wie umfassend" und „Wie schnell" die Compliance-Ziele erreicht werden können.
- Einsparen von Personalkosten durch Tool-gestützte Kundenbetreuung im Service oder Tool-gestützte Schadensbearbeitung. Beliebte Argumente sind hier „vermiedene Kosten", wie zum Beispiel „wenn ich das Projekt nicht bekomme, muss ich x Leute einstellen". Das ist gefährlich, denn vor Nutzung dieser Argumentation muss der Personalbedarf nachgewiesen und genehmigt sein.
- Kosteneinsparung durch Ablösung von bestehender, wartungsintensiver Infrastruktur.
- Nicht-monetärer Nutzen, wie zum Beispiel gesteigerte Kunden-Zufriedenheit, gesteigerte Mitarbeiter-Zufriedenheit, Erhöhung des Marktwertes oder verbessertes Image des Unternehmens
- Nutzen durch Verminderung von Risiken aus dem Unternehmens-Risikoregister (gegebenenfalls sogar ORSA-relevant). In diesem Fall wäre das Projekt eine Maßnahme zur Verminderung eines dokumentierten Unternehmensrisikos (zum Beispiel Risiko aus Cyberangriff), das bei Eintritt des Risikos mit einem Schadenswert in Euro bewertet ist. In diesem Fall wäre der vermiedene Schaden gleich dem Projektnutzen.

  Wenn ein Projekt stark technik-lastig ist, fällt es manchmal schwer, einen direkten kommerziellen Nutzen aufzuzeigen. In solchen Fällen empfiehlt es sich, überschaubare Mittel für einen sogenannten Proof-of-Concept (PoC) zu beantragen, um danach der Geschäftsleitung anhand einer indirekten Nutzenargumentation das eigentliche Projekt schmackhaft zu machen. Einige gute Gründe für technik-lastige Projekte sind:

- Beseitigung technischer Schulden. Das sind Unzulänglichkeiten im Code der Software, die typischerweise entstehen, wenn Anpassungen an der Software durch die IT unter Zeit- und Kostendruck seitens internem Auftraggeber unsauber durchgeführt werden („Spaghetticode"). Im Verlauf der Jahre kann das die Wartbarkeit und innere Sicherheit der Software dramatisch verschlechtern, sodass die Risiken innerhalb der Software zunehmen. Es gibt Tools zur statischen Codeanalyse, die so etwas erkennen können. Der Abbau von technischen Schulden kostet viel, bringt im Moment gar nichts, ist aber ein gutes Invest in die Zukunft.

- Nutzung moderner Entwicklungstechniken wie Low-Code-Programmierung, die zum Beispiel durch visuelle Applikationsdesign-Werkzeuge oder grafische Modellierungsverfahren den Entwicklungsaufwand dramatisch senken kann.
- Nutzung moderner Testtools, um die agile Weiterentwicklung der Systeme durch beschleunigtes oder gar automatisiertes Testen zu unterstützen.

11.2.2 Unternehmensstrategische Kriterien

Dieses Kriterium ist sehr generisch und bezieht sich auf die strategischen Anteile der Entscheidungsfindung. Grundsätzlich sollte jedes Projekt auf die Unternehmensstrategie einzahlen. Wie dies erfolgt, muss im Projektantrag dokumentiert sein. Idealerweise ist das Projekt bereits Teil der Projektroadmap auf dem Weg zum strategischen Zielbild des Unternehmens. So wird sich zum Beispiel ein Projekt zur Einführung oder zum Ausbau eines CRM-Systems in der Regel immer in der Vertriebsstrategie wiederfinden.

Wichtig ist auch die Frage, wie das Projekt auf die Reputation des Unternehmens wirken könnte. So könnte zum Beispiel eine KI-gestützte schnelle Schadensbearbeitung dem Unternehmen ein fortschrittliches Image geben, die Kundenzufriedenheit durch schnelle Reaktion deutlich verbessern und die Mitarbeitenden von Routinetätigkeiten entlasten. Ein KI-Projekt, das krachend gescheitert ist, weil unglückliche Entscheidungen der KI in die Presse geraten sind, wird die gegenteilige Wirkung mit mehrfachem Hebel haben. Also aufgepasst.

Ein Projekt könnte, auch wenn es bereits angelaufen ist, bei einer Gate-Entscheidung depriorisiert werden müssen, weil es entweder durch eine Entwicklung am Markt seinen Business Case verloren hat oder aber weil andere Themen höhere Priorität erhalten haben und die Kapazitäten fokussiert werden müssen. Dies kann auch durch die aktuelle geschäftliche Situation bedingt sein. Wenn die Zahlen schlecht sind, kann der Vorstand seinen Stakeholdern nur schwer Projekte verkaufen, die keinen guten Business Case haben.

Aber auch die IT-Strategie muss beachtet werden. So sollte sich die einzuführende Software in das strategische IT-Zielbild einfügen. Hier kommen viele Dimensionen in Betracht:

- Ziel-Fertigungstiefe der IT, sprich der geplante Leistungsanteil interner Mitarbeiter an der Gesamtleistung. Die Fertigungstiefe ist in der Regel unterschiedlich über die verschiedenen IT-Rollen hinweg – Architektur, Support, Entwicklung, Testen, Serverbetrieb, etc. Rollen, deren Know-how wettbewerbs- oder unternehmenskritisch ist, behält man intern (hohe Fertigungstiefe, gegebenenfalls sogar 100 %, zum Beispiel Architekten oder Providermanager). Für leicht ersetzbare Rollen ohne Wettbewerbsvorteil (Commodity, zum Beispiel Supporter) holt man sich darauf spezialisierte Dienstleister, die durch Skaleneffekte Preisvorteile schaffen können (geringe Fertigungstiefe, zum Beispiel 5 %, allerdings muss die Steuerung des Dienstleister intern sein). Das geplante Projekt muss da reinpassen. Wenn zum Beispiel die IT weitreichend alle Projekte mit eigenen Kräften machen will, kommt ein Projekt mit einem externen Software-Haus selten gut an.

- Betrieb der Lösung in der Cloud (zum Beispiel als Software as a service, SaaS) versus Betrieb on premise, also im eigenen Rechenzentrum.
- Strategie „Make versus Buy“: Soll alles individuell entsprechend den fachlichen Wünschen und gesetzlich-regulatorischen Vorgaben gefertigt werden? Oder soll Standard-Software eingesetzt werden, wobei deren Standardprozesse weitreichend genutzt und nur wettbewerbsrelevante Prozesse angepasst werden? Um eine Aktualität in Sachen Gesetze und Regulation kümmert sich dann der Hersteller der Standard-Software. Der Trend geht heute stark in Richtung Standards.
- Passt die Software zum jetzigen Zeitpunkt in die IT-Bebauungsplanung (Enterprise Architektur Management)? Wenn sie zum Beispiel das Vorhandensein von bestimmten Datenstrukturen oder API-Schnittstellen unterstellt und diese erst im Rahmen der IT-Bebauung in ein paar Jahren geplant sind, wäre das Projekt zum heutigen Zeitpunkt verrückt.
- Ist das Projekt aktuell überhaupt machbar? Passt das Projekt in die Ressourcenplanung und die Skillverfügbarkeit der IT-Organisation? Diesen Punkt kann man gegebenenfalls durch den übergangsweisen Einsatz externer Kräfte kompensieren, das darf aber nicht zu Know-how-Monopolen bei externen Dienstleistern führen. Besser ist es, in Abstimmung mit der IT und deren IT-Strategie solche Dinge langfristig zu planen und entweder eigene Mitarbeiter aufzubauen beziehungsweise zu entwickeln oder aber internes Know-how in der Steuerung solcher Dienstleister aufzubauen – je nach Zielfertigungstiefe.

11.2.3 Gesetzliche Kriterien

Bis hierher haben wir uns befasst mit finanziellen, fachlichen, technischen und unternehmensstrategischen Gründen, ein Projekt durchzuführen oder aber es zu stoppen. Auf dem Weg zur „Projektfreigabe“, kann sich aber noch die eine oder andere böse Überraschung aus gesetzlichen oder regulatorischen Vorgaben ergeben, wenn diese nicht frühzeitig berücksichtigt wurden. Hier hat sich in den letzten Jahren zum Leidwesen der Finanz- und Versicherungsbranche auf europäischer und nationaler Ebene sehr viel getan – nicht aus Willkür (weil etwa ein Regulierer, der nicht reguliert, kritisch hinterfragt werden könnte), sondern auf Grund von neuen Bedrohungslagen. Die wichtigsten Themenfelder sind:

- Der EU AI Act vom 12. Juli 2024 mit inkrementellem Einsetzen der Gültigkeit seit dem 2. Februar 2025
- Der EU Digital Operational Resilience Act (DORA) vom 14. Dezember 2022 gültig seit dem 17. Januar 2025. Gleichzeitig wurden die nationalen Versicherungsaufsichtlichen Anforderungen an die IT (VAIT) vom 2. Juli 2018, die seit dem 3. März 2022 gültig waren, wegen starker Überschneidung außer Kraft gesetzt.
- Die EU Datenschutz-Grundverordnung (DSGVO) ist seit dem 25. Mai 2016 verbindlich gültig. Es gab zum Glück ein zweijährige Übergangsfrist, um den nationalen Behörden und Unternehmen Zeit zur Umsetzung zu geben.
- Die Einführung neuer IT-Systeme fällt unter § 87 Abs. 1 Nr. 6 Betriebsverfassungsgesetz (BetrVG) und damit unter das Mitbestimmungsrecht des Betriebsrats.
- Die Ausgliederung von Versicherungstätigkeiten (auch IT) ist im Versicherungsaufsichtsgesetz (VAG) geregelt, insbesondere durch § 32 VAG.
- Das Barrierefreiheitsstärkungsgesetz (BFSG) ist seit 28. Juni 2025 gültig. Es setzt die europäische Richtlinie zur Barrierefreiheit (European Accessibility Act, EAA) von Juni 2019 um.

Die einzelnen gesetzlichen Vorgaben sind im Detail in den einschlägigen Dokumenten nachlesbar. Die hierfür Verantwortlichen (Compliance-Schlüsselfunktion, Datenschutzbeauftragter, IKT-Risikokontrollfunktion, Betriebsrat etc.) sollten das auch gut kennen, denn sie geben am Ende die Freigabe für ein Projekt. Für die Bewertung, ob das eine oder andere Gesetz für den Projektantrag relevant sein könnte, soll uns daher eine kurze Übersicht ausreichen.

Der EU AI Act

Der EU AI Act reguliert seit Februar 2025 den Einsatz von Künstlicher Intelligenz (KI) in der EU, indem er KI-Systeme in vier Risikoklassen (niedrig, begrenzt, hoch und inakzeptabel) unterteilt. Je höher das Risiko, desto strenger sind die Anforderungen. Systeme aus der höchsten Risikoklasse sind verboten, da sie Grundrechte verletzen könnten (Beispiele sind Social Scoring und manipulative Techniken). Systeme in Risikoklasse „hoch" unterliegen strengen Anforderungen, da sie Gesundheit, Sicherheit oder Grundrechte beeinträchtigen können. Dazu gehören etwa biometrische Identifikationssysteme und KI in kritischen Infrastrukturen. Systeme mit begrenztem Risiko müssen Transparenzpflichten erfüllen und die Nutzer über den Einsatz von KI informieren. Hierunter fallen KI-Chat-Bots oder der Einsatz von ChatGPT-basierten Systemen. Hier eine kurze Übersicht der wesentlichen Anforderungen an das Versicherungsunternehmen:

- **Pflicht zum Aufbau von KI-Kompetenz:** Unternehmen und Organisationen, die KI-Systeme nutzen, müssen ab sofort sicherstellen, dass ihre Mitarbeiter über ausreichende Kenntnisse im Umgang mit KI verfügen. Die Schulungen umfassen dabei technische Grundlagen, rechtliche Rahmenbedingungen sowie ethische Überlegungen.
- **Transparenzpflichten:** KI-Systeme müssen transparent gestaltet sein. Dies umfasst die Kennzeichnung von KI-generierten Inhalten und die Offenlegung der Funktionsweise.
- **Sicherheitsanforderungen:** Hochrisiko-KI-Systeme, wie solche in der kritischen Infrastruktur oder im Gesundheitswesen, müssen strenge Sicherheitsanforderungen erfüllen, um zugelassen zu werden.

Zusammenfassend kann man sagen, dass die Beachtung der Risikoklassen bei der Entscheidung, **ob** ein Projekt durchgeführt werden darf, zwingend ist. Wenn es dann durchgeführt wird, erhöht der EU AI Act den Projektaufwand durch Transparenzpflichten. Wichtig ist, die KI in Zeiten des Fachkräftemangels als riesige Chance zu sehen. Eine Verweigerungshaltung oder gar der Glaube, dass dieser Sturm der nächsten industriellen Revolution wieder vorüberzieht, dürfte ähnlich sinnvoll sein, wie das Festhalten an Pferdekutschen in Zeiten der ersten Autos.

Der EU Digital Operational Resilience Act (DORA)

Der EU Digital Operational Resilience Act (DORA) vom 14. Dezember 2022 ist seit dem 17. Januar 2025 gültig. Gleichzeitig wurden die nationalen Versicherungsaufsichtlichen Anforderungen an die IT (VAIT), die seit dem 3. März 2022 gültig waren, wegen starker Überschneidung außer Kraft gesetzt. Von dem hierdurch angerichteten Unsicherheitschaos profitierten primär die einschlägigen Beratungsunternehmen. Viele der Vorgaben von DORA werden aus unsicherheitsgetriebener Angst und gefährlichem Halbwissen der handelnden Akteure übertrieben scharf umgesetzt. Es ist wichtig, die Hintergründe und Ziele von DORA wirklich zu verstehen. Dann kann man auch gezielt im Sinne der Proportionalität ein Risiko für eine begrenzte Zeit mit Bedacht akzeptieren.

DORA zielt darauf ab, die digitale Resilienz im Finanzsektor zu stärken und sicherzustellen, dass Finanzunternehmen ihre IT-Systeme und digitalen Prozesse vor Cyber-Bedrohungen schützen können. Hier sind die wichtigsten Elemente von DORA:

- **IKT-Risikomanagement:** Finanzunternehmen müssen umfassende Maßnahmen zum Management von Informations- und Kommunikationstechnologie-Risiken implementieren. Diese beinhalten die Erkennung, Bewertung, Steuerung und Minderung von Risiken. Eine umfassende Risikoprüfung der eingesetzten Dienstleister gehört dazu und muss Teil der Projektfreigabe sein. Verantwortlich hierfür sind der ISB oder die IKT-Risikokontrollfunktion.

- **Management von Drittanbietern:** DORA legt Anforderungen für die Bewertung und Beauftragung von IKT-Dienstleistern fest. Gemäß Art. 3 Abs. 1 Nr. 21 DORA sind IKT-Dienstleistungen digitale Dienste und Datendienste, die über IKT-Systeme einem oder mehreren internen oder externen Nutzern dauerhaft bereitgestellt werden, einschließlich Hardware als Dienstleistung und Hardwaredienstleistungen. Darunter fällt fast alles, was IT-Dienstleistung erbringt (Software-Entwicklung, Hardware-Bereitstellung, Cloud-Services) – lediglich bei reiner Beratungsleistung muss man genauer hinschauen, ob sie wirklich obiger Definition genügt. Für IT-Projekte bedeutet das, dass praktisch alle IT-Dienstleister und Software-Lieferanten (zum Beispiel der Anbieter eines CRM-Systems) einer detaillierten Risikoüberprüfung unterzogen werden müssen. Für die Verträge gelten Mindestvertragsinhalte, die durch die BaFin vorgegeben werden und die Steuerung der Dienstleister muss gewissen Mindeststandards genügen. Falls der Dienstleister eine kritisch-wichtige Funktion des Versicherungsunternehmens unterstützt (Kriterien: kommerziell, regulatorisch oder Reputation), gelten verschärfte Vorgaben an Vertrag und Steuerung.
- **Berichtswesen und Compliance-Monitoring:** Finanzunternehmen müssen Verfahren zur Verwaltung, Klassifizierung und Berichterstattung von IKT-Vorfällen einführen. Dies umfasst klare Leitlinien für die Meldung und Benachrichtigung bei größeren Ereignissen. Projekte, die neue IT-Verfahren einführen, erweitern natürlich auch das Spektrum für potenziell meldepflichtige Ereignisse.
- **Digitale betriebliche Resilienztests:** Finanzunternehmen müssen regelmäßige Resilienztests durchführen, um ihre Schutzmaßnahmen und Reaktionsmöglichkeiten zu validieren. Dazu gehören fortgeschrittene Simulationen realer Angriffe. Projekte, die neue Angriffsflächen schaffen, müssen in diese Simulationen aufgenommen werden.

DORA gibt den Versicherungsunternehmen einen verpflichtenden Rahmen für das IKT-Risikomanagement – von Informationssicherheitsrisiken über den Umgang mit IKT-Dienstleistern und die Meldung von kritischen Ereignissen bis hin zur Absicherung der IT-Verfügbarkeit durch entsprechende Tests. Das alles ist für die IT-Abteilungen einerseits extrem mühsam und in kleinen Unternehmen kaum 100 % zu schaffen. Es bringt jedoch andererseits hohen Druck auf die Geschäftsleitung, sodass IT-Sicherheitsthemen deutlich präsenter werden und die IT-Organisation die notwendigen Budgets quasi per Gesetz erhält. Für die Verantwortlichen von Projekten bedeutet DORA, dass Dienstleister und Lösungs-Anbieter mit hohem Aufwand überprüft werden müssen und später im Projektverlauf sehr aufwändig kontrahiert und gesteuert werden müssen. DORA ist also Segen und Fluch zugleich. Sobald der Umgang mit DORA etwas weniger aufgeregt erfolgt und zur Routine geworden ist, wird DORA seinen Nutzen – ebenso wie davor VAIT – voll entfalten.

Die EU Datenschutz-Grundverordnung (DSGVO)

Die Datenschutz-Grundverordnung (DSGVO) stellt eine Reihe von Anforderungen an IT-Projekte, um den Schutz personenbezogener Daten zu gewährleisten. Es geht um den Schutz sensibler Kunden- oder Mitarbeiterdaten. Versicherer verarbeiten Informationen, die oft intime Einblicke in das Privatleben der Versicherten gewähren, wie Gesundheitsdaten, finanzielle Details und persönliche Identifikationsmerkmale. Hierbei kommt neben der Einhaltung gesetzlicher Vorgaben wie der Datenschutz-Grundverordnung (DSGVO) auch dem Prinzip der Datensouveränität große Bedeutung zu. Es gilt, die Daten nicht nur sicher zu speichern, sondern auch sicherzustellen, dass sie ausschließlich zu den klar definierten Zwecken verwendet werden. Technische Maßnahmen wie Verschlüsselung und regelmäßige Sicherheitsupdates müssen mit organisatorischen Maßnahmen – etwa durch transparente Datenschutzrichtlinien und regelmäßige Schulungen der Mitarbeiter – kombiniert werden. Kunden müssen jederzeit nachvollziehen können, welche Daten erhoben werden, wie diese verarbeitet und wie lange sie gespeichert bleiben. Mechanismen zur Einholung und zum Widerruf von Einwilligungen sowie zur Durchführung von Löschaufträgen sollten intuitiv und einfach zugänglich gestaltet sein. Unternehmen müssen nachweisen können, dass sie die DSGVO-Anforderungen erfüllen. Dies umfasst die Dokumentation aller Datenschutzmaßnahmen und -prozesse.

Es handelt sich hier um einen hochsensiblen Themenbereich, der erfordert, dass der Datenschutzbeauftragte frühzeitig in alle IT-Vorhaben einbezogen wird. Ein Datenschutzvergehen wird fast immer öffentlich und kann die Reputation eines Unternehmens massiv beschädigen. Auf das „sicher" in „Versicherung" muss sich der Kunde auch in Bezug auf seine Daten verlassen können.

Das Betriebsverfassungsgesetz

Im Betriebsverfassungsgesetz (§ 87 Abs. 1 Nr. 6 BetrVG) ist ein Mitbestimmungsrecht des Betriebsrats bei der Einführung neuer IT-Systeme geregelt. Dies gilt insbesondere dann, wenn IT-Systeme eingeführt werden, die potenziell zur Überwachung von Leistung und Verhalten der Mitarbeiter genutzt werden können. Beispiele für solche Systeme sind: Zeiterfassungssysteme, Office-Software, CRM-Systeme oder Kernversicherungssysteme. Der Betriebsrat kann sowohl über das „Ob" der Einführung als auch über das „Wie" der Anwendung dieser Systeme mitentscheiden. Der Arbeitgeber muss den Betriebsrat daher rechtzeitig und umfassend über die geplante Einführung des neuen IT-Systems informieren. Dies umfasst Details zur Funktionsweise, den Zweck und die Auswirkungen auf die Arbeitnehmer. Bereits im Stadium „Idee" sollte daher ein neues Projekt dem Betriebsrat zur Kenntnis gebracht werden. Erst wenn diese Kenntnisnahme bestätigt ist, darf das Projekt in den Stage-Gate®-Prozess gehen. In allen Projektphasen sollte ein enger Kontakt zum Betriebsrat gepflegt werden zur Gestaltung und Anwendung des Systems. Das vermeidet späteren Ärger bei der Einführung des fertigen Systems.

Die Ausgliederung von Versicherungstätigkeiten

Eine Ausgliederung im Sinne des Versicherungsaufsichtsgesetzes ist die Übertragung von Funktionen oder Versicherungstätigkeiten eines Versicherungsunternehmens auf externe Dienstleister. Eine wichtige Ausgliederung bezieht sich auf Funktionen und Prozesse zur ordnungsgemäßen Geschäftsführung und zur Einhaltung aufsichtsrechtlicher Vorschriften.

■ **BEISPIELE FÜR WICHTIGE IT-AUSGLIEDERUNGEN:**
Cloud-Dienste wie Microsoft365, ein CRM- oder ein Kernversicherungssystem, IT-Sicherheitsdienste wie Firewalls oder Intrusion Detection Systeme, Vergabe von Entwicklung und Wartung von Versicherungssoftware an spezialisierte IT-Dienstleister, Datenverarbeitungs- und Datenanalyseaufgaben oder zentrale IT-Infrastruktur. ■

Solche Ausgliederungen sind entscheidend für die Effizienz und Sicherheit der IT-Systeme in Versicherungsunternehmen und sind daher den strengen Anforderungen des Versicherungsaufsichtsgesetzes unterworfen.

Bei IT-Projekten in der Versicherungsbranche gibt es mehrere wichtige Aspekte:

- **Anzeigepflicht:** Versicherungsunternehmen müssen die Absicht, wichtige Funktionen oder Versicherungstätigkeiten auszugliedern, unverzüglich der BaFin anzeigen. Dies umfasst die Vorlage des Vertragsentwurfs und detaillierte Informationen zur Ausgliederung. Darüber hinaus müssen Vollzug, wesentliche Änderungen und schwerwiegende Vorfälle im Ausgliederungskontext gemeldet werden. Hier gibt es eine Überschneidung mit der neuen Meldepflicht von IKT-Dienstleistung gemäß DORA über das sogenannte IKT-Informationsregister, wobei vorerst noch das VAG vorgeltend ist.
- **Schriftliche Leitlinien:** Für ausgegliederte Funktionen und Versicherungstätigkeiten müssen schriftliche Leitlinien beschlossen werden, um die Einhaltung aller aufsichtsrechtlichen Vorschriften sicherzustellen.
- **Ausgliederungsbeauftragter:** Es muss ein Ausgliederungsbeauftragter benannt werden, der die Ausgliederung überwacht.
- **Letztverantwortung:** Die Geschäftsleitung bleibt letztverantwortlich für die ausgegliederte Funktion oder Versicherungstätigkeit und kann diese Verantwortung nicht delegieren.
- **Risikoanalyse und Auswahl des Dienstleisters:** Eine gründliche Risikoanalyse und sorgfältige Auswahl des Dienstleisters sind erforderlich, um sicherzustellen, dass die ausgegliederten Aufgaben ordnungsgemäß ausgeführt werden.

- **Inhalt von Outsourcing-Verträgen:** Die Verträge müssen klare Regelungen zur Erfüllung der aufsichtsrechtlichen Anforderungen enthalten.

Diese Punkte helfen sicherzustellen, dass die IT-Projekte im Haus den gesetzlichen Anforderungen entsprechen und die Risiken minimiert werden.

Das Barrierefreiheitsstärkungsgesetz (BFSG)

Das Barrierefreiheitsstärkungsgesetz (BFSG) gilt seit Juni 2025 und legt den Schwerpunkt darauf, dass digitale Anwendungen und Applikationen so gestaltet werden, dass sie für alle Nutzergruppen unabhängig von möglichen Einschränkungen uneingeschränkt zugänglich und nutzbar sind. Bei der Einführung neuer Applikationen müssen einige Aspekte beachtet werden:

Die Applikationen müssen den international anerkannten Richtlinien zur Barrierefreiheit entsprechen. Dort werden Anforderungen definiert, wie Inhalte zu gestalten sind, dass sie zum Beispiel für Menschen mit Seh-, Hör- oder motorischen Einschränkungen zugänglich sind.

Ein weiterer wichtiger Punkt betrifft die technische Umsetzung:

- **Kompatibilität mit assistiven Technologien** wie Screenreadern, Spracherkennungssoftware und anderen Hilfstechnologien.
- **Navigation und Bedienbarkeit:** Es muss sichergestellt sein, dass sämtliche Funktionen auch rein über die Tastatur (ohne Maus) erreichbar sind.
- **Textalternativen und visuelle Gestaltung:** Bilder und multimediale Inhalte müssen mit aussagekräftigen Alternativtexten versehen sein, die den Inhalt beschreiben. Auch der Kontrast zwischen Text und Hintergrund sollte ausreichend hoch sein, um die Lesbarkeit zu gewährleisten.
- **Interaktive Elemente und Feedback:** Formulare und andere interaktive Elemente müssen so gestaltet werden, dass sie auch von Menschen mit eingeschränkten motorischen Fähigkeiten problemlos bedient werden können. Hierzu gehört auch, dass Fehlermeldungen und Hinweise eindeutig und verständlich kommuniziert werden.

Darüber hinaus ist es wichtig, dass der Entwicklungsprozess von Beginn an unter dem Gesichtspunkt der Barrierefreiheit konzipiert wird. Das bedeutet, dass bereits in der Planungsphase potenzielle Barrieren identifiziert und durch entsprechende Maßnahmen adressiert werden. Eine regelmäßige Überprüfung durch interne Tests sowie externe Zertifizierungen oder Usability-Tests mit Nutzergruppen, die unterschiedliche Bedürfnisse repräsentieren, stellen sicher, dass die Applikationen den Anforderungen des BFSG auch langfristig gerecht werden. Hierzu sollte auch ein Prozess für Rückmeldung und kontinuierliche Verbesserung etabliert werden. Nutzerfeedback, insbesondere von Menschen mit Behinderungen, bietet wertvolle Hinweise darauf, wo noch Anpassungen notwendig sind. Die Implementierung eines solchen Feedback-Mechanismus und die regelmäßige Überprüfung der Applikationen helfen dabei, den gesetzlichen Vorgaben nicht nur zum Zeitpunkt der Einführung, sondern auch im laufenden Betrieb gerecht zu werden.

Insgesamt fordert das BFSG einen ganzheitlichen Ansatz, bei dem Barrierefreiheit nicht als nachträgliche Ergänzung, sondern als integraler Bestandteil der gesamten Applikation betrachtet wird.

11.2.4 Ethische Kriterien

Im Zuge der fortschreitenden Digitalisierung und der steigenden Komplexität von Softwarelösungen müssen zunehmend ethische Fragestellungen betrachtet werden. Dabei spielen folgende Aspekte die wichtigsten Rollen:

- Fairness und Transparenz
- Verantwortlichkeit
- Zugänglichkeit
- Nachhaltigkeit
- Einordnung ins Wertesystem des Unternehmens und Umgang mit dem ethischen Dilemma

Daraus ergibt sich eine Vielzahl von Herausforderungen, die es im Entwicklungsprozess und bei der Anwendung digitaler Technologien zu berücksichtigen gilt.

Die Fairness der eingesetzten Algorithmen ist ein zentrales Thema. In der Entwicklung von KI-gestützten Anwendungen, beispielsweise für Vorqualifizierung von CVs, Risikobewertungen, Tarifberechnungen oder Schadensregulierungen, besteht die Gefahr, dass Vorurteile und systematische Verzerrungen in den Datensätzen unreflektiert übernommen werden. Um dies zu vermeiden, ist es notwendig, die Datenquellen kritisch zu hinterfragen und kontinuierlich zu prüfen, ob die eingesetzten Modelle bestimmte Bevölkerungsgruppen systematisch benachteiligen. Dabei kann der Einsatz von Methoden zur Bias-Detektion und -Korrektur helfen, die Objektivität der Entscheidungsfindung zu erhöhen. Ergänzend dazu sollte die Transparenz der Algorithmen verbessert werden, sodass nicht nur Entwickler, sondern auch unabhängige Prüfinstanzen und gegebenenfalls die betroffenen Kunden Einblick in die Funktionsweise der Systeme erhalten. Die Offenlegung von nachvollziehbaren Entscheidungsbäumen kann dazu beitragen, das Vertrauen in automatisierte Systeme zu erhöhen und Missverständnisse oder gar Fehlinterpretationen zu vermeiden. Dieses Thema ist inzwischen durch die EU gesetzlich geregelt (siehe auch Abschnitt 11.2.3 Der EU AI Act).

Die Zuweisung von Verantwortung und Haftung bildet einen weiteren zentralen Pfeiler ethischer Überlegungen. Bei der Nutzung von Softwarelösungen stellt sich oft die

Frage, wer im Falle von Fehlentscheidungen oder unerwarteten Systemausfällen die Verantwortung trägt – ob dies bei den Entwicklern, den Betreibern oder den Endanwendern liegt. Eine klare und transparente Festlegung von Verantwortlichkeiten, die bereits in der Entwicklungsphase durch entsprechende vertragliche Regelungen und interne Richtlinien festgelegt wird, ist hier unerlässlich. Darüber hinaus ist es ratsam, im Rahmen des sogenannten „human in the loop"-Prinzips sicherzustellen, dass kritische Entscheidungen nicht vollständig automatisiert getroffen werden, sondern stets eine menschliche Überprüfung erfolgen kann. Diese Vorgehensweise hilft nicht nur, mögliche Fehler frühzeitig zu identifizieren und zu korrigieren, sondern stärkt auch das Vertrauen der Kunden in den Entscheidungsprozess.

Ein weiterer wichtiger Aspekt ist die Zugänglichkeit digitaler Lösungen. Versicherungsunternehmen müssen sicherstellen, dass ihre Software nicht nur technologisch fortschrittlich, sondern auch inklusiv gestaltet ist. Dies bedeutet, dass digitale Anwendungen barrierefrei sein müssen, sodass auch Menschen mit körperlichen oder kognitiven Einschränkungen, ältere Personen oder technisch weniger versierte Nutzer problemlos darauf zugreifen können. Hierzu zählen auch benutzerfreundliche Interfaces, intuitive Navigation sowie alternative Kommunikationswege, etwa für jene, die persönliche Beratung bevorzugen. Gleichzeitig sollten Unternehmen darauf achten, dass die zunehmende Digitalisierung nicht zu einer sozialen Spaltung führt, bei der einkommensschwächere Bevölkerungsgruppen, die auf traditionelle, persönliche Beratung angewiesen sind, abgehängt werden. Dieses Thema ist inzwischen durch die EU gesetzlich geregelt (siehe auch Abschnitt 11.2.3 Das Barrierefreiheitsstärkungsgesetz (BFSG)).

Nicht zuletzt rückt die Nachhaltigkeit in den Fokus. Neben der ökonomischen Effizienz und der funktionalen Leistungsfähigkeit müssen auch ökologische und langfristige gesellschaftliche Auswirkungen von Softwarelösungen bedacht werden. Die zunehmende Nutzung von Cloud-Diensten und KI-Anwendungen führt zu einem erheblichen Energieverbrauch, der unter dem Gesichtspunkt des Umweltschutzes kritisch bewertet werden muss. Eine hochkomplexe Aufgabe an ein System der generativen KI kann schon mal den Tagesenergieverbrauch einer Kleinstadt fressen. Unternehmen sind gefordert, ressourcenschonende Technologien zu implementieren und kontinuierlich an der Optimierung des Energieverbrauchs zu arbeiten.

Ergänzt wird das ethische Fundament moderner Softwarelösungen durch die Implementierung und Einhaltung interner ethischer Leitlinien. Viele Versicherer haben bereits Ethik-Boards eingerichtet, die als unabhängige Instanzen die ethischen Konsequenzen technologischer Entwicklungen überwachen und beratend zur Seite stehen. Das Konzept „Ethics by Design" stellt sicher, dass ethische Überlegungen nicht nachträglich auf Basis des Unternehmens-Wertesystems implementiert werden, sondern von Anfang an integraler Bestandteil des Entwicklungsprozesses sind. Dies umfasst neben technischen Aspekten auch Schulungen und Sensibilisierungsmaßnahmen zu ethischen Fragestellungen.

Last but not least ist es sehr nützlich, sich eingehend mit dem sogenannten ethischen Dilemma zu befassen. Es handelt sich um eine Situation, in der man sich zwischen dem erzielbaren Nutzen (für Unternehmen, Mitarbeiter und Kunden) und den daraus entstehenden ethischen Risiken entscheiden muss. Hier ein paar Beispiele für ein ethisches Dilemma in IT-Projekten eines Versicherungsunternehmens:

■ BEISPIELE

- **Datenschutz und Privatsphäre:** Speicherung großer Mengen an persönlichen Daten. Ein ethisches Dilemma entsteht, wenn es darum geht, wie diese Daten verwendet und geschützt werden. Sollten Daten für Marketingzwecke genutzt werden, auch wenn dies die Privatsphäre der Kunden beeinträchtigen könnte?
- **Algorithmische Fairness:** Verwendung von Algorithmen zur Risikobewertung. Dies ist gut für Unternehmen und Kunden. Ein Dilemma kann entstehen, wenn diese Algorithmen unbewusst diskriminierende Muster enthalten, die bestimmte Gruppen benachteiligen.
- **Automatisierung und Arbeitsplatzverlust:** Die Einführung von IT-/KI-Systemen kann zur Automatisierung von Prozessen führen, wodurch möglicherweise Arbeitsplätze gefährdet werden. Ein ethisches Dilemma besteht in der Entscheidung zwischen Nutzen für Unternehmen und dessen Mitarbeiter versus Risiken für einzelne Mitarbeiter. ■

Zusammenfassung
Erfolgreiche Projektsteuerung setzt voraus, dass durchgängig über alle Projektphasen hinweg die relevanten Entscheidungskriterien bewertet werden – zu Beginn des Projekts auf Basis von Annahmen und groben Anforderungen – kurz vor Umsetzung und Inbetriebnahme mit höchster Sorgfalt. Mit dieser Systematik wird sichergestellt, dass das Projekt aus unternehmerischer Sicht erfolgreich wird und gleichzeitig sich nicht zu einem Risiko für die Geschäftsleitung wegen Verletzung wichtiger gesetzlicher, regulatorischer oder ethischer Anforderungen entwickelt.

11.3 Der Stage-Gate®-Prozess bei der Proximus Versicherung AG

Max und Lisa waren nach diesen Ausführungen ziemlich erschlagen und konnten sich nicht vorstellen, dass jedes Projekt, kleine und große, gleichermaßen durch so einen aufwändigen Steuerungs- und Entscheidungsmechanismus getragen werden muss. Beide waren etwas beunruhigt bei der Vorstellung, das alles jetzt den Kollegen vom Vertrieb erklären zu müssen. Internes Consulting soll ja die Dinge ermöglichen und nicht verhindern.

Teilweise kann sie der Leiter des PMO beruhigen: Da uns der organisatorisch-prozessuale Reifegrad fehlte, haben wir uns entschieden, nicht gleich in die Vollen zu gehen, sondern nach und nach, also evolutionär die wichtigsten Stage-Gates bei uns einzuführen und zu stabilisieren. Mitarbeiter des PMO haben die Projektleiter aus dem Fachbereich an die Hand genommen und mit ihnen gemeinsam die nötigen Entscheidungsdokumente erarbeitet und die nötigen Prüfungen bei den entsprechenden Instanzen eingeholt. Dabei beobachten wir ein schwingungsähnliches Verhalten – aus dem Zustand des ungeregelten Startens von Projekten gingen wir über in ein überformales Handeln. Dies lag an der Unsicherheit der beteiligten Akteure und jeder war päpstlicher als der Papst. Als man dann bemerkte, dass der Formalaufwand teilweise den Projektaufwand überstieg, regelte sich das fast von alleine wieder runter. Heute haben wir einen sehr pragmatischen Stand, der sich in dieser Form auch in der Projektmanagement-Leitlinie wiederfindet und somit verpflichtend ist.

Es gibt folgende Gates:

Gate 1	Idee → Konzept	Die Projektidee wird freigegeben und die Erstellung eines Konzepts wird beauftragt
Gate 2	Konzept → Umsetzung	Das Konzept wird freigegeben und die Umsetzung des Projekts wird beauftragt
Gate 3	Inbetriebnahme	Die fertiggestellte Software-Lösung wird zur Inbetriebnahme freigegeben

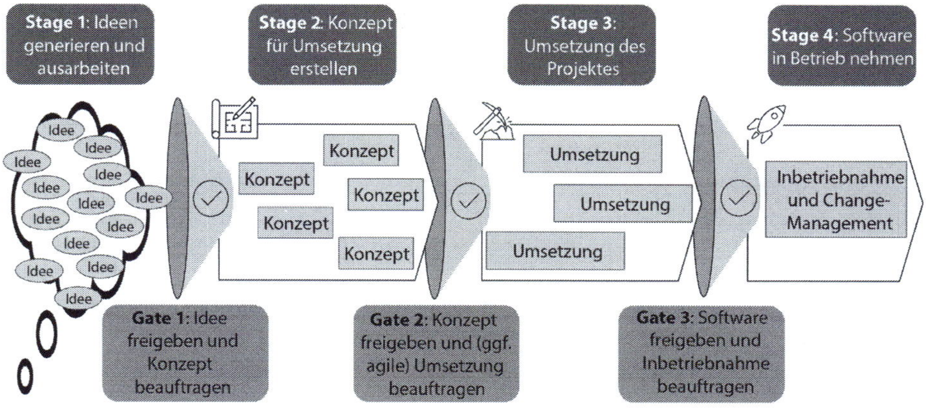

Abbildung 11.3: Stage-Gate®-Modell der Proximus Versicherung AG

Für die Beantragung von Gate-Entscheidungen gibt es Projektantragsformulare des PMO. Ein Beispiel für so einen Projektantrag findet sich im Kapitel Projektmanagement. Wir haben schnell die Erfahrung gemacht, dass wir den Grad des Formalismus proportional zur erwarteten Größe des Projekts steuern müssen, wobei sich im Begriff Größe Dimensionen wie Aufwand, Kosten, Tragweite oder Risiken wiederfinden. Es darf nicht sein, dass man für ein kleines Projekt den gleichen formalen Aufwand betreibt, wie für ein Megaprojekt zur Ablösung des Kernversicherungssystems. Damit würde man jegliche Innovation im Keim ersticken. Allerdings darf der Formalismus auch nicht ausgesetzt werden, denn ansonsten läuft man Gefahr, Projekte durchzuwinken, die sich später zu sogenannten Trojanern („erstmal klein durch die Türe und das dicke Ende kommt später") entwickeln oder das Unternehmen erheblichen finanziell-regulatorischen Risiken aussetzen.

Gesteuert wird das alles durch das PMO im Auftrag des Vorstands. Entscheidungen werden getroffen in regelmäßigen Treffen der relevanten Entscheider und Stakeholder in Form eines Projekt-Management-Boards (PMB). Es hat sich als förderlich erwiesen, die Veto-Gremien (Controlling, Datenschutz, Compliance, BR etc.) zeitig einzubinden. In solchen Meetings müssen auch immer wieder Priorisierungsentscheidungen getroffen werden. Hierzu helfen die oben erläuterten Kriterienkataloge. Bei begrenzter Kapazität kommen nur die Projekte mit hoher Priorität zum Zuge – gesetzliche Anforderungen schlagen fast alles – und dann gilt in der Regel der bessere Business Case. Es lohnt sich also, hier viel Sorgfalt reinzustecken.

Das PMO visualisiert das aktuelle Projektportfolio in den Dimensionen Laufzeit von-bis und aktuellem Stage.

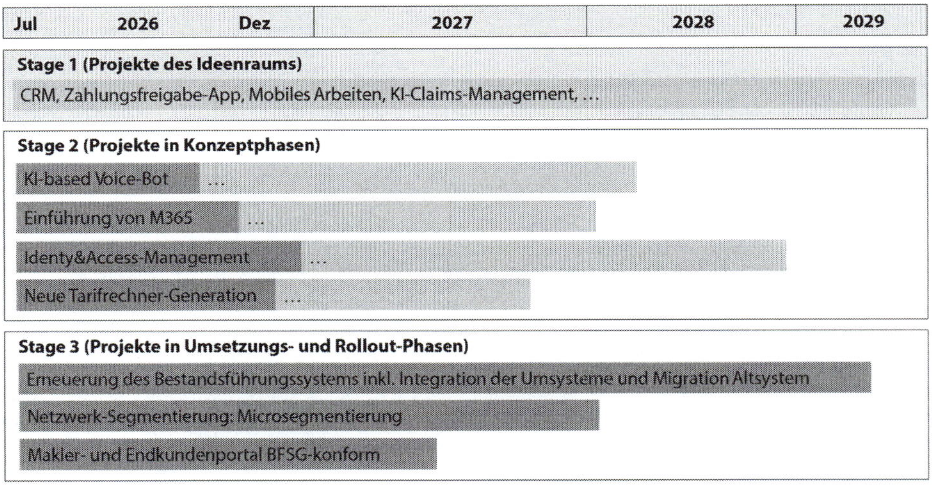

Abbildung 11.4: Die Stages in der Portfoliosicht des PMO mit Beispielprojekten

Für die Kollegen vom Vertrieb würde das im Zeitraffer also ungefähr folgendermaßen aussehen:

11.3.1 Phase „Idee"

Idee in kleinen Runden abstimmen und eine Art Projektsteckbrief entwickeln. Aus diesem sollte erkennbar sein, was man vorhat, warum man das tut und was das für das Unternehmen bedeutet. Eine erste Einschätzung der Prüffunktionen in Sachen Compliance und der Liefereinheiten (meist IT) in Sachen Machbarkeit hilft dabei sehr.

Dem Vertrieb geht es um die Einführung eines CRM-Systems. Man hat auch schon aus Gesprächen mit Vertriebskollegen anderer Versicherer, die man ja regelmäßig auf Messen oder Events trifft, ein paar Ideen bezüglich konkreter Dienstleister entwickelt und eine grobe Vorstellung bekommen, wie so ein Projekt grundsätzlich abläuft. Also bringt man erstmal alles, was man weiß, in aller Kürze zu Papier (Projektbriefing).

- Was haben wir vor? Was haben wir nicht vor? Welche Schnittstellen zu anderen Vorhaben oder Systemen wird es wahrscheinlich geben?
- Warum wollen wir das machen? Vorteile oder vermiedene Nachteile für das Unternehmen?
- Wie stellen wir uns das Projekt vor? Grober Ablauf und Verantwortlichkeiten?
- Wer sind die Stakeholder des Projektes? Wen brauchen wir? Wen müssen wir informieren?
- Welche internen und externen (Folge-)Kosten entstehen insgesamt (Härtegrad der Schätzung gering)? Welche Kosten werden für die nächste Phase beantragt?
- Was ist das Feedback der bislang Befragten (IT, Compliance, ISB, IKT-Risikokontrollfunktion, Controlling)?

Dies geschieht alles noch im Linien-Modus und noch nicht im Projekt-Modus. Am besten spricht der designierte Projektleiter des Vertriebs mit den voraussichtlichen Stakeholdern informell über die Idee. Bei diesen Gesprächen wird es wertvolles Feedback geben, das noch eingearbeitet werden sollte.

Damit ist schon ein Teil des Projektantrages ausgefüllt, der seitens PMO die Voraussetzung ist für eine Erteilung von Gate 1. Das PMO hat genügend Erfahrung, um einerseits bei der Optimierung des Projektantrages zu helfen und andererseits die Erfolgswahrscheinlichkeit des Antrags zu beurteilen. Sobald Letzteres gegeben ist, geht der Gate-1-Antrag ins nächste PMB. Dort entscheiden alle relevanten Stakeholder (bei größeren Vorhaben meist auch die Vorstände), ob das Projekt in die nächste Phase „Konzepterstellung" gehen soll. Eine Entscheidung für die Erstellung des Konzepts bedeutet gleichzeitig die Bereitstellung der hierfür erforderlichen Gelder und Kapazitäten gemäß Projektantrag.

Wenn der Vertrieb es geschafft hat, die Stakeholder zu gewinnen und die Entscheider zu überzeugen, dann startet die Phase der Konzepterstellung.

11.3.2 Phase „Konzepterstellung"

In dieser Phase werden der Projektantrag und die Antragsanlagen um alle Informationen, die nötig sind, um seriös über den Start eines Umsetzungsprojektes entscheiden zu können, erweitert.

- Ergebnis einer Soll-Ist-Analyse mit Handlungsoptionen: Nach einer Erhebung des Status Quo (zum Beispiel durch strukturierte Interviews beziehungsweise durch Sichtung der vorhandenen Prozessdokumentation in den beteiligten Einheiten Vertrieb, Marketing und Service) wird der Reifegrad der Organisation systematisiert (zum Beispiel durch ein Spinnendiagramm in den Dimensionen Strategie, Steuerung & KPIs, Produkte & Kampagnen, Analytics, Technologie & Tools, Prozesse und Organisation). Dort kann die Zielsituation in Form von Ambitionsgraden eingetragen werden, wodurch sich rein optisch das Delta ergibt, das es zu schließen gilt. Daraus leiten sich die Anforderungen an ein auszuwählendes System ab.
- Ergebnisse einer Marktstudie (Was setzen andere Versicherer in ähnlicher Situation ein? Welche Systeme gibt es am Markt, die zu uns passen?)
- Ein Anforderungskatalog in Form der wesentlichen User-Stories, die das neue System beschreiben. Bei agilen Projekten dient so eine Liste von priorisierten User-Stories gerne zum Scoping eines MVPs (minimum viable product), um mit einem minimal lauffähigen Produkt in einer ersten Iteration die grundsätzliche Korrektheit der Annahmen zu verproben, die zur Auswahl von Produkt und Dienstleister geführt haben. Sobald diese erste Stufe mit Erfolg bewältigt wurde, geht's in die nächsten Iterationen des agilen Prozesses (meist gesteuert über Scrum-Mechanismen).

  ■ **Hier ein paar Beispiele für User-Stories eines CRM-Systems:**

  - Als Servicemitarbeiter möchte ich schnell alle relevanten Informationen zum Kunden in einer umfassenden 360-Grad-Sicht sehen (unter anderem Verträge, Historie, Schäden, Interaktionen, Zahlungsverhalten), um effiziente und personalisierte Unterstützung zu bieten.
  - Als Leiter des Maklervertriebs möchte ich meine Makler in verschiedenen Dimensionen (unter anderem Bestandszuwachs, Stornoquoten, Schadensquoten) kategorisieren und clustern können, um diese gezielt über Kampagnen anzusprechen.
  - Als Kunde möchte ich meine Anfragen über verschiedene Kanäle (Telefon, E-Mail, Chat) einreichen, um meine Probleme schnell und einfach lösen können.
  - Als Produktmanager möchte ich Feedback und Anfragen von Kunden sammeln und analysieren können, um die Produkte gezielt weiterzuentwickeln.

- Als IT-Administrator möchte ich, dass das System als Cloud-Lösung mit wohldefinierten APIs bereitgestellt wird und unsere Anforderungen an Performance und Verfügbarkeit erfüllt, damit ich meine internen Service-Levels erfüllen kann.
- Als IKT-Risikokontrollfunktion möchte ich, dass der Hersteller des Systems alle technischen und vertraglichen Anforderungen von DORA erfüllt, um gegenüber der BaFin eine DORA-konforme IKT-Dienstleistung nachweisen zu können.
- Als Geschäftsleiter möchte ich ein zentrales Analyse-Dashboard haben, um alle Umsatzdaten und Kundeninformationen zu sehen und strategische Entscheidungen zu treffen. ■

- Objektive Kriterien, um nach Projektabschluss beziehungsweise im laufenden Betrieb den Erfolg des neuen Systems messen zu können.

  ■ Hier ein paar Beispiele:

  - Anwenderzufriedenheit: Messen durch Befragung und Feedback von Kunden beziehungsweise Mitarbeitenden bezüglich Anwenderfreundlichkeit und Effizienz.
  - Vertriebseffizienz: Vergleich der Verkaufszahlen vor und nach der Einführung der verschiedenen Stufen des CRM-Systems.
  - Interaktionsdauer: Messung der Zeit, die benötigt wird, um Kundenanfragen zu bearbeiten und zu lösen.
  - Kampagnenerfolg: Bewertung der Wirksamkeit von Marketingkampagnen.
  - Datenqualität: Überprüfung der Genauigkeit und Vollständigkeit der im CRM-System gespeicherten Daten.
  - Nutzung des CRM-Systems: Analyse von Häufigkeit und Art der Nutzung.
  - Kostenersparnis: Vergleich der Betriebskosten vor und nach der Einführung des CRM-Systems.
  - Umsatzwachstum: Messung des Umsatzwachstums, das dem CRM-System zuzuordnen ist.

- Umsetzungskonzepte der IT: Können bestehende Systeme erweitert werden, um diese Anforderungen zu erfüllen? Kann das neue System individuell erstellt werden (make)? Oder ist es besser, eine Standard-Software zu kaufen (buy) und anzupassen? Wie wird das alles in die bestehende Systemwelt integriert (Datei-Up-/Downloads, APIs, Integrationsplattform)? Welche Datenschnittstellen zu bestehenden Systemen werden benötigt? Ist dieses Vorhaben in der aktuellen Situation in Sachen Kapazitätsbedarf und Komplexität überhaupt machbar? Stehen andere Prio-1-Projekte an, mit denen dieses Projekt in einen unbehebbaren Konflikt geraten würde?

- Durchführung eines Request for Information (RfI), durch den die potentiellen Anbieter (Standard-Software, Beratungspartner, Entwicklungspartner) vorab über das Vorhaben informiert werden und ihre Bereitschaft für eine Beteiligung an einer späteren Ausschreibung signalisieren können.
- Präzisierung des Projektplanes und der erwarteten Kosten.
- Business Case (siehe Kapitel 11.2.1)
- Erneute Statements zu den Risikoprüfungen (unter anderem DORA, Datenschutz) auf Basis des aktuellen Wissens. Dies ist sehr wichtig, denn oft führen in der frühen Phase Annahmen bezüglich Dienstleistern oder Systemfunktionalitäten zu einem Plazet, das dann zurückgenommen werden muss, wenn zum Beispiel klar wird, dass eine ursprünglich als harmlos identifizierte Schnittstelle nach „draußen" um hochsensible Daten erweitert wurde. ■

Am Ende dieser Phase sollte das Projektteam ein klares Bild davon haben, wie das Projekt abzulaufen hat und sich diesbezüglich mit allen relevanten Stakeholdern abgestimmt haben. Dies ist im Projektantrag zu dokumentieren.

Hier hat Lisa eine Frage: Wie ist das denn mit ganz kleinen Projekten? Da kann doch der Formalaufwand am Ende fast so groß werden, wie der Aufwand für das eigentliche Projekt? Das Ergebnis wäre, dass sich keiner diese Mühe macht und somit Innovation auf der Strecke bleibt – oder?

Der Leiter des PMO lächelt und merkt an, dass genau dieser Effekt am Anfang eingetreten ist und man sich deshalb entschieden hat, den Formalismus proportional zur erwarteten Projektgröße zu bemessen. Für Kleinstvorhaben, deren Umsetzung nur wenig TEUR kostet, gibt es einen anderen Prozess. Das sind dann keine Projekte, sondern Kleinanforderungstickets (Größe S), die direkt und schnell zwischen Anforderer und Entwicklung geregelt werden (Kleinanpassungen, Fehler). Hierfür ist eine bestimmte Kapazität vorgesehen, über die auf der Ebene unterhalb der Geschäftsleitung entschieden werden kann. Projekte unterteilen wir in die Größen M (Gesamtaufwand kleiner als Betrag 1), L (Gesamtaufwand zwischen Betrag 1 und Betrag 2) sowie XL (Gesamtaufwand größer als Betrag 2). Die Beträge sind immer noch in Bewegung, bis wir da stabile und praktikable Schwellwerte gefunden haben. Die Schätzung der Projektgrößen ist ein Resultat aus Gate 1, wenngleich noch mit sehr großer Varianz. Bei Größe M gibt es einen vereinfachten Projektantrag und deutlich geringere Anforderungen in der Konzeptphase. Bei Größe L fahren wir das volle Programm. Und ab XL behalten wir uns weitere Informationsanforderungen und Genehmigungsstufen vor. Die Entscheidung trifft das PMO.

Das ist alles nachvollziehbar für Lisa. Doch jetzt hat Max eine Frage: Das hört sich alles sehr träge und wenig agil an. Ich habe mal gehört, dass man sich bei agiler Vorgehensweise nicht vorab alles überlegen muss, sondern einfach anfängt und das Zielsystem nach und nach in Zusammenarbeit zwischen IT und Fachbereich entwickelt. Wo ist denn hier die Agilität?

Auch mit diesem Einwand hat der Leiter des PMO gerechnet: Ein geregelter Prozess zur schrittweisen Freigabe der nächsten Projektphasen ist definitiv kein Widerspruch zur Agilität, sondern unterstützt die Agilität, indem Fehlentwicklungen rechtzeitig abgefangen werden. Auch für agiles Vorgehen muss man sich vorab überlegen, was man in etwa haben will und ein Dienstleister muss in etwa abschätzen, was das kostet. Ansonsten wäre das eine Lizenz zum Gelddrucken. Details der Ausgestaltung kommen dann in der Tat nach und nach im Rahmen der Umsetzung. Und somit haben wir auch die Auflösung dieses scheinbaren Dilemmas – sowohl in der Konzeptphase als auch in der Umsetzungsphase kann agil gearbeitet werden. In der Umsetzungsphase wird das zum Beispiel an der agilen Entwicklung, Freigabe und Inbetriebnahme eines MVP erkennbar. Damit verschwimmen die Phasen Umsetzung und Inbetriebnahme beziehungsweise wiederholen sich inkrementell.

Der teilweise ambivalente Ruf der Agilität ist dadurch bedingt, dass sich Anfänger im Projektgeschäft häufig mit dem Ergebnis hohen Aufwands für das Team dogmatisch hinter den agilen Ritualen verstecken, statt das Team auf maximale Effizienz zu trimmen. Die internen Auftraggeber empfinden Agilität auch oft als sehr angenehm, weil man sich vermeintlich vor dem Projekt keine Gedanken machen muss, was man wirklich will, sondern einfach mal agil startet und später seine Meinung wieder ändern kann. Das ist falsch verstandene Agilität und führt zu Projekten, die in Sachen Kosten und Zeit zur Freude mancher Dienstleister aus dem Ruder laufen. Man muss bei der Freigabe der Umsetzung dem Scope in Form der wichtigsten Epics und User-Stories einen Rahmen gegeben haben. Daraus entsteht ein Projektrahmen, innerhalb dessen dann die Agilität ihre immensen Vorteile voll ausspielen kann – unter anderem inkrementelle Entstehung des Systems, kontinuierliche enge Zusammenarbeit von Fachbereich und IT in einem interdisziplinären Team sowie Reduzierung des Risikos, dass man wochenlang in die falsche Richtung rennt ... Verbindlichkeit und Agilität passen gut zusammen, wenn man das gut steuert.

Jetzt ist auch Max zufrieden, denn der Vertrieb hat viel Gutes gehört von der agilen Vorgehensweise.

Wenn der Vertrieb es geschafft hat, die Entscheider vom Konzept zu überzeugen, dann startet die Phase der Umsetzung.

11.3.3 Phase „Umsetzung/Inbetriebnahme"

Es stehen folgende Schritte an, die bei größeren Projekten von eigens dafür ausgebildeten Projektmanagern entlang der Projektmanagement-Standards des Hauses (siehe Kapitel 18 Projektmanagement) inklusive detaillierter und gegebenenfalls agiler Anforderungserhebung gesteuert werden:

- Das Projektteam wird aufgesetzt, idealerweise in eigenen Räumlichkeiten und mit entsprechender Collaboration-Software (wie zum Beispiel JIRA für Arbeitspaketsteuerung, Confluence für Dokumentation oder MS-Teams/Sharepoint für gemeinsame Datenhaltung im Team sowie hochdynamische Interaktion) ausgestattet, um auch remote mit Dienstleistern zusammenarbeiten zu können.
- Ein PMO-Mitarbeiter erstellt mit dem Team einen verbindlichen Projektplan plus Meilensteine, gegen die man sich messen lassen muss.
- Die externen Dienstleister werden nach Durchführung eines Request for Proposal (RfP, Ausschreibung) beauftragt und geboarded.
- Sobald alle zum Starten bereit sind gibt es ein Kickoff-Meeting mit entsprechender kommunikativer Begleitung im Haus; und Los geht's entlang (agilem) Projektmanagement auf eine möglicherweise sehr lange und anstrengende Reise.
- Regelmäßige Berichterstattung an PMO beziehungsweise an das Management im PMB.

Das Projekt läuft und jetzt wird es sich zeigen, wie belastbar Konzept und Plan waren. Aber es gilt immer eine alte Projektweisheit: Es wird alles schiefgehen, was schiefgehen kann und dafür muss man sich rüsten mit angemessenen Puffern und professionellem Umgang mit den Problemen.

Sobald entweder das ganze Projekt oder aber der definierte MVP abgeschlossen sind, kommen die erforderlichen Tests – technische Tests, fachliche Abnahmetests und Tests der organisatorischen Bereitschaft. In Zeiten agiler Projektdurchführung und entsprechend häufiger Wiederholung von Testschleifen ist es sehr wichtig, das Thema Testautomatisierung zu berücksichtigen, aber das liegt meist in der IT und sollte in deren eigenem Interesse forciert werden. Nach erfolgreichem Verlauf dieser Tests steht die Inbetriebnahme-Entscheidung an.

In der Regel parallel zur Umsetzung laufen Aktivitäten des Change-Managements an. Das wird im Detail in Kapitel 7 Change-Management beschrieben und beinhaltet unter anderem Maßnahmen der Kommunikation und der Vorbereitung der späteren Nutzer auf das neue System. Dem Changemanagement ist höchste Aufmerksamkeit zu widmen, denn am Ende ist die beste Software nur so gut, wie deren Anwender. Es sind schon viele Projekte gescheitert, weil man den Ängsten und Bedürfnissen der Anwender nicht hinreichend Rechnung getragen hat.

Nicht zu vernachlässigen ist das Feiern des Erfolgs in Form einer Inbetriebnahme-Party. Viel zu oft wird monatelang mit viel Herzblut an einem Projekt gearbeitet, das dann fast geräuschlos in Betrieb geht. So eine Feier dient der Kommunikation im Haus, der Belohnung des Teams und der Motivation von Mitarbeitern, auch in Zukunft an Projekten teilzunehmen. Wichtig ist auch das „Lesen der Messe" in Form einer Lessons-Learned-Sitzung im nächsten PMB.

Wenn eine neue Software in Betrieb genommen ist, ihre Stabilisierungsphase hinter sich gebracht und die wesentlichen „Kinderkrankheiten" ausgeräumt sind, geht es ins In-Life-Management. Betrieb, Wartung und Weiterentwicklung der Software werden von der Projektorganisation in den Regelbetrieb, dem alle Applikationen der Proximus AG unterliegen, übergeben. Jede Applikation hat einen sogenannten Productowner (PO), der die wesentlichen Entscheidungen über Weiterentwicklung der Applikation und Vergabe von Berechtigungen zur Nutzung dieser Applikation trifft. Dies ist in Zeiten von DORA sehr wichtig, denn da wird neben vielem anderen gefordert, dass jede Applikation einer Analyse unterzogen wird, ob sie kritisch-wichtige Geschäftsprozesse und/oder Funktionen unterstützt. Applikation und erstellender/bereitstellender Dienstleister erben dann diese Kritikalität für das Unternehmen und müssen entsprechend technisch und vertraglich sorgfältiger behandelt werden. Darüber hinaus müssen alle Benutzerberechtigungen nach dem Prinzip der minimalen Berechtigungsvergabe und maximalen Funktionstrennung dokumentiert, zentral administriert und jährlich rezertifiziert werden. Das ist ein ziemlich mühsamer Prozess, weswegen viele Fachbereiche davon wenig wissen wollen und diese Aufgaben gerne, aber unzulässigerweise an die IT delegieren.

Nicht vergessen werden dürfen die Supporteinheiten – einerseits der Anwendersupport, der bei fachlichen Fragestellungen und Problemen zur Verfügung steht – und andererseits das Applikationsmanagement, das technische Probleme angeht und die obligatorische Weiterentwicklung des Systems verantwortet. Beides muss das Projekt in Zusammenarbeit mit der IT planen und kostenmäßig in die Gesamtkalkulation der Kosten für Entwicklung, Betrieb und Nutzung des Systems einfließen lassen.

Geplant ist in Zukunft zusätzlich ein Nachhalten des Erfolgs zum Beispiel nach einem Jahr Nutzungsdauer – man könnte das auch Investitionscontrolling nennen.

■ EINIGE PUNKTE KÖNNEN SEIN:

- **Erfüllung der Projektziele:** Haben die Ergebnisse des Projekts die ursprünglich festgelegten Ziele und Anforderungen erfüllt?
- **Nutzerzufriedenheit:** Sind die Endbenutzer mit den neuen Systemen oder Anwendungen zufrieden? Dies kann durch Umfragen oder Interviews ermittelt werden.
- **Kosten-Nutzen-Analyse:** Wurden der versprochene finanzielle Nutzen (RoI, Einsparungen, vermiedene Kosten, vermiedener Personalaufbau etc.) realisiert?
- **Leistungskennzahlen (KPIs):** Systemverfügbarkeit, Fehlerquote oder Benutzerakzeptanz.
- **Prozessverbesserungen:** Haben sich die internen Prozesse hinsichtlich Effizienz und Produktivität verbessert?
- **Nachhaltigkeit:** Ist das Projekt nachhaltig und unterstützt es langfristige Unternehmensziele?
- **Support und Wartung:** Wie gut funktioniert der Support und die Wartung der neuen Systeme? Gibt es weniger Probleme und Ausfälle? ■

Der Leiter des PMO ergänzt: Aber das steht alles noch in den Sternen, da wir schon sehr zufrieden sind, wenn die Gates davor bis hin zu Abnahme und Inbetriebnahme gut laufen. Diese Nachbetrachtung läuft aktuell noch informell und liegt dezentral in der Hand der internen Auftraggeber für das Projekt – meist beim betreffenden Ressortvorstand. Viele der Punkte sind auch extrem aufwändig und teilweise subjektiv in der Bewertung. Wir vom PMO unterstützen das nach besten Kräften und signalisieren der Geschäftsleitung im Rahmen der PMB-Meetings, wenn uns etwas auffällt. Allein das reicht schon aus, dass die Kollegen bei dem Versprechen von kreativ gerechneten Kosteneinsparungen und Umsatzsteigerungen, um das Projekt schnell genehmigt zu bekommen, etwas vorsichtiger geworden sind.

Zusammenfassung

Die Einführung neuer IT-Systeme folgt bei der Proximus Versicherung AG mit dem Stage-Gate®-Prozess einem Marktstandard, den man in einem mehrjährigen Prozess an die Bedürfnisse des Hauses angepasst und evolutionär eingeführt hat. Gesteuert wird der Prozess durch das interne PMO, das hierdurch über ein mächtiges Instrument verfügt, die Gesamtheit aller Projekte zu orchestrieren.

Die Prozessschritte in stark vereinfachter Form sind:

1. Die Projektidee mit allen relevanten Stakeholdern und Prüfinstanzen grob abstimmen und zusammen mit erwarteten Kosten sowie angestrebtem Nutzen zur Entscheidung vorlegen.

2. Wenn das Entscheidungsgremium die Idee für gut befindet, wird der Auftrag zur Ausarbeitung eines Konzepts erteilt. Dieses Konzept beschreibt das Vorhaben in allen wichtigen Dimensionen wie zum Beispiel Scope, Umsetzungsplan, Business Case und Risikoprüfungen.

3. Wenn das Entscheidungsgremium das Konzept für gut befindet, wird dem Projektteam der Auftrag zur Umsetzung erteilt – ganzheitlich oder in mehreren Stufen.

4. Wenn das Projekt oder eine der beauftragten Stufen abgeschlossen ist, alle Tests bestanden sind und die Organisation für die Inbetriebnahme vorbereitet ist, kann es losgehen.

Damit wird das Ziel verfolgt, die vorhandenen Ressourcen Mensch und Geld zu maximalem Nutzen für das Unternehmen einzusetzen. Eine sorgsame Anwendung der Prüfkriterien mit Augenmaß verschafft dem Vorstand die Gewissheit, dass die verfügbare Energie optimal eingesetzt wird und die Risiken aus gesetzlichen beziehungsweise regulatorischen Vorgaben unter Kontrolle sind. Den Projektteams verschafft der Prozess zwar viel Zusatzarbeit, sichert jedoch ein kontinuierliches und transparentes Vorankommen ohne böse Überraschungen am Ende. In Finanzunternehmen und Versicherungen muss man lernen, mit den vielen Vorgaben umzugehen. Man könnte das in einem Satz zusammenfassen mit „Das Richtige mit den Richtigen richtig tun".

12 Anwendungsfelder, Aktivitäten und Prozesse im Bereich der Nachhaltigkeit sowie deren Einfluss auf Steuerungsentscheidungen

Nachhaltigkeit ist längst mehr als nur ein ethisches oder gesellschaftliches Ideal – sie hat sich zu einer strategischen Notwendigkeit für Unternehmen aller Branchen entwickelt und wird mit zahlreichen regulatorischen Vorgaben und Pflichten flankiert. In der Versicherungswirtschaft hat die Anforderung an Nachhaltigkeit Einzug in Steuerungssysteme, operative Prozesse und Leadership-Praktiken gehalten. Sie beeinflusst nicht nur einzelne betriebliche Entscheidungen, sondern stellt eine zusätzliche Zieldimension dar, die sich durch sämtliche Wertschöpfungsbereiche zieht.

In der begrifflichen Erklärung zu „Nachhaltigkeit" als nachhaltigen Wirtschaftens werden im Allgemeinen die Dimensionen ESG angeführt. ESG ist die englische und international etablierte Abkürzung für **E**nvironment, **S**ocial, **G**overnance, also Umwelt, Soziales und Unternehmensführung. Eine weitergehende Entwicklung mündet in die Formulierung der 17 UN-Ziele für nachhaltige Entwicklung (sogenannte Sustainable Development Goals, SDG).[1]

Das folgende Kapitel untersucht, wie Nachhaltigkeit systematisch in die betriebliche Steuerung und Entscheidungsfindung bei der Proximus Versicherung AG integriert werden kann. Dabei werden die zentralen Handlungsfelder Kapitalanlage, Produkte und Underwriting, Schaden- und Leistungsmanagement, Betrieb, Steuerung, Kommunikation sowie die gesamte Transformation erörtert.

Alina und Peter stellen im Rahmen ihrer Projekttätigkeit fest, dass der Begriff Nachhaltigkeit sehr umfassend ausgelegt werden kann und damit viele Unternehmensbereiche betrifft. So sehen sie Berührungspunkte zum Beispiel bei der Kapitalanlage der Proximus Versicherung AG, aber auch bei den Produkten und den Prozessen, die sich aus dem Unternehmensbetrieb ergeben. Sie beschließen daher, die einzelnen Unternehmensbereiche der Proximus Versicherung AG nacheinander vor dem Hintergrund des Nachhaltigkeitsbegriffs zu betrachten.

1 UN (2015): Transforming our world: the 2030 Agenda for Sustainable Development, United Nations, New York.

12.1 Möglichkeiten zur Integration von Nachhaltigkeit in der Kapitalanlage

Die Kapitalanlage stellt für Versicherungsunternehmen eines der wirkungsvollsten Felder zur Verankerung von Nachhaltigkeit dar. Angesichts des hohen Anlagevolumens verfügen Versicherungsunternehmen über erhebliche finanzielle Hebel, um Kapital in nachhaltige Wirtschaftsaktivitäten zu lenken. Dabei ist die Integration von Nachhaltigkeitsaspekten nicht nur Ausdruck unternehmerischer Verantwortung, sondern auch ein entscheidender Faktor für langfristige Rendite-Risiko-Betrachtungen.

Um die Dimension „Nachhaltigkeit" als Zielgröße in der Kapitalanlage des Versicherungsunternehmens künftig zu berücksichtigen, muss das bisherige klassische Zieldreieck der Kapitalanlage – bestehend aus Rendite, Sicherheit und Liquidität – um die Dimension der Nachhaltigkeit erweitert werden. Dadurch ergibt sich ein sogenanntes Zielviereck, das nicht nur finanzielle, sondern auch ökologische, soziale und unternehmensethische Aspekte berücksichtigt. Diese Erweiterung spiegelt sich sowohl in strategischen Grundsatzentscheidungen als auch in operativen Investmentprozessen wider (vgl. Abb. 12.1).

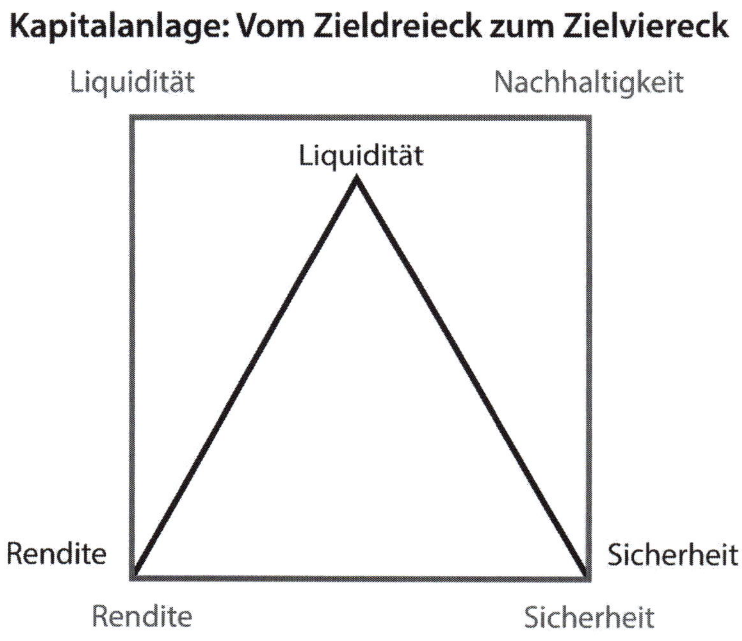

Abbildung 12.1: Das klassische Zieldreieck wird um die Dimension Nachhaltigkeit zu einem Zielvierreck erweitert

Die Integration der Nachhaltigkeitsdimension in Bezug auf die Kapitalanlage kann in der Regel anhand von drei Stufen erfolgen:

1. **ESG-Integration:**

   Hierbei geht es um die Berücksichtigung von Umwelt-, Sozial- und Governance-Risiken bei der Auswahl von Anlagen. Das Ziel besteht darin, Unternehmen mit geringeren Nachhaltigkeitsrisiken zu bevorzugen.

2. **SDG-Orientierung:**

   Über die Risikobetrachtung hinaus werden hier Investments in Produkte und Services gelenkt, die einen aktiven Beitrag zu den UN-Zielen für nachhaltige Entwicklung (Sustainable Development Goals, SDG) leisten. Diese Ziele für nachhaltige Entwicklung sind umfassend und betreffen in Summe 17 Bereiche, die Anforderungen an die Nachhaltigkeit von wirtschaftlichen Tätigkeiten allgemein beschreiben.

   Die Sustainable Development Goals (SDGs), also Ziele für nachhaltige Entwicklung, wurden 2015 von den Vereinten Nationen im Rahmen der Agenda 2030 verabschiedet. Es handelt sich um einen globalen Zielkatalog mit 17 Zielen und 169 Unterzielen, der ökonomische, ökologische und soziale Aspekte der nachhaltigen Entwicklung integriert. Ziel der SDGs ist es, weltweit Armut zu bekämpfen, den Planeten zu schützen, und allen Menschen ein Leben in Frieden und Wohlstand zu ermöglichen – und das unter der Prämisse, „niemanden zurücklassen" (leave no one behind).[2]

   Die 17 SDGs reichen von der Bekämpfung von Armut (Ziel 1) über hochwertige Bildung (Ziel 4) und Maßnahmen zum Klimaschutz (Ziel 13) bis hin zu nachhaltigem Wirtschaftswachstum (Ziel 8) und verantwortungsvollem Konsum und Produktionsweise (Ziel 12).

   Für Unternehmen wie Versicherungen bedeuten die SDGs nicht nur gesellschaftliche Verantwortung, sondern bieten auch einen strategischen Orientierungsrahmen für Investitionen, Innovationen und neue Geschäftsmodelle.

   Besonders relevant im Kontext der Kapitalanlage ist die Möglichkeit, Kapital gezielt in wirtschaftliche Aktivitäten zu lenken, die zur Erreichung einzelner oder mehrere SDGs beitragen.

   Durch die SDG-Orientierung können Versicherungsunternehmen neben der Risikobetrachtung auch aktiv zur Erreichung lokaler globaler Nachhaltigkeitsziele beitragen und damit ihre Rolle als verantwortungsbewusste Akteure in der Finanz und Realwirtschaft stärken.

[2] UN (2015): Transforming our world: the 2030 Agenda for Sustainable Development, United Nations, New York.

3. Impact Investing:

   Hier geht es um Investitionen, die mit der Absicht getätigt werden, messbar positive ökologische oder soziale Wirkungen zu erzielen – etwa durch gezieltes Stakeholder-Engagement oder aktive Einflussnahme auf Unternehmensstrategien.

Strategie	Beschreibung	Beispiel	Zielrichtung
Exklusion	Ausschluss problematischer Wirtschaftszweige	Kein Investment in Tabakindustrie	Risikovermeidung
Best-in-class	Auswahl der nachhaltigsten Unternehmen einer bestimmten Gruppe	Top 25 % nach ESG-Rating	Relative Verbesserung
Integration	ESG in finanzielle Bewertung aufnehmen	ESG-Scoring bei Unternehmensauswahl berücksichtige	Risikosteuerung
Impact Investing	Investition mit positiver Wirkung	Mikrofinanzfonds, Green Bonds	Wirkungserzielung

Tabelle 12.1: ESG-Investmentstrategien im Vergleich

Konkrete Steuerungsentscheidungen in diesem Bereich betreffen unter anderem die Asset Allocation (zum Beispiel Ausbau „grüner" Anleihen), die Selektion von Fondsmanagern mit nachhaltigen Strategien sowie die aktive Titelauswahl innerhalb der Anlageklassen. Ein systematisches Risikomanagement, das auch ESG-Kennzahlen und Ratings einbezieht, wird auf diese Weise zunehmend notwendig beziehungsweise verpflichtend, um die Einhaltung der zusätzlichen Zielvorgaben messbar zu machen und steuern zu können.

Nach einer Erhebung des Gesamtverbandes der Deutschen Versicherungswirtschaft e.V. (GDV) werden 89 % der Kapitalanlagen in der Branche nach ESG-Kriterien gemanagt. Darüber hinaus richten sich 91 % der Unternehmen am Ziel einer Net-Zero-Strategie aus. Besonders hervorzuheben ist, dass bereits 89 % der Kapitalanlagen Zielpfade zur Reduktion der Emissionen definiert haben – eine Entwicklung, die eine stärkere Mess- und Steuerbarkeit innerhalb der Kapitalanlage ermöglicht.[3]

Vorteile dieser Entwicklung liegen unter anderem in der gestiegenen Kundennachfrage nach nachhaltigen Produkten sowie in der politisch gewünschten Lenkungswirkung der Kapitalmärkte.

Demgegenüber stehen ökonomische Herausforderungen in Form von zusätzlichem Aufwand für Analyse, Controlling und Berichterstattung. Regulatorische Anforde-

[3] Vgl. Gesamtverband der Deutschen Versicherungswirtschaft, Nachhaltigkeitsbericht der deutschen Versicherungswirtschaft, Berlin, 2025, https://www.gdv.de/resource/blob/193502/754aa0b123cdfb811c66d7168d8457b3/gdv-nachhaltigkeitsbericht-2025-download-data.pdf; zuletzt abgerufen am 21. Januar 2026.

rungen wie die EU-Taxonomie[4] oder die Corporate Sustainability Reporting Directive (CSRD) erhöhen den Dokumentations- und Transparenzaufwand erheblich.

Dennoch zeigt sich, dass die Kapitalanlage ein zentrales Steuerungsinstrument für Nachhaltigkeit ist. Sie verbindet unternehmerisches Handeln mit gesellschaftlicher Wirkung – und setzt somit wichtige Impulse für die nachhaltige Transformation der Versicherungswirtschaft.

Ein vertieftes Verständnis der Kapitalanlage als Steuerungsinstrument für Nachhaltigkeit erfordert auch die Betrachtung der konkreten Prozesse entlang des Investmentzyklus. Bereits bei der strategischen Asset Allocation können Unternehmen nachhaltige Gewichtungen definieren, etwa durch höhere Anteile in Green Bonds, Infrastrukturprojekte mit Nachhaltigkeitswirkung oder ESG-konforme Immobilien. In operativer Hinsicht bedeutet dies, dass Ausschreibungen für externe Asset Manager Nachhaltigkeitsanforderungen explizit integrieren.

In der Fonds- und Titelauswahl können dazu neben finanziellen auch nicht-finanzielle Informationen berücksichtigt werden. Hierfür kommen ESG-Ratings, Klima-Szenarioanalysen sowie branchenspezifische Nachhaltigkeitsbenchmarks zum Einsatz[5]. Zunehmend gewinnen auch proprietäre ESG-Modelle, die intern entwickelt und auf eigene Bewertungslogiken zugeschnitten sind, an Bedeutung. Solche Modelle erlauben eine konsistentere Bewertung und bessere Vergleichbarkeit.

Ein weiterer Aspekt ist das „aktive Aktionärstum" („Active Ownership"). Versicherer als Anteilseigner von Unternehmen können ihre Stimmrechte auf Hauptversammlungen wahrnehmen oder in den Dialog mit Unternehmen treten, um deren Nachhaltigkeitsstrategie zu verbessern. Dieser sogenannte Stewardship-Ansatz ist besonders im Impact-Investing relevant und kann gezielte Transformationsprozesse in den Portfoliounternehmen anstoßen.

Um die Steuerbarkeit zu erhöhen, setzen viele Versicherungsunternehmen auf spezifische Zielpfade, sogenannte „Net-Zero Roadmaps". Diese enthalten Zwischenziele (zum Beispiel bis 2030), Maßnahmenbündel sowie Indikatoren zur Fortschrittsmessung. Ein Beispiel wäre die Festlegung eines maximalen Emissionswerts je investiertem Euro.

Die ESG-Integration bringt auch Herausforderungen mit sich: Die ESG-Datenqualität ist oft heterogen, Bewertungsansätze der Ratingagenturen divergieren stark und nicht-finanzielle Kennzahlen sind nur eingeschränkt vergleichbar. Zudem gibt es regulatorische Unsicherheiten, zum Beispiel im Hinblick auf die Definition von „nachhaltig" gemäß EU-Taxonomie. So wurden wirtschaftliche Aktivitäten im Zusammenhang mit Kernenergie im Rahmen der politischen Diskussion nachträglich wieder aufgenommen. Versicherer mit sehr langfristigem Horizont in der Kapitalanlage sind hier in

[4] European Commission (2023): EU Taxonomy Regulation – Technical Screening Criteria, Brussels.
[5] Sustainalytics (2023): ESG Risk Ratings Methodology, www.sustainalytics.com; zuletzt abgerufen am 2. Februar 2026.

der Portfolio-Gestaltung besonders gefordert, wenn es um vergleichbare Anpassungen der Taxonomie geht.

Ein wesentliches Werkzeug für die Ermittlung des Status Quo und der gewünschten Steuerung der Nachhaltigkeits-Aktivitäten ist der Aufbau eines ESG-Controllings. In Bezug auf die Kapitalanlage sind für einzelne Assets entsprechende ESG-Kennzahlen aufzubauen.

Die weiteren (eigenen) unternehmerischen Tätigkeiten sind ebenfalls in ein solches Controlling einzubeziehen. Die Ergebnisse dieses Gesamtcontrollings bilden die Basis für die entsprechende Berichterstattung zur Nachhaltigkeit.

Ein wirtschaftliches Risiko kann auch die Bewertung von Investments oder Tätigkeiten im Zusammenhang mit sogenanntem Greenwashing darstellen. Hier sehen sich Unternehmen dem Vorwurf ausgesetzt, Investitionen oder Tätigkeiten besser („nachhaltiger") darzustellen als sie möglicherweise sind. Das kann mit wirtschaftlichen Risiken in Verbindung mit der jeweiligen Kapitalanlage verbunden sein. Ebenfalls birgt ein solches Verhalten Reputationsrisiken, die die Glaubwürdigkeit der Nachhaltigkeitsbemühungen gefährden. Im Kapitel zur Nachhaltigkeitskommunikation wird darauf nochmals eingegangen.

Die Kapitalanlage ist in der Gesamtbetrachtung für die Berücksichtigung von Nachhaltigkeitsaspekten für das Versicherungsunternehmen ein Mittel zur nachhaltigen Steuerung und zunehmend auch Gradmesser für die strategische Ausrichtung eines Unternehmens. In ihrer Doppelrolle als Finanzinvestor und Risikoträger kommt den Versicherern eine besondere Verantwortung zu: Sie können Kapital nicht nur effizient, sondern auch zielgerichtet im Sinne einer nachhaltigen Entwicklung einsetzen – und damit einen systemischen Beitrag zur Transformation der Realwirtschaft leisten.

Alina und Peter haben die Erkenntnis gewonnen, dass in der Strategie zur Kapitalanlage ein großer Hebel für die Proximus Versicherung AG liegt, um einen Effekt auf die mögliche Nachhaltigkeitsstrategie zu erzielen. So können beispielsweise die Assets zusätzlich nach Nachhaltigkeitserwägungen ausgewählt, etwa mit dem Asset verbundene CO_2-Emissonen bestimmt werden, und/oder gezielt Assets gesucht oder ausgeschlossen werden.

Wenn neben Rendite-, Sicherheits- und Liquiditätszielen durch die künftige Nachhaltigkeitsstrategie ein bestimmtes Ambitionsniveau für die Dimension Nachhaltigkeit der Kapitalanlage angestrebt werden soll, ist dafür eine Einbettung des Themas Nachhaltigkeit in diesen Unternehmensbereich vorzunehmen. Die vorhandene Kapitalanlagestrategie muss im Hinblick darauf geprüft und gegebenenfalls angepasst werden, zum Beispiel durch Positivlisten oder Ausschluss-Kriterien.

Alina und Peter erkennen auch, dass sich diese zusätzliche Dimension in einem Zielkonflikt befinden kann, den es im Rahmen der Kapitalanlagestrategie auszubalancieren gilt. Denn alle Ziel-Dimensionen gilt es zu berücksichtigen. So wird klar, dass es neben konkre-

ten Zielvorgaben für das Ambitionsniveau von Nachhaltigkeit auch einen Entwicklungspfad auszuarbeiten gilt.

12.2 Möglichkeiten zur Integration von Nachhaltigkeit in den Produkten und im Underwriting

Die Produktgestaltung und das Underwriting sind weitere zentrale Hebel, um Nachhaltigkeit unmittelbar in die Geschäftsmodelle von Versicherungsunternehmen wie die Proximus Versicherung AG zu integrieren. Nachhaltige Versicherungsprodukte berücksichtigen ökologische, soziale und ethische Kriterien bereits bei der Konzeption und zeichnen sich durch einen positiven Beitrag zur nachhaltigen Transformation von Wirtschaft und Gesellschaft aus.

Eine zentrale Rolle spielt dabei die Einbeziehung der EU-Taxonomie, die gesetzliche Vorgaben für ökologisch nachhaltige Wirtschaftstätigkeiten definiert. In der praktischen Anwendung wird durch die EU-Taxonomie eine Zielrichtung vorgegeben, wie Wirtschaftstätigkeiten in Bezug auf ihre nachhaltige Wirkung zu beurteilen sind. Das schließt jedoch nicht aus, dass sich dabei Fragen und gegebenenfalls Widersprüche ergeben können.

Die EU-Taxonomie ist ein Klassifikationssystem der Europäischen Union. Sie soll definieren, welche wirtschaftlichen Tätigkeiten als ökologisch nachhaltig gelten. Für die Kapitalanlage bedeutet dies, dass Investitionen gezielt in Aktivitäten gelenkt werden können, die einen nachweisbaren Beitrag zu Umweltzielen wie Klimaschutz, Anpassung an den Klimawandel oder den Schutz von Wasser- und Meeresressourcen leisten. Für alle Wirtschaftsunternehmen, aber insbesondere auch für Versicherer als Investoren wird damit ein verbindlicher Rahmen geschaffen, um die Nachhaltigkeit von Kapitalanlagen zu bewerten und offenzulegen. Die EU-Taxonomie soll so die Transparenz und Vergleichbarkeit von Investitionen herstellen und als Steuerungsinstrument für die Erreichung der Klimaziele auf europäischer Ebene dienen.

Diese Vorgaben wirken sich nicht nur auf die Strukturierung neuer Produkte aus, sondern auch auf die Risiko- und Prämienkalkulation. Unternehmen sind zunehmend gefordert, Nachhaltigkeitsaspekte in ihre Versicherungsbedingungen zu integrieren, beispielsweise durch Tarifmodelle, die energieeffizientes Bauen, erneuerbare Energien oder nachhaltige Mobilitätsformen begünstigen.

Laut GDV konzentrieren sich 72 % der Schaden- und Unfallversicherer auf die Förderung energieeffizienter Gebäude sowie auf die Mobilitäts- und Energiewende. 38 %

haben die Förderung der Kreislaufwirtschaft in ihre strategische Zielsetzung aufgenommen.[6] Dagegen verlieren naturbasierte Lösungen und Biodiversität an Relevanz. Diese Entwicklung verdeutlicht, dass Versicherer die Marktentwicklung aktiv mitgestalten und zugleich auf veränderte regulatorische und wirtschaftliche Rahmenbedingungen reagieren.

Innovative Geschäftsmodelle, die die nachhaltige Transformation unterstützen – etwa neue Mobilitätskonzepte oder Klimaanpassungstechnologien – werden von 67 % des Marktes aktiv gezeichnet. Auch bei der Risikozeichnung selbst werden Nachhaltigkeitsaspekte zunehmend berücksichtigt: 78 % der Schaden- und Unfallversicherer beziehen ESG-Kriterien in ihre Zeichnungsentscheidungen ein. Dabei spielen nicht nur Risikovermeidung und Ausschlüsse eine Rolle, sondern auch die gezielte Auswahl nachhaltiger Partner und Kunden.

Die Dialogorientierung der versicherten Wirtschaft nimmt zu. 52 % der Versicherer setzen auf begleitende Gespräche mit Unternehmen, um Nachhaltigkeitsstrategien gemeinsam zu entwickeln. Allerdings stagniert laut GDV die Integration von ESG-Kriterien derzeit – insbesondere aufgrund der angespannten wirtschaftlichen Lage sowie der Komplexität und Dynamik neuer Regulierungen wie der CSRD.

Trotz dieser Herausforderungen bieten nachhaltige Produkte und Underwritingstrategien enorme Chancen – sowohl zur Differenzierung am Markt als auch zur Erfüllung gesellschaftlicher Erwartungen. Eine enge Verzahnung mit Risikoanalysen, Produktentwicklung und Vertrieb ist dabei unerlässlich, um die Potenziale nachhaltiger Versicherungsprodukte vollständig zu entfalten.

Produkttyp	Nachhaltiges Merkmal	Wirkung für Kunden
Wohngebäudeversicherung	Prämienbonus für KfW-Effizienzhaus	Förderung energieeffizienter Gebäude
Autoversicherung	Rabatt für E-Fahrzeuge	CO_2-Einsparung im Verkehr
Betriebshaftpflicht	ESG-Risikoprüfung	Steuerung der Risikoselektion
Transportversicherung	Bonus für umweltfreundliche Lieferkette	Anreiz zu nachhaltiger Logistik

Tabelle 12.2: Beispielhafte nachhaltige Produktmerkmale im Überblick

Ein vertieftes Verständnis der Nachhaltigkeitsintegration in Produkten und Underwriting erfordert eine Betrachtung der gesamten Produktentwicklungskette – von der Idee bis zur Platzierung am Markt. Bereits bei der Bedarfserhebung müssen dafür Nachhaltigkeitsaspekte berücksichtigt werden. Versicherer wie dir Proximus Versicherung AG müssen dazu analysieren, welche gesellschaftlichen Trends, zum Beispiel kli-

[6] Vgl. Gesamtverband der Deutschen Versicherungswirtschaft, Nachhaltigkeitsbericht der deutschen Versicherungswirtschaft, Berlin, 2025, https://www.gdv.de/resource/blob/193502/754aa0b123cdfb811c66d7168d8457b3/gdv-nachhaltigkeitsbericht-2025-download-data.pdf; zuletzt abgerufen am 21. Januar 2026.

mabewusstes Verhalten oder Sharing-Modelle, sich in neue Produktkategorien übersetzen lassen.

In der Konzeptionsphase geht es darum, nachhaltige Nutzenversprechen in Versicherungstarife zu integrieren. Beispiele sind Prämienrabatte für CO_2-arme Mobilität, bevorzugte Konditionen bei energetischer Gebäudesanierung oder die Einbindung ökologischer Zusatzbausteine, etwa für nachhaltige Lieferketten. Die EU-Taxonomie bietet hierbei ein klassifizierendes Rahmenwerk, um Produktkomponenten objektivierbar als „nachhaltig" einzuordnen.

Für die Berücksichtigung von Nachhaltigkeitsaspekten im Underwriting – also der individuelle Risikoprüfung und -annahme – können die Underwriting-Prozesse mit ESG-Kriterien angereichert werden. Versicherer wie die Proximus Versicherung AG prüfen so nicht nur mehr das individuelle Risiko, sondern auch die Nachhaltigkeitsstrategie des Kunden. Unternehmen, die hohe Umwelt- oder Sozialrisiken aufweisen, werden strenger bewertet oder ausgeschlossen. Umgekehrt können positive Nachhaltigkeitsprofile zu günstigeren Bedingungen führen. Dies verlangt eine intensive Abstimmung zwischen Risikoanalyse, Vertrieb und Produktentwicklung.

Ein neues Feld bildet das sogenannte **Impact Underwriting**: Hierbei wird bewusst das Ziel verfolgt, durch die Versicherung bestimmter Risiken eine Transformation zu fördern – zum Beispiel die Absicherung von grünem Wasserstoff, nachhaltiger Landwirtschaft oder innovativer Mobilität. Der Versicherer übernimmt hier eine Lenkungsfunktion, die über klassische Risikodeckung hinausgeht.

Die Abgrenzung nachhaltiger von konventionellen Produkten bleibt eine Herausforderung. Nachhaltige Merkmale müssen klar dokumentiert und rechtssicher kommuniziert werden. Dies ist besonders wichtig, da sogenannte **Green Claims** zunehmend von Aufsichtsbehörden kontrolliert werden. Es braucht daher ein strukturiertes Nachhaltigkeits-Labeling sowie interne Prüfroutinen zur Produktklassifizierung.

Ein weiterer Aspekt ist die kontinuierliche Begleitung der versicherten Wirtschaft, zum Beispiel in Form von dafür entwickelten Beratungsangeboten, mit denen Unternehmen auf dem Weg zu mehr Nachhaltigkeit begleitet werden. Diese neue Rolle als „Partner in der Transformation" kann nicht nur die Kundenbindung stärken, sondern auch neue Geschäftsmodelle etablieren.

Die Integration von Nachhaltigkeit in Produkten und Underwriting ist damit weit mehr als eine Reaktion auf regulatorische Vorgaben – sie wird zu einem innovationsgetriebenen Prozess, der Kundenmehrwert schafft und die strategische Neupositionierung des Versicherers im Markt unterstützt.

Für die Bereiche Produktentwicklung und Underwriting sehen Alina und Peter Handlungsbedarf, sie auf die Berücksichtigung des Themas Nachhaltigkeit zu prüfen. So sehen sie beispielsweise Ansätze, die Produkte und die Produkt-Governance auf vorhandene beziehungsweise künftige Nachhaltigkeitsaspekte zu untersuchen.

Das stellen sie auch für das Underwriting fest. Hier sehen sie nicht nur die Weiterentwicklung der Produkte mit bestimmten Nachhaltigkeitseigenschaften. Sie überlegen, ob es auch einer Überprüfung bedarf, inwieweit im Underwriting bereits Nachhaltigkeitsfaktoren berücksichtigt werden. Diese Frage stellen sich Alina und Peter insbesondere für den Bereich der Sachversicherung und Elementarschäden. Könnte es nicht sein, dass hier andere Schadenverläufe denkbar sind, die sich durch Klimaveränderungen ergeben? Sie beschließen, dieses Thema für eine Bewertung durch die Aktuare im Projekt separat zu platzieren.

12.3 Möglichkeiten zur Integration von Nachhaltigkeit in die Schaden- und Leistungsabwicklung

Die Schaden- und Leistungsabwicklung ist ein operatives Kernelement der Versicherungswirtschaft, in dem sich Nachhaltigkeitsstrategien unmittelbar und sichtbar umsetzen lassen. Das trifft auch auf die Proximus Versicherung AG zu.

Insbesondere durch einen Ansatz von „Repair, Reuse, Recycle" lassen sich ökologische Ziele mit wirtschaftlicher Effizienz verbinden. Der Wandel hin zu einer zirkulären Schadenbearbeitung ermöglicht eine signifikante Reduktion von Abfällen, Ressourcenverbrauch und CO_2-Emissionen.

Ein zentrales Element nachhaltiger Schadenabwicklung ist der **Grundsatz „Reparatur statt Ersatz"**. Hierbei wird geprüft, ob beschädigte Gegenstände oder Gebäudeteile instandgesetzt werden können, anstatt sie komplett zu erneuern. Diese Strategie trägt nicht nur zur Abfallvermeidung bei, sondern schont auch Ressourcen und reduziert die Kosten. Im Bereich des Wiederaufbaus nach Schäden gewinnen zudem umweltfreundliche Materialien und energieeffiziente Bauweisen an Bedeutung.

Der GDV hat dazu erhoben, dass 90 % der Versicherer Nachhaltigkeitskriterien in der Schadenregulierung berücksichtigen. Besonders häufig genutzt werden Maßnahmen wie der energieeffiziente Ersatz (81 %), das Prinzip „Reparatur statt Neukauf" (81%) und ressourcenschonende Prozesse (57 %). Diese Ansätze werden durch Initiativen wie den GDV-Leitfaden „Build Back Better" und spezifische Richtlinien zur nachhaltigen Schadensanierung unterstützt.

Auch die Auswahl von Dienstleistern und Handwerksbetrieben kann eine wichtige Rolle spielen. Hier könnte die Proximus Versicherung AG beispielsweise auf ökologische und soziale Auswahlkriterien der Unternehmen achten, mit denen im Rahmen von Schadenfällen zusammengearbeitet wird. Für die Branche hat der GDV ermittelt, dass hierbei von seinen Mitgliedsunternehmen im Hinblick auf Dienstleister und Handwerksbetrieben 74 % auf Regionalität, 58 % auf sparsamen Ressourceneinsatz und 60 % auf Maßnahmen zur Abfallvermeidung und -verwertung achten. Der gezielte Aufbau eines nachhaltigen Partnernetzwerks eröffnet neue Steuerungsmöglichkeiten entlang der Wertschöpfungskette.

Trotz dieser positiven Entwicklung zeigen sich auch zusätzliche Hürden: Die klare Kommunikation gegenüber Kunden, die rechtssichere Definition nachhaltiger Leistungen und die Berücksichtigung regulatorischer Vorgaben – etwa im Rahmen der EU-Taxonomie – stellen erhöhte Anforderungen an Versicherer. Zudem führen rechtliche Unsicherheiten zu einer gewissen Zurückhaltung bei der aktiven Vermarktung nachhaltiger Produkte. So ist der Anteil der Versicherer, die Produkte als nachhaltig vermarkten, im Vergleich zum Vorjahr um 14 Prozentpunkte auf 34 % gesunken.

Insgesamt zeigt sich, dass die Schaden- und Leistungsabwicklung ein besonders praxisnahes Feld der Nachhaltigkeitsintegration darstellt. Sie bietet konkrete Anknüpfungspunkte für ökologische Innovationen, eine neue Qualität der Kundenbeziehung und eine effizientere Ressourcennutzung – und damit nachhaltigen Mehrwert auf mehreren Ebenen.

Schadenmeldung	Schadenprüfung und Bewertung	Entscheidung über Reparatur oder Ersatz	Nachhaltige Schadenregulierung	Schadenabrechnung und Kommunikation	Dokumentation und Analyse

Tabelle 12.3: Beispiel für einen nachhaltigen Prozess der Schadenregulierung

Die konsequente Umsetzung nachhaltiger Prinzipien in der Schaden- und Leistungsabwicklung beginnt bereits mit der regulatorischen Verankerung entsprechender Leitlinien und Standards. Immer mehr Versicherer orientieren sich an den Richtlinien des GDV zur nachhaltigen Schadensanierung und lassen diese in ihre Dienstleisterverträge und Qualitätsstandards einfließen. Damit wird Nachhaltigkeit zur überprüfbaren Anforderung in der gesamten Prozesskette.

Ein wesentliches Steuerungsinstrument ist die Etablierung eines **Nachhaltigkeitsprüfpunktes** in der Schadenbearbeitung. Beispielsweise kann in der digitalen Schadenmeldung automatisiert geprüft werden, ob eine Reparatur anstelle eines Austauschs möglich ist. Zusätzlich lassen sich CO_2-Kalkulatoren integrieren, die verschiedene Varianten der Regulierung ökologisch bewerten.

Auch auf Seiten der Dienstleister gewinnen Nachhaltigkeitsanforderungen an Bedeutung. Einige Versicherer arbeiten mit zertifizierten Partnernetzwerken, die bestimmte ökologische Standards erfüllen müssen – etwa im Bereich Abfallverwertung, Materialwahl oder Energieverbrauch. Langfristige Partnerschaften mit diesen „grünen Werkstätten" fördern nicht nur Qualität und Effizienz, sondern schaffen auch eine gemeinsame Wertebasis.

Die Auswahl der Materialien für Ersatzteile und Baukomponenten spielt ebenfalls eine große Rolle. Der Einsatz recycelter Baustoffe, emissionsarmer Lacke oder energieeffizienter Geräte wird nicht nur empfohlen, sondern teilweise auch aktiv gelenkt – etwa durch Zuschüsse, bevorzugte Freigabeprozesse oder Informationskampagnen für Sachbearbeitende.

Eine weitere Innovation ist die Integration von digitalen Plattformen zur ökologischen Steuerung der Schadenprozesse. Versicherer implementieren Systeme, die ökologische Kennzahlen entlang der Schadenbearbeitung erfassen – von der Schadenerstaufnahme bis zur Endabrechnung. Diese Datenbasis ermöglicht Transparenz, Vergleichbarkeit und Benchmarking zwischen Regionen, Sparten und Partnern.

Auf Kundenseite entstehen neue Kommunikationsformate: Versicherte erhalten gezielte Informationen zu den ökologischen Vorteilen der gewählten Reparaturoptionen oder zum CO_2-Fußabdruck der gesamten Schadenabwicklung. Dies fördert das Nachhaltigkeitsbewusstsein und steigert die Akzeptanz für alternative Lösungen.

Die Schaden- und Leistungsabwicklung wird so zu einem zentralen Anwendungsfeld für ökologische Innovationen, vernetztes Denken und digitale Transformation – mit direktem Einfluss auf die ökologische Gesamtbilanz eines Versicherers und die Zufriedenheit der Kunden.

Für den Prozess der Schadenregulierung stellen Alina und Peter fest, dass auch hier Möglichkeiten bestehen, vorhandene Prozessvorgaben mit Blick auf deren Nachhaltigkeitswirkung zu analysieren. Sie diskutieren das an einem Beispiel aus der Schadenregulierung. Wird hier künftig eine Möglichkeit ergänzt, neben dem Ersatz auch eine Reparatur vorzusehen, sind vorab die Folgen zu bewerten. Alina fragt sich: „Könnten die Schadenfälle dadurch teurer werden für die Proximus, weil eine Reparatur mehr kosten könnte als eine Neubeschaffung und der Arbeitsaufwand in der Leistungsbearbeitung steigt?" Für Peter ist der Aspekt wichtig, welches der beiden Vorgehen im Schadenfall von den Kunden mehr geschätzt würde: Ersatz oder Reparatur?

Sie beschließen daher, diese Überlegungen von den Schadenbereichen analysieren zu lassen. Sicherlich gibt es dabei auch die Möglichkeit, die jeweilige Kundenerwartung zu ermitteln.

12.4 Möglichkeiten zur Integration von Nachhaltigkeit im Betrieb

Der eigene Betrieb eines Versicherungsunternehmens wie die Proximus Versicherung AG bietet ein relevantes, wenn auch im Vergleich zur Kapitalanlage oder zum Underwriting kleineres Wirkungsfeld zur Umsetzung von Nachhaltigkeitsstrategien.

Seine entscheidende Rolle: Die Gestaltung der Betriebsorganisation, des Ressourcenverbrauchs sowie der Arbeitsbedingungen wirkt sich nicht nur auf ökologische Kennzahlen aus, sondern beeinflusst auch die Mitarbeiterzufriedenheit, das gesellschaftliche Engagement sowie die Außenwahrnehmung des Unternehmens.

In der Wertschöpfungskette zeigt sich eine unterschiedliche Betroffenheit der Bereiche: Während die Kapitalanlage und das Risikomanagement stark im Fokus der Nachhaltigkeitsstrategie stehen, weisen betriebliche Funktionen wie die Betriebsorganisation oder die IT mittelgroße Hebelwirkungen auf. Dennoch lassen sich auch hier wirksame Maßnahmen etablieren, etwa durch eine nachhaltige Gestaltung des Arbeitsumfelds.

Im Bereich Umwelt **(Environment)** fokussieren Versicherer Maßnahmen zur Verbesserung der Energieeffizienz ihrer Gebäude, zur Optimierung des Wassermanagements sowie zur Emissionsvermeidung im Fuhrparkmanagement. Ein weiterer wesentlicher CO_2-Emittent des eigenen Betriebs ist die Mitarbeiter-Mobilität, also die An- und Abreise der Mitarbeitenden ins Büro und zurück. Auch Reise- und Konferenzmanagement werden zunehmend digitalisiert und CO_2-arm organisiert. Dabei unterstützen betriebliche Kennzahlensysteme die Steuerung der Nachhaltigkeitsperformance.

Der soziale Aspekt **(Social)** umfasst mitarbeitendenbezogene Maßnahmen wie die Bereitstellung gesunder Ernährung, betriebseigene Kinderbetreuung oder die Förderung von Diversität und Inklusion. Auch gesellschaftsbezogene Aktivitäten wie das Unternehmensengagement in sozialen Projekten oder die Unterstützung regionaler Initiativen zählen hierzu.

Im Bereich der Unternehmensführung **(Governance)** stehen effiziente und transparente Betriebsprozesse im Vordergrund, beispielsweise die Vermeidung von Verschwendung, ressourcenschonende Prozesse sowie die gezielte Zusammenarbeit mit regionalen Dienstleistern und Lieferanten. Die Verzahnung des Themas Nachhaltigkeit in die Strategieentwicklung findet ebenfalls im Bereich der Unternehmensführung statt, ebenso die Fragestellung, wie personelle Ressourcen bereitgestellt werden können, um das Thema Nachhaltigkeit dauerhaft und organisatorisch flankiert im Unternehmen zu etablieren. Dies kann beispielsweise durch Benennung von Nachhaltigkeitsverantwortlichen oder die Etablierung von Nachhaltigkeits-Gremien geschehen.

Eine nachhaltige Betriebsführung stärkt nicht nur die ökologische Bilanz, sondern wirkt sich auch positiv auf Reputation, Arbeitgeberattraktivität und Kundenbindung aus.

Die Mitgliederbefragung des GDV (2025) zeigt, dass viele Versicherungsunternehmen die Transformation ihrer eigenen Geschäftsprozesse unmittelbar und wirksam selbst steuern können. Auch wenn der direkte Hebel im Vergleich zu anderen Nachhaltigkeitsfeldern geringer erscheint, hat die unmittelbare Sichtbarkeit der Veränderungen einen starken Einfluss auf die interne Kultur und externe Wahrnehmung. Die Integration nachhaltiger Betriebspraktiken stellt somit einen wichtigen Bestandteil eines ganzheitlichen Nachhaltigkeitsmanagements dar.

Nachhaltige Unternehmenssteuerung erfordert weitreichende Entscheidungen auf strategischer wie operativer Ebene. Dabei entstehen vielfach Zielkonflikte, sogenannte Nachhaltigkeitsdilemmata, die ein ausbalanciertes Vorgehen zwischen ökologischen, sozialen und ökonomischen Zielen notwendig machen. Steuerungsentscheidungen in diesem Kontext müssen transparent, datenbasiert und mit langfristiger Perspektive getroffen werden.

Ein zentrales Element der Steuerung ist die Messbarkeit von Nachhaltigkeitsleistungen. Grundlage hierfür bildet die Bilanzierung von CO_2-Emissionen nach dem Greenhouse Gas Protocol (GHG), das die Emissionen in drei sogenannte Scopes unterteilt:

- Scope 1:

  Direkte Emissionen aus eigenen Quellen (zum Beispiel Firmenfahrzeuge, Heizungsanlagen)

- Scope 2:

  Indirekte Emissionen aus dem Energiebezug (zum Beispiel Stromverbrauch)

- Scope 3:

  Weitere indirekte Emissionen entlang der Wertschöpfungskette (zum Beispiel Geschäftsreisen, eingekaufte Leistungen)

Diese Emissionen müssen nicht nur bilanziert, sondern auch aktiv gesteuert werden. Ein etabliertes Vorgehen gliedert sich in die Phasen Vermeiden, Reduzieren und Kompensieren. Ziel ist es, die tatsächlichen Emissionen strukturell zu verringern und verbleibende Emissionen beispielsweise durch Investitionen in Klimaschutzprojekte zu kompensieren.

Ein tieferes Verständnis der betrieblichen Nachhaltigkeitsintegration erfordert eine systematische Betrachtung unterschiedlicher Handlungsfelder. Dazu zählen sowohl ökologische Maßnahmen als auch soziale und kulturelle Aspekte, die langfristig die Transformation des Unternehmens prägen.

Im ökologischen Bereich liegt der Fokus nicht nur auf Energieeffizienz und Emissionsvermeidung, sondern auch auf dem Wasserverbrauch, dem Materialeinsatz und dem Lebenszyklusmanagement technischer Infrastruktur. Versicherer implementieren zunehmend Umweltmanagementsysteme nach ISO 14001 oder EMAS, um ökologische Prozesse messbar und kontinuierlich verbesserbar zu machen.

Im Bereich Gebäudeoptimierung können sich Begrünungskonzepte, natürliche Belüftung, moderne Dämmung und nachhaltige Baumaterialien anbieten. Einige Unternehmen setzen zudem auf klimaneutrale oder sogar klimapositive Gebäude, die mehr Energie erzeugen als sie verbrauchen. Auch Mietverträge werden zunehmend als „Green Leases" gestaltet, mit gemeinsamen Verpflichtungen von Mieter und Vermieter zur Nachhaltigkeit.

Digitalisierung kann eine positive Wirkung in Bezug auf Nachhaltigkeit haben. Virtuelle Meetings, Cloud-Lösungen, papierlose Büros und digitale Arbeitsprozesse reduzieren nicht nur Emissionen, sondern steigern auch die betriebliche Effizienz. Gleichzeitig stellt sich die Herausforderung, den Energiebedarf digitaler Technologien nachhaltig zu gestalten – etwa durch die Auswahl energieeffizienter Rechenzentren und nachhaltiger IT-Lieferketten. Gerade mit Blick auf die Entwicklung künftiger IT-Systeme und deren Nutzung (zum Beispiel Inanspruchnahme von Servern, Cloud-Lösungen und KI-Technologien) sind mögliche Auswirkungen auf die Emissionen zu berücksichtigen. Der Ressourcenverbrauch solcher Technologien kann erheblich sein und verlangt insofern ebenfalls eine Bewertung unter Nachhaltigkeits- und Ressourcenaspekten.

Auch der soziale Nachhaltigkeitsbeitrag rückt stärker in den Fokus. Unternehmen fördern Diversität, Inklusion, flexible Arbeitsmodelle und psychische Gesundheit. Programme zur Förderung der Mitarbeitendenbindung, z.um Beispiel durch Weiterbildungsangebote, Sabbaticals oder individuelle Entwicklungspläne, sind Ausdruck eines ganzheitlichen Verständnisses von Nachhaltigkeit. Die Schaffung einer positiven Arbeitskultur wirkt sich unmittelbar auf die Motivation und Innovationsfähigkeit aus.

Im Bereich Governance spielt der Aufbau nachhaltigkeitsorientierter Entscheidungsstrukturen eine zentrale Rolle. Einige Unternehmen haben Nachhaltigkeitsgremien eingeführt, in denen Vertreter verschiedener Abteilungen zusammenarbeiten, um Maßnahmen zu planen, zu priorisieren und zu evaluieren. Auch interne Anreizsysteme, zum Beispiel in der variablen Vergütung, berücksichtigen zunehmend ESG-Ziele.

Betriebliche Nachhaltigkeit ist kein isoliertes Projekt, sondern ein integraler Bestandteil der Organisationsentwicklung. Sie verändert Denkweisen, Entscheidungsprozesse und Routinen – und stellt damit die Grundlage für eine glaubwürdige, wirksame und zukunftsorientierte Nachhaltigkeitsstrategie dar.

Alina und Peter stellen bei der Untersuchung von Möglichkeiten, Nachhaltigkeit im eigenen Betrieb – also im „ganz normalen Arbeitsalltag" – fest, dass sich hier zahlreiche Ansatzpunkte finden, die genauer untersucht werden sollten.

Sie diskutieren dabei die verschiedenen Dimensionen von Nachhaltigkeit im Sinne von ESG.

12.5 Steuerungsentscheidungen und Dilemmata in Bezug auf nachhaltige Unternehmenssteuerung

Mit Blick auf Steuerungsentscheidungen für das Unternehmen zeigen sich im Kontext der Berücksichtigung von Nachhaltigkeit vielfältige Zielkonflikte.

■ **BEISPIEL**

Die Einführung energieeffizienter IT-Infrastruktur kann langfristig Kosten senken und Emissionen reduzieren, erfordert jedoch zunächst erhebliche Investitionen. Ähnlich verhält es sich mit der Nutzung regionaler Dienstleister, die ökologisch sinnvoll, aber nicht immer wirtschaftlich optimal ist. Solche Dilemmata lassen sich nicht immer eindeutig lösen, sondern erfordern interdisziplinäre Abwägungsprozesse. ■

Nachhaltigkeit muss in die klassische Unternehmenssteuerung integriert werden – etwa durch die Verzielung der Nachhaltigkeitsambitionen auf Ebene des Gesamtunternehmens und der Geschäftsbereiche. Hierfür braucht es geeignete Kennzahlensysteme, Zielvereinbarungen und Anreizmechanismen, etwa durch die Verknüpfung von ESG-Kriterien mit der variablen Vergütung von Führungskräften.

Steuerungsentscheidungen gewinnen im Kontext der Nachhaltigkeit somit eine neue Qualität: Sie sind komplexer, langfristiger und multidimensionaler. Unternehmen, die diese Herausforderung aktiv gestalten, gewinnen nicht nur regulatorische Sicherheit, sondern auch strategische Resilienz – und sichern sich so ihre Zukunftsfähigkeit in einem sich wandelnden Marktumfeld.

Zielkonflikt	Beispiel bei der Proximus Versicherung AG	Lösungsansatz
Nachhaltigkeit vs. Rendite	ESG-Investment mit geringerer Rendite auswählen	Kombination mit klassischen Anlagen prüfen
Wachstum vs. CO_2-Reduktion	Expansion mit hohem Energiebedarf	Emissionskompensation und Effizienzsteigerung
Diversität vs. Operative Effizienz	Zeitaufwand für Inklusionsaufwand	Langfristige Kulturinvestition

Tabelle 12.4: Typische Zielkonflikte und Lösungsansätze

Eine fundierte nachhaltige Unternehmenssteuerung erfordert nicht nur die Definition ambitionierter Ziele, sondern auch deren konsequente Verankerung in allen Steuerungsebenen – von der strategischen Planung über die operative Umsetzung bis hin zur Erfolgskontrolle. Entscheidungsprozesse müssen so gestaltet werden, dass ökologische und soziale Zielsetzungen gleichberechtigt neben ökonomischen Interessen stehen und in Konfliktfällen transparent abgewogen werden.

Ein zentrales Steuerungsinstrument ist das sogenannte ESG-Performance-Controlling. Es erfasst nicht nur Emissionen, sondern auch Indikatoren wie Diversitätsquoten, Weiterbildungsstunden, Lieferkettenrisiken oder ethische Standards bei Investitionen. Diese Kennzahlen fließen zunehmend in Dashboards ein, die der Unternehmensführung zur laufenden Steuerung und Überwachung dienen.

Eine besondere Herausforderung stellen sogenannte Zielkonflikte dar. Diese entstehen etwa, wenn Maßnahmen zur Emissionsreduktion kurzfristige Kostensteigerungen verursachen, die in Konkurrenz zu Renditezielen treten. Oder wenn soziale Gerechtigkeit in globalen Lieferketten zu Preisanpassungen führt, die sich auf Wettbewerbsfähigkeit auswirken. Nachhaltigkeitsdilemmata sind also inhärenter Bestandteil der Steuerung und erfordern spezifische Entscheidungslogiken.

Ein Lösungsansatz ist das **Zielspannungsmodell**: Statt Ziele strikt hierarchisch zu priorisieren, wird eine Balance angestrebt. Konflikte werden dabei nicht vermieden, sondern strukturiert ausgetragen. Entscheidungsgremien können etwa sogenannte ESG-Folgenabschätzungen einfordern, um Auswirkungen systematisch zu bewerten.

Darüber hinaus entwickeln viele Unternehmen ‚Nachhaltigkeits-Richtlinien für Steuerung und Controlling'. Diese regeln, wie ESG-Aspekte in Budgetprozesse, Investitionsentscheidungen und Strategieplanung integriert werden. Eine zunehmende Rolle spielt hierbei auch die Integration von Nachhaltigkeit in die interne Revision, um die Umsetzung und Glaubwürdigkeit zu sichern.

Ein weiterer zentraler Aspekt ist die Governance: Aufsichts- und Entscheidungsgremien müssen ESG-Kompetenz besitzen und in der Lage sein, über langfristige Risiken und Wirkungen zu urteilen. Die Bestellung eines Chief Sustainability Officer (CSO) und die Verankerung von Nachhaltigkeit in den Zielvereinbarungen der obersten Führungskräfte sind weitere Schritte hin zu einer integrierten Steuerung.

Insgesamt zeigt sich: Nachhaltige Steuerung ist nicht nur eine Frage der Kennzahlen, sondern vor allem der Haltung. Sie verlangt eine Unternehmenskultur, die Transparenz, Verantwortung und Lernbereitschaft in den Mittelpunkt rückt – und die bereit ist, unter Unsicherheit und Zielkonflikten handlungsfähig zu bleiben.

Bereits bei der ersten Betrachtung des Themas Nachhaltigkeit im Bereich der Kapitalanlage (12.1) haben Alina und Peter festgestellt: Hier wird eine neue Zieldimension eingeführt, die mit den anderen Zielen der Unternehmensführung in Konflikt stehen können und mit-

einander ausbalanciert werden müssen. Es sind also unternehmensstrategische Entscheidungen künftig auch unter dem Aspekt der Nachhaltigkeit zu treffen und bisherige Entscheidungen und Ausrichtungen gegebenenfalls neu zu bewerten.

Sie überlegen sich daher, wie und von wem solche Neubewertungen ganz konkret erfolgen können und wie dies in künftigen Entscheidungsprozessen sichergestellt werden kann.

Ein wichtiger Schritt in diese Richtung ist, die Erwägungen und Diskussion nach innen und außen transparent zu machen. Das führt Alina und Peter zur Nachhaltigkeitskommunikation und deren Rolle und Aufgaben im Betrieb der Proximus Versicherung AG.

12.6 Betriebliche Nachhaltigkeitskommunikation

Die betriebliche Nachhaltigkeitskommunikation hat sich zu einem strategischen Handlungsfeld entwickelt, das weit über klassisches Marketing hinausgeht. Sie umfasst sowohl die interne als auch die externe Vermittlung nachhaltigkeitsbezogener Ziele, Maßnahmen und Erfolge – und ist eng mit der Glaubwürdigkeit und Reputationswirkung des Unternehmens verknüpft.

Zentrale Grundlage ist der Aufbau einer systematischen Nachhaltigkeitsberichterstattung. Diese orientiert sich zunehmend an internationalen Standards wie der Global Reporting Initiative (GRI)[7] und der CSRD (Corporate Sustainability Reporting Directive)[8] anhand der European Sustainability Reporting Standards (ESRS). Der Bericht soll nicht nur regulatorische Anforderungen erfüllen, sondern auch Orientierung für Stakeholder bieten.

Wesentliche Prinzipien der Berichterstattung sind:

- **Glaubwürdigkeit:** Aussagen müssen durch überprüfbare Daten belegt werden.
- **Wesentlichkeit:** Es sollen jene Themen adressiert werden, die für das Unternehmen und seine Stakeholder von Bedeutung sind.
- **Stetigkeit und Vollständigkeit:** Entwicklungen über Zeiträume hinweg sowie alle relevanten Aspekte müssen dargestellt werden.
- **Vergleichbarkeit und Transparenz:** Berichte sollen zwischen Unternehmen und über die Zeit hinweg vergleichbar sein.
- **Genauigkeit und Relevanz:** Inhalte sollen präzise, verständlich und zielgruppengerecht aufbereitet sein.

---

7 GRI (2021): Universal Standards 2021, Global Reporting Initiative, www.globalreporting.org; zuletzt abgerufen am 2. Februar 2026.

8 CSRD (2022): Corporate Sustainability Reporting Directive – EU Official Journal.

Neben der formellen Berichterstattung gewinnt die laufende Kommunikation über nachhaltige Aktivitäten an Bedeutung. Dies umfasst den Markenauftritt ebenso wie interne Kommunikationsformate, Kampagnen oder digitale Plattformen. Gerade jüngere Zielgruppen erwarten Transparenz, Partizipation und Authentizität. Unternehmen müssen daher Nachhaltigkeit erlebbar machen – etwa durch Storytelling, visuelle Formate oder Mitarbeitendenengagement.

Interne Kommunikation spielt eine Schlüsselrolle bei der Verankerung der Nachhaltigkeit in der Unternehmenskultur. Informations- und Schulungsangebote, gemeinsame Projekte oder unternehmensweite Nachhaltigkeitstage stärken das Bewusstsein und fördern die Identifikation der Mitarbeitenden mit den Nachhaltigkeitszielen.

Insgesamt ist Nachhaltigkeitskommunikation mehr als ein Reportingprozess – sie ist ein strategisches Steuerungsinstrument, das Glaubwürdigkeit erzeugt, Vertrauen aufbaut und nachhaltige Veränderung begleitet. Unternehmen, die proaktiv und transparent kommunizieren, verschaffen sich einen entscheidenden Vorteil im Wettbewerb um Kunden, Talente und gesellschaftliche Akzeptanz.

Kanal	Zielgruppe	Ziel
Nachhaltigkeitsbericht bzw. Nachhaltigkeitserklärung nach CSRD	Regulatoren, Analysten	Transparenz, Vergleichbarkeit
Social Media	Öffentlichkeit, Kunden	Aufmerksamkeit, Dialog
Intranet, Newsletter	Belegschaft	Beteiligung, Kulturwandel
Stakeholder-Dialoge	NGOs, Investoren	Legitimation, Feedback

Tabelle 12.5: Kommunikationskanäle und Zielgruppen der Nachhaltigkeitskommunikation

Die Bedeutung der Nachhaltigkeitskommunikation hat in den letzten Jahren enorm zugenommen. Sie entwickelt sich vom reinen Berichtswesen hin zu einem strategischen Kommunikationsfeld, das Markenpositionierung, Stakeholderdialog und interne Kulturentwicklung miteinander verknüpft.

Eine glaubwürdige und angemessene Nachhaltigkeitskommunikation kann auch wesentlich dazu beitragen, Reputationsrisiken zu begrenzen, die sich aus Greenwashing-Vorwürfen ergeben können. Den Rahmen für die Nachhaltigkeitskommunikation geben regulatorische beziehungsweise gesetzgeberische Vorgaben. Neben bestehenden Vorgaben gegen unlautere Geschäftspraktiken kommen Bestimmungen auf der Ebene der Europäischen Union hinzu. Sie sollen Verbrauchern besser informierte Kaufentscheidung ermöglichen und untersagen beispielsweise irreführende Marketingmaßnahmen.

Ein zentrales Element der Nachhaltigkeitskommunikation bildet die Auswahl geeigneter Kommunikationskanäle. Unternehmen nutzen heute eine breite Palette – von klassischen Nachhaltigkeitsberichten über Online-Dossiers bis hin zu interaktiven

Dashboards, Podcasts oder Social-Media-Formaten. Ziel ist es, unterschiedliche Anspruchsgruppen gezielt und adressatengerecht anzusprechen: Analysten und Regulatoren benötigen andere Formate als Kunden oder Mitarbeitende.

In der internen Kommunikation gewinnen Formate wie Nachhaltigkeits-Newsletters, grüne Ideenspeicher, interaktive Veranstaltungen oder interne Botschafterprogramme (zum Beispiel Nachhaltigkeits-Beauftragte) an Bedeutung. Sie helfen dabei, Nachhaltigkeit als Querschnittsthema im Unternehmen zu verankern und nicht nur auf die Nachhaltigkeitsabteilung zu beschränken.

Für die externe Kommunikation sind Glaubwürdigkeit und Kohärenz entscheidend. Unternehmen sollten nicht nur über Erfolge berichten, sondern auch Herausforderungen und Lernprozesse transparent machen. Dieses „honest storytelling" trägt wesentlich zur Vertrauensbildung bei. Studien zeigen, dass Stakeholder besonders positiv auf solche authentischen Narrative reagieren – vor allem, wenn konkrete Beispiele aus dem Arbeitsalltag verwendet werden.

Neben den Inhalten der Kommunikation spielen die jeweiligen Wirkungen eine wichtige Rolle. Anstelle abstrakter Absichtserklärungen erwarten Stakeholder vielfach klare Informationen über die tatsächlichen Effekte der Nachhaltigkeitsmaßnahmen. Wirkungsmessung (Impact Measurement) und deren Visualisierung werden zu zentralen Kommunikationselementen.

Ein wichtiger Rahmen für die formale Kommunikation sind externe Standards und Ratings. Unternehmen orientieren sich an Global Reporting Initiative (GRI), Deutscher Nachhaltigkeitskodex (DNK)[9], Sustainability Accounting Standards Board (SASB) oder European Sustainability Reporting Standards (ESRS) und unterziehen sich freiwilligen ESG-Ratings oder Audits. Diese dienen nicht nur der Vergleichbarkeit, sondern auch der internen Professionalisierung der Berichterstattung.

Nachhaltigkeitskommunikation ist somit weit mehr als eine Informationspflicht – sie ist ein strategisches Instrument zur Positionierung, zur Kulturentwicklung und zur aktiven Gestaltung der Transformation. Wer sie ernst nimmt, nutzt ihre Potenziale als Motor für Glaubwürdigkeit, Veränderungsbereitschaft und Innovationskraft. Gleichzeitig ist eine glaubwürdige und fundierte Kommunikation die beste Maßnahme, um möglichen Reputationsrisiken vorzubeugen.

Bei ihren Überlegungen zur Nachhaltigkeitskommunikation stellen Alina und Peter fest, dass auch dieser Unternehmensbereich sehr stark von der Thematik Nachhaltigkeit betroffen ist. Sie sehen, dass es zum einen um die Kommunikation nach innen geht, beispielsweise um die Sensibilität der Belegschaft zur Nachhaltigkeit der eigenen Handlungen im Arbeitsumfeld zu fördern. Zum anderen stellen Alina und Peter fest, dass im Hinblick auf

[9] DNK (2023): Deutscher Nachhaltigkeitskodex, Rat für Nachhaltige Entwicklung, www.deutscher-nachhaltigkeitskodex.de; zuletzt abgerufen am 2. Februar 2026.

die Kommunikation nach außen vieles zu beachten ist. So sehen sie, dass zum Beispiel die Berichterstattung in Form von Geschäftsberichten und Bilanzen von zahlreichen regulatorischen Vorgaben betroffen ist. Eine weitere Erkenntnis der beiden ist, dass bestimmte Nachhaltigkeitsziele erst nach und nach erreicht werden können. Dafür braucht es also einen Plan, der den Weg zum Ziel mit bestimmten Meilensteinen beschreibt.

Dieser Plan zur Nachhaltigkeitstransformation ist der folgende Transformationspfad.

12.7 Nachhaltigkeitstransformation

Die Nachhaltigkeitstransformation stellt Versicherungsunternehmen vor eine große strategische Herausforderung. Sie umfasst den tiefgreifenden Wandel sämtlicher Unternehmensbereiche im Hinblick auf ökologische, soziale und ethische Kriterien – mit dem Ziel, langfristig das Netto-Null-Ziel zu erreichen und so sozial verantwortungsvoll und wirtschaftlich tragfähig zu wirtschaften.

Diese Transformation birgt auch **Chancen**: Unternehmen, die Nachhaltigkeit frühzeitig und konsequent in ihre Geschäftsmodelle integrieren, können sich Wettbewerbsvorteile sichern, neue Kundengruppen erschließen, Innovationspotenziale heben und ihre Resilienz gegenüber regulatorischen und klimabezogenen Risiken stärken. Zudem steigt der Druck seitens Investoren, Kunden und Mitarbeitenden, unternehmerisches Handeln an nachhaltigen Kriterien auszurichten.

Gleichzeitig sind die Risiken und **Herausforderungen** nicht zu unterschätzen. Eine der größten Hürden ist die zunehmende Komplexität und Dichte der Regulierung. Laut GDV (2025) kann die Vielzahl an neuen EU-Vorgaben, zum Beispiel im Rahmen der EU-Taxonomie oder CSRD, unbeabsichtigte Nebenwirkungen erzeugen. Dazu zählen inkonsistente Anforderungen, Doppelregulierungen und erhöhter administrativer Aufwand. Dies kann dazu führen, dass Unternehmen strategische Projekte aufschieben oder Kosten an Kunden weitergeben müssen.

Eine zentrale Aufgabe für Unternehmen ist daher die Entwicklung eines klaren **Umsetzungsplans.** Transitions- und Übergangspläne sind essenziell, um konkrete Schritte auf dem Weg zu Netto-Null-Emissionen – etwa bis zum Jahr 2050 – zu definieren. Laut GDV (2025) haben bereits 46 % der Versicherer entsprechende Pläne erstellt. Die Tendenz ist klar: Auch kleinere und mittlere Unternehmen beginnen, ihre Transformationspfade zu gestalten.

Wesentlich ist dabei auch die **Orientierung an externen Standards**. Die Mehrheit der Unternehmen folgt freiwillig Rahmenwerken wie den UN Principles for Responsible Investment (PRI)[10], dem UN Global Compact oder den Principles for Sustainable In-

[10] PRI (2022): Principles for Responsible Investment – Reporting Framework. www.unpri.org

surance (PSI). Diese Standards sollten möglichst durchgängig in Strategie und Geschäftsprozessen verzahnt sein. Auf diese Weise können die Standards in den unternehmensindividuellen Transitionsplänen Berücksichtigung finden.

Die Transformation zur Nachhaltigkeit erfordert einen ganzheitlichen, koordinierten und langfristigen Ansatz. Sie gelingt nur, wenn Unternehmen ihre Strukturen, Prozesse, Produkte und ihre Unternehmenskultur gezielt weiterentwickeln. Transparenz, Mut zur Veränderung und eine klare Vision sind dabei entscheidend, um die ökologische und soziale Zukunftsfähigkeit zu sichern und als Gestalterin der Transformation aufzutreten.

2025	2030	2035	2040	2045
Start Implementierung der Nachhaltigkeitsstrategie	Erreichen von –50 % Emissionen	Erreichen von –75 % Emissionen	Fast vollständig klimaneutral	Net-Zero erreicht

Tabelle 12.6: Beispiel für einen Transformationspfand der Proximus-AG im Hinblick auf Klimaneutralität (Net-Zero)

Die Transformation hin zu einem nachhaltigen Geschäftsmodell betrifft nicht nur einzelne Produkte oder Prozesse, sondern erfordert einen **strukturellen Wandel** der gesamten Organisation. Dieser Wandel ist mehrdimensional: Er berührt die strategische Ausrichtung, die Unternehmenskultur, die Führungsprinzipien, die Lieferketten sowie das Stakeholder-Management.

Ein entscheidender Erfolgsfaktor ist das klare **Bekenntnis** des Top-Managements. Ohne eine starke Vision, eine transparente Kommunikationslinie und ein durchsetzungsfähiges Nachhaltigkeitsmanagement verlaufen Transformationsprozesse häufig im Sand. Dabei sollte die Transformation nicht als einmaliges Projekt, sondern als fortlaufender Lernprozess verstanden werden, der Raum für Rückschläge und Kurskorrekturen lässt.

Die Erstellung von Transition-Plänen geht idealerweise einher mit der **Definition von Meilensteinen, Budgets, personellen Ressourcen und Verantwortlichkeiten**. Auch begleitende Maßnahmen wie Change-Kommunikation, Weiterbildungen und Pilotprojekte tragen zur erfolgreichen Umsetzung bei. Unternehmen, die frühzeitig Mitarbeitende in die Gestaltung der Transformation einbeziehen, profitieren von höherer Akzeptanz und Innovationsfreude.

Besonderes Augenmerk liegt auf der **sektorübergreifenden Zusammenarbeit**. Nachhaltigkeitstransformation kann nur gelingen, wenn Akteure aus Politik, Wirtschaft, Zivilgesellschaft und Wissenschaft gemeinsam neue Rahmenbedingungen, Standards und Innovationen entwickeln. Versicherungsunternehmen nehmen dabei eine Brückenfunktion ein – etwa durch die Entwicklung von Versicherungslösungen für neue Technologien, durch Investitionen in nachhaltige Infrastruktur oder durch die Mitwirkung in branchenspezifischen Gremien.

Darüber hinaus gewinnen **resilienzorientierte Steuerungsansätze** an Bedeutung. Nachhaltigkeitstransformation ist nicht nur eine Antwort auf ökologische Herausforderungen, sondern auch ein Instrument zur Risikovorsorge angesichts geopolitischer, ökonomischer und sozialer Unsicherheiten. Versicherer, die sich frühzeitig auf solche Dynamiken einstellen, erhöhen ihre Anpassungsfähigkeit und verringern langfristige Schadensrisiken.

Eine offene, **transparente Transformationskultur**, die Fehler zulässt, Innovationen fördert und übergreifende Zusammenarbeit ermöglicht, wird zunehmend zur Schlüsselressource der Zukunft. Die Nachhaltigkeitstransformation ist damit nicht nur eine technische oder regulatorische Herausforderung – sie ist vor allem ein kultureller Prozess, der neues Denken, neue Beziehungen und neue Formen der Verantwortung fordert und fördert.

Ein zentraler Erfolgsfaktor für die Nachhaltigkeitstransformation ist ein klarer, realistisch gestalteter und schrittweiser **Umsetzungsplan**. Transformation bedeutet nicht lediglich punktuelle Maßnahmen, sondern eine tiefgreifende Neuorientierung von Geschäftsmodellen, Arbeitsweisen und Entscheidungslogiken. Unternehmen, die diese Veränderung aktiv gestalten, erkennen frühzeitig Chancen und minimieren Risiken.

Der Ausgangspunkt ist eine umfassende **Bestandsaufnahme**: Wo steht das Unternehmen in Bezug auf Emissionen, soziale Verantwortung und Governance? Welche Transformationsfelder weisen den größten Handlungsbedarf auf? Daraus ergibt sich eine strategische Roadmap, die in konkrete Programme überführt wird – etwa zur Dekarbonisierung, Diversitätsförderung oder zur Schaffung nachhaltiger Lieferketten.

Erfolgreiche Transformation setzt auch eine starke **interne Steuerung** voraus. Viele Versicherer etablieren Transformations-Boards oder ESG-Lenkungskreise, in denen Nachhaltigkeitsthemen auf oberster Ebene verankert sind. Diese Gremien übernehmen die Steuerung, Verantwortung und Koordination der Umsetzungsaktivitäten und sorgen für Priorisierung, Ressourcenplanung und Zielverfolgung.

Wesentlich ist auch die **organisatorische Verankerung**: Nachhaltigkeit wird zur Querschnittsfunktion, die alle Fachbereiche betrifft. Das erfordert neue Kompetenzen, Weiterbildungsprogramme und interdisziplinäre Zusammenarbeit. In der Praxis bedeutet dies etwa, dass Fachbereiche gemeinsam mit Nachhaltigkeitsexperten an Produktdesigns, IT-Architekturen oder Prozessveränderungen arbeiten.

Ein unterschätzter Erfolgsfaktor ist die **Kulturtransformation**. Nachhaltigkeit verändert die Art, wie Entscheidungen getroffen, Verantwortung wahrgenommen und Zukunft gedacht wird. Transformationsvorhaben scheitern weniger an Zielen als an fehlender Akzeptanz und Veränderungsbereitschaft. Deshalb ist kulturelle Kommunikation – etwa durch Führungsimpulse, Beteiligungsformate und Feedbackkultur – essenziell.

Nicht zuletzt ist die Nachhaltigkeitstransformation ein dynamischer Prozess. Neue wissenschaftliche Erkenntnisse, regulatorische Entwicklungen oder gesellschaftliche Erwartungen können Anpassungen notwendig machen. Deshalb braucht es ein agiles Transformationsmanagement, das Raum für Reflexion, Lernen und Kurskorrekturen schafft.

Am Beispiel der Transformation der Kapitalanlage mit Blick auf Nachhaltigkeit und im Einklang mit den übrigen Zielen Rendite-Sicherheit-Liquidität sehen Alina und Peter, wie ein Transformationspfad zur Zielvorgabe (zum Beispiel „NetZero bis 2045", also „emissionsfreie" Kapitalanlage bis 2045) aussehen kann.

Sie überlegen, wie dieses planvolle Vorgehen in den anderen Unternehmensbereichen übertragen werden kann, um weitere Transformationspfade für das Zielbild der Proximus Versicherung AG als Gesamtunternehmen zu erstellen.

12.8 Fazit

Die Analyse der Anwendungsfelder, Aktivitäten und Prozesse im Bereich der Nachhaltigkeit zeigt eindrucksvoll, wie tiefgreifend und vielschichtig Nachhaltigkeit in der Versicherungswirtschaft verankert werden kann. Dabei offenbart sich ein umfassendes Steuerungsverständnis, das ökologische, soziale und ökonomische Aspekte systematisch integriert.

Die Kapitalanlage (Kapitel 12.1) bildet einen zentralen Hebel zur nachhaltigen Steuerung. Durch ESG-Integration, SDG-orientierte Investments und Impact Investing tragen Versicherer aktiv zur Transformation von Wirtschaft und Gesellschaft bei. Gleichzeitig steigen die Anforderungen an Daten, Transparenz und Messbarkeit.

Nachhaltige Produktgestaltung und Underwriting (Kapitel 12.2) ermöglichen eine gezielte Steuerung des Markteinflusses durch risikoadäquate Prämiengestaltung, Ausschlüsse und die Förderung nachhaltiger Geschäftsmodelle. Dabei sind Dialogorientierung und Regulatorik zentrale Rahmenbedingungen.

Die Schaden- und Leistungsabwicklung (Kapitel 12.3) zeigt konkrete Potenziale nachhaltiger Prozesse – von der Abfallvermeidung über energieeffiziente Sanierung bis hin zur Auswahl umweltfreundlicher Dienstleister. Hier wird Nachhaltigkeit besonders erlebbar für Kunden.

Im eigenen Betrieb (Kapitel 12.4) liegt der Fokus auf Energieeffizienz, Mitarbeiterwohl, Vielfalt und Governance. Zwar sind die Hebel kleiner, aber die direkte Steuerbarkeit und Sichtbarkeit macht diesen Bereich besonders wertvoll für die kulturelle Transformation.

Fundierter Steuerungsentscheidungen (Kapitel 12.5) benötigen eine hinreichende Basis messbarer Daten. Nachhaltigkeitsdilemmata fordern ein ausgewogenes Management von Zielkonflikten. Die Integration in Unternehmensziele und Anreizsysteme ist hierbei essenziell.

Die Nachhaltigkeitskommunikation (Kapitel 12.6) geht über bisherige Berichtspflichten hinaus und dient der Glaubwürdigkeitsbildung, Transparenz und kulturellen Verankerung von Nachhaltigkeit – intern wie extern.

Die Nachhaltigkeitstransformation (Kapitel 12.7) verlangt eine langfristige, ganzheitliche Strategie. Sie erfordert Umsetzungspläne, Mut zur Veränderung und Orientierung an internationalen Standards.

In Summe wird deutlich: Nachhaltigkeit ist keine Zusatzoption, sondern integraler Bestandteil moderner Unternehmensführung. Die systematische Einbindung in alle Steuerungsbereiche stärkt nicht nur die Zukunftsfähigkeit von Versicherungsunternehmen, sondern auch deren Beitrag zu einer nachhaltigen Gesellschaft.

Die Zukunftsfähigkeit von Versicherungsunternehmen hängt maßgeblich davon ab, ob es gelingt, Nachhaltigkeit nicht nur zu berichten, sondern strukturell umzusetzen. Die Transformation ist dabei nicht das Ziel, sondern der Weg – und zugleich Ausdruck unternehmerischer Verantwortung in einer sich wandelnden Welt.

13 Arbeitswelt im Wandel: Trends und moderne Führung

Damit Unternehmen sich langfristig als innovative Organisation von ihren Mitbewerbern absetzen können, sollten sie aktuelle Trends stets im Blick behalten, schnell auf diese reagieren und im Idealfall sogar selbst Trends setzen. Trends sind gekennzeichnet durch neue Entwicklungen. In den vorherigen Kapiteln wurden bereits Themen wie Digitalisierung, Nachhaltigkeit, moderne Projektorganisationen und die externen Einflüsse, denen Unternehmen unterliegen, thematisiert. All diese Entwicklungen verändern nicht nur die Produkte und die Art miteinander zu arbeiten, sondern auch uns Menschen selbst. Ein Unternehmen lebt von seinem Miteinander, dass wiederum erst durch die Zusammenarbeit einzelner Personen stattfinden kann. Die Art und Weise, wie die Zusammenarbeit gelebt wird, bezeichnet man als Unternehmenskultur, welche vom amerikanischen Organisationskulturforscher Schein als „Summe aller gemeinsamen und selbstverständlichen Annahmen, die eine Gruppe im Laufe ihrer Geschichte erlernt hat", definiert wurde.[1] Betrachtet man Organisationen aus einem systemtheoretischen Blickwinkel, so kann man sie als komplexe Systeme beschreiben, die dynamisch, vernetzt und intransparent sind. Jede Form, die auf eine Art menschlicher Zusammenarbeit ausgelegt ist und die Ausrichtung auf eine gemeinsame Aufgabe mit sich bringt, bildet hierbei ein eigenes System. Dies können Arbeits- oder Projektgruppen, Abteilungen, Fachbereiche oder komplette Unternehmen sein. All diese Systeme verarbeiten Inputs aus ihrer Umwelt und geben Outputs an ihre Umwelt ab.[2]

Wichtig ist also das Zusammenspiel von Entwicklungen außerhalb des Unternehmens und dem, was sich intern in der eigenen Organisation entwickelt. Dies kann zu verändertem Verhalten und neuen Anforderungen im Miteinander führen.

In der Inhouse Consulting Division der Proximus Versicherung AG wird diskutiert, ob es im eigenen Miteinander Potenzial für Verbesserungen gibt. In den letzten Jahren wurden verschiedene Maßnahmen umgesetzt, wie beispielsweise die Einführung agiler Projektorganisationen, die automatisch neue Strukturen und Methoden der Führung mit sich gebracht haben. Bevor der Blick auf die einzelnen Bereiche gerichtet wird, soll zunächst überprüft werden, welche Trends sich aktuell außerhalb des Unternehmens abzeichnen.

[1] Vgl. Winfried Berner, Culture Change: Unternehmenskultur als Wettbewerbsvorteil, 2. Auflage 2019, Schäffer-Poeschel Verlag für Wirtschaft Steuern Recht GmbH, 2019, S. 16.

[2] Vgl. Thomas Steiger und Eric Lippmann, Hrsg., Handbuch Angewandte Psychologie für Führungskräfte: Führungskompetenz und Führungswissen, 4. Aufl. 2013, Springer, Berlin, Heidelberg, 2013, S. 22–23, https://doi.org/10.1007/978-3-642-34357-5.

13.1. Ansätze, Methoden und Tools zum Erkennen von Trends

- Statistische Trendanalyse
- Methoden der Zukunftsforschung
- Kongresse, Hub, Trendradar

Um Trends frühzeitig zu erkennen, gilt es, die Umwelt, Märkte und Stakeholder systematisch zu beobachten und dabei auch schwache Signale aufzunehmen, durch die eine mögliche Zukunft vorhergesehen werden kann. Hierfür kommen meist Trendanalysen zum Einsatz. Um nach der grundlegenden Analyse die möglichen Auswirkungen aufgespürter Trends einschätzen zu können, nutzen fast zwei Drittel der Unternehmen wiederum Szenariotechniken, die ein „Was wäre, wenn…" durchspielen, um sich für verschiedenste Varianten zukunftssicher aufzustellen.[3] Beide Methoden werden im Folgenden näher beschrieben.

Trendanalyse

Unter der Trendanalyse, auch dem Trendscouting genannt, versteht man das Diagnostizieren, Definieren und das Dokumentieren von Veränderungen in Gesellschaft, Märkten und Marketing.[4] In einem ersten Schritt müssen die gegenwärtigen Veränderungen recherchiert werden. Hierzu können unterschiedliche Quellen relevant sein, beispielsweise Fachliteratur, Zeitschriften, Messen, Konferenzen, Branchenberichte, Patentdatenbanken, interne Netzwerke, Verkaufsberichte oder interne Methoden zur Ideengenerierung. In einer anschließenden Identifikation und Dokumentation der erkannten Entwicklungen ist es hilfreich, diese genauer zu beschreiben, um eine spätere Weiterverarbeitung zu erleichtern. Hierzu sollten Unternehmen die Entwicklungen klassifizieren und sich mit dem Wirkungsbereich, möglichen Anwendungsfeldern und Wechselwirkungen auseinandersetzen. Für die Bewertung, ob eine Entwicklung weiterbeobachtet werden sollte, spielen das Potenzial und die Relevanz für die eigene Organisation eine maßgebliche Rolle. Wird eine Entwicklung als relevant eingestuft, sollte ein Monitoring erfolgen, das den weiteren Verlauf erfasst. Die hierbei gesammelten Daten können statistisch aufbereitet und grafisch dargestellt werden. Durch eine solche Visualisierung lässt sich leichter erkennen, ob es sich tatsächlich um einen Trend mit positiver Entwicklung handelt. Um relevante Trends besser im Überblick zu behalten, empfiehlt sich eine Darstellung in einem Trendradar. Dabei handelt es sich um eine Darstellung in konzentrischen Kreisen – ähnlich wie bei einem echten Radar-, in der die einzelne Trends entsprechend ihrer Kategorie und Relevanz eingezeichnet

---

[3] Vgl. Rolf Franken und Swetlana Franken, Wissen, Lernen und Innovation im digitalen Unternehmen: mit Fallstudien und Praxisbeispielen, 3., überarbeitete und erweiterte Auflage, Lehrbuch Springer Gabler, 2023, S. 329.

[4] Vgl. Franken und Franken, Wissen, Lernen und Innovation im digitalen Unternehmen, S. 332.

werden. Eine vereinfachte Darstellung eines Trendradars ist exemplarisch in Abbildung 13.1 zu sehen.[5] Dabei werden die möglichen Trends in Themenbereichen kategorisiert. Je näher an der Mitte ein Trend ist und je größer der Kreis, desto relevanter könnte er für das Unternehmen werden.

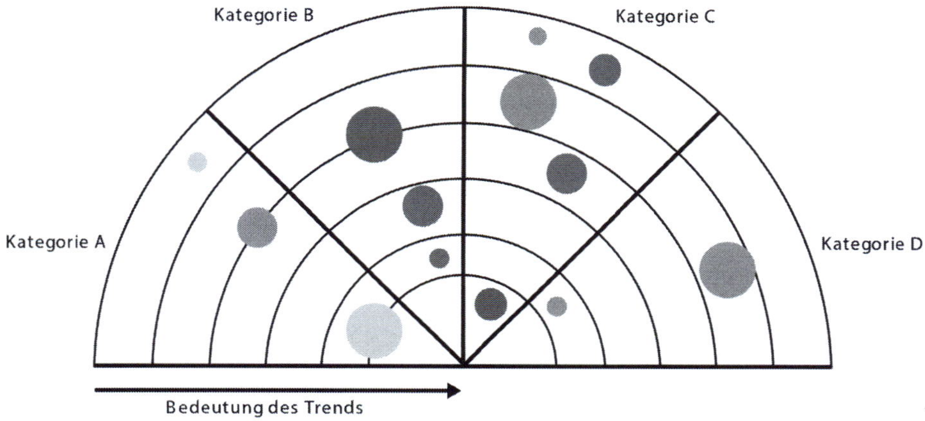

Abbildung 13.1: Beispielhafte Darstellung Trendradar (eigene Abbildung)

Szenariotechnik

Veränderungen, die durch Trendanalysen erkannt werden, sind vielfältig und können das Nachfrageverhalten der Verbraucher beeinflussen. Neben marktwirtschaftlichen Entwicklungen spielen auch politische Faktoren eine Rolle, etwa ein Gesetzesbeschluss über eine künftige Pflichtversicherung. Ebenso verändern sich Leitzinsen, Steuersätze, Energiepreise, Subventionen und andere externe Rahmenbedingungen regelmäßig. Die Vorausschau auf mögliche Entwicklungen ist daher ein zentraler Bestandteil der Strategiearbeit. Unternehmen müssen in der Lage sein, auf unterschiedliche Szenarien schnell zu reagieren, um sich Wettbewerbsvorteile zu sichern. Charakteristisch für die Szenariotechnik ist das Denken in umfassenden Wirkungsszenarien. Dazu gehört neben der Beschreibung möglicher Zukunftsbilder auch die Rückschau auf die Entwicklung bis zum heutigen Stand.

Die induktive Methode gilt als ressourcenschonende Variante der Szenariotechnik. Sie nutzt Kreativitätstechniken, um plausible Zukunftsszenarien zu entwerfen und deren Auswirkungen zu beschreiben. Die Szenarien werden normativ festgehalten und anschließend in Bezug auf mögliche Handlungsoptionen geprüft. Dabei lassen sich auch strategische Ziele integrieren.

---

5 Vgl. Andrea Massimiani, Kritische Erfolgsfaktoren zur Implementierung von Strategischem Trendmanagement in Handelsunternehmen: Entwicklung eines Vorgehensmodells, Springer Fachmedien Wiesbaden, 2025, S. 64–68, https://doi.org/10.1007/978-3-658-46412-7.

Die deduktive Methode ist aufwendiger, liefert jedoch exaktere Ergebnisse. Hierbei werden Szenarien explorativ entwickelt. Sie ergeben sich aus der Analyse relevanter Einflussfaktoren und den daraus abgeleiteten Schlussfolgerungen.[6]

Interne Ideengenerierung

Trends müssen natürlich nicht nur von außen aufgenommen werden. Durch die Entwicklung eigener Ideen kann sich ein Unternehmen als besonders innovativ zeigen und im Idealfall sogar neue Trends setzen. Ideenwettbewerbe können für Mitarbeitende ein interessanter Anreiz sein, sich aktiv zu beteiligen. Eine einfache, aber bewährte Methode zur Ideengenerierung, die in Workshops häufig zum Einsatz kommt, ist das **Brainstorming.** Hierbei geht es darum, möglichst viele Ideen zu einem bestimmten Thema oder einer Problemstellung zu sammeln. Eine Brainstorming-Session wird meist von einer oder mehreren moderierenden Personen begleitet, welche die eingebrachten Ideen dokumentieren und sie im Anschluss gemeinsam mit den Teilnehmenden bewerten, sortieren und priorisieren. Um auch introvertierte Personen optimal in den Prozess der Ideengenerierung einzubinden, können auch schriftliche Weiterentwicklungen des Brainstormings zum Einsatz kommen.[7]

Die **Open-Space-Methode** ist eine Form des Brainstormings, die sich sowohl für kleine Gruppen mit 5–10 Teilnehmenden als auch für große Gruppen mit mehreren hundert oder sogar über tausend Personen eignet. Durch virtuelle Formate lassen sich dabei auch räumliche Beschränkungen überwinden. Besonders nützlich ist Open Space, wenn viele Beteiligte mit unterschiedlichen Perspektiven einbezogen werden sollen, um komplexe Fragestellungen zu bearbeiten oder neue Ideen zu entwickeln.

In der klassischen Durchführung werden mehrere Stationen eingerichtet, die aus Stuhlkreisen, Flipcharts oder Whiteboards bestehen können und an denen sich Teilnehmende versammeln und diskutieren. In virtuellen Formaten übernehmen Gruppenräume und digitale Whiteboards diese Funktion. Grundlage der Diskussion sind vorab festgelegte Themen oder Leitfragen, die auf den Materialien fixiert werden und von den Teilnehmenden stichpunktartig ausgearbeitet, beantwortet oder ergänzt werden.

Kennzeichnend für Open Space ist das Prinzip der Eigenständigkeit: Teilnehmende können Stationen frei wechseln und sich dort einbringen, wo sie es für sinnvoll halten. Auch Pausen werden individuell gestaltet; Verpflegung sollte jederzeit zugänglich sein. Unterbrechungen im Prozess gilt es zu vermeiden. Idealerweise endet eine Open-Space-Veranstaltung erst, wenn keine weiteren Ideen mehr entstehen.[8]

---

[6] Vgl. Traute Kaufmann und Traute Kaufmann, Optionenfindung, Strategieentwicklung und Umsetzung, Strategiewerkzeuge aus der Praxis, Band 2, Springer Gabler, 2024, S. 167–169.

[7] Vgl. Franken und Franken, Wissen, Lernen und Innovation im digitalen Unternehmen, S. 376.

[8] Vgl. Harrison Owen, Open Space Technology: Ein Leitfaden für die Praxis, 2. aktualisierte und erweiterte Auflage 2011, Schäffer-Poeschel Verlag für Wirtschaft Steuern Recht GmbH, 2011.

Eine weitere schriftliche Brainstorming-Methode ist die **6-3-5-Methode,** welche vor allem für kleine Gruppen von 5–20 Teilnehmenden geeignet ist. Dabei schreiben sechs Personen jeweils drei Ideen auf ein vorgefertigtes Formular. Anschließend wird das Formular an die daneben sitzende Person weitergegeben, die sich von den bereits genannten Stichpunkten inspirieren lässt und jeweils drei weitere Ideen ergänzt. Der Prozess wird insgesamt fünfmal wiederholt. Eine Auswertung kann anschließend im Rahmen einer gemeinsamen Besprechung erfolgen. Ebenso kann die Häufigkeit der genannten Stichpunkte – bei Mehrfachnennungen – wichtige Hinweise auf deren jeweilige Relevanz liefern.[9]

Externe Ideengenerierung

Damit eine Dienstleistung oder ein Produkt am Markt erfolgreich ist, muss sie von Menschen wahrgenommen und letztlich gekauft werden. Deshalb kann es vorteilhaft sein, Ideen für spätere Entwicklungen direkt bei Endnutzern einzuholen. Zum Einholen von **Feedback** stehen verschiedene Plattformen zur Verfügung. Hierzu zählen Bewertungsplattformen, Befragungen, Blogs und Foren.[10]

Um Nutzer zu noch mehr Aktivität und dazu anzuregen, Ideen für Verbesserungen an ein Unternehmen zu richten, kann durch Open-Innovation-Communities ein Format geschaffen werden, das eine aktive Beteiligung ermöglicht. In einer solchen Community werden Menschen mit unterschiedlichen Hintergründen informell zusammengebracht, um gemeinsam an Lösungsansätzen für bestimmte Herausforderungen zu arbeiten. Je nach gewünschtem Resultat oder Anliegen kann die Zusammenarbeit dabei online, digital oder in einem hybriden Format erfolgen. Neben dem reinen Austausch können spezielle Events wie Ideenwettbewerbe, Hackathons oder Workshops die Ideenfindungsprozesse zusätzlich beflügeln.[11]

13.2 Aktuelle Megatrends mit starkem Bezug zur Arbeitswelt

Ein großes Anliegen der Inhouse Consulting Division ist es, selbst Trends zu setzen. Hierzu möchte sie die im vorigen Kapitel genannten Methoden nutzen und sich dabei sowohl stark an die eigenen Kunden als auch an den Vertrieb wenden. Die Gesellschaft sieht den Vertrieb als ein wichtiges Bindeglied, da die Mitarbeitenden aus diesem Bereich Unternehmensangehörige sind, die sich jedoch permanent im Austausch mit den Kunden befinden und deren Bedürfnisse besonders gut wahrnehmen können. Zeitgleich soll das bestehende Trendmonitoring verbessert werden. Um eine

9 Vgl. Franken und Franken, Wissen, Lernen und Innovation im digitalen Unternehmen, S. 377.
10 Vgl. Franken und Franken, Wissen, Lernen und Innovation im digitalen Unternehmen, S. 393–394.
11 Vgl. Franken und Franken, Wissen, Lernen und Innovation im digitalen Unternehmen, S. 400–401.

spätere Einordnung auf einem Trendradar vorzunehmen, führen sich die Zugehörigen der Consulting Division zunächst nochmals die aktuellen Megatrends mit Bezug zur Arbeitswelt vor Augen.

Während man unter dem Begriff „Trend" eine erkennbare Entwicklung in eine bestimmte Richtung versteht, bezeichnet ein „Megatrend" einen Trend mit weitaus tiefgreifenderer Auswirkung. Ein Megatrend ist ein langfristiger und übergreifender Transformationsprozess, der sich von einem gewöhnlichen Trend durch seinen Zeithorizont, seine Reichweite und seine Wirkungsstärke unterscheidet. Während ein einfacher Trend sich auf kleine Wirkungskreise beschränken kann, wirkt sich ein Megatrend meist global aus – und das oft mit einer Dauer von über 15 Jahren.[12] Zu den Megatrends unserer Zeit gehören Themen wie Gender Shift, Gesundheit, Globalisierung, Individualisierung, Konnektivität, Mobilität, New Work, Sicherheit, Urbanisierung und eine anwachsende Wissenskultur.[13] Einige Beispiele hiervon werden nachfolgend näher erläutert.

New Work

Der Begriff New Work geht auf den Philosophen Frithjof Bergmann und dessen Buch „Neue Arbeit, Neue Kultur" zurück. Bergmann konnte in den 1990er Jahren aus kurzer Distanz beobachten, wie General Motors Massenentlassungen durchführte. Daraufhin machte er sich Gedanken, wie man die Arbeitswelt menschenorientierter umgestalten könnte. Er sah die bisherigen Arbeitsweisen, die von autoritärer Führung und starren Strukturen geprägt waren, äußerst kritisch. Seiner Vision nach sollten Tätigkeiten mit mehr Freiräumen zur Entfaltung der Persönlichkeit, in Übereinstimmung mit den eigenen Wünschen, Hoffnungen, Träumen und Begabungen, verbunden sein. Da der Begriff New Work nicht einheitlich definiert ist, wird darunter vieles subsumiert, das sich von altmodischen Arbeitsmethoden unterscheidet. Recht einheitlich werden in diesem Zusammenhang Faktoren genannt wie Führung auf Augenhöhe, flache Hierarchien, mobile Technologien, Homeoffice oder moderne Raumkonzepte, wie beispielsweise Open-Space-Büros.[14]

Technologische Entwicklungen

Betrachtet man den gesellschaftlichen Wohlstand, gemessen am Bruttoinlandsprodukt der heutigen Industrienationen, vom Beginn der Zeitrechnung an, so stellt man fest, dass dieser über Jahrhunderte hinweg nahezu gar nicht gestiegen ist. Erst ab dem 18. Jahrhundert ist eine rasante Wohlstandsentwicklung zu verzeichnen. Die zentrale Erklärung hierfür liegt in der industriellen Revolution, die mit der Erfindung der Dampfmaschine Fahrt aufnahm und seither immer weiter voranschreitet. Trotz des Anstiegs des Wohlstands ist gleichzeitig ein Rückgang der geleisteten Arbeitsstun-

---

12 Vgl. Marc Helmold, Leadership: agile, virtuelle und globale Führungskonzepte in Zeiten von neuen Megatrends, Springer Fachmedien Wiesbaden GmbH, 2022, S. 165.

13 Vgl. Franken und Franken, Wissen, Lernen und Innovation im digitalen Unternehmen, 330.

14 Vgl. Carsten Schermuly, New Work – gute Arbeit gestalten: psychologisches Empowerment von Mitarbeitern, 2. Auflage Haufe Group, 2019, 49–58, S. 277–279.

den zu erkennen – bei gleichzeitig immer höherer Produktivität. Ermöglicht wird dies durch weitere technologische Entwicklungen. Hardware-Entwicklungen sind bis heute nicht an ihre Grenzen gekommen: Die Leistungen, gemessen an Speicherkapazitäten und Prozessorgeschwindigkeiten, entwickeln sich weiterhin exponentiell. Auch die Netzwerke zur Übertragung der resultierenden Datenmengen werden immer effizienter, was man beispielsweise an den Fortentwicklungen der Übertragungsstandards von 3G über LTE bis hin zu 5G beobachten kann. Künstliche Intelligenz wertet Daten mittlerweile automatisiert aus und trägt zur weiteren Steigerung der Produktivität bei. Generative künstliche Intelligenz wird die Arbeitswelt disruptiv verändern, dadurch, dass mit einer hohen Geschwindigkeit automatisiert Arbeitsergebnisse erschaffen werden. Dies wird die Entwicklung unseres Wohlstands weiterhin positiv begünstigen und unsere Arbeitswelt auch in Zukunft stetig verändern.[15]

Dezentralisierung und virtuelle Zusammenarbeit

Die technologischen Entwicklungen tragen dazu bei, dass weder Qualität noch die Quantität von Arbeitsleistungen von einem bestimmten Ausführungsort abhängig sind. Virtuelle Zusammenarbeit erspart Reisezeiten und -kosten, ermöglicht flexiblere Arbeitszeiten, Arbeitsplätze und Möglichkeiten der Freizeitgestaltung. Oftmals trägt die Möglichkeit virtueller Zusammenarbeit zu geringeren Fehlzeiten, weniger Fluktuation und einer höheren Arbeitszufriedenheit bei. Unternehmen können verstärkt Desk-Sharing-Konzepte einsetzen und sparen hierdurch Kosten für Büroausstattungen, Miete, Heizung und Strom ein.[16] Jedoch bietet die Dezentralisierung von Arbeitsplätzen nicht nur Vorteile. Studien haben herausgefunden, dass informeller Kommunikation etwa 70 % des Informationsaustauschs in Unternehmen ausmachen. Menschen begegnen sich zufällig auf dem Flur oder an der Kaffeemaschine und tauschen hierbei ungezwungen Informationen und Erfahrungen aus. Dies fördert Kreativität und hilft bei Problemlösungsprozessen. Um diese Kommunikation weiterhin zu ermöglichen, müssen Möglichkeiten geschaffen werden. Dies können virtuelle Kaffeepausen, offene Chat-Kanäle oder informelle Videomeetings sein. Regelmäßige Präsenzmeetings sollten nach wie vor abgehalten werden.[17] Neben der Schaffung von Kommunikationsmöglichkeiten stellt auch der Datenschutz teils eine größere Herausforderung dar, als bei der direkten Zusammenarbeit. Ebenso besteht die Gefahr sozialer Isolation sowie der mangelnden Identifikation mit dem jeweiligen Unternehmen durch die Mitarbeitenden. Und auch die virtuelle Führung erfordert ein Umdenken.[18] Weitere Informationen zum Thema dezentrale Führung finden sie in Kapitel 13.3.1.4.

---

15 Vgl. Luca Rebeggiani u. a., Hrsg., Megatrends aus Sicht der Volkswirtschaftslehre: Demografischer Wandel – Globalisierung & Umwelt – Digitalisierung, 1. Auflage 2020, FOM-Edition, Springer Fachmedien Wiesbaden GmbH, 2020, S. 216–220.

16 Vgl. Christiana Nicolai, Betriebliche Organisation, 4. überarbeitete Auflage, [revidierte Ausgabe], UTB 8421, UTB, 2023, 242–47, https://doi.org/10.36198/9783838588155.

17 Vgl. Kate Wieczorek, „A Workplace Strategist's Response to the Harvard Research on Open Plans", Work Design Magazine, 30. August 2018, https://www.workdesign.com/2018/08/a-workplace-strategists-response-to-the-harvard-research-on-open-plans/.

18 Vgl. Nicolai, Betriebliche Organisation, S. 247–248.

Fach- bzw. Arbeitskräftemangel (s.a. Kapitel 5.5)

Wenn eine Volkswirtschaft eine bedeutende Anzahl von Arbeitsplätzen, die bestimmte Qualifikationen erfordern, nicht besetzen kann, weil auf dem Arbeitsmarkt keine adäquaten Fachkräfte zur Verfügung stehen, spricht man von einem Fachkräftemangel. Als eine der Hauptursachen hierfür wird in Deutschland aktuell der demografische Wandel angesehen. Einer länger werdenden Lebenserwartung stehen sinkende Geburtenraten gegenüber. Doch ebenso führen technologische und ökonomische Entwicklungen dazu, dass einzelne Arbeitsplätze nicht mehr besetzt werden können. Ein stetiger Wettbewerb auf internationaler Ebene, technische Innovationen und die fortschreitende Digitalisierung erfordern immer höhere Spezialisierungsgrade der Einzelnen. Soziale Trends wie die Forderung nach mehr Work-Life-Balance lassen nicht zu, dass bestehende Lücken durch eine verlängerte Arbeitszeit gedeckt werden können. Eine besondere Herausforderung erleben hierbei ländliche Regionen, denn die zunehmende Urbanisierung führt dazu, dass die Menschen, die die Arbeit verrichten könnten, oft gar nicht mehr in der jeweiligen Region zur Verfügung stehen.[19]

Gesundheit (s.a. Kapitel 17)

Von der WHO wurde der Begriff Gesundheit 1946 wie folgt definiert: „Gesundheit ist ein Zustand vollkommenen körperlichen, psychischen und sozialen Wohlbefindens und nicht allein das Fehlen von Krankheit und Gebrechen." Mit dem Wohlbefinden gehen oftmals auch die funktionale Leistungsfähigkeit sowie körperliche Energie und Stärke einher. Während die positiven Aspekte hiervon auch Arbeitgebern zugutekommen können, kann umgekehrt die Abwesenheit von Gesundheit Unternehmen vor große Herausforderungen stellen. Neben organisatorischen Problemen, wenn einzelne Arbeitskräfte nicht anwesend sind, macht sich dies vor allem auch auf der Kostenseite bemerkbar. Doch schon der erhebliche Anteil von etwa 30 % an Erkrankungen, die arbeitsbedingt entstehen, lässt erkennen, dass es für Arbeitgeber lohnenswert ist, sich über die Gesundheit der Unternehmensangehörigen Gedanken zu machen und diese mit verschiedenen Maßnahmen zu fördern. Hinzu kommt der soziale Aspekt, mit dem sich Unternehmen von ihren Mitbewerbern abheben können, wenn sie hier besser agieren als andere. Die Potenziale, wie Organisationen die Gesundheit ihrer Mitarbeitenden fördern können, sind vielfältig. Beispielhaft sei genannt, dass Maßnahmen wie ergonomische Arbeitsplätze oder Rückenschulungen dem Auftreten von Muskel- und Skeletterkrankungen vorbeugen können. Eine Verbesserung der Arbeitsorganisation oder Stressminimierungstrainings kann die Häufigkeit von psychischen Erkrankungen minimieren. Die allgemeine Förderung von Bewegung kann sich positiv auf das Herz-Kreislauf-System auswirken und das allgemeine Wohlbefinden steigern.[20]

---

[19] Vgl. Helmold, Leadership, 18.

[20] Vgl. Eberhard Ulich und Marc Wülser, Gesundheitsmanagement in Unternehmen: arbeitspsychologische Perspektiven, 7., überarbeitete und erweiterte Auflage, uniscope. Publikationen der SGO Stiftung, Springer Gabler, 2018, S. 2–30, https://doi.org/10.1007/978-3-658-18435-3.

Wissensmanagement

Die bereits beschriebenen technologischen Entwicklungen führen unweigerlich zu einem exponentiellen Anstieg der Menge an vorhandenem Wissen – ebenso wie die Vielzahl der tagtäglich stattfindenden Ereignisse: Kriege, Pandemien, Krisen, Umweltprobleme, Globalisierung und immer neue Visionen, wie wir diesen Herausforderungen begegnen können. Zudem wächst unter den Beschäftigten der Anteil an Wissensarbeitern, die bestehendes Wissen nutzen und neues generieren. Für einzelne Individuen ist es längst nicht mehr möglich, das globale Wissen zu überblicken – wenn das jemals der Fall war. Denn vor der heutigen digitalen Vernetzung war es noch schwieriger, Ereignisse in anderen Weltregionen nachzuvollziehen. Technische Hilfsmittel werden unverzichtbar und unterstützen das Wissensmanagement. Diese Aufgabe gewinnt zunehmend an Bedeutung und beschränkt sich längst nicht nur auf das Archivieren von Daten. Gilbert Probst, Steffen Raub und Kai Romhardt definierten sechs Kernfunktionen des Wissensmanagements, die sich wechselseitig beeinflussen:

1. **Wissensidentifikation:** Umfasst das Schaffen von Transparenz über das vorhandene Wissen im Unternehmen
2. **Wissenserwerb:** Stellt den Wissensbedarf fest und trifft Entscheidungen darüber, wie dieser Bedarf gedeckt wird/ob hierfür Fremdquellen (zum Beispiel externe Dienstleister, Kooperationen…) in Betracht kommen
3. **Wissensentwicklung:** Fördert die Entwicklung von neuem Wissen, zum Beispiel durch Forschung, Entwicklung, eigene Ideengenerierung und dem Aufbau einer entsprechenden Unternehmenskultur
4. **Wissensverteilung:** Befasst sich damit, die richtigen Informationen an den richtigen Ort zu bringen. Vorhandenes Wissen muss dort zugänglich sein, wo es benötigt wird
5. **Wissensnutzung:** Durch die entsprechende Verteilung ist noch lange nicht sichergestellt, dass das Wissen auch ideal genutzt wird. Eine angemessene Nutzung der Kenntnisse muss sichergestellt werden
6. **Wissensbewahrung:** Durch eine stetige Dokumentation von Erfahrungen, Vorgängen und Prozessen kann sichergestellt werden, dass kein Wissensverlust eintritt[21]

In der heutigen Arbeitswelt ist es von hoher Bedeutung, dass insbesondere künstlich ermitteltes Wissen einer kritischen Überprüfung durch Experten bedarf. Außerdem sind Tools zum Wissensmanagement, zum Beispiel Wissensmanagement Datenbanken und Bots wichtige Quellen unternehmensinterner Daten. Eine Herausforderung besteht darin, dass Wissen nicht nur Fachwissen, sondern auch Prozesswissen und menschliche Netzwerke umfasst. Neben der Dokumentation sind daher persönliche Übergaben bei Jobwechsel und Ausscheiden aus dem Unternehmen maßgeb-

[21] Vgl. Franken und Franken, Wissen, Lernen und Innovation im digitalen Unternehmen, S. 3–7.

lich. Gezielte Maßnahmen zur Bindung von Mitarbeitenden können dazu beitragen, dass ein Wissensverlust durch das Ausscheiden einzelner Personen gar nicht erst entsteht. Um Wissensverluste durch Renteneintritte zu vermeiden, stehen verschiedene Möglichkeiten zur Verfügung. Neben Übergabegesprächen und Ausstiegsinterviews können nachfolgende Fachkräfte über klassische Mentoringprogramme eingearbeitet werden. Eine weitere Möglichkeit ist das Reverse Mentoring, bei dem digital affine Mitarbeitende ihre meist älteren Kollegen unterstützen, die in diesem Bereich über geringere Kompetenzen verfügen. Auf diese Weise entsteht häufig ein Austausch, der sich in beide Richtungen bereichernd auswirkt.[22]

Diversity

Ursprünglich ins Rollen gebracht durch eine US-Bürgerrechtsbewegung, die gegen Rassismus gegenüber People of Color kämpfte, versteht man unter Diversity heute weit mehr als das. Neben dem Unterbinden der Diskriminierung von Minderheiten meint man vor allem das Ausleben von Vielfalt und Chancengleichheit. Kriterien wie Alter, Geschlecht, Ethnie, „Rasse", physische Eigenschaften, soziale Herkunft, Religion oder Persönlichkeit dürfen keine tragende Rolle spielen, wenn es um die Zusammensetzung von Teams geht. Heterogenität in sozialen Gruppen kann dem jeweiligen System sogar zahlreiche Vorteile verschaffen. Unterschiedliche Kompetenzen, Ideen und Erfahrungswerte summieren sich zu einem großen Ganzen. Diversity Management gilt mittlerweile als wichtige Komponente des betrieblichen Personal- und Arbeitsplatzmanagements und hat in der Regel die Ermittlung des Status quo als Ausgangspunkt. Von dort aus können zahlreiche Maßnahmen zu mehr Vielfalt in Gruppen ausgehen.

Um Diversität sicherzustellen und zu fördern, gibt es in der deutschen Gesetzgebung seit 2006 das Allgemeine Gleichbehandlungsgesetz, das zudem das Ziel verfolgt, vor Diskriminierungen zu schützen.[23]

13.3 Leadership und Führungsrollen

13.3.1 Leadership und Führung: Führungsstile, Führungstechniken und Führungsverhalen

Trotz der Entwicklung hin zu neuen und demokratischeren Arten der Zusammenarbeit, wie zum Beispiel SCRUM und weiteren agilen Arbeitsweisen, spielt Führung in

[22] Vgl. Institut der deutschen Wirtschaft (IW), „…damit kein Wissen mehr in Rente geht!", Institut der deutschen Wirtschaft (IW), zugegriffen 2. September 2025, https://www.iwkoeln.de/presse/in-den-medien/christiane-flueter-hoffmann-damit-kein-wissen-mehr-in-rente-geht.html.

[23] Vgl. Helmold, Leadership, S. 201–204.

Unternehmen nach wie vor eine große Rolle. Einzelne Hierarchieebenen werden von Führungspersonen geleitet, und die Unternehmensspitze benötigt Menschen, die strategische Entscheidungen treffen. Die Frage, wie Führung am effektivsten gestaltet werden kann, ist Gegenstand einer beeindruckenden Anzahl von Studien und Experimenten. Es ist daher kaum verwunderlich, dass in den letzten 150 Jahren die unterschiedlichsten Einflussfaktoren identifiziert und in zahlreichen Theorien festgehalten wurden. Während sich der Fokus dieser Ansätze zunächst auf die Eigenschaften von Führungspersonen richtete, erkannte man später, dass auch die Mitarbeitenden, die situativen Gegebenheiten und das gesamte soziale System bedeutende Einflussfaktoren auf Führungsverhalten und Führungserfolg darstellen.[24] Entsprechend dieser Entwicklung lassen sich die einzelnen Stile in die Kategorien ein-, zwei- und mehrdimensionale Führungsstile einordnen.

13.3.1.1 Eindimensionale Führungsstile

Eigenschaftstheorien

Fragt man Menschen, was ihrer Ansicht nach gute Führung ausmacht, ist es sehr wahrscheinlich, dass als Antwort zahlreiche Eigenschaften und Charakterzüge von Führungspersonen genannt werden. Es ist daher kaum verwunderlich, dass es in der Geschichtsschreibung viele Verweise darauf gibt, warum Herrscher und Führungspersonen der Vergangenheit ihre Erfolge erringen konnten. Beispielsweise sollen es Zielstrebigkeit und Willensstärke gewesen sein, die Julius Caesar ein Weltreich erobern ließen. Seine Entschlossenheit und Überzeugungskraft sollen ausschlaggebend dafür gewesen sein, dass es Bismarck gelang, das Deutsche Reich zu begründen. Mit genau solchen Eigenschaften haben sich die ersten systematischen Ansätze zur Erforschung von Führungserfolg beschäftigt. Die sogenannten Great-Man-Theorien um 1900 vertraten die Annahme, dass Führungspersonen bestimmte angeborene und ererbte Eigenschaften besitzen, die sie wesentlich von Personen unterscheiden, die nicht zum Führen befähigt sind. Zahlreiche Untersuchungen erbrachten auch Hinweise in der erwarteten Richtung. Erfolgreichen Führungskräften wurde zugeschrieben, dass sie sich durch eine Ausprägung von Merkmalen wie Alter, Körpergröße, Körpergewicht, körperliche Verfassung, Wortgewandtheit, Aussehen, Intelligenz, Wissen, Schulerfolg, Urteils- und Entscheidungsfähigkeit, Einsicht, Originalität, Anpassungsfähigkeit, Dominanz etc. auszeichnen.

Mit der Zeit fanden in der Führungsforschung auch immer mehr Eigenschaften Berücksichtigung, die nicht angeboren sind, sondern sich aufgrund persönlicher Erfahrung entwickeln, wie zum Beispiel Durchsetzungsfähigkeit, Überzeugungskraft, konzeptuelle Fähigkeiten, Kreativität und soziale Kompetenzen. Trotz dieser Erweiterung

---

[24] Vgl. Andres Pfister und Uwe Neumann, „Führungstheorien", in Handbuch Angewandte Psychologie für Führungskräfte, hg. von Eric Lippmann u. a., Springer Berlin Heidelberg, 2019, 40, https://doi.org/10.1007/978-3-662-55810-2_3.

der Denkweise innerhalb der Eigenschaftstheorien gilt die Sichtweise, den Erfolg von Führung lediglich auf die Persönlichkeitsmerkmale einer Führungsperson zurückzuführen, heute als überholt.[25]

Die drei Führungsstile nach Kurt Lewin

Die gewonnenen Befunde aus den Eigenschaftstheorien führten gegen Ende der 1940er Jahre zu Unzufriedenheit, und man begann, die Frage nach den Eigenschaften, die Führungskräfte auszeichnen, nach und nach durch die Frage zu ersetzen, was Führungskräfte tun. In den daraus hervorgegangenen Verhaltenstheorien geht man davon aus, dass sich Führungspersonen durch bestimmte Verhaltensweisen auszeichnen. In dieser Phase der Führungsforschung widmete man sich verstärkt der Differenzierung von effektivem und ineffektivem Führungsverhalten. Durch empirische Forschung konnten unterschiedliche Verhaltensdimensionen, sogenannte Leadership Styles, identifiziert werden. Ausgangspunkt für die Führungsstildiskussion waren Laborexperimente, die gegen Ende der 1930er Jahre unter der Leitung von Kurt Lewin an der Iowa University Elementary School durchgeführt wurden. Ziel dieser Experimente war es, die Auswirkungen alternativer Führungsstile auf das Individual- und Gruppenverhalten in Bezug auf Aspekte wie Kreativität, Produktivität und soziales Klima zu untersuchen. Unterschieden wurde vorwiegend der Partizipationsgrad, der den Geführten zugestanden wurde. Aus den Resultaten der Untersuchungen heraus wurden drei verschiedene Führungsstile definiert:

- **Autokratischer Führungsstil:** Die Führungskraft tritt unpersönlich auf, also weder freundlich noch feindlich. Sie legt die Aufgaben und Ziele sowohl für die Einzelnen als auch für die Gruppe fest, bestimmt, wer mit wem zusammenarbeitet, und bietet der Gruppe keine Partizipationsmöglichkeiten. Der Bewertungsmaßstab für die Tätigkeiten bleibt für die Geführten nicht erkennbar.
- **Demokratischer Führungsstil:** Bei dieser Ausprägung steht die Partizipationsmöglichkeit der Geführten im Vordergrund. Die Führungskräfte geben frühzeitig einen Überblick über die gesamte Aufgabe sowie die notwendigen Teilschritte. Sie ermutigen ihre Gruppenmitglieder dazu, ihre persönlichen Aktivitäten und Ziele in Gruppendiskussionen und bei der Entscheidungsfindung einzubringen. Die Gruppenmitglieder bestimmen selbst, mit wem sie zusammenarbeiten. Lob und Kritik werden bewusst eingesetzt.

Nachdem in der ersten Untersuchung zehn Kinder, eingeteilt in zwei Gruppen, als Versuchspersonen zur Verfügung standen, folgten weitere Experimente in größeren Gruppen. Eher zufällig konnte hierbei ein weiterer Führungsstil differenziert werden.

[25] Christa Walenta und Erich Kirchler, Führung, 1. Aufl, UTB Profile 3410 (Facultas-Verl, 2011), 29; Vgl. Lutz von Rosenstiel und Gerhard Comelli, Führung zwischen Stabilität und Wandel, Innovatives Personalmanagement, Verlag Franz Vahlen, 2003, 79–82, https://www.beck-elibrary.de/10.15358/9783800650651/fuehrung-zwischen-stabilitaet-und-wandel?page=1.

- **Laissez-fairer Führungsstil:** Während einem der weiteren Versuche verlor eine der demokratischen Führungspersonen die Kontrolle über ihre Gruppe und soll gesagt haben: „Lass sie machen." Obwohl diese Art der Führung zunächst eher als eine Form des Nicht-Führens angesehen und weitgehend vernachlässigt wurde, hielt man dazu fest, dass die Führungskraft eine freundliche, aber passive Rolle spielt. Sie verzichtet auf Steuerung und Bewertung von Aktivitäten, beantwortet Fragen lediglich mit der gewünschten Information und macht selbst keine Vorschläge.

In den damaligen Untersuchungen zeigte sich der demokratische Führungsstil den beiden anderen Stilen gegenüber als überlegen. Die demokratisch geführten Kinder waren zufriedener und erbrachten gleich gute oder bessere Leistungen. Die Ergebnisse der Experimente fanden Eingang in die Wissenschafts- und Alltagssprache und prägten zudem die Führungsstilforschung nachhaltig.[26]

Das Führungsstilkontinuum nach Tannenbaum und Schmidt

Eine Kritik, der die von Lewin durchgeführten Untersuchungen häufig ausgesetzt waren, ist, dass dabei lediglich die zwei Extrempunkte „autoritär" und „demokratisch" betrachtet wurden. Im Führungskontinuum von Tannenbaum und Schmidt wurde der Versuch unternommen, diese Lücke zu schließen. Hierbei entstand eine Unterteilung in sieben idealtypische Führungsstile, siehe Abbildung 13.2.[27]

[26] Vgl. Jürgen Weibler, Personalführung, Verlag Franz Vahlen GmbH, 2016, S. 312–314, https://doi.org/10.15358/9783800651726.

[27] Vgl. Weibler, Personalführung, S. 314–315.

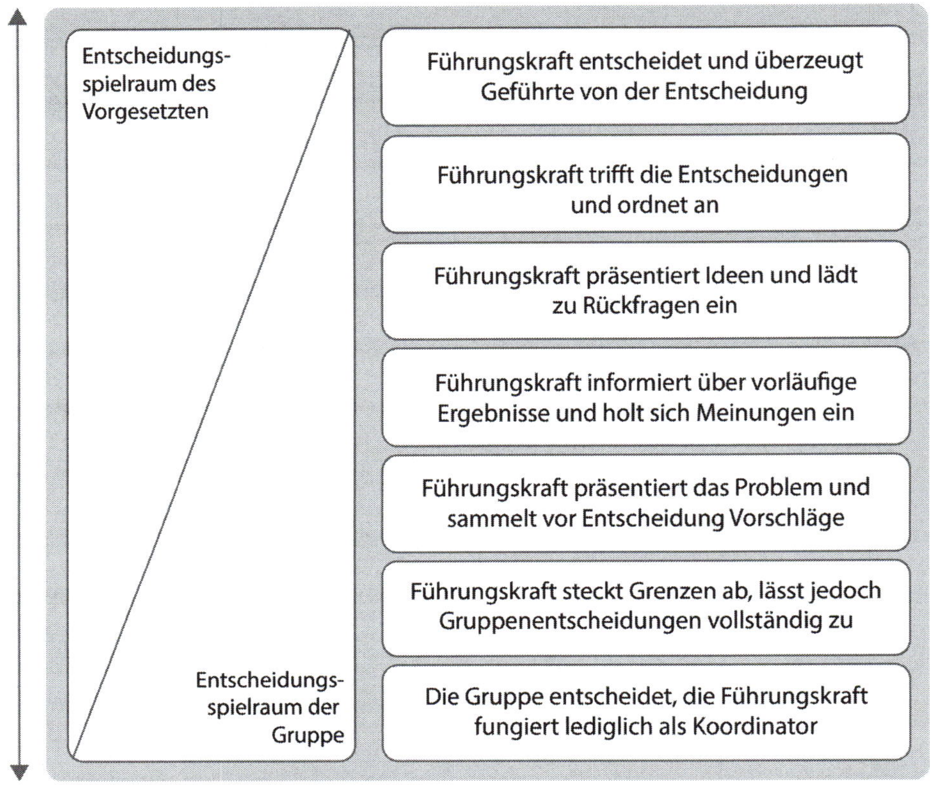

Abbildung 13.2: Führungsstilkontinuum nach Tannenbaum und Schmidt (eigene Abbildung)

13.3.1.2 Zweidimensionale Führungsstile

Während in den eindimensionalen Führungsstilen vorwiegend die Partizipation der Mitarbeitenden Beachtung fand und eine Verhaltensweise automatisch die andere ausschloss (mehr Partizipation bedeutete automatisch weniger Autorität und umgekehrt), begann man in den zweidimensionalen Führungsstilen damit, zwei voneinander unabhängige Variablen zu betrachten. Ein Beispiel für ein zweidimensionales Modell ist das Managerial Grid.

Managerial Grid

Das Verhaltensgittermodell (engl. Managerial Grid), entwickelt von Robert Blake und Jane Mouton, basiert auf Untersuchungen eines Forscherteams der Ohio State University ab 1945, die als „Ohio-Studien" bekannt wurden. Die beiden unabhängigen Variablen des Modells definierten die Forschenden als Personenorientierung (Fokus auf

Mitarbeiterbedürfnisse) und Aufgabenorientierung (Fokus auf Zielerreichung). Blake und Mouton unterteilten jede Variable in neun Stufen, wodurch sich in einer Diagrammdarstellung 81 mögliche Führungsstile ergeben (siehe Abbildung 13.3). Beim Stil 1/1 geht eine Führungskraft weder auf die Bedürfnisse der Mitarbeitenden ein, noch kümmert sie sich um die Erfüllung der Aufgaben. Dies entspricht in etwa dem eindimensionalen Laissez-faire-Führungsstil.

Im anderen Extrem 9/9 geht eine Führungskraft in höchstem Maße auf die Mitarbeitenden ein. Gleichzeitig wird durch eine hohe Aufgabenorientierung auch die Arbeitsleistung der Mitarbeitenden honoriert. Auch wenn dies leichtfertig als Idealzustand betrachtet werden könnte, gilt hierbei zu bedenken, dass eine zu hohe Aufmerksamkeit den Mitarbeitenden gegenüber ebenso als Einschnitt in den Freiraum der jeweiligen Person wahrgenommen werden kann. Der wirklich ideale Zustand hängt meist von der jeweiligen Person und den einzelnen Aufgaben ab.[28]

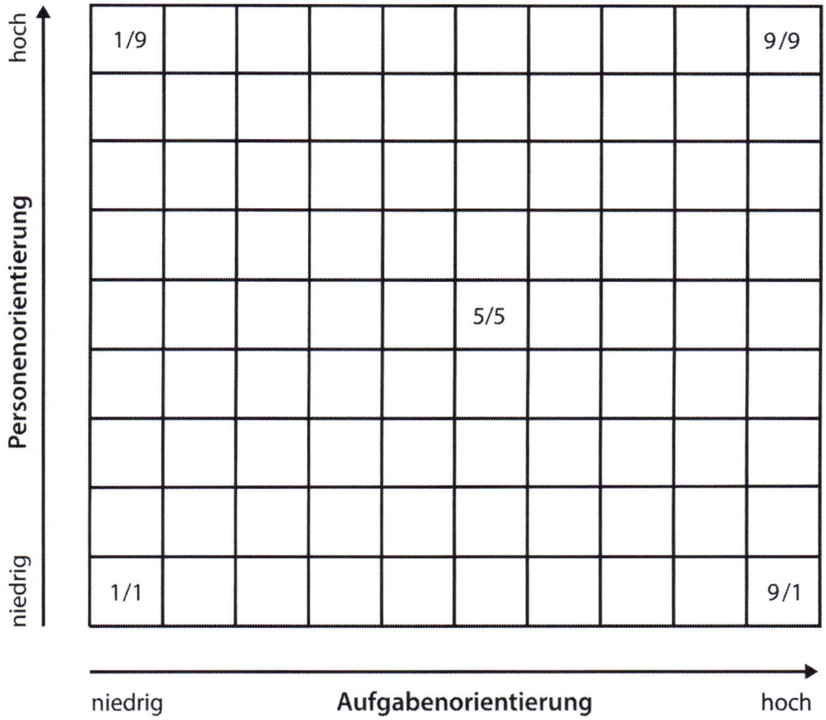

Abbildung 13.3: Managerial Grid (eigene Abbildung)

[28] Vgl. Dirk Lippold, Theoretische Ansätze der Personalwirtschaft: ein Überblick, 2., überarbeitete Auflage, Essentials, Springer Gabler, 2019, S. 46–47, https://doi.org/10.1007/978-3-658-26089-7.

13.3.1.3 Mehrdimensionale Führungsstile

Die Individualität jedes Menschen und jeder Aufgabe führt zu unterschiedlichen Gegebenheiten. Das Fehlen einer Situationsvariable in den Eigenschafts- und Verhaltenstheorien zog Kritik nach sich, was zu Weiterentwicklungen von Führungstheorien führte, die eine situative Dimension berücksichtigen.[29] Nachfolgend werden zwei dieser kontingenztheoretischen Führungsansätze vorgestellt.

Das Reifegradmodell der Führung, von Hersey und Blanchard

Im Reifegradmodell, von Hersey und Blanchard, werden die Koordinaten der Aufgaben- und Mitarbeiterorientierung, die in den zuvor beschriebenen Modellen zu finden waren, um eine Situationsvariable, dem Reifegrad der Mitarbeitenden, erweitert. Eine Abstufung des Reifegrads erfolgt in vier Stadien, von geringer Reife (Motivation, Wissen und Fähigkeiten fehlen) bis hin zu hoher Reife (Motivation, Wissen und Fähigkeiten sind vorhanden). Der Führungskraft wird dabei unterstellt, dass es ihr gut gelingen sollte den Reifegrad ihrer Unterstellten einzuschätzen und so den passenden Führungsstil für die jeweilige Situation aus dem Modell ableiten zu können. Das Reifegradmodell verweist dabei auf insgesamt vier Führungsstile:

- **„Telling“:** Verlangt von der Führungskraft eine hohe Aufgabenorientierung bei einer niedrigen Beziehungsorientierung und wird für Mitarbeitende mit einer geringen Reife empfohlen.
- **„Selling“:** Empfiehlt sich bei Mitarbeitenden, die bereits den Willen und eine hohe Bereitschaft zur selbstständigen Arbeit haben, denen es aber oft noch am nötigen spezifischen Fachwissen mangelt. Aufgaben- und Beziehungsorientierung sind gleichermaßen hoch.
- **„Participating“:** Mitarbeitende mit einer mäßigen bis hohen Reife können ihre Aufgaben bereits zur Zufriedenheit erledigen. Die Aufgabenorientierung wird niedrig angesetzt. Eine hohe Beziehungsorientierung erweist sich als passend, um verstärkt Vertrauen und Motivation zur erfolgreichen Ausführung der Tätigkeit zu unterstützen.
- **„Delegating“:** Bedeutet delegieren, beobachten oder bevollmächtigen. Ein hoher Reifegrad der Geführten erlaubt es, sowohl die Aufgaben- als auch die Beziehungsorientierung niedrig zu halten, die Aufgaben zu delegieren und auf eine eigenständige Ausführung durch die Mitarbeitenden zu vertrauen.[30]

---

[29] Vgl. Walenta und Kirchler, Führung, S. 47.

[30] Vgl. Bernd Blessin und Alexander Wick, Führen und führen lassen: Ansätze, Ergebnisse und Kritik der Führungsforschung, 8., überarbeitete Auflage, UTB Betriebswirtschaftslehre, Management 8532, UVK Verlagsgesellschaft mbH, 2017, S. 139–142.

Die Weg-Ziel-Theorie nach Robert J. House

Die Weg-Ziel-Theorie (engl. Path-Goal-Theory) geht auf Robert J. House zurück. Er geht davon aus, dass Führungskräfte ihr Führungsverhalten situationsspezifisch anpassen. Die Betrachtung von Einfluss des Führungsverhaltens auf den Führungserfolg erfolgt in einer mehrstufigen Wirkungskette, in der vier Ausprägungen von Führungsverhalten unterschieden werden: unterstützende -, direktive -, partizipative – und ergebnisorientierte Führung. Weiter unterscheidet House zwei Arten von Kontingenzvariablen, die Einfluss auf die Beziehung zwischen dem Führungsverhalten und dem Ergebnis nehmen. Dies sind zum einen Umweltfaktoren, auf die Geführte keinen Einfluss nehmen können, zum anderen persönliche Eigenschaften, wie die Kontrollüberzeugung, Erfahrung und wahrgenommene Qualifikation. Weil diese persönlichen Eigenschaften bestimmen wie die Umwelt und das Führungsverhalten wahrgenommen werden ist darauf zu achten, dass Führungsverhalten sowohl zu den Umweltfaktoren als auch zu den Eigenschaften der Mitarbeitenden passt. Die Führungskräfte passen hierbei also ihr Führungsverhalten der jeweiligen Führungssituation an.

Die Bezeichnung der Weg-Ziel-Theorie geht darauf zurück, dass effektive Führungskräfte durch ihr Führungsverhalten in der Lage sind ihren Mitarbeitenden den Weg zur Erfüllung ihrer Ziele zu ebnen. Sie dienen als Wegbereiter und räumen Hindernisse aus dem Weg.[31]

13.3.1.4 Moderne Arten der Führung

So wie sich unsere Umwelt, die Art der Zusammenarbeit und auch die Menschen selbst, die in den einzelnen Unternehmen arbeiten, verändern, wandelt sich auch die Art der Führung. Neue Arbeitskonzepte erfordern neue Herangehensweisen, neue Erkenntnisse sollten miteinbezogen werden und neuen Anforderungen von Mitarbeitenden sollte Aufmerksamkeit geschenkt werden. Die bisher vorgestellten Führungsstile wurden alle aus Untersuchungen heraus definiert. Deshalb ist von einer Wirksamkeit auszugehen. Des Weiteren kann durch eine Auseinandersetzung mit der Historie der Führungsforschung ein gutes Grundverständnis für die Thematik hergestellt werden. Doch neben den bisher vorgestellten Methoden gibt es auch verschiedene moderne Weiterentwicklungen, die zum Teil das alte Wissen aufgreifen, zum Teil mit neuen Ansätzen an die Aufgabe der Führung herangehen. Nachfolgend werden verschiedene moderne Methoden und Führungsstile vorgestellt, die in der Versicherungsbranche besonders relevant sind.

Transaktionale Führung

Die transaktionale Führung ist eine Führungsmethode, die auf einer klaren Austauschbeziehung zwischen Führungsperson und den Geführten basiert. Eine eingeforderte Leis-

---

31 Vgl. Lippold, Theoretische Ansätze der Personalwirtschaft, S. 44–46.

tung wird belohnt, wenn sie erreicht wird. Sollte es zur Nichterreichung kommen, kann dies zu Sanktionen führen. Hierbei spielen das Setzen extrinsischer Anreize – in Form von Geld- oder Sachleistungen – eine wesentliche Rolle. Die zu erreichenden Ziele sind klar definiert und werden den Geführten so mitgeteilt, dass sie genau wissen, was von ihnen verlangt wird. Der Weg, wie die einzelnen Personen ihre Ziele wiederum erreichen, wird in aller Regel den betroffenen Personen selbst überlassen. Transaktionale Führung setzt also nicht auf direkte Verhaltenssteuerung, sondern auf indirekte Steuerung durch operationale Ziele.[32] Diese Art der Führung entspricht der Managementtechnik Management by Objectives, welche im Bereich Führungsverhalten (siehe unten) erläutert wird.

Transformationale Führung

Im Gegensatz zur extrinsischen Anreizsetzung bei der transaktionalen Führung setzt die transformationale Führungsmethode auf intrinsische Motivation und Sinnstiftung. Führungskräfte wollen ihre Mitarbeitenden durch Inspiration, Visionen und individuelle Entwicklungsmöglichkeiten zu außergewöhnlichen Leistungen motivieren. Die vier zentralen Merkmale dieser Methode werden oftmals auch als die 4 I's der transformationalen Führung bezeichnet. Hierbei handelt es sich um:

- **Idealisierte Einflussnahme:** Die Führungskraft geht als Vorbild voran und nimmt durch ihre Authentizität Einfluss auf die Werte und Einstellungen der Mitarbeitenden. Sie stellt hohe Erwartungen an sich selbst und lebt diese selbst vor
- **Inspirierende Motivation**: Die Führungskraft entwickelt begeisternde Visionen und kommuniziert diese überzeugend. Sie spornt durch inspirierende Reden an und bringt zum Ausdruck, wie die Vision erreicht werden kann. Selbst wenn es herausfordernd wird, schenkt sie ihrem Team Vertrauen und steckt mit ihrer Begeisterung an. Die Internalisierung der Werte und Ziele der Führungskraft lenkt die Energien der Mitarbeitenden in die gewünschten Bahnen.
- **Intellektuelle Stimulierung:** Die Führungskraft regt die Mitarbeitenden zu kreativem, innovativem und Problemlösungsdenken an. Gewöhnliche Einstellungen und alte Verhaltensmuster werden hinterfragt, Schwierigkeiten aus neuen Blickwinkeln betrachtet. Ein intelligenter Umgang mit Problemen wird dadurch gefördert, dass Mitarbeitende als Spezialisten partizipativ in Problemlösungsprozesse einbezogen werden.
- **Individuelle Berücksichtigung:** Jedem Organisationsmitglied soll hierdurch individuelle Aufmerksamkeit zuteilwerden. Die Führungskraft nimmt direkten Kontakt zu den einzelnen Mitarbeitenden auf, nimmt Anteil an deren Belangen und fördert die Entwicklung von deren Kompetenzen. Sie weist ihnen Spezialaufgaben entspre-

[32] Vgl. Swetlana Franken, Verhaltensorientierte Führung: Handeln, Lernen und Diversity in Unternehmen, 4., vollständig überarbeitete Auflage, Lehrbuch, Springer Gabler, 2019, S. 321–322, https://doi.org/10.1007/978-3-658-25270-0.

chend ihrer Fachgebiete zu, gibt ihnen Mitentscheidungsmöglichkeiten und tritt dabei stets als Coach oder Mentor auf[33]

Agile Führung

Um der Geschwindigkeit, mit der Veränderungen heutzutage eintreten, gerecht zu werden, erfreuen sich agile Arbeitsweisen immer größerer Beliebtheit (siehe auch Kapitel 18.1). Das Vorgehen erfolgt iterativ in kurzen Etappen. Man plant nur die nächsten Schritte, holt sich Feedback von Auftraggebern oder Vorgesetzten ein und plant dann – unter Berücksichtigung der aktuellen Bedingungen – die nächste Etappe. Somit sind kontinuierliche Verbesserungen möglich und Aktualität ist jederzeit gewährleistet.

In der agilen Führung gibt es keine Führungskraft mehr, die Entscheidungen für andere trifft und Aufgaben delegiert. Teams arbeiten überwiegend selbstorganisiert: Entscheidungen werden in der Gruppe besprochen, jeder hat die Möglichkeit, sich einzubringen, und Aufgaben werden selbst verteilt. Als Orientierung dienen Ziele, die es gemeinsam zu erreichen gilt. Kommunikation ist eine wichtige Grundlage, ebenso wie eine gelebte Lernkultur. Dabei sind Fehler nicht mehr verpönt, sondern dienen als wichtige Erfahrungen für einen gemeinsamen Lernprozess.

Kennzeichnend für agile Arbeitsweisen sind flache Hierarchien. Je nach Arbeitsorganisation gibt es dabei nach wie vor Führungskräfte. Der Umgang zwischen Führungspersonen und Geführten erfolgt jedoch auf Augenhöhe, und die Führungskraft versteht sich eher als Coach und Unterstützer als als klassischer „Chef". Wenn möglich, rücken die Kunden und Auftraggeber sogar nah an den Arbeitsprozess heran oder werden in diesen integriert, um einen maximalen Kundennutzen zu erreichen. Gerade in schnelllebigen Branchen oder Abteilungen, die oft unvorhersehbaren Ereignissen ausgesetzt sind, erweisen sich agile Methoden gegenüber traditionellen Methoden als überlegen. Für Bereiche mit sehr strukturierten und wiederkehrenden Abläufen können klassische Arbeitsweisen mit klarerer Führung dagegen weiterhin sehr angebracht bleiben.[34]

Dezentrale Führung

In der virtuellen Zusammenarbeit stehen Führungskräfte vor besonderen Herausforderungen. Direkte und unmittelbare Kommunikation ist nur eingeschränkt möglich. Auch der Fortschritt einzelner Arbeitsprozesse lässt sich nicht mehr so unmittelbar verfolgen wie in der direkten Zusammenarbeit. Fehler werden häufig erst in einem fortgeschrittenen Stadium sichtbar, wodurch eine rechtzeitige Intervention erschwert wird. Dies erfordert ein grundsätzliches Umdenken im Führungsprozess.

---

33 Vgl. Stefan Dörr, Motive, Einflussstrategien und transformationale Führung als Faktoren effektiver Führung, Hampp, 2008, S. 22–25.

34 Vgl. Helmold, Leadership, 28–30.

Führungskräfte müssen ihren Mitarbeitenden mehr Vertrauen entgegenbringen als in traditionellen Formen der Zusammenarbeit und sie konsequent zu Selbstorganisation und Eigenverantwortung ermutigen. Fehlern sollte mit größerer Toleranz begegnet werden. Eine positive Fehlerkultur ermöglicht es, Abweichungen in der Zielerreichung als Lernchance für die gesamte Gruppe zu begreifen. Klare Kommunikationsregeln und feste Rituale fördern die Zusammenarbeit und verhindern, dass räumliche Distanz zu Entfremdung führt. Digitale Arbeitstools wie elektronische Kanban-Boards (siehe Kapitel 18.1) schaffen Transparenz und machen Fortschritte sichtbar. Regelmäßiges, konstruktives Feedback bietet Orientierung. Durch Anerkennung und Wertschätzung kann die Führungskraft ihr Team motivieren. Indem sie Kommunikationsregeln und Vertrauenskultur selbst vorlebt, übernimmt sie zugleich eine Vorbildfunktion für das Team.[35]

Informelle Führung

In jeder sozialen Gruppe bilden sich nach kurzer Zeit verschiedene Rollen heraus, die von den einzelnen Personen übernommen werden. Die Phasen der Zusammenarbeit und die dabei entstehenden Rollen werden im Kapitel 13.4 näher erläutert. Einige dieser Rollen übernehmen koordinierende Aufgaben und erfüllen damit eine Führungsfunktion. Besonders in informellen Gruppen, wie sie etwa in Arbeitsgruppen bei Schulungen entstehen, erweist sich dies als nützlich: Einzelne Personen überwachen den Prozess, behalten die Zielverfolgung im Blick und greifen bei drohenden Abweichungen gezielt ein. Diese Form der Führung entsteht automatisch aus dem Gruppenprozess heraus und kann unterschiedliche Ursachen haben, beispielsweise besonderes Charisma, wahrgenommene Autorität oder ausgeprägte Fachkenntnisse einzelner Personen.

In formell zusammengesetzten Gruppen mit einer festgelegten Führungskraft kann es jedoch vorkommen, dass neben der offiziellen Leitung auch eine informelle Führungsperson entsteht. In diesem Fall spricht man von einem Führungsdual. Im Idealfall erkennt die formelle Führungskraft ein solches Führungsdual frühzeitig, kooperiert bewusst mit der informellen Führungsperson und behält so die Kontrolle über den Prozess. Sind beide Führungspersonen jedoch unterschiedlicher Meinung, können Konflikte entstehen. Verschiedene Eskalationsstufen und Methoden zum Umgang mit Konflikten werden im Kapitel 13.4 beschrieben.[36]

Führungsverhalten

In der Inhouse Consulting Division besprechen sich Lisa und Max darüber, ob es nicht künftig besser wäre, einen Führungsstil in der gesamten Proximus Versicherung AG zu forcieren,

35 Vgl. Ingrid Britz-Averkamp und Christine Eich-Fangmeier, UBERLEBEN IN DER NEUEN ARBEITSWELT; DESK SHARING, OPEN SPACE, MOBILES ARBEITEN & CO, 1. Auflage, METROPOLITAN, 2021, S. 237–252.

36 Vgl. Uwe Schirmer und Sabine Woydt, Mitarbeiterführung, 3., akt.erw. Aufl. 2016, BA KOMPAKT, Springer Berlin Heidelberg, 2016, S. 111–112, https://doi.org/10.1007/978-3-662-47915-5.

der besonders zeitgemäß und effektiv ist. Somit könnten Schulungen übergreifend stattfinden, man bräuchte weniger Spezialisierungen unter den Trainern und würde Aufwand und Kosten sparen. Doch schnell verwerfen sie den Gedanken, da sie feststellen, dass die einzelnen Abteilungen und Fachbereiche innerhalb des Konzerns fast so individuell sind wie die Menschen, die darin arbeiten.

Agile Führung scheint besonders in den Entwicklungsbereichen und kreativen Instanzen, wie dem Marketing, äußerst angebracht. Die transformationale Führung kann in weiten Teilen des restlichen Konzerns punkten, da sie den Menschen Wertschätzung entgegenbringt, ihnen auf Augenhöhe begegnet und individuelle Talente und/oder Bedürfnisse sehr gut berücksichtigt. Die transaktionale Führung wiederum kann im Vertrieb sehr richtungsweisend sein. Vor allem selbstständige Außendienstmitarbeitende bevorzugen Freiheit. Da sie sich selbst als Unternehmer verstehen und dies auch rechtlich eindeutig ist, ist hier keine delegierende Führung angebracht. Somit kann die reine Zielsetzung, die im Idealfall mit den Außendienstpartnern gemeinsam vereinbart wird, eine klare Richtung vorgeben, und die Unternehmer bleiben frei in ihrer Entscheidung, wie sie diese Ziele erreichen.

Ähnlich unterschiedlich wie die zuvor vorgestellten Führungsstile können die angewandten Techniken von Führungskräften sein. Teilweise sind diese zwar bereits durch den gewählten Führungsstil vorgegeben, teils kann es innerhalb der Führungsstile individuelle oder situative Unterschiede geben, wie Führungskräfte mit den Mitarbeitenden umgehen.

Nachfolgend werden unterschiedliche Führungstechniken vorgestellt.

Management-by-Objectives (Zielvereinbarungen)

Das Management-by-Objectives (MbO), was auf Deutsch so viel bedeutet wie „Führen durch Zielvereinbarungen", entstammt der Betriebswirtschaftslehre und ist unter arbeits- und organisationspsychologischen Gesichtspunkten eine Form der transaktionalen Führung. Das Gesamtziel des Unternehmens wird auf einzelne Organisationseinheiten oder Mitarbeitende heruntergebrochen. Jedoch werden mit den Geführten gemeinsam individuelle Vereinbarungen getroffen, sodass es zu einzelnen Abweichungen kommen kann. In der Summe sollten die Einzelziele jedoch wiederum dem Gesamtziel entsprechen.

Zur Zielvereinbarung empfiehlt sich ein Vorgehen nach der SMART-Methode (Akronym für: Spezifisch, Messbar, Attraktiv, Realistisch, Terminiert; siehe auch Band Kernprozesse, Kapitel 2.3). Im Gespräch zur Zielvereinbarung werden in der Regel die Anforderungen an die Mitarbeitenden und die jeweiligen Aufgaben besprochen. Inhaltliche Ziele, Schwerpunkte und Prioritäten werden vereinbart, ebenso wie vorhersehbare Probleme und Schwierigkeiten diskutiert werden. Auch mögliche und nötige Unterstützungsmaßnahmen sind Teil eines solchen Gesprächs. Die möglichen Belohnungen, eventuell drohende Sanktionen bei Nichterreichung und der zeitliche Umfang sollten besonders detailliert erörtert werden. Alle Ergebnisse des Gesprächs werden im Idealfall schriftlich dokumentiert. Nach Ablauf der vereinbarten Laufzeit findet das nächste Zielvereinbarungsgespräch statt; eventuell vereinbart man innerhalb der jeweiligen Periode Zwischengespräche.[37]

Management-by-Delegation

Werden im Management-Prozess delegierbare Aufgaben durch Führungskräfte an Mitarbeitende übertragen, so bezeichnet man diese Technik als Management-by-Delegation (MbD).[38]

Management-by-Exception

Die Führungstechnik Management-by-Exception (MbE) bezeichnet eine Vorgehensweise, bei der die Führungspersonen den Mitarbeitenden die Bearbeitung von Routinefällen überlassen. Die Entscheidungskraft liegt also bei den Geführten und nur in Ausnahmefällen greifen die Vorgesetzten ein.[39]

Management-by-Motivation

Das Anwenden von Maßnahmen und Entscheidungen, die von Führungskräften getroffen werden, um Mitarbeitende zu motivieren, wird als Management-by-Motivation (MbM) bezeichnet. Dies kann durch entsprechende Arbeitsorganisation, durch immaterielle Anreize wie Lob und Wertschätzung oder beispielsweise durch materielle Anreize wie Bonussysteme erreicht werden. (siehe auch Kapitel 14)[40]

Management-by-Participation

Beim Management-by-Participation (MbP) werden Mitarbeitende in besonderem Maße in Entscheidungsprozesse eingebunden. Dies soll die Identifikation der Einzelnen mit dem Unternehmen fördern und Konflikten vorbeugen. Außerdem sind durch mehr Partizipation auch positive Effekte auf die Motivation zu erwarten. (siehe zum Beispiel Self Determination Theory, Kapitel 14)

Management-by-Results

Das Management-by-Results (MbR) ist ebenfalls eine Führungstechnik, die den Mitarbeitenden klare Leistungsziele vorgibt. Im Gegensatz zum MbO steht hier die Zielerreichung jedoch klarer im Fokus und wird durch Soll-Ist-Vergleiche überwacht. Die Zielvereinbarung erfolgt mit weniger Orientierung an den Mitarbeitenden und durch starre Vorgaben.[41]

---

[37] Vgl. Helmold, Leadership, S. 113–114.
[38] Vgl. Helmold, Leadership, S. 115.
[39] Vgl. Helmold, Leadership, S. 115.
[40] Vgl. Helmold, Leadership, S. 115.
[41] Vgl. Helmold, Leadership, S. 116.

Management-by-Systems

Im Führungskonzept Management-by-Systems (MbS) werden Unternehmen als zu steuernde Systeme betrachtet, die aus einzelnen Regelkreisen bestehen. Dafür angefertigte Dokumente enthalten explizite Handlungsanweisungen für sämtliche Regelfälle, an die sich die Mitarbeitenden strikt zu halten haben.[42]

13.3.2 Führungstypologie und -Rollen

Die Führung von Mitarbeitenden ist eine ganzheitliche Tätigkeit, die sich aus einer Vielzahl von Einzelaktivitäten zusammensetzt. Jede dieser Einzelaktivitäten kann essenziell sein, jedoch bedeutet das alleinige Ausüben der Tätigkeit oder Anwendung einer einzelnen Technik noch keine Führung. Erst durch den zielgerichteten, integrierten Einsatz lässt sich von Führung sprechen. Um herauszufinden aus welchen Aufgaben Führung genau besteht hat Henry Mintzberg in den 1970ern Zeitstudien und Tagebücher von Führungskräften ausgewertet. Ziel war es, herauszufinden, mit welchen Tätigkeiten sich deren Terminkalender füllen und was sie konkret tun. Durch diese Auswertung entstand eine Liste von zehn wesentlichen Tätigkeiten, die Mintzberg wiederum in die drei Aufgabenfelder aufgeteilt hat:

Zwischenmenschliche Beziehungen

Zu den zwischenmenschlichen Beziehungen, beziehungsweise der sozialen Interaktion, führte Mintzberg „Figurehead", „Leader", und „Liaison", zu deutsch: „Aushängeschild", „Führer" und „Kontaktperson" als mögliche Rollen auf. Als Basis zum bewussten Beeinflussen von Mitmenschen gilt der zwischenmenschliche Kontakt. Umso besser eine Führungsperson in eine Gruppe sozial integriert ist, desto effektiver kann sie führen. Dies gilt in Richtung aller Beteiligten. Also nicht nur in Richtung der Geführten, sondern auch in Richtung von gleichgestellten oder übergeordneten Organisationsmitgliedern und Geschäftspartnern. Die soziale Integration gilt als Voraussetzung für die Teilhabe an Informations- und Entscheidungsprozessen.

Informelle Rollen

Die informellen Rollen benennt Mintzberg im Wortlaut als „Monitor", „Disseminator", und „Spokesperson". Wörtlich übersetzt ist die Führungsperson also ein „Überwacher", „Multiplikator" und ein „Sprecher". Informationen sind die absolute Grundvoraussetzung von Führung. Von Relevanz sind dabei Informationen aller Art und Qualität, die beschaffen, verarbeitet und weitergegeben werden müssen. Selbst Gerüchte, vage Hinweise und persönliche Mitteilungen können ähnlich bedeutsam sein, wie Auswertungen von Datenstrukturen. Daher sind Führungskräfte bestrebt, Zugang zu möglichst vielen, für sie relevanten Informationen zu haben. Dieser kann sowohl durch ein soziales Netzwerk als

[42] Vgl. Helmold, Leadership, S. 116.

auch durch einen privilegierten Zugang geschaffen werden. Nach Analyse und Interpretation dienen die gewonnenen Informationen zur Unterstützung der eigenen Entscheidung und um Mitarbeiter zu fundiertem Handeln und Entscheiden zu befähigen. Dazu müssen die Informationen entsprechend aufbereitet und weitergegeben werden. Bei der Aufbereitung der Informationen sollten diese so ausgewählt und formuliert werden, dass für die Integration in den persönlichen Kontext der jeweiligen Mitarbeitenden und deren nutzenbringende Verwendung kein erneuter Analyseaufwand nötig ist.

Die Weitergabe von Informationen beschränkt sich nicht nur auf den innerbetrieblichen Bereich. Auch für Kollegen und Geschäftspartner aller Art dient die Informationsweitergabe dazu, sie zu Handlungen und Entscheidungen zu befähigen oder zu animieren.

Entscheidende Rollen

Als „Entrepreneur", „Disturbance Handler", „Resource Allocator" und "Negotiator", also "Unternehmer", "Störungsmelder", „Ressourcen-Zuteiler" und „Verhandlungsführer" werden von Mintzberg die entscheidenden Rollen bezeichnet. Neben dem Entscheiden gehört auch die vorausgehende Planung zu diesem Aufgabenfeld. Denn um ein System gezielt verändern zu können, muss zunächst eine Vorstellung über die künftig möglichen Entwicklungen geschaffen werden. Da hierzu auch ein Bild über die verschiedenen Randbedingungen gewonnen werden muss, sind Planungsaktivitäten untrennbar mit den Informationsaktivitäten verbunden. Die bewusste Auswahl aus mehreren möglichen Alternativen führen dann zum tatsächlichen Eingriff in das System, der Entscheidung.[43]

13.3.3 Eigenschaften von Führungskräften

So unterschiedlich wie die Rollen sind, denen Führungskräfte gerecht werden sollten, so vielfältig sind auch die Kompetenzen, die Führungskräfte besitzen sollten. Während manche dieser Kompetenzen zu den Charaktereigenschaften des jeweiligen Menschen gehören und angeboren sind oder von klein auf erlernt wurden, gibt es viele weitere, die sich jede Person aneignen kann. Man geht sogar davon aus, dass sämtliche Kompetenzen auch noch später erlernt und weiterentwickelt werden können. Je nach persönlicher Veranlagung fällt es einzelnen Individuen dabei leichter, bestimmte Dinge zu erlernen, während andere ihnen schwerer fallen. Wichtig beim Erlernen neuer Eigenschaften und Verhaltensweisen ist, dass die Authentizität der jeweiligen Person nicht verloren geht und sie stets bei sich selbst bleibt, um natürlich und standhaft vor anderen auftreten zu können. Eine beispielhafte Übersicht verschiedener Führungskompetenzen wurde in der nachfolgenden Tabelle in die Bereiche der persönlichen, sozialen, fachlichen, methodischen und weiteren Kompetenzen kategorisiert

[43] Vgl. Achim Michalke, Mitarbeiterführung: Führen als integrative Tätigkeit, Springer Gabler, 2021, 39–46, https://doi.org/10.1007/978-3-658-34122-0; Vgl. Gary A. Yukl, Leadership in organizations, 8th ed, Pearson, 2013, S. 29–31.

und dargestellt. Je nach Führungsaufgabe kann sich die notwendige Ausprägung natürlich von Fall zu Fall unterscheiden:[44]

Persönliche Kompetenzen:	Soziale Kompetenzen:	Fachliche Kompetenzen	Methodische Kompetenzen	Weitere Kompetenzen:
Mut	Charisma	Qualität	Lösungsorientierung	Visionär und Vorbild sein
Sicherheit	Empathie	Urteilsfähigkeit	Analysemethoden	Begeisterungsfähigkeit
Leistungsbereitschaft	Kommunikation	Verträge	Informationsbeschaffung	Fähigkeit zu begeistern
Kontrolle	Führung	Finanzkennzahlen	Sprachen	Flexibilität
Motivation	Konfliktlösung	Logistikkennzahlen	IT-Systeme und Plattformen	Inspirierende Motivation
Lernbereitschaft	Coaching	Nachhaltigkeitsbewusstsein	Schlanke Methoden	Ergebnisorientierung
Kritikfähigkeit	Dialogfähigkeit	Kostenanalyse		Ausdauer
				Kreativität

Tabelle 13.1: Beispielhafte Darstellung mögliche Führungskompetenzen, angelehnt an Helmold[45]

Wie stark eine der einzelnen Kompetenzen ausgeprägt ist, wird mitunter durch die eigene Persönlichkeit eines Menschen bestimmt. Eine wichtige Eigenschaft, die jede Führungsperson mitbringen sollte, ist das Verständnis, dass jede einzelne Person über eine eigene Persönlichkeit verfügt, durch die verschiedene Charaktereigenschaften mehr oder weniger stark ausgeprägt sein können. Das bedeutet unterschiedliche Stärken, aber mitunter auch unterschiedliche Besonderheiten, die im Miteinander beachtet werden sollten.

Um gute Führungsarbeit leisten zu können, sollten Leitungspersonen auch ihre eigene Persönlichkeit kennen. Dies hilft dabei, das eigene Handeln zu reflektieren. Mit der Kenntnis, warum man in manchen Situationen so reagiert oder entscheidet, wie man es tut, ist eine wichtige Voraussetzung für die persönliche Weiterentwicklung geschaffen. Besonders in stressreichen Situationen treten individuelle Persönlichkeitseigenschaften noch stärker hervor. Die Kenntnis über die eigene Person hilft sehr, auch dann besonnen und kontrolliert handeln zu können.[46]

Um zu erfahren, wie man selbst veranlagt ist, gibt es zahlreiche Persönlichkeitstests, die im Internet oft frei verfügbar sind und kostenfrei ein persönliches Profil erstellen.

44 Vgl. Helmold, Leadership, S. 63–66.
45 Vgl. Helmold, Leadership, S. 63–66.
46 Vgl. Arnd Albrecht, Zukunftsgerecht führen: Plena-Leadership – die Synthese von Management, Neurowissenschaft und Psychologie, Springer Fachmedien Wiesbaden, 2021, 64–66, https://doi.org/10.1007/978-3-658-34253-1.

Ein wissenschaftlich fundiertes und sehr bekanntes Modell ist das Big Five- oder auch **OCEAN-Modell**, bei dem die Persönlichkeit in fünf Hauptfaktoren dargestellt wird:

- **Openness (Offenheit):** In diesem Faktor wird eingeschätzt, wie aufgeschlossen, neugierig oder fantasievoll eine Person ist. Eine niedrige Ausprägung steht für wenig Interesse an neuen Erfahrungen. Menschen mit geringer Offenheit gelten als sehr konventionell. Personen mit starker Ausprägung dagegen gelten als erfinderisch und neugierig.
- **Conscientiousness (Gewissenhaftigkeit):** Die Gewissenhaftigkeit bezieht sich auf Selbstdisziplin, Organisation, Zuverlässigkeit und Zielstrebigkeit. Geringe Werte können sich in Spontanität äußern, im negativen Fall jedoch auch in Nachlässigkeit. Eine starke Ausprägung bedeutet Effektivität, Pflichtbewusstsein, Sorgfalt und Organisation.
- **Extraversion (Extraversion):** Während Menschen mit niedrigen Extraversionswerten als still, zurückhaltend, reserviert und reflektiert gelten, sind Personen mit hoher Extraversion kontaktfreudig, sozial und gesellig.
- **Agreeableness (Verträglichkeit):** Eine niedrige Verträglichkeit führt oftmals zu Distanz, Konkurrenzdenken oder sogar Rücksichtslosigkeit. Dagegen bedeutet eine hohe Verträglichkeit Verständnis, Harmoniebedürftigkeit und kann rücksichtsvolles, kooperatives Verhalten fördern.
- **Neuroticism (Neurotizismus):** Sehr selbstsichere, ruhige, zufriedene und entspannte Menschen verfügen meist über niedrige Werte im Bereich des Neurotizismus. Eine starke Ausprägung kann sich in Impulsivität, Emotionalität, Reizbarkeit und Verletzlichkeit zeigen.[47]

Negative Persönlichkeitsmerkmale

Persönlichkeit kann jedoch nicht nur positive Eigenschaften mit sich bringen. Auch hierfür sollte Bewusstsein herrschen. Manchen Führungspersonen gelingt der Aufstieg zu einflussreichen Positionen oft dadurch, dass sie sich durch besondere Eigenschaften auszeichnen, die in starker Ausprägung und ohne das entsprechende Gegengewicht, zum Beispiel durch Bewusstsein und Reue für das eigene Tun, sogar als Persönlichkeitsstörungen gelten. Narzissten und Psychopathen verfügen häufig über ein sehr starkes Charisma, das ihnen dazu verhilft, Einfluss auf andere zu nehmen. Furchtlosigkeit und Risikobereitschaft wirken ebenso darauf ein, dass Menschen mit toxischen Persönlichkeitseigenschaften sich von anderen abheben, wie sehr starkes Selbstvertrauen und oberflächlicher Charme. Psychopathie, Narzissmus und Machiavellismus werden auch als die „dunkle Triade der Persönlichkeit" bezeichnet. Da sie sich auf den ersten, oberflächlichen Blick teils nicht von Leadership-Qualitäten unter-

[47] Albrecht, Zukunftsgerecht führen, S. 64–66.

scheiden und Unternehmen langfristig eher Schaden als Nutzen bringen, werden diese drei Arten der Persönlichkeitsstörung nachfolgend erläutert.[48]

Psychopathie

Psychopathie ist eine besonders schwere Form der antisozialen Persönlichkeitsstörung, unter der laut Studien 1–2 % der Bevölkerung leiden. Betroffenen fehlt es teils völlig an Empathie, sozialer Verantwortung und an Gewissen. Zwar können Psychopathen meist besonders leicht Beziehungen zu anderen aufbauen, jedoch gelingt ihnen dies, ohne eine emotionale Bindung einzugehen. Ein oberflächlicher Charme wird genutzt, um andere manipulieren zu können.

Typische Merkmale der Psychopathie sind beispielsweise:

- Ausgeprägte Impulsivität und Unkontrollierbarkeit
- Emotionale Kälte und Mangel an Mitgefühl
- Oberflächlicher Charme
- Grandiose Selbstüberschätzung
- Verantwortungslosigkeit
- Pathologisches Lügen
- Fehlende Reue und Schuldgefühle
- Ständige Suche nach Nervenkitzel[49]

Narzissmus

Als Narzissmus wird in der Psychologie ein Persönlichkeitsmerkmal bezeichnet, das mit einem sehr starken Selbstbewusstsein, einem übersteigerten Bedürfnis nach Bewunderung und Anerkennung sowie einem Mangel an Empathie einhergeht. Circa 1 % der Gesamtbevölkerung weisen eine narzisstische Persönlichkeitsstörung auf.

Kennzeichnende Merkmale sind:

- Grandioses Gefühl der eigenen Wichtigkeit
- Starke Beschäftigung mit Fantasien über grenzenlosen Erfolg, Macht, Glanz, Schönheit oder idealer Liebe
- Der starke Glaube besonders einzigartig zu sein
- Mangelnde Empathie
- Neid
- Arroganz und Überheblichkeit[50]

---

[48] Vgl. Thomas Frehner, Führung Heute: Erfolgsfaktoren des New Leadership, 1st ed, Springer Berlin, Heidelberg, 2023, S. 12.
[49] Vgl. Frehner, Führung Heute, 12–15.
[50] Vgl. Frehner, Führung Heute, 15–17.

Machiavellismus

Menschen, die unter einer machiavellistischen Persönlichkeitsstörung leiden, handeln meist unter Missachtung jeglicher Moral. Sie bauen Netzwerke auf und nutzen andere Menschen zur Erreichung eigennütziger Ziele. Ihr Motto könnte dabei am ehesten mit der Floskel „Der Zweck heiligt die Mittel" beschrieben werden. Zwischenmenschliche Beziehungen haben für sie meist eine sehr geringe emotionale Bedeutung. Ihre Manipulationstechniken reichen vom Einschmeicheln über das Anbieten von Austausch oder das Bilden von Koalitionen bis hin zum Ausüben von Druck, Einschüchtern oder Schikanieren.

Typisch sind die Aspekte:

- Misstrauen gegenüber Anderen
- Bedürfnis nach Erfolg
- Bedürfnis nach Kontrolle
- Amoralische Manipulation[51]

Neben der „dunklen Triade" der Persönlichkeit gibt es noch weitere kritische Persönlichkeitseigenschaften, bei denen erhöhte Wachsamkeit empfehlenswert ist. Dazu zählen beispielsweise ein Mangel an Kritikfähigkeit und eine starke Kränkbarkeit, ausgeprägtes Misstrauen und Ängste oder Gier und Maßlosigkeit. Als Laie ist es oftmals äußerst schwierig, eine Persönlichkeitsstörung zu erkennen, und selbst für darauf geschulte Menschen stellt dies eine Herausforderung dar.

Leider gibt es keine universelle Handlungsempfehlung dafür, wie man mit Menschen umgehen sollte, die unter einer Persönlichkeitsstörung leiden. Eine Möglichkeit kann sein, Distanz zu wahren und auf den eigenen Selbstschutz zu achten. Eine klare Kommunikation und das Setzen von Grenzen können hierbei hilfreich sein. Man sollte versuchen, möglichst wenig Angriffsfläche zu bieten und Kritik gut verpackt zu äußern. Bei einem dringenden Verdacht sollte man sich Unterstützung suchen und notfalls Konsequenzen ziehen.[52]

13.4 Zusammenarbeit und Management von Teams

- Arbeit in Gruppen: Teams, Unterschiede, Formen, Gestaltung
- Teamentwicklung: Kreislaufmodell nach Tuckman, Rollenmodell nach Belbin
- Konflikte: Arten und Umgang

[51] Vgl. Frehner, Führung Heute, 17–19.

[52] „Persönlichkeitsstörungen im beruflichen Alltag: Herausforderungen und Strategien im Umgang mit dysfunktionalen Beziehungsmustern", Hartdegen Workshops, 6. April 2025, https://www.hartdegen-workshops.de/post/persönlichkeitsstörungen-im-beruflichen-alltag-herausforderungen-und-strategien-im-umgang-mit-dysfu.

Das Arbeiten mit einzelnen Menschen und das Wirken von Individuen kann äußerst spannend sein, da jede Person eigene Eigenschaften und Besonderheiten mitbringt, die durch persönliche Erfahrungen entstanden sind. Durch die Zusammenarbeit mehrerer Menschen entstehen wiederum Gruppen, in denen sich eigene Kulturen und Subkulturen herausbilden. Unter einer Kultur versteht man ein Bündel gemeinsamer Werte – ein System verschiedener Verhaltensweisen, das in der Gruppe als üblich oder erwünscht gilt, sich meist ohne formelle Vorgaben entwickelt und wie selbstverständlich unterschiedliche Standards vorgibt. Einzelne Kulturen kommen in jeder Form von Gruppe vor. Bezieht man dies auf ein ganzes Unternehmen, spricht man von einer Unternehmenskultur.[53] Ehe sich solche Normen innerhalb eines Teams herausbilden können, muss sich die Gruppe jedoch zunächst finden. Die Entwicklung von Gruppen nimmt längere Zeit in Anspruch, da sie mehrere Phasen durchläuft. Im Gruppenphasenmodell von Bruce W. Tuckman wurde dieser Prozess in vier Phasen beschrieben: Forming, Storming, Norming und Performing.

In der **Forming**-Phase lernen sich die Gruppenmitglieder zunächst kennen. Sie beobachten, wer die anderen sind, was sie tun, und versuchen, sich gegenseitig zu erkunden und einzuschätzen. Sie verhalten sich meist zurückhaltend und sind im gemeinsamen Tun noch nicht sonderlich produktiv.

In der darauffolgenden **Storming**-Phase kann die Produktivität sogar nochmals abfallen. Macht und Status werden nun geklärt, und Teamrollen bilden sich heraus. Konflikte werden teils offen, teils verdeckt ausgetragen, damit jeder seinen Platz im Team findet.

In der **Norming**-Phase geht es dagegen ruhiger zu. Die individuellen Rollen wurden gefunden, und Gruppenregeln sowie gemeinsame Rituale beginnen sich zu bilden und zu festigen. Die Produktivität steigt an.

Die **Performing**-Phase ist der Reifegrad, in dem das Team von der zuvor geschaffenen Grundlage profitiert und sein volles Leistungspotenzial entfalten kann. Die Gruppenmitglieder unterstützen sich gegenseitig, und ein hohes Maß an Gruppenkohäsion erhöht die Resilienz gegenüber Einflüssen von außen. Eine Übersicht dieser vier Gruppenphasen ist auch in Abbildung 13.4 zu sehen.

Wurde ein Team nur befristet gebildet, so kann noch eine fünfte Phase relevant sein: Die **Adjourning**-Phase beschreibt die Auflösung des Teams.[54] Hierbei sollte eine gemeinsame Reflexion über die vergangene Zusammenarbeit stattfinden. Je nach Zusammenarbeit kann der Abschied zu Trauer oder Erleichterung führen.

---

[53] Vgl. Stefan Lüddemann, Kultur: Eine Einführung, 2., erweiterte und überarbeitete Auflage, Kunst- und Kulturmanagement, Springer Fachmedien Wiesbaden, 2019, 5–7, https://doi.org/10.1007/978-3-658-23137-8.

[54] Vgl. Georg Schreyögg und Jochen Koch, Grundlagen des Managements: Basiswissen für Studium und Praxis, 4., erg. u. akt. Aufl., Springer Gabler, 2023, 339, https://doi.org/10.1007/978-3-658-41918-9.

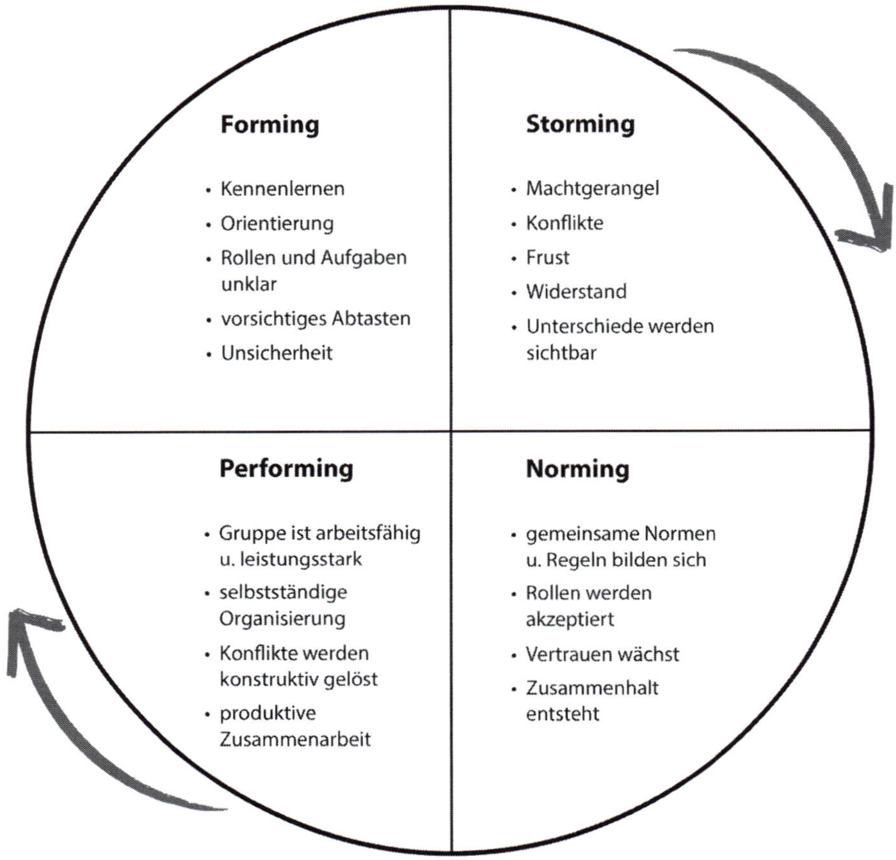

Abbildung 13.4: Gruppenphasenmodell nach Tuckman, eigene Darstellung

Die Rollen, die sich während der ersten Phasen im Gruppenentstehungsprozess bilden, dienen sowohl ausgesprochenen, als auch unausgesprochenen Zielen der Gruppe. Hierbei können grundsätzlich **Aufgabenrollen**, **Erhaltungs- und Aufbaurollen** und **dysfunktionale Rollen** unterschieden werden. Unter die Kategorie der **Aufgabenrollen** lassen sich Funktionen aufführen, die für das Erreichen des Gruppenziels förderlich sind. Elementar sind hierbei Rollen wie die Initiative und Aktivität, um Lösungen vorzuschlagen und Ideen vorzubringen. Die Informationssuche oder das Weitergeben von Informationen und Meinungen, ebenso wie die Ermutigung, die Koordination oder das Bilden von Regeln. Dem Bereich der **Erhaltungs- und Aufbaurollen** werden all jene Funktionen subsummiert, die zur Entstehung einer Gruppendynamik beitragen und diese Erhalten. Das Auswerten und Überprüfen von Gruppenentscheidungen, das Diagnostizieren von Hindernissen in der Zusammenarbeit, die Vermittlung bei Meinungsdifferenzen und das Vermindern von Spannungen. Diese Rollen sind meist nicht auf ein und dieselbe Person verteilt, sondern können vor allem in gleichberechtigten Gruppen situativ wechseln. Meist noch situativer treten in der Regel die **dysfunktionalen Funktionen** auf, wie das Blockieren, aggressives Verhalten, dem Rivalisieren oder die Clownerie. Während diese Verhaltensweisen teils nur Ausdruck kurzfristiger emotionaler Befindlichkeiten sind, können es ebenso Verhaltensweisen sein, die während der Storming-Phase in der Teamentwicklung dem Findungsprozess dienen.[55]

Im Teamrollen-Modell von Belbin wurden neun verschiedene Rollen identifiziert, die in erfolgreichen Teams vertreten sind. Diese neun Rollen wurden wiederum in **kommunikative**, **wissensorientierte** und **handlungsorientierte** Cluster unterteilt. Ein einzelner Mensch ist nicht auf eine einzelne Rolle festgeschrieben, sondern kann zwei bis drei davon einnehmen. In ihren Studien hat Meredith Belbin herausgefunden, dass ein Team umso erfolgreicher agieren kann, desto mehr dieser Rollen besetzt sind. Das bedeutet jedoch nicht, dass ein Team in dem nicht alle Rollen vorzufinden sind im Umkehrschluss nicht erfolgreich sein kann. Die jeweilige Funktion, die ein Menschen in einem Team einnimmt, kann in unterschiedlichen Kontexten variieren. Hierfür sind die Erwartungen, die an eine Person von außen herangetragen werden ebenso prägend, wie die Erwartungen, die diese Person an sich und die Gruppe stellt. Außerdem spielen hierbei die persönlichen Verhaltenspräferenzen eine ausschlaggebende Rolle. Durch die Heterogenität, die in einem Team mit vielfältig besetzten Rollen vorherrscht, können individuelle Schwächen durch die Stärken anderer ausgeglichen werden.

Um eine möglichst hohe Übersichtlichkeit zu gewährleisten, wurden die neun Rollen nach dem Teamrollen-Modell von Belbin nachfolgend tabellarisch dargestellt und beschrieben:

Teamrolle	Rollenbeitrag	Charakteristika	Zulässige/unzulässige Schwächen
Kommunikationsorientiert:			
Wegbereiter	Entwickelt Kontakte und erforscht Möglichkeiten	Kommunikativ, extrovertiert	Oft zu optimistisch, verliert Interesse nach Anfangsbegeisterung/ kann Absprachen vernachlässigen
Koordinator	fördert Entscheidungsprozesse, erkennt Talente, delegiert wirksam	Selbstsicher, vertrauensvoll	Kann als manipulativ empfunden werden/ Vereinnahmung der Anerkennung für das Team

55 Vgl. Tobias Brocher, Gruppenberatung und Gruppendynamik, 2. Aufl. 2015. Nachdruck 2015, Edition Rosenberger, Springer Gabler, 2015, 148–53, https://doi.org/10.1007/978-3-658-07836-2.

Teamrolle	Rollenbeitrag	Charakteristika	Zulässige/unzulässige Schwächen
Teamarbeiter	Verbessert Kommunikation, baut Reibungsverluste ab	Kooperativ, diplomatisch	Unentschlossen in kritischen Situationen, vermeidet Konfrontation/Vermeidet Situationen, die Druck mit sich bringen
Wissensorientiert:			
Neuerer	Bringt neue Ideen ein, kreativ, phantasievoll	Unorthodoxes Denken	Oft gedankenverloren, ignoriert Nebensächlichkeiten/beharrt auf eigenen Ideen
Beobachter	Kritisches umfassendes Urteil bei Bewertung von Lösungsvorschlägen	Besonnen	Langsam in Entscheidungen/oft wenig inspirierend; Zynismus
Spezialist	Verfügt über tiefgreifende Kenntnisse über ein für das Team wichtiges Schlüsselgebiet	Engagiert und dem Fachwissen zugewandt	Tendenz, sich nur auf sein eigenes Thema zu konzentrieren/ignoriert Dinge außerhalb des eigenen Kompetenzbereichs
Handlungsorientiert:			
Umsetzer	Setzt Pläne in die Tat um, organisiert die Arbeit, die getan werden muss	Diszipliniert, verlässlich, effektiv, praktisch	Unflexibel, langsam in der Reaktion auf neue Möglichkeiten/kann Veränderungen blockieren
Perfektionist	Vermeidet Fehler, stellt optimale Ergebnisse sicher	Gewissenhaft, pünktlich, manchmal ängstlich	Überängstlich, delegiert ungern/kann fanatisch sein und Ängste auf das Team übertragen
Macher	Hat Mut, Hindernisse zu überwinden	Dynamisch, arbeitet gut unter Druck, herausfordernd	Ungeduldig, neigt zu Provokationen/kann Gefühle Anderer verletzen

Tabelle 13.2: Teamrollen nach Belbin, eigene Darstellung orientiert an Mahlstedt[56]

Konflikte Arten, Verläufe und Konfliktmanagement

Dort, wo mehrere Menschen aufeinandertreffen, ist es sehr wahrscheinlich, dass auch unterschiedliche Meinungen und Ansichten aufeinandertreffen. Dies kann dazu füh-

[56] Vgl. Anja Mahlstedt, Die Toolbox für die Teamentwicklung: Der Weg zum Spitzenteam, essentials, Springer Fachmedien Wiesbaden, 2022, 11–13, https://doi.org/10.1007/978-3-658-37446-4.

ren, dass Konflikte entstehen. Ein Konflikt ist jedoch nicht zwangsläufig auch ein Streit. Laut dem Wirtschaftslexikon Gabler wird der Begriff wie folgt definiert: „Prozess der Auseinandersetzung, der auf unterschiedlichen Interessen von Individuen und sozialen Gruppierungen beruht und in unterschiedlicher Weise institutionalisiert ist und ausgetragen wird."[57] Kennzeichnend ist also, dass dabei zwei oder mehrere Personen, die in einem wechselseitigen Abhängigkeitsverhältnis stehen, das Bestreben haben, unterschiedliche Ziele zu verfolgen. Um Konflikte lösen zu können, kann es hilfreich sein zu ergründen, welche Art von Konflikt vorliegt. Denn oft kann ein Problem nur dann an der Wurzel bearbeitet werden, wenn dessen Ursache bekannt ist.[58]

Arten von Konflikten können beispielsweise sein:

Konfliktart:	**Mögliche Ursachen:**	**Mögliche Lösungen:**
Sachverhaltskonflikte	Unterschiedliche, mangelhafte oder falsche Informationen	Auf Sachebene; Informationen vervollständigen, Fakten klären, Übereinstimmungen suchen
Interessenkonflikte	Verschiedene Interessen von Konfliktparteien (z.B. **A** hat Interesse an musikalischer Unterhaltung und macht Musik an, **B** hat Interesse an Ruhe und fühlt sich durch Musik gestört)	Bedürfnisse hinter Argumenten finden und im Idealfall Lösung finden, die beide Interessen befriedigt
Beziehungskonflikte	Entstehen auf emotionaler Ebene; Grundlagen sind Gefühle wie Angst, Frustration, Trauer, Neid	Ansprechen der jeweils eigenen Empfindungen, um Verständnis des Gegenübers herzustellen
Wertekonflikte	Entstehen durch unterschiedliche Wertevorstellungen (zum Beispiel durch unterschiedliche religiöse Überzeugungen)	Finden einer gemeinsamen Wertebasis, auf der das Miteinander aufgebaut wird
Strukturkonflikte	Bezeichnen Konflikte zwischen Unterschiedlichen Strukturen, also nicht zwischen verschiedenen Personen (zum Beispiel Vertrieb und Marketing), Ursache oft bedingt durch das System	Je nach Konflikt, eventuell durch strukturelle Maßnahmen, Umgestaltungen, Kommunikation
Innere Konflikte	Entstehen im Inneren einer einzelnen Person, durch eigene Ziel- oder Wertekonflikte, Wünsche die sich gegenseitig widersprechen, oder ähnliches	Können durch unterstützende Gespräche begleitet werden

Tabelle 13.3: Arten von Konflikten, eigene Darstellung orientiert an Proksch[59]

[57] Vgl. Prof Dr Günter W. Maier, „Definition: Konflikt", Text, https://wirtschaftslexikon.gabler.de/definition/konflikt-41120, Springer Fachmedien Wiesbaden GmbH, zugegriffen 5. Mai 2025, https://wirtschaftslexikon.gabler.de/definition/konflikt-41120.

[58] Vgl. Stephan Proksch, Konfliktmanagement im Unternehmen: Mediation und andere Methoden für Konflikt- und Kooperationsmanagement am Arbeitsplatz, 2. Aufl. 2014, SpringerLink Bücher, Springer Gabler, 2014, 5, https://doi.org/10.1007/978-3-642-35689-6.

[59] Vgl. Proksch, Konfliktmanagement im Unternehmen, S. 5–7.

Während manche Konflikte schnell gelöst werden können, gibt es andere, die sich weiter potenzieren und in unterschiedlicher Form entladen. Um in Konflikten erfolgreich intervenieren zu können, ist es oft hilfreich zu wissen, auf welcher Stufe er gerade ausgetragen wird. Hierfür kann das Eskalationsstufen-Modell von Glasl wichtige Orientierung bieten (siehe Abbildung 13.5). Das Modell geht davon aus, dass jeder Konflikt grundsätzlich das Potenzial zur Eskalation besitzt. Je weiter fortgeschritten die Stufe ist, auf der sich die Meinungsverschiedenheit befindet, desto drastischer sind die möglichen Folgen, wie auch in der Abbildung verdeutlicht wird.[60]

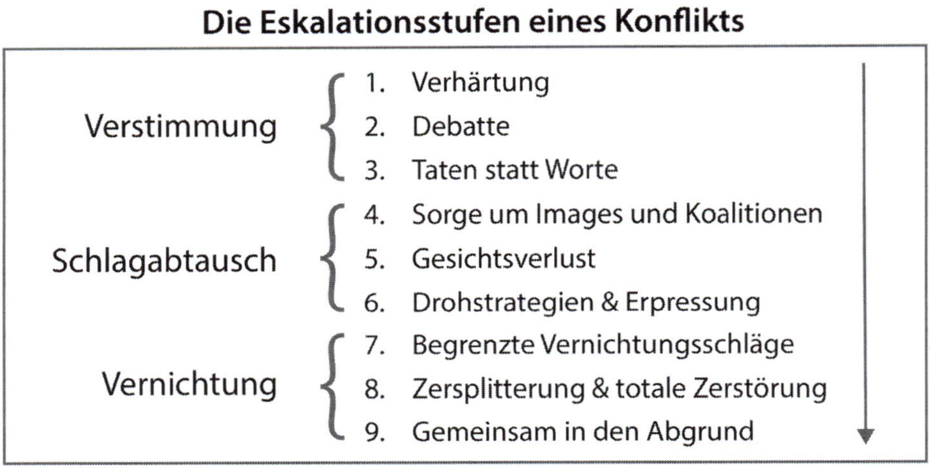

Abbildung 13.5: Eskalationsstufen-Modell nach Glasl, eigene Abbildung orientiert an Proksch[61]

Umgang mit Konflikten

Je nach Situation und Eskalationsstufe kann unterschiedlich mit Konflikten umgegangen werden. Konflikte können vermieden, unterdrückt oder gelöst werden.

Wird die Strategie der **Konfliktvermeidung** gewählt, versucht man, Konflikte zu umgehen – idealerweise schon lange, bevor sie entstehen. Dies kann durch homogene Teamzusammensetzungen, das Aufschieben oder Nichtansprechen von Problemen oder durch das Kontrollieren von Gesprächen und Kontakten durch die Führungskraft erfolgen. Da ein Konflikt hierdurch jedoch nicht gelöst, sondern meist nur vertagt wird, ist diese Strategie nicht als mustergültig zu erachten.

Ebenso wenig ideal ist die Methode der **Konfliktunterdrückung**. Hierbei wird durch Autorität – zum Beispiel durch eine Führungskraft – dafür gesorgt, dass ein Konflikt nicht weiter ausgetragen oder ein unerwünschtes Verhalten nicht weiter ausgeübt wird. Zwar gibt die Konfliktunterdrückung Orientierung und kann bei enormem Zeit-

[60] Vgl. Proksch, Konfliktmanagement im Unternehmen, S. 7–9.
[61] Vgl. Proksch, Konfliktmanagement im Unternehmen, S. 7–9.

druck kurzfristig Abhilfe schaffen. Jedoch wird eine Meinungsverschiedenheit dadurch lediglich auf einen späteren Zeitpunkt verschoben, und durch autoritäres Verhalten besteht sogar das Risiko weiterer Zuspitzungen.

Eine wirkliche und dauerhafte Abhilfe wird meist nur durch die **Lösung des Konflikts** erreicht. Eine wichtige Grundlage für eine dauerhafte Lösung ist die wechselseitige Kommunikation.[62] Um zu vermeiden, dass Gespräche zwischen zwei Konfliktparteien sich aufschaukeln und es zu wenig zielführenden Schlagabtauschen kommt, sollten Gespräche, die aufgrund eines Konflikts auf einer hohen Eskalationsstufe geführt werden, moderiert werden und einem roten Faden folgen. Eine Methode, die häufig im Coaching-Bereich angewendet wird, ist das Vorgehen nach der sogenannten „SAG ES!"-Formel. Dieser liegen die folgenden fünf Schritte zugrunde:

1. S wie Sichtweise ansprechen: „mir ist aufgefallen, dass"
2. A wie Auswirkung beschreiben: „für mich heißt das/wirkt das..."
3. G wie Gefühle ansprechen: „Dadurch fühle ich mich..."
4. E wie Erfragen, wie Gegenüber darüber denkt: „Wie sehen Sie das?"
5. S wie: Schlussfolgerungen ziehen: „Ich wünsche mir.../Wie könnte eine Lösung aussehen?"[63]

Misslingt die Lösung eines Konflikts, so bedarf es eines stärkeren Eingriffs von außen in das Problem. Während Führungskräfte in den zuvor beschriebenen Möglichkeiten eher passiv bleiben und Neutralität bewahren sollten, kann in schwerwiegenden Fällen die Methode der Konfliktüberbrückung angewandt werden. Hierbei nehmen Außenstehende die Funktion eines Schiedsrichters ein, steuern dem Prozess aber zeitgleich eigene Vorschläge bei, um auf einen Nenner zu gelangen.[64] Bei sehr schwerwiegenden Fällen sollte über externe Hilfe nachgedacht werden, zum Beispiel durch Mediatoren oder Unternehmensberatungen.

Der Nutzen von Konflikten

Während das Wort „Konflikt" meist zunächst negativ behaftet ist, sollte man durchaus ein Bewusstsein dafür haben, welche positiven Seiten Konflikte haben können. Hätten wir keine inneren Konflikte, so würden wir niemals einen Weg aus verschiedenen Handlungsalternativen auswählen, sondern immer nur das Gleiche tun. Würde man nie auf Meinungsverschiedenheiten stoßen, so würde man nie nach neuen Lösungswegen suchen. Jedem Neubeginn geht ein Konflikt voraus. Dort, wo ein Konflikt entsteht, ist der Fortschritt nicht weit.

---

62 Vgl. Bruno Rüttinger und Jürgen Sauer, Konflikt und Konfliktlösen: kritische Situationen erkennen und bewältigen, 3. Auflage, Nachdruck, Edition Rosenberger, Springer Gabler, 2016, S. 205–215.

63 Vgl. Coniunctum GmbH, „Die ‚Sag es!'-Formel", zugegriffen 5. Mai 2025, https://www.coniunctum.de/tool-box/die-sag-es-formel.html.

64 Vgl. Rüttinger und Sauer, Konflikt und Konfliktlösen, S. 233–35.

14 Motivation und Motivierung

Alina und Peter diskutieren mit Lisa und Max bei einem gemeinsamen Mittagessen über das Thema der Motivation. Was bringt Menschen überhaupt dazu, zu etwas motiviert zu sein und (wie) können Menschen in Unternehmen motiviert werden, zum Beispiel durch ihre Führungskräfte? Das Thema kam auf, nachdem im Projektteam zum Thema Change Management eine gewisse Ermüdung feststellbar war. Auch Alina und Peter selbst haben den Elan in den vergangenen Wochen etwas verloren. Alle vier überlegen sich, wie sie sich selbst und die anderen Projektmitglieder wieder motivieren können, mit Spaß und Elan an den gemeinsamen Zielen zu arbeiten.

Menschenbilder im Wandel

Im Rahmen von Fragen des Zusammenlebens an sich, von menschlichen Entscheidungen und Handlungen und damit auch von Führungsmodellen und Motivationstheorien spielt das vorherrschende Menschenbild eine entscheidende Rolle. Menschenbilder werden durch Weltanschauungen oder auch durch kulturelle Gegebenheiten beeinflusst. Menschenbilder sind Orientierungsmuster und geben Orientierung. Mithilfe des vorherrschenden Menschenbilds in Verbindung mit Überzeugungen und Werten einer Gesellschaft deuten wir Lebens- und Handlungsweisen anderer.

Menschenbilder haben sich mit der Zeit verändert:[1]

- Im Mittelalter bis zur Aufklärung in Europa war das Menschenbild bei uns stark (christlich) religiös geprägt.
- Mit dem Zeitalter der Aufklärung setzen sich nach und nach wissenschaftliche Erkenntnisse und Erklärungen des Menschen an sich, seiner Beziehung zur Natur und zu Erklärungen seiner Handlungen durch.
- Der britische Naturforscher Charles Darwin erkannte im 19. Jahrhundert im Zuge seiner Evolutionslehre, dass in der Natur Selektionsprozesse stattfinden. Im Kampf ums Dasein setzen sich diejenigen durch, die dafür geeignetere Merkmale aufweisen. Das Konzept des „Rechts des Stärkeren" war geboren.

Diese drei Beispiele mögen ausreichen, um zu verdeutlichen, wie sich das gesellschaftliche und wissenschaftliche Menschenbild immer weiter verändert hat. Auch in der Ökonomie, also in dem, was wir als Wirtschaft oder Wirtschaftsleben bezeichnen, herrschten und herrschen im Zusammenhang damit bestimmte Menschenbilder vor. Seit dem 19. Jahrhundert wird versucht, menschliche Handlungen über die Figur des **homo oeconomicus** zu erklären. Der **homo oeconomicus** gilt dabei als derjeni-

---

[1] Vgl. Anna-Maria Pircher-Friedrich: Mit Sinn zum nachhaltigen Erfolg. Anleitung zur werte- und wertorientierten Führung. Berlin, Erich Schmitt Verlag, 2011, 70–72.

ge Mensch, der die egoistische Maximierung seines ökonomischen, also wirtschaftlichen Interesses allem anderen überordnet. Der Mensch gilt demnach außerdem als grundsätzlich faul und antriebsschwach, insofern er nicht von außen durch Belohnungen sowie materielle und damit finanzielle Anreize zur Leistung motiviert wird. Diese modellhafte Charakterisierung des Menschen dient der theoretischen Untersuchung möglicher Handlungsweisen, hält der praktischen Wirklichkeit aber nicht stand. Wäre dem so, würde sich kein Mensch zum Beispiel ehrenamtlich engagieren oder in Unternehmen auch ohne Extrabelohnung Zusatzaufgaben oder Verantwortung übernehmen. Also scheinen Menschen doch auch auf Basis anderer Grundlagen motiviert und motivierbar zu sein. Als Gegenentwurf dient daher oftmals der **homo socialis**, also der Mensch, der sich an der Gesellschaft und an Gemeinschaften ausrichtet und auch ohne Belohnung zu motivieren ist.

Einfluss von Menschenbildern auf Motivationstheorien

Was in den Konzepten des „Rechts des Stärkeren“ oder auch im **homo oeconomicus** noch fehlt, ist die soziale Komponente. Als Menschen leben wir eingebunden in Gemeinschaften, ob in die Familie, in Vereine, die Gesellschaft an sich oder im Rahmen der Zusammenarbeit mit anderen im Berufsleben. Gesellschaft und Gemeinschaft sowie die Orientierung an anderen Menschen als Vorbilder prägen uns, Anerkennung und Nähe sind uns wichtig. Diese Einsicht setzte sich im 20. Jahrhundert nach und nach durch und findet seitdem immer stärker Eingang in Motivationstheorien.

Bevor wir uns aktuellen Motivationstheorien zuwenden, blicken wir kurz auf drei Konzepte aus der Mitte des 20. Jahrhunderts. Die Begründer dieser Motivationstheorien haben bereits begonnen, sich von der rein egoistischen Bedürfnisbefriedigung von Menschen abzusetzen. Es setzte sich also bereits damals langsam, aber sicher die Erkenntnis durch, dass Menschen eben nicht nur ihren eigenen Vorteil suchen und dass es, neben finanziellen, auch andere Anreize gibt, die Menschen dazu bringen, ihre Aufgabe gut und gerne zu erledigen.

Bedürfnispyramide nach Maslow

Auf den US-amerikanischen Psychologen Abraham Maslow geht wesentlich die Erkenntnis ab ca. dem Jahr 1943 zurück, dass die Bedürfnisse des Menschen stufenförmig aufgebaut sind.[2] Diesen Aufbau hat er in seiner sehr bekannten Bedürfnispyramide dargestellt. Stufenförmig oder auch hierarchisch im Aufbau bedeutet, dass wir Menschen immer eine Stufe erreicht und damit diese Bedürfnisse befriedigt haben müssen, um die nächsthöhere Stufe in der Bedürfnisbefriedigung erklimmen zu können – und zu wollen. Maslow unterscheidet zwischen Defizit- und Wachstumsbedürfnissen. Demnach müssen wir zuerst unsere Grundbedürfnisse (Defizite) stillen, bevor wir motiviert sein können, über uns hinauszuwachsen. Anders ausgedrückt: Solange wir hungern

[2] Vgl. Abraham Maslow: Motivation und Persönlichkeit. Olten, Walter-Verlag 1977.

und frieren werden wir zuerst motiviert sein, etwas zu essen und anzuziehen, um nicht zu verhungern oder zu erfrieren. Erst wenn wir das erreicht haben, besteht überhaupt die Möglichkeit, uns um andere Bedürfnisse zu kümmern. Die auf die Grundbedürfnisse aufbauende Stufe ist das Sicherheitsbedürfnis. Diese Stufe ist für uns besonders interessant, kommt hier doch bereits der Versicherungsgedanke als eine Möglichkeit ins Spiel, das menschliche Bedürfnis nach Sicherheit befriedigen zu können.

Über soziale und individuelle Bedürfnisse hinaus strebt jeder Mensch letztendlich nach Anerkennung, Lob und Geltung und auf der höchsten Stufe nach Selbstverwirklichung. Das ist es, was uns wirklich antreibt, und damit also motiviert. Damit können wiederum egoistische Motive, wie die eigene Karriere verbunden sein, müssen es aber nicht. Auch andere Menschen zu fördern oder zu unterstützen kann zur Selbstverwirklichung und damit zur Befriedigung beitragen.

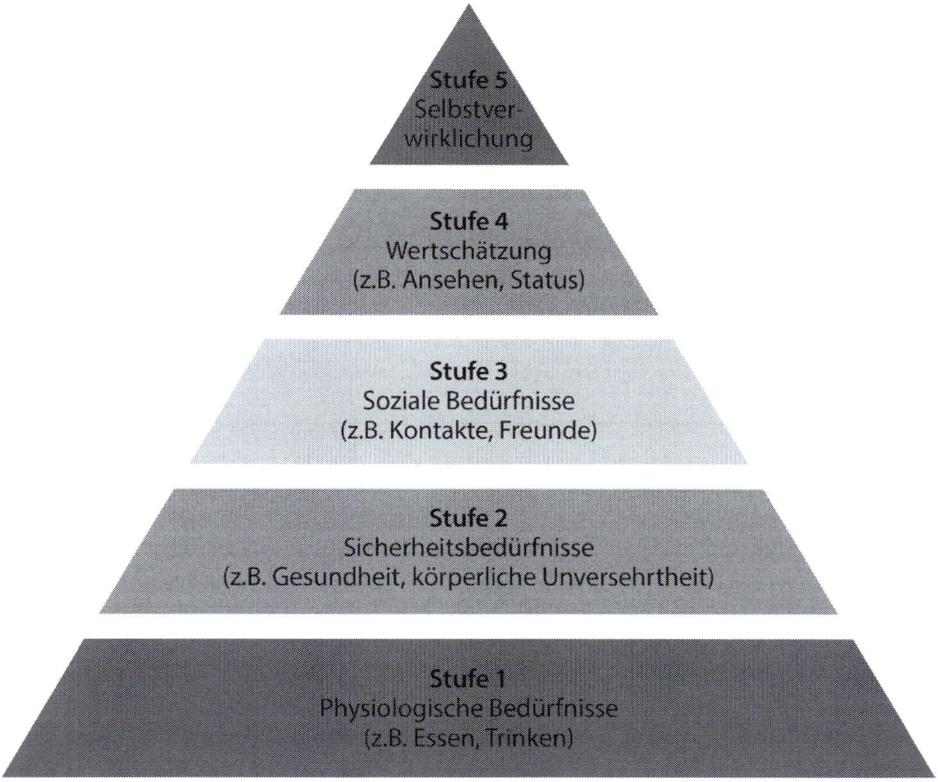

Abbildung 14.1: Bedürfnispyramide nach Maslow[3]

[3] Vgl. Peter Gaubatz et al., Kernprozesse, 2024, Verlag Versicherungswirtschaft, S. 65.

XY-Theorie nach McGregor

Führungsmodelle und Führungstheorien in Unternehmen berufen sich in Verbindung mit Menschenbildern oft auf die XY-Theorie des US-amerikanischen Professors für Management Douglas McGregor.[4] McGregor stellt in seiner Theorie ab circa 1960 zwei Menschenbilder gegenüber: Auf der einen Seite die damals weit verbreitete **Theorie X**, die besagt, dass der Mensch grundsätzlich eine Abneigung gegen Arbeit hat, über wenig Ehrgeiz verfügt, lieber geführt werden will als selbst zu führen, unkreativ ist und kontrolliert werden muss. Die Motivation bezieht der Mensch vor allem aus der Befriedigung seiner eigenen Grundbedürfnisse. Dieser Theorie X stellte McGregor nun seine **Theorie Y** entgegen: Nach McGregors Erkenntnissen hat der Mensch durchaus Spaß an der Arbeit und entwickelt Ehrgeiz in der Lösung von Aufgaben, strebt nach Verantwortung und ist bereit, Führung zu übernehmen und ist kreativ. Im Rahmen der Motivation streben Menschen dabei nach Wertschätzung, Selbstverwirklichung und Zufriedenheit.

XY-Theorie nach McGregor

Vorherrschendes Menschenbild	Moderneres Menschenbild nach McGregor
• Der Mensch hat eine Abneigung gegen Arbeit • Menschen scheuen Verantwortungsübernahme • Menschen wollen geführt werden, statt zu führen • Menschen sind unkreativ bei der Problemlösung • Menschen müssen zur Zielerfüllung gezwungen werden • Menschen streben nach der Befriedigung körperlicher Bedürfnisse und nach Sicherheit	• Der Mensch hat Spaß an der Arbeit • Der Mensch ist bereit, Verantwortung zu übernehmen • Menschen sind bereit, andere Menschen zu führen • Menschen haben Ideen und sind kreativ • Menschen lassen sich durch Zutrauen und Eigenverantwortung motivieren, Ziele zu verfolgen • Der Mensch strebt auch nach sozialer Sicherheit

Tabelle 12.1: XY-Theorie nach McGregor

Zwei-Faktoren-Theorie nach Herzberg

Blicken wir noch auf eine Theorie aus der zweiten Hälfte des 20. Jahrhunderts, nämlich auf die **Zwei-Faktoren-Theorie** des US-amerikanischen Psychologen und Arbeitswissenschaftlers Frederick Herzberg. Auch Herzberg hat sich mit den Zusammenhängen zwischen Bedürfnisbefriedigung, Arbeitszufriedenheit und Motivation beschäftigt.[5] Herzberg unterscheidet in seiner Theorie auch ab ca. 1960 zwischen Hygienefaktoren und Motivatoren der Arbeit. Hygienefaktoren beziehen sich dabei auf die äußeren Be-

[4] Vgl. Douglas McGregor: The Human Side of Enterprise. Boston, Mass 1985.
[5] Vgl. Frederick Herzberg: Work and the Nature of Man. London, Staples Press 1968.

dingungen des Arbeitsplatzes. Motivatoren sind dagegen Faktoren, die sich auf die inhaltliche Gestaltung der Arbeit und des Aufgabengebiets beziehen.

Zwei-Faktoren-Theorie nach Herzberg

Hygienefaktoren	Motivatoren
• Gehalt	• Anerkennung
• Arbeitsbedingungen	• Erfolg
• Sicherheit des Arbeitsplatzes	• Inhalt der Arbeit
• Unternehmenskultur	• Verantwortung
• Personalpolitik des Unternehmens	• Aufstiegsmöglichkeiten
• Führungsstil	• (inneres) Wachstum

Tabelle 12.2: Zwei-Faktoren-Theorie nach Herzberg

Das, was Herzbergs Theorie als Menschenbild zugrunde liegt und so interessant in Richtung der Themen Motivation macht, ist die inhaltliche Bestimmung der beiden Faktoren. Hygienefaktoren verhindern zwar Unzufriedenheit bei Menschen als Mitarbeitenden in Unternehmen, erzeugen aber keine Zufriedenheit, da diese vorausgesetzt wird. Motivatoren dagegen führen bei ihrem Fehlen nicht zwangsläufig zu Unzufriedenheit, motivieren bei ihrer Anwendung aber zur Leistung. Und hier liegt das Potential der Motivatoren in der Bedürfnisbefriedigung und des Menschenbilds, das dem zugrunde liegt: Indem Menschen Anerkennung erfahren, einer inhaltlich befriedigenden Arbeit nachgehen können sowie Erfolg und Aufstiegsmöglichkeiten sehen, erleben sie die Möglichkeit, innerlich zu wachsen und sind ungleich motivierter, einen „guten Job" zu machen.

Mit Maslow, McGregor und Herzberg haben wir uns somit drei Theorien angesehen, die ab den 1940er-Jahren entwickelt wurden. Diese Theorien werden bis heute herangezogen, um auf Basis verschiedener Menschenbilder die Themen der Motivation und Motivierung zu erklären und darauf aufbauend Führungs- und Managementsysteme zu entwickeln. Kritik an diesen Theorien gibt es selbstverständlich auch und geänderte Rahmenbedingungen, Anforderungen und Forschungsergebnisse haben zur Weiterentwicklung von Motivations-, Führungs- sowie Leadership-Theorien geführt.

Alina und Peter stellen sich folgende Frage: Vielleicht werden in dem laufenden Projekt die eigenen Bedürfnisse und auch die Bedürfnisse der anderen Projektmitglieder nicht mehr ausreichend befriedigt, weshalb die allgemeine Motivation gesunken ist? Aber was ist Motivation eigentlich und was können sie selbst beziehungsweise was kann die Projektleitung dazu beitragen, das Motivationstief zu überwinden?

Motivation und Volition

Unter Motivation verstehen wir allgemein die Ausführung einer zielgerichteten Handlung in Richtung eines als positiv empfundenen Zustands oder der Vermeidung eines als negativ empfundenen Zustands.[6]

■ BEISPIEL

Wenn ich auf einer Dienstreise oder nach einem Kundentermin in einer Stadt unterwegs bin und Hunger verspüre, gehe ich bei einem Bäcker vorbei und kaufe mir etwas zu Essen. Das Grundbedürfnis des Essens ist durch diese zielgerichtete Handlung befriedigt und ein positiver Zustand (ich bin satt) ist erreicht. ■

Etwas komplexer werden die Themen der Motivation und der Motivierung dann, wenn es sich um Bedürfnisse dreht, die über die Grundbedürfnisse hinausgehen. Wie kann ich mich also motivieren, Sport zu machen, mich gesund zu ernähren oder eine bestimmte Aufgabe am Arbeitsplatz zu erledigen, obwohl ich gerade gar keine Lust darauf habe? Und wie können wir andere Menschen motivieren, eine Aufgabe gut zu erledigen – eine Herausforderung, vor der vor allem Führungskräfte durchgehend stehen? Ein Begriffspaar, das in diesen Zusammenhängen immer wieder untersucht wird, ist das der intrinsischen Motivation gegenüber der extrinsischen Motivation. Intrinsisch bedeutet, die Motivation kommt „von innen heraus", steckt also in mir selbst. Extrinsisch bedeutet, die Motivation kommt „von außen her" und wird als Erwartung an mich herangetragen.[7]

Merkmale intrinsischer und extrinsischer Motivation

Intrinsische Motivation	Extrinsische Motivation
• kommt aus dem Menschen selbst,	• wird von außen an den Menschen herangetragen,
• ist unabhängig von äußeren Faktoren,	• resultiert aus äußeren Faktoren,
• hat einen inneren Zusammenhang mit der Tätigkeit,	• unterliegt Belohnungs- oder Bestrafungsmechanismen,
• ist interessensbezogen	• ist zweck- und ergebnisorientiert
• und befriedigt auf diese Art und Weise.	• und wird viel stärker von außen kontrolliert.

Tabelle 12.3: Merkmale intrinsischer und extrinsischer Motivation

Extrinsische Motivation entspricht streng genommen einer Beeinflussung: Jemand anderes (etwa eine Führungskraft) versucht, andere Menschen (Mitarbeitende) dazu zu bringen, etwas zu tun – zum Beispiel, eine bestimmte Aufgabe zu erledigen. Die Erledigung der Aufgabe wird dann in irgendeiner Art und Weise kontrolliert. Belohnungseffekte kommen dabei durchaus zum Einsatz, diese wirken jedoch eher kurzfristig. Erst die intrinsische Motivation ist diejenige, die einen längerfristigen Effekt

---

6 Vgl. Falko Rheinberg und Regina Vollmeyer: Motivation. Stuttgart: W. Kohlhammer Verlag 2019, 17.

7 Vgl. Cord Benecke und Felix Brauner: Motivation und Emotion. Psychologische und psychoanalytische Perspektiven. Stuttgart, W. Kohlhammer Verlag 2017, 19–22.

aufweist. Wenn Mitarbeitende überzeugt sind, dass die Aufgabe ihre Interessen trifft und sie befriedigt, sind sie ungleich stärker und langfristiger zur Zielerreichung motiviert. Somit entspricht die **Motivation** einem Zustand, den Menschen erreichen, wenn sie bereit sind, Ziele zu verfolgen. **Motivierung** dagegen bedeutet, diesen Zustand überhaupt erst herzustellen. Eine Herausforderung im Zusammenhang mit der Motivierung von Mitarbeitenden im Arbeitskontext besteht im sogenannten **Korrumpierungseffekt**. Dieser Effekt beschreibt die Gefahr, dass ursprünglich intrinsische Motivation durch äußere Anreize, wie zum Beispiel eine Gehaltserhöhung als Belohnung für gute Arbeit, verdrängt werden. Kommt die nächste Gehaltserhöhung dann nicht oder aus Sicht der Mitarbeitenden zu spät, kann die Motivation sinken, obwohl sie die Arbeit ursprünglich gerne und motiviert ausgeführt haben.

Die Selbstbestimmungstheorie nach Ryan und Deci

Wenn wir an den Arbeitskontext denken, gehen Motivation und Motivierung über die reine Befriedigung biologischer Grundbedürfnisse hinaus. Die beiden US-amerikanischen Wissenschaftler Richard M. Ryan und Edward L. Deci haben dazu Anfang der 2000er-Jahre ihre Selbstbestimmungstheorie entwickelt, die von großer Bedeutung auch im Zusammenhang mit Motivations- und Zielerreichungsprozessen im Arbeitsleben ist. Der Theorie zufolge unterliegen alle Menschen nicht nur **biologischen** Grundbedürfnissen, sondern ebenso **psychologischen** Grundbedürfnissen. Diese psychologischen Grundbedürfnisse des Menschen bezeichnen Ryan und Deci mit den Merkmalen der Handlungsfähigkeit, Handlungsfreiheit und sozialer Eingebundenheit.[8]

■ BEISPIEL

Wenn ein Kind mit Bauklötzen spielt und ein Haus bauen möchte, benötigt das Kind die Fähigkeit, also die Kompetenz, Bauklötze stabil zu stapeln. Das Lernen dazu passiert im Wesentlichen durch Ausprobieren. Gleichzeitig können Erwachsene mit ihrer Erfahrung diese Kompetenz behutsam stärken, indem sie beispielsweise als Vorbild agieren, von dem sich das Kind Ideen und Funktionsweisen abschauen kann. Das Kind will sein Haus zudem so bauen, wie es ihm gefällt. Es will also die Freiheit spüren, als Baumeister oder Baumeisterin frei und kreativ agieren zu können. Wenn ein Erwachsener ständig reinredet und sagt „mach das so oder so" oder sogar „das machst du falsch", wird das Kind die Lust an den Bauklötzen sehr schnell verlieren. Das ist der Wunsch nach Handlungsfreiheit. Die soziale Eingebundenheit folgt aus der Tatsache, auch Anerkennung für die geleisteten Ergebnisse zu erhalten. Wenn das Kind also ein Haus aus Bauklötzen gebaut und damit sein Ziel erreicht hat, sucht es die Bestätigung und das Lob der Erwachsenen, dass die Aufgabe gut gelungen ist. ■

Übertragen wir diese Situation auf das Arbeitsleben: Nach der Selbstbestimmungstheorie sind Menschen in der beruflichen Tätigkeit motiviert und zu motivieren, wenn die drei psychologischen Grundbedürfnisse erfüllt sind: Die Mitarbeitenden bringen die für die Aufgabe notwendigen Fähigkeiten mit oder dürfen diese erlernen; die Verantwortung für die Wege zur Zielerreichung und die Ergebnisse liegen gleichzeitig im Hand-

[8] Vgl. Richard M. Ryan und Edward L. Deci: Self-Determination Theory. Basic psychological Needs in Motivation, Development, and Wellness. New York, London: Guilford Press 2017, 9–19.

lungs- und weitgehend auch im Entscheidungsbereich der Mitarbeitenden; für geleistete Arbeit erfahren die Mitarbeitenden schließlich Lob und Anerkennung. Wenn alle diese Bedingungen aufeinandertreffen, besteht die große Chance, dass Menschen intrinsisch und langfristig an ihrem Arbeitsplatz motiviert und auch zu motivieren sind.

Alina und Peter überlegen weiter: Die Aufgaben, für die sie im Projekt aktuell die Verantwortung tragen, wecken durchaus ihr Interesse. Auch haben sie große Freiheiten in der Gestaltung ihrer Aufgabenerledigung und sie werden von der Projektleitung für gute Ergebnisse gelobt. Trotzdem stellen sie eine gewisse Ernüchterung bei sich selbst und im Team fest. Manchmal haben sie das Gefühl, dass alles einfach nicht schnell genug vorwärts geht und dass sich einzelne Teammitglieder nur schwer aufraffen können, mit Elan an ihre Aufgaben heranzutreten und diese auszuführen.

Kommen wir nochmals zurück auf die Beispiele der gesunden Ernährung oder eben der Erledigung der anfallenden Aufgaben am Arbeitsplatz. Obwohl ich weiß, dass gesunde Ernährung gut für mich ist, greife ich zum Fastfood. Obwohl ich weiß, dass eine bestimmte Aufgabe an der Arbeitsstelle erledigt werden muss, schiebe ich diese Aufgabe immer weiter auf oder lasse mich ständig von außen stören und ablenken, um nicht an der Aufgabe arbeiten zu müssen. Im Zusammenhang mit der Motivation kommt daher ein weiterer Aspekt ins Spiel: der Begriff der Volition. Volition (**volitional** = willentlich) meint die willentliche Überwindung innerer und äußerer Hürden bei der Ausführung von Handlungen. Dabei hilft die zielgerichtete Selbststeuerung, um die notwendigen Handlungen durchzuführen, um Aufgaben zu erledigen und Ergebnisse oder Zufriedenheit zu erzielen. Der Gedanke an den Zustand, das Ziel erreicht zu haben und die damit einhergehenden eigenen Gefühle (Stolz, Erleichterung) sowie die Anerkennung (Lob) von außen sind stärker als die Willensschwäche, die Aufgabe erst gar nicht anzugehen. Das Bewusstsein dazu hilft bei der inneren Überwindung und der Abschottung gegen äußere Einflüsse und Ablenkungen. Der US-amerikanische Sozialpsychologe Roy Baumeister bezeichnet den Willen und die Disziplin, sich gesund zu ernähren oder unliebsame Aufgaben anzupacken, gar als Muskel, den man trainieren kann. Diese Willensanstrengung kostet jedoch Kraft. Die Gefahr dabei ist, dass unser Wille bei Überbeanspruchung auch entsprechend ebenso ermüden kann wie ein Muskel.[9]

Alina und Peter denken weiter nach: Vielleicht haben sich alle zu sehr in das Projekt hineingesteigert? Woran liegt die Ermüdung in der gemeinsamen Motivation? Stimmt der Weg, der eingeschlagen wurde? Sind Veränderungen notwendig, um das Team wieder zu motivieren und was kann die Projektleitung dazu beitragen?

9 Vgl. Roy Baumeister: Die Macht der Disziplin. Wie wir unseren Willen trainieren können. München: Goldmann 2014, 7f.

Das 3 K-Modell der Motivation

Die oben besprochenen Modelle nach Maslow, McGregor und Herzberg vernachlässigen einen wesentlichen Aspekt: Nicht alle Menschen sind gleich, benötigen die gleiche Unterstützung und streben nach den gleichen Zielen. Auch verfügen Mitarbeitende nicht alle über die gleichen Fertigkeiten und Fähigkeiten oder die gleichen Motivlagen.

Jeder Mensch unterliegt zwar unbewusst drei impliziten Motivationen beziehungsweise Triebfedern und Bedürfnissen, die intrinsisch motivieren und trägt diese in sich: sozialer Anschluss (Eingebundenheit in Gemeinschaften), Macht und Leistung.[10] Bei jedem Menschen sind diese drei Motivlagen jedoch unterschiedlich stark ausgeprägt. Wer nach sozialem Anschluss sucht, wird Konflikte eher vermeiden und versuchen auch im Job, freundschaftliche Beziehungen aufzubauen. Wer nach Macht, Prestige und der Kontrolle über andere strebt, wird sich auch unbewusst entsprechend machtbewusst verhalten. Wer ehrgeizig ist, wird Leistungsbereitschaft an den Tag legen und in seinem Arbeitsbereich nach Perfektion streben. Gleichzeitig zeigt jeder von uns explizite Motive, die kulturell vermittelt sind, auf Werten aufbauen und für die wir uns bewusst entscheiden. Ein Beispiel dafür ist, dass wir uns ehrenamtlich engagieren **wollen**, um Verantwortung für die Gesellschaft zu übernehmen. Ein weiteres Beispiel ist, dass wir pünktlich zu einem Termin kommen **wollen**, um als zuverlässig zu gelten. Auch in Bewerbungssituationen werden wir uns als leistungsorientiert und belastbar beschreiben **wollen**, um als gute Bewerberin oder guter Bewerber zu gelten.[11]

Wenn die implizite (damit unbewusste) und die explizite (also bewusste) Motivlage übereinstimmen, besteht die Chance, dass Menschen intrinsisch motiviert sind. Auf Basis dieser und anderer Erkenntnisse hat der deutsche Psychologe Hugo Kehr konkret ab circa Anfang der 2010er-Jahre ein aktuelles Motivationsmodell weiterentwickelt, das zum Einsatz in Unternehmen geeignet ist. Das **3K-Modell** vereint viele Ergebnisse der modernen Forschungen zu den Themen der Motivation und Volition in sich. Auf dieser Basis ist es gut für Führungskräfte in Unternehmen einsetzbar und bezieht die Tatsache mit ein, dass Menschen individuell zu betrachten sind. Das **K** steht dabei als Abkürzung für die drei **Komponenten** der Motivation – Kopf, Bauch und Hand.[12]

Die Voraussetzung, um eine Aufgabe wirklich gut, motiviert und nachhaltig erledigen und daran arbeiten zu können, ist dem 3K-Modell folgend der als positiv empfundene Zustand des sogenannten **Flows**. Der Flow geht auf den ungarischen Psychologen Mihály Csíkszentmihályi zurück und ist gekennzeichnet durch ein völliges Bei-sich-Sein,

---

[10] David McClelland: Human Motivation. Cambridge: Cambridge University Press 1987.

[11] Julius Kuhl: Lehrbuch der Persönlichkeitspsychologie. Motivation, Emotion und Selbststeuerung. Göttingen: Hogrefe Verlag 2010, 266.

[12] Vgl. dazu u.a. Hugo M. Kehr: Motivation und Volition. Göttingen, Bern, Toronto, Seattle: Hogrefe 2004. Hugo M. Kehr: Das 3K-Modell der Motivation. In: Jörg Felfe (Hrsg.); Trends der psychologischen Führungsforschung. Göttingen, Bern, Toronto, Seattle: Hogrefe 2015, 103-113. Hugo Kehr und Matthias Strasser: Motivierende Mitarbeiterführung – Gezielt motivieren mit dem 3K-Modell. In: Karin Häring et al. (Hrsg.): Führungskompetenzen lernen: Eignung, Entwicklung, Aufstieg. Stuttgart: Schäffer-Poeschel Verlag 2017, 319–342.

eine konzentrierte Vertiefung in die Arbeit, ein In-sich-versunken-Sein und ein völliges Aufgehen in der Tätigkeit, die unbemerkt stattfindet. Dass man im Flow weder unter- noch überfordert war und alles perfekt im Griff hatte, merkt man erst, wenn man daraus „erwacht". Jeder von uns kennt solche Flow-Erlebnisse – ob beim Sport, im Spiel, im sonstigen Hobby, im Ehrenamt oder eben bei der Arbeit.[13] Wenn sich Mitarbeitende über- oder unterfordert fühlen und nicht mit Kopf und Herz dabei sind, werden sie den Zustand des Flows nicht erreichen und Motivation, Zielrichtung und Ausdauer werden sinken. Führungskräfte sollten die Mitarbeitenden daher so einsetzen, dass die Anforderungen im Job und die individuellen Fähigkeiten, Fertigkeiten und Motivationen möglichst deckungsgleich sind.

Um in diesen Flow zu kommen, müssen eben die drei Grundvoraussetzungen gegeben sein, die Kehr mit „Kopf", „Bauch" und „Hand" umschreibt und bei denen es auch zu Überschneidungen kommt:

- Erstens muss der Mensch explizit motiviert sein, die Arbeit ausführen zu **wollen**. Dieses Motiv wird im 3K-Modell als die Komponente des „Kopfs" bezeichnet und bezieht sich stark auf bewusste Denkprozesse und Entscheidungen sowie die Einsicht in die Notwendigkeit der Arbeit.
- Zweitens muss der Mensch implizit motiviert sein, diese Arbeit **gerne** auszuführen. Diese Komponente stellt im 3K-Modell den Bereich des „Bauchs" dar und bezieht stark die unbewusste und innere Gefühlswelt und eigene Vorlieben des Menschen mit ein.
- Und drittens muss der Mensch über die individuellen Fertigkeiten und Fähigkeiten (Kompetenzen) sowie das Wissen verfügen, die Aufgabe auch gut erledigen zu **können**. Dieser Bereich bezeichnet im 3K-Modell die Komponente der „Hand".

[13] Vgl. Mihály Csíkszentmihályi: Flow: The Psychology of Optimal Experience. New York: Harper & Row 1990.

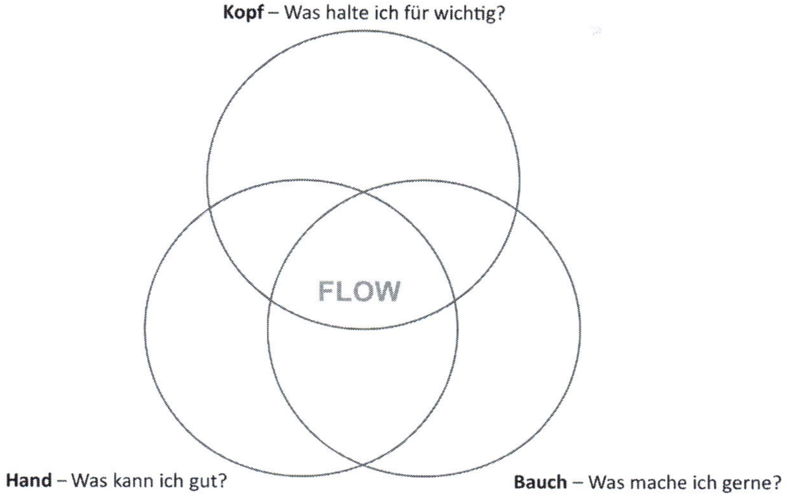

Abbildung 14.2: Die drei Komponenten der Motivation[14]

Welche Erkenntnisse ergeben sich daraus jetzt aber für die Motivation von Mitarbeitenden in Unternehmen? Als Menschen haben wir die Möglichkeit, eine Aufgabe umfassend motiviert zu erledigen, wenn die drei Komponenten perfekt zusammenspielen. Wir kommen in den Flow, wenn wir eine Tätigkeit, zum Beispiel ein bestimmte Aufgabe im Job, im Verständnis der Notwendigkeit (explizit und bewusst), gleichzeitig gerne (implizit und unbewusst) sowie mittels unserer Fähigkeiten und Kompetenzen erledigen **können** und **wollen**. Wenn Mitarbeitende unzufrieden oder unmotiviert wirken oder die anfallenden Aufgaben nicht erledigen, ist daher die Führungskraft gefragt. Diese sollte gemeinsam mit dem Mitarbeitenden besprechen, an welcher Stelle oder in welchem Bereich die Motivlagen nicht mit der Arbeitsaufgabe übereinstimmen, warum es am Willen mangelt, die Aufgabe zu erledigen oder welche Fähigkeiten oder Fertigkeiten die Mitarbeitenden noch erlernen müssen. Als Instrument in der Personalführung bieten sich hier zum Beispiel wiederkehrende oder anlassbezogene Mitarbeitergespräche an. Die Führungskraft bespricht dabei mit den Mitarbeitenden die zu erreichenden Ziele, offene Fragen zu bestehenden Zielkonflikten, die persönlichen Wünsche und Zielsetzungen, bestehende ungute innere „Bauchgefühle" oder fehlende Kenntnisse, um die anfallenden Aufgaben zu erledigen.

Im Sinne der drei Komponenten „Hand", „Kopf" und „Bauch" besteht für die Führungskraft die Möglichkeit, situationsgerechte und zielgerichtete Maßnahmen mit den Mitarbeitenden zu vereinbaren.

[14] Kehr-Management Consulting 2014.

Komponente „Hand" und die Frage: Was kann ich gut?

Am einfachsten lösen lässt sich dabei die Komponente der „Hand", also die der subjektiven Fähigkeiten und des Wissens (damit das Können). Insofern Fähigkeiten noch nicht erlernt oder aus der Erfahrung vorhanden sind, fühlen sich Mitarbeitende schnell überfordert, was zur Demotivation beiträgt. Führungskräfte können Mitarbeitende hier konkret unterstützen, die notwendigen Kompetenzen oder das benötigte Wissen zu erwerben. Es gibt verschiedene Möglichkeiten und Problemlösungsansätze wie die Mitarbeitenden weitergehende Fähigkeiten und Fertigkeiten aufbauen und ihr Wissen erweitern können.

■ BEISPIELE DAFÜR SIND

- Weiterbildungen
- Schulungen, Trainings
- Bereitstellung benötigter sonstiger Ressourcen
- Hospitationen in anderen Abteilungen oder Unternehmen. ■

So haben die Mitarbeitenden die Chance, das Wissen, die Kenntnisse und die Erfahrung zu erwerben, die für eine optimale Aufgabenerledigung notwendig sind.

Komponente „Kopf" und die Frage: Was halte ich für wichtig?

Im Rahmen der Komponente des „Kopfs" geht es um die Frage wie wichtig den Mitarbeitenden die Aufgabe ist. Die Fragestellungen beziehen sich zum Beispiel auf die Erkenntnis der Bedeutung der Aufgabe und auf die Übereinstimmung in den Zielen der Aufgabe mit den Zielen und Motiven der Mitarbeitenden (damit das Wollen). Falls hier eine Diskrepanz vorliegt, also diese Übereinstimmungen fehlen und den Mitarbeitenden andere Dinge wichtiger sind, sollte die Führungskraft eine konkrete Problemlösung anbieten. Das Ziel ist es, die Volition – also den bewussten Willen zur Aufgabenerledigung – bei den Mitarbeitenden zu stärken.

■ BEISPIELE FÜR GEEIGNETE MASSNAHMEN DAFÜR SIND

- Ziele vereinbaren
- Zielkonflikte lösen
- Verständnis und Überzeugung schaffen für die Bedeutung und Wichtigkeit der Aufgabe zur Stärkung der langfristigen intrinsischen Motivation
- Neue Anreize setzen (Incentives) zur Stärkung des subjektiven Nutzens und extrinsischer Motivationseffekte, die jedoch eher kurzfristig wirken. ■

Ein geeignetes Instrument ist die Anwendung der SMART-Regel (siehe Kapitel 13.1) in der Zielformulierung. Mit der Anwendung dieser Formel vereinbaren Führungskraft und Mitarbeitende gemeinsam Ziele. Dabei formulieren die Gesprächspartner die Ziele dann so, dass diese spezifisch, messbar, akzeptiert beziehungsweise attraktiv, realistisch und terminiert sind. Mitarbeitende wissen damit, warum genau diese Ziele wann und wie erreicht sein sollten und dadurch steigt die Einsicht in die Notwendigkeit der Aufgabe sowie die Motivation zur Zielerreichung.

Komponente „Bauch" und die Frage: Was mache ich gerne?

Eine schwierige Aufgabe für Führungskräfte stellt es dar, die Gründe für fehlende Motivation im Rahmen der Aufgabenerfüllung bei Mitarbeitenden zu ergründen, die sich auf die Komponente des Bauchs beziehen. Hier liegen die Ursachen in inneren, unbewussten und gefühlsbezogenen Hürden. Das können unbefriedigte Bedürfnisse sein, fehlende Freude bei der Arbeit oder ein fehlender Sinnhorizont des eigenen Beitrags zum Ergebnis. Auch Sorgen und Ängste, beispielsweise vor Misserfolg, können zu unguten Gefühlen führen. Die Mitarbeitenden können diese Ursachen oftmals selbst nicht unmittelbar und konkret benennen. Führungskraft und Mitarbeitende sind daher gefordert, gemeinsam zu besprechen, woher das ungute Bauchgefühl und woher innere Konflikte kommen könnten. Folgende Maßnahmen sind Möglichkeiten, die Mitarbeitenden auch abhängig von der gemeinsam erarbeiteten Diagnose zu unterstützen:

- Individuelles Coaching anbieten
- Kontakt halten und eng begleiten
- Vertrauen in die Menschen setzen und positive Rahmenbedingungen schaffen
- Gemeinsam neue Herausforderungen identifizieren.

So haben die Mitarbeitenden die Chance, für sich selbst zu erkennen, warum sie nicht mit ganzem Herzen bei der Aufgabe sind und wie es gelingen kann, die Motivation (wieder) zu stärken und mit Freude zu arbeiten.

Alle Maßnahmen, um Motivationsdefizite im Können (Hand) und Wollen (Kopf, Bauch) mit den Mitarbeitenden gemeinsam zu erkennen und abzubauen sind nicht trennscharf voneinander abzugrenzen. Vielmehr kommt es zu Überlappungen, sodass sich Maßnahmen auch auf mehrere Komponenten förderlich auswirken können. So können etwa die Übertragung von Verantwortung oder die zielgerichtete Beeinflussung der Rahmenbedingungen an sich positive Entwicklungen in allen drei Bereichen herbeiführen. Das Lösen von Zielkonflikten oder Coachings wirken sich positiv auf die Bereiche des Kopfs und des Bauchs aus. Trainings und Schulungen können zur Verbesserung der Fertigkeiten und der Zielerreichung oder auch als Anreiz zur Weiterbildung und damit der Stärkung der Komponenten Hand und Kopf dienen. Durch neues Wissen oder die Möglichkeit, Fähigkeiten erlernen zu können (Hand) können ungute Gefühle, wie Versagensängste oder die Angst, den Aufgaben nicht gewachsen zu sein (Bauch) verschwinden.

Wenn wir an die drei impliziten Motivlagen in Form von Macht, Leistung und sozialem Anschluss von Menschen zurückdenken, trägt die Führungskraft die Verantwortung dafür, die Mitarbeitenden entsprechend ihren Fähigkeiten und Wünschen einzusetzen und zu führen und damit intrinsisch zu motivieren. Führungskräfte können machtbewussten Mitarbeitenden beispielweise weitere Verantwortung wie Fach- oder auch Personalverantwortung übertragen, um deren Motivation zu stärken. Mitarbeitende, die hohe Leistungsbereitschaft an den Tag legen, können mit neuen Herausforderungen und herausfordernden Aufgaben motiviert werden. Menschen, die nach Harmonie und sozialer Eingebundenheit streben, sollten durch ihre Führungskräfte dagegen unter Umständen enger geführt werden. Diese Menschen sehnen sich nach Nähe und versuchen, Konflikte zu vermeiden. Nachdem alle dieser drei Bereiche in jedem Menschen unterschiedlich stark ausgeprägt sind, ist es eine wichtige Aufgaben von Führungskräften, mit den Mitarbeitenden im engen Austausch zu stehen und über „Kopf", „Bauch" und „Hand" zu sprechen.

Alina und Peter hinterfragen sich selbst: Beide sind der Überzeugung, dass sie leistungsbereit sind und gerne unter und gemeinsam mit Menschen arbeiten. Ausgeprägtes Machtbewusstsein schließen sie für sich aus. Vielleicht hat ihre Chefin sie ja doch aus guten Gründen in das Projektteam entsandt? Die beiden nehmen sich vor, aktiv mit ihrer Vorgesetzten ein Gespräch zu suchen und die gemeinsamen Ziele sowie die Projektziele nochmal ausdrücklich auszuloten.

Die Stärke des 3K-Modells liegt in der Verbindung von Motivations- und Führungstheorien sowie in der umfassenden Betrachtungsweise der individuellen Situation von Mitarbeitenden. Auch die mehrfachen Effekte einzelner Maßnahmen auf die Bereiche des Könnens und Wollens wirken sich positiv aus. Eine wesentliche Herausforderung für Führungskräfte besteht also in der Tatsache, die Motivlagen der Mitarbeitenden zu kennen oder zu erkennen. Sobald die Motivation nachlässt, sind die Führungskräfte gefragt, gemeinsam mit den Mitarbeitenden auf Ursachenforschung zu gehen und möglichst gemeinsam geeignete Gegenmaßnahmen zu besprechen.

Sinn und Bedeutsamkeit der Arbeit

Seit einigen Jahren stehen die Schlagworte **Meaning** und **Purpose** stark im Fokus. Unternehmen sehen sich der Herausforderung ausgesetzt, Mitarbeitende zu motivieren, Mitarbeitende zu halten und um gute Fachkräfte zu kämpfen. Der demographische Wandel und die damit einhergehende Überalterung der Gesellschaft schlagen auf dem Arbeitsmarkt durch: Die Generation der sogenannten **Babyboomer**, damit der zwischen circa 1946 und 1964 geborenen Menschen, geht in Rente. Geburtenschwache Jahrgänge steigen in das Berufsleben ein. Das trägt dazu bei, dass viele Unternehmen Stellen nicht (nach-)besetzen können.

Die Technik im Rahmen der Künstlichen Intelligenz und der Digitalisierung ganz allgemein kann zwar vielfach schon heute nicht allzu komplexe menschliche Tätigkeiten bereits ersetzen. So sind Chatbots etwa in der Lage, einfache Kundenanfragen zufriedenstellend zu beantworten, sodass ein Telefonat mit einem echten Menschen nicht mehr notwendig ist. Für schöpferische Kreativität, komplexe technische Aufgaben selbst oder herausfordernde Tätigkeiten, wie zum Beispiel auch im qualifizierten Versicherungsgeschäft, ist menschliche Denk- und Arbeitskraft jedoch nach wie vor unerlässlich. Hier können wir an die umfassende und situationsgerechte Kundenberatung ebenso denken wie an herausfordernde Underwriting- und Schadenprozesse, die Produktentwicklung, die Personalberatung oder das Führen von Mitarbeitenden. Die Maschinen können (Stand heute) noch keine strategischen Entscheidungen in die Zukunft oder Entscheidungen unter Einbezug unterschiedlicher inhaltlicher, zeitlicher und von externen Faktoren beeinflusster Kriterien treffen. Und auch in Zukunft werden Fachkräfte benötigt, die die KI bedienen, warten und trainieren – ein Effekt weiter steigernder Technisierung und Digitalisierung.

Wir brauchen also weiterhin die menschliche Arbeits- und Denkkraft und Menschen, die motiviert ihrer Arbeit nachgehen. Wie wir bereits oben festgestellt haben, sind Mitarbeitende intrinsisch tiefer und länger anhaltend motiviert als durch externe Faktoren. Bezogen auf die Motivation in und bei der Arbeit kommt hier ein weiterer Aspekt zum Tragen, den die beiden US-amerikanischen Arbeitspsychologen J. Richard Hackman und Greg R. Oldham bereits 1976 im Rahmen ihres **Job Characteristic Models** untersucht haben.[15] Mitarbeitende benötigen demnach die Erkenntnis einer Bedeutsamkeit der eigenen Arbeit (Stichwort **Meaning**), also ein höheres Ziel hinter dem unmittelbaren Arbeitsziel, um langfristig zufrieden und motiviert zu sein. Menschen erreichen erkannte Bedeutung beziehungsweise Bedeutsamkeit nach den Erkenntnissen Hackmans und Oldhams, sofern drei Grundbedingungen gegeben sind:

- Menschen wünschen sich erlebte Verantwortung im Rahmen der Erfüllung ihrer Arbeit
- Menschen streben nach dem Wissen um die Resultate ihrer eigenen Arbeit
- Menschen wünschen sich die Erkenntnis von Bedeutung oder Bedeutsamkeit der eigenen Arbeit.

Die Führungskraft ist daher gefordert, den Mitarbeitenden nach ihren jeweiligen Wünschen und Motivlagen entsprechend, ein bestimmtes Maß an Verantwortung zu übertragen und damit Aufgaben zu delegieren. Gleichzeitig sollte die Führungskraft, die individuell und gemeinsam im Team erreichten Ziele auch kommunizieren. Und zudem übernehmen Führungskräfte bestenfalls auch die Aufgabe, die Bedeutung der Arbeit und gemeinsame Ziele und Zielerreichungen herauszustellen.

Die Blickwinkel der Bedeutsamkeit (Meaning) können wir neueren Forschungen zufolge anhand von drei Perspektiven festmachen: am eigenen Blick auf die Ergebnisse der Arbeit, am Blick von außen auf die Ergebnisse der Arbeit sowie am gemeinsamen

[15] Vgl. J. Richard Hackman und Greg R. Oldham, G. R.: Motivation through the Design of Work. Test of a Theory, in: Organizational Behavior and Human Performance, Vol. 16/No. 2. London: Elsevier B.V. 1976, 250–279.

Blick der Mitarbeitenden mit dem Blick von außen auf die Arbeit.[16] Menschen wünschen sich somit eine selbst **erkannte** Bedeutsamkeit in ihrer Arbeit, verbunden mit der Tatsache, dass die Ergebnisse sowie diese Bedeutung der Arbeit von außen auch **anerkannt** wird.

Alina und Peter diskutieren weiter. Welchen tieferen Sinn hat ihr Change-Projekt im Rahmen des notwendigen Wandels der Proximus Versicherung AG eigentlich? Welche Bedeutung schreiben sie selbst ihrer Arbeit im und am Projekt zu und wie steht die Projektleitung zum Inhalt und den bisher erreichten Ergebnissen?

Dieses „von außen" kann dann mehrere Dimensionen innehaben. Schon ein Lob der Führungskraft führt dazu, dass Menschen ein Gefühl des Stolzes empfinden und ihre Arbeitsergebnisse anerkannt wissen. Gleichzeit erzählen die meisten Menschen im Familien-, Freundes- oder Bekanntenkreis von ihrer Arbeit und wünschen auch hier Bestätigung und Anerkennung. Und drittens kommt der gesellschaftliche Aspekt ins Spiel: Auch bezogen auf diese Dimension streben Menschen danach, Sinn in ihrer Arbeit zu erkennen, insofern die Arbeit einem irgend gearteten höheren Ziel oder Zweck folgt. Dieser Sinn, der über die reine Erfüllung der (monetären) Unternehmensziele hinausgeht, wird aktuell als der **Purpose** eines Unternehmens bezeichnet. Der **Purpose** ist damit mehr als die bloße Gewinnmaximierung. Der **Purpose** bezeichnet ideale Zwecke eines Unternehmens, den nachhaltigen Sinn, einen Mehrwert des Unternehmens für die Gesellschaft und damit auch der eigenen Arbeit. Mitarbeitende müssen somit die Chance erhalten, die „Warum-Frage"[17] befriedigend beantworten zu können und beantwortet zu bekommen. Sie wünschen sich, diesen übergeordneten Sinn und die nach innen und außen vertretenen Werte des Unternehmens zu erkennen und gleichzeitig das Erleben zu erfahren, dass ihre Arbeit dazu beiträgt und das von außen, also von den Stakeholdern und der Gesellschaft auch anerkannt wird.[18]

Genau diese Fragen diskutieren wir gesellschaftlich seit einiger Zeit, vor allem bezogen auf die Motivlagen und die Wünsche der sogenannten **Generation Y**, der zwischen ca. 1980 und 1995 geborenen Menschen und der sogenannten **Generation Z**, der Menschen, die zwischen 1995 und 2010 geboren wurden und die nach und nach auf den Arbeitsmarkt kommen. Auch, wenn das Generationenmodell wissenschaftlich durchaus umstritten ist: Der Wunsch nach Sinn und erkannter Bedeutsamkeit sowie eine gewandte Werteorientierung scheinen bei diesen Menschen ungleich stärker ausgeprägt als bei früheren Generationen.[19] Zumindest aber artikulieren die Gen Y und die Gen Z diesen Wunsch stärker.

---

16 Vgl. Christopher Michaelson: A Normative Meaning of Meaningful Work, in: Journal of Business Ethics, Vol. 170/No. 3, London, Springer Nature 2021, 513–428.

17 Simion Sinek: Start with Why. How Great Leaders Inspire Everyone To Take Action. New York: Portfolio 2009.

18 Vgl. Kienbaum Purpose Studie. Purpose. Die große Unbekannte. Köln: Kienbaum International, 2020. Online verfügbar: https://www.kienbaum.com/purpose-studie/

19 Vgl. etwa Andrea Hammermann: Sinnstiftende Tätigkeiten binden Mitarbeiter. IW-Kurzbericht 42/2022. Institut der deutschen Wirtschaft. Online verfügbar: https://www.iwkoeln.de/fileadmin/user_upload/Studien/Kurzberichte/PDF/2022/IW-Kurzbericht_2022-Sinnstiftende-T%C3%A4tigkeit.pdf oder die Nutzer*innen-Befragung von GoodJobs 2023. Online verfügbar: https://goodjobs.eu/magazin/article/generationz-recruiting#:~:text=In%20diesem%20Artikel%20wer-

Es geht den jüngeren Menschen also nicht mehr ausschließlich darum, Geld zu verdienen und eine Karriere anzustreben. Vielmehr haben diese Menschen ebenso den Wunsch, mit ihrer Arbeit einer sinnerfüllten Tätigkeit nachzugehen und übergeordneten, idealen Zwecken **(Purpose)** zu folgen. Ein solcher Zweck kann beispielsweise eine in viele Richtungen nachhaltige und damit zukunftsfähige Produktion darstellen.

Für die Unternehmensleitung und die Führungskräfte in Unternehmen ergeben sich auf dieser Basis vielfältige Herausforderungen:

- Bedingt durch den demographischen Wandel und die geburtenschwachen Jahrgänge drängen immer weniger junge Menschen auf den Arbeitsmarkt. Unternehmen sind daher gefordert, auch mittels eines kommunizierten Purpose, also der Möglichkeit der Sinnstiftung, um (junge) Fachkräfte zu werben.
- Führungskräfte sind gefordert, die Motivlagen aller Mitarbeitenden einzuschätzen und Mitarbeitende individuell nach ihren Wünschen und Zielen einzusetzen und zu führen.
- Dazu müssen Führungskräfte geeignete Instrumente einsetzen und einsetzen dürfen, um die Komponenten „Kopf", „Bauch" und „Hand" bei den Mitarbeitenden in je unterschiedlicher Ausprägung zu stärken.
- Und schließlich sollten die Führungskräfte alle Mitarbeitenden über die Erreichung der Ziele informieren und die Bedeutung der Arbeit für das Gesamtunternehmen, aber (im Sinne des Purpose-Gedankens) auch darüber hinaus erklären. Dieser ideale Zweck ist im Rahmen des anerkennenden Blicks von außen nicht zu unterschätzen. So kommen Mitarbeitende zur Erkenntnis der Bedeutsamkeit ihrer Aufgabe und sind bestenfalls langfristig intrinsisch motiviert.

Alina und Peter sind sich sicher: Versicherungen, Vorsorge und Geldanlage stiften einen gesellschaftlichen Mehrwert. Der ursprünglich genossenschaftliche Gedanke des „alle für einen" bei der Entstehung von Versicherungen ist nach wie vor ein schöner und sozialer Gedanke. Aber auch Versicherungsunternehmen müssen sich den veränderten Rahmenbedingungen anpassen und darauf reagieren. Als Teil des Projektteams der Inhouse Consulting Division, das diesen Change gestalten darf, nehmen sich Alina und Peter vor, wieder neu motiviert an die Arbeit zu gehen und ihren Teil zum Gelingen des Projekts beizutragen.

Empowerment[20] ist ein Schlagwort, das im Zusammenhang mit aktuellen Motivationstheorien in Unternehmen diskutiert wird. Im Rahmen des Empowerments bieten Führungskräfte ihren Mitarbeitenden an, die Fremd- und Selbsteinschätzung abzugleichen. So besteht die Chance, dass Führungskräfte darauf aufbauend die individuellen Motive von Mitarbeitenden zielgerichtet unterstützen und die intrinsische Motivation fördern können. In diesem Prozess sollten Führungskräfte die Komponenten der Selbstbestimmungstheo-

fen%20wir%20einen%20genaueren%20Blick,und%20leben%20solltest%2C%20um%20ihre%20Bed%C3%BCrfnisse%20zu%20erf%C3%BCllen.

20 Vgl. Carsten Schermuly: New Work – Gute Arbeit gestalten. Psychologisches Empowerment von Mitarbeitern. Freiburg: Haufe Verlag 2021.

rie (also Kompetenz, Handlungsfreiheit und das Streben nach sozialer Eingebundenheit) ebenso beachten wie den Wunsch nach Sinn (**Purpose**) und erkannter Bedeutsamkeit der eigenen Arbeit (**Meaning**) und der eigenen Resultate bei allen Mitarbeitenden.

Bei der Entwicklung eines **Purpose**, aber auch beim Einsatz des oben beschriebenen 3K-Modells der Motivation ist ein Fehler jedoch unbedingt zu vermeiden: Mitarbeitende durchschauen schnell, wenn das Unternehmen oder Führungskräfte es „nicht ernst" meinen. Wenn Unternehmen also ihrem selbst herausgestellten Purpose nicht folgen oder Führungskräfte die Mitarbeitenden nur als Mittel zum Zweck benutzen, um ihren eigenen Ruhm zu mehren oder ohne Rücksicht auf Verluste Karriere zu machen und Geld zu verdienen, wird Motivation bei den Mitarbeitenden sehr schnell in Demotivation umschlagen. Unternehmen sollten sich das schon grundsätzlich nicht leisten, wenn anerkannt ist, dass es andere wichtige und zukunftsfähige Unternehmensziele und Stakeholderanforderungen gibt, die über die reine Gewinnmaximierung hinausgehen. Unternehmen können sich das aber erst recht nicht leisten in Zeiten, die durch Fachkräftemangel und sich wandelnde Wertevorstellungen vor allem der jüngeren Generationen geprägt sind. Dauerhaften Erfolg werden diejenigen Unternehmen haben, die einen übergeordneten Zweck, einen Purpose, glaubhaft verfolgen und ihre Managementkonzepte, ihre Führungskultur und die Maßnahmen zur Motivation ihrer Mitarbeitenden vollumfänglich auch auf die nicht-monetären Ziele hin ausrichten.

Zusammenfassung

Eingangs dieses Kapitels hatten wir uns mit den über die Zeit gewandelten Menschenbildern beschäftigt. Nachdem gerade die Ökonomie den Menschen lange als egoistischen Nutzenmaximierer behandelt hat, stellt sich das Bild heute anders dar. Menschen werden ganzheitlicher betrachtet, die Eingebundenheit in die Umwelt (zwar auch die Natur, vor allem aber in soziale Bezüge und Bindungen) wird stärker beachtet. Es besteht Konsens darüber, dass Menschen gerade in sozialen Prozessen mit anderen auf allgemein anerkannte Ziele hinarbeiten wollen, also motiviert sind. Dazu sind Menschen durch inneres Wachstum in der Lage oder dahingehend zu fördern, also zu motivieren. Menschen können Entwicklungen durchlaufen und Veränderungen anstoßen. Aktuelle Motivationsmodelle gehen davon aus, dass Menschen nicht nur biologischen, sondern auch psychologischen Grundbedürfnissen unterliegen. Denken wir kurz nochmal zurück an die Selbstbestimmungstheorie von Ryan und Deci: Psychologische Grundbedürfnisse drücken sich im Wunsch nach sozialer Anerkennung, der Freiheit in unseren Entscheidungen und der vorhandenen Kompetenzen in unseren Tätigkeiten aus. Daher sehnen sich Menschen nach Anerkennung und auch Anerkenntnis dessen, was sie im Arbeitsleben leisten.

Unternehmen sind dazu gefordert, einen Sinn- und Wertehorizont aufzuzeigen. Was also macht das Unternehmen, was macht das Produkt gesellschaftlich relevant, bietet einen nachhaltigen Mehrwert und kann damit potentiell sinnstiftend wirken? Intrinsische Motivation, also die Motivation, die von innen heraus kommt, wirkt gleichzeitig länger anhaltend als extrinsische Motivation.

Alle diese Faktoren spielen eine wesentliche Rolle, wenn wir über die Motivation von Mitarbeitenden in Unternehmen nachdenken. Unternehmen sind verantwortlich dafür, die Rahmenbedingungen herzustellen, die alle diese Theorien, Gedanken und Erkenntnisse berücksichtigen. Führungskräfte sind gefordert, die Möglichkeiten, die sich dadurch ergeben, auch anzunehmen und einzusetzen. Menschenführung ist ein sozialer Prozess, der der gemeinsamen Erreichung von Zielen dient. Eine Möglichkeit, Menschen ganzheitlich zu betrachten und individuell zu fördern, haben wir mit dem 3K-Modell kennengelernt.

Führungskräfte dürfen ihre Macht nicht missbrauchen und sollten die Mitarbeitenden mit ihren jeweiligen Bedürfnissen, Wünschen, Stärken und Wertevorstellungen wahr- und ernstnehmen. So werden Führungskräfte nicht nur ihrem Auftrag gerecht und haben gute Chancen, die Mitarbeitenden nachhaltig zu motivieren. Vielmehr agieren diese Führungskräfte auch als Vorbilder, können anderen Menschen Orientierung geben und wirken damit im Unternehmen positiv weit über ihren eigenen Aufgaben- und Verantwortungsbereich hinaus.

15 Mitarbeitergespräche führen

In einer Produktentwicklungsabteilung der Proximus Versicherung AG arbeitet die junge Führungskraft Felix. Felix hat seine Ausbildung innerhalb des Unternehmens mit außergewöhnlichem Engagement abgeschlossen, und der Aufstieg in einen verantwortungsvolleren Aufgabenbereich wurde von all seinen Kollegen voll unterstützt. Hierfür war ein zweijähriges Mentoring-Programm vorgesehen, währenddessen er von seinem bisherigen Teamleiter in seine künftigen Aufgaben eingearbeitet werden sollte bis dieser in den Ruhestand tritt.

Parallel zur Einarbeitung absolviert Felix eine Ausbildung zum Bachelor Professional in Versicherungen und Finanzanlagen. Leider passierte zur Hälfte seines Mentoring-Programms etwas Unvorhergesehenes. Sein bisheriger Teamleiter erkrankte schwer und wird vor dem Ruhestand nicht mehr an seinen Arbeitsplatz zurückkehren können. Deshalb hat Felix seinen neuen Aufgabenbereich früher als geplant übernommen.

Durch das, was er bisher im Mentoring-Programm und während der Weiterbildung zum Bachelor Professional erlernen konnte, ist er für viele Aufgaben bereits gut gerüstet. Sollte er doch einmal nicht weiterwissen, unterstützen ihn andere Führungskräfte. Auch Lisa und Max aus der Inhouse-Consulting-Division stehen ihm jederzeit beratend zur Seite.

So auch, als er sich eines Tages etwas unsicher an die beiden wendet. Ein Teammitglied von ihm hat um ein Mitarbeitergespräch gebeten. Er hat zugestimmt und einen Termin mit der betreffenden Mitarbeiterin vereinbart. Ganz sicher, was er in dem Gespräch thematisieren muss, ist sich Felix allerdings nicht. Schließlich sieht er seine Kollegin jeden Tag, und sie unterhalten sich regelmäßig über verschiedene Dinge. Lisa und Max machen ihn zunächst mit der hohen Bedeutung von Mitarbeitergesprächen vertraut.

15.1 Bedeutung und Ziele von Mitarbeitergesprächen

Für die gute Zusammenarbeit ist es essentiell für Führungskräfte, im regelmäßigen Austausch mit Mitarbeitenden zu sein. Es gibt verschiedene betriebliche Routinen, die Anlass für ein Gespräch bieten. Dazu zählen sowohl regelmäßige wie auch anlassbezogene Gespräche, im Einzelgespräch, oder als Team. Mitarbeitende haben ein Recht darauf, eine Rückmeldung über ihre Leistung und ihr Verhalten zu erhalten. Ebenso haben Führungskräfte sogar die Pflicht, ihren Teammitgliedern eine Rückmeldung darüber zu geben, wie deren Arbeitsweise und Ergebnisse wahrgenommen werden. Häufig erfolgt ein solches Feedback im Rahmen von Mitarbeitergesprächen.

Damit verbunden ist auch die Chance, Mitarbeitende wertzuschätzen, indem auf ihre individuellen Beiträge und Bedürfnisse eingegangen wird. Doch die Rückmeldung zu erbrachten Leistungen ist bei Weitem nicht die einzige Aufgabe eines solchen Gesprächs.

Ziele eines Mitarbeitergesprächs sind die gemeinsame Reflexion der individuellen Arbeitsleistung sowie der Verhaltensweisen. Im Mittelpunkt steht dabei der Austausch auf Augenhöhe bei denen Mitarbeitende nicht nur Rückmeldung erhalten, sondern auch die Gelegenheit haben, ihre Perspektiven und Anliegen darüber einzubringen. Dabei ist es wichtig, Stärken, Schwächen sowie Entwicklungsfelder anzusprechen, in denen das Unternehmen ein anderes Verhalten erwartet. Diese sollten mit den individuellen Wünschen und Zielen zum Abgleich gebracht werden. Stimmen diese mit den persönlichen Stärken und den Möglichkeiten innerhalb des Aufgabenbereichs überein, können geeignete Personalentwicklungsmaßnahmen vereinbart werden, um das vorhandene Potenzial optimal zu nutzen.

Die transparente Vereinbarung von Zielen und Aufgaben bildet eine essentielle Basis und erleichtert später die Beurteilung von Leistungen. Ebenso sorgt sie dafür, dass für alle Beteiligten nachvollziehbar ist, was von den Einzelnen erwartet wird.

Neben der Leistungsbesprechung, der Reflexion der Zusammenarbeit und der gezielten Förderung dienen Mitarbeitergespräche darüber hinaus der Information und der Motivation. Dabei sind sie niemals einseitig. So können Mitarbeitende genauso wie Führungskräfte eigene Erwartungen, Feedback oder Kritik thematisieren. Dazu gehört auch, dass Mitarbeitende ihre Sichtweisen gegenüber der Führungskraft oder dem Unternehmen offen ansprechen. Gleichzeitig sind auch Arbeitgeber gefordert, Leistung zu erbringen. Etwa durch angemessene Arbeitsbedingungen und die Anerkennung bzw. Honorierung der Arbeit. Deshalb gehören zu den wichtigen Themen in Mitarbeitergesprächen auch Aspekte wie Arbeitszeit, Arbeitsort, Ausstattung, Urlaubsanspruch und Vergütung.[1]

Es gibt verschiedene Anlässe, zu denen Mitarbeitergespräche geführt werden können. In den meisten Unternehmen finden regelmäßige Gespräche statt – in der Regel mindestens einmal im Jahr. Darüber hinaus ist es sinnvoll, sich auch nach dem Erreichen bestimmter Meilensteine in der Tätigkeit über Vergangenes und Zukünftiges auszutauschen. Solche Meilensteine können das Ende einer vereinbarten Probezeit, der Abschluss eines Projekts oder eine bevorstehende Veränderung sein.

Ein Veränderungswunsch seitens der Beschäftigten kann ebenfalls einen konkreten Anlass darstellen, zu dem ein Mitarbeitergespräch außerhalb des regulären Turnus geführt wird. Weitere Anlässe können Verhaltensauffälligkeiten bei den Mitarbeitenden selbst, bei Kolleginnen und Kollegen oder bei Führungskräften sein – ebenso wie un-

---

1 Vgl. Manfred Becker, Personalentwicklung: Bildung, Förderung und Organisationsentwicklung in Theorie und Praxis, 7. vollständig überarbeitete Auflage 2023, Schäffer-Poeschel Verlag für Wirtschaft Steuern Recht GmbH, 2023, S. 508–509.

vorhergesehene Ereignisse. Dazu zählen zum Beispiel die vorübergehende Übernahme zusätzlicher Aufgaben, die Kompensation von Krankheitsausfällen, wirtschaftliche Entwicklungen oder Auslandseinsätze.[2]

Mitarbeitergesprächen kommt eine sehr hohe Bedeutung zu. Mitarbeitende erhalten die Möglichkeit, sich offen auszutauschen und nicht nur Wünsche in Bezug auf ihr eigenes Tätigkeitsfeld zu äußern. Sie können ebenso Anregungen und Ideen für das gesamte Unternehmen einbringen. Aufgrund ihrer Relevanz sollten Mitarbeitergespräche niemals delegiert, sondern immer direkt von der jeweiligen Führungskraft mit dem entsprechenden Teammitglied geführt werden. Je nach Unternehmensgröße und -struktur kann es jedoch erforderlich sein, den Betriebsrat oder Personalrat zu beteiligen, insbesondere bei Jahresgesprächen.[3]

Zwar wurden mit Felix in der Vergangenheit auch schon Mitarbeitergespräche geführt. Die hohe Bedeutung der Gespräche und die vielfältigen Funktionen waren ihm in diesem Umfang bisher jedoch nicht bewusst. Er kann es kaum erwarten mehr über dieses wichtige Instrument für Führungskräfte und Betriebszugehörige zu erfahren. Die wichtigsten Erkenntnisse aus dem bisher Gehörten hat er in einigen Stichpunkten zusammengefasst:

Ziele von Mitarbeitergesprächen:

- *Feedback an Beschäftigte*
- *Feedback von Beschäftigten*
- *Besprechung von Stärken und Schwächen*
- *Besprechung von Wünschen und Zielen*
- *Besprechen von Förder- und Entwicklungsmöglichkeiten sowie Maßnahmen*
- *Festlegen von Aufgaben*
- *Zielvereinbarungen*
- *Besprechen der Arbeitsbedingungen*

Anlässe für Mitarbeitergespräche:

- *Regelmäßige Gespräche*
- *Ende der Probezeit*
- *Projektende*
- *Konkrete Anlässe*
- *Bevorstehende Veränderungen*

---

2 Vgl. Doris Brenner, Mitarbeitergespräche souverän führen: eine praxisorientiertes Manual für Führungskräfte, 2. Auflage, essentials, Springer Gabler, 2020, S. 6–8.

3 Vgl. Brenner, Mitarbeitergespräche souverän führen, S. 10.

15.2 Vorbereitung von Mitarbeitergesprächen

Die Basis für eine gelungene Durchführung von Mitarbeitergesprächen ist eine gute Vorbereitung. Grundsätzlich sollte beiden Seiten der Gesprächsanlass im Vorfeld bekannt sein. Wird das Gespräch von Mitarbeitenden erbeten, sollten Führungskräfte erfragen, worum es der jeweiligen Person geht. Bittet hingegen eine Führungskraft um ein Gespräch, ist die betreffende Person über den Anlass zu informieren. Idealerweise bereits bei der Terminvereinbarung.

Der Gesprächstermin sollte so gewählt werden, dass beide Seiten ausreichend Zeit zur Vorbereitung haben. Die einzuplanende Gesprächsdauer hängt vom Anlass ab und lässt sich nur schwer pauschal festlegen. Es ist jedoch ratsam, einen zeitlichen Puffer einzuplanen, um zu vermeiden, das Gespräch vorzeitig abbrechen zu müssen. Ein überhastetes Ende kann Teilnehmende vor den Kopf stoßen und sich negativ auf die künftige Zusammenarbeit auswirken.

Führungskräfte sollten sich im Vorfeld mit Protokollen und Zielvereinbarungen aus früheren Gesprächen vertraut machen. Sie sollten wissen, mit wem sie sprechen und welche Leistungen erbracht wurden. Dabei ist es wichtig, stets objektiv zu bleiben und ausschließlich auf rationaler Grundlage zu beurteilen. Fakten bilden die einzige Basis. Gerüchte, Eventualitäten oder subjektive Eindrücke dürfen dabei keine Rolle spielen.

Der Gesprächsort richtet sich nach den jeweiligen Gegebenheiten. Häufig findet das Gespräch im Büro der Führungskraft statt, ebenso gut eignen sich Besprechungsräume oder, je nach Thema und Situation, auch der Arbeitsplatz der Mitarbeitenden. Entscheidend ist, dass ein vertraulicher Gesprächsverlauf gewährleistet ist und unnötige Barrieren vermieden werden.

Ein Besprechungstisch, an dem die Gesprächspartner auf Augenhöhe sitzen, ist dabei weitaus geeigneter als ein großer Schreibtisch, der eine hierarchische Distanz betont. Zudem sollte unbedingt sichergestellt sein, dass das Gespräch ungestört ablaufen kann. Telefone sollten idealerweise ausgeschaltet sein, und auch Störungen durch Geräusche oder Personen sind zu vermeiden.

Zu einer angenehmen Gesprächsatmosphäre können Getränke oder kleine Snacks beitragen. Ein strukturierter Gesprächsleitfaden und eine vorbereitete Checkliste helfen dabei, keine wichtigen Inhalte zu vergessen. Ein vorgefertigtes Protokoll, das während des Gesprächs ausgefüllt wird und Schreibmaterialien ermöglichen die Dokumentation und das Festhalten weiterer wichtiger Punkte.[4]

---

4 Vgl. Wolfgang Mentzel u. a., Mitarbeitergespräche erfolgreich führen: Einzelgespräche, Meetings, Zielvereinbarungen und Mitarbeiterbeurteilungen, 13. Auflage, Haufe Group, 2022, S. 24–25, https://doi.org/10.34157/9783648159484.

Felix hat die wichtigsten Fakten zur Gesprächsvorbereitung wieder in Stichpunkten festgehalten:

- *Gesprächsanlass kennen*
- *Termin rechtzeitig einplanen*
- *Ausreichend Zeit einplanen*
- *Angemessenen Ort wählen*
- *Mit den Ergebnissen bisheriger Gespräche vertraut machen*
- *Leitfaden, Checkliste und Protokoll vorbereiten*
- *Schreibmaterial zurechtlegen*
- *Für angenehme Gesprächsatmosphäre sorgen*
- *Störungen vermeiden*

Dabei wurde ihm auch bewusst, dass er bei der Terminvereinbarung mit seiner Kollegin zwei wichtige Punkte nicht berücksichtigt hat. Zum einen hat er als Gesprächsort sein eigenes Büro gewählt. Ein Raum, in dem lediglich sein großer Schreibtisch und ein einzelner Besucherstuhl stehen. Zum anderen kennt er das Anliegen seiner Kollegin überhaupt nicht.

Beides lässt sich jedoch leicht korrigieren. Da der Termin erst in einigen Tagen stattfindet, schlägt er der Kollegin vor, für eine angenehmere Gesprächsatmosphäre lieber den Besprechungsraum in der gleichen Abteilung zu nutzen. In diesem Zuge erkundigt er sich ganz beiläufig nach ihrem Anliegen.

15.3 Durchführung von Mitarbeitergesprächen

Die Durchführung von Mitarbeitergesprächen lässt sich in verschiedene Phasen unterteilen. Während aller Phasen sollten Methoden einer positiven Gesprächsführung bedacht und angewendet werden. Eine sehr gute Orientierung dafür, wie gelungene Kommunikation funktioniert, bieten die Kommunikationsmodelle, die bereits im Band Kernprozesse, Kapitel 1.1, thematisiert wurden.

Um die Perspektive der Gesprächspartner besonders gut einnehmen zu können, empfiehlt es sich, diesen einen möglichst hohen Redeanteil zu gewähren. Dass die Worte der Beschäftigten tatsächlich von der Führungskraft wahrgenommen werden, kann durch aktives Zuhören vermittelt werden. Das Paraphrasieren einzelner Aussagen zeigt Interesse und fördert Empathie. Dies motiviert die Gesprächspartner zu weiteren Erzählungen und reduziert gleichzeitig die Wahrscheinlichkeit von Missverständnissen.

W-Fragen und offene Fragestellungen regen den Redefluss der Mitarbeitenden an und helfen dabei, relevante Aspekte möglichst vollständig zur Sprache zu bringen. Bleiben wichtige Themen unausgesprochen (vgl. Eisbergmodell, Band Kernprozesse), kann dies das gegenseitige Verständnis beeinträchtigen.

Sollten Emotionen bei der anderen Person aufkommen, ist es für Führungskräfte wichtig, ruhig zu reagieren, kurzfristige Spannungen auszuhalten und diese nicht persönlich zu nehmen oder sich gar mitreißen zu lassen.

Beim Geben von Feedback sollten immer die Gründe für den jeweiligen Zielerreichungsgrad hinterfragt werden. Unabhängig davon, ob ein Ziel erreicht oder verfehlt wurde. Zu wissen, welche Faktoren zu guten Ergebnissen geführt haben, eröffnet die Möglichkeit, Stärken zu erkennen und vorhandene Talente weiterzuentwickeln. Umgekehrt hilft das Verständnis darüber, warum ein Ziel nicht erreicht wurde dabei, Förderbedarf zu identifizieren.

Im gesamten Gesprächsverlauf bewirken positive Formulierungen deutlich mehr als appellhafte Aufforderungen zur Rechtfertigung. So wirkt die Frage „Was können wir tun, um im Bereich X künftig besser abzuschneiden?" mit hoher Wahrscheinlichkeit motivierender als der Satz: „Der Bereich X muss aber besser werden!".[5]

Um das Mitarbeitergespräch systematisch zu gestalten kann eine Einteilung in die folgend dargestellten sieben Phasen den nötigen roten Faden vorgeben:

1. Gesprächseröffnung

   Zu Beginn des Gesprächs sollte eine sympathische und aufgeschlossene Grundstimmung erzeugt werden. Etwas Smalltalk kann als Eisbrecher dienen. Die Unterhaltung über ein privates Thema kann entspannend wirken und echtes Interesse an der Person signalisieren. Ein Kompliment zu positiven Aspekten der Zusammenarbeit ermöglicht auch bei Mitarbeitenden mit geringerem Zielerreichungsgrad einen angenehmen Einstieg. Dies ebnet den Weg für ein konstruktives Gespräch.

2. Rückblick

   Zunächst erfolgt ein gemeinsamer Rückblick auf das, was im letzten Gespräch oder im Stellenprofil vereinbart wurde. Diese Rückschau bildet die Grundlage für den weiteren Gesprächsverlauf. Dabei können Unklarheiten geklärt und offene Punkte aus vergangenen Gesprächen aufgegriffen werden. Das gibt den Mitarbeitenden von Anfang an die Möglichkeit, aktiv am Gespräch teilzunehmen. Im Anschluss folgt ein sachlicher Abgleich von Ist- und Soll-Zustand.

[5] Vgl. Martina Boden, Mitarbeitergespräche führen: Situativ, typgerecht und lösungsorientiert, 2., aktualisierte Auflage, Springer eBook Collection, Springer Gabler, 2020, S. 78–87, https://doi.org/10.1007/978-3-658-29603-2.

3. Beurteilung

   Die Beurteilung der Ergebnisse sollte idealerweise auch durch die Mitarbeitenden selbst erfolgen. Die Reflexion über den eigenen Einsatz im Verhältnis zum Ergebnis kann wichtige Erkenntnisse zur Ursachenanalyse liefern. Verbesserungen im Vergleich zu früheren Phasen sind ebenso hervorzuheben wie gute Leistungen. Abweichungen zwischen Soll und Ist sind sachlich zu besprechen. Dabei ist es wichtig, die Sichtweise der Mitarbeitenden zu verstehen, aber auch die Wahrnehmung der Führungskraft hinsichtlich Verhalten und Leistung offenzulegen. Häufig bestehen Unterschiede zwischen Eigen- und Fremdwahrnehmung (vgl. „Johari-Fenster", nachfolgendes Unterkapitel).

4. Zielvereinbarung

   Nachdem das bisher Geschehene beleuchtet wurde, richtet sich der Blick in die Zukunft. Ziele sollten gemeinsam besprochen und festgelegt werden – anstatt einseitig vorgegeben. Die Zielvereinbarung erfolgt nach der SMART-Formel (vgl. Band Kernprozesse, Kapitel 2.3) und berücksichtigt die erkannten Stärken und Schwächen aus der Rückblicks- und Beurteilungsphase sowie die Wünsche der Mitarbeitenden.

5. Maßnahmenplan

   Die daraus abzuleitenden Maßnahmen ergeben sich aus Rückblick, Beurteilung und Zielvereinbarung. Dazu zählen zum Beispiel Weiterbildungen, Unterstützung durch Fachkräfte, gezielte Verhaltensänderungen oder Mentoring-Programme.

6. Sonstiges

   Auch „Sonstiges" sollte aktiv angesprochen werden. Es kann Themen geben, die den Mitarbeitenden wichtig sind, aber nicht durch den Gesprächsleitfaden abgedeckt werden. Ebenso kann es sein, dass die Führungskraft noch etwas mitteilen möchte. In diesem Bereich ist vieles denkbar: sehr langfristige Entwicklungswünsche, persönliche Anliegen oder auch das Interesse, sich beruflich in eine ganz andere Richtung weiterzuentwickeln.

7. Gesprächsabschluss

   Der Abschluss des Gesprächs sollte ebenso positiv gestaltet werden wie der Einstieg. Auch wenn im Verlauf unterschiedliche Standpunkte vertreten wurden, gilt es nun, sich wieder auf eine gemeinsame Ebene zu begeben. Gute Absichten und konkrete nächste Schritte können zusammengefasst und bestärkt werden. Es ist wichtig, den Mitarbeitenden für ihre Zeit zu danken und ihnen eine kurze Vorausschau auf das weitere Vorgehen zu geben.

Eine beidseitig unterschriebene Dokumentation bestätigt den gemeinsamen Nenner und dient als Nachweis, falls Inhalte nicht wie besprochen umgesetzt werden. Die Dokumentation sollte, neben den persönlichen Daten und dem Datum des Gesprächs, in jedem Fall folgende Punkte enthalten: die Zielerreichung, die Zielvereinbarung, die vereinbarten Förder- und Entwicklungsmaßnahmen sowie eine Stellungnahme des Gesprächsteilnehmers. In dieser kann der persönliche Standpunkt dargestellt werden, insbesondere wenn er von den Ausführungen der Führungskraft abweicht. Die Dokumentation ist von beiden Seiten zu unterzeichnen.[6]

15.4 Feedback

Um einen konstruktiven Umgang miteinander zu ermöglichen, ist es wichtig, ein Bewusstsein füreinander und für die Beweggründe des jeweiligen Gegenübers zu entwickeln. So kann Kommunikation reibungsloser verlaufen, und Missverständnisse werden vermieden. Häufig nehmen andere Menschen jedoch Dinge anders wahr als man selbst. Sprichwörtlich heißt es daher auch: „Den eigenen Mundgeruch riechen immer nur die anderen."

Ein Modell, das die Diskrepanz zwischen Eigen- und Fremdwahrnehmung veranschaulicht, ist das Johari-Fenster. Es stellt die Schnittmenge zwischen dem Wissen einer Person über sich selbst und dem Wissen anderer über diese Person dar (Abbildung 15.1). Die vier Fensterbereiche verdeutlichen unterschiedliche Wahrnehmungsperspektiven:

- **Öffentlicher Bereich:** Alles, was eine Person über sich weiß – und was auch andere über sie wissen.
- **Privater (geheimer) Bereich:** Alles, was eine Person über sich weiß, aber bewusst vor anderen verbirgt oder nicht preisgibt.
- **Unbekannter Bereich:** Aspekte, die weder der Person selbst noch anderen bekannt sind – etwa verborgene Talente oder unbewusste Verhaltensmuster.
- **Blinder Fleck:** Dinge, die anderen offensichtlich erscheinen, der Person selbst jedoch nicht bewusst sind. ▪ BEISPIEL: Nervöse Angewohnheiten während eines Vortrags, wie etwa das ständige Kratzen am Kopf, wenn man nicht weiterweiß – die Zuhörenden bemerken es, die vortragende Person meist nicht. ▪

[6] Vgl. Hans-Jürgen Kratz, 30 Minuten Mitarbeitergespräche, 30 Minuten, Gabal Verlag, 2012, S. 63–67.

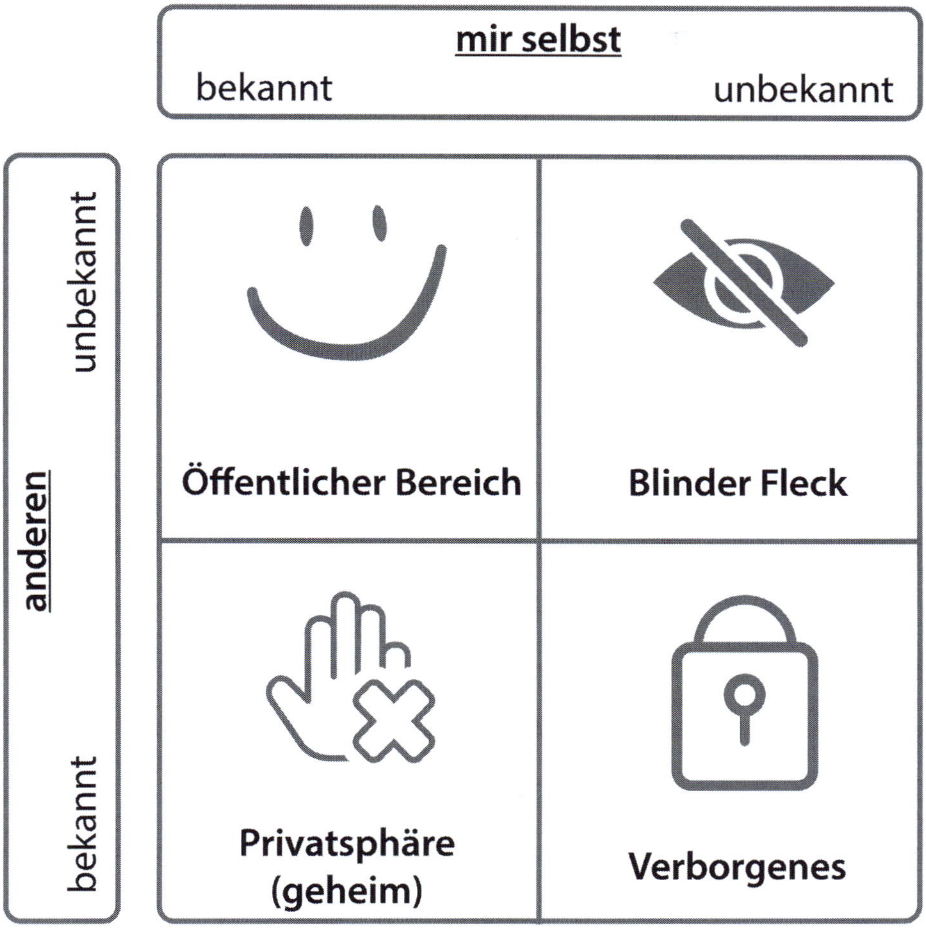

Abbildung 15.1: „Johari-Fenster", eigene Darstellung[7]

Ziel des Modells ist es, je nach Anwendungsbereich, dazu anzuregen, mehr Feedback von anderen einzuholen, um den blinden Fleck zu verkleinern, und/oder sich stärker selbst zu öffnen, um den geheimen Bereich zu verkleinern.

Damit ein Feedback vom Gegenüber nicht als Angriff, sondern als konstruktive Rückmeldung auf das Wahrgenommene aufgefasst wird, empfiehlt es sich, die WWW-Formel zu nutzen. WWW steht für:

- **Wahrnehmung:** Schilderung dessen, was man konkret gesehen oder gehört hat

[7] Primärquelle: Luft, J.; Ingham, H. (1955). „The Johari Window, a Graphic Model of Interpersonal Awareness".

- **Wirkung:** Beschreibung der Wirkung, zum Beispiel einer Emotion oder der (negativen) Folge
- **Wunsch:** Formulierung eines konstruktiven Wunsches oder eines Lösungsvorschlags

■ **BEISPIEL ZUR ANWENDUNG DER WWW-FORMEL:**

Mitarbeiter A und B teilen sich ein Büro. Mitarbeiter A hat die Angewohnheit, regelmäßig das Fenster weit zu öffnen – unabhängig davon, wie kalt es draußen ist oder was Mitarbeiter B gerade tut. Schnell könnte B verärgert reagieren und sagen: „Reiß doch nicht ständig das Fenster auf! Mir ist eiskalt und das nervt mich total!"

Besser für das Arbeitsklima wäre jedoch ein Feedback nach der WWW-Formel:

Lieber Kollege A, du öffnest das Fenster sehr oft weit (Wahrnehmung). Frische Luft tut uns sicher beiden gut, aber ich friere im Winter sehr, wenn du lüftest, während ich direkt davor sitze (Wirkung). Wie wäre es, wenn wir feste Lüftungszeiten vereinbaren oder du lüftest, wenn ich gerade nicht im Raum bin (Wunsch)?" ■

Egal in welcher Form Feedback vermittelt wird – eines ist grundsätzlich wichtig:

Feedback sollte sich nicht ausschließlich auf die Kritik von Missständen beziehen, sondern darf (und sollte) auch für erbrachte Leistungen gegeben werden. Leistungen werden im Arbeitsalltag häufig als selbstverständlich hingenommen. Ein einfaches „Dankeschön" oder ein ehrliches Lob bestätigt das Engagement der Mitarbeitenden und motiviert sie, weiterhin gute Leistungen zu erbringen.[8]

Felix fühlt sich mittlerweile gut vorbereitet und freut sich auf die Herausforderung, das Mitarbeitergespräch mit seiner Kollegin zu führen.

Abschließend geben ihm Lisa und Max noch einen wichtigen Hinweis mit auf den Weg: Das Gespräch ist mit dem Gesprächsende noch nicht abgeschlossen. Entscheidend ist, dass die besprochenen Inhalte tatsächlich umgesetzt werden. Mitarbeitergespräche dienen nicht nur dem Austausch an sich, sondern bilden die Grundlage für die gezielte Förderung von Mitarbeitenden.

Dementsprechend liegt es nun an Felix, die getroffenen Vereinbarungen aktiv zu begleiten und seine Kollegin regelmäßig über den Fortschritt zu informieren.

[8] Vgl. Boden, Mitarbeitergespräche führen, 128–30.

16 Arbeits- und Projektorganisation im Unternehmen

Damit Menschen die Aufgaben ihrer beruflichen Tätigkeit möglichst effizient verrichten können, sind reibungslose Abläufe von essentieller Bedeutung. Informationen müssen dort ankommen, wo sie benötigt werden, sich überschneidende Aufgaben müssen miteinander koordiniert werden. Damit dies besonders gut gelingen kann, ist es wichtig, dass die notwendigen Rahmenbedingungen hierfür vorhanden sind. Die grundlegende Struktur des Unternehmens wird durch dessen Aufbauorganisation vorgegeben. Durch die Ablauf- oder Prozessorganisation wird wiederum bestimmt, wie die einzelnen Teilaufgaben in einem Unternehmen verrichtet werden (siehe auch Kapitel 2). Für dauerhafte Aufgaben gibt es meist eine feste Organisation. Für Veränderungsvorhaben oder einzelne Projekte gilt es jedoch, sich im Vorfeld Gedanken darüber zu machen, wie diese organisiert werden können. Die Inhouse Consulting Division möchte vor allem Verbesserungspotenziale innerhalb der bestehenden Strukturen und Abläufe aufdecken. Hierzu ist es für die internen Unternehmensberater wichtig, zu verstehen, welche Formen dabei unterschieden werden können und welche Kennzahlen betrachtet werden sollten, um zu beurteilen, wie effizient die einzelnen Bereiche arbeiten.

16.1 Aufbau- und Ablauforganisationen

Aufbauorganisationen

Um Organisationen überhaupt erst die Möglichkeit zu geben, zielgerichtet und wirtschaftlich zu handeln, bedarf es einer Unternehmensstruktur. Betriebliche Aufgaben müssen voneinander abgegrenzt und den verschiedenen Stellen zugeordnet werden. Durch die Verteilung von Verantwortlichkeiten entstehen Hierarchien. Um diese Strukturen zu schaffen, gibt es diverse Konzepte mit jeweils unterschiedlichen Vor- und Nachteilen.[1]

Einliniensystem

Hierbei erhält jede untergeordnete Instanz von nur einer übergeordneten Stelle Weisungen. Vorteilhaft ist der klare und einfache Aufbau, bei dem genaue Kostenabgrenzungen möglich und eindeutige Unterstellungsverhältnisse gegeben sind. Eine fehlende Dynamik und die umständliche Kommunikation stellen jedoch, wenn eine Weisung oder Information zunächst mehrere Hierarchien durchlaufen muss, prägnante

[1] Vgl. Bernhard Plum, Mein Business Plan: Praxisleitfaden für Start-ups – vom Handwerkbetrieb bis zum IT-Unternehmen, 1. Auflage, Freiburg München Stuttgart, Haufe Gruppe, 2017, S. 200–201.

Nachteile dar.[2] Abbildung 16.1 veranschaulicht den klassischen Aufbau dieser Organisationsform.

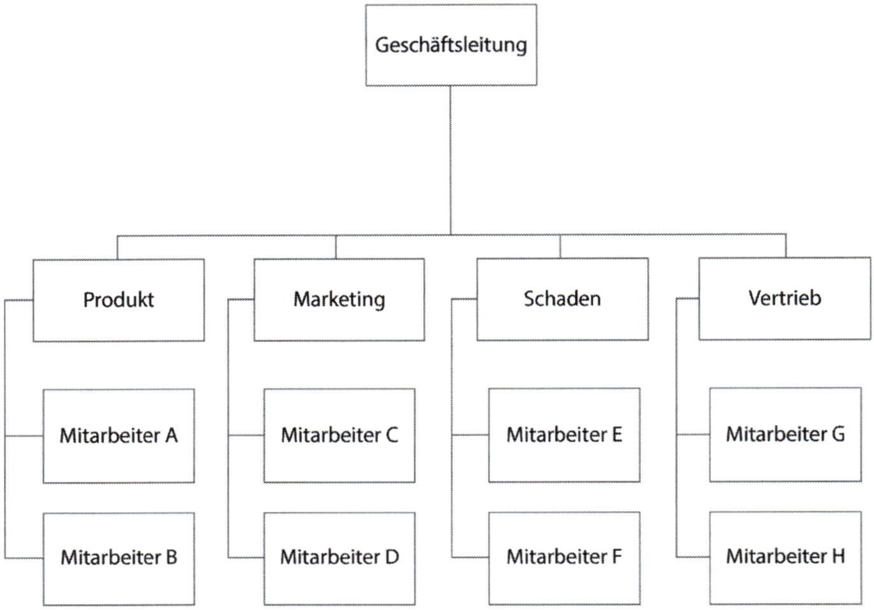

Abbildung 16.1: Einliniensystem

Mehrliniensystem

Das Problem der umständlichen Kommunikationswege versucht das Mehrliniensystem, welches in Abbildung 16.2 dargestellt ist, über ein Prinzip des kürzesten Weges zu lösen. Mehrere übergeordnete Stellen haben gegenüber den nachgeordneten Einheiten eine Weisungsbefugnis, entsprechend ihres Aufgabengebiets. Während dieses System zwar den Vorteil schafft, dass die Weisungs- und Kommunikationswege sich verkürzen, entsteht zeitgleich der Nachteil, dass Zuständigkeiten und Kompetenzen schwieriger abgegrenzt werden können. Zudem wird es ein komplexeres Unterfangen, Fehler im Ablauf zu lokalisieren.[3]

---
2 Vgl. Plum, S. 201.
3 Vgl. Plum, S. 202.

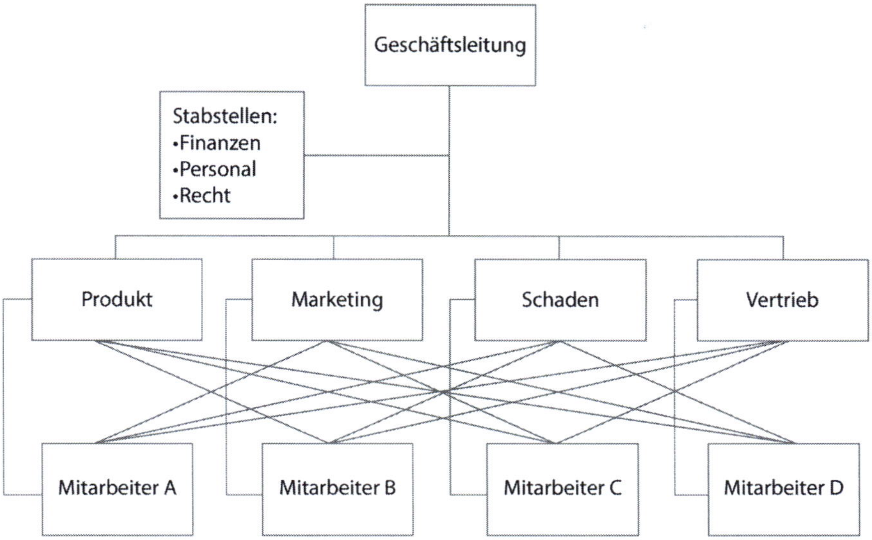

Abbildung 16.2: Mehrliniensystem

Stabliniensystem

Im Stabliniensystem findet eine Verknüpfung des Ein- und Mehrliniensystems statt, mit dem Ziel die Vorteile beider Organisationsformen zu nutzen und zeitgleich die vorhandenen Nachteile zu reduzieren. Zur Entlastung der jeweiligen Instanzen werden den Linien ein oder mehrere Stabstellen zur Verfügung gestellt, die sie qualifiziert unterstützen. Grafisch wird dieses System in Abbildung 16.3 veranschaulicht. Stabstellen haben keine Weisungs- oder Entscheidungsbefugnis, sondern lediglich eine beratende Funktion. Dies kann in der Praxis allerdings zu Demotivation der Mitarbeitenden in den Stabstellen führen. Denn meist sind diese Positionen mit hochqualifizierten Experten besetzt, welche dann nur beratend tätig sein dürfen.[4]

[4] Vgl. Plum, 202–203.

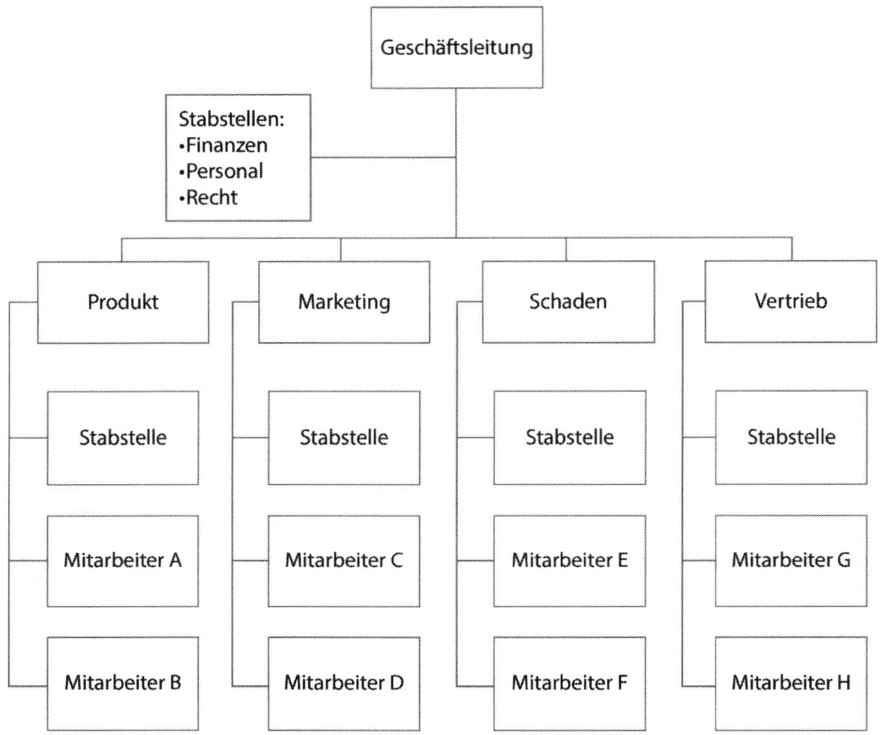

Abbildung 16.3: Stabliniensystem

Matrixorganisation

Wird der Aufbau eines Unternehmens über eine Matrixorganisation strukturiert, so werden Entscheidungsprozesse in einzelne Abläufe unterteilt, was hohe Spezialisierungen der einzelnen Einheiten möglich macht. Das Einliniensystem wird zwar zwischen den einzelnen Instanzen fortgesetzt, dabei wird die Grundform jedoch mehrdimensional organisiert. Abbildung 16.4 verdeutlicht diese Organisationsform grafisch. Da alle Bereiche gleichberechtigt sind besteht in der Regel ein erhöhter Kommunikationsbedarf.[5]

5 Vgl. Plum, S. 203–204.

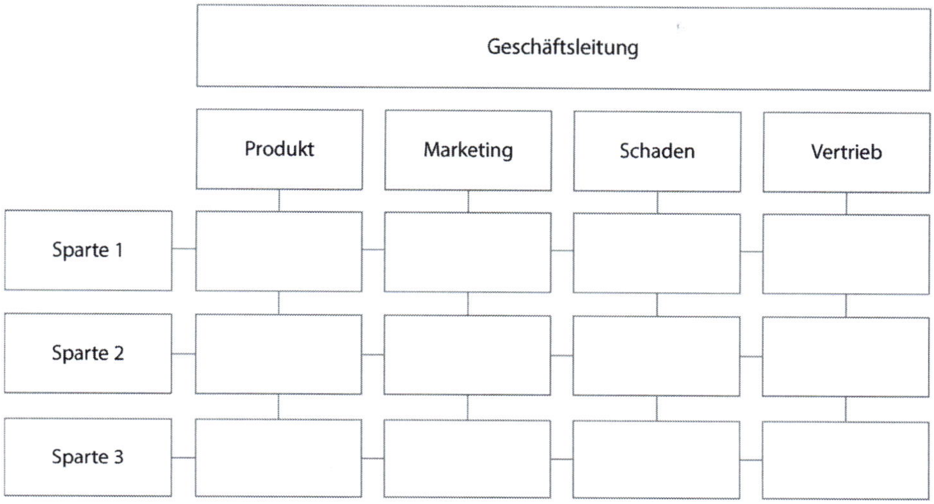

Abbildung 16.4: Matrixorganisation

Die hier vorgestellten Systeme können bei Konzernen und großen Unternehmen auch parallel existieren, beispielsweise dadurch, dass ein Unternehmensteil oder ein einzelnes Projekt anders organisiert ist als der Rest. Durch die zahlreichen Modernisierungen, die in den letzten Jahren vorangetrieben wurden, kommen immer öfter agile Organisationsformen wie zum Beispiel Scrum zum Einsatz (Scrum siehe Projektmanagement, Kapitel 18.1.3). Oft werden zunächst einzelne Bereiche umgestellt und dann nach und nach die Umstellung ausgeweitet. Auch einzelne Scrum-Teams können zum Beispiel wiederum über ein Scrum organisiert werden. Bei dieser Form der Skalierung spricht man dann von Scrum of Scrums.

Ablauforganisation

Mit der Bildung der formalen Unternehmenshierarchie gilt die Gestaltung der Aufbauorganisation als abgeschlossen. Die Ablauf- oder Prozessorganisation richtet ihren Blick auf die Verrichtung der tatsächlichen Leistungserstellung. Vorwiegend beantwortet sie dabei die Fragen:

- Wer tut was?
- Wann wird es getan?
- Wo wird es getan?
- Wie greifen die Tätigkeiten ineinander?

Durch Aspekte wie individueller werdende Kundenbedürfnisse, kürzere Produktlebenszyklen und eine Veränderung der Bedürfnisse der Mitarbeitenden hängt die

Wettbewerbsfähigkeit heutzutage in besonderem Maße davon ab, dass Prozesse schnell, kosteneffizient, flexibel und den Wünschen der Stakeholder entsprechend ablaufen. Aus diesem Grund gestaltet sich die Koordinierung der Abläufe innerhalb eines Unternehmens verstärkt prozessorientiert. Eine stärkere Prozessorientierung bietet mehrere Vorteile:[6]

- Abhängigkeiten zwischen den Aufgaben unterschiedlicher Stelleninhaber werden sichtbarer und Schnittstellenproblematiken reduziert
- Eine Zusammenarbeit über Abteilungsgrenzen hinaus wird vereinfacht
- Freiräume bei der Verrichtung der Aufgaben entstehen, wenn Aufgaben nach Prozessen, statt nach Aufbaulogiken vergeben werden; Selbstabstimmung gewinnt als Koordinationsinstrument an Bedeutung
- Eine höhere Eigenverantwortung fördert die Motivation der Mitarbeitenden
- Die striktere Kundenorientierung unterstützt überbetriebliches Denken und ermöglicht die Fokussierung auf wertschöpfende Aktivitäten[7]

Prozessanalyse und -Steuerung

Um in einem bestehenden Unternehmen oder Projekt Prozesse zu steuern und gegebenenfalls optimieren zu können, müssen diese zunächst bekannt sein. Hierzu können im Projekt- und Change Management unterschiedliche Tools zum Einsatz kommen (siehe auch Kapitel 7 Change Management und Kapitel 18 Projektmanagement). Ein Tool, durch das Zuständigkeiten und Verantwortlichkeiten analysiert und optimiert werden können, ist die RACI-Matrix. Eine Prozesslandkarte stellt alle Prozesse eines Unternehmens übergeordnet und vereinfacht dar. Zur detaillierten Betrachtung können wiederum Flussdiagramme eingesetzt werden, die einzelne Arbeitsströme betrachten. Nähere Informationen zur RACI-Matrix und zu Prozesslandkarten finden Sie im Folgenden.

RACI-Matrix

Ein häufiger Ursprung von Konflikten und Missverständnissen innerhalb der Arbeitswelt liegt in der Unklarheit von Aufgaben und Verantwortlichkeiten. Ebenso kann häufig eine unzureichende oder mangelhafte Kommunikation als ausschlaggebend ausgemacht werden. Eine RACI-Matrix hilft dabei, diesen potenziellen Konfliktherden vorzubeugen oder sie zu beseitigen. Die Matrix beantwortet die Fragen, welche Arbeitspakete zu erledigen sind, wer daran beteiligt ist, wer wofür verantwortlich ist und wer an wen berichtet.[8]

---

6 Vgl. Christiana Nicolai, Betriebliche Organisation, 4. überarbeitete Auflage, [revidierte Ausgabe], UTB 8421, Konstanz, UTB, 2023, S. 191–93, https://doi.org/10.36198/9783838588155.

7 Vgl. Nicolai, 193.

8 Vgl. Jürg Kuster u. a., Handbuch Projektmanagement: agil – klassisch – hybrid, 5., vollständig überarbeitete und erweiterte Auflage, Berlin, Heidelberg, Springer Berlin/Heidelberg, 2022, S. 117–18.

R	Responsible (ausführend)	Verantwortlich für die Durchführung; diese Person führt das Arbeitspaket selbst aus oder delegiert es
A	Accountable (verantwortlich)	Übergeordnete Verantwortlichkeit; diese Person trägt die Gesamtverantwortung (rechtlich und kaufmännisch) und erteilt Genehmigungen für untergeordnete Prozesse
C	Consulted (konsultiert)	Konsultativ miteinzubeziehen; diese Person ist nicht direkt an der Ausführung beteiligt, liefert jedoch relevante und unterstützende Informationen für die Umsetzung
I	Informed (informiert)	Diese Person(en) sind über Verlauf und Ergebnisse der Tätigkeit zu informieren

Tabelle 16.1: RACI-Matrix

Prozesslandkarte

Eine Prozesslandkarte dient der Übersicht vorhandener Prozesse und deren Beziehung zu anderen Prozessen. Meist werden diese in verschiedene Ebenen untergliedert.[9]

Ebene:	Prozesse (allgemein)
Managementprozesse	Unternehmensplanung, Controlling, Governance, Risikomanagement
Kernprozesse	Produktentwicklung, Antrags- und Policierungsprozesse, Underwriting, Vertragsverwaltung, Schadenmanagement, Kundenservice, Vertrieb
Unterstützungsprozesse	IT-Management, Personalmanagement (HR), Rechnungswesen und Buchhaltung, Einkauf und Beschaffung

Tabelle 16.2: Prozesslandkarte eines Versicherungsunternehmens

16.2 Performance-Management-Systeme (PMS)

Performance-Management-Systeme (PMS) bestehen aus strukturierten Methoden, Prozessen und Werkzeugen, die Organisationen dabei unterstützen, die Leistung (Performance) von Mitarbeitenden, Teams, Abteilungen oder einer gesamten Organisation systematisch zu planen, zu messen, zu steuern und im Idealfall zu optimieren. Die individuellen und organisatorischen Leistungen sollen dabei so entwickelt werden, dass sie im Einklang mit den Unternehmenszielen stehen und die Wettbewerbsfähigkeit gestärkt wird. Unternehmensziele können dabei, neben monetären (wirtschaftlichen) Zielen, durchaus auch mitarbeiterbezogene, kundenbezogene oder gesellschaftliche Ziele sein. Die jeweilige Performance wird oftmals über ein entsprechendes Controlling verfolgt und kann über spezifische Kennzahlen beobachtet werden.

9 Vgl. Albert Fleischmann u. a., Subjektorientiertes Prozessmanagement: Mitarbeiter einbinden, Motivation und Prozessakzeptanz steigern, Hanser eLibrary, München, Hanser Verlag, 2011, S. 72–73, https://doi.org/10.3139/9783446429697.

Damit Performance-Management-Systeme ihr volles Potenzial entfalten können, müssen sie individuell auf das Unternehmen und die verfolgten Ziele abgestimmt sein. Als wichtige Erfolgsfaktoren gelten eine klare Kommunikation der Ziele, eine transparente und faire Festlegung der Bewertungskriterien, der kontinuierliche Dialog zwischen Führungskräften und Mitarbeitenden, sowie eine Anpassungsfähigkeit an sich verändernde Rahmenbedingungen. Daneben trägt die Kombination von individuellen und Team-Zielen zum Nutzen der Systeme bei. Der Nutzen kann wiederum vielfältig sein.[10]

■ EINIGE BEISPIELE SIND:

- Klare Orientierung für Mitarbeitende
- Steigerung von individuellen und gesamten Leistungen
- Frühzeitiges Erkennen von Abweichungen, Stärken und/oder Schwächen
- Förderung von Motivation und Engagement
- Grundlage für Personalentscheidungen (zum Beispiel Beförderungen oder Entwicklungsprogramme)
- Transparenz über den Unternehmenserfolg und den Beitrag hierzu, durch die einzelnen Personen und Teams ■

■ BEISPIEL: SCHADENMELDUNG BEI DER PROXIMUS VERSICHERUNG AG

Am Beispiel einer Schadenmeldung lässt sich sowohl die Funktion des Aufbaus als auch des Ablaufs sehr gut darstellen. Meldet ein Kunde der Proximus Versicherung AG einen Schaden, ist dafür die Schadenabteilung zuständig. Diese ist wiederum entsprechend der einzelnen Sparten und aufgrund der Größe der Proximus Versicherung AG teilweise auch nochmals in einzelne Produkte unterteilt. Diese Hierarchie wurde durch die Aufbauorganisation festgelegt.

Die Ablauforganisation legt für die Schadenbearbeitung vier wesentliche Schritte fest:

Eingang Schadenmeldung → Prüfung → Regulierung → Abschluss

Die RACI-Matrix bestimmt dabei für jeden Schritt:

Responsible – Sachbearbeitender XY führt die Prüfung durch

Accountable – Die Abteilungsleitung trägt die Gesamtverantwortung

Consulted – Zum Beispiel das Hinzuziehen der Rechtsabteilung bei Sonderfällen oder das Vier-Augen-Prinzip bei Überschreiten bestimmter Summengrenzen.

Informed – Vermittler und Kunde werden über den Bearbeitungsstand und den Schadenabschluss informiert

Über die bestehenden Performance-Management-Systeme der Proximus Versicherung AG kann zum Beispiel der Zeitraum vom Eingang der Schadenmeldung bis zum Schadenabschluss beobachtet werden. Ebenso wird die Kundenzufriedenheit über Befragungen und Beschwerdequoten gemessen. Die Anzahl der involvierten Personen, die Zufriedenheit mit der Zusammenarbeit sowie die Zufriedenheit der einzelnen beteiligten Personen bieten ebenfalls wichtige Rückschlüsse auf möglichen Optimierungsbedarf. ■

[10] Vgl. „Performance Management: Dogma oder Einzelfallbetrachtung?", in Erfolgsfaktor Serie, von Jens Pohl (Berlin, Heidelberg: Springer Berlin Heidelberg, 2016), S. 1–11, https://doi.org/10.1007/978-3-662-47102-9_1.

17 Arbeitswelt gestalten: Gesundheit, Personalplanung und Personalentwicklung

17.1 Erkennen von physischen und psychischen Auswirkungen von veränderten Arbeitsprozessen auf die Mitarbeitenden und Initiieren präventiver Maßnahmen

Lisa und Max verstehen zunehmend, dass der wirtschaftliche Erfolg des Unternehmens maßgeblich von den Mitarbeitenden abhängt. Das Leistungspotenzial beziehungsweise sogenannte „Human Capital" ist auch für die Proximus Versicherung AG ein wichtiger Faktor für den Unternehmenserfolg. Beide möchten daher wissen, welchen Einfluss und damit auch Auswirkungen veränderte Arbeitsprozesse auf die jeweiligen Mitarbeitenden haben können und ob Arbeitgeber auch präventive Maßnahmen einführen können.

In einer zunehmend dynamischen Arbeitswelt, die von Digitalisierung, Automatisierung und strukturellen Veränderungen geprägt ist, stehen Mitarbeitende und Unternehmen vor neuen Anforderungen und Belastungen. Veränderte Arbeitsprozesse bringen nicht nur Chancen zur Effizienzsteigerung und Flexibilität mit sich, sondern wirken sich auch unmittelbar auf das physische und psychische Wohlbefinden der Beschäftigten aus.

Symptome wie Stress, Überforderung oder körperliche Beschwerden können frühzeitige Warnsignale für eine Überlastung und einem späteren Burnout oder Zusammenbruch sein. Um die Gesundheit der Mitarbeitenden nachhaltig zu fördern und langfristige Ausfälle zu vermeiden, ist es entscheidend für Unternehmen, physische und psychische Auswirkungen frühzeitig zu erkennen und präventive Maßnahmen gezielt zu initiieren. Ein vorausschauendes Gesundheitsmanagement wird damit zum zentralen Element moderner Organisationskultur.

Führsorgepflichten des Arbeitgebers

Die Fürsorgepflicht des Arbeitgebers ist ein zentrales Element des deutschen Arbeitsrechts und spielt eine entscheidende Rolle beim Schutz der physischen und psychischen Gesundheit der Mitarbeitenden – insbesondere in Zeiten sich wandelnder Arbeitsprozesse. Die Fürsorgepflicht verpflichtet den Arbeitgeber, Arbeitsbedingungen so zu gestalten, dass Beschäftigte vor Gefahren für Leben und Gesundheit sowie deren Persönlichkeitsrechte geschützt sind. Sie umfasst unter anderem:

- **Schutz vor physischen Gefahren** (beispielsweise durch ergonomische Arbeitsplätze, Unfallverhütung): zum Beispiel Arbeitsmedizinische Vorsorge (ArbMedVV), Arbeitsstättenverordnung (ArbStättV), § 1 und § 14 SGB VII: Prävention arbeitsbedingter Gesundheitsgefahren, § 20 SGB V: Förderung der BGF durch Krankenkassen
- **Schutz vor psychischen Belastungen** (zum Beispiel Stress, Mobbing, Überforderung)
- **Unterstützung bei der Vereinbarkeit von Beruf und Privatleben**
- **Schaffung eines respektvollen und diskriminierungsfreien Arbeitsumfelds**

Diese Pflichten ergeben sich sowohl aus öffentlich-rechtlichen Vorschriften (zum Beispiel Arbeitsschutzgesetz, Arbeitsstättenverordnung) als auch aus dem Bürgerlichen Gesetzbuch (§ 618 BGB).

Gerade bei Umstrukturierungen, Digitalisierung oder Einführung neuer Technologien ist die Fürsorgepflicht besonders relevant. Arbeitgeber müssen sicherstellen, dass Mitarbeitende nicht überfordert werden, ausreichend geschult sind und Zugang zu Unterstützungsangeboten haben. Präventive Maßnahmen wie psychologische Beratung, ergonomische Arbeitsplatzgestaltung oder flexible Arbeitszeitmodelle sind Ausdruck gelebter Fürsorge.

17.1.1 Belastungen und Ressourcen in der Arbeitswelt

In der modernen Arbeitswelt wirken vielfältige Belastungen und Ressourcen auf Beschäftigte ein – aus somatischer, psychologischer und arbeitswissenschaftlicher Perspektive gibt es unterschiedliche Einflussfaktoren.

Belastungen und Ressourcen wirken stets im Zusammenspiel: Eine gesundheitsförderliche Arbeitsgestaltung berücksichtigt sowohl objektive Rahmenbedingungen als auch individuelle Bedürfnisse. Prävention, Partizipation und eine wertschätzende Unternehmenskultur sind dabei zentrale Stellschrauben.

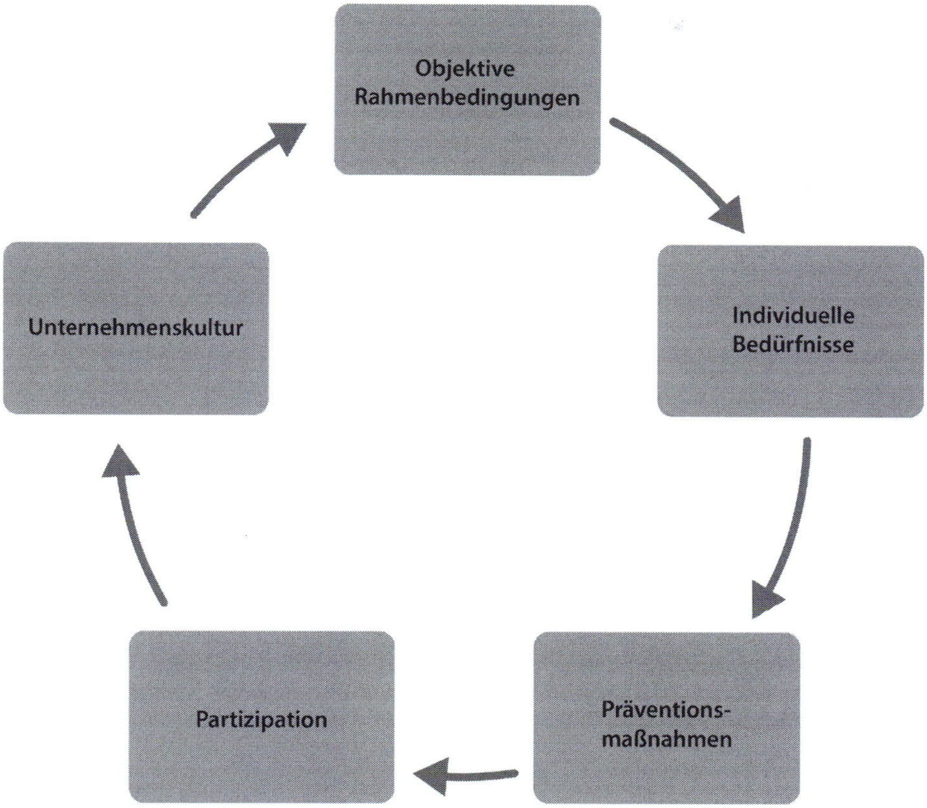

Abbildung 17.1: Belastungen und Ressourcen in der Arbeitswelt

Prävention: Prävention umfasst alle Maßnahmen, die darauf abzielen, gesundheitliche Risiken frühzeitig zu erkennen und zu vermeiden – dadurch ist das „Betriebliche Gesundheitsmanagement" entwickelt worden. In der Arbeitswelt bedeutet das zum Beispiel ergonomische Arbeitsplatzgestaltung, Stressbewältigungsangebote oder regelmäßige Gefährdungsbeurteilungen (laut gesetzlicher Verpflichtung nach § 5 des ArbSchG). Eine gelebte Präventionskultur erkennt Gesundheit nicht als Kostenfaktor, sondern als Investition in die Zukunft.

Partizipation: Partizipation meint die aktive Einbindung der Mitarbeitenden in Entscheidungsprozesse – etwa bei der Gestaltung von Arbeitsabläufen oder bei der Einführung neuer Technologien. Beteiligung fördert Motivation, Identifikation mit dem Unternehmen und trägt dazu bei, praxisnahe Lösungen zu entwickeln. Meist wird das zusätzlich durch den Betriebsrat gefördert, der ebenfalls bei größeren Veränderungsprozessen mitwirkt. Eine transparente und nachvollziehbare Kommunikation zu geplanten Veränderungen, sowie die Einladung zur Mitgestaltung bieten den Beschäftigten Sicherheit.

Wertschätzende Unternehmenskultur: Eine solche Kultur basiert auf Respekt, Vertrauen und Anerkennung. Sie zeigt sich in transparenter Kommunikation, fairer Führung und einem offenen Umgang mit Fehlern. Studien zeigen, dass ein positives Betriebsklima die psychische Gesundheit stärkt und die Leistungsbereitschaft erhöht. Die Fehlerkultur eines Unternehmens zeigt sich darin, ob Mitarbeitende Sorgen haben, etwas falsch zu machen, oder ob sie mutig und mit Kompetenzen ausgestattet eigenverantwortlich arbeiten.

Belastungen in der Arbeitswelt gibt es Vielerlei, nachstehend die wichtigsten Bereiche/Aspekte dazu:

1. Somatische Belastungen

Diese betreffen den Körper direkt und entstehen zum Beispiel durch:

- Physische Überlastung (zum Beispiel schweres Heben, monotone Bewegungen, sitzende Tätigkeit)
- Lärm, Hitze, Luftmangel, schlechte Ergonomie
- Schichtarbeit, die den Biorhythmus stört

Solche Belastungen können zu Muskel-Skelett-Erkrankungen, Schlafstörungen oder Herz-Kreislauf-Problemen führen.

2. Psychologische Belastungen

Psychische Beanspruchungen entstehen durch:

- Zeitdruck, Multitasking, ständige Erreichbarkeit
- Unklare Rollenverteilungen, Arbeitsplatzunsicherheit oder mangelnde Anerkennung
- Emotionale Anforderungen, etwa im Kundenkontakt

Diese Faktoren können Stress, Burnout oder Depressionen begünstigen.[1]

3. Arbeitswissenschaftliche Perspektive

Aus dieser Sicht stehen die Gestaltung von Arbeitssystemen und -prozessen im Fokus:

- Arbeitsintensität und -komplexität
- Autonomie und Entscheidungsspielräume
- Technologische Veränderungen (zum Beispiel Digitalisierung und Automatisierung, Künstliche Intelligenz etc.)

[1] Vgl. AOK: Psychische Belastung am Arbeitsplatz, o. J., zuletzt abgerufen am 25. Juni 2025 von https://www.aok.de/fk/betriebliche-gesundheit/psychische-gesundheit/psychische-belastung-am-arbeitsplatz/

Modelle wie das Demand-Control-Modell (Karasek) oder das Effort-Reward-Imbalance-Modell (Siegrist) helfen, Belastungen systematisch zu analysieren.[2]

4. Objektive Bedingungen

Dazu zählen vorrangig die nachfolgenden Themenbereiche:

- Arbeitszeitmodelle (zum Beispiel Überstunden, Nachtarbeit)
- Organisationsstruktur und Führungsstil, sowie Unternehmenskultur
- Arbeitsumgebung (zum Beispiel Großraumbüros, Homeoffice, Sharing-Arbeitsplätze etc.)

Diese Rahmenbedingungen beeinflussen maßgeblich das Belastungserleben und haben auch starken Einfluss auf das allgemeine Wohlbefinden, sowie auf die individuelle Motivation der Arbeitnehmenden.

5. Individuelle Faktoren

Hierzu gehören vor allem:

- **Persönliche Resilienz und Coping-Strategien** (persönliche Widerstandsfähigkeit und Bewältigungsstrategien)
- **Private Belastungen** (zum Beispiel Pflege von Angehörigen, schwierige Lebensphase wie Scheidung, Familienzuwachs, Unfälle, Krankheit etc.)
- **Mobbing**: Laut dem Mobbing-Report des BMAS[3] ist Mobbing ein weit verbreitetes Phänomen mit gravierenden Folgen für Gesundheit und Arbeitsklima.
- **Work-Life-Balance**: Eine unausgewogene Balance zwischen Arbeits- und Freizeit, kann zu chronischer Erschöpfung führen, während eine gute Balance als Ressource wirkt.[4] Ebenso kommt es oftmals zur Dauer-Belastungs-Phase, es werden keine Erholungszeiten wie Wochenenden oder Urlaube mehr genommen. Auch das Thema „immer online" zu sein, führt oftmals zu diesem unausgewogenen Verhältnis von Arbeits- und Privatleben.

17.1.2 Gesundheitsförderliche Arbeitsprozesse

In einer sich stetig wandelnden Arbeitswelt gewinnen gesundheitsförderliche Arbeitsprozesse zunehmend an Bedeutung. Unternehmen stehen vor der Herausforde-

---

2 Vgl. Universitätsklinikum Ulm / LPCU: Psychische Belastungsfaktoren in der Arbeitswelt, o. J., zuletzt abgerufen am 25. Juni 2025 von https://www.lpcu.de/fileadmin/website_uni_ulm/med.lpcu/Publikationen/Grundlagenforschung/Psychische_Belastungsfaktoren_in_der_Arbeitswelt.pdf

3 Vgl. Bundesministerium für Arbeit und Soziales (BMAS): Report Mobbing in der Arbeitswelt, o. J., zuletzt abgerufen am 25. Juni 2025 von https://www.bmas.de/DE/Service/Publikationen/Broschueren/report-mobbing-in-der-arbeitswelt.html

4 Vgl. AOK: Psychische Belastung am Arbeitsplatz, o. J., zuletzt abgerufen am 25. Juni 2025 von https://www.aok.de/fk/betriebliche-gesundheit/psychische-gesundheit/psychische-belastung-am-arbeitsplatz/

rung, Arbeitsbedingungen so zu gestalten, dass sie nicht nur effizient, sondern auch **menschengerecht und gesundheitsbewahrend** sind. Dabei geht es um mehr als ergonomische Möbel oder Obstkörbe – es geht um eine ganzheitliche Betrachtung von Arbeitssituation, Arbeitsplatzgestaltung, Arbeitsorganisation und rechtlichen Rahmenbedingungen.

Ziel ist es, Belastungen zu minimieren, Ressourcen zu stärken und die physische wie psychische Gesundheit der Beschäftigten langfristig zu sichern.

Arbeitssituation

Die Arbeitssituation beschreibt das Zusammenspiel aus Aufgaben, Anforderungen, sozialen Beziehungen und organisatorischen Rahmenbedingungen. Belastende Arbeitssituationen entstehen zum Beispiel durch Zeitdruck und Unterbrechungen, unklare Verantwortlichkeiten und mangelnde Kommunikation oder Unterstützung

Gesundheitsförderlich wirken hingegen transparente Strukturen, partizipative Entscheidungsprozesse und ein wertschätzendes Miteinander.

Arbeitsplatz

Ein gesundheitsförderlicher Arbeitsplatz berücksichtigt sowohl physische als auch psychische Aspekte:

- **Ergonomie**: Höhenverstellbare Tische, geeignete Beleuchtung, Lärmschutz
- **Raumklima**: Temperatur, Luftqualität, Tageslicht
- **Technische Ausstattung**: Benutzerfreundliche Software, intuitive Arbeitsmittel
- **Barrierefreiheit** Erreichbarkeit von Räumen, Nutzung von Farben und Symbolen, gut leserlichere Schrift, verständliche Sprache (insbesondere Erklärung von Fachbegriffen, Vermeidung von Anglizismen)

Die Deutsche Gesetzliche Unfallversicherung (DGUV) bietet hierzu praxisnahe Leitfäden, zum Beispiel den „Wegweiser ergonomische Arbeitsgestaltung".[5]

Arbeitsgestaltung

Arbeitsgestaltung umfasst die systematische Planung und Organisation von Arbeitsabläufen. Zentrale Prinzipien sind laut Bundesanstalt für Arbeitsschutz und Arbeitsmedizin (BAuA):

- **Ausführbarkeit**: Aufgaben müssen mit den vorhandenen Mitteln und Fähigkeiten bewältigbar sein.
- **Schädigungslosigkeit**: Arbeit darf nicht krank machen.

[5] Vgl. DGUV: Psychische Belastungsfaktoren in der Arbeitswelt (PDF), o. J., zuletzt abgerufen am 25. Juni 2025 von https://publikationen.dguv.de/widgets/pdf/download/article/5025

- **Beeinträchtigungsfreiheit**: Belastungen sollen nicht dauerhaft erschöpfen.
- **Persönlichkeitsförderlichkeit**: Arbeit soll Entwicklung ermöglichen.
- **Sozialverträglichkeit**: Rücksicht auf familiäre und soziale Bedürfnisse.

Rechtliche Grundlagen in Bezug auf den Arbeitsschutz

Neben der bereits beschriebenen Führsorgepflicht und deren gesetzliche Regelungen, gibt es noch weitere gesetzliche/rechtliche Grundlage für gesundheitsförderliche Arbeitsprozesse Grundlage dafür bildet das Arbeitsschutzrecht. Wichtige Gesetze und Vorschriften sind:

a) **Arbeitsschutzgesetz (ArbSchG)**

   § 3: Arbeitgeber sind verpflichtet, Maßnahmen des Arbeitsschutzes zu treffen.

   § 5: Gefährdungsbeurteilung – Ermittlung und Bewertung von Gesundheitsrisiken.

   § 12: Unterweisungspflicht – Beschäftigte müssen regelmäßig geschult werden.

   § 4: Grundsätze der Prävention – zum Beispiel Gefahren an der Quelle bekämpfen.

b) **Arbeitsstättenverordnung (ArbStättV)**

   Regelt Anforderungen an Räume, Beleuchtung, Belüftung, Fluchtwege etc.

c) **Bildschirmarbeitsverordnung (BildscharbV)**

   Vorgaben zur Gestaltung von Bildschirmarbeitsplätzen (zum Beispiel Pausenregelungen, Sehabstand).

d) **DGUV Vorschriften**

   Unfallverhütungsvorschriften der Berufsgenossenschaften, zum Beispiel DGUV Vorschrift 1 „Grundsätze der Prävention".

e) **Mutterschutzgesetz, Jugendarbeitsschutzgesetz, ASiG**

   Spezielle Schutzvorschriften für besonders schutzbedürftige Gruppen.

17.1.3 Betriebliches Gesundheitsmanagement

Das Betriebliche Gesundheitsmanagement (BGM) ist ein ganzheitlicher Ansatz zur Förderung der Gesundheit, Motivation und Leistungsfähigkeit von Unternehmen für deren Mitarbeitenden. Es verbindet gesetzliche Vorgaben mit freiwilligen Maßnahmen und zielt darauf ab, gesundheitsförderliche Strukturen und Prozesse im Unternehmen zu verankern. Es ist auch imagefördernd und zeigt der Unternehmensumwelt, dass dem Unternehmen auch die Gesundheit und das Wohlbefinden seiner Mitarbeitenden am Herzen liegt – was wiederum für potenzielle Bewerbende bei einem möglichen Jobwechselwichtig sein kann.

Grundbausteine des Betriebliche Gesundheitsmanagement sind:

1. **Arbeitsschutz:** Gesetzlich vorgeschrieben, umfasst er Maßnahmen zur Vermeidung von Arbeitsunfällen und Berufskrankheiten (zum Beispiel Gefährdungsbeurteilungen, Sicherheitsunterweisungen). Dies wird meist im Rahmen der jeweilig zuständigen Berufsgenossenschaft geprüft und überwacht.
2. **Betriebliches Eingliederungsmanagement (BEM):** Unterstützt Mitarbeitende nach längerer Krankheit bei der Rückkehr in den Arbeitsalltag.
3. **Betriebliche Gesundheitsförderung (BGF)[6]:** Freiwillige Maßnahmen zur Stärkung der physischen und psychischen Gesundheit – zum Beispiel Bewegungskurse, Ernährungstrainings oder Stressbewältigungsseminare[7]. In vielen Unternehmen sind dazu Betriebssport-Gemeinschaften etabliert. Auch Möglichkeiten wie das Jobrad sollen beispielsweise zu ausreichend Bewegung beitragen.

Es gibt spezielle Dienstleister und auch Versicherungslösungen für alle Bereiche. Dies ermöglicht allen Arbeitgebern/Unternehmen jeglicher Größe, den Mitarbeitenden attraktive Angebote im Bereich des Gesundheitsmanagements zugänglich zu machen. Dafür werden in der Regel Plattformen/Intranet-Seiten oder andere Online-Tools verwendet, um die Bekanntheit dieser Leistungen im Unternehmen zu bewerben und Mitarbeitenden den Zugang dazu so einfach und schnell wie möglich zu ermöglichen.

Kostenseitig ist dies zumeist eine freiwillige Zusatzleistung des Arbeitgebers auf dessen Kosten, zu gewissen Maßnahmen sind auch Zuschüsse seitens Berufsgenossenschaft oder öffentlichen Trägern möglich.

Gesundheitsangebote

Im Rahmen des Betriebliche Gesundheitsmanagements sind zum Beispiel:

- **Bewegungsförderung:** Rückenschule, Yoga, Firmenfitness, Laufgruppen
- **Ernährungsberatung:** Kantinenangebote, Workshops, individuelle Beratung
- **Stressmanagement:** Achtsamkeitstrainings, Resilienz-Coachings, Entspannungstechniken
- **Suchtprävention:** Aufklärungskampagnen, anonyme Beratungsangebote
- **Impfaktionen und Vorsorgeuntersuchungen:** Im Betrieb oder in Kooperation mit Krankenkassen, Betriebsärzte

6 Bundesministerium für Gesundheit (BMG): Betriebliche Gesundheitsförderung, zuletzt abgerufen am 25. Juni 2025 von https://www.bundesgesundheitsministerium.de/themen/praevention/betriebliche-gesundheitsfoerderung.html

7 Vgl. Bundeszentrale für gesundheitliche Aufklärung (BZgA) / gesund.bund.de: Betriebliches Gesundheitsmanagement (BGM), zuletzt abgerufen am 25. Juni 2025 von https://gesund.bund.de/betriebliches-gesundheitsmanagement-bgmv

Soziale Angebote

Diese Leistungen werden meist durch spezielle Dienstleister (externe Dienstleister, meist auch externe Online-Plattformen, Hotline etc.) vermittelt und dienen zur Unterstützung des privaten Lebens, um Problemlösungen für auftretende Schwierigkeiten schneller zu erreichen.

- **Familienfreundliche Maßnahmen:** Kinderbetreuung, flexible Arbeitszeiten, Homeoffice
- **Rechtliche Beratung:** Anwaltliche Erst-Auskunft am Telefon für zum Beispiel Unterhalt, Scheidung, Sorgerecht, Mietverträge etc.
- **Pflegeunterstützung:** Beratung für Mitarbeitende mit pflegebedürftigen Angehörigen
- **Betriebssozialarbeit:** Unterstützung bei persönlichen oder finanziellen Krisen
- **Teamentwicklung & Betriebsklima:** Workshops, gemeinsame Aktivitäten, Konfliktmoderation

Vorteile eines gut implementierten betrieblichen Gesundheitsmanagements

Das Betriebliche Gesundheitsmanagement bietet Arbeitgebern die Möglichkeit den Mitarbeitenden Hilfsangebote zu unterbreiten, um die Leistungsfähigkeit aufrecht zu erhalten oder schnellstmöglich wiederherzustellen. Der Nutzen der finanziellen Aufwände liegt darin, höhere Kosten durch längere Ausfallzeiten von Mitarbeitenden zu vermeiden. Arbeitgeber erfüllen damit nicht nur ihre Fürsorgepflicht, auch spielen die sozialen Aspekte für Arbeitnehmende eine wichtige Rolle, welche die Attraktivität als Arbeitgeber ausmachen.

Vorteile zusammengefasst:

- Reduktion von Fehlzeiten und Krankheitskosten
- Höhere Mitarbeiterzufriedenheit und -bindung
- Stärkung der Arbeitgeberattraktivität
- Verbesserung des Betriebsklimas und der Produktivität

Zusammenfassung

Das vorstehende Kapitel thematisiert, wie sich veränderte Arbeitsprozesse – etwa durch Digitalisierung, Homeoffice oder neue Organisationsstrukturen – auf die körperliche und psychische Gesundheit von Mitarbeitenden auswirken können. Dabei wird betont, dass Arbeitgeber eine Führsorgepflicht haben: Unternehmen müssen Risiken erkennen und Maßnahmen ergreifen, um Gesundheitsschäden vorzubeugen.

Ein zentrales Thema sind die Belastungen und Ressourcen in der Arbeitswelt. Belastungen können zum Beispiel Zeitdruck, ständige Erreichbarkeit oder mangelnde soziale Unterstützung sein. Gleichzeitig gibt es Ressourcen wie Gesundheitsangebote, gutes Teamklima oder sinnvolle Aufgaben, die zur Gesundheit beitragen können.

Um gesundheitsförderliche Arbeitsprozesse zu gestalten, sollten Arbeitsbedingungen regelmäßig analysiert und angepasst werden – zum Beispiel durch ergonomische Gestaltung, klare Kommunikation, oder ausreichend Pausen. Dabei hilft ein gut strukturiertes betriebliches Gesundheitsmanagement (BGM), das Prävention und Wiedereingliederung systematisch verankert und die Mitarbeitenden aktiv einbezieht.

17.2 Erstellen der Personalbedarfsplanung

In einem Meeting berichten Lisa und Max von ihren Erkenntnissen im Bereich des betrieblichen Gesundheitsmanagements, beide haben gelernt, dass dies gute Auswirkungen auf die Leistungsbereitschaft der Mitarbeitenden hat. Alina macht sie aufmerksam, dass es trotzdem zu Personalengpässen kommen kann, bespielsweise wegen hohem Krankenstand, Urlaubszeit oder schleppender Nachbesetzung von offenen Stellen. Peter führt an, dass Unternehmen diese „Ausfallzeiten" einplanen müssen. Auch wenn Optimierung in Arbeitsprozessen und Auslagerung von Tätigkeiten vorgenommen werden, sind Personalbedarfsplanungen Grundlage, um die richtigen Kapazitäten an Mitarbeitenden zur benötigten Zeit zur Verfügung zu haben. Lisa will das Thema besser verstehen und fragt bei der HR-Abteilung nach, was eine Personalbedarfsplanung und Personalcontrolling überhaupt sind und wie diese umgesetzt werden.

Die Personalbedarfsplanung ist ein zentrales Element der strategischen Personalwirtschaft. Sie bildet die Grundlage dafür, dass Unternehmen zum richtigen Zeitpunkt über ausreichend viele Mitarbeitenden mit den erforderlichen Qualifikationen verfügen. Ziel ist es, personelle Engpässe zu vermeiden, Überkapazitäten zu reduzieren und die Wettbewerbsfähigkeit langfristig zu sichern [8]. Eine spezielle Form zielt noch auf den Bedarf an Nachwuchskräften ab – siehe dazu auch Kapitel 19.2 Ausbildungsbedarf.

Im Rahmen der Personalbedarfsplanung wird sowohl der quantitative als auch der qualitative Personalbedarf ermittelt .[9] Während sich der quantitative Bedarf auf die **Anzahl** der benötigten Mitarbeitenden bezieht, steht beim qualitativen Bedarf die

[8] Stock-Homburg, Ruth; Groß, Michael: Gestaltung der Personalbedarfsplanung, Wiesbaden: Springer Gabler, 2019, ISBN 978-3-658-26080-4, S. 121–158.

[9] Berthel, Jürgen; Becker, Fred G.: Personal-Management. Grundzüge für Konzeptionen betrieblicher Personalarbeit (10. Auflage), Stuttgart: Schäffer-Poeschel, 2013, ISBN 978-3-7910-2793-1

Frage im Vordergrund, welche **Kompetenzen** und Qualifikationen erforderlich sind, um die Unternehmensziele zu erreichen.[10]

Die Relevanz qualifizierten Personals zeigt sich insbesondere in den aktuellen Zeiten des Fachkräftemangels und mit teilweise hohen Nachwuchsproblemen. Unternehmen stehen zunehmend vor der Herausforderung, geeignete Mitarbeitende zu finden und langfristig zu binden. Eine vorausschauende Planung ist daher für Unternehmen unerlässlich, um rechtzeitig Maßnahmen wie Personalentwicklung, Recruiting oder Outsourcing einzuleiten. [11]

Zur Unterstützung der Planung kommen Personalkennzahlen zum Einsatz. Diese liefern objektive Daten zur aktuellen Personalsituation und ermöglichen fundierte Entscheidungen. Wichtige Kennzahlen sind etwa der Netto-Personalbedarf, die Fluktuationsrate oder die Durchschnittsdauer der Unternehmenszugehörigkeit.[12] Sie helfen, Über- oder Unterdeckungen frühzeitig zu erkennen und entsprechende Maßnahmen einzuleiten.

Ein weiterer wichtiger Bestandteil ist das Personalcontrolling[13], das die Wirksamkeit personalwirtschaftlicher Maßnahmen überwacht und steuernd eingreift. Es stellt sicher, dass die Personalstrategie mit den Unternehmenszielen im Einklang steht und Ressourcen effizient eingesetzt werden und die Wirtschaftlichkeit dabei Berücksichtigung findet, schließlich sind Personalkosten meist einer der höchsten Kostenpositionen die im Rahmen einer jährlichen Finanzplanung zu budgetieren und planen sind.

Ebenso gewinnen personalspezifische Informationssysteme[14] zunehmend an Bedeutung – auch HR-Prozesse werden durch den Einsatz von KI beschleunigt. Sie ermöglichen eine datenbasierte, transparente und flexible Planung. Moderne HR-Systeme integrieren Kennzahlen, Prognosemodelle und Reporting-Funktionen, um die Personalbedarfsplanung dynamisch und anpassungsfähig zu gestalten.

Zusammenspiel: Personalbedarfsplanung zur Aufbauorganisation

Die Personalbedarfsplanung beantwortet die Frage: Wie viele Mitarbeitende mit welchen Qualifikationen werden wann und wo benötigt? Sobald diese Frage geklärt ist, stellt sich die nächste: Wie werden diese Mitarbeitenden organisatorisch eingebunden? Und genau hier kommen das Analyse-Synthese-Konzept und das Aufgaben-Kompetenzen-Verantwortung-Prinzip ins Spiel.

---

[10] Huf, Sebastian: Personalplanung. Bestimmung des Personalbedarfs. In: Personalmanagement. Studienwissen kompakt, Wiesbaden: Springer Gabler, 2022, ISBN 978-3-658-37537-9, S. (entsprechender Kapitelumfang), DOI: 10.1007/978-3-658-37538-6_2.

[11] Oechsler, Walter A.: Personal und Arbeit. Grundlagen des Personalmanagements (8. Auflage), Wiesbaden: Springer Gabler, 2011, ISBN 978-3-8349-2588-4.

[12] Abgerufen von Haufe.de / Haufe: Personalcontrolling. Kennzahlen für den Personalbedarf und die Personalstruktur, Haufe Online, 2023, abgerufen von Haufe.de zuletzt aufgerufen am 25. Juni 2025

[13] Vgl. Drumm, Hans J.: Personalwirtschaft (7. Auflage), Wiesbaden: Gabler Verlag, 2008, ISBN 978-3-8349-0894-8.

[14] Vgl. Jung, Hans: Personalwirtschaft. Grundlagen, Anwendungen, Übungen (13. Auflage), München: Oldenbourg Verlag, 2011, ISBN 978-3-486-59739-4.

Um also die Personalbedarfsplanung und das anschließende Controlling dazu durchführen zu können, ist es vor allem wichtig, vorab zu verstehen, welche Aufgaben und Stellen es im Unternehmen gibt und zukünftig benötigt werden. Welche Kompetenzen Mitarbeitende haben müssen, um diese Aufgaben zu erfüllen und welche Verantwortungen von wem, wie getragen werden müssen.

Die Personalbedarfsplanung liefert somit die quantitative und qualitative Grundlage für den Personaleinsatz. Das Analyse-Synthese-Konzept strukturiert die Aufgaben, und das Aufgaben-Kompetenzen-Verantwortung-Prinzip stellt sicher, dass jede Stelle klar, effizient und verantwortungsvoll ausgestaltet ist. Alle drei Konzepte greifen also wie Zahnräder ineinander – von der strategischen Planung bis zur operativen Umsetzung.

Analyse-Synthese-Konzept nach Kosiol

„Die Organisation ist ein System von Regeln zur Erfüllung betrieblicher Aufgaben, das durch Analyse und Synthese der Aufgaben entsteht."[15]

Das Analyse-Synthese-Konzept ist ein grundlegendes Organisationsprinzip, das von Erich Kosiol entwickelt wurde. Es dient der systematischen Gestaltung betrieblicher Strukturen, insbesondere im Rahmen der Aufbauorganisation.

- **Analyse:** In der ersten Phase, der Aufgabenanalyse, wird die Gesamtaufgabe eines Unternehmens in Teilaufgaben zerlegt. Diese Zerlegung erfolgt nach bestimmten Kriterien wie Verrichtung, Objekt, Rang, Phase und Zweckbeziehung.
- **Synthese:** In der zweiten Phase, der Aufgabensynthese, werden die zuvor analysierten Teilaufgaben zu sinnvollen Aufgabenkomplexen zusammengeführt. Ziel ist es, diese Aufgabenkomplexe bestimmten organisatorischen Einheiten (zum Beispiel Stellen oder Abteilungen) zuzuordnen.

Dieses Konzept bildet die Grundlage für eine rationale und nachvollziehbare Organisationsstruktur. Es verbindet die Prinzipien der **Teilung (Division)** und **Vereinigung (Integration)** von Aufgaben zu einem methodischen Vorgehen.

[15] Vlg. Kosiol, Erich: Organisation der Unternehmung (3. Auflage), Wiesbaden: Gabler Verlag, 1962, ISBN 978-3-409-39003-4

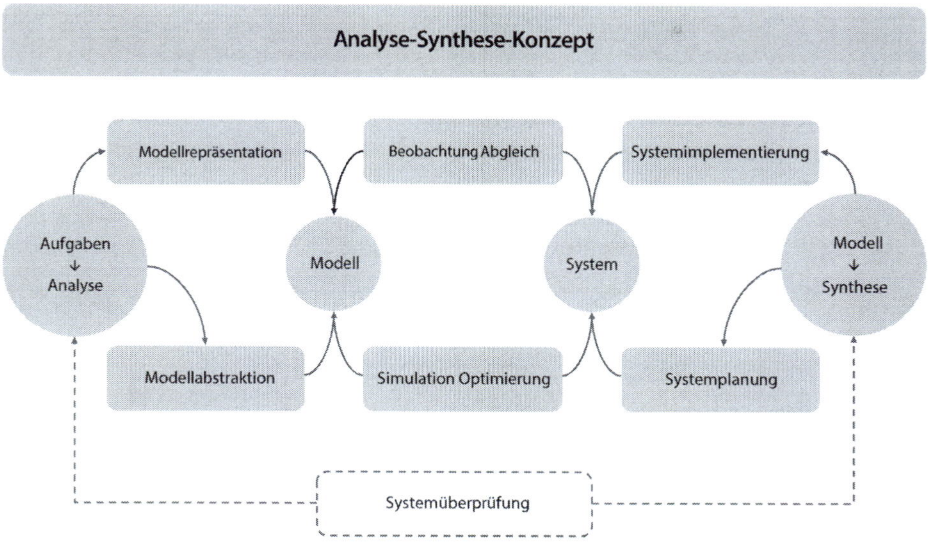

Abbildung 17.2: Analyse-Synthese-Konzept

Quelle: https://www.bwl-lexikon.de/wiki/analyse-synthese-konzept/

Aufgaben-Kompetenzen-Verantwortung-Prinzip „Die Kongruenz von Aufgabe, Kompetenz und Verantwortung ist eine Grundvoraussetzung für eine funktionierende Organisation." [16]

Das Aufgaben-Kompetenzen-Verantwortung-Prinzip (**AKV-Prinzip**) steht für **A**ufgabe, **K**ompetenz und **V**erantwortung. Es beschreibt ein fundamentales Gestaltungsprinzip der Stellenbildung in der Organisationstheorie:

- **Aufgabe:** Die einem Stelleninhaber zugewiesene Arbeitsanforderung.

  Frage lautet: **Was ist zu tun?**

- **Kompetenz:** Die zur Aufgabenerfüllung erforderlichen Befugnisse, zum Beispiel Entscheidungs-, Weisungs- oder Kontrollrechte.

  Frage lautet: **Welche Befugnisse sind zur Aufgabenerfüllung notwendig?**

- **Verantwortung:** Die Pflicht, für die ordnungsgemäße Erfüllung der Aufgabe Rechenschaft abzulegen.

  Frage lautet: **Wofür muss Rechenschaft abgelegt werden?**

Das AKV-Prinzip fordert, dass diese drei Elemente **kongruent** zueinanderstehen. Das bedeutet: Wer eine Aufgabe übernimmt, muss auch die entsprechenden Kompeten-

[16] Vgl. Gutenberg, Erich: Grundlagen der Betriebswirtschaftslehre. Die Produktion (24. Auflage), Berlin/Heidelberg: Springer-Verlag, 1983, ISBN 978-3-540-12345-6.

zen besitzen und dafür Verantwortung tragen. Eine **Inkongruenz** kann zu Ineffizienz, Frustration oder Verantwortungsverlust führen.

Die „Rolle" wird also in diese drei Teilbereiche aufgeteilt:

Für die **Aufgabe** ist wichtig, dass diese klar definiert und abgegrenzt wird – es ist somit eine Zieldefinition und Ergebniserwartung zu definieren. Für die **Kompetenz** wird die Frage beantwortet, welche Fähigkeiten/Kompetenzen für diese Rolle benötigt werden – unterteilt wird in die soziale, persönliche, Methoden-, und Fachkompetenz. Für die Definition der „Verantwortlichkeit" wird beantwortet, welche Verantwortungen durch die Rolle/Aufgabe entstehen – beantwortet wird dies in: Pflichten, Befugnisse, Rechenschaftspflicht und Erfolgsmessung.

17.2.1 Relevanz und Verfügbarkeit von qualifiziertem Personal

Qualifiziertes Personal ist ein zentraler Erfolgsfaktor für alle Unternehmen. In einer zunehmend wissensbasierten und technologiegetriebenen Wirtschaft hängt die Wettbewerbsfähigkeit maßgeblich von der Fähigkeit ab, Fachkräfte mit den richtigen Kompetenzen zu gewinnen, zu halten und weiterzuentwickeln[17] – da in der Finanz- und Versicherungsbranche kein „real greifbares" Produkt verkauft wird, sondern ein Versprechen für Schutz und finanzielle Sicherheit ist es umso wichtiger, dass die Mitarbeitenden fachlich und persönlich hoch qualifiziert sind, um diese fiktiven Produkte verkaufen zu können.

Auch andere Arbeitsbereiche eines Versicherers fordern ein hohes Maß an Qualifikationen und Fähigkeiten, wie zum Beispiel IT-know-How, was den Erfolg eines neuen Vertriebsprojekts entscheidend beeinflussen kann oder bei veränderten/neuen Prozessen innerhalb des Unternehmens, können Mitarbeitende mit einem hohen Maß an IT-Kompetenz von bedeutender Wichtigkeit sein. Andere Bereich eines Versicherungskonzerns wie etwa Buchhaltung, Personalwesen, Facility Management, Recht und Compliance, Marketing etc. haben wiederum andere Anforderungen an qualifizierte Mitarbeiterende.

Die Komplexität und dabei das Verständnis für den Bereich Finanzen und Versicherungen sind daher auch nur ein Aspekt, der es notwendig macht qualifizierte Fach- und Führungskräfte im Unternehmen zu haben und zukünftig neue Talente für das Unternehmen zu gewinnen.

Es hängt also stark von dem vorhandenen Know-how und dem individuellen vertrieblichen Geschick der jeweiligen Mitarbeitenden ab. Die Verfügbarkeit dieser Arbeits-

---

[17] Vgl. Braun, Christian; Pundt, Leena: Relevanz und Kontext des Personalmanagements, In: Personalmanagement klipp & klar, S. 1–15, Wiesbaden: Springer Gabler, 2021, ISBN 978-3-658-31472-9.

kräfte ist jedoch durch die demografische Entwicklung, Globalisierung, veränderte Arbeitsmarktbedingungen und strukturellen Veränderungen stark eingeschränkt.

Schließlich ist die Relevanz und Verfügbarkeit qualifizierten Personals ein entscheidender Faktor für die Zukunftsfähigkeit von Unternehmen. Fluktuation, Wachstum, strategische Ausrichtung und Marktdynamik beeinflussen maßgeblich, ob Unternehmen ihre personellen Herausforderungen meistern können. Ein integriertes, strategisch ausgerichtetes Personalmanagement ist daher unerlässlich.

Fluktuation

Im wirtschaftlichen Kontext bezeichnet Fluktuation die Veränderung des Personalbestands eines Unternehmens durch Ein- und Austritte von Mitarbeitenden. Dabei werden sowohl freiwillige Kündigungen als auch natürliche Abgänge in etwa durch Ruhestand, Tod oder aus anderen Gründen, berücksichtigt. Der Begriff selbst stammt aus dem lateinischen *„fluctuare"* und bedeutet „hin und her schwanken" was somit die Bewegung innerhalb der Belegschaft im jeweiligen Betrachtungszeitraum beschreibt.

In der Personalwirtschaft ist vor allem die Mitarbeiterfluktuation wichtig, sie beeinflusst die Verfügbarkeit qualifizierter Fachkräfte unmittelbar. Messbar wird dies durch die Fluktuationsrate – diese zeigt das Verhältnis von Abgängen zum durchschnittlichen Personalbestand innerhalb eines bestimmten Zeitraums.

Die Basisformel ist:

$$\text{Fluktuationsrate} = \frac{\text{Abgänge}}{\text{Personalbestand am Anfang der Periode}} \times 100$$

Hohe Fluktuationsraten führen zu Know-how-Verlust, steigenden Rekrutierungskosten und Instabilität in Teams. Laut einer Studie des Instituts der deutschen Wirtschaft (IW) ist die Fluktuation in Deutschland in den letzten Jahren deutlich gestiegen, insbesondere in wissensintensiven Branchen. Ursachen sind unter anderem veränderte Erwartungen an Arbeitgeber, der Wunsch nach flexibleren Arbeitsmodellen und ein Überangebot an offenen Stellen.[18] Eine hohe Fluktuationsrate deutet auf Probleme im Unternehmen hin, in etwa geringe Mitarbeiterzufriedenheit, Probleme bei der Mitarbeitenden-Führung, mangelnde Entwicklungsmöglichkeiten, schlechtes Arbeitsklima etc. Fluktuation ist ein großer Kostentreiber, da dadurch Know-how und gegebenenfalls Kundenbeziehungen verloren gehen. Die Zeit der Nachbesetzung und Einarbeitung bedeutet in aller Regel einen Mehraufwand für das Team.

Wirtschaftlich gesehen bietet die Einstellung neuer Mitarbeitenden für Unternehmen Chancen, da dadurch frische Impulse ins Unternehmen kommen und auch mögliche

18 Vgl. EY (Ernst & Young): Work Reimagined Survey 2022. Wie Firmen Mitarbeiter halten können, EY Insights Online, 2022, abgerufen von EY.com/Insights, zuletzt abgerufen am 25. Juni 2025.

Betriebsblindheiten schneller aufgedeckt werden können – insbesondere auch Digitalisierung und Reduzierung von „einfachen Aufgaben" ist in der Versicherungsbranche immer wieder ein Thema, somit kann eine gewisse Mitarbeiterfluktuation, auch die natürliche Reduzierung von Kosten bedeuten, was wiederum das wirtschaftliche Ergebnis steigern kann.

Unternehmensstrategie

Die Personalbedarfsplanung und damit eben die Verfügbarkeit von geeigneten Mitarbeitenden zum passenden Zeitpunkt, muss eng mit der Unternehmensstrategie verzahnt sein. Strategische Ziele wie Digitalisierung, Aus-/Aufbau von Geschäftsfeldern, Internationalisierung oder Nachhaltigkeit erfordern spezifische Kompetenzen. Auf der anderen Seite gehört auch ein guter Umgang mit Mitarbeitenden, deren Aufgaben oder Kompetenz nicht mehr zur zukünftigen Ausrichtung des Unternehmens passen, zur Umsetzung der Personalplanung. Dies kann der Fall sein, wenn Geschäftstätigkeiten unrentabel sind und gegebenenfalls zukünftig eingestellt/abgewickelt werden und damit Umschulungen oder Personalfreisetzungen erforderlich werden. Im Falle der erforderlichen Kostenreduktion, wenn Unternehmen in „Schieflage" geraten und vielleicht schon eine Insolvenz sichtbar droht, werden häufig Personalmaßnahmen umgesetzt. Selbst bei sozialverträglichen Lösungen sind diese Personalfreisetzungen meist mit einem Image-Verlust verbunden.

In der Versicherungsbranche werden die Tätigkeiten zunehmend komplexer und digitaler – einfachere Tätigkeiten werden fast vollständig in digitale oder KI-gestützte Lösungen umgewandelt. Die Aufgaben der Mitarbeitenden werden dadurch komplexer und anspruchsvoller. Fachlichkeit und auch die sozialen, persönlichen Kompetenzen treten in den Vordergrund. Viele Versicherer haben auch Belegschaften die überaltert sind, dann geht es um Wissenstransfer und Nachbesetzungen, all das ist in der Unternehmensstrategie sowie in der Personalbedarfsplanung zu berücksichtigen.

Stimmt also die strategische Ausrichtung des Unternehmens und die personeller Ausstattung des verfügbaren Personals nicht überein oder schließen sich gar gegenseitig aus, kann dies Innovationsfähigkeit, Marktmacht und damit wirtschaftliche Wirkungskraft beeinträchtigen. Daher ist vor allem im Rahmen der Personalbedarfsplanung darauf zu achten, dass frühzeitig identifiziert wird, welche Mitarbeitenden (Qualifikation und Anzahl) für entsprechende zukünftige Entwicklungen (wann/nicht mehr) benötigt werden.

Wachstum

Unternehmenswachstum beschreibt die positive Entwicklung eines Unternehmens über einen bestimmten Zeitraum hinweg. Es bedeutet, dass ein Unternehmen größer, leistungsfähiger oder wirtschaftlich erfolgreicher wird – sei es durch gesteigerte

Umsätze, mehr Mitarbeitende, neue Standorte, eine breitere Produktpalette oder eine stärkere Marktposition.[19]

Man unterscheidet dabei zwei Hauptformen[20]:

- **Quantitatives Wachstum:** Hierbei geht es um messbare Größen wie Umsatz, Gewinn, Produktionsmenge oder Mitarbeiterzahl. Ein Unternehmen wächst beispielsweise, wenn es mehr Produkte verkauft oder neue Märkte erschließt.
- **Qualitatives Wachstum:** Dieses bezieht sich auf Verbesserungen, die nicht direkt in Zahlen messbar sind – etwa eine höhere Innovationskraft, bessere Prozesse, stärkere Kundenbindung oder eine nachhaltigere Unternehmensführung.

Auch die Art des Wachstums[21] kann unterschiedlich sein:

- **Internes (organisches) Wachstum** entsteht aus eigener Kraft, etwa durch Investitionen in neue Technologien oder die Weiterentwicklung von Mitarbeitenden.
- **Externes (anorganisches) Wachstum** erfolgt durch Übernahmen, Fusionen oder Beteiligungen an anderen Unternehmen.

Wachstum ist kein Selbstzweck – es sollte zur Unternehmensstrategie passen und nachhaltig gestaltet sein. Denn zu schnelles oder unkontrolliertes Wachstum kann auch Risiken mit sich bringen, etwa Überforderung der Organisation oder Qualitätsverluste.

Grundsätzlich fordert daher Unternehmenswachstum eine vorausschauende Personal(bedarfs)planung. Neue Märkte, Produkte oder Technologien bedingen zusätzliche personelle Ressourcen. Fehlt es an qualifiziertem Personal, kann Wachstumspotenzial nicht ausgeschöpft werden. Besonders in Wachstumsphasen ist es entscheidend, nicht nur quantitativ, sondern auch qualitativ passende Mitarbeitende zu rekrutieren und zu entwickeln .[22]

Marktsituation

Die aktuelle Marktsituation und damit die sogenannte Marktdynamik, ist mehr denn je auch geprägt von einem intensiven Wettbewerb um geeignete Talente („War for Talents"), also den hinlänglichen Kampf um passende Mitarbeitende, in Qualifikation und Verfügbarkeit.

Der demografische Wandel und gesellschaftliche Veränderungen, insbesondere in Europa, führen zu einem Rückgang des aktiven Erwerbspersonenpotenzials. Gleichzeitig

[19] Vgl. Personio: Unternehmenswachstum. Definition, Strategien und Gründe, Personio HR-Lexikon, o. J., abgerufen am 22. Juni 2025 von Personio.com.

[20] Sternad, Dietmar; Mödritscher, Gabriel: Einleitung. Unternehmenswachstum neu denken, In: Qualitatives Wachstum, S. 3–16, Wiesbaden: Springer Gabler, 2018, ISBN 978-3-658-20738-0.

[21] Vgl. Wikipedia: Unternehmenswachstum, abgerufen am 22. Juni 2025 von https://de.wikipedia.org/wiki/Unternehmenswachstum / Shiftbase: Unternehmenswachstum: So erreichen Sie den nächsten Level!, abgerufen am 22. Juni 2025 von https://www.shiftbase.com/de/lexikon/unternehmenswachstum

[22] Braun, Christian; Pundt, Leena: Relevanz und Kontext des Personalmanagements, In: Personalmanagement klipp & klar, S. 1–15, Wiesbaden: Springer Gabler, 2021, ISBN 978-3-658-31472-9.

nimmt die Komplexität zu – insbesondere in der Versicherungsbranche, etwa durch steigende Risiken im BereichNaturgefahren. Damit wächst auch die Nachfrage nach hochqualifizierten Fachkräften.

Für Unternehmen wird es daher wichtiger denn je sich als attraktiver Arbeitgeber zu positionieren und innovative, zielgruppengerechte Rekrutierungsmaßnahmen zu entwickeln, um genügend passende Bewerbende anzusprechen. Siehe dazu auch Kapitel 17.3.1 – insbesondere den Bereich Employer Branding.

17.2.2 Personalkennzahlen

Grundlagen und Bedeutung für die Unternehmenspraxis

Personalkennzahlen sind ein zentrales Instrument des strategischen und operativen Personalmanagements. Sie ermöglichen eine quantitative Analyse und Bewertung personeller Strukturen, Prozesse und Ergebnisse innerhalb eines jeweiligen Unternehmens. Dabei lassen sich sowohl vergangenheitsbezogene Zustände als auch gegenwartsnahe Entwicklungen und zukunftsorientierte Potenziale abbilden.

Die grundlegende Idee hinter dem Einsatz von Personalkennzahlen liegt in der Objektivierung personalwirtschaftlicher Entscheidungen, was wiederum Auswirkungen auf die Wirtschaftlichkeit eines Unternehmens nach sich zieht. In einer zunehmend analytischen und damit datengetriebenen Unternehmensführung sind Kennzahlen essenziell, um Zielabweichungen zu erkennen, Steuerungsimpulse zu setzen und transparente Entscheidungsgrundlagen zu schaffen.

Laut Becker und Ulrich[23] lässt sich der Nutzen von Personalkennzahlen wie folgt zusammenfassen: „Kennzahlen bilden die Brücke zwischen personalwirtschaftlicher Intuition und rationaler Entscheidungsfindung. Sie sind Voraussetzung für ein systematisches und kontrolliertes Personalmanagement."

„Kennzahlen bilden die Brücke zwischen personalwirtschaftlicher Intuition und rationaler Entscheidungsfindung. Sie sind Voraussetzung für ein systematisches und kontrolliertes Personalmanagement."[24]

Typische Personalkennzahlen sind unter anderem:

- Auf die Mitarbeitenden bezogen: Alter, Betriebszugehörigkeit, Geschlechterverhältnis
- Krankenstand (Dauer der Abwesenheit, Gesamtfehlzeiten)
- Zeitkonten (ausstehender Urlaub, Überstunden etc.)

---

[23] Vgl. Becker, Wolfgang; Ulrich, Peter: Personalcontrolling. Instrumente – Umsetzung – Praxisbeispiele, Wiesbaden: Springer Gabler, 2016, ISBN 978-3-658-11946-1

[24] Vgl. Becker, Wolfgang; Ulrich, Peter: Personalcontrolling. Instrumente – Umsetzung – Praxisbeispiele, Wiesbaden: Springer Gabler, 2016, ISBN 978-3-658-11946-1.

- Personalaufwandsquote (Anteil der Personalkosten am Gesamtumsatz des Unternehmens)
- Weiterbildungsstunden und Weiterbildungskosten pro Mitarbeitendem
- Fluktuationsquote
- Time-to-Hire (Dauer bis zur Stellenbesetzung)

Diese Kennzahlen lassen sich sowohl auf operativer Ebene zur Prozessoptimierung als auch auf strategischer Ebene zur Portfolioanalyse einsetzen.

Datenerhebung als Basis von Kennzahlen

Die Qualität jeder Kennzahl ist direkt abhängig von der Güte der zugrundeliegenden Daten (Datenbasis). Die Datenerhebung bildet somit das Fundament des gesamten Kennzahlensystems. Dabei ist insbesondere auf die Validität, Reliabilität und Aktualität der Daten zu achten.

Datenerhebung kann auf verschiedenen Wegen erfolgen:

- Auswertungen aus **HR-Systemen** (zum Beispiel SAP SuccessFactors, Workday)
- Mitarbeitendenbefragungen oder **360°-Feedbacksysteme**
- Manuelle Erhebungen (zum Beispiel im Bereich Kompetenzinventare)

Die Herausforderung liegt dabei nicht nur in der Technik der Datenerhebung, sondern auch in der einheitlichen Definition von Erfassungsgrößen. So muss beispielsweise klar geregelt sein, ab wann ein Fehltag als Krankheitstag gilt oder wie eine Weiterbildungsmaßnahme kategorisiert wird. Je genauer diese Daten gepflegt werden, desto besser ist auch die Qualität der Auswertungen, da die Datenbasis dafür eine entscheidende Rolle spielt.

Drumm [25] betont:

„Die Vergleichbarkeit von Personalkennzahlen zwischen Organisationseinheiten setzt voraus, dass Erhebung, Erfassung und Definition von Kennzahlen vollständig standardisiert erfolgen."

„Die Vergleichbarkeit von Personalkennzahlen zwischen Organisationseinheiten setzt voraus, dass Erhebung, Erfassung und Definition von Kennzahlen vollständig standardisiert erfolgen."[26]

Datenschutzrechtliche Vorgaben bei der Nutzung von Personaldaten

Da Personalkennzahlen überwiegend auf personenbezogenen Daten basieren, müssen die Datenschutz-Grundverordnung (DSGVO) sowie nationale Datenschutzgeset-

[25] Vgl. Drumm, Hans J.: Personalwirtschaftslehre, Stuttgart: Schäffer-Poeschel, 2020, ISBN 978-3-7910-4724-3
[26] Vgl. Drumm, Hans J.: Personalwirtschaftslehre, Stuttgart: Schäffer-Poeschel, 2020, ISBN 978-3-7910-4724-3

ze konsequent beachtet werden. Dies betrifft sowohl die Erhebung als auch die Verarbeitung und Auswertung, aber auch die Speicherung der Daten.

Folgende Grundprinzipien sind maßgeblich:

- **Zweckbindung:** Daten dürfen nur für klar definierte Zwecke verwendet werden (§ 5 Abs. 1 lit. b DSGVO).
- **Datenminimierung:** Es sollen nur diejenigen Daten erhoben werden, die für den jeweiligen Analysezweck tatsächlich erforderlich sind (§ 5 Abs. 1 lit. c DSGVO).
- **Transparenzpflicht:** Mitarbeitende müssen über Art, Umfang und Zweck der Datenverarbeitung informiert werden (§§ 12–14 DSGVO).
- **Datensicherheit:** Durch technische und organisatorische Maßnahmen muss sichergestellt werden, dass die Daten vor unbefugtem Zugriff geschützt sind (Art. 32 DSGVO).

Simitis et al. [27] weisen darauf hin, dass gerade in der Analyse aggregierter Kennzahlen der Schutz vor Rückführbarkeit auf Einzelpersonen zentral sei: „Die Kunst datenschutzkonformer Auswertung liegt in der Balance zwischen Informationsgewinn und Persönlichkeitsrechtsschutz."

„Die Kunst datenschutzkonformer Auswertung liegt in der Balance zwischen Informationsgewinn und Persönlichkeitsrechtsschutz."[28]

Die Datenschutz-Grundverordnung (DSGVO) bildet dabei den zentralen Rechtsrahmen innerhalb der EU. Personaldaten gelten als personenbezogene Daten im Sinne von Art. 4 Nr. 1 DSGVO, da sie sich auf identifizierte oder identifizierbare natürliche Personen beziehen – etwa Name, Adresse, Gehaltsdaten, Krankmeldungen oder Leistungsbeurteilungen.

1. Rechtmäßigkeit der Verarbeitung (Art. 6 DSGVO)[29]

Die Verarbeitung von Personaldaten ist nur dann zulässig, wenn eine der in **Art. 6 Abs. 1 DSGVO** genannten Bedingungen erfüllt ist. Im Personalbereich sind insbesondere folgende Rechtsgrundlagen relevant:

- **Art. 6 Abs. 1 lit. b DSGVO:** Verarbeitung ist zur Erfüllung eines Vertrags erforderlich (zum Beispiel Arbeitsvertrag).
- **Art. 6 Abs. 1 lit. c DSGVO:** Verarbeitung ist zur Erfüllung einer rechtlichen Verpflichtung notwendig (zum Beispiel Lohnsteuerabzug).

---

[27] Vgl. Simitis, Spiros; Hornung, Gerrit; Spiecker gen. Döhmann, Indra (Hrsg.): Datenschutzrecht, Baden-Baden: Nomos Verlag, 2021, ISBN 978-3-8487-7230-0.

[28] Vgl. Simitis, Spiros; Hornung, Gerrit; Spiecker gen. Döhmann, Indra (Hrsg.): Datenschutzrecht, Baden-Baden: Nomos Verlag, 2021, ISBN 978-3-8487-7230-0.

[29] DSGVO-Gesetz.de: Personenbezogene Daten, zuletzt abgerufen am 25. Juni 2025 von https://dsgvo-gesetz.de/themen/personenbezogene-daten/

- **Art. 6 Abs. 1 lit. a DSGVO:** Verarbeitung erfolgt auf Basis einer freiwilligen Einwilligung (zum Beispiel Veröffentlichung von Mitarbeitendenfotos).

2. Grundsätze der Datenverarbeitung (Art. 5 DSGVO)[30]

Die DSGVO formuliert in **Art. 5 Abs. 1** zentrale Grundsätze, die bei der Nutzung von Personaldaten zwingend zu beachten sind:

- **Zweckbindung** (*lit. b*): Daten dürfen nur für festgelegte, eindeutige und legitime Zwecke erhoben und verarbeitet werden.
- **Datenminimierung** (*lit. c*): Es dürfen nur solche Daten verarbeitet werden, die für den jeweiligen Zweck erforderlich sind.
- **Richtigkeit** (*lit. d*): Die Daten müssen sachlich richtig und auf dem neuesten Stand sein.
- **Speicherbegrenzung** (*lit. e*): Daten dürfen nur so lange gespeichert werden, wie es für den Zweck notwendig ist.
- **Integrität und Vertraulichkeit** (*lit. f*): Die Verarbeitung muss durch geeignete technische und organisatorische Maßnahmen gesichert sein.

Diese Prinzipien gelten auch für automatisierte Auswertungen wie etwa die Erstellung von Personalkennzahlen oder Dashboards.[31]

3. Informationspflichten (Art. 13 und 14 DSGVO)[32]

Mitarbeitende müssen umfassend darüber informiert werden, welche Daten zu welchem Zweck verarbeitet werden. Diese Informationspflicht umfasst:

- Kontaktdaten des Verantwortlichen
- Verarbeitungszwecke und Rechtsgrundlagen
- Speicherdauer
- Rechte der betroffenen Person (zum Beispiel Auskunft, Löschung, Widerspruch)

Diese Transparenzpflicht ist ein zentrales Element der DSGVO und stärkt die Selbstbestimmung der Beschäftigten über ihre Daten.[33]

---

[30] DSGVO-Gesetz.de: Personenbezogene Daten, zuletzt abgerufen am 25. Juni 2025 von https://dsgvo-gesetz.de/themen/personenbezogene-daten/

[31] Vgl. HRworks: Personaldaten & Datenschutz im Personalwesen, zuletzt abgerufen am 25. Juni 2025 von https://www.hrworks.de/news/personaldaten-datenschutz-im-personalwesen/

[32] DSGVO-Gesetz.de: Personenbezogene Daten, zuletzt abgerufen am 25. Juni 2025 von https://dsgvo-gesetz.de/themen/personenbezogene-daten/

[33] Vgl. HRworks: Personaldaten & Datenschutz im Personalwesen, zuletzt abgerufen am 25. Juni 2025 von https://www.hrworks.de/news/personaldaten-datenschutz-im-personalwesen/

4. Besondere Kategorien personenbezogener Daten (Art. 9 DSGVO)[34]

Gesundheitsdaten, biometrische Daten oder Angaben zur Gewerkschaftszugehörigkeit gelten als besonders schützenswert. Ihre Verarbeitung ist nur unter strengen Voraussetzungen erlaubt – etwa mit ausdrücklicher Einwilligung oder zur Erfüllung arbeitsrechtlicher Pflichten.

17.2.3 Personalcontrolling

Personalcontrolling ist ein Teilbereich des Unternehmenscontrollings, der sich gezielt mit der Planung, Steuerung und Kontrolle personalwirtschaftlicher Prozesse und Kennzahlen befasst. Es verbindet Methoden des klassischen Controllings (Finanzbereich) mit den Anforderungen des Personalmanagements, um fundierte Entscheidungen über den Personaleinsatz, die Personalkosten sowie die Entwicklung und Bindung von Mitarbeitenden zu ermöglichen.

Laut dem Gabler Wirtschaftslexikon zielt Personalcontrolling darauf ab, „mittels der erhobenen Daten und Personalkennzahlen Informationen und Impulse an die Entscheidungsträger des Unternehmens zu liefern, um eine fundierte Entscheidungsgrundlage vorzubereiten."[35]

Personalcontrolling ist also weit mehr als das bloße Erfassen von Zahlen. Es ist ein strategisches Steuerungsinstrument, das die Brücke zwischen personalwirtschaftlicher Praxis und unternehmerischer Zielsetzung bildet. In Zeiten von Fachkräftemangel, Digitalisierung und demografischem Wandel gewinnt es zunehmend an Bedeutung – nicht nur zur Effizienzsteigerung, sondern auch zur nachhaltigen Entwicklung der Belegschaft und dem Unternehmenserfolg.

Ziele und Aufgaben des Personalcontrollings[36]

Die Hauptziele lassen sich daher wie folgt zusammenfassen:

- **Transparenz schaffen:** Personalcontrolling liefert objektive Daten über Personalstrukturen, -kosten und -leistungen.
- **Effizienz steigern:** Durch die Analyse von Kennzahlen können Prozesse optimiert und Ressourcen gezielter eingesetzt werden.
- **Strategische Steuerung:** Es unterstützt die langfristige Personalplanung und -entwicklung im Einklang mit den Unternehmenszielen.

---

[34] DSGVO-Gesetz.de: Personenbezogene Daten, zuletzt abgerufen am 25. Juni 2025 von https://dsgvo-gesetz.de/themen/personenbezogene-daten/

[35] Vgl. Gabler Wirtschaftslexikon: Personalcontrolling, zuletzt abgerufen am 25. Juni 2025 von https://wirtschaftslexikon.gabler.de/definition/personalcontrolling-43495

[36] Vgl. Wirtschaftswissen.de: Personalcontrolling, zuletzt abgerufen am 25. Juni 2025 von https://www.wirtschaftswissen.de/finanzen-steuern/controlling/personalcontrolling/

- **Risikomanagement:** Frühzeitiges Erkennen von Fehlentwicklungen, zum Beispiel hohe Fluktuation oder Überalterung der Belegschaft.

Es werden damit meist die nachstehenden typischen konkreten Aufgaben erfüllt:

- Erhebung und Auswertung von Personalkennzahlen (zum Beispiel Krankenstand, Fluktuation, Personalkostenquote)
- Soll-Ist-Vergleiche und Abweichungsanalysen
- Erstellung von HR-Dashboards und Berichten für die Geschäftsleitung
- Unterstützung bei der Personalbedarfsplanung und Budgetierung

Funktionsweise des Personalcontrollings

Die Funktionsweise lässt sich in vier zentrale Bereiche[37] gliedern:

Abbildung 17.3: Bereiche des Personalcontrollings

Datenerhebung: Grundlage sind quantitative und qualitative Daten aus HR-Systemen, Mitarbeiterbefragungen oder externen Benchmarks.

Analyse: Die Daten werden mithilfe von Kennzahlenmodellen (zum Beispiel Balanced Scorecard, HR-Kennzahlensysteme) ausgewertet.

Interpretation: Die Ergebnisse werden im Kontext der Unternehmensstrategie interpretiert.

Maßnahmensteuerung: Auf Basis der Erkenntnisse werden personalpolitische Maßnahmen abgeleitet und deren Wirkung kontrolliert.

Man unterscheidet dabei zwischen:

- **Operativem Personalcontrolling:** Kurzfristige Steuerung, zum Beispiel Überwachung von Personalkosten oder Fehlzeiten.
- **Strategischem Personalcontrolling:** Langfristige Ausrichtung, zum Beispiel demografische Entwicklung, Kompetenzaufbau oder Nachfolgeplanung.

17.2.4 Personalspezifische Informationssysteme

Personalspezifische Informationssysteme – auch bekannt als Personalinformationssysteme (PIS) oder Human Resource Information Systems (HRIS) – sind IT-gestützte

[37] Vgl. Factorial HR: Personalcontrolling, zuletzt abgerufen am 25. Juni 2025 von https://factorialhr.de/blog/personalcontrolling/

Systeme, die personalbezogene Daten erfassen, verarbeiten, analysieren und bereitstellen. Sie bilden die digitale Infrastruktur moderner Personalabteilungen und ermöglichen sowohl administrative Effizienz als auch strategische Steuerung. Diese Personalinformationssysteme dienen zumeist als valide und möglichst umfängliche Entscheidungsgrundlage für die HR-Abteilungen. Grundgedanke dabei ist, alle relevanten Personaldaten zentral zu verwalten und entsprechend analysefähig zu machen.

HR Analytics sind im Trend

Ein zentraler Trend im Bereich der personalspezifischen Informationssysteme ist der Aufstieg von HR Analytics – auch bekannt als People Analytics.

Dabei handelt es sich um die datenbasierte Analyse von personalbezogenen Informationen mit dem Ziel, fundierte Entscheidungen zu treffen, Trends zu erkennen und Prognosen zu erstellen.

Wie die Bundesagentur für Arbeit betont, ermöglichen HR Analytics unter anderem, „Ursachen für Lohnlücken zu identifizieren, strategische Personalplanung zu verbessern und Kündigungen vorzubeugen".[38] Moderne Systeme analysieren nicht nur klassische Kennzahlen wie Fluktuation oder Krankenstand, sondern auch komplexe Zusammenhänge, die damit in Verbindung stehen und ebenfalls aussagekräftigere Analysen ermöglichen – etwa zwischen Teamgröße und Schulungsteilnahme.

Effiziente Tools wie Dashboards, KI-gestützte Auswertungen oder Predictive Analytics machen das Personalmanagement messbarer, transparenter und strategischer. Unternehmen, die solche Systeme einsetzen, steigern nicht nur ihre Effizienz, sondern auch die Qualität von Personalentscheidungen im Unternehmen, was wiederum Unternehmens-Risken grundsätzlich minimiert.

Funktionen und Einsatzbereiche[39]

Ein typisches Personalinformationssystem umfasst mehrere Module, darunter:

- **Stammdatenverwaltung** (zum Beispiel Personalakte, Vertragsdaten)
- **Zeitwirtschaft** (zum Beispiel Arbeitszeiten, Urlaub, Krankheit)
- **Entgeltabrechnung**
- **Bewerbermanagement**
- **Weiterbildungs- und Kompetenzmanagement**
- **Organisations- und Stellenmanagement**

---

[38] https://www.arbeitsagentur.de/faktor-a/arbeitswelt-gestalten/hr-analytics-definition-implementierung-case-studies / Arbeitsagentur (2025). HR Analytics & People Analytics: Mit Daten die Belegschaft voranbringen. Faktor-A Magazin. zuletzt aufgerufen am 25. Juni 2025.

[39] Vgl. Strohmeier, Stefan; Piazza, Francesca (Hrsg.): Human Resource Intelligence und Analytics. Grundlagen, Anbieter, Erfahrungen und Trends, Wiesbaden: Springer Gabler, 2015.

Diese Systeme unterstützen zentrale HR-Prozesse wie Personalbedarfsplanung, Personalentwicklung, Personaleinsatz und -freisetzung.

HR-Cockpit

Ein HR-Cockpit – der Überbegriff zu derartigen Programmlösungen – ist ein zentrales, visuell aufbereitetes Steuerungsinstrument im Personalmanagement, das wichtige personalbezogene Kennzahlen und Informationen auf einen Blick darstellt. Es funktioniert analog eines Flugzeugcockpits: Es liefert in Echtzeit oder in regelmäßigen Intervallen alle relevanten Daten (aus den hinterlegten Basisdaten), die Personalverantwortliche benötigen, um fundierte Entscheidungen zu treffen und Entwicklungen frühzeitig zu erkennen.

Ein HR-Cockpit dient dazu, die Leistungsfähigkeit, Effizienz und strategische Ausrichtung der HR-Arbeit sichtbar und messbar zu machen. Es bündelt Informationen aus verschiedenen Bereichen wie:

- Personalbestand und -struktur
- Fluktuation und Krankenstand
- Recruiting-Kennzahlen (zum Beispiel Time-to-Hire, Cost-per-Hire)
- Weiterbildungsaktivitäten
- Personalkosten und Budgetauslastung

Die Darstellung erfolgt häufig in Form von Dashboards, Ampelanzeigen, Tachometern oder Diagrammen, um Trends, Abweichungen und Handlungsbedarfe intuitiv zu erkennen.[40]

■ KONKRETE BEISPIELE FÜR HR-SYSTEME

- **SAP SuccessFactors:** Cloudbasierte Lösung für Talentmanagement, Personaladministration und HR-Analytics. Besonders geeignet für große, international tätige Unternehmen.
- **Personio:** Europäisches HR-System für kleine und mittlere Unternehmen. Deckt Recruiting, Personalverwaltung und Lohnabrechnung ab.
- **Workday:** Umfassendes Human Capital Management-System mit integrierten Analysefunktionen und Self-Service-Portalen für Mitarbeitende.
- **DATEV Personalwirtschaft:** In Deutschland weit verbreitet, mit Fokus auf Lohnabrechnung, Zeitwirtschaft und Personalverwaltung.

Das ist keine abschließende Aufzählung. ■

[40] Vgl. HRpraxis.ch: Beispiel HR-Cockpit / Kennzahlensystem, zuletzt abgerufen am 25. Juni 2025 von https://www.hrpraxis.ch/2019/06/beispiel-hr-cockpit-kennzahlensystems.html.

Vertiefung:

Data Warehouse[41] [42] im Kontext von Human Resource Information Systems (HRIS)

Ein **Data Warehouse**[43] fungiert als zentraler Speicherort für strukturierte, konsolidierte und historisierte Daten aus verschiedenen Quellen – darunter auch HR-Systeme. Im Zusammenspiel mit einem HRIS ermöglicht es:

Zentrale Datenhaltung: Alle relevanten Personaldaten (zum Beispiel Fluktuation, Krankheitsquoten, Weiterbildungsmaßnahmen) werden vereinheitlicht gespeichert.

Analyse und Reporting: Dashboards und Berichte liefern dem Management fundierte Entscheidungsgrundlagen.

Langfristige Planung: Historisierte Daten unterstützen strategische Personalplanung und Forecasting.

Herausforderung: Die größte Schwierigkeit liegt im unternehmensweiten Datenmanagement – insbesondere bei der Sicherstellung von Datenqualität, Datenschutz und der Integration heterogener Systeme.

Zusammenfassung

In der Personalbedarfsplanung geht es darum, den kurz- und langfristigen Personalbedarf eines Unternehmens systematisch zu ermitteln. Das Analyse-Synthese-Konzept nach Kosiol hilft, Aufgaben in Teilaufgaben zu zerlegen und effizient zusammenzuführen. Das AKV-Prinzip hilft, Aufgaben, Kompetenzen und Verantwortung gleichermaßen im Einklang zu berücksichtigen.

Ein weiterer Fokus liegt auf der Verfügbarkeit von qualifiziertem Personal. Faktoren wie Fluktuation, strategische Ausrichtung des Unternehmens, geplantes Wachstum oder die allgemeine Marktsituation beeinflussen, wie gut sich der geplante Bedarf decken lässt.

Personalkennzahlen wie Krankenstand, Fluktuationsrate oder Durchschnittsalter helfen, Entwicklungen messbar zu machen. Gleichzeitig müssen die Speicherung und Verarbeitung von Personaldaten datenschutzkonform erfolgen (DSGVO beachten).

Das Personalcontrolling trägt dazu bei, dass alle personalwirtschaftlichen Maßnahmen wirtschaftlich und zielgerichtet gesteuert werden. Unterstützt wird dieser Prozess durch personalspezifische Informationssysteme, etwa ein HR-Cockpit, das relevante Kennzahlen in übersichtlichen Dashboards zusammenführt.

41 Vgl. Strohmeier, Stefan: Informationssysteme im Personalmanagement. Architektur – Funktionalität – Anwendung, Wiesbaden: Vieweg+Teubner, 2008, ISBN 978-3-8348-0164-4.

42 Vgl. IBM: Was ist ein Data Warehouse?, o. J., abgerufen am 22. Juni 2025 von IBM.com.

43 Vgl. Personio: Personalinformationssystem – Vorteile, Anbieter, Einführung, o. J., abgerufen am 22. Juni 2025 von https://www.personio.de/hr-lexikon/personalinformationssystem/

17.3 Einsetzen von Methoden für das Personalmarketing, für die Personalbeschaffung, zur Personalauswahl und für einen systematischen Eintritt in das Unternehmen sowie für einen Wechsel oder Austritt aus dem Unternehmen

Im Rahmen der Gespräche mit der HR-Abteilung haben Lisa und Max vieles über bestehende Arbeitsverhältnisse und damit auch die relevanten Kennzahlen der Proximus Versicherung AG erfahren. Beide wissen aber auch, dass Wachstum im Versicherungsbestand auch gleichzeitig bedeutet, dass „mehr Hände" notwendig sind, um die anfallenden Arbeiten zu bewältigen. Zwar wird vieles auch durch Digitalisierung und Prozessoptimierung abgefedert, doch neue Mitarbeitende anzuwerben ist ein „Muss" für jedes wachsende Unternehmen.

In der heutigen Unternehmenswelt stehen Arbeitgeber vor der Herausforderung, den gesamten Lebenszyklus (Employee Life Cycles) ihrer Mitarbeitenden professionell zu managen. Ein strategischer Einsatz moderner Methoden im Personalmarketing – von der gezielten Ansprache potenzieller Kandidaten, über strukturierte Personalbeschaffungs- und Personalauswahlverfahren, bis hin zu einem systematischen Onboarding neuer Teammitglieder ist dabei essenziell.

Ebenso wichtig sind klar definierte Prozesse für interne Wechsel oder den geordneten Austritt, die nicht nur einen reibungslosen Übergang gewährleisten, sondern auch die langfristige Arbeitgebermarke stetig stärken.

Durch diesen ganzheitlichen Ansatz können Unternehmen ihre Attraktivität als Arbeitgeber unter Beweis stellen, den Fachkräftemangel aktiv adressieren und zugleich eine Unternehmenskultur fördern, in der Transparenz, Professionalität und nachhaltiger Erfolg im Mittelpunkt stehen.

17.3.1 Employer Branding

Die Bedeutung des Employer Branding wird noch deutlicher, wenn man dies in Deutsch ausspricht „Arbeitgebermarkenbildung", ja auch als Arbeitgeber ist es wichtig an seiner „Marke" zu arbeiten. Employer Branding beschreibt die strategischen Maßnahmen eines Unternehmens, um sich als attraktiver Arbeitgeber zu positionieren und für Bewerbende ein besseres Bild abzugeben als andere Arbeitgeber der gleichen Branche oder Region etc.

Die Arbeitgeber-Marke ist sowohl für potenzielle Bewerbende als auch für die Identifikation durch die eigenen Mitarbeitenden wichtig.

In der heutigen Zeit ist es unerlässlich, dass Mitarbeitende sich bestärkt fühlen, für das richtige Unternehmen zu arbeiten und im Unternehmen zu bleiben. Zufriedene Mitarbeitende können durch ihre Empfehlung bei der Anwerbung neuer Talente aus ihrem Umfeld mitwirken. Denn wer sich mit dem Arbeitgeber und der eigenen Tätigkeit identifizieren kann, gar Spaß an der Arbeit hat, der strahlt das auch aus oder gibt diese positiven Einflüsse weiter – macht also Werbung für den eigenen Arbeitgeber. Ist also ein Unternehmen als „nicht guter Arbeitgeber" nach außen bekannt, wird kein bestehender Mitarbeitender gerne zugeben wollen, dass auch er für das Unternehmen tätig ist oder gar potenziellen Bewerbern das Unternehmen persönlich empfehlen.

Viele Menschen verbinden Versicherungen mit Begriffen wie „langweilig", „bürokratisch" oder „unpersönlich". Laut der Branchenstudie *„Talents for Insurance 2019"*[44] des Instituts Organomics ziehen nur etwa 6 % der potenziellen Kandidaten Versicherungsunternehmen überhaupt als Arbeitgeber in Betracht. Das liegt nicht an mangelnder Bekanntheit – große Versicherer sind durchaus präsent – sondern an einem Imageproblem: fehlende Attraktivität.

Bekanntheit ≠ Attraktivität.

Ziel des Employer Branding ist daher:

- **Talente anziehen**, indem man sich positiv von anderen Arbeitgebern abhebt und
- **Mitarbeitende binden**, durch ein starkes Wir-Gefühl und Identifikation mit dem eigenen Unternehmen/Arbeitgeber.

Um diese Ziele zu erreichen, werden Maßnahmen genau konzipiert, geplant, teilweise auch im Rahmen von Umfragen analysiert und ausgewertet. Das Employer Branding ist dabei immer strategisch ausgelegt, es wird also nicht eine einzige Maßnahme allein ergriffen, sondern eine Vielzahl von Maßnahmen umgesetzt. Auch Zeitverläufe oder zum Beispiel auch Jahreszeiten können dabei eine Rolle spielen.

Maßnahmen zur erfolgreichen Umsetzung von Employer Branding[45]

Um sich als attraktiver Arbeitgeber zu positionieren, bedarf es einer strategischen und konsistenten Herangehensweise. Im Folgenden sind zentrale Maßnahmen aufgeführt, die Unternehmen gezielt einsetzen können, um ihre Arbeitgebermarke zu stärken:

---

[44] Experten.de: Die Versicherungsbranche als Arbeitgeber – oder: Der Kampf um Talente, zuletzt abgerufen am 25. Juni 2025 von https://www.experten.de/id/4918147/die-versicherungsbranche-als-arbeitgeber-oder-der-kampf-um-talente/

[45] Vgl. Beck, Christoph (Hrsg.): Personalmarketing 2.0. Vom Employer Branding zum Recruiting (2. Auflage), Köln: Luchterhand, 2012, ISBN 978-3-472-08342-9.

1. **Entwicklung einer klaren Arbeitgeberpositionierung (Employer Value Proposition, EVP):** Die EVP ist das Herzstück des Employer Brandings. Sie beantwortet die Frage: „Warum sollte jemand bei uns arbeiten (und bleiben)?" Sie sollte authentisch, einzigartig und auf die Zielgruppen abgestimmt sein. Dazu gehört ein Mix aus materiellen (zum Beispiel Gehalt, Benefits) und immateriellen (zum Beispiel Unternehmenskultur, Sinnhaftigkeit) Aspekten.
2. **Mitarbeitende als Markenbotschafter einbinden:** Niemand ist glaubwürdiger als die eigenen Angestellten. Unternehmen sollten ihre Mitarbeitenden ermutigen, ihre Erfahrungen in sozialen Netzwerken zu teilen und aktiv in Projekte wie Karrierevideos, Testimonials oder Podcasts einzubinden. Dies stärkt das Vertrauen potenzieller Bewerbenden durch Authentizität.
3. **Professionelle und authentische Karriereseite:** Die Karriereseite auf der eigenen Homepage ist oft der erste Berührungspunkt. Sie sollte übersichtlich, mobil optimiert und authentisch gestaltet sein. Neben offenen Stellen sollten Einblicke in die Unternehmenskultur, Entwicklungsmöglichkeiten und Arbeitsatmosphäre geboten werden – gerne mit echten Fotos, Videos oder Interviews.
4. **Social Media gezielt nutzen:** Plattformen wie LinkedIn, Instagram, TikTok oder X (ehemals Twitter) bieten enormes Potenzial, um Employer Branding in die Welt zu tragen. Regelmäßige, kreative Inhalte – zum Beispiel „Ein Tag im Leben von…", Behind-the-Scenes, Mitarbeiter-Übernahmen – machen das Unternehmen greifbar und sympathisch.
5. **Gezielte interne Maßnahmen zur Mitarbeiterbindung:** Employer Branding endet nicht mit der Unterschrift des Arbeitsvertrags. Um Talente langfristig zu halten, sollten Unternehmen auf interne Kommunikation, Weiterentwicklung, Anerkennungskultur, flexible Arbeitsmodelle und eine gesunde Work-Life-Balance achten.
6. **Kultur erlebbar machen – nicht nur darüber reden:** Werte, Diversität, Nachhaltigkeit oder Innovationsgeist – all das muss im Alltag spürbar sein. Glaubwürdigkeit entsteht, wenn gelebte Kultur mit dem Bild nach außen übereinstimmt. Sonst droht ein „Cultural Mismatch", der Talente schnell wieder vertreibt.

Am Ende ist eine gute „Arbeitgebermarke" diejenige, die sich dynamisch verändert, morden anpasst und sich stetig weiterentwickelt. Im Mittelpunkt steht dabei immer der Mensch. Employer Branding ist daher ein langfristiger Ansatz, der mit gezielten und geplanten Maßnahmen das Image des Unternehmens als Arbeitgeber verbessert.

Arbeitgeberversprechen

Das Arbeitgeberversprechen ist eng mit der Employer Value Proposition verknüpft, da darin das Unternehmen das zentrale Wertversprechen abgibt, das gegenüber aktuellen und potenziellen Mitarbeitenden gilt.

Es umfasst sowohl materielle Aspekte wie Gehalt, Zusatzleistungen und flexible Arbeitszeitmodelle als auch immaterielle Faktoren wie Unternehmenskultur, Karriereentwicklung und die allgemeine Arbeitsatmosphäre. Dieses Versprechen ist der Grundstein, auf dem sich eine glaubwürdige Arbeitgebermarke aufbaut und darstellt, was Mitarbeitende von einer Anstellung erwarten können und was sie im Gegenzug zum Unternehmenserfolg beitragen können. [46]

Wichtigste Rolle dabei spielt die Glaubwürdigkeit. Ein wirklich überzeugendes Arbeitgeberversprechen muss ehrlich, authentisch und unverwechselbar sein. Es zeigt, dass ein Unternehmen seine intern kommunizierten Werte und Angebote auch in der täglichen Praxis lebt und umsetzt. Dabei ist es essenziell, dass die vermittelten Versprechen durch konkrete Maßnahmen – wie transparente Kommunikationsprozesse, gezielte Personalentwicklungsprogramme oder eine offene Feedback-Kultur untermauert werden. Nur so wird das Arbeitgeberversprechen nicht zu einer leeren Floskel, sondern zu einem integralen Bestandteil der Unternehmenskultur, der als Grundlage für nachhaltiges Employer Branding dient.[47]

Ein starkes Arbeitgeberversprechen wirkt daher positiv auf die Mitarbeiterbindung und auch als starke Außenwirkung für potenzielle Bewerber. Es hilft, Talente anzuziehen und steigert auch die Qualität der erhaltenen Bewerbungen, vor allem Fachkräfte und Nachwuchsführungskräfte sehen sich zunehmen nach Arbeitsplätzen um, in denen nicht nur monetäre Leistungen, sondern auch soziale Werte und Entwicklungsmöglichkeiten im Forderung stehen und gar gefördert werden.

Weitergedacht sollten Arbeitgeber ihre strategischen Maßnahmen gezielt auswählen und umsetzen, sodass das volle Potential des Arbeitgeberversprechens ausgeschöpft wird. Um dieses „Versprechen" möglichst aktuell und authentisch zu halten, können beispielsweise regelmäßige Umfragen oder Feedback der vorhandenen Belegschaft dazu beitragen, das Arbeitgeberversprechen dynamisch zu gestalten und bei Bedarf anzupassen. Die aktive Auseinandersetzung mit Werten kann zudem bestehenden Mitarbeitenden verdeutlichen, dass die Kultur wirklich gelebt wird.

17.3.2 Personalgewinnung

In Zeiten des zunehmenden Fachkräftemangels und des intensiveren Wettbewerbs um qualifizierte Talente (sogenannte „war for talents") gewinnt die Personalgewinnung strategisch für jedes Unternehmen immer mehr an Bedeutung. Sie umfasst weit

46 Vgl. Agentur Jungesherz: Employer Value Proposition (EVP) – Definition und Strategie, o. J., abgerufen am 22. Juni 2025 von jungesherz.de, Personio: Employer Value Proposition (EVP). Definition & Beispiele, o. J., abgerufen am 22. Juni 2025 von personio.de.

47 Vgl. hrtalk.de: Employer Value Proposition (EVP) 2025. Bedeutung und Umsetzung im modernen Arbeitsumfeld, o. J., abgerufen am 22. Juni 2025 von hrtalk.de.

mehr als nur das klassische Recruiting: Es geht darum, gezielt die richtigen Maßnahmen zu entwickeln, um potenzielle Mitarbeitende anzusprechen und zu begeistern.

Dabei liegt ein besonderer Fokus auf der authentischen Darstellung des Unternehmens, um den Interessierten einen klaren Einblick in die Unternehmenskultur, die Arbeitsatmosphäre und die Entwicklungsmöglichkeiten zu geben. Ergänzend dazu erfolgt eine Tätigkeitsvorschau, die aufzeigt, welche Aufgaben und Herausforderungen im zukünftigen Arbeitsalltag auf sie warten.

Dieser ganzheitliche Ansatz – von der ersten Ansprache über den Auswahlprozess bis hin zur Darstellung eines realistischen Arbeitsumfelds und der konkreten Tätigkeit – zielt darauf ab, nicht nur die passende Expertise zu gewinnen, sondern auch eine nachhaltige Bindung zwischen Arbeitgeber und Mitarbeitenden zu fördern. Damit wird die Personalgewinnung zu einem essenziellen Bestandteil der langfristigen Unternehmensstrategie, der den Grundstein für Erfolg und Innovationskraft legt.

Bedeutung der Personalgewinnung

Im modernen Personalmanagement bezeichnet Personalgewinnung – auch als **Personalbeschaffung** bekannt – den systematischen Prozess, durch den ein Unternehmen den gesamten Bedarf an qualifizierten Fach- und Führungskräften ermittelt und deckt.

Dieser Prozess beginnt mit der Ermittlung des aktuellen und zukünftigen Personalbedarfs, geht über die Erstellung aussagekräftiger Stellenprofile und die zielgerichtete Ansprache potenzieller Kandidaten bis hin zu Auswahlverfahren, Einstellung und dem anschließenden Onboarding.

Abbildung 17.4: Prozess zur Personalgewinnung

Ziel dieses Prozesses ist es, einerseits quantitativ und qualitativ sicherzustellen, dass alle Positionen besetzt werden, und andererseits den langfristigen Erfolg und die Innovationskraft des Unternehmens durch die Gewinnung der richtigen Talente zu sichern.[48][49]

Dabei wird zwischen **interner und externer Personalgewinnung** unterschieden.

[48] Vgl. Beck, Christoph (Hrsg.): Personalmarketing 2.0. Vom Employer Branding zum Recruiting (2. Auflage), Köln: Luchterhand, 2012, ISBN 978-3-472-08342-9, Karrierebibel.de: Personalgewinnung. Definition, Methoden, Instrumente, o. J., abgerufen am 22. Juni 2025 von https://karrierebibel.de/personalgewinnung/.

[49] Vgl. Karrierebibel.de: Personalgewinnung. Definition, Methoden, Instrumente, o. J., abgerufen am 22. Juni 2025 von https://karrierebibel.de/personalgewinnung/.

Interne Ansätze, wie zum Beispiel die Förderung von Nachwuchskräften, Jobrotation und Job Enrichment, setzen auf die vorhandenen Mitarbeitenden und sollen deren Entwicklung und Bindung fördern. Externe Strategien hingegen – etwa Active Sourcing, Social-Media-Recruiting oder der Einsatz digitaler Plattformen – werden eingesetzt, um gezielt neue und oftmals schwer zu findende Fach- und Führungskräfte anzusprechen.

In Zeiten des demografischen Wandels und des zunehmenden Fachkräftemangels wird eine professionelle und strategisch ausgerichtete Personalgewinnung immer wichtiger, da sie maßgeblich zur Wettbewerbsfähigkeit und nachhaltigen Entwicklung eines Unternehmens beiträgt.[50]

Jedes Unternehmen passt den Prozess auf interne Gegebenheiten an. Auch vorhandene Betriebsvereinbarungen müssen Berücksichtigung finden. Das ist vor allem dann der Fall, wenn interne und externe Ausschreibungen einer Stelle mit einem gewissen Zeitversatz vorgenommen werden.

Im weiteren Verlauf gehen die Beispiele und Ausführungen auf die externe Personalgewinnung ein.

Maßnahmen zur Personalgewinnung

Die Personalgewinnung ist ein zentraler Bestandteil des strategischen Personalmanagements. In Zeiten des Fachkräftemangels und eines zunehmend dynamischen Arbeitsmarkts reicht es nicht mehr aus, auf Bewerbungen zu warten – Unternehmen müssen aktiv und zielgerichtet auf Talente zugehen. Dabei kommen verschiedene Instrumente zum Einsatz, die sich je nach Zielgruppe, Branche und Unternehmensgröße kombinieren lassen. Im Folgenden werden zentrale Maßnahmen vorgestellt und erläutert.

Stellenportale

Stellenportale gehören zu den klassischen Instrumenten der Personalgewinnung. Sie ermöglichen eine breite Streuung von Stellenanzeigen und erreichen sowohl aktiv suchende als auch latent wechselwillige Kandidaten. Neben allgemeinen Plattformen wie StepStone, Indeed oder Monster gibt es auch spezialisierte Portale für bestimmte Branchen oder Zielgruppen (zum Beispiel IT, Ausbildung etc.). [51]

Vorteile:

- Große Reichweite
- Zielgruppenspezifische Platzierung möglich
- Messbarkeit durch Klick- und Bewerberzahlen

---

[50] Stock-Homburg, Ruth; Groß, Michael: Gestaltung der Personalgewinnung, In: Homburg, Christian; Schäfer, Holger (Hrsg.): Personalmanagement. Strategien und Instrumente moderner HR-Arbeit, S. 159–243, Wiesbaden: Springer, 2019, ISBN 978-3-658-22606-0.

[51] Vgl. Beck, Christoph (Hrsg.): Personalmarketing 2.0. Vom Employer Branding zum Recruiting (2. Auflage), Köln: Luchterhand, 2012, ISBN 978-3-472-08342-9.

Social Media Recruiting

Plattformen wie LinkedIn, XING, Instagram oder TikTok bieten Unternehmen die Möglichkeit, sich authentisch zu präsentieren, Einblicke ins Unternehmen zu geben, aktuelle Themen öffentlich zu machen und eben auch mit potenziellen Bewerbenden in Kontakt zu treten. Neben bezahlten Anzeigen gewinnen organische Inhalte wie Behind-the-Scenes-Videos, Mitarbeitervorstellungen oder Karrieretipps zunehmend an Bedeutung.

Vorteile:

- Direkte Zielgruppenansprache
- Aufbau einer Arbeitgebermarke
- Interaktive Kommunikation

Direktansprache

Die Direktansprache – auch als „Headhunting" bekannt – zielt darauf ab, gezielt qualifizierte Fachkräfte anzusprechen, die aktuell nicht aktiv auf Jobsuche sind. Dies erfolgt meist über berufliche Netzwerke oder durch spezialisierte Personalberatungen (sogenannte Headhunter).

Diese Dienstleistung wird extern eingekauft und muss daher auch im Budget für die (Neu-)Besetzung der Stelle kalkuliert werden, die Margen orientieren sich dabei an dem vereinbarten Gehalt der vermittelten Person. Oftmals ist die Qualität der vorgestellten Kandidaten sehr gut passend zur ausgeschrieben Vakanz; dies liegt meist vor allem an der guten Vernetzung des externen Dienstleisters, beispielsweise innerhalb einer Branche oder Region. Ebenso trifft damit auch der Headhunter die erste Auswahl und entlastet damit den internen Recruiting Bereich.

Vorteile:

- Zugang zu passiven Kandidaten (nicht auf Jobsuche)
- Persönliche Ansprache erhöht Erfolgsquote
- Besonders geeignet für Führungs- und Spezialpositionen

Active Sourcing

Active Sourcing ist eine Direktansprache, die unmittelbar durch den Recruiting Bereich oder durch Führungskräfte des Unternehmens erfolgt. Hierbei werden potenzielle Kandidaten systematisch identifiziert, analysiert und über verschiedene Kanäle (zum Beispiel LinkedIn, GitHub, Events) persönlich angesprochen. Tools wie Talentwunder oder LinkedIn-Recruiter unterstützen diesen Prozess.

Die Selektionsarbeit und das „Aussieben" von nicht passenden Kandidaten wird dabei im zweiten Schritt meist noch „händisch" gemacht, was eine erste Auswahl auch für die jeweilige Führungskraft ermöglicht.

Vorteile:

- Proaktive Talentgewinnung
- Aufbau langfristiger Beziehungen
- Hohe Passgenauigkeit

Aufbau und Pflege eines Talente-Pools

Ein Talente-Pool ist eine Datenbank potenzieller Kandidaten, die bereits mit dem Unternehmen in Kontakt standen – zum Beispiel durch Initiativbewerbungen, frühere Auswahlverfahren oder Karrieremessen. Durch regelmäßige Kommunikation (zum Beispiel Newsletter, Events) bleiben diese Talente dem Unternehmen verbunden.[52]

Dabei sind vor allem DSGVO-Richtlinien zu beachten: Jede Person muss der längeren Speicherung der Daten zustimmen und kann diese Zustimmung jederzeit widerrufen. Dies kann zu einem hohen Aufwand in der HR-Abteilung führen, wenn dieser Schritt nicht prozessual bereits eingeführt wurde.

Die Sammlung potenzieller Kandidaten wird für Unternehmen immer beliebter, da man immer ein „Polster" an Kandidaten vorhält, wenn sich eine freie Stelle ergibt, zum Beispiel durch neu budgetierte Stellen oder unerwartete Kündigungen. Dies ermöglicht die Recruting-Zeitspanne zu reduzieren, da meist Vorgespräche auf beiden Seiten noch gut in Erinnerung sind, was bei Nachbesetzungen ein entscheidender Vorteil sein kann.

Vorteile:

- Schnellere Besetzung offener Stellen
- Geringere Recrutingkosten
- Stärkung der Arbeitgeberbindung

Karriereseite und Arbeitgebermarke

Eine professionelle Karriereseite auf der jeweiligen Unternehmens-Homepage ist oft der erste Kontaktpunkt für Bewerbende – wie auch bereits unter 17.3.1 Employer Branding beschrieben. Sie sollte nicht nur Stellenangebote enthalten, sondern auch Einblicke in die Unternehmenskultur, Benefits und Entwicklungsmöglichkeiten bieten. In Kombination mit weiteren starken Maßnahmen im Rahmen des Employer Brandings

---

52 Stock-Homburg, Ruth; Groß, Michael: Gestaltung der Personalgewinnung, In: Homburg, Christian; Schäfer, Holger (Hrsg.): Personalmanagement. Strategien und Instrumente moderner HR-Arbeit, S. 159–243, Wiesbaden: Springer, 2019, ISBN 978-3-658-22606-0.

entsteht so ein konsistentes Bild des Unternehmens als Arbeitgeber, das den jeweiligen interessierten Kandidaten vermittelt wird.

Vorteile:

- Authentische Darstellung
- Stärkung der Arbeitgebermarke
- Verbesserung der Candidate Experience

Vorstellung des Unternehmens und Tätigkeitsvorschau

Die Vorstellung des eigenen Unternehmens und eine realistische Tätigkeitsvorschau sind zentrale Elemente eines erfolgreichen Recruiting-Prozesses. Sie tragen maßgeblich dazu bei, die Erwartungen potenzieller Bewerbenden zu steuern, die Arbeitgebermarke zu stärken und die Passung zwischen Kandidat und Unternehmen zu verbessern.

Diese beiden Elemente werden im Rahmen der Stellenausschreibung bereits in der Vakanz beschrieben und enthalten bereits große Teile (oder das gesamte) Stellenprofil. Die Darstellung des Unternehmens, deren Geschäftstätigkeit, Ausrichtung, Internationalität, Kennzahlen etc. werden dabei meist unternehmensweit gleichlautend eingesetzt – unabhängig der konkret ausgeschriebenen Vakanz. Die nähere Beschreibung zur Position bezieht sich dann auf eine konkrete Abteilung und Tätigkeit.

Im Rahmen von Bewerbergesprächen ist eine erste Unternehmensvorstellung seitens der HR-Abteilung und/oder weiterer vom Unternehmen teilnehmender Führungskräfte ein erster Einstieg ins Gespräch. Kandidaten sind zu Beginn von Bewerbungsgesprächen meist aufgeregt und nervös; daher empfiehlt es sich, zunächst zuzuhören und Informationen aufzunehmen, um ruhiger zu werden. Gleichzeitig kann die Unternehmensseite hier bereits die Kenntnisse des Kandidaten und die Reaktionen auf das Gehörte beobachten. Im weiteren Gesprächsverlauf wird konkret auf die ausgeschriebene Stelle und deren genaue Tätigkeiten eingegangen und auch Rückfragen der Kandidatenseite beantwortet.

Konkret beinhalten dies:

- **Unternehmensvorstellung:** Eine authentische und transparente Darstellung des Unternehmens – inklusive Werte, Kultur, Vision und Arbeitsumfeld – hilft Bewerbenden, sich ein realistisches Bild zu machen. Dies fördert nicht nur die Identifikation, sondern reduziert auch spätere Enttäuschungen oder Fehlbesetzungen.
- **Tätigkeitsvorschau (Realistic Job Preview):** Eine Vorschau auf die tatsächlichen Aufgaben, Herausforderungen und Rahmenbedingungen der Stelle ermöglicht es

Kandidaten, ihre Eignung und Motivation besser einzuschätzen. Studien zeigen, dass dies die Zufriedenheit nach der Einstellung erhöht und die Fluktuation senkt.[53]

■ PRAKTISCHE MASSNAHMEN UND BEISPIELE:

- **Praktika/Tätigkeit als Werkstudent:** Ein zeitlich befristeter Einblick in den Arbeitsalltag ermöglicht es Bewerbenden – insbesondere Studierenden oder Quereinsteigenden– das Unternehmen und die Tätigkeit kennenzulernen. Gleichzeitig kann das Unternehmen Talente frühzeitig binden.
- **Schnuppertage/Job Shadowing:** Ein- bis mehrtägige Hospitationen bieten Interessierten die Möglichkeit, Mitarbeitende zu begleiten und Fragen zu stellen. Besonders im Ausbildungsbereich oder bei Berufsorientierungstagen sind Schnuppertage ein bewährtes Mittel zur Nachwuchsgewinnung.
- **Onlinetouren und Videoinhalte:** Virtuelle Rundgänge durch das Unternehmen, Interviews mit Mitarbeitenden oder „Ein Tag im Leben von…"-Videos auf Social Media geben authentische Einblicke – auch für Bewerbende, die nicht vor Ort sein können.
- **Karrieremessen und Unternehmenspräsentationen:** Der persönliche Kontakt auf Hochschulmessen oder Infoveranstaltungen schafft Vertrauen und ermöglicht individuelle Gespräche. Hier kann das Unternehmen gezielt seine Kultur und Einstiegsmöglichkeiten präsentieren. ■

All diese Maßnahmen dienen sowohl dem Unternehmen als auch den Bewerbenden dazu, die Tätigkeit besser zu verstehen und gegebenenfalls falsche oder unklare Erwartungen auf beiden Seiten aufzulösen.

17.3.3 Personalauswahl

Die Personalauswahl ist ein zentraler Bestandteil des Personalmanagements und bezeichnet den strukturierten Prozess des Unternehmens, diejenigen aus einer Gruppe von Bewerbenden zu identifizieren, die am besten zu den Anforderungen einer vakanten Stelle passen. Ziel ist es, eine möglichst hohe Passung zwischen den individuellen Kompetenzen, Potenzialen und Persönlichkeitsmerkmalen der Kandidaten und den Anforderungen der Position sowie der Unternehmenskultur zu erreichen.

Dabei basiert die **Auswahlentscheidung** idealerweise auf einer fundierten Arbeits- und Anforderungsanalyse, die systematisch ermittelt, welche fachlichen, sozialen und methodischen Kompetenzen für die erfolgreiche Ausübung der Tätigkeit erforderlich sind. Auf dieser Grundlage kommen verschiedene Instrumente der Personalauswahl zum Einsatz – etwa strukturierte Interviews, psychologische Testverfahren, Arbeitsproben oder Assessment-Center. Diese Verfahren sollen valide, reliabel und fair sein, um eine objektive Entscheidungsgrundlage zu schaffen.

Ein weiterer wichtiger Aspekt sind Qualitätsstandards, die sicherstellen, dass Auswahlprozesse nicht nur rechtlich (zum Beispiel AGG, DSGVO etc.) korrekt, sondern auch

[53] Backhaus, Kristin; Tikoo, Surinder: Conceptualizing and researching employer branding, In: Career Development International, 9(5), 2004, S. 501–517.

ethisch vertretbar und wissenschaftlich fundiert durchgeführt werden. Diese Standards – wie etwa die DIN 33430[54] in Deutschland – definieren Anforderungen an berufsbezogene Eignungsbeurteilungen. Sie dienen dazu, Verzerrungen im Auswahlprozess zu minimieren, Diskriminierung zu vermeiden und gleichzeitig die Qualität der Entscheidung zu sichern.

Die abschließende Entscheidungsfindung im Rahmen der Personalauswahl erfolgt idealerweise datenbasiert und transparent. Sie berücksichtigt die Ergebnisse der eingesetzten Auswahlmethoden, die Passung zur Unternehmenskultur sowie eine objektive Vergleichbarkeit zwischen den Bewerbenden. Ziel ist es, nicht nur die geeignetste Person für die aktuelle Stelle zu finden, sondern auch eine langfristige Zusammenarbeit zu ermöglichen, die zur Organisationsentwicklung beiträgt.

17.3.3.1 Arbeits- und Anforderungsanalyse für die Personalauswahl

Die Arbeits- und Anforderungsanalyse bildet das methodische grundlegende Fundament jeder professionellen Personalauswahl.[55] Sie dient dazu, systematisch zu erfassen, **was** eine bestimmte Tätigkeit ausmacht (Arbeitsanalyse) und **welche Merkmale** eine Person mitbringen muss, um diese Tätigkeit erfolgreich auszuüben (Anforderungsanalyse). Es werden in der Regel zwei separate Analysen erstellt, welche die Grundlage für den weiteren konkreten Personalauswahlprozess einer offenen Vakanz bilden.

1. Arbeitsanalyse

Die Arbeitsanalyse beschreibt objektiv die Inhalte, Abläufe und Rahmenbedingungen eines Arbeitsplatzes. Sie beantwortet Fragen wie:

- Welche Aufgaben fallen an?
- Welche Arbeitsmittel werden genutzt?
- Welche physischen und psychischen Anforderungen bestehen?
- In welchem sozialen und organisatorischen Kontext findet die Arbeit statt?

Ziel ist es, ein realistisches und vollständiges Bild der Tätigkeit zu erhalten – als Grundlage für Stellenbeschreibungen, Gefährdungsbeurteilungen oder Personalentwicklungsmaßnahmen.

2. Anforderungsanalyse

Die Anforderungsanalyse baut auf der Arbeitsanalyse auf und überträgt die Erkenntnisse in personenbezogene Merkmale. Sie ermittelt:

- Fachliche Kompetenzen (zum Beispiel Kenntnisse, Qualifikationen)

---

[54] DIN 33430:2016-07: Anforderungen an Verfahren und deren Einsatz bei berufsbezogenen Eignungsbeurteilungen, Berlin: Deutsches Institut für Normung e. V., 2016.

[55] Krüger, Christian; Utte, Anja; Rowold, Jens: Arbeits- und Anforderungsanalyse, In: Rowold, Jens (Hrsg.): Human Resource Management, S. 59–71, Wiesbaden: Springer, 2013.

- Soziale und personale Kompetenzen (zum Beispiel Teamfähigkeit, Belastbarkeit, Empathie)
- Methodische Kompetenzen (zum Beispiel Problemlösefähigkeit, Selbstorganisation)

Diese Merkmale werden in einem **Anforderungsprofil** zusammengefasst, das als Maßstab für die Auswahl geeigneter Kandidaten dient. Je besser die Passung zwischen Person und Stelle („**Person-Job-Fit**"), desto höher sind Zufriedenheit, Leistung und Bindung zum Arbeitgeber.

Methoden und Instrumente zur Arbeits- und Anforderungsanalyse

Zur Durchführung dieser Analysen stehen verschiedene Verfahren zur Verfügung:

- Beobachtungen, Umfragen und Interviews mit Stelleninhabenden
- Fragebögen wie das F-JAS (Fragebogen zur Arbeitsanalyse)
- Critical Incident Technique zur Identifikation erfolgskritischer Verhaltensweisen
- Task-Analysis-Tools zur systematischen Zerlegung von Tätigkeiten

Die Auswahl der Methode hängt von der Zielstellung, der Komplexität der Tätigkeit und den verfügbaren Ressourcen ab. Vor allem bei komplett neu geschaffenen Stellen sind diese Analysen besonders wichtig, da sie die Grundlage für ein präzises und aussagekräftiges Stellenprofil liefern. Nur wer genau weiß, **was** eine Stelle erfordert, kann beurteilen, **wer** dafür geeignet ist. Die Analysen schaffen somit die inhaltliche Basis, um Bewerbende objektiv mit dem Anforderungsprofil zu vergleichen – ganz ohne Baugefühl.

Insbesondere bei der Nutzung strukturierter Verfahren (zum Beispiel Interviews oder Tests) tragen die Analysen dazu bei, Entscheidungen nachvollziehbar und diskriminierungsfrei zu treffen – ein wichtiger Schritt in Richtung Chancengleichheit.

Die gewonnenen Erkenntnisse beschränken sich nicht auf die Auswahl, sie helfen auch bei der späteren Entwicklung: Welche Kompetenzen fehlen noch? Welche Weiterbildungen wäre passend? Wo liegt Entwicklungspotenzial?

Kurzum: Arbeits- und Anforderungsanalysen sind keine reine „Pflichtübung", sondern ermöglichen eine hochwertige, rechtssichere und strategisch fundierte Personalauswahl – die langfristig nicht nur Zeit und Kosten spart, sondern auch Motivation und Bindung stärkt.

17.3.3.2 Instrumente der Personalauswahl

Diese Instrumente und Methoden zielen darauf ab fundierte und aussagekräftige Ergebnisse für eine Entscheidungsfindung zu liefern. Die Auswahl geeigneter Mitarbeitenden ist eine zentrale Aufgabe des Personalmanagements. Um eine möglichst hohe Passung zwischen den Anforderungen einer Stelle und den Kompetenzen der Bewerbenden zu erreichen, kommen verschiedene Instrumente der Personalauswahl zum Einsatz. Diese sollen valide, reliabel und fair sein – und gleichzeitig wirtschaftlich und praxisnah.

Die Kombination mehrerer Instrumente – zum Beispiel strukturierte Interviews, Arbeitsproben und Testverfahren – erhöht die Aussagekraft der Personalauswahl deutlich. Entscheidend ist, dass die eingesetzten Methoden zur jeweiligen Position passen, professionell durchgeführt werden und auf einem fundierten Anforderungsprofil basieren.

Spezifische Anpassungen

Psychologische Testverfahren und Auswahlmethoden werden in der Praxis zielgerichtet an die jeweilige Vakanz (zum Beispiel Azubi, Trainee, Hilfs-, Fachkraft oder Führungskraft etc.) angepasst, da unterschiedliche Positionen unterschiedliche Anforderungen an Kompetenzen, Belastbarkeit und Potenzial stellen. Die Testschwere, Testinhalte und Auswahlmethoden variieren daher stark – von einfachen Leistungstests für Hilfskräfte bis hin zu komplexen Potenzialanalysen für Führungskräfte.

Im Folgenden werden zentrale Verfahren vorgestellt:

1. Dokumentenanalyse

Die Analyse von Bewerbungsunterlagen (Lebenslauf, Anschreiben, Zeugnisse) ist meist der erste Schritt im Auswahlprozess. Sie dient der Vorauswahl und liefert erste Hinweise auf Qualifikationen, Berufserfahrung und Motivation.

Grenzen der Dokumentenanalyse:

- Erste Einschätzung von Eignung möglich
- Jedoch erste subjektive Bewertung
- Geringe Prognosekraft für spätere Leistungsfähigkeit

Es wird auf Vollständigkeit, optischer Eindruck, Art der Datei (Word-Dokumente zeugen von wenig IT-Affinität, pdf-Dateien mit schlechter Qualität/Auflösung ebenfalls etc.) und auch der Inhalt des Lebenslaufes, Anschreibens und der Zeugnisse geprüft. Es gibt eben keine zweite Chance beim ersten Eindruck – das gilt insbesondere für die Dokumente.

Schriftliche Bewerbungsunterlagen bestehen üblicherweise aus:

- Anschreiben/Bewerbungsanschreiben/Motivationsschreiben
- Lebenslauf
- Arbeitszeugnisse/-nachweise
- Schul-/Abschlusszeugnisse

- Sonstige Unterlagen und Nachweise wie zum Beispiel Praktika, Auslandsaufenthalte, Ersatz- beziehungsweise Wehrdienst, freiwilliges soziales Jahr, Sprachzertifikate, Kopien des Führerscheins, IDD-Kontoauszug, IT-Zertifikate etc.

Ein Bewerbungsfoto ist absolut freiwillig und sollte aufgrund AGG-Konformität (Allgemeines Gleichbehandlungsgesetz) auch nicht angefragt werden. Siehe dazu auch nachstehend die Ausführungen zu Qualitätsstandards.

Die Bewerbungsunterlagen sollen dem Unternehmen einen ersten Eindruck vom Bewerbenden, der schulischen Bildung und beruflichen Erfahrung geben und rudimentäre Informationen zu Lebensstand und erworbenen Fähigkeiten/Tätigkeiten aufzeigen. Unabhängig vom Inhalt ist der Gesamteindruck aller eingereichter Unterlagen ebenso wichtig wie der tatsächliche Inhalt. Da die meisten Unternehmen mittlerweile auf Online-Bewerbungstools zurückgreifen, ist der physische/papiertechnische Eindruck wie es früher war („sauber und ordentlich") irrelevant geworden.

Die Art und Weise der Unterlagen, Sprachstil und Rechtsschreibung werden bewertet. Ebenso wird ein Abgleich mit nötigen Kenntnissen und Fähigkeiten der Vakanz vorgenommen. Auch der Inhalt des Anschreibens wird genau geprüft – vor allem, ob sich der Bewerbende ernsthaft mit dem Berufsbild und dem Unternehmen beschäftigt hat.

In der Regel erfolgt nach erster Durchsicht aller eingereichter Unterlagen eine erste Auswertung und Vorauswahl. Danach werden die Bewerbungsunterlagen meist in Fachabteilungen (Führungskraft der Vakanz) weitergegeben. Wenn dort der erste Eindruck positiv ist, geht der Bewerbungsprozess in den nächsten Schritt.

2. Interviews/Bewerbungsgespräche

Das strukturierte Interview zählt zu den am häufigsten eingesetzten Instrumenten. Es ermöglicht, sowohl fachliche als auch soziale Kompetenzen zu erfassen. Besonders valide sind strukturierte Interviews mit vorher definierten Fragen und Bewertungsskalen. Sehen Sie auch Ausführungen zu Mitarbeitergesprächen, diese können grundsätzlich auch auf Bewerbungsgespräche angewendet werden.

In der Regel führen Mitarbeitende aus dem Personalbereich zusammen mit den Verantwortlichen aus dem Business Bereich (Führungskräfte, zukünftige Kollegen) diese Gespräche gemeinsam, wobei sie unterschiedliche Perspektiven vertreten. Die gemeinsame Gesprächsführung ermöglicht, dass alle offenen Fragen sowohl des Bewerbenden als auch des Fachbereichs, geklärt werden können und der persönliche Eindruck eingefangen wird. Dabei gibt es unterschiedliche Techniken die im Gespräch angewendet werden können.

Varianten:

- **Klassisches Einzelinterview:** Das klassische Einzelinterview ist die am weitesten verbreitete Form des Bewerbungsgesprächs. Es handelt sich um ein **strukturiertes oder halbstrukturiertes Gespräch** zwischen einem Bewerbenden und einer oder mehreren Personen aus dem Unternehmen. Ziel ist es, fachliche Qualifikationen, Motivation und persönliche Eignung zu prüfen. Die Fragen sind meist individuell auf die Bewerbungsunterlagen abgestimmt
- **Multimodales Interview (MMI)[56]:** Das multimodale Interview wurde 1992 von Heinz Schuler entwickelt und kombiniert verschiedene Interviewtechniken, um eine möglichst **valide und objektive Einschätzung** zu ermöglichen. Es besteht aus acht standardisierten Gesprächsphasen, darunter Selbstpräsentation, biografische Fragen, situative Fragen und realistische Tätigkeitsinformationen. Die Antworten werden anhand verhaltensverankerter Bewertungsskalen beurteilt, was die Vergleichbarkeit erhöht.
- **Situatives Interview:** Beim situativen Interview werden Bewerbende mit hypothetischen, berufsbezogenen Situationen konfrontiert, zum Beispiel: „Was würden Sie tun, wenn …?" Ziel ist es, **zukünftiges Verhalten vorherzusagen**, basierend auf der Problemlösekompetenz und Entscheidungsfähigkeit. Die Fragen basieren häufig auf der Critical-Incident-Technik
- **Biografisches Interview:** Hier stehen **vergangene Erfahrungen und Verhaltensweisen** im Fokus. Die Annahme: Wer sich in der Vergangenheit in bestimmten Situationen bewährt hat, wird dies auch in Zukunft tun. Typische Fragen lauten etwa: „Erzählen Sie von einer Situation, in der Sie ein Teamproblem gelöst haben." Die Antworten werden ebenfalls anhand definierter Kriterien bewertet.

Ein Bewerbungsgespräch ist ein strukturierter Dialog zwischen einem Bewerbenden und einem potenziellen Arbeitgeber mit dem Ziel, die Eignung für eine bestimmte Position zu prüfen. Es dient nicht nur der fachlichen Einschätzung, sondern auch der persönlichen Eignung für das Unternehmen.

Aufbau und Ablauf eines Bewerbungsgesprächs

Ein typisches Bewerbungsgespräch gliedert sich in mehrere Phasen:

1. **Begrüßung und Small Talk:** Dient dem Abbau von Nervosität und dem Aufbau einer angenehmen Gesprächsatmosphäre.
2. **Selbstpräsentation des Bewerbenden:** Häufig mit der Aufforderung: „Erzählen Sie etwas über sich."

[56] Vgl. Wikipedia: Multimodales Interview, zuletzt abgerufen am 25. Juni 2025 von https://de.wikipedia.org/wiki/Multimodales_Interviewder-kampf-um-talente/.

3. **Fragen zur Motivation und Qualifikation:** Zum Beispiel „Warum haben Sie sich bei uns beworben?“ oder „Welche Erfahrungen bringen Sie mit?“
4. **Fragen zur Persönlichkeit und Soft Skills:** Etwa zu Teamfähigkeit, Konfliktverhalten oder Selbstreflexion.
5. **Informationen über das Unternehmen und die Stelle:** Der Arbeitgeber stellt sich vor. (Dies kann auch zu einem führen Zeitpunkt bereits eingebaut werden.)
6. **Rückfragen durch Bewerbende:** Ein wichtiges Signal für Interesse und Vorbereitung.
7. **Abschluss und weiteres Vorgehen:** Zum Beispiel Informationen über den weiteren Auswahlprozess.

Dazu gibt es auch zahlreiche praxisnahe und strukturierte Leitfäden, die mit typischen Fragen, Vorbereitungstipps und Hinweisen zur Selbsteinschätzung Hilfestellung geben. Dies kann in Vorbereitung von Bewerbenden, als auch von der Arbeitgeberseite verwendet werden. Für die Arbeitgeberseite soll damit sichergestellt werden, dass Bewerbungsgespräche objektiv und vergleichbar gestaltet werden.

Ziele von Bewerbungsgesprächen[57]

Für das Unternehmen:

- Eignung prüfen: Fachliche Qualifikationen, Soft Skills und kulturelle Passung beurteilen.
- Motivation verstehen: Warum bewirbt sich die Person? Was treibt sie an?
- Potenzial erkennen: Entwicklungsmöglichkeiten und langfristige Einsatzfähigkeit einschätzen.
- Abgleich mit Unterlagen: Aussagen im Gespräch mit dem Lebenslauf und Zeugnissen abgleichen.

Für die Bewerbenden:

- Selbstpräsentation: Die eigene Persönlichkeit, Stärken und Erfahrungen überzeugend darstellen.
- Informationen sammeln: Mehr über die Stelle, das Team und die Unternehmenskultur erfahren.
- Kompabilität prüfen: Einschätzen, ob das Unternehmen zu den eigenen Werten und Zielen passt.

Subjektive Einflüsse auf das Interview/Bewerbungsgespräch

Trotz starker Strukturen und Leitfäden können unbewusste Wahrnehmungsverzerrungen die Beurteilung beeinflussen (Vorurteile, erster Eindruck, Halo-Effekt, Sympa-

[57] Vgl. TU Chemnitz / Career Service: Das Bewerbungsgespräch (PDF), zuletzt abgerufen am 25. Juni 2025 von https://www.tu-chemnitz.de/career-service/students/Das%20Bewerbungsgespraech.pdf.

thie etc.). Sie lassen sich nur schwer vermeiden, sollten aber weitestgehend reduziert werden. Die Interviewer sollten dabei auch versuchen für Bewerbende eine angenehme Gesprächsatmosphäre zu schaffen und die Gesprächseröffnung dafür nutzen, sich selbst bewusst zu machen, dass eine Verzerrung zu vermeiden ist und Bewerbenden eine faire Chance im Gespräch zu geben.

3. Assessment-Center (AC)

Ein Assessment-Center ist ein mehrstufiges, strukturiertes Verfahren, bei dem Bewerbende verschiedene Aufgaben durchlaufen – zum Beispiel Gruppendiskussionen, Rollenspiele, Präsentationen oder Fallstudien. Es kommt ursprünglich aus dem Amerikanischen und bedeutet wörtlich „Beurteilungs- oder Einschätzungszentrum".

Ziel ist es, das Verhalten der Bewerbenden in realitätsnahen Situationen zu beobachten und zu bewerten. Es gibt verschiedene Übungen und Test hinsichtlich ihrer fachlichen, sozialen und methodischen Kompetenz, die es danach zu beurteilen gilt. Typische Bestandteile sind:

- **Gruppenaufgaben:** Ziel: Teamfähigkeit, Kommunikationsverhalten und Problemlösungskompetenz beobachten.

  ■ BEISPIEL: Die Gruppe soll gemeinsam entscheiden, welche Gegenstände sie nach einem Zugunglück retten würde – unter Zeitdruck und mit begrenzten Informationen. ■

- **Rollenspiele:** Ziel: Sozialkompetenz, Konfliktverhalten und Durchsetzungsfähigkeit einschätzen.

  ■ BEISPIEL: Der Bewerbende übernimmt die Rolle einer Führungskraft, die einem Mitarbeitenden ein kritisches Feedback geben muss – unter Beobachtung durch Assessoren. ■

- **Präsentationen:** Ziel: Ausdrucksvermögen, Strukturierungsfähigkeit und Fachkompetenz prüfen.

  ■ BEISPIEL: Kurze Präsentation (5–10 Minuten) zu einem vorgegebenen Thema, zum Beispiel „Trends in der Branche" oder „Meine ersten 100 Tage im Unternehmen". ■

- **Fallstudien:** Ziel: Analytisches Denken, Entscheidungsfähigkeit und wirtschaftliches Verständnis testen.

  ■ BEISPIEL: Die Bewerbenden erhalten ein Unternehmensszenario (zum Beispiel sinkende Umsätze) und sollen eine Strategie zur Verbesserung entwickeln und präsentieren. ■

- **Einzelinterviews:** Ziel: Persönliche Motivation, Werte und berufliche Erfahrungen vertiefend beleuchten.

■ BEISPIEL: Klassisches strukturiertes Interview mit Fragen zu bisherigen Erfolgen, Umgang mit Herausforderungen oder beruflichen Zielen. ■

Das Verfahren dauert meist ein bis drei Tage und wird besonders bei der Besetzung von Führungspositionen oder Traineeprogrammen eingesetzt. Die Beurteilung erfolgt durch sogenannte Assessoren, meist Führungskräfte oder HR-Experten.

Der Einsatz von Assessment-Centern wird immer wieder stark diskutiert. Für den Einsatz sprechen nachstehende Vorteile:

- Hohe Validität bei professioneller Durchführung
- Beobachtung mehrerer Kompetenzen gleichzeitig
- Vergleichbarkeit durch standardisierte Bewertung

Neben der möglichen Abschreckung von Bewerbenden stehen dem auch nachstehend aufgeführte Nachteile[58] gegenüber:

- Assessment-Center sind zeit- und kostenintensiv (für Unternehmen und Bewerbende)
- Künstliche Situationen, da die Übungen nur eingeschränkt realistisch den Arbeitsalltag abbilden.
- Stressbelastung, intensive Beobachtung, Wettbewerbsdruck können zu unnatürlichem Verhalten führen.
- Subjektive Bewertung durch persönliche Eindrücke der Assessoren
- Benachteiligung introvertierter Personen: Wer sich nicht gern in den Vordergrund stellt, wird in Gruppenübungen oft schlechter wahrgenommen.

4. Arbeitsproben und Simulationen

Hierbei bearbeiten Bewerbende konkrete Aufgaben, die typisch für die spätere Tätigkeit sind – zum Beispiel das Schreiben eines Textes, das Lösen einer technischen Aufgabe oder das Führen eines Kundengesprächs. Diese Aufgaben werden im Gegenzug zu herkömmlichen Assessment-Center-Aufgaben nicht in der Gruppe oder mit fiktiven Aufgabenstellungen vorgenommen, sondern bilden explizit Alltagssituationen der konkreten Stelle, auf die sich beworben wurde, ab.

Bei Arbeitsproben bearbeiten Bewerbende echte oder realitätsnahe Aufgaben aus dem späteren Joballtag – etwa das Verfassen eines Pressetextes, das Programmieren eines Codes oder das Erstellen einer Excel-Auswertung. Simulationen hingegen stellen typische Interaktionen nach, zum Beispiel ein Verkaufsgespräch, ein Kundentelefonat oder ein internes Meeting.

---

58 Vgl. Absolventa: Assessment Center: Vorteile, zuletzt abgerufen am 25. Juni 2025 von https://www.absolventa.de/karriereguide/ac-hilfe/assessment-center-vorteile.

Diese Verfahren ermöglichen eine direkte Leistungsbeobachtung und gelten als besonders valide, da sie die tatsächliche Arbeitsrealität widerspiegeln. Die Arbeitgeberseite hat damit einen ersten Eindruck vom späteren Arbeitsverhalten und einen Ausblick auf die dabei möglichen Ergebnisse.

Vorteile:

- Hohe Praxisnähe
- Direkte Leistungsbeobachtung

5. Psychologische Testverfahren

Psychologische Testverfahren sind standardisierte diagnostische Instrumente, die dazu dienen, individuelle Merkmale systematisch und objektiv zu erfassen. Sie kommen in der Eignungsdiagnostik, der klinischen Psychologie, der Pädagogik und der Forschung zum Einsatz.

Die Qualität eines Tests wird durch seine Objektivität, Reliabilität und Validität bestimmt – zentrale Gütekriterien der psychologischen Diagnostik. Diese Tests erfassen zum Beispiel kognitive Fähigkeiten, Persönlichkeit oder berufliche Interessen. Sie sollten wissenschaftlich fundiert, standardisiert und normiert sein.

- **Intelligenztests:** Diese Tests messen **kognitive Fähigkeiten** wie logisches Denken, Sprachverständnis, räumliches Vorstellungsvermögen oder Verarbeitungsgeschwindigkeit. Ziel ist es, die allgemeine intellektuelle Leistungsfähigkeit (oft als „g-Faktor" bezeichnet) zu erfassen.

  ■ BEISPIELE[59]:

  - **IST-2000-R** (Intelligenz-Struktur-Test): Misst verschiedene Intelligenzfacetten wie verbale, numerische und figurale Intelligenz.
  - **CFT 20-R** (Culture Fair Test): Kulturfreier Test zur Messung fluiden Denkens. ■

- **Persönlichkeitstests** (zum Beispiel BIP, NEO-PI-R): Sie erfassen **typisches Verhalten, Einstellungen und Motive**. Dabei wird nicht bewertet, was jemand leisten kann, sondern wie sich jemand in bestimmten Situationen verhält.

  ■ BEISPIELE[60]:

  - **BIP** (Bochumer Inventar zur berufsbezogenen Persönlichkeitsbeschreibung): Misst unter anderem Durchsetzungsvermögen, Gewissenhaftigkeit, Teamorientierung.

[59] Steininger, Thomas: Welche Arten von Testverfahren gibt es?, In: Der Einsatz psychologischer Testverfahren in Unternehmen. essentials., Wiesbaden: Springer, 2020, https://doi.org/10.1007/978-3-658-28462-6_3, zuletzt aufgerufen am 25. Juni 2025.

[60] Vgl. Gilbert & Bejer: Psychologische Tests (PDF), zuletzt abgerufen am 25. Juni 2025 von https://www.gilbert-bejer.de/mediapool/0/8737/data/PsychologischeTests.pdf.

  - **NEO-PI-R**: Basiert auf dem Fünf-Faktoren-Modell (Big Five) – Neurotizismus, Extraversion, Offenheit, Verträglichkeit, Gewissenhaftigkeit. ■

- **Leistungstests:** Leistungstests messen **maximales Verhalten** – also, was eine Person unter optimalen Bedingungen leisten kann. Dazu zählen Konzentrationstests, Aufmerksamkeitstests oder spezifische Fähigkeitstests.

  ■ BEISPIELE[61]:

  - **d2-R:** Misst Konzentrations- und Aufmerksamkeitsleistung.
  - **TAP** (Testbatterie zur Aufmerksamkeitsprüfung): Häufig in der Neuropsychologie eingesetzt. ■

Wissenschaftliche Fundierung

Eine wissenschaftliche Fundiertheit muss für diese psychologischen Tests gegeben sein, nach den Grundsätzen:

- **standardisiert** (gleiche Bedingungen für alle),
- **normiert** (Vergleich mit einer Referenzgruppe ermöglichen),
- und **wissenschaftlich validiert** (er misst tatsächlich, was er zu messen vorgibt).

Diese Anforderungen sind in der DIN 33430 geregelt – einer Norm zur berufsbezogenen Eignungsdiagnostik.

17.3.3.3 Qualitätsstandards

Qualitätsstandards in Auswahlverfahren wie Bewerbungsgesprächen und Eignungstests sind essenziell, um **Transparenz, Fairness und Rechtssicherheit** zu gewährleisten. Sie betreffen sowohl rechtliche Vorgaben als auch ethische und diagnostische Prinzipien.

1. Fairness und Gleichbehandlung (AGG)[62]

Das Allgemeine Gleichbehandlungsgesetz (AGG) verpflichtet Arbeitgeber dazu, Bewerbende **diskriminierungsfrei** zu behandeln – unabhängig von Geschlecht, ethnischer Herkunft, Religion, Behinderung, Alter oder sexueller Identität (§ 1 AGG). Verstöße können zu Schadensersatzforderungen führen.

Ein zentrales Qualitätsmerkmal ist daher die **AGG-Konformität** von Stellenausschreibungen, Interviewfragen und Auswahlentscheidungen. Unternehmen müssen dokumentieren können, dass keine unzulässige Ungleichbehandlung vorliegt.

---

[61] Vgl. Wikipedia: Leistungstest (Psychologie), zuletzt abgerufen am 25. Juni 2025 von https://de.wikipedia.org/wiki/Leistungstest_%28Psychologie%29.

[62] Vgl. Gesellschaft für Datenschutz: AGG vs. Datenschutz, zuletzt abgerufen am 25. Juni 2025 von https://gesellschaft-datenschutz.de/agg-vs-datenschutz/

2. Datenschutz und DSGVO

Die Datenschutz-Grundverordnung (DSGVO) regelt die Verarbeitung personenbezogener Daten im Bewerbungsprozess. Zentrale Prinzipien[63] laut Art. 5 DSGVO sind:

- Rechtmäßigkeit, Fairness und Transparenz
- Zweckbindung (Daten nur für den Bewerbungsprozess verwenden)
- Datenminimierung (nur notwendige Daten erheben)
- Speicherbegrenzung (Daten nach Abschluss des Verfahrens löschen)

Bewerbende müssen **klar informiert** werden, welche Daten erhoben werden und zu welchem Zweck. Bei Speicherung von Daten – zum Beispiel in einem Talente-Pool – ist zudem eine explizite schriftliche Zustimmung der Bewerbenden nötig, die auch jederzeit durch die Bewerbenden widerrufen werden kann.

3. Diagnostische Qualität (DIN 33430)

Die DIN 33430[64] ist eine deutsche Norm zur berufsbezogenen Eignungsdiagnostik. Sie definiert Standards für:

- **Objektivität:** Unabhängig von der beurteilenden Person.
- **Reliabilität:** Zuverlässigkeit der Messung.
- **Validität:** Misst das Verfahren, was es messen soll?
- **Transparenz und Nachvollziehbarkeit:** Sie empfiehlt u. a. den Einsatz standardisierter Verfahren, geschulter Interviewenden (Arbeitgeberseite) und eine systematische Dokumentation.

4. Weitere ethische Standards

- **Barrierefreiheit:** Verfahren sollten auch für Menschen mit Behinderung zugänglich sein.
- **Kandidatenorientierung:** Wertschätzender Umgang, Feedbackkultur und transparente Kommunikation stärken die Candidate Experience.
- **Vermeidung von Bias:** Schulungen zu Wahrnehmungsverzerrungen (zum Beispiel Halo-Effekt, Sympathie-Bias) fördern faire Entscheidungen

17.3.3.4 Entscheidungsfindung

Die Entscheidungsfindung in der Personalauswahl ist ein zentraler Schritt im Auswahlprozess, bei dem aus einer Gruppe geeigneter Bewerbender die Person ausgewählt wird, die am besten zum Anforderungsprofil und zur Unternehmenskultur passt. Da-

[63] Vgl. activemind.legal: DSGVO – Rechtsgrundsätze, zuletzt abgerufen am 25. Juni 2025 von https://www.activemind.legal/de/law/dsgvo-rechtsgrundsaetze/.

[64] DIN 33430: Grundlagen der Eignungsdiagnostik, Berlin: Deutsches Institut für Normung e. V., o. J.

bei geht es nicht nur um die Bewertung einzelner Merkmale, sondern um eine ganzheitliche Prognose beruflicher Leistung und Passung.

Entscheidungsstrategien

In der Praxis kommen zwei Hauptstrategien[65] zur Anwendung:

1. **Klinische (intuitive) Entscheidung:** Die Entscheidung wird auf Basis subjektiver Eindrücke und Gespräche getroffen. Diese Methode ist weit verbreitet, aber anfällig für kognitive Verzerrung und Fehlurteile.
2. **Mechanische (statistische) Entscheidung:** Hier werden Informationen aus verschiedenen Verfahren (zum Beispiel Tests, Interviews) systematisch gewichtet und kombiniert, etwa durch Punktesysteme oder Regressionsmodelle. Diese Methode ist nachweislich valider.

Ein Risikofaktor kann aber auch einfach nur die unstrukturierte Entscheidungsfindung an sich sein. In der Praxis werden häufig zu viele Informationen gesammelt, aber diese nicht systematisch ausgewertet. Das kann den Entscheidungsprozess sogar stören oder gar verschlechtern. Daher sollte man vorab ein gutes und klares Bild vom passenden Bewerbenden haben und dies praktisch und logisch mit den Ergebnissen vergleichen.

Einflussfaktoren auf die Entscheidung

Die Entscheidung in der Personalauswahl wird von einer Vielzahl an Einflussfaktoren geprägt – sowohl auf sachlicher als auch auf psychologischer Ebene. Eine fundierte Auswahlentscheidung berücksichtigt daher nicht nur die Eignung der Bewerbenden, sondern auch strukturelle, soziale und kognitive Rahmenbedingungen.

- **Validität der Verfahren:** Je höher die prognostische Validität eines Instruments (zum Beispiel Intelligenztest, strukturiertes Interview), desto stärker sollte es in die Entscheidung einfließen.
- **Gewichtung der Merkmale:** Fachliche Eignung, soziale Kompetenzen und kulturelle Passung müssen sinnvoll priorisiert werden.
- **Transparenz und Nachvollziehbarkeit:** Entscheidungen sollten dokumentiert und begründet werden – auch im Sinne der Fairness und Rechtssicherheit.

Vorgehen bei der Entscheidungsfindung

Dies setzt voraus, dass das Anforderungsprofil klar ist, das Auswahlverfahren (zum Beispiel Interview, Testverfahren etc.) durchgeführt wurde und die daraus erhobenen Erkenntnisse in geeigneter und strukturierter Form (zum Beispiel Datenbank oder Auswertungsmatrix) erfasst wurden.

---

[65] Vgl. Schmidt, Frank L.; Hunter, John E.: The validity and utility of selection methods in personnel psychology. Practical and theoretical implications of 85 years of research findings, In: Psychological Bulletin, 124(2), 1998, S. 262–274, (Hinweis: Enthält u. a. die Gegenüberstellung mechanischer vs. intuitiver Kombination von Auswahlinformationen).

Danach ist der Einstieg in die Entscheidungsfindung möglich. Zumeist erfolgt diese in den nachstehenden Schritten:

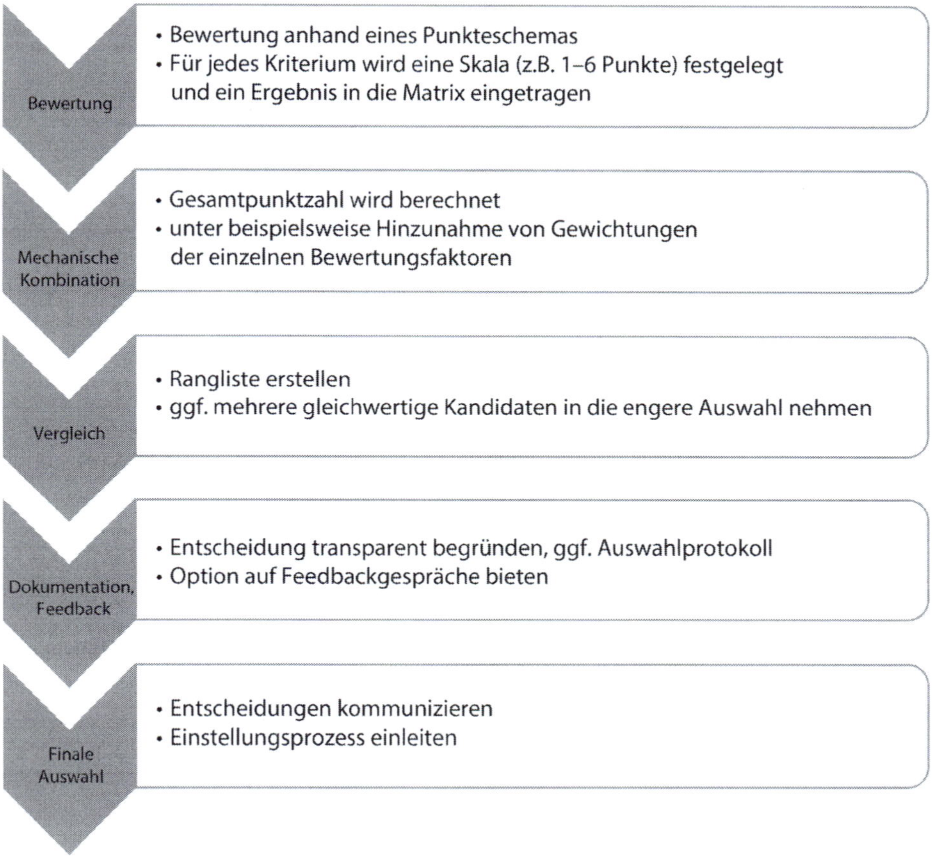

Abbildung 17.5: Schritte zur Entscheidungsfindung

Die Entscheidungsfindung kann dabei in unterschiedlicher Form erfolgen, mittels Excel-Auswertung oder einer entsprechenden HR-Software. Meist wird die Auswertung gemeinsam besprochen und Pro-/Contra der in Frage kommenden, aber in der Rangliste eng nebeneinander liegenden Kandidaten diskutiert. Diese internen Gespräche können ebenfalls dokumentiert werden. Die Vorlage und Zustimmung des Betriebsrats ist ebenfalls meistens vor Angebotsübersendung an den Bewerbenden nötig, dieser Prozess wird in der Regel von Mitarbeitenden aus der HR-Abteilung vorgenommen.

Vorgehen bei Absagen von Bewerbenden

Bei Absagen im Bewerbungsprozess gelten bestimmte Grundsätze, die sowohl rechtlich als auch im Sinne eines positiven Arbeitgeberimages beachtet werden sollten.

Daher wird dieser Schritt auch üblicherweise von Mitarbeitenden der HR-Abteilung vorgenommen. Es gelten dabei die nachstehenden Grundsätze:

- **Wertschätzung und Respekt** (höfflich, empathisch und professionell formulierte Absagen)
- **Zeitnahe Kommunikation**
- **Rechtssicherheit** (AGG-konform)
- **Keine Begründungspflicht** – aber Transparenz möglich
- **Employer Branding stärken** (nach einer Absage kann dennoch ein weiterer Bewerbungsprozess für die Person starten)

17.3.4 On-Boarding-Prozess

Der Einstellungsprozess endet mit der Übermittlung des Vertragsangebots, welches durch die Bewerbenden unterzeichnet zurückgeschickt wird. Gegebenenfalls kann es noch zu Rückfragen oder Nachverhandlungen kommen. Nach finaler Unterzeichnung und Rücksendung beginnt die Vorbereitung des Arbeitsbeginns und damit auch der Start des eigentlichen On-Boarding-Prozesses, beispielsweise in Form von Bestellung EDV-Equipment, IT-Zugänge, Arbeitsplatz, Einarbeitungsplan etc.

Nach erfolgreichem Personalauswahlprozess startet das On-Boarding. Dies ist ein strukturierter und systematischer Ablauf zur Einarbeitung und Integration neuer Mitarbeitenden in ein Unternehmen. Ziel ist es, den Einstieg so zu gestalten, dass neue Teammitglieder schnell produktiv werden, sich willkommen fühlen und langfristig ans Unternehmen gebunden werden.

Diese Prozessschritte werden in der Regel von der HR-Abteilung und dem jeweiligen Fachbereich gemeinsam vorgenommen. Es gibt dazu meist feste Prozessabläufe, Bestellformulare und entsprechende Wartezeiten, bis alle Arbeiten im Vorfeld abgeschlossen sind. Daher sind „spontane" Einstellungen eher unüblich, in der Regel gibt es eine Vorlaufzeit zwischen Vertragsunterzeichnung und erstem Arbeitstag von vier bis acht Wochen, je nach internem Unternehmensprozess. Danach startet am ersten Arbeitstag das eigentliche On-Boarding im Rahmen der Einarbeitungsphase der neuen Mitarbeitenden.

Ein gelungenes On-Boarding verkürzt die Einarbeitungszeit, steigert die Motivation und Bindung, stimmt dabei auch die bestehende Belegschaft auf die neuen Mitarbeitenden ein und fördert somit auch die Integration in das Team und die Unternehmenskultur. Ein gutes On-Boarding verringert Frühfluktuation seitens der neuen Mitarbeitenden.

Erfolgsfaktoren sind dabei klare Prozesse und Zuständigkeiten sowie die technische und organisatorische Verfügbarkeit von beispielsweise IT-Zugängen oder Arbeitsplatzausstattung. Um dies zu erreichen sind regelmäßige Feedbackgespräche oder Umfragen nötig und daraus resultierend eine stetige Anpassung der Prozesse erforderlich. Die Erfahrungen neuer Mitarbeitenden während der ersten 100 Tage im neuen Job sind entscheidend. Auch das Unternehmen hat ein wirtschaftliches Interesse daran, diesen Prozess so angenehm wie möglich zu machen, schließlich sind Personalauswahlprozesse zeit- und kostenintensiv.

Typische Phasen[66] des Onboardings

1. **Pre-Boarding** (vor dem ersten Arbeitstag): Bereitstellung von Informationen, Einrichtung des Arbeitsplatzes, erste Kontaktaufnahme.
2. **Orientierungsphase** (erste Wochen): Einführung in Aufgaben, Prozesse, Tools und das Team.
3. **Integrationsphase** (bis Ende der Probezeit): Vertiefung der fachlichen Einarbeitung, Feedbackgespräche, soziale Eingliederung

17.3.4.1 Maßnahmen vor Beginn der Arbeitsaufnahme

Die Pre-Onboarding-Phase beginnt unmittelbar nach der Vertragsunterzeichnung – es ist somit klar, dass der neue Mitarbeitende am Tag X (konkretes Datum) startet. Dieser Prozessschritt endet mit dem ersten Arbeitstag. Ziel ist es, neue Mitarbeitende frühzeitig zu binden, Unsicherheiten abzubauen und organisatorische Hürden zu minimieren. Eine klare Rollenverteilung sowie strukturierte Maßnahmen sind dabei entscheidend.

Rollenverteilung: Führungskraft und Personalabteilung

Der Beziehungsaufbau zwischen Führungskraft und neuem Mitarbeitendem im Pre-Onboarding-Prozess ist entscheidend, um die getroffene Entscheidung für das Unternehmen zu bestätigen und zugleich den neuen Mitarbeitenden zu binden und damit späterer Fluktuation vorzubeugen.

Eine Studie von Markt und Mittelstand[67] zeigt, dass bis zu 15 % der Bewerbenden zwischen Vertragsunterzeichnung und Arbeitsbeginn abspringen – ein Risiko, das durch aktives Pre-Onboarding deutlich reduziert werden kann.

Um hier nach „außen" – also zum neuen Mitarbeitenden – einen guten, vertrauensvollen und stimmigen Eindruck zu hinterlassen, ist das Rollenverständnis der agierenden Per-

[66] Vgl. Haufe: Phasen und Elemente des Onboardings, zuletzt abgerufen am 25. Juni 2025 von https://www.haufe.de/personal/hr-management/digitales-onboarding/phasen-und-elemente-des-onboarding_80_330504.html.

[67] Vgl. Markt und Mittelstand: Perfektes Pre-Boarding – inkl. KI-Prompt-Tipp für einen Kommunikationsplan, zuletzt abgerufen am 25. Juni 2025 von https://www.marktundmittelstand.de/ratgeber/perfektes-pre-boarding-inkl-ki-prompt-tipp-fuer-einen-kommunikationsplan.

sonen wichtig. Aus den entsprechenden Rollen ergeben sich auch die jeweiligen Aufgaben, die als Vorbereitung auf den ersten Arbeitstag vorgenommen werden müssen:

Personalabteilung (Human Resources/HR):

- Koordination des gesamten Pre-Onboardings
- Versand von Vertragsunterlagen, Willkommenspaketen und organisatorischen Informationen
- Einrichtung von IT-Zugängen, E-Mail-Adresse und gegebenenfalls Schulungsportalen
- Bereitstellung eines Einarbeitungsplans oder einer Agenda für die erste Woche

Führungskraft:

- Persönliche Kontaktaufnahme und in Kontakt bleiben (zum Beispiel Begrüßungs-E-Mail oder Anruf)
- Vorstellung/Ankündigung im vorhandenen Team vorbereiten
- Benennung eines passenden Mentors oder Paten
- Abstimmung der Aufgaben für die ersten Tage
- Erstellung eines Einarbeitungsplans mit Zuständigkeiten und Zeitablauf

Je prozessualer und standardisierter dies vorgenommen wird, desto weniger Risiken bestehen, zu wenig vorbereitet zu haben oder gar den Eindruck bei neuen Mitarbeitenden zu hinterlassen, unvorbereitet zu sein. Vor allem Einarbeitungspläne werden in der Regel über lange Zeit entwickelt und an neue Gegebenheiten stetig angepasst. Eine gewisse Kontrollfunktion im Hinblick auf Zuständigkeiten oder bis wann, welche Aufgabe in der Einarbeitung durchlaufen werden muss, kann eine zusätzliche Hilfestellung für neue Mitarbeitende sein und zugleich Grundlage für das erste Personalgespräch. Während der Probezeit sind regelmäßige Feedback Gespräche ratsam, um gegenseitig Klarheit in den Erwartungen zu haben und die Beziehung miteinander zu gestalten.

Büroausstattung und Arbeitsplatzvorbereitung

In Zeiten von hybriden Arbeitswelten mit Sharing-Arbeitsplätzen verändert sich das On-Boarding und die Integration neuer Mitarbeitenden grundlegend. Hybride Arbeitsmodelle werden durch Desk-Sharing oder non-territorialen Arbeitsplätzen geprägt. Dadurch werden die Funktionalität und Verfügbarkeit der EDV für den Start im neuen Unternehmen grundlegend wichtig.

Zur üblichen Ausstattung des Arbeitsplatzes sind daher zu organisieren:

- Bereitstellung von Laptop, Monitor(en), Maus, Tastatur, gegebenenfalls Diensthandy

- Einrichtung des Arbeitsplatzes (physisch oder remote) – meist im Rahmen eines digitalen Welcome-Pakets und Zugängen zu Buchungssystemen für Arbeitsplätze, Parkplätze, Regelungen für Präsenz- und Remote-Tage
- Technische Funktionsprüfung vor dem ersten Arbeitstag – vorrangig zum Beispiel Zugriff auf Team-Laufwerke oder Programme die zur Aufgabenerfüllung notwendig sind
- Bereitstellung von Zugängen zu allen weiteren internen Systemen, Tools und Kommunikationsplattformen

Die Führsorgepflicht des Arbeitgebers endet nicht vor dem Homeoffice, sondern erstreckt sich auf dasselbe. Es sind vorab vor allen Absprachen notwendig, wie der Home-office-Arbeitsplatz ausgestattet ist und was die neuen Mitarbeitenden gegebenenfalls für das Remote Arbeiten benötigen. Bei Mitarbeitenden im Dauer-remote-Modus ist gegebenenfalls ein Besuch der Berufsgenossenschaft notwendig, um sicherzustellen, dass der Home-office-Arbeitsplatz den Vorgaben eines geeigneten Arbeitsplatzes entspricht oder welche Verhütungsmaßnahmen noch notwendig sind. Die Sicherstellung des Arbeitsplatzes ist Arbeitgebersache. In manchen Unternehmen kann eine digitale Unterstützung zur Einrichtung des Arbeitsplatzes im häuslichen Umfeld gebucht werden.

Bereitstellung von Informationen

Die ersten Unterlagen und Informationen, die grundlegend zur Orientierung und Zugehörigkeit gehören, sind neuen Mitarbeitenden auszuhändigen (meist digital). Dies schafft für Neuankömmlinge eine gewisse Struktur anhand derer sie sich ans Unternehmen gewöhnen können und sich nach und nach mit Aufgabe und Unternehmen zu identifizieren lernen.

In der Regel geht es um:

- Unternehmensleitbild/-präsentation, Organigramm, Teamvorstellung
- Ansprechpartner und Kommunikationswege
- Erste-Woche-Agenda oder individuell erstellter Einarbeitungsplan
- Hinweise zu Dresscode, Arbeitszeiten, Kantine etc.
- Hinweis und Zugang zu Pflichtschulungen, Unterweisungen und ähnlichem zur Unfall- oder Schadenverhütung

Erste Kontaktaufnahme

Die entsprechende Führungskraft erhält meist von HR einen Hinweis, wenn die unterzeichneten Vertragsdokumente im Unternehmen eingetroffen sind. Dann wird der On-Boarding-Prozess gestartet, nun ist im Rahmen des Pre-Onboarding auch die weitere und damit erste Kommunikation seitens des Unternehmens und ihren neuen Mitarbeitenden im Bewusstsein, dass beide nun einen gemeinsamen Weg beginnen, vorgenommen.

Die wesentliche Kommunikation ist dabei:

- Persönliche Begrüßung durch HR oder Führungskraft (zum Beispiel per E-Mail, Video oder Telefon)
- Einladung zu einem informellen Team-Event oder virtuellen Kennenlernen (vor Start der Tätigkeit)
- Gegebenenfalls abklären, was an EDV-Technik beispielsweise für das Home-office benötigt wird
- Regelmäßige kurze Check-ins bis zum Start
- Klare Kommunikation: Wann und wo der neue Mitarbeitende am 1. Arbeitstag erscheinen soll

17.3.4.2 Einarbeitung, soziale und kulturelle Integration

Neben den oben genannten zumeist organisatorischen Themen muss sich das Unternehmen im Vorfeld auch über die Integration der neuen Mitarbeitenden Gedanken machen. Eine erfolgreiche Einarbeitung ist nur gegeben, wenn eine nachhaltige Integration ins bestehende Team stattgefunden hat und die neuen Mitarbeitenden sich ab dem ersten Arbeitstag mit dem neuen Unternehmen, dessen Werten und Zielrichtungen identifiziert.

Vor allem in der neuen Arbeitswelt mit hybriden Arbeiten hat die Einarbeitungsphase an Bedeutung gewonnen: Aufgrund wechselnder Arbeitsorte und oftmals fehlender persönlicher Schreibtische, kann es schwierig sein, sich als Neuankömmling wohl zu fühlen. Auch sich aus dem Remote-Arbeitsplatz aktiv zu melden und nach Hilfe/Orientierung zu fragen, ist für neue Mitarbeitende nicht immer einfach.

Herausforderungen und Anforderungen im Überblick:

- **Verlust fester Bezugspunkte:** Neue Mitarbeitende haben keinen „eigenen" Platz mehr, was Unsicherheit und Entfremdung fördern kann.
- **Informationszugang sicherstellen:** Digitale Tools und klare Kommunikationswege sind essenziell, um auch remote alle relevanten Informationen bereitzustellen.
- **Teamkultur auf Distanz aufbauen:** Virtuelle Begrüßungen, hybride Teammeetings und digitale Patenschaften helfen, soziale Integration zu fördern.

Soziale Integration

Ein Gefühl von Zugehörigkeit entsteht nicht automatisch – es muss aktiv gestaltet werden. Zumeist besteht auch eine gewisse Hemmschwelle oder Berührungsängste am Anfang, dies gilt es auch auf „Distanz" zu erkennen und integrativ entgegenzuwirken.

Bewährte Maßnahmen sind daher:

- **Mentoring-Programme:** Eine erfahrene Person begleitet den Neuzugang fachlich und persönlich. Meist auch Senior- zu Junior-Rolle.
- **Tandem- oder Patenmodelle:** Teamkollegen stehen als erste Ansprechpersonen zur Verfügung, in allen Fragen – fachlich und organisatorisch.
- **Virtuelle oder persönliche Kennenlernformate:** Beispielsweise digitale Kaffeepausen, Teamvorstellungen oder informelle Begrüßungsevents.
- **Workshops:** Meist fachliche Schulungen zu Produkten, Zielgruppen, Prozesse oder zur Unternehmenskultur, Werte- und Leitbildpräsentationen, Storytelling durch langjährige Mitarbeitende etc.

Ein strukturierter Pre-Onboarding-Prozess, der Einarbeitung, soziale Anbindung und kulturelle Orientierung kombiniert, erhöht nicht nur die Produktivität, sondern auch die emotionale Bindung – und senkt nachweislich die Frühfluktuation.

Bei all diesen spielt der Faktor Mensch eine Rolle: Trotz standardisierter Prozesse, digitaler Tools, Schulungen etc. bleibt der Umgang mit Menschen ein emotionaler, dynamischer und oft unberechenbarer Faktor. Es geht um Wahrnehmung und Sympathie, Kommunikation, Bindungen, aber auch kulturelle und soziale Integration. Auch Konkurrenz-Kampf oder Arbeitsplatzunsicherheiten können eine tragende Rolle spielen. Es liegt also an der Führungskraft, wie der Start im Unternehmen gelingt – danach muss die Führungskraft leiten und lenken, menschliche Faktoren und Einflüsse sind nur schwer abzuschalten oder abzuschätzen, ein Irrtum ist immer möglich.

17.3.5 Off-Boarding-Prozess

Der Off-Boarding-Prozess beschreibt den strukturierten und professionellen Austritt eines Mitarbeitenden aus dem Unternehmen – unabhängig davon, ob dieser freiwillig oder unfreiwillig erfolgt. Ziel ist es, den Übergang für alle Beteiligten reibungslos, wertschätzend und rechtssicher zu gestalten. Dabei geht es nicht nur um technische Aspekte wie die Rückgabe von Arbeitsmitteln, sondern auch um emotionale, soziale und organisatorische Komponenten.

Ein professionelles Off-Boarding ist nicht nur ein Zeichen von Respekt gegenüber scheidenden Mitarbeitenden, sondern auch ein strategisches Instrument zur Wissenssicherung, Imagepflege und Risikominimierung. Für viele Ex-Mitarbeitenden wird diese letzte Phase im Unternehmen prägend sein. Es ist der „Nachruf" auf das abgelaufene Arbeitsverhältnis – negative Wahrnehmungen verstärken sich manchmal in dieser Phase auch noch, da die Bindung und damit auch die Identifikation mit dem Unternehmen noch stärker abnimmt als zuvor. Für Unternehmen stellt das ein Risiko dar, da ihre Mitarbeitenden nicht nur Know-how nach „außen" tragen, sondern gegebenenfalls auch Kenntnisse von internen Abläufen, Kunden, Kennzahlen, Geschäfts- und Betriebsgeheimnisse haben. Daher erkennen immer mehr Unternehmen, dass auch das Off-Boarding einen Prozess bedarf, der Risiken minimiert und im rechtlichen Rahmen agiert.

17.3.5.1 Allgemeiner Ablauf[68] des Off-Boarding-Prozesses

In der Regel sieht der Prozess die nachfolgenden Schritte vor:

1. Kündigung oder Austrittsgrund feststellen
2. Kommunikation im Team und an relevante Stellen
3. Wissenssicherung und Übergabe organisieren
4. Technische Abmeldung (Zugänge, Geräte, Software)
5. Abschlussgespräch führen (Exit-Interview)
6. Zeugnis und Unterlagen übergeben
7. Verabschiedung gestalten (persönlich oder digital)

17.3.5.2 Gründe für ein Off-Boarding

Ein Off-Boarding und damit die Aufhebung des Arbeitsverhältnisses kann durch unterschiedliche Gründe zustande kommen, die auch unterschiedliche Maßnahmen oder Besonderheiten mit sich bringen. Nachstehend die wichtigsten Aspekte dazu:

Ruhestand/Rente

Beim Übergang in den Ruhestand steht die Wertschätzung der Lebensleistung im Vordergrund. Der Prozess sollte frühzeitig geplant werden, um Wissen zu sichern und die Nachfolge zu regeln.

- **Maßnahmen:** Abschiedsfeier, Übergabegespräche, gegebenfalls Mentoring für Nachfolgende
- **Besonderheit:** Möglichkeit zur Weiterbeschäftigung auf Teilzeitbasis oder als Beratende

Eigenkündigung

Bei freiwilligem Austritt ist es wichtig, die Gründe zu verstehen und professionell zu reagieren – auch im Sinne des Employer Brandings. Ebenso kann versucht werden, die Mitarbeitenden noch einmal zu motivieren, die Kündigung zurückzunehmen und weiterhin beim Unternehmen zu bleiben. In der Regel zeichnet sich aber ein Abgang

[68] Vgl. Haufe: Offboarding: Mitarbeiter – Prozess und Checkliste, zuletzt abgerufen am 25. Juni 2025 von https://www.haufe.de/personal/hr-management/offboarding-mitarbeiter-prozess-und-checkliste_80_484420.html.

im Rahmen einer Eigenkündigung im Vorfeld schon ab, da dies meist vom Mitarbeitenden als „der letzte Ausweg" gesehen wird.

- **Maßnahmen:** Exit-Interview, Feedback einholen, Talentpool anbieten
- **Ziel:** Beziehung aufrechterhalten, zum Beispiel für Boomerang-Hires (Rückkehrende)

Nichtübernahme (zum Beispiel nach Ausbildung oder Probezeit)

Hier ist eine besonders sensible Kommunikation entscheidend, um Enttäuschung abzufedern und Perspektiven aufzuzeigen. Vor allem wenn beide Seiten nicht das gleiche Verständnis von geleisteter Arbeitsperformance haben, ist es umso wichtiger rechtskonform zu handeln und keine Rechtsstreitigkeiten oder weitere Risiken (zum Beispiel Sabotage, Rachepläne etc.) für das Unternehmen zu fördern.

- **Maßnahmen:** Frühzeitige Rückmeldung, konstruktives Feedback, gegebenenfalls Hilfe bei Neuorientierung
- **Ziel:** Fairness und Transparenz wahren

Personalfreisetzung (betriebsbedingt)

Bei Kündigungen aus wirtschaftlichen Gründen ist der Off-Boarding-Prozess besonders anspruchsvoll. Neben rechtlichen Aspekten spielen soziale Verantwortung und Kommunikation eine zentrale Rolle. Die erfolgt unter gesetzlichen Vorschriften und unter Einbindung des Betriebsrats. Auch hier sind Unternehmen gut beraten das Employer Branding zu beachten und geeignete Maßnahmen zu ergreifen, um Image-Verluste zu reduzieren.

- **Maßnahmen:** Sozialplan, Transfergesellschaften, Outplacement-Beratung
- **Ziel:** Reputationsschutz, Motivation der verbleibenden Belegschaft sichern

Es gibt in der Praxis noch zahlreiche weitere Gründe für ein Ausscheiden eines Mitarbeitenden, dies kann gesundheitliche, familiäre, gesellschaftliche oder andere Gründe haben. Da vielerlei rechtliche und wirtschaftliche Themen eine Rolle spielen wird der Off-Boarding-Prozess in den meisten Fällen durch einen Rechtsbeistand begleitet, das kann entweder eine gesonderte Abteilung sein oder durch externe Anwaltskanzleien erfolgen. Auch Aufhebungsvereinbarungen können ein Weg sein, um ein Arbeitsverhältnis partnerschaftlich gemeinsam zu beenden.

Zusammenfassung:

Das vorrangegangene Kapitel behandelt zentrale Methoden entlang des gesamten Employee Life Cycles – vom ersten Kontakt bis zum Austritt aus dem Unternehmen. Im Personalmarketing steht das Employer Branding im Fokus: Unternehmen positionieren sich als attraktive Arbeitgeber, etwa durch klare Arbeitgeberversprechen, um Bewerber gezielt anzusprechen.

Die Personalgewinnung umfasst Maßnahmen wie Stellenausschreibungen, Karrieremessen oder Social-Media-Kampagnen. Wichtig sind dabei eine authentische Unternehmensdarstellung und eine realistische Tätigkeitsvorschau.

In der Personalauswahl geht es darum, mittels Arbeits- und Anforderungsanalysen passende Profile zu definieren. Es kommen verschiedene Auswahlinstrumente wie Tests, Interviews oder ACs zum Einsatz – unter Beachtung von Qualitätsstandards und einer strukturierten Entscheidungsfindung.

Der Onboarding-Prozess startet bereits vor dem ersten Arbeitstag mit vorbereitenden Maßnahmen, führt über eine strukturierte Einarbeitung bis hin zur sozialen und kulturellen Integration ins Team. Auch der Off-boarding-Prozess ist essenziell für einen professionellen Übergang, Wissenssicherung und als Chance für Feedback essenziell.

17.4 Ermitteln unternehmensbezogener und individueller Personalentwicklungsbedarfe, Ableiten kompetenzbasierter interner und externer Weiterbildungsmaßnahmen sowie Durchführen von Evaluationen und Bildungscontrolling

Mitarbeitende zu beschäftigen ist eine Sache, die laufende und stetige Weiterentwicklung des Fachpersonals eine andere. Dies ist der Proximus Versicherung AG wichtig, weshalb in den Gesprächen mit der HR-Abteilung immer wieder der Hinweis gegeben wird, dass das „Human Capital" auch bedeutet, die Qualifikation und Fähigkeiten ihrer Mitarbeitenden ständig dynamisch zu verbessern und weiterzuentwickeln.

Ebenso haben die Mitarbeitenden selbst heutzutage viel mehr Ansprüche an ihre Tätigkeit und Weiterentwicklungsmöglichkeiten wird vorausgesetzt. Lisa wirft in das Gespräch ein, dass Mitarbeitende ohne Entwicklungsmöglichkeiten die Proximus Versicherung AG tendenziell eher verlassen werden, da auch bei ihrem eigenen Arbeitsplatzwechsel der Wunsch nach Veränderung und Entwicklung der treibende Faktor war. Lisa und Max fragen sich daher, welche Möglichkeiten der Entwicklung es gibt und was das konkret für die Proximus Versicherung AG bedeutet.

In einer zunehmend dynamischen und wissensbasierten Arbeitswelt ist die kontinuierliche Entwicklung von Kompetenzen ein zentraler Erfolgsfaktor für Unternehmen und ihre Mitarbeitenden – so auch in der Finanz- und Versicherungsbranche. Eine **lernende Organisation**[69] ist ein Unternehmen, das sich kontinuierlich weiterentwickelt, indem es systematisch Wissen generiert, teilt und anwendet. Ziel ist es, sich flexibel an Veränderungen im Markt, in der Technologie oder im gesellschaftlichen Umfeld anzupassen und dadurch langfristig wettbewerbsfähig zu bleiben.

Die Personalentwicklung (PE) übernimmt dabei eine strategische Schlüsselrolle: Sie identifiziert systematisch den unternehmensbezogenen und individuellen Weiterbildungsbedarf, leitet daraus zielgerichtete Maßnahmen ab und überprüft deren Wirksamkeit durch Evaluation und Bildungscontrolling.

Dabei geht es nicht nur um die kurzfristige Qualifizierung, sondern um die nachhaltige Entwicklung von Fähigkeiten, die zur Erreichung der Unternehmensziele beitragen.

Die professionelle Personalentwicklung ist ein strukturierter, strategischer Prozess, der weit über das bloße Angebot von Fortbildungen hinausgeht. Aufbauend auf der systematischen Bedarfsanalyse stellt sich die Frage, mit welchen Methoden die identifizierten Qualifizierungsbedarfe effizient und zielgerichtet gedeckt werden können. Die Auswahl geeigneter Entwicklungsmaßnahmen verlangt nicht nur methodische Vielfalt, sondern auch die Fähigkeit, Lernprozesse an individuelle Bedürfnisse und organisationale Anforderungen anzupassen.

Besonderes Augenmerk verdient dabei die Entwicklung von Führungskräften. Diese beeinflussen maßgeblich die Unternehmenskultur, das Engagement ihrer Mitarbeitenden und den Erfolg von Transformationsprozessen. Ihre Qualifizierung stellt somit einen kritischen Hebel für die strategische Weiterentwicklung der Organisation dar.

Ebenso relevant ist die Förderung individueller Karrierewege. Eine moderne Personalentwicklung integriert Laufbahnplanung und Karriereförderung, um Talente langfristig zu binden, interne Entwicklungsperspektiven sichtbar zu machen und den internen Arbeitsmarkt zu stärken.

Ein weiterer integraler Bestandteil des Personalentwicklungs-Prozesses ist die Evaluation. Nur durch kontinuierliche Erfolgskontrolle und ein zielgerichtetes Bildungscontrolling kann gewährleistet werden, dass eingesetzte Maßnahmen auch den gewünschten Effekt erzielen und zur Wertschöpfung des Unternehmens beitragen. Ziel ist es, Weiterbildung nicht als Selbstzweck zu begreifen, sondern als messbaren Beitrag zur Unternehmensentwicklung.

---

[69] Senge, Peter M.: The Fifth Discipline. The Art and Practice of the Learning Organization, New York: Doubleday, 1990 / Wikipedia: Lernende Organisation, o. J., zuletzt abgerufen am 25. Juni 2025 von https://de.wikipedia.org/wiki/Lernende_Organisation.

17.4.1 Personalentwicklungsbedarfe

„Wer nicht mit der Zeit geht, geht mit der Zeit" – Eine Redewendung, die wohl jeder kennt. Genau darin liegt der Grund, warum eine gezielte (Weiter-)Entwicklung ihrer Mitarbeitenden für ein Unternehmen so unglaublich wichtig ist. Denn nicht nur technische Anforderungen oder Markttrends sind entscheidend für den Unternehmenserfolg – es sind auch die Mitarbeitenden und deren Kenntnisse und Fähigkeiten.

Employability

Dies bezeichnet die Beschäftigungsfähigkeit einer Person – also ihre Fähigkeit, eine Anstellung zu finden, zu behalten und sich an wandelnde Anforderungen des Arbeitsmarkts anzupassen. In einer dynamischen Arbeitswelt mit Digitalisierung, Automatisierung und demografischem Wandel gewinnt Employability zunehmend an Bedeutung.

Kernelemente der Employability

- **Fachliche Qualifikationen**: Ausbildung, Studium, Weiterbildungen
- **Soft Skills**: Kommunikationsfähigkeit, Teamarbeit, Problemlösung
- **Berufserfahrung**: Praktische Anwendung in verschiedenen Kontexten
- **Anpassungsfähigkeit**: Offenheit für Veränderungen und neue Technologien
- **Gesundheit und Wohlbefinden**: Als Grundlage für langfristige Leistungsfähigkeit[70]

Employability ist nicht nur für Individuen relevant, sondern auch für Unternehmen, die auf eine anpassungsfähige Belegschaft angewiesen sind. Sie wird zunehmend als Schlüsselkompetenz für lebenslanges Lernen und nachhaltige Karriereentwicklung verstanden.[71]

Die Identifikation von Personalentwicklungsbedarfen ist der erste und zugleich entscheidende Schritt im Rahmen einer strategisch ausgerichteten Personalentwicklung. Sie bildet die Grundlage für alle nachfolgenden Maßnahmen und stellt sicher, dass Weiterbildungsangebote nicht nur reaktiv, sondern vorausschauend und zielgerichtet gestaltet werden. Dabei geht es nicht allein um das Schließen aktueller Qualifikationslücken, sondern um die Entwicklung zukunftsrelevanter Kompetenzen, die sowohl den Unternehmenserfolg als auch die individuelle Beschäftigungsfähigkeit sichern.

Die Ermittlung von Personalentwicklungsbedarfen ist daher ein dynamischer, mehrstufiger Prozess, der strategische und individuelle Perspektiven integriert. Unternehmensweite Kompetenzbedarfe geben die **Richtung** vor, während individuelle Bedarfe die **Umsetzung** auf persönlicher Ebene ermöglichen. Eine systematische Bedarfsana-

[70] Vgl. Rump, Jutta; Eilers, Silke: Die drei Dimensionen der Beschäftigungsfähigkeit (Employability), In: Arbeiten in der neuen Normalität, Wiesbaden: Springer, 2022.

[71] Vgl. Haufe Akademie: Employability. Definition, Faktoren & Tipps zur Steigerung, o. J., zuletzt abgerufen am 25. Juni 2025 von https://www.haufe-akademie.de/blog/glossar/employability/.

lyse schafft die Voraussetzung für wirksame, zielgerichtete und zukunftsorientierte Personalentwicklungsmaßnahmen.

Auch im Hinblick auf Nachhaltigkeitsgrundsätze ist die Personalentwicklung entscheidend, siehe dazu auch Kapitel 12 das sich mit Nachhaltigkeit beschäftigt und auch eine gewisse Weiterentwicklung der vorhandenen Belegschaft voraussetzt.

IDD-Weiterbildungsverpflichtung

Die IDD-Weiterbildungsverpflichtung (Insurance Distribution Directive) ist eine EU-weite Regelung, die seit 2018 für alle in der Versicherungsvermittlung tätigen Personen gilt. Ziel ist es, die fachliche Kompetenz/Qualifizierung und Beratungsqualität im Sinne des Verbraucherschutzes sicherzustellen. Kurz erklärt:

- **Betroffene:** Versicherungsvermittelnde, -beratende, sowie alle Mitarbeitenden, die an der Beratung, Vermittlung oder Verwaltung von Versicherungsverträgen beteiligt sind.
- **Pflichtumfang:** Mindestens 15 Zeitstunden Weiterbildung pro Kalenderjahr – unabhängig davon, ob die Tätigkeit haupt- oder nebenberuflich ausgeübt wird.[72]
- **Formen der Weiterbildung:** Präsenzveranstaltungen, Webinare, begleitetes Selbststudium mit Lernerfolgskontrolle oder betriebsinterne Schulungen sind zulässig.
- **Rechtsgrundlage:** In Deutschland geregelt durch § 34d Abs. 9 GewO und § 7 VersVermV[73]
- **Nachweis & Kontrolle:** Die Industrie- und Handelskammern (IHKs) können Nachweise über absolvierte Weiterbildungen anfordern. Verstöße können zu Sanktionen führen, insbesondere gilt das für Mitarbeitende im Bereich „Vertrieb", nicht absolvierte Weiterbildungen (und damit nicht die vorgeschrieben jährliche Weiterbildungszeit), kann rückwirkend für ein vergangenes Jahr nicht nachgeholt werden und können zum unumkehrlichen Berufsverbot für die betreffenden Mitarbeitenden führen und hohe Strafzahlungen für den Arbeitgeber nach sich ziehen.

Die Initiative **„gut beraten"**[74] ist ein zentrales Weiterbildungsprogramm der deutschen Versicherungswirtschaft. Sie wurde ins Leben gerufen, um die Qualität und Transparenz der Weiterbildung für vertrieblich Tätige in der Branche zu fördern und die Anforderungen der IDD-Weiterbildungsverpflichtung (Insurance Distribution Directive) umzusetzen. Das „gutberaten"-Bildungskonto: Jede teilnehmende Person erhält ein persönliches Bildungskonto zur Dokumentation der absolvierten Weiterbildungszeit.

72 IHK Kassel-Marburg. (o. J.). Die Weiterbildungspflicht nach IDD / https://www.ihk.de/kassel-marburg/beratung-service/recht/vermittler-und-berater/versicherungsvermittler/die-weiterbildungspflicht-nach-idd-4453004 zuletzt aufgerufen am 25. Juni 2025.

73 Vgl. Akademie für Finanzberatung: IDD-Weiterbildungspflicht. Was wird anerkannt?, 2023, zuletzt abgerufen am 25. Juni 2025 von https://akademie-fuer-finanzberatung.de/wissenswertes/a-z/idd-weiterbildungspflicht.

74 Gut Beraten / https://www.gutberaten.de/startseite zuletzt aufgerufen am 25. Juni 2025.

Systematik der Bedarfsanalyse

Die Analyse von Personalentwicklungsbedarfen erfolgt idealerweise mehrdimensional unter Berücksichtigung von organisationalen und auch individuellen Perspektiven, zudem ergeben sich aus diesen Erkenntnissen ein Soll-Ist-Abgleich. Dabei werden die vorhandenen Kompetenzen ihrer Mitarbeitenden mit den strategisch erforderlichen Fähigkeiten abgeglichen, um Entwicklungsfelder zu identifizieren – um am Ende die Unternehmensziele zu erreichen.

Ein bewährter methodischer Zugang ist die kompetenzbasierte Personalentwicklung, bei der Kompetenzen als beobachtbare, erlernbare und bewertbare Verhaltensdispositionen verstanden werden. Diese Herangehensweise ermöglicht eine systematische Erfassung und Entwicklung von Fähigkeiten, die über reine Fachkenntnisse hinausgehen – etwa soziale, methodische oder digitale Kompetenzen.[75]

Die Bedarfsanalyse bildet die Grundlage jeder Personalentwicklungs-Maßnahme, die darauf zu folgen hat, siehe dazu auch ergänzend im Kapitel 17.3.3.1 und die darin enthaltene „Arbeits- und Anforderungsanalyse für die Personalauswahl".

Die Analyse im Vorfeld erfolgt zumeist auf drei Ebenen[76]:

- **Unternehmensbezogen**: Ausrichtung an strategischen Zielen, zum Beispiel Digitalisierung oder Internationalisierung.
- **Funktionsbezogen**: Anforderungen an bestimmte Rollen oder Tätigkeiten.
- **Individuell**: Persönliche Entwicklungsziele und Kompetenzlücken einzelner Mitarbeitendenden.

Unternehmensweite Kompetenzbedarfe

Die Ermittlung unternehmensweiter Kompetenzbedarfe ist ein zentraler Bestandteil strategischer Personalentwicklung. Sie zielt darauf ab, jene Fähigkeiten und Qualifikationen zu identifizieren, die Mitarbeitende benötigen, um aktuelle und zukünftige Herausforderungen erfolgreich zu bewältigen. Dabei geht es nicht nur um kurzfristige Qualifikationslücken, sondern um die vorausschauende Entwicklung eines zukunftsfähigen Kompetenzportfolios, das eng mit der Unternehmensstrategie verknüpft ist.

Die Arbeitswelt befindet sich in einem tiefgreifenden Wandel. Digitalisierung und Automatisierung, demografische Veränderungen, Nachhaltigkeitsanforderungen und neue Geschäftsmodelle verändern die Kompetenzanforderungen in nahezu allen Branchen. Unternehmen müssen daher frühzeitig erkennen, welche Kompetenzen künftig erfolgskritisch sind – und wie stark diese bereits im Unternehmen vorhanden sind.

---

75 https://www.perso-net.de/rkw/Kompetenzbasierte_Personalentwicklung zuletzt aufgerufen am 25. Juni 2025.

76 Vgl. Ryschka, Jörg; Solga, Michaela; Mattenklott, Andreas: Praxishandbuch Personalentwicklung. Instrumente, Konzepte, Beispiele, Wiesbaden: Springer, 2011.

Laut einer Studie des Bundesministeriums für Arbeit und Soziales (BMAS)[77] sind insbesondere digitale, soziale und adaptive Kompetenzen für die Zukunftsfähigkeit von Unternehmen entscheidend. Dazu zählen etwa Datenkompetenz, interdisziplinäres Denken, Veränderungsbereitschaft und die Fähigkeit zur Selbstorganisation.

Ermittlung des unternehmensweiten Kompetenzbedarfs

Die Ableitung unternehmensweiter Kompetenzbedarfe eines Unternehmens erfolgt idealerweise top-down – ausgehend von der Unternehmensstrategie. Die sogenannte **Future Skills**[78] (Zukunftskompetenzen) bezeichnen Fähigkeiten, die Menschen benötigen, um in einer zunehmend komplexen, digitalen und dynamischen Arbeitswelt erfolgreich zu agieren. Sie gehen über klassische Fachkenntnisse hinaus und umfassen vor allem überfachliche Kompetenzen wie Selbstorganisation, Problemlösung, kritisches Denken, digitale Souveränität und soziale Intelligenz.

Es werden folgende Fragen zentral gestellt:

- Welche strategischen Ziele verfolgt das Unternehmen in den nächsten 3–5 Jahren?
- Welche technologischen, regulatorischen oder gesellschaftlichen Veränderungen sind zu erwarten?
- Welche neuen Rollen, Aufgaben oder Geschäftsmodelle entstehen daraus?

Unternehmensweite Kompetenzbedarfe ergeben sich aus der strategischen Ausrichtung und den zukünftigen Herausforderungen des jeweiligen Unternehmens. Dazu zählen etwa:

- Trends in der jeweiligen Branche
- Digitalisierung und technologische Transformation/Künstliche Intelligenz
- Veränderte Marktanforderungen und Kundenbedürfnisse auch gesellschaftliche Verhaltensänderung von Kunden
- Demografischer Wandel und Fachkräftemangel
- Nachhaltigkeit und regulatorische Veränderungen

Methodische Zugänge zur Bedarfsanalyse

Zur Ermittlung der unternehmensweiten Kompetenzbedarfe kommen verschiedene Methoden zum Einsatz:

- **Strategieworkshops** mit Führungskräften zur Ableitung zukünftiger Anforderungen
- **SWOT-Analysen** zur Identifikation interner Stärken und externer Herausforderungen

---

[77] Vgl. Bundesministerium für Arbeit und Soziales (BMAS): Kompetenz- und Qualifizierungsbedarfe bis 2030, Berlin: BMAS, 2020.

[78] Vgl. Ehlers, Ulf-Daniel: Future Skills. Lernen der Zukunft – Hochschule der Zukunft, Wiesbaden: Springer VS, 2020, Online verfügbar unter: https://link.springer.com/book/10.1007/978-3-658-29297-3 zuletzt abgerufen am 25. Juni 2025.

- **Kompetenzinventare** und **Skill-Mapping**, um vorhandene Kompetenzen zu erfassen
- **Szenarienentwicklung**, um alternative Zukunftsbilder zu entwerfen und deren Auswirkungen auf Kompetenzprofile zu analysieren[79]

Ein dynamisches Kompetenzmanagement erfordert zudem regelmäßige Reviews und Anpassungen, da sich Anforderungen durch technologische Entwicklungen, Veränderung von geschäftlichen Gegebenheiten (zum Beispiel Änderung von Rückversicherungsverträgen, welche sich direkt auf Zeichnungspolitik auswirkt) oder Marktveränderungen grundsätzlicher Natur/Trends schneller auswirken und damit die Erfordernisse verschieben können.[80]

Zu den entsprechenden Methoden gehen auch die Kapitel 15 „Mitarbeitergespräche" und Kapitel 15.4 „Feedback-, Beurteilungs- und Übernahmegespräche" ein.

Derartige Entwicklungen erfordern neue, angepasste Kompetenzprofile, etwa im Bereich Datenanalyse, Einsatz von KI, agiles Arbeiten oder interkulturelle Kommunikation. Die Ermittlung dieser Bedarfe im Unternehmen erfolgt häufig durch strategische Workshops, Zukunftsszenarien, SWOT-Analysen oder Kompetenzmodelle, die auf die Unternehmensziele und deren vorausgegangene Unternehmensstrategie abgestimmt sind.

Ziel ist es immer, damit einen Soll-Ist-Vergleich zu erreichen, der auf organisationaler Ebene basiert: Welche Kompetenzen werden künftig (wann genau?) benötigt? In welchem Umfang sind passende/befähigte Mitarbeitende bereits im Unternehmen vorhanden? Sind Lücken im Know-how der vorhandenen Belegschaft vorhanden? All diese Erkenntnisse machen es erst möglich vorhandene Defizite zu erkennen und dienen damit als Grundlagen und Basis für gezielte Entwicklungsmaßnahmen.

Individuelle Kompetenzbedarfe

Es geht darum Potentiale zu erkennen und diese gezielt zu fördern!

Neben der strategischen Ausrichtung auf unternehmensweite Kompetenzziele ist die individuelle Ebene ein zentrales Element einer wirksamen Personalentwicklung. Dadurch rücken im weiteren Verlauf die einzelnen Mitarbeitenden mit ihren persönlichen Entwicklungszielen, Potenzialen und Lernbedarfen in den Fokus. Diese Perspektive ist nicht nur eine Ergänzung zur Unternehmensstrategie, sondern ein entscheidender Hebel für Motivation, Bindung und langfristige Leistungsfähigkeit.

Quellen individueller Kompetenzbedarfe

Die Ermittlung individueller Kompetenzbedarfe erfolgt auf mehreren Wegen, die sich idealerweise gegenseitig ergänzen:

79 https://z-punkt.de/de/studien/kompetenz-und-qualifizierungsbedarfe-bis-2030 zuletzt aufgerufen am 25. Juni 2025.
80 https://z-punkt.de/de/studien/kompetenz-und-qualifizierungsbedarfe-bis-2030 zuletzt aufgerufen am 25. Juni 2025.

- **Mitarbeitergespräche und Zielvereinbarungen:** Regelmäßige Dialoge zwischen Führungskraft und ihren Mitarbeitenden bieten Raum für Reflexion, Zielabgleich und Entwicklungsplanung. Sie sind ein zentrales Instrument zur Identifikation von Lernfeldern und Karrierewünschen.[81]
- **Feedbackprozesse:** Formate wie das 360°-Feedback ermöglichen eine mehrdimensionale Einschätzung von Kompetenzen durch Vorgesetzte, Kollegen und gegebenenfalls Kunden. Sie fördern Selbstwahrnehmung und liefern Hinweise auf Entwicklungsbedarfe, insbesondere im Bereich sozialer Kompetenzen.
- **Selbstreflexion und Karriereplanung:** Ihre Mitarbeitenden bringen zunehmend eigene Vorstellungen von beruflicher Entwicklung ein. Tools wie Kompetenzportfolios oder digitale Selbstchecks unterstützen die strukturierte Reflexion über Stärken, Interessen und Lernziele.[82]
- **Leistungsbeurteilungen und Potenzialanalysen:** Standardisierte Verfahren zur Bewertung von Leistung und Entwicklungspotenzial liefern objektive Anhaltspunkte für gezielte Fördermaßnahmen. Sie sind besonders relevant für Nachfolgeplanung und Talentmanagement.

Siehe dazu ebenfalls: Kapitel 15 – „Mitarbeitergespräche" und Kapitel 15.4 „Feedback-, Beurteilungs- und Übernahmegespräche" ein.

Bedeutung für Motivation und Bindung

Individuelle Kompetenzbedarfe sind eng mit der intrinsischen Motivation ihrer Mitarbeitenden verknüpft. Wer das Gefühl hat, sich weiterentwickeln zu können und dabei unterstützt zu werden, zeigt in der Regel ein höheres Engagement und eine stärkere Identifikation mit dem Unternehmen. Siehe dazu auch Kapitel 14 Motivation und Motivierung.

Darüber hinaus fördern individuelle Entwicklungsmaßnahmen die interne Mobilität und Trendsetting eines Unternehmens: Die Mitarbeitenden können neue Rollen übernehmen, sich lateral weiterentwickeln oder gegebenenfalls auch Führungsverantwortung übernehmen – was wiederum die Agilität und Innovationsfähigkeit der Organisation stärkt.

Wichtig zu berücksichtigen sind die individuellen Ansprüche. Weiterentwicklung bedeutet nicht nur, eine Führungslaufbahn einzuschlagen, sondern auch Projektleitungskompetenz und seniore Fachexpertise sind Türöffner für persönliche Entwicklung und Karrierepfade, die Mitarbeitende ans Unternehmen binden, da sie immer wieder neue Perspektiven der Selbstverwirklichung eröffnen.

---

81 Vgl. Kauffeld, Simone; Frerichs, Friederike: Kompetenzbedarfe ermitteln und Kompetenzen entwickeln – Ansätze und betriebskulturelle Prägungen, In: Kompetenzmanagement in kleinen und mittelständischen Unternehmen, Wiesbaden: Springer, 2017, ISBN 978-3-658-16088-3.

82 Vgl. Bundesinstitut für Berufsbildung (BIBB): Kompetenzentwicklung in der Berufsbildung, Bonn: BIBB, 2024.

Synergien zwischen individuellen und organisationalen Zielen

Eine zentrale Herausforderung besteht darin, individuelle Entwicklungsziele mit den strategischen Anforderungen des Unternehmens zu verknüpfen. Nur wenn diese Synergie gelingt, entsteht ein nachhaltiger Mehrwert. Dies erfordert:

- **Transparente Kommunikation** über zukünftige Kompetenzanforderungen. (Dies sollte regelmäßig, beispielsweise mittels Townhalls, Strategie-Updates, Präsenzevents, Marktreporte, interaktive Veranstaltungen etc. erfolgen.)
- **Partizipative Entwicklungsplanung**, bei der ihre Mitarbeitenden aktiv eingebunden werden. (Neben dem klassischen Bonus-Systemen (Vertriebs- oder Zielbonus etc.) gibt es auch die Möglichkeit von Innovationswettbewerben, Ideen-Werkstatt oder ähnliche Formate, um auch Mitarbeitende auf unteren Ebenen zu erreichen und einzubinden und hier auch die Möglichkeit zu geben, am Erfolg beteiligt zu werden)
- **Flexibilität in Lernformaten**, um individuelle Lernstile und Lebenssituationen zu berücksichtigen. (Präsenztrainings, E-Learning-Modelle, Podcasts, App-Varianten etc. – zu all dem können auch externe Dienstleister, Bildungsträger und Institute eingesetzt werden.)

Ein integrativer Ansatz, der individuelle und organisationale Perspektiven zusammenführt, bildet die Grundlage für eine zukunftsorientierte, resiliente Personalentwicklung.

17.4.2 Methoden der Personalentwicklung

Die Vielfalt an Methoden in der Personalentwicklung ist groß – von klassischen Seminaren über digitale Lernformate bis hin zu erfahrungsbasierten Maßnahmen wie Job Rotation oder Coaching. Doch nicht jede Methode ist für jedes Ziel, jede Zielgruppe oder jede Situation geeignet. Eine wirksame Personalentwicklung orientiert sich daher nicht nur an den verfügbaren Instrumenten, sondern vor allem an den konkreten Lernzielen, den Rahmenbedingungen und den individuellen Voraussetzungen der Mitarbeitenden.

Kurz gesagt: Gezielt auswählen und wirksam einsetzen, ist die Zielsetzung.

Die Wirksamkeit von Personalentwicklungsmaßnahmen hängt nicht primär von der Methode selbst ab, sondern davon, wie gut sie zum Ziel, zur Zielgruppe und zum organisationalen Kontext passt. Eine reflektierte Auswahl, kombiniert mit Evaluation und Feedback, ist der Schlüssel zu nachhaltigem Lernerfolg. Ergänzend dazu auch die zum Beispiel technische Einführung dieser Maßnahmen etc. – siehe dazu auch Kapitel 11.3.3 Implementation/Roll-Out der technischen Anwendungen.

All das bedeutet Mitarbeitende weiterzuentwickeln. Dies sollte idealerweise zum Nutzen und Vorteil beider Seiten, Arbeitgeber und Arbeitnehmenden, erfolgen (Win-win-Situation). Siehe dazu auch Kapitel 17.4.4 Berufliche Laufbahn- und Karriereentwicklung.

Systematisierung der Methoden[83]

Methoden der Personalentwicklung lassen sich grob in drei Kategorien einteilen:

- **Training on the Job**: Lernen am Arbeitsplatz, zum Beispiel Job Enlargement, Job Enrichment, Job Rotation, Projektarbeit
- **Training off the Job**: Lernen außerhalb des Arbeitsplatzes, zum Beispiel Seminare, Workshops, E-Learning, Planspiele
- **Near the Job/Into the Job/Out of the Job**: Maßnahmen zur Vorbereitung auf neue Aufgaben, zur Begleitung oder zum Ausstieg, zum Beispiel Coaching, Mentoring, Traineeprogramme, Outplacement-Beratung

Sinnhaftigkeit von Methoden

Wann ist welche Methode sinnvoll und wann nicht? Ein häufiger Fehler in der Praxis ist der reflexartige Rückgriff auf Standardformate wie Seminare – auch dann, wenn andere Methoden wirksamer wären. Entscheidend ist daher eine sorgfältige Bedarfsanalyse und Zieldefinition im Vorfeld.[84]

Die Auswahl der richtigen Methode hängt von mehreren Faktoren ab, eine mögliche Auswertung dieser Faktoren kann wie nachstehend aussehen:

Kriterium	Beispielhafte Methode	Geeignet, wenn…	Weniger geeignet, wenn…
Lernziel	Seminar	Wissenserwerb im Fachbereich	Verhalten oder Haltung verändert werden soll
Zielgruppe	Coaching	individuelle Reflektion und Entwicklung	große Gruppen geschult werden sollen
Ressourcen	E-Learning	zeitlich und örtlich flexible Quantifizierung	persönlicher Austausch erforderlich ist
Komplexität	Job Rotation	ganzheitliches Verständnis von Prozessen	hoher Einarbeitungsaufwand nicht umsetzbar
Veränderungsbedarf	Planspiel	Veränderungsprozesse simuliert und erlebt werden sollen	Zeitdruck oder geringe Offenheit für Experimente besteht

83 Vgl. Rohrschneider, Uwe; Lorenz, Michael: Der Personalentwickler. Instrumente, Methoden, Strategien, Wiesbaden: Gabler Verlag, 2011, ISBN 978-3-8349-2584-0.

84 https://www.wirtschaftswissen.de/personalmanagement/personalentwicklung/personalentwicklungsmassnahmen/ zuletzt aufgerufen am 25. Juni 2025.

Manchmal machen auch Kombinationen sowie individuelle Anpassungen der Methoden Sinn, hierauf wird in der Personalentwicklung immer mehr eingegangen, das nennt sich Blended Learning. Es werden dabei die verschiedenen Methoden und unterschiedliche Lernstile und -bedarfe zu adressatengerechten Maßnahmen zusammengestellt. So wird dies individualisiert auf ihre Mitarbeitenden und damit auch zielgerechter eingesetzt, als nur eine möglicherweise unwirksame Maßnahme allein.

■ **BEISPIEL**

Zunächst ein E-Learing-Modul zur Wissensvermittlung und im Anschluss ein praxisnaher Workshop, bei dem das Erlernte gleich angewendet und reflektiert werden kann. ■

In diesem Trend gewinnen auch adaptive Lernformate immer mehr an Bedeutung – bei diesen werden Methoden und Inhalte auf die Lernenden/Mitarbeitenden zugeschnitten und durch Learning Experience Platforms oder KI-gestützte Lernpfade eingesetzt. Dafür werden zumeist externe Dienstleister genutzt, die derartige Individualisierung zum Beispiel bei E-Learning-Modulen möglich machen.

Beruflicher Alltag

Maßnahmen, die im Einklang oder im Rahmen der beruflichen Tätigkeit vorgenommen werden, sind:

Job Enlargement[85] (Arbeitserweiterung)	Beim Job Enlargement wird der Aufgabenbereich einer Person horizontal erweitert, das heißt sie übernimmt zusätzliche Tätigkeiten auf dem gleichen Anforderungsniveau wie ihre bisherigen Aufgaben. Ziel ist es, Monotonie zu reduzieren und die Arbeitsmotivation zu steigern. ■ BEISPIEL: Eine Sachbearbeiterin im Rechnungswesen übernimmt zusätzlich die Bearbeitung von Reisekostenabrechnungen. ■
Job Enrichment[86] (Arbeitsbereicherung)	Job Enrichment bedeutet die vertikale Erweiterung des Aufgabenbereichs. Mitarbeitende erhalten anspruchsvollere Aufgaben mit mehr Verantwortung, zum Beispiel Planungs- oder Kontrollaufgaben. Dies fördert die Selbstständigkeit und kann die Arbeitszufriedenheit erhöhen. ■ BEISPIEL: Ein Mitarbeiter in der Kundenbetreuung darf künftig auch Reklamationsentscheidungen treffen. ■

[85] Vgl. Modulearn: Job Rotation, Job Enlargement und Job Enrichment im Vergleich, 2024, zuletzt abgerufen am 25. Juni 2025 von, https://www.modu-learn.de/verstehen/personal-fuehrung/job-rotation-enlargement-enrichment/ / bigKARRIERE: Job Enlargement, Job Rotation und Job Enrichment – Unterschiede und Ziele, 2023, zuletzt abgerufen am 25. Juni 2025 von https://www.bigkarriere.de/job-und-karriere/arbeitsleben/job-enlargement-job-rotation-und-job-enrichment.

[86] Vgl. Modulearn: Job Rotation, Job Enlargement und Job Enrichment im Vergleich, 2024, zuletzt abgerufen am 25. Juni 2025 von, https://www.modu-learn.de/verstehen/personal-fuehrung/job-rotation-enlargement-enrichment/ / bigKARRIERE: Job Enlargement, Job Rotation und Job Enrichment – Unterschiede und Ziele, 2023, zuletzt abgerufen am 25. Juni 2025 von https://www.bigkarriere.de/job-und-karriere/arbeitsleben/job-enlargement-job-rotation-und-job-enrichment.

Job Rotation[87] (Arbeitsplatzwechsel)	Job Rotation bezeichnet den systematischen Wechsel von Arbeitsplätzen oder Aufgabenbereichen innerhalb eines Unternehmens. Ziel ist es, die Vielseitigkeit und das Verständnis für Gesamtprozesse zu fördern. ■ BEISPIEL: Mitarbeitende im Einkauf wechseln für drei Monate in den Vertrieb, um Kundenanforderungen besser zu verstehen. ■
Projektarbeit	Projektarbeit ist eine zeitlich befristete, zielorientierte Zusammenarbeit mehrerer Personen an einer konkreten Aufgabe. Sie fördert interdisziplinäres Lernen, Eigenverantwortung und Teamfähigkeit. ■ BEISPIEL: Ein Projektteam entwickelt ein neues Onboarding-Konzept für neue Mitarbeitende. ■
Training on the Job[88]	Training on the Job umfasst alle Lernprozesse, die direkt am Arbeitsplatz stattfinden. Es basiert auf dem Prinzip „Learning by Doing" und wird oft durch erfahrene Kollegen begleitet. ■ BEISPIEL: Eine neue Mitarbeiterin lernt durch Mitlaufen bei einem erfahrenen Kollegen die Abläufe im Kundenservice. ■
Einarbeitung am Arbeitsplatz	Die Einarbeitung ist eine strukturierte Einführung neuer Mitarbeitenden in ihre Aufgaben, Prozesse und das Team. Sie ist Teil des Trainings on the Job, aber stärker auf den Start im Unternehmen fokussiert. ■ BEISPIEL: Ein Einarbeitungsplan mit festen Ansprechpartnern, Schulungen und Feedbackgesprächen. ■
Training off the Job[89]	Training off the Job bezeichnet Weiterbildungsmaßnahmen außerhalb des Arbeitsplatzes, zum Beispiel Seminare, Workshops oder E-Learning. Es bietet Raum für konzentriertes Lernen ohne Alltagsunterbrechung. ■ BEISPIEL: Ein Führungskräfteseminar in einem externen Bildungszentrum. ■
Traineeprogramme	Traineeprogramme sind strukturierte Entwicklungsprogramme für Hochschulabsolventen oder Nachwuchskräfte. Sie kombinieren Training on/off the Job, Job Rotation und Mentoring und bereiten gezielt auf Fach- oder Führungsaufgaben vor. ■ BEISPIEL: Ein 18-monatiges Programm mit Stationen in verschiedenen Abteilungen, ergänzt durch Schulungen und Projektarbeit. ■

[87] Vgl. Modulearn: Job Rotation, Job Enlargement und Job Enrichment im Vergleich, 2024, zuletzt abgerufen am 25. Juni 2025 von, https://www.modu-learn.de/verstehen/personal-fuehrung/job-rotation-enlargement-enrichment/ / bigKARRIERE: Job Enlargement, Job Rotation und Job Enrichment – Unterschiede und Ziele, 2023, zuletzt abgerufen am 25. Juni 2025 von https://www.bigkarriere.de/job-und-karriere/arbeitsleben/job-enlargement-job-rotation-und-job-enrichment.

[88] Vgl. Modulearn: Training on the Job vs. off the Job vs. near the Job, 2024, zuletzt abgerufen am 25. Juni 2025 von https://www.modu-learn.de/verstehen/personal-fuehrung/training-on-off-near-the-job/.

[89] Vgl. Shiftbase: Training off the Job – Strategien für die Personalentwicklung, 2025, zuletzt abgerufen am 25. Juni 2025 von https://www.shiftbase.com/de/lexikon/training-off-the-job.

Trainings und Schulungen

Maßnahmen, die nicht zwingend mit dem beruflichen Alltag zu tun haben müssen und deren zeitliche und örtliche Durchführung auch anderweitig geplant werden können:

Seminare	Seminare sind strukturierte Lernveranstaltungen, die meist in Präsenzform stattfinden. Sie dienen der Wissensvermittlung und dem Austausch zu einem bestimmten Thema. Häufig werden sie von externen Trainerern oder internen Fachkräften geleitet und beinhalten Vorträge, Gruppenarbeiten und Diskussionen. Einsatz: Wenn Fachwissen vermittelt oder vertieft werden soll – zum Beispiel zu rechtlichen, technischen oder methodischen Themen.
Tagungen	Tagungen sind größere, meist mehrtägige Veranstaltungen, bei denen Fachleute aus einem bestimmten Bereich zusammenkommen, um sich über aktuelle Entwicklungen, Forschungsergebnisse oder Best Practices auszutauschen. Sie beinhalten Vorträge, Podiumsdiskussionen und Networking. Einsatz: Zur fachlichen Orientierung, Inspiration und Vernetzung – weniger zur konkreten Kompetenzentwicklung.
Fernunterricht	Fernunterricht bezeichnet eine formalisierte Lernform, bei der Lernende und Lehrende räumlich getrennt sind. Die Inhalte werden schriftlich, per Audio/Video oder digital vermittelt. Klassische Fernlehrgänge sind oft staatlich zugelassen und führen zu anerkannten Abschlüssen. Einsatz: Wenn zeitliche und örtliche Flexibilität erforderlich ist – zum Beispiel für berufsbegleitende Qualifizierungen
E-Learning-Plattformen	E-Learning-Plattformen sind digitale Lernumgebungen, über die Lerninhalte wie Videos, Tests, Webinare oder interaktive Module bereitgestellt werden. Sie ermöglichen selbstgesteuertes Lernen, oft ergänzt durch Lernanalysen oder Gamification-Elemente. Einsatz: Bei skalierbarem, ortsunabhängigem Lernen – zum Beispiel für Pflichtschulungen oder Soft-Skill-Trainings.[90]
Rollenspiel	Rollenspiele sind interaktive Lernmethoden, bei denen Teilnehmende in bestimmte Rollen schlüpfen und realitätsnahe Szenarien durchspielen. Ziel ist es, soziale Kompetenzen, Perspektivwechsel und Handlungssicherheit zu fördern. Einsatz: Besonders geeignet für Kommunikationstrainings, Konfliktlösung oder Führungssituationen.[91]

[90] Vgl. Mitteldeutsches Institut: E-Learning-Plattformen – Definition und Anbieterübersicht, 2023, zuletzt abgerufen am 25. Juni 2025 von https://mitteldeutsches-institut.de/e-learning-plattformen/.

[91] Vgl. Methodenpool Universität zu Köln: Rollenspiel und Simulation, o. J., zuletzt abgerufen am 25. Juni 2025 von https://methodenpool.de/rollenspiel-simulation/.

Behaviour Modeling	Behaviour Modeling ist eine verhaltensorientierte Trainingsmethode, bei der gewünschtes Verhalten zunächst modellhaft gezeigt (zum Beispiel per Video), dann analysiert und schließlich in Rollenspielen geübt wird. Es basiert auf lerntheoretischen Prinzipien wie Beobachtung, Nachahmung und Verstärkung. Einsatz: Bei der Verhaltensänderung in Führung, Verkauf oder Kundenkommunikation.
Erlebnisorientierte Methoden	Diese Methoden setzen auf emotionale, körperliche oder gruppendynamische Erfahrungen, um Lernen zu fördern. Beispiele sind Outdoor-Trainings, Planspiele oder Team-Challenges. Sie stärken Selbstwahrnehmung, Vertrauen und Teamfähigkeit. Einsatz: Bei Teamentwicklung, Führungstrainings oder Persönlichkeitsentwicklung
Computergestützte Methoden	Hierzu zählen Simulationen, Lernsoftware, Virtual Reality (VR) oder KI-gestützte Lernsysteme. Sie ermöglichen interaktives, adaptives und oft spielerisches Lernen. Besonders in sicherheitskritischen oder komplexen Bereichen (zum Beispiel Medizin, Technik) sind sie effektiv. Einsatz: Wenn realitätsnahe, risikofreie Übungsszenarien benötigt werden – zum Beispiel in der Ausbildung oder im Change Management.

Individuelle Beratung

Individuelle Beratung setzt dann ein, wenn die Entwicklungsmaßnahme nicht mehr standardisiert, sondern auf die spezifischen Bedürfnisse, Ziele oder Herausforderungen einer einzelnen Person/Mitarbeitenden zugeschnitten werden muss. Sie kommt insbesondere dann zum Einsatz, wenn vorangehende Maßnahmen wie Seminare, E-Learning oder Feedbackinstrumente zwar Impulse liefern, aber nicht ausreichen, um individuelle Entwicklungsziele effektiv zu erreichen oder Blockaden zu lösen.

Typische Anlässe für den Einsatz individueller Beratung in der Personalentwicklung sind:

- **Karriere- oder Rollenwechsel**, bei dem individuelle Orientierung und Entscheidungsfindung gefragt sind
- **Führungskräfteentwicklung**, insbesondere bei Herausforderungen im persönlichen Führungsverhalten
- **Konfliktsituationen oder Rollenunsicherheiten**, in denen eine neutrale Reflexionshilfe hilfreich ist
- **Leistungsabfall oder Motivationsprobleme**, bei denen persönliche Ursachen im Fokus stehen

Formate individueller Beratung sind zum Beispiel Coaching, Mentoring oder Supervision. Sie zeichnen sich durch Vertraulichkeit, Zielorientierung und Selbstreflexion aus:

Coaching[92]	Coaching ist ein zielgerichteter, zeitlich begrenzter Beratungsprozess, bei dem eine qualifizierte Fachperson (Coach) eine Einzelperson oder ein Team bei der Reflexion und Weiterentwicklung beruflicher Fragestellungen begleitet. Der Fokus liegt auf dem „Hier und Jetzt" sowie auf der Stärkung von Selbstwahrnehmung, Entscheidungsfähigkeit und Handlungskompetenz. • **Zielgruppe:** Fach- und Führungskräfte • **Typische Themen:** Führungsverhalten, Konfliktlösung, Karriereentscheidungen, Veränderungsprozesse • **Merkmale:** Lösungsorientierung, Vertraulichkeit, Eigenverantwortung der gecoachten Person
Mentoring[93]	Mentoring ist ein längerfristiger, informeller Entwicklungsprozess, bei dem eine erfahrene Person (Mentor) ihr Wissen, ihre Erfahrungen und ihr Netzwerk an eine weniger erfahrene Person (Mentee) weitergibt. Im Vordergrund steht die persönliche und berufliche Entwicklung des Mentees. • **Zielgruppe:** Nachwuchskräfte, Berufseinsteiger, Talente • **Typische Themen:** Karriereplanung, Rollenverständnis, informelle Regeln im Unternehmen • **Merkmale:** Vertrauensvolle Beziehung, freiwillige Teilnahme, Erfahrungsweitergabe
Supervision[94]	Supervision ist ein professionelles Reflexionsformat, das häufig im sozialen, pädagogischen oder therapeutischen Kontext eingesetzt wird. Ziel ist es, berufliches Handeln zu analysieren, Belastungen zu reduzieren und die Qualität der Arbeit zu sichern. Sie kann einzeln oder in Gruppen stattfinden. • **Zielgruppe:** Teams, Fachkräfte in beratenden oder helfenden Berufen • **Typische Themen:** Fallbesprechungen, Teamkonflikte, Rollenklärung, emotionale Entlastung • **Merkmale:** Strukturierter Rahmen, externe Moderation, Fokus auf berufliche Praxis

17.4.3 Führungskräfteentwicklung

Führungskräfteentwicklung (FK-Entwicklung) umfasst alle systematischen Maßnahmen, die darauf abzielen, Führungskompetenzen aufzubauen, zu erweitern oder zu reflektieren. Sie richtet sich sowohl an bestehende Führungskräfte als auch an Nachwuchstalente, die auf zukünftige Führungsaufgaben vorbereitet werden sollen. Ziel ist es, Führungspersonen zu befähigen, strategisch zu denken, Mitarbeitende zu in-

92 Vgl. Leadership Toolbox: Understanding Mentoring, Coaching and Supervision, 2021, zuletzt abgerufen am 25. Juni 2025 von https://leadershiptoolbox.study/blog/understanding-mentoring-coaching-and-supervision/.

93 Vgl. Leadership Toolbox: Understanding Mentoring, Coaching and Supervision, 2021, zuletzt abgerufen am 25. Juni 2025 von https://leadershiptoolbox.study/blog/understanding-mentoring-coaching-and-supervision/.

94 Vgl. Leadership Toolbox: Understanding Mentoring, Coaching and Supervision, 2021, zuletzt abgerufen am 25. Juni 2025 von https://leadershiptoolbox.study/blog/understanding-mentoring-coaching-and-supervision/.

spirieren, Veränderungen zu gestalten und unternehmerisch zu handeln. Führungskräfte haben einen entscheidenden Einfluss auf die Entwicklung des Unternehmens. Es hängt von ihnen ab, strategische Ziele zu erreichen und Mitarbeitende mit ihrer Kompetenz und Persönlichkeit so zu fördern und einzusetzen, dass sie bereit sind, die Unternehmensinteressen zu verfolgen.

Die Entwicklung erfolgt auf mehreren Ebenen[95]:

- **Leading Self** (Selbstführung)
- **Leading Others** (Mitarbeiterführung)
- **Leading the Business** (strategische Unternehmensführung)

Formate und Methoden der FK-Entwicklung

Führungskräfteentwicklung kann in unterschiedlichen Formaten erfolgen:

- **Inhouse-Programme:** maßgeschneiderte Trainings, Coaching, Mentoring, 360°-Feedback
- **Externe Weiterbildungen:** zum Beispiel Zertifikatskurse, Seminare, Workshops
- **Business Schools und Executive Education:** zum Beispiel MBA-Programme, Executive Leadership Trainings
- **Blended Learning:** Kombination aus Präsenz, E-Learning und Praxisprojekten
- **Peer-Learning und Learning Circles:** kollegiale Fallberatung und Erfahrungsaustausch

Erläuterung: Business School

Es gibt eine Vielzahl an Business Schools, diese bieten unterschiedliche fachliche Branchen-Schwerpunkte und haben meist modulare Kurse, wie etwa Führungskräfteentwicklungsprogramm, das Kommunikation, Strategie, Konfliktmanagement und Selbstreflexion kombiniert. Solche Programme richten sich in der Regel an Nachwuchsführungskräfte oder erfahrene Manager, die ihre Kompetenzen und Skills gezielt weiterentwickeln möchten.

Nutzen und Chancen

Ein gut konzipiertes Führungskräfte-Programm bietet vielfältige Vorteile für das jeweilige Unternehmen:

- **Stärkung der Führungskultur:** Führungskräfte agieren reflektierter, empathischer und strategischer
- **Höhere Mitarbeiterbindung:** Gute Führung reduziert Fluktuation und steigert Engagement

---

[95] Vgl. Haufe Akademie: Führungskräfteentwicklung: ein stetiger Prozess, 2025, zuletzt abgerufen am 25. Juni 2025 von https://www.haufe-akademie.de/blog/themen/fuehrung-und-leadership/fuehrungskraefteentwicklung/.

- **Nachfolgeplanung:** Talente werden frühzeitig identifiziert und vorbereitet
- **Wettbewerbsvorteil:** Unternehmen mit starker Führung gelten als attraktiver Arbeitgeber

Zudem fördert Führungskräfte-Entwicklung die Selbstwirksamkeit der Führungskräfte im Unternehmen: Sie lernen, mit Unsicherheit, Komplexität und Veränderung souverän umzugehen (Stichwort: BANI-Welt).[96]

Risiken und Herausforderungen der Führungskräfteentwicklung

Trotz der Vorteile birgt Führungskräfteentwicklung für Unternehmen auch Risiken:

- **Kostenrisiko:** Hochwertige Programme – insbesondere an Business Schools – können mehrere Tausend Euro pro Person kosten. Ohne klare Zieldefinition und Transferstrategie besteht die Gefahr ineffizienter Investitionen.[97]
- **Wirkungslosigkeit:** Wenn Maßnahmen nicht auf die Unternehmensrealität abgestimmt sind oder keine nachhaltige Verankerung erfolgt, verpufft der Lerneffekt.
- **Fehlende Akzeptanz:** Führungskräfte nehmen Programme nur dann ernst, wenn sie als relevant und praxisnah wahrgenommen werden.
- **Methodenrisiko:** Der Einsatz fragwürdiger Tools (zum Beispiel esoterischer Persönlichkeitstests) kann die Glaubwürdigkeit untergraben.[98]

Erfolgsfaktoren der Führungskräfteentwicklung

Dem gegenüber stehen für Unternehmen auch die nachstehenden Aspekte in Bezug auf die Erfolgsfaktoren von Führungskräfteentwicklung:

- **Strategische Verankerung:** Anbindung an Unternehmensziele und Kultur
- **Individuelle Passung:** Berücksichtigung von Erfahrungsstand, Persönlichkeit und Lernstil
- **Praxisnähe:** Anwendung im Arbeitsalltag durch Projekte, Coaching oder Transferaufgaben
- **Evaluation:** Erfolgskontrolle durch Feedback, KPIs oder 360°-Vergleiche

Führungskräfteentwicklung ist ein zentraler Hebel für den avisierten Unternehmenserfolg. Richtig konzipiert und umgesetzt, stärkt sie nicht nur die Führungskompetenz, sondern auch die Innovationskraft, Resilienz und Attraktivität eines Unternehmens

[96] Vgl. Haufe Akademie: Führungskräfteentwicklung: ein stetiger Prozess, 2025, zuletzt abgerufen am 25. Juni 2025 von https://www.haufe-akademie.de/blog/themen/fuehrung-und-leadership/fuehrungskraefteentwicklung/.

[97] Vgl. Pelz, Wolfgang: Führungskräfteentwicklung – Best Practices und Kritik, Limburg: Institut für Management-Innovation, 2023, ISBN 978-3-947884-14-4./ https://www.management-innovation.com/download/Fuehrungskraefteentwicklung.pdf zuletzt aufgerufen am 25. Juni 2025.

[98] Vgl. Pelz, Wolfgang: Führungskräfteentwicklung – Best Practices und Kritik, Limburg: Institut für Management-Innovation, 2023, ISBN 978-3-947884-14-4 / https://www.management-innovation.com/download/Fuehrungskraefteentwicklung.pdf zuletzt aufgerufen am 25. Juni 2025.

und damit deren Führungspersönlichkeiten. Entscheidend ist jedoch, dass sie **zielgerichtet, praxisnah und nachhaltig** gestaltet wird – mit einem klaren Blick auf Nutzen und Kosten.

17.4.4 Berufliche Laufbahn- und Karriereentwicklung

Berufliche Laufbahn- und Karriereentwicklung umfasst alle systematischen Maßnahmen, die darauf abzielen, Mitarbeitenden langfristige Entwicklungsperspektiven innerhalb oder außerhalb ihrer aktuellen Rolle zu eröffnen. Eingesetzt werden dabei als Methode alle Maßnahmen die im Rahmen der Personalentwicklung zur Verfügung stehen – siehe dazu auch Kapitel 17.4.2 „Methoden der Personalentwicklung". Die eingesetzten Methoden sind nicht isoliert zu betrachten, sondern sollten in ein ganzheitliches Laufbahnkonzept eingebettet sein, das sowohl individuelle Wünsche als auch organisationale Anforderungen berücksichtigt.

Ziel ist es, individuelle Potenziale zu erkennen, gezielt zu fördern und mit den strategischen Anforderungen des Unternehmens zu verknüpfen. Dabei wird unterschieden zwischen:

- **vertikaler Karriere** (zum Beispiel Aufstieg in Führungspositionen)
- **horizontaler Karriere** (zum Beispiel Wechsel in andere Fachbereiche, Expertenlaufbahn)
- **projektbezogener Entwicklung** (zum Beispiel Konzeption/Umsetzung innovativer Produkte, Prozesse)

Die Nutzen sind dabei vielfältig:

Für Unternehmen:

- Sicherung des internen Talentpools
- Reduktion von Fluktuation und Know-how-Verlust
- Erhöhung der Arbeitgeberattraktivität
- Strategische Nachfolgeplanung

Für Mitarbeitende:

- Klarheit über Entwicklungsmöglichkeiten
- Erhöhung der Selbstwirksamkeit und Motivation
- Förderung individueller Stärken
- Bessere Vereinbarkeit von Lebensphasen und Karriere

Berufliche Laufbahn- und Karriereentwicklung ist ein starkes und zentrales Element moderner Personalentwicklung. Sie verbindet individuelle Ambitionen mit strategischen Unternehmenszielen und nutzt vielfältige Methoden, um Entwicklung ganzheitlich zu gestalten.[99] Entscheidend ist, dass Karriere nicht als Einbahnstraße zur Führung verstanden wird, sondern als vielfältiger, individueller Weg, der durch passende Personalentwicklungs-Instrumente begleitet wird.

Chancen:

- Individuelle Förderung stärkt die Bindung und Leistungsbereitschaft einzelner Mitarbeitendenden
- Transparente Karrierepfade schaffen Orientierung und Fairness

Risiken:

- Fehlende Umsetzung oder Intransparenz kann zu Frustration in der Belegschaft führen
- Einseitige Fokussierung auf Führungskarrieren vernachlässigt gegebenenfalls Fachlaufbahnen

Erfolgsfaktoren:

- Verankerung in der Unternehmenskultur
- Kombination aus strukturierten Programmen und individueller Beratung
- Kontinuierliche Kommunikation und Evaluation sind grundlegend, um überhaupt die Durchdringung bei den Mitarbeitenden zu erreichen

Führungs-, Fach- und Vertriebslaufbahn

In modernen Organisationen reicht es nicht mehr aus, Karriere ausschließlich als hierarchischen Aufstieg zu verstehen. Stattdessen etablieren viele Unternehmen mehrdimensionale Karrieremodelle, die unterschiedliche Entwicklungspfade ermöglichen – insbesondere in den Bereichen **Führung**, **Fachkompetenz** und **Vertrieb**. Diese Modelle fördern nicht nur die individuelle Entwicklung, sondern stärken auch die strategische Personalbindung und Nachfolgeplanung.[100]

Karrieremodelle im Überblick

Ein **Karrieremodell** beschreibt die systematische Abfolge von Positionen, Rollen oder Kompetenzstufen, die Mitarbeitende im Laufe ihrer beruflichen Entwicklung durchlaufen können. Es schafft Transparenz über Anforderungen, Entwicklungsmöglichkeiten und Wechselkriterien.

[99] Vgl. Peterke, Jürgen: Ausgewählte Konzepte, Instrumente und Methoden der Personalentwicklung, In: Personalentwicklung als Managementfunktion, Wiesbaden: Springer Gabler, 2021, Online verfügbar unter: https://doi.org/10.1007/978-3-658-33271-6_6 zuletzt abgerufen am 25. Juni 2025.

[100] Vgl. ifaa – Institut für angewandte Arbeitswissenschaft: Führungslaufbahnen, o. J., zuletzt abgerufen am 25. Juni 2025 von https://www.arbeitswissenschaft.net/fileadmin/Downloads/Angebote_und_Produkte/Publikationen/ifaa_BA_240_Fuehrungslaufbahnen.pdf / Karrierebibel: Karrierepfade, o. J., zuletzt abgerufen am 25. Juni 2025 von https://karrierebibel.de/karrierepfade/.

Typische Modelle umfassen:

- **Führungslaufbahn**: Klassischer Aufstieg über Team-, Abteilungs- bis zur Bereichsleitung. Fokus liegt auf Personalverantwortung, Strategie und Organisation.
- **Fachlaufbahn**: Entwicklung zum Experteen mit tiefem Spezialwissen, zum Beispiel als Senior Engineer, Data Scientist oder Regulatory Specialist – ohne disziplinarische Führungsverantwortung.[101]
- **Vertriebslaufbahn**: Entwicklung vom Vertriebsmitarbeitenden über Key Account Management bis zur Vertriebsleitung. Fokus liegt auf Kundenverantwortung, Umsatzverantwortung und Marktstrategie.
- **Projektlaufbahn**: Entwicklung zum Experten für die Steuerung von Projekten, Übernahme von Führungsverantwortung[102]

Konkrete und verbreitete Beispiele für Karrieremodelle sind:

Drei-Säulen-Modell: Führung, Fach, Projekt[103]	**Spiral- und Transitory-Karriere (nach UZH-Modell)**[104]
Viele Unternehmen – zum Beispiel Siemens oder Bosch – nutzen ein dreiwertiges Karrieremodell, das folgende Pfade gleichwertig nebeneinanderstellt: • Führungslaufbahn: zum Beispiel Teamleitung → Abteilungsleitung → Bereichsleitung • Fachlaufbahn: zum Beispiel Spezialist → Senior Expert → Principal Expert • Projektlaufbahn: zum Beispiel Projektleiter → Programmmanager → Projektportfolioleitung Nutzen: Mitarbeitende können sich je nach Stärken und Interessen entwickeln – ohne zwingend Personalverantwortung übernehmen zu müssen.	Die Universität Zürich unterscheidet vier universale Karrieremuster: • Expertenlaufbahn („Ich bin meine Karriere") • Lineare Karriere („Ich mache Karriere") • Spiralförmige Karriere („Ich entdecke meine Karriere") • Transitorische Karriere („Ich mache Karriere auf meine Art") ■ BEISPIEL: Eine Person wechselt alle paar Jahre bewusst das Berufsfeld (transitorisch) oder vertieft sich zyklisch in neue Themenbereiche (spiralförmig). ■

[101] Vgl. Haufe: Personalentwicklung: Karrierekonzept Fachlaufbahn, zuletzt abgerufen am 25. Juni 2025 von https://www.haufe.de/id/beitrag/personalentwicklung-karrierekonzept-fachlaufbahn-HI16080405.html.
[102] Vgl. Karrierebibel: Karrierepfade, zuletzt abgerufen am 25. Juni 2025 von https://karrierebibel.de/karrierepfade/.
[103] Vgl. Karrierebibel: Karrierepfade, zuletzt abgerufen am 25. Juni 2025 von https://karrierebibel.de/karrierepfade/.
[104] Vgl. Career Services der Universität Zürich: Modelle des Berufseinstiegs, zuletzt abgerufen am 25. Juni 2025 von https://www.careerservices.uzh.ch/de/ratgeber/Berufseinstieg/modelle.html.

Karrierepfade mit Levelstruktur (zum Beispiel TechMinds-Modell)[105]	**Vertriebskarriere mit Kundenverantwortung**[106]
Einige Unternehmen strukturieren Karrieren über Level-Modelle, zum Beispiel: • Level 1–3: Junior → Professional → Senior • Level 4–5: Lead → Principal • Level 6+: Executive oder strategische Rollen Diese Modelle sind oft mit Kompetenzprofilen, Gehaltsbändern und Trainingskatalogen verknüpft und dienen der internen Transparenz und Entwicklung.	In Vertriebsorganisationen sind typische Stationen: • Sales Trainee • Account Manager • Key Account Manager • Vertriebsleitung/Sales Director Besonderheit: Die Entwicklung erfolgt oft entlang von Umsatzverantwortung, Kundengröße oder Marktsegmenten – mit klaren Zielvereinbarungen und leistungsbezogener Vergütung.

Phasen der beruflichen Entwicklung

Karriereverläufe lassen sich häufig in folgende vier Phasen gliedern:

1. **Einstiegsphase:** Erwerb grundlegender Kompetenzen, Orientierung im Unternehmen
2. **Aufbauphase:** Übernahme erster Verantwortung, Spezialisierung oder Teamleitung
3. **Reifephase:** Strategische Verantwortung, Expertenstatus oder Führungsrolle
4. **Transfer- oder Beratungsphase:** Wissenstransfer, Coaching, gegebnenfalls Wechsel in neue Rollen oder in die Selbstständigkeit

Diese Phasen sind nicht zwingend linear – moderne Karrieren verlaufen oft nicht-hierarchisch und beinhalten Seitwärtsbewegungen oder temporäre Rollenwechsel.[107]

Entlohnung in den Laufbahnen

Die Vergütung orientiert sich in der Regel an:

- **Verantwortungsumfang** (zum Beispiel Personal- oder Budgetverantwortung)
- **Komplexität der Aufgaben**
- **Marktwert der Funktion**
- **Leistung und Zielerreichung**

In vielen Unternehmen werden Funktionsstufenmodelle genutzt, die Positionen in Laufbahnen mit transparenten Gehaltsbändern verknüpfen – die auch transparent

105 Vgl. TechMinds: Karrierepfad & Karrieremodelle, zuletzt abgerufen am 25. Juni 2025 von https://techminds.de/magazin/karrierepfad-karrieremodelle/.
106 Vgl. Karrierebibel: Karrierepfade, zuletzt abgerufen am 25. Juni 2025 von https://karrierebibel.de/karrierepfade/.
107 Vgl. Karrierebibel: Karrierepfade, zuletzt abgerufen am 25. Juni 2025 von https://karrierebibel.de/karrierepfade/.

von den Mitarbeitenden eingesehen und verglichen werden kann. So kann zum Beispiel ein Senior-Fachexperte auf einem ähnlichen Vergütungsniveau liegen, wie ein Teamleiter – was die Gleichwertigkeit alternativer Karrierepfade unterstreicht.

Lebensphasenorientierte Entwicklung

Ein ganzheitlicher Ansatz der Personalentwicklung. Die lebensphasenorientierte Entwicklung verfolgt das Ziel, Mitarbeitende **in allen beruflichen und privaten Lebensabschnitten bedarfsgerecht zu unterstützen**. Dabei wird anerkannt und auch entsprechend berücksichtigt, dass Menschen im Laufe ihres Erwerbslebens unterschiedliche Bedürfnisse, Belastungen und Entwicklungspotenziale haben – etwa beim Berufseinstieg, in der Familiengründungsphase, in der Mid-Career-Orientierung oder beim Übergang in den Ruhestand.

Im Zentrum steht die Idee, Personalentwicklung nicht als Einheitslösung, sondern als dynamischen, individuellen Prozess zu gestalten, der sich an den Lebensphasen der Mitarbeitenden orientiert. Dies fördert nicht nur die Leistungsfähigkeit der Mitarbeitenden, sondern auch die Zufriedenheit und Bindung an das Unternehmen.

Typische Lebensphasen und Entwicklungsbedarfe[108]

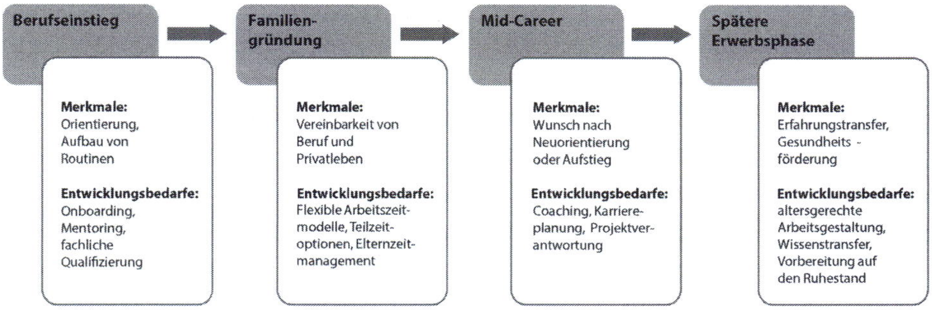

Abbildung 17.6: Übersicht der Lebensphasen und Entwicklungsbedarfe

Instrumente der lebensphasenorientierten Entwicklung

Zur Umsetzung dieses Ansatzes kommen laut BIBB (2023) "*Lebensphasengerechte Personalentwicklung mit abgestimmten Qualifikations- und Tätigkeitsprofilen*"[109] verschiedene Maßnahmen zum Einsatz:

- **Flexible Arbeitszeit- und Arbeitsortmodelle** (zum Beispiel Gleitzeit, Homeoffice, Jobsharing)

[108] Vgl. Wirtschaftswissen.de: Lebensphasenorientierung in der Personalpolitik – Vorteile & Chancen, 2024, zuletzt abgerufen am 25. Juni 2025 von https://www.wirtschaftswissen.de/personalmanagement/personalentwicklung/lebensphasenorientierung-in-der-personalpolitik/.

[109] Vgl. Bundesinstitut für Berufsbildung (BIBB): Lebensphasengerechte Personalentwicklung mit abgestimmten Qualifikations- und Tätigkeitsprofilen, 2023, zuletzt abgerufen am 25. Juni 2025 von https://www.bibb.de/de/184983.php.

- **Individuelle Entwicklungspläne**, abgestimmt auf Lebenssituation und Karriereziele
- **Gesundheitsmanagement** und Resilienzförderung
- **Sabbaticals oder Zeitwertkonten** zur Gestaltung von Übergangsphasen
- **Lebensphasenorientierte Benefits**, zum Beispiel Wahlleistungen bei Versicherungen oder Weiterbildungen

Ein zentrales Element ist die Dialogorientierung: Führungskräfte und HR-Abteilung sollten regelmäßig mit Mitarbeitenden über deren aktuelle Lebenssituation und Entwicklungswünsche sprechen. Siehe dazu auch Kapitel 15 „Mitarbeitergespräche".

Chancen, Nutzen und Herausforderungen mit der lebensphasenorientierten Entwicklung

Dieser Ansatz leistet einen wichtigen Beitrag dazu, Innovationspotenziale innerhalb der Belegschaft zu sichern sowie die Beschäftigungs- und Arbeitsfähigkeit der Mitarbeitenden langfristig zu erhalten. Dies ist insbesondere in der wissensintensiven Versicherungsbranche wichtig, – da der Wissenstransfer von neuen zu langjährigen Mitarbeitenden im Finanz- und Versicherungsbereich einen längeren Zeitraum bedarf als im Vergleich zu anderen Branchen.

Ebenso wird durch diesen Ansatz die Mitarbeiterbindung und individuelle Wertschätzung gestärkt, was sich positiv auf die Reduzierung von Fehlzeiten und Fluktuation auswirken kann. Nicht zuletzt trägt dies – im Sinne des Employer Brandings – zur Stärkung der Arbeitgebermarke bei und positioniert das Unternehmen als Arbeitgeber mit einer familien- und lebensphasenfreundliche Unternehmenskultur.

Nachteilig ist hingegen der hohe organisatorische Aufwand, den Unternehmen für diese Orientierung benötigen. Zudem müssen eine Vielzahl von individuellen Maßnahmen ergriffen werden, was wiederrum entsprechende Kapazitäten in der HR-Abteilung dauerhaft belegt. Ebenso sind vorab und auch laufend zahlreiche Mehrkosten damit verbunden, zum Beispiel müssen Führungskräfte sensibilisiert und aufmerksam gemacht werden, was meist mittels zusätzlicher Schulungen erfolgt. Darüber hinaus gibt es immer ein Spannungsfeld zwischen den betrieblichen Anforderungen des Unternehmens und den individuellen Bedürfnissen der Mitarbeitenden.

Methoden und Maßnahmen zur Begleitung und Bindung

Maßnahmen zur Begleitung und Bindung zielen darauf ab, Mitarbeitende individuell zu unterstützen, Entwicklungsperspektiven aufzuzeigen und emotionale Verbundenheit zum Unternehmen zu fördern. Dabei spielen Coaching, Mentoring, Karriereberatung und Networking eine zentrale Rolle. [110]

[110] Vgl. Helmold, Marc: Personalentwicklung, Coaching und Mentoring, In: Leadership, Wiesbaden: Springer, 2022, Online verfügbar unter: https://link.springer.com/chapter/10.1007/978-3-658-36364-2_10 zuletzt abgerufen am 25. Juni 2025.

Diese Maßnahmen sind keine isolierten Lösungen, sondern integrale Bestandteile einer strategischen Personalentwicklung. Sie ermöglichen individuelle Begleitung, fördern Selbstreflexion und schaffen Perspektiven. Es handelt sich also umzentrale Faktoren für eine nachhaltige Mitarbeiterbindung, die der Minimierung der Unternehmensrisiken im Gesamten dienen.

Coaching

Individuelle Reflexion und Entwicklung: Coaching ist ein strukturierter, lösungsorientierter Beratungsprozess, bei dem eine qualifizierte Fachperson (Coach) Mitarbeitende bei der **Reflexion beruflicher Herausforderungen, Rollenbilder oder Entwicklungsziele** begleitet. Im Zentrum steht die Hilfe zur Selbsthilfe: Durch gezielte Fragen entwickeln Coachees eigene Lösungen.[111]

Nutzen:

- Stärkung von Selbstwirksamkeit und Entscheidungsfähigkeit
- Unterstützung bei Veränderungsprozessen oder Führungsaufgaben
- Individuelle Begleitung bei Karriereübergängen

Mentoring

Erfahrungsweitergabe und Orientierung: Mentoring ist eine vertrauensvolle Beziehung zwischen einer erfahrenen Person (Mentor) und einer weniger erfahrenen Person (Mentee). Ziel ist es, **Wissen, Werte und Netzwerke weiterzugeben** und die persönliche Entwicklung zu fördern.[112]

Nutzen:

- Förderung von Nachwuchskräften und High Potentials
- Stärkung der Bindung durch persönliche Begleitung
- Sichtbarmachung informeller Regeln und Karrierepfade

Interne Karriereberatung

Orientierung und Perspektiven: Die interne Karriereberatung unterstützt Mitarbeitende dabei, **eigene Potenziale zu erkennen, Entwicklungsmöglichkeiten im Unternehmen zu identifizieren und konkrete Schritte zu planen.** Sie kann durch HR, Führungskräfte oder externe Berater erfolgen.

Typische Formate sind: Entwicklungsgespräche, Potentialanalysen, Karriereworkshops oder interne Talent-/Förderprogramme

---

[111] Vgl. Haufe Online Redaktion: Coaching und Mentoring als Teil der Personalentwicklung, 2023, zuletzt abgerufen am 25. Juni 2025 von https://www.haufe.de/personal/neues-lernen/ueberblick-ueber-personalentwicklungsformate_589614_435702.html.

[112] Vgl. LHH: Mitarbeiterbindung durch Networking & Mentoring, 2025, zuletzt abgerufen am 25. Juni 2025 von https://www.lhh.com/de/de/blog/networking-mentoring/.

Nutzen:

- Transparenz über Karrierewege
- Vermeidung von Demotivation durch Perspektivlosigkeit
- Förderung interner Mobilität

Networking

Soziale Einbindung und Sichtbarkeit: Internes Networking fördert den bereichsübergreifenden Austausch, stärkt die Zusammenarbeit und erhöht die Sichtbarkeit von Mitarbeitenden. Formate wie „Lunch & Learn“, interdisziplinäre Projekte oder digitale Austauschplattformen schaffen Räume für **informellen Wissenstransfer und Beziehungsaufbau.**[113]

Nutzen:

- Förderung von Innovationsfähigkeit und Teamgeist
- Erhöhung der internen Chancen auf Projekt- oder Führungsrollen
- Stärkung der emotionalen Bindung durch soziale Integration

17.4.5 Evaluation und Bildungscontrolling

Die systematische und strategisch durchgeführte Personalentwicklung beginnt mit der Ermittlung unternehmensbezogener und individueller Entwicklungsbedarfe und mündet idealerweise in der Umsetzung kompetenzbasierter Weiterbildungsmaßnahmen. Doch damit endet der Prozess nicht: Erst durch Evaluation und Bildungscontrolling wird überprüfbar, ob die eingesetzten Maßnahmen tatsächlich wirksam, wirtschaftlich und strategisch zielführend sind. Dies ist entscheidend für den gesamten Prozess.

In einer zunehmend datengetriebenen Arbeitswelt ist es für Unternehmen unerlässlich, Weiterbildungsmaßnahmen nicht nur durchzuführen, sondern auch zu messen, zu bewerten und zu steuern. Evaluation und Bildungscontrolling bilden somit das Rückgrat einer lernenden Organisation, die ihre Personalentwicklungsstrategie kontinuierlich überprüft und anpasst.

Evaluation

Wirksamkeit sichtbar machen: Evaluation im Kontext der Personalentwicklung bezeichnet die systematische Erhebung und Bewertung von Informationen über Weiterbildungsmaßnahmen, um deren Qualität, Nutzen und Wirkung zu beurteilen. Es macht somit messbar, wie erfolgreich die Personalentwicklung eingesetzt wird und

[113] Vgl. LHH: Mitarbeiterbindung durch Networking & Mentoring, 2025, zuletzt abgerufen am 25. Juni 2025 von https://www.lhh.com/de/de/blog/networking-mentoring/

identifiziert Defizite oder Schwachstellen – dabei bietet es aber auch fundierte Entscheidungsgrundlagen, für mögliche Veränderungen oder Verbesserungen der Prozesse und der damit verbundenen Wirksamkeit.

Sie kann auf verschiedenen Ebenen erfolgen:

- **Reaktionsebene**: Wie zufrieden waren die Teilnehmenden?
- **Lern- und Kompetenzebene**: Was wurde tatsächlich gelernt?
- **Verhaltensebene**: Wird das Gelernte im Arbeitsalltag angewendet?
- **Ergebnisebene**: Welche Auswirkungen hat die Maßnahme auf Team- oder Unternehmensergebnisse?

Dieses Modell geht auf Donald Kirkpatrick zurück und ist bis heute ein international anerkannter Standard.[114]

Eine empirische Untersuchung von Liechti & Abraham (2011) zeigt, dass Unternehmen Evaluationen häufig dann einsetzen, wenn externe Anbieter involviert sind oder wenn hohe Kosten mit der Maßnahme verbunden sind. Die Entscheidung für oder gegen Evaluation ist dabei oft eine Kosten-Nutzen-Abwägung, aber auch durch institutionelle Routinen geprägt.[115]

Mitbestimmung des Betriebsrates

Bildungsmaßnahmen, die durch interne Trainer durchgeführt oder unternehmensintern evaluiert werden, unterliegen gemäß § 98 BetrVG der Mitbestimmungspflicht des Betriebsrats[116] – dies gilt sowohl für die Durchführung als auch für die inhaltliche Ausgestaltung und Bewertung solcher Maßnahmen.

Funktionen der Evaluation in der Personalentwicklung

1. Qualitätskontrolle und Wirksamkeitsprüfung

Evaluation ermöglicht es, die **inhaltliche, didaktische und organisatorische Qualität** von Weiterbildungsmaßnahmen zu überprüfen. Sie beantwortet Fragen wie: Wurden die Lernziele erreicht? War die Maßnahme methodisch sinnvoll gestaltet?

„Evaluation umfasst sämtliche Aktivitäten zur Qualitäts- und Erfolgskontrolle einer Personalentwicklungsmaßnahme".[117]

---

[114] Vgl. Blaha, Christian: Bildungs-Controlling: Wir müssen Personalentwicklung messen, um sie weiterentwickeln zu können, In: Funktions-Controlling, Wiesbaden: Springer Gabler, 2021, Online verfügbar unter: https://link.springer.com/chapter/10.1007/978-3-658-33118-4_4 zuletzt abgerufen am 25. Juni 2025.

[115] Vgl. https://link.springer.com/article/10.1007/s11573-011-0440-4 zuletzt aufgerufen am 25. Juni 2025.

[116] Tillmanns/Heise/u.a., BetrVG § 98 Durchführung betrieblicher Bildungsmaßnahmen | Haufe / https://www.haufe.de/id/kommentar/tillmannsheiseua-betrvg-98-durchfuehrung-betrieblicher-bildungsmassnahmen-HI608765.html zuletzt aufgerufen am 25. Juni 2025.

[117] Vgl. Solga, Marc: Evaluation der Personalentwicklung, In: Ryschka, J. et al. (Hrsg.), Praxishandbuch Personalentwicklung, Wiesbaden: Springer, 2019, ISBN 978-3-658-23888-9 Online verfügbar unter: https://doi.org/10.1007/978-3-658-33271-6_6 zuletzt abgerufen am 25. Juni 2025.

2. Optimierung und Weiterentwicklung

Durch systematische Rückmeldungen lassen sich **Stärken und Schwächen** von Maßnahmen identifizieren. Dies schafft die Grundlage für **kontinuierliche Verbesserung** – zum Beispiel durch Anpassung von Inhalten, Methoden oder Zielgruppenansprache (Berücksichtigung von homogenen/heterogenen Zielgruppen – unterschiedliche Wissensstände und Gruppen, die gegebenenfalls nicht zueinander passen).

Laut zfm Bonn dient Evaluation dazu, „mögliches Optimierungspotenzial aufzudecken" und Maßnahmen gezielt weiterzuentwickeln.[118]

3. Legitimation und Rechenschaft

Evaluation liefert **objektive Nachweise** über den Nutzen von Personalentwicklungs-Investitionen. Dies ist besonders relevant gegenüber Geschäftsführung, Controlling oder externen Stakeholdern – etwa zur Rechtfertigung von Budgets oder zur Akkreditierung.

Positive Evaluationsergebnisse können laut zfm Bonn „ein Argument sein, um Investitionen in Personalentwicklungsmaßnahmen zu rechtfertigen".[119]

4. Steuerung und Controlling

In Verbindung mit Bildungscontrolling liefert Evaluation **steuerungsrelevante Kennzahlen** – etwa zur Teilnahmequote, zum Kompetenzzuwachs oder zum Transfererfolg. Diese Daten helfen, Personalentwicklungs-Maßnahmen strategisch auszurichten und Ressourcen effizient einzusetzen.

Vergleichen Sie dazu auch das Vier-Stufen-Modell von Kirkpatrick, das in Theorie und Praxis als Standardmodell zur Wirkungsmessung gilt.[120]

5. Lerninstrument für die Organisation

Evaluation ist nicht nur Kontrolle, sondern auch ein **Lernprozess für die Organisation selbst.** Sie fördert eine reflektierte Personalentwicklungs-Kultur und stärkt die Fähigkeit, aus Erfahrungen systematisch zu lernen.

„Evaluation ist ein Lerninstrument für die Organisation" – betont der bayme vbm-Leitfaden (2023).[121]

---

[118] Vgl. zfm – Zentrum für Management- und Personalberatung: Evaluation in der Personalentwicklung, 2023, zuletzt abgerufen am 25. Juni 2025 von https://www.zfm-bonn.de/blog/evaluation-in-der-personalentwicklung/.

[119] Vgl. zfm – Zentrum für Management- und Personalberatung: Personalentwicklung.o. J., zuletzt abgerufen am 25. Juni 2025 von https://www.zfm-bonn.de/leistungen/personalentwicklung/.

[120] Vgl. https://www.zfm-bonn.de/blog/evaluation-in-der-personalentwicklung/ zuletzt aufgerufen am 25. Juni 2025.

[121] Vgl. Blaha, Christian: Bildungs-Controlling: Wir müssen Personalentwicklung messen, um sie weiterentwickeln zu können, In: Funktions-Controlling, Wiesbaden: Springer, 2021, ISBN 978-3-658-33117-7.

■ BEISPIEL EINER METHODE: VIER STUFEN NACH KIRKPATRICK UND DEREN WEITERENTWICKLUNG

Das Kirkpatrick-Modell ist eines der bekanntesten Evaluationsmodelle zur Bewertung von Trainings- und Weiterbildungsmaßnahmen. Es wurde in den 1950er Jahren von Donald L. Kirkpatrick entwickelt und umfasst vier aufeinander aufbauende Stufen, die den Lernerfolg aus unterschiedlichen Perspektiven erfassen:

Das klassische Vier-Stufen-Modell von Kirkpatrick wurde in den 1990er Jahren von Jack J. Phillips um eine **fünfte Stufe ergänzt**: den Return on Investment (ROI). Diese Weiterentwicklung trägt dem gestiegenen Bedarf nach wirtschaftlicher Bewertung von Weiterbildungsmaßnahmen Rechnung und wird häufig als „Kirkpatrick-Phillips-Modell" bezeichnet.

Stufe	Bezeichnung	Ziel der Evaluation
1.	Reaktion	Wie zufrieden waren die Teilnehmenden?
2.	Lernen	Was wurde gelernt (Wissen, Fähigkeiten, Einstellungen)?
3.	Verhalten	Wird das Gelernte im Arbeitsalltag angewendet?
4.	Ergebnisse	Welche Auswirkungen hat das Training auf betriebliche Kennzahlen?
5.	Return on Investment	Wie steht der monetäre Nutzen im Verhältnis zu den Kosten der Maßnahme?

Tabelle 17.1: Vier Stufen Methode nach Kirkpartrick[122]

■

Die ROI-Stufe quantifiziert den finanziellen Nutzen einer Maßnahme – zum Beispiel durch gesteigerte Produktivität, reduzierte Fehlerquoten oder geringere Fluktuation – und setzt ihn ins Verhältnis zu den Investitionen (zum Beispiel Trainerhonorare, Arbeitsausfall, Reisekosten). Damit wird die Wirtschaftlichkeit von Weiterbildung messbar.

Phillips empfiehlt zur ROI-Ermittlung unter anderem folgende Schritte[123]:

- Zieldefinition und Datenerhebung auf allen Kirkpatrick-Stufen
- Isolierung der Trainingseffekte von anderen Einflussfaktoren (zum Beispiel durch Kontrollgruppen)
- Monetarisierung der Ergebnisse (zum Beispiel Zeitersparnis in Euro)

[122] Vgl. https://einkaufversusvertrieb.de/beitragsreihe-zur-evaluierung-von-seminaren-der-5-stufen-evaluationsprozess-nach-phillips zuletzt aufgerufen am 25. Juni 2025.

[123] Tabelle nach Ausführungen von: https://einkaufversusvertrieb.de/beitragsreihe-zur-evaluierung-von-seminaren-der-5-stufen-evaluationsprozess-nach-phillips zuletzt aufgerufen am 25. Juni 2025.

- Berechnung des ROI:

$$\text{Return on Investment (ROI)} = \frac{\text{Erfolg}}{\text{Kapitaleinsatz}} \times 100$$

Während die ROI-Stufe eine höhere Managementakzeptanz schafft, ist sie auch methodisch anspruchsvoll und umstritten: Die Isolierung von Trainingseffekten ist oftmals recht schwierig und nicht alle Lernerfolge lassen sich monetär beziffern. Dennoch bietet die Erweiterung einen wertvollen Beitrag zur strategischen Steuerung von Personalentwicklungs-Investitionen.

Bildungscontrolling

Bildungscontrolling meint die Steuerung der Personalentwicklung durch entsprechende Kennzahlen. Während Evaluation punktuell wirkt, ist Bildungscontrolling ein **kontinuierlicher Steuerungsprozess**. Es verbindet qualitative und quantitative Daten, um die Effektivität und Effizienz von Weiterbildungsaktivitäten zu bewerten. Ziel ist es, Transparenz über Investitionen, Lernerfolge und strategischen Beitrag zu schaffen.

Typische Kennzahlen im Bildungscontrolling sind:

- Teilnahmequoten und Abschlussraten
- Transferquoten (zum Beispiel durch Follow-up-Befragungen)
- Kosten je Teilnehmenden oder je Lerneinheit
- Return on Education (ROE) oder Return on Investment (ROI)

Laut Blaha (2021) ist es entscheidend, auf mehreren Ebenen zu messen – von der Zufriedenheit über den Kompetenzzuwachs bis hin zur Verhaltensänderung im Arbeitskontext.[124]

Bildungscontrolling dient also dazu, Bildungsmaßnahmen systematisch zu planen, überwachen, bewerten und optimieren. Damit soll sichergestellt werden, dass entsprechend durchlaufene Personalentwicklungsmaßnahmen auch den erwarteten/avisierten Erfolg und damit auch das Ergebnis aufweisen. Dies wiederum zielt auf die Unternehmensstrategie ab und damit dem wirtschaftlichen Unternehmenserfolg.

Funktionen des Bildungscontrollings

1. **Planungsfunktion**

   Bildungscontrolling unterstützt die **vorausschauende Planung von Weiterbildungsmaßnahmen**. Es hilft, Bildungsbedarfe zu identifizieren, Prioritäten zu setzen und Maßnahmen mit den strategischen Zielen des Unternehmens abzustimmen.

[124] Vgl. Blaha, Christian: Bildungs-Controlling: Wir müssen Personalentwicklung messen, um sie weiterentwickeln zu können, In: Funktions-Controlling, Wiesbaden: Springer, 2021 ISBN 978-3-658-33117-7.

Laut betriebswirtschaft-lernen.net stellt Bildungscontrolling „quantitative und qualitative Informationen für die Planung, Analyse, Steuerung und Kontrolle der unternehmensweiten Lernprozesse bereit".[125]

2. **Steuerungs- und Koordinationsfunktion**

   Durch die Erhebung und Auswertung von Kennzahlen (zum Beispiel Teilnahmequoten, Kosten je Maßnahme, Lernerfolg) ermöglicht Bildungscontrolling eine **zielgerichtete Steuerung und Koordination** von Bildungsaktivitäten.

   Wikipedia beschreibt dies als „Maßnahmen zur Planung, Koordination und Kontrolle von Bildungsvorhaben nach Effektivitäts- und Effizienzkriterien".[126]

3. **Kontroll- und Evaluationsfunktion**

   Bildungscontrolling überprüft, ob Bildungsmaßnahmen ihre Ziele erreicht haben – sowohl qualitativ (zum Beispiel Kompetenzzuwachs) als auch quantitativ (zum Beispiel ROI). Es dient damit der **Qualitätssicherung und Wirkungsmessung**.

   Die Plattform Ausbilderwelt betont, dass das qualitative Bildungscontrolling insbesondere auf Transfersicherung und Lernerfolgskontrolle abzielt, während das quantitative Bildungscontrolling Kosten- und Risikobewertungen umfasst.[127]

4. **Entscheidungsunterstützung und Legitimation**

   Bildungscontrolling liefert **objektive Entscheidungsgrundlagen** für Investitionen in Weiterbildung. Es hilft, Maßnahmen zu priorisieren und Budgets zu rechtfertigen – etwa gegenüber Geschäftsführung oder Controlling.

   Laut betriebswirtschaft-lernen.net dient Bildungscontrolling der „Erzielung strategischer Wettbewerbsvorteile durch optimal entwickelte Humanressourcen".[128]

5. **Transparenz- und Kommunikationsfunktion**

   Durch die systematische Aufbereitung von Daten schafft Bildungscontrolling **Transparenz über Bildungsaktivitäten**, deren Nutzen und Kosten. Dies fördert die Akzeptanz von Personalentwicklungs-Maßnahmen bei Führungskräften und Mitarbeitenden.

Bildungscontrolling ist somit weit mehr als ein reines Controlling-Instrument, es ist vielmehr ein strategisches Führungswerkzeug welches Personalentwicklung in Zahlen widerspiegelt und somit messbar macht. Die Ergebnisse aus dem Bildungscontrolling führen zu Anpassungen zum Beispiel in der Unternehmensstrategie und haben

---

[125] Vgl. betriebswirtschaft-lernen.net: Bildungscontrolling – Definition, Erklärung und Beispiel, 2024, zuletzt abgerufen am 25. Juni 2025 von https://www.betriebswirtschaft-lernen.net/erklaerung/bildungscontrolling/.

[126] Vgl. Wikipedia: Bildungscontrolling – Definition und Funktionen, 2024, zuletzt abgerufen am 25. Juni 2025 von https://de.wikipedia.org/wiki/Bildungscontrolling.

[127] Vgl. Ausbilderwelt: Was sind die Aufgaben vom Bildungscontrolling?, 2024, zuletzt abgerufen am 25. Juni 2025 von https://ausbilderwelt.de/was-sind-die-aufgaben-vom-bildungscontrolling/.

[128] Vgl. betriebswirtschaft-lernen.net: Bildungscontrolling – Definition, Erklärung und Beispiel, 2024, zuletzt abgerufen am 25. Juni 2025 von https://www.betriebswirtschaft-lernen.net/erklaerung/bildungscontrolling/.

Einfluss auf die Erreichung von Unternehmensziele. Seine Funktionen reichen von Planung über Steuerung bis hin zur Wirkungsmessung und Legitimation für zum Beispiel Investitionsentscheidungen etc.

Methoden und Instrumente des Bildungscontrollings

Für das Bildungscontrolling kommen eine Vielzahl an Instrumenten in Frage. Die Verfahren dazu sind ebenfalls grob in qualitative und quantitative Verfahren unterteilt – es gibt auch qualitativ-quantitative Verfahren. Letztlich ist das Ziel, die Bildungsmaßnahmen (erledigte und zukünftige) systematisch zu planen, steuern, bewerten und soweit notwendig auch anzupassen und zu optimieren.

Instrumente des quantitativen Bildungscontrollings

- Kostencontrolling, zum Beispiel mittels Kostenauswertung, Lernzeitauswertung
- Budgetierung, zum Beispiel Abgerufene Maßnahmen und Unter-/Überschreitung der Budgetierung
- Effizienzcontrolling, zum Beispiel Teilnahme- und Abschlussquoten
- Kennzahlencontrolling, zum Beispiel ROI – Return on Investment-Auswertung

Instrumente des qualitativen Bildungscontrollings

- Inputcontrolling, zum Beispiel Transfergespräche mit Führungskraft, Lernjournale
- Durchführungscontrolling, zum Beispiel Feedbackbögen, Zufriedenheitsbefragungen
- Effektivitätscontrolling, zum Beispiel Wissenstest, Kompetenzchecks
- Evaluation, zum Beispiel Selbst- und Fremdeinschätzungen, Reflexionsbögen

Instrumente des quantitativen-qualitativen Bildungscontrollings

- Ergebniscontrolling
- Kosten-Nutzen-Controlling
- Output-Controlling
- Erfolgscontrolling

Dies kann im Rahmen von den nachstehenden Beispielen geschehen:

- **Kirkpatrick-Modell (Stufen 1–4)**: Reaktion, Lernen, Verhalten, Ergebnisse
- **Phillips-Modell (Stufe 5)**: ROI-Berechnung auf Basis qualitativer Transferdaten
- **Balanced Scorecard für Personalentwicklung**: Integration von Lern-, Prozess- und Finanzperspektiven

- **Transfer-Evaluation nach Wunderer/Fröhlich**: Stufenmodell mit Feedback von Teilnehmenden, Vorgesetzten und Bildungsbereich[129]

■ BEISPIEL EINER METHODE: BALANCED SCORECARD FÜR PERSONALENTWICKLUNG

Die Balanced Scorecard (BSC) ist ein strategisches Steuerungsinstrument, das hilft, Personalentwicklungs-Maßnahmen systematisch mit den Unternehmenszielen zu verknüpfen. Sie basiert auf dem klassischen BSC-Modell von Kaplan und Norton und überträgt dessen vier Perspektiven – **Finanzen, Kunden, interne Prozesse sowie Lernen und Entwicklung** – auf den Personalbereich.[130] ■

In der Personalentwicklung liegt der Fokus besonders auf der Lern- und Entwicklungsperspektive, etwa durch Ziele wie Kompetenzaufbau, Talentbindung oder Transferwirksamkeit. Für jede Perspektive werden **Kennzahlen, Zielwerte und Maßnahmen definiert**, um die Wirksamkeit von Personalentwicklungs-Aktivitäten messbar und steuerbar zu machen.

■ BEISPIEL

Zur Förderung digitaler Kompetenzen kann ein „Digitaler Kompetenzindex" als Kennzahl dienen, der regelmäßig erhoben und mit Zielwerten hinterlegt wird.[131] ■

Regelkreis-Idee als Grundlage jedes Controlling-Prozesses

Die Regelkreis-Idee stammt ursprünglich aus der Kybernetik und beschreibt einen geschlossenen Steuerungsprozess, bei dem ein System durch kontinuierliche Rückkopplung auf ein definiertes Ziel hin ausgerichtet wird. Im Controlling wird dieses Prinzip genutzt, um betriebliche Prozesse zielgerichtet zu planen, umzusetzen, zu überwachen und bei Abweichungen zu korrigieren.

Ein typischer Controlling-Regelkreis umfasst folgende Phasen:

1. **Zielsetzung:** Festlegung von Soll-Werten (zum Beispiel Umsatz, Kosten, Qualität)
2. **Planung:** Entwicklung von Maßnahmen zur Zielerreichung
3. **Umsetzung:** Durchführung der geplanten Aktivitäten
4. **Kontrolle:** Erfassung von Ist-Werten und Abgleich mit Soll-Werten
5. **Abweichungsanalyse:** Identifikation von Ursachen bei Zielverfehlung
6. **Korrekturmaßnahmen:** Anpassung von Maßnahmen oder Zielen

[129] Vgl. Springer: 15 Bildungscontrolling, In: Crashkurs Personalcontrolling, 2024, zuletzt abgerufen am 25. Juni 2025 von https://link.springer.com/chapter/10.34157/978-3-648-15995-8_15.

[130] Vgl. Haufe: Balanced Score Card: Einführung im Personalbereich, 2024, zuletzt abgerufen am 25. Juni 2025 von https://www.haufe.de/id/beitrag/balanced-score-card-einfuehrung-im-personalbereich-HI2808800.html.

[131] Vgl. Ackermann, Karl-Friedrich (Hrsg.): Balanced Scorecard für Personalmanagement und Personalführung, Berlin/Heidelberg: Springer, 2000, ISBN 978-3-540-67469-4.

Diese Struktur findet sich zum Beispiel im sechsstufigen Management-Regelkreis wieder, wie er auf Markt-und-Kunde.de beschrieben wird.[132]

Die Regelkreis-Idee ist das steuerungslogische Fundament jedes Controlling-Prozesses. Sie schafft Struktur, ermöglicht lernende Organisationen und stellt sicher, dass Unternehmensziele nicht nur gesetzt, sondern auch erreicht und bei Bedarf angepasst werden. Ohne Regelkreis kein wirksames Controlling – so einfach und so essenziell. Softskill-Trainings und Coachings entziehen sich oft der direkten Messbarkeit im Controlling, da ihre Wirkung auf Verhalten, Haltung und Kultur meist nur indirekt und langfristig sichtbar wird.

Zusammenfassung:

Das Kapitel beschreibt die Personalentwicklung als strategischen Kernprozess moderner Unternehmen. Ausgangspunkt ist die systematische **Ermittlung von Personalentwicklungsbedarfen**, die sowohl unternehmensbezogene als auch individuelle Perspektiven berücksichtigt. Unternehmen müssen analysieren, welche Kompetenzen künftig benötigt werden, etwa durch Digitalisierung, neue Geschäftsmodelle oder regulatorische Anforderungen und diese mit den vorhandenen Fähigkeiten der Mitarbeitenden abgleichen. Individuelle Bedarfe ergeben sich aus Mitarbeitergesprächen, Leistungsbeurteilungen, Feedbackprozessen oder persönlichen Karrierewünschen. Ziel ist es, Beschäftigungsfähigkeit (Employability) langfristig zu sichern und Mitarbeitende aktiv in Veränderungsprozesse einzubinden.

Darauf aufbauend werden **kompetenzbasierte Weiterbildungsmaßnahmen** abgeleitet. Die Methoden der Personalentwicklung reichen von „Training on the Job" (zum Beispiel Job Rotation, Projektarbeit) über „Training off the Job" (Seminare, E-Learning, Workshops) bis hin zu individuellen Formaten wie Coaching, Mentoring oder Supervision. Die Auswahl der passenden Methode hängt vom Lernziel, der Zielgruppe, den Ressourcen und der Komplexität der Aufgabe ab. Moderne Personalentwicklung setzt zunehmend auf Blended Learning, digitale Lernplattformen und adaptive Lernformate, um unterschiedliche Lernstile und Lebenssituationen zu berücksichtigen.

Ein besonderer Schwerpunkt liegt auf der **Führungskräfteentwicklung**, da Führung maßgeblich die Kultur, Leistungsfähigkeit und Veränderungsbereitschaft einer Organisation prägt. Maßnahmen wie 360°-Feedback, Coaching, Leadership-Programme oder Executive Education unterstützen Führungskräfte dabei, Selbstführung, Mitarbeiterführung und strategische Unternehmensführung zu stärken.

[132] Vgl. Markt und Kunde: Der Management-Regelkreis – Struktur und Anwendung, 2024, zuletzt abgerufen am 25. Juni 2025 von https://markt-und-kunde.de/der-management-regelkreis/.

Gleichzeitig gewinnt die **berufliche Laufbahn- und Karriereentwicklung** an Bedeutung: Unternehmen schaffen transparente Karrierepfade (Führungs-, Fach-, Projekt- oder Vertriebslaufbahnen), fördern interne Mobilität und berücksichtigen lebensphasenorientierte Bedürfnisse, um Motivation und Bindung zu erhöhen.

Abschließend betont das Kapitel die zentrale Rolle von **Evaluation und Bildungscontrolling**. Evaluation misst die Wirksamkeit von Weiterbildungsmaßnahmen auf mehreren Ebenen, von der Zufriedenheit über den Kompetenzzuwachs bis hin zur Verhaltensänderung und den Ergebnissen im Unternehmen (Kirkpatrick-Modell). Bildungscontrolling ergänzt dies durch Kennzahlen wie Teilnahmequoten, Kosten, Transfererfolg oder ROI und dient der Planung, Steuerung und Legitimation von Personalentwicklungsinvestitionen. Damit wird Personalentwicklung messbar, steuerbar und strategisch einsetzbar.

18 Projektmanagement

Handlungssituation

Klassische Beratungsarbeit findet regelmäßig in Projekten statt. Das gilt sowohl für die externe als auch für die interne Beratung, folglich ebenfalls für die Inhouse Consulting Division der Proximus Versicherung AG. Nachdem Lisa Becker und Max Meier sich erste Einblicke in die Kernprozesse sowie in Steuerung, Zusammenarbeit und Leadership bei der Proximus Versicherung AG verschafft haben, lernen sie daher nun das Project Management Office (PMO) kennen. Einer der Mitarbeitenden im PMO ist Vergil Alighieri. Dieser wird Lisas und Max' Guide durch die Projektwelt.

Im Schlussgespräch mit Malik Kumar hatten Lisa und Max festgehalten[1]*: „Speziell bei der Produktentwicklung, aber auch bei vielen anderen größeren Projekten sollte die Entwicklung zu* **agilen Methoden** *angegangen werden. Hier trafen die Inhouse-Consultants auf eine hohe Bereitschaft, aber ein vergleichsweise geringes Wissens- und Erfahrungsniveau ..."*

Vergil: „Willkommen bei uns im PMO! Ich freue mich wirklich sehr, dass ihr bei uns seid! Vielleicht könnt ihr später Multiplikatoren sein und auch im Kollegenkreis einmal erzählen, was wir hier eigentlich so machen – auch wenn wir euch nur einen kleinen Einblick geben können ..."

Lisa: „In unserer Ausbildung haben wir ja schon einige Sachen zu Projekten gelernt: Grundsätzliches zum plangetriebenen klassischen Vorgehen, aber ebenfalls ein paar agile Vorgehensmodelle wie Kanban und Scrum. Unsere Reporte und das fallbezogene Fachgespräch (FFG) drehten sich ja bereits um projektartiges Arbeiten."

Vergil: „Dann sprechen wir ja als Experten miteinander! Ich hoffe, wir haben dennoch einige neue und spannende Sachen für euch."

18 Projektmanagement		
18.1 Konzeption und Initiierung		
18.1.1 Projektkonzeption	18.1.2 Projektplanung	18.1.3 Projektumsetzung
18.1.4 Rahmenbedingungen		
Kundenorientierung	Digitalisierung	Nachhaltigkeit
18.1.5 Projektcontrolling		
18.2 Kommunikation		
18.2.1 Transparenz	18.2.2 Offenheit	18.2.3 Präsentation und Moderation

Tabelle 18.1: Überblick über das Kapitel „Projektmanagement"

[1] Band Kernprozesse, S. 367.

Vergils Plan korrespondiert mit der Verordnung über die Prüfung zum anerkannten Fortbildungsabschluss mit der Bezeichnung Bachelor Professional in Versicherungen und Finanzanlagen (BAProVFFPrV), auf die er noch einmal verweist:

§ 1 Abs. 3 Ziffer 6 BAProVFFPrV:

Initiieren, Konzipieren und Organisieren von Projekten unter systematischer und zielorientierter Anwendung von Projektmanagementmethoden und Kommunikationsmodellen.

§ 9 Satz 5 BAProVFFPrV:

Darüber hinaus sind Projekte zu konzipieren, zu initiieren, zu organisieren und zu präsentieren unter systematischer und zielorientierter Anwendung von Projektmanagementmethoden und Kommunikationsmodellen.

§ 9 Ziffer 3 BAProVFFPrV:

3. Projektmanagement:

a) Konzipieren und Initiieren von Projekten nach ermitteltem Bedarf, Darstellen von deren strategischer Bedeutung, Erkennen kritischer Entwicklungen im Projektumfeld sowie Planen eines zweckmäßigen Einsatzes von Projektmanagementmethoden, auch in der Personal- und Kostenplanung, unter Berücksichtigung von Kundenzentrierung, Digitalisierungsmöglichkeiten und Nachhaltigkeitsaspekten,

b) Gestalten der Kommunikation während Projektdurchführungen und nach Projektabschlüssen.

Bereits im Rahmen der dualen Ausbildung der Kaufleute für Versicherungen und Finanzanlagen (KVF) ist das Projektmanagement Lehr-Lern-Inhalt[2]. Vorbildung auf KVF-Niveau wird für dieses Kapitel deshalb vorausgesetzt.

Abbildung 18.1: Entwicklungskontinuum des Projektmanagements (eigene Darstellung in Anlehnung an Bea, Scheurer, Hesselmann

In diesem Kapitel des Buches beziehungsweise in dieser Phase des Aufbaus von Lisas und Max' konzernweitem Netzwerk zu Entscheidungsträgern und Fachkräften liegt der Fokus auf dem **Management von Projekten**. Das bedeutet, dass hier schwerpunktmäßig auf die Konzeption (Unterabschnitt 18.1.1), die Planung (Unterabschnitt 18.1.2) und die Umsetzung von Einzelprojekten (Unterabschnitt 18.1.3) geblickt wird.

2 Vgl. u.a. § 13 VersFinKflAusbV (https://www.gesetze-im-internet.de/versfinkflausbv/__13.html)

Flankierend werden die Rahmenbedingungen „Kundenorientierung", „Digitalisierung" und „Nachhaltigkeit" in Unterabschnitt 18.1.4 sowie das alle Projektmanagementphasen begleitende Controlling (Unterabschnitt 18.1.5) und die Kommunikation während des Projektes (Unterabschnitt 18.2) betrachtet.

Ein Einblick in das Management durch Projekte und das „Multiprojektmanagement" wird in diesem Abschnitt ebenfalls gegeben. **Management durch Projekte** ist jedoch eher Aufgabe der Unternehmensführung beziehungsweise ein Lehr-Lern-Inhalt von Leadership (Abschnitt 13.3).

Ob die Proximus Versicherung AG insgesamt zu einem **projektorientierten Unternehmen** mit einer Projektorganisation entwickelt werden soll, ist hingegen primär ein Thema für Change und Arbeitsorganisation (vgl. Lernziele 4.1 und 4.2 bzw. Kapitel 7 und 16).

18.1 Konzeption und Initiierung

Vergil: „So wie beim Versicherungsfall Verursachung und Entstehung zeitlich schon deutlich vor dem Eintritt des Versicherungsfalls geschehen (können), beginnen Projekte häufig bereits vor einem offiziellen Projektstart. Irgendjemand im Unternehmen hat eine Idee, spricht mit ein paar Leuten, entwickelt die Idee weiter und irgendwann ist der Vorschlag dann reif für den Beauty Contest im PMO..."

Max: „Beauty Contest?"

Vergil: „Andere nennen es auch Pitch: Die Ideen der einreichenden Personen werden uns vorgestellt. Sie gehen letztlich in einen Konkurrenzkampf um die zur Verfügung stehenden Ressourcen bei der Proximus Versicherung AG. Wir können nicht alle Projektideen und angemeldeten Projektbedarfe umsetzen, sondern werden nur die besten und wichtigsten weiterverfolgen."

Große Unternehmen und solche, die sehr viele Projekte durchführen, verfügen in der Regel über ein Project Management Office (PMO). Das PMO entwickelt Prozesse, Strategien und Ziele im Hinblick auf das Management von Projekten. Es schult, berät und unterstützt die an Projekten beteiligten Personen. Dazu kann es beispielsweise ein Projektmanagementhandbuch erstellen. Das PMO ist aber nicht primär für die Generierung von Projekten zuständig, sondern koordiniert vielmehr deren Durchführung.

Projektideen oder zur Lösung aufgetretener Probleme erdachte und für projektwürdig erachtete Vorhaben werden eher in anderen Organisationseinheiten erarbeitet (zum Beispiel in der Produktentwicklung, im Research & Development etc.). Manchmal werden sie auch durch neue Studienergebnisse beziehungsweise durch Umweltveränderungen (zum Beispiel neue Gesetze) von außen an die Proximus Versicherung AG herangetragen. Wie im Ausgangsfall („Die Proximus Versicherung AG ist mit ihren

140 Jahren Erfahrung bekannt für steten Wandel und Innovationen.") und in dem Kapitel zu Change und Change Management (Kapitel 7) bereits dargestellt, gibt es in der sogenannten „BANI-Welt" (vgl. Kernprozesse 9.1) eine genügend große Anzahl an Auslösern und Anlässen für permanenten Projektbedarf, sodass bereits von einer „Projektitis", der „Projektifizierung der Gesellschaft" beziehungsweise der „Project Society" gesprochen wird.

Das PMO von Vergil sammelt bei der Proximus Versicherung AG die von anderen Einheiten eingereichten Projektideen, angemeldeten Projektbedarfe beziehungsweise Projektanträge. Als Stabsfunktion priorisiert es diese gemeinsam mit der Unternehmensführung und erteilt gegebenenfalls eine Projektfreigabe.

Zur rationalen Entscheidungsfindung über einen etwaigen Projektantrag oder eine Projektidee tragen unter anderem folgende Vorstudien bei:

- **Machbarkeitsanalyse**:

  In der Machbarkeitsanalyse wird die grundsätzliche Realisierbarkeit der Projektidee überprüft, zum Beispiel im Hinblick auf zur Verfügung stehende Ressourcen im Unternehmen. Man kann sie als Resultat der weiteren unten beschriebenen Analysen betrachten.

- **Umfeld- beziehungsweise Umwelt-, z.T. auch Kontext- oder Impactanalyse:**

  Die Umfeldanalyse ist eine Analyse der internen und externen Projektbedingungen in zeitlicher, sachlicher und sozialer Hinsicht. Dazu zählen zum Beispiel rechtliche, politische und gesellschaftliche Rahmenbedingungen, Trends, die strategische Ausrichtung des Unternehmens, PM-Tools oder Interessengruppen. Insbesondere wegen der „sozialen" Aspekte ist sie nicht immer trennscharf beziehungsweise zum Teil synonym zu der unten aufgeführten Stakeholderanalyse. Die untersuchten Bedingungen werden häufig auch mit dem Akronym PESTEL zusammengefasst: political, economical, social, technological, environmental, legal – also politische, wirtschaftliche, soziale, technologische, ökologische und rechtliche Kategorien. Gleichzeitig wird PESTEL auch für die Risikoanalyse verwendet – auch diese Analysen sind also nicht überschneidungsfrei.

- **Stakeholderanalyse:**

  Die Stakeholderanalyse kann auf der oben aufgeführten Umfeldanalyse aufbauen, teilweise wird sie auch als soziale Umfeldanalyse bezeichnet. Im Regelfall werden Stakeholder in der Umfeldanalyse jedoch zunächst nur identifiziert und in der folgenden Stakeholderanalyse untersucht. Als Stakeholder gelten dabei je nach Interpretation alle, die von dem Projekt betroffen sind oder sich auch nur betroffen fühlen; dazu mehr in Unterabschnitt 18.1.1.

- **Risikoanalyse:**

  Die Risikoanalyse wird wie die Stakeholderanalyse ebenfalls aus der Umfeldanalyse abgeleitet. Sie dient der Identifikation, Gewichtung, Bewertung und Dokumentation von Schwachstellen, Gefahren, drohenden negativen Planabweichungen, Stolpersteinen etc. Sie untersucht deren Ursachen und negativen Auswirkungen auf das Projekt beziehungsweise das Unternehmen (zum Beispiel dringlichere Projekte bei der Proximus Versicherung AG oder ähnliche Ideen von Mitbewerbern; vgl. auch SWOT-Analyse in Kernprozesse 2.3)). Ihr Ergebnis kann beispielsweise in einem Risikoportfolio graphisch dargestellt werden, in welchem auf der einen Achse die Eintrittswahrscheinlichkeiten und auf der anderen die Tragweite beziehungsweise potenzielle Schadenhöhe abgebildet werden.

- **Wirtschaftlichkeitsanalyse:**

  In der Wirtschaftlichkeitsanalyse wird ein Aspekt des Projektnutzens für das Versicherungsunternehmen ermittelt. Dafür werden beispielsweise Erträge den Aufwendungen, Leistungen den Kosten oder wird gegebenenfalls der Output dem Input des Projekts gegenübergestellt. Letztendlich muss sich ein Projekt lohnen beziehungsweise Mehrwert schaffen. Diese Einschätzung beziehungsweise Berechnung der Effizienz hängt aber beispielsweise auch davon ab, ob man eher weiche Faktoren wie Imagegewinn „monetarisiert" und einbezieht. Auch die Zielgröße ist subjektiv, kleiner als 1 sollte sie aber nicht sein. Umgekehrt kann ein Unternehmen nicht alle Risiken und etwaige Zahlungsströme im Vorfeld genau quantifizieren. Anstelle einer solchen Scheingenauigkeit zu trauen, muss ein Unternehmen tragbare Risiken durchaus eingehen. Auch rechtliche Aspekte könnten die Frage nach der Wirtschaftlichkeit des Projekts überflüssig machen, wenn die Proximus Versicherung AG gar keine Wahl hat, ob sie das Projekt durchführt. Ein solches „Zwangsprojekt" könnte zum Beispiel die Umsetzung von FiDA werden, die die Versicherer verpflichtet, standardisierte Zugänge zu Finanzdaten sicherzustellen.

- **Beurteilung der strategischen Bedeutung:**

  Auch strategische Projekte können den Charakter eines Zwangsprojekts aufweisen. Grundsätzlich muss das PMO jedoch darauf achten, dass die Projekte dem Unternehmensleitbild nicht widersprechen. Dazu mehr in 18.1.1.

Die beschriebenen Vorgänge und Analysen sind Bestandteile der Initialisierungsphase von Prozessen. Die Initialisierungsphase ist die erste von fünf Projektmanagementphasen. Diese fünf aufeinander folgenden Projektmanagementphasen im Projektlebenszyklus sind nach der DIN 69901-05:2009-01 (Begriff 3.69 „Projektmanagementprozess"):

1. **Initialisierung**, zum Beispiel Skizzierung der Ziele, Benennung der Verantwortlichen (3.25)

2. **Definition**, zum Beispiel Zieldefinition, Aufwandsschätzung (3.14)
3. **Planung**, zum Beispiel Vorgänge und Arbeitspakete planen, Ressourcenplan erstellen (3.42)
4. **Steuerung**, zum Beispiel Steuern von Terminen, Ressourcen, Risiken und Zielen (3.103)
5. **Abschluss**, zum Beispiel Erstellung des Projektabschlussberichts, Erfahrungssicherung (3.4).[3]

Auf der Wertschöpfungsebene, also bei der operativen Umsetzung, können Projekte anders als auf dieser Managementebene phasiert sein. Im klassischen Projektmanagement endet beispielsweise jede sachlich und zeitlich abgegrenzte Projektphase mit einem Meilenstein. Hier könnte die erste Phase zum Beispiel der Projektstart sein, die zweite die Konzeptionsphase, die dritte die Projektabwicklung, die vierte die Projektabnahme etc. Die Anzahl, die Bezeichnung und die Ausgestaltung dieser Phasen können von Unternehmen zu Unternehmen und selbst innerhalb eines Unternehmens von Projekt zu Projekt unterschiedlich sein (vgl. Unterabschnitt 18.1.3).

18.1.1 Projektkonzeption

Vergil: „Initiieren heißt ‚das Projekt in Gang setzen'. Wir haben die wesentlichen benötigten Informationen zusammen. Wir brauchen nun eine Auftragsklärung, müssen die Projektidee konkretisieren, das Projekt definieren usw. Dann erst können wir das Projekt wirklich in Gang setzen."

Lisa: „‚Projektauftrag' und ‚Projektdefinition' klingen für mich jetzt aber sehr klassisch und plangetrieben. Ich dachte, ihr arbeitet hier ‚agile' und ‚vision driven'."

Vergil: „Tatsächlich schließt das eine das andere nicht aus. Und genau genommen könnte man auch sagen, dass wir bei der Proximus Versicherung AG sowohl in der Projektkonzeption als auch in der Projektplanung und -umsetzung eher hybrid und situativ arbeiten..."

„Projektkonzeption" ist kein einheitlich verwendeter Begriff. In manchen plangetriebenen, eher klassisch orientierten Vorgehensmodellen ist die Konzeption eine der Analyse folgende Projektphase (aber keine Projektmanagementphase). In so einer Konzeptionsphase wird die Aufgabenstellung konkretisiert und das Ziel, der Zeitraum sowie das Budget des Projektes werden festgelegt. Am Ende der Konzeptionsphase steht beispielweise das Grobkonzept oder das Pflichtenheft, sofern das Projektmanagementhandbuch jene überhaupt vorsieht.

[3] DIN Deutsches Institut für Normung e. V.: DIN-Taschenbuch 472: Projektmanagement – Netzplantechnik und Projektmanagementsysteme, Berlin, Beuth 2020, 4. Auflage.

Bei einer solchen Phasierung kann als nächste Projektphase die Definitionsphase folgen, in welcher ein Feinkonzept erstellt wird. Der Definitionsphase schließt sich dann die Realisierungsphase an, in welcher das Projekt konkret umgesetzt wird etc. Wie jedoch oben schon beschrieben werden die Benennung der Phasen sowie die Phasierung selbst flexibel gehandhabt. Sie hängen unter anderem vom Projekttyp beziehungsweise dem Projektteam ab.

Ohne Projektauftrag könnte die Projektkonzeption nicht starten. Er bildet die Grundlage für jene. Durch den Projektauftrag werden Projekt und Projektmanager zur Durchführung autorisiert. Er klärt die Rahmenbedingungen des Projekts und kann in agilen sowie in klassischen Vorgehensmodellen verwendet werden. Der Projektauftrag beinhaltet beispielsweise den Auftraggeber, die Befugnisse des Projektmanagers, den Anlass, das Budget und die Ziele sowie den erhofften Nutzen beziehungsweise Output, ferner die Erfolgskriterien des Projekts. Des Weiteren stehen im Projektauftrag der Projekttitel und der Projektinhalt, Start- und Endtermin, gegebenenfalls Meilensteine sowie die Projektbeteiligten, zum Beispiel die Teammitglieder und ein etwaiger Lenkungsausschuss. Auch weitere Stakeholder oder Hinweise zur Projektorganisation können bereits im Projektauftrag enthalten sein.

Projektauftraggeber und Projektleitung sollten den Projektauftrag gemeinsam entwickeln, finalisieren und vereinbaren, um Einigkeit über das Projekt sowie Motivation und Commitment zu jenem herzustellen. Unterschriften beider Seiten unter dem Auftrag können für zusätzliche Verbindlichkeit sorgen.

Mit einem Project Canvas[4] können die wesentlichen Elemente des Projektauftrags beziehungsweise des Projekts visualisiert werden. Auch dessen Aufbau kann und sollte jedes Team nach seinen Bedürfnissen gestalten. Die Erstellung des Project Canvas kann den Projektverhandlungen beziehungsweise dem Projektauftrag vorausgehen, aber auch nachträglich die Inhalte des Auftrags auf einen Blick darstellen.

Projekttitel:			Ersteller:
Problem:	Zweck:	Ergebnis:	Kunde:
Budget:	Team:	Weitere Ressourcen:	Abhängigkeiten:
Umfeld:	Stakeholder:	Chancen:	Risiken:
Qualität:	Termine:	Meilensteine:	Vorgehensweise:

Tabelle 18.2: Project Canvas

Vergil: „Das war schon mal ein erster Einblick in unsere Arbeit im PMO. Bei aller Begeisterung für ein spannendes Projekt müssen wir dort aber auch auf die strategische Bedeutung des Projekts im Hinblick auf Mission und Vision der Proximus Versicherung AG achten.“

4 Vertiefend: Kor, Rudy, Bos, Jo, van der Tak, Theo, Project Canvas, Stuttgart, Schäffer-Poeschel 2018.

Max: „Ihr habt echt ein eigenes Vokabular, eine eigene Sprache. Eben der ‚beauty contest', ‚agile', ‚vison driven', nun kommt zu der ‚Vision' auch noch die ‚Mission'. Zum Denglischen gesellt sich nun also die Esoterik?"

Vergil: „Ich kann verstehen, dass das zunächst verwirrend klingt. Vor allem, wenn man im Leitbild noch die Werte und die Ziele des Unternehmens berücksichtigt. Und ganz trennscharf sind die vielen Begrifflichkeiten wie Leitbild, Vision, Mission, Werte, Ziele, Strategie usw. auch nicht. Dennoch hat ein Unternehmensleitbild grundsätzlich seine Berechtigung. Vielleicht kennt ihr das schon so ähnlich von den Objectives and Key Results. Da hat man ja auch ein Objective als ambitioniertes Ziel beziehungsweise als Nordstern, der einen führt."

Lisa: „Können Unternehmen überhaupt Werte und Ziele haben? Ich dachte immer, so etwas haben nur Menschen."

Max: „Ich kenne als ein Leitbild in der Branche das der ‚Ehrbaren Versicherungskaufleute'. Es ist zwar keines von einem Unternehmen, aber immerhin das eines Vereins und nicht nur eines einzelnen Menschen..."

Viele Versicherungsunternehmen haben Leitbilder entwickelt, die den Kunden, aber auch den Mitarbeitenden zeigen sollen, wer das Unternehmen ist, für wen es da ist und welche Werte sowie Ziele es hat. Ein Leitbild soll die Identität des Unternehmens abbilden. So dient es nach innen den Mitarbeitenden zur Orientierung. Nach außen soll es das jeweilige Selbstverständnis des Unternehmens darstellen beziehungsweise zumindest, wie es gerne wahrgenommen werden würde.

Werte im Unternehmensleitbild sollen den Charakter einer Unternehmung widerspiegeln. Das Versicherungsprodukt gilt als Vertrauensprodukt. Insofern sind naheliegende Werte eines Versicherungsunternehmens Vertrauen, Zuverlässigkeit, Solidität oder Nachhaltigkeit. Strategisches Ziel eines Versicherungsvereins auf Gegenseitigkeit (VVa.G.) ist beispielsweise die möglichst preiswerte Risikotragung für seine Mitglieder, operatives Ziel könnte zum Beispiel eine Reduktion der Combined Ratio in der Haftpflichtversicherung um 5 % im nächsten Geschäftsjahr sein.

Neben Werten und Zielen sind auch die von Vergil angesprochene Vision und Mission sowie die Strategie Bestandteil des Leitbilds. Die Vision eines Unternehmens soll zeigen, wozu es das Unternehmen überhaupt gibt und was seine Unique Selling Proposition (USP) ist. Sie soll ferner darstellen, wie der Versicherer sich seine Zukunft vorstellt, und drückt somit eine Art „Sehnsucht" aus. Diese Vision zu den Versicherungsnehmenden zu transportieren, ist gerade bei Versicherern, deren Produkte relativ homogen sind, eine große Herausforderung.

Während die Vision eher die Frage nach dem „Wohin" beantwortet, gibt die Mission eine Antwort auf das „Warum". Sie stellt das Geschäftsmodell des Versicherers beziehungsweise seinen Geschäftsauftrag vor („Warum gibt es dieses Unternehmen?"). Die

Mission zeigt, wie das Versicherungsunternehmen seine Vision umsetzt. Aus der Mission sollen die Ziele des Versicherers abgeleitet werden (können).

Die Strategie beschreibt nun das „Wie", also wie Vision und Mission umgesetzt werden sollen. Sie stellt das langfristige Verhalten des Unternehmens am Markt dar. Die Strategie umfasst einen Plan, Handlungsanweisungen oder ein ganzes Maßnahmenbündel, welche Schritte, Verfahren oder Möglichkeiten zur Lösung von Aufgaben und Problemen gegangen beziehungsweise angewandt werden sollen.

Vergil Alighieres Behauptung zu der Nutzung der Begriffe Vision, Mission, Leitbild, Werte, Strategie und Ziele stimmt: Sowohl in der Praxis als auch in der Theorie werden diese Begriffe tatsächlich nicht trennscharf, zum Teil synonym und zum Teil auch mit unterschiedlicher Bedeutung für dieselben Wörter verwandt.

Die Projekte, die das Unternehmen verfolgt, dürfen dem Leitbild des Unternehmens, seiner Vision und seiner Strategie nicht widersprechen. Darauf zu achten ist im Wesentlichen Aufgabe des Project Management Office (PMO) im Rahmen des Projektportfoliomanagements (PPM).

Das PMO muss im Rahmen des alle Einzelprojekte übergreifenden strategischen Projektmanagements nun die Projekte auswählen, die die Unternehmensstrategie unterstützen und dem Erfolg des Unternehmens dienen. Es hat daher Projektanträge, die der Unternehmensstrategie zuwiderlaufen, abzulehnen. Ausnahmen davon bilden beispielsweise rechtliche Zwangsprojekte wie Solvency II, DORA oder FiDA.

Wesentliche Aufgabe des PMO ist danach, die freigegebenen Projekte des Unternehmens zu priorisieren. Dazu verwendet es die Ergebnisse der oben beschriebenen Analysen, also zum Beispiel die aus den Untersuchungen der Wirtschaftlichkeit oder des Umfelds usw. (vgl. 18.1 Konzeption und Initiierung). Wie die Entscheidung über die Projektfreigabe sollte auch diejenige über die Priorität eines Projekts nicht intuitiv, sondern analytisch getroffen werden.[5]

[5] Vertiefend: Zornek, Walter: Strategisches Management reloaded, Freiburg, Haufe 2024.

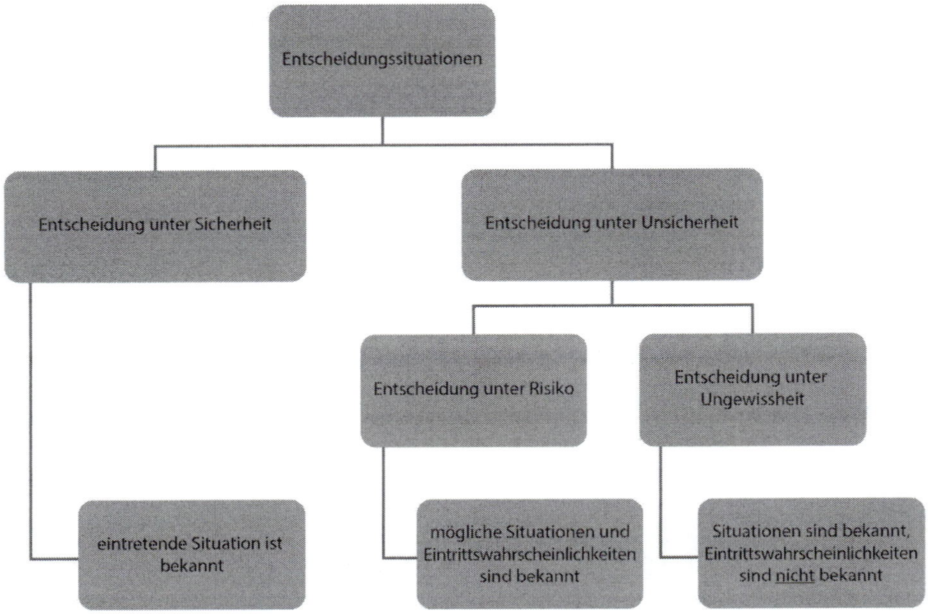

Abbildung 18.2: Entscheidungssituationen unter Sicherheit und unter Unsicherheit

Im Regelfall werden im PMO Entscheidungen unter Ungewissheit zu treffen sein. Dazu könnten sich die Entscheidenden eines Scoring Models, einer Bewertungstabelle oder einer Nutzenmatrix bedienen und die Alternative mit dem größten Nutzen für das Unternehmen zum Beispiel mit Hilfe einer Präferenzfunktion auswählen.[6]

Die Herausforderung liegt bei diesem Vorgehen darin, dass beim Aufstellen einer Nutzenmatrix subjektive Wahrheiten, Wahrscheinlichkeiten sowie Zeit- und Risikopräferenzen verwendet werden. Auch die zu berücksichtigenden Ziele und Zwecke der Interessensgruppen beziehungsweise Stakeholder sind unterschiedlich ausgeprägt. Eine rein objektive Entscheidung kann es somit nicht geben, im besten Fall eine intersubjektiv annähernd widerspruchsfreie.

Zu diesem Zweck könnten unter anderem die folgenden Kriterien herangezogen und gewichtet werden: Größe, Umfang und Dauer des Projekts, Komplexität, Dringlichkeit, Risikoindex, Wirtschaftlichkeit/Profitorientierung, nicht-monetärer Nutzen, politische Motive, regulatorische Zwänge sowie die strategische Bedeutung des Projekts im Hinblick auf die Vision und die Mission des Unternehmens.

- Gehört zur Vision, dass das Versicherungsunternehmen nachhaltig investiert, verbieten sich wahrscheinlich Projekte mit Fokus auf fossile Energien.

[6] Vertiefend: von Nitzsch, Rüdiger: Entscheidungslehre – Wie Menschen entscheiden und wie sie entscheiden sollten, Wiesbaden, Springer Gabler 2024, 12. Auflage.

- Beinhaltet die Vision zum Beispiel das Schaffen von Werten, sollte ein Projekt nicht zu riskant sein und Kundengelder oder die Einhaltung des Schutzversprechens gefährden.
- Verspricht die Mission, dass die Kunden attraktivste Leistungen vorfinden, sollte ein Produktentwicklungsprojekt sich nicht auf die niedrigsten Prämien fokussieren.

Ziele, Vision und Mission des Projekts müssen denen des Unternehmens entsprechen. Zur Beurteilung werden fünf verschiedene Zielverträglichkeiten unterschieden: (1) Antinomien (Ziele, Vision und Mission des Projekts sowie des Unternehmens schließen sich gegenseitig aus) und (2) Konkurrenzen (Ziele, Vision und Mission von Projekt und Unternehmen beeinträchtigen sich negativ) sind zu vermeiden. Eine (3) Neutralität der jeweiligen Ziele, Visionen und Missionen zueinander wäre akzeptabel. Anzustreben sind jedoch (4) Komplementarität oder (5) Identität der Projektziele mit den Unternehmenszielen, der Projektvision mit der Unternehmensvision sowie der Projektmission mit der Unternehmensmission: Ziele, Visionen und Missionen sollen sich gegenseitig positiv beeinflussen, am besten sogar identisch sein.[7]

Lisa: „Ich glaube, was ein Leitbild bedeutet, habe ich nun verstanden. Zur Stakeholderanalyse hast du uns bisher aber wenig erzählt. Was macht Ihr da noch?"

Vergil: „Stimmt, die hatte ich bisher nur kurz angerissen. Die Stakeholderanalyse resultiert aus der Umfeldanalyse, in welcher wir die Stakeholder erst einmal nur registrieren. Das können durchaus viele werden, denn letztlich gehören zu den Stakeholdern und somit auch zum Unternehmen im weiteren Sinne solche Anspruchsgruppen wie Kapitalgeber, Lieferanten, der Staat oder die Öffentlichkeit. Die Kunst bei der Stakeholderanalyse ist es, den Kreis nicht zu weit zu ziehen. Ansonsten gehört am Ende jeder zu den Stakeholdern und wir können uns die Stakeholderanalyse sparen..."

Max: „Und was untersucht ihr konkret in der Stakeholderanalyse?"

Vergil: „Wir untersuchen Ziele und Interessen der Stakeholder sowie deren Macht beziehungsweise ihren Einfluss auf das Unternehmen oder das Projekt, vielleicht auch noch ihre Betroffenheit und die Dringlichkeit ihrer Ansprüche. Und ob sie Promotoren oder Opponenten sind. Also eigentlich ganz schön viel..."

Wie bei der Betrachtung der Visions-, Missions- und Zielverträglichkeiten von Projekten und Unternehmen müssen auch Vision, Mission, Ziele, Werte etc. der Stakeholder sowohl mit denen des Unternehmens als auch mit denen des Projekts in Einklang gebracht werden. Die Proximus Versicherung AG muss also die Bedürfnisse und Anforderungen ihrer Stakeholder bei ihren Projekten berücksichtigen. Dazu muss sie diese Anspruchsgruppen aber erst einmal kennen. Zurecht weist Vergil jedoch darauf hin,

[7] Zur Vertiefung: Lingnau, Volker, Willenbacher, Patrick: Leitmaximen legitimierter Unternehmensführung: Die Bedeutung von Unternehmensinteresse, Unternehmenszielen und Unternehmenszweck, http://hdl.handle.net/10419/100265; zuletzt abgerufen am 12. Februar 2026.

dass lediglich projektrelevante Stakeholder berücksichtigt werden können. Dazu zählen nur diejenigen mit einem legitimen Interesse an dem Projekt.

Relevante Stakeholder sind also Angehörige einer Anspruchsgruppe mit einem legitimen Interesse an dem Projekt, weil sie von diesem betroffen sind oder es beeinflussen können. Beispielsweise stellen sie wichtige Ressourcen zur Verfügung (zum Beispiel Wissen, Finanzen, Mitarbeitende, Macht, Räumlichkeiten, Zeit etc.) oder können auf eine andere Art den Projekterfolg negativ oder positiv beeinflussen (zum Beispiel durch Medienmacht). Ferner gibt es Stakeholder, die auf die Umsetzung des Projekts besonders angewiesen sind und daher ein starkes legitimes Interesse an dem Projekt haben.

Stakeholder müssen im Rahmen der Umfeld- oder der Stakeholderanalyse zunächst identifiziert werden. Die Analyse kann beispielsweise in einem Workshop mit Brainstorming oder Kartenabfrage, ferner auch durch Telefoninterviews oder Fragebögen durchgeführt werden. Beteiligte und Betroffene können sowohl externe als auch interne Personen, Gruppen und Organisationen sein. Wer dazu zählt, hängt vom jeweiligen Projekt ab. Beispielhaft seien hier genannt:

Interne Stakeholder	Externe Stakeholder
• Projektteam	• Liefernde/Dienstleistende
• Projektmanager/-leiter	• Kunden
• Projektsponsor	• Anspruchsstellende/„Geschädigte"
• Steering Committee/Lenkungsausschuss	• Banken/Geldgebende
• PMO	• BaFin
• Mitarbeitende des Unternehmens	• Ombudsleute
• Fachabteilungen	• Gewerkschaften
• Betriebsrat	• Medien
• Management/Führungskräfte	• Kommunen
• Vorstand	• Staat/Gesetzgebende
• Eigentümer	• Verbände
• Investoren	• Kammern
• ...	• NGOs
	• Bürger/Bevölkerung
	• Gesellschaft/Politik
	• Beratende/Consultants
	• Partner(unternehmen)
	• Mitbewerbende
	• ...

Tabelle 18.3: Liste möglicher Projektstakeholder

Hat man die Stakeholder identifiziert, müssen ihre Einstellungen zum Projekt sowie die mit diesem verbundenen Agenden, Strategien, Motive, Ziele und Erwartungen sowie Befürchtungen und Ängste festgestellt werden. In Verbindung mit ihrer Einflussstärke beziehungsweise Macht sowie ihren Schwächen kann dann auf ein mögliches Konfliktpotenzial geschlossen werden. Notwendigerweise tolerieren die Stakeholder das Projekt zumindest. Hinreichend ist ein Konsens aber noch nicht, sondern idealerweise promoten die Stakeholder das Projekt auch.

Aus den ermittelten Bedürfnissen der Anspruchsgruppen müssen in einem weiteren Schritt Maßnahmen und Strategien für die Steuerung der Stakeholder beziehungsweise das Stakeholdermanagement abgeleitet und umgesetzt werden. Stakeholder müssen in das Projekt eingebunden werden, um deren Commitment sicherzustellen.

Die Stakeholder mit ihrer jeweiligen Macht beziehungsweise ihrem Einfluss auf das Projekt, ihrer Einstellung zu jenem und dem daraus resultierenden Konfliktpotenzial sowie ihre Betroffenheit können in einer Stakeholdermatrix beziehungsweise in einem Stakeholderportfolio (teilweise auch Kräftefelddiagramm genannt) dargestellt werden. Dazu werden die Anspruchsgruppen einem der vier hier abgebildeten Quadranten zugeordnet (alternativ könnten es auch neun sein, dann gäbe es jeweils noch „neutral" und „mittel" als Merkmalsausprägungen). In einem weiteren Schritt können die tendenziellen Strategien abgelesen und in Maßnahmen umgesetzt werden. Dazu werden an dieser Stelle vier Beispiele erläutert:

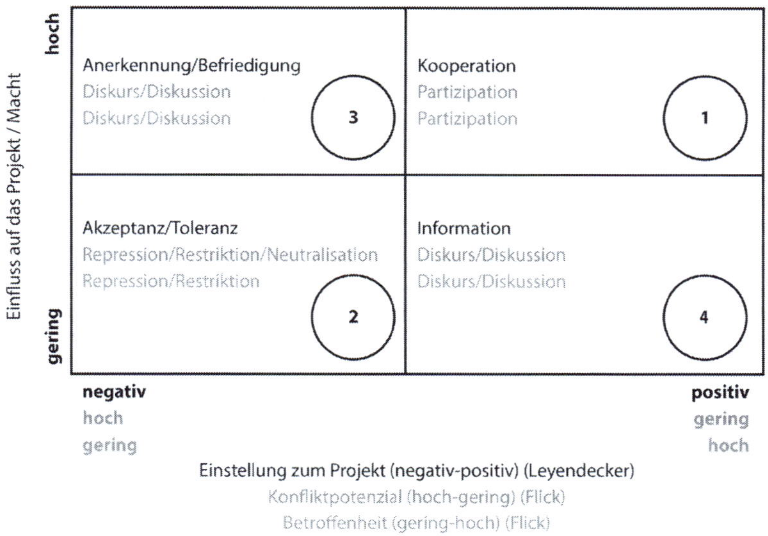

Abbildung 18.3: Grafische Darstellung des Stakeholder-Portfolios und entsprechender Strategien[8]

[8] Vgl. u.a. Leyendecker, Bert: Teammanagement und Moderation, in: Leyendecker, Bert, Pötters, Patrick (Hrsg.): Werkzeuge für das Projekt- und Prozessmanagement, Wiesbaden, Springer Gabler 2022, S. 15–18; Flick, Michaela, Flick, Mathias:

Der Projektsponsor (1) gilt als Bindeglied zwischen Management und Projektteam. Als interner Auftraggeber ist er für das Projekt rechenschaftspflichtig. Er stellt Ressourcen und Unterstützung bereit. Daher ist er auf der einen Seite mit Macht ausgestattet. Auf der anderen Seite können ihm eine hohe Betroffenheit und eine grundsätzlich positive Einstellung zum Projekt unterstellt werden. Er ist somit Partner und Promoter (Förderer) des Projekts und muss zwingend aktiv in das Projekt einbezogen werden (Kooperation und Partizipation).

Stakeholder, die das Projekt ablehnen, aber keinen großen Einfluss auf das Projekt nehmen können (2), werden hingegen nicht in den Fokus der Aufmerksamkeit gerückt. Ihre Anliegen haben eine geringe Priorität. Sie werden nicht unbedingt ignoriert, eher lediglich toleriert, neutralisiert oder sogar unterdrückt. Dabei gilt es allerdings ethische Regeln zu beachten. Manipulationen dieser Anspruchsgruppe sind zu vermeiden.

Haben kritische Stakeholder, zum Beispiel Mitarbeitende (3), eine negative Einstellung zu einem Restrukturierungsprojekt, muss auf deren Bedürfnisse Rücksicht genommen werden. Die Mitarbeitenden im Unternehmen haben einen großen Einfluss auf den letztlichen Anwendungserfolg des Projekts. Mit solchen Opponenten oder Skeptikern muss das Projektteam daher in einen sehr engen Austausch treten. Deren Ansprüche werden nicht nur anerkannt, sondern auch befriedigt, sofern dies strategisch sinnvoll ist.

Stakeholder mit einer positiven Grundhaltung dem Projekt gegenüber, aber geringem Einfluss (4), werden grundsätzlich informiert und in geringerem Maße in einen Austausch über das Projekt einbezogen.

Aus diesen beispielhaft dargestellten Strategien müssen im Rahmen des Stakeholdermarketings konkrete Maßnahmen abgeleitet werden, um insbesondere das Konfliktpotenzial zumindest nicht zu steigern, besser aber noch zu reduzieren. Dazu trägt vor allem eine gelungene Kommunikation mit allen Anspruchsgruppen bei. Ein Promoter zum Beispiel kann aktiv in das Projekt involviert werden, indem er in den Projektlenkungsausschuss (steering committee) aufgenommen wird (sofern vorhanden).

Um hingegen die Akzeptanz des Projekts durch kritische Stakeholder beziehungsweise Projektgegner zu erreichen, muss das Projektteam deren Skepsis und Widerstände wahrnehmen, verstehen und wertschätzen. So können sie von Gegnern wenigstens zu passiven Förderern entwickelt werden. Das kann dadurch erreicht werden, dass diese Stakeholder in Entscheidungen oder als Ratgeber zumindest in den Entscheidungsfindungsprozess einbezogen werden.

Diese Maßnahmen und die sich gegebenenfalls verändernden Ansprüche der Stakeholder müssen im Rahmen des kontinuierlichen, systematischen und auch psychologischen PPM weiterhin im Auge behalten und permanent berücksichtigt werden.

Projektmanagement verstehen, Freiburg, München, Stuttgart, Haufe 2023, S. 47–49.

Ferner fallen unter Umständen vorherige Stakeholder im Laufe des Projekts weg und neue kommen hinzu. Das „Monitoring" dieser und aller weiteren erfolgskritischen Entwicklungen ist auch Bestandteil des Projektmarketings. Gleichzeitig schlägt es bereits eine Brücke zum Controlling (vgl. Lernziel 4.1.3.5).[9]

Lisa: „Dass ihr so viel Rücksicht nehmt, hätte ich nicht gedacht. Das ist echt aufwändig."

Vergil: „Und bei weitem noch nicht alles. Wir müssen alle erfolgskritischen Entwicklungen im Umfeld des Projekts überwachen. Ein erfolgreiches Projekt benötigt ein regelrechtes Risikomanagement und eine klare Vorstellung, unter welchen Umständen das Projekt überhaupt als erfolgreich gilt. Hat man dafür konkrete Kriterien, kann man versuchen die Erfolgsfaktoren zu beeinflussen. Aber das Risikomanagement an sich ist Kern eures Berufs – das kennt ihr ja schon!"

Der Projekterfolg kann unter anderem dadurch gemessen werden, dass man das Projektergebnis mit dem ursprünglichen Projektziel vergleicht. Man kann dabei zwischen Abwicklungserfolg und Anwendungserfolg des Projekts unterscheiden. Gegebenenfalls wird ein positiver Abwicklungserfolg festgestellt, wenn das Projekt effizient und effektiv umgesetzt wurde – also „on time, on budget, on scope". Die Einhaltung dieses „eisernen" oder „magischen Zieldreiecks" von Projekten bedeutet jedoch noch keinen Anwendungs- oder Produkterfolg. Dieser „Product Success" tritt erst ein, wenn durch das Projekt mittel- bis langfristig ein bewertbarer ökonomischer Erfolg oder Nutzen (zum Beispiel zufriedene Kunden) für das Versicherungsunternehmen eintritt.

Neben diesen unter Umständen offensichtlichen Kriterien für einen etwaigen Projekterfolg müssen aber auch eher informelle Interessen relevanter Stakeholder für die Beurteilung des Projektergebnisses herangezogen werden, zum Beispiel soziale Aspekte. Die Stakeholderzufriedenheit ist mindestens so wichtig wie die formale Zielerreichung und wichtiger als die bloße Planerfüllung.

In agilen Umgebungen wird der Projekterfolg eher an dem Anwendungs- beziehungsweise Produkterfolg gemessen, in plangetriebenen Umgebungen eher an dem Abwicklungserfolg. Abwicklungs- sowie Anwendungserfolg stellen Erfolgskriterien, jedoch keine Erfolgsfaktoren dar. Anhand von Erfolgskriterien kann gegebenenfalls der Erfolg des Projekts beurteilt werden. Erfolgsfaktoren dagegen sind Umstände, die maßgeblich zum wie auch immer definierten Erfolg des Projekts beitragen.

Kritische Erfolgsfaktoren von Projekten sind beispielsweise:[10]

- klare und abgestimmte Anforderungen sowie Projektziele
- cross-funktionale, reife und zufriedene Teams sowie deren gezielte Weiterentwicklung

[9] Vertiefend: Nieto-Rodriguez, Antonio, Project Management Handbook, Boston, Harvard Business Review Press 2021.
[10] Vertiefend: Bea, Franz Xaver, Scheurer, Steffen, Hesselmann, Sabine, Projektmanagement, München, UVK-Verlag 2020, 3. Auflage.

- Commitment und Identifikation der Teams mit dem Projekt
- intensive und gehaltvolle Kommunikation
- ausreichende Information und Transparenz (gegebenenfalls regelrechte Projektinformationssysteme)
- Unterstützung des Projekts durch das Management beziehungsweise die Führungsebene
- Vermittlung der Sinnhaftigkeit des Projekts
- Einigkeit und Klarheit hinsichtlich Methodik, Vorgehensmodellen und Tools
- Berücksichtigung des Projektumfelds, (pro-)aktives Risiko- und Stakeholdermanagement
- konsequente Ausrichtung am Kunden
- Risikocontrolling beziehungsweise -monitoring
- Qualitätsmanagement
- kompetenter und erfahrener Projektleiter mit entsprechenden Soft Skills
- angemessene Projektplanung
- ausreichende Ressourcen
- faires und wertschätzendes Lern- sowie Arbeitsklima
- situativer und partizipativer Führungsstil
- relative Autonomie des Teams beziehungsweise des Projektleiters

Diese Faktoren, die den Erfolg des Projekts maßgeblich beeinflussen können, muss das PMO permanent im Auge behalten (gegebenenfalls KI-gestützt). Zu diesem Zweck sind bereits im Rahmen der Vorstudien, insbesondere in der Risikoanalyse (vgl. Unterabschnitt 18.1 Konzeption und Initiierung), die wesentlichen Erfolgsfaktoren sowie deren Chancen beziehungsweise Risiken identifiziert, ihre Eintrittswahrscheinlichkeiten sowie Folgen für das Projekt bewertet und in einer Risikoliste aufgeführt worden.

Das von Vergil angesprochene Risikomanagement umfasst neben dieser Risikoanalyse auch die Beobachtung der Gefahren und Risiken sowie deren Ursachen, das Planen und frühzeitige Ergreifen von präventiven oder korrektiven Gegenmaßnahmen, zum Beispiel für den krankheitsbedingten Ausfall wichtiger Projektmitarbeiter oder für negative gruppendynamische Prozesse. Es findet daher nicht nur im Rahmen der Projektkonzeption, sondern während des gesamten Projektverlaufs statt.

Vertieft werden die Inhalte Risikomanagement, Risikoüberwachung und -steuerung etc. sowie Kommunikation von Risiken in den Unterabschnitten 3.2 Risiko, 18.1.5 Projektcontrolling sowie 18.2 Kommunikation dargestellt.

18.1.2 Projektplanung

Max: „Bitte entschuldige die direkte Frage, Vergil. Aber ich finde, wir haben über das Wichtigste noch gar nicht geredet. Was ist mit dem Projektziel?!"

Vergil: „Sehr gut Frage! Das Projektziel ist das ‚Warum?' des Projekts. Nach der DIN ist es die Summe aller Einzelziele, die wir mit dem Projekt erreichen wollen. Wir schauen im PMO, welche Anforderungen und Interessen der Stakeholder wir mit dem Projekt erfüllen und welchen Nutzen wir realisieren wollen. Daran müssen sich alle Beteiligten orientierten. Daher hast du recht: Das Projektziel ist unglaublich wichtig für uns und Basis für die gesamte Projektplanung!"

Ein Ziel beschreibt einen erstrebenswerten zukünftigen Zustand. Dieser soll durch menschliche Entscheidungen und Handlungen erreicht werden. Wie in Unterabschnitt 18.1.1 dargestellt, werden sowohl für Unternehmen als auch für Projekte Ziele formuliert und deren Stakeholder verfolgen ebenfalls eigene Ziele.

Ein Projektziel soll folglich durch die Entscheidungen und Handlungen der Projektbeteiligten verwirklicht werden. Anhand dieses definierten Soll-Zustands kann nach dem Abschluss des Projekts durch einen Vergleich mit dem dann erreichten Ist-Zustand der Erfolg des Projekts beziehungsweise dessen Zielerreichungsgrad bestimmt werden. Dafür müssen Projektziele eindeutig, erreichbar, messbar, lösungswegneutral und vollständig formuliert worden sein (vgl. auch SMART im Band Kernprozesse Kapitel 2.3).

Da Projektziele die Unternehmensziele unterstützen müssen, steht auf oberster Zielhierarchieebene – auch für Projekte – grundsätzlich als Hauptziel die Gewinnerzielung. Ausnahmen können zum Beispiel bei rechtlichen Zwangsprojekten vorliegen.

Ein weiteres Hauptprojektziel unter dem der Gewinnerzielung lautet stets „OTOBOS" – also on time, on budget, on scope: Termin, Ressourcen und Ergebnis müssen als seine drei Teilziele eingehalten beziehungsweise planmäßig erreicht werden. Diese Bedingungen werden in dem bereits oben genannten „Magischen Zieldreieck" dargestellt:

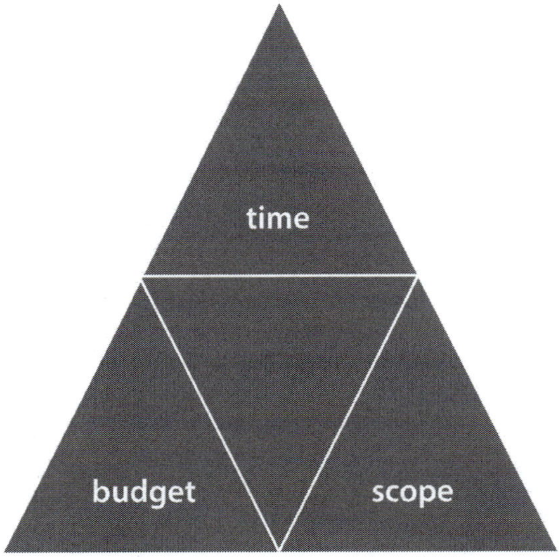

Abbildung 18.4: Das magische Zieldreieck des Projektmangements („Triple Constraint")

Teilweise wird in der Literatur als vierter Bestandteil „Quality" zum Dreieck hinzugefügt und dieses somit zu einem magischen Viereck. Dann umfasst der Scope lediglich die Quantität des Ergebnisses. In diesem Buch beinhaltet das Ergebnisziel jedoch sowohl die Quantität als auch die (vereinbarte) Qualität des Projektgegenstands.

Von diesen drei Projektteilzielen (Ergebnisziel, Kostenziel und Terminziel) muss der eigentliche Output des Projekts beziehungsweise das Lieferobjekt (die Sach- oder Dienstleistung) unterschieden werden: das Projektziel aus Sicht des Kunden beziehungsweise Auftraggebers. Beispielsweise könnte der Scope des Projekts eine Beschleunigung der Schadenbearbeitung umfassen und das Lieferobjekt des Projekts eine automatisierte KI-gestützte Rechnungsprüfung.

In der Projektliteratur wird auch von Global- und Detailzielen gesprochen. Dann gilt das magische Zieldreieck mit OTOBOS als übergeordnetes Grob- oder Globalziel, die Anforderungen eines Lastenhefts hingegen sind Detailziele.

Ferner werden System- beziehungsweise Ergebnisziele von Vorgehens- beziehungsweise Prozesszielen abgegrenzt. Als System- oder Ergebnisziel im weiteren Sinn gelten die Bedürfnisse, die am Ende des Projekts befriedigt sein müssen (also das magische Zieldreieck sowie das Lieferobjekt). Vorgehens- beziehungsweise Prozessziele dagegen sind die Bedingungen, die im Rahmen der Projektdurchführung eingehalten werden müssen (beispielsweise Meilensteine oder die Projektvorgehensweise).

Unter Umständen können im Projekt sogenannte „Nicht-Ziele" formuliert werden. In diesen Ausschlüssen wird beschrieben, was mit dem Projekt eben nicht verfolgt wird und insofern nicht im Leistungsumfang („out of scope") des Projekts enthalten ist. Sie können dazu beitragen, dass es nicht zu einem ungewollten „Scope Creep" kommt, also einem schleichenden Anwachsen des Projektumfangs.

Wie bei den Unternehmens- und Stakeholderzielen müssen die Projektbeteiligten auch bei den Projektzielen auf die Zielverträglichkeiten achten und die einzelnen Projektziele priorisieren (vgl. Unterabschnitt 18.1.1 Projektkonzeption).

Den Projektzielen werden wichtige Funktionen zugeschrieben:

- **Kontrollfunktion**

  Durch das Vorliegen konkret formulierter beziehungsweise smarter Ziele kann im Rahmen eines Soll-Ist-Vergleichs überprüft werden, wie weit das Projekt fortgeschritten ist sowie ob und in welchem Ausmaß das Projekt erfolgreich umgesetzt wurde.

- **Planungs-, Informations- und Orientierungsfunktion**

  Durch die Formulierung der verschiedenen Projektziele wird erkennbar, welche Erwartungen die unterschiedlichen Stakeholder mit dem Projekt verbinden. Nach der Einigung auf wesentliche Teilziele kann das Projektteam erkennen, welche wesentlichen Merkmale der Projektgegenstand aufweisen soll.

- **Koordinationsfunktion**

  Durch eine Priorisierung beziehungsweise Hierarchisierung der Projektziele wird die Arbeit im Projekt strukturierbar.

- **Selektionsfunktion**

  Gut formulierte Ziele erleichtern die Auswahl, welche Projektziele bevorzugt angestrebt werden.

- **Legitimationsfunktion**

  Durch den Verweis auf die Projektziele lassen sich Entscheidungen und Handlungen im Rahmen der Projektdurchführung sowie die Existenz des Projekts beziehungsweise des Projektteams begründen und rechtfertigen.

- **Motivations-, Identifikations- und Verbindungsfunktion**

  Gemeinsam entwickelte Projektziele können für das notwendige Commitment beziehungsweise für eine Projektumgebung sorgen, in welcher das Team sich selbst motivieren und gemeinsam reifen kann. Ziele können dem Team Sinn stiften.

- **Leistungsbeurteilungsfunktion**

  Anhand der Projektziele kann nicht nur das Projektergebnis, sondern auch das Projektteam beurteilt werden.

Da Projektziele die oben dargestellten Funktionen und möglichst viele Stakeholderansprüche erfüllen sollen, kommt der Zieldefinition eine besonders hohe Bedeutung zu. Nichtsdestotrotz ist es nicht immer möglich oder sinnvoll, alle Ziele eines Projekts zu Projektbeginn final formuliert zu haben. In Abhängigkeit vom Projektumfeld, zum Beispiel bei unklaren Zusammenhängen zwischen Ursache und Wirkung, oder auch wegen sich stetig wandelnder Umfeldbedingungen ist eine permanente Kalibrierung, spätere Präzisierung oder sogar Neuausrichtung der Ziele im Projektlebenszyklus in der Regel vonnöten. Je „klassischer" beziehungsweise plangetriebener im Projekt gearbeitet wird, umso wahrscheinlicher werden Ziele zu einem frühen Zeitpunkt endgültig formuliert. In agilen und eher visionsgetriebenen Projektumgebungen werden die Ziele tendenziell später fixiert.

Bei der Sammlung von Visionen und Zielideen kann man analytisch und/oder kreativ vorgehen. Auf der einen Seite können also alle relevanten zur Verfügung stehenden Informationen ausgewertet und genutzt werden, um Absichten, Bedarfe, Interessen, Wünsche und Ziele für das Projekt zu formulieren. Auf der anderen Seite können kreative Verfahren wie Kartenabfragen gewählt werden, um möglichst viele Ideen zu generieren. Es ist jedoch sinnvoll, beide Ansätze zu kombinieren.[11]

Lisa: „Ein Projekt zu leiten kommt mir vor wie ein kleines Unternehmen zu leiten. Da habt ihr echt eine Menge zu tun, Vergil."

Vergil: „Ja, langweilig wird es im PMO nicht. Und ihr müsst bedenken: Bei der Proximus Versicherung AG läuft ja nicht nur ein Projekt. Es gibt zeitgleich eine Vielzahl von Projekten. Darum betreiben wir im PMO ein regelrechtes Multiprojektmanagement."

Das Multiprojektmanagement umfasst (1) die Handhabung verschiedener Projekte und Programme oder (2) sogar des gesamten Projektportfolios inklusive aller Projekte und Programme der Proximus Versicherung AG (vgl. Unterabschnitt 18.1.1 Projektkonzeption). Es wird im zweiten Fall auch Projektportfoliomanagement genannt. Als solches gehört es zum Aufgabenbereich der strategischen Unternehmensführung. Im Multiprojekt- oder Projektportfoliomanagement muss mit parallelen, voneinander abhängigen und miteinander konkurrierenden Projekten sowie mit knappen Ressourcen umgegangen werden. Projekte müssen priorisiert, geplant, koordiniert und gesteuert werden (zum Beispiel mit der Ampelsteuerung). Das Projektportfolio muss dabei zum Beispiel im Hinblick auf den Ressourceneinsatz optimiert werden.

[11] Vertiefend u.a.: Peters, Theo, Schelter, Nicole, Kompakte Einführung in das Projektmanagement, Wiesbaden, Springer Gabler 2021.

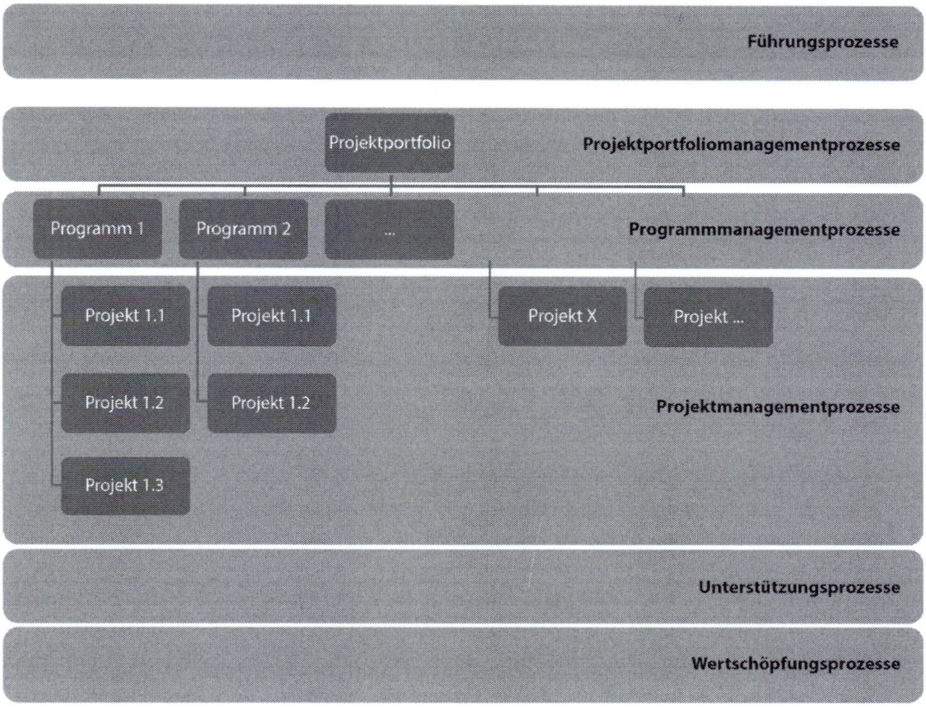

Abbildung 18.5: Einbindung von Projektportfoliomanagement, Programmmanagement und Projektmanagement in das Prozesshaus der Proximus Versicherung AG[12]

Abbildung 18.5 zeigt beispielhaft wesentliche Prozessgruppen der Proximus Versicherung AG. Zwischen den Unternehmensführungsprozessen auf der obersten Ebene im Prozesshaus und den Unterstützungs- sowie Wertschöpfungsprozessen sind die mit Projekten verbundenen Prozesse abgebildet: Projektportfoliomanagement, Programmmanagement und Projektmanagement.

Auf der Ebene des Projektportfoliomanagements (PPM) kümmert sich das PMO um die übergreifende Koordination von Projekten sowie des gesamten Projektportfolios. Das Projektportfolio eines Versicherers umfasst dessen sämtliche Projekte und Programme. Das PPM muss die richtigen Projekte auswählen und vorantreiben.

Zu einem Programm des Versicherungsunternehmens gehören zusammenhängende Projekte, die dasselbe Ziel verfolgen. Das Programmmanagement ist folglich die Handhabung inhaltlich aufeinander bezogener Projekte, insbesondere deren Planung, Leitung und Controlling.

---

12 DIN Deutsches Institut für Normung e. V.: DIN-Taschenbuch 472, Projektmanagement-Netzplantechnik und Projektmanagementsysteme, Berlin, Beuth 2020, 4. Auflage.

Es gibt jedoch auch Projekte, die keinem speziellen Programm zugeordnet sind, sondern für sich allein durchgeführt werden. Das Projektmanagement umfasst daher die Anwendung von Methoden, Hilfsmitteln, Techniken und Kompetenzen innerhalb der Initiierung und Planung sowie dem Abschluss und dem Controlling eines bloßen Einzelprojekts.

Vergil: „Schaut mal, da ist Beatrice. Die möchte ich euch gerne vorstellen. Sie unterstützt unsere Teamleiter bei der Entwicklung ihrer Teams und kümmert sich um Reporting sowie Benchmarking."

Beatrice: „Hallo ihr zwei! Das stimmt. Wahrscheinlich kennt ihr die Phasen der Teamentwicklung bereits aus eurer Ausbildung. Auch Projektteams durchlaufen diese Phasen grundsätzlich. Vielleicht gibt es hier und da Rücksprünge, zum Beispiel von der Norming-Phase zurück in die Storming-Phase, aber in der Regel kann man dieselben Prozesse bei allen Teams beobachten. Wir helfen den Teamverantwortlichen, ihren Teams optimale zwischenmenschliche und organisatorische Voraussetzungen für produktives Arbeiten zu ermöglichen."

Die Unterscheidung von Gruppen und Teams sowie die Darstellung ihrer Erfolgsfaktoren und Dysfunktionen nach Lencioni sowie ihrer Entwicklungsphasen erfolgte unter anderem bereits im Rahmen der beruflichen Erstausbildung im Dualen System sowie in Abschnitt 13.4 Zusammenarbeit und Management von Teams. Auch ein Projektteam ist ein Team, insofern gelten die dort getroffenen Aussagen grundsätzlich ebenfalls für das Projektteam. Unterschiede bestehen darin, dass ein Projektteam nicht dauerhaft zusammenarbeitet: Wenn das Projekt endet, wird ein reines Projektteam aufgelöst. Die von Tuckman selbst erst später hinzugefügte Teamentwicklungsphase Adjourning gehört daher definitiv zum Lebenszyklus eines echten Projektteams.

Ferner besteht gerade bei temporären Projektteams die Möglichkeit, dass dessen Mitglieder nur zu einem Teil von ihrer sonstigen (Linien-)Arbeit freigestellt werden. In so einem Fall arbeiten sie parallel in ihrem Team und an ihren alltäglichen Routineaufgaben.

Bereits bei der Zusammenstellung eines cross-funktionalen, interdisziplinären Teams sollte neben der fachlichen Expertise auch auf weitere Kompetenzen sowie auf die Motivation der Teammitglieder geachtet werden. Die Teammitglieder sollten verschiedene Persönlichkeiten mitbringen beziehungsweise unterschiedlichen Rollen genügen. Zu der Teamzusammenstellung existieren verschiedene Ansätze, vgl. unter anderem Bank, Belbin, Heidbrink, Riemann-Thomann oder VIA (vertiefend 13.4 Zusammenarbeit und Management von Teams).

Ein Team entwickelt sich immer – geplant oder ungeplant, gewollt oder ungewollt. Die Teamleitung muss es jedoch in die gewünschte Richtung lenken. Die unterschiedlichen Kompetenzen, Persönlichkeiten und Rollen seiner Mitglieder müssen deshalb zielgerichtet und aktiv weiterentwickelt werden. Das gilt insbesondere, aber nicht nur im Hinblick auf einen letztlich zügigen, jedoch gut vorbereiteten Eintritt in die Performing-Phase. Das Team soll angemessen schnell beginnen produktiv zu arbeiten. Ferner muss die Teamleitung kontinuierlich die Lernbemühungen und die Selbstentwicklung der Teammitglieder ermöglichen, unterstützen und evaluieren. Die gesamte Teamentwicklung kann dabei durch allgemeines Projektcoaching, kontinuierliches Teamcoaching oder Supervision unterstützt werden.

Bereits in der **Forming-Phase** ist es erforderlich, dass das Team eine Umgebung psychologischer Sicherheit vorfindet. Diese muss während der gesamten Existenz des Teams fortbestehen. Jedoch ist vor allem zu Beginn darauf zu achten, dass niemand im zu bildenden Team von anderen Mitgliedern für konstruktive Kritik oder abweichende Meinungen negativ sanktioniert wird. Die das Team leitende Person könnte beispielsweise teambildende Maßnahmen durchführen. So können die Teammitglieder sich kennenlernen und als soziales System nach außen abgrenzen. Zwischen ihnen entstehen Offenheit sowie Vertrauen, um ein „Wir-Gefühl" aufzubauen.

Diese Sicherheit, die positive Atmosphäre im Team und das gemeinsame Team-Verständnis müssen in der **Storming-Phase** durch gemeinsam zu entwickelnde Teamregeln ergänzt werden. Dazu kann beispielsweise ein Team-Canvas benutzt werden:

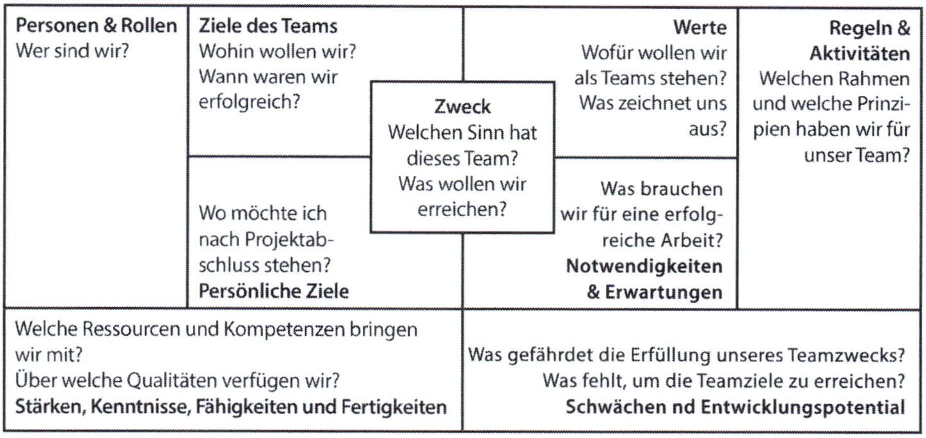

Abbildung 18.6: Team Canvas (eigene Darstellung in Anlehnung an theteamcanvas.com[13])

Es braucht ferner eine umfassende Kommunikation im Team sowie eine etablierte Feedback- und Konfliktkultur. Konstruktive Rückmeldungen zu geben, gelänge beispielweise durch die Mitteilung der folgenden „drei W" an den Feedbackempfänger:

- **Wahrnehmung** des Verhaltens des Feedbackempfängers durch den Feedbackgeber,
- **Wirkung** des Wahrgenommenen auf den Feedbackgeber und
- **Wunsch** des Feedbackgebers für die Zukunft.

13 Ivanov, Alex, Voloshchuk, Mitya: The Team Canvas, https://theteamcanvas.com; zuletzt abgerufen am 12. Februar 2026.

Zur Identifikation, Analyse und Lösung der im Team auftretenden aufgabenbezogenen und sozialen Konflikte gibt es zahlreiche Ansätze, unter anderem

- die **Reaktanztheorie** nach Brehm (Widerstand bei gefühlter Einschränkung individueller Freiheit),
- das **Drama-Dreieck** von Karpmann mit den Rollen Verfolger, Opfer und Retter,
- **„Games people Play"** von Berne (bei denen man die dargebotenen Köder am besten ignoriert),
- die **Transaktionsanalyse** von Harris („ich bin ok, du bist ok") oder
- das **Konfliktmanagement** nach Glasl mit seinen neun Eskalationsstufen

(vgl. vertiefend Unterabschnitt 13.4 Zusammenarbeit und Management von Teams).

Die Teamleitung setzt also in diesen beiden Phasen zwar den Rahmen, ist ansonsten aber vor allem beobachtend, moderierend und unterstützend tätig. Aus den so gewonnenen Eindrücken und Informationen kann sie Entwicklungspfade für das Team aufzeigen und weiterverfolgen.

Hält die psychologische Sicherheit im Team im Rahmen der **Norming-Phase** noch an, lassen sich die Teammitglieder auf neue oder unkonventionelle Ideen und Wege im sozialen Miteinander, in der Zusammenarbeit sowie bei der Lösungssuche ein. Für diese „Experimente" sollte dem Team Raum gegeben werden. Die weitere Befähigung und Förderung der Teammitglieder kann durch zusätzliche Trainings erfolgen. In dieser Phase werden auch Aufgaben und Ziele festgelegt.

Behutsam, aber mit nötiger Zielstrebigkeit muss das Projektteam nun an die Projektziele und die **Performing-Phase** herangeführt werden. In dieser steht der Teamleiter oder eine ähnliche Instanz dem Team beratend zur Seite, reflektiert mit ihm, hat alle Prozesse inklusive des Projektfortschritts vor Augen und greift bei Bedarf unterstützend ein.

Da ein temporäres Projektteam sich zum Ende des Projekts hin auflöst, gehört es zu den Aufgaben des Teamleiters, in der **Adjourning-Phase** einer etwaigen Projektmüdigkeit entgegenzuwirken und die Motivation im Team sowie dessen Produktivität aufrechtzuerhalten. Nach Projektabschluss darf gefeiert, muss aber auch bilanziert werden. Es findet ein Erfahrungsaustausch statt. „Lessons learned" für zukünftige Projekte werden festgehalten. Die Teammitglieder werden darauf vorbereitet, zu ihrer Arbeit in der Linie zurückzukehren oder in neuen Projekten eingesetzt zu werden.[14]

---

[14] Zur Vertiefung: Bank, Sabine, Das ideale Projektteam, Wiesbaden, Springer Gabler 2018; Dittmann, Karen, Dirbanis, Konstantin, Projektmanagement (IPMA®), Freiburg, Haufe Lexware 2023, 2. Auflage, S. 110-124; Lyubovnikova, Joanne, West, Michael A., Positives Projektmanagement in Teams, in: Wastian, Monika, Braumandl, Isabell, von Rosenstiel, Lutz, West, Michael A. (Hrsg.): Angewandte Psychologie für das Projektmanagement, Berlin, Springer 2018.

Max: „Vielen Dank, Beatrice! Das war sehr interessant. Vergil hat eben noch von Reporting und Benchmarking gesprochen. Was hat das hier zu suchen? Widerspricht das nicht dem temporären Charakter sowie der Einmaligkeit von Projekten?“

Lisa: „Das finde ich auch. Es ist wie mit den ganzen Standards, die am Markt existieren. Wenn doch jedes Projekt anders und erstmalig ist, wie will ich dann etwas vergleichen oder vereinheitlichen?“

Eine Benchmark ist eine Vergleichsgröße beziehungsweise ein Maßstab. Beim Benchmarking vergleicht sich die Proximus Versicherung AG beispielsweise mit einem anderen exzellenten Versicherer. Im Anschluss bemüht sie sich, eine etwaige Lücke zu diesem Mitbewerber zu schließen, zum Beispiel im Hinblick auf die Kundenzufriedenheit oder den Umfang des Versicherungsschutzes eines bestimmten Tarifs.

Benchmarking findet also zum Beispiel für Produkte und Prozesse, aber auch für Programme, Projekte oder Teams statt. So will die Proximus Versicherung AG von den besten Organisationen oder den besten PMOs lernen. Als Referenzen zieht sie Best Practices heran und stellt diesen eigene gegenüber. Auf den Vergleich folgt nach Möglichkeit ein Transfer guter Ideen, Ansätze und Vorgehensweisen auf das eigene Unternehmen.

Der größte Teil der Tätigkeiten im Rahmen des Managements von Projekten wiederholt sich. Daher bildeten sich unter anderem die bereits erwähnten fünf Projektmanagementphasen heraus. Deshalb ist es trotz der grundsätzlichen Einmaligkeit von Projekten sinnvoll, für diese Tätigkeiten und Phasen Standards zu entwickeln. Das gilt umso mehr für das Management durch Projekte sowie das Multiprojektmanagement, für projektorientierte Unternehmen mit einer Projektorganisation und für die Zusammenarbeit mit Externen.

Gerade in projektorientierten Unternehmen werden die Teams nach der Beendigung eines Projekts nicht aufgelöst. Die Teams arbeiteten gegebenenfalls parallel bereits an einem weiteren Projekt oder mehreren anderen Projekten. Daher sind ebenfalls bei Teams Reporting und Benchmarking vonnöten. So kann von guten Erfahrungen anderer interner oder externer Teams gelernt werden. Dadurch lassen sich beispielsweise die Effektivität sowie die Effizienz der Projektarbeit, die Professionalität im Projektmanagement allgemein und somit die Wettbewerbsfähigkeit des gesamten Unternehmens steigern.

Für die angesprochenen Vergleiche bedarf es geeigneter Kriterien. Diese lassen sich beispielsweise einem unternehmensinternen PM-Handbuch entnehmen. Andererseits kann die Proximus Versicherung AG sich an existierenden Standards oder Benchmark-Programmen orientieren.

So sieht beispielsweise die „DIN 69901-2: Projektmanagement – Projektmanagementsysteme – Teil 2: Prozesse, Prozessmodell“[15] die folgenden Mindeststandards vor:

- **für die Definitionsphase:**
  - D.8.3 Machbarkeit bewerten
  - D.11.1 Ziele definieren
- **für die Planungsphase:**
  - P.1.2 Terminplan erstellen
  - P.7.1 Ressourcenplan erstellen
  - P.8.1 Risiken analysieren
  - P.8.2 Gegenmaßnahmen zu Risiken planen
  - P.9.1 Projektstrukturplan erstellen
- **für die Steuerungsphase**
  - S.1.2 Termine steuern
  - S.2.1 Änderungen steuern
  - S.3.2 Abnahme erteilen
  - S.7.1 Ressourcen steuern
  - S.8.1 Risiken steuern
  - S.11.1 Zielerreichung steuern
- **für die Abschlussphase**
  - A.6.1 Projekterfahrungen sichern

Anhand der Outputs dieser Prozesse kann die Proximus Versicherung AG ihre Fähigkeit zur Durchführung von Projekten und Programmen beziehungsweise zur Handhabung ihrer Portfolios überprüfen und weiterentwickeln. Zu diesem Zweck müssen Zielgrößen festgelegt und Prozesse standardisiert werden, um überhaupt eine Vergleichbarkeit zu ermöglichen. Die Ergebnisse müssen im Anschluss gemessen, kontrolliert, analysiert und kontinuierlich verbessert werden. So werden Reifegrade ermittelt und wird die Lücke zur Benchmark geschlossen.

Reifegrade können im Hinblick auf die Entwicklung und Umsetzung von Projektmanagement-Praktiken und -Prozessen in der Proximus Versicherung AG, der Projektorientierung des Unternehmens sowie der Teams ermittelt und weiterentwickelt werden.

[15] DIN Deutsches Institut für Normung e. V.: DIN-Taschenbuch 472, Projektmanagement-Netzplantechnik und Projektmanagementsysteme, Berlin, Beuth 2020, 4. Auflage.

Ein Beispiel für ein Reifegradmodell ist das Kanban Maturity Model.[16] Es dient als spezielles Kompetenzmodell der stufenförmigen Entwicklung einer Organisation im Hinblick auf ihre Kultur, ihre Praktiken und ihre Ergebnisse. Die Maturity Levels (ML) beziehungsweise sequenziellen Reifegrade 0 bis 6 der Organisation werden hinsichtlich ihrer Ergebnisse beispielsweise wie folgt unterschieden:

ML	Maturity Level	Reifegrad	Ergebnisse
0	oblivious	unbewusst	• der Geschäftserfolg hängt von den Fähigkeiten und Kenntnissen Einzelner ab • komplett unvorhersagbarer und unzuverlässiger Service • überlastete Mitarbeiter sind angesichts der hohen Arbeitslast und des Mangels an Regeln und Vereinbarungen zum Managen der Arbeit frustriert • unzufriedene Kunden • unzufriedene Mitarbeiter • unzufriedene Manager
1	team-focused	team-fokussiert	• wirtschaftliche Ergebnisse sind inkonsistent und unzuverlässig • Ergebnisse hängen von den Fähigkeiten und dem Wissen Einzelner ab • Mangel an gemeinsamer Ausrichtung der Teams ist offensichtlich • Teams haben weiterhin eine hohe Arbeitslast • ein wenig Entlastung von individueller Überbeanspruchung kann beobachtet werden
2	customer-driven	kundenfokussiert	• erste Entwicklung eines Verständnisses für Kundenerwartungen, Anforderungen und Leistungsfähigkeit • Verbesserung der Servicequalität und -lieferung ist eindeutig erkennbar, aber noch nicht vollständig zuverlässig und konsistent • Koordination zwischen den Teams ist noch unzureichend
3	fit for purpose	tauglich	• zufriedene Kunden • konsistente Prozesse • Services sind fit for purpose • Lieferung erfolgt verlässlich und vorhersagbar • der Arbeitsfluss ist ausgewogen • die Arbeitsbelastung ist dauerhaft durchzuhalten • inkonsistente wirtschaftliche Ergebnisse • das Geschäft ist resilient

[16] Zur Vertiefung: Anderson, David J., Bozheva, Teodora, Kanban Maturity Model – A Map to Organizational Agility, Resilience and Reinvention, Seattle, Kanban University Press 2020.

ML	Maturity Level	Reifegrad	Ergebnisse
4	risk-hedged	risikoabgesichert	• Services sind aus Kunden- und Stakeholdersicht fit for purpose • konsequentes Portfoliomanagement ist unerlässlich • es werden konsistente wirtschaftliche Ergebnisse erzielt • Risiken werden antizipiert • das Geschäft ist robust
5	market leader	Marktführer	• ist als Klassenprimus angesehen • dient als Maßstab für andere • kontinuierliche Anpassung und Neuerfassung von Praktiken, Produkten und Services
6	built for survival	überlebensfähig	• built for survival – überlebensfähig • kontinuierlich fit for purpose • altes Geschäftsmodell kann in neues umgewandelt werden

Tabelle 18.4: Reifegrade (Maturity Levels) des Kanban Maturity Models

Damit das Benchmarking und die Entwicklung der Organisations-, Team- sowie Projektreife funktionieren können, muss korrespondierend ein Projekt-Reporting aufgebaut werden. Das Berichtswesen regelt Art, Inhalt und Form der Berichte, die Informationslieferanten, die Berichtersteller und den Empfängerkreis der Berichte sowie die Reporting-Häufigkeit. Welche Berichte erstellt werden, hängt von der Art des Projekts, dem Umfang, der Vorgehensweise im Projekt sowie dem Unternehmen ab. Beispiele für Berichtsarten sind der Projektplan, der Netzplan, der Kostenbericht, der Projektstatusbericht, der Abweichungsbericht, der Phasenabschlussbericht, die Meilensteintrendanalyse oder der Projektabschlussbericht (vgl. dazu auch 18.1.5 Projektcontrolling und 18.2 Kommunikation).

18.1.3 Projektumsetzung

Beatrice: „Malik hat mir berichtet, euch wäre aufgefallen, wir hätten im agilen Projektmanagement noch Nachholbedarf. Er meinte, ihr hättet von einem vergleichsweise geringen Wissens- und Erfahrungsniveau bei der Agilität gesprochen."

Lisa: „Oh, so streng wollten wir gar nicht klingen. Bitte entschuldige!"

Beatrice: „Es ist schon alles in Ordnung. Wir arbeiten klassisch und plangetrieben, wo es passt. Ansonsten aber agil oder hybrid. Und natürlich gibt es auch bei der Proximus Versicherung AG Menschen mit einem gewissen Beharrungsvermögen, die ‚Agile' nur für eine Modeerscheinung halten. Aber lasst uns mal gucken, welche Vorgehensmodelle wir in Abhängigkeit von der jeweiligen Projektkomplexität einsetzen."

Welches Vorgehen die Proximus Versicherung AG auswählt, um ein Projekt erfolgreich zu handhaben, liegt an der zu bewältigenden Herausforderung. „Fit for purpose" muss die Vorgehensweise sein. Die Teams gehen dabei undogmatisch vor: Agil gilt nicht per se als besser, klassisch nicht automatisch als altbacken.

Um die richtige Vorgehensweise auszuwählen, hilft eine Vorüberlegung von Eddie Obeng[17]. Zunächst muss das zu lösende Problem untersucht werden: Ist es ein eher einfaches Problem mit einer klaren Aufgabenstellung? Oder ist die Aufgabenstellung ungeklärt? Ein zweiter Blick gilt der Abwicklung beziehungsweise der Lösung des Problems: Ist die Herangehensweise an das Problem klar oder eher nicht?

In Abhängigkeit von den Antworten auf diese Fragen identifiziert Obeng vier verschiedene Arten von Projekten:

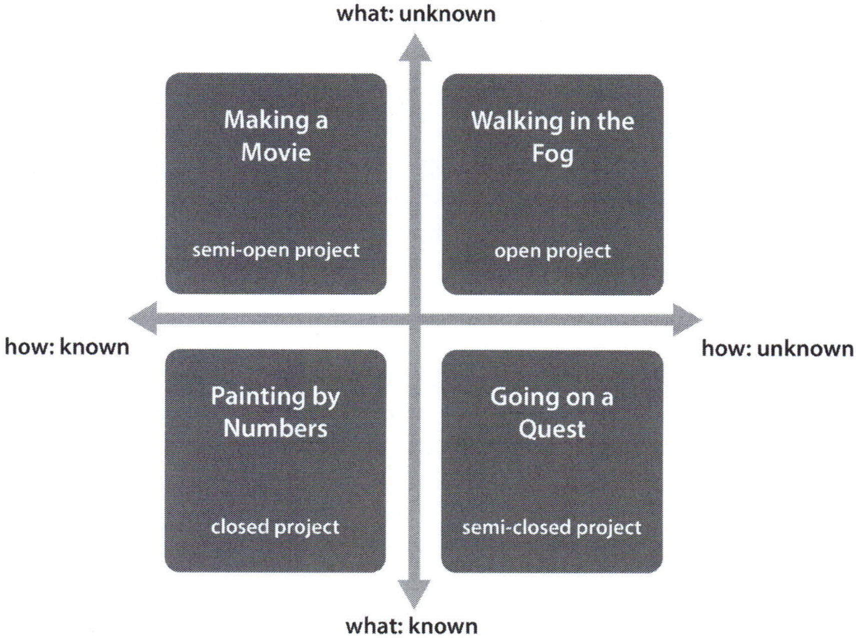

Abbildung 18.7: Eddie Obengs Projektklassifizierung

Ist bei einem Projekt klar, was wie zu erledigen ist, handelt es sich um ein geschlossenes Projekt. Dieses ähnelt „Malen nach Zahlen": Das Ziel ist klar, der Weg dorthin ist es auch. Quests sind semi-geschlossene Projekte, bei denen das Ziel klar ist, der Weg dorthin jedoch unbekannt – sie ähneln der Suche nach dem Gral. Bei offenen Projekten wandert das Team durch Nebel: Es ist weder klar, was getan werden soll, noch wie

[17] Obeng, Eddie: All Change! The Project Leader's Secret Handbook, London, FT Pearson Publishing, 1996, S. 62-71.

es getan wird. Bei Movie-Projekten ist nicht klar, was erreicht werden soll, aber der Weg oder die Herangehensweise ist definiert.

In Abhängigkeit von der Komplexität des betrachteten Projekts teilt Ralph Douglas Stacey[18] diese in einfache, komplizierte, komplexe und chaotische Kategorien ein und ihnen Vorgehensmodelle zur Durchführung des Projekts zu (vgl. Abbildung 18.8). Auf der X-Achse der Matrix bildet Stacey den Grad der Sicherheit über die zu verwendende Technologie beziehungsweise das Vorgehen und auf der Y-Achse den Grad der Vereinbarung der Anforderungen beziehungsweise des Ergebnisses ab. Je bekannter die Anforderungen beziehungsweise je sicherer sich alle Stakeholder über das Ergebnis sind und je bekannter das Vorgehen beziehungsweise die Technologie ist, um so einfacher ist das betrachtete Projektumfeld – und umgekehrt.

Einfache Projekte wie das „Malen nach Zahlen" sind mit klassischen, linearen beziehungsweise plangetriebenen Projektmanagementvorgehensmodellen zu bewältigen (Wasserfall oder V-Modell). Es ist bekannt, was geliefert werden soll. Auch die dafür anzuwendende Technik ist bereits erprobt. Für komplizierte, komplexe oder gar chaotisch-anarchische Projektumgebungen können in Anlehnung an Stacey evolutionäre, agilere Projektmanagementmethoden wie Kanban, Scrum oder Design Thinking empfohlen werden.

[18] Stacey, Ralph Douglas: Complexity and Organizational Reality, Uncertainty and the Need to Rethink Management After the Collapse of Investment Capitalism, London, Routledge, 2009.

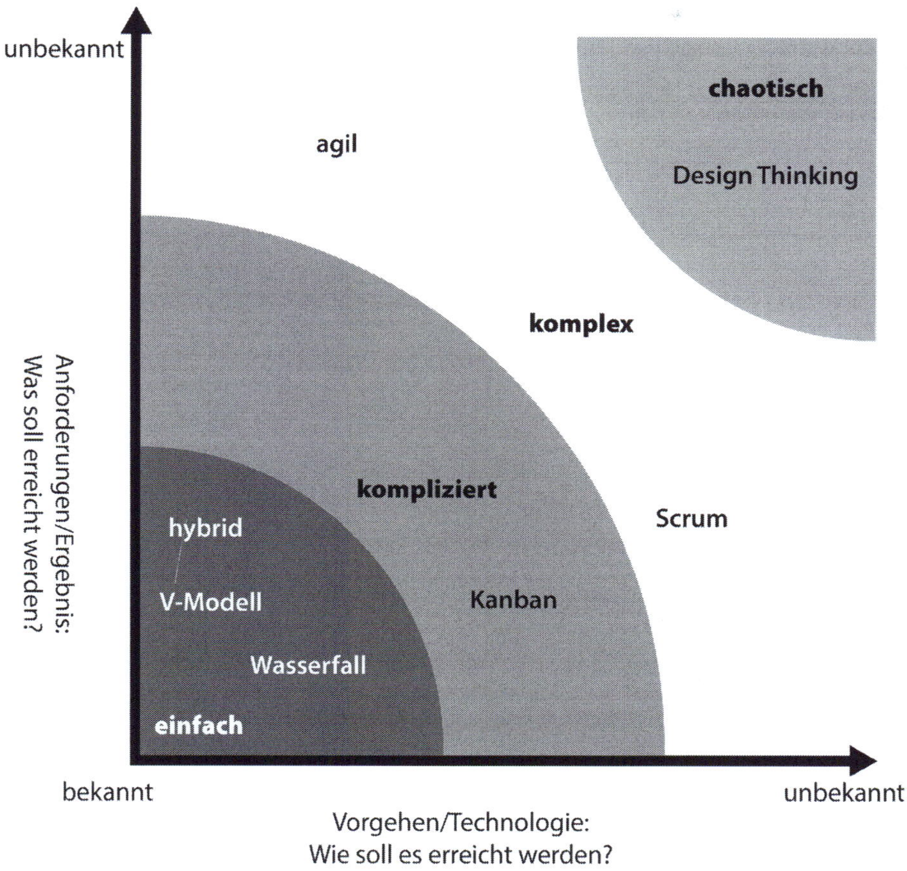

Abbildung 18.8: vereinfachte Anforderungs-Technologie-Matrix in Anlehnung an Ralph Douglas Stacey[19]

In komplizierten Projekten sind Ursache-Wirkungs-Zusammenhänge nicht unbedingt offensichtlich, aber grundsätzlich vorhanden. Das könnte auf „Making a Movie"-Umgebungen zutreffen. Hier könnte hybrid oder beispielsweise mit Kanban gearbeitet werden. Komplexe Projekte sind wenig vorhersehbar. Innerhalb dieser Systeme gibt es viele gegenseitige Abhängigkeiten und Rückkopplungen zwischen den beteiligten Elementen. Daher bieten sich hier agile Vorgehensmodelle an, zum Beispiel Scrum. Im Chaos („Wandern im Nebel") sind weder Anforderungen noch Lösungsansätze oder Kausalitäten bekannt. Dennoch besteht Handlungsbedarf. Hier könnte mit Design Thinking oder Collective Mind gearbeitet werden.

[19] Zur Vertiefung: Stacey, Ralph D., Strategic management and organisational dynamics – The challenge of complexity to ways of thinking about organisations, Harlow, FT Prentice Hall, 2007, 5. Auflage.

Eine weitere Hilfe bei Entscheidungen unter Unsicherheit bietet das Cynefin-Framework. Es ist als Rahmenwerk zur Unterstützung bei solchen Entscheidungen konzipiert worden und auch zur Auswahl von Vorgehensweisen im Projektmanagement geeignet. Der walisische Begriff „Cynefin“ lässt sich kaum in eine andere Sprache übersetzen und wird von Dave Snowden, dem Entwickler des Rahmenwerks, mit „Place of Your Multiple Belongings" umschrieben.[20] Im Zusammenhang mit dem Projekt kann man Cynefin gegebenenfalls annähernd als das Projektumfeld oder dessen Habitat begreifen.

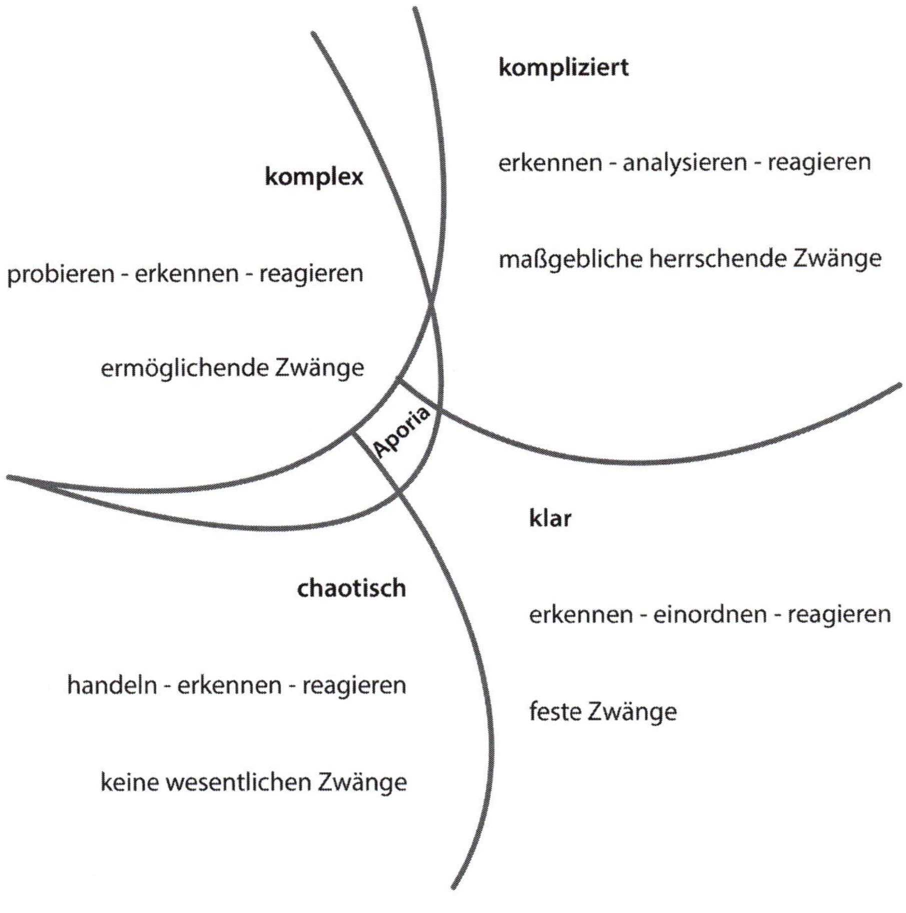

Abbildung 18.9: Cynefin-Framework in Anlehnung an Dave Snowden[21]

[20] Dave Snowden and Friends, Cynefin – weaving sense-making into the fabric of our world, Cognitive Edge Pte. Ltd., Singapore, 2021, S. 16.

[21] Cognitive Edge Pte. Ltd., Cynefin Domains, https://cynefin.io/wiki/Cynefin_Domains; zuletzt abgerufen am 12. Februar 2026.

Im Cynefin-Framework werden fünf Projektumfelder voneinander abgegrenzt: die beiden relativ geordneten „klar" und „kompliziert", ferner „komplex", „chaotisch" und „konfus" („Aporia").

In einfachen beziehungsweise klaren Umfeldern erkennt man offensichtliche Ursache-Wirkungs-Beziehungen. Diese kategorisiert man und reagiert mit plangetriebenen beziehungsweise klassischen Projektmanagementvorgehensweisen wie dem linearen Wasserfall-Vorgehen oder dem V-Modell. In einem komplizierten Projekthabitat sind Ursache-Wirkungs-Beziehungen zwar vorhanden, aber nicht sofort erkennbar. Hier kann nach einer Analyse der Situation auf das klassische Projektmanagement oder Kanban zurückgegriffen werden.

In einer komplexen Projektumwelt existieren so viele Variablen, dass Zusammenhänge zwischen Ursache und Wirkung nicht unmittelbar, sondern zum Teil erst im Nachhinein zu erkennen sind. Scrum oder Scrumban könnten die richtige Vorgehensweise für solche Projekte sein. So werden Ansätze ausprobiert. Durch iteratives sowie inkrementelles Vorgehen kann der Fortschritt schnell überprüft und das Vorgehen gegebenenfalls angepasst werden.

In einem chaotischen Projektumfeld bleiben Kausalzusammenhänge zwischen Ursache und Wirkung vollkommen unklar. Dort wird mit kreativen Techniken wie Design Thinking oder Prototyping zunächst einmal gehandelt und experimentiert. Im Anschluss werden die Ergebnisse analysiert und nach einem Erkenntnisgewinn wird gegebenenfalls anders weitergearbeitet.

„Aporia" (griech.: ohne Durchweg, Ausweglosigkeit) beschreibt konfuse und unklare Projektumfelder. Solche Situationen müssen in eines der vier anderen Felder übertragen werden oder das Projekt muss in kleinere, handhabbare Teilprojekte aufgeteilt werden.

Wie in diesen Modellen dargestellt und von Beatrice angemerkt, haben also sowohl die plangetriebenen als auch die agilen Vorgehensmodelle ihre Berechtigung. Beide werden in der Praxis benutzt und sind daher bereits Lehr-Lern-Inhalt im Rahmen der beruflichen Erstausbildung (vgl. unter anderem LF 12 des Rahmenlehrplans[22]). Der Prüfungskatalog der AKA[23] führt unter Ziffer 06 „Instrumente der Kaufmännischen Steuerung und Kontrolle nutzen" für die GAP 2 folgende Begriffe auf:

„Themenkreis 41: Projektmanagement

- Grundlagen
- Klassisches Projektmanagement
- Agiles Projektmanagement

[22] KMK: Rahmenlehrplan, https://www.kmk.org/fileadmin/Dateien/pdf/Bildung/BeruflicheBildung/rlp/Kaufleute_fuer_Versicherungen_und_Finanzanlagen-EL-21-12-17.pdf.

[23] AKA: Kaufmann/Kauffrau für Versicherungen und Finanzanlagen – Abschlussprüfungen, Solingen, u-form 2023.

- Projektphasen
- Grundsätze erfolgreicher Projektarbeit"

Diese Inhalte sollten in ihren Grundzügen somit bekannt sein.[24]

Der Darstellung Winston Royces zur Handhabung großer Softwareprojekte[25] ist Abbildung 18.10 nachempfunden. Sie führte letztlich zu der Bezeichnung „Wasserfallprojekt".

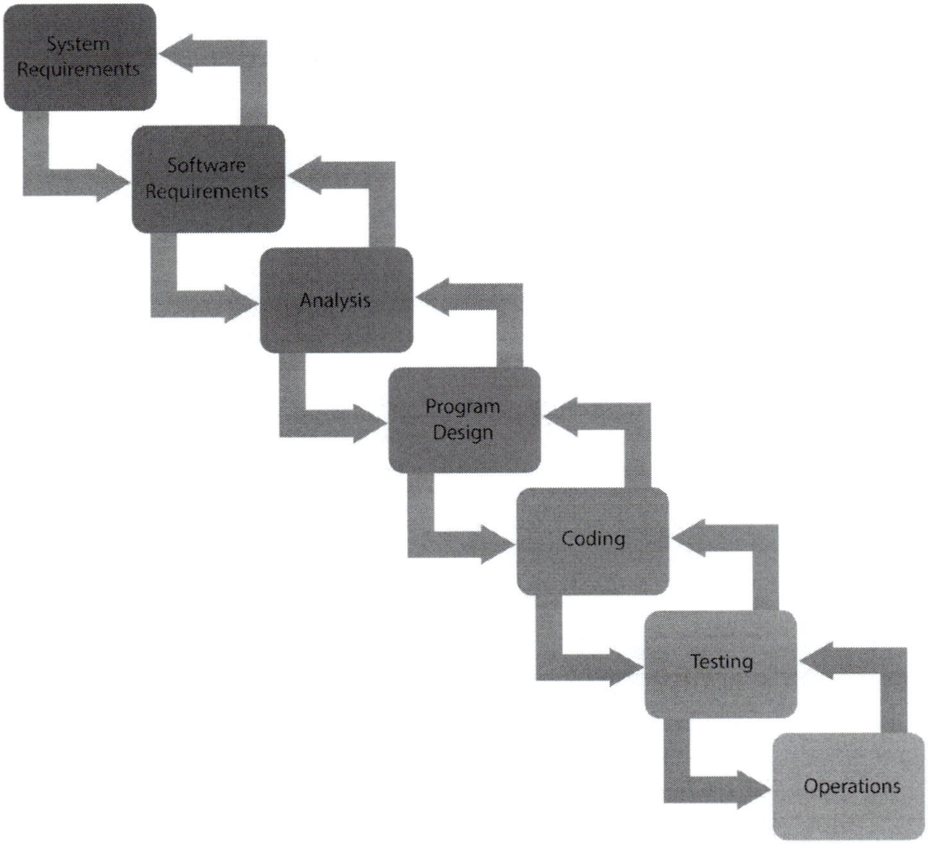

Abbildung 18.10: Handhabung der Entwicklung großer Softwareprojekte nach Winston Royce

Bei sequenziellen, plankonformen beziehungsweise linearen Vorgehensweisen wie dem Wasserfall- oder dem V-Modell wird ein Projekt mit einem einfachen, klaren Projektumfeld vorab komplett durchgeplant und in aufeinanderfolgenden Projektphasen durchgeführt. Die nächste Projektphase wird erst begonnen, wenn der definierte

[24] Vgl. dazu: Grill et al.: Versicherungen und Finanzanlagen kompetent beraten, Band 1, Haan-Gruiten, Europa-Lehrmittel 2022, 8. Auflage

[25] Royce, Winston: Managing the development of large software systems, in: Proceedings, IEEE WESCON, S. 329

Meilenstein aus der vorherigen Phase erreicht worden ist. Rücksprünge in eine vorherige Phase sind jedoch möglich, wenn der Projektstatus dies erfordert.

Die folgenden Dokumente und Methoden werden als Grundlagen des klassischen Projektmanagements im Rahmen dieser Fortbildung vorausgesetzt:

- Ablaufplan
- Balkenplan (Balkendiagramm, Gantt-Diagramm oder Gantt-Chart)
- Lastenheft
- Meilensteinplan
- Netzplan
- Pflichtenheft
- Projektplan
- Projektstrukturplan
- Ressourcenplan
- Terminliste

Beatrice: „So, und nun wollen wir uns endlich den agilen Vorgehensmodellen widmen. Die Arbeitswelt wandelt sich immer weiter. Es gibt viel mehr Unsicherheiten. Das Mindset, die Haltung der Mitarbeitenden und ihre Philosophie müssen dazu passen, agil sein. Es geht um being agile, nicht um doing agile. Nur ein Kanban-Board aufzuhängen und Dailies abzuhalten, hat noch nichts mit Agilität beim Individuum, im Team oder im Unternehmen zu tun."

Max: „Ja, das sind reine Äußerlichkeiten. Das sehe ich auch so. Vielmehr braucht man Schnelligkeit, Kundenfokus und selbstorgansierte Teamarbeit als Paradigmen!"

Lisa: „Zumindest noch... Ich habe auch schon gehört, dass Kolleginnen von ‚Agile is dead!' und dem Post-Agilismus reden."

Beatrice: „Ich kenne diese Sprüche aus Unternehmen, in denen man sich nicht genügend Zeit bei der ganzheitlichen Entwicklung der Agilität gelassen und Zombie-Scrum gemacht hat. Die sind wieder beim Micro-Management angekommen, wo nichts mehr delegiert wird und kein Vertrauen herrscht."

Klassisches Projektmanagement wird als „plan driven" bezeichnet, agiles Projektmanagement hingegen als „vision driven". In dem magischen Zieldreieck gilt für das klassische Projektmanagement das Ziel als fix, Termin und Kosten gelten jedoch als flexibel handhabbar. Die Phasen eines solchen linearen und sequenziellen Projekts folgen einer festen Abfolge. Beim agilen Vorgehen hingegen sind Budget und Termin fix, das Ziel ist jedoch unbestimmt.

Agile Prinzipien bauen auf den Prinzipien der Lean Production[26] auf. Aber "to be lean is to be good at things you can control while to be agile is to be good at things you cannot." (Brian H. Maskell[27]). Lean zu sein heißt also gut in kontrollierbaren Dingen zu sein, zum Beispiel günstige, automatisierte und standardisierte Prozesse zu haben. Agil zu sein bedeutet dagegen gut in nicht kontrollierbaren Dingen zu sein, also zum Beispiel ergebnisoffen, flexibel und individuell Produkte zu entwickeln.

"Another distinction between a lean and an agile organization is that a lean one is cost efficient and productive, while an agile one learns fast, if not initially cost efficient and productive." (Booth and Hammer 1995[28]). Lean ist also bereits kosteneffizient und produktiv, agil gegebenenfalls erst auf dem Wege dorthin.

Wesentliche Ideen zur Agilität wurden 2001 im Manifesto for Agile Software Development[29] festgehalten. Sie sind jedoch schon wesentlich älter. Auf eine tiefere historische Darstellung wird hier bewusst verzichtet. Im Agilen Manifest wurden unter anderem die folgenden Wertepaare formuliert:

- Individuen und Interaktionen mehr als Prozesse und Werkzeuge
- Funktionierende Software mehr als umfassende Dokumentation
- Zusammenarbeit mit dem Kunden mehr als Vertragsverhandlung
- Reagieren auf Veränderung mehr als das Befolgen eines Plans

Die Unterzeichnenden hielten explizit fest, dass sie die Werte Prozesse, Werkzeuge, Dokumentation, Vertragsverhandlung und Befolgen eines Plans ebenfalls schätzen, aber Individuen und Interaktionen, funktionierende Software, die Zusammenarbeit mit Kunden und das Reagieren auf Veränderung wichtiger finden.

Zu diesen Werten ergänzte die „Agile Allianz", wie sich die Autoren nannten, zwölf Prinzipien:

1. Unsere höchste Priorität ist es, den Kunden durch frühe und kontinuierliche Auslieferung wertvoller Software zufrieden zu stellen.
2. Heiße Anforderungsänderungen selbst spät in der Entwicklung willkommen. Agile Prozesse nutzen Veränderungen zum Wettbewerbsvorteil des Kunden.
3. Liefere funktionierende Software regelmäßig innerhalb weniger Wochen oder Monate und bevorzuge dabei die kürzere Zeitspanne.

---

[26] Womack, James P., Jones, Daniel T., Roos, Daniel: The Machine that changed the World, New York, Macmillan Publishing Company 1990.

[27] Maskell, B. 1996. Software and the Agile Manufacturer-Computer Systems and World Class Manufacturing. Productivity Press, Portland, Oregon, zitiert nach Conboy, Kieran: Agility from First Principles: Reconstructing the Concept of Agility in ISD Information Systems Research 20(3), pp. 329–354, ©2009 INFORMS.

[28] Booth, C., M. Hammer. 1995. Agile manufacturing concepts and opportunities in ceramics. Ceramic Trans. 50 67–76., zitiert nach Conboy, Kieran: Agility from First Principles: Reconstructing the Concept of Agility in ISD Information Systems Research 20(3), pp. 329–354, ©2009 INFORMS.

[29] The Agile Alliance: Manifesto for Agile Software Development, https://agilemanifesto.org/iso/de/manifesto.html.

4. Fachexperten und Entwickler müssen während des Projekts täglich zusammenarbeiten.
5. Errichte Projekte rund um motivierte Individuen. Gib ihnen das Umfeld und die Unterstützung, die sie benötigen und vertraue darauf, dass sie die Aufgabe erledigen.
6. Die effizienteste und effektivste Methode, Informationen an und innerhalb eines Entwicklungsteams zu übermitteln, ist im Gespräch von Angesicht zu Angesicht.
7. Funktionierende Software ist das wichtigste Fortschrittsmaß.
8. Agile Prozesse fördern nachhaltige Entwicklung. Die Auftraggeber, Entwickler und Benutzer sollten ein gleichmäßiges Tempo auf unbegrenzte Zeit halten können.
9. Ständiges Augenmerk auf technische Exzellenz und gutes Design fördert Agilität.
10. Einfachheit – die Kunst, die Menge nicht getaner Arbeit zu maximieren – ist essenziell.
11. Die besten Architekturen, Anforderungen und Entwürfe entstehen durch selbstorganisierte Teams.
12. In regelmäßigen Abständen reflektiert das Team, wie es effektiver werden kann, und passt sein Verhalten entsprechend an.

Den Formulierungen ist zu entnehmen, dass die Unterzeichner der Softwarebranche entstammen. Ausgehend von dieser haben agile Werte, Praktiken, Werkzeuge und Vorgehen ihren Weg aber in alle Dienstleistungsbereiche und Industrien gefunden. Insofern können manche der eher technischen Begrifflichkeiten durch passende Begriffe aus der eigenen Branche ersetzt werden, zum Beispiel Software durch Produkt etc.

Kerne der Agilität sind somit

- die absolute Fokussierung auf den Kunden beziehungsweise Nutzer und seine Bedürfnisse (vgl. zum Beispiel Werte 1 und 3, Prinzipien 1 und 2 sowie Unterabschnitt 18.1.4 Rahmenbedingungen),
- ein kontinuierlicher Lern- beziehungsweise Verbesserungsprozess mit einer hohen Anpassungsfähigkeit (vgl. unter anderem Wert 4 und Prinzipien 2 und 12),
- die selbstgesteuerte Teamarbeit (vgl. unter anderem Prinzipien 4, 5, 6, 11),
- die Vermeidung von Verschwendung (vgl. unter anderem Lean-Gedanke und Prinzip 11) und
- die iterative sowie inkrementelle Entwicklung (vgl. unter anderem Prinzipien 3 und 12).[30]

§ 4 Abs. 2 Nr. 2 VersFinKflAusbV und der Ausbildungsrahmenplan (Anlage zu § 3 Abs. 1 VersFinKflAusbV) sehen bereits „Methoden der Projektarbeit unterscheiden und pro-

[30] Zur Vertiefung vgl. insbes. Pfannstiel, Mario A., Siedl, Werner, Steinhoff, Peter F.-J. (Hrsg.), Agilität in Unternehmen, Wiesbaden, Springer Gabler 2021; Preußig, Jörg: Agiles Projektmanagement, Freiburg, Haufe Lexware 2024, 3. Auflage; Rigby, Darrell, Berez, Steve, Elk, Sarah: Doing agile right: transformation without chaos, Boston, Harvard Business Review Press 2020; Simschek, Roman, Agilität? Frag doch einfach!, Tübingen, UVK-Verlag 2020.

jektorientierte Arbeitsweisen anwenden" vor. Die Umsetzungshilfe des BiBB[31] gibt "Erläuterungen und Hinweise zu den zu vermittelnden Fertigkeiten, Kenntnissen und Fähigkeiten". Diese „illustrieren die Ausbildungsinhalte durch weitere Detaillierung so, wie es für die praktische und theoretische Ausbildung vor Ort erforderlich ist". Neben dem ‚klassischen Projektmanagement' werden dort explizit „agile Arbeitsmethoden, zum Beispiel Scrum, Kanban, Lean Management" aufgeführt. Daher werden auch jene an dieser Stelle nur wiederholend und übersichtsartig dargestellt.

Scrum

"Stop running the relay race and take up rugby."[32] Diese Aufforderung Ikujiro Nonakas und Hirotaka Takeuchis nahmen Ken Schwaber und Jeff Sutherland wörtlich. Sie beendeten den „Staffellauf" („relay race" a.k.a. klassisches Wasserfallvorgehen) und orientierten sich an einer freistoßähnlichen Situation beim Rugby (Regel 19: „Gedränge")[33]. Schwaber und Sutherland entwickelten ein „Rahmenwerk, welches Menschen, Teams und Organisationen hilft, Wert durch adaptive Lösungen für komplexe Probleme zu generieren" [34] und griffen einen weiteren Begriff der beiden japanischen Wissenschaftler auf – nämlich „Scrum"[35]:

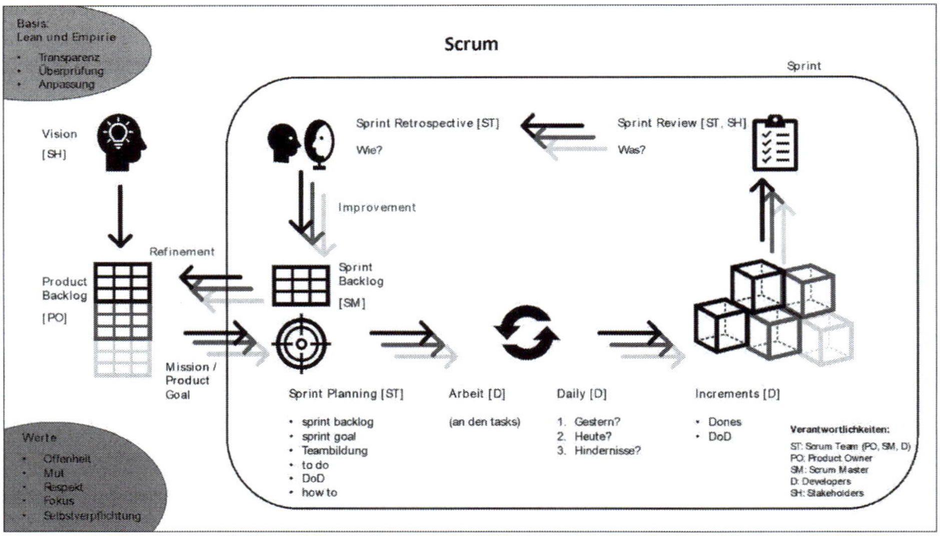

Abbildung 18.11: Basis, Werte, Verantwortlichkeiten, Artefakte und Events in Scrum

[31] https://www.bibb.de/dienst/berufesuche/de/index_berufesuche.php/profile/apprenticeship/oli7841?page=3, S. 22, 24; zuletzt abgerufen am 28. März 2026.

[32] Takeuchi, Hirotaka, Nonaka, Ikujiro, The new new product development game, Harvard Business Rev., Jan. 1986, S. 137–146.

[33] World Rugby: Regeln des Spiels, https://passport.world.rugby/laws-of-the-game/; zuletzt abgerufen am 12. Februar 2026.

[34] Schwaber, Ken, Sutherland, Jeff, Der Scrum Guide, https://scrumguides.org/download.html; zuletzt abgerufen am 12. Februar 2026.

[35] „Moving the Scrum Downfield" in Takeuchi, Hirotaka, Nonaka, Ikujiro, The new new product development game, Harvard Business Rev., Jan. 1986, S. 137–146.

Insofern ist Scrum kein reines Vorgehensmodell für das Projektmanagement, sondern ein Rahmenwerk für unterschiedliche Anwendungsszenarien. In dem eingangs erwähnten Guide werden die folgenden Inhalte von Scrum beschrieben:

- **Theorie:** Lean Thinking und Empirie (Transparenz, Überprüfung und Anpassung)
- **Werte:** Offenheit, Mut, Respekt, Fokus und Selbstverpflichtung
- **Verantwortlichkeiten im Scrum Team:** Product Owner, Scrum Master und Developer
- **Artefakte:** Product Backlog, Sprint Backlog und Increments
- **Events:** Sprint, Sprint Planning, Daily Scrum, Sprint Review und Sprint Retrospective

Wesentlich für Scrum ist, dass innerhalb dieses Rahmens das Scrum Team die Vorgehensweisen, Methoden und Prozesse selbst bestimmt. Insofern kann Scrum gut mit einer Vielzahl von Praktiken kombiniert werden.

Wie bei agilen Vorgehensmodellen üblich, wird auch in Scrum iterativ und inkrementell gearbeitet. Das bedeutet, dass das Produktziel in viele kleinere Tasks beziehungsweise Increments („inkrementell") zerlegt wird. Diese Tasks werden vom Product Owner im Product Backlog festgehalten und priorisiert. Sie werden dann in sich wiederholenden („iterativ") und zeitlich abgegrenzten Zyklen („Sprint") erledigt. Ein Sprint dauert eine Woche bis zu einem Monat. Innerhalb dieses Sprints werden die gemeinsam im Sprint-Planning abgestimmten Tasks erledigt, um das Sprintziel zu erreichen. In den Daily Scrums überprüfen die Developer den Fortschritt in Richtung des Sprintziels und passen gegebenenfalls das Sprint-Backlog an. Diese Dailies erinnern gegebenenfalls an das namensgebenden „Gedränge" („Scrum"). Im Review wird das Ergebnis des Sprints überprüft, in der Retrospektive der Sprint im Hinblick auf Individuen, Interaktionen, Prozesse, Werkzeuge und seine Definition of Done. Im Gegensatz zum Review wird in der „Retro" also nicht auf das „Was" geblickt, sondern auf das „Wie".

Der Product Owner ist für den Erfolg des Produkts verantwortlich. Der Scrum Master unterstützt ihn und das Team bei der Arbeit an den Tasks. Er ist für die Implementierung und kontinuierliche Verbesserung des Teams bei der Anwendung von Praktiken innerhalb von Scrum zuständig. Die Developer sind diejenigen, die die Tasks erledigen und für Increments sorgen, also (hier) für die operative Umsetzung des Projekts.[36]

Da Scrum nur für Teams bis zu zehn Personen entwickelt wurde, existieren mit Nexus[37], scrum@scale[38] oder LeSS[39] skalierende Rahmenwerke. Diese ermöglichen es, agiles Arbeiten mit Scrum auf mehrere Teams oder auch das gesamte Unternehmen zu übertragen.

---

36 Vertiefend: Sutherland, Jeff, Scrum – The Art of Doing Twice the Work in Half the Time, London, Random House Business 2019.

37 scrum.org: The Nexus Guide, https://www.scrum.org/resources/nexus-guide; zuletzt abgerufen am 12. Februar 2026.

38 Scrum@Scale: The Official Scrum@Scale Guide, https://www.scrumatscale.com/scrum-at-scale-guide/; zuletzt abgerufen am 12. Februar 2026.

39 The LeSS Company, LeSS Framework, https://less.works/less/framework; zuletzt abgerufen am 12. Februar 2026.

Kanban

Kanban „ist eine Methode, um alle Arten von Wissensarbeit, die im amerikanischen Sprachraum oft ‚professional services' genannt wird, zu managen."[40] Kanban ist also als Vorgehensmodell für Projekte, aber auch als allgemeiner Managementansatz nutzbar. Kanban wird ferner insbesondere für Veränderungsprozesse im Rahmen des Change Managements verwandt (vgl. Kapitel 7). Auf die Grundprinzipien in Kanban, die sich auf Change beziehen, wird an dieser Stelle nicht eingegangen.[41]

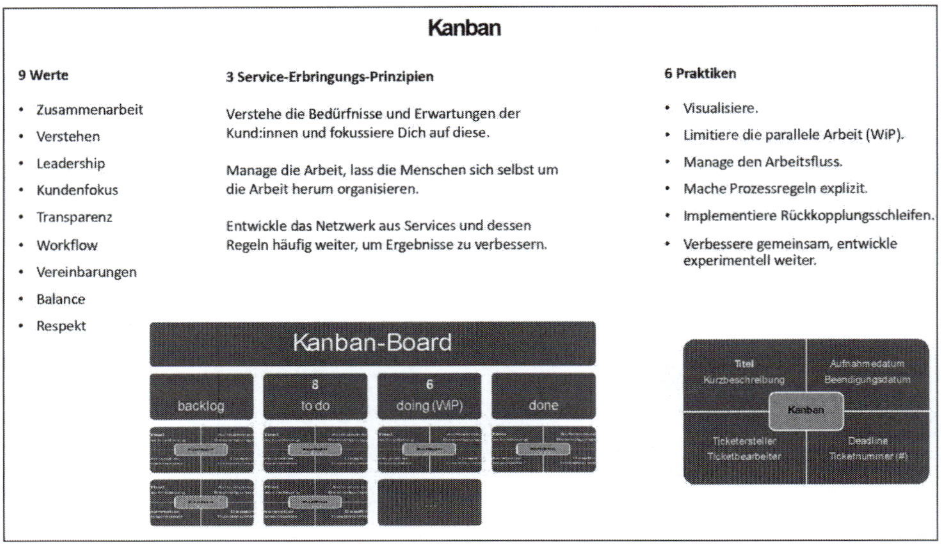

Abbildung 18.12: Kanban – Zusammenfassung der wesentlichen Elemente

Auch Kanban baut auf diversen (agilen) Werten auf. In den Fokus könnte man von diesen Zusammenarbeit, Transparenz und Workflow rücken. Sie werden bei den serviceorientierten Prinzipien sowie den Praktiken implizit aufgegriffen. Zunächst muss der Arbeitsfluss der zu leistenden Arbeit analysiert und im Anschluss als Prozess erkannt sowie dargestellt werden. Durch die Visualisierung soll eine klar strukturierte Darstellung aller wesentlichen Elemente des Arbeitsflusses (Workflow) und der Prozessregeln erfolgen. So soll Transparenz über alle Aufgaben, Leistungen und Initiativen hergestellt werden. Als visuelles Kontrollsystem dient ein Kanban-Board. Auf diesem werden mit Tickets (sogenannte „Kanbans" als ihre visuelle Repräsentation) alle Tasks beziehungsweise Arbeitspakete und durch deren Positionierung ihr jeweiliger Status dargestellt. Das Board an sich darf aber nicht mit Kanban gleichgesetzt wer-

---

40 Mauvius Group, Der offizielle Leitfaden zur Kanban-Methode, https://kanban.university/wp-content/uploads/2023/11/The-Official-Kanban-Guide_German.pdf; zuletzt abgerufen am 12. Februar 2026.

41 Vertiefend: Anderson, David J., Kanban – Evolutionäres Change Management für IT-Organisationen, Heidelberg, dpunkt.verlag, 2011.

den, seine Verwendung ist maximal „Proto-Kanban". Wesentlich ist die Handhabung des Workflows.

Die Tickets auf dem Board beinhalten neben der Beschreibung der eigentlichen Aufgabe unter anderem das Datum ihrer Erstellung und avisierten Fertigstellung, nach der erfolgten Erledigung („Done") auch den Beendigungstermin. Wird es in die Spalte „Doing" beziehungsweise „Work in Progress" gezogen, erhält es spätestens zu diesem Zeitpunkt auch den Namen der bearbeitenden Person. So können andere Teammitglieder sehen, dass das Ticket nun in Bearbeitung ist und wer es erledigt.

Durch die mit Board und Tickets hergestellte Transparenz wird die Kerneigenschaft „Limitiere die parallele Arbeit (WiP)" unterstützt. Dem Board werden die WiP-Limits sowie die Anzahl der Arbeitspakete im aktuellen Bearbeitungsprozess entnommen. Mit einem neuen Ticket kann erst begonnen werden, wenn ein anderes Arbeitspaket fertig ist. So wird der Work in Progress (WiP) begrenzt. Der Workflow wird nicht durch Überlastung behindert. Es kommt im Gegensatz zu dem Push-Verfahren des klassischen Projektmanagements das Pull-Verfahren wie in der lean production zur Anwendung.

Bei Kanban wird ebenfalls iterativ gearbeitet. Die Zyklen werden hier als Kadenzen bezeichnet. Regelmäßige Feedbackschleifen und Retrospektiven sollen zudem eine kontinuierliche Verbesserung des Teams ermöglichen.

Wie Scrum skalieren die Versicherungsunternehmen auch Kanban und weitere agile Frameworks (Crystal, XP, Dual Track etc.), unter anderem mit SAFe[42], DAD[43] oder mit dem Spotify-Ansatz[44].

Hybrides Management von Projekten

Im hybriden Projektmanagement werden entweder klassische Vorgehensmodelle miteinander verwoben, klassische mit agilen oder agile untereinander – wie bei „Scrumban" oder „Scrum better with Kanban". Die beste Kombination verschiedener Verfahren für ein ganzheitliches Projektdesign muss situativ beziehungsweise adaptiv gefunden und angewandt werden. Sie hängt unter anderem von der Komplexität des Projekts (vgl. auch Obeng, Stacey und Cynefin), den Reifegraden der beteiligten Teams oder weiteren Umständen der betroffenen Unternehmen ab, zum Beispiel von deren grundsätzlichen Einstellung zur Agilität.

---

42 Scaled Agile: The Scaled Agile Framework, https://framework.scaledagile.com; zuletzt abgerufen am 12. Februar 2026.

43 PMI: Disciplined Agile Delivery, https://www.pmi.org/disciplined-agile/process/introduction-to-dad; zuletzt abgerufen am 12. Februar 2026.

44 Kniberg, Henrik, Ivarsson, Anders, Scaling Agile @ Spotify: https://blog.crisp.se/wp-content/uploads/2012/11/Spotify-Scaling.pdf; zuletzt abgerufen am 12. Februar 2026.

Die Agilität hat ihre Wurzeln unter anderem in japanischen Erfolgsmodellen wie Kaizen[45] und dem Toyota Production System[46]. Viele ihrer Werte stimmen mit dem Bushido, dem Ehrenkodex der Samurai, überein.[47] In deren Kampfkunst folgt dem Lernen und Kopieren der Form (Shu) das Abweichen und Überschreiten jener (Ha), ehe es von den Lernenden frei verwendet wird und sie eigene Wege finden (Ri). Dieser Dreischritt kann auch beim Projektmanagement von den Auszubildenden über die Kaufleute für Versicherungen und Finanzanlagen zu den Bachelor Professionals angewandt werden: Zunächst sollten existierende Methoden sowie Vorgehensmodelle des Projektmanagements erlernt und geübt werden, ehe sie für eigene Organisationen beziehungsweise Projekte angepasst und kombiniert werden.

Folgt ein Unternehmen den fünf oben vorgestellten Projektmanagementphasen, könnte beispielsweise die Definitionsphase kreativ mit Design Thinking erfolgen. Das weitere Projekt könnte jedoch klassisch mit Meilensteinen und Gantt-Chart geplant werden. Nichtsdestotrotz ist es möglich, während der Umsetzung des Projekts in Sprints iterativ und inkrementell, letztlich also agil vorzugehen.[48]

Beatrice, Lisa und Max sprachen eingangs über den Tod der Agilität, Mindset und Zombie-Scrum. Sicherlich hat Beatrice nicht unrecht, wenn sie fehlgeschlagene Einführungen von agilen Vorgehensmodellen für eine Ablehnung solcher geltend macht. Ein Growth Mindset und eine offene Haltung neuen Entwicklungen gegenüber schaden umgekehrt bei der Implementierung neuer Vorgehensmodelle für das Projektmanagement nicht.

Gleichzeitig entwickeln sich die Arbeits- und die Projektwelt weiter. Megatrends und Modelle mit starkem Bezug zu diesen Welten wie Soziokratie, Holakratie, Effectuation oder New Work wurden an dieser Stelle nicht betrachtet, sondern sind eher Bestandteil von Unterabschnitt 13.2.[49]

Vergil: „Danke, Beatrice. Das war sicherlich sehr spannend für Max und Lisa."

Lisa: „Auf jeden Fall! Vielen Dank!"

Vergil: „Wir führen bei der Proximus Versicherung AG ja keine Kundenprojekte durch. Wir haben eigentlich nur interne Projekte. Und egal ob klassisch, agil oder hybrid: Wir müssen uns auch um die Ressourcen- und Kostenplanung kümmern. Die schauen wir uns nun einmal grob an."

Ein Projekt ist hinsichtlich der Zeit, der Ressourcen und der Kosten beschränkt. Die Handhabung der kostenbezogenen Prozesse ist daher wesentlich für den Teil des Pro-

---

[45] Imai, Masaaki, Kaizen, München, Wirtschaftsverlag Langen Müller Herbig 1993, 11. Auflage.

[46] Ohno, Taiichi, Das Toyota-Produktionssystem, Frankfurt, Campus Verlag 1993.

[47] Nitobe, Inazo, Bushido, Köln, Anaconda 2019.

[48] Dittmann, Karen, Esfahani, Mehrschad Zaeri: Hybrides Projektdesign, Freiburg, Haufe-Lexware 2023; Kuster, Jürg et al.: Handbuch Projektmanagement, Berlin, Springer Gabler 2022, 5. Auflage.

[49] Vgl. u.a. Güttler, Alexander, Bruse, Tobias, Beyond Agile, Berlin, Springer Gabler 2022.

jekterfolgs „on budget" zu sein. Zu den kostenbezogenen Prozessen gehören nach ISO 10006

- Kostenschätzung,
- Budgetierung und
- Kostenkontrolle.[50]

Durch die Kostenschätzung wird das Budget des Projekts bestimmt. Wurde bereits vor der Kostenschätzung ein Budget geplant oder bewilligt, muss dieses nun gegebenenfalls adjustiert und neu genehmigt werden. Andernfalls müsste unter Umständen der Scope des Projekts an das maximal zur Verfügung stehende Budget angepasst werden, falls es sich um ein „klassisches" Projekt handelt.

Bei agilen Vorgehensmodellen sind Zeit und Budget fix. Daher kann auf der einen Seite die Kostenplanung wegen des „Timeboxing" einfacher erfolgen. Ferner müsste der „Scope" nicht an das Budget angepasst werden, da agile Projekte ohnehin auf ein recht offenes Ziel hin durchgeführt werden.

Die Kostenschätzung bildet die Erwartung hinsichtlich der erforderlichen und in Geld bewerteten Ressourcen wie Personal oder Materialien des Projekts ab. Eine erste grobe Kostenschätzung beruht auf dem Kostenstrukturplan („top down"), der wiederum ein Resultat des Projektstrukturplans und des Phasenplans ist (sofern vorhanden). Die Aktivitätenliste ist Basis für die Feinschätzung der Kosten. Dafür werden anhand der Arbeitspakete und des zuzuordnenden Material- und Personaleinsatzes in Stunden oder Tagen die Kosten geschätzt („bottom up").

Im Projektstrukturplan werden alle erforderlichen Aufgaben und/oder Objekte zur Erreichung des Projektziels dargestellt. Diesem auch Work Breakdown Structure genannten Plan können Teilprojekte, Teilaufgaben, Arbeitspakete und zum Teil auch konkrete Vorgänge entnommen werden. Der Kostenstrukturplan (Cost Breakdown Structure) identifiziert die korrespondierenden Personal-, Sach- sowie sonstigen Kosten und schlüsselt sie nach Kostenarten auf:

[50] DIN-Fachbericht ISO 10006: Qualitätsmanagementsysteme – Leitfaden für Qualitätsmanagement in Projekten, Berlin, Beuth 2004; vertiefend zur Kostenkontrolle s.a. 18.1.5 Projektcontrolling.

Personalkosten	Sachkosten	Sonstige Kosten
• Löhne, Gehälter • Sozialversicherung • Prämien, Boni • Fortbildungen, Schulungen • Reisekosten • ...	• Betriebsmittel • Energie • Mieten, Lizenzen, Pachten, Gebühren • Telekommunikation • Hardware • Büro-, Moderationsmaterial • ...	• Versicherungen • Unternehmensberater • Zinsen • Absetzung für Abnutzung • Steuern • Opportunitätskosten • ...

Tabelle 18.5: Beispielhafte Kostenarten

Die Höhe der entsprechenden Kosten kann beispielsweise mit Hilfe von Experten (zum Beispiel aus der Buchhaltung) oder anhand vorliegender Daten vorheriger Projekte geschätzt werden (Erfahrungsschätzung). Für die Personalkosten können die prognostizierten Arbeitsstunden mit dem Stundenverrechnungssatz multipliziert werden. Ähnlich könnte mit Hardware beziehungsweise Maschinen etc. verfahren werden. Informationen über die Kosten der Sachmittel beziehungsweise der Materialien können beispielsweise aus dem Einkauf bezogen werden, solche über die Kosten externer Dienstleister durch einen Kostenvoranschlag.

Wie Vergil eingangs sagte: Bei der Proximus Versicherung AG muss kein „Projektpreis" für einen externen Kunden als Auftraggeber kalkuliert werden. Die Auftraggeber sind in der Regel Teil des Unternehmens. Daher wird die Kostenplanung an dieser Stelle nur übersichtsartig dargestellt. Auch auf eine Unterscheidung in Einzel- und Gemeinkosten, direkte und indirekte Kosten sowie fixe und variable Kosten wird hier verzichtet.[51]

18.1.4 Rahmenbedingungen

Drei Rahmenbedingungen ziehen sich als Leitlinie durch alle Projektphasen: Kundenorientierung, Digitalisierung und Nachhaltigkeit. Gleichzeitig sind sie nicht nur im Rahmen des Projektmanagements zu berücksichtigen, sondern sind von besonderer Wichtigkeit für die gesamte Unternehmensführung (vgl. u.a. Lernziele 1.1, 2.2, 3.1, 3.2 etc.).

Kundenorientierung

Kundenorientierung („Customer Centricity") ist wesentlich für den Erfolg der Proximus Versicherung AG. Marketing galt und gilt bereits als das Denken des Unternehmens vom Markt her. Die Kundenorientierung als etwaige Weiterentwicklung bemüht sich darum, konkret den Kunden in den Mittelpunkt des unternehmerischen Handelns so-

[51] Zur Vertiefung: Bea, Franz Xaver, Scheurer, Steffen, Hesselmann, Sabine: Projektmanagement, München, UVK-Verlag, 2020, 3. Auflage, S. 204-243; Dittmann, Karen, Dirbanis, Konstantin, Projektmanagement (IPMA®), Freiburg, Haufe Lexware 2023, 2. Auflage, S. 328-335.

wie den der gesamten Organisation zu stellen (vgl. Lernziele 3.1.1 Kundenorientiertes Entwickeln, Planen und Steuern von Prozessen und Schnittstellen... sowie 3.3.1.1 Prozessentwicklung Schaden- und Leistungsmanagement gestalten). Dazu gehören gerade im Projektmanagement sowohl externe wie auch interne Kunden. Ihnen soll kontinuierlich ein Mehrwert geboten werden.

Das Projektteam muss dazu wie der ganzheitlich kundenzentrierte Versicherer eher „outside in" als „inside out" denken: Es ist nicht wesentlich, welche Leistung das Team grundsätzlich erbringen und wie es diese zu den Kunden tragen kann. Wichtiger ist zu berücksichtigen, was die Adressaten des Projektergebnisses benötigen und erwarten. Nur so können als Minimalziel Kundenzufriedenheit und noch wichtiger Kundenbegeisterung sowie Kundenbindung erreicht werden.

Um die Lösungen an den Kunden auszurichten, muss das Projektteam seine Kunden und deren Wünsche kennen. Dazu tragen bereits die Stakeholderanalyse (vgl. Unterabschnitt 18.1.1 Projektkonzeption) und regelmäßiges Feedback bei. Da das Projektteam jedoch nicht originär für die Genese neuer Projekte oder Produkte zuständig ist, liegt die Verantwortung für die Kundenorientierung von Projekten zunächst bei vorgelagerten Akteuren, zum Beispiel dem Vorstand oder einem Fachbereich. Nichtsdestotrotz ist auch bei der Abwicklung eines Projekts eine enge Zusammenarbeit mit allen Stakeholdern (insbesondere mit den Kunden) sowie die Berücksichtigung derer Anforderungen vonnöten – bis hin zur partizipativen Dienstleistungs- oder Produktentwicklung („Co-Creation" beziehungsweise „Customer Integration").

Customer Experience und User Experience sind zwei Ausprägungen der Kundenorientierung. Der Begriff der Experience Economy wurde wesentlich von Pine und Gilmore geprägt. Sie führten ihn ein (und illustrierten ihn anhand eines Kuchens für einen Kindergeburtstag), um die Entwicklung der den Kunden angebotenen Leistungen darzustellen: Vom Verkauf bloßer Zutaten und Rohstoffe (zum Beispiel Mehl, Zucker und Eier für den Geburtstagskuchen) über fertige Produkte (Backmischungen für Kuchen) und später Services (der Kuchen wird vom Bäcker auch noch gebacken) zu einem vierten Schritt, in dem ein ganzes Kundenerlebnis (Kindergeburtstag als Event, durchgeführt von einer Agentur) verkauft wird.[52]

Als Customer Experience gilt das Kundenerlebnis im Zusammenhang mit sämtlichen Touchpoints im Rahmen der Customer Journey, also mit allen Berührungspunkten zum Unternehmen beziehungsweise hier zum Projekt. Die User Experience ist Bestandteil der Customer Experience. Sie stellt das Kundenerlebnis im Zusammenhang mit einem konkreten Produkt oder einer Dienstleistung, hier also mit dem Projektergebnis, dar. Sowohl interne als auch externe Nutzer und Kunden erwarten eine gute Customer sowie eine gute User Experience. Diese entscheidet wesentlich über die

52 Pine, B. Joseph II, Gilmore, James H., Welcome to the Experience Economy, Harvard Business Review, July-August 1998, Boston, Harvard Business School Publishing 1998, S. 97–105.

Kaufentscheidung und weitere Nutzung. Daher ist es für das Projektmanagement unumgänglich, im Projekt auf Kundenorientierung zu achten.

Auch zur Kundenorientierung im Projekt kann auf User Stories, Customer Journey Mapping oder Design Thinking zurückgegriffen werden. Für Letzteres existieren verschiedene Ausprägungen, ein Modell der Hopp Foundation sieht beispielsweise 6 Phasen vor[53]:

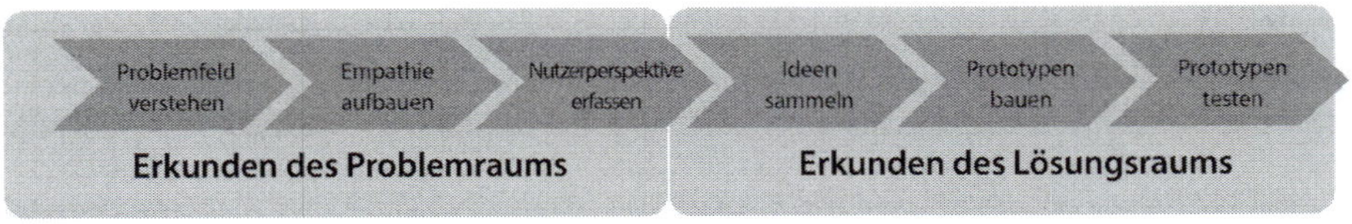

Abbildung 18.13: Design-Thinking-Prozess

Design Thinking nimmt die Bedürfnisse der Menschen als Ausgangspunkt zur Inspiration und Ideengewinnung, um das Problem sowie sein Umfeld zu erfassen und zu verstehen. Auch hier soll der Bedarf die Lösung bestimmen (und nicht umgekehrt). Um die „Design Challenge" zu definieren und zu verstehen, werden die Kunden beispielsweise beobachtet sowie befragt, werden Kundensichtweisen definiert und Profile oder Personas erstellt. Später werden auf Basis der gewonnenen Informationen Ideen zur Lösung des Ausgangsproblems gesammelt. Im Anschluss wird ein Prototyp entwickelt. Abschließend wird mit dem Kunden ein Usability-Test durchgeführt (vgl. Produktmanagement im Band Kernprozesse).

Neben diesen Großmethoden tragen auch kleinere Details wie Lastenheft und Qualitätssicherung zur Kundenorientierung im Projektalltag bei. Die Customer Centricity muss ferner ebenfalls im Berichtswesen Berücksichtigung finden, zum Beispiel indem dieses sehr transparent gehandhabt wird. Kundenorientierung funktioniert eben nur, wenn sie ganzheitlich im Unternehmen angewandt und gelebt wird.

Digitalisierung

Vergil: „Hier ist noch ein Kollege von uns: Geryon kümmert sich um die Digitalisierung unseres Projektmanagements."

Geryon: „Hallo ihr zwei! Genau, ich bin hier für die digitale Transformation zuständig, auch wenn wir gar nicht so stark in Digitalität und Analogität unterscheiden. Dazu sind beide Bereiche zu stark miteinander verwoben. Das Analoge wird nicht erst seit der Covid-19-Pandemie und den Lockdowns immer digitaler."

„Digitalisierung ist die Transformation von Prozessen, Produkten, Dienstleistungen bis hin zur Transformation von kompletten Geschäftsmodellen/Institutionen unter

[53] Hopp Foundation, Design Thinking und Schule, Weinheim, Hopp Foundation for Computer Literacy & Informatics 2018, 2. Auflage.

Nutzung moderner Informations- und Kommunikationstechnologien mit dem Ziel, effektiv und effizient Wert zu schaffen."[54] Die Digitalisierung verändert die Arbeitswelt und mit ihr auch die Kompetenzanforderungen an die Mitarbeitenden (vgl. auch Lernziele 2.1 Analysieren von Risiken der Kunden..., 3.1.2 Berücksichtigen von rechtlichen Rahmenbedingungen..., 3.2.2 Berücksichtigen von Marktgegebenheiten, 3.3.1 Entwickeln, Planen und Steuern... sowie 4.1.3 Auswählen und Mitgestalten..., 4.4.3.3 Aktuelle Herausforderungen).

Diese Veränderungen werden häufig durch Projekte begleitet beziehungsweise umgesetzt. Gleichzeitig ist das Projektmanagement selbst durch die Digitalisierung herausgefordert, zum Beispiel durch neue Kommunikationsmöglichkeiten, agile Vorgehensmodelle, neue Projektdesigns, räumlich und sogar zeitlich verteilte virtuelle Teams („Follow-the-Sun Strategy"), Teilung von Ressourcen wie Dokumenten und Wissen sowie durch neue Werkzeuge und Methoden.

Der Workflow beschreibt, wie etwas geschehen soll. Der Prozess beschreibt, was zu tun ist. Bei der Optimierung bemüht man sich um eine kontinuierliche Verbesserung von beiden und versucht Stillstände, Geschwindigkeitsreduktionen, Verschwendung, Fehler und Qualitätsverluste zu vermeiden, zudem Kosten zu senken oder die Produktivität zu steigern. Dafür nutzt man zum Beispiel Kaizen, TPM, Lean Management oder Six Sigma (vgl. auch Lernziel 4.2.2.1 Ablauf- und Aufbauorganisation erfassen).

Für die oben aufgeführten Herausforderungen, die softwaregestützte Prozessbearbeitung und die Optimierung von Workflows im Projekt braucht das Team neben einer Rationalisierung sowie Standardisierung von Prozessen beziehungsweise Workflows adäquate Kollaborationsplattformen, Groupware und Projektmanagementsoftware. Unzureichende Software gefährdet den Projekterfolg. Die Tools für die Handhabung von Projekten sollten unter anderem folgende Funktionen aufweisen (auf die Betrachtung konkreter Tools für das Projektportfoliomanagement wird an dieser Stelle verzichtet):

- synchrone sowie asynchrone Kommunikationskanäle
- Ermöglichung von Zusammenarbeit, auch zeitgleich an denselben Dokumenten
- Entwicklung von Terminplänen und Fristenüberwachung
- Dokumentation von Änderungsanfragen und des Projekts insgesamt
- Zuteilung von Ressourcen und Arbeitspaketen
- Kapazitätsplanung
- Zentralisierung von Informationen

[54] Becker, Wolfgang et al., Entscheidungskompetenzen für Digitalisierungs-Entscheidungen: Zum gegenwärtigen Stand der Dynamic Capabilities-Forschung, in: Becker, Wolfgang et al. (Hrsg.): Geschäftsmodelle in der digitalen Welt, Wiesbaden, Springer Gabler, 2019, S. 110.

- Wissensmanagement
- Automatisierung und Optimierung des Workflows
- Transparenz des Arbeitsflusses/Visualisierung von Workflows auf Teamboards
- interaktive Dashboards
- Echtzeitanalysen
- Berichterstattung
- Schnittstellen zu anderer Software
- Kosten- und Budgetsteuerung
- Datenschutz und Datensicherheit[55]

Hat man nach einer Standortbestimmung im Unternehmen diese oder weitere Anforderungen an die Software erhoben, können konkrete Produkte ausgewählt und getestet werden, ehe nach einer Kosten-Nutzen-Analyse Kaufentscheidungen getroffen werden. Stimmt das Team darin überein, dass die ausgewählten Werkzeuge einen Mehrwert bieten, müssen alle Anwender geschult werden und die Tools strukturiert eingeführt werden.

Eine Chance, aber zugleich eine weitere Schwierigkeit bei Projekten im Zusammenhang mit der digitalen Transformation können virtuelle Teams darstellen. Bei solchen gegebenenfalls auch auf unterschiedliche Zeitzonen verteilten Teams fehlen unter anderem informelle, persönliche und emotionale Faktoren, vielleicht sogar die Identifikation mit dem Unternehmen oder dem Projekt. Die Zusammenarbeit sowie die Entwicklung des Teams gestalten sich deutlich komplexer und schwieriger als bei Teams vor Ort. Zum Teil liegen kulturelle, sprachliche und technologische Differenzen vor, die eine vertrauensvolle Zusammenarbeit erschweren oder verhindern.

Distributed oder Remote Teams sollten sich daher möglichst persönlich und an einem gemeinsamen nicht-virtuellen Ort zum Teambuilding und zur Entwicklung einer einheitlichen Projektkultur kennenlernen. In einem Kick-Off-Meeting bauen die Teammitglieder ein erstes gemeinsames Verständnis füreinander sowie für das Projekt auf und bahnen eine Team-Identität an. Die Teams müssen sich auf Dauer eigene Regeln geben (unter anderem „Netiquette"), Rollen, Erwartungen sowie Ziele klären und viel kommunizieren. Regelmäßig sollten (virtuelle und/oder hybride) Meetings stattfinden. Jedes Teammitglied muss dazu entsprechende digitale Kompetenzen aufbauen (insbesondere Medienkompetenz) und mit den zur Verfügung stehenden Technologien gut umgehen können.

Die projektleitende Person, gegebenenfalls ein Product Owner, muss den einzelnen Teammitgliedern viel Vertrauen und Wertschätzung entgegenbringen sowie große

[55] Vertiefend: Szedlak, Christoph, Digitalisierung im Projektmanagement, in: Leyendecker, Bert, Pötters, Patrick (Hrsg.): Werkzeuge für das Projekt- und Prozessmanagement, https://doi.org/10.1007/978-3-658-34724-6_9; zuletzt abgerufen am 12. Februar 2026.

Zeit- und Handlungsspielräume ermöglichen. Nichtsdestotrotz ist die Betreuung des Teams erforderlich. Team und Teamleitung müssen miteinander in Verbindung bleiben. Es sollte aber nur so viel Kontrolle stattfinden, wie zwingend nötig ist. Diese dient auch dem Vorbeugen von Konflikten: In virtuellen Teams können solche leichter eintreten als in konventionellen, da es in virtuellen Teams häufiger zu Kommunikationsstörungen kommt. Ferner sollte die Projektleitung die Teammotivation und die Personalentwicklung auch in virtuellen Teams nicht vernachlässigen.

Auch die Archivierung und der Austausch von Projektdaten stellen Herausforderungen für das Projektteam dar, wie in der obigen Liste erforderlicher Funktionen bereits dargestellt ist. Diese Problematiken entstehen jedoch nicht allein bei der digitalen Ablage der Daten. Daher wird im Unterabschnitt 18.2 vertiefend auf jene eingegangen.

Die Digitalisierung ermöglicht wie beschrieben die digitale Verwaltung von Informationen und neue Formen der Zusammenarbeit, zum Beispiel in verteilten Teams. Dabei ist wie bei allen anderen Prozessen in Organisationen auch bei der Projektarbeit darauf zu achten, dass es nicht zu einer Alibi- oder Pseudo-Digitalisierung kommt. Digitale Prozesse und Projekte sind etwas anderes als digitalisierte Prozesse und Projekte. Das sei hier an einem sehr reduzierten Beispiel anhand des SAMR-Modells dargestellt:

Es ist keine echte Neuerung, wenn ein Protokoll statt mit einem Stift auf einem Notizblock nun mit einem Pen auf einem Tablet geschrieben wird. Dabei handelt es sich (zunächst) um eine reine **S**ubstitution (Ersetzung) analoger Tätigkeiten. Digitalisierung stellt jedoch keinen Wert an sich dar, sie muss einen Mehrwert bieten. Insofern darf man sich im Projektmanagement nicht (nur) die Frage stellen, wie man einen Prozess, eine Tätigkeit, ein Dokument etc. im Projekt digitalisiert beziehungsweise „digital macht". Wesentlich ist die Beantwortung der Frage, was die Digitalität mit dem Projekt macht, also wie die Digitalisierung das Projektmanagement verändert.

Die **A**ugmentation (Erweiterung) ginge einen Schritt weiter als die Substitution: Hier wird zwar auch ein analoges Tool oder ein analoger Prozess durch sein jeweiliges Pendant ersetzt, aber dieses hätte eine weitere Funktion zu bieten: Eine automatisierte Rechtschreibprüfung böte im obigen Beispiel einen solchen Mehrwert.

Eine dritte Stufe der Digitalisierung ist die **M**odification (Änderung): Eine Aufgabe wird in großen Teilen transformiert, also neu gestaltet beziehungsweise neu umgesetzt. Das auf dem Tablet erstellte Protokoll könnte um andere Dateiformate ergänzt werden, zum Beispiel um Fotos, Videos, Hyperlinks etc.

Auf der letzten Stufe böte die **R**edefinition (Neubelegung) eine komplette Neugestaltung von Aufgaben und deren Lösungen. An demselben Dokument könnte zeitgleich mit mehreren Nutzern von verschiedenen Orten aus gearbeitet werden oder statt eines Protokolls könnte ein Mitschnitt des Meetings eines verteilten Teams erstellt werden.[56]

Unter anderem in den Unterabschnitten 2.2, 2.3, 3.5, 8.5 und 9.8 des Bandes Kernprozesse wurden bereits Big Data, Künstliche Intelligenz (KI) und deren Potenziale dargestellt. Big Data bezeichnete dabei die Verarbeitung von Massendaten mit unterschiedlichsten, unstrukturierten, komplexen und sich ändernden Informationen mit Hilfe der KI oder Algorithmen. Das folgende Schaubild zeigt erneut auf, dass Machine Learning ein Teil von Artificial Intelligence (Künstliche Intelligenz) und Deep Learning wiederum ein Teil von Machine Learning ist:

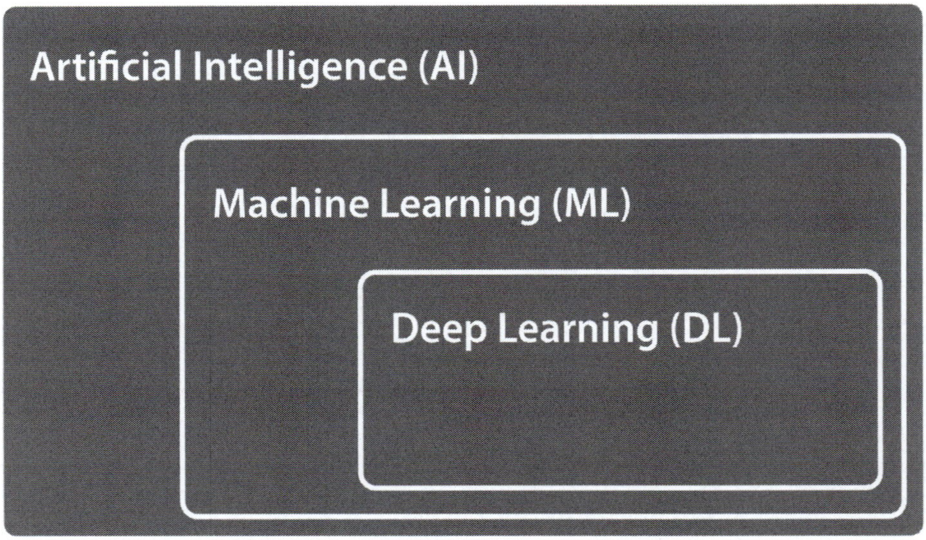

Abbildung 18.14: Artificial Intelligence, Machine Learning und Deep Learning

Der Begriff „Maschinelles Lernen" oder „Machine Learning" (ML) umfasst Methoden, die mit Lernprozessen arbeiten, um Zusammenhänge von Daten zu erkennen und dadurch Vorhersagen treffen zu können. Die Hard- oder Software wird also darauf trainiert, auf Basis von Zusammenhängen zu lernen. Deep Learning benutzt künstliche neuronale Netze (KNN). KNN sind Datennetze mit mehreren Schichten. Mit diesen soll das menschliche Gehirn simuliert werden. Deswegen gibt es in einem KNN auch Knoten, die die Neuronen, und Kanten, die die Synapsen darstellen sollen. KNN sind mehrschichtig. Dadurch erreicht das Deep Learning (DL) Daten, an die das Machine Learning nicht gelangt. Sowohl durch ML als auch durch DL können beispielsweise Lessons Learned oder die Projektdokumentationen ausgewertet werden, um für zukünftigen Projekte zu lernen und Herangehensweisen zu verbessern.

[56] Vertiefend: Puentedura, Ruben, SAMR: A Brief Introduction, http://hippasus.com/rrpweblog/archives/2015/10/SAMR_ABriefIntro.pdf; zuletzt abgerufen am 12. Februar 2026.

Ähnlich wie die Digitalisierung ist auch die Nutzung von KI kein Selbstzweck. Überlegungen zu ihrer Einführung im Projektmanagement sollten von konkreten Zielen geleitet sein. Das PMO muss zunächst klären, welches Problem durch die KI gelöst werden soll, zum Beispiel welche Engpässe zu beseitigen oder welche Prozesse zu optimieren sind. Soll die KI Mitarbeiter ersetzen, die Effizienz oder die Produktivität steigern, für schlankere Prozesse sorgen, Projektphasen automatisieren, das Monitoring übernehmen oder zu fundierteren Entscheidungen im PMO führen? Erst nach der Beantwortung solcher Fragen kann und muss über die Einführung konkreter Tools nachgedacht werden.

Nachhaltigkeit

Vergil: „Bei den Projekten der Proximus Versicherung AG bemühen wir uns selbstverständlich um Nachhaltigkeit. Viele Leute verstehen unter Nachhaltigkeit Ökopapier und E-Mobilität. Wir haben jedoch auch die weiteren Ziele der Agenda 2030 und des DNK im Blick, zum Beispiel die Gleichberechtigung aller Geschlechter."

Lisa: „Mich nervt am meisten diese Attitude-Behaviour-Gap: Wasser predigen, Wein trinken... Das kann bei Unternehmen mit einem nach außen nachhaltigen Unternehmensleitbild und gleichzeitigem Greenwashing so sein, aber im Hinblick auf Nachhaltigkeit auch im persönlichen Verhalten bei allen Menschen."

Max: „Ich verstehe dich gut. Aber wie Vergil schon sagt: Es geht ja nicht nur um Ökologie, obwohl die natürlich wichtig ist. Ich habe eben schon einmal von den Tugenden der Ehrbaren Kaufleute berichtet. Die Ehrbaren Kaufleute fühlen sich ebenfalls nachhaltigen Lösungen verpflichtet. Sie setzen dabei zum Beispiel nicht auf den schnellen Verkauf, sondern auf die bestmögliche Wahrung der Interessen der Kunden. Das ist auch nachhaltig!"

Nachhaltigkeit ist ein unterschiedlich verwendeter Begriff. Definitiv umfasst er mehr als Ökologie: „Dauerhafte (nachhaltige) Entwicklung ist Entwicklung, die die Bedürfnisse der Gegenwart befriedigt, ohne zu riskieren, dass künftige Generationen ihre eigenen Bedürfnisse nicht befriedigen können."[57] Nachhaltigkeit ist Verpflichtung für die Weltgemeinschaft, daher auch für das gesamte Unternehmen und nicht alleine für das Projektmanagement (vgl. unter anderem die Lernziele 1.1.3.6 Aspekte der Nachhaltigkeit, 3.3.1.1 Prozessentwicklung Schaden- und Leistungsmanagement gestalten, 4.1.4 Darstellen der Anwendungsfelder, Aktivitäten und Prozesse im Bereich der Nachhaltigkeit sowie deren Einfluss auf Steuerungsentscheidungen).

Die meisten Versicherer müssen ihren Lagebericht um eine nichtfinanzielle Erklärung beziehungsweise zukünftig um einen Nachhaltigkeitsbericht erweitern (vgl. unter

---

[57] World Commission on Environment and Development: Our Common Future, http://www.un-documents.net/our-common-future.pdf: „Sustainable development is development that meets the needs of the present without compromising the ability of future generations to meet their own needs."; zuletzt abgerufen am 12. Februar 2026.

anderem CSRD in Verbindung mit § 289b HGB).[58] Den dort aufgenommen Angaben über das Verständnis der Auswirkungen der Tätigkeiten des Versicherers auf Nachhaltigkeitsaspekte sowie das Verständnis der Auswirkungen von Nachhaltigkeitsaspekten auf den Geschäftsverlauf, das Geschäftsergebnis und die Lage der Kapitalgesellschaft sowie der Unternehmensstrategie darf ein Projekt nicht widersprechen.

„Nachhaltiges Projektmanagement ist die Berücksichtigung der Nachhaltigen Entwicklung als Ziel und Rahmenbedingung des Projektmanagements im Projektbüro, in der Auswahl und Definition des Projekts und im gesamten Projektmanagementprozess."[59] Ein nachhaltiges Projekt zielt auf die Verwertbarkeit und Langlebigkeit des Projektergebnisses ab. Dabei geht es nicht nur um dauerhafte ökologische, sondern auch um langfristige soziale und ökonomische Auswirkungen des Projekts. Mit dem P5 Standard als Nachfolger von PRiSM existiert ein Rahmenwerk für Projekte, das in Anlehnung an Elkingtons „Triple Bottom Line"[60] neben „People Impacts" und „Planet Impacts" explizit auf „Prosperity Impacts" verweist. Es bezieht sich zudem auf die Lebensdauer sowie die Wartung des Produkts und die Effizienz sowie Effektivität der Prozesse im Projektmanagement. [61]

58 BMJ: Entwurf eines Gesetzes zur Umsetzung der Richtlinie (EU) 2022/2464 des Europäischen Parlaments und des Rates vom 14. Dezember 2022 zur Änderung der Verordnung (EU) Nr. 537/2014 und der Richtlinien 2004/109/EG, 2006/43/EG und 2013/34/EU hinsichtlich der Nachhaltigkeitsberichterstattung von Unternehme, https://www.bmj.de/SharedDocs/Downloads/DE/Gesetzgebung/RefE/RefE_CSRD_UmsG.pdf?__blob=publicationFile&v=3; zuletzt abgerufen am 12. Februar 2026.

59 Holzbaur, Ulrich, Fierke, Moritz, Nachhaltiges Projektmanagement, Wiesbaden, Springer Gabler, 2022, S. 15.

60 Elkington, John, Cannibals with Forks, Oxford, Capstone, 1997.

61 GPM Global: The GPM P5 Standard for Sustainability in Project Management, https://gpm.org/standards-and-publications/the-p5-standard; zuletzt abgerufen am 12. Februar 2026.

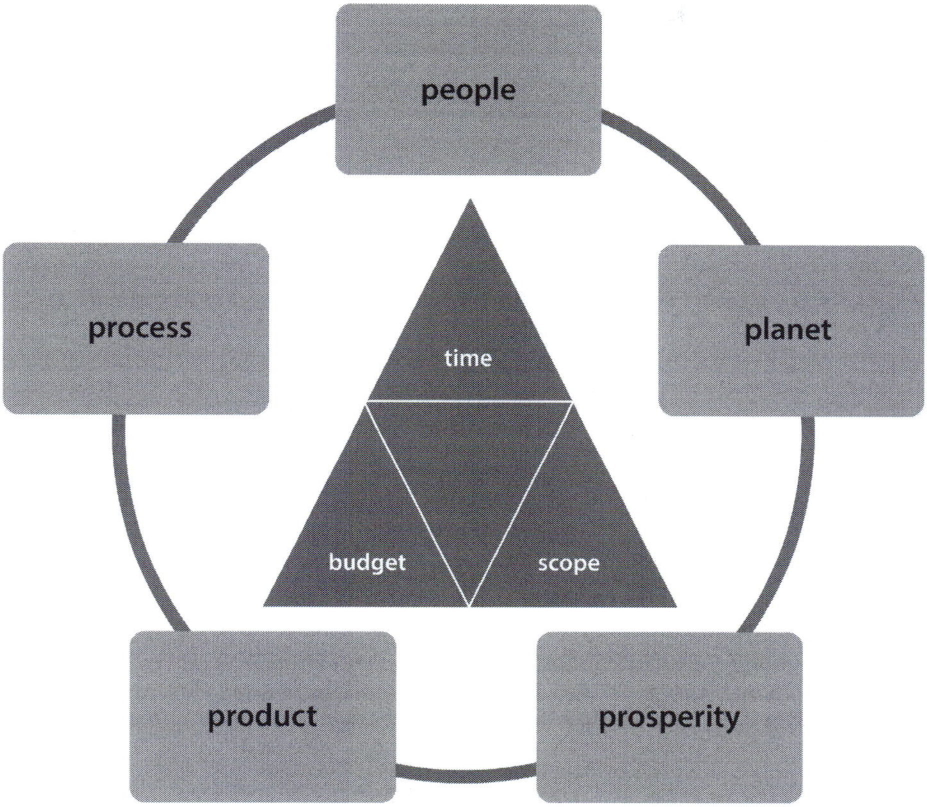

Abbildung 18.15: Verbindung des Triple Constraint („Magisches PM-Dreieck") mit der Triple Bottom Line zum P5 Standard

Das bedeutet für das Projekt, dass auf der einen Seite Verschwendung eliminiert und der Ressourceneinsatz minimiert werden soll (zum Beispiel Videokonferenzen statt Flüge zu Projektpartnern). Das gebietet sich aber nicht allein aus Umweltschutz-, sondern bereits aus Kostengründen. Auf der anderen Seite müssen schon bei der Projektplanung Nachhaltigkeitsziele formuliert und während der weiteren Projektmanagementphasen verfolgt werden (zum Beispiel faire, fürsorgliche und humane Arbeitsbedingungen oder diverse Teams). Auch „Lessons learned", KVP und Projektstandards tragen dazu bei, dass Projekte lange nachwirken: So können Erkenntnisse aus abgeschlossenen Projekten in neue Projekte einfließen.

In einer ökonomischen Nachhaltigkeitsbetrachtung spräche beispielsweise die langfristige Kundenzufriedenheit oder ein dauerhafter interner Nutzen (zum Beispiel durch eine Prozessverbesserung) für einen nachhaltigen Anwendungserfolg des Projekts. Dadurch hätte der Erfolg des Projektergebnisses nach Projektende einen Beitrag zur Umsetzung der Unternehmensstrategie geleistet. Den Abwicklungserfolg wiese ein Projekt nach, wenn es unter Einhaltung aller Spezifikationen und Restriktionen (Magisches Dreieck: „OTOBOS") durchgeführt worden wäre. Hier bezöge sich die Nachhaltigkeit dann sowohl auf den Prozess, also den Projektablauf, als auch auf das Ergebnis, nämlich den Projektgegenstand.

18.1.5 Projektcontrolling

Wie die drei oben dargestellten Rahmenbedingungen Kundenorientierung, Digitalisierung und Nachhaltigkeit begleitet auch das Controlling alle Projektphasen und darüber hinaus den gesamten Betrieb eines Versicherungsunternehmens (vgl. unter anderem Lernziel 4.1.2 Planen von Vertriebsmanagementprozessen). Es wird in diesem Unterabschnitt daher nicht mit der vierten Projektmanagementphase „Steuerung" gleichgesetzt, sondern als fortwährender Prozess betrachtet. Ein Projekt soll bestimmte Ziele verfolgen. Deren Erreichung unterstützt das Controlling über alle Projektmanagementphasen hinweg.

„To control" bedeutet neben „kontrollieren" unter anderem auch „prüfen", „regeln", „lenken" oder „steuern". Controlling darf somit nicht mit Kontrolle gleichgesetzt werden. Die reine Überwachung ist eher das „Monitoring". Weitere Aufgaben des Controllings sind beispielsweise Dokumentation, Analyse, Information, Beratung etc. Das Controlling findet nicht nur beim Erreichen bestimmter Meilensteine oder am Ende des Projekts, sondern kontinuierlich statt. Projektcontrolling dient dem Risikomanagement. Es soll rechtzeitig Evaluationen sowie Soll-Ist-Vergleiche durchführen, steuern und das Erreichen der Projektziele sicherstellen.

Das Projektcontrolling kann sich auf betriebswirtschaftliche (magisches Dreieck) und auf prozessuale Inhalte (Vorgehen im Projekt) beziehen. Das bedeutet, dass nicht nur für das Budget, das Ziel sowie den Faktor Zeit Vorgaben gemacht werden und deren Erreichung geprüft wird. Auch für Organisation, Berichtswesen, Kommunikation sowie Nachhaltigkeit usw. werden Normen aufgestellt und das Einhalten jener wird überwacht. Dazu werden geplante Soll-Werte mit den erhobenen Ist-Werten (zum Beispiel aus Projektfortschrittsberichten) verglichen. Falls erforderlich, wird eine Analyse von Abweichungen durchgeführt.

Gewisse Planabweichungen werden gegebenenfalls toleriert. Sind diese jedoch zu groß und ist der Fertigstellungsgrad unbefriedigend, müssen Steuerungsmaßnahmen ergriffen und der Projektplan aktualisiert werden. Als Korrekturmaßnahmen könnten zum Beispiel die einzusetzenden Ressourcen erhöht, die Leistungsanforderungen verändert oder Prozesse optimiert werden. Diese Vorgänge sind im Projektalltag Standard und Bestandteil des Anforderungsmanagements, das ebenfalls das Reagieren auf „Change Requests" (Änderungsanträge) umfasst. Scheinen diese Anpassungen nicht erfolgsversprechend und die ausgenutzten Spielräume bereits zu groß zu sein, muss im Zweifelsfall ein Projekt abgebrochen werden.

Das Controlling kann projekt-intern durch die Projektleitung und projekt-extern durch das Unternehmenscontrolling erfolgen. Dabei kann es sich am Deming-Circle (PDCA) orientieren. Der Controlling-Zyklus ließe jedoch das „Do" weg und würde sich somit folgendermaßen darstellen:

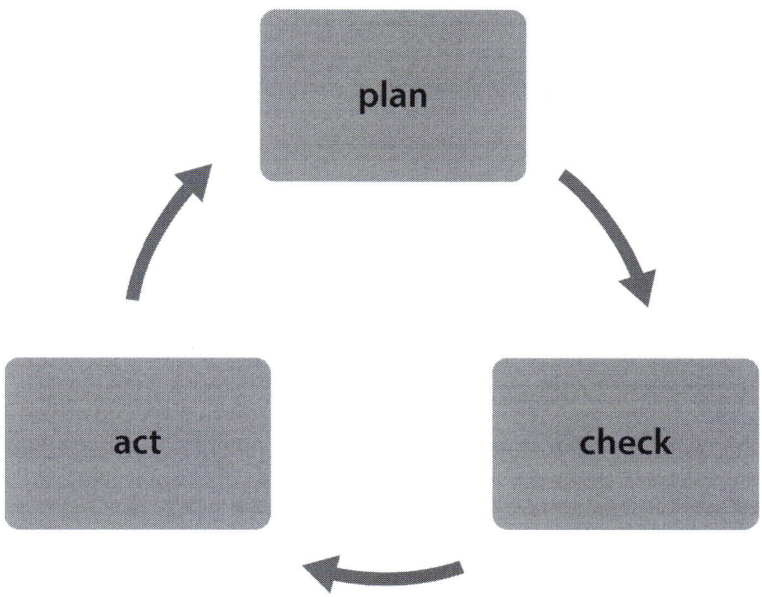

Abbildung 18.16: Phasen des Projektcontrollings (Regelkreis)

Als Instrumente zur Messung des Projektfortschritts bieten sich im Hinblick auf unterschiedliche Projektziele beispielsweise an:

Fokus auf Scope

- **Fortschrittsgradmessung**

  Mit dem Fortschritts- oder Fertigstellungsgrad wird gemessen, wie weit das Projekt gediehen ist. Dazu wird die zu einem definierten Zeitpunkt erbrachte Leistung mit der zu erbringenden Gesamtleistung ins Verhältnis gestellt.

- **Earned Value Analysis (EVA; Fertigstellungswertmessung)**

  Mit dem Earned Value wird der aktuelle Fertigstellungswert (auch: Fortschritts- oder Arbeitswert) der bereits erbrachten Leistung wiedergegeben, ausgedrückt als die Kosten für die bisherigen Vorgänge, Arbeitspakete etc. des Projekts. Dazu wird die bisherige Leistung mit den Plankosten für diese multipliziert.

- **Leistungsbewertung**

  Den Scope beziehungsweise die Leistung zu erfassen ist schwieriger als die Kosten oder die Zeit. In agilen Kontexten existieren zu diesem Zweck zum Beispiel die „Definition of Done" und „Acceptance Criteria". Mit jenen wird evaluiert, ob ein Task oder Arbeitspaket erledigt ist und ob es den Anforderungen beziehungsweise Akzeptanzkriterien entspricht. Im Rahmen der Completed-Contract-Methode gilt eine Leistung erst als erbracht, wenn der Auftraggeber sie abgenommen hat. Die Percentage-of-Completion-Methode bietet intern die Möglichkeit, auch nur teilerledigte Leistungen mit den ihnen zugesprochenen Prozentsätzen zu berücksichtigen.

Fokus auf Time

- **Terminkontrolle**

  Im Rahmen der Terminkontrolle wird auch hier im Rahmen eines Soll-Ist-Vergleichs überprüft, inwieweit Vorgänge, Arbeitspakete etc. innerhalb des aufgestellten Projektterminplans fertiggestellt wurden.

- **Meilensteintrendanalyse**

  Wenn Meilensteine vereinbart wurden, kann zu den ursprünglich geplanten Terminen evaluiert werden, ob diese Termine eingehalten und die geforderten Leistungen erbracht werden. Damit kann der Projektfortschritt festgestellt und dokumentiert werden. Gegebenenfalls wird erkannt, dass der ursprünglich aufgestellte Meilenstein- beziehungsweise Projektplan aktualisiert werden muss.

Fokus auf Budget

- **Aufwands-/Kostentrendanalyse**

  Für die Aufwands- beziehungsweise Kostentrendanalyse wird ein Schätzwert der Gesamtkosten ermittelt. Dazu berechnet man zunächst den Fertigstellungwert (s. EVA). In einem weiteren Schritt multipliziert man die Plangesamtkosten mit den bisherigen Istkosten und dividiert dieses Produkt durch den Fertigstellungswert:

  Schätzwert der Gesamtkosten = (Plangesamtkosten * Istkosten)/Fertigstellungswert

Ganzheitlicher Ansatz

- **Balanced Scorecard**

  Die Balanced Scorecard nimmt in der ursprünglichen Variante neben der „Financial Perspective" auch eine „Innovation and Learning Perspective", eine „Customer Perspective" sowie eine „Internal Business Perspective" ein. Dadurch werden neben der rein finanziellen Perspektive auch die der lernenden Organisation, die der Kunden und die der internen Prozesse berücksichtigt. Diese vier Perspektiven sollen durch ihre gleichzeitige Beachtung im Hinblick auf Vision und Strategie der Organisation ausbalanciert werden. Dafür werden strategische und operative Ziele definiert,

Messgrößen vorgegeben und Aktivitäten geplant, durchgeführt sowie überprüft. Dieses Konzept der Balanced Scorecard kann mit einer Project Scorecard von der Unternehmensebene auf die Projektebene übertragen werden. Es können ferner eigene Scorecards erstellt und um zusätzliche Perspektiven (zum Beispiel Nachhaltigkeit) ergänzt werden.

Auf weitere Instrumente wie Risiko-Controlling, Qualitätskontrolle, Fehlermöglichkeits- und Einflussanalyse (FMEA), das Projektpuffer-Verfahren, das Online Analytical Processing (OLAP) oder soziales Controlling kann an dieser Stelle nicht eingegangen werden.[62]

In agilen Kontexten erleichtert das iterative und inkrementelle Vorgehen mit Methoden wie Inspect and Adapt, Katas, KVP, Dailies, Reviews, Retros, lessons learned usw. das Projektcontrolling.

18.2 Kommunikation

Wie bei den zuvor dargestellten Inhalten Kundenorientierung, Nachhaltigkeit, Digitalisierung, Controlling und Projektmanagement wurden auch Grundlagen der Kommunikation (zum Beispiel Kommunikationsmodell nach Watzlawik, Eisbergmodell nach Freud, Kommunikationsquadrat nach Schulz von Thun, Sender-Empfänger-Modell nach Shannon/Weaver, Themenzentrierte Interaktion nach Cohn, Transaktionsanalyse nach Berne etc.) bereits im Rahmen der beruflichen Erstausbildung gelegt und in den Lernzielen 3.1.1 Kundenorientiertes Entwickeln... sowie 4.2.1.6 Mitarbeitergespräche führen vertieft. In diesem Abschnitt wird die Kommunikation lediglich überblicksartig und im Rahmen des Managements von Projekten unter den Aspekten Transparenz, Offenheit und Präsentation beziehungsweise Moderation betrachtet.

18.2.1 Transparenz

Transparenz lässt sich mit Durchsichtigkeit, Durchlässigkeit oder Durchschaubarkeit beziehungsweise mit Deutlichkeit, Verstehbarkeit oder Nachvollziehbarkeit übersetzen. Der Projektauftrag, Entscheidungen, Aufgaben, Vorgänge, Aktivitäten, Rollen, Ressourcen und Prozesse im Projekt sowie Fortschritte, der Projektstatus, Ergebnisse und Ziele, aber auch Probleme und Hindernisse des Projekts sollen transparent beziehungsweise nachvollziehbar gemacht werden. Wie Offenheit (s. Unterabschnitt 18.2.2) sollte auch Transparenz zur Projekt- und Unternehmenskultur gehören.

---

62 Vertiefend: Dechange, André, Projektmanagement schnell erfasst, Berlin, Springer Gabler, 2020, S. 227 ff. und von Känel, Siegfried: Projekte und Projektmanagement, Wiesbaden, Springer Gabler, 2020, S. 236 ff.

Alle Projektmitglieder müssen auf die für das konkrete Projekt relevanten Informationen zugreifen können. Informationsasymmetrien, Geheimnisse und Herrschaftswissen sollen vermieden werden. Transparenz im Projekt sorgt dafür, dass der Projektfortschritt erkannt und im Hinblick auf die Projektziele gesteuert werden kann. Im besten Fall fördert Transparenz im Projekt das Vertrauen der Stakeholder untereinander und erleichtert die Selbststeuerung des Teams. Dazu darf sie jedoch – gerade von Führungskräften – nicht mit Kontrolle oder Überwachung „verwechselt" werden. Umgekehrt kann zu viel Transparenz auch zu Konflikten führen, zum Beispiel wenn sensible Ergebnisse der Stakeholderanalyse publik gemacht werden.

Insbesondere im klassischen Management von Projekten (aber nicht nur dort) spielen Dokumentation und Reporting eine große Rolle zur Herstellung von Transparenz. Dazu werden Projektinformationssysteme und Berichte verwandt (vgl. Instrumente im Unterabschnitt 18.1.5 Projektcontrolling).

■ BEISPIELE SOLCHER BERICHTE SIND:

- **Statusbericht**

  Der Statusbericht basiert auf dem Projektmonitoring sowie dem Projektcontrolling. Er gibt in regelmäßigen Abständen einen Überblick über die Zielerreichung von bestimmten Themen wie Teilprojekten oder Arbeitspaketen, über Veränderungen im Projekt und eingeleitete Maßnahmen, über Konflikte, Risiken, Kennzahlen oder etwaigen Entscheidungsbedarf. Informationen für den Statusbericht resultieren zum Beispiel aus der Meilensteintrendanalyse oder der Kostentrendanalyse. Die Umsetzung der Berichte sollte komprimiert und standardisiert (zum Beispiel mit Templates), gegebenenfalls sogar automatisiert (zum Beispiel mit KI/AI) auf einem Dashboard erfolgen. Bei einer Ampelsteuerung kann über die Farben grün, gelb und rot der Zielerreichungsgrad beziehungsweise die Wahrscheinlichkeit der Zielerreichung dargestellt werden. Ein Green Meadows Chart verbindet diese Visualisierung mit einer kalendarischen Darstellung. Beide Formen können im Hinblick auf Time, Budget und Scope verwendet werden.

- **Projektabschlussbericht**

  Der Projektabschlussbericht ist der letzte Fortschritts- beziehungsweise Statusbericht und Bestandteil der Projektdokumentation. Er wird zum Projektende erstellt und bildet das Gegenstück zum Projektauftrag. Neben den in allen Statusberichten regelmäßig zur Verfügung gestellten Informationen enthält der Abschlussbericht eine zusammenfassende Bewertung des gesamten Projekts. Er wiederholt gegebenenfalls die Ausgangsituation beziehungsweise Motivation, die zu bewältigende Herausforderung, die Beteiligten und die Ziele des Projekts. Er dokumentiert darüber hinaus zum Beispiel auch eine Nachkalkulation, mögliche Mängel beziehungsweise Restarbeiten, die Ursachen von Planabweichungen oder die „lessons learned", also die gewonnenen Projekterfahrungen, die für Folgeprojekte genutzt werden können.

- **Erfahrungsbericht**

  Die oben aufgeführten „lessons learned" können in einen gesonderten Erfahrungsbericht einfließen. Aus begangenen Fehlern kann gelernt werden, wie sie zukünftig vermieden und Herausforderungen besser gemeistert werden. Erfolgsmodelle können hingegen erneut angewandt werden. So kann in einer lernenden Organisation das erarbeitete Know-how für zukünftige Projekte genutzt werden. ■

Neben diesen Berichten sorgen auch viele weitere Praktiken und Dokumente wie Project Canvas oder Wikis als Projektwissensbasis in der Unternehmenscloud, Microblogging, Projekttagebücher oder Meilensteinmeetings für weitere Transparenz im Projektmanagement.

Die DNA des agilen Managements von Projekten ermöglicht bereits ohne explizite Berichte Transparenz im Projekt. In Scrum und Kanban kann die gelebte Transparenz bereits einen Teil des Reportings erfüllen beziehungsweise ersetzen. Scrum basiert auf dem Lean-Gedanken und der Empirie. Empirie wird im Scrum Guide so interpretiert, dass Wissen aus Erfahrung gewonnen wird. Transparenz soll dabei durch die in Scrum verwendeten Artefakte (Product Backlog, Sprint Backlog und Inkremente) sowie Events (unter anderem Dailies, Reviews und Retros) ermöglicht werden, sodass durch Überprüfung und Anpassung kontinuierlich gelernt wird.

In Kanban gilt Transparenz als eigener Wert. Eine der Grundregeln dort lautet „Visualisiere den Fluss der Arbeit." Diese Visualisierung wird unter anderem durch die Kanban-Boards umgesetzt und dadurch wird Transparenz geschaffen. Ähnlich wie in Scrum und bei anderen agilen Vorgehensweisen sorgen Iterationen, Inkrementalität, Feedback-Mechanismen und Kadenzen für weitere Transparenz im (Kanban-)Projekt.[63]

18.2.2 Offenheit

Offenheit beziehungsweise Aufgeschlossenheit ist neben Neurotizismus, Intro-/Extraversion, Verträglichkeit und Gewissenhaftigkeit eine Dimension im Fünf-Faktoren-Modell beziehungsweise OCEAN Personality Model („Big Five") zur Einschätzung einer Persönlichkeit.[64] Dabei wird eine Person grundsätzlich umso positiver bewertet, je offener sie ist. Das gilt auch und gerade im Projektkontext und dort für die Kommunikation untereinander, denn: „Man kann nicht nicht kommunizieren, denn jede Kommunikation (nicht nur mit Worten) ist Verhalten und genauso wie man sich nicht nicht verhalten kann, kann man nicht nicht kommunizieren."[65]

Für das agile Projektmanagement wurde weiter oben bereits festgehalten, dass bei einem solchen Vorgehen im Projekt Budget und Termin fix sind, das Team sich aber einem eher offenen Ziel annähert (Ergebnisoffenheit). Ein Prinzip des agilen Manifests fordert darüber hinaus, dass Veränderungen willkommen geheißen werden sollen.

In Scrum gilt Offenheit ferner als einer der Werte, die das Scrum Team bei ihrer Arbeit leiten. So sollen das Scrum Team und dessen Stakeholder in Bezug auf die Arbeit und

---

63 Vertiefend zur Transparenz: Cholin, Jochen, Kraus, Yvonne, Next Level Projektmanagement – die Katana-Methode, Berlin, Springer Gabler, 2020, 2. A.

64 „Openness to Experience", vgl. McCrae, Robert R., Costa, Paul T. Jr., A Five-Factor Theory of Personality, in: Pervin, L.A., John, O.P. (Hrsg.): Handbook of personality: Theory and research, New York, Guilford, 1999, 2. Auflage.

65 Bender, Stephan, Die Axiome von Paul Watzlawick, https://www.paulwatzlawick.de/axiome.html; zuletzt abgerufen am 12. Februar 2026.

die Herausforderungen offen sein. Auch Design Thinking beruht auf wechselseitigem Respekt und Offenheit. Überhaupt benötigt das agile Vorgehen ein Growth Mindset anstelle eines Fixed Mindsets.

Die Comfort Zone muss dafür verlassen werden. Hindernisse wirken auf Menschen mit einem dynamischen Growth Mindset anregend. Sie überwinden diese Schwierigkeiten und entwickeln dadurch ihr Potenzial weiter. Menschen mit einem statischen Fixed Mindset gehen jedoch davon aus, dass ihre Fähigkeiten angeboren sind und negieren den Erfolg weiterer Lernerfahrungen. Auch bei klassischen Vorgehensweisen profitieren die Kommunikation und das Verhalten im Team sowie das gesamte Projekt von der Offenheit als Softskill der Teammitglieder – nicht ohne Grund gilt fehlende Offenheit als eine der fünf Dysfunktionen von Teams.

Im Zusammenhang mit Offenheit werden in der Literatur häufig die folgenden Grundhaltungen aufgeführt und positiv bewertet: Ambiguitätstoleranz, Vorurteilsfreiheit, Respekt, Flexibilität, Neugier, Verträglichkeit, Empathie, Kollaborationsbereitschaft, Ehrlichkeit, Vertrauen etc.

Die Teammitglieder sollen offen sein für:

- neue Technologien und Methoden
- kreative Prozesse und Inspiration
- neue Sachverhalte, Informationen und Veränderungen
- andere Perspektiven und andere Meinungen
- neue Erfahrungen, neue Erlebnisse und neue Eindrücke
- Fehler, Feedback und Kritik
- Bedürfnisse der Kunden beziehungsweise der Nutzenden
- andere kulturelle Normen und Verhaltensweisen, Vielfältigkeit
- Menschen mit unterschiedlichen Hintergründen

Offenheit ist geeignet, Kommunikationsfehler zu reduzieren. Offenheit in der Kommunikation, im Verhalten und im Projekt ermöglicht dem Team, sich an seine Umwelt anzupassen, also sich auszutauschen, zu reflektieren, zu lernen, sich weiterzuentwickeln und resilienter zu werden. Somit kann das Team neue Wege gehen und Probleme lösen, die zuvor nicht lösbar waren.[66]

18.2.3 Präsentation und Moderation

Im Rahmen von Projekten ist es erforderlich, Präsentations- und Moderationstechniken einzusetzen, unter anderem bei Reviews oder Abschlusspräsentationen. Die bei-

66 Zur Vertiefung: Hofert, Svenja, Thonet, Claudia, Der agile Kulturwandel, Wiesbaden, Springer Gabler, 2019.

den als „Präsentation" beziehungsweise „Moderation" bezeichneten Fertigkeiten und Fähigkeiten der persönlichen Kommunikation haben ihre Wurzeln in der lateinischen Sprache:

- praesantare: gegenwärtig machen, zeigen
- moderari: mäßigen, im Zaum halten, die rechte Mitte halten

Besprechungen, Meetings, Workshops und sonstige Veranstaltungen müssen effektiv und effizient ablaufen. Dafür bedarf es einer zielgerichteten **Moderation**, die die Bildung eigener Meinungen und eines eigenen Willens im Team zulässt. Moderieren bedeutet Kommunikation zielgerichtet zu unterstützen und zu leiten, sich selbst dabei aber nicht in den Vordergrund zu drängen. Das heißt, dass Moderierende die eigene Meinung nicht kundtun und nicht Partei ergreifen – folglich ‚sich selbst mäßigen und im Zaum halten'. Diese Haltung muss durch Empathie, Wertschätzung, Respekt und Hilfsbereitschaft in der Moderation auch gelebt werden.

Grundsätzlich werden drei Einsatzgebiete der Moderation unterschieden:

- Informationsmoderation
- Problemmoderation (inklusive Businessmoderation)
- Unterhaltungsmoderation

Der Projektmanager als Moderierender ist selten in der Unterhaltungsmoderation eingesetzt. Er moderiert keine Talkrunden, sondern ist regelmäßig in der Businessmoderation tätig. Dort schafft er in seinen Einsatzgebieten eine wertschätzende Moderationsatmosphäre, in welcher die Teilnehmer kooperativ und auf Augenhöhe an Lösungen arbeiten können. Der Moderator benötigt in seiner Rolle als Katalysator beziehungsweise Facilitator unterschiedliche Methoden, Praktiken und Techniken für Kommunikation und Führung, um das Team auf dessen Weg begleiten zu können. Zu diesem Handwerkszeug gehören zum Beispiel Bar Camp, Brainstorming, Clustern, Dialoge, Diskussionen, Fishbowl, systemische Fragen, Interventionen, Kartenabfragen, Kleingruppen, Konsensfindung, Mapping, Meeting-Parkplätze, Museumsgänge, Open Space, Pecha Kucha, Plenum, Story Telling, Verhandlungen, Visualisierungen, World Cafés usw.[67]

Jede Veranstaltung bedarf einer klaren Struktur, eines klaren Themas und klarer Regeln. Sie muss gut vorbereitet und zu ihr muss rechtzeitig eingeladen werden (gegebenenfalls mit einer vorläufigen Tagesordnung). Zur Vorbereitung gehören neben der Auftragsklärung sowie der Festlegung von Inhalt und Ziel der Veranstaltung auch das Kümmern um einen Raum, die Berücksichtigung der Teilnehmenden und ihrer „Reife" beziehungsweise Vorkenntnisse (vgl. auch „Didaktisches Dreieck", TZI beziehungswei-

[67] Solche Facilitation Techniques findet man beispielsweise unter https://www.sessionlab.com/team/iaf/library, https://liberatingstructures.de oder https://publikationsserver.thm.de/xmlui/handle/123456789/286; zuletzt abgerufen am 12. Februar 2026.

se Abschnitt 19.5), die Auswahl einer Methodik, der Aufbau einer Dramaturgie der Veranstaltung sowie das Besorgen von Technik, Arbeitsmitteln und Material, gegebenenfalls auch von Verpflegung.

Meetings könnten beispielsweise den folgenden Aufbau (mit unterschiedlichen Schwerpunkten) haben:

- **Eröffnung:** Begrüßung/Vorstellung; Warm Up, vertrauensvolle Atmosphäre schaffen; Teilnehmende aktivieren; Anlass, Relevanz, Ziele, Methodik, Organisation, Agenda und Zeitplanung vorstellen beziehungsweise abstimmen; Erwartungen abfragen
- **Einleitung/Orientierung:** Thematik/Problematik vorstellen; alternativ: Themen sammeln und auswählen
- **Arbeitsphase:** vertiefte Bearbeitung der Thematik/Problematik; Diskussion; Verhandlung/Abstimmung; Vereinbarungen im Hinblick auf Umsetzung und Verantwortung
- **Abschluss:** Zusammenfassung; Ergebnissicherung; Feedback/Evaluation/Abschlussrunde
- **Nachbereitung:** Reflexion; Auswertung; Protokoll/Dokumentation, Microblogging, Social Media...

Die Schwerpunktsetzung der Meetings hängt davon ab, welches Ziel jene verfolgen. Der Auftraggeber und/oder der Moderierende unterscheiden beziehungsweise unterscheidet, ob es sich bei den Veranstaltungen eher um Reviews und Retrospektiven oder um operative, strategische beziehungsweise taktische Meetings handelt. Dementsprechend wird das Meeting vorbereitet. In dessen Durchführung muss der Moderator für Transparenz sorgen, alle Teilnehmenden wertschätzen, aktivieren und integrieren, seinem roten Faden beziehungsweise der Agenda folgen und dennoch flexibel bleiben.[68]

Bei einer **Präsentation** handelt es sich um eine zusammenhängende und medienunterstützte sprachliche Darbietung, mit welcher man dem Publikum ‚etwas zeigen und vergegenwärtigen', es informieren, überzeugen und/oder unterhalten kann.

Grundlegende Präsentationstechniken, Visualisierungen unter Berücksichtigung von Corporate Design, Urheberrecht und Lizenzen sowie die sinnstiftende Nutzung von Sprache, Stimme und non-/para-verbalem Verhalten wurden bereits in der Schule sowie im Rahmen der beruflichen Erstausbildung erlernt: Bei einer Präsentation sollte es sich weder um „PowerPoint-Karaoke" noch um „betreutes Lesen" handeln. Vielmehr muss der Präsentierende so gut vorbereitet sein, dass er auf Karten beziehungsweise Notizen als Merkhilfe möglichst verzichten und frei sprechen kann. Er sollte vor dem

[68] Vertiefend: Groß, Stefan, Moderationskompetenzen, Wiesbaden, Springer Gabler, 2021.

Beginn der Präsentation für Aufmerksamkeit sorgen, ein überzeugendes Auftreten haben und während der Präsentation wichtige Informationen besonders herausstellen.

Präsentierende müssen sich dessen bewusst sein, dass sie Lebenszeit des Auditoriums beanspruchen. Eine Präsentation benötigt daher einen vernünftigen Inhalt, einen roten Faden und gutes Zeitmanagement. Sie sollte einen gewissen Spannungsbogen aufweisen und nach einem neugierig machenden Aufhänger auch Zwischenreize setzen, um weitere Aufmerksamkeit zu bekommen. Das Ende der Präsentation muss ebenfalls so geplant sein, dass es einen (positiven) bleibenden Eindruck hinterlässt. Im Zweifelsfall ist ein Appell, Fazit oder Zitat besser als eine „Noch Fragen-" oder „Dankeschön-Folie". Während der Präsentation sollten die Teilnehmenden möglichst aktiv einbezogen werden, um die Behaltensquote beim Auditorium zu steigern. Gegebenenfalls kann ein Handout ausgegeben werden, wenn es einen Mehrwert bietet.

Wie bei der Moderation stehen auch für die Präsentation eine Vielzahl von Medien zur Verfügung (Tafel, Whiteboard, Flipchart, Metaplanwand, Plakate, Smartboards, Beamer, Tools für virtuelle Veranstaltungen). Deren Auswahl hängt von den Gegebenheiten der Präsentation ab (s. auch schon didaktisches Dreieck etc.), zum Beispiel der Gruppengröße, den Räumlichkeiten, Inhalten, Vorkenntnissen und Erwartungen des Publikums usw.[69]

Lisa: „Vergil, wir danken dir und deinem Team für die ganzen Informationen und Begegnungen. Wir haben hier sehr viel erfahren und gelernt!"

Vergil: „Lisa und Max, schön, dass ihr bei uns wart! Das war nach der Ausbildung nun euer zweiter Einblick in das Projektmanagement. Lasst uns abschließend noch einmal darauf gucken, wie wir hier unser Projektmanagement betreiben.

Bei den vielen Begrifflichkeiten herrscht eine geradezu babylonische Sprachverwirrung[70] am Markt vor. Wir haben viele Mitarbeiter, die andernorts ausgebildet wurden oder gearbeitet haben. Und fast jedes Unternehmen hat ein eigenes Vokabular. Daher haben wir uns an einer Visualisierung versucht:"

[69] Zur Vertiefung: Renz, Karl-Christof, Das 1 x 1 der Präsentation, Wiesbaden, Springer Gabler, 2022, 3. Auflage.
[70] 1. Mose 11,7.

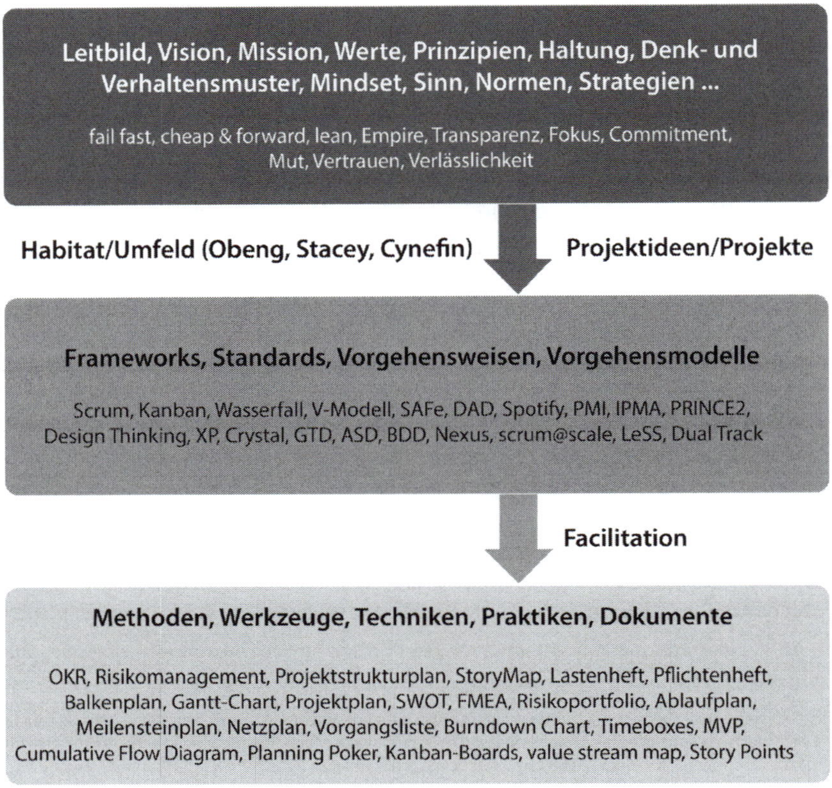

Abbildung 18.17: Zusammenhang von Leitbild, Rahmenwerken und Methoden

Wir bei der Proximus Versicherung AG haben uns darauf geeinigt, dass wir uns bei allen Projekten an unserem Leitbild sowie der dort aufgestellten Vision, der Mission und den Werten etc. orientieren. Von der Grundidee her sollten alle Unternehmen das so handhaben, egal wie sie diese Prinzipien oder ihren Nordstern nennen.

Im nächsten Schritt schauen wir uns bei der Proximus Versicherung AG auf der Grundlage unseres Leitbilds das Habitat beziehungsweise Umfeld und die Komplexität beziehungsweise Art der Projekte an: Was liegt hier überhaupt vor, wie klar sind Vorgehen und Ziel bereits erkennbar? Dann wählen wir bestimmte Vorgehensmodelle wie Scrum oder Wasserfall aus und wenden sie auf das jeweilige Projekt an.

Innerhalb einzelner Frameworks bedienen wir uns diverser Praktiken, Methoden und Facilitation Techniques, zum Beispiel Meilensteinen im klassischen Management von Projekten, Dailies bei Scrum oder bei beiden der Kartenabfrage.

Das ist unser aktueller Stand im PM, aber die Projektlandschaft verändert sich stetig. Bleiben wir neugierig und lernen weiter!"

18.3 Rückblick auf Kapitel 18

18 Projektmanagement Projekt, Projektmanagement, Projektmanagementvorgehensmodelle, Multiprojektmanagement, Projektorganisation		
18.1 Konzeption und Initiierung Projektmanagement-Office, Projektmanagementhandbuch, Projektfreigabe, Projektantrag, Projektidee, Projektphase, Projektmanagementphase, Projektauftrag, Machbarkeitsanalyse, Umfeldanalyse, Stakeholderanalyse, Risikoanalyse, Wirtschaftlichkeitsanalyse, Beurteilung der strategischen Bedeutung		
18.1.1 Projektkonzeption Lastenheft, Pflichtenheft, Lenkungsausschuss, Project Canvas, Leitbild, Vision, Mission, Strategie, Ziele, Werte, Entscheidung unter Ungewissheit, Zielverträglichkeiten, Stakeholderanalyse, Stakeholdermanagement, Stakeholderportfolio, Projekterfolg, Abwicklungserfolg, Anwendungserfolg, Erfolgskriterien, Erfolgsfaktoren, Risikomanagement	18.1.2 Projektplanung Projektziel, „magisches Dreieck", OTOBOS, Output, Global- vs. Detailziel, Ergebnis- vs. Prozessziel, Prozesshaus, Multiprojektmanagement, Projektportfoliomanagement, Programmmanagement, Projektmanagement, Ampelsteuerung, Projektteam, Teamentwicklung, Team Canvas, Benchmarking, Reifegrade, Reporting	18.1.3 Projektumsetzung Projektarten nach Obeng, Stacey-Matrix, Cynefin-Framework, klassisches Projektmanagement, Agilität, agiles Projektmanagement, Scrum, Kanban, Skalierung, hybrides Projektmanagement, Shu Ha Ri
18.1.4 Rahmenbedingungen		
Kundenorientierung Customer Centricity, Customer Experience, User Experience, Design Thinking	Digitalisierung Digitale Transformation, verteilte Teams, Optimierung, PM-Tools, SAMR-Modell	Nachhaltigkeit Nachhaltigkeitsbericht, Nachhaltiges Projektmanagement, P5 Standard
18.1.5 Projektcontrolling Evaluation, Soll-Ist-Vergleiche, Fortschrittsgradmessung, Earned Value Analysis, Leistungsbewertung, Terminkontrolle, Meilensteintrendanalyse, Aufwands-/Kostentrendanalyse, Korrekturmaßnahmen		
18.2 Kommunikation		
18.2.1 Transparenz Statusbericht, Projektabschlussbericht, Erfahrungsbericht, Transparenz als agiler Wert	18.2.2 Offenheit Fünf-Faktoren-Modell, Growth Mindset	18.2.3 Präsentation und Moderation Businessmoderation, Facilitation

Tabelle 18.6: Rückblick Kap. 18

19 Berufsausbildung

19.1 Einführung in die Berufsausbildung

Die Berufsausbildung bildet das Fundament der Fachkräftesicherung in Deutschland. Sie hat für Wirtschaft, Staat und Gesellschaft eine herausragende Bedeutung, weil sie jungen Menschen eine qualifizierte Berufstätigkeit ermöglicht und die Unternehmen mit gut ausgebildeten Fachkräften versorgt. Die Berufsausbildung ist Bestandteil des Bildungssystems und zugleich Teil des Beschäftigungssystems. Sie steht in enger Beziehung zu Schule, Hochschule und Arbeitsmarkt. Durch die berufliche Bildung wird Wissen handlungsorientiert umgesetzt, sodass betriebliche Anforderungen und individuelle Lernprozesse miteinander verbunden werden. Im dualen System lernen die Auszubildenden in Betrieb und Berufsschule.[1] Sie erwerben dabei berufliche Handlungsfähigkeit, die sich auf Fach-, Sozial-, Methoden- und personale Kompetenz bezieht. Diese Struktur trägt dazu bei, dass die Ausbildung den Anforderungen der Arbeitswelt entspricht und Personen mit Abschluss gute Beschäftigungschancen haben. Die Berufsausbildung schafft Anschlussmöglichkeiten in verschiedene Richtungen: Sie ermöglicht sowohl beruflichen Aufstieg als auch weiterführende Bildungsgänge, zum Beispiel den Besuch von Fachschulen, Fachakademien oder Hochschulen. Durch ihre Durchlässigkeit trägt sie dazu bei, individuelle Bildungsbiografien zu gestalten und berufliche Entwicklung zu fördern.

19.1.1 Gesellschaftliche Bedeutung

Die Berufsausbildung hat für die Gesellschaft eine doppelte Bedeutung: Sie sichert die wirtschaftliche Leistungsfähigkeit und fördert zugleich die soziale Stabilität. Für die Wirtschaft stellt sie ein zentrales Instrument zur Sicherung des Fachkräftebedarfs dar. Durch die betriebliche Ausbildung wird gewährleistet, dass die Auszubildenden praxisnah qualifiziert werden und die Kompetenzen erwerben, die in den Betrieben benötigt werden. Dadurch wird die Innovationsfähigkeit der Unternehmen gestärkt, und die Beschäftigungsfähigkeit der Absolvierenden bleibt auch bei strukturellen Veränderungen des Arbeitsmarkts erhalten. Gleichzeitig leistet die Berufsausbildung einen Beitrag zur gesellschaftlichen Integration. Sie vermittelt jungen Menschen die Möglichkeit, über Erwerbsarbeit am gesellschaftlichen Leben teilzuhaben. Arbeit ist für viele Menschen ein wesentlicher Bestandteil ihrer Identität. Durch den Beruf erfahren

[1] Vgl. Bert Küppers, Dieter Leuthold, Helmut Pütz, Handbuch Berufliche Aus- und Weiterbildung, München, Verlag Franz Vahlen, 2001, S. 63.

sie Anerkennung, Zugehörigkeit und Selbstwirksamkeit. Die Ausbildung trägt zur Persönlichkeitsentwicklung bei, indem sie Verantwortungsbewusstsein, Zuverlässigkeit und Teamfähigkeit fördert. Sie vermittelt Werte, die für das Zusammenleben in einer demokratischen Gesellschaft bedeutsam sind, und stärkt die Bereitschaft, Verantwortung für das eigene Handeln zu übernehmen. Der Begriff der Beruflichkeit ist dabei zentral. Er beschreibt das Verständnis, dass berufliche Tätigkeiten nicht nur funktional, sondern auch sinnstiftend sind. Beruflichkeit verbindet Fachkompetenz mit sozialer Verantwortung und individueller Entwicklung. Sie kennzeichnet die Fähigkeit, berufliche Aufgaben selbstständig, sachgerecht und verantwortungsvoll zu bewältigen. Beruflichkeit stiftet Identität und Orientierung. Sie strukturiert das Erwerbsleben und schafft Verlässlichkeit. Durch die Einbindung in berufliche Gemeinschaften entstehen soziale Bindungen und gegenseitige Verpflichtungen. Damit trägt Beruflichkeit zum gesellschaftlichen Zusammenhalt bei. Die gesellschaftliche Bedeutung der Berufsausbildung zeigt sich auch in ihrer Anpassungsfähigkeit. Sie reagiert auf technologische, wirtschaftliche und soziale Veränderungen, ohne ihre Grundprinzipien aufzugeben. Digitalisierung, ökologische Transformation und demografischer Wandel stellen neue Anforderungen an berufliche Kompetenzen. Berufsausbildung muss deshalb fortlaufend weiterentwickelt werden, um die Handlungsfähigkeit von Betrieben und Beschäftigten zu sichern.[2] Bei Bildung handelt es sich grundsätzlich um ein öffentliches Gut, welches im Rahmen der dualen Ausbildung durch einen Ausbildungsvertrag in private Hände gelegt wird und somit privatwirtschaftlich finanzierte, positive externe Effekte generiert.[3] Dies entlastet die Kosten für Bildung der öffentlichen Hand und begründet gleichzeitig eine öffentliche Überwachung durch zuständige öffentliche Stellen (zum Beispiel IHK).

Arbeit und Privatleben stehen zunehmend in einem veränderten Verhältnis. Flexible Arbeitsformen, mobile Arbeit und digitale Kommunikation führen zu einer Auflösung fester Grenzen zwischen Beruf und Freizeit. Diese Entwicklung eröffnet Chancen, verlangt aber auch ein neues Bewusstsein für Selbststeuerung und Balance. Berufsausbildung trägt dazu bei, dass Menschen mit diesen Veränderungen umgehen können. Sie befähigt dazu, Verantwortung zu übernehmen, sich weiterzuentwickeln und gesellschaftliche Prozesse aktiv mitzugestalten.

Ein Beispiel aus der Praxis verdeutlicht dies: In einem Versicherungsunternehmen werden Auszubildende in Projekte eingebunden, die Themen wie Digitalisierung und Nachhaltigkeit aufgreifen. Sie lernen dabei, wirtschaftliches Handeln mit sozialer und ökologischer Verantwortung zu verbinden. Damit zeigt sich, dass Berufsausbildung nicht nur der Qualifizierung dient, sondern auch zur Gestaltung einer zukunftsfähigen Gesellschaft beiträgt.

---

[2] Vgl. Adalbert Ruschel, Arbeits- und Berufspädagogik für Ausbilder in Handlungsfeldern, Ludwigshafen (Rhein), Friedrich Kiehl Verlag, 2008, S. 22–24.

[3] Vgl. Heinz-J. Bontrup, Peter Pulte, Katrin Hansen, Patricia Wischerhoff, Handbuch Ausbildung – Berufsausbildung in dualen System, Müchen, Wien, R. Oldenbourg Verlag, 2001, S. 37–40.

19.1.2 Bildungswege in Deutschland

Das berufliche Bildungssystem in Deutschland zeichnet sich durch eine hohe Durchlässigkeit und Vielfalt der Bildungswege aus. Es bietet zahlreiche Möglichkeiten, sich zu qualifizieren und beruflich weiterzuentwickeln. Neben der klassischen dualen Ausbildung bestehen verschiedene Alternativen und Anschlusswege, die den unterschiedlichen Interessen, Fähigkeiten und Lebenssituationen der Lernenden gerecht werden. Die berufliche Erstausbildung kann in unterschiedlichen Formen absolviert werden. Neben der Ausbildung im dualen System – also der Kombination von betrieblicher Praxis und Berufsschulunterricht – existieren schulische Bildungsgänge, die zu einem anerkannten Berufsabschluss führen. Diese werden vor allem im Gesundheits-, Sozial- und Erziehungswesen angeboten.

Darüber hinaus gibt es zahlreiche Anschlussmöglichkeiten an eine abgeschlossene Berufsausbildung. Dazu gehören Aufstiegsfortbildungen, Fachschulen, Meister- und Technikerqualifikationen sowie die Möglichkeit, aufbauende Studiengänge an Hochschulen zu absolvieren. Berufserfahrung und Weiterbildung sind wichtige Bestandteile individueller Bildungsbiografien, da sie die Beschäftigungsfähigkeit langfristig sichern und berufliche Entwicklung ermöglichen.

Die Bildungswege in Deutschland lassen sich in folgende Hauptgruppen einteilen:

Duale Berufsausbildung: Ausbildung in Betrieb und Berufsschule auf Grundlage des Berufsbildungsgesetzes (BBiG) oder der Handwerksordnung (HwO).

Schulische Berufsausbildung: Vollzeitschulische Ausbildung mit fachpraktischen Anteilen, vor allem in sozialen, pflegerischen und gestalterischen Berufen.

Duale Studiengänge: Kombination aus wissenschaftlichem Studium und praktischer Ausbildung, häufig mit anerkanntem Berufsabschluss.

Berufsintegrierte oder praxisintegrierte Studienmodelle: Studienformen, die Berufstätigkeit und akademische Bildung eng miteinander verzahnen.

Die Zahl der dualen Studiengänge hat in den vergangenen Jahren kontinuierlich zugenommen. Sie verbinden betriebliche Praxis mit wissenschaftlich-theoretischer Ausbildung und gelten als attraktive Alternative zur klassischen Hochschulausbildung. Ausbildungsintegrierte Studiengänge führen in der Regel zu einem Doppelabschluss – einem Berufsabschluss und einem akademischen Grad. Praxisintegrierte Studiengänge richten sich an Personen, die nach der Schule direkt in eine Kombination aus Studium und beruflicher Tätigkeit einsteigen möchten, ohne dabei zwingend einen anerkannten Ausbildungsabschluss zu erwerben. Berufsintegrierte Studiengänge wiederum ermöglichen Beschäftigten mit Berufserfahrung eine akademische Qualifizierung parallel zur Berufstätigkeit.

Diese verschiedenen Modelle verdeutlichen, dass berufliche Bildung in Deutschland als offenes, durchlässiges System gestaltet ist. Sie eröffnet vielfältige Möglichkeiten, Bildung, Arbeit und persönliche Entwicklung miteinander zu verbinden. Das Zusammenspiel von beruflicher und akademischer Bildung trägt dazu bei, die Fachkräftebasis zu sichern und individuelle Karrierewege flexibel zu gestalten.

Damit leistet das berufliche Bildungssystem einen wichtigen Beitrag zur Innovationsfähigkeit und Wettbewerbsstärke der deutschen Wirtschaft sowie zur individuellen Entfaltung und gesellschaftlichen Teilhabe der Lernenden.

19.1.3 Duales System

Grundprinzip und Aufbau

Das duale System ist das zentrale Organisationsprinzip der Berufsausbildung in Deutschland. Es verbindet die Ausbildung im Betrieb mit dem Unterricht in der Berufsschule. Die Verknüpfung von Theorie und Praxis gewährleistet, dass Auszubildende die beruflichen Fertigkeiten, Kenntnisse und Fähigkeiten erwerben, die sie für eine qualifizierte Tätigkeit benötigen. Während der betrieblichen Ausbildung lernen sie unmittelbar in der Praxis und werden schrittweise an selbstständige Aufgaben herangeführt. Der Berufsschulunterricht ergänzt die praktische Ausbildung durch theoretische und allgemeinbildende Inhalte. Beide Lernorte verfolgen ein gemeinsames Bildungsziel und sind durch Ausbildungsordnungen und Rahmenlehrpläne aufeinander abgestimmt. Das duale System ist bundesweit einheitlich geregelt. Es stellt sicher, dass die Ausbildung qualitativ vergleichbar bleibt und bundesweit anerkannte Abschlüsse vermittelt werden. Die Verbindung von praktischer Erfahrung und theoretischem Wissen gilt als ein wesentlicher Erfolgsfaktor und ist international anerkannt.[4]

Akteure und Zuständigkeiten

An der Durchführung der Ausbildung im dualen System sind verschiedene Akteure beteiligt:

- **Betriebe** übernehmen die praktische Ausbildung. Sie schließen Ausbildungsverträge, planen die Ausbildung und stellen ausbildende Menschen[5] bereit.
- **Berufsschulen** sind für die schulische Ausbildung zuständig. Sie vermitteln theoretische und allgemeinbildende Inhalte und fördern die persönliche Entwicklung der Auszubildenden.

4 Vgl. Heinz-J. Bontrup, Peter Pulte, Handbuch Ausbildung: Berufsausbildung im dualen System, München, Oldenbourg Wissenschaftsverlag, 2001, S. 69–72.

5 Mit ausbildende Menschen sind Ausbilder im Sinne des BBiG gemeint. Ein Ausbilder ist demnach eine natürliche Person, die für die Ausbildung verantwortlich ist und bei der IHK dafür in ein Register eingetragen wird.

- **Kammern** (Industrie- und Handelskammern, Handwerkskammern, Landwirtschaftskammern und andere) überwachen die Ausbildung, führen Verzeichnisse der Berufsausbildungsverhältnisse, beraten Betriebe und Auszubildende und nehmen die Prüfungen ab.
- **Sozialpartner** (Arbeitgeberverbände und Gewerkschaften) wirken bei der Erarbeitung und Weiterentwicklung der Ausbildungsordnungen mit.
- **Staatliche Institutionen** schaffen den rechtlichen Rahmen. Der Bund erlässt Gesetze und Rechtsverordnungen, während die Länder für den Berufsschulunterricht und die Schulaufsicht verantwortlich sind.

Diese Struktur gewährleistet, dass die Ausbildung den Anforderungen von Wirtschaft, Staat und Gesellschaft entspricht und die Qualität auf einem hohen Niveau gesichert wird.

Gesetzliche Grundlagen und Steuerung

Die rechtlichen Grundlagen der Berufsausbildung sind im BBiG und in der HwO festgelegt. Das BBiG regelt insbesondere:

- die Ordnung der Berufsausbildung,
- den Abschluss, Inhalt und die Form des Ausbildungsvertrags,
- die Eignung der Ausbildungsstätten und ausbildenden Menschen,
- die Rechte und Pflichten der Vertragspartner,
- die Durchführung und Anerkennung von Prüfungen sowie
- die Zuständigkeit der Kammern.

Die Ausbildungsordnungen bestimmen, welche Fertigkeiten, Kenntnisse und Fähigkeiten in welchem Zeitraum vermittelt werden. Sie werden vom zuständigen Bundesministerium im Einvernehmen mit dem Bundesinstitut für Berufsbildung (BIBB) und unter Beteiligung der Sozialpartner erlassen.

Die Länder regeln den schulischen Teil der Ausbildung in Rahmenlehrplänen. Durch diese Koordination von Bund, Ländern und Sozialpartnern entsteht ein System geteilter Verantwortung, das eine bundesweit vergleichbare und praxisnahe Ausbildung gewährleistet.

Zugang zur Berufsausbildung

Zur dualen Berufsausbildung bestehen keine gesetzlichen Zugangsbeschränkungen.[6] Ein bestimmter Schulabschluss ist nicht erforderlich. In der Praxis entscheiden jedoch die Betriebe über die Auswahl ihrer Auszubildenden. Dadurch ergeben sich faktische Zugangsbeschränkungen, da Auswahlentscheidungen von schulischen Leistungen,

6 Vgl. Ruschel, 2008, S. 29.

Bewerbungsunterlagen, persönlichen Eindrücken und betrieblichen Anforderungen abhängen.

Viele Ausbildungsplätze werden an Bewerbende mit mittlerem Schulabschluss vergeben. Auch Personen mit Hauptschulabschluss oder Hochschulreife beginnen eine duale Ausbildung, jedoch unterscheiden sich ihre Chancen je nach Beruf, Branche und Region. Die Ausbildungsbereitschaft der Betriebe und die Passung zwischen Bewerberprofil und Ausbildungsanforderungen spielen dabei eine wesentliche Rolle.

Vor Beginn der Ausbildung wird zwischen Betrieb und Auszubildenden ein schriftlich dokumentierter Ausbildungsvertrag geschlossen. Der Vertrag wird von der zuständigen Kammer geprüft und in das Verzeichnis der Berufsausbildungsverhältnisse eingetragen. Damit wird die Einhaltung der gesetzlichen Vorgaben gewährleistet und die Qualität der Ausbildung gesichert.

Arten von Berufsausbildungen

Das duale System umfasst verschiedene Organisationsformen, die unterschiedlichen betrieblichen, regionalen und individuellen Voraussetzungen Rechnung tragen:

- **Betriebliche Ausbildung:** Ausbildung im Betrieb mit begleitendem Berufsschulunterricht.
- **Verbundausbildung:** Abdeckung aller Ausbildungsinhalte durch mehrere Betriebe.
- **Überbetriebliche Ausbildung:** Teile der Ausbildung werden in überbetrieblichen Bildungsstätten vermittelt, wenn ein einzelner Betrieb bestimmte Inhalte nicht anbieten kann.
- **Außerbetriebliche Ausbildung:** Ausbildung außerhalb von Betrieben, meist in Bildungseinrichtungen mit öffentlicher Förderung, um Jugendlichen ohne betrieblichen Ausbildungsplatz eine Ausbildung zu ermöglichen.

Diese Vielfalt trägt dazu bei, dass die Berufsausbildung an unterschiedliche Bedingungen angepasst werden kann und möglichst vielen jungen Menschen offensteht.

Bedeutung des dualen Systems

Das duale System verbindet die Interessen von Staat, Wirtschaft und Gesellschaft. Es vermittelt praxisnahe Qualifikationen, fördert berufliche Handlungsfähigkeit und erleichtert den Übergang in Beschäftigung. Gleichzeitig sichert es den Fachkräftebedarf der Wirtschaft und trägt zur Stabilität des Arbeitsmarkts bei. Durch die gesetzlich geregelte Zusammenarbeit von Betrieben, Kammern, Schulen und staatlichen Stellen bleibt die Qualität der Ausbildung bundesweit vergleichbar. Das duale System hat sich als tragende Säule der beruflichen Bildung in Deutschland etabliert und gilt international als Modell für die erfolgreiche Verbindung von Lernen und Arbeiten.

19.1.4 Ausbildungsordnung

Bedeutung und Funktion von Ausbildungsordnungen

Ausbildungsordnungen bilden die Grundlage der betrieblichen Berufsausbildung in Deutschland. Sie legen verbindlich fest, welche Fertigkeiten, Kenntnisse und Fähigkeiten in einem anerkannten Ausbildungsberuf zu vermitteln sind und welche Anforderungen für die Abschlussprüfung gelten. Damit sichern sie bundesweit einheitliche Qualitätsstandards und schaffen Vergleichbarkeit zwischen den Ausbildungsabschlüssen. Ausbildungsordnungen dienen zugleich der Orientierung für Betriebe, Auszubildende und Berufsschulen. Sie beschreiben den Rahmen, in dem die Ausbildung gestaltet werden kann, und sorgen für Transparenz im Hinblick auf Inhalte, Abläufe und Prüfungsanforderungen. Ihre rechtliche Grundlage findet sich im BBiG, insbesondere in den §§ 4 bis 9. Darin ist geregelt, wie ein Ausbildungsberuf anerkannt und wie die dazugehörige Ausbildungsordnung erstellt oder modernisiert wird.

Rechtliche Grundlagen

Die Zuständigkeit für den Erlass von Ausbildungsordnungen liegt beim Bund. Nach § 4 BBiG erkennt das zuständige Bundesministerium Ausbildungsberufe durch Rechtsverordnung an. Voraussetzung dafür ist, dass der Beruf eine breit angelegte berufliche Handlungsfähigkeit vermittelt, über die Berufsausbildung in einem geordneten Ausbildungsgang erlernt werden kann und die Berufsausübung in einem anerkannten Ausbildungsberuf vorgesehen ist. Die Ausbildungsordnung muss insbesondere folgende Bestandteile enthalten:

- die Bezeichnung des Ausbildungsberufs,
- die Ausbildungsdauer,
- die Fertigkeiten, Kenntnisse und Fähigkeiten, die mindestens Gegenstand der Berufsausbildung sind,
- die sachliche und zeitliche Gliederung der Ausbildung (Ausbildungsrahmenplan) sowie
- die Prüfungsanforderungen.

Mit der Ausbildungsordnung wird der rechtlich verbindliche Rahmen für die Ausbildung geschaffen. Sie ist Grundlage für die betriebliche Praxis und die Prüfungen der Kammern.

Der Prozess der Entstehung einer Ausbildungsordnung

Das Zustandekommen einer Ausbildungsordnung ist ein komplexer Prozess, der von mehreren Institutionen in enger Zusammenarbeit gestaltet wird. Beteiligte Akteure sind insbesondere das BIBB, die Sozialpartner (Arbeitgeberverbände und Gewerkschaften) und die zuständigen Bundesministerien. Der Prozess beginnt in der Regel mit einem Antrag auf Neuordnung oder Modernisierung eines Ausbildungsberufs. Ein solcher Antrag kann von den Sozialpartnern, den zuständigen Ministerien oder von Branchenverbänden gestellt werden. Das zuständige Bundesministerium entscheidet über die Durchführung eines Neuordnungsverfahrens und beauftragt das BIBB mit der Koordination. Im BIBB wird ein Sachverständigenausschuss gebildet, der aus Vertretern der Arbeitgeber und der Arbeitnehmer besteht. Die Arbeitgebervertreter werden von den Spitzenorganisationen der Wirtschaft, die Arbeitnehmervertreter von den Gewerkschaften benannt. Für das Berufsbild der Kaufleute für Versicherungen und Finanzanlagen werden die Arbeitgebervertreter vom BWV Bildungsverband der Versicherungswirtschaft entsandt. Dieser Ausschuss erarbeitet den Entwurf einer neuen oder überarbeiteten Ausbildungsordnung. Bevor der Entwurf an das Bundesministerium weitergeleitet wird, erfolgt eine Abstimmung mit dem Hauptausschuss des BIBB. Dieser prüft die Vereinbarkeit mit bildungspolitischen Grundsätzen und spricht eine Empfehlung zum Entwurf aus. Erst danach wird die Ausbildungsordnung dem zuständigen Bundesministerium zugeleitet. Nach Abstimmung mit den beteiligten Ressorts und der Zustimmung des Bundesministeriums für Bildung, Familie, Senioren, Frauen und Jugend (BMBFSFJ) wird die Ausbildungsordnung als Rechtsverordnung im Bundesgesetzblatt veröffentlicht und tritt am darauffolgenden 1. August in Kraft. Damit ist sie verbindliche Grundlage für den entsprechenden Beruf.[7]

Inhaltliche und gesellschaftliche Bedeutung

Die Entwicklung und regelmäßige Modernisierung von Ausbildungsordnungen tragen wesentlich dazu bei, dass die Berufsausbildung den technologischen, wirtschaftlichen und gesellschaftlichen Veränderungen angepasst bleibt. Sie sichern die Aktualität der Ausbildungsinhalte und gewährleisten, dass die beruflichen Kompetenzen mit den Anforderungen der Arbeitswelt Schritt halten. Ausbildungsordnungen fördern die Vergleichbarkeit von Qualifikationen und ermöglichen es Betrieben, auf eine verlässliche Struktur zurückzugreifen. Gleichzeitig bieten sie Auszubildenden Orientierung und Transparenz über die Inhalte und Ziele ihrer Ausbildung. Das Verfahren zur Erstellung und Überarbeitung von Ausbildungsordnungen zeigt, dass berufliche Bildung in Deutschland auf Kooperation und Konsens beruht. Durch die enge Zusammenarbeit von Staat, Wirtschaft und Sozialpartnern wird sichergestellt, dass die Ausbildungsberufe sowohl den Bedürfnissen der Betriebe als auch den bildungspolitischen Anforderungen entsprechen.

---

7 Bundesinstitut für Berufsbildung (Hrsg.), Ausbildungsordnungen und wie sie entstehen, Leverkusen, Verlag Barbara Budrich, 2023, S. 19–29.

19.1.5 Strukturen von Ausbildungsberufen

Im deutschen Berufsbildungssystem existieren verschiedene Arten von Ausbildungsberufen, die sich nach Aufbau, Spezialisierung und Struktur unterscheiden. Monoberufe sind Berufe mit einem einheitlichen Berufsbild und einer gemeinsamen Ausbildungsordnung. Ein Beispiel hierfür ist der Beruf der Industriekaufleute. Bei Monoberufen mit gemeinsamer Grundbildung, auch Sockelqualifikation genannt, durchlaufen die Auszubildenden zunächst eine einheitliche Grundausbildung, bevor sie sich in betrieblichen Schwerpunkten spezialisieren. Ein Beispiel ist der Beruf der Metallbauenden, bei dem nach einer gemeinsamen Grundbildung Spezialisierungen in den Bereichen Konstruktionstechnik, Fahrzeugbau oder Metallgestaltung erfolgen. Bei Berufen mit Fachrichtungen sind innerhalb der Ausbildungsordnung bestimmte Spezialisierungen verbindlich festgelegt, aus denen der Ausbildungsbetrieb eine auswählt. Ein typisches Beispiel ist der Beruf der Fachinformatik, bei dem die Fachrichtungen Anwendungsentwicklung, Systemintegration, Daten- und Prozessanalyse oder Digitale Vernetzung unterschieden werden. Eine weitere Strukturform stellen Berufe mit Wahlqualifikationen dar. Hier werden einzelne Qualifikationseinheiten im Ausbildungsvertrag festgelegt und später in der Prüfung nachgewiesen. Ein Beispiel hierfür ist der Beruf der Kaufleute für Versicherungen und Finanzanlagen, bei dem etwa die Wahlqualifikation „Risikomanagement" aus mehreren Möglichkeiten gewählt werden kann. Darüber hinaus gibt es Ausbildungsberufe mit Zusatzqualifikationen. In diesen kann der Ausbildungsbetrieb über die verbindlichen Ausbildungsinhalte hinausgehende Kompetenzen vermitteln, die im Abschlusszeugnis gesondert ausgewiesen werden. Ein Beispiel hierfür ist wiederum der Beruf der Kaufleute für Versicherungen und Finanzanlagen, bei dem als Zusatzqualifikation eine nicht gewählte Wahlqualifikation, zum Beispiel „Digitalisierungsprozesse in der Versicherungswirtschaft initiieren und begleiten" als Zusatzqualifikation erworben werden kann. Daneben existieren mehrstufige Ausbildungssysteme, auch Stufenausbildungen genannt. Hierbei bauen mehrere Ausbildungsstufen aufeinander auf und führen zu eigenständigen Abschlüssen. Ein Beispiel ist die Ausbildung zu Verkäufern, an die sich die Aufbauausbildung zu Kaufleuten im Einzelhandel anschließen kann.[8]

Schließlich existieren Mischformen, die Elemente verschiedener Ausbildungsstrukturen kombinieren. Der Beruf der Kaufleute für Versicherungen und Finanzanlagen ist ein Beispiel hierfür, da er Merkmale eines Monoberufs mit Wahlqualifikationen und Zusatzqualifikationen vereint; beim Vorgängerberuf bestanden zudem Fachrichtungen, sodass eine Mischform aus Monoberuf und Fachrichtungsstruktur mit Wahlqualifikation vorlag.

8 Vgl. Bundesinstitut für Berufsbildung (BIBB), Strukturierung anerkannter Ausbildungsberufe im Dualen System, Bonn, o. V., 2015, S. 22–26.

Die Dauer der Berufsausbildung beträgt je nach Ausbildungsberuf zwei, drei oder dreieinhalb Jahre. Sie ist in der jeweiligen Ausbildungsordnung festgelegt und richtet sich nach dem Umfang der zu vermittelnden Qualifikationen. Eine Verkürzung der Ausbildungsdauer ist nach § 8 Absatz 1 BBiG möglich, wenn bestimmte Voraussetzungen vorliegen. Über die Verkürzung entscheidet die zuständige Kammer auf Grundlage des Kammerrechts. Als Orientierung dient die Empfehlung des Hauptausschusses des BIBB, wonach bei bestimmten schulischen Vorbildungen oder einschlägiger Berufserfahrung eine Verkürzung um sechs bis zwölf Monate möglich ist. Ebenso besteht die Möglichkeit der vorzeitigen Zulassung zur Abschlussprüfung nach § 45 Absatz 1 BBiG, wenn die Leistungen im Betrieb und in der Berufsschule überdurchschnittlich sind und alle Ausbildungsinhalte vermittelt wurden. Auch hier trifft die Kammer die Entscheidung, orientiert an der Empfehlung des Hauptausschusses des BIBB.

Eine Verlängerung der Ausbildungsdauer kann nach § 8 Absatz 2 BBiG erfolgen, wenn abzusehen ist, dass das Ausbildungsziel in der vorgesehenen Zeit nicht erreicht werden kann. Gleiches gilt, wenn während der Ausbildung längere Ausfallzeiten auftreten, etwa durch Krankheit, Elternzeit oder andere zwingende Gründe. Darüber hinaus kann eine Ausbildung in Teilzeitform nach § 7a BBiG absolviert werden, wodurch sich die Gesamtdauer der Ausbildung entsprechend verlängert. Über eine Verlängerung entscheidet stets die zuständige Kammer.

Hinsichtlich der Prüfungsstruktur unterscheidet man zwischen dem klassischen Modell mit Zwischen- und Abschlussprüfung sowie der sogenannten gestreckten Abschlussprüfung. Im traditionellen System wird während der Ausbildung eine Zwischenprüfung durchgeführt, die den Lernfortschritt überprüft, und am Ende eine Abschlussprüfung, die über den Erwerb des Berufsabschlusses entscheidet. Bei der gestreckten Abschlussprüfung, die in vielen modernen Ausbildungsberufen angewendet wird, entfällt die Zwischenprüfung. Stattdessen werden zwei zeitlich auseinanderfallende Prüfungsteile der Abschlussprüfung absolviert, deren Ergebnisse gemeinsam das Endergebnis bilden. Dieses Modell findet beispielsweise bei den Kaufleuten für Versicherungen und Finanzanlagen Anwendung: Der erste Teil der Prüfung wird während der Ausbildung, der zweite Teil am Ende abgelegt. Diese Struktur führt zu einer stärkeren Integration der Prüfungen in den Ausbildungsprozess und erhöht den Praxisbezug der Leistungsbewertung.[9]

19.1.6 Das deutsche Bildungssystem im europäischen Kontext

Das deutsche Bildungssystem ist durch eine enge Verbindung von allgemeiner, beruflicher und hochschulischer Bildung gekennzeichnet. Es gilt europaweit als Modell für eine erfolgreiche Verzahnung von Theorie und Praxis, insbesondere im dualen Sys-

[9] Jörg Stender, Berufsbildung in der Bundesrepublik Deutschland Teil 2: Reformansätze in der beruflichen Bildung, Stuttgart, S. Hirzel Verlag, 2006, S. 202–207.

tem. Im europäischen Vergleich unterscheiden sich die Bildungssysteme jedoch erheblich hinsichtlich Struktur, Abschlussarten und Qualifikationsniveaus. Um Bildung transparenter und vergleichbarer zu machen, wurden in Europa mehrere Reformprozesse angestoßen, die unterschiedliche Bereiche betreffen: der Bologna-Prozess für die Hochschulbildung und der Kopenhagener Prozess für die berufliche Bildung. Beide Prozesse bilden die Grundlage für den Europäischen Qualifikationsrahmen (EQR), an den der Deutsche Qualifikationsrahmen (DQR) angelehnt ist.

Der **Bologna-Prozess** wurde 1999 von den europäischen Bildungsministern eingeleitet, um einen einheitlichen europäischen Hochschulraum zu schaffen. Ziel ist die Vereinheitlichung von Abschlüssen und Strukturen im Hochschulbereich. Kern des Bologna-Prozesses ist die Einführung eines gestuften Studiensystems mit den Abschlüssen Bachelor, Master und Doktorat. Hinzu kommt das European Credit Transfer and Accumulation System (ECTS), das eine europaweite Anerkennung von Studienleistungen ermöglicht. Die Abschlüsse sollen vergleichbar und gegenseitig anerkennbar sein, um die Mobilität von Studierenden und den Abschluss innehabender Personen zu fördern. Damit steht beim Bologna-Prozess die Vereinheitlichung der Hochschulabschlüsse im Mittelpunkt. Er schafft ein kohärentes System akademischer Qualifikationen, das innerhalb Europas weitgehend vergleichbare Strukturen aufweist.

Der **Kopenhagener Prozess** wurde 2002 als Pendant zum Bologna-Prozess für die berufliche Bildung ins Leben gerufen. Er zielt nicht auf die Vereinheitlichung von Abschlüssen, sondern auf deren Vergleichbarkeit, Transparenz und gegenseitige Anerkennung. Im Mittelpunkt stehen Instrumente wie der Europäische Qualifikationsrahmen (EQR), das Europäische Leistungspunktesystem für die Berufsbildung (ECVET) und das Europäische Qualitätssicherungsnetzwerk (EQAVET). Diese sollen sicherstellen, dass berufliche Qualifikationen in den Mitgliedstaaten verständlich und vergleichbar sind. Dadurch werden unterschiedliche Bildungswege in Europa sichtbar gemacht, ohne sie anzugleichen.

Der 2008 eingeführte **Europäische Qualifikationsrahmen** (EQR) dient als zentrales Instrument, um Qualifikationen in Europa vergleichbar zu machen. Er besteht aus acht Referenzniveaus, die sich an Lernergebnissen orientieren. Entscheidend ist nicht der Lernort, sondern das tatsächlich erreichte Kompetenzniveau. Die Mitgliedstaaten haben ihre nationalen Qualifikationsrahmen mit dem EQR verknüpft, um die europaweite Vergleichbarkeit von Bildungsabschlüssen zu gewährleisten. Für Deutschland wurde hierzu der Deutsche Qualifikationsrahmen (DQR) entwickelt.[10]

Der **Deutsche Qualifikationsrahmen** ordnet seit 2013 deutsche Qualifikationen den acht Niveaustufen des EQR zu. Er dient der Transparenz, Vergleichbarkeit und Durchlässigkeit innerhalb des Bildungssystems und soll berufliche und akademische Bil-

[10] Vgl. Volker Gehmlich, Qualifizierungsrahmen im Kopenhagen- und Bologna-Prozess, In: BWP 2/2010, Stuttgart, Franz Steiner Verlag, 2010, S. 39–42.

dung gleichermaßen abbilden. Die Einordnung erfolgt anhand der im DQR beschriebenen Kompetenzdimensionen: Wissen, Fertigkeiten, Sozialkompetenz und Selbstständigkeit. Maßgeblich ist, was eine Person tatsächlich kann – unabhängig davon, auf welchem Bildungsweg sie die Kompetenzen erworben hat.

Im Folgenden ist die originale Übersicht über die acht Niveaustufen des DQR dargestellt:[11]

Niveau	Typische Qualifikationen/Beispiele
1	Grundlegende berufliche Qualifikationen (zum Beispiel Anlernberufe, Einstiegsqualifizierungen)
2	Qualifikationen aus berufsorientierten Vorbereitungsmaßnahmen (zum Beispiel Berufsvorbereitende Bildungsmaßnahmen der Agentur für Arbeit)
3	Qualifikationen aus geregelten Helfer- oder Assistentenausbildungen (zum Beispiel Pflegehelfende, Serviceassistierende)
4	Abgeschlossene duale Berufsausbildung (zum Beispiel Kaufleute für Versicherungen und Finanzanlagen, Industriekaufleute, Fachkräfte für Anlagenmechanik)
5	Berufliche Aufstiegsqualifikationen mit erweiterten Kompetenzen (zum Beispiel geprüfte Sachkundige für Berufe, Technische Fachkräfte für Service)
6	Fortbildungsabschlüsse wie Bachelor Professional, Personen mit höherer Fachprüfung der Industrie, Technische Fachkräfte oder Bachelorabschluss an einer Hochschule
7	Strategische Managementqualifikationen (zum Beispiel Geprüfte betriebswirtschaftende Person IHK, Masterabschluss an einer Hochschule)
8	Promotion/höchstes akademisches Qualifikationsniveau

Die Zuordnung verdeutlicht die Bandbreite des deutschen Bildungssystems und die Gleichwertigkeit unterschiedlicher Qualifikationsarten auf vergleichbaren Kompetenzniveaus.[12]

Die Zuordnung beruflicher und akademischer Abschlüsse auf derselben DQR-Stufe bedeutet Gleichwertigkeit, aber nicht Gleichartigkeit. Gleichwertigkeit besagt, dass beide Qualifikationen ein vergleichbares Kompetenzniveau aufweisen; Gleichartigkeit würde dagegen identische Inhalte, Lernformen und Zielsetzungen voraussetzen. Ein anschauliches Beispiel ist die Einordnung von Bachelor Professional und Bachelor of Arts auf Niveau 6. Beide Qualifikationen erfordern ein gleich hohes Kompetenzniveau, unterscheiden sich jedoch in Zielrichtung, Lernort und Ausprägung: Der Bachelor Professional ist auf die berufspraktische Handlungskompetenz in betrieblichen Zusammenhängen ausgerichtet, während der Bachelor of Arts ein akademischer Abschluss mit wissenschaftsorientiertem Fokus ist. Diese Einordnung zeigt, dass der DQR

[11] Vgl. Bund-Länder-Koordinierungsstelle für den Deutschen Qualifikationsrahmen für lebenslanges Lernen (Hrsg.), Handbuch zum Deutschen Qualifikationsrahmen: Struktur – Zuordnung – Verfahren – Zuständigkeiten, o.O., o. V., 2013, S. 36.

[12] Vgl. Bundesministerium für Bildung und Forschung, Kultusministerkonferenz, Deutscher EQR-Referenzbericht, o.O, o., V., 2013, S. 6–8 und 55–61.

berufliche und akademische Bildung gleichwertig behandelt, ohne ihre Eigenartigkeit aufzuheben.

Der Deutsche Qualifikationsrahmen erhöht die Transparenz und Nachvollziehbarkeit des Bildungssystems, erleichtert die nationale und internationale Einordnung von Abschlüssen und unterstützt die Mobilität von Lernenden und Fachkräften. Gleichzeitig bleibt die praktische Anwendung des DQR auf freiwilliger Basis. Die Zuordnung von Qualifikationen erfordert umfangreiche Abstimmungsprozesse, und informell erworbene Kompetenzen werden bislang nur eingeschränkt berücksichtigt. Dennoch hat der DQR wesentlich dazu beigetragen, die Gleichwertigkeit unterschiedlicher Bildungswege sichtbar zu machen und das deutsche Bildungssystem im europäischen Kontext anschlussfähig zu halten.

19.1.7 Herausforderungen und Entwicklungen der Berufsausbildung

Die berufliche Bildung in Deutschland befindet sich in einem fortlaufenden Veränderungsprozess, der durch technologische, gesellschaftliche, wirtschaftliche und politische Entwicklungen geprägt ist. Diese Entwicklungen beeinflussen sowohl die Anforderungen an die berufliche Handlungsfähigkeit als auch die Gestaltung von Ausbildungsordnungen, Lernprozessen und pädagogischen Konzepten. Im Folgenden werden zentrale Herausforderungen und Trends dargestellt, die die Berufsausbildung heute und künftig prägen.

Digitalisierung und technologische Transformation

Die fortschreitende Digitalisierung verändert Arbeitsprozesse, Qualifikationsanforderungen und Lernformen. Neue Technologien wie Automatisierung, künstliche Intelligenz, Cloud-Lösungen und datenbasierte Systeme führen zu erweiterten Kompetenzanforderungen in nahezu allen Berufen. Gleichzeitig gewinnen digitale Lernformate wie Simulationen, Lernplattformen, Lern-Apps oder Chatbots an Bedeutung und fördern selbstgesteuertes sowie ortsunabhängiges Lernen. Digitale Kompetenzen wie Medienkompetenz, Datenschutzverständnis, kritische Informationsbewertung und digitale Kommunikation entwickeln sich zunehmend zu Schlüsselqualifikationen.

Darüber hinaus wirken sich Fortschritte bei Übersetzungstechnologien auf berufliche Anforderungen aus. Da bereits heute ganze Gespräche übersetzt werden können und künftige KI-Entwicklungen Echtzeitübersetzungen ermöglichen werden, ist es denkbar, dass der systematische Fremdsprachenerwerb in manchen Berufsfeldern weniger relevant wird. Zugleich erfordert die Integration digitaler Arbeits- und Lernformen eine Weiterqualifizierung des Ausbildungspersonals, um die digitale Transformation pädagogisch fundiert begleiten zu können.[13]

Nachhaltigkeit und ökologische Verantwortung

Mit der Umsetzung der Agenda 2030 und den Sustainable Development Goals gewinnt nachhaltiges Denken auch in der beruflichen Bildung an Bedeutung. Nachhaltigkeit umfasst ökologische, ökonomische und soziale Dimensionen und bedeutet, dass gegenwärtige Bedürfnisse befriedigt werden, ohne die Möglichkeiten zukünftiger Generationen einzuschränken. Auszubildende sollen lernen, betriebliche Entscheidungen unter Berücksichtigung dieser drei Aspekte zu treffen. Relevante Themen sind ressourcenschonendes Wirtschaften und Energieeffizienz, nachhaltige Produktentwicklung, Umweltmanagementsysteme sowie soziale Verantwortung im unternehmerischen Handeln.

Demografischer Wandel und Fachkräftesicherung

Der demografische Wandel stellt eine zentrale Herausforderung dar. Sinkende Geburtenraten, eine alternde Bevölkerung und eine nicht hinreichende Migration können zu einem Rückgang des Fachkräfteangebots führen. Ein Fachkräftemangel entsteht allerdings nicht zwangsläufig aus der demografischen Entwicklung: Entscheidend ist das Verhältnis von Arbeitslast und verfügbarem Arbeitskräftepotenzial. Da die Arbeitslast durch technologischen Fortschritt und den zunehmenden Einsatz künstlicher Intelligenz beeinflusst wird, besteht die Möglichkeit, dass Prozesse effizienter gestaltet und Arbeitslast reduziert werden. Hinzu kommt, dass demografische Veränderungen auch die Arbeitslast selbst beeinflussen: Eine schrumpfende Bevölkerung führt zu einer geringeren Nachfrage nach Produkten und Dienstleistungen. Für die Bewältigung dieser Entwicklungen ist eine qualitative Betrachtung notwendig. Arbeitskräfte können nicht beliebig zwischen Branchen oder beruflichen Feldern verschoben werden. So ist beispielsweise eine Tätigkeit im Büromanagement, die möglicherweise durch KI vereinfacht oder reduziert wird, nicht ohne Weiteres in einen Bereich mit Arbeitskräftemangel – etwa der Pflege – übertragbar. Dies erfordert Umqualifizierungen und eine gesellschaftliche Bereitschaft zu flexiblen beruflichen Übergängen. Da die zukünftige Entwicklung der Arbeitslast schwer prognostizierbar ist, erscheint es ratsam, vorsorglich von einem Fortbestehen oder einer Verstärkung des Fachkräftemangels auszugehen und entsprechende strategische Maßnahmen zu ergreifen.

Heterogenität, Diversität und Inklusion

Die Zusammensetzung der Auszubildenden wird zunehmend vielfältiger. Die Unterschiede betreffen beispielsweise die schulische Vorbildung, kulturelle Hintergründe[14],

---

13 Vgl. Sascha Fauler, Berufliche Bildung: Beschäftigte müssen den Umgang mit KI lernen, In: AssCompact, Heft 11/2023, Bayreuth, bbg, 2023, S. 88–89.

14 Vgl. Xandra Wildung, Ines Schaurer, Interkulturelle Zusammenarbeit von Auszubildenen, München, Deutsches Jugendinstitut, 2008, S. 62–63.

Sprachkenntnisse, das Geschlecht, das Alter oder die Leistungsfähigkeit. Diese Diversität erfordert differenzierte pädagogische Ansätze, etwa den Ausbau interkultureller Kompetenz, die individuelle Förderung lernschwächerer Auszubildender, die Integration von Menschen mit Behinderung gemäß § 65 BBiG sowie die Förderung aller Geschlechter in traditionell untypischen Berufen. Zugleich entstehen Spannungsfelder, etwa aufgrund verschiedener Geschlechteridentitäten, religiöser Überzeugungen oder kultureller Orientierungen. Diese Spannungsfelder müssen nicht nur ausgehalten, sondern aktiv bearbeitet werden. Eine reflektierte, wertschätzende pädagogische Haltung bildet die Grundlage für eine erfolgreiche und inkludierende Berufsausbildung.

Veränderungen der Lernkultur

Die Lernkultur entwickelt sich zunehmend weg von belehrungsorientierten hin zu lernendenzentrierten Ansätzen. Selbstgesteuertes Lernen, projektorientiertes Arbeiten und handlungsorientierte Methoden gewinnen an Bedeutung. Diese Entwicklungen entsprechen dem Kompetenzorientierungsprinzip des Deutschen Qualifikationsrahmens. Ziel ist die Förderung beruflicher Handlungskompetenz, also der Fähigkeit, komplexe berufliche Aufgaben selbstständig und verantwortungsbewusst zu bewältigen.

Generationenvielfalt und Wertewandel

In der öffentlichen Diskussion werden häufig verschiedene Generationen wie X, Y, Z oder Alpha unterschieden, denen bestimmte Werte, Einstellungen und Erwartungen zugeschrieben werden. Diese Typisierungen vermitteln oft den Eindruck, jede Generation unterscheide sich fundamental von der vorherigen und erfordere daher völlig neue Ausbildungskonzepte. Wissenschaftlich sind diese Zuschreibungen kaum haltbar, da Unterschiede innerhalb einer Generation meist größer sind als Unterschiede zwischen Generationen. Viele vermeintliche Differenzen lassen sich vielmehr auf gesellschaftliche Entwicklungen, technologische Veränderungen und altersabhängige Faktoren zurückführen.[15]

Generationen werden häufig anhand von Geburtsjahrgängen und prägenden soziokulturellen Ereignissen unterschieden. So stehen die Babyboomer (ca. 1946–1964) für Wirtschaftswunder und Vollbeschäftigung, die Generation X (1965–1980) für Wertepluralisierung und erste digitale Erfahrungen, die Generation Y (1981–1999) für Globalisierung, Sinnsuche und Vereinbarkeit von Beruf und Privatleben, und die Generation Z (ab 2000) für Social Media, Digitalisierung und Individualisierung.[16] Die Generation Alpha (ab ca. 2010) wächst in einer KI- und algorithmusgeprägten Informations-

[15] Vgl. Martin Schröden, Der Generationenmythos, In: Köln Z Soziol 70, Wiesbaden, Springer Fachmedien, 2018, S. 469–494.

[16] Vgl. Sascha Fauler, Rena Geiersberger, Die Rolle der Ausbildung als Katalysator von Veränderungen, In: Gabriele Zimmermann (Hrsg.): Change Management in Versicherungsunternehmen – Die Zukunft der Assekuranz erfolgreich gestalten, Wiesbaden, Springer Gabler Verlag, 2015, S. 232.

welt auf. Diese Einteilungen werden häufig genutzt, um Unterschiede zu illustrieren, sind empirisch jedoch nur eingeschränkt belastbar.

Bereits seit der Antike gibt es Klagen über eine „andere" Jugend. Das Sokrates zugeschriebene Zitat über angeblich respektlose und arbeitsscheue junge Menschen verdeutlicht, dass solche Vorwürfe kein modernes Phänomen sind. Studien bestätigen zudem, dass Werte wie Sinnhaftigkeit, Entwicklungsperspektiven, Sicherheit und eine gute Führung nicht exklusiv bei jüngeren Generationen zu finden sind, sondern generationsübergreifend an Bedeutung gewonnen haben. Bedürfnisse nach Wertschätzung, Vereinbarkeit von Beruf und Privatleben oder Selbstbestimmung sind Ausdruck eines allgemeinen gesellschaftlichen Wandels und sollten nicht als generationstypische Merkmale missverstanden werden.

Reale Unterschiede zeigen sich jedoch in der zunehmenden Digitalaffinität jüngerer Menschen. Insbesondere die Generationen Z und Alpha agieren deutlich selbstverständlicher im digitalen Raum, nutzen Social Media, mobile Endgeräte und kollaborative Online-Tools routiniert und erwarten digitale, interaktive Lernformen wie Microlearning, Videos oder digitale Plattformen. Sie sind schnellen Wissenszugriff gewohnt und bevorzugen zeitnahe Rückmeldungen. Daraus lässt sich jedoch nicht ableiten, dass traditionelle Lernformen obsolet wären, sondern vielmehr, dass digitale Elemente sinnvoll integriert und Feedbackprozesse effizient gestaltet werden sollten.

Für die Ausbildungspraxis – wie beispielsweise bei der Proximus Versicherung AG – bedeutet dies: Anstelle einer „Generationenpädagogik" oder reinen „Generation-Z-Konzepten" stehen individuelle Voraussetzungen, Kompetenzen und Motivationen der Auszubildenden im Mittelpunkt. Die Konzentration liegt auf Individualisierung statt Stereotypisierung. Digitale Lernmöglichkeiten werden gezielt eingebunden, ohne grundlegende pädagogische Prinzipien zu verändern. Werte wie praxisnahes Lernen, Selbstständigkeit, Feedback und Unterstützung bleiben über alle Jahrgänge hinweg entscheidend.

19.1.8 Einordnung des Berufs der Kaufleute für Versicherungen und Finanzanlagen

Der Beruf der Kaufleute für Versicherungen und Finanzanlagen nimmt innerhalb des deutschen dualen Systems der Berufsausbildung eine besondere Stellung ein. Er verbindet klassische Kompetenzen der Kaufleute mit spezifischem Fachwissen über Versicherungsprodukte, Finanzanlagen und Kundenberatung und steht damit exemplarisch für die enge Verzahnung von betrieblicher Praxis und schulischer Bildung. Die Ausbildung der Kaufleute für Versicherungen und Finanzanlagen ist eine anerkannte duale Berufsausbildung nach dem BBiG. Die Durchführung erfolgt auf Grundlage der Verordnung über die Berufsausbildung zum Kaufmann für Versicherungen und

Finanzanlagen und zur Kauffrau für Versicherungen und Finanzanlagen (VersFinKflAusbV). Die Zuständigkeit liegt bei den Industrie- und Handelskammern. Die Ausbildung findet in der Regel in Versicherungsunternehmen, Finanzdienstleistungsbetrieben oder Versicherungsvermittlungsagenturen statt und wird durch den Berufsschulunterricht ergänzt. Sie dauert in der Regel drei Jahre und ist als Gestreckte Abschlussprüfung ausgestaltet. Ziel ist der Erwerb beruflicher Handlungskompetenz, also der Fähigkeit, komplexe Kundenanliegen eigenständig, kundenorientiert und rechtssicher zu bearbeiten. Der Beruf umfasst ein breites Spektrum an Qualifikationen, das sowohl fachliche Fähigkeiten wie Risikoanalyse, Vertragsgestaltung und Schadensbearbeitung als auch soziale und personale Kompetenzen wie Kommunikationsfähigkeit, Verantwortungsbewusstsein und Kundenorientierung einschließt. Die berufliche Tätigkeit im Versicherungs- und Finanzsektor ist durch ein hohes Maß an Verantwortung, Integrität und rechtlichem Bewusstsein geprägt. Die Berufsidentität der Kaufleute für Versicherungen und Finanzanlagen ist stark von der Dienstleistungsorientierung bestimmt. Im Mittelpunkt stehen die individuellen Risiken, Bedürfnisse und Absicherungsnotwendigkeiten der Kundschaft. Der Beruf leistet damit einen wichtigen Beitrag zur wirtschaftlichen Stabilität und zur Absicherung gesellschaftlicher Werte.

Ein wesentlicher Bestandteil der Neuordnung des Berufsbilds war die Frage, welche Kompetenzen in einer zunehmend digitalen, kundenorientierten und regulatorisch komplexen Branche künftig erforderlich sind. Die Neuordnung basiert auf den Ergebnissen des Kompetenzlabors, einem vom BWV Bildungsverband koordinierten Dialogprozess, in dem Vertretende der Versicherungswirtschaft, der Gewerkschaften, der Kammern und der Wissenschaft gemeinsam zukünftige Kompetenzanforderungen identifizierten. Dabei spielten Themen wie Digitalisierung, Nachhaltigkeit, veränderte Kundenbedürfnisse, regulatorische Anforderungen, datenbasierte Entscheidungsprozesse, agile Arbeitsmethoden und interdisziplinäre Zusammenarbeit eine zentrale Rolle.

Das Kompetenzlabor Versicherungswirtschaft, durchgeführt vom BWV Bildungsverband in Zusammenarbeit mit dem Forschungsinstitut Betriebliche Bildung, lieferte zusätzliche Erkenntnisse. Es ging insbesondere um die Frage, welche beruflichen Kompetenzen in einem dynamischen, technologiegetriebenen Umfeld notwendig sind. Ein wesentliches Ergebnis war die Neustrukturierung des Berufsbilds: Statt einer spartenspezifischen Ausrichtung wurde eine Orientierung an Kundschaftsbedarfsfeldbezogenen Anforderungen implementiert. Dadurch rückt der Fokus stärker auf die Bedürfnisse der Kundschaft und weniger auf einzelne Versicherungsprodukte. Die Ausbildung ist als Monoberuf mit Wahlqualifikationen ausgestaltet. Aus mehreren möglichen Wahlqualifikationen wird eine ausgewählt, die den Schwerpunkt der Ausbildung bestimmt. Folgende Wahlqualifikationen stehen zur Auswahl:

- Versicherungsfälle managen
- Risikomanagement durchführen

- Risiken für Nicht-Privatkunden absichern
- Im Vertrieb betriebswirtschaftlich arbeiten
- Digitalisierungsprozesse in der Versicherungswirtschaft initiieren und begleiten

Über die gewählte Wahlqualifikation hinaus können zusätzliche Wahlqualifikationen als Zusatzqualifikation erworben werden. Diese Struktur ermöglicht eine individuelle Schwerpunktsetzung und eine Anpassung der Ausbildung an betriebliche Anforderungen. Die Ausbildung eröffnet vielfältige Perspektiven im deutschen und europäischen Qualifikationssystem. Sie ist im Deutschen Qualifikationsrahmen auf Niveau 4 eingeordnet.

19.1.9 Anschlussfähigkeit

Die berufliche Anschlussfähigkeit beschreibt die Möglichkeiten, nach erfolgreichem Abschluss der Ausbildung zum Kaufmensch für Versicherungen und Finanzanlagen weitere Qualifikationen zu erwerben und sich damit beruflich fortzuentwickeln. Sie ist ein zentrales Element des deutschen Bildungssystems und Ausdruck der Durchlässigkeit zwischen beruflicher und akademischer Bildung, wie sie auch durch den DQR und EQR gefördert wird. Die abgeschlossene duale Ausbildung eröffnet den Zugang zu einer Vielzahl an anerkannten Weiterbildungen, die inhaltlich und formal aufeinander aufbauen. Diese Weiterbildungen sind Teil der in der Versicherungswirtschaft etablierten Bildungsarchitektur, die eine systematische Entwicklung vom beruflichen Einstieg über Fach- und Führungslaufbahnen bis hin zu strategischen Managementpositionen vorsieht.

Im Bereich der beruflichen Aufstiegsfortbildungen besteht die Möglichkeit, nach der Ausbildung eine weiterführende Qualifikation zu erwerben, die auf den in der Ausbildung erworbenen Kompetenzen aufbaut und zu einem Abschluss auf einer höheren Niveaustufe des DQR führt. Dazu gehört der Abschluss „Bachelor Professional in Versicherungen und Finanzanlagen" auf DQR-Niveau 6. Diese Qualifikation vertieft betriebswirtschaftliche, rechtliche und vertriebliche Kenntnisse und bereitet auf Fach- und Führungsaufgaben in Innen- und Außendienst sowie im Underwriting oder Schadenmanagement vor. Eine weitere Aufstiegsfortbildung ist der „Master Professional in Business Management" auf DQR-Niveau 7, der sich an erfahrene Fachkräfte mit Führungsverantwortung richtet und strategische, managementbezogene und personalwirtschaftliche Kompetenzen vermittelt. Darüber hinaus bestehen weitere Spezialisierungsoptionen, beispielsweise in den Bereichen Risikomanagement, Finanzanlagenberatung, Versicherungsrecht, Controlling oder Digitalisierung.

Zusätzlich bestehen akademische Weiterbildungsmöglichkeiten. Die Durchlässigkeit zwischen beruflicher und akademischer Bildung ermöglicht es Personen mit abgeschlossener Ausbildung unter bestimmten Voraussetzungen, ein Hochschulstudium aufzunehmen, etwa ein Bachelorstudium in Betriebswirtschaft, Versicherungswirtschaft, Finanzdienstleistungen oder Risk Management oder ein duales Studium wie BWL – Versicherung. Durch die zunehmende Verzahnung beruflicher und akademischer Bildung ergeben sich heute zahlreiche Anrechnungsmöglichkeiten von Vorleistungen, die eine Verkürzung der Studienzeiten ermöglichen.

In der Versicherungswirtschaft hat lebenslanges Lernen einen hohen Stellenwert. Die kontinuierliche Weiterentwicklung von Produkten, rechtlichen Rahmenbedingungen und digitalen Technologien erfordert eine fortlaufende Aktualisierung des Wissensstands. Neben formal geregelten Fortbildungsabschlüssen gewinnen zertifizierte Weiterbildungen, Seminare, E-Learnings und innerbetriebliche Schulungen an Bedeutung. Unternehmen fördern individuelle Weiterbildung zudem gezielt durch interne Entwicklungsprogramme, Mentoring und digitale Lernplattformen.

Die Ausbildung zum Kaufmensch für Versicherungen und Finanzanlagen bietet damit ein hohes Maß an Anschlussfähigkeit. Sie eröffnet vielfältige Karrierewege innerhalb der Branche – von der spezialisierten fachberatenden Person über Führungspositionen bis hin zu akademisch qualifizierten Tätigkeiten. Damit ist sie ein Paradebeispiel für das Prinzip der vertikalen und horizontalen Durchlässigkeit im deutschen Bildungssystem, das lebenslanges Lernen und flexible Bildungsbiografien ermöglicht.

19.1.10 Rechtliche Rahmenbedingungen der Ausbildung

Die Berufsausbildung bewegt sich in einem vielschichtigen Netz von Rechtsquellen. Um auszubilden genügt es nicht, einzelne Vorschriften zu kennen – entscheidend ist das Verständnis, wie diese Normen zusammenwirken, welche Vorrangbeziehungen bestehen und wie mögliche Widersprüche aufzulösen sind.

19.1.10.1 Individual- und Kollektivarbeitsrecht

Das Individualarbeitsrecht betrifft die unmittelbare Rechtsbeziehung zwischen Auszubildenden und Ausbildendem. Hierzu zählen zum Beispiel das BBiG, das BGB, das EFZG oder das JArbSchG sowie der konkrete Ausbildungsvertrag, Betriebsvereinbarungen oder der Tarifvertrag.

Das kollektive Arbeitsrecht regelt demgegenüber die Beziehung zwischen den Sozialpartnern – Gewerkschaften, Arbeitgeberverbänden und Betriebsräten. Dazu gehören etwa das Betriebsverfassungsgesetz (BetrVG) oder das Tarifvertragsgesetz (TVG). Wichtig: Ergebnisse des kollektiven Arbeitsrechts (zum Beispiel Tarifvertrag, Betriebsvereinbarung) wirken unmittelbar in das einzelne Ausbildungsverhältnis hinein und werden Bestandteil des Individualarbeitsrechts; der Weg dorthin – Aushandeln und Abschließen – ist Sache des kollektiven Arbeitsrechts.

19.1.10.2 Zentrale Rechtsquellen

Grundgesetz (GG)

Das GG verpflichtet primär den Staat, wirkt aber mittelbar auf private Arbeitsverhältnisse, beispielsweise bei der Auslegung von Gesetzen durch Gerichte. Art. 3 GG (Gleichbehandlung) schützt somit nicht direkt vor Diskriminierung durch private Arbeitgeber. Damit private Diskriminierung geahndet werden kann, gibt es das Allgemeine Gleichbehandlungsgesetz (AGG), das die verfassungsrechtlichen Prinzipien des Art. 3 GG für die Privatautonomie konkretisiert und ergänzt.

Bürgerliches Gesetzbuch (BGB)

Regelt unter anderem Vertragsabschluss und -form, Geschäftsfähigkeit (§§ 104 ff. BGB) sowie Beendigungstatbestände (§§ 620 ff. BGB). Für Ausbildungsverträge gelten jedoch spezielle Regeln im BBiG, die aufgrund des Spezialitätsgrundsatzes den allgemeinen BGB-Regeln vorgehen.

BBiG und Ausbildungsordnungen

Das BBiG ist das Herzstück der dualen Ausbildung. Für die Proximus Versicherung AG besonders relevant sind unter anderem:

- Ausbildungsvertrag (Form, Inhalte, Eintragung: §§ 10–11 BBiG),
- Rechte und Pflichten (Auszubildende § 13, Ausbildende § 14 BBiG),
- Eignung von Ausbildungsstätte und Ausbildungspersonal (§§ 27–30 BBiG),
- Mitwirkung der zuständigen Stelle (IHK) (§§ 71 ff., insb. § 76 BBiG),
- Berufsschule und Freistellung (§ 15 BBiG),
- Prüfungswesen (gestreckte Abschlussprüfung, Zulassung, Wiederholung: §§ 37–50 BBiG),
- Beendigung/Kündigung des Ausbildungsverhältnisses (§ 22 BBiG),
- Fortbildungs- und Umschulungsregelungen in Grundzügen.

Besonders wichtig sind die Ausbildungsordnungen, die auf Grundlage des § 4 BBiG erlassen werden. Sie legen verbindlich fest, welche Fertigkeiten, Kenntnisse und Fähigkeiten im jeweiligen Ausbildungsberuf zu vermitteln sind. Für die Kaufleute für Versicherungen und Finanzanlagen ist dies die VersFinKflAusbV vom 2. März 2022, welche die sachliche und zeitliche Gliederung der Ausbildung vorgibt.

Kammerrecht der IHK

Die IHK überwacht nach § 76 BBiG die Berufsausbildung: Registrierung von Verträgen, Prüfung der Eignung von Ausbildungsstätten und Ausbildern, Abnahme der Prüfungen. Sie erlässt zudem Regelungen des Kammerrechts, wie die Prüfungsordnung.

Empfehlungen des Hauptausschusses des BIBB dienen als Orientierung – die Kammern können abweichen. Das führt dazu, dass in unterschiedlichen Kammerbezirken teils verschiedene Regelungen zum selben Sachverhalt bestehen, wie beispielsweise zur notwendigen Berufspraxis im Rahmen der Eignung für Ausbilder.

Arbeitsschutzrecht – wesentliche Regelungen mit Ausbildungsbezug

- **Arbeitszeitgesetz (ArbZG):** Regelarbeitszeit 8 Std./Tag (Ø), Verlängerung bis 10 Std. mit Ausgleich; Ruhepausen mind. 30 Min. (>6 Std.)/45 Min. (>9 Std.); Ruhezeit mind. 11 Std.; Sonn-/Feiertagsarbeit nur ausnahmsweise mit Ersatzruhetag.
- **Bundesurlaubsgesetz (BUrlG):** Mindesturlaub 24 Werktage auf 6-Tage-Woche; bei 5-Tage-Woche = 20 Tage. Grundsatz: Urlaub zur Erholung, Übertragung und Verfall nur eng begrenzt.
- **Arbeitsschutzgesetz (ArbSchG):** Pflicht zur Gefährdungsbeurteilung, zu Unterweisungen, Maßnahmen des Gesundheitsschutzes; besondere Verantwortung bei Jugendlichen und in Lern-/Übungsumgebungen.
- **Jugendarbeitsschutzgesetz (JArbSchG):** Für Jugendliche unter anderem max. 8 Std./Tag, 40 Std./Woche, längere Pausen (mind. 60 Min. bei >6 Std.), Ruhezeit 12 Std., Beschäftigungsverbote bei gefährlichen Arbeiten (Ausnahmen nur bei Ausbildungszweck und Aufsicht), erhöhter Urlaub nach Alter. Besonders wichtig sind auch die Pflichten zu Erst- und Folgeuntersuchungen (§§ 32 ff. JArbSchG): Jugendliche dürfen nur beschäftigt werden, wenn sie innerhalb der letzten 14 Monate ärztlich untersucht wurden (Erstuntersuchung). Nach einem Jahr ist eine Nachuntersuchung verpflichtend, die durch ein ärztliches Attest nachzuweisen ist. Ohne gültige Bescheinigung darf ein Jugendlicher nicht weiterbeschäftigt werden.

Allgemeines Gleichbehandlungsgesetz (AGG)

Das AGG verbietet Benachteiligungen wegen der in § 1 AGG genannten Merkmale. Dies umfasst auch mittelbare Benachteiligung, bei der eine scheinbar neutrale Vorschrift faktisch eine Gruppe benachteiligt. Eine Ungleichbehandlung kann jedoch zulässig sein, wenn legitimes Ziel und Angemessenheit/Erforderlichkeit vorliegen (Rechtfertigung – § 3 Abs. 2 AGG).

■ BEISPIEL: ALTER

Für den Außendienst wird ein Führerschein verlangt. Das benachteiligt Jüngere mittelbar, ist aber gerechtfertigt, weil Mobilität berufsnotwendig ist. ■

EU-Recht – Datenschutz-Grundverordnung (DS-GVO)

Personenbezogene Daten dürfen nur zweckgebunden verarbeitet werden. Nach Absage dürfen Bewerberdaten so lange gespeichert werden, wie dies zur Abwehr möglicher AGG-Ansprüche erforderlich ist. § 15 Abs. 4 AGG sieht eine Frist von zwei Monaten zur schriftlichen Geltendmachung (ab Kenntnis) vor; mit Postlauf-/Prüfzeiten dürfte eine Aufbewahrung bis zu sechs Kalendermonaten regelmäßig zweckgebunden gerechtfertigt sein.

Entgeltfortzahlungsgesetz (EFZG)

Bei Krankheit ist die Ausbildungsvergütung bis zu 6 Wochen weiter zu zahlen (§ 3 EFZG). Die Arbeitsunfähigkeit ist unverzüglich anzuzeigen und spätestens nach drei Kalendertagen ist ein Nachweis zu erbringen (§ 5 EFZG). Gleichwohl können Ausbildende im Einzelfall nach § 5 Abs. 1 S. 3 EFZG einen früheren Nachweis verlangen. (Hinweis: „Tage" meint Kalendertage, arbeitsfreie Tage zählen mit.)

Direktionsrecht

Nach § 106 GewO kann eine Person in Ausbildung im Rahmen des Ausbildungsplans in unterschiedliche Abteilungen eingesetzt werden; Weisungen müssen dem Ausbildungszweck dienen (§ 14 BBiG). Trotz dieses individualarbeitsrechtlichen Rechts darf eine Versetzung ohne ordnungsgemäße Anhörung des Betriebsrats (BR) nach § 99 BetrVG nicht erfolgen.

BetrVG

Für die Ausbildung besonders relevant:

- **§ 93**: interne Stellenausschreibung,
- **§ 95**: Mitbestimmung bei Auswahlrichtlinien,
- **§§ 96–98**: Förderung der Berufsbildung,
- **§ 98 Abs. 2**: Mitwirkung bei Bestellung/Abberufung von Ausbildern.

Zusammenspiel Betriebsrat und IHK bei Ausbilder-Eignung:

Der Betriebsrat achtet aus Belegschaftssicht auf Eignung, Kapazität und sinnvolle Einsatzplanung (Mitbestimmung nach § 98 Abs. 2, ggf. § 99 BetrVG). Parallel prüft die IHK persönliche und fachliche Eignung nach §§ 27–30 BBiG. Sinn und Zweck der „doppelten" Prüfung: Qualitätssicherung der Ausbildung (IHK) und Schutz der Beschäftigten- und Ausbildungsinteressen (BR).

Tarifverträge (Versicherungswirtschaft)

Die Tarifverträge zwischen dem AGV Versicherungen und ver.di gelten

- direkt, wenn beide Vertragsschließende tarifgebunden sind (ausbildendes Unternehmen ist Mitglied mit Tarifwirkung im AGV, Auszubildende Person ist Mitglied bei ver.di),
- mittelbar, wenn der Tarifvertrag für allgemeinverbindlich erklärt wurde,
- durch Bezugnahmeklausel im Ausbildungsvertrag.
    - Statisch: „Es gilt der Tarifvertrag in der Fassung vom 1.1.2022."

- Dynamisch: „Es gilt der jeweils gültige Tarifvertrag des privaten Versicherungsgewerbes."

19.1.10.3 Ausbildungsvertrag

Der Ausbildungsvertrag ist unverzüglich nach Vertragsschluss, spätestens vor Ausbildungsbeginn in Textform abzufassen und bei der IHK einzutragen (§§ 10–11 BBiG). Zwingende Inhalte (§ 11 BBiG) sind unter anderem:

- Art, Ziel der Ausbildung sowie sachliche/zeitliche Gliederung,
- Beginn, Dauer und Probezeit (mind. 1, max. 4 Monate),
- Ausbildungsmaßnahmen außerhalb der Ausbildungsstätte,
- Dauer der regelmäßigen täglichen Ausbildungszeit,
- Zahlung und Höhe der Vergütung je Ausbildungsjahr, Fälligkeit,
- Urlaubsdauer,
- Voraussetzungen der Kündigung,
- Hinweis auf anzuwendende Tarifverträge/Betriebsvereinbarungen,
- Ausbildungsstätte, Ausbilder und Ausbildungsmittel.

Betriebliche Übung: Die Arbeitgebende Person wiederholt regelmäßig (typisch/oft: über circa drei Jahre hinweg) ein bestimmtes gleichförmiges Verhalten, sodass Arbeitnehmende darauf vertrauen können, dass ihnen diese Begünstigung dauerhaft zuteilwerden soll. Dieser gewohnheitsrechtliche Erfüllungsanspruch wird Teil des Arbeitsvertrags. Eine Beseitigung ist somit nur noch einvernehmlich oder durch Änderungskündigung möglich. Prüfpunkte: Liegt Regelmäßigkeit vor? Gibt es Schwankungen? Wurde ein Freiwilligkeitsvorbehalt erklärt?

Gesamtzusage: Bei der Gesamtzusage gibt die Arbeitgebende Person der Belegschaft gegenüber eine diese ausschließlich begünstigende Erklärung ab. Arbeitnehmende müssen die Annahme nicht ausdrücklich erklären (§ 151 BGB); die Gesamtzusage gilt unmittelbar als angenommen und wird Bestandteil des Arbeitsvertrages. Eine ohne Freiwilligkeitsvorbehalt erklärte Gesamtzusage ist nur einvernehmlich oder per Änderungskündigung aufzuheben.

19.1.10.4 Normenhierarchie des Arbeitsrechts

1. EU-Recht
2. Grundgesetz
3. Gesetze (zum Beispiel BBiG, BGB, EFZG, ArbZG, JArbSchG, ArbSchG, AGG)
4. Tarifvertrag

5. Betriebsvereinbarung
6. Ausbildungsvertrag
7. Direktionsrecht

Unter 1. ist das ranghöchste Recht aufgeführt, unter 7. das rangniedrigste.

Rangprinzip: Höherrangiges Recht geht niederrangigem Recht vor. Niederrangiges Recht darf grundsätzlich nicht gegen höherrangiges Recht verstoßen. Beispiel: Ein Tarifvertrag darf nicht gegen das AGG verstoßen. Deshalb wäre eine Regelung im Tarifvertrag des privaten Versicherungsgewerbes unwirksam, die vorsähe, dass Berufsjahre erst ab Vollendung des 18. Lebensjahres gezählt werden.

Spezialitätsgrundsatz: Spezielles Recht bricht allgemeines Recht.

Günstigkeitsprinzip: Gilt, wenn verschiedene Regelungen zu demselben Sachverhalt kollidieren – maßgeblich ist die günstigere Regelung für den Auszubildenden.

Regelungsverbot (§ 77 Abs. 3 BetrVG): Betriebsvereinbarungen dürfen nichts regeln, was in einem grundsätzlich anwendbaren Tarifvertrag geregelt ist oder dort üblicherweise geregelt wird, es sei denn der Tarifvertrag enthält hierzu eine Öffnungsklausel.

Betriebsvereinbarungsoffenheit: Da Ausbildungsverträge typischerweise Formularverträge sind, hat die Rechtsprechung deren Betriebsvereinbarungsoffenheit anerkannt. Betriebsvereinbarungen können also Vertragsinhalte ersetzen – auch mit ungünstigeren Regelungen, solange kein Tarifvorrang entgegensteht.[17]

■ BEISPIEL „URLAUBSANSPRUCH" ZUR ANWENDUNG DER NORMENHIERARCHIE (MIT UMRECHNUNG):

- **BUrlG:** 24 Werktage Mindesturlaub, bezogen auf 6-Tage-Woche → 20 Tage bei 5-Tage-Woche.
- **JArbSchG:** Für Minderjährige → 27 Werktage → 23 Tage bei 5-Tage-Woche.
- **Tarifvertrag** privates Versicherungsgewerbe: 30 Tage (5-Tage-Woche).
- **Ausbildungsvertrag:** 28 Tage (5-Tage-Woche).
- **Betriebsvereinbarung:** 32 Tage (5-Tage-Woche).

Auflösung:

1. **Spezialität:** JArbSchG geht BUrlG vor →mind. 23 Tage.
2. **Tarifvertrag** setzt 30 Tage fest.
3. **Vertrag** mit 28 Tagen ist **ungünstiger** → wird durch den Tarifvertrag verdrängt.
4. **Betriebsvereinbarung** mit 32 Tagen ist zwar günstiger, verstößt aber gegen das Regelungsverbot des § 77 Abs. 3 BetrVG, da keine Öffnungsklausel zur Urlaubsdauer besteht, d. h., die Regelung ist nichtig.
5. **Ergebnis:** Es sind 30 Urlaubstagen zu gewähren. ■

[17] Vgl. Horst-Udo Niedenhoff, Constantin Olbrisch, Tobias Pilot, Betriebliche Mitbestimmung – Konstruktive Zusammenarbeit von Arbeitgeber und Betriebsrat, Münster, RiederVerlag, 2015, S. 37–39.

19.2 Ausbildungsbedarfsplanung

Die Ausbildungsbedarfsplanung wird anhand einer Beispielplanung der Proximus Versicherung AG vorgenommen. Zudem wird am Beispiel der Auszubildenden Andrea die konkrete Bedeutung qualitativer Ausbildungsplanung verdeutlicht.

19.2.1 Ermittlung des Ausbildungsbedarfs

Die Ermittlung des Ausbildungsbedarfs ist der Auftakt jeder professionell gesteuerten Ausbildungstätigkeit im Unternehmen. Sie beantwortet die grundlegende Frage, wie viele Auszubildende wo, wofür und wann benötigt werden – an welchem Standort, in welchem Ausbildungsberuf und mit welchem Kompetenzprofil. Damit ist die Bedarfsanalyse kein isolierter Akt einer Ausbildungsabteilung, sondern ein integraler Baustein der strategischen Personalplanung: Sie schließt an die Unternehmensstrategie an, berücksichtigt demografische Entwicklungen, technologische und regulatorische Veränderungen sowie die geplanten Geschäftsfelder der nächsten Jahre. Für die Versicherungswirtschaft bedeutet dies, dass sich der Ausbildungsbedarf nicht allein aus den aktuellen Stellenplänen ableitet, sondern vor allem aus den zukünftigen Anforderungen an Beratung, Marktauftritt, Prozessdigitalisierung und Compliance. Hinzu kommen die Besonderheiten der Lernorte Betrieb und Berufsschule, die gestreckte Abschlussprüfung und die daraus resultierenden Durchlaufzeiten. Wer heute eine Kohorte einstellt, plant faktisch mehrere Jahre im Voraus – einschließlich der vorgesehenen Übernahme- und Qualifizierungspfade nach der Ausbildung. Operativ fließen in die Bedarfsermittlung typischerweise drei Datenströme ein:

1. **Strukturdaten des Personals:** Dazu zählen insbesondere Altersaufbau, Funktionslandkarte von Innen- und Außendienst sowie Fluktuations- und Ruhestandsprognosen.
2. **Geschäfts- und Kapazitätsdaten:** Hierzu gehören geplante Vertriebsoffensiven, Produktinitiativen, Service-Level, regionale Standortplanung sowie Ausbildungs- und Betreuungskapazitäten.
3. **Qualifikations- und Kompetenzbedarfe:** Beispielsweise Anforderungen an hybride Beratung, digitale Schadenprozesse oder an die Erfüllung von IDD- und ESG-Vorgaben.[18]

Die Herausforderung besteht darin, diese drei Datenströme in einen realistischen und finanzierbaren Einstell- und Ausbildungsplan zu überführen, der den Betrieb weder unter- noch überversorgt.

[18] Vgl. Fritz-Jürgen Kador, Hans Pornschlegel, Personalplanung – Grundlage eines systematischen Personalmanagements, Eschborn, RKW-Verlag, 2004, S. 64–67.

Aus Governance-Perspektive sind klare Rollen und Verantwortlichkeiten erforderlich: Die Ausbildende Proximus Versicherung AG als juristische Person verantwortet die Bereitstellung geeigneter Ausbildungsstätten und Budgets. Die ausbildende Menschen gestalten die Inhalte, übersetzen Kompetenzanforderungen in Lern- und Arbeitsaufgaben und beurteilen realistisch die Betreuungs- und Prüfungskapazitäten. Fachkräfte liefern präzise Einschätzungen aus den jeweiligen Linienbereichen, etwa zu Bedarfen im Schadenservice oder im Privatkundengeschäft. Die IHK fungiert als externe Instanz für Eintragung, Eignungsprüfung und Prüfungswesen. Die Berufsschule wird frühzeitig hinsichtlich Klassenbildung und Lernortabstimmung eingebunden.

Zeitlich bewährt sich ein rollierender Planungsrhythmus: Eine jährlich stattfindende Hauptbedarfsrunde legt Basisjahrgänge, Starttermine und die regionale Verteilung fest. Unterjährige Abweichungsanalysen, etwa bei veränderter Fluktuation, neuen regulatorischen Anforderungen oder zusätzlichen Standorten, ergänzen diesen Rhythmus. Kennzahlen wie Ausbildungsquote, Relation von Bewerbenden zu offenen Stellen, Abbrecher- und Bestehensquote, Betreuungsschlüssel (Verhältnis von ausbildende Menschen beziehungsweise Fachkräften zu Auszubildenden) sowie Übernahmequote dienen als zentrale Steuerungsgrößen. Risikoreserven, zum Beispiel Puffer von 10–20 % auf der Bewerbendenseite oder zusätzliche Kooperationsplätze, schützen vor kurzfristigen Planabweichungen.

Ein wichtiger Bestandteil der Bedarfsanalyse ist neben der quantitativen auch die qualitative Dimension. Sie legt fest, welche Kompetenzen künftige Kaufleute für Versicherungen und Finanzanlagen insbesondere benötigen, etwa digitale Beratungskompetenz, Sicherheit im Umgang mit regulatorischen Anforderungen oder ausgeprägte Kundenkommunikationsfähigkeit. Diese Profilierung steuert später sowohl die Auswahlverfahren als auch die Gestaltung der betrieblichen Ausbildungspläne.

Die Bedarfsanalyse ist damit anschlussfähig an drei Ebenen: die quantitative Dimension („wie viele, wo, wann"), die qualitative Dimension („welche Kompetenzen") und die Instrumente und Prozesse der Datenerhebung und Abstimmung. Erst wenn diese drei Ebenen aufeinander abgestimmt sind, wird Ausbildung von einem allgemeinen Vorsatz zu einer steuerbaren Wertschöpfungskette.

19.2.2 Quantitative Bedarfsanalyse

Die quantitative Bedarfsanalyse beantwortet die Frage, wie viele Auszubildende benötigt werden – differenziert nach Standort, Ausbildungsberuf, Ausbildungsjahrgang und Zeithorizont. Sie liefert die Basis für die Kapazitätsplanung, die Bewerbendenauswahl und die Gestaltung des betrieblichen Einsatzplans. Die quantitative Analyse setzt sich aus vier Bausteinen zusammen:

1. **Ersatzbedarf** (Ruhestand, Fluktuation, interne Versetzungen),
2. **Neubedarf** (Soll-Ist-Lücke im Stellenplan, strategische Initiativen),
3. **Reservebedarf** (zum Beispiel 10 % Sicherheitszuschlag),
4. **Interne Übernahmen** (zum Beispiel dual Studierende, interne Quereinsteiger), die den externen Einstellbedarf mindern, aber Betreuungskapazität binden.

Verfahren und Instrumente – fundierte Anwendung

Altersstrukturanalysen: Ausgangspunkt ist die vollständige, bereichs- und standortscharfe Altersliste. Geburtsjahrgänge werden in 5-Jahres-Klassen verdichtet und über die nächsten 3–5 Jahre „vorgerollt" (gesetzliche Renteneintrittsgrenzen, vereinbarte Übergänge). Visualisiert als Altersbaum oder Kohortenkurven werden Ruhestandswellen sichtbar. Für die Versicherungswirtschaft ist ein stark altershomogenes Außendienstkollegium kritisch; hier bilden sich oft regionale „Rentenklumpen".

Fluktuationsstatistiken: Über 3–5 Jahre werden Austritte je Standort/Funktion erfasst (ohne Ruhestände), die Fluktuationsquote (Abgänge ÷ durchschnittlicher Bestand) berechnet und auf die Planjahre fortgeschrieben. Wichtig ist die Segmentierung (zum Beispiel Innendienst vs. Außendienst; Zentrale vs. Direktionen), um lokalspezifische Bewegungsmuster nicht zu verwässern. Erfahrungswert: Stabile Quoten lassen sich gut als Ersatzbedarfsfaktor nutzen.

Stellenpläne (Soll-Ist): Genehmigte Soll-Stellen je Standort/Abteilung werden mit dem Ist-Personalbestand abgeglichen. Echte Neubedarfe ergeben sich, wenn die Planstellen dauerhaft (finanziert und strukturell) eingerichtet sind. Temporäre Spitzen (Projekte) fließen besser in die Reserve oder werden über Rotationen/Kooperationen abgebildet.

Personalbedarfsprognosen: Strategische Vorhaben (zum Beispiel Ausbau digitaler Schadenservices, ESG-Beratung, Omnikanal-Vertrieb) werden in Personalwirkungen übersetzt: Welche Rollen wachsen? In welchen Regionen? Ab wann? Diese Effekte werden als Neubedarf je Standort hinterlegt, abgestimmt mit Controlling, Regionen und Linien.[19]

Kapazitätsprüfungen (nachgelagert!): Erst nach der Bedarfsermittlung wird die Machbarkeit geprüft. Hierbei ist zu berücksichtigen:

- **§ 27 BBiG** (Eignung der Ausbildungsstätte),
- **Empfehlung 162 des Hauptausschusses des BIBB**:
    - **Ausbilderkapazität**:
    - hauptamtliche Ausbilder max. 16 Azubis;

[19] Vgl. Kador, 2004, S. 77–82.

- nebenberufliche Ausbilder max. 3 Azubis (Durchschnitt).
- **Fachkräfte (FK)-Relation:**
- - 1–2 FK = 1 Azubi;
- - 3–5 FK = 2 Azubis
- - 6–8 FK = 3 Azubis;
- - je weitere 3 FK = + 1 Azubi.

  „Fachkräfte" sind Ausbilder sowie regelmäßig unterweisende Mitarbeitende der passenden Fachrichtung. Zulässig ist je Standort das Minimum aus Ausbilderkapazität und Fachkräfte-Relation; zusätzlich sind Räume/Technik zu prüfen.

Rechenweg (einfach & belastbar)

1. **Ersatzbedarf** bestimmen (Ruhestände + Fluktuation + Versetzungen).
2. **Neubedarf** addieren (Soll-Ist-Lücke + Strategieaufbau).
3. **Reserve** addieren (zum Beispiel 10 %).
4. **Interne Übernahmen** abziehen.
5. Ergebnis = **Ausbildungsbedarf (Neu-Einstellungen)**.

■ BEISPIELRECHNUNG PROXIMUS VERSICHERUNG AG

BEDARF (NEU-EINSTELLUNGEN)

Gegenstand: Kaufleute für Versicherungen und Finanzanlagen (Innen-/Außendienst),

Einstelljahr: t+1.

Die Zentrale rechnet nach einheitlicher Methode mit regional gelieferten Daten.

- **Zentrale München:**

  Ersatz 50 (30 Rente/15 Fluktuation/5 Versetzungen), Neubedarf 12, Reserve 6, Interne Übernahmen 8 → **60**
- **Landesdirektion Nord:**

  Ersatz 22, Neubedarf 12, Reserve 3, Interne Übernahmen 1 → **36**
- **Landesdirektion Süd:**

  Ersatz 24, Neubedarf 12, Reserve 4, Interne Übernahmen 0 → **40**
- **Landesdirektion West:**

  Ersatz 20, Neubedarf 11, Reserve 3, Interne Übernahmen 0 → **34**
- **Landesdirektion Ost:**

  Ersatz 12, Neubedarf 7, Reserve 2, Interne Übernahmen 1 → **20**
- **Übrige Betriebsstätten:**

  Ersatz 6, Neubedarf 4, Reserve 1, Interne Übernahmen 1 → **10**

Gesamt Neu-Einstellungen t+1: 200.

KÜNFTIGER GESAMT-AZUBIBESTAND (FÜR DIE KAPAZITÄTSPRÜFUNG MASSGEBLICH)

- **Ist-Bestand heute:** 388 Azubis
- + **Neu-Einstellungen:** 200
- − **Abschlussjahrgang:** 121 (scheidet aus) = **künftiger Gesamtbestand:** 467 Azubis

VERTEILUNG (PROPORTIONAL AN BESTAND + BEDARF):

Standort	Heutiger Bestand	Abgänge (−)	Neu (+)	Künftig gesamt
Zentrale München	116	36	60	140
Landesdirektion Nord	70	22	36	84
Landesdirektion Süd	78	24	40	94
Landesdirektion West	66	21	34	79
Landesdirektion Ost	39	12	20	47
Übrige Betriebsstätten	19	6	10	23
Summe	**388**	**121**	**200**	**467**

■

19.2.3 Qualitative Bedarfsanalyse

Die qualitative Bedarfsanalyse beantwortet nicht die Frage wie viele, sondern welche Auszubildenden ein Unternehmen benötigt – also mit welchem Kompetenzprofil und welchen Potenzialmerkmalen an welchen Standorten.[20] Sie ist damit das Gegenstück zur quantitativen Planung: Erst durch die präzise Beschreibung von Kompetenzen, Kenntnissen, Fertigkeiten und Haltungen wird die Ausbildung anschlussfähig an die Unternehmensstrategie, die Lernziele der Ausbildungsordnung sowie die Anforderungen der Lernorte Betrieb und Berufsschule.

Zielbild und Bezugssysteme

Das Soll-Profil der Kompetenzen wird für die Ausbildungsstellen zu Kaufleuten für Versicherungen und Finanzanlagen entwickelt. Grundlage sind:

- **Unternehmensstrategie:** Welche Wertschöpfungsschwerpunkte prägen die nächsten Jahre (zum Beispiel hybride Beratung, digitale Schadenservices, ESG/IDD-Compliance, datengetriebener Vertrieb)?
- **Ausbildungsordnung (Kaufleute für Versicherungen und Finanzanlagen):** Welche berufsprofilgebenden Fertigkeiten und integrativen Kompetenzen sind verbindlich?

[20] Vgl. Kador, 2004, S. 83.

- **Prüfungssystem (gestreckte Abschlussprüfung):** Welche Performanz muss wann vorliegen (Teil 1/Teil 2)?
- **Kundenerlebnis und Prozesse:** Welche Verhaltensanker braucht exzellente Beratung und effiziente Sachbearbeitung im Proximus-Kontext?

Aus diesen Quellen entsteht ein Zielkompetenzmodell für die Ausbildung.

Instrumente und Vorgehen

1. **Arbeits- und Aufgabenanalyse**
   - Zerlegung typischer Tätigkeiten im Innen- und Außendienst (Beratung, Bedarfsermittlung, Angebot/Antrag, Schadenaufnahme, Bestandsarbeit, Compliance-Dokumentation).
   - Ableitung beobachtbarer Leistungsindikatoren (zum Beispiel strukturierte Gesprächsführung, regelkonformes Dokumentieren, souveräner Umgang mit Beratungstools).
2. **Anforderungsprofile und Kompetenzmodelle**
   - Übersetzung der Tätigkeiten in Kompetenzdimensionen (fachlich, methodisch, sozial, digital, regulatorisch).
   - Definition von Behavioral Anchors je Ausprägungsstufe (zum Beispiel 1 = Basis, 2 = Fortgeschritten, 3 = Selbstständig, 4 = Expertenniveau).
3. **Soll-Ist-Abgleich**
   - **Soll**: Zielstufe je Kompetenz zum Endpunkt (Teil 2) und Zwischenziel (Teil 1 der gestreckten Prüfung).
   - **Ist**: Eingangsniveau (Assessment aus Auswahlverfahren), Lernverlauf (Praxisbeobachtung, Lernaufgaben, Mini-Tests, Feedback Kunden/Trainer).
   - **Gaps** werden priorisiert (hoch/mittel/niedrig) und in Lernpfade übersetzt.
4. **Stakeholder-Workshops**
   - HR, Ausbilder, Fachkräfte, Compliance/Revision und Vertrieb definieren gemeinsam die kritischen Muss-Kompetenzen je Standort (zum Beispiel spezieller Komposit-Fokus in LD West, Gewerbekunden-Fokus in LD Süd).
5. **Trendanalyse und lernortübergreifende Abstimmung**
   - Einbindung von Berufsschule/überbetrieblichen Trägern; Abgleich, wann welche Inhalte wo am effizientesten gelernt werden.

■ BEISPIEL: FIKTIVES PROXIMUS-KOMPETENZMODELL (AUSZUG[21])

- **Fachlich-regulatorisch:** Versicherungsprodukte und Sparten, Beratungsdokumentation (IDD), Datenschutz & Geldwäsche, ESG-Grundlagen.
- **Methodisch:** strukturierte Beratung, Fallanalyse, Priorisierung, Zeitmanagement.
- **Digital:** Tool-Souveränität (CRM, Angebots-/Schaden-Systeme), Datenqualität, Medienkompetenz in Online-Beratung.
- **Sozial/kommunikativ:** Empathie, Gesprächsführung, Konfliktlösung, Teamarbeit.
- **Kaufmännisch/vertrieblich:** Bedarfsermittlung, Nutzenargumentation, Abschlussorientierung ohne Druck.
- **Lernen und Reflexion:** Selbststeuerung, Feedbacknutzung, Fehlerkultur.

RECHEN-/MODELLBEISPIEL: KOMPETENZ-SOLL-IST-MATRIX MIT PRIORISIERUNG

Fallsetting: LD Süd plant 40 Neu-Auszubildende und will sicherstellen, dass bis Teil 1 der gestreckten Prüfung definierte Kompetenzstände erreicht sind. Die Proximus Versicherung AG nutzt eine 4-Stufen-Skala (1 = Basis, 2 = Fortgeschritten, 3 = Selbstständig, 4 = Expertenniveau).

Schritt 1 – Soll definieren (Teil 1/Teil 2):

Kompetenz	Soll Teil 1	Soll Teil 2
Beratungsdokumentation (IDD)	2	3
Digitale Tools (CRM/Angebot)	2	3
Gesprächsführung (Innen/Außen)	2	3
Schadenaufnahme und -triage	2	3
ESG-Grundlagen im Vertrieb	1	2

Schritt 2 – Ist erfassen (Einstiegskohorte, Mittelwert aus Auswahl-Assessment):

Kompetenz	Ist (Ø)
Beratungsdokumentation (IDD)	1.2
Digitale Tools (CRM/Angebot)	1.5
Gesprächsführung (Innen/Außen)	1.8
Schadenaufnahme und -triage	1.3
ESG-Grundlagen im Vertrieb	1.0

Schritt 3 – Gap berechnen und priorisieren (Soll Teil 1 – Ist):

Kompetenz	Gap	Priorität	Begründung
IDD-Dokumentation	0.8	hoch	rechtlich kritisch, Prüfungsrelevanz Teil 1
Digitale Tools	0.5	mittel	prozesskritisch, aber trainierbar on-the-job
Gesprächsführung	0.2	niedrig	nahe am Ziel, Feintuning genügt
Schadenaufnahme	0.7	hoch	Servicequalität und Durchlaufzeit

[21] Dieser „Auszug" aus dem fiktiven Proximus-Kompetenzmodell dient lediglich zur beispielhaften Darstellung. Ein vollumfängliches Proximus-Kompetenzmodell exitiert nicht.

Kompetenz	Gap	Priorität	Begründung
ESG-Grundlagen	0.0	–	Ziel Teil 1 bereits erreicht

Andreas individuelles Kompetenzprofil (Soll-Ist)

Andrea (2. Ausbildungsjahr) wurde zu Ausbildungsbeginn in einem Assessment eingeschätzt:

Kompetenz	Soll Teil 1	Andreas Ist	Gap	Maßnahme
Beratungsdokumentation (IDD)	2	1.0	1.0	Intensiv-Training + Fallwerkstatt + Mentoring
Digitale Tools (CRM/Angebot)	2	1.8	0.2	Micro-Learning, kurze Peer-Übungen
Gesprächsführung (Innen/Außen)	2	2.0	0.0	kein zusätzlicher Aufwand, laufende Beobachtung
Schadenaufnahme und -triage	2	1.2	0.8	Praxissimulation + zweiwöchige Hotline-Rotation
ESG-Grundlagen im Vertrieb	1	0.8	0.2	E-Learning Modul + Kurzfeedback durch Ausbilder

Für Andrea konkret abgeleitete Maßnahmen:

- **IDD-Dokumentation:** Teilnahme an einem zweitägigen internen Intensiv-Workshop, dazu wöchentliche Fallanalysen mit Feedback durch ihre Mentorin.
- **Schadenaufnahme:** Gezielte Unterweisung an der Schaden-Hotline; in der ersten Woche täglich Supervision, in der zweiten Woche selbstständige Bearbeitung mit Qualitätskontrolle.
- **Digitale Tools und ESG:** Andrea erhält Lernmodule über das Proximus-eLearning-Portal; Ergänzung durch kollegiales Coaching im Team. ■

Steuerung und Wirkungsmessung

- **Rollen:** HR orchestriert Methode und Reporting; Ausbilder verantworten Didaktik & Transfer; Fachkräfte leben die arbeitsintegrierte Unterweisung.
- **Standortbezug:** Jede Direktion pflegt eine eigene Soll-Ist-Matrix und speist die Ergebnisse in ein zentrales Dashboard.
- **Wirkungsmessung:**
  - **First-Time-Right in der Dokumentation:** Anteil der Beratungsdokumente, die ohne Nachbearbeitung rechtssicher und vollständig sind (Audit-Check).
  - **Kundenzufriedenheit in der Beratung:** systematisches Kundenfeedback (zum Beispiel 5-stufige Zufriedenheitsskala nach Gesprächen; Net Promoter Score).
- **Regelmäßiges Ist-Einschätzungs-System:** Alle sechs Monate erfolgt ein 360-Grad-Feedback (Ausbilder, Fachkräfte, Berufsschullehrer, Peers, gegebenenfalls Kundenfeedback). Dieses begleitet und steuert den Kompetenzentwicklungsfortschritt.

- **Kontinuierliche Verbesserung:** Gelerntes aus Prüfungen und Audits (Compliance/ Revision) wird halbjährlich ins Kompetenzmodell rückgespiegelt.

Die qualitative Bedarfsanalyse stellt sicher, dass die Proximus Versicherung AG nicht nur „200 neue Auszubildende" einstellt, sondern diejenigen Kompetenzprofile gewinnt und entwickelt, die für den künftigen Unternehmenserfolg entscheidend sind. Sie priorisiert die kritischen Kompetenzen, macht Entwicklung planbar (Lerneinheiten, Mentoring, Rotationen) und erlaubt, Lernfortschritt messbar zu steuern. Zusammen mit der quantitativen Planung und der Kapazitätsprüfung entsteht eine steuerbare Wertschöpfungskette Ausbildung – strategisch ausgerichtet und praxisnah begleitet.

19.2.4 Integration von quantitativer und qualitativer Bedarfsanalyse

Die Bedarfsplanung von Auszubildenden entfaltet ihre Wirkung nur dann, wenn die quantitative Dimension (wie viele Auszubildende benötigt werden) und die qualitative Dimension (mit welchem Kompetenzprofil diese Auszubildenden ausgestattet sein müssen) miteinander verknüpft werden. In der Praxis genügt es nicht, eine Zahl zu ermitteln und anschließend beliebige Bewerber einzustellen. Genauso wenig reicht es, ein detailliertes Kompetenzmodell zu entwerfen, ohne sicherzustellen, dass ausreichend viele Nachwuchskräfte eingestellt werden. Erst die Integration beider Perspektiven ermöglicht eine realistische und wirksame Ausbildungssteuerung.

Theoretische Fundierung

Die Verbindung von quantitativer und qualitativer Planung folgt einem mehrstufigen Modell:

1. **Quantitative Ausgangsbasis**: Anzahl der benötigten Auszubildenden, differenziert nach Regionen und Bereichen (Innen- und Außendienst).
2. **Qualitative Ergänzung**: Definition der erforderlichen Kompetenzprofile für diese Stellen.
3. **Matrixbildung**: Kombination von Anzahl und Profil zu einem konkreten Ausbildungsbedarf (zum Beispiel „15 Auszubildende mit Beratungsschwerpunkt in LD Süd").
4. **Planungsoutput**: Ein zentral abgestimmter Einsatzplan, der regional umgesetzt wird.

Dies bildet die Brücke zwischen der abstrakten Planung und der operativen Umsetzung im Recruiting, in der Ausbildungsgestaltung und im Personaleinsatz.

■ BEISPIEL

Die Proximus Versicherung AG hat im Rahmen der quantitativen Bedarfsanalyse einen Bedarf von 200 neuen Auszubildenden für das kommende Jahr ermittelt. Parallel hat die qualitative Analyse ergeben, dass insbesondere Kompetenzen in den Bereichen IDD-konforme Beratungsdokumentation, digitale

Tools und Kundengesprächsführung kritisch sind. Die Integration erfolgt über eine Bedarfs-Matrix, die die Anzahl der Auszubildenden mit den Kompetenzschwerpunkten verbindet.

Beispielhafte Bedarfs-Matrix der Proximus Versicherung AG (Auszug):

Region/Bereich	Quantitativer Bedarf	Qualitativer Schwerpunkt
LD Süd – Außendienst	40	Gesprächsführung, ESG-Grundlagen
LD West – Innendienst	30	Komposit-know-How, Schadenaufnahme
Zentrale München	80	IDD-Dokumentation, digitale Tools, Compliance
LD Nord – Außendienst	25	hybride Beratung, Kundenorientierung
LD Ost – Innendienst	25	Bestandsbearbeitung, Prozesssicherheit
Gesamt	**200**	–

Damit entsteht ein differenziertes Anforderungsbild: Nicht nur wie viele Auszubildende insgesamt benötigt werden, sondern auch wo und mit welchem Kompetenzschwerpunkt sie eingesetzt werden sollen. ■

Integration in die Ausbildungsplanung

Die integrierte Bedarfsanalyse ist die Grundlage für mehrere operative Entscheidungen:

- **Recruitingstrategie:** Zielgruppenspezifische Ansprache (zum Beispiel digitale Affinität betonen bei Bewerbern für die Zentrale; Kommunikationskompetenz betonen bei Außendienststellen).
- **Ausbildungspläne:** Rotationsmodelle werden an den Kompetenzschwerpunkten ausgerichtet (zum Beispiel Außendienst-Azubis erhalten zusätzliche Trainingstage in Gesprächsführung).
- **Ressourcensteuerung**: Ausbilder und Fachkräfte werden dort priorisiert eingesetzt, wo die Bedarfe besonders anspruchsvoll sind.

Die Integration von quantitativer und qualitativer Bedarfsanalyse stellt sicher, dass die Proximus Versicherung AG nicht nur ausreichend viele Auszubildende einstellt, sondern auch genau die richtigen Kompetenzschwerpunkte für jede Region und jeden Bereich abdeckt. Damit entsteht eine Ausbildungsplanung, die sowohl effizient (richtige Zahl) als auch effektiv (richtiges Profil) ist.

19.2.5 Kapazitätsprüfung und Machbarkeit

Die vorangegangenen Kapitel haben gezeigt, wie die Proximus Versicherung AG sowohl quantitativ als auch qualitativ den künftigen Ausbildungsbedarf ermittelt und diese Dimensionen zu einem konsistenten Gesamtbild integriert. Damit ist der Planungsrahmen gesetzt. Ob dieser aber tatsächlich umsetzbar ist, hängt entscheidend davon ab, ob die betrieblichen Kapazitäten in Bezug auf ausbildender Mensch, Fachkräfte und Ausbildungsstätten ausreichen. Die Kapazitätsprüfung bildet daher den notwendigen Brückenschlag zwischen Planung und Realisierung.

Rechtlicher Rahmen

Rechtlich wird die Kapazitätsfrage durch das BBiG geregelt. § 27 Abs. 1 Nr. 2 BBiG schreibt vor, dass nur ausgebildet werden darf, wenn die Zahl der Auszubildenden in einem angemessenen Verhältnis zur Zahl der Fachkräfte steht. § 28 BBiG ergänzt, dass ausbildende Menschen persönlich und fachlich geeignet sein müssen und dass Fachkräfte unter deren Verantwortung in die Ausbildung eingebunden werden dürfen. Um diese eher allgemeinen Vorschriften zu konkretisieren, hat der Hauptausschuss des BIBB in Empfehlung 162 detaillierte Relationen formuliert. Demnach dürfen eine bis zwei Fachkräfte einen Auszubildenden betreuen, drei bis fünf Fachkräfte zwei Auszubildende, sechs bis acht Fachkräfte drei Auszubildende, und für je drei weitere Fachkräfte kommt ein weiterer Auszubildender hinzu. Für ausbildende Menschen gelten spezifische Obergrenzen: Nebenberufliche ausbildende Menschen sollen durchschnittlich nicht mehr als drei Auszubildende gleichzeitig führen, hauptberufliche ausbildende Menschen nicht mehr als 16. Diese Relationen müssen während des gesamten Ausbildungsverhältnisses kontinuierlich eingehalten werden.

Ausgangsbasis der Proximus Versicherung AG

Bei der Proximus Versicherung AG beträgt der derzeitige Ausbildungsbestand 388 Personen. Mit dem Abschluss des ältesten Jahrgangs scheiden 121 von ihnen aus. Gleichzeitig sollen 200 neue Auszubildende aufgenommen werden. Daraus ergibt sich eine künftige Gesamtzahl von 467 Auszubildenden. Diese Zahl ist Grundlage der Kapazitätsprüfung und wird standortspezifisch betrachtet.

Standort	Bestand	Abgänge	Neu	Künftig gesamt
Zentrale München	116	36	60	**140**
Landesdirektion Nord	70	22	36	**84**
Landesdirektion Süd	78	24	40	**94**
Landesdirektion West	66	21	34	**79**
Landesdirektion Ost	39	12	20	**47**
Übrige Betriebsstätten	19	6	10	**23**
Summe	**388**	**121**	**200**	**467**

Kapazitätsbasis und Prüfung

Die Prüfung erfolgt zweistufig: Zunächst wird die Kapazität anhand der Zahl der ausbildende Menschen berechnet (hauptberuflich multipliziert mit 16, nebenberuflich mit 3). Anschließend wird die Relation zu den Fachkräften herangezogen. Maßgeblich ist der niedrigere Wert – nur dieser gibt an, wie viele Auszubildende rechtlich und pädagogisch tatsächlich betreut werden dürfen.

Standort	Künftig gesamt	Ausbilder-Kapazität (A)	Fachkräfte-Relation (B)	Zulässig (min A/B)	Status
Zentrale München	140	144	140	**140**	ausreichend
Landesdirektion Nord	84	92	80	**80**	**Engpass Fachkräfte (–4)**
Landesdirektion Süd	94	98	100	**94**	ausreichend
Landesdirektion West	79	66	87	**66**	**Engpass Ausbilder (–13)**
Landesdirektion Ost	47	50	50	**50**	ausreichend
Übrige Betriebsstätten	23	30	27	**27**	ausreichend

Die Analyse zeigt: Während die Zentrale, die Landesdirektion Süd, Ost und die Betriebsstätten ihre Ausbildungszahlen mit den vorhandenen Ressourcen bewältigen können, entstehen in zwei Direktionen Engpässe. In der Landesdirektion Nord sind es die Fachkräfte, die nicht in ausreichender Zahl verfügbar sind, in der Landesdirektion West dagegen die ausbildenden Menschen.

Handlungsoptionen

Für die Landesdirektion West bietet sich an, entweder die Zahl der hauptberuflichen Ausbilder aufzustocken oder zusätzliche nebenberufliche Ausbilder zu qualifizieren. Die erste Lösung verspricht hohe pädagogische Qualität und klare Verantwortlichkeiten, bindet aber dauerhaft Ressourcen und verursacht hohe Fixkosten. Die zweite Lösung ist flexibler und kostengünstiger, birgt jedoch die Gefahr, dass nebenberufliche Ausbilder durch die Kombination aus Linienaufgaben und Ausbildungsarbeit überlastet werden. Ein dritter Weg bestünde in Ausbildungskooperationen mit Partnerunternehmen oder Bildungsträgern, die allerdings organisatorisch aufwendig sind und die Bindung der Auszubildenden an die Proximus Versicherung AG schwächen können.

In der Landesdirektion Nord liegt das Problem nicht in der Kapazität an ausbildenden Menschen, sondern in der Relation zu den Fachkräften. Um dieses Defizit auszugleichen, können erfahrene Mitarbeitende als Fachpaten mit einem festen Ausbildungszeitanteil eingesetzt werden. Ergänzend könnten Rotationen in andere Direktionen oder überbetriebliche Lernphasen eingesetzt werden. Beide Maßnahmen sichern die vollständige Vermittlung der Ausbildungsinhalte, sind aber organisatorisch anspruchsvoller.

Entscheidungsvorlage für die Proximus Versicherung AG

Die Entscheidung sollte strategisch differenziert getroffen werden. In der Landesdirektion West empfiehlt es sich, die Lücke durch eine Kombination zu schließen: die Einstellung eines zusätzlichen hauptberuflichen Ausbilders, flankiert von der Qualifizierung von zwei bis drei nebenberuflichen Ausbildern. Damit entsteht ein nachhaltiges Gerüst, das zugleich Flexibilität wahrt. In der Landesdirektion Nord sollte der Schwerpunkt auf der Benennung und Entlastung von sechs bis acht Fachkräften mit klar definiertem Ausbildungszeitanteil liegen, ergänzt um Rotationen für Spezialmodule.

Die Kapazitätsprüfung verdeutlicht, dass Planung und Realität nicht immer deckungsgleich sind. Die Proximus Versicherung AG kann die angestrebten 467 Auszubildenden nur dann erfolgreich betreuen, wenn die identifizierten Engpässe behoben werden. Durch gezielte Maßnahmen in den Direktionen West und Nord wird es möglich sein, die hohen Ausbildungszahlen zu halten und gleichzeitig die gesetzlichen Anforderungen einzuhalten. Damit wird die Ausbildung bei der Proximus Versicherung AG nicht nur quantitativ, sondern auch qualitativ gesichert.

19.3 Gewinnung von Auszubildenden

Die quantitative und qualitative Bedarfsanalyse beantworten die Frage, wie viele Auszubildende mit welchem Profil benötigt werden. Doch bevor Einstellungen stattfinden können, müssen sich genügend geeignete Bewerbende überhaupt für eine Ausbildung im Unternehmen interessieren. Hierüber entscheidet die Attraktivität des arbeitgebenden beziehungsweise ausbildenden Unternehmens. Hier kommt das Konzept des Employer Brandings ins Spiel – der bewusste Aufbau und die Pflege einer Arbeitgebermarke, die für potenzielle Auszubildende attraktiv ist. Arbeitgeberattraktivität hängt dabei nicht nur von der Vergütung ab, sondern auch von Aspekten wie Unternehmenskultur, Entwicklungsmöglichkeiten und Vereinbarkeit von Beruf und Privatleben. Insofern sind Ausbildungsmarketing und Bewerbendenansprache integrale Bestandteile einer strategisch ausgerichteten Arbeitgebermarke.[22] Die Gewinnung von Auszubildenden bildet daher eine Schlüsselstelle in der betrieblichen Personalpolitik. Ziel ist es, die Basisrate – also den Anteil der grundsätzlich geeigneten Bewerbenden –[23] zu erhöhen und dadurch die Anzahl passender Einstellungen im Verhältnis zum Aufwand zu verbessern.

22 Vgl. Lippold, 2014, S. 97–101.
23 Vgl. Lippold, 2014, S. 148–149.

19.3.1 Ausbildungsmarketing und Rekrutierung

Grundprinzipien der Rekrutierung

Die Rekrutierung von Auszubildenden verfolgt zwei Kernziele: Aufmerksamkeit schaffen und Passung sichern. Aufmerksamkeit bedeutet, dass junge Menschen überhaupt auf die Möglichkeit einer Ausbildung aufmerksam werden. Passung meint, dass diejenigen erreicht werden, die auch tatsächlich die Kompetenzen, Interessen und Erwartungen mitbringen, die im Anforderungsprofil definiert wurden. Im Zentrum steht dabei das Prinzip der doppelten Passung:

1. Passung von Person und Stelle – die Fähigkeiten, Interessen und Werte der Bewerbenden müssen zu den Anforderungen des Ausbildungsberufes passen.
2. Passung zwischen Person und Organisation – die Persönlichkeit und Werte der Bewerbenden sollten mit der Kultur des Unternehmens vereinbar sein.

Rekrutierung ist deshalb nicht nur Werbung, sondern auch Selbstselektion: Wer sich in der Ansprache wiederfindet, bewirbt sich; wer nicht, entscheidet sich eher gegen das Unternehmen.

Zielgruppenanalyse

Die Zielgruppenanalyse verfolgt dagegen das Ziel, die Ansprache zu optimieren: Über welche Kanäle und Botschaften können verschiedene Zielgruppen wie Personen mit Realschulabschluss bis zum Abitur, Personen mit Studienabbruch und Quereinsteigende am besten erreicht werden? So wird ermittelt, welche Medien genutzt werden, welche Argumente motivieren und welche Kommunikationsstile (zum Beispiel Social-Media-Formate, Schulbesuche, Messen) besonders wirksam sind.

Kanäle der Bewerbendenansprache

Die Wahl der Rekrutierungskanäle entscheidet darüber, ob die richtigen Zielgruppen erreicht werden. Grundsätzlich lassen sich drei Gruppen unterscheiden:

1. **Klassische Kanäle:** Stellenanzeigen in Zeitungen, Aushänge, Print-Broschüren oder Präsenz auf Ausbildungsmessen. Diese Kanäle haben nach wie vor ihre Bedeutung, besonders für Bewerbende, die eine persönliche Ansprache schätzen.
2. **Digitale Kanäle:** Karriere-Websites, Online-Jobbörsen, Social-Media-Plattformen (Instagram, TikTok, LinkedIn) und Apps zur Ausbildungsplatzsuche. Jugendliche nutzen zunehmend digitale Medien als erste Informationsquelle über Ausbildungsplätze.
3. **Direkte Kanäle:** Kooperationen mit Schulen, Hochschulen und Bildungsträgern. Dazu gehören auch Praktika, Schnuppertage und Azubi-Botschafter, die aus erster Hand berichten.

Multikanale Strategien sind besonders erfolgreich, da unterschiedliche Zielgruppen auf unterschiedliche Weise erreicht werden. Konkret könnte sie zum Beispiel so ausgestaltet sein:

- **Social Media:** Inhalte werden zielgruppenorientiert für Instagram, TikTok und LinkedIn erstellt. Es gibt Einblicke in den Azubi-Alltag, kurze Interviews und Tipps zur Bewerbung.
- **Karriere-Website:** zentrales Informationsportal mit Ausbildungsstellen, Einblicken in den Berufsalltag, Videos und Bewerbungsportal. Bewerbungsprozess und Anforderungen werden klar beschrieben.
- **Messen und Schulbesuche:** Präsentation auf Berufsbildungsmessen und in Schulen, Vorstellung des Berufs und des Unternehmens und das erlebbar machen des Produkts „Versicherung", zum Beispiel durch interaktive Risiko-Workshops oder Rollenspiele zur Beratung.
- **Kooperationen:** Zusammenarbeit mit Arbeitsagenturen, Schulen und Hochschulen, um gezielt Interessenten anzusprechen.
- **Empfehlungs-Programme:** Belohnungssysteme für Mitarbeitendenempfehlungen, um Bewerbende aus dem persönlichen Umfeld zu gewinnen.[24]

Rechtliche Aspekte der Rekrutierung

Das AGG untersagt eine Benachteiligung aufgrund bestimmter Merkmale wie Geschlecht, Alter, Religion, Behinderung oder Herkunft. Formulierungen in einer Stellenausschreibung können dabei für Bewerbende ein Indiz für Diskriminierung sein, welches lediglich dargelegt werden muss, sodass dann durch das ausbildende Unternehmen bewiesen werden müsste, dass keine Diskriminierung stattgefunden hat. Das AGG verbietet eine Benachteiligung von Bewerbenden aufgrund bestimmter Merkmale (§ 1 AGG), und zwar:

- **Geschlecht**: Das AGG schützt Personen vor Benachteiligungen aufgrund des biologischen oder empfundenen Geschlechts, einschließlich der Geschlechtsidentität. Damit sind auch trans- und intergeschlechtliche Personen umfasst. Das Bundesverfassungsgericht hat festgestellt, dass es drei Geschlechter gibt: Männer, Frauen und diverse Personen.[25]
- **Alter**: Schutz vor Benachteiligung wegen jeden Lebensalters.
- **Ethnische Herkunft und „Rasse"**: Ethnische Herkunft meint insbesondere eine durch Abstammung, nationale Zugehörigkeit oder kulturelle Prägung bestimmte Zugehörigkeit. Der deutsche Gesetzgeber verwendet den Begriff „Rasse" trotz seiner historischen Problematik, um den europarechtlichen Vorgaben und dem Wort-

---

24 Vgl. Lippold, 2014, S. 129–141.
25 Vgl. BVerfG, Beschluss vom 10. Oktober 2017 – 1 BvR 2019/16.

laut der EU-Gleichbehandlungsrichtlinien zu entsprechen; er soll keinen biologischen, sondern einen diskriminierungsschutzrechtlichen Begriff darstellen.[26]

- **Religion und Weltanschauung**: Schutz vor Benachteiligung wegen religiöser Überzeugungen oder atheistischen Weltbildern auf Gemeinschaftsgrundlage.[27]
- **Behinderung**: Schutz von Menschen mit körperlichen, geistigen oder psychischen Beeinträchtigungen der Lebensteilhabe in der Gesellschaft, die mit hoher Wahrscheinlichkeit länger als 6 Monate andauern und nicht alterstypische sind.[28]
- **Sexuelle Identität**: Schutz von homo-, bi- und heterosexuellen Personen sowie Menschen mit anderer sexueller Orientierung. Es geht dabei nicht um private Vorlieben oder Praktiken, sondern ausschließlich um die sexuelle Orientierung als Bestandteil der Persönlichkeit.

In Anzeigen sollten neutrale Berufsbezeichnungen verwendet werden („Kaufleute (m/w/d) für Versicherungen und Finanzanlagen"). Anforderungen sollten so formuliert werden, dass sie nicht faktisch bestimmte Gruppen ausschließen.

■ BEISPIEL

Statt „Führerschein Klasse B zwingend erforderlich" besser „Führerschein Klasse B wünschenswert (notwendig für Außendienst-Einsätze)". So wird klar, dass sich Menschen ohne Führerschein dennoch bewerben können, wenn sie zum Beispiel im Innendienst oder im Stadtzentrum mit guter ÖPNV-Anbindung eingesetzt werden. ■

Eine mittelbare Diskriminierung kann vorliegen, wenn eine formal neutrale Anforderung bestimmte Gruppen benachteiligt.

■ BEISPIEL

Die Anforderung, dass Bewerbende regelmäßig Kunden vor Ort besuchen müssen, könnte Menschen ohne Führerschein und somit Jüngere indirekt ausschließen. Sie ist aber gerechtfertigt, wenn der Außendienst integraler Bestandteil der Ausbildung ist und kein milderes Mittel besteht. ■

Ein Bewerbungsfoto sollten nicht verlangt werden. Hintergrund: Fotos können unbewusste Diskriminierungen begünstigen und stehen mit der Eignung nicht in Zusammenhang. [29]

Stellenanzeigen sind im Übrigen rechtlich kein Vertragsangebot, sondern nur die Aufforderung, sich zu bewerben (sogenannte invitatio ad offerendum). Nach § 93 BetrVG kann der Betriebsrat verlangen, dass Stellenausschreibungen auch intern erfolgen,

---

26 Vgl. Sebastian Hopfner, Valerie Naumann, Marisa Schäfer, Tobias Vögele, Das Allgemeine Gleichbehandlungsgesetz – Ein Leitfaden für die arbeitsrechtliche Praxis, Karlsruhe, Verlag Versicherungswirtschaft, 2007, S. 27–28.

27 Vgl. Hopfner, 2007, S. 30–31.

28 Vgl. Hopfner, 2007, S. 31–32.

29 Vgl. Sascha Fauler, Gleichbehandlung in der Personalbeschaffung – Risikofaktor AGG?, Hamburg, Diplomica Verlag, 2015, S18–19.

während sie extern ausgeschrieben werden. Dies soll sicherstellen, dass auch Beschäftigte im Unternehmen die Chance auf eine Bewerbung erhalten.

Der Datenschutz (DS-GVO) stellt sicher, dass Bewerbeendendaten nur zweckgebunden verarbeitet werden dürfen und nach Abschluss des Verfahrens gelöscht werden müssen, wenn keine Einwilligung zur weiteren Speicherung vorliegt.

Kanäle für externe Ansprache

Die externe Ansprache erfolgt über eine Mischung aus zentralen und regional angepassten Maßnahmen:

- Online-Jobbörsen (zum Beispiel Ausbildung.de, IHK-Lehrstellenbörse)
- Karriere-Website der Proximus Versicherung AG mit direkter Bewerbungsmöglichkeit
- Social Media-Kampagnen
- Schul- und Hochschulkooperationen, zum Beispiel durch Vorträge oder Schnuppertage
- Messen und Events: Auftritt mit Messestand, Informationsmaterialien und Azubibotschaftern, die authentisch aus dem Alltag berichten.

Erfolgskontrolle des Ausbildungsmarketings

Das Ausbildungsmarketing ist nur erfolgreich, wenn daraus mehr oder passgenauere Einstellungen im Hinblick auf das Anforderungsprofil entstehen, nicht nur eine höhere Anzahl an Bewerbungen. Daher wird der Erfolg nicht an reinen Bewerbendenzahlen festgemacht, sondern unter anderem an:

- **Quote geeigneter Bewerbungen (Basisrate):** Anteil der Bewerbungen, die die formalen Mindestanforderungen erfüllen.[30]
- **Kosten pro Einstellung:** Verhältnis von Marketingaufwand zu erfolgreichen Einstellungen.
- **Verbleibquote:** Anteil der Auszubildenden, die die Ausbildung fortsetzen und erfolgreich abschließen.
- **Qualität der Bewerber:** zum Beispiel Schulnoten, Passung zu den im Anforderungsprofil definierten Kompetenzen.

Messeauftritte und Schulbesuche sollten ebenfalls evaluiert werden: Wie viele Bewerbungen konnten direkt danach generiert werden? Welche Botschaften und Erlebnisse (zum Beispiel praxisnahe Beratungssimulationen, „Versicherungs-Fallbeispiele zum Anfassen") wirkten besonders attraktiv?

30 Vgl. Lippold, 2014, S. 148–149.

19.3.2 Bewerbendenauswahl

Die Auswahl geeigneter Auszubildender gehört zu den sensibelsten und strategisch wichtigsten Aufgaben der betrieblichen Ausbildung. Sie entscheidet über den Ausbildungserfolg, die spätere Fachkräftesicherung und letztlich auch über die Wettbewerbsfähigkeit eines Unternehmens. Grundlage bildet das Anforderungsprofil für den Beruf der Kaufleute für Versicherungen und Finanzanlagen mit daraus folgenden Schlüsselkompetenzen wie: Kommunikations- und Beratungsfähigkeit, Sorgfalt, Lern- und Umsetzungsfähigkeit, mathematisch-logisches Grundverständnis sowie sprachliche Sicherheit. Alle eingesetzten Verfahren müssen valide, fair, transparent und rechtskonform sein. Die Auswahlentscheidung steht dabei auf drei Säulen: Erstens der Eignung: Bewerbende müssen die im Anforderungsprofil definierten fachlichen, sozialen und methodischen Kompetenzen mitbringen. Zweitens dem Potenzial: Gerade bei jungen Menschen ohne Berufserfahrung zählen Motivation, Lernbereitschaft und Belastbarkeit. Drittens der Passung: Neben der individuellen Eignung ist die Passung zur Unternehmenskultur und zum konkreten Einsatzbereich entscheidend. Die Entscheidung darf niemals auf diskriminierenden Kriterien beruhen; das AGG bildet hierfür den rechtlichen Rahmen.

Gütekriterien von Auswahlverfahren

Ein gutes Auswahlverfahren erfüllt die Gütekriterien:

- **Objektivität:** Das Ergebnis ist unabhängig davon, wer das Verfahren durchführt oder auswertet.[31] Erreichbar zum Beispiel durch standardisierte Interviewleitfäden und Bewertungsbögen.
- **Reliabilität:** Zuverlässigkeit der Verfahren, also die Frage, ob es bei Wiederholung zu ähnlichen Ergebnissen führt. Mehrere Beobachtende oder Testwiederholungen können hier zur Stabilisierung beitragen.[32]
- **Validität:** Gibt an, wie gut ein Verfahren den späteren Ausbildungserfolg vorhersagt.[33]

Die Validität wird als Korrelationskoeffizient zwischen -1 und +1 angegeben. Ein Wert von 0 bedeutet, dass kein Zusammenhang zwischen Verfahrensergebnis und Ausbildungserfolg besteht. Positive Werte zeigen einen positiven Zusammenhang. Werte zwischen 0,40 sowie 0,60 gelten als mittelmäßig.[34] Bereits mittlere Validitätswerte sind für die Personalauswahl sehr bedeutsam. Zwischen den Verfahren bestehen deutliche Unterschiede:

31 Vgl. Lippold, 2014, S. 151.
32 Vgl. Lippold, 2014, S. 151–152.
33 Vgl. Lippold, 2014, S. 152.
34 Vgl. Jürgen Bortz, Nicola Döring, Forschungsmethoden und Evaluation für Human- und Sozialwissenschaftler, Heidelberg, Springer Medizin Verlag, 2009, S. 202.

- **Kognitive Tests** (zum Beispiel Intelligenztests) erreichen Validitäten um 0,51 und gehören zu den besten Prädiktoren für Ausbildungs- und Berufserfolg.[35]
- **Arbeitsproben** besitzen aufgrund ihres unmittelbaren Tätigkeitsbezugs eine sehr hohe Validität von etwa 0,54.[36]
- **Strukturierte Interviews** mit festem Leitfaden und Bewertungsraster kommen auf Werte um 0,51.[37]
- **Assessment Center** (AC) erreichen je nach Gestaltung Validitäten von etwa 0,37. Hier sind Verfahrensvielfalt, geschulte Beobachtende, klare Bewertungsmaßstäbe und eine sorgfältige Urteilsintegration entscheidend.[38]
- **Bewerbungsunterlagen** haben einen geringen Wert von 0,18.[39]
- **Schulnoten** weisen eine mittlere Validität von 0,26 bis 0,41 bei der Vorhersage von Ausbildungserfolg auf. Die Validität ist mit Bezug auf jüngere Schulabschlüsse gesunken.[40]
- **Unstrukturierte Interviews** sind stark anfällig für Verzerrungen, ihre Validität liegt meist unter 0,38.[41]
- **Graphologische Gutachten** sind empirisch praktisch wirkungslos, ihre Validität liegt nahe Null ($r \approx 0{,}02$).[42]

Testverfahren umfassen neben kognitiven Tests auch Persönlichkeitstests. Hier zeigt sich, dass insbesondere die Dimension Gewissenhaftigkeit der „Big Five" mit Validitäten um $r = 0{,}23$ in relevantem Zusammenhang mit Ausbildungs- und Berufserfolg steht, während andere Persönlichkeitsdimensionen (Extraversion, emotionale Stabilität, Offenheit für Erfahrungen, Verträglichkeit) deutlich geringere Werte aufweisen.

Planung und Kombination von Auswahlverfahren

Die Planung des Auswahlverfahrens orientiert sich an den Anforderungen des Ausbildungsberufs. Das Anforderungsprofil aus der qualitativen Bedarfsanalyse legt fest, welche fachlichen, sozialen und methodischen Kompetenzen geprüft werden sollen – etwa mathematisches Grundverständnis, Sprachkompetenz, Kundenorientierung, Teamfähigkeit und Lernbereitschaft.

- **Kognitive Tests** überprüfen gezielt fachliche Grundlagen wie Rechenfertigkeit, Sprachverständnis und logisches Denken.

---

[35] Vgl. Heinz Schuler, Stefan Höft, Konstruktorientierte Verfahren der Personalauswahl, In: Heinz Schuler (Hrsg.): Lehrbuch der Personalpsychologie, Göttingen u. a., Hogrefe Verlag, 2006, S. 110.
[36] Vgl. Schuler, 2006, S. 110.
[37] Vgl. Schuler, 2006, S. 110.
[38] Vgl. Schuler, 2006, S. 110.
[39] Vgl. Klaus Moser, Bewerbungsunterlagen und Referenzen, in: Heinz Schuler, Karlheinz Sonntag (Hrsg.): Handbuch der Arbeits- und Organisationspsychologie, Göttingen u. a., Hogrefe Verlag, 2007, S. 493.
[40] Vgl. Schuler, 2006, S. 195.
[41] Vgl. Schuler, 2006, S. 110.
[42] Vgl. Schuler, 2006, S. 110.

- **Interviews** erfassen Motivation, Lernbereitschaft und berufliche Werte.
- **Assessment Center** bilden soziale und methodische Kompetenzen in praxisnahen Situationen ab, in denen zum Beispiel Kundenorientierung, Problemlösefähigkeit und Teamarbeit beobachtet werden können.

In der Praxis wird nur selten ein einzelnes Verfahren eingesetzt. Üblich ist eine Kombination mehrerer Methoden, damit unterschiedliche Facetten der Eignung sichtbar werden. Zwei Modelle sind verbreitet:

- Im **Kompensationsmodell** werden die Ergebnisse aller Verfahren zu einer Gesamtpunktzahl zusammengeführt; Schwächen in einem Bereich können durch Stärken in einem anderen ausgeglichen werden.
- Im **Hürdenmodell** müssen Bewerbende bestimmte Mindestwerte erreichen, um in die nächste Stufe zu gelangen (zum Beispiel erst Test bestehen, dann Einladung zum Interview).

Die Kombination erhöht die Treffsicherheit, birgt aber auch Risiken: Werden Verfahren ohne Mehrwert hinzugefügt (zum Beispiel graphologische Gutachten mit einet Validität nahe 0) oder Methoden verwendet, die sogar eine negative Validität aufweisen, kann die Gesamtprognose verschlechtert werden. Ebenso führen redundante Verfahren, die im Wesentlichen dasselbe messen, eher zu zusätzlichem Aufwand als zu höherer Validität. Die Lehre daraus: Kombination ja, aber nur, wenn die Verfahren komplementär sind und unterschiedliche Dimensionen erfassen.

Die Qualität eines Auswahlverfahrens hängt außerdem von zwei Kennzahlen ab:

- **Basisrate**: Anteil der geeigneten Bewerbenden im gesamten Pool. Ist diese sehr niedrig, ist die Gefahr groß, ungeeignete Personen einzustellen.[43]
- **Selektionsquote**: Anteil der Bewerbenden, die eingestellt werden. Je niedriger sie ist, desto schärfer kann ausgewählt werden.

Anforderungsgerechte Stellenausschreibungen, realistische Tätigkeitsvorschauen und ein zielgerichtetes Ausbildungsmarketing tragen dazu bei, die Basisrate zu erhöhen und somit die Wirksamkeit des Auswahlverfahrens insgesamt zu verbessern.

Verfahren der Bewerbendenauswahl im Überblick

Zu den klassischen Instrumenten zählen Bewerbungsunterlagen und Vorstellungsgespräche. Bewerbungsunterlagen liefern erste Eindrücke, haben aber nur begrenzte Prognosekraft. Guten Bewerbungsanschreiben kann eher keine Bedeutung zugemessen werden. Bei schlechten Bewerbungsschreiben ist gewiss, dass Bewerbende es selbst nicht konnten und auch keine Person kannten, die es kann.

---

[43] Vgl. Lippold, 2014, S. 148–149.

Unstrukturierte Interviews sind aufgrund von Beurteilungsfehlern wenig zuverlässig, strukturierte Interviews hingegen weisen eine deutlich höhere Validität auf. Sie arbeiten mit standardisierten Fragen, klaren Bewertungsbögen und definierten Verhaltensankern und sichern damit Objektivität und Vergleichbarkeit.

Testverfahren – insbesondere Intelligenz- und Leistungstests – erfassen kognitive Fähigkeiten wie Sprachverständnis, numerische Kompetenz und logisches Denken und erreichen hohe Validitätswerte. Persönlichkeitstests können ergänzend eingesetzt werden, um stabile Merkmale wie Gewissenhaftigkeit zu erfassen.

Arbeitsproben bilden konkrete Tätigkeitsanforderungen ab, etwa ein Beratungsgespräch oder die Bearbeitung eines Schadenfalls. Sie haben eine hohe Inhaltsvalidität, weil sie reale Aufgaben simulieren.

Das **Assessment Center** verbindet verschiedene Methoden und gilt als besonders umfassendes Auswahlverfahren. Es wird üblicherweise als Gruppenauswahlverfahren mit mehreren Bewerbenden und Beobachtenden durchgeführt und umfasst zum Beispiel Präsentationen, Gruppendiskussionen, Rollenspiele, Postkorbübung, Fallstudien, Gruppenarbeiten, Interviews und schriftliche Tests. Durch die Kombination unterschiedlicher Situationen und Perspektiven entsteht ein breites Bild der Kompetenzen. Für die Qualität des Assessment Centers sind Verfahrensvielfalt, geschulte Beobachtenden, kalibrierte Bewertungsmaßstäbe und eine statistische Urteilsintegration zentral.

Die Effektivität von Auswahlverfahren wird neben den Gütekriterien auch durch ökonomische Gesichtspunkte (Kosten, Aufwand) und Akzeptanzkriterien beeinflusst. Assessment Center sind zwar aussagekräftig, jedoch ressourcenintensiv; Tests sind effizient, werden aber mitunter als unpersönlich erlebt.

Erlaubte und unzulässige Fragen sowie Einstellungsuntersuchungen

Im Vorstellungsgespräch dürfen grundsätzlich nur Fragen gestellt werden, die in einem unmittelbaren sachlichen Zusammenhang mit der angestrebten Ausbildung stehen und für deren ordnungsgemäße Durchführung bedeutsam sind. Grundlage hierfür ist die gegenseitige Pflicht zur Rücksichtnahme (§ 241 Abs. 2 BGB) sowie das AGG. Nach § 26 BDSG in Verbindung mit Art. 6 Abs. 1 lit. b DS-GVO dürfen nur personenbezogene Daten erhoben werden, die zur Entscheidung über die Begründung des Beschäftigungsverhältnisses erforderlich sind.

Zulässige Fragen beziehen sich daher auf Aspekte, die für Eignung, Befähigung und fachliche Leistung relevant sind, zum Beispiel:

- Schul- und Bildungsabschlüsse, bisherige Ausbildungs- oder Tätigkeitszeiten,
- berufliche Kenntnisse, Fertigkeiten und Interessen,

- gesundheitliche Einschränkungen, soweit sie die Ausübung der Ausbildungstätigkeit betreffen (zum Beispiel Farbsehvermögen bei bestimmten technischen Berufen, körperliche Belastbarkeit in stark körperlich geprägten Tätigkeiten, Fahrerlaubnis bei Ausbildungsstellen mit regelmäßigen Außendienst-Einsätzen).

Unzulässige Fragen sind solche ohne berufsbezogenen Zusammenhang, etwa nach Familienplanung, Schwangerschaft, Eheschließung, Parteizugehörigkeit, Religionszugehörigkeit oder Gewerkschaftsmitgliedschaft, nach Vermögensverhältnissen, Schulden oder Vorstrafen, sofern diese für die konkrete Tätigkeit nicht relevant sind, sowie nach Gesundheitszustand, Krankheiten oder Behinderungen ohne berufliche Relevanz. Grundsätzlich unzulässige Fragen können ausnahmsweise zulässig werden, wenn ein enger sachlicher Zusammenhang mit den konkreten Anforderungen besteht, etwa die Frage nach einer Fahrerlaubnis bei einer Ausbildung in einer Versicherungsagentur, in der regelmäßige Kundenbesuche vor Ort zwingend erforderlich sind.

Wird eine unzulässige Frage gestellt, besteht ein „Recht zur Lüge": Bewerbende dürfen sie wahrheitswidrig beantworten, ohne arbeitsrechtliche Konsequenzen befürchten zu müssen; eine Anfechtung oder Kündigung wegen arglistiger Täuschung ist in solchen Fällen unwirksam.

Einstellungsuntersuchungen sind nur zulässig, wenn sie für die Feststellung der Ausbildungsfähigkeit oder Eignung erforderlich sind. Sie unterliegen strengen Vorgaben zu Freiwilligkeit, Zweckbindung und Verhältnismäßigkeit (§ 26 BDSG, Art. 5 DS-GVO). Es dürfen nur Informationen erhoben werden, die für die konkrete Tätigkeit relevant sind; weitergehende allgemeine Gesundheitschecks sind unzulässig. Die Ergebnisse sind vertraulich zu behandeln und dürfen nur mit Einwilligung der Bewerbenden weitergegeben werden.

Davon zu unterscheiden ist die **Jugendarbeitsschutzuntersuchung** nach §§ 32 ff. JArbSchG. Sie dient ausschließlich dem Gesundheitsschutz Jugendlicher, ist gesetzlich vorgeschrieben und keine Einstellungsuntersuchung im arbeitsrechtlichen Sinn. Ohne entsprechende Bescheinigung dürfen Jugendliche nicht beschäftigt werden (§ 32 Abs. 1 JArbSchG).

Konkreter Auswahlprozess und Eignungsdiagnostik bei der Proximus Versicherung AG

Auf Basis dieser Grundsätze setzt die Proximus Versicherung AG ein mehrstufiges, fundiertes Auswahlverfahren ein, das verschiedene Methoden kombiniert und auf das Anforderungsprofil für Kaufleute für Versicherungen und Finanzanlagen abgestimmt ist.

Gesamtablauf des Auswahlprozesses

1. Bewerbung über eine zentrale Plattform
2. KI-gestützte Vorauswahl der Bewerbungsunterlagen

3. Online-Eignungstest (Vorselektion für das AC)
4. Assessment Center mit mehreren Übungen, in denen jede Dimension mindestens zweimal beobachtet wird
5. Beobachterkonferenz und Bewertung
6. Feedback und Entscheidung (Einstellung, Warteliste oder Absage; spätere Beteiligung des Betriebsrats nach § 99 BetrVG bei tatsächlicher Einstellung)

Die Auswahl geeigneter Auszubildender wird von der Proximus Versicherung AG als zentraler Erfolgsfaktor verstanden. Das Anforderungsprofil mit den definierten Schlüsselkompetenzen bildet die Grundlage; alle Verfahren sind so konzipiert, dass sie valide, fair, transparent und rechtskonform sind.

Bewerbung und KI-gestützte Vorauswahl

Es werden ausschließlich elektronische Bewerbungen über eine zentrale Plattform akzeptiert. Dies ermöglicht einen einheitlichen Prozess und einen strukturierten Vergleich aller Bewerbenden. Zunächst erfolgt eine formale Prüfung der Unterlagen: Vollständigkeit (Anschreiben, Lebenslauf, Zeugnisse), Nachweis des angestrebten Schulabschlusses sowie Praktika oder Nebentätigkeiten. Das angestrebte Schulniveau wird in Relation zu den Noten bewertet; so wird etwa eine „Zwei" in Mathematik auf einem Gymnasium anders gewichtet als dieselbe Note auf einer Hauptschule, um den Schwierigkeitsgrad angemessen zu berücksichtigen. Zur Bewältigung großer Bewerberzahlen setzt die Proximus Versicherung AG eine KI-basierte Software ein, die Vorschläge für eine erste Vorauswahl erstellt. Berücksichtigt werden nur Faktoren mit mindestens mittlerer prognostischer Validität, zum Beispiel:

- Noten in Mathematik und Deutsch,
- Gesamtleistung im letzten Schulzeugnis,
- Vorhandensein unentschuldigter Fehlstunden

Da es sich bei der Bewerberauswahl um einen Hochrisiko-Anwendungsfall im Sinne der europäischen KI-Verordnung handelt, hält die Proximus Versicherung AG wesentliche Grundsätze ein: Transparenz (Information der Bewerbenden über den KI-Einsatz), menschliche Kontrolle (KI liefert nur Vorschläge, Entscheidungen werden von Personen verantwortet), Nachvollziehbarkeit (Dokumentation der Kriterien), Vermeidung unzulässiger Diskriminierung nach AGG-Merkmalen sowie DS-GVO-konforme Verarbeitung personenbezogener Daten. Nur Bewerbende mit ausreichender Übereinstimmung mit dem Anforderungsprofil werden zum Online-Eignungstest eingeladen.

Online-Eignungstest

Der Online-Eignungstest prüft grundlegende kognitive und sprachliche Fähigkeiten:

- Grundrechenarten und Prozentrechnung,

- Textverständnis und logisches Denken,
- Rechtschreibung und Grammatik,
- Konzentrationsfähigkeit unter Zeitdruck.

Beispiele sind Kopfrechenaufgaben mit steigender Schwierigkeit, kurze Textpassagen mit Verständnisfragen und logische Zahlenreihen. Zur Prävention von Täuschungsversuchen werden unter anderem Plausibilitätsprüfungen (Zeitbedarf im Verhältnis zur Schwierigkeit), zufällige Aufgabenreihenfolgen sowie Webcam- und Ausweis-Kontrollen eingesetzt. Auffällige Ergebnisse können zu einer Wiederholung des Tests vor Ort führen.[44] Nur erfolgreich getestete Kandidierende werden zum AC eingeladen.

Assessment Center (AC)

Es umfasst mehrere Übungen; jede relevante Kompetenz wird mindestens zweimal beobachtet:

- **Rollenspiel „Beratungsgespräch":** Die Bewerbenden führen ein simuliertes Gespräch, in dem sie ein Anliegen einer fiktiven Kundschaft aufnehmen und strukturiert bearbeiten. Bewertet werden unter anderem Verständlichkeit der Sprache, Empathie, aktives Zuhören und Gesprächsstruktur.
- **Gruppendiskussion** (zum Beispiel zum Thema „Betreiben Versicherungen Geschäfte mit der Angst anderer?"): Beobachtet werden Argumentationsfähigkeit, Reaktionsweise auf andere, sachliche Diskussionsführung und gemeinsames Erarbeiten von Ergebnissen.
- **Mini-Fallstudie mit Präsentation:** Die Teilnehmenden bearbeiten ein fiktives Versicherungsthema, strukturieren Informationen und präsentieren die Ergebnisse. Bewertet werden Lern- und Umsetzungsfähigkeit, logisches Denken und die Fähigkeit, komplexe Inhalte verständlich zu erklären.
- **Paarinterview mit Präsentation:** Die Bewerbenden interviewen sich gegenseitig (zum Beispiel zu persönlichen Stärken im Umgang mit Kundschaft), bereiten die Informationen auf und stellen sie der Gruppe vor. So werden Zuhören, Informationsverarbeitung und Präsentationsfähigkeit erneut beobachtet.

Die Bewertung erfolgt anhand vorab definierter Verhaltensanker. Für jede Dimension (zum Beispiel „Zuhören") sind konkrete Verhaltensbeschreibungen den Notenstufen zugeordnet, etwa:

- Note 1: fragt aktiv nach, fasst präzise zusammen, geht auf Zwischentöne ein,
- Note 3: reagiert überwiegend passend, fasst grob zusammen, klärt teilweise nach,

[44] Vgl. Stefan Etzel, Sascha Fauler, Anja Etzel, Einsatzfelder von modernen Online Assessments entlang der Wertschöpfungskette des HR-Managements, In: ebd. (Hrsg.): Managementdiagnostik in der Praxis: Online Assessments als Bausteine der Personalauswahl und -entwicklung Band III, Göttingen, Verlag Die Werkstatt, 2016, S. 1.

- Note 5: ignoriert wesentliche Informationen, stellt kaum Rückfragen.

Eine Matrix stellt sicher, dass jede Kompetenz (zum Beispiel verständliche Sprache, Zuhören, Argumentationsfähigkeit, Teamverhalten, Lern- und Umsetzungsfähigkeit, Sorgfalt, logisches Denken) in mindestens zwei Übungen durch unterschiedliche Beobachtenden beobachtet wird. So werden Momentaufnahmen relativiert und Beurteilungsfehler reduziert.

Qualitätssicherung der Beobachtung

Vor dem Assessment Center kalibrieren die Beobachtenden ihr Verständnis der Notenskala (zum Beispiel Unterschied zwischen „5" und „6") und setzen sich mit typischen Beurteilungsfehlern auseinander, etwa mit dem Halo-Effekt, dem Milde-/Strenge-Effekt oder Kontrastfehlern. Die Beobachtenden bewerten pro Übung nur zwei bis drei Personen, um Überlastung zu vermeiden. Nach jeder Übung werden die Eindrücke in kurzen Konferenzen abgeglichen und dokumentiert. Am Ende des Assessment Centers erfolgt eine argumentative Urteilsbildung, bei der die Beobachtenden ihre Einschätzungen diskutieren und zu einer gemeinsamen Entscheidung kommen. Statistische Mittelwerte können unterstützend herangezogen werden, ersetzen aber nicht die qualitative Diskussion.

Auswahlentscheidung, Transparenz und Fairness

Die Endauswahl erfolgt in einer Auswahlkommission (ausbildende Menschen, Fachvorgesetzte, HR-Vertretung). Pro bewerbenden Person wird ein Punkteprofil aus den verschiedenen Verfahren erstellt, das nach einem einheitlichen Schema gewichtet werden kann (zum Beispiel Test 30 %, Interview 30 %, Assessment Center 40 %). Die Entscheidung wird nicht nur arithmetisch getroffen, sondern auch qualitativ diskutiert, sodass besondere Stärken oder Entwicklungspotenziale berücksichtigt werden können.

Transparenz ist ein zentrales Prinzip: Alle Teilnehmenden erhalten nach dem Assessment Center ein Feedback zu ihren Stärken und Entwicklungsfeldern. Geeignete Bewerbende erhalten, vorbehaltlich der Beteiligung des Betriebsrats nach § 99 BetrVG, ein Vertragsangebot; andere werden auf eine Warteliste gesetzt. Nicht ausgewählte Personen können eine begründete Absage erhalten. Ziel ist, dass auch abgelehnte Bewerbende das Unternehmen als fair wahrnehmen – etwa als potenzielle Kundschaft oder spätere Quereinsteiger.

Der Betriebsrat hat im Zusammenhang mit Auswahlrichtlinien ein zwingendes Mitbestimmungsrecht nach § 95 BetrVG. Auswahlrichtlinien legen fest, nach welchen Kriterien Bewerbende beurteilt werden; der Betriebsrat der Proximus Versicherung AG hat dem skizzierten Verfahren zugestimmt.

19.4 Einstellung

19.4.1 Betrieblicher Ausbildungsplan

Ein betrieblicher Ausbildungsplan ist Anlage zum Ausbildungsvertrag. Er ist das zentrale Instrument, um die gesetzlichen Anforderungen des BBiG sowie der einschlägigen Ausbildungsordnung – hier der VersFinKflAusbV – in die Praxis des Unternehmens zu übertragen. Er gewährleistet, dass jeder auszubildende Mensch bei der Proximus Versicherung AG eine systematische, vollständige und qualitativ hochwertige Ausbildung erhält, die alle vorgeschriebenen Inhalte abdeckt und zugleich die betrieblichen Strukturen berücksichtigt.

Rechtliche Grundlagen und Funktion

Die Pflicht zur Erstellung eines betrieblichen Ausbildungsplans folgt aus § 14 Abs. 1 Nr. 1 BBiG. Ausbildende haben dafür zu sorgen, dass die im Ausbildungsrahmenplan vorgeschriebenen Fertigkeiten, Kenntnisse und Fähigkeiten vermittelt werden. Der betriebliche Ausbildungsplan konkretisiert den Ausbildungsrahmenplan für den jeweiligen Betrieb, indem er Lerninhalte Abteilungen, Bereichen und Maßnahmen zuordnet, die zeitliche Reihenfolge festlegt und die betrieblichen Gegebenheiten – etwa Kapazitäten, IT-Systeme, Produkte oder innendienst- und außendienstbezogene Inhalte – berücksichtigt. Grundlage ist der bundeseinheitliche Ausbildungsrahmenplan der VersFinKflAusbV. Da dieser allgemein gehalten ist, wird er an die Strukturen der Proximus Versicherung AG angepasst. Der betriebliche Ausbildungsplan integriert die Lernziele in den zeitlichen Ablauf der Ausbildung und legt fest, wann und durch wen sie vermittelt werden. Eine Abstimmung mit der Berufsschule ist sinnvoll, um Theorie und Praxis zu verzahnen, etwa wenn Praxisabschnitte zur Schadenbearbeitung oder Kundenberatung parallel zu schulischen Unterrichtsinhalten erfolgen sollen. Die Berufsschule selbst wird jedoch nicht im betrieblichen Ausbildungsplan abgebildet, da sie ihre eigenen Lehrpläne verantwortet.

Erstellung des betrieblichen Ausbildungsplans bei der Proximus Versicherung AG

Der betriebliche Ausbildungsplan wird von der zentralen Ausbildungsabteilung in München erstellt und anschließend standortspezifisch angepasst. Dabei erfolgt ein strukturierter Ablauf:

1. **Analyse des Ausbildungsrahmenplans:** Alle vorgeschriebenen Fertigkeiten, Kenntnisse und Fähigkeiten werden aus der VersFinKflAusbV übernommen.
2. **Abgleich mit den betrieblichen Strukturen:** Es wird geprüft, welche Abteilungen (zum Beispiel Schaden, Vertrieb, Kundenservice, IT) welche Lernziele vermitteln

können. Externe Maßnahmen wie Seminare, Projekte oder Kooperationen werden ergänzt, wenn Lernziele intern nicht vollständig abgedeckt werden können.

3. **Zeitliche Planung:** Die dreijährige Ausbildung wird in Abschnitte unterteilt. Reihenfolge und Dauer der Abteilungen sowie Außendiensteinsätze werden im Einklang mit der Berufsschule so festgelegt, dass Theorie und Praxis möglichst gut aufeinander abgestimmt sind.
4. **Berücksichtigung betrieblicher Kapazitäten:** Einsatzplanung erfolgt unter Berücksichtigung verfügbarer Ausbildungsarbeitsplätze, ausbildenden Menschen, Urlaubs- und Schulungszeiten sowie Prüfungsphasen.
5. **Freigabe und Dokumentation:** Der fertige Plan wird durch die zentrale Ausbildungsabteilung geprüft, von der Ausbildungsleitung der jeweiligen Direktion freigegeben und Bestandteil des Ausbildungsvertrags.

Praktische Umsetzung bei der Proximus Versicherung AG

Auf Grundlage des betrieblichen Ausbildungsplans wird für jeden auszubildenden Menschen ein individueller Einsatzplan erstellt. Dieser enthält:

- die Abteilungen und Bereiche, in denen Einsätze stattfinden,
- die zeitliche Abfolge und Dauer der Einsatzabschnitte,
- die jeweils zu vermittelnden Lernziele,
- die verantwortlichen ausbildenden Menschen und Ausbildungsbeauftragten,
- ergänzende interne oder externe Maßnahmen (zum Beispiel Seminare, Schulungen, Projekte).

Kann ein Lernziel betriebsintern nicht vermittelt werden, nutzt die Proximus Versicherung AG externe Angebote wie Fachseminare des BWV, Kooperationen mit anderen Betrieben oder spezielle Schulungsprogramme.

■ BEISPIEL: BETRIEBLICHER AUSBILDUNGSPLAN VON ANDREA (LANDESDIREKTION KÖLN)

Ausbildungsabschnitt	Einsatzgebiet	Dauer	Lernzielkennziffern
Einführungsprogramm und Kennenlernfahrt	Einführung in Proximus, Unternehmenskultur, Rechte und Pflichten	1 Monat	A1, A2, C1, C2
Sach-Betrieb Privatkunden	Verwaltung und Betreuung von Versicherungsverträgen für Privatkunden	6 Monate	A3, A4, C3
Außendiensteinsatz	Bedarfsermittlung, Beratungsgespräche, Kundenbetreuung	5 Monate	A5, A6, C4
Sach-Schaden	Bearbeitung von Schadenfällen, Kommunikation mit Dienstleistern	6 Monate	A7, A8

Ausbildungsabschnitt	Einsatzgebiet	Dauer	Lernzielkenn-ziffern
Vertriebsservice	Vertriebsunterstützung, Kampagnenplanung, Kundenbestandspflege	6 Monate	A9, A10
Underwriting Gewerbekunden (Wahlqualifikation B3)	Risikoprüfung, Tarifierung, Absicherungskonzepte	6 Monate	A11, A12, B3
Vertiefung und Vorbereitung	Prüfungssimulation, Seminare (Finanzanlagen, Digitalisierung)	6 Monate	A12, C1, C2

Entsprechungsliste: Zuordnung der Lernzielkennziffern

Die Lernzielkennziffern der VersFinKflAusbV werden wie folgt im Ausbildungsplan abgebildet:

A1 Unternehmen und Strukturen – Einführungsprogramm

A2 Rechte und Pflichten – Einführungsprogramm

A3 Privatkundengeschäft – Sach-Betrieb Privatkunden

A4 Datenschutz und IT-Sicherheit – Sach-Betrieb Privatkunden

A5 Bedarfsermittlung – Außendiensteinsatz

A6 Beratung und Verkauf – Außendiensteinsatz

A7 Schadenaufnahme und Deckungsprüfung – Sach-Schaden

A8 Kommunikation im Schadenfall – Sach-Schaden

A9 Vertriebsunterstützung und Kampagnen – Vertriebsservice

A10 Kundenbestandspflege – Vertriebsservice

A11 Risikoprüfung Gewerbe – Underwriting Gewerbekunden

A12 Abschlusskompetenz und Prüfungsvorbereitung – Underwriting/Vertiefung

B3 Risiken für Nicht-Privatkunden absichern – Underwriting Gewerbekunden

C1 Nachhaltigkeit – Einführungsprogramm/Prüfungsvorbereitung

C2 Digitalisierung – Einführungsprogramm/Prüfungsvorbereitung

C3 Kommunikation und Teamarbeit – Sach-Betrieb Privatkunden

C4 Selbstorganisation – Außendiensteinsatz

Ergänzende externe Maßnahmen:

Finanzanlagen (Teil von A12): Fachseminar beim BWV

- Prüfungsvorbereitung: interne Workshops, Simulationen, IHK-Kurse
- Nachhaltigkeit/Digitalisierung (C1/C2): E-Learning-Module und Workshops

Bedeutung des betrieblichen Ausbildungsplans

Der betriebliche Ausbildungsplan stellt sicher, dass alle rechtlichen Vorgaben eingehalten werden. Er schafft Transparenz über Ablauf und Inhalte der Ausbildung, ermöglicht eine gezielte Planung der Ausbildungsressourcen und unterstützt die Verzahnung von Theorie und Praxis.

19.4.2 Abschluss des Ausbildungsvertrags

Der Abschluss eines Ausbildungsvertrags ist freiwillig: Kein Betrieb ist verpflichtet auszubilden und kein sich bewerbender Mensch muss einen Ausbildungsvertrag unterschreiben. Kommt ein Berufsausbildungsvertrag zustande, gelten die Vorschriften des BBiG, insbesondere zur Niederschrift und zu den Mindestinhalten (§ 11 BBiG). Bei Minderjährigen ist die Zustimmung der gesetzlichen Vertreter (in der Regel beider Elternteile) erforderlich. Die Proximus Versicherung AG vereinbart darüber hinaus vertraglich eine aufschiebenden Bedingung: Das Ausbildungsverhältnis kommt nur zustande, wenn die Jugendarbeitsschutzuntersuchung keine gesundheitlichen Bedenken ergibt.

Mindestinhalte des Ausbildungsvertrags (§ 11 BBiG)

Ein Berufsausbildungsvertrag muss mindestens enthalten:

1. Name und Anschrift der ausbildenden Person sowie des auszubildenden Menschen, bei Minderjährigen zusätzlich der gesetzlichen Vertreter,
2. Art, sachliche und zeitliche Gliederung sowie Ziel der Berufsausbildung,
3. Beginn und Dauer der Berufsausbildung,
4. Ausbildungsstätte und Ausbildungsmaßnahmen außerhalb der Ausbildungsstätte,
5. Dauer der regelmäßigen täglichen Ausbildungszeit,
6. Dauer der Probezeit,
7. Zahlung und Höhe der Vergütung einschließlich Zusammensetzung,
8. Vergütung oder Ausgleich von Überstunden,
9. Dauer des Urlaubs,
10. Voraussetzungen für eine Kündigung des Ausbildungsvertrags,
11. Hinweis auf anwendbare Tarifverträge sowie Betriebs- oder Dienstvereinbarungen,
12. Form des Ausbildungsnachweises (elektronisch oder schriftlich).

Beginn und Dauer der Ausbildung – Verkürzung, Teilzeit und vorzeitige Prüfung

Die Regelausbildungsdauer für Kaufleute für Versicherungen und Finanzanlagen beträgt 36 Monate (§ 5 Abs. 2 VersFinKflAusbV). Eine Verkürzung nach § 8 Abs. 1 BBiG ist möglich, etwa bei Abitur, Fachabitur, Realschulabschluss oder einschlägiger Vorbildung; die konkreten Voraussetzungen legt die zuständige IHK fest. Empfehlungen des Hauptausschusses des BIBB sehen unter anderem eine Verkürzung um 12 Monate bei Abitur/Fachhochschulreife sowie um 6 Monate bei mittlerem Bildungsabschluss vor.

Unabhängig hiervon kann eine vorzeitige Zulassung zur Abschlussprüfung (§ 45 Abs. 1 BBiG) erfolgen, wenn die Leistungen überdurchschnittlich sind. Gemeinsam mit einer Verkürzung ist also eine Gesamtausbildungsdauer von nur 18 Monaten möglich.[45]

Eine Teilzeitausbildung gemäß § 7a BBiG reduziert die tägliche beziehungsweise wöchentliche Arbeitszeit und verlängert die Gesamtdauer proportional (zum Beispiel 25 % weniger Ausbildungszeit → Verlängerung von 36 auf circa 45 Monate).

Vergütungslogik:

- Bei Verkürzung beginnt der Vertrag im fortgeschrittenen Ausbildungsmonat/-jahr; die Vergütung dieses Ausbildungsjahres gilt ab dem ersten Tag.
- Bei vorzeitiger Prüfung bleibt die im Vertrag vereinbarte Vergütungsstaffel unverändert; es erfolgt keine rückwirkende Anpassung.

Ausbildungsvergütung – Mindestvergütung, Angemessenheit und Tarifbindung

Nach § 17 BBiG muss die Vergütung angemessen sein. Eine Vergütung, die über 20 % unter der tarifüblichen Vergütung liegt, gilt als unangemessen und kann von der IHK beanstandet werden. Zusätzlich existiert eine gesetzliche Mindestausbildungsvergütung (§ 17 Abs. 2 BBiG), die jährlich steigt und vom BMBFSFJ veröffentlicht wird.

Die Proximus Versicherung AG verwendet eine dynamische Bezugnahmeklausel, wodurch automatisch die Tarifvergütung des Arbeitgeberverbands der Versicherungsunternehmen in Deutschland e. V. gilt. Daneben ist der Tarifvertrag des BVK für das Versicherungsvermittlergewerbe relevant. Welcher Tarifvertrag gilt, richtet sich nach der Verbandzugehörigkeit des Betriebs.

■ BEISPIEL ANGEMESSENHEIT 2025 (1. LEHRJAHR):

- Tarif AGV: ca. 1.140 € → 20 % darunter: 912 €
- Tarif BVK: ca. 950 € → 20 % darunter: 760 € ■

Vergütungen unterhalb dieser Schwellen sind unangemessen; die gesetzliche Mindestvergütung ist stets einzuhalten.

Beteiligung des Betriebsrats bei Einstellungen (§ 99 BetrVG)

Vor der Einstellung ist der Betriebsrat anzuhören. Ablauf:

---

[45] Vgl. Bontrup, 2001, S. 319.

1. Schriftliche Unterrichtung des Betriebsrats einschließlich relevanter Unterlagen,
2. einwöchige Frist zur schriftlichen Stellungnahme (§ 99 Abs. 3 BetrVG),
3. mögliche Widerspruchsgründe nach § 99 Abs. 2 BetrVG (zum Beispiel Gesetzesverstöße, Benachteiligungen, Missachtung von Auswahlrichtlinien, Störung des Betriebsfriedens).

Bei fristgerechtem Widerspruch darf der auszubildende Mensch nicht beschäftigt werden. Die Ausbildende Person kann beim Arbeitsgericht die Ersetzung der Zustimmung beantragen; erst bei erfolgreicher Entscheidung ist die Einstellung zulässig.

Dokumentations- und Meldepflichten

- Eintragung des Ausbildungsverhältnisses bei der IHK,
- Anmeldung zur Berufsschule,
- Anmeldung zur Sozialversicherung (KV, RV, AV, PV),
- bei Minderjährigen: Erstuntersuchung nach dem JArbSchG,
- Meldung an die Berufsgenossenschaft/Unfallversicherung.

Praktische Hinweise

Bei minderjährigen Auszubildenden sollte die Jugendarbeitsschutzuntersuchung zwingende Wirksamkeitsvoraussetzung für den Ausbildungsvertrag sein; dies muss vertraglich vereinbart werden.

Die Zustimmung des Betriebsrats sollte vor der Vertragsunterzeichnung eingeholt werden, um Beschäftigungsverbote zu vermeiden.

19.4.3 Bindungsmaßnahmen vor Ausbildungsbeginn

Ziel und Bedeutung

Nach der Unterzeichnung des Ausbildungsvertrages verfolgt die Proximus Versicherung AG das zentrale Ziel, zugesagte Ausbildungsverhältnisse bis zum Ausbildungsbeginn zuverlässig zu sichern. Absprünge kurz vor Start verursachen erhebliche Mehrkosten und organisatorische Herausforderungen: Rekrutierungs- und Auswahlprozesse müssen teilweise neu aufgerollt werden, Ersatzbewerbende sind kurzfristig schwer zu finden, und unbesetzte Plätze können zu Störungen in der Einsatzplanung führen. Bindungsmaßnahmen sollen diese Risiken reduzieren, indem sie die emotionale und fachliche Bindung der zukünftigen Auszubildenden stärken.

Typische Absprunggründe und Einflussmöglichkeiten

Typische Gründe für Absprünge nach Vertragsunterzeichnung lassen sich danach gruppieren, wie stark Bindungsmaßnahmen wirken können:

- **Wechsel zum Studium:** Häufig ausgelöst durch einen unerwartet erhaltenen Studienplatz. Hier wirken Bindungsmaßnahmen kaum, da es sich um langfristige Lebensentscheidungen handelt.
- **Wechsel in einen anderen Ausbildungsberuf:** Oft Folge unsicherer Berufswahl oder veränderter Interessen. Dies kann durch realistische Einblicke, Kontakte zum künftigen Kollegium sowie Mentoring reduziert werden.
- **Wechsel zu einem anderen Unternehmen im selben Beruf:** Diese Gruppe ist besonders relevant. Gründe sind meist vermeintlich attraktivere Rahmenbedingungen wie kürzere Wege oder zusätzliche Benefits. Durch persönliche Ansprache, frühe Integration ins Team und transparente Perspektiven (zum Beispiel Übernahmequoten) lässt sich hier wirksam gegensteuern.
- **Private Neuplanung oder Auszeiten:** Beispiele sind Auslandsaufenthalte oder persönliche Projekte. Der Einfluss von Bindungsmaßnahmen ist gering.

Damit wird deutlich: Am wirksamsten sind Maßnahmen bei Auszubildenden, die sich innerhalb des Berufs neu orientieren oder zwischen Unternehmen vergleichen. Entscheidungen für ein Studium oder eine Auszeit lassen sich dagegen kaum beeinflussen.

Maßnahmen zur Bindung künftiger Auszubildender

Die Proximus Versicherung AG kombiniert persönliche, soziale und informative Elemente, um frühzeitig Bindung aufzubauen:

- **Persönliche Kommunikation:** Nach Vertragsunterzeichnung erhalten alle zukünftigen Auszubildenden ein persönliches Willkommensschreiben der Direktion sowie die Kontaktdaten einer festen Ansprechperson. Regelmäßige Updates informieren über Neuigkeiten, Organisatorisches und erste Tipps für den Start.
- **Frühe soziale Integration:** Durch Einladungen zu Veranstaltungen wie Sommer-Grillfest oder Weihnachtsfeier lernen die Auszubildenden ihr künftiges Team, ausbildende Menschen sowie andere Azubis kennen. Dies stärkt Zugehörigkeit und emotionale Bindung.
- **Berufliche Perspektive und Orientierung:** Digitale Willkommenspakete enthalten Informationen zur Ausbildung, zu Entwicklungsmöglichkeiten und Übernahmeperspektiven. Virtuelle Fragen- und Antwort-Runden mit aktuellen oder frisch übernommenen Auszubildenden unterstützen die Orientierung.

Wirtschaftliche Betrachtung und Nutzen

Der Einsatz von Bindungsmaßnahmen ist wirtschaftlich sinnvoll, wenn die gesenkte Absprungrate höherwertige Folgekosten vermeidet. Absagen kurz vor Start verursachen hohe direkte und indirekte Kosten: erneute Suche, Auswahlverfahren, organisatorischer Aufwand und potenzielle Vakanzen. Erfahrungswerte bei der Proximus Versicherung AG zeigen, dass insbesondere Wechsel zu anderen Unternehmen oder kurzfristige berufliche Neuorientierungen durch gezielte Einbindung deutlich reduziert werden können. Persönliche Betreuung, Netzwerkbildung und transparente Perspektiven tragen dazu bei, die Absprungrate spürbar – teils um die Hälfte – zu senken. Die Kosten der Maßnahmen sind im Vergleich gering und stehen in einem günstigen Verhältnis zum Aufwand der Nachbesetzung.

Verantwortlichkeiten bei der Proximus Versicherung AG

- **Zentrale Ausbildungsabteilung:** Festlegung von Standards und Budgets, Kontrolle der Wirksamkeit über die Absprungrate.
- **Ausbildungsleitungen in den Direktionen:** Organisation und Umsetzung der Maßnahmen sowie Dokumentation von Teilnahmen und Rückmeldungen.
- **Controlling:** Erfassung der Kosten und Analyse der Wirksamkeit.
- **Marketing:** Sicherstellung einer CI- und CD-konformen Kommunikation in Abstimmung mit dem Gesamt-Marketingkonzept.

19.4.4 Einführungsprogramm

Ein strukturiertes Einführungsprogramm ist für die erfolgreiche Integration von Auszubildenden entscheidend. Es sorgt dafür, dass neue Auszubildende sich schnell im Unternehmen zurechtfinden, die Unternehmenskultur verstehen und eine emotionale Bindung aufbauen. Die Proximus Versicherung AG hat das Einführungsprogramm systematisch gestaltet und in Arbeitsrichtlinien verankert. Diese geben allen Standorten und Direktionen eine einheitliche Grundlage, lassen jedoch zugleich genügend Raum für lokale Anpassungen.

Zielsetzung des Einführungsprogramms

Das Einführungsprogramm verfolgt mehrere Ziele:

- **Orientierung und Sicherheit:** Auszubildende sollen wissen, wie die Ausbildung organisatorisch abläuft, wer ihre Ansprechpersonen sind und wie grundlegende Abläufe im Unternehmen funktionieren.
- **Identifikation mit der Proximus Versicherung AG:** Die Auszubildenden lernen Werte, Unternehmenskultur und Selbstverständnis der Proximus Versicherung AG kennen.

- **Soziale Integration:** Der Aufbau von Netzwerken zwischen Auszubildenden sowie zum Kollegium soll Isolation vermeiden und Motivation fördern.
- **Verzahnung mit dem betrieblichen Ausbildungsplan:** Das Einführungsprogramm bildet den ersten Baustein für den erfolgreichen Einstieg in den praktischen Einsatz.

Struktur des Einführungsprogramms bei der Proximus Versicherung AG

Das Einführungsprogramm ist bundesweit einheitlich geregelt und gliedert sich in mehrere Phasen. Die Landes- und Bezirksdirektionen setzen diese Vorgaben standortspezifisch um.

(1) Vorbereitung vor Ausbildungsbeginn

- Willkommenspaket: Versand eines Begrüßungsschreibens durch die zentrale Ausbildungsabteilung, ergänzt durch standortspezifische Informationen wie Ansprechpersonen, erste Termine, Dresscode und Hinweise zur Berufsschule. (Der betriebliche Ausbildungsplan wurde bereits vorab mit dem Ausbildungsvertrag verschickt und ist daher nicht Teil des Willkommenspakets.)
- Kontaktaufnahme durch die Ausbildungsleitung: Telefonat oder E-Mail zur Klärung letzter Fragen, zum Abbau von Unsicherheiten und zur Förderung eines frühen Willkommensgefühls.
- Zugangsdaten und IT-Vorbereitung: Einrichtung von E-Mail-Adressen, Zugriffsrechten auf Lernplattformen sowie Einführungstools.

(2) Erste Tage – Einführungswoche

- Begrüßung durch die Ausbildungsleitung: Vorstellung zentraler Strukturen und Abläufe, Erläuterung von Rechten und Pflichten sowie Hinweise auf Betriebsrat, Jugend- und Auszubildendenvertretung (JAV) und Schwerbehindertenvertretung.
- Unternehmenskultur und Werte: Workshops zu „Wir sind die Proximus Versicherung AG" und zur Rolle des Versicherungswesens in Wirtschaft und Gesellschaft.
- Kennenlernen der Ausbildungsgruppe: Teamspiele, Vorstellungsrunden und gemeinsames Mittagessen.
- Organisatorische Einführung: Informationen zu Arbeitszeiten, Urlaubsregelungen, Zeiterfassung, Arbeitssicherheit und Datenschutz.
- IT-Schulungen: Einweisung in Outlook, Intranet, Lernplattformen und interne Kommunikationstools.

(3) Integrative Veranstaltungen

Zur Förderung der sozialen Bindung finden standortbezogene Veranstaltungen statt, darunter:

- Grillfest zum Ausbildungsstart

- Teilnahme an der Weihnachtsfeier
- Mehrtägige Kennenlernfahrt zur Stärkung des Teamzusammenhalts
- Patenschaftsprogramm durch erfahrene Auszubildende

(4) Fachliche Einführung und erste Lernbausteine

- Überblick über den bereits bekannten betrieblichen Ausbildungsplan
- Einführung in grundlegende Lerninhalte aus Abschnitt C des Ausbildungsrahmenplans (zum Beispiel Nachhaltigkeit, Digitalisierung, Kommunikation und Zusammenarbeit)
- Erste fachliche Schulungen, etwa zu Grundlagen des Versicherungswesens, Umgang mit Kundendaten sowie Datenschutz- und Schweigepflichten

Diese Veranstaltungen sind Teil der Ausbildung und unterscheiden sich von Bindungsmaßnahmen, da sie erst nach Ausbildungsbeginn stattfinden.

Schnittstellen und Verantwortlichkeiten

- **Zentrale Ausbildungsabteilung** (München): Erstellung übergreifender Standards wie Einführungswocheninhalte, Kommunikationsleitfäden und Willkommenspakete.
- **Ausbildungsleitung der Direktion** (zum Beispiel Landesdirektion Köln): Anpassung der Vorgaben an regionale Besonderheiten.
- **Ausbildende Menschen und Ausbildungsbeauftragte**: Praktische Einführung in Abteilungen, Erteilung erster Arbeitsaufträge und Begleitung im Team.
- **Betriebsrat, Jugend- und Auszubildendenvertretung, Schwerbehindertenvertretung**: Vorstellung zu Beginn zur Sichtbarmachung der Mitbestimmung und Unterstützungsstrukturen.
- **Berufsschule** (zum Beispiel Berufskolleg Südstadt Köln): Startet unabhängig von der Einführungswoche; Abstimmung erfolgt indirekt über die Planung der Praxisphasen.

19.5 Ausbildung durchführen

19.5.1 Voraussetzungen und Ziele

19.5.1.1 Eignung des Ausbildungspersonals und der Ausbildungsstätte

Das Ausbildungspersonal muss über verschiedene Eignungen verfügen. Das BBiG unterscheidet zwischen Ausbildendem (ausbildende Person), Ausbilder (ausbildender Mensch) und Fachkraft:

- Ausbildende Person ist derjenige, der den Ausbildungsvertrag mit Auszubildenden schließt. Das kann eine juristische Person (zum Beispiel die Proximus Versicherung AG) oder eine natürliche Person (zum Beispiel selbstständige Handelsvertretende) sein. Die ausbildende Person trägt die Gesamtverantwortung für die Durchführung der Ausbildung, auch wenn sie die praktische Ausbildung an andere delegiert. Auch die ausbildende Person selbst muss persönlich geeignet sein (§ 28 Abs. 1 BBiG), da sie vertraglich für die Einhaltung der rechtlichen Vorgaben verantwortlich ist.
- Ausbildender Mensch ist, wer von der ausbildenden Person damit betraut wird, die Ausbildung inhaltlich durchzuführen. Sie muss persönlich, fachlich und pädagogisch geeignet sein.
- Fachkräfte unterstützen den ausbildenden Menschen in der täglichen Praxis. Sie müssen fachlich und persönlich geeignet sein, brauchen aber nicht zwingend die pädagogische Eignung nachzuweisen. Dafür, dass die Inhalte nicht nur fachlich richtig, sondern auch pädagogisch sinnvoll vermittelt werden, hat wiederum der ausbildende Mensch Sorge zu tragen. Die Proximus Versicherung AG realisiert dies durch interne pädagogische Seminare für Fachkräfte, die Auszubildende zur Unterweisung zugewiesen bekommen.

Dieses Rollenverständnis stellt sicher, dass die Verantwortung klar verteilt ist: Die ausbildende Person stellt eine geeignete Ausbildungsstätte, der ausbildende Mensch sichert die pädagogisch-fachliche Qualität, und Fachkräfte tragen dazu bei, dass Auszubildende praxisnah lernen.

Persönliche Eignung

Die persönliche Eignung ist gegeben, wenn keine rechtlichen oder charakterlichen Gründe vorliegen, die einer ausbildenden Tätigkeit entgegenstehen. Sie ist nicht gegeben, wenn jemand:

- nicht die erforderliche Zuverlässigkeit besitzt,
- wegen bestimmter Vergehen rechtskräftig verurteilt wurde (zum Beispiel Sexualstraftaten, Betäubungsmitteldelikte),
- wiederholt oder schwerwiegend gegen das BBiG oder das Jugendarbeitsschutzgesetz verstoßen hat.

Zur Sicherstellung dieser Voraussetzungen kann von allen Mitarbeitenden, die an der Ausbildung Minderjähriger mitwirken, ein erweitertes polizeiliches Führungszeugnis (§ 30a BZRG) verlangt werden. Wird es nicht angefordert, besteht das Risiko, dass ungeeignete Personen eingesetzt werden. Kommt es zu Vorfällen (zum Beispiel Übergriffen), kann die ausbildende Person zivilrechtlich wegen Verletzung der Aufsichts- und Auswahlpflichten haften oder sogar strafrechtlich belangt werden.[46]

Fachliche Eignung

Die fachliche Eignung liegt vor, wenn über die beruflichen Fertigkeiten, Kenntnisse und Fähigkeiten verfügt wird, die für die Vermittlung der Ausbildungsinhalte notwendig sind. In der Versicherungsbranche bedeutet dies:

- eine erfolgreich abgeschlossene Ausbildung als Kaufmensch für Versicherungen und Finanzanlagen oder in einem der Vorgängerberufe (Kaufleute für Versicherungen und Finanzen, Versicherungskaufleute), oder
- alternativ eine höhere Qualifikation wie die der Versicherungsfachwirtschaftenden, Bachelor Professional oder ein einschlägiges Hochschulstudium,
- und zusätzlich eine mehrjährige Berufserfahrung im Innen- oder Außendienst, um praxisrelevante Inhalte authentisch vermitteln zu können.[47]

Die erforderliche Dauer der Berufspraxis kann von IHK zu IHK variieren.

Eine gewerberechtliche Erlaubnis nach § 34d GewO (Versicherungsvermittelndenerlaubnis) ist ein Sachkundenachweis, ersetzt aber die umfassende fachliche Eignung im Sinne des BBiG nicht.

Pädagogische Eignung

Die pädagogische Eignung wird in der Regel durch die AEVO-Prüfung nachgewiesen. Mit dem Abschluss Bachelor Professional in Versicherungen und Finanzanlagen ist die pädagogische Eignung automatisch enthalten; den Abschluss dieser Fortbildungsprüfung Innehabende müssen keine separate AEVO-Prüfung mehr ablegen.[48]

[46] Vgl. Ruschel, 2008, S. 57–58.
[47] Vgl. Ruschel, 2008, S. 75–76.
[48] Vgl. Ruschel, 2008, S. 76–77.

Eignung der Ausbildungsstätte

Neben dem Ausbildungspersonal muss auch die Ausbildungsstätte geeignet sein (§ 27 BBiG). Das bedeutet, dass sie:

- die erforderlichen Einrichtungen, Arbeitsmittel und Technologien bereitstellt,
- einen geordneten Ausbildungsbetrieb ermöglicht (keine übermäßige Belastung der Auszubildenden mit fachfremden Tätigkeiten),
- über genügend qualifiziertes Personal verfügt, um die Ausbildungsinhalte vollständig abzudecken.

Wenn eine Ausbildungsstätte bestimmte Inhalte der Ausbildungsordnung nicht selbst vermitteln kann, erlaubt § 27 Abs. 2 BBiG den Abschluss von Ausbildungskooperationen oder den Besuch überbetrieblicher Lehrgänge, damit die Auszubildenden alle vorgeschriebenen Fertigkeiten und Kenntnisse erwerben. Hinsichtlich des Betreuungsverhältnisses empfiehlt der BIBB-Hauptausschuss, dass die Zahl der Auszubildenden in einem angemessenen Verhältnis zur Zahl der Fachkräfte steht. Als Richtwert gilt:

- bei ein bis zwei Fachkräften einen auszubildenden Menschen,
- bei drei bis fünf Fachkräften zwei Auszubildende,
- bei sechs bis acht Fachkräften drei Auszubildende,
- je drei weitere Fachkräfte einen weiteren auszubildenden Menschen.

Diese Relationen müssen während der gesamten Ausbildungszeit eingehalten werden. Für nebenberufliche ausbildende Menschen gilt, dass sie in der Regel nicht mehr als drei Auszubildende gleichzeitig betreuen sollten, während hauptberufliche ausbildende Menschen, die ausschließlich Ausbildungsaufgaben übernehmen, bis zu 16 Auszubildende in einer Gruppe betreuen dürfen. Bei gefährlichen Tätigkeiten oder besonders komplexen Lerninhalten ist ein engeres Verhältnis anzustreben.[49]

19.5.1.2 Berufliche Handlungskompetenz statt bloßes Fachwissen

Die betriebliche Ausbildung hatte historisch vor allem das Ziel, Fertigkeiten und Kenntnisse für klar umrissene Arbeitsaufgaben zu vermitteln. Dieses Verständnis reicht heute aufgrund der Entwicklung in der Arbeitswelt nicht mehr aus.

Wissenswandel und Halbwertszeit von Wissen

Die Halbwertszeit von Wissen ist in vielen Berufen – insbesondere in Dienstleistungssektoren wie der Versicherungswirtschaft – stark gesunken. Fachwissen, das heute vermittelt wird, kann in wenigen Jahren veraltet sein:

---

[49] Vgl. https://www.bibb.de/dokumente/pdf/HA162.pdf; zuletzt abgerufen am 4. Dezember 2025)

- Rechtliche Regelungen ändern sich laufend
- Produkte und Tarife werden permanent angepasst oder neu entwickelt.
- Technologische Entwicklungen wie KI-gestützte Schadenbearbeitung verändern Prozesse.

Reine Wissensvermittlung ist deshalb nicht nachhaltig: Lernende müssen befähigt werden, neues Wissen selbständig zu recherchieren, kritisch einzuordnen und flexibel anzuwenden.

Aufweichung traditioneller Berufsbilder

Klassische Berufsbilder werden zunehmend hybrider:

- Versicherungsfachwissen allein reicht nicht mehr; Kundschaftsberatung verlangt digitale Kompetenzen, rechtliches Verständnis, Kommunikationsfähigkeit.
- Arbeitsprozesse sind vernetzter und projektbezogener; Verantwortung verschiebt sich auf Mitarbeitende.

Früher war es üblich, den erlernten Beruf ein Leben lang auszuüben, oft im selben Unternehmen. Heute ist es hingegen selbstverständlich geworden, den Beruf, das Unternehmen oder die Position mehrfach zu wechseln. Damit steigen die Anforderungen an Anpassungsfähigkeit, Lernbereitschaft und Eigenverantwortung.

Es genügt nicht, nur fachspezifische Aufgaben nach Anleitung auszuführen. Auszubildende müssen lernen, in komplexen, sich verändernden Situationen eigenständig Lösungen zu entwickeln.

Megatrends als Treiber der Kompetenzorientierung

Gesellschaftliche und wirtschaftliche Megatrends erfordern ein breiteres Kompetenzprofil:[50]

- **Digitalisierung:** Automatisierung, neue Tools und Systeme sowie KI.
- **Globalisierung:** Umgang mit heterogenen Kundschaftsgruppen und internationalen Regelungen.
- **Demografischer Wandel:** Anpassungsfähigkeit an neue Kundschaftsbedürfnisse, generationenübergreifende Kommunikation.
- **Nachhaltigkeit:** neue Produktentwicklungen und Beratungsinhalte (zum Beispiel ESG-Kriterien in der Geldanlage, nachhaltige Versicherungsprodukte).

Diese Faktoren verschieben das Ausbildungsziel hin zur Handlungsfähigkeit, verstanden als die Fähigkeit, komplexe Aufgaben selbstständig, zielorientiert und verantwortungsbewusst zu bewältigen.

[50] Vgl. Peter Dehnbostel, Betriebliche Bildungsarbeit: Kompetenzbasierte Aus- und Weiterbildung im Betrieb, Baltmannsweiler, Schneider Verlag Hohengehren, 2010, S. 8–15.

Begriffsklärungen

Um zu verstehen, was berufliche Handlungskompetenz bedeutet, ist es wichtig, die zugrunde liegenden Begriffe präzise zu unterscheiden.

Wissen

„Die im Gedächtnis einer Person gespeicherten und reproduzierbaren Beobachtungen, Erfahrungen, Kenntnisse und Einsichten [wie Zahlen, Logik, Daten, Fakten] über vielfältige Wirklichkeitsbereiche ..."[51]

■ BEISPIEL

Andrea kennt die Definitionen von „Hausratversicherung" und „Versicherungsort" und weiß, dass Fahrräder bis zu einem bestimmten Prozentsatz mitversichert sind. ■

Kenntnisse

„Das in Lernvorgängen erworbene Wissen über Sachverhalte und soziale Zusammenhänge."[52]

■ BEISPIEL

Andrea hat nicht nur gehört, dass es die Hausratversicherung gibt, sondern versteht auch, dass sie Teil der privaten Sachversicherungen ist und welchen Stellenwert sie im Absicherungskonzept von Privatkundschaft hat. ■

Fertigkeiten

„... bezeichnen durch Übung automatisierte Komponenten von Tätigkeiten, meist auf sensomotorischem Gebiet, unter geringer Bewusstseinskontrolle, in stereotypen beruflichen Anforderungsbereichen, auch in kognitiven Bereichen, wie beim Multiplizieren oder Auswendiglernen." [53]

■ BEISPIEL

Andrea kann ein Angebot in der Versicherungssoftware korrekt anlegen, Tarife vergleichen und automatisch erzeugte Dokumente verschicken, ohne jeden einzelnen Schritt bewusst durchdenken zu müssen. ■

Fähigkeiten

„... bezeichnen verfestigte Systeme verallgemeinerter psychophysischer Handlungsprozesse [...], einschließlich der zur Ausführung einer Tätigkeit oder Handlung erforderlichen inneren psychischen Bedingungen und der lebensgeschichtlich unter be-

[51] Horst Schaub, Karl G. Zenk, Wörterbuch Pädagogik, München, Deutscher Taschenbuch Verlag, 2007, S. 702.
[52] Schaub, 2007, S. 351.
[53] John Erpenbeck, Lutz von Rosenstiel, Handbuch Kompetenzmessung, Stuttgart, Schäffer-Poeschel Verlag, 2007, S. XXXV.

stimmten Anlagevoraussetzungen erworbenen Eigenschaften, die den Tätigkeits- und Handlungsvollzug steuern."[54]

■ **BEISPIEL**

Andrea verfügt über die Fähigkeit, strukturiert zu analysieren, logisch zu denken, konzentriert zu arbeiten und sich schnell in neue Produktbedingungen einzulesen. ■

Qualifikationen

„... bezeichnen klar zu umreißende Komplexe von Kenntnissen, Fähigkeiten und Fertigkeiten, über die Personen bei der Ausübung beruflicher Tätigkeiten verfügen müssen, um konvergent-anforderungsorientiert handeln zu können. Sie sind handlungszentriert und in der Regel so eindeutig zu fassen, dass sie in Zertifizierungsprozeduren außerhalb der Arbeitsprozesse überprüft werden können ..."[55]

■ **BEISPIEL**

Andrea hat die Qualifikation, Kundschaft in Fragen der Hausratversicherung zu beraten und die richtigen Tarife anzubieten, weil sie Wissen (Produktkenntnisse), Fertigkeiten (Bedarfsanalyse, Softwarebedienung) und Fähigkeiten (analytisches Denken, Kundenkommunikation) dafür vereint. ■

Qualifikation bündelt Wissen, Kenntnisse, Fertigkeiten und Fähigkeiten zielgerichtet auf konkrete berufliche Anforderungen. Sie ist damit mehr als die Summe der Einzelbausteine.

Kompetenz

„Kompetenz ist die subjektbezogene Fähigkeit, auch in nicht vorhersehbaren oder komplexen Situationen auf der Basis von durch Erfahrungen, Regeln, Werte und Normen begründeten Einstellungen selbstorganisiert unter der Nutzung von menschlichen Ressourcen, wie Fähigkeiten, Kenntnissen und Fertigkeiten, angemessene Handlungsdispositionen zu ergreifen."[56]

■ **BEISPIEL**

Andrea kann in einer völlig neuen Situation – zum Beispiel wenn ein Kunde einen außergewöhnlichen Schaden meldet, der nicht standardmäßig abgedeckt ist – eigenständig recherchieren, Regeln und Werte berücksichtigen, interne Menschen mit Expertise einbeziehen und eine kundenorientierte Lösung entwickeln. ■

Kompetenz geht über klar definierbare berufliche Aufgaben hinaus. Sie befähigt zu selbstorganisiertem Handeln in neuen, komplexen, nicht vorhersehbaren Situationen und integriert auch Einstellungen, Werte und Erfahrungen.

Die Beziehungen lassen sich wie folgt beschreiben:

---

[54] Erpenbeck, 2007, XXXV.
[55] Erpenbeck, 2007, XXXV.
[56] Fauler, 2014a, S. 44.

- Wissen/Kenntnisse und Fertigkeiten bilden die Grundlage.
- Qualifikationen bauen darauf auf und kombinieren sie zu arbeitsplatzbezogenen Handlungseinheiten.
- Kompetenzen umfassen Qualifikationen, gehen aber weiter: Sie binden persönliche Werte, Normen und selbstorganisierende Handlungsfähigkeit ein.

Konsequenz für die Ausbildung:

Für die Ausbildung von Kaufleuten für Versicherungen und Finanzanlagen bedeutet das:

- Praxis- und Prozessbezug statt nur Wissensvermittlung: Azubis lernen durch reale Arbeits- und Lernaufgaben.
- Integration aller Kompetenzbereiche: fachlich (Versicherungswissen), methodisch (Problemlösen), sozial (Kundenkommunikation), personal (Eigeninitiative).
- Förderung von Lernstrategien: Azubis sollen in die Lage versetzt werden, neue Fachthemen eigenständig zu erarbeiten.
- Vorbereitung auf dynamische Arbeitswelt: Der IHK-Abschluss signalisiert nicht nur Fachwissen, sondern die Fähigkeit, sich flexibel in neue Kontexte einzuarbeiten.

Verbindung zu Prüfungsformaten

Auch das IHK-Prüfungssystem spiegelt den Wandel wider:

- Prüfungen enthalten zunehmend handlungsorientierte Elemente, zum Beispiel Kundenberatungsgespräch oder fallbezogenes Fachgespräch.
- Die Wahlqualifikationen ermöglichen Spezialisierung in komplexen, praxisnahen Themenbereichen.

19.5.1.3 Lernförderliche Bedingungen

Damit Auszubildende ihre berufliche Handlungsfähigkeit entwickeln können, schafft die Proximus Versicherung AG eine strukturierte und lernförderliche Umgebung. Neben methodisch-didaktischen Aspekten werden hier alle organisatorischen, rechtlichen und sicherheitsrelevanten Rahmenbedingungen gestaltet.

Ausstattung und Arbeitsumgebung

Auszubildende erhalten eine vollwertige Arbeitsplatz-Ausstattung:

- Ergonomischer Arbeitsplatz mit Bildschirm, Headset, Telefon, Arbeitsmaterialien,
- Laptop/Tablet mit Zugriff auf die für die Ausbildung relevanten Systeme,
- Zugänge zu E-Learning-Plattformen, Fachliteratur und internen Wissensdatenbanken.

Die technische Ausstattung und Arbeitsmittel werden vor Ausbildungsbeginn bereitgestellt, sodass ein reibungsloser Start möglich ist. Bei Außendiensteinsätzen werden mobile Endgeräte und gegebenenfalls Dienstfahrzeuge nach Bedarf zur Verfügung gestellt.

Feedback- und Kommunikationskultur

Regelmäßige Feedbackgespräche sind bei der Proximus Versicherung AG verbindlich und strukturiert organisiert:

- Feedback soll grundsätzlich zeitnah gegeben werden.
- Zusätzlich findet mindestens ein institutionalisiertes Feedbackgespräch pro Woche zwischen Auszubildendem und ausbildenden Menschen statt.
- Nach jedem Abteilungseinsatz gibt es ein strukturiertes Reflexionsgespräch, in dem Lernfortschritte, Schwierigkeiten und Eindrücke besprochen werden.

Diese kontinuierliche Rückmeldung bildet die Grundlage für das Beurteilungssystem.

Feedbackregeln

Für Feedbackgebende:

- zeitnah und konkret Rückmeldung geben,
- beobachtbares Verhalten beschreiben statt bewerten,
- sowohl positive Aspekte als auch Verbesserungsbereiche ansprechen,
- Ich-Botschaften verwenden („Mir ist aufgefallen ...“),
- gemeinsam nächste Schritte vereinbaren.

Für Feedbacknehmende

- aktiv zuhören und ausreden lassen,
- Nachfragen stellen, wenn etwas unklar ist,
- Rückmeldung zunächst aufnehmen und nicht sofort rechtfertigen,
- über Verbesserungsvorschläge nachdenken und umsetzbare Schritte definieren.

Arbeitszeitregelungen

Für volljährige Auszubildende gelten die Vorgaben des Arbeitszeitgesetzes (ArbZG):

- Maximal 8 Stunden täglich (Ausnahme: 10 Stunden, wenn innerhalb von 6 Kalendermonaten/24 Wochen im Durchschnitt 8 Stunden nicht überschritten werden).
- Höchstarbeitszeit wöchentlich: in der Regel 48 Stunden.
- Ruhepausen: mind. 30 Minuten bei 6–9 Std., mind. 45 Minuten bei mehr als 9 Std. Arbeit.

- Ruhezeit zwischen zwei Arbeitstagen: mindestens 11 Stunden.

Für minderjährige Auszubildende gilt das Jugendarbeitsschutzgesetz (JArbSchG):

- Maximal 8 Stunden täglich, 40 Stunden wöchentlich.
- Ruhepausen: mindestens 30 Minuten bei 4,5–6 Std., mindestens 60 Minuten bei mehr als 6 Std.
- Arbeitszeit grundsätzlich zwischen 6 und 20 Uhr. Für kaufmännische Auszubildende gibt es Ausnahmen, zum Beispiel für Abendveranstaltungen zur Kundenberatung bis 21 Uhr.
- Ruhezeit: mindestens 12 Stunden.

Diese Vorschriften werden durch das Zeiterfassungssystem von der Proximus Versicherung AG überwacht. Bei Überschreitungen erhält die Ausbildungsleitung einen automatischen Hinweis.

Gefährliche Arbeiten

Rechtsgrundlage: § 22 JArbSchG für Minderjährige und allgemeine Arbeitsschutzvorschriften (§ 14 ArbSchG). Als gefährlich gelten Tätigkeiten mit erheblicher Unfallgefahr, außergewöhnlicher psychischer Belastung oder gesundheitlichem Risiko. Sie dürfen Auszubildenden nicht übertragen werden, wenn sie den Ausbildungszweck gefährden oder sie nicht ausreichend angeleitet werden können.

■ PRAXISBEISPIELE BEI DER PROXIMUS VERSICHERUNG AG:

- Innendienst Unfall-Schaden: Bearbeitung von besonders belastenden Unfallakten, zum Beispiel mit Obduktionsberichten und Unfallbildern. Hier erfolgt keine alleinige Bearbeitung durch Auszubildende; sie werden nur unter Anleitung und psychologisch sensibel begleitet eingesetzt.
- Außendienst: Keine alleinigen Besuche in potenziell unsicheren Umgebungen oder bei aggressiven Kunden; Außendiensttermine werden in der Ausbildung stets begleitet. ■

Berufsschulunterricht und Rückkehrpflicht

Die Freistellungspflicht richtet sich nach § 15 BBiG und wird durch die Rechtsprechung konkretisiert:

- Ein Berufsschultag pro Woche mit mehr als fünf Unterrichtsstunden: Gilt als voller Arbeitstag. Keine Rückkehr in den Betrieb.
- Zweiter Berufsschultag in derselben Woche: Rückkehr kann verlangt werden. Dabei werden Unterrichtszeit inkl. Pausen und Wegezeiten auf die tägliche Arbeitszeit angerechnet.
- Blockunterricht (mindestens 25 Stunden an 5 Tagen): Gilt als volle Ausbildungswoche; keine Rückkehr.

19.5.1.4 Mobiles Ausbilden und Lernen

Der zunehmende Digitalisierungsgrad der Arbeitswelt und die Erfahrungen aus der Corona-Pandemie haben dazu geführt, dass auch die duale Berufsausbildung neue Formen der Durchführung erprobt und etabliert hat. Eine dieser Formen ist das mobile Ausbilden und Lernen.

Begriff und Definition

Nach der Empfehlung des Hauptausschusses des BIBB vom 20. Juni 2023 ist mobiles Ausbilden und Lernen das „lernortunabhängige und lernortübergreifende Bearbeiten von betrieblichen Aufgaben zum Erwerb der beruflichen Handlungsfähigkeit".[57] Dazu gehört selbstgesteuertes und selbstverantwortetes Lernen im Rahmen einer strukturierten Ausbildung mithilfe digitaler Lern- und Kommunikationsmittel, Informations- und Kollaborationstechnologien sowie virtueller Lernräume, in denen die gemeinsame Vermittlung von Ausbildungsinhalten erfolgt. Grundsätzlich bleibt die betriebliche Ausbildung präsenzorientiert. Das mobile Ausbilden ist eine ergänzende, freiwillige Form, die sowohl vom Ausbildungsbetrieb angeboten als auch von den Auszubildenden angenommen werden kann. Es besteht kein Rechtsanspruch und keine Pflicht zum mobilen Ausbilden.

Rechtliche Rahmenbedingungen

Das mobile Ausbilden ist rechtlich an die Bestimmungen des BBiG gebunden, insbesondere an:

- § 27 BBiG: Eignung der Ausbildungsstätte,
- § 28 BBiG: Eignung des Ausbildungspersonals,
- § 13 BBiG: Pflichten der Auszubildenden,
- § 14 BBiG: Pflichten der ausbildenden Person.

Der Ausbildungsbetrieb bleibt für die ordnungsgemäße Durchführung der Ausbildung verantwortlich. Er stellt die erforderliche technische Ausstattung (Hardware, Software, Netzwerkanbindung) zur Verfügung und sorgt für Datenschutz, Datensicherheit, Arbeitsschutz sowie die Einhaltung des Arbeitszeit- und Jugendarbeitsschutzgesetzes. Auch die Überwachungspflicht der zuständigen Stelle (§ 76 BBiG) und Mitbestimmungsrechte nach §§ 87, 98 BetrVG bleiben bestehen. Der Versicherungsschutz beim mobilen Ausbilden ist im Einzelfall mit der zuständigen Berufsgenossenschaft abzuklären.

[57] https://www.bibb.de/dokumente/pdf/HA179.pdf; zuletzt abgerufen am 4. Dezember 2025)

Pädagogische und organisatorische Voraussetzungen

Mobiles Ausbilden verlangt ein besonderes Maß an Selbstständigkeit, Zuverlässigkeit und Selbstorganisation der Auszubildenden. Deshalb sollte es nicht während der Probezeit beginnen.

Vor der Einführung sind folgende Fragen zu klären:

- Verfügen die Auszubildenden über ausreichende Selbststeuerungsfähigkeit?
- Sind häusliche oder mobile Lernorte technisch und räumlich geeignet?
- Welche Ausbildungsinhalte eignen sich für die mobile Umsetzung?
- Wie erfolgt die Anleitung, Begleitung und Lernkontrolle durch die ausbildenden Menschen?

Das Ausbildungspersonal muss über zusätzliche Kompetenzen verfügen, insbesondere in:

- IT- und Medienkompetenz,
- digitaler Kommunikation und Lernbegleitung,
- rechtlichen Grundlagen (Datenschutz, Arbeitszeitrecht),
- methodisch-didaktischer Planung digitaler Lernprozesse.

Zu technischen, didaktischen und organisatorischen Anforderungen hat der Betrieb sicherzustellen, dass:

- digitale Kommunikations- und Lernplattformen (zum Beispiel MS Teams, Lernmanagementsysteme) bereitstehen,
- eine stabile Internetverbindung sowie geeignete Hard- und Software vorhanden sind,
- der Datenschutz (DS-GVO, betriebliche IT-Richtlinien) gewährleistet ist,
- Lernzeiten, Pausen und Erreichbarkeitsregeln dokumentiert und transparent sind,
- regelmäßige Feedback- und Reflexionsgespräche stattfinden – auch in Präsenz.

Auch beim mobilen Ausbilden sind soziale Interaktionen und Teamarbeit wichtig. Deshalb empfiehlt das BIBB den Einsatz digitaler Austauschformate (zum Beispiel virtuelle Kaffeepausen, Chatforen), um den Teamgedanken und informellen Austausch aufrechtzuerhalten.

Gesundheitsschutz und Ergonomie

Die Pflichten des Arbeitsschutzes gelten uneingeschränkt. Der Betrieb muss sich vergewissern, dass die Lernorte ergonomisch gestaltet sind (zum Beispiel geeigneter Tisch, Stuhl, Beleuchtung). Auch Auszubildende tragen Mitverantwortung für die Einhaltung dieser Standards. Grundsätzlich gilt: Kann ein sicherer und ergonomischer Lernplatz nicht gewährleistet werden, ist vom mobilen Ausbilden abzusehen.

Didaktische Gestaltung und Begleitung

Mobiles Ausbilden erfordert ein strukturiertes didaktisches Konzept, das Lernziele, Inhalte und Methoden klar definiert. Es sollte durch folgende Maßnahmen unterstützt werden:

- Klare Lern- und Arbeitsaufträge,
- Regelmäßige Lernstand-Kontrollen,
- Virtuelle Unterweisungen und Coachinggespräche,
- Dokumentation im Ausbildungsnachweis,
- Nutzung digitaler Tools zur Zusammenarbeit.

Während mobiler Phasen bleibt das Ausbildungspersonal aktiv verantwortlich für die Anleitung, Unterstützung und Beurteilung der Auszubildenden. Ein Wechsel zwischen Präsenz- und Mobilphasen ist jederzeit möglich.[58]

19.5.2 Unterweisungen

19.5.2.1 Pädagogische und didaktische Grundlagen der Unterweisung

Die Unterweisungen in der Ausbildung sind ein zentrales Instrument, um den Erwerb beruflicher Handlungskompetenz systematisch aufzubauen. Sie folgen klaren pädagogischen und didaktischen Grundsätzen, sind an der Lernzielsystematik der VersFinKflAusbV ausgerichtet, berücksichtigen unterschiedliche Lernvoraussetzungen der Auszubildenden und sind in ein handlungsorientiertes Gesamtkonzept eingebettet.

19.5.2.1.1 Pädagogische Prinzipien und didaktische Grundsätze

Die Ausbildung folgt klar definierten pädagogischen Prinzipien, die den Aufbau beruflicher Handlungsfähigkeit unterstützen und die Heterogenität der Auszubildenden berücksichtigen. Diese Prinzipien entsprechen zugleich den grundlegenden didaktischen Grundsätzen der beruflichen Bildung:[59] [60]

Handlungsorientierung: Lernen erfolgt anhand realer beruflicher Aufgaben und führt zu vollständigen, in sich geschlossenen Handlungen.

---

58 Vgl. https://www.bibb.de/dokumente/pdf/HA179.pdf; zuletzt abgerufen am 4. Dezember 2025.

59 Vgl. Wolfgang Schwarzer, Rita Stein, Lernprozesse unter didaktischen und methodischen Aspekten anleiten: Fach- und Führungskompetenz für die Assekuranz, Karlsruhe, Verlag Versicherungswirtschaft, 2012, S. 2.

60 Vgl. Ruschel, 2008, S. 268.

Situationsbezug/Situationsorientierung: Inhalte werden im Kontext konkreter Arbeitssituationen vermittelt und an authentische betriebliche Situationen angeknüpft.

Problemorientierung: Lernprozesse beginnen mit einer zu lösenden Aufgabe oder einem Problem; Wissen wird nicht abstrakt, sondern an konkreten Fragestellungen erworben.

Vom Einfachen zum Schweren: Zunächst werden Grundfertigkeiten aufgebaut, danach steigert sich die Komplexität.

Vom Bekannten zum Unbekannten: Vorwissen wird genutzt, um neue Inhalte zu erschließen; Lernprozesse bauen systematisch auf vorhandenen Erfahrungen auf.

Anschaulichkeit, Fasslichkeit und Praxisnähe: Inhalte werden bildlich, konkret und verständlich vermittelt. Reale Unterlagen, Tools und Beispiele erhöhen die Nachvollziehbarkeit.

Aktivierung und Selbststeuerung: Lernende werden zum Mitdenken, Mitreden und Mitentscheiden angeregt und übernehmen zunehmend Verantwortung für ihren Lernprozess.

Selbstständigkeit und Handlungsspielraum: Auszubildende sollen Aufgaben zunehmend selbstständig planen, durchführen und kontrollieren.

Individualisierung/Differenzierung: Lerninhalte werden an Vorkenntnisse, Lerntempo und Lernstil angepasst. Heterogenität wird bewusst berücksichtigt.

Fehlerfreundlichkeit und Feedback: Fehler gelten als Lernchancen und werden gemeinsam analysiert. Rückmeldungen sind lernförderlich, konkret und auf Verhalten bezogen.

Struktur und Transparenz: Unterweisungen folgen einer klaren Ziel-, Ablauf- und Zeitstruktur. Lernziele, Qualitätskriterien und Bewertungsmaßstäbe werden von Beginn an offengelegt.

Transfer und Sicherung: Ergebnisse werden gesichert und in neue Situationen übertragen, etwa durch Transferaufgaben, Wiederholungsschleifen oder Anschlussfälle. Ziel ist, dass Gelerntes dauerhaft verfügbar und in der Praxis anwendbar bleibt.

19.5.2.1.2 Lernzielsystematik und Lernzielarten

Die Planung von Unterweisungen orientiert sich an einer klaren Lernzielsystematik. Lernziele beschreiben beobachtbare Ergebnisse des Lernens und bilden den Maßstab für Methodenwahl, Medienauswahl und Leistungsnachweise.

Ebenen der Zielpräzisierung

- **Richtlernziel (Leitidee/Kompetenzziel):** Beschreibt die übergeordnete berufliche Handlungskompetenz und wird der VersFinKflAusbV entnommen.

  ■ BEISPIEL: VersFinKflAusbV: Richtlernziel: A6 – Wohnen und Wohneigentum absichern. ■

- **Groblernziel (Teilkompetenz):** Konkrete Teilaspekte eines Richtlernziels, häufig als Handlungsfelder formuliert.

  ■ BEISPIEL: VersFinKflAusbV: Groblernziel: A6a – Beratungsanlässe bei Privatkunden erkennen und nutzen (Hausstand, Wohnsituation). ■

- **Feinlernziel (operationales Ziel):** Konkretes, beobachtbares, überprüfbares Verhalten, inklusive Bedingungen und Qualitätskriterien. Es wird vom ausbildenden Menschen beziehungsweise der Fachkraft formuliert und ist Ausgangspunkt jeder Unterweisungsplanung.

  ■ BEISPIELE: „Kann fünf typische Veränderungen der Wohnsituation (zum Beispiel Heirat, Hauskauf, Umzug) aufzählen und den Einfluss auf den Versicherungsbedarf erklären." oder „Ermittelt in fünf Minuten mithilfe offener Fragen drei Hauptbedarfe und dokumentiert diese vollständig im Tool." ■

Die Abfolge lautet: **Richtlernziel → Groblernziel →Feinlernziel.**

Erst wenn das Feinlernziel klar und überprüfbar formuliert ist, kann entschieden werden, welche Methode und welche Medien für die Unterweisung geeignet sind.

19.5.2.1.3 Lernbereiche

Für jedes Feinlernziel wird der überwiegende Lernbereich bestimmt. Dieser ist maßgeblich für die Methoden- und Medienwahl.

Kognitiver Lernbereich (Wissen/Verstehen)

Ziel: Aufbau von Wissen, Verstehen von Zusammenhängen, Entwickeln von Denkprozessen.

■ BEISPIELE

- Versicherungsarten unterscheiden, rechtliche Grundlagen verstehen, Deckungsumfang analysieren, Kriterien für Produktvergleiche anwenden.
- Beispiel Lernziel: „Kann fünf typische Veränderungen der Wohnsituation aufzählen und deren Einfluss auf den Versicherungsbedarf erklären." ■

Psychomotorischer Lernbereich (Fertigkeiten/Handlungen)

Ziel: Aufbau praktischer Fertigkeiten und Routinen.

■ BEISPIELE

- Arbeiten in IT-Systemen, Erstellen eines Angebots im Verwaltungssystem, Nutzung von Beratungstools, Erfassung einer Schadenmeldung.
- Beispiel Lernziel: „Kann ein Angebot für eine Hausratversicherung im Verwaltungssystem anlegen und alle relevanten Daten korrekt erfassen." ■

Affektiver Lernbereich (Einstellungen/Werte)

Ziel: Entwicklung von Einstellungen, Haltungen sowie sozialer und emotionaler Kompetenz.

■ BEISPIELE

- Empathisches Verhalten im Kundengespräch, Umgang mit verärgerten Kunden, Verstehen und Wertschätzen von Datenschutz, verantwortungsvolles Handeln.
- Beispiel Lernziel: „Zeigt im Kundengespräch angemessene Reaktionen bei emotional belastenden Schadenfällen." ■

Die Lernbereiche treten in der Praxis häufig kombiniert auf. Für die Unterweisungsplanung wird der dominierende Lernbereich festgelegt, um die Methodenwahl zu fokussieren.

19.5.2.1.4 Taxonomien

Zur präzisen Formulierung und Bewertung von Lernzielen werden in der beruflichen Bildung drei Taxonomien unterschieden, die den jeweiligen Lernbereich stufenweise beschreiben.

Kognitiver Lernbereich – Taxonomie nach Bloom

Sie beschreibt die Entwicklung geistiger Fähigkeiten und die zunehmende Komplexität des Denkens:

1. **Wissen** – Wiedergeben von gelernten Informationen.

   ■ BEISPIEL: Der auszubildende Mensch nennt die Hauptsparten der Versicherungswirtschaft. ■

2. **Verstehen** – Erklären und Interpretieren von Zusammenhängen.

   ■ BEISPIEL: Erläuterung der Funktion der Risikoausgleichssysteme. ■

3. **Anwenden** – Übertragen von Wissen auf neue Situationen.

   ■ BEISPIEL: Berechnung der Prämie für einen Beispielvertrag. ■

4. **Analysieren** – Erkennen von Strukturen und Beziehungen.

   ■ BEISPIEL: Untersuchung der Ursachen für unterschiedliche Schadenshäufigkeiten. ■

5. **Bewerten** – Treffen begründeter Urteile anhand von Kriterien.

   ■ BEISPIEL: Bewertung verschiedener Versicherungsangebote hinsichtlich Wirtschaftlichkeit und Kundennutzen. ■

6. **Gestalten/Erschaffen** – Entwickeln neuer Konzepte oder Lösungen.

   ■ BEISPIEL: Entwurf eins innovativen Beratungskonzepts zur Kundschaftsbindung.[61] ■

Affektiver Lernbereich – Taxonomie nach Krathwohl, Bloom und Masia

1. **Aufnahmebereitschaft** – Wahrnehmen und Beachten von Reizen.

   ■ BEISPIEL: Der auszubildende Mensch hört aufmerksam zu, wenn über Datenschutz gesprochen wird. ■

2. **Reagieren** – Aktives Teilnehmen, Reagieren, Mitmachen.

   ■ BEISPIEL: Beteiligt sich engagiert an Diskussionen zur ethischen Kundenberatung. ■

3. **Werten** – Anerkennen und Übernehmen eines Wertesystems.

   ■ BEISPIEL: Zeigt eigeninitiativ verantwortungsvolles Verhalten im Kundenkontakt. ■

4. **Wertordnung** – Integrieren verschiedener Werte in ein konsistentes System.

   ■ BEISPIEL: Wägt berufsethische Prinzipien gegeneinander ab und begründet seine Entscheidungen. ■

5. **Wert- und Charakterbildung** – Dauerhafte Verinnerlichung von Werten.

   ■ BEISPIEL: Handelt dauerhaft kundenorientiert, ehrlich und verantwortungsbewusst – unabhängig von Kontrolle.[62] ■

Psychomotorischer Lernbereich – Taxonomie nach Dave

1. **Nachahmung** – Beobachtung und einfache Nachahmung eines Vorbilds.

   ■ BEISPIEL: Der auszubildende Mensch führt eine Vertragsanlage nach Anleitung des ausbildenden Menschen aus. ■

2. **Manipulation** – Eigenständiges Ausführen anhand von Anweisungen oder Erfahrungen.

   ■ BEISPIEL: Bedient selbstständig eine Fachsoftware nach vorgegebenem Muster. ■

3. **Präzisierung** – Genauigkeit und Geschick im Handeln.

   ■ BEISPIEL: Erfasst Daten fehlerfrei und effizient im System. ■

---

[61] Vgl. https://www.uibk.ac.at/bologna/curriculums-entwicklung/dokumente/taxonomie.pdf?utm_source=chatgpt.com; zuletzt abgerufen am 4. Dezember 2025.

[62] Vgl. https://www.uni-bremen.de/fileadmin/user_upload/sites/toolbox-hochschullehre/Inhaltsgrafiken/1._Konzeption/1.3.Lehrkozepte/1.3.1_Lernergebnisse_formulieren/Affektive_Lernergebnisse.pdf?utm_source=chatgpt.com; zuletzt abgerufen am 4. Dezember 2025.

4. **Koordination** – Verknüpfung mehrerer Fertigkeiten zu komplexen Abläufen.

   ■ BEISPIEL: Kombiniert Beratungsgespräch, Dokumentation und Vertragsabschluss flüssig. ■

6. **Natürlichkeit** – Hohe Sicherheit und Routine; Fertigkeit ist automatisiert.

   ■ BEISPIEL: Führt Kundschaftsgespräche routiniert, flexibel und souverän.[63] ■

Diese Taxonomien verdeutlichen, dass Lernen mehrdimensional verläuft. Für die Unterweisungsplanung ist entscheidend, Lernziele so zu formulieren, dass sie eindeutig einem Bereich und einer Stufe zugeordnet und beobachtbar sind. Je nach Lernbereich sind unterschiedliche Methoden und Medien besonders geeignet.

19.5.2.1.5 Handlungstheoretischer Ansatz und Kompetenzklassen

Die Ausbildung stützt sich auf zwei zentrale pädagogisch-didaktische Säulen, die auch für Unterweisungen handlungsleitend sind: den handlungstheoretischen Ansatz mit dem Modell der vollständigen Handlung und den handlungsanalytischen Ansatz mit seinen Kompetenzklassen.

Das Modell der vollständigen Handlung

Es beschreibt einen vollständigen Arbeits- und Lernprozess in sechs Phasen. Jede Phase ist für die Kompetenzentwicklung bedeutsam:

1. **Informieren**: Auszubildende verschaffen sich aktiv alle notwendigen Informationen zur Aufgabe. Sie verstehen Ziele, Rahmenbedingungen, Vorschriften und mögliche Risiken.

   ■ BEISPIEL: Vor einer Schadenaufnahme recherchiert Andrea Versicherungsbedingungen und Schadensarten und lässt sich von der Ausbilderin erklären, welche Unterlagen wichtig sind. ■

2. **Planen**: Auf Grundlage der Informationen wird ein Arbeitsplan erstellt (Vorgehensweise, Prioritäten, Ressourcen, Zeitbedarf).

   ■ BEISPIEL: Andrea plant, in welcher Reihenfolge sie Kundendaten prüft, Dokumente anfordert und interne Systeme nutzt. ■

3. **Entscheiden**: Aus verschiedenen Handlungsalternativen wird die bestmögliche Lösung ausgewählt und begründet.

   ■ BEISPIEL: Andrea entscheidet, ob zunächst die Deckungsprüfung oder die Ermittlung der Schadenhöhe erfolgen soll, und stimmt dies mit dem ausbildenden Menschen ab. ■

[63] Vgl. https://www.uni-bremen.de/fileadmin/user_upload/sites/toolbox-hochschullehre/Inhaltsgrafiken/1._Konzeption/1.3.Lehrkozepte/1.3.1_Lernergebnisse_formulieren/Psychomotorische_Lernergebnisse.pdf?utm_source=chatgpt.com; zuletzt abgerufen am 4. Dezember 2025.

4. **Ausführen**: Geplante Maßnahmen werden umgesetzt, Zwischenschritte dokumentiert, gegebenenfalls nachjustiert.

   ■ BEISPIEL: Andrea erfasst den Schaden im System, kommuniziert mit der Kundschaft und holt Rückfragen bei Fachabteilungen ein. ■

5. **Kontrollieren:** Das Ergebnis wird mit den Planungszielen verglichen, Abweichungen werden analysiert.

   ■ BEISPIEL: Andrea prüft, ob alle Unterlagen vorliegen und ob Deckungsumfang und Selbstbehalt korrekt berücksichtigt wurden. ■

6. **Bewerten**: Reflexion des gesamten Vorgehens: Was lief gut? Wo gibt es Verbesserungsbedarf? Welche Erkenntnisse sind für künftige Aufgaben wichtig?

   ■ BEISPIEL: Andrea reflektiert gemeinsam mit dem ausbildenden Menschen, welche Informationen beim nächsten Schadenfall vorab abgefragt werden sollten. ■

Durch wiederholtes Durchlaufen dieser Phasen entwickeln Auszubildende Routine darin, auch in unbekannten und komplexen Situationen strukturiert und sicher vorzugehen.

Handlungsanalytische Kompetenzklassen

Parallel dazu werden in der Ausbildung folgende Kompetenzklassen aufgebaut:

- **Fachkompetenz** – fachliches Wissen anwenden und fachlich richtige Entscheidungen treffen.

  ■ BEISPIEL: Versicherungsbedingungen verstehen und Deckungsumfang beurteilen. ■

- **Methodenkompetenz** – analytisches Denken, Planungsfähigkeit, Problemlösungstechniken.

  ■ BEISPIEL: Einen Schadenfall strukturieren, Teilaufgaben priorisieren, Informationsquellen auswählen. ■

- **Sozialkompetenz** – Kommunikation, Empathie, Konfliktfähigkeit, Teamarbeit.

  ■ BEISPIEL: Kundschaft beruhigen, verständlich informieren, Kollegium einbinden. ■

- **Personalkompetenz** – Selbstständigkeit, Verantwortungsübernahme, Reflexionsfähigkeit, Belastbarkeit.

  ■ BEISPIEL: Eigenständig Entscheidungen treffen und Ergebnisse kritisch hinterfragen. ■

Verbindung des Modells der vollständigen Handlung und Kompetenzklassen

Jede Phase der vollständigen Handlung adressiert unterschiedliche Kompetenzschwerpunkte:

- Informieren: Fach- und Methodenkompetenz
- Planen: Methoden- und Sozialkompetenz

- Entscheiden: alle vier Kompetenzbereiche
- Ausführen: alle vier Kompetenzbereiche
- Kontrollieren: Fach-, Methoden- und Personalkompetenz
- Bewerten: Methoden- und Personalkompetenz

Das Modell der vollständigen Handlung dient damit als praktischer Rahmen, in dem alle Kompetenzklassen im Rahmen von Unterweisungen systematisch aufgebaut werden können. Gleichzeitig trainieren die Auszubildenden, komplexe Aufgaben schrittweise und methodisch sicher zu bewältigen – ein Kernziel der Ausbildung.[64]

19.5.2.1.6 Entwicklung von Lern- und Arbeitsaufgaben

Ein zentrales Element moderner Ausbildung ist die Arbeit mit praxisnahen Lern- und Arbeitsaufgaben, die eng mit Unterweisungen verzahnt sind. Sie befähigen Auszubildende, komplexe berufliche Situationen selbstständig zu bewältigen. Diese Aufgaben:

- orientieren sich an Richtlernzielen und Groblernzielen des Ausbildungsrahmenplans,
- werden für die jeweiligen Abteilungen (zum Beispiel Schaden, Vertrieb, Außendienst) und Ausbildungsstände konkretisiert,
- bilden reale Arbeitssituationen ab,
- und dienen zugleich als Basis für das Fallbezogene Fachgespräch in der Abschlussprüfung.

Ziele der Lern- und Arbeitsaufgaben

- **Kompetenzentwicklung:** Die Aufgaben spiegeln reale Arbeitssituationen wider und fördern eigenständiges, verantwortungsbewusstes Handeln.
- **Prüfungsvoraussetzung (Report):** Das FFG erfordert als Gesprächsgrundlage, dass Auszubildende eine selbstständig durchgeführte Arbeits- und Lernaufgabe beschreiben.
- **Qualitätssicherung:** Durch die strukturierte Gestaltung wird sichergestellt, dass alle wesentlichen Inhalte der Ausbildungsordnung praxisnah vermittelt werden.

Vorgehensweise bei der Entwicklung

1. **Analyse des Ausbildungsrahmenplans**
    - Ausgangspunkt sind Richt- und Groblernziele der VersFinKflAusbV.

[64] Vgl. Fauler, 2014a, S. 46–47, 55–56, 63–64.

- Diese werden auf betriebliche Strukturen übertragen (zum Beispiel Schaden, Vertrieb).

2. **Ableitung von Feinlernzielen**
   - Aus jedem Groblernziel werden konkrete, überprüfbare Feinlernziele gebildet, die messbar beschreiben, was Auszubildende am Ende können sollen.

     ■ BEISPIEL: Richtlernziel A6 „Wohnen und Wohneigentum absichern" → Groblernziel a) „Beratungsanlässe bei Privatkunden erkennen und nutzen" → Feinlernziel: „Kann fünf typische Veränderungen der Wohnsituation aufzählen und deren Einfluss auf den Versicherungsbedarf erklären." ■

3. **Gestaltung praxisnaher Aufgaben**
   - Aufgaben bilden reale Arbeitssituationen ab, orientieren sich an den sechs Phasen der vollständigen Handlung und berücksichtigen alle Kompetenzklassen.
   - Jede Aufgabe enthält klare Zielvorgaben, Arbeitsmittel, Ansprechpartner und erwartete Ergebnisse.

4. **Abstimmung mit den betrieblichen Abläufen**
   - Aufgaben werden so konzipiert, dass sie in die reale Arbeit integriert sind (zum Beispiel echte Kundschaftsanfragen, reale Schäden, Vertriebsprojekte).
   - Gleichzeitig wird sichergestellt, dass sie didaktisch vorbereitet und begleitet werden können.

■ PRAXISBEISPIEL: WAHLQUALIFIKATION B3 „RISIKEN FÜR NICHT-PRIVATKUNDEN ABSICHERN"

Arbeits- und Lernaufgabe: Andrea soll erstmalige ein Kiosks versichern.

Diese Aufgabe trainiert den vollständigen Handlungsprozess:

- **Information**
  - Andrea: Sammelt Informationen zu Risiken von Kiosken (Gebäude, Inventar, Waren, Haftung), recherchiert Pflichtversicherungen, spricht mit Mitgliedern des Kollegiums.
  - Ausbildender Mensch: Stellt Unterlagen und Zugänge bereit, beantwortet Fragen, achtet auf Vollständigkeit.
- **Planen**
  - Andrea: Erstellt einen Plan zur Risikoermittlung und zum Kundschaftskontakt, definiert Termine, berücksichtigt Fristen und Schnittstellen.
  - Ausbildender Mensch: Gibt Impulse, hilft bei der Strukturierung, prüft Realisierbarkeit.
- **Entscheiden**
  - Andrea: Wählt eine Absicherungsstrategie (zum Beispiel Geschäftsinhalts- und Haftpflichtversicherung) und begründet die Wahl.
  - Ausbildender Mensch: Hinterfragt und reflektiert, gibt Feedback und Alternativen.

- **Ausführen**
  - Andrea: Führt das Kundschaftsgespräch, ermittelt Risiken, dokumentiert Daten, erstellt Angebotsvorschläge.
  - Ausbildender Mensch: Beobachtet, begleitet, steht für Rückfragen zur Verfügung.
- **Kontrollieren**
  - Andrea: Prüft, ob alle Risiken korrekt erfasst, Unterlagen vollständig und Fristen eingehalten sind.
  - Ausbilder: Unterstützt beim Abgleich und der Qualitätssicherung.
- **Bewerten**
  - Andrea: Reflektiert das Ergebnis (Deckungsumfang, Wirtschaftlichkeit) und identifiziert Verbesserungsmöglichkeiten.
  - Ausbildender Mensch: Führt eine Nachbesprechung durch und gibt konstruktives Feedback.

Diese Aufgabenstruktur dient gleichzeitig als Grundlage für den FFG-Report, den Andrea für ihre Abschlussprüfung erstellt. ■

19.5.2.1.7 Unterweisungsplanung

Die Unterweisungsplanung ist das zentrale Werkzeug für Ausbilder, um Lernprozesse zielgerichtet, strukturiert und nachhaltig zu gestalten. Ausgangspunkt jeder Unterweisung ist das Feinlernziel.

Feinlernziel als Startpunkt

Es beschreibt präzise, was der auszubildende Mensch nach der Unterweisung wissen, verstehen oder ausführen können soll und muss konkret, messbar und überprüfbar formuliert sein. Erst wenn das Feinlernziel feststeht, werden Lernbereich, Methode und Medien festgelegt.

Didaktischer Dreischritt der Unterweisungsplanung

1. Feinlernziel analysieren → Lernbereich bestimmen
2. Methoden gezielt auswählen (in Abhängigkeit vom dominierenden Lernbereich)
3. Passende Medien festlegen und Lerntypen berücksichtigen

Zuordnung von Methoden zu Lernbereichen (Überblick)

- **Methoden für kognitive Lernziele**
  - Lehrgespräch
  - Vortrag/Präsentation
  - Lehrvortrag mit Diskussion
  - Erarbeitung am Flipchart oder Whiteboard
  - Einsatz digitaler Lernsysteme (zum Beispiel E-Learning)
  - Leittext, Fallstudie, Strukturlegetechnik, Erklärvideo mit Transferaufgaben

- **Methoden für psychomotorische Lernziele**
  - Vier-Stufen-Methode
  - Modifizierte Vier-Stufen-Methode
  - Vormachen und Nachmachen
  - Üben unter Anleitung
  - Fallarbeit/Simulation mit praktischer Umsetzung
  - Unterweisung am Arbeitsplatz, Übungsreihen
- **Methoden für affektive Lernziele**
  - Rollenspiel
  - Gruppendiskussion
  - Erfahrungsaustausch
  - Feedback-Übungen
  - Hospitation/Job Shadowing
  - Perspektivwechsel-Settings

Behaltensgrade bei unterschiedlichen Lernaktivitäten

Vor der Methodenwahl wird der Behaltensgrad verschiedener Lernformen berücksichtigt:[65]

- Lesen: circa 10 %
- Hören allein: circa 20 %
- Sehen (Demonstration, Bilder): circa 30 %
- Sehen und Hören: circa 50 %
- Diskutieren/selbst erklären: circa 70 %
- Selber tun (praktisches Üben): circa 90 %

Schlussfolgerung: Praxisnahe, handlungsorientierte Methoden (zum Beispiel Vier-Stufen-Methode, Fallarbeit, Rollenspiel, Leittextmethode) und eine abgestimmt-kombinierte Medienwahl führen zu deutlich höheren Behaltensleistungen als reine Vorträge.[66]

[65] Vgl. Preuß, 2012, S. 67.
[66] Vgl. Ruschel, 2008, S. 432–433.

19.5.2.1.8 Unterweisungsphasen, Leistungsnachweise und Differenzierung

Typische Phasen einer Unterweisung

- **Einstieg/Orientierung**

  Zieltransparenz schaffen, Vorwissen aktivieren (zum Beispiel Leitfrage, Mini-Fall).

- **Erarbeitung**

  Gelenkt → teiloffen → offen; kooperative Settings, Zwischensicherungen.

- **Sicherung**

  Ergebnisse strukturieren (zum Beispiel Tafelbild, Protokoll) und festhalten.

- **Transfer/Anwendung**

  Anwendung in neuen Fällen, Variationen, Praxisaufträge, Rollenspiele.

- **Reflexion/Feedback**

  Selbst- und Peer-Feedback, Planung nächster Lernschritte.

Leistungsnachweise und Feedback (formatives Prinzip)

- **Formatives Assessment**

  Kurze Checks (One-Minute-Paper, Quiz, Exit-Tickets), Beobachtungsbögen, Peer-Feedback.

- **Kriteriengeleitete Bewertung**

  Transparente Rubriken und Verhaltensanker, die an das betriebliche Beurteilungssystem anschlussfähig sind.

- **Selbstreflexion**

  Lernjournale, Zielvereinbarungen, Lernstands- und Transferfragen.

Die Beobachtungen werden kriterienorientiert im Tool dokumentiert (zum Beispiel täglich oder periodisch) und bilden eine belastbare Basis für Entwicklungsgespräche, Zeugnisse und Entscheidungen.

Differenzierung, Heterogenität und Förderung

- Vorwissensdiagnostik (zum Beispiel Eingangstests, Probeaufgaben)
- Aufgabendifferenzierung (Pflicht-/Wahlaufgaben, Niveaustufen, Lernpfade)
- Unterstützung (Lernpartnerschaften, Scaffolds wie Guides und Templates, Micro-Erklärclips)
- Beschleunigung/Vertiefung (Enrichment-Aufgaben, Micro-Projekte, Tutorenrollen)

So wird sichergestellt, dass Unterweisungen sowohl leistungsschwächere als auch leistungsstarke Auszubildende angemessen fördern.

19.5.2.1.9 Selbstgesteuertes Lernen

Lernen wird in drei Formen unterschieden, in denen Unterweisungen eingebettet sind:

Formales Lernen

Findet in organisierten, strukturierten Bildungskontexten statt (zum Beispiel Berufsschule, Unterweisungen nach Ausbildungsrahmenplan, überbetriebliche Lehrgänge, Prüfungen).

Non-formales Lernen

Bewusst initiierte Lernprozesse außerhalb des formalen Systems, häufig didaktisch strukturiert, aber ohne anerkannten Abschluss (zum Beispiel innerbetriebliche Workshops, Seminare, E-Learning-Module, Lernzirkel, Prüfungsvorbereitungskurse).

Informelles Lernen

Ungeplant, beiläufig, ohne didaktische Struktur – Teil des Alltags (zum Beispiel Learning by Doing, Erfahrungsaustausch mit Kollegium, selbstständiges Nachschlagen, Reflexion eigener Erfahrungen).

Selbstgesteuertes Lernen

Ist keine eigene Lernform, sondern eine Lernstrategie, die in allen drei Lernformen auftreten kann. Lernende übernehmen Verantwortung für Lernziele, Methoden, Zeiten und Fortschritte.[67]

- Im formalen Lernen zum Beispiel eigenständige Vertiefung von Unterrichtsinhalten, Portfolioarbeit, individuelle Lernzielvereinbarungen.
- Im non-formalen Lernen zum Beispiel selbstgewählte Lernpfade in Onlinekursen oder Lernplattformen.
- Im informellen Lernen zum Beispiel spontane Problemlösungen, kollegiale Rückfragen, eigenständige Nachbereitung von Kundengesprächen.

19.5.2.1.10 Medienwahl und Lerntypen

Medien sind alle Hilfsmittel, die Informationen vermitteln, Lernprozesse unterstützen und Kommunikation ermöglichen. Eine gezielte Medienwahl unterstützt Anschaulichkeit, steigert Motivation, fördert Selbstständigkeit und ermöglicht individuelle Lernförderung. Sie ist stets abhängig von Lernziel und Lernbereich, gewählter Methode sowie Zielgruppe und Lerntypen.[68]

---

[67] Vgl. Bernd Hantke, Personalentwicklung, In: Reiner Bröckermann, Werner Papels (Hrsg.): Personalmarketing: Akquisition – Bindung – Freistellung, Stuttgart, Schäffer-Poeschel Verlag, 2002, S. 174.

[68] Vgl. Schwarzer, 2012, S. 42.

Kriterien der Medienwahl

- Zielorientierung: Medium muss das Lernziel unterstützen.
- Anschaulichkeit: Komplexe Sachverhalte werden vereinfacht und visualisiert.
- Selbsttätigkeit: Medien regen aktive Auseinandersetzung an (zum Beispiel Aufgaben, Simulationen, Interaktionen).
- Problemorientierung: Medien bilden realitätsnahe Situationen ab.
- Strukturierung: Medien ermöglichen eine klare Gliederung des Lernstoffs.
- Wirtschaftlichkeit und Verfügbarkeit: Aufwand und Nutzen stehen in einem angemessenen Verhältnis.
- Adressatenorientierung: Medium ist auf Vorwissen, Motivation und Lernvoraussetzungen der Zielgruppe abgestimmt.
- Authentizität: Nutzung von Originalformularen, realen Systemen/Daten (DSGVO-konform).
- Barrierefreiheit & Zugänglichkeit: klare Sprache, gute Lesbarkeit, ggf. Alternativformate.
- Nachhaltigkeit & Aktualisierbarkeit: Materialien sind wiederverwendbar und leicht aktualisierbar.

Arten von Medien

- Klassische Medien:

  Tafel, Flipchart, Pinnwand, Overheadprojektor, Lehrbücher, Arbeitsblätter, Modelle.
- Audiovisuelle Medien:

  Lernfilme, Tonaufnahmen, Animationen, Präsentationen.
- Digitale Medien:

  Lernplattformen (zum Beispiel Moodle), E-Learning-Module, Lern-Apps, webbasierte Trainings, Virtual-/Augmented-Reality-Anwendungen.
- Interaktive Medien:

  elektronische Whiteboards, Simulationen, Planspiele, kollaborative Online-Tools.

Die Medienwahl ist stets in die methodische Planung einzubetten. Ein sinnvoller Medienverbund (Kombination verschiedener Medien) ermöglicht es, unterschiedliche Wahrnehmungskanäle anzusprechen und so die Lernerfolge zu steigern.

Lerntypen nach Frederice Vester

Vester unterscheidet folgende Haupttypen:

1. Visueller Lerntyp – lernt bevorzugt durch Sehen (Schaubilder, Grafiken, Mindmaps, Videos).
2. Auditiver Lerntyp – lernt durch Hören (Erklärungen, Podcasts, Diskussionen).
3. Haptischer Lerntyp – lernt durch Handeln und Ausprobieren (praktische Übungen, Experimente, Rollenspiele).
4. Intellektueller (abstrakter) Lerntyp – lernt durch Lesen, Nachdenken, Strukturieren und Analysieren.[69]

In der Praxis lernen die meisten Menschen multimodal, also über mehrere Kanäle gleichzeitig. Ziel der Medienwahl ist daher, möglichst viele Lernkanäle anzusprechen und so Wissen nachhaltig zu verankern.

Didaktische Leitlinie

Die Medienwahl ist ein zentraler Bestandteil der Ausbildungs- und Unterweisungsplanung und muss methodisch begründet erfolgen. Weder klassische noch digitale Medien sind Selbstzweck – sie dienen der zielgerichteten Unterstützung von Lernprozessen. Ein sinnvoller Medienverbund spricht unterschiedliche Lerntypen an, sichert Lernziele ab und fördert Motivation sowie Eigenaktivität der Auszubildenden. In der Ausbildungspraxis gilt daher: Das Medium folgt dem Ziel, der Methode und dem Lerntyp – nicht umgekehrt.

19.5.2.2 Methodenwahl

Unterweisungsmethoden sind der zentrale didaktische Hebel, um Feinlernziele erfolgreich zu erreichen. Sie steuern, wie Lerninhalte vermittelt werden und welche Lernprozesse ausgelöst werden. Die Methodenwahl orientiert sich immer am Feinlernziel sowie dessen dominierenden Lernbereiches, dem Kompetenzgrad und den vertretenen Lerntypen der Auszubildenden und dem Komplexitätsgrad der Aufgabe und wird nach den pädagogischen Prinzipien ausgerichtet. Unterweisungsmethoden sind zentrale Bausteine zur Entwicklung der beruflichen Handlungskompetenz. Methodisch richtige Unterweisungen führt zu höherer Motivation, stärkerer Aktivität, nachhaltigerem Lernen und höherer Sicherheit in komplexen Situationen. Exemplarisch werden ausgewählte Unterweisungsmethoden im Folgenden detailliert vorgestellt.

19.5.2.3 Die klassische Vier-Stufen-Methode der Unterweisung

Die klassische Vier-Stufen-Methode ist eine der zentralen Unterweisungsmethoden. Sie eignet sich besonders zur Vermittlung psychomotorischer und prozeduraler Lernziele, also immer dann, wenn es um klar strukturierte Tätigkeiten, Prozessschritte oder Bedienhandlungen geht – zum Beispiel das Erfassen einer Schadenmeldung, die An-

[69] Vgl. Frederice Vester, Denken, Lernen, Vergessen, München, dtv, 1998, S. 201–209.

gebotserstellung im IT-System oder die Nutzung eines Beratungstools. Sie wirkt zugleich kognitiv strukturierend (Verstehen von Abläufen, Kriterien und Zusammenhängen) und unterstützt den Transfer in reale Arbeitssituationen.

Ziel und Einsatzbereich

Ziel der Vier-Stufen-Methode ist es, Auszubildende von einer ersten geführten Ausführung hin zu einer sicheren, selbstständigen und qualitativ hochwertigen Handlung zu führen. Ihr Prinzip lautet: Vom Vormachen über das angeleitete Nachmachen hin zum selbstständigen, routinierten Ausführen. Typische Einsatzbereiche sind beispielsweise:

- Anlegen von Verträgen und Angeboten im Verwaltungssystem
- Erfassung und Erstprüfung von Schäden
- Nutzung von Fach- und Beratungstools
- Standardisierte Serviceprozesse im Kundenkontakt
- Bearbeitung wiederkehrender Geschäftsvorfälle mit klar definierter Prozesslogik

Sie ist insbesondere geeignet für die Einführungen in neue Tätigkeiten, Tätigkeiten mit Standardabläufen oder Prozesse mit hohen Qualitäts- oder Complianceanforderungen (Datenschutz, Fristen, Vollständigkeit).

Grundprinzip und Aufbau

Die klassische Vier-Stufen-Methode gliedert sich in vier klar getrennte Phasen:

1) Vorbereiten
2) Vormachen und Erklären
3) Nachmachen unter Anleitung
4) Üben und Festigen

Die Steuerungsverantwortung verschiebt sich dabei schrittweise: Anfangs trägt der ausbildende Mensch die Hauptverantwortung (Demonstration, Erklärung), dann erfolgt ein gelenktes Ausprobieren und zum Schluss steht die selbstständige Handlung des auszubildenden Menschen im Vordergrund.

Stufe 1 – Vorbereitung (Motivation und Orientierung)

In dieser Stufe wird die Lernbereitschaft aktiviert, Ziel und Nutzen geklärt, an Vorwissen angedockt und die Rahmenbedingungen gesichert.

Vorgehen durch den ausbildenden Menschen:

- Lernziel, Nutzen und Qualitätsmaßstäbe verständlich benennen („Wozu lernen wir das?“).

- Arbeits- und Sicherheitsbedingungen herstellen (Material, Tools, Zugänge, Datenschutz).
- Voraussetzungen prüfen (Vorkenntnisse, Vorerfahrungen; gegebenenfalls kurze Wiederholung).
- Eine knappe Ablaufübersicht geben (Fahrplan der vier Stufen).
- Motivation durch Praxisbezug wecken (zum Beispiel Kundennutzen, Zeitersparnis, Fehlervermeidung).

Ergebnis: Der auszubildende Mensch weiß, was er lernen soll, warum dies wichtig ist und woran die Qualität später gemessen wird.

Stufe 2 – Vormachen und Erklären (Modellieren)

Ein korrektes mentales Modell und ein verständlicher, fehlerfreier Handlungsablauf werden aufgebaut.

Vorgehen durch den ausbildenden Menschen:

- Tätigkeit zunächst in realistischem Tempo vormachen, danach in Teilschritte segmentieren.
- Kritische Punkte „laut denkend" markieren (Merksätze, „Dos and Don'ts", Sicherheitsaspekte).
- Sichtachsen berücksichtigen: alle Beteiligten müssen gut sehen können.
- Qualitätskriterien explizit machen: Was ist ein richtig ausgeführter Schritt? Welche Fehler sind kritisch?
- Häufige Fehlerquellen benennen und zeigen, wie man sie vermeidet.

Ergebnis: Die Auszubildenden verfügen über eine klare innere Vorlage, wie die Tätigkeit vollständig, korrekt und qualitätsgesichert auszuführen ist.

Stufe 3 – Nachmachen und Anleiten

Hier findet eine sichere Erstperformanz der Auszubildenden unter Anleitung statt. Fehler können früh erkannt und korrigiert werden.

Vorgehen:

- Der auszubildende Mensch führt die Tätigkeit aus – er kommentiert die eigenen Schritte.
- Ausbildende Menschen geben gezielte Impulse und stellen präzise Fragen (zum Beispiel „Was ist hier der kritische Deckungspunkt?", „Warum wählen Sie diese Option?").
- Feedback erfolgt sofort, spezifisch und wertschätzend.
- Korrekturen werden am Punkt des Entstehens vorgenommen.

- Die Schrittfolge kann variiert werden, bis eine sichere Reproduktion gelingt.

Ergebnis: Die Tätigkeit gelingt korrekt, nachvollziehbar und zunehmend sicher – zunächst noch mit, später mit immer weniger Anleitung.

Stufe 4 – Üben, Festigen und Transfer

Nun folgt eine Automatisierung der Fertigkeit, Erhöhung des Tempos und der Qualität sowie Übertragung auf Varianten und reale Fälle.

Vorgehen:

- Selbstständiges Üben mit steigender Komplexität (unterschiedliche Fälle, Produkte, Kundenkonstellationen).
- Zeit-, Qualitäts- und Sicherheitsziele anwenden (Checklisten, Standards, Service-Level).
- Reflexionsimpulse durch ausbildenden Menschen, zum Beispiel: „Was lief gut?", „Wo waren Sie unsicher?" oder „Wie würden Sie in Variante X vorgehen?"
- Transferaufgaben: neue Fälle, andere Datensätze/Produkte, wechselnde Rahmenbedingungen.
- Dokumentation der Ergebnisse (für Beurteilungssystem und Ausbildungsnachweisheft).

Ergebnis: Die Auszubildenden können die Tätigkeit sicher, eigenständig und variabel ausführen – auch unter Zeitdruck und bei leicht veränderten Rahmenbedingungen.[70]

Qualitätskriterien für eine gute Vier-Stufen-Unterweisung

Ausbildende Menschen können sich an folgenden Kriterien orientieren:

- **Zielklarheit:** Lernziel ist messbar formuliert (Handlung + Kriterium + Kontext).
- **Segmentierung:** Komplexe Tätigkeiten sind in überschaubare, logisch aufeinanderfolgende Teilschritte zerlegt.
- **Sichtbarkeit und Transparenz:** Alle Lernenden können Prozessschritte gut sehen und nachvollziehen (Bildschirm, Projektion, Demoobjekt).
- **Fehlerprävention:** Kritische Punkte und typische Fehler werden vorab benannt.
- **Aktives Tun:** Redeanteil des ausbildenden Menschen ist niedrig – die Lernenden handeln.
- **Feedbackqualität:** Rückmeldungen sind konkret, verhaltensbezogen und zeitnah.
- **Transferplanung:** In Stufe 4 werden Varianten, Störungen und neue Fälle eingeplant.
- **Dokumentation:** Ergebnisse und Beobachtungen werden so dokumentiert, dass sie ins Beurteilungssystem und ins Ausbildungsnachweisheft überführt werden können.

[70] Vgl. Schwarzer, 2012, S. 22–25.

Typische Fehler in der Praxis – und wie man sie vermeidet

In der Umsetzung treten häufig wiederkehrende Fehler auf:

- **Zu lange Erklärvorträge in Stufe 2**

  Besser: kurz demonstrieren, visualisieren, wichtige Punkte markieren – danach schnell in Stufe 3 übergehen.

- **Stufe 3 wird übersprungen**

  Gefährlich, da Auszubildende dann ohne angeleitete Erstperformanz in die Selbstständigkeit geschickt werden. Stufe 3 ist unverzichtbar für sichere Fehlerkorrektur und Verständnis.

- **Unscharfes Feedback** („gut gemacht", „passt schon")

  Besser: „Was Sie sehr gut gemacht haben, war ..." und „Beim nächsten Mal achten Sie bitte besonders auf ...".

- **Keine Transferaufgaben**

  Wenn nach einem einzigen Musterfall aufgehört wird, bleibt das Gelernte situationsgebunden. Stufe 4 muss bewusst Varianten und neue Kontexte einbauen.

- **Fehlende Standards**

  Ohne definierte Qualitäts- und Prozesskriterien ist es schwer, Leistungen fair und konsistent zu bewerten. Standards (zum Beispiel Checklisten, Prozessbeschreibungen) sollten vorab vorliegen.

Einordnung in Lernbereiche und Taxonomien

Die Vier-Stufen-Methode verknüpft mehrere Lernbereiche:

- **Psychomotorisch:** Imitation, Manipulation, Präzision, Koordination, Natürlichkeit. Die Methode ist hierfür besonders geeignet, da der Weg von der Nachahmung zur automatisierten Routine systematisch angelegt ist.
- **Kognitiv**: Erinnern und Verstehen der Prozessschritte, Anwenden in konkreten Fällen, Analysieren kritischer Punkte, gegebenenfalls Bewerten und Optimieren von Abläufen.
- **Affektiv**: Sorgfaltsbewusstsein (Datenschutz, Kundenzufriedenheit, Fehlervermeidung), Verantwortungsübernahme für die Qualität der eigenen Arbeit.

Damit unterstützt die Vier-Stufen-Methode alle Dimensionen der beruflichen Handlungskompetenz, mit Schwerpunkt auf der Fertigkeitsausführung.

Medienwahl in der Vier-Stufen-Methode

Die Medien sind jeweils an die Stufe anzupassen:

- **Stufe 2 (Vormachen und Erklären):** Demo-Objekte, Musterfälle, Visualizer, Beamer, geteilte Bildschirme, Schrittfolien, Merkkarten, Prozessgrafiken
- **Stufe 3 (Nachmachen):** Checklisten mit kritischen Punkten, Leitfragen, gegebenenfalls Fehleratlas, Testsysteme/Übungsumgebungen
- **Stufe 4 (Üben und Transfer):** Übungspool mit Variantenfällen, Simulationsumgebungen/Testdaten, Kurzprotokollbögen zur Ergebnissicherung

Lerntypen:

Visuelle Lerntypen profitieren von Prozessgrafiken, Screen-Sharing, Markierungen. Auditive Lerntypen profitieren von mündlichen Erklärungen und Leitfragen. Haptische/praktische Lerntypen profitieren vom aktiven Tun und der Arbeit mit „echten" Systemen. Kommunikative/intellektuelle Lerntypen profitieren davon, wenn sie ihre Schritte erklären und reflektieren müssen.

Remote- und Hybrid-Einsatz der Vier-Stufen-Methode

Die Vier-Stufen-Methode ist auch im Rahmen des mobilen Ausbildens einsetzbar:

- **Stufe 2:** Geteilte Bildschirme (zum Beispiel via MS Teams), Annotierte Präsentationen, Kamera auf Hände/Werkstück (falls relevant).
- **Stufe 3:** Azubi übernimmt den geteilten Bildschirm/Remote-Instanz, ausbildender Mensch coacht über Audio, Chat oder Markierungen.
- **Stufe 4:** Echt-Fall-Aufgaben in einer sicheren Testumgebung, Ergebnissicherung etwa über Logfiles, Screenshots oder Short-Recordings, Reflexion per Videokonferenz oder Chat.

Leistungsnachweis und Verzahnung mit dem Beurteilungssystem

Die Vier-Stufen-Methode bietet klare Anknüpfungspunkte für Leistungsnachweise und Bewertungen. Messpunkte sind die Richtigkeit der Ausführung, Zeit und Effizienz, Einhaltung von Sicherheits- und Compliance-Anforderungen, und die Qualität der Selbstkontrolle (kontrolliert der Auszubildende sich selbst?). Der Nachweise erfolgt mittels Kurz-Checklisten je Schritt, festgehaltene Transferaufgaben (zum Beispiel weitere Fälle), Dokumentation im Beurteilungssystem und Übernahme in das Ausbildungsnachweisheft. So entsteht eine nachvollziehbare, kriterienorientierte Grundlage für Feedback, Entwicklungsgespräche und Zeugnisse.

Vorteile und Grenzen der Vier-Stufen-Methode

Vorteile:

- Hohe Struktur und Sicherheit für Auszubildende und ausbildende Menschen

- Schnelle Fehlerprävention, besonders bei sicherheits- und qualitätsrelevanten Prozessen
- Gut plan- und dokumentierbar
- Ideal für Erstunterweisungen und Standardprozesse

Grenzen:

- Bei rein kognitiven oder stark komplexen, situativ variablen Aufgaben allein zu eng
- Gefahr von Überinstruktion, wenn Lernende bereits Vorerfahrung haben
- Erfordert Vorbereitungsaufwand (Standards, Checklisten, Übungsfälle)

Daher wird sie häufig kombiniert mit:

- Lehrgespräch (für Verständnis und Einordnung),
- Fallmethode (für Anwendung in komplexen Situationen),
- Leittexten (für mehr Selbststeuerung fortgeschrittener Auszubildender),
- Projektarbeit (für übergeordnete Handlungskompetenz).

19.5.2.4 Die modifizierte Vier-Stufen-Methode

Die modifizierte Vier-Stufen-Methode ist eine weiterentwickelte, stärker handlungsorientierte Form der klassischen Vier-Stufen-Methode. Sie eignet sich besonders, wenn Auszubildende bereits erste Vorerfahrungen haben, wenn eine Tätigkeit nicht rein standardisiert ist oder wenn die vollständige Handlung im Mittelpunkt stehen soll. Während die klassische Vier-Stufen-Methode stark instruktional geprägt ist (zunächst Vormachen, dann Nachmachen), verschiebt die modifizierte Variante den Schwerpunkt hin zu mehr Selbstständigkeit, mehr Problemlösung, mehr Entscheidungsfreiheit und stärkerer Reflexion. Sie ist häufig die bevorzugte Methode für komplexere betriebliche Aufgaben, zum Beispiel bei der Schadenbearbeitung, Bedarfsanalyse, Risikoermittlung oder in der Vertriebsberatung. Die modifizierte Vier-Stufen-Methode stärkt Selbstständigkeit, Problemanalyse und Entscheidungsfähigkeit, orientiert sich eng an realen beruflichen Handlungssituationen, ist flexibel einsetzbar, eignet sich hervorragend für fortgeschrittene Lernende und komplexe Aufgaben. Sie verbindet die Vorteile der klassischen Vier-Stufen-Methode mit der vollständigen Handlung.

Aufbau der modifizierten Vier-Stufen-Methode

Die Struktur bleibt formal ähnlich, verändert jedoch die Rollenverteilung. Im Vergleich zur klassischen Variante enthält Stufe 2 kein vollständiges Vormachen. Stufe 3 ist ein angeleitetes, aber selbstständig gedachtes Arbeiten und Stufe 4 ist komplexer und beinhaltet Variation, Reflexion und Transfer.

Stufe 1 – Vorbereiten

Beim Vorgehen in der ersten Stufe wird zusätzlich kurz angekündigt, dass Lernende selbst beginnen werden, eine Lösung zu entwickeln

■ BEISPIEL

Andrea soll herausfinden, wie ein Schadenfall mit unvollständigen Kundenangaben sauber strukturiert wird. Das Ziel: Zuerst selbst analysieren, wie vorzugehen ist.

Stufe 2 – Erarbeiten/Problemanalyse (selbstständiger Einstieg)

Lernende sollen den Problemkern selbst erkennen und eine erste Vorgehensweise entwickeln. Merkmale: Kein Vormachen durch den ausbildenden Menschen, stattdessen wird der Fall/die Aufgabe/das Problem vorgestellt. Die Auszubildenden analysieren: Welche Informationen fehlen? Welche Risiken bestehen? Welche Fragen müssen geklärt werden? Welche Optionen gibt es?

Vorgehen: Leitfragen bereitstellen, Materialien zur Verfügung stellen (Tool-Zugang, Dokumente, Produktinformationen), Offenes Arbeiten zulassen, Beobachten ohne sofortiges Eingreifen.

■ BEISPIEL

Andrea erhält einen Elementarschadenfall: „Der Keller des Kunden ist vollgelaufen. Welche Schritte müssen Sie einleiten? Welche Unterlagen benötigen Sie?" Sie soll zunächst selbst entscheiden, in welcher Reihenfolge sie vorgeht. ■

Stufe 3 – Anleiten/Impulse geben (Coaching statt Demonstration)

Hier findet gezielte Unterstützung, ohne den Lösungsweg vorzugeben, statt. Ausbildende Menschen machen nicht vor, sondern coachen. Sie geben Hinweise, stellen Reflexionsfragen und bieten Strukturhilfen an. Typische Leitfragen sind zum Beispiel: „Warum wählen Sie diesen Schritt zuerst?", „Welche Risiken sehen Sie dabei?", „Welche Alternative wäre möglich?" oder „Wie würden Sie den Kunden verständlich informieren?"

Vorgehen:

- Zwischenfeedback, keine vollständige Demonstration
- Prozess wird strukturiert, aber nicht abgenommen
- Differenzierte Impulse je nach Kompetenzstand
- Korrekturen werden sparsam, aber gezielt gesetzt

■ **BEISPIEL**

Andrea teilt ihren geplanten Ablauf mit, zum Beispiel: Schadenmeldung prüfen, Deckungsprüfung, Rückfragen an den Kunden, Angebot eines Dienstleisters. Dier ausbildende Mensch hinterfragt und präzisiert, ohne den Ablauf vorzugeben. ■

Stufe 4 – Anwenden, Transfer, Reflexion (Kompetenzausbau)

Es erfolgt die selbstständige Ausführung und Übertragung auf neue Situationen. Merkmale sind:

- Komplexe Übungsfälle
- Varianten (zum Beispiel andere Schadensarten, andere Kundentypen)
- Dokumentation im System
- Selbstreflexion und Peer-Feedback
- Optional: Fallvergleich in der Gruppe
- Verbindung zu Lern- und Arbeitsaufgaben

■ **BEISPIEL**

Andrea bearbeitet drei weitere Fälle: Leitungswasserschaden, Sturmschaden (mit möglichen Obliegenheitsverletzungen), Haftpflichtschaden (Kunde ruft emotional aufgebracht an). Sie dokumentiert die Ergebnisse und reflektiert: Wo war sie unsicher? Welche Schritte funktionierten gut? Welche Nachfragen beim Kunden haben geholfen? ■

Vorteile der modifizierten Vier-Stufen-Methode

- Höhere Handlungskompetenz durch selbstständige Problemanalyse
- Sehr gute Verzahnung mit dem Modell der vollständigen Handlung
- Starker Bezug zur realen Berufssituation
- Förderung der Methodenkompetenz (Analysieren, Planen, Entscheiden)
- Förderung der Sozialkompetenzen durch Reflexion und Argumentation

Herausforderungen und Lösungen

Herausforderung: Lernende fühlen sich zu Beginn unsicher.

Lösung: Kleine Leitfragen, strukturierende Hilfen, schrittweise Verantwortung.

Herausforderung: Gefahr des „zu früh Eingreifens".

Lösung: Coaching-Haltung einnehmen („Hilfe zur Selbsthilfe").

Herausforderung: Zeitaufwand.

Lösung: Fokus auf Schlüsselprozesse, gut ausgewählte Fälle, klare Zeitvorgaben.

Medien in der modifizierten Vier-Stufen-Methode

Leitfragenkarten, Prozessgrafiken, Fallakten, digitale Schaden- oder Risikoanalyse-Tools, Checklisten, echte Systemumgebungen, Whiteboard oder digitales Board für Strukturierung, Feedbackbögen für Reflexion.

19.5.2.5 Das Lehrgespräch (fragend-entwickelnde Methode)

Das Lehrgespräch gehört zu den wichtigsten Methoden der kognitiven Unterweisung. Es ist eine dialogische, aktivierende und strukturierte Methode, bei der Auszubildende durch systematische Fragen selbst zur Erkenntnis geführt werden. Im Gegensatz zum Vortrag steht hier nicht das Geben von Informationen im Vordergrund, sondern das gemeinsame Erarbeiten von Wissen. Das Lehrgespräch ist insbesondere dann geeignet, wenn Zusammenhänge erklärt, Prozesse verstanden, Regelwerke (zum Beispiel AVB, Compliance, Datenschutz) analysiert, Produkte verglichen oder Entscheidungen nachvollziehbar begründet werden müssen. Das Lehrgespräch ist dialogisch, aktivierend, kognitiv anspruchsvoll, strukturiert und hervorragend geeignet für fachlich komplexe Inhalte. Es fördert Denkprozesse, Verständnis und die Fähigkeit, Zusammenhänge zu erklären.

Funktionsprinzip des Lehrgesprächs

Das Lehrgespräch ist fragend-entwickelnd: Die Auszubildenden erarbeiten den Inhalt selbstständig, während der ausbildende Mensch „nur" die Denkprozesse strukturieren.

- Fragen regen Denken an.
- Lernende aktivieren eigenes Vorwissen.
- Erkenntnisse entstehen im Dialog.
- Ausbildende Menschen steuern methodisch, aber nicht inhaltlich dominierend.

Aufbau und Ablauf des Lehrgesprächs

Der Ablauf ist streng strukturiert, um einen „rotes Faden" zu sichern:

1. Einstieg und Problemstellung

Hier wird Vorwissen aktiviert, die Relevanz hergestellt, zentrale Leitfrage formuliert und Zieltransparenz geschaffen.

■ BEISPIEL

„Stellen wir uns vor, ein Kunde baut ein Haus. Welche Veränderungen ergeben sich dadurch für seinen Versicherungsbedarf?" ■

2. Erarbeitung im dialogischen Verfahren

Der ausbildende Mensch stellt systematische Fragen, unter anderem:

- **Erinnerungsfragen**:
  „Was wissen Sie bereits über Wohngebäudeversicherungen?"
- **Verständnisfragen**:
  „Warum spielt die Wohnfläche eine Rolle?"
- **Analysefragen**:
  „Welche Risiken entstehen durch einen nicht abgeschlossenen Rohbau?"
- **Transferfragen**:
  „Wie würden Sie die Situation einschätzen, wenn der Kunde Eigenleistungen erbringt?"
- **Bewertungsfragen**:
  „Welche Deckungen sind aus Kundensicht unverzichtbar?"

Die Fragen bauen logisch aufeinander auf und führen zur angestrebten Erkenntnis.

3. Strukturierende Sicherung

- Ergebnisse am Whiteboard, Flipchart oder digital sammeln
- Mindmap, Tabelle oder Ablaufgrafik erstellen
- Kernaussagen gemeinsam formulieren
- Fehlvorstellungen korrigieren

4. Transfer, Variation, Anwendung

- Übertragung auf andere Fälle
- Formulierung eigener Lösungen
- Einbindung in weitere Aufgaben

■ BEISPIEL

„Wie würde sich die Einschätzung ändern, wenn der Kunde eine Photovoltaikanlage plant?" ■

5. Reflexion und Abschluss

- Was war heute neu?
- Wo sind Sie noch unsicher?
- Welche Fragen ergeben sich im Hinblick auf echte Kundenkontakte?

Fragearten im Lehrgespräch

Die Qualität eines Lehrgesprächs hängt maßgeblich von der Qualität der Fragen ab.

Erinnerungsfragen: Fakten aktivieren

■ BEISPIEL: „Was ist versichert in der Hausratversicherung?" ■

Verständnisfragen: Begriffe erklären

■ BEISPIEL: „Warum steigt das Risiko durch Leitungswasser im Winter?" ■

Analysefragen: Zusammenhänge erkennen

■ BEISPIEL: „Welche Gefahren bestehen beim Rohbau im Vergleich zum fertigen Gebäude?" ■

Transferfragen: Anwendung auf neue Situationen

■ BEISPIEL: „Wie würden Sie argumentieren, wenn ein Kunde die Versicherungssumme heruntersetzen möchte?" ■

Bewertungsfragen: begründete Urteile

■ BEISPIEL: „Welche Tarifmerkmale sind für den Kunden tatsächlich relevant? Warum?" ■

Vorteile des Lehrgesprächs

- hohe Aktivierung
- Förderung eigenständigen Denkens
- starke Strukturierung
- gut geeignet für komplexe Inhalte
- ideal zur Leistungsüberprüfung
- nachhaltig, da Wissen vom Lernenden „entdeckt" wird

Herausforderungen und Lösungen

Problem: Ausbildender Mensch verfallen in Vortragsteile.

Lösung: Redeanteil des Auszubildenden > 50 %.

Problem: Fragen sind zu allgemein.

Lösung: Strukturierte Leitfragen vorbereiten.

Problem: Lernende schweigen.

Lösung: Aushalten, Micro-Fragen, Hilfen, Visualisierung.

Problem: Gefahr von „Schein-Dialogen" („Wissen Sie es nicht? Ich sag's Ihnen...")

Lösung: Geduld, Denkzeit, echtes Fragen.

Medien im Lehrgespräch

Passend sind zum Beispiel: Flipchart/Whiteboard, Prozessgrafiken, digitale Board, Diagramme, Tabellen, Fallvignetten, Produktinformationen, Visualisierungen zur

Strukturierung (zum Beispiel 3-Schritt-Modelle). Auch digitale Lernräume (MS Teams, virtuelle Whiteboards) eignen sich sehr gut im Rahmen des mobilen Ausbildens.

19.5.2.6 Die Fallmethode

Die Fallmethode (Fallstudie, Fallarbeit) ist eine der wirkungsvollsten handlungsorientierten Methoden in der Ausbildung. Sie verbindet Wissensaufbau, das Erkennen von Problemstrukturen und möglichen Lösungsentwicklungen, Analyse und Abwägung von Alternativen, Beurteilen, Priorisieren als auch Entscheidungen zu treffen und zu begründen sowie Reflexion und fordert eine verständliche Ergebnispräsentation sowie insgesamt ein strukturiertes Vorgehen in einer komplexen beruflichen Handlungssituation. Sie steht damit realen beruflichen Situationen im Versicherungswesen sehr nah. Sie eignet sich für kognitive und affektive Lernziele sowie für die Entwicklung methodischer Kompetenzen.

Ablauf der Fallmethode

Die Fallmethode folgt einem klaren didaktischen Ablauf:

1. Fall lesen/analysieren

- Was ist passiert?
- Welche Daten liegen vor?
- Welche Angaben fehlen?
- Welche Fragen müssen gestellt werden?

2. Problem definieren

Die zentrale Frage klären:

- Worin besteht das Kernproblem?
- Welche Risiken oder Widersprüche sind erkennbar?
- Welche Entscheidungen sind kritisch?

3. Informationen strukturieren

- Daten in Kategorien gliedern (zum Beispiel Kunde, Risiko, Deckung, Schadenumfang).
- Unklare Punkte markieren.
- Prioritäten setzen.

4. Lösungsalternativen entwickeln

Welche Möglichkeiten gibt es?

- Bearbeitungsvarianten
- unterschiedliche Deckungsmodelle

- verschiedene Kommunikationstaktiken

5. Entscheidung begründen

Welche Lösung ist am besten, und warum?

- Wirtschaftlichkeit
- Kundennutzen
- Risiko
- Rechtliche Vorgaben
- Unternehmensvorgaben

6. Präsentation der Lösung

- Ergebnis im strukturierten Format vorstellen
- Kriterien nennen
- Alternativen würdigen

7. Reflexion/Transfer

- Was habe ich gelernt?
- Wie würde ich in einem anderen Fall vorgehen?
- Wo war ich unsicher?
- Was würde ich anders machen?[71]

Arten von Fällen

Je nach Lernziel kommen unterschiedliche Fallarten in Betracht:

- **Entscheidungsfälle:** Der auszubildende Mensch muss eine Entscheidung treffen (Schaden regulieren ja/nein? Tarif A oder B?).
- **Analysefälle:** Fokus liegt auf Strukturieren, Erkennen und Bewerten.
- **Diagnosefälle:** Typisch im Schadenbereich: Was ist hier die Ursache? Liegt Deckung vor?
- **Kommunikationsfälle:** Fokus auf Kundenverhalten, Beschwerden, Gesprächsführung.
- **Prozessfälle:** Analyse eines Ablaufs, Erkennen von Fehlern und Optimierung.

Rolle der ausbildenden Menschen

Die ausbildenden Menschen haben eine klar definierte Rolle: Sie stellen den Fall bereit, strukturieren die Rahmenbedingungen, geben Leitfragen, moderieren die Fallarbeit,

[71] Vgl. Ruschel, 2008, S. 449–451.

stellen Verständnisfragen, geben fachliches und methodisches Feedback, sichern Ergebnisse und dokumentieren die Leistung im Beurteilungssystem. Nicht ihre Aufgabe ist es, Lösungen vorzugeben, den Denkprozess zu dominieren oder „Vortragsphasen" einzubauen. Die Fallmethode lebt von der Eigenaktivität der Lernenden.

Rolle der Auszubildenden

Auszubildende lernen zu analysieren, Schlüsse zu ziehen, Entscheidungen zu begründen, mit Unsicherheiten umzugehen, Kundenperspektiven einzubeziehen, Fachwissen zu verknüpfen und Ergebnisse nachvollziehbar darzustellen. Sie übernehmen damit schrittweise die Rolle, die sie später im Unternehmen innehaben sollen.

Medien in der Fallmethode

Geeignete Medien sind zum Beispiel: Fallblatt/Fallakte, echte Dokumente (DS-GVO-konform anonymisiert), Prozessgrafiken, AVB-/Produktunterlagen, Schadenfotos/Objektfotos, digitale Whiteboards, Simulationen und Tools oder Tabellen und Checklisten.

Oft wird ein Medienverbund genutzt (zum Beispiel Fotos + AVB + Schadenmeldung + Prozessgrafik).

Vorteile der Fallmethode

- höchste Lernwirksamkeit bei komplexen Themen
- fördert kritisches Denken
- ermöglicht individuelles, tiefes Lernen
- hohe Praxisorientierung
- gute Verbindung aller Kompetenzklassen
- motivierend, da realitätsnahe Inhalte

Herausforderungen der Fallmethode

Herausforderung: Auszubildende warten auf „die richtige Lösung".

Lösung: Klarstellen, dass es mehrere tragfähige Lösungen geben kann.

Herausforderung: Zeitaufwendig bei komplexen Fällen.

Lösung: Teilfälle, Zeitfenster, strukturierende Leitfragen.

Herausforderung: Azubis verzetteln sich in Details.

Lösung: Klare Strukturierungshilfen (zum Beispiel 5-Schritt-Analyse).

19.5.2.7 Rollenspiel und Gesprächssimulationen

Das Rollenspiel ist eine der zentralsten Methoden in der beruflichen Ausbildung, wenn es um Kommunikation, Kundenorientierung, Konfliktlösung, Beratungskompetenz und professionelles Verhalten in anspruchsvollen Situationen geht. Es bildet Empathie, trainiert aktive Gesprächsführung, Einwandbehandlung, Konfliktfähigkeit, situationsgerechtem Verhalten mit professioneller Haltung und ermöglicht einen Abgleich zwischen Selbst- und Fremdwahrnehmung.

Es bildet realitätsnahe Gesprächssituationen ab und ermöglicht Auszubildenden, auch emotionale und interpersonale Herausforderungen zu üben. Für die Ausbildung von Kaufleuten für Versicherungen und Finanzanlagen hat das Rollenspiel einen hohen Stellenwert, da zahlreiche berufliche Aufgaben von professioneller Gesprächsführung abhängen. Rollenspiele gehören zu den wirkungsvollsten Methoden zur Entwicklung kommunikativer und sozialer Kompetenz. Sie ermöglichen es Auszubildenden, typische Situationen gefahrlos zu erproben und professionelles Verhalten systematisch zu entwickeln. Sie sind unverzichtbar in einer modernen Ausbildung und besonders wertvoll für die Vorbereitung auf reale Kundengespräche und das Kundengespräch als mündlicher Prüfungsbestandteil. Es eignet sich vor allem für Ziele im affektiven Lernbereich, aber auch für Prozess- und Fachkompetenz, wenn Gesprächsinhalte fachlich anspruchsvoll sind (zum Beispiel Deckungserklärungen, Schadenentscheidungen).

Ablauf des Rollenspiels

Ein professionelles Rollenspiel folgt einem klaren didaktischen Aufbau:

1. Vorbereitung

- Ziel klären
- Rollen festlegen (Kundschaft, sachbearbeitender Mensch, Beobachtende)
- Gesprächssituation definieren (realistisch, konkret)
- Kriterien für Beobachtung festlegen (zum Beispiel Empathie, Struktur, Verständlichkeit)
- Rahmenbedingungen schaffen (ruhige Umgebung, Materialien bereitstellen)

■ BEISPIEL

Andrea soll einen verärgerten Kunden beruhigen, der eine Kürzung im Leitungswasserschaden nicht nachvollziehen kann. ■

2. Durchführung

- Rollenspiel beginnt realistisch („echte" Begrüßung, echter Gesprächsstart)
- Trainierende greifen nicht ein, außer bei Abbruchkriterien

- Emotionen werden zugelassen, aber moderiert
- Lernende reagieren entsprechend ihrer Rolle

3. Beobachtung

Beobachtende achten auf:

- Struktur des Gesprächs
- Einsatz offener Fragen
- Aktives Zuhören
- Empathie und Deeskalation
- Verständlichkeit fachlicher Inhalte
- Körpersprache, Stimme
- Zielorientierung
- Abschluss und Vereinbarungen

4. Auswertung/Feedback

Die wichtigste Phase des Rollenspiels. Sie umfasst:

- **Selbstreflexion des Azubis**

  Was lief gut? Wo war ich unsicher? Wie ging ich mit der Situation um?
- **Feedback der Beobachtenden**

  Erfolgt konstruktiv, konkret und entwicklungsorientiert anhand vorher vereinbarten Kriterien.
- **Feedback des ausbildenden Menschen**

  Erfolgt in fachlicher, methodischer und kommunikativer Hinsicht.
- **Zusammenfassung der Lernpunkte**

  Was kann direkt in die Praxis übertragen werden? Welche nächsten Schritte sollten trainiert werden?
- **Transferphase**

  In Frage kommen: Variation des Szenarios, neue Gesprächstypen üben, anspruchsvollere Fälle bearbeiten oder eine Kombination mit Fallmethode oder Vier-Stufen-Methode.

Arten von Rollenspielen

1. Standardisiertes Rollenspiel

Feste Rollen, klarer Ablauf, gut geeignet für Anfangende. ■ BEISPIEL: Erstkontakt im Schadenfall. ■

2. Offenes Rollenspiel

Viele Freiheitsgrade, gutes Training für fortgeschrittene Lernende. ■ BEISPIEL: komplexe Kundenkonflikte. ■

3. Simulationsrollenspiel (realitätsnah)

Vollständiges Szenario (inkl. Dokumenten, Prozessgrafik, AVB), ideal als Vorbereitung auf das Kundengespräch in der mündlichen Prüfung. ■ BEISPIEL: Gewerbekundenberatung mit mehreren Bedarfen. ■

4. Überraschungsrollenspiel

Lernende kennen die genaue Gesprächssituation nicht. Das trainiert Reaktionsfähigkeit und ist wichtig für Telefonie und Schadenaufnahme.[72]

5. Rollentausch

Auszubildende übernehmen die Kundenrolle, was Empathie fördert und einen Perspektivwechsel ermöglicht.

Vorteile des Rollenspiels

- höchste Wirksamkeit im affektiven Lernbereich
- realitätsnahe Übungssituation
- emotionale und soziale Herausforderungen können gefahrlos erprobt werden
- fördert Reflexionsfähigkeit
- erleichtert Transfer in den Arbeitsalltag
- stärkt Selbstvertrauen
- verbessert Kommunikationsqualität
- ideale Vorbereitung auf echte Kundensituationen

Herausforderungen und Lösungen

Herausforderung: Azubis empfinden Rollenspiele als „peinlich" oder künstlich.

Lösung: Wertschätzende Atmosphäre, klare Regeln, kleine Einstiegsrollen.

Herausforderung: Rollenspiele werden zu oberflächlich.

Lösung: Konkrete, realitätsnahe Szenarien, emotionale Wirklichkeit zulassen.

Herausforderung: Feedback wird unsauber gegeben.

Lösung: Feedbackregeln (WWW = Wahrnehmung – Wirkung – Wunsch).

---

[72] Vgl. Ruschel, 2008, S. 451–454.

Herausforderung: Überforderung bei komplexen Fällen.

Lösung: Schwierigkeit langsam steigern, Hilfen geben.

Medien im Rollenspiel

Geeignete Medien sind zum Beispiel: Rollenkarten, Fallblätter/Gesprächsszenarien, Bewertungs- und Beobachtungsbögen, Leitfäden für Gesprächsstruktur, Prozessgrafiken, Telefon- oder Video-Simulationen, Aufzeichnungsoptionen (Video, Audio – DS-GVO-konform!), digitale Räume (zum Beispiel MS Teams).

19.5.2.8 Leittextmethode

Die Leittextmethode ist eine der zentralen handlungsorientierten Methoden der beruflichen Bildung. Sie ist besonders wirksam, wenn Auszubildende weitgehend selbstständig komplexe Aufgaben strukturiert bearbeiten sollen, ohne dass ausbildende Menschen dauerhaft eingreifen. Sie bietet dabei ein Training von Problemlösung und Entscheidungsfähigkeit, eine Stärkung der Reflexionskompetenz sowie die Steigerung der Verantwortungsübernahme. Die Methode basiert gänzlich auf dem Modell der vollständigen Handlung und verbindet damit fachliche, methodische, soziale und personale Kompetenzen zu einem gesamtheitlichen Lernprozess. Sie wird vor allem eingesetzt für: Lern- und Arbeitsaufgaben, anspruchsvollere Unterweisungen, Aufgaben mit Kundenkontakt, analytische Tätigkeiten im Schaden und Risikoanalysen im Underwriting. Die Leittextmethode ist eine der effektivsten Methoden der beruflichen Bildung, weil sie Selbstständigkeit fördert, die vollständige Handlung abbildet, reale Aufgaben simuliert und die Kompetenzentwicklung nachhaltig stärkt. Sie bildet eine Brücke zwischen Unterweisung und echter Berufstätigkeit.

Aufbau eines Leittexts

Ein Leittext besteht immer aus:

1. Lernzielbeschreibung
2. Situations-/Aufgabenbeschreibung
3. Arbeitsschritten entlang der vollständigen Handlung
4. Hinweis- und Hilfefeldern
5. Kontrollfragen/Reflexionsfragen
6. Dokumentationsfeld für Ergebnisse
7. Feedbackteil für Ausbilder

Ein guter Leittext führt nicht, wie ein Rezept, Schritt für Schritt zur Lösung, sondern gibt Orientierung, während die Lösung selbst erarbeitet wird.

Die sechs Schritte der vollständigen Handlung in der Leittextmethode

Die Leittextmethode bildet jeden Schritt der vollständigen Handlung ab.

1. Informieren: Die Auszubildenden lesen den Fall, sichten Dokumente, analysieren Vorgaben. ■ BEISPIEL: Andrea recherchiert im Schadenfall die AVB, prüft die Schadenmeldung, sichtete Fotos und klärt fehlende Angaben. ■

2. Planen: Sie überlegen selbstständig: Was ist zu tun? Welche Reihenfolge ist sinnvoll? Welche Unterlagen brauche ich? Welche Rückfragen sind erforderlich?

3. Entscheiden: Zwischen mehreren Alternativen wird die aus ihrer Sicht beste Vorgehensweise gewählt.

4. Ausführen: Die Planung wird umgesetzt: Telefonat, Dokumentation, Deckungsprüfung, Angebotserstellung, Gesprächsvorbereitung – je nach Fall.

5. Kontrollieren: Lernende überprüfen: Ist alles vollständig? Wurde korrekt dokumentiert? Passt das Ergebnis zu den Zielkriterien?

6. Bewerten: Die Auszubildenden reflektieren: Was ist gut gelaufen? Was war herausfordernd? Was würde ich künftig anders machen?[73] [74]

Vorteile der Leittextmethode

Die Leittextmethode ist besonders wirksam, weil sie volle Handlungsorientierung bietet, echte Selbstständigkeit erzeugt, Lernende nachhaltig auf reale Arbeit vorbereitet, hohes Transferpotenzial hat, sehr motivierend wirkt, da Lernende vollständige Aufgaben bearbeiten, klare Struktur bietet, ohne Lösungen vorzugeben und individuelle Förderung ermöglicht (Differenzierung durch Hilfen).

Herausforderungen und Lösungen

Herausforderung: Zu hohe Komplexität

Lösung: Vorstrukturierende Leitfragen, Scaffolds, Mini-Leittexte für Anfangende

Herausforderung: Lernende fragen zu oft nach Hilfe („Wie geht das?")

Lösung: Coaching statt Lösungsvorgabe, Hilfen in Stufen anbieten

Herausforderung: Ausbildende Menschen geben zu viel Input

Lösung: Rolle reflektieren – Ziel ist Selbstständigkeit, nicht Perfektion

Herausforderung: Zeitintensität

Lösung: Klar begrenzte Fälle, Zeitfenster, Zwischensicherungen

---

[73] Vgl. Preuße, 2012, S. 101–103.
[74] Vgl. Ruschel, 2008, S. 297–305.

Medien in der Leittextmethode

Geeignete Medien sind zum Beispiel: Leittextblatt (digital oder Papierform), Checklisten, Prozessgrafiken, AVB/Vertragsdokumente, Fotos, Schadenunterlagen, Tools (zum Beispiel Schadenbearbeitungssystem), digitale Whiteboards, Excel- oder Canvas-Dokumentationsraster. Auch digitale Lernplattformen eignen sich für Leittexte.

19.5.2.9 Projektmethode

Die Projektmethode zählt zu den komplexesten, ganzheitlichsten und zugleich anspruchsvollsten Methoden der beruflichen Bildung. Sie eignet sich immer dann, wenn Auszubildende nicht nur einen einzelnen Arbeitsschritt, sondern ein gesamtes Vorhaben selbstständig planen, durchführen, steuern, dokumentieren und reflektieren sollen. Die Projektmethode ist besonders wertvoll, weil sie Auszubildende auf Situationen vorbereitet, in denen sie in Teams, in bereichsübergreifenden Projekten oder im Rahmen von Wahlqualifikationen eigenständig Aufgaben übernehmen. Die Projektmethode ist vollständig handlungsorientiert und umfasst alle Phasen der vollständigen Handlung, allerdings in deutlich größerer Tiefe als bei der Leittextmethode. Die Projektmethode ermöglicht den höchstmöglichen Grad an Selbstständigkeit und Kompetenzentwicklung. Sie ist anspruchsvoll, aber zugleich hoch wirksam. Sie bereitet Auszubildende ideal auf reale Arbeitsprozesse, Projektarbeit und Prüfungssituationen vor – insbesondere auf das FFG. Die Projektmethode entwickelt ein breites Kompetenzspektrum:

Fachkompetenz

- Analyse komplexer Problemstellungen
- Recherche, Fachwissen, Anwendung von AVB
- Produkt- oder Prozesswissen

Methodenkompetenz

- Projektplanung
- Arbeitsorganisation
- Zeit- und Selbstmanagement
- Problemlösungstechniken
- Zielorientierung
- Strukturierte Dokumentation

Sozialkompetenz

- Teamarbeit
- Kommunikation

- Konfliktlösung
- gemeinsames Entscheiden

Personalkompetenz

- Verantwortungsbereitschaft
- Ausdauer
- Selbstständigkeit
- Reflexionsfähigkeit
- Rollenbewusstsein

Ablauf der Projektmethode

Ein Projekt folgt einem klaren strukturierten Prozess, der sich an der vollständigen Handlung orientiert – erweitert um Team- und Managementaspekte.

1. Projektidee/Aufgabenstellung

- Ausgangspunkt klären
- Ziele definieren
- Nutzen für den Betrieb formulieren
- Rahmenbedingungen festlegen (Zeit, Ressourcen, Ansprechpartner)

2. Planung

- Aufgaben in Arbeitspakete zerlegen
- Zeitplan (Meilensteine) erstellen
- Rollen klären (Projektleitung, Teilaufgaben)
- Abstimmung mit Ausbilder
- Risikoanalyse durchführen

3. Entscheidung/Projektfreigabe

- Präsentation der Planung
- Entscheidung über Vorgehen, Ressourcen, Prioritäten
- gegebenenfalls Anpassungen und Freigabe

4. Durchführung

- Arbeitspakete bearbeiten
- Recherchieren, analysieren, telefonieren, dokumentieren, auswerten
- Zwischenabstimmungen im Team
- gegebenenfalls Interviews, Gespräche, Kundenkontakt

- Prototypen erstellen (zum Beispiel Schulungsunterlagen)

5. Kontrolle

- Soll-Ist-Vergleich
- Prüfung der Qualität der Ergebnisse
- Korrekturen vornehmen
- Feedback einholen

6. Präsentation

- Ergebnisvorstellung vor Ausbildern, Führungskräften oder Team
- Darstellung von Vorgehen, Ergebnissen, Empfehlungen

7. Bewertung/Reflexion

- Was wurde gelernt?
- Wo gab es Hindernisse?
- Wie gut war die Zusammenarbeit?
- Was würde man anders machen?

Rolle der ausbildenden Menschen

Die Rolle ist deutlich anders als in klassischen Unterweisungen: Rahmen setzen, Ziele klären, Ressourcen bereitstellen, Coach und Prozessbegleiter sein, nicht: Inhalte vorgeben, nicht: jede Entscheidung kontrollieren, Feedback geben und Ergebnisse bewerten. Ausbildende Menschen arbeiten hier eher wie Projektcoaches, nicht wie klassische Wissensvermittelnde.[75]

Rolle der Auszubildenden

Auszubildende übernehmen hohe Verantwortung: Ziele verstehen, selbstständig planen, Entscheidungen treffen, im Team kooperieren, Konflikte lösen, Ergebnisse dokumentieren, Präsentationen vorbereiten, Reflexion durchführen. Sie handeln fast wie „Junior-Projektverantwortliche".

Vorteile der Projektmethode

- sehr hohe Motivation
- starkes Gefühl von Eigenverantwortung und Identifikation
- hohe Praxisnähe
- Entwicklung von Selbstständigkeit
- hervorragendes Training für echte Arbeitsanforderungen

---

[75] Vgl. Ruschel, 2008, S. 444–446.

- Stärkung der Team- und Kommunikationskompetenz
- ideale Vorbereitung auf zukünftige Rollen im Unternehmen
- nachhaltiges Lernen durch eigene Erfahrungen

Herausforderungen und Lösungen

Herausforderung: Überforderung durch zu große Projektbreite

Lösung: Klein anfangen, klare Meilensteine setzen, regelmäßige Check-ins

Herausforderung: Unklare Rollen oder Verantwortlichkeiten

Lösung: Projektrollen zu Beginn schriftlich festlegen

Herausforderung: Teamkonflikte

Lösung: Moderation durch Ausbilder, Rollenklärung, Gesprächsregeln

Herausforderung: Zeitmanagement

Lösung: Projektplan verbindlich machen, Visualisierung der Fortschritte

Medien in der Projektmethode

Geeignet sind zum Beispiel: Projektplan, Kanban-Boards/Taskboards (digital oder analog), Protokolle, Rechercheunterlagen, AVB/Prozessbeschreibungen, digitale Tools (Miro, Planner, Teams), Präsentationssoftware sowie Prototypen (zum Beispiel Arbeitsblätter, Videos, Leitfäden).

19.5.2.10 Digitales Lernen und Blended Learning in der Ausbildung

Digitales Lernen („E-Learning") und Blended Learning sind inzwischen fester Bestandteil der Ausbildung. Durch mobile Arbeit, digitale Tools und hybride Lernsettings ist die Fähigkeit, effektiv digital zu lernen, heute eine Schlüsselkompetenz für Auszubildende. Digitales Lernen ist flexibel, selbststeuernd, interaktiv, methodisch vielfältig und praxisnah. Blended Learning verbindet diese Vorteile mit persönlicher Interaktion und ermöglicht so das beste beider Lernwelten. Digitale Kompetenz ist Teil der beruflichen Handlungskompetenz. Digitales Lernen dient nicht nur der Wissensvermittlung. Es verfolgt mehrere zentrale Ziele:

- **Förderung selbstgesteuerten Lernens:** Digitale Lernumgebungen stärken Selbstorganisation, Lernstrategien und Eigenverantwortung.
- **Individuelle Förderung:** Lernpfade können an Lernstände und Tempo angepasst werden.
- **Flexibilität:** Lernen ist zeit- und ortsunabhängig möglich (zum Beispiel Homeoffice, Mobilarbeit).

- **Praxisnähe:** Digitale Simulationen, Tools, Schadenfälle und Tarifierungsszenarien ermöglichen realitätsnahes Lernen.
- **Kompetenzorientierung:** Viele digitale Formate bilden komplexe Lernprozesse ab (Fallarbeit, Simulationen, Leittextmodule).
- **Prüfungsvorbereitung:** Digitale Tests, Quiz und Interaktivaufgaben unterstützen gezielte Vorbereitung auf Prüfungen.

Formen des digitalen Lernens

Digitales Lernen umfasst verschiedene Formate, die sich methodisch und funktional ergänzen.

- **E-Learning-Module:**

  Interaktive Lernmodule mit Text, Grafik, Audio, Video, Aufgaben, Quiz, Selbsttests, linear oder non-linear
- **Lernplattformen:**

  Bereitstellung von Materialien, Upload-Funktion für Lern- und Arbeitsaufgaben, Feedback-Tools, Foren, Chats, Gruppenarbeitsräume
- **Lernvideos/Erklärvideos:**

  Kurze Sequenzen (Micro-Learning), Prozessabläufe, AVB-Erklärungen, Tool-Demonstrationen

a) **Webinare und virtuelle Unterweisungen:**

Live-Vermittlung durch ausbildende Menschen, Breakout-Gruppen, Chats, Whiteboards

b) **Digitale Fallbearbeitung:**

Gesprächssimulationen, Tarifierungsszenarien, Beratungsabläufe

- **Lern-Apps:**
  - mobile Wissenswiederholung
  - gamifizierte Elemente
- **KI-gestütztes Lernen:**
  - Chatbots, adaptive Aufgaben, Feedbackmodule[76]

Blended Learning – der didaktische Kernansatz

Blended Learning verbindet Präsenzlernen und digitales Lernen in einem durchdachten didaktischen Gesamtmodell. Eine denkbare Kombination könnte sein: Präsenz-

[76] Vgl. Katharina Höhn, Sascha Fauler, Künstliche Intelligenz geht jeden Mitarbeitenden an, Wiesbaden, In: Versicherungsmagazin 1/2024, Springer Gabler Verlag, 2024, S. 29–41

phasen: Einführen, Austausch, praktische Übungen, Rollenspiele, Reflexion. Digitale Phasen: Vor- und Nachbereitung, Vertiefung, Wissensaufbau, selbstständiges Arbeiten, digitale Fallbearbeitung.

Vorteile des Blended Learning:

- höhere Aktivierung
- nachhaltigerer Lerntransfer
- klare Struktur durch „Lernpfade"
- stärkere Motivation
- hohe Flexibilität
- bessere Nutzung der Präsenzzeit für Interaktion

Didaktische Anforderungen an digitales Lernen

Digitales Lernen folgt eigenen Regeln. Damit digitale Lernangebote wirksam sind, müssen sie:

1. **Klar strukturiert sein,** zum Beispiel Navigation, schrittweise Lernpfade
2. **Aktivierend sein,** zum Beispiel Fragen, Szenarien, kleine Aufgaben
3. **Interaktiv sein,** zum Beispiel Drag-&-Drop, Auswahlfragen, Mini-Fallbearbeitungen
4. **Multimedial sein,** zum Beispiel Text + Video + Grafik
5. **Für selbstgesteuertes Lernen geeignet sein,** zum Beispiel Checklisten, Reflexionsaufgaben
6. **Technisch stabil und intuitiv sein,** zum Beispiel keine komplizierten Bedienwege

Rolle der ausbildenden Menschen im digitalen Lernen

Ausbilder werden zu Lernbegleitern, nicht zu klassischen Vortragenden. Ihre Aufgaben: Lernziele erklären, Lernpfade transparent machen, Lernfortschritte verfolgen, Fragen klären (Coaching), Feedback geben, Reflexionsprozesse anregen und Lernhindernisse früh erkennen. In digitalen Lernphasen arbeiten Ausbilder stärker prozess- und beratungsorientiert.

Gestaltung digitaler Lern- und Arbeitsaufgaben

Damit digitale Lernaufgaben wirksam sind, benötigen sie:

1. **Klare Zielbeschreibung:** WAS soll gelernt werden?
2. **Eindeutige Anweisungen:** WIE läuft die Aufgabe ab?
3. **Materialien:** AVB, Fallunterlagen, Screenshots, Videos

4. **Aufgabenstruktur** entlang der vollständigen Handlung
5. **Reflexionsfragen**, zum Beispiel: Was lief gut?, Was war schwierig?
6. **Upload-Feld für Ergebnisse**, zum Beispiel PDF, Word, Audio

Herausforderungen des digitalen Lernens

- **Technische Barrieren,** Lösung: Einweisung, stabile Systeme, klare Anleitungen
- **Motivationsprobleme,** Lösung: Aktivierende Aufgaben, kurze Impulse, Interaktion
- **Überforderung,** Lösung: Scaffolds, klare Lernpfade, Checklisten
- **Fehlen direkter sozialer Interaktion,** Lösung: Breakout-Räume, Feedbackübungen, synchrone Phasen
- **Digitale Ablenkung,** Lösung: Klare Regeln, kurze Trainingsphasen, strukturierte Aufgaben

19.5.3 Erziehung und Erziehungsmittel

Die Begriffe Erziehung, Pädagogik, Didaktik und Bildung stehen in einem engen Zusammenhang, beschreiben jedoch verschiedene Dimensionen des Lernens und der Persönlichkeitsentwicklung.

- **Erziehung** bezeichnet das zielgerichtete Einwirken auf die Entwicklung von Einstellungen, Werten und Verhaltensweisen eines Menschen. Sie hat das Ziel, Heranwachsende zu selbstständigen, verantwortungsbewussten und gemeinschaftsfähigen Persönlichkeiten zu formen. Erziehung geschieht in sozialer Interaktion und bezieht sich stärker auf die Haltung und Persönlichkeit als auf reines Wissen.[77]
- **Pädagogik** ist die Wissenschaft von Erziehung und Bildung. Sie analysiert und begründet Ziele, Inhalte, Methoden und Rahmenbedingungen von Lern- und Entwicklungsprozessen. Sie bildet damit die theoretische Grundlage für das praktische Ausbildungshandeln.[78]
- **Didaktik** ist ein Teilbereich der Pädagogik und befasst sich mit der Frage, was, wie und warum gelernt werden soll. In der beruflichen Bildung umfasst Didaktik die Planung, Durchführung und Reflexion von Lernprozessen im Hinblick auf die Entwicklung beruflicher Handlungskompetenz.[79]
- **Bildung** ist das Ergebnis eines individuellen Entwicklungsprozesses, in dem sich der Mensch Wissen, Fähigkeiten, Werte und Einstellungen aneignet. In der beruflichen Bildung zielt sie auf die Entwicklung beruflicher, sozialer, methodischer und per-

[77] Vgl. Horst Schaub, Karl G. Zenke, Wörterbuch der Pädagogik, München, dtv, 2007, S. 209.
[78] Vgl. Schaub, 2007, S. 483.
[79] Vgl. Schaub, 2007, S. 170.

sonaler Kompetenzen, also auf die Fähigkeit, Aufgaben fachgerecht, selbstständig und verantwortungsbewusst zu erfüllen.[80]

Diese Begriffe stehen in einem funktionalen Verhältnis: Pädagogik liefert die Theorie, Didaktik strukturiert das Lernen, Erziehung prägt Haltung und Werte, Bildung ist das Resultat dieses Prozesses.

Der Erziehungsauftrag in der Berufsausbildung

Der Erziehungsauftrag in der betrieblichen Ausbildung ergibt sich sowohl aus dem BBiG als auch aus dem JArbSchG.

a) BBiG

Nach § 14 Abs. 1 BBiG ist die ausbildende Person verpflichtet, dem auszubildenden Menschen die berufliche Handlungsfähigkeit zu vermitteln und ihn charakterlich zu fördern, damit das Ausbildungsziel erreicht werden kann. Damit wird deutlich, dass die Berufsausbildung nicht allein der Vermittlung von Fachwissen und Fertigkeiten dient, sondern auch der erzieherischen Förderung der Persönlichkeit des auszubildenden Menschen. Erziehung im Sinne des BBiG bedeutet, junge Menschen zu Verantwortungsbewusstsein, Zuverlässigkeit, Teamfähigkeit, Sorgfalt, Lernbereitschaft und Selbstständigkeit anzuleiten.[81] Aus § 13 Nr. 3 BBiG ergibt sich, dass der auszubildende Mensch verpflichtet ist, den Weisungen der ausbildenden Person zu folgen, soweit diese der Ausbildung dienen. Diese Bestimmung verdeutlicht das pädagogische Verhältnis, in dem Anleitung, Unterstützung und erzieherische Führung zusammenwirken.

b) JArbSchG

Das JArbSchG enthält zahlreiche Vorschriften, die über ihren Schutzcharakter hinaus auch erzieherische Zielsetzungen verfolgen. Im Mittelpunkt steht die Förderung der physischen, psychischen und sittlichen Entwicklung Jugendlicher sowie ihre Erziehung zu verantwortlichem Handeln im Berufsleben. Besondere Bedeutung hat dabei § 29 JArbSchG, der die arbeitgebende Person verpflichtet, Jugendliche über Unfall- und Gesundheitsgefahren zu belehren und sie zur Beachtung der entsprechenden Vorschriften anzuhalten. Diese Regelung zielt nicht nur auf Schutz, sondern auch auf die Erziehung zu sicherheits- und verantwortungsbewusstem Verhalten. Darüber hinaus enthalten weitere Vorschriften erzieherische Elemente:

- **Beschäftigungsverbote** (§§ 22, 23 JArbSchG): Schützen Jugendliche vor sittlich und gesundheitlich schädlichen Einflüssen und fördern die Entwicklung von Verantwortungsbewusstsein.

---

[80] Vgl. Schaub, 2007, S. 100-101, 85.
[81] Vgl. Ruschel, 2008, S. 355.

- **Schulpflicht** (§ 9 JArbSchG): Sichert den Vorrang schulischer Bildung vor der Arbeit und vermittelt die Bedeutung von Lernverantwortung und Pflichtbewusstsein.

Diese Bestimmungen verdeutlichen, dass das JArbSchG nicht nur Schutzinstrument, sondern auch ein pädagogisches Rahmengesetz ist, das die Entwicklung der Jugendlichen zu verantwortungsbewussten Berufsangehörigen fördert.

Erziehung in der betrieblichen Praxis

Im betrieblichen Alltag erfolgt Erziehung durch das tägliche Miteinander, durch Feedback, Vorbildverhalten und Anleitung. Der ausbildende Mensch nimmt dabei eine pädagogische Führungsrolle ein, die über die bloße Wissensvermittlung hinausgeht. Wichtige erzieherische Handlungsfelder sind:

- Vorbildfunktion in Verhalten, Sprache und Auftreten,
- Förderung von Lern- und Arbeitsdisziplin,
- Vermittlung von Sorgfalt, Ordnung und Verantwortungsbewusstsein,
- Unterstützung bei persönlicher und sozialer Entwicklung,
- Entwicklung von Kritikfähigkeit und Selbstreflexion,
- Anleitung zu partnerschaftlichem Verhalten und Teamarbeit.

Damit ist Erziehung ein fortlaufender Prozess, der die fachliche Ausbildung mit der sozialen und ethischen Bildung verknüpft.

Erziehungsmittel

Zur Umsetzung des Erziehungsauftrags stehen dem ausbildenden Menschen verschiedene Mittel zur Verfügung, die pädagogisch begründet und verantwortungsvoll einzusetzen sind.

a) Lob

Lob ist das wichtigste positive Erziehungsmittel. Es dient der Bestätigung und Verstärkung erwünschten Verhaltens und stärkt Motivation sowie Selbstwertgefühl. Wirksam ist Lob, wenn es ehrlich, konkret, zeitnah und situationsgerecht erfolgt.

■ BEISPIEL

„Du hast das Kundengespräch sehr souverän geführt – das war professionell und überzeugend." ■

b) Tadel

Der Tadel dient der Korrektur unerwünschten Verhaltens, ohne zu verletzen oder zu demütigen. Er soll Einsicht fördern und Verhalten verändern – nicht bestrafen. Ein wirksamer Tadel ist sachlich, ruhig, konstruktiv und enthält eine Perspektive zur Verbesserung.

■ **BEISPIEL**
„Deine Unterlagen waren nicht vollständig. Bitte achte künftig darauf, dass du die Vorgaben einhältst. Ich unterstütze dich gern dabei." ■

c) Strafe

Strafen sind pädagogische Maßnahmen als letztes Mittel, wenn andere erzieherische Mittel keine Wirkung zeigen. Sie müssen verhältnismäßig, sachlich begründet und entwicklungsförderlich sein.

■ **ZULÄSSIGE ERZIEHERISCHE SANKTIONEN SIND ZUM BEISPIEL:**
Wiederholung fehlerhafter Aufgaben, zeitweiser Entzug bestimmter Privilegien (zum Beispiel Projektbeteiligung) oder schriftliche Ermahnung nach wiederholtem Fehlverhalten. ■

Unzulässig sind körperliche oder psychische Gewalt, Bloßstellung vor anderen, Kollektivstrafen sowie finanzielle Sanktionen ohne rechtliche Grundlage.[82]

d) Abmahnung im Spannungsfeld zwischen Erziehungsmittel und arbeitsrechtlicher Sanktion

Die Abmahnung nimmt eine Sonderstellung ein, da sie sowohl pädagogische als auch arbeitsrechtliche Funktionen erfüllt. In erster Linie verfolgt sie das Ziel, den auszubildenden Menschen auf vertragswidriges Verhalten hinzuweisen und ihn zur Verhaltensänderung anzuhalten – also eine erzieherische Wirkung zu entfalten. Erst in zweiter Linie dient sie der Dokumentation einer Pflichtverletzung und damit als Voraussetzung für eine mögliche verhaltensbedingte Kündigung im Wiederholungsfall.

■ **BEISPIELHAFTE FÄLLE SIND:**
wiederholte Unpünktlichkeit, Nichtbefolgung von Anweisungen oder unentschuldigtes Fehlen. ■

Auch andere arbeitsrechtliche Maßnahmen (zum Beispiel anteilige Kürzung der Vergütung bei wiederholtem Zuspätkommen) können mittelbar einen erzieherischen Charakter haben, da sie das Ziel verfolgen, Regelbewusstsein und Pflichterfüllung zu fördern. Schon die Aufklärung über mögliche Konsequenzen kann einen erzieherischen Effekt entfalten, da sie zur Reflexion und Verhaltensänderung anregt.

e) Moralisch-ethische Aspekte

Alle Erziehungsmaßnahmen müssen mit Achtung der Menschenwürde und unter Wahrung der pädagogischen Verantwortung erfolgen. Sie dürfen niemals auf Demütigung, Angst oder Unterordnung zielen, sondern müssen immer das Lern- und Entwicklungsziel des auszubildenden Menschen im Blick behalten. Die ethische Leitlinie lautet: „Erziehung im Betrieb ist Hilfe zur Selbstführung – nicht Machtausübung über andere."

82 Vgl. Preuße, 2012, S. 110.

Pädagogische Leitlinie

Erziehung in der Berufsausbildung bedeutet Führung durch Einsicht und Vorbild, nicht durch Zwang. Der ausbildende Mensch trägt die Verantwortung, den auszubildenden Menschen zur beruflichen und persönlichen Reife zu führen. Ziel ist die Entwicklung einer selbstständigen, sozial und moralisch verantwortlichen Fachkraft, die über Wissen hinaus auch Werte und Haltung in ihr berufliches Handeln integriert. Lob und Anerkennung sind dabei die zentralen Erziehungsmittel; Tadel, Strafen oder Abmahnungen bleiben pädagogisch begrenzte Ausnahmeinstrumente. Eine gelungene Erziehung schafft damit die Grundlage für Berufsethik, Verantwortungsbewusstsein und nachhaltige Motivation.

19.5.4 Motivation

Der Begriff Motivation leitet sich vom lateinischen movere = „bewegen" ab und bezeichnet die Gesamtheit der Beweggründe (Motive), die menschliches Verhalten aktivieren, steuern und auf ein Ziel hin ausrichten. In der beruflichen Bildung beschreibt Motivation die innere Bereitschaft eines auszubildenden Menschen, Lern- und Arbeitsanforderungen mit Energie, Zielstrebigkeit und Ausdauer zu erfüllen. Motivation beeinflusst entscheidend die Lernleistung, die Arbeitszufriedenheit, das soziale Verhalten im Betrieb sowie die Entwicklung beruflicher Handlungskompetenz. Für den ausbildenden Menschen ist die Motivationsförderung daher eine zentrale pädagogische Aufgabe, die über reine Wissensvermittlung hinausgeht.

19.5.4.1 Arten von Motivation

a) Intrinsische Motivation

Intrinsische Motivation liegt vor, wenn eine Handlung aus innerem Antrieb erfolgt – weil die Tätigkeit selbst Freude bereitet, als sinnvoll erlebt oder als persönliche Herausforderung empfunden wird. Merkmale sind nachhaltiges Engagement, tieferes Verständnis sowie hohe Lernfreude und Selbstständigkeit.

■ BEISPIEL

Ein auszubildender Mensch beschäftigt sich freiwillig intensiver mit einem Fachthema, das ihn interessiert. ■

b) Extrinsische Motivation

Extrinsische Motivation entsteht durch äußere Anreize oder Zwänge, etwa durch Belohnungen, Sanktionen oder soziale Erwartungen. Extrinsische Motivation kann kurzfristig leistungssteigernd wirken, führt aber seltener zu dauerhafter Identifikation.

■ **BEISPIELE**

Lernen, um eine gute Note oder Prämie zu erhalten. Pünktliches Erscheinen, um keine Abmahnung zu riskieren. ■

c) Crowding-Out-Effekt

Der Crowding-Out-Effekt beschreibt das Phänomen, dass äußere Belohnungen die intrinsische Motivation verdrängen können. Wenn jemand ursprünglich aus Interesse handelt und später für dieselbe Tätigkeit bezahlt oder belohnt wird, verliert die Tätigkeit ihren Eigenwert. Der ausbildende Mensch sollte daher extrinsische Anreize gezielt, aber sparsam einsetzen und vor allem die Sinnhaftigkeit und Selbstwirksamkeit betonen.

19.5.4.2 Motivationstheorien

Motivationstheorien lassen sich in zwei Hauptgruppen einteilen: Individualpsychologische Ansätze und Sozialpsychologische Ansätze.

19.5.4.2.1 Individualpsychologische Ansätze

Erklären Motivation durch innere Prozesse und Bedürfnisse. Innerhalb der individualpsychologischen Ansätze unterscheidet man: Inhaltstheorien (Was motiviert?) und Prozesstheorien (Wie entsteht Motivation?)

Inhaltstheorien

Inhaltstheorien befassen sich mit den Faktoren, die Motivation auslösen oder hemmen. Sie gehen davon aus, dass alle Menschen durch ähnliche Bedürfnisse und Anreize motiviert oder demotiviert werden können. Ihr Fokus liegt auf dem **Inhalt der Motivation**, nicht auf deren Entstehungsprozess.

1. Scientific Management (F. W. Taylor, 1911)

Der sogenannte Taylorismus unterstellt, dass Menschen in erster Linie durch materielle Anreize motiviert werden. Arbeit wird standardisiert, Zeit- und Leistungsdruck hoch angesetzt, und Belohnung erfolgt nach messbarer Produktivität. Kritik: Das Modell ignoriert soziale, emotionale und ethische Bedürfnisse. Es führt oft zu Monotonie, Entfremdung und Motivationsverlust.[83]

2. Human-Relations-Ansatz (Elton Mayo, 1930er Jahre)

Mayo zeigte in den Hawthorne-Studien, dass Zuwendung, Wertschätzung und Gruppenzugehörigkeit die Leistung deutlich steigern. Motivation beruht nicht nur auf Geld, sondern auf sozialer Anerkennung und dem Gefühl, Teil einer Gemeinschaft zu

[83] Vgl. Georg Schreyögg, Organisation: Grundlagen moderner Organisationsgestaltung, Wiesbaden, Gabler Verlag, 2008, S. 36–39.

sein. Kernbotschaft: „Menschen arbeiten nicht nur für Lohn, sondern auch für Anerkennung und Gemeinschaft."[84]

3. Anreiz-Beitrags-Theorie (Chester Barnard, 1938)

Organisationen funktionieren als Austauschsysteme: Mitarbeitende leisten Beiträge (zum Beispiel Arbeit, Engagement) und erwarten dafür Anreize (zum Beispiel Entgelt, Status, Sinn). Motivation entsteht, wenn Anreize als höher empfunden werden als der eigene Aufwand. Ein dauerhaftes Gleichgewicht zwischen Geben und Nehmen ist entscheidend.[85]

4. XY-Theorie (Douglas McGregor, 1960)

McGregor unterschied zwei grundlegende Menschenbilder:

- **Theorie X (pessimistisches Menschenbild):** Der Mensch ist von Natur aus arbeitsunwillig, meidet Verantwortung und muss kontrolliert, gelenkt und motiviert werden. Dies führt zu einem Kontrollzirkel: Misstrauen und Kontrolle erzeugen Widerstand, der wiederum zu mehr Kontrolle führt (selbsterfüllende Prophezeiung).
- **Theorie Y (optimistisches Menschenbild):** Der Mensch sucht Verantwortung, möchte sich entfalten und identifiziert sich mit Zielen, wenn er sie versteht und mitgestalten kann. Dies führt zu einem Vertrauenszirkel: Vertrauen erzeugt Verantwortungsbereitschaft, die wiederum Vertrauen verstärkt.[86]

Für die Ausbildung bedeutet das: Ein Menschenbild nach Theorie Y fördert Motivation durch Selbstverantwortung, Wertschätzung und Beteiligung, während Theorie X zu Demotivation führt.

5. Reifekontinuum (Chris Argyris, 1964)

Argyris beschreibt die Entwicklung vom unreifen zum reifen Mitarbeitenden:

- von passiv zu aktiv,
- von abhängig zu selbstbestimmt,
- von fremdgesteuert zu selbstgesteuert.

Motivation entsteht, wenn Führung und Ausbildung den Reifegrad respektieren und Gestaltungsspielräume eröffnen.[87]

---

84 Vgl. Schreyögg, 2008, S. 40–44.

85 Vgl. Dirk Lippold, Die Personalmarketing-Gleichung: Einführung in das Wert- und Prozessorientierte Personalmanagement, München, De Gruyter Oldenbourg Wissenschaftsverlag, 2014, S. 18–19.

86 Vgl. Peter Sauermann, Personalmotivierung, In: Reiner Bröckermann, Werner Pepels (Hrsg.): Personalmarketing: Aquisition – Bindung – Freistellung, Stuttgart, Schäffer-Poeschel Verlag, 2002, S. 117–118.

87 Vgl. Schreyögg, 2008, S. 197–201.

6. Bedürfnispyramide (Abraham H. Maslow, 1954)

Maslow unterscheidet fünf hierarchische Bedürfnisstufen:

1. **Physiologische Bedürfnisse** (zum Beispiel Nahrung, Entlohnung, Sicherheit)
2. **Sicherheitsbedürfnisse** (zum Beispiel Arbeitsplatzsicherheit, Ordnung)
3. **Soziale Bedürfnisse** (zum Beispiel Zugehörigkeit, Teamgeist)
4. **Wertschätzungsbedürfnisse** (zum Beispiel Lob, Anerkennung, Status)
5. **Selbstverwirklichung** (zum Beispiel persönliche Entfaltung, Verantwortung)

Die ersten vier Stufen sind Defizitbedürfnisse – sie müssen befriedigt sein, damit kein Mangel mehr besteht. Die höchste Stufe ist ein Wachstumsbedürfnis – sie wächst mit der persönlichen Entwicklung weiter. Motivation entsteht also besonders durch die Möglichkeit zur Selbstverwirklichung, wenn die Defizitbedürfnisse erfüllt sind.[88]

7. ERG-Theorie (Clayton P. Alderfer, 1969)

Alderfer fasste Maslows Modell in drei Kategorien zusammen:

- Existenzbedürfnisse
- Beziehungsbedürfnisse
- Wachstumsbedürfnisse

Anders als Maslow erlaubt die ERG-Theorie, dass mehrere Bedürfnisse gleichzeitig aktiv sein können. Bleibt ein höheres Bedürfnis unerfüllt, steigt die Bedeutung niedrigerer Bedürfnisse (Frustrations-Regressions-Hypothese).[89]

8. Zwei-Faktoren-Theorie (Frederick I. Herzberg, 1959)

Herzberg unterschied:

- **Hygienefaktoren** (zum Beispiel Gehalt, Arbeitsbedingungen, Sicherheit) – sie verhindern Unzufriedenheit, motivieren aber nicht.
- **Motivatoren** (zum Beispiel Anerkennung, Verantwortung, Entwicklung) – sie schaffen Zufriedenheit und Motivation – führen bei ihrer Abwesenheit aber nicht zur Unzufriedenheit.

Für die Ausbildung bedeutet das: Lob, Verantwortung, Mitgestaltung und Entwicklungsangebote sind entscheidende Motivationsfaktoren.[90]

---

[88] Vgl. Lippold, 2014, S. 24–25.
[89] Vgl. Lippold, 2014, S. 25–26.
[90] Vgl. Lippold, 2014, S. 27–28.

Prozesstheorien

Prozesstheorien stellen nicht die Motivationsinhalte, sondern den Entstehungsprozess der Motivation in den Mittelpunkt. Im Gegensatz zu den Inhaltstheorien nehmen sie an, dass nicht alle Menschen durch dieselben Dinge motiviert werden. Vielmehr hängt Motivation von individuellen Wahrnehmungen, Zielen und situativen Bedingungen ab.

1. VIE-Theorie (Victor H. Vroom, 1964)

Motivation ergibt sich aus drei Komponenten: Valenz (Wert der Belohnung), Instrumentalität (Glaube, dass Leistung zur Belohnung führt) und Erwartung (Glaube, dass Anstrengung zur Leistung führt).

Motivation = Valenz × Instrumentalität × Erwartung

Daraus folgt, dass wenn einer der Faktoren null ist, keine Motivation entsteht.[91]

2. Motivationsmodell (nach Porter/Lawler, 1968)

Dieses Modell erweitert die VIE-Theorie von Vroom: Motivation führt nicht automatisch zu Leistung, sondern wird durch Fähigkeiten, Rollenklarheit und Anstrengung vermittelt. Leistungserfolg erzeugt Belohnung und Zufriedenheit, die wiederum Motivation verstärken.

3. Gerechtigkeitstheorie (John S. Adams, 1965)

Motivation hängt vom subjektiven Gerechtigkeitsempfinden ab. Ungleichbehandlung führt zu Spannungen, die Mitarbeitende durch Leistungsanpassung oder Beschwerde ausgleichen. Für die Ausbildung bedeutet dies: Transparente Regeln und faire Behandlung sind Grundvoraussetzungen für Motivation.[92]

4. Kompensationsmodell (Heinz Kehr, 2004)

Motivation entsteht durch das Zusammenspiel von impliziten Motiven (unbewusste Bedürfnisse), expliziten Zielen (bewusste Vorgaben), und Selbstregulationsfähigkeit (Fähigkeit, Ziele zu verfolgen). Stimmen Motive und Ziele überein, entsteht Motivation; passen sie nicht zusammen, kommt es zu Demotivation.

19.5.4.2.2 Sozialpsychologische Ansätze

Sozialpsychologische Theorien betonen die Bedeutung sozialer Beziehungen und Gruppendynamik. Motivation entsteht durch: Anerkennung und Zugehörigkeit, Teamarbeit, gemeinsame Zielorientierung und Feedbackprozesse. Für die Ausbildung bedeutet das: Wertschätzung und offenes Feedback fördern Motivation. Konkurrenz-

[91] Vgl. W. Nerdinger von Friedemann, Motivierung In: Heinz Schuler (Hrsg.): Lehrbuch der Personalpsychologie, Göttingen u.a., Hogrefe Verlag, 2006, S. 390–391.

[92] Vgl. Lippold, 2014, S. 21–23.

denken wirkt häufig demotivierend. Ein positives Betriebsklima stärkt die Lernbereitschaft.[93]

Motivation in der Ausbildungspraxis

Zur Motivationsförderung im Ausbildungsalltag gehören:

1. Klare, erreichbare Ziele,
2. Einbindung der Auszubildenden in Entscheidungen,
3. Regelmäßige Anerkennung und Feedback,
4. Sinnvermittlung der Aufgaben,
5. Förderung von Selbstständigkeit,
6. Erlebte Gerechtigkeit und Fairness,
7. Fehlerfreundliches Lernklima,
8. Vorbildverhalten des Ausbildungspersonals.

Motivation entsteht aus einem komplexen Zusammenspiel **von** individuellen Bedürfnissen, situativen Anreizen und sozialer Interaktion. Für ausbildende Menschen bedeutet dies, Lernende nicht zu treiben, sondern zu bewegen – durch Vertrauen, Sinnvermittlung und Anerkennung. „Motivation entsteht dort, wo Sinn, Vertrauen und Selbstwirksamkeit zusammenkommen."

19.5.5 Führung

19.5.5.1 Begriff und Ziel der Führung

Führung bezeichnet die bewusste, zielgerichtete und aufgabenorientierte Einflussnahme auf das Verhalten von Personen oder Gruppen, um gemeinsame Ziele zu erreichen. Sie umfasst sowohl organisatorische Steuerung als auch die Motivation und Entwicklung von Mitarbeitenden. „Führung ist zielbezogene Einflussnahme. Die Geführten sollen dazu bewegt werden, bestimmte Ziele [...] zu erreichen"[94]. Im Ausbildungskontext bedeutet Führung insbesondere, Auszubildende zur eigenständigen beruflichen Handlungsfähigkeit zu entwickeln, Lernprozesse zu fördern und Verantwortungsbewusstsein aufzubauen. Dabei gilt es, die Balance zwischen Leistungsanforderung und persönlicher Förderung zu wahren.

[93] Vgl. Lippold, 2014, S. 19–21.
[94] Lutz von Rosenstiel, Führung zwischen Stabilität und Wandel, München, Verlag Franz Vahlen, 2003, S. 4.

19.5.5.2 Klassische Führungsansätze

Die klassischen Führungstheorien lassen sich in drei Entwicklungsphasen unterteilen: Eigenschafts-, Verhaltens- und Situationsansatz

Der Eigenschaftsansatz

Der Eigenschaftsansatz geht davon aus, dass erfolgreiche Führung auf bestimmten, relativ stabilen Persönlichkeitsmerkmalen beruht, etwa Durchsetzungsvermögen, Empathie, Entscheidungsfreude oder emotionale Stabilität. Kritik erfuhr der Ansatz, weil keine Kombination von Merkmalen gefunden werden konnte, die Führungserfolg zuverlässig vorhersagt. Dennoch bildet er bis heute die Grundlage für Eignungsdiagnostik und Führungskräfteauswahl.[95]

Verhaltensorientierte Führungsansätze

Während der Eigenschaftsansatz die Persönlichkeit der Führungskraft in den Mittelpunkt stellt, richten verhaltensorientierte Ansätze den Blick auf das beobachtbare Verhalten im Führungsprozess. Sie gehen davon aus, dass erfolgreiche Führung weniger von angeborenen Eigenschaften als vielmehr von erlern- und trainierbarem Verhalten abhängt. Im Zentrum steht die Frage, wie Führungskräfte sich in der Interaktion mit Mitarbeitenden verhalten, also wie sie Entscheidungen treffen, Anweisungen geben, Feedback gestalten oder Partizipation ermöglichen. Innerhalb der verhaltensorientierten Führungsansätze unterscheidet man zwischen eindimensionalen und mehrdimensionalen Führungsmodellen:

Eindimensionale Führungsstile

Eindimensionale Modelle verstehen Führung als Kontinuum zwischen zwei Polen: autoritär und kooperativ. Das wohl bekannteste Modell stammt von Tannenbaum und Schmidt, die ein Kontinuum von der vollständig autoritären bis zur vollständig mitarbeiterorientierten Führung beschrieben.

Beim **autoritär-patriarchalischen Führungsstil** trifft die Führungskraft alle Entscheidungen allein, gibt detaillierte Anweisungen und kontrolliert engmaschig. Die Mitarbeitenden werden in Entscheidungsprozesse nicht einbezogen. Kommunikation erfolgt überwiegend top-down, die Macht liegt eindeutig bei der Führungskraft. Dieser Führungsstil kann dort sinnvoll sein, wo Aufgaben ein hohes Maß an Disziplin, Sicherheit oder Schnelligkeit erfordern – beispielsweise in Gefahrensituationen, bei Notfällen oder in sicherheitskritischen Arbeitsumgebungen, in denen Fehler schwerwiegende Folgen hätten. Auch in der Ausbildung kann ein stärker autoritärer Stil vorübergehend angebracht sein, etwa in der Anfangsphase, wenn Auszubildende noch kaum Vorkenntnisse besitzen und klare Strukturen benötigen.

[95] Vgl. Lippold, 2014, S. 210.

Der **kooperative Führungsstil** dagegen zeichnet sich durch offene Kommunikation, gegenseitigen Respekt und gemeinsame Entscheidungsfindung aus. Die Führungskraft gibt Rahmenziele vor, bezieht die Mitarbeitenden in Entscheidungen ein und fördert Eigeninitiative. Dieser Stil ist insbesondere dann effektiv, wenn die Mitarbeitenden über ausreichende Fachkompetenz und Selbstständigkeit verfügen. In der Ausbildung bedeutet das: Mit zunehmender beruflicher Reife kann die Führung schrittweise von direkter Anleitung zu partnerschaftlicher Zusammenarbeit übergehen.

Zwischen diesen Polen existieren Mischformen: Beim **partizipativen Führungsstil** wird der Mitarbeitende aktiv in Entscheidungen eingebunden, die letztliche Verantwortung verbleibt aber bei der Führungskraft. Der **laissez-faire-Stil** hingegen überlässt Entscheidungen weitgehend den Mitarbeitenden. Kontrolle und Struktur sind minimal. Dieser Stil kann in hochkreativen Teams mit ausgeprägter Selbstorganisation produktiv sein, führt aber häufig zu Orientierungslosigkeit, wenn klare Zielvorgaben fehlen.

Mehrdimensionale Führungsstile

Als exemplarisches Modell der mehrdimensionalen Führungsansätze gilt das Managerial Grid von Robert R. Blake und Jane S. Mouton (1964). Es geht davon aus, dass Führungserfolg von zwei voneinander unabhängigen Verhaltensdimensionen abhängt:

1. **Sach- beziehungsweise Aufgabenorientierung** – das Bestreben, Arbeitsprozesse effizient zu organisieren, Ziele zu erreichen und Ergebnisse sicherzustellen.
2. **Mitarbeitendenorientierung** – das Maß an Interesse, das die Führungskraft den Bedürfnissen, Motiven und Beziehungen ihrer Mitarbeitenden entgegenbringt.

Beide Dimensionen werden auf einer neunstufigen Skala (1–9) eingeordnet. Ein Wert von 1 steht dabei für eine sehr geringe Ausprägung, ein Wert von 9 für eine sehr hohe Ausprägung. Kombiniert man beide Skalen zu einem Raster (Grid), ergibt sich eine Matrix mit 81 möglichen Führungsstilen. Aus Gründen der Praktikabilität verdichteten Blake und Mouton diese Vielfalt auf fünf typische Grundstile, die jeweils durch eine charakteristische Kombination beider Orientierungen beschrieben werden:

1.1 – Überlebensmanagement (verarmter Stil):

Sowohl Aufgaben- als auch Mitarbeitendenorientierung sind gering. Die Führungskraft erfüllt nur das Nötigste, vermeidet Verantwortung und lässt Eigeninitiative ungenutzt. Motivation und Leistung sind entsprechend schwach. In der Ausbildung würde ein solcher Stil bedeuten, dass der ausbildende Mensch kaum Engagement zeigt, weder Lernfortschritte kontrolliert noch Unterstützung bietet – mit entsprechend negativen Folgen für Lernerfolg und Motivation.

9.1 – Autoritäts- und Gehorsamsmanagement (autoritärer Stil):

Hohe Aufgabenorientierung, aber geringe Mitarbeitendenorientierung. Die Führungskraft legt strikte Regeln fest, kontrolliert eng und duldet keine Abweichungen. Der Mensch zählt weniger als die Leistung. In der Ausbildung kann dieser Stil in Ausnahmefällen notwendig sein, etwa bei gefährlichen Tätigkeiten oder wenn Fehler gravierende Folgen hätten, sollte jedoch nur vorübergehend und situationsabhängig eingesetzt werden.

1.9 – Country-Club-Management (menschenorientierter Stil):

Geringe Aufgaben-, aber hohe Mitarbeitendenorientierung. Die Führungskraft legt großen Wert auf Harmonie, Wohlbefinden und angenehmes Betriebsklima, vernachlässigt jedoch Leistungsanforderungen. In der Ausbildung kann dies zu mangelnder Disziplin und zu geringem Lernerfolg führen, wenn Anforderungen nicht klar formuliert oder eingefordert werden.

5.5 – Mittelweg-Management (Kompromiss-Stil):

Sowohl Aufgaben- als auch Mitarbeitendenorientierung sind moderat ausgeprägt. Entscheidungen werden im Sinne eines Kompromisses getroffen, um Konflikte zu vermeiden. Dieser Stil ist typisch für Organisationen, die auf Stabilität bedacht sind, aber selten zu Spitzenleistungen führen. In der Ausbildung kann er ein solides Gleichgewicht bieten, wenn klare Prozesse bestehen und zugleich ein respektvolles Klima gewahrt bleibt.

9.9 – Teammanagement (integrierter Stil):

Hohe Aufgaben- und Mitarbeitendenorientierung. Die Führungskraft verfolgt anspruchsvolle Ziele, fördert gleichzeitig Motivation, Teamgeist und persönliche Entwicklung. Dieser Stil gilt als optimal, da er Leistungs- und Beziehungsorientierung in Einklang bringt. In der Ausbildung entspricht dies dem Ideal eines engagierten ausbildenden Menschen, der fachlich fordert, individuell fördert und ein unterstützendes Lernumfeld schafft.[96] [97]

Übertragung des Managerial Grid auf die Berufsausbildung

Das Managerial Grid lässt sich sinnvoll auf den Ausbildungskontext übertragen, indem die Dimension „Aufgabenorientierung" durch „Lernorientierung" ersetzt wird.

- Eine hohe Lernorientierung bedeutet, dass der ausbildende Mensch klare Lernziele definiert, Lernfortschritte überprüft und methodisch-didaktisch plant.

[96] Vgl. Lippold, 2014, S. 216–219.
[97] Vgl. Bontrup, 2001, S. 167–170.

- Eine hohe Mitarbeitendenorientierung (beziehungsweise Auszubildendenorientierung) drückt sich in Empathie, individueller Unterstützung und partnerschaftlicher Kommunikation aus.

Das Ziel eines „9.9-Stils" im Ausbildungskontext wäre somit ein Teammanagement mit hoher Lern- und hoher Auszubildendenorientierung: Der ausbildende Mensch fordert hohe Lernziele, begleitet aber individuell, motiviert, gibt Feedback und schafft Vertrauen. Ein „1.9-Stil" wäre in der Ausbildung etwa ein übermäßig fürsorglicher ausbildender Mensch, der zwar viel Verständnis zeigt, aber kaum Lernanforderungen stellt – das mag die Beziehung stärken, verfehlt aber den Ausbildungszweck. Umgekehrt wäre ein „9.1-Stil" ein rein leistungsgesteuerter ausbildender Mensch, der zwar Lernergebnisse kontrolliert, aber kaum pädagogische Unterstützung bietet – was wiederum Demotivation und Angst erzeugen kann.

Das Managerial Grid verdeutlicht somit, dass pädagogisch wirksame Führung in der Ausbildung nicht allein auf Kontrolle oder Fürsorge beruhen darf, sondern auf der bewussten Integration beider Aspekte: konsequente Förderung der Lernziele bei gleichzeitigem Respekt für die Bedürfnisse und Entwicklung der Auszubildenden.

Situativer Führungsansatz

Der situative Ansatz betont, dass kein Führungsstil universell richtig oder falsch ist. Angemessenheit hängt vielmehr von der jeweiligen Situation ab. Fiedler definierte dabei die Beziehung zwischen Führungskraft und Mitarbeitenden, die Aufgabenstruktur und die Positionsmacht als zentrale Einflussgrößen. Hersey und Blanchard konkretisierten dies im Modell der „situativen Reifegrade": Je nach Reifegrad des mitarbeitenden Menschen variiert die angemessene Führungsform – von anleitend (telling) über verkaufend (selling) und beteiligend (participating) bis hin zu delegierend (delegating). Für die Ausbildung bedeutet das, dass unerfahrene Auszubildende zunächst klare Anweisungen und engmaschige Betreuung benötigen, während fortgeschrittene Auszubildende zunehmend eigenverantwortlich arbeiten sollten. Der situative Ansatz ist somit besonders gut geeignet, um pädagogische Führung in der Ausbildung flexibel und entwicklungsorientiert zu gestalten.[98]

19.5.5.3 Moderne Führungsansätze

Die klassischen Führungsmodelle bieten wertvolle Grundlagen, greifen jedoch zu kurz, um den Anforderungen moderner Arbeitswelten gerecht zu werden. Moderne Führungsansätze erweitern den Fokus um Aspekte wie Sinnorientierung, Selbstorganisation, Kommunikation in komplexen Systemen und individuelle Entwicklung. Sie verstehen Führung weniger als hierarchische Steuerung, sondern als Beziehungs-, Kommunikations- und Entwicklungsprozess.

---

[98] Vgl. Lippold, 2014, S. 220–228.

Transaktionale Führung

Die transaktionale Führung beruht auf einem rationalen Austauschverhältnis zwischen Führungskraft und Mitarbeitenden („Transaktion"). Grundlage ist das Prinzip von Leistung und Gegenleistung: Die Führungskraft setzt klare Ziele, überprüft die Zielerreichung und belohnt oder sanktioniert das Verhalten der Mitarbeitenden entsprechend. Wesentliche Elemente der transaktionalen Führung sind:

- **Klare Zielvereinbarungen:** Erwartungen, Aufgaben und Verantwortlichkeiten werden eindeutig kommuniziert.
- **Kontrolle und Rückmeldung:** Die Führungskraft überwacht den Leistungsfortschritt und gibt strukturierte Rückmeldung.
- **Belohnungssysteme:** Gute Leistung wird durch materielle oder immaterielle Anreize honoriert (zum Beispiel Anerkennung, Noten, Bonus, Weiterbildungsmöglichkeiten).

Im Ausbildungskontext bedeutet dies: Der ausbildende Mensch formuliert Lernziele, überprüft deren Erreichung und würdigt Fortschritte. Diese Form der Führung schafft Struktur und Verlässlichkeit, kann aber auf Dauer zu extrinsischer Motivation führen, wenn sie nicht durch sinnstiftende Elemente ergänzt wird.

Transformationale Führung

Die transformationalen Führung wurde als Weiterentwicklung der transaktionalen Führung von Bernard Bass und Bruce Avolio konzipiert. Während die transaktionale Führung auf Austauschbeziehungen beruht, zielt die transformationale auf Inspiration, Sinnvermittlung und persönliche Entwicklung ab. Sie fördert intrinsische Motivation, Kreativität und Engagement, indem sie emotionale und werteorientierte Prozesse anspricht. Die vier zentralen Dimensionen transformationaler Führung sind:

1. **Vorbildfunktion:** Die Führungskraft lebt Werte und Überzeugungen glaubwürdig vor, wird zum moralischen und fachlichen Vorbild. Vertrauen und Identifikation entstehen durch Authentizität und Integrität.
2. **Inspiration:** Visionen und übergeordnete Ziele werden klar kommuniziert und emotional aufgeladen. Mitarbeitende erleben Sinn und Bedeutung in ihrer Arbeit.
3. **Geistige Anregung:** Die Führungskraft ermutigt, kritisch zu denken, Gewohnheiten zu hinterfragen und kreative Lösungen zu entwickeln. Fehler werden als Lernchancen betrachtet.
4. **Individuelle Förderung:** Die Führungskraft erkennt die individuellen Bedürfnisse, Talente und Potenziale ihrer Mitarbeitenden und unterstützt gezielt deren Entwicklung.

Im Kontext der Ausbildung bedeutet transformationale Führung, dass ausbildende Menschen nicht nur fachliche Lernziele verfolgen, sondern Auszubildende auch emotional ansprechen, Sinn vermitteln und Selbstwirksamkeit fördern. Sie befähigen zur Eigenverantwortung und machen Entwicklung erlebbar. Gerade junge Menschen, die oft nach Orientierung und Sinn streben, reagieren positiv auf inspirierende und wertschätzende Führung. Damit ist die transformationale Führung ein zukunftsweisender Ansatz für die pädagogische Praxis.[99]

Systemische Führung

Die systemische Führung basiert auf den Grundannahmen der Systemtheorie und betrachtet Organisationen als komplexe, dynamische Systeme, in denen alle Elemente miteinander in Wechselwirkung stehen. Führung ist hier kein einseitiger Steuerungsprozess, sondern eine Kommunikationsleistung, die Sinn stiftet, Orientierung gibt und den Rahmen für Selbstorganisation schafft. Kernprinzipien der systemischen Führung sind:

- **Ganzheitliches Denken:** Entscheidungen und Handlungen werden im Gesamtsystem betrachtet; isolierte Problemlösungen sind selten wirksam.
- **Zirkularität:** Ursache und Wirkung beeinflussen sich gegenseitig – Führung wirkt nicht linear.
- **Selbstorganisation:** Teams und Mitarbeitende werden befähigt, eigenständig Lösungen zu entwickeln.
- **Kommunikation als Steuerungsinstrument:** Führung erfolgt vor allem über Sprache, Feedback und Deutung von Situationen.

Im Ausbildungskontext bedeutet systemische Führung, dass der ausbildende Mensch die Lernumgebung als System begreift: Fachabteilung, Berufsschule, Auszubildende und private Einflüsse stehen in Wechselwirkung. Eine systemisch denkende Führungskraft erkennt Zusammenhänge, fördert Kommunikation und unterstützt die Selbststeuerung des Lernprozesses. Fehler werden nicht personalisiert, sondern als Ausdruck systemischer Dynamiken verstanden.

Symbolische Führung

Die symbolische Führung beruht auf der Erkenntnis, dass Führung immer auch durch Zeichen, Rituale und Symbole wirkt. Führungskräfte beeinflussen Verhalten nicht nur durch Anweisungen, sondern auch durch ihre sichtbaren Handlungen, Werte, Gesten und Kommunikationsstile. Beispiele symbolischer Führung sind:

- die bewusste Gestaltung von Arbeits- und Lernumgebungen,
- Rituale der Anerkennung (zum Beispiel Feedbackgespräche, Auszeichnungen, gemeinsame Erfolge),

99 Vgl. Lippold, 2014, S. 213–214.

- der Umgang mit Fehlern und Konflikten als sichtbarer Ausdruck gelebter Werte,
- Vorbildverhalten im Alltag.[100]

In der Ausbildung kann symbolische Führung besonders wirksam sein, weil Auszubildende sehr genau beobachten, „wie" ihre ausbildenden Menschen sich verhalten. Wer selbst Wertschätzung, Pünktlichkeit und Engagement vorlebt, vermittelt diese Werte nachhaltiger als jede Anweisung. Symbolische Führung ergänzt daher andere Führungsansätze, indem sie Wirkung durch Vorbild und Kultur betont.

Psychodynamische Führung

Die psychodynamische Führung stützt sich auf Erkenntnisse der Tiefenpsychologie und der Gruppendynamik. Sie geht davon aus, dass unbewusste Motive, Emotionen und Beziehungsmuster zwischen Führungskraft und Mitarbeitenden einen erheblichen Einfluss auf Führungserfolg haben. Wesentliche Elemente sind:

- **Selbstreflexion der Führungskraft:** Bewusstwerden eigener Motive, Ängste und Reaktionsmuster.
- **Emotionale Intelligenz:** Fähigkeit, Emotionen bei sich und anderen wahrzunehmen, zu verstehen und konstruktiv zu steuern.
- **Beziehungsdynamiken:** Führung ist immer auch Beziehungsarbeit; Konflikte oder Abwehrreaktionen entstehen oft aus unbewussten Prozessen.

Im Ausbildungskontext bedeutet das: Ein ausbildender Mensch, der die eigenen Emotionen reflektiert und empathisch mit den Gefühlen der Auszubildenden umgeht, kann Spannungen früh erkennen und Lernblockaden abbauen. Psychodynamische Führung schafft emotionale Sicherheit – eine wesentliche Voraussetzung für Lern- und Leistungsbereitschaft.

Führung auf Distanz

Mit zunehmender Digitalisierung und Homeoffice-Szenarien gewinnt die Führung auf Distanz stark an Bedeutung. Sie bezeichnet Führungssituationen, in denen der persönliche Kontakt zwischen Führungskraft und Mitarbeitenden räumlich, zeitlich oder medial eingeschränkt ist. Daraus ergeben sich als Herausforderungen:

- eingeschränkte nonverbale Kommunikation,
- erschwerte Vertrauensbildung,
- geringere informelle Kontakte,
- erhöhte Anforderungen an Selbstorganisation.

Erfolgreiche Führung auf Distanz erfordert daher:

[100] Vgl. Peter M. Muck, Führung, In: Heinz Schuler, Karheinz Sonntag (Hrsg.): Handbuch der Arbeits- und Organisationspsychologie, Göttingen u. a., Hogrefe Verlag, 2007, S. 364.

- klare Zieldefinition und Aufgabenabstimmung,
- regelmäßige Kommunikation über digitale Kanäle,
- transparente Leistungsbewertung,
- aktive Vertrauensbildung durch Feedback, Erreichbarkeit und Fairness.

Für ausbildende Menschen bedeutet Führung auf Distanz, Lernprozesse digital zu begleiten – etwa über Videokonferenzen, Lernplattformen oder digitale Feedbacktools. Besonders wichtig ist hier die Aufrechterhaltung sozialer Bindung: Auszubildende müssen sich auch virtuell gesehen, unterstützt und wertgeschätzt fühlen. Digitale Führung ersetzt Präsenz nicht, sie verlangt bewusste Kommunikations- und Beziehungspflege auf Distanz.

Moderne Führungsansätze zeigen, dass erfolgreiche Führung heute weit über Anweisung und Kontrolle hinausgeht. Sie erfordert Empathie, Reflexionsfähigkeit, Kommunikationskompetenz und die Bereitschaft, Verantwortung zu teilen. Im Ausbildungskontext gilt: Führung ist nicht Macht, sondern Entwicklung. Der moderne ausbildende Mensch ist Coach, Mentor und Wertevermittler – jemand, der Lernende befähigt, eigenständig zu denken und zu handeln.

19.5.5.4 Führungstechniken und Führungsinstrumente

Führungstechniken und Führungsinstrumente konkretisieren Führungsansätze in der praktischen Anwendung. Sie dienen dazu, Führungsprozesse systematisch zu gestalten, Entscheidungen zu strukturieren, Kommunikation zu fördern und Mitarbeitende – beziehungsweise im Ausbildungskontext die Auszubildenden – zielgerichtet zu motivieren und zu entwickeln. Ziel ist es, Führung planbar, transparent und überprüfbar zu machen, ohne dabei die individuelle Beziehungsebene zwischen Führungskraft und Mitarbeitenden zu vernachlässigen.

Management-by-Konzepte (Mb-Konzepte)

Die sogenannten Management-by-Konzepte sind klassische Führungstechniken, die seit den 1950er-Jahren entwickelt wurden. Sie legen den Schwerpunkt jeweils auf ein bestimmtes Steuerungsprinzip und sollen die Effizienz und Transparenz von Führungsprozessen erhöhen. In der Praxis werden sie selten isoliert, sondern meist kombiniert eingesetzt.

Management by Objectives (MbO) – Führen durch Zielvereinbarung

Dieses Konzept wurde von Peter F. Drucker entwickelt und ist bis heute die bekannteste und am weitesten verbreitete Führungstechnik. Grundgedanke ist, dass Führung nicht durch detaillierte Anweisungen, sondern durch gemeinsam vereinbarte Ziele erfolgt. Führungskraft und Mitarbeitende legen verbindlich fest, welche Ergebnisse innerhalb eines bestimmten Zeitraums zu erreichen sind. Merkmale sind:

- Ziele werden gemeinsam vereinbart (nicht einseitig vorgegeben).
- Ziele müssen SMART sein: spezifisch, messbar, attraktiv, realistisch und terminiert.
- Die Wege zur Zielerreichung liegen weitgehend in der Verantwortung der Mitarbeitenden.
- Am Ende erfolgt eine Leistungsbewertung anhand der Zielerreichung.

Vorteile:

- Stärkung der Eigenverantwortung, Motivation und Identifikation.
- Entlastung der Führungskraft von Detailsteuerung.
- Bessere Planbarkeit und Kontrolle durch messbare Ziele.

Grenzen:

- Gefahr der Bürokratisierung und Überfrachtung durch zu viele oder unrealistische Ziele.
- Mangelnde Flexibilität bei sich ändernden Rahmenbedingungen.

Im Ausbildungskontext kann MbO zum Beispiel durch Lernzielvereinbarungen umgesetzt werden. Der ausbildende und der auszubildende Mensch legen gemeinsam fest, welche Kenntnisse oder Fertigkeiten in einem bestimmten Zeitraum erworben werden sollen. Dabei steht nicht allein das Ergebnis, sondern auch der Lernprozess im Mittelpunkt.

Management by Delegation (MbD) – Führen durch Aufgabenübertragung

Beim Management by Delegation werden Aufgaben, Kompetenzen und Verantwortung auf die Mitarbeitenden übertragen. Die Führungskraft konzentriert sich auf Planung, Kontrolle und strategische Entscheidungen, während Mitarbeitende operative Aufgaben eigenständig erledigen. Merkmale sind:

- Klare Definition von aufeinander abgestimmten Aufgaben, Kompetenzen (Befugnissen) und Verantwortlichkeiten (AKV-Prinzip).
- Vertrauensvolle Zusammenarbeit; Kontrolle erfolgt ergebnisorientiert.
- Förderung von Selbstständigkeit und Qualifikation der Mitarbeitenden.

Im Ausbildungskontext bedeutet MbD, Auszubildenden zunehmend selbstständige Aufgaben zu übertragen – natürlich unter pädagogischer Begleitung. Dadurch entwickeln sie Verantwortungsbewusstsein, Selbstorganisation und Entscheidungsfähigkeit, zentrale Kompetenzen für ihre spätere Berufspraxis.

■ **BEISPIEL**

Andrea erhält eigenständig die Verantwortung, Kundentermine zu koordinieren oder eine Produktpräsentation vorzubereiten – unter anschließender Reflexion mit dem ausbildenden Menschen.[101] ■

[101] Vgl. Lippold, 2014, S. 229–231.

Management by Exception (MbE) – Führen nach dem Ausnahmeprinzip

Bei diesem Ansatz greift die Führungskraft nur im Ausnahmefall ein – also dann, wenn Abweichungen von Sollwerten oder Zielvorgaben auftreten. Solange die Mitarbeitenden im vereinbarten Rahmen handeln, bleiben sie selbstständig. Merkmale sind:

- Selbstständiges Arbeiten im definierten Verantwortungsbereich.
- Eingriff der Führungskraft nur bei Abweichungen oder Störungen.
- Fokus auf Kontrolle von Ergebnissen, nicht auf laufende Prozesse.

Vorteile:

- Entlastung der Führungskraft von Routineentscheidungen.
- Förderung der Eigenverantwortung und Problemlösungskompetenz.

Nachteile:

- Gefahr verspäteten Eingreifens, wenn Probleme zu spät erkannt werden.
- Erfordert hohe Reife und Zuverlässigkeit der Mitarbeitenden.

Im Ausbildungskontext kann dieser Ansatz zum Beispiel in fortgeschrittenen Ausbildungsphasen Anwendung finden: Der auszubildende Mensch arbeitet selbstständig, während der ausbildende Mensch nur bei gravierenden Fehlern oder Zielabweichungen korrigierend eingreift.

Management by Results (MbR) – Führen nach Ergebnissen

Hier steht nicht der Weg, sondern ausschließlich das Ergebnis im Fokus. Die Führungskraft beurteilt die Leistung ausschließlich anhand messbarer Resultate. Dieses Konzept kann zwar Effizienz fördern, birgt aber die Gefahr, dass qualitative oder zwischenmenschliche Aspekte vernachlässigt werden. In der Ausbildung ist MbR deshalb nur eingeschränkt anwendbar, da Lernprozesse und pädagogische Entwicklung im Vordergrund stehen und nicht nur messbare Resultate.

Management by Motivation (MbMot) – Führen durch Motivation

Hier steht die gezielte Förderung der Leistungsbereitschaft und inneren Motivation der Mitarbeitenden im Zentrum. Führungskräfte schaffen Bedingungen, unter denen Mitarbeitende sich mit Aufgaben identifizieren und ihre Potenziale entfalten können. Im Ausbildungskontext bedeutet das: Anerkennung von Leistungen, Lob und Feedback, Partizipation an Entscheidungen, individuelle Förderung entsprechend der Lernfortschritte sowie Einbindung in reale betriebliche Prozesse. Dieser Ansatz ist besonders wirkungsvoll, wenn er mit elementaren Prinzipien der transformationalen Führung kombiniert wird.

Weitere wichtige Führungsinstrumente

Neben den Management-by-Konzepten gibt es eine Reihe praktischer Instrumente, die eine gute Führung unterstützen und ergänzen:

Feedbackgespräche

Regelmäßige Feedbackgespräche schaffen Transparenz, fördern Lernprozesse und stärken Vertrauen. Erfolgreiches Feedback ist konkret, zeitnah, sachlich und wertschätzend. Im Ausbildungsalltag sollte Feedback nicht nur Korrektur sein, sondern auch Bestätigung und Orientierung geben.

■ BEISPIEL
Ein wöchentliches Reflexionsgespräch über Arbeitsverhalten, Lernfortschritte und Verbesserungspotenziale. ■

Coaching

Coaching ist eine personenorientierte Führungsmethode, bei der die Führungskraft dem mitarbeitenden beziehungsweise auszubildenden Menschen in seiner individuellen Entwicklung begleitet. Ziel ist, eigenständige Problemlösungsfähigkeiten zu fördern. Der Coach (hier der ausbildende Mensch) stellt Fragen, gibt Denkanstöße und hilft, Lösungen zielbasiert selbst zu erarbeiten, anstatt sie vorzugeben. Coaching eignet sich besonders, um Motivation, Selbstreflexion und Verantwortungsbewusstsein zu stärken.[102]

Mitarbeitenden- beziehungsweise Ausbildungsgespräche

Strukturiert geführte Mitarbeitendengespräche sind ein wesentliches Kommunikationsinstrument der Führung. Sie dienen der Leistungsbewertung, Zielvereinbarung, Entwicklung und Konfliktklärung. In der Ausbildung sind solche Gespräche Teil der pädagogischen Begleitung und sollten regelmäßig stattfinden (zum Beispiel halbjährlich oder nach Ausbildungsabschnitten).

Zielvereinbarungen und Entwicklungspläne

Zielvereinbarungen konkretisieren Erwartungen und schaffen Transparenz. Entwicklungspläne helfen, individuelle Lernpfade zu gestalten und die persönliche und fachliche Entwicklung des Auszubildenden systematisch zu fördern.

Lob, Anerkennung und Wertschätzung

Diese Faktoren sind zentrale, oft unterschätzte Führungsinstrumente. Sie steigern Motivation, Selbstwertgefühl und Loyalität. Im Gegensatz zu materiellen Anreizen wirken sie langfristig, wenn sie authentisch und individuell gegeben werden.

---

[102] Vgl. Felix Brode, Coaching für gesunde Organisationen, Auerbach, Verlag Wissenschaftliche Scripten, 2011, S. 35–36.

Kommunikation als Führungsinstrument

Führung gelingt nur durch Kommunikation. Dabei ist die Qualität entscheidend – sie muss klar, empathisch, respektvoll und auf Augenhöhe erfolgen. Besonders in der Ausbildung spielt Kommunikation eine doppelte Rolle: Sie vermittelt Wissen und wirkt gleichzeitig als Vorbild für soziale Kompetenz im Berufsleben.

Führungstechniken und -instrumente sind keine starren Werkzeuge, sondern situativ anzupassende Methoden. Im Ausbildungskontext müssen sie immer pädagogisch reflektiert eingesetzt werden: Ziel ist nicht maximale Leistung, sondern nachhaltiges Lernen, Entwicklung und Verantwortungsübernahme. Ein erfolgreicher ausbildender Mensch nutzt die Techniken nicht mechanisch, sondern kombiniert sie flexibel – je nach Reifegrad, Motivation und Persönlichkeit der Auszubildenden.

19.5.5.5 Wertewandel und verändertes Führungsverständnis

Während früher Status, Sicherheit und Gehorsam zentrale Werte waren, rücken heute Selbstverwirklichung, Sinn, Work-Life-Balance, Nachhaltigkeit und Partizipation in den Vordergrund. Dies führt zu einer Neuausrichtung des Führungsverständnisses:

- Führung basiert weniger auf Autorität und Kontrolle, sondern auf Dialog, Vertrauen und Kooperation.
- Mitarbeitende – und Auszubildende – erwarten Sinnvermittlung, nicht nur Aufgabenverteilung.
- Führungskräfte müssen Werte vorleben, nicht nur kommunizieren.

In der Ausbildung bedeutet das: Junge Menschen möchten verstehen, warum sie etwas tun und welchen Beitrag ihre Arbeit leistet. Wer diesen Sinn vermittelt, gewinnt Motivation, Loyalität und Engagement.

19.5.5.6 New Work und agile Führung

Der Begriff New Work, geprägt von Frithjof Bergmann, steht für eine Arbeitswelt, in der Freiheit, Selbstständigkeit und Sinn zentrale Leitwerte sind. In der Praxis zeigt sich das in agilen Organisationsformen, flachen Hierarchien, selbstorganisierten Teams und einem hohen Maß an Eigenverantwortung. Agile Führung ersetzt hierarchische Kontrolle durch Moderation, Coaching und Empowerment. Führungskräfte verstehen sich als Enabler – sie schaffen Rahmenbedingungen, in denen Mitarbeitende eigenständig handeln können. Zentrale Prinzipien sind:

- **Transparenz:** Informationen werden geteilt, Entscheidungen nachvollziehbar gemacht.
- **Selbstorganisation:** Teams übernehmen Verantwortung für Prozesse und Ergebnisse.
- **Iteration:** Lernen durch Ausprobieren und Reflexion.

- **Feedbackkultur:** Kontinuierliche Kommunikation ersetzt formale Bewertung.[103]

Im Ausbildungskontext bedeutet das: Ausbildende Menschen werden zu Lernbegleitenden. Sie gestalten Lernräume, regen zur Reflexion an und fördern Eigenverantwortung, anstatt jeden Schritt vorzugeben. Ein auszubildender Mensch kann beispielsweise ein eigenes Mini-Projekt planen und durchführen – der ausbildende Mensch agiert als Coach.

19.5.5.7 Führung im digitalen Zeitalter

Digitalisierung verändert Führungsprozesse fundamental. Führungskräfte müssen heute in hybriden und virtuellen Kontexten agieren, digitale Tools beherrschen und zugleich den menschlichen Kontakt bewahren. Herausforderungen digitaler Führung sind:

- **Kommunikation auf Distanz:** Fehlende nonverbale Signale erschweren Vertrauen und Motivation.
- **Informationsflut:** Priorisierung und Transparenz werden entscheidend.
- **Erreichbarkeit:** Die Grenzen zwischen Arbeit und Freizeit verschwimmen.
- **Kompetenzvielfalt:** Führungskräfte müssen technologische, soziale und ethische Kompetenzen verbinden.[104]

Digitale Führung erfordert daher eine Kombination aus technischer Souveränität und emotionaler Intelligenz. Im Ausbildungskontext heißt das: Der ausbildende Mensch muss digitale Lernplattformen, virtuelle Meetings und hybride Lernformen aktiv gestalten und zugleich soziale Nähe und individuelle Unterstützung sicherstellen. Führung im digitalen Zeitalter bedeutet: Technologie beherrschen, ohne Menschlichkeit zu verlieren.

19.5.5.8 Künstliche Intelligenz und algorithmische Führung

Mit dem Einzug von KI in Personalprozesse (zum Beispiel Bewerberauswahl, Leistungsbewertung, Lernmanagement) entstehen neue Chancen, aber auch ethische Herausforderungen. KI kann Entscheidungen unterstützen, Lernprozesse personalisieren und Routineaufgaben automatisieren. Sie darf und kann jedoch nicht die menschliche Verantwortung in der Führung ersetzen, da letztlich nur Personen für die Folgen ihrer Handlungen einstehen können (Verantwortung). Zentrale Fragen sind: Wie transparent sind KI-gestützte Entscheidungen? Wer trägt Verantwortung bei Fehlentscheidungen? Wie wird Fairness, Datenschutz und Chancengleichheit gewährleistet?[105]

---

[103] Vgl. https://d-nb.info/1224527992/34?utm_source=chatgpt.com; abgerufen am 4. Dezember 2025.

[104] Vgl. https://www.plattform-lernende-systeme.de/files/Downloads/Publikationen/AG2_WP_Fuehrung_im_Wandel.pdf?utm_source=chatgpt.com; zuletzt abgerufen am 4. Dezember 2025.

[105] Vgl. https://www.ssoar.info/ssoar/bitstream/handle/document/78265/ssoar-amdisc-2021-moehlmann_et_al-Algorithmic_Management_Conceptualization_and_Scale.pdf?sequence=1; zuletzt abgerufen am 4. Dezember 2025.

Im Ausbildungskontext kann KI Lernstände analysieren und adaptive Lerninhalte vorschlagen – die Beurteilung von Persönlichkeit, Motivation oder Potenzial bleibt aber eine zutiefst menschliche Aufgabe. Führung bedeutet hier, technologische Werkzeuge verantwortungsvoll und reflektiert einzusetzen, nicht sie kritiklos zu übernehmen.

19.5.5.9 Diversity und interkulturelle Führung

Die moderne Arbeitswelt ist zunehmend heterogen: unterschiedliche Generationen, Kulturen, Geschlechter und Lebensentwürfe treffen aufeinander. Führung muss dieser Vielfalt gerecht werden, indem sie Inklusion, Respekt und Gleichbehandlung sicherstellt. Erfolgreiche Diversity-Führung bedeutet: Sensibilität für kulturelle Unterschiede, Reflexion eigener Vorurteile und Förderung von Chancengleichheit und Teilhabe. Im Ausbildungskontext kann das zum Beispiel bedeuten, Lernmaterialien sprachlich und kulturell anzupassen oder verschiedene Lernstile zu berücksichtigen. Führung ist hier auch ein Beitrag zur Integration und sozialen Verantwortung.

19.5.5.10 Reflexion und Selbstführung

Moderne Führung beginnt bei der Selbstführung. Nur wer sich selbst reflektieren und steuern kann, kann auch andere verantwortungsvoll führen. Führungskräfte sollten regelmäßig ihre Werte, Motive und Handlungen hinterfragen: Handle ich konsistent mit meinen Überzeugungen? Schaffe ich Vertrauen und Sinn? Fördere ich Entwicklung oder Kontrolle? Instrumente wie Supervision, kollegiale Beratung, Coaching oder Feedbackrunden unterstützen diese Reflexion. Gerade in der Ausbildung ist Selbstführung essenziell, da ausbildende Menschen zugleich Vorbilder sind – ihr Verhalten prägt das Lernklima und beeinflusst die Entwicklung junger Menschen direkt.

19.5.5.11 Reflexion und aktuelle Herausforderungen in der Führung

Führung steht heute im Spannungsfeld zwischen Stabilität und Wandel, Kontrolle und Vertrauen, Technik und Menschlichkeit. Sie muss Orientierung geben, ohne Autonomie einzuschränken, und Struktur schaffen, ohne Kreativität zu hemmen. Im Kern moderner Führung steht der Gedanke: "Führung ist Beziehung – analog oder digital, hierarchisch oder agil, immer menschlich." Für die Ausbildung bedeutet das: Gute Führung schafft Räume für Lernen, Entwicklung und Sinn – sie ist weniger Machtausübung als vielmehr pädagogische Verantwortung in einer komplexen Welt. Führung ist kein statisches Konzept, sondern ein dynamischer Prozess, der sich stetig an gesellschaftliche, technologische und kulturelle Veränderungen anpassen muss. Während klassische Führungsmodelle Stabilität und Kontrolle betonten, stehen Führungskräfte heute vor der Herausforderung, in einem Umfeld permanenter Unsicherheit, Individualisierung und digitaler Vernetzung Orientierung zu geben. Aktuelle Entwicklungen wie Wertewandel, New Work, Digitalisierung und künstliche Intelligenz verändern sowohl die Erwartungen an Führung als auch die Mittel und Methoden, mit denen sie umgesetzt werden kann.

19.5.6 Beurteilung

19.5.6.1 Grundlagen des Beurteilungssystems bei der Proximus Versicherung AG

Beurteilungssysteme spielen in der betrieblichen Ausbildung eine zentrale Rolle. Sie dienen der systematischen Beobachtung, Bewertung und Förderung der Auszubildenden, sichern die Qualität der Ausbildung und bilden eine wesentliche Grundlage für Rückmeldungen, Personalentwicklungsentscheidungen und die Zeugnisgestaltung. Bei der Proximus Versicherung AG wurde ein umfassendes, digitales und pädagogisch fundiertes Beurteilungssystem eingeführt. Ein Beurteilungssystem darf nicht ohne Beteiligung der Arbeitnehmervertretung eingeführt werden. § 94 Abs. 1 BetrVG schreibt vor, dass Beurteilungsgrundsätze der Mitbestimmung des Betriebsrats unterliegen. Das bedeutet, dass der Arbeitgeber nicht allein entscheiden kann, wie und nach welchen Kriterien Auszubildende beurteilt werden, sondern die Grundsätze gemeinsam mit dem Bertreibsrat vereinbart werden müssen. Zusätzlich greift § 87 Abs. 1 Nr. 6 BetrVG, wenn zur Beurteilung technische Einrichtungen eingesetzt werden, die dazu geeignet sind, Verhalten oder Leistung von Arbeitnehmern zu überwachen, wie etwa digitale Tools oder Software zur Leistungsdokumentation. Die Betriebsvereinbarung die die Proximus Versicherung AG daher mit dem Betreibsrat geschlossen hat, regelt den Zweck und den Geltungsbereich des Systems (also alle Auszubildenden und alle Fachbereiche), die Beurteilungsmerkmale und Skalen, den Ablauf der Beurteilungen einschließlich Zeitpunkten, Beteiligten, Konferenzen und Dokumentation, die Rechte der Auszubildenden (etwa das Hinzuziehen von Jugend- und Ausbildungsvertretung oder Betriebsrat zum Gespräch), Fragen des Datenschutzes und der Dokumentation (zum Beispiel Aufbewahrung in der Personalakte und Zugriffsrechte) sowie die Qualitätssicherung und das Controlling. Die Regelung stellt sicher, dass das System objektiv, transparent und nachvollziehbar ist und Gleichbehandlung, Datenschutz und Chancengerechtigkeit gewährleistet werden. Sie garantiert Transparenz sowie Rechtssicherheit und schafft Vertrauen bei den Auszubildenden, weil klar geregelt ist, wer bewertet, nach welchen Kriterien bewertet wird und wie mit den Ergebnissen umgegangen wird. Das Beurteilungssystem dient der kontinuierlichen, einheitlichen und fairen Bewertung der Leistungen und des Entwicklungsstands aller Auszubildenden; Grundlage sind die beschriebenen Anforderungen, Ziele und Gestaltungsprinzipien.

19.5.6.2 Anforderungen an Beurteilungssysteme

Damit ein Beurteilungssystem für Auszubildende wirksam, akzeptiert und rechtlich belastbar ist, muss es bestimmte Grundanforderungen erfüllen. Diese Anforderungen stellen sicher, dass Beurteilungen möglichst objektiv und fair erfolgen und sowohl die Entwicklung der Auszubildenden als auch die Interessen des Unternehmens unterstützen. Folgende Punkte sind zentral: Erstens ist die Objektivität entscheidend. Beurteilungen müssen so gestaltet sein, dass sie unabhängig von der beurteilenden Person zu vergleichbaren Ergebnissen führen. Dazu braucht es klar definierte Kriterien, nachvollziehbare Bewertungsmaßstäbe sowie die systematische Vermeidung von Subjektivität und persönlichen Sympathien oder Antipathien. Zweitens wird Reliabilität, also Zuverlässigkeit, gefordert. Das System soll bei wiederholter Anwendung unter vergleichbaren Bedingungen zu denselben Ergebnissen führen. Diese Zuverlässigkeit wird zum Beispiel durch Schulungen der Beurteilenden in der Anwendung des Systems, durch einheitliche Skalen sowie durch klar definierte Beurteilungszeitpunkte erreicht. Drittens muss das System valide sein, also tatsächlich das messen, was es messen soll, nämlich die Leistungsfähigkeit und Entwicklung der Auszubildenden in Bezug auf die relevanten Ausbildungsziele. Dafür müssen die Beurteilungskriterien direkt aus den Anforderungen der Ausbildung, etwa dem Ausbildungsrahmenplan oder einem betrieblichen Curriculum, abgeleitet sein und dürfen nicht auf sachfremden Aspekten beruhen. Viertens ist Transparenz wichtig. Die Auszubildenden sollten wissen, nach welchen Kriterien sie beurteilt werden, wie das Verfahren abläuft und welche Bedeutung die Ergebnisse haben. Kriterien, Maßstäbe und Abläufe sollten ihnen bekannt und für sie nachvollziehbar sein. Transparenz umfasst auch die klare Dokumentation der Bewertungskriterien sowie die Möglichkeit, die Ergebnisse gemeinsam zu besprechen, was wiederum Akzeptanz fördert. Fünftens spielt die Akzeptanz des Systems durch alle Beteiligten eine zentrale Rolle. Ein Beurteilungssystem wird nur dann erfolgreich angewendet, wenn sowohl Auszubildende als auch ausbildende Menschen und Führungskräfte es als gerecht, sinnvoll und handhabbar empfinden. Diese Akzeptanz entsteht insbesondere durch die Einbeziehung der relevanten Interessengruppen – vor allem des Betriebsrats und der Jugend- und Auszubildendenvertretung – und durch eine verständliche, praktikable Gestaltung. Sechstens muss das System praktikabel sein. Es muss im Ausbildungsalltag ohne übermäßigen Aufwand angewendet werden können. Beurteilungen dürfen nicht so komplex oder zeitintensiv werden, dass sie den Ausbildungsprozess behindern, müssen aber dennoch ausreichend differenziert und aussagekräftig bleiben. Siebtens ist die Dokumentationsfähigkeit zu beachten. Alle Bewertungen müssen nachvollziehbar dokumentiert werden, damit sie später als Grundlage für Zeugnisse, Übernahmeentscheidungen oder rechtliche Auseinandersetzungen dienen können. Achtens muss das System rechtliche Sicherheit bieten. Es hat den gesetzlichen Rahmenbedingungen, insbesondere dem Betriebsverfassungsgesetz (Mitbestimmungsrechte des Betriebsrats), dem

BBiG – das eine Beurteilung für das Ausbildungszeugnis fordert – sowie der DS-GVO zu entsprechen, da Beurteilungsdaten personenbezogene Daten sind. Das Beurteilungssystem soll sowohl entwicklungsorientiert als auch praxisnah sein und die Auszubildenden in ihrer Lern- und Leistungsentwicklung unterstützen.[106] [107]

19.5.6.3 Ziele von Beurteilungssystemen

Ein Beurteilungssystem kann in der betrieblichen Ausbildung unterschiedliche, miteinander verknüpfte Zwecke erfüllen. Die wichtigsten Ziele werden nachfolgend beschrieben und sind auch in den internen Konzepten der Proximus Versicherung AG berücksichtigt.

Ein zentrales Ziel ist die Zeugniserstellung. Das Beurteilungssystem bildet die Grundlage für die rechtlich vorgeschriebene Ausstellung von Zeugnissen nach § 16 BBiG. Die Erstellung eines qualifizierten Ausbildungszeugnisses setzt eine systematische Erfassung und Dokumentation der Leistungen und des Verhaltens während der gesamten Ausbildungszeit voraus. Ohne strukturierte Beurteilungen bestünde die Gefahr, dass die Bewertung am Ende der Ausbildung unvollständig oder stark subjektiv ausfällt. Bei der Proximus Versicherung AG werden daher während der Ausbildung Beurteilungsbögen geführt, die fachliche Leistungen, Sozialkompetenzen und persönliche Entwicklung festhalten und die Grundlage für ein objektives, nachvollziehbares Abschlusszeugnis bilden.

Ein weiteres mögliches Ziel von Beurteilungssystemen ist die Entlohnungsgrundlage. In vielen Unternehmen dienen Beurteilungen der Festlegung leistungsbezogener Vergütungsbestandteile. Für Auszubildende spielt dieser Aspekt jedoch in der Regel keine Rolle, da Ausbildungsvergütungen tariflich oder vertraglich festgelegt sind und dort eine leistungsabhängige Anpassung nicht vorgesehen ist. Dies steht auch im Einklang mit dem Charakter eines Ausbildungsvertrags. Im Ausbildungsverhältnis steht nicht die Entlohnung im Sinne des Leistungs-Gegenleistungs-Prinzips und eine geschuldete Arbeitskraft im Vordergrund, sondern der Lernprozess.

Eine besonders wichtige Funktion kommt dem Beurteilungssystem im Bereich der Organisationsentwicklung zu. Beurteilungen wirken hier als Korrektiv für Übernahmeentscheidungen und dienen zugleich der kontinuierlichen Verbesserung der Ausbildungsqualität. Sie objektivieren Übernahmeentscheidungen, indem eine strukturierte, nachvollziehbare Datenbasis entsteht, die über individuelle Eindrücke einzelner ausbildender Menschen hinausgeht. Standardisierte Kriterien machen Unterschiede in der Einschätzung verschiedener Abteilungen sichtbar. Eine gute Beurteilung in einem Fachbereich spricht für die Eignung eines auszubildenden Menschen bei dorti-

[106] Vgl. Sascha Fauler, Konzeption eines Beurteilungssystems für Auszubildende unter besonderer Berücksichtigung der Pflicht des Ausbildenden zur Ausstellung eines Zeugnisses gem. § 16 BBiG, München, Grin Verlag, 2008, S. 26–29.
[107] Vgl. Schuler, 2004, S. 43–57.

gen Stellenbesetzungen, sodass eine Übernahme bei überzeugender Beurteilung nur schwer mit fehlender fachlicher oder persönlicher Eignung begründet abgelehnt werden kann. Umgekehrt kann eine dauerhaft schwache Beurteilung fundiert begründen, weshalb eine Übernahme in einer Abteilung nicht erfolgt.

Beurteilungen dokumentieren zudem Entwicklungsverläufe. Verbesserungen über die Zeit werden sichtbar, sodass auch Auszubildende mit anfänglichen Schwierigkeiten bei nachweislichem Lernfortschritt nicht vorschnell abgelehnt werden. Auf organisationaler Ebene können regelmäßige unterdurchschnittliche Bewertungen in einzelnen Einsatzbereichen auf Ausbildungsdefizite oder strukturelle Probleme hinweisen. Das Unternehmen hat so die Möglichkeit, gezielt Schulungsmaßnahmen für ausbildende Menschen oder Anpassungen von Arbeitsaufgaben zu veranlassen.

Beurteilungen helfen darüber hinaus, interpersonale Entscheidungen zu treffen. Sie unterstützen Abteilungen und Ausbildungsleitung bei der Einsatzplanung, bei Versetzungen in andere Fachbereiche, bei der Auswahl für Projektbeteiligungen oder Sonderaufgaben sowie bei der Entscheidung über die Teilnahme an internen Schulungen oder Fördermaßnahmen.

Im Bereich Personalfreisetzung spielen Beurteilungen eine begrenzte, aber relevante Rolle. Schlechte Beurteilungen können für sich genommen keine Kündigung aus wichtigem Grund rechtfertigen. Innerhalb der Probezeit können dokumentierte Leistungs- und Verhaltensdefizite jedoch eine Kündigungsentscheidung stützen und rechtlich absichern. Bei Ausbildungsende dienen sie als Grundlage für die Entscheidung, einen auszubildenden Menschen nicht in ein Arbeitsverhältnis zu übernehmen und diese Entscheidung fachlich und rechtlich zu begründen.

Ein systematisches Beurteilungssystem übernimmt auch eine wichtige Dokumentationsfunktion. Es dient der lückenlosen Dokumentation von Ausbildungsleistungen und -verläufen. Diese ermöglicht die Validierung von Auswahlverfahren. Langfristig können die gesammelten Leistungsdaten genutzt werden, um die Treffsicherheit von Rekrutierungsprozessen zu überprüfen, beispielsweise indem der Zusammenhang zwischen Eingangsvoraussetzungen (Schulnoten, Eignungstests, Assessment Center) und späteren Ausbildungserfolgen validiert wird.

Darüber hinaus bilden Beurteilungen eine entscheidende Grundlage für Entscheidungen der Personalentwicklung. Sie machen Entwicklungsstände, Lernfortschritte und Förderbedarfe sichtbar und erlauben eine passgenaue Förderung durch Seminare, Coaching oder projektbezogene Einsätze. So wird individuelle Karriereplanung erleichtert und Weiterbildungsmaßnahmen können frühzeitig eingeleitet werden.

Schon das Vorhandensein eines Beurteilungssystems kann motivierend wirken. Menschen neigen dazu, ihre Leistung zu verbessern, wenn sie wissen, dass ihr Verhalten und ihre Ergebnisse regelmäßig bewertet werden. Die Aussicht auf gute Beurteilungen verstärkt den Anreiz, sich anzustrengen und positiv aufzufallen. Zusätzlich machen Beurteilungen Fortschritte sichtbar und können so die intrinsische Motivation der Auszubildenden steigern.

Schließlich beeinflusst ein Beurteilungssystem auch die Wahrnehmung im Unternehmen. Die im System definierten Kriterien steuern, worauf ausbildende Menschen und Führungskräfte besonderes Augenmerk legen. Merkmale wie Eigeninitiative oder Kundenorientierung erhalten automatisch mehr Aufmerksamkeit, wenn sie explizit bewertet werden, während andere Aspekte, die nicht im System abgebildet sind, leichter in den Hintergrund treten und zu sogenannten blinden Flecken werden können. Durch klar definierte Kriterien entsteht eine gemeinsame Sprache und Orientierung, was als gute Leistung gilt.

Insgesamt dient ein gut konzipiertes Beurteilungssystem damit nicht nur der Zeugniserstellung, sondern wirkt steuernd, motivierend und entwicklungsfördernd. Es schafft Rechts- und Entscheidungssicherheit, unterstützt die Übernahmeplanung und liefert wertvolle Rückmeldungen für die Qualität der Ausbildung und die Organisationsentwicklung.[108]

19.5.6.4 Arten von Beurteilungssystemen

Beurteilungssysteme lassen sich nach dem Grad ihrer Strukturierung, der Art des Leistungsmaßstabs und der Beschreibungsebene der Leistungskriterien unterscheiden. Die gängigen Verfahren reichen von sehr offenen, subjektiven bis hin zu stark strukturierten, vergleichbaren Ansätzen.

Hinsichtlich der strukturellen Grundform wird zwischen freien und gebundenen Verfahren unterschieden. Bei **freien Verfahren** erfolgt die Bewertung ohne vorgegebene Struktur. Die Beurteilenden können frei formulieren, wie sie die Leistung einschätzen; es existieren weder feste Kriterien noch standardisierte Skalen. Dies bietet eine hohe Flexibilität und ermöglicht eine sehr individuelle Würdigung von Besonderheiten, geht jedoch mit hoher Subjektivität, geringer Vergleichbarkeit und einem großen Interpretationsspielraum einher, was zu Ungleichbehandlungen führen kann. Ein Praxisbeispiel für ein freies Verfahren wäre ein ausbildender Mensch, der am Ende eines Einsatzes eine freie Einschätzung wie „Andrea hat sich schnell eingearbeitet, zeigt Eigeninitiative und arbeitet zuverlässig" formuliert.

Demgegenüber stehen **gebundene Verfahren**, bei denen die Bewertung nach einem festgelegten Schema erfolgt. Die Beurteilenden müssen sich an vorgegebene Kriterien, Skalen und Strukturen halten. Dies erhöht die Vergleichbarkeit und Objektivierung der Ergebnisse und führt zu mehr Rechtssicherheit, schränkt aber den individuellen Spielraum etwas ein und birgt die Gefahr der Schematisierung. In der Praxis bedeu-

[108] Vgl. Fauler, 2008, S. 29-30; Heinz Schuler, Beurteilung und Förderung beruflicher Leistung, Göttingen, Hogrefe Verlag, 2004, S. 3–5.

tet dies etwa, dass ein ausbildender Mensch anhand eines standardisierten Formulars Kriterien wie „Fachkenntnisse", „Zuverlässigkeit" oder „Teamfähigkeit" auf einer Skala bewertet.

Innerhalb der gebundenen Verfahren lassen sich verschiedene Formen unterscheiden. Beim Einstufungsverfahren wird die Leistung anhand einer Skala eingeschätzt, beispielsweise von „sehr gut" bis „ungenügend". Dieses Verfahren kann eigenschaftsorientiert oder verhaltensorientiert sein. Bei eigenschaftsorientierten Ansätzen werden relativ stabile, schwer veränderbare Merkmale einer Person bewertet, etwa Belastbarkeit oder Persönlichkeitsmerkmale. Verhaltensorientierte Einstufungsverfahren fokussieren hingegen auf konkrete, beobachtbare Verhaltensweisen in der Arbeitssituation, wie etwa den Umgang mit Feedback oder das konkrete Kundenverhalten.

Rangordnungsverfahren ordnen mehrere Personen in eine Rangfolge ein, etwa von der besten bis zur schlechtesten Leistung. Sie ermöglichen eine schnelle Übersicht, verzichten aber auf absolute Leistungsstandards und sind insbesondere in heterogenen Ausbildungsgruppen, in denen unterschiedliche Ausbildungsstände und Einsatzbereiche schwer vergleichbar sind, nur eingeschränkt praktikabel.

Kennzeichnungsverfahren arbeiten mit vordefinierten Aussagen oder Merkmalen, die als zutreffend oder nicht zutreffend markiert werden. Dazu zählen Checklisten-Verfahren, bei denen zum Beispiel vermerkt wird, ob „zeigt Eigeninitiative" zutrifft, sowie Zwangswahl-Verfahren, bei denen aus mehreren, auf gleichem Anspruchsniveau formulierten Aussagen diejenige ausgewählt werden muss, die am besten passt. Diese Verfahren sind einfach handhabbar und gut vergleichbar, bieten aber nur begrenzte Differenzierungsmöglichkeiten.

Schließlich gibt es Zielsetzungsverfahren („Management by Objectives"), bei denen die Beurteilung auf zuvor vereinbarten, messbaren Zielen basiert. Hier werden zu Beginn eines Beurteilungszeitraums konkrete Ziele, etwa „Andrea soll bis Ende des Quartals fünf Beratungsgespräche selbstständig führen und dokumentieren", vereinbart und am Ende hinsichtlich ihrer Zielerreichung bewertet. Dies schafft hohe Transparenz und Motivation durch Zielklarheit, ist aber mit einem höheren Abstimmungsaufwand verbunden und erfordert realistische, messbare Zieldefinitionen.

In der Gesamtschau können Beurteilungssysteme also von sehr offenen und subjektiven bis hin zu stark strukturierten und vergleichbaren Verfahren reichen. Bei der Proximus Versicherung AG wird – um Objektivität, Vergleichbarkeit und Rechtssicherheit zu gewährleisten und gleichzeitig eine praxisnahe und faire Beurteilung der Auszubildenden zu ermöglichen – eine gebundene, strukturierte Form gewählt.[109]

[109] Vgl. Fauler 2008, S. 30–33; Lippold, 2014, S. 240-247; Schuler, 2004, S. 9–19.

19.5.6.5 Beteiligte an Beurteilungen

Die Qualität und Objektivität eines Beurteilungssystems hängt in hohem Maße von den Personen ab, die Bewertungen vornehmen. Die Rollen und Verantwortlichkeiten der Beteiligten beeinflussen unmittelbar Aussagekraft, Akzeptanz und Fairness der Ergebnisse.

Die ausbildenden Menschen nehmen eine zentrale Rolle ein. Sie beurteilen die tägliche Leistung und das Verhalten im jeweiligen Einsatzbereich und führen die Beurteilungsgespräche. Sie kennen die konkreten Aufgaben, die Arbeitsweise und die Ergebnisse der Auszubildenden aus dem direkten Alltag Sie können deren Entwicklung über den gesamten Einsatz hinweg beobachten und praxisnahe Rückmeldungen mit konkreten Beispielen verbinden. Gleichzeitig besteht hier die Gefahr von Subjektivität, etwa durch Sympathie- oder Antipathieeffekte, durch Verzerrungen aufgrund einzelner besonders positiver oder negativer Ereignisse (Halo- oder Recency-Effekte) oder durch uneinheitliche Maßstäbe, wenn keine ausreichende Schulung erfolgt.

Die Ausbildungsleitung bei der Proximus Versicherung AG fungiert als Koordinations- und Kontrollinstanz im Beurteilungsprozess. Sie prüft, ob Beurteilungen vollständig, plausibel und nachvollziehbar sind, stellt sicher, dass die definierten Beurteilungskriterien und Skalen korrekt angewendet werden, unterstützt ausbildende Menschen bei Unsicherheiten und führt die Einzelbeurteilungen zu einem Gesamtbild zusammen, insbesondere für Entwicklungsentscheidungen und die Zeugniserstellung. Wenn etwa im Bereich Vertrieb deutlich strengere Maßstäbe angewandt werden als im Innendienst, ist es Aufgabe der Ausbildungsleitung, diese Unterschiede zu erkennen und mit den betreffenden ausbildenden Menschen zu besprechen, um die Fairness und Einheitlichkeit sicherzustellen.

Der Betriebsrat und die Jugend- und Ausbildungsvertretung spielen eine wichtige Rolle im Sinne der Mitbestimmung und der Wahrung von Fairness, Transparenz und Datenschutz. Sie achten darauf, dass die Beurteilungskriterien und -verfahren fair sind, keine unzulässigen oder diskriminierenden Merkmale beinhalten und die Ergebnisse nicht für sachfremde Zwecke missbraucht werden. Bei der Proximus Versicherung AG hat der Betriebsrat beispielsweise vor Einführung des aktuellen Systems die verwendeten Merkmale wie Sozialverhalten, Fachwissen oder Arbeitsqualität geprüft und mitgestaltet.

Nicht zuletzt kommt der Selbstbeurteilung der Auszubildenden eine wichtige Funktion als Reflexionsinstrument zu. Sie ersetzt die Fremdbeurteilung nicht, ergänzt sie aber sinnvoll. Durch Selbstbeurteilungen werden Selbstwahrnehmung und Eigenverantwortung gefördert, der Abgleich von Selbst- und Fremdbild ermöglicht und eine Grundlage für vertiefte Entwicklungsgespräche geschaffen. So kann es etwa vorkommen, dass sich ein auszubildender Mensch in der Kundenkommunikation deutlich stärker einschätzt als der ausbildende Mensch. Gerade dieses Auseinanderfallen zwingt beide zu einer konstruktiven Auseinandersetzung und kann zu einer klareren gemeinsamen Einschätzung führen.[110]

19.5.6.6 Merkmale der Beurteilung

Die Merkmale der Beurteilung sind die inhaltlichen Kriterien, anhand derer Leistung und Verhalten von Auszubildenden systematisch bewertet werden. Sie bilden die Basis eines jeden Beurteilungssystems und entscheiden darüber, ob eine Beurteilung sachgerecht, nachvollziehbar und aussagekräftig ist. Damit ein Beurteilungssystem funktioniert, müssen die ausgewählten Merkmale klar definiert, beobachtbar, objektiv messbar und für die berufliche Tätigkeit relevant sein.

Für die Auswahl von Beurteilungsmerkmalen gelten mehrere Grundsätze. Zunächst ist die Relevanz wesentlich: Es dürfen nur Merkmale aufgenommen werden, die für die berufliche Tätigkeit bedeutsam sind. Beispielsweise wäre „Sauberkeit des Schreibtischs" für den Erfolg in der Versicherungsberatung nicht relevant und sollte daher nicht bewertet werden. Die Sicherung der Merkmalsrelevanz erfolgt durch den Abgleich mit dem Ausbildungsrahmenplan, durch die Beteiligung der Fachabteilungen zur Sicherstellung des Praxisbezugs und durch regelmäßige Überprüfungen und Aktualisierungen der Merkmale bei Veränderungen im Beruf, etwa durch neue digitale Tools. Weiterhin müssen Merkmale beobachtbar sein. Es sollen nur Aspekte beurteilt werden, die ausbildende Menschen während der Zusammenarbeit tatsächlich wahrnehmen können, etwa Arbeitsweise, Kommunikationsverhalten oder Lernbereitschaft.

Eindeutigkeit ist ein weiterer wichtiger Grundsatz. Merkmale müssen so beschrieben werden, dass alle Beurteilenden sie gleich verstehen und interpretieren. Vage Begriffe wie „Engagement" sollten daher durch konkrete Beschreibungen, etwa „übernimmt freiwillig zusätzliche Aufgaben und zeigt Initiative", ersetzt oder erläutert werden. Zudem darf nur bewertet werden, was die Auszubildenden beeinflussen können. Bewertet werden sollte zum Beispiel die Arbeitsmotivation, nicht aber äußere Rahmenbedingungen wie IT-Störungen. Schließlich müssen die Merkmale differenzierungsfähig sein, also Unterschiede zwischen sehr guter, durchschnittlicher und schwacher Leistung abbilden können.

Inhaltlich lassen sich drei Ebenen der Beurteilungsmerkmale unterscheiden. Auf der Ebene der fachlichen Leistung beziehungsweise Arbeitsergebnisse werden bei der Proximus Versicherung AG die Qualität (Richtigkeit, Vollständigkeit, Sorgfalt), die Quantität (Tempo, Termintreue, Arbeitsmenge) und die Anwendung von Fachkenntnissen bewertet. Die Ebene des Arbeitsverhaltens umfasst Merkmale wie Selbstständigkeit, Zuverlässigkeit, Organisationsfähigkeit, Engagement, Initiative sowie Lernbe-

[110] Vgl. Fauler, 2008, S. 34.

reitschaft und den sorgsamen Umgang mit Arbeitsmitteln und Kundendaten. So kann etwa beurteilt werden, ob ein auszubildender Mensch seine Arbeit strukturiert, bei Unklarheiten rechtzeitig nachfragt oder eigenständig neue Tarifmerkmale erlernt. Auf der dritten Ebene stehen das Sozialverhalten und persönliche Kompetenzen im Mittelpunkt. Dazu gehören Teamfähigkeit, Kooperation mit Vorgesetzten und dem Kollegium, Kommunikations- und Konfliktfähigkeit, Kundenorientierung und Auftreten.

Um verlässliche und faire Beurteilungen zu ermöglichen, müssen zudem Doppelbewertungen vermieden werden. Eine Doppelbewertung liegt vor, wenn ein und derselbe Sachverhalt über mehrere verschiedene Merkmale gleichzeitig erfasst wird, zum Beispiel wenn Verhalten im Kundengespräch sowohl unter „Kundenorientierung" als auch unter „Kommunikationsfähigkeit" bewertet wird und dadurch überproportional ins Gewicht fällt. Dies wird vermieden, indem die Merkmale trennscharf definiert, konkrete Verhaltensanker zu jedem Merkmal formuliert und die Merkmalslisten vor Einführung des Systems sorgfältig geprüft werden.[111]

19.5.6.7 Beurteilungsskalen

Beurteilungsskalen legen fest, wie beobachtete Leistungen und Verhaltensweisen in eine vergleichbare, auswertbare Form gebracht werden. Sie bilden die Brücke zwischen qualitativen Beobachtungen und quantitativen Ergebnissen und sind damit entscheidend für Objektivität und Nachvollziehbarkeit von Beurteilungen.

In der Praxis werden verschiedene Skalentypen verwendet. Verbale Skalen beschreiben Leistungsstufen ausschließlich sprachlich, etwa durch Kategorien wie „sehr gut", „gut", „befriedigend", „ausreichend" oder „mangelhaft". Sie sind einfach verständlich und vielen Menschen aus dem schulischen Kontext vertraut, können jedoch ohne konkrete Verhaltensbeschreibungen zu unterschiedlichen Interpretationen führen. Numerische Skalen arbeiten mit Zahlen, etwa von 1 bis 5 oder 1 bis 10. Sie ermöglichen eine gute statistische Auswertung und erleichtern objektive Vergleiche, sagen aber ohne klare Zuordnung zu beobachtbarem Verhalten wenig aus.

Grafische Skalen verwenden visuelle Darstellungen wie Linien, Balken oder Symbole. Sie sind intuitiv und schnell erfassbar, bleiben jedoch unscharf, wenn Zwischenschritte nicht klar definiert sind. Mischformen, also kombinierte Skalen, verbinden zahlenmäßige Werte mit sprachlichen Beschreibungen jeder Stufe. Diese Formen gelten als Best Practice, weil sie sowohl Verständlichkeit als auch geringe Interpretationsspielräume verbinden.

Rangreihungsverfahren ordnen Personen in eine Reihenfolge, wobei nicht ein absoluter Leistungsstandard, sondern lediglich die relative Position innerhalb einer Gruppe erfasst wird. Diese Verfahren sind für faire Ausbildungseinschätzungen weniger ge-

111 Vgl. Fauler, 2008, S. 25–38.

eignet und werden bei der Proximus Versicherung AG bewusst nicht genutzt. Schließlich gibt es freie Beschreibungen, bei denen Leistungen in Textform dargestellt werden. Sie erlauben eine sehr differenzierte Würdigung, leiden aber unter mangelnder Vergleichbarkeit, hohem Aufwand und hoher Subjektivität.

Damit eine Skala in der Praxis funktioniert, müssen bestimmte Qualitätsanforderungen erfüllt sein. Jede Stufe der Skala muss eindeutig beschrieben sein, damit Beurteilende sie gleich verstehen. Bei der Dimension „Kommunikationsfähigkeit" sollte zum Beispiel klar sein, was unter einer Stufe „über den Anforderungen" verstanden wird. Die Skala muss zudem Vergleichbarkeit ermöglichen – sowohl zwischen verschiedenen Beurteilenden als auch über verschiedene Zeitpunkte hinweg – damit Entwicklungsgespräche, Auswertungen und Controlling sinnvoll möglich sind. Sie muss genügend Differenzierungsfähigkeit besitzen, um Leistungsunterschiede sichtbar zu machen, darf aber nicht zu viele Stufen umfassen, um handhabbar zu bleiben. Schließlich sollte die Skala anschlussfähig an Zeugnisformulierungen und Personalentwicklungsprozesse sein.

Bei der Proximus Versicherung AG wird ein Schulnotensystem verwendet, das numerische Werte von 1 bis 6 mit klaren verbalen Beschreibungen (Verhaltensankern) kombiniert. Für jedes Beurteilungsmerkmal existieren verhaltensverankerte Beschreibungen, die jede Notenstufe konkretisieren, etwa bei der Teamfähigkeit: Eine Note 1 erhält, wer aktiv den Austausch sucht und Kollegen unterstützt, während eine Note 4 vergeben wird, wenn sich jemand nur passiv an Teamprozessen beteiligt. Diese Verhaltensanker reduzieren Interpretationsspielräume und erhöhen die Trennschärfe der Skala.

Jeder Notenstufe ist zudem ein prozentualer Leistungswert nach dem IHK-Bewertungsschema zugeordnet, etwa 92–100 % für Note 1 und 81–91 % für Note 2. Dadurch wird die Vergleichbarkeit mit anderen Bewertungssystemen erleichtert und die Integration in Prüfungsleistungen und Zeugnisformulierungen unterstützt. Die Entwicklung und Konkretisierung der Skalenstufen erfolgt in Workshops mit den ausbildenden Abteilungen und Agenturen. Anhand der Beurteilungsmerkmale werden die Skalenstufen mit Praxisbeispielen aus den jeweiligen Bereichen beschrieben, sodass eine hohe Akzeptanz und ein gemeinsames Verständnis darüber entstehen, was etwa „gut" oder „ausreichend" in einer bestimmten Arbeitssituation bedeutet.[112]

Die Verwendung der 6-stufigen Schulnotenskala wird unter anderem mit einer hohen Akzeptanz begründet. Die Schulnotenskala wird sowohl von Beurteilenden als auch von Beurteilten besonders gut akzeptiert, da sie vertraut und intuitiv verständlich ist.[113] Zudem vergeben verschiedene Beurteilende bei denselben Sachverhalten bei

[112] Vgl. Fauler, 2008, S. 39–41.

[113] Vgl. Bernd Beyss, Einflussfaktoren der Akzeptanz bei der Implementierung neuer Personalbeurteilungssysteme und -prinzipien – Versuch einer Wirkungsanalyse, München, Mannheim, Forschungsstelle für Betriebswirtschaft und Sozialpraxis, 1982, S. 292.

Schulnotenskalen ähnliche Bewertungen, während bei anderen Skalenarten stärkere Streuungen auftreten. Ursache ist, dass praktisch alle Beteiligten jahrelange Erfahrung mit Schulnoten haben und damit ein gemeinsames mentales Modell besitzen, was eine „1", „3" oder „5" bedeutet. Durch die Kombination aus verbalen Verhaltensankern, numerischen Werten und den IHK-Prozentzuordnungen erfüllt die Skala die Gütekriterien von Objektivität, Transparenz, Differenzierungsfähigkeit und Anschlussfähigkeit in besonderem Maße.[114]

19.5.6.8 Beurteilungsmaßstab

Der Beurteilungsmaßstab legt fest, an welchen Kriterien und Vergleichsnormen die Leistungen der Auszubildenden gemessen werden. Er bildet das Fundament jeder fairen, objektiven und transparenten Beurteilung. Ohne einen klar definierten Maßstab besteht die Gefahr, dass dieselbe Leistung von verschiedenen Beurteilenden sehr unterschiedlich bewertet wird.

Ein nachvollziehbarer Maßstab sorgt dafür, dass Leistungen zwischen Auszubildenden und über verschiedene Beurteilungszeiträume hinweg vergleichbar werden. Es entsteht Transparenz, weil Auszubildende nachvollziehen können, warum sie welche Bewertung erhalten haben. Die Objektivität wird erhöht, da persönliche Sympathien, Stimmungen oder subjektive Einschätzungen weniger Einfluss auf das Ergebnis nehmen.

Grundsätzlich lassen sich drei Arten von Maßstäben unterscheiden: Beim individualbezogenen Maßstab wird die aktuelle Leistung einer Person mit ihrer eigenen früheren Leistung verglichen. Ziel ist es, Entwicklung und Lernfortschritt sichtbar zu machen. Dies kann motivierend sein, da Verbesserungen honoriert werden, erschwert jedoch Vergleiche zwischen verschiedenen Personen und birgt die Gefahr zu milder Bewertungen. Beim Gruppen- oder Sozialmaßstab wird die Leistung eines auszubildenden Menschen im Vergleich zu anderen derselben Gruppe beurteilt. Hier steht die relative Einordnung im Vordergrund. Das ermöglicht Rangfolgen und kann Wettbewerb fördern, gibt aber keine Auskunft über die absolute Leistungsqualität und kann zu Ungerechtigkeiten führen, wenn die Gruppe insgesamt überdurchschnittlich stark oder schwach ist. Beim anforderungsbezogenen Maßstab schließlich wird die Leistung anhand festgelegter Soll-Anforderungen für die jeweilige Ausbildungsphase oder das konkrete Aufgabenfeld bewertet. Ziel ist es, den Grad der Zielerreichung in Relation zu objektiven Anforderungen zu ermitteln. Dies setzt klare, messbare Anforderungsdefinitionen voraus, bietet aber eine hohe Objektivität und Orientierung an Lernzielen und beruflichen Anforderungen.[115]

---

114 Vgl. Fauler 2008, S. 51.

115 Vgl. Klaus-Peter Wild, Andreas Krapp, Pädagogisch-psychologische Diagnostik, In: Andreas Krapp, Bernd Weidenmann (Hrsg.): Pädagogische Psychologie, Weinheim, Basel, Beltz Verlag, 2006, S. 541–543.

Die Proximus Versicherung AG verwendet konsequent einen anforderungsbezogenen Maßstab. Die Beurteilung erfolgt nicht im Vergleich zu anderen Auszubildenden, sondern orientiert sich an klar definierten Anforderungen der jeweiligen Ausbildungsphase, an der Ausbildungsordnung und an konkreten Lernzielen (Feinlernzielen). Auf diese Weise soll eine transparente, faire und nachvollziehbare Leistungsbewertung sichergestellt werden, die sowohl Lernfortschritte als auch den Grad der Zielerreichung abbildet.

Damit der Maßstab in der Praxis anwendbar ist, werden die Anforderungen für jedes Beurteilungsmerkmal präzise beschrieben. Die Anforderungen werden zunächst aus den Ausbildungszielen abgeleitet, indem für jedes Merkmal – etwa Fachkompetenz, Kundenorientierung oder Zuverlässigkeit – festgelegt wird, welches Verhalten in der jeweiligen Ausbildungsphase erwartet wird. Jede Notenstufe von 1 bis 6 wird mit verhaltensbasierten Beschreibungen versehen, die zeigen, wann eine Anforderung übertroffen, erfüllt oder nicht erfüllt wird. Für das Merkmal „Kundenorientierung" könnte etwa definiert werden, dass Note 1 vergeben wird, wenn Kundenbedürfnisse selbstständig erkannt und proaktiv Lösungen angeboten werden, während Note 3 bei korrekter, aber wenig initiativer Reaktion auf Kundenanliegen vergeben wird und Note 5 bei fehlender oder unpassender Reaktion auf Kundenwünsche.

In Workshops mit den ausbildenden Abteilungen und Agenturen werden diese Anforderungen für die jeweilige Arbeitssituation konkretisiert. Dadurch entsteht ein gemeinsames Verständnis und es wird eine höhere Trennschärfe zwischen den einzelnen Skalenstufen erreicht. Zudem werden die Anforderungen mit den Ausbildungsphasen verknüpft, indem sie mit dem Ausbildungsfortschritt steigen.

Die Gütekriterien – Objektivität, Reliabilität und Validität – werden durch diese Ausgestaltung des Maßstabs gezielt unterstützt. Objektivität wird durch klare Beschreibungen, Schulungen der Beurteilenden und standardisierte Verfahren erreicht. Reliabilität, also Zuverlässigkeit, ergibt sich aus standardisierten Beurteilungsbögen, einheitlichen Maßstäben und wiederkehrenden Beurteilungszeitpunkten. Validität wird dadurch gesichert, dass tatsächlich die berufliche Leistung und nicht etwa Sympathie oder private Verhaltensweisen beurteilt werden, was durch die Anforderungsorientierung und präzise Merkmalsdefinitionen gewährleistet wird.

Insgesamt orientiert sich der Beurteilungsmaßstab bei der Proximus Versicherung AG konsequent an objektiven, anforderungsbezogenen Kriterien und stellt so sicher, dass Beurteilungen transparent, nachvollziehbar und vergleichbar sind, die Entwicklung der Auszubildenden objektiv abgebildet wird und die Ergebnisse sowohl für Zeugnisse als auch für Personalentscheidungen – etwa für Übernahmen – belastbar bleiben.[116]

[116] Vgl. Fauler, 2008, S. 40–41.

19.5.6.9 Beurteilungszeitpunkt und Beurteilungsrhythmus

Der Beurteilungszeitpunkt und der Beurteilungsrhythmus sind organisatorische Bestandteile des Beurteilungssystems. Sie legen fest, wann und in welchen Abständen die Leistungen der Auszubildenden bewertet werden. Nur durch eine planvolle zeitliche Struktur können Leistungsentwicklung, Förderung und objektive Vergleichbarkeit sichergestellt werden.

Eine Beurteilung entfaltet ihren vollen Nutzen erst, wenn sie regelmäßig, planvoll und in Bezug zu den jeweiligen Ausbildungsabschnitten erfolgt. Unkoordinierte oder zu seltene Bewertungen führen dazu, dass Entwicklungen nicht nachvollziehbar dokumentiert werden und Rückmeldungen an Wirksamkeit verlieren. Die zeitliche Struktur erfüllt mehrere Funktionen: Lern- und Leistungsfortschritte werden im Sinne einer Dokumentationsfunktion nachvollziehbar festgehalten und können mit späteren Beurteilungen verglichen werden. Regelmäßige Rückmeldungen wirken motivierend, fördern Lernbereitschaft und Selbstreflexion (Feedbackfunktion). Entwicklungsdefizite können frühzeitig erkannt und durch gezielte Fördermaßnahmen ausgeglichen werden (Steuerungsfunktion). Schließlich dienen die Ergebnisse als Grundlage für Entscheidungen über Eignung, Versetzungen oder Übernahme nach Ausbildungsende.

Bei der Proximus Versicherung AG ist der Beurteilungszeitpunkt eng mit der Struktur der Ausbildungseinsätze verknüpft. Jeder Einsatz in einem Fachbereich oder in einer Agentur ist einem Ausbildungsabschnitt zugeordnet, der klar definierte Lernziele verfolgt. Die Beurteilung erfolgt in standardisierter Form.

Es sind verschiedene Beurteilungszeitpunkte vorgesehen. Zunächst findet nach etwa drei bis vier Monaten eine Probezeitbeurteilung statt. Sie dient der Entscheidung über das Fortbestehen des Ausbildungsverhältnisses und bewertet insbesondere Eignung, Motivation, Lernverhalten, Arbeitsweise und Integration ins Team. Das Ergebnis wird in einem persönlichen Feedbackgespräch besprochen und dokumentiert.

Zur Hälfte der Einsatzzeit innerhalb eines Ausbildungsabschnittes erfolgt eine Zwischenbewertung. Sie gibt frühzeitige Rückmeldung über Stärken und Entwicklungsfelder und dient in erster Linie der Lernsteuerung. Auf dieser Grundlage können im verbleibenden Einsatzzeitraum gezielte Lern- und Fördermaßnahmen eingeleitet werden.

Am Ende jedes Ausbildungsabschnittes findet eine Regelbeurteilung statt. Diese bildet die umfassende Bewertung der Leistung und Kompetenzentwicklung der Auszubildenden, bezogen auf die für diesen Abschnitt festgelegten Lern- und Arbeitsziele. Die Regelbeurteilung fließt in die Gesamtbewertung der Ausbildung ein, dient als Grundlage für Entwicklungsgespräche und weitere Einsatzentscheidungen und ermöglicht in Fachbereichen mit wiederholten Einsätzen den Vergleich unterschiedlicher Durchläufe zur Darstellung des individuellen Lernfortschritts.

Daneben gibt es anlassbezogene Beurteilungen. Sie werden zusätzlich zu den Regelterminen erstellt, wenn besondere Ereignisse eine Einschätzung der Leistung erforderlich machen. Hierzu zählen insbesondere ein Wechsel des Ausbilders, längere Fehlzeiten durch Krankheit oder Berufsschulblock, besondere Leistungen oder Defizite, Projektteilnahmen oder Sonderaufgaben sowie die Vorbereitung auf Übernahmeentscheidungen am Ende der Ausbildung. Anlassbezogene Beurteilungen sind wichtig, um zeitnah auf Leistungsentwicklungen reagieren zu können und dienen als Ergänzung zu den Regelbeurteilungen. Sie ersetzen keine Abschlussbeurteilung, sondern fließen in die Gesamtbetrachtung mit ein. Unmittelbar vor der Entscheidung über eine mögliche Übernahme erfolgt eine besondere anlassbezogene Beurteilung des Einsatzbereichs, in dem der auszubildende Mensch zum Zeitpunkt des Ausbildungsendes tätig ist. Sie spiegelt den aktuellen Leistungsstand wider und wird gemeinsam mit den vorherigen Regelbeurteilungen als Grundlage für die Übernahmeentscheidung und die Erstellung des Ausbildungszeugnisses gemäß § 16 BBiG herangezogen.[117]

Der Beurteilungsrhythmus bei der Proximus Versicherung AG richtet sich nach der Dauer der Ausbildungseinsätze in den jeweiligen Abteilungen oder Bereichen. Da diese in der Regel zwischen drei und sechs Monaten liegen, ergibt sich ein regelmäßiger Turnus aus Zwischenbewertung und Regelbeurteilung pro Einsatzabschnitt. Dieser Rhythmus sorgt für Kontinuität in der Leistungsdokumentation, stellt sicher, dass keine Lücken entstehen, und orientiert sich gleichzeitig an realen Arbeitszusammenhängen, nicht an starren Kalenderzeiträumen.

Die Ausbildungsleitung achtet darauf, dass der Beurteilungszyklus in allen Abteilungen einheitlich eingehalten wird.[118]

19.5.6.10 Beurteilungsfehler und Qualitätssicherung

In der Praxis treten häufig typische Beurteilungsfehler auf, die Urteile verzerren können. Im Beurteilungssystem der Proximus Versicherung AG werden diese ausdrücklich berücksichtigt und durch gezielte Maßnahmen minimiert.

Zu den typischen Beurteilungsfehlern gehören der Sympathie- beziehungsweise Antipathiefehler, bei dem persönliche Sympathie oder Antipathie das Urteil beeinflusst, sowie der Halo- beziehungsweise Hofeffekt, bei dem ein besonders auffälliges Merkmal – etwa eine sehr gute Präsentationsfähigkeit – andere Schwächen, beispielsweise in der Genauigkeit, überstrahlt. Mildefehler beschreiben die Tendenz, zu wohlwollend zu beurteilen, etwa um Konflikte zu vermeiden. Das Gegenstück dazu ist der Strengefehler, bei dem Beurteilungen übermäßig kritisch ausfallen. Häufig ist auch die Tendenz zur Mitte, bei der extreme Urteile vermieden werden und sich Bewertungen im mittleren Bereich häufen. Ein weiterer Fehler ist der Hierarchieeffekt, bei dem Aus-

117 Vgl. Ruschel, 2008, S. 134–135.
118 Vgl. Fauler, 2008, S. 41–42.

zubildende, die Kontakt zu höheren Hierarchieebenen haben, besser beurteilt werden. Der Kontrasteffekt tritt auf, wenn vorangegangene Bewertungen das aktuelle Urteil beeinflussen, etwa wenn ein auszubildender Mensch direkt nach einem anderen, sehr leistungsstarken auszubildenden Menschen beurteilt wird und das Urteil dadurch strenger ausfällt, als es objektiv gerechtfertigt wäre. Ähnliches kann passieren, wenn mehrere Auszubildende gleichzeitig in einem Bereich eingesetzt sind und dieselbe Leistung in einer Gruppe besonders leistungsstarker Auszubildenden schlechter bewertet wird als in einer eher leistungsschwachen Gruppe. Daneben gibt es den Projektionsfehler, bei dem Beurteilende eigene Wertvorstellungen auf den auszubildenden Menschen übertragen. Beim Neuheitseffekt werden Ereignisse kurz vor der Beurteilung überbewertet. Beim Selbstbezug bewerten Beurteilende auszubildende Menschen, die ihnen selbst ähnlich sind, besser. Der sogenannte Nikolaus-Effekt beschreibt das Phänomen, dass sich zu beurteilende Personen kurz vor dem Beurteilungszeitpunkt besonders anstrengen und dieses kurzfristige Verhalten überproportional in das Urteil eingeht. Schließlich können auch die momentane Stimmungslage des beurteilenden Menschen sowie der Klebe-Effekt, bei dem frühere Beurteilungen langfristig nachwirken und spätere Bewertungen prägen, zu Verzerrungen führen.[119]

Um diese Verzerrungen zu reduzieren, setzt die Proximus Versicherung AG auf mehrstufige Qualitätssicherungsmaßnahmen. Zunächst gibt es eine tägliche Beobachtungsdokumentation: Jeder ausbildende Mensch erfasst täglich – spätestens am Folgetag – seine Beobachtungen und Wahrnehmungen zu allen ihm zugewiesenen Auszubildenden und zu jedem Beurteilungsmerkmal im Tool. Das System erinnert die ausbildenden Menschen automatisch daran; werden keine Eintragungen vorgenommen, wird die Ausbildungsleitung informiert.

Darüber hinaus finden regelmäßige Schulungen der Beurteilenden statt, in denen Grundlagen der Beurteilungspsychologie, der Feedbackmethodik und der Bewertungslogik vermittelt werden. Reale Fallbeispiele werden besprochen, um für typische Beurteilungsfehler zu sensibilisieren.

Eine zentrale Rolle spielen die Beurteilerkonferenzen, die monatlich als Austauschformat aller Beurteilenden und der Ausbildungsleitung stattfinden. Hier werden die Beobachtungen eines Beurteilenden zu einem Auszubildenden vorgestellt, anschließend nimmt jedes Mitglied der Konferenz eine Skaleneinstufung vor. Diese Einstufungen werden im nächsten Schritt offengelegt und argumentativ begründet. In einem Prozess argumentativer Urteilsermittlung nähern sich die Beurteilungsmaßstäbe der verschiedenen Ausbildungsbeauftragten an, was die Einheitlichkeit erhöht.

[119] Vgl. Uwe Peter Kanning, Jan Henning Möller, Nikolay Kolev, Jens Pöttker, Systematische Leistungsbeurteilung, Stuttgart, Schaeffer-Poeschel Verlag, 2013, S. 5–8; Heinz Knebel, Taschenbuch für Personalbeurteilung, Heidelberg, I. H. Sauer-Verlag, 1992, S. 55 ff.; Lippold, 2014, S. 237–240.

Weitere Maßnahmen sind rotierende Teilnahmen an Beurteilungen in anderen Betriebsstätten, um ein breiteres Verständnis der Bewertungspraxis und eine standortübergreifende Harmonisierung der Maßstäbe zu erzielen. Benchmarking und Abteilungsvergleiche werden durchgeführt, in denen Notenverteilungen nach Abteilungen und Jahrgängen statistisch ausgewertet und auffällige Abweichungen von Normalverteilungen überprüft werden. Die Beurteilungsstatistik nach Beurteilenden wird anonymisiert zur Verfügung gestellt, um die Selbstreflexion zu fördern.

Zudem gibt es kollegiale Beratungsformate, in denen schwierige Beurteilungsgespräche reflektiert oder heikle Situationen vorbereitet werden. In Einzelfällen wird Feedback des Kollegiums eingebunden, indem Menschen aus dem Kollegium, die regelmäßig mit einem auszubildenden Menschen zusammenarbeiten, ergänzende Einschätzungen abgeben, um die Objektivität zu erhöhen und Einzelperspektiven zu relativieren.

Schließlich unterstützt eine digitale Konsistenzprüfung im Tool die Beurteilenden. Das System prüft zum Beispiel, ob keine Gesamtbewertung besser ausfällt als die beste Einzelbewertung der Merkmale, und gibt Plausibilitätswarnungen, wenn formale Logik verletzt wird.

19.5.6.11 Aufbau und Ablauf des Beurteilungssystems bei der Proximus Versicherung AG

Die Beurteilung bei der Proximus Versicherung AG erfolgt mithilfe des standardisierten, digitalen Beurteilungstools.

Der Beurteilungsprozess folgt einem klar definierten, standardisierten Ablauf. Zunächst werden Beurteilungstermine vorbereitet. Das digitale Tool informiert die jeweiligen ausbildenden Mensch automatisiert über anstehende Beurteilungen. Gleichzeitig wird der auszubildende Mensch frühzeitig über Zeitpunkt und Ablauf des Beurteilungsgesprächs informiert. Eine KI fasst alle im Tool hinterlegten Beobachtungen und Wahrnehmungen des Beurteilenden zusammen und erstellt einen Bewertungsvorschlag. Der oder die Beurteilende sichtet diese Zusammenfassung sorgfältig, prüft, ob sie der eigenen Gesamtwahrnehmung entspricht und ob der vorgeschlagene Notenwert angemessen ist. Kommt es zu Abweichungen zwischen der Auffassung des Beurteilenden und dem Vorschlag der KI, wird dies im Rahmen der Beurteilerkonferenz diskutiert. Letztlich überstimmt der beurteilende Mensch den Vorschlag der KI; die Verantwortung für die Beurteilung verbleibt eindeutig bei der menschlichen Fachkraft.

Vor dem eigentlichen Gespräch füllt der auszubildende Mensch eine Selbstbeurteilung aus, um die eigene Wahrnehmung der Leistung und Entwicklung zu dokumentieren. Diese Selbstreflexion dient als Grundlage für den Abgleich von Selbst- und Fremdbild im späteren Gespräch.

Die Beurteilung durch die ausbildenden Menschen erfolgt im Rahmen der monatlich stattfindenden Beurteilerkonferenz. Neben der Einzelbewertung jeder Merkmalsdimension wird eine Gesamtbewertung mit einem zusammenfassenden Kommentar vergeben.

Im anschließenden Beurteilungsgespräch werden Abweichungen zwischen Selbst- und Fremdeinschätzung systematisch besprochen. Der ausbildende Mensch gibt konstruktives, zukunftsorientiertes Feedback, und gemeinsam mit dem auszubildenden Mensch werden Entwicklungsfelder und konkrete Maßnahmen festgelegt.

Nach Abschluss des Gesprächs wird die Beurteilung digital bestätigt und automatisch an die Ausbildungsleitung übermittelt. Diese hat jederzeit Zugriff auf den vollständigen Beurteilungsverlauf aller Auszubildenden und kann auf dieser Grundlage Entscheidungen treffen und Entwicklungen nachverfolgen.

19.5.6.12 Controlling des Beurteilungssystems

Ein wirksames Controlling des Beurteilungssystems stellt sicher, dass dieses dauerhaft seinen Zweck erfüllt. Es dient nicht der Kontrolle einzelner Personen, sondern der Qualitätssicherung des gesamten Prozesses der Leistungsbeurteilung im Rahmen der Berufsausbildung und bildet die Grundlage für eine kontinuierliche Verbesserung des Systems. Das Controlling verfolgt mehrere Ziele. Es soll sicherstellen, dass das System den Gütekriterien von Objektivität, Reliabilität und Validität entspricht und die definierten Merkmale sachgerecht misst. Es soll Transparenz fördern, indem Beurteilende und Beurteilte nachvollziehen können, wie Bewertungen zustande kommen. Durch ein regelmäßiges Controlling können Schwächen früh erkannt und behoben werden, was die Akzeptanz des Systems und das Vertrauen in seine Ergebnisse erhöht. Außerdem dient das Controlling der Anpassungsfähigkeit, indem es die Weiterentwicklung des Systems im Hinblick auf betriebliche Veränderungen, neue Ausbildungsordnungen oder pädagogische Erkenntnisse ermöglicht.

Verantwortlich für das Controlling ist die zentrale Ausbildungsabteilung, die eng mit den Ausbildungsleitungen und dem Betriebsrat zusammenarbeitet. Der Betriebsrat wird regelmäßig über Ergebnisse und geplante Anpassungen informiert. Ausbildungsleitende sammeln Rückmeldungen aus den Fachbereichen und werten die Praxisanwendung aus; ausbildende Fachkräfte geben Feedback zur Verständlichkeit, Praktikabilität und Handhabbarkeit der Instrumente; Auszubildende liefern Rückmeldungen zur erlebten Transparenz und Fairness. Die Ergebnisse werden zentral erfasst, aber dezentral, etwa in Workshops oder Jahresrückblicken mit beteiligten Abteilungen und Agenturen, diskutiert.

Zur systematischen Durchführung des Controllings werden verschiedene Instrumente eingesetzt. Statistische Auswertungen der Beurteilungsdaten ermöglichen den Vergleich der Ergebnisse zwischen Abteilungen, Jahrgängen und Beurteilenden. Auffälligkeiten, etwa besonders strenge oder milde Beurteilungen oder signifikante Unterschiede zwischen Bereichen, können so identifiziert und weiter untersucht werden. Trends wie Verbesserungen in bestimmten Kompetenzbereichen werden sichtbar.

In Feedbackgesprächen und Workshops mit Beurteilenden und Auszubildenden werden Anwendbarkeit und Verständlichkeit des Systems reflektiert und der Nutzen der Beurteilungen für Lernprozesse diskutiert. Plausibilitäts- und Stichprobenkontrollen durch die zentrale Ausbildungsabteilung dienen dazu, die Qualität der Begründungen und die Nachvollziehbarkeit der Bewertungen zu prüfen; Unstimmigkeiten werden vertraulich besprochen und gegebenenfalls durch Nachschulungen der Beurteilenden behoben.

Mindestens einmal jährlich findet eine strukturierte Evaluation des gesamten Beurteilungssystems statt. Dabei werden mögliche Änderungen in Ausbildungsinhalten, Beurteilungsmerkmalen oder Skalen diskutiert und abgestimmt. Online-Feedbacktools und Befragungen ermöglichen es, dass Auszubildende und ausbildende Menschen anonym Rückmeldungen zum Beurteilungsprozess geben. Diese Rückmeldungen werden systematisch ausgewertet und fließen in die Weiterentwicklung des Systems ein.

Zur objektiven Beurteilung des Beurteilungssystems werden spezifische Kennzahlen herangezogen. Dazu zählen durchschnittliche Beurteilungsnoten pro Kompetenzbereich, Abweichungsquoten zwischen Beurteilenden, das Verhältnis positiver zu kritischen Beurteilungen, die Übereinstimmung zwischen Beurteilungsergebnissen und Prüfungsergebnissen, die Übernahmequote sowie Ergebnisse von Zufriedenheitsbefragungen. Diese Kennzahlen geben Aufschluss über Konsistenz, Fairness und Prognosequalität des Systems.

Zeigen die Controlling-Ergebnisse signifikante Abweichungen oder wiederkehrende Probleme – etwa Beurteilungstendenzen oder geringe Trennschärfe bestimmter Merkmale –, werden Maßnahmen ergriffen. Dazu gehören Nachschulungen der Beurteilenden, Überarbeitungen der Beurteilungsmerkmale oder deren Definitionen, Anpassungen von Bewertungsformularen oder des digitalen Tools sowie ergänzende Feedbackgespräche mit betroffenen Fachbereichen. Ziel ist nicht die Sanktionierung einzelner Personen, sondern die kontinuierliche Verbesserung der Qualität des Beurteilungssystems und der Ausbildung insgesamt.[120]

19.5.6.13 Konfliktregelung im Beurteilungsprozess

Trotz aller Maßnahmen zur Standardisierung und Qualitätssicherung kann es zu Meinungsverschiedenheiten über Beurteilungen kommen. Für solche Fälle ist bei der Proximus Versicherung AG ein klar strukturiertes Konfliktregelungsverfahren vorgesehen.

[120] Vgl. Fauler, 2008, S. 60–61.

Der auszubildende Mensch kann innerhalb von zwei Wochen nach Erhalt der Beurteilung eine Überprüfung beantragen. Dieser Antrag wird an die Ausbildungsleitung gerichtet, die gemeinsam mit dem beurteilenden Menschen und dem Betriebsrat eine Überprüfung vornimmt.

Zur Vorbereitung dieser Überprüfung fordert die Ausbildungsleitung schriftliche Stellungnahmen sowohl vom ausbildenden Menschen als auch vom auszubildenden Menschen an, in denen die jeweilige Bewertung aus ihrer Sicht begründet wird. Auf dieser Basis findet ein gemeinsames Gespräch statt.

Kommt in diesem Gespräch keine Einigung zustande, entscheidet die Ausbildungsleitung gemeinsam mit einem Betriebsratsmitglied und einem ausbildenden Menschen aus einem anderen Bereich mehrheitlich über die Bewertung. Jede Änderung oder Bestätigung der Beurteilung wird im Tool dokumentiert.

Ziel des Verfahrens ist es, Konflikte transparent, fair und zügig zu lösen und dabei Eskalationen oder Demotivation zu vermeiden.[121]

19.5.7 Förderung

Die Proximus Versicherung AG versteht Förderung als umfassende, systematische Unterstützung aller Auszubildenden mit dem Ziel, ihren erfolgreichen Ausbildungsabschluss zu sichern, ihre persönliche und fachliche Entwicklung zu unterstützen und besondere Talente frühzeitig zu erkennen und zu binden. Förderung umfasst dabei individuelle und kollektive Unterstützungsmaßnahmen, den strukturierten Umgang mit Leistungsschwierigkeiten und Abbruchsrisiken, ein gezieltes Talentmanagement sowie die Möglichkeit von Auslandsaufenthalten im Rahmen der Ausbildung.

19.5.7.1 Grundprinzipien der Förderung

Nicht jeder auszubildende Mensch bringt dieselben Lernvoraussetzungen mit. Unterschiedliche schulische Vorbildung, persönliche Lebensumstände oder Lernstile können dazu führen, dass Auszubildende zeitweise Unterstützung brauchen. Die Proximus Versicherung AG versteht individuelle Förderung als gezielte Begleitung, um allen Auszubildenden den erfolgreichen Abschluss der Ausbildung zu ermöglichen und ihre persönliche Entwicklung zu unterstützen. Dabei gelten folgende Grundprinzipien:

1. **Frühzeitigkeit:** Lern- und Leistungsprobleme werden so früh wie möglich erkannt, zum Beispiel über Feedbackgespräche, Rückmeldungen aus Fachabteilungen oder Ergebnisse aus der Berufsschule.
2. **Individualisierung:** Maßnahmen werden immer an der konkreten Situation des auszubildenden Menschen ausgerichtet.

[121] Vgl. Fauler, 2008, S. 58.

3. **Ressourcenorientierung:** Stärken werden genutzt, um Defizite auszugleichen.
4. **Transparenz**: Die Auszubildenden werden offen in die Planung der Unterstützung einbezogen.
5. **Abgestufte Verantwortung**: Fachkräfte erkennen Schwierigkeiten, ausbildende Menschen steuern Maßnahmen, die Ausbildungsleitung koordiniert und entscheidet über aufwändigere Schritte.

Die pädagogische Verantwortung hat dabei klare Grenzen: Sie endet dort, wo psychische Erkrankungen oder tiefergehende persönliche Probleme betroffen sind (zum Beispiel Depressionen, Traumata). In diesen Fällen unterstützt die Proximus Versicherung AG, indem der Kontakt zu professionellen Hilfsangeboten wie dem betriebsärztlichen Dienst, externer psychologischer Beratung oder dem Hausarzt vermittelt wird.

19.5.7.2 Individuelle Fördermaßnahmen

Die individuellen Fördermaßnahmen bei der Proximus Versicherung AG folgen einem Baukastensystem, das je nach Bedarf und Situation des auszubildenden Menschen kombiniert wird. Sie dienen dazu, fachliche Lücken zu schließen, Lernprozesse zu strukturieren, persönliche Kompetenzen zu stärken und Auszubildende in belastenden Phasen stabil zu begleiten. Instrumente der individuellen Förderung bei der Proximus Versicherung AG sind:

- **Zusatzunterweisungen und Nachhilfe:** Bei fachlichen Lücken, zum Beispiel Schwierigkeiten beim Verständnis von Versicherungsprodukten, werden zusätzliche Unterweisungen im Betrieb angeboten. Diese können Einzelgespräche, Wiederholungseinheiten oder die Begleitung bei praktischen Arbeitsschritten umfassen.

  ■ BEISPIEL: Andrea hat Probleme, Deckungsbausteine der Wohngebäudeversicherung zu unterscheiden. Der Ausbildungsbeauftragte organisiert eine Zusatzunterweisung mit Musterfällen. ■

- **Mentoring:** Jeder auszubildende Mensch kann bei Bedarf einen Mentor bekommen. Mentoren sind erfahrene Mitarbeitende, die als Ansprechpartner für alle Fragen außerhalb der direkten Facharbeit fungieren, zum Beispiel zur Organisation des Lernens, zum Umgang mit Prüfungsangst oder zur Eingewöhnung im Betrieb. Mentoring ist langfristig und vertrauensbasiert.

  ■ BEISPIEL: Nach dem Wechsel in eine neue Abteilung wird Andrea unsicher und sucht Orientierung. Der Mentor bespricht die neue Arbeitsumgebung und hilft, Prioritäten zu setzen. ■

- **Coaching:** Coaching unterscheidet sich vom Mentoring. Es ist stärker ziel- und lösungsorientiert, zeitlich begrenzt und wird meist von besonders qualifizierten ausbildenden Menschen oder externen Coaches durchgeführt.[122] Themen sind zum Beispiel Kommunikation, selbstständiges Arbeiten oder Prüfungsvorbereitung. Coaching arbeitet strukturiert an konkreten Lern- oder Leistungsproblemen und kann auch methodische Hilfe zur Prüfungsvorbereitung geben.

■ BEISPIEL: Vor der GAP 1 absolviert Andrea ein kurzes Coaching zur Prüfungstechnik und Stressbewältigung. ■

- **Individuelle Lernpläne:** Wenn Schwierigkeiten wiederholt auftreten, wird ein strukturierter Lernplan entwickelt. Er definiert klare Lernziele, Meilensteine und regelmäßige Erfolgskontrollen.

  ■ BEISPIEL: Nach mehreren schwächeren Berufsschulnoten in Mathematik erhält Andrea einen Plan mit wöchentlichen Lernzielen und internen Übungseinheiten. ■

- **Interne und externe Seminare:** Die Proximus Versicherung AG kann spezielle Seminare anbieten oder externe Angebote, beispielsweise des BWV Regional oder der DVA, nutzen, um gezielt Defizite aufzuarbeiten.

  ■ BEISPIEL: Teilnahme an einem Intensivkurs zur Gewerbeversicherung, um das Verständnis für die Wahlqualifikation zu vertiefen. ■

- **Prüfungsvorbereitung:** Neben regelmäßigen internen Übungsklausuren können externe Vorbereitungskurse, zum Beispiel beim BWV-Regional, besucht werden. Darüber hinaus werden – wie im Rahmen der kollektiven Unterstützungsmaßnahmen beschrieben – interne Intensivtage und simulationsgestützte Vorbereitung auf mündliche Prüfungen angeboten.

19.5.7.3 Kollektive Unterstützungsmaßnahmen

Neben individueller Förderung setzt die Proximus Versicherung AG bewusst auf kollektive Unterstützungsangebote, um den Lernprozess der Auszubildenden gemeinschaftlich zu stärken, den Zusammenhalt zu fördern und die Ausbildung als soziale Erfahrung zu gestalten. Diese Maßnahmen richten sich an alle Auszubildenden oder bestimmte Gruppen, zum Beispiel Ausbildungsjahrgänge, und sind fest im Ausbildungskonzept verankert:

- **Lern- und Prüfungsvorbereitung in Gruppen**

  Azubi-Lerngruppen: Die Proximus Versicherung AG fördert selbstorganisierte Lerngruppen, die sich regelmäßig treffen, um Berufsschulinhalte nachzuarbeiten, Prüfungsthemen zu wiederholen oder Fachfragen zu klären. Räume, digitale Lernplattformen und Materialien werden bereitgestellt.

---

[122] Vgl. Dehnbostel, 2010, S. 105.

■ BEISPIEL: Andrea trifft sich wöchentlich mit anderen auszubildenden Menschen des Ausbildungsjahrgangs, um Inhalte der Gewerbeversicherung gemeinsam zu besprechen. ■

Gemeinsame Prüfungsvorbereitungskurse: Vor der schriftlichen gestreckten Abschlussprüfung Teil 1 (GAP 1) und Teil 2 (GAP 2) organisiert die Proximus Versicherung AG interne Intensivtage mit Fachtrainierenden. Hier werden Prüfungsaufgaben durchgearbeitet, praxisnahe Fälle besprochen und Techniken zur Stressbewältigung vermittelt. Zusätzlich gibt es Vorbereitungsseminare und Workshops zu den mündlichen Prüfungen (Kundengespräch und Fallbezogenes Fachgespräch) sowie zwei vollständige Simulationen der mündlichen IHK-Prüfungen. Die Proximus Versicherung AG unterstützt darüber hinaus die Teilnahme an externen Vorbereitungskursen finanziell.

- **Ausbildungsübergreifende Projekte**

  Azubi-Projekte: Alle Auszubildenden arbeiten regelmäßig in Projekten, die reale Unternehmensaufgaben behandeln, zum Beispiel die Planung eines Social-Media-Beitrags zum Ausbildungsstart, die Organisation des Azubi-Bewerbertags oder die Konzeption einer Kundschaftsveranstaltung. Ziel ist es, Selbstständigkeit, Teamarbeit, Projektmanagement und Verantwortungsübernahme zu fördern.

  ■ BEISPIEL: Andrea arbeitet in einem Azubi-Team daran, eine Info-Kampagne zum Thema „Nachhaltigkeit in der Versicherungswirtschaft" für Social Media zu entwickeln. ■

  Azubi-Tage und Netzwerktreffen: Die Proximus Versicherung AG veranstaltet mehrmals im Jahr standortübergreifende Treffen aller auszubildenden Menschen. Hier gibt es Workshops zu Soft Skills, Austausch mit erfahrenen Fachkräften, Kennenlernen anderer Bereiche sowie Networking untereinander.

- **Gemeinschaftsfördernde Events**

  Kennenlernfahrt: Bereits kurz nach Ausbildungsstart findet eine mehrtägige Kennenlernfahrt statt. Sie dient der Teambildung, vermittelt die Unternehmenskultur und stärkt die emotionale Bindung an die Proximus Versicherung AG.

  Regelmäßige Gemeinschaftsveranstaltungen: Grillfeste, Weihnachtsfeiern, Sportevents und Ausflüge sorgen dafür, dass sich Auszubildende in die Belegschaft integrieren, auch abseits der täglichen Arbeit Kontakte knüpfen und motiviert bleiben.

- **Strukturelle Rahmenbedingungen**

  Azubi-Sprecher und Jahrgangsvertretung: Jede Ausbildungsgruppe wählt Vertreter, die zwischen Azubis und Ausbildungsleitung vermitteln, Anregungen sammeln und Themen der Gruppe in das Ausbildungsmanagement tragen. Diese Funktion besteht zusätzlich zur Jugend- und Auszubildendenvertretung (JAV), um eine noch engere Kommunikation zwischen den Ausbildungsjahrgängen und der Ausbildungsleitung zu ermöglichen.

Azubi-Kommunikationsplattform: Über digitale Tools, zum Beispiel MS Teams, wird ein Austausch ermöglicht. Lernmaterialien, Protokolle von Treffen und Informationen der Ausbildungsleitung werden dort gebündelt.

Starke kollektive Unterstützungsmaßnahmen tragen zugleich zur Abbruchprävention bei, da sie Bindung, Motivation und Identifikation mit dem Unternehmen stärken.

19.5.7.4 Umgang mit Leistungsschwierigkeiten und Abbruchsrisiken

Im Verlauf der Ausbildung können Leistungsschwierigkeiten oder sogar der Gedanke an einen Ausbildungsabbruch auftreten. Die Proximus Versicherung AG verfolgt hier einen präventiven und strukturierten Ansatz, um frühzeitig gegenzusteuern, Auszubildende zu stabilisieren und unnötige Vertragslösungen zu vermeiden. Der Ansatz kombiniert systematische Beobachtung, individuelle Förderung, psychologische Sensibilität und klare Prozesse.

Früherkennung und Beobachtung

- **Regelmäßige Lernstands- und Feedbackgespräche:** Wöchentliche Kurz-Feedbacks sowie strukturierte Reflexionsgespräche nach jedem Abteilungseinsatz machen Lernfortschritte transparent und ermöglichen es, Schwierigkeiten früh zu erkennen.
- **Berufsschulmonitoring:** Über ein digitales Tool tragen Auszubildende eigenständig ihre Noten aus Klassenarbeiten und Tests ein. Bei zwei Noten schlechter als 3 erfolgt ein verpflichtendes Lernfördergespräch mit der Ausbildungsleitung; gleichzeitig wird bei Leistungseinbrüchen eine verstärkte fachliche Unterstützung geplant.
- **Beobachtung von Soft Skills und Verhalten:** Neben fachlicher Leistung werden Arbeitshaltung, Sozialverhalten und Belastbarkeit erfasst. So können Probleme wie Motivationsverlust, Rückzug oder Konflikte im Team erkannt werden.

Stufenmodell der Intervention

1. Analyse und Erstgespräch
   - Gemeinsame Besprechung zwischen ausbildendem Mensch, Ausbildungsleitung und auszubildendem Mensch.
   - Klärung der Ursachen: Lernschwierigkeiten, private Belastungen, fachliche Überforderung, Motivationsthemen.[123]

[123] Vgl. Bert Küppers, Dieter Leuthold, Helmut Pütz, Handbuch Berufliche Aus- und Weiterbildung – Leitfaden für Betriebe, Schulen, Ausbildungsstätten und Hochschulen, München, Verlag Franz Vahlen, 2001, S. 288–292.

- Erstellung eines individuellen Förderplans, zum Beispiel zusätzliche Unterweisungen, Lernpaten, Lernmaterialien, interne Fach-Coachings.

2. Gezielte Förderung
   - Individuelle Nachschulungen: Wiederholung relevanter Inhalte im 1:1-Setting.
   - Mentoring: Unterstützung durch erfahrene Mitarbeitende, die als persönliche Ansprechpartner fungieren.

Coaching: Strukturiertes Arbeiten an Lern- oder Selbstorganisationsproblemen mit ausgebildeten internen Coaches.

3. Intensivierte Begleitung und Einbindung externer Stellen
   - Bei komplexen Problemen, zum Beispiel psychische Belastungen oder länger anhaltende Überforderung, kann eine Einbindung externer Stellen wie psychologischer Beratung oder Sozialpädagogen empfohlen werden.
   - Die Ausbildungsleitung klärt gemeinsam mit dem auszubildenden Mensch und gegebenenfalls den Eltern (bei Minderjährigen), welche Unterstützung sinnvoll ist.
4. Formale Eskalation, falls erforderlich
   - Wenn trotz intensiver Unterstützung keine Verbesserung eintritt, werden konkrete Zielvereinbarungen mit klaren Fristen und Rückmeldeterminen getroffen.

     ■ BEISPIEL für eine Zielvereinbarung: „Andrea verpflichtet sich, in den nächsten sechs Wochen an allen Berufsschultagen pünktlich teilzunehmen, die Hausaufgaben vollständig zu erledigen und mindestens einmal wöchentlich aktiv ihre Fachfragen mit dem ausbildenden Menschen zu besprechen. Es wird vereinbart, dass nach drei und sechs Wochen ein Feedbackgespräch stattfindet. Bleiben die Leistungen in den nächsten beiden Klassenarbeiten unter Note 3, wird geprüft, ob weitere Maßnahmen erforderlich sind.“ ■
   - Wenn private Umstände, zum Beispiel Pflege von Angehörigen, eigene gesundheitliche Probleme oder familiäre Belastungen, den Ausbildungserfolg beeinträchtigen, kann die Umstellung auf eine Teilzeitausbildung oder eine Verlängerung der Ausbildungszeit eine Option sein. Dies wird in Abstimmung mit der IHK geprüft und gegebenenfalls formal beantragt.
   - Erst wenn auch diese Maßnahmen erfolglos bleiben und sich die Ausbildung nachhaltig gefährdet zeigt, werden arbeitsrechtliche Schritte geprüft. Diese sind jedoch nur möglich, wenn ein wichtiger Grund im Sinne des § 22 BBiG vorliegt. Dieser könnte beispielsweise in der Verletzung der Lernpflicht oder dem Nichtbefolgen von Weisungen liegen.

Abbruchprävention als strategischer Bestandteil

Abbruchprävention ist bei der Proximus Versicherung AG strategisch verankert. Sie beruht insbesondere auf:

- Starken Bindungsmaßnahmen, die das Risiko von Abbrüchen erheblich reduzieren.
- Transparenz und Kommunikation: Schwierigkeiten werden nicht tabuisiert, sondern offen angesprochen. Auszubildende wissen, dass Probleme Teil eines Lernprozesses sein können und sie Unterstützung erhalten.
- Klarer Ansprechpersonenkreis: Ausbildender Mensch, Ausbildungsleitung und gegebenenfalls Mentoren sind klar definiert.

19.5.7.5 Förderung besonderer Talente

Neben der Unterstützung bei Leistungsschwierigkeiten ist es für die Proximus Versicherung AG ebenso wichtig, besonders leistungsstarke und motivierte Auszubildende gezielt zu fördern. Dieses Talentmanagement verfolgt zwei Hauptziele:

1. Bindung von High Potentials an das Unternehmen, um sie frühzeitig für spätere Fach- und Führungsaufgaben zu gewinnen.
2. Individuelle Weiterentwicklung über die regulären Ausbildungsinhalte hinaus.

Die individuelle Identifikation von Talenten erfolgt kontinuierlich über den gesamten Ausbildungsverlauf anhand klar definierter Kriterien. Grundlage sind die regelmäßigen Feedbackgespräche und Beurteilungen. Dabei wird unter anderem auf folgende Indikatoren geachtet:

- konstant überdurchschnittliche Beurteilungen in den Fach- und Verhaltensdimensionen,
- schnelles Erfassen und Umsetzen von neuen Inhalten,
- besondere Eigeninitiative, zum Beispiel Vorschläge zur Prozessverbesserung oder Übernahme zusätzlicher Aufgaben,
- positive Rückmeldungen von Fachabteilungen beziehungsweise Kunden.

Die Ausbildungsleitung wertet diese Indikatoren gemeinsam mit den ausbildenden Menschen regelmäßig aus und erstellt eine Empfehlung, ob eine gezielte Talentförderung angezeigt ist. Um besondere Talente individuell zu fördern, setzt die Proximus Versicherung AG auf ein breites Instrumentarium, das flexibel kombiniert werden kann:

- **Spezialprojekte:** Leistungsstarke Auszubildende übernehmen verantwortungsvolle Aufgaben in bereichsübergreifenden Projekten, zum Beispiel zu Digitalisierungsthemen, Nachhaltigkeitsinitiativen oder Kundenserviceoptimierungen.

■ BEISPIEL: Nach herausragender Leistung im Underwriting Gewerbekunden wirkt Andrea an einem Projekt zur Entwicklung neuer Absicherungsmodelle für kleine Gewerbetreibende mit. ■

- **Vertiefungs- und Zusatzqualifikationen:** Teilnahme an internen Fachseminaren oder externen Zertifikatslehrgängen, zum Beispiel Fachseminare des BWV, Zusatzmodule im Bereich Finanzanlagen oder IT-gestütztes Risikomanagement.
- **Erweiterte Praxiseinsätze:** Temporäre Einsätze in besonders anspruchsvollen Bereichen, zum Beispiel Sonderrisiken, Großschäden, strategisches Produktmanagement oder Hospitation bei Führungskräften, um Einblick in Leitungsaufgaben zu erhalten.
- **Teilnahme am Auslandsprogramm:** Besonders talentierte Auszubildende können – unter Beachtung beschriebener Kriterien und Rahmenbedingungen – an Auslandsaufenthalten teilnehmen und so internationale Kompetenzen erwerben.
- **Mentoring und Networking:** Besonders talentierte Auszubildende werden erfahrenen Führungskräften oder Senior-Fachkräften als Mentoren zugeordnet. Diese begleiten sie fachlich, geben Karriereimpulse und öffnen Netzwerke im Unternehmen.
- **Präsentations- und Kommunikationsaufgaben:** Frühzeitige Übernahme von Präsentationen, zum Beispiel Vorstellung von Projektergebnissen in Bereichsmeetings oder vor der Geschäftsleitung, um rhetorische und strategische Fähigkeiten zu fördern.
- **Vorzeitige Teilnahme an der Abschlussprüfung:** Sehr leistungsstarke Auszubildende können bei entsprechend guten Noten und betrieblichen Leistungen eine vorzeitige Zulassung zur Abschlussprüfung beantragen. Dadurch wird die Ausbildungszeit abgekürzt und die Übernahme in eine Fachposition früher möglich.
- **Früher Einstieg in weiterführende Qualifikationen:** Talentierte Auszubildende können bereits während der Ausbildung in weiterführende Bildungswege einsteigen, zum Beispiel: Bachelor Professional in Versicherungen und Finanzanlagen: Eignet sich besonders für leistungsstarke Auszubildende ohne Hochschulzugangsberechtigung, da dieser Abschluss gemäß Beschluss der Kultusministerkonferenz (KMK) die Allgemeine Hochschulreife vermittelt und so den Zugang zu Hochschulstudiengängen eröffnet. Für Auszubildende mit Hochschulzugangsberechtigung kommt alternative in berufs- beziehungsweise ausbildungsbegleitendes Studium in Betracht.

Hinsichtlich Kommunikation und Transparenz erfolgt die Einbindung in Talentförderungsprogramme immer nach klarer Rücksprache mit dem auszubildenden Mensch und wird als Anerkennung besonderer Leistungen vermittelt. Damit wird vermieden, dass sich andere Auszubildende benachteiligt fühlen, und gleichzeitig die Motivation des talenttragenden Menschen gestärkt. Die Verantwortung für die Talentförderung liegt bei der Ausbildungsleitung in Zusammenarbeit mit der zentralen Ausbildungsabteilung. Talentförderung ersetzt nicht die reguläre Ausbildung, sondern ergänzt sie gezielt. Eine Überforderung wird bewusst vermieden. Die Teilnahme erfolgt stets freiwillig.

19.5.7.6 Auslandsaufenthalte in der Ausbildung

Im Rahmen einer modernen und zukunftsorientierten Berufsausbildung bietet die Proximus Versicherung AG ihren Auszubildenden die Möglichkeit, Teile ihrer Ausbildung im Ausland zu absolvieren. Solche Auslandsaufenthalte fördern nicht nur die persönliche und fachliche Entwicklung der Auszubildenden, sondern tragen auch zur Internationalisierung des Unternehmens bei. Die Teilnahme an einem Auslandsaufenthalt ist für die Auszubildenden freiwillig. Die Proximus Versicherung AG hat mit dem Betriebsrat im Rahmen einer Auswahlrichtlinie gem. § 95 BetrVG Kriterien festgelegt, welche Auszubildende für ein solches Programm in Frage kommen. Dazu gehören unter anderem:

- Leistungen in der Berufsschule mit einem Durchschnitt von mindestens 2,0,
- im Durchschnitt gute Beurteilungen im betrieblichen Einsatz,
- Ergebnis der GAP 1 mindestens 81 Punkte.
- Nachweis des Niveaus B2 für die Sprache des Ziellandes.

Die rechtliche Grundlage für Auslandsaufenthalte während der Berufsausbildung bildet § 2 Abs. 3 BBiG. Demnach können Teile der Berufsausbildung im Ausland durchgeführt werden, sofern der Auslandsaufenthalt dem Ausbildungsziel dient und in seiner Gesamtdauer ein Viertel der Ausbildungszeit nicht überschreitet. Zur Unterstützung solcher Maßnahmen stehen verschiedene europäische Förderprogramme zur Verfügung, insbesondere das Programm Erasmus+ der Europäischen Union. Dieses ermöglicht die Förderung von Lernaufenthalten im europäischen Ausland sowohl für Auszubildende als auch für ausbildende Menschen. Bei der Proximus Versicherung AG werden Auslandsaufenthalte im Rahmen dieser rechtlichen und förderrechtlichen Vorgaben geplant, dokumentiert und durch die zentrale Ausbildungsabteilung in München koordiniert. Die Teilnahme an einem Auslandsaufenthalt verfolgt mehrere strategische und pädagogische Ziele:

- **Erweiterung interkultureller Kompetenzen**: Die Auszubildenden lernen, sich in einem fremden Arbeits- und Kulturumfeld sicher zu bewegen.
- **Förderung sprachlicher Fähigkeiten**: Durch die tägliche Anwendung einer Fremdsprache werden Kommunikationsfähigkeiten praxisnah gestärkt.
- **Berufliche Handlungskompetenz**: Der Umgang mit internationalen Geschäftspartnern, abweichenden Arbeitsprozessen und anderen rechtlichen Rahmenbedingungen erweitert die berufliche Flexibilität.

- **Imagegewinn für das Unternehmen**: Die Proximus Versicherung AG positioniert sich durch solche Programme als attraktiver Ausbildungsbetrieb mit internationaler Perspektive.

Damit leisten Auslandsaufenthalte einen wichtigen Beitrag zur Nachwuchsförderung und Arbeitgebermarkenbildung.

Die Planung eines Auslandsaufenthalts erfolgt bei der Proximus Versicherung AG in enger Abstimmung zwischen der zentralen Ausbildungsabteilung in München, dem Betriebsrat, der aufnehmenden Einrichtung im Ausland sowie dem jeweiligen ausbildenden Menschen. Neben der Abstimmung mit der IHK erfolgt auch eine Abstimmung mit der Berufsschule, um sicherzustellen, dass verpasster Lernstoff während des Auslandsaufenthalts auf anderem Wege erlernt wird. Auflage ist, dass während des Auslandsaufenthalts bei dem Partnerunternehmen die Lernziele vermittelt werden, die ansonsten in dieser Zeit in der praktischen Ausbildung bei der Proximus Versicherung AG vermittelt worden wären. Daher erfolgt eine digitale Begleitung mit festen virtuellen Austauschterminen mit einem spezialisierten Mitarbeitenden der zentralen Ausbildungsabteilung in München. Dieser stimmt sich wiederum mit der örtlichen Ausbildungsleitung und der verantwortlichen Person des Partnerunternehmens im Ausland ab.

Um die Teilnahme am Prüfungsvorbereitungsprogramm nicht zu gefährden, werden die Auslandseinsätze regelmäßig nachdem die Ergebnisse der GAP 1 vorliegen, aber vor Beginn des Prüfungsvorbereitungsprogramms für die GAP 2 durchgeführt.

Die Finanzierung kann über mehrere Wege erfolgen: EU-Fördermittel (zum Beispiel Erasmus+), Zuschüsse der Proximus Versicherung AG sowie Eigenanteile der Auszubildenden, etwa für Freizeitaktivitäten oder nicht förderfähige Nebenkosten.

Alle Aufenthalte werden durch die zentrale Ausbildungsabteilung genehmigt und in Zusammenarbeit mit der örtlichen Ausbildungsleitung in einem individuellen Ausbildungsplan festgehalten. Dieser stellt sicher, dass die im Ausland erworbenen Kenntnisse und Fertigkeiten hinreichend dem Ausbildungsrahmenplan des Berufsbildes entsprechen. Die im Ausland absolvierten Ausbildungsabschnitte werden daher bei der Proximus Versicherung AG grundsätzlich als regulärer Bestandteil der Berufsausbildung in Abstimmung mit der zuständigen IHK anerkannt. Zur Dokumentation wird ein Nachweis über den Auslandsaufenthalt erstellt, der Dauer, Inhalte, Einsatzbereich und erworbene Kompetenzen enthält. Diese Dokumentation wird sowohl in den Ausbildungsakten bei der Proximus Versicherung AG als auch bei der IHK hinterlegt und kann später als Qualifikationsnachweis verwendet werden. Um die Planung und Durchführung eines Auslandsaufenthalts zu erleichtern, stellt die zentrale Ausbildungsabteilung einen Praxisleitfaden bereit. Dieser enthält:

1. Informationen zu rechtlichen Grundlagen und Förderprogrammen,
2. Checklisten zur Vorbereitung und Antragstellung,

3. Hinweise zur sprachlichen und kulturellen Vorbereitung,
4. Formulare für die Anerkennung und Dokumentation nach der Rückkehr.

Die Auszubildenden werden vor und nach dem Aufenthalt individuell betreut. Ein Erfahrungsbericht ist Bestandteil der Nachbereitung und wird in das Ausbildungscontrolling integriert, um künftige Maßnahmen zu optimieren.

19.5.8 Sucht und Prävention

Unter Suchtverhalten versteht man das zwanghafte Bedürfnis, eine Substanz wie Alkohol, Drogen oder Medikamente oder ein Verhalten wie Glücksspiel oder digitale Mediennutzung trotz negativer Folgen fortzusetzen. Im Ausbildungskontext ist Suchtverhalten von besonderer Bedeutung, da Jugendliche und junge Erwachsene sich in einer Phase der Identitätsentwicklung, der sozialen Orientierung sowie der Auseinandersetzung mit Leistungsanforderungen und Gruppendruck befinden. Experimentierfreude und soziale Einflüsse können dabei das Risiko für Suchtverhalten erhöhen. Suchtverhalten wirkt sich unmittelbar auf Lernfähigkeit, Leistungsbereitschaft und das Betriebsklima aus. Frühzeitige Prävention sowie pädagogisch angemessenes Handeln gehören daher zu den zentralen Aufgaben des ausbildenden Menschen.

Die Verantwortung des ausbildenden Menschen und des Unternehmens basiert auf verschiedenen gesetzlichen Bestimmungen. Nach § 14 Abs. 1 BBiG ist die ausbildende Person verpflichtet, den auszubildenden Menschen charakterlich zu fördern und seine Gesundheit zu schützen. Dazu gehört, Gefährdungen durch Suchtmittel zu vermeiden und bei Auffälligkeiten angemessen zu reagieren. Gemäß § 618 BGB in Verbindung mit § 3 ArbSchG muss die arbeitgebende Person Arbeitsplätze so gestalten, dass keine Gefährdungen für Leben und Gesundheit entstehen. Suchtprävention ist Bestandteil der Gefährdungsbeurteilung nach § 5 ArbSchG und kann durch Betriebsvereinbarungen oder spezifische Suchtpräventionskonzepte ergänzt werden. Für jugendliche Beschäftigte gilt nach § 29 JArbSchG ein besonderer Schutz vor gefährlichen oder sittlich schädigenden Einflüssen. Dies verstärkt die Verantwortung des ausbildenden Menschen insbesondere im Hinblick auf Alkohol, Drogen und andere Suchtmittel.

Sucht kann in verschiedenen Formen auftreten:

- **Stoffgebundene Süchte** wie Alkohol, Nikotin, Medikamente oder illegale Drogen. Sie führen häufig zu Leistungsabfall, Unzuverlässigkeit und Gefährdungen für andere.
- **Nicht stoffgebundene Süchte** wie Glücksspiel, Online-Spiele, Social Media oder Kaufsucht. Diese äußern sich etwa in Konzentrationsproblemen, Rückzug oder Reizbarkeit.

- **Verhaltenssüchte** wie Arbeits-, Sport- oder Esssucht, die durch zwanghafte Verhaltensmuster und fehlende Erholungsphasen gekennzeichnet sind.

Digitale Abhängigkeiten, etwa exzessive Smartphone-Nutzung oder Spielsucht, gewinnen im beruflichen Alltag zunehmend an Bedeutung.

Ein professioneller Umgang mit Suchtverhalten erfordert eine pädagogische Haltung, die Wahrnehmung, Sensibilität, Verantwortungsbewusstsein und Grenzsetzung vereint.

1. **Erkennen von Anzeichen**

   Früherkennung ist entscheidend. Warnsignale können zum Beispiel sein: häufige Verspätungen oder Fehlzeiten, Leistungsschwankungen oder Konzentrationsmangel, Stimmungsschwankungen, Reizbarkeit oder Rückzug, körperliche Auffälligkeiten wie Geruch, Zittern oder Müdigkeit, Desinteresse.

2. **Gesprächsführung**

   Das Gespräch sollte lösungsorientiert und nicht konfrontativ gestaltet sein:

   - Gespräch unter vier Augen,
   - konkrete Beobachtungen statt Vorwürfe,
   - Unterstützung und Hilfsangebote vermitteln (zum Beispiel Drogenberatungsstellen)
   - betriebliche Regeln und Grenzen aufzeigen.

   Der ausbildende Mensch begleitet pädagogisch, ersetzt jedoch keine Diagnostik und keinen Therapeuten. Ziel ist es, Verantwortungsübernahme zu fördern und professionelle Hilfe anzustoßen.

3. **Förderung von Selbstreflexion und Verantwortung**

   Der ausbildende Mensch unterstützt den auszubildenden Menschen in der Entwicklung eines verantwortungsvollen und gesundheitsbewussten Umgangs mit sich selbst. Dazu gehören Gespräche über Stressbewältigung, Freizeitgestaltung, Mediennutzung, die Vermittlung von Gesundheitsbewusstsein sowie die Förderung von Selbstwert und Selbstwirksamkeit. Ziel ist die Einsicht beim auszubildenden Menschen zu befördern, professionelle Hilfe in Anspruch zu nehmen.[124]

4. **Grenze zur arbeitsrechtlichen Intervention**

   Erzieherisches Handeln endet dort, wo Gesundheit, Sicherheit oder Betriebsabläufe gefährdet werden. Dann treten arbeitsrechtliche Maßnahmen in Kraft:

   - Ermahnung oder Abmahnung,
   - Versetzung oder Suspendierung,

[124] Vgl. Jacob Preuße, Kompaktwissen AEVO, Köln, Bildungsverlag Eins, 2012, S. 111–112.

- im Extremfall Kündigung aus wichtigem Grund nach § 22 BBiG.

Pädagogisch gilt jedoch der Grundsatz „Hilfe vor Strafe".[125]

Betriebliche Prävention und Unterstützungsmaßnahmen im Sinne eines präventiven und strukturell verankerten Ansatzes ist nachhaltiger als reaktives Eingreifen. Hierzu zählen:

1. **Betriebliche Suchtpräventionskonzepte:**
   - Klare Richtlinien zu Alkohol, Drogen und Medikamenten,
   - Schulungen für ausbildende Menschen und Führungskräfte,
   - Sensibilisierung durch Workshops und Aufklärung.
2. **Betriebliche Ansprechperson**
   - Suchtbeauftragte,
   - Betriebsärzte oder Sozialberatende,
   - externe Fachberatungsstellen wie Caritas, Diakonie oder kommunale Suchtberatungen.
3. **Gefährdungsbeurteilung nach § 5 ArbSchG**
   - Berücksichtigung psychischer Belastungen,
   - Anpassung der Arbeitsorganisation, etwa durch Pausenregelungen oder Einschränkung von Überstunden.
4. **Kooperation mit der Berufsschule**
   - Austausch bei Auffälligkeiten,
   - gemeinsame Teilnahme an Präventionsprojekten.
5. **Kultur der Achtsamkeit**
   - Offene, wertschätzende Kommunikation,
   - Enttabuisierung von Hilfesuche,
   - Vorbildfunktion der ausbildenden Menschen, insbesondere bei betrieblichen Veranstaltungen.

Für ein situationsgerechtes und professionelles Handeln hilft ein strukturiertes Vorgehen, das exemplarisch skizziert folgende Punkte umfasst:

1. Wahrnehmung und Dokumentation konkreter Beobachtungen.
2. Wertschätzendes Erstgespräch ohne moralische Bewertung.
3. Gegebenenfalls Einbeziehung der Ausbildungsleitung,

[125] Vgl. Ruschel, 2008, S. 384–385.

4. Hilfen vermitteln, etwa Kontakt zu Beratungsstellen oder medizinische Abklärung.
5. Vereinbarung von klaren Erwartungen und Unterstützungsangeboten.
6. Nachbetreuung zur Stabilisierung und zur Begleitung möglicher Rückfälle.

Suchtprävention gehört gemäß § 14 Abs. 1 BBiG zu den Erziehungsaufgaben im Ausbildungsprozess. Sie hat das Ziel, Auszubildende zu befähigen, Belastungen konstruktiv zu bewältigen, Selbstkontrolle zu entwickeln und Verantwortung für die eigene Gesundheit zu übernehmen. Dies umfasst die Aufklärung über Risiken, die Stärkung personaler Kompetenzen wie Selbstvertrauen, Selbstregulation und Nein-Sagen, die Förderung sozialer Kompetenzen wie Konfliktlösung und Umgang mit Gruppendruck und die Gestaltung gesundheitsförderlicher Arbeitsbedingungen.

Suchtverhalten ist ein komplexes biopsychosoziales Phänomen und erfordert im Ausbildungskontext besondere Sensibilität. Ausbildende Menschen tragen eine doppelte Verantwortung: Sie müssen ihre rechtlichen Fürsorgepflichten erfüllen und zugleich pädagogisch begleiten, aufklären und präventiv handeln. Ein professioneller Umgang bedeutet, Sucht nicht moralisch zu bewerten, sondern als Lern- und Entwicklungsthema zu begreifen, das mit geeigneter Unterstützung bearbeitet werden kann.

19.5.9 Störungen des Berufsausbildungsverhältnisses

19.5.9.1 Begriff und Systematik von Störungen

Störungen des Berufsausbildungsverhältnisses sind Umstände, die den planmäßigen Verlauf der Ausbildung beeinträchtigen, ohne dass das Ausbildungsverhältnis selbst beendet wird. Sie unterscheiden sich somit von Beendigungsgründen dadurch, dass sie grundsätzlich vorübergehend sind und das Fortbestehen des Vertragsverhältnisses nicht unmittelbar in Frage stellen. Typische Störungsarten können sein:

- **personell** (zum Beispiel Krankheit, Fehlverhalten, Leistungsschwäche),
- **organisatorisch** (zum Beispiel Ausfall des ausbildenden Menschen, unzureichende Ausbildungsausstattung),
- **betrieblich** (zum Beispiel Auftragsmangel, Betriebsstörungen),
- **rechtlich** (zum Beispiel Konflikte über Rechte und Pflichten, Streitigkeiten über Ausbildungsinhalte),
- **schulisch** (zum Beispiel Fehlzeiten oder organisatorische Überschneidungen).

Für alle Störungsfälle gilt der Grundsatz der gegenseitigen Rücksichtnahmepflicht nach § 241 Abs. 2 BGB. Beide Parteien sind verpflichtet, auf die berechtigten Interessen der jeweils anderen Seite Rücksicht zu nehmen und alles zu unterlassen, was die Ausbildung über das unvermeidliche Maß hinaus beeinträchtigt.

19.5.9.2 Annahmeverzug des Ausbildenden

Ein Annahmeverzug liegt vor, wenn die ausbildende Person die ihm ordnungsgemäß angebotene Leistung des auszubildenden Menschen nicht annimmt (§ 293 BGB). In diesem Fall bleibt der auszubildende Mensch zur Arbeitsleistung nicht verpflichtet, behält aber seinen Anspruch auf Vergütung (§ 615 Satz 1 BGB). Ein Nachholen der versäumten Ausbildungszeit ist grundsätzlich nicht erforderlich. Möglicherweise kann die ausbildende Person gemäß § 208 BGB schadenersatzpflichtig werden, da sie sich im Verzug mit der Ausbildungsleistung (§ 14 BBiG) befindet.

■ BEISPIELE

- Der Betrieb wird nach einem Brand oder Stromausfall vorübergehend stillgelegt.
- Der ausbildende Mensch fällt aus und es steht kein geeigneter Ersatz zur Verfügung.
- Die ausbildende Person verweigert die Ausbildung etwa wegen persönlicher Konflikte. ■

Betriebsrisikolehre (§ 615 Satz 3 BGB)

Fällt die Ausbildung aufgrund betrieblicher Umstände aus, die die ausbildende Person zu vertreten hat (zum Beispiel Maschinenausfall, Brand, Bombenfund und dadurch bedingte Räumung), trägt er das Risiko der Fortzahlung der Vergütung. Der auszubildende Mensch muss keine Ersatzleistung erbringen. Er ist lediglich verpflichtet, seine Arbeitskraft anzubieten. Keine Anwendung findet die Betriebsrisikolehre hingegen bei allgemeinen hoheitlichen Maßnahmen, die alle Betriebe gleichermaßen treffen (zum Beispiel pandemiebedingte Lockdowns)[126].

Sonderregelung nach § 19 Abs. 1 Nr. 2 a BBiG

Diese Vorschrift stellt eine speziellere Regelung zum Annahmeverzug dar. Der Vergütungsanspruch besteht für bis zu sechs Wochen, wenn die ausbildende Person den auszubildenden Mensch unverschuldet nicht ausbilden kann. Nach Ablauf dieser Frist entfällt der Anspruch für die dann folgende Zeit. Eine ergänzende Anwendung von § 615 BGB findet nicht statt, da § 19 BBiG als abschließende Sonderregelung gilt. Die 6-Wochen-Grenze wurde eingeführt, um eine einheitliche Obergrenze für vorübergehende Unterbrechungen der Ausbildung zu schaffen – in Anlehnung an die sechswöchige Entgeltfortzahlung im Krankheitsfall (§ 3 EFZG).

19.5.9.3 Krankheit und sonstige persönliche Hinderungsgründe

Krankheit

Erkrankt der auszubildende Mensch, finden die Vorschriften des Entgeltfortzahlungsgesetzes (EFZG) Anwendung. § 3 EFZG ist hierbei spezieller gegenüber § 19 Abs. 1 BBiG. Nach § 3 Abs. 1 EFZG besteht ein Anspruch auf Vergütungsfortzahlung für die

[126] BAG v. 13.10.2021 – 5 AZR 211/21.

Dauer von bis zu sechs Wochen, sofern den auszubildenden Menschen kein Verschulden an der Arbeitsunfähigkeit trifft. Pflichten des auszubildenden Menschen ergeben sich ebenfalls aus § 5 EFZG (Anzeige- und Nachweispflichten). In schweren Fällen hat die ausbildende Person ein Betriebliches Eingliederungsmanagement (§ 167 Abs. 2 SGB IX) anzubieten. In Extremfällen kommt unter Umständen eine personenbedingte Kündigung aus wichtigem Grund in Betracht.

Vorübergehende Verhinderung

Nach § 19 Abs. 1 Nr. 2 b) BBiG verliert der auszubildende Mensch den Anspruch auf Vergütung nicht, wenn er aus einem in seiner Person liegenden Grund unverschuldet verhindert ist, seine Pflichten aus dem Ausbildungsverhältnis zu erfüllen – für die Dauer von bis zu sechs Wochen. § 19 Abs. 1 Nr. 2 b) BBiG ist somit spezieller zu § 616 BGB.

■ BEISPIELE

Tod eines nahen Angehörigen, Geburt des eigenen Kindes oder plötzliche Erkrankung eines zu betreuenden angehörigen Menschen. ■

Der Anspruch besteht für die ersten sechs Wochen auch dann, wenn die Verhinderung insgesamt länger andauert. Danach entfällt er.

Weitere gesetzliche Freistellungstatbestände

Neben Krankheit und sonstiger persönlicher Verhinderung bestehen weitere Freistellungsansprüche aufgrund spezieller Gesetze, beispielsweise:

- **Mutterschutzgesetz (MuSchG):** Beschäftigungsverbote (§§ 3–6 MuSchG), Entgeltfortzahlung (§ 18 MuSchG).
- **Bundeselterngeld- und Elternzeitgesetz (BEEG):** Anspruch auf Elternzeit (§ 15 BEEG), Ruhen des Ausbildungsverhältnisses während der Elternzeit (§ 20 BEEG).
- **Kinderkrankenschein (§ 45 SGB V):** Anspruch auf unbezahlte Freistellung zur Pflege eines erkrankten Kindes, Krankengeld durch die Krankenkasse.
- **Pflegezeitgesetz (PflegeZG):** Anspruch auf kurzzeitige Arbeitsverhinderung bis zu zehn Tagen zur Organisation einer Pflege (§ 2 PflegeZG).

Diese Regelungen sind Sondervorschriften und gehen aufgrund des Spezialitätsgrundsatzes § 19 BBiG vor.

19.5.9.4 Störungen durch betriebliche oder schulische Umstände

Auch betriebliche oder schulische Umstände können das Ausbildungsverhältnis vorübergehend stören, ohne dass ein Beendigungstatbestand eintritt. Beispiele sind längerer Ausfall des ausbildenden Menschen, Umstrukturierungen oder Betriebsverlagerung, vorübergehende technische oder wirtschaftliche Schwierigkeiten oder schulisch bedingte Fehlzeiten. In solchen Fällen ist die ausbildende Person verpflichtet, rechtzeitig Ersatzmaßnahmen zu treffen, gegebenenfalls einen neuen ausbildenden Menchen zu bestellen (§ 14 Abs. 1 Nr. 2 BBiG) und die zuständige Kammer zu informieren (§ 76 BBiG). Die Kammer kann bei Bedarf die Überleitung der Ausbildung auf einen anderen geeigneten Betrieb unterstützen. Eine Kündigung kommt nur in Betracht, wenn die Fortsetzung der Ausbildung unmöglich oder unzumutbar geworden ist (§ 22 Abs. 2 Nr. 1 BBiG).

19.5.9.5 Konfliktbewältigung und Schlichtungsverfahren

Nach § 111 Abs. 2 ArbGG ist bei Streitigkeiten aus einem Berufsausbildungsverhältnis zunächst der Schlichtungsausschuss der zuständigen Stelle (zum Beispiel IHK) anzurufen, bevor Klage beim Arbeitsgericht erhoben werden kann. Klarzustellen ist, dass das Schlichtungsverfahren nicht nur bei Beendigungen, sondern bei allen Streitigkeiten aus einem Berufsausbildungsverhältnis Anwendung findet.

19.5.9.6 Haftung von Auszubildende

Grundsätzlich gilt: Wer einem anderen einen Schaden zufügt, ist nach § 823 Abs. 1 BGB zum Ersatz verpflichtet. Das betrifft auch Auszubildende. Gleichzeitig trifft Auszubildende eine besondere Nebenpflicht, die sich aus § 13 S.2 Nr. 5 BBiG und regelmäßig auch ausdrücklich aus dem Ausbildungsvertrag ergibt: Sie haben die Pflicht, Arbeitsmittel, Werkzeuge, Maschinen und sonstige betriebliche Einrichtungen pfleglich zu behandeln und die betrieblichen Ordnungen zu beachten. Verletzt ein auszubildender Mensch diese Pflicht schuldhaft, kann eine Schadensersatzpflicht entstehen.

Allgemeine Haftungsgrundlagen und Schuldformen

Für die Haftung sind die Formen des Verschuldens entscheidend:

- **Fahrlässigkeit (§ 276 Abs. 2 BGB):**

  Fahrlässig handelt, wer die im Verkehr erforderliche Sorgfalt außer Acht lässt. Entscheidend ist, was ein sorgfältiger Mensch in der konkreten Situation erkannt und vermieden hätte.

- **Grobe Fahrlässigkeit:**

  Grob fahrlässig handelt, wer die erforderliche Sorgfalt in besonders schwerem Maße verletzt, also unbeachtet lässt, was jedem einleuchten musste.[127]

  ■ BEISPIEL: Ein auszubildender Mensch fährt ein Fahrzeug, obwohl er weiß, dass die Bremse defekt ist. ■

- **Vorsatz:**

[127] Vgl. BAG, Urteil vom 23. 03. 1983 – 7 AZR 391/79.

Vorsätzlich handelt, wer den Schaden wissentlich und willentlich herbeiführt oder zumindest billigend in Kauf nimmt.

Die sogenannte **mittlere Fahrlässigkeit** ist keine allgemein relevante Kategorie, sondern eine Besonderheit der Arbeitnehmerhaftung. Sie wurde vom BAG eingeführt, um zwischen leichtem und grobem Verschulden zu differenzieren. Hier greift eine anteilige Haftung (sogenannte Quotelung).

Das Arbeitnehmerhaftungsprivileg

Das Arbeitnehmerhaftungsprivileg oder die innerbetriebliche Haftungsbeschränkung wurde durch das Bundesarbeitsgericht entwickelt, um eine angemessene Risikoverteilung zwischen Arbeitgeber und Arbeitnehmer herzustellen.[128] Es gilt für alle Beschäftigten, die in Erfüllung ihrer arbeitsvertraglichen Pflichten einen Schaden verursachen – also auch für Auszubildende.

Die drei Haftungsstufen:

a) Leichte Fahrlässigkeit – keine Haftung

Alltägliche, entschuldbare Fehlleistungen führen nicht zu Ersatzpflichten.

■ BEISPIEL: Der auszubildende Mensch verlegt versehentlich ein Werkzeug. ■

b) **Mittlere Fahrlässigkeit** – anteilige Haftung („Quotelung")

Hier wird die Schadenssumme zwischen Arbeitgeber und Arbeitnehmer nach Billigkeitsgrundsätzen aufgeteilt. Maßgeblich sind: Stellung des auszubildenden Menschen, Gefahrgeneigtheit der Tätigkeit, Schadenshöhe, Sorgfaltsgrad und Versicherbarkeit.

c) **Grobe Fahrlässigkeit/Vorsatz** – grundsätzlich volle Haftung

Bei besonders schwerer Nachlässigkeit oder bewusster Schädigung trägt der auszubildende Mensch den Schaden selbst. Eine Milderung kann nur ausnahmsweise erfolgen, etwa bei übermäßiger Schadenshöhe oder unzureichender Einweisung.

Besonderheiten bei Auszubildenden

Nach BAG gilt: Im Ausbildungsverhältnis wird die fehlende berufliche Erfahrung oder das junge Alter der auszubildenden Menschen nicht durch besondere Regelungen zur Haftung berücksichtigt. Stattdessen erfolgt die Bewertung von Pflichtverletzungen nach den allgemeinen Grundsätzen des Arbeitsrechts, wobei stets die Umstände des Einzelfalls zu prüfen sind. Weder das Alter noch der Ausbildungsstatus führen automatisch zu einer eingeschränkteren Haftung als bei regulären Arbeitnehmenden. Maßgeblich ist vielmehr, in welchem Umfang der auszubildende Mensch persönlich ein Verschulden am Schadensfall trägt und welche situativen Faktoren dabei eine Rolle spielen.[129]

---

[128] Zum Beispiel: BAG Urteil v. 05.02.2004 – 8 AZR 91/03.

[129] Vgl. BAG, Urteil vom 19. 03. 2015 – 8 AZR 67/14.

Innerbetrieblicher Schadensausgleich

Der innerbetriebliche Schadensausgleich greift, wenn ein auszubildender Mensch bei der Ausführung seiner betrieblichen Tätigkeit einem Dritten oder der ausbildenden Person selbst Schaden zufügt. Die ausbildende Person muss den Schaden zwar zunächst ersetzen (§ 278 BGB, da der auszubildende Mensch als Erfüllungsgehilfe handelt), hat aber nur eingeschränkt Rückgriffsmöglichkeiten gegen den auszubildenden Menschen – wiederum nach den drei Haftungsstufen. Das BAG betont, dass bei der Bemessung einer möglichen Zahlungspflicht insbesondere die Höhe der Ausbildungsvergütung und die wirtschaftliche Leistungsfähigkeit des auszubildenden Menschen zu berücksichtigen sind.[130] Ein fester Faktor (zum Beispiel „ein Mehrfaches der Monatsvergütung") ist nicht ausdrücklich normiert. Die Rechtsprechung orientiert sich aber an diesem Gedanken, sodass die Belastung den auszubildenden Menschen wirtschaftlich nicht überfordern darf.

Haftung als Verrichtungsgehilfe

Gegenüber Dritten (zum Beispiel Besucher des Kunden) gilt der Auszubildende regelmäßig als Verrichtungsgehilfe des Ausbildungsbetriebs im Sinne des § 831 BGB. Verursacht der auszubildende Mensch im Rahmen seiner Ausbildung einem Dritten einen Schaden, haftet zunächst die ausbildende Person, es sei denn, sie kann nachweisen, dass er den auszubildenden Menschen sorgfältig ausgewählt, unterwiesen und überwacht hat. Der Dritte kann aber auch direkt gegen den auszubildenden Mensch persönlich vorgehen (§ 823 BGB). In der Praxis wird das selten getan, weil der Dritte regelmäßig den solventeren Betrieb in Anspruch nimmt. Kommt es doch zu einer Direkt-Inanspruchnahme gegen den auszubildenden Menschen, kann dieser gegenüber dem Ausbildungsbetrieb Freistellung verlangen, soweit die Voraussetzungen des innerbetrieblichen Schadensausgleichs vorliegen. Der Schutz des auszubildenden Menschen wirkt also mittelbar auch im Außenverhältnis, wenn der Schaden aus betrieblicher Tätigkeit herrührt.[131]

Praxisrelevante Hinweise

Auszubildende müssen betriebliche Arbeitsmittel sorgsam behandeln (§ 13 BBiG).

Betriebe sind verpflichtet, eine angemessene Unterweisung und Aufsicht sicherzustellen.

Schäden sollten intern dokumentiert und gemeinsam bewertet werden – nach dem Prinzip: „Fehler als Lernchance."

Versicherungsseitig sollte der Betrieb über eine Betriebshaftpflicht verfügen, die Auszubildende einschließt.

[130] Vgl. BAG, Urteil vom 28. 10. 2010 – 8 AZR 418/09.
[131] Vgl. BAG, Urteil vom 25.06.2009 – 8 AZR 236/08.

19.6 Ausbildung beenden

19.6.1 Abschlussphase der Ausbildung

Die Abschlussphase der Ausbildung markiert den Übergang von der Lern- zur Leistungsphase und leitet die gezielte Vorbereitung auf die Abschlussprüfung sowie die Entscheidung über eine mögliche Übernahme in ein Arbeitsverhältnis ein. Sie ist organisatorisch, inhaltlich und zeitlich klar strukturiert, um den Auszubildenden einen transparenten und erfolgreichen Abschluss ihrer Ausbildung bei der Proximus Versicherung AG zu ermöglichen.

Festlegung der Wahlqualifikation

Gemäß der Ausbildungsordnung für Kaufleute für Versicherungen und Finanzanlagen muss die Wahlqualifikation, in der der Report für das Fallbezogenen Fachgespräch (FFG) erstellt wird, spätestens mit der Anmeldung zur GAP 2 verbindlich festgelegt werden. Die Auswahl erfolgt nach einem strukturierten Prozess, der sowohl pädagogische als auch betriebliche Gesichtspunkte berücksichtigt:

- **Stärken und Schwächen des auszubildenden Menschen:** Die Ausbildungsleitung wertet die bisherigen Beurteilungen, Entwicklungsgespräche und Leistungsstände aus, um zu ermitteln, in welchen Themenbereichen der auszubildende Mensch besondere Kompetenzen oder Entwicklungspotenzial zeigt.
- **Betriebliche Kapazitäten:** Parallel prüft die Ausbildungsleitung, in welchen Abteilungen, Bereichen oder Agenturen Plätze zur Vermittlung der jeweiligen Wahlqualifikation zur Verfügung stehen.
- **Abstimmungsgespräch:** Auf dieser Grundlage findet ein Gespräch zwischen der Ausbildungsleitung, der jeweiligen Fachabteilung und dem auszubildenden Menschen statt. Ziel ist es, eine Entscheidung zu treffen, die sowohl den Lernzielen des auszubildenden Menschen als auch den organisatorischen Möglichkeiten des Unternehmens entspricht.

Damit wird sichergestellt, dass die Wahlqualifikation sowohl lerneffizient als auch ressourcenschonend gewählt wird und die Grundlage für ein anspruchsvolles und praxisrelevantes Abschlussprojekt bildet.

Praxisaufgabe und Report im Rahmen der Wahlqualifikation

Nach der Ausbildungsordnung wird in der Abschlussphase ein Report über eine selbstständig durchgeführte Praxisaufgabe innerhalb der zugrunde liegenden Wahlqualifikation erstellt. Dieser Report bildet die Basis für das FFG, das neben dem Kundengespräch (KG) eine der beiden mündlichen Prüfungen im Rahmen der GAP 2 darstellt. Die Ausbildungsleitung achtet darauf, dass:

- die Praxisaufgabe den Anforderungen der jeweiligen Wahlqualifikation entspricht,
- die Aufgabenstellung hinreichend komplex und prüfungsrelevant ist,
- die Praxisaufgabe selbstständig, aber unter begleitender Betreuung durch den zuständigen ausbildenden Menschen durchgeführt wird,
- formale Anforderungen (Umfang, Struktur, Dokumentation) eingehalten werden.

Einbindung der tariflichen Fristen

Bereits in der Abschlussplanung sind die Fristen aus § 2 Nr. 2 MTV des AGV verbindlich zu berücksichtigen:

- Spätestens drei Monate vor dem voraussichtlichen Ausbildungsende muss die zentrale Ausbildungsabteilung prüfen, wie viele Auszubildende übernommen werden können.
- Spätestens einen Monat vor dem voraussichtlichen Ausbildungsende haben sich Auszubildende und die ausbildende Person darüber gegenseitig zu unterrichten, ob eine Weiterbeschäftigung nach der Ausbildung beabsichtigt ist.

Diese Fristen sind integraler Bestandteil des Abschlussfahrplans und werden durch das Beurteilungstool und die Ausbildungsleitung überwacht und termingerecht initiiert.

Abschlussgespräche mit Ausbildungsleitung

In der Abschlussphase finden strukturierte Abschlussgespräche mit der Ausbildungsleitung statt. Diese Gespräche dienen der gemeinsamen Reflexion der bisherigen Ausbildungszeit und der Planung der nächsten Schritte bis zur Prüfung und gegebenenfalls zur Übernahme. In diesen Gesprächen werden verbindlich besprochen:

- Rückblick auf den individuellen Entwicklungsweg des auszubildenden Menschen,
- Bewertung des Kompetenzstands auf Grundlage der letzten Beurteilungen,
- offene Lernziele und gezielte Maßnahmen bis zur Prüfung,
- Festlegung der Wahlqualifikation (falls noch nicht erfolgt),
- Besprechung der Perspektive einer möglichen Übernahme nach Abschluss der Ausbildung.

Dabei sind die Regelungen des TV Übernahmeanspruch des AGV zu beachten, insbesondere:

- die Anspruchsvoraussetzungen für eine Übernahme bei entsprechenden Leistungen,

- die tariflich festgelegten Fristen, innerhalb derer die Entscheidung über eine Übernahme zu treffen und mitzuteilen ist,
- und die Verpflichtung zur formgerechten Information der Auszubildenden über die Entscheidung.

Durch die Einhaltung dieser tariflichen Rahmenbedingungen wird gewährleistet, dass die Auszubildenden rechtzeitig Planungssicherheit erhalten und betriebliche Entscheidungen fundiert und fair getroffen werden.

Abstimmung und Übergang zur Prüfungsvorbereitung

Nach Abschluss der Wahlqualifikationsfestlegung und des letzten Entwicklungsgesprächs beginnt die gezielte Vorbereitung auf die Abschlussprüfung. Diese Vorbereitung erfolgt – wie im Konzept der zentralen Ausbildungsabteilung vorgesehen – gemäß der Betriebsvereinbarung zur Prüfungsvorbereitung.

19.6.1.1 Abschlussprüfung

19.6.1.1.1 Allgemeines zur Abschlussprüfung

Die Abschlussprüfung markiert den Höhepunkt und zugleich den Abschluss der dualen Berufsausbildung. Sie dient der Feststellung, ob die Auszubildenden die berufliche Handlungsfähigkeit im Sinne des § 1 Abs. 3 BBiG erreicht haben. Grundlage bilden die Verordnung über die Berufsausbildung zum Kaufmann/zur Kauffrau für Versicherungen und Finanzanlagen (VersFinKflAusbV) sowie die dazugehörigen Prüfungsregelungen der zuständigen IHK.[132] Die Abschlussprüfung stellt nicht nur eine Leistungsbewertung, sondern auch eine gesellschaftlich relevante Kompetenzfeststellung dar: Sie entscheidet über den Übergang von der Lern- in die Berufswelt und sichert zugleich den Qualitätsstandard der beruflichen Bildung in Deutschland.

a) Zweck und Bedeutung

Die Abschlussprüfung ist ein zentrales Instrument der beruflichen Bildung, das auf drei Ebenen wirkt:

1. **Individuelle Ebene:** Sie weist die erworbene berufliche Handlungsfähigkeit nach und bescheinigt die Qualifikation, die zur Ausübung des erlernten Berufs befähigt.
2. **Betriebliche Ebene:** Sie ermöglicht Betrieben, den Ausbildungserfolg objektiv festzustellen und dient als Grundlage für Personalentscheidungen (zum Beispiel Übernahme, Perspektiven).

[132] Vgl. Ruschel, 2008, S. 463.

3. **Gesellschaftliche Ebene:** Sie sichert das Vertrauen in die Qualität des dualen Systems, gewährleistet bundesweite Vergleichbarkeit und trägt zur Normsetzung eines gesellschaftlich gewünschten Wertesystems bei[133].

b) Grundprinzipien beruflicher Prüfungen

Berufliche Prüfungen müssen nach didaktischen und psychometrischen Grundsätzen gestaltet werden. Sie sind nur dann qualitätssichernd, wenn sie valide, reliabel und objektiv sind und die Prinzipien der Ganzheitlichkeit und Handlungsorientierung neben weitere Anforderungen (zum Beispiel Prüfungsökonomie) erfüllen:[134]

1. **Validität (Gültigkeit):** Die Prüfung muss tatsächlich die berufliche Handlungskompetenz messen.

   ■ BEISPIEL: Eine Aufgabe zur Kundenberatung muss realitätsnah sein, nicht rein theoretisch. ■

Bei beruflichen Prüfungen spielt insbesondere die Prognosevalidität eine entscheidende Rolle. Das bedeutet, dass ein Prüfungsergebnis eine Prognose über den späteren Berufserfolg ermöglichen soll: Menschen mit Abschluss mit guten Noten sollten den Beruf besser ausüben können als solche mit schwächeren Ergebnissen.

2. **Reliabilität (Zuverlässigkeit):** Die Ergebnisse müssen bei Wiederholung unter gleichen Bedingungen stabil bleiben.
3. **Objektivität:** Die Bewertung darf nicht von der prüfenden Person abhängen, sondern muss auf klaren Kriterien beruhen. Daher sind Bewertungsbögen, einheitliche Bewertungsschemata und Schulungen für Prüfende erforderlich.[135]
4. **Ganzheitlichkeit:** Prüfungen sollen das Zusammenwirken von Fach-, Methoden-, Sozial- und Selbstkompetenz erfassen.
5. **Handlungsorientierung:** Nach § 38 BBiG hat die Prüfung festzustellen, ob die berufliche Handlungsfähigkeit erworben wurde. Die Prüfung muss also nach dem handlungsanalytischen und dem handlungstheoretischen Ansatz alle Kompetenzklassen abbilden. Zudem muss überprüft werden, ob Auszubildende in der Lage sind, berufliche Aufgaben selbstständig zu planen, durchzuführen und zu kontrollieren (Modell der vollständigen Handlung).[136]

---

[133] Vgl. Sascha Fauler, Die Validität des Rollenspiels in der Abschlussprüfung, In: Dieter Euler (Hrsg.): ZBW Band 1121, Heft 2, Stuttgart, Franz Steiner Verlag, S. 309.

[134] Vgl. Sascha Fauler, Handlungsorientierung in Prüfungen, Münster/New York, Waxmann Verlag, 2014a, S. 95–100.

[135] Vgl. Sascha Fauler, Organisation und Prüfung: Organisationales Lernen als Ansatz zur Verbesserung von Prüfungen, In: Nicolas Engel, Ines Sausele-Bayer (Hrsg.): Organisation – Ein pädagogischer Grundbegriff, Münster/New York, Waxmann Verlag, 2014b, S. 159–161.

[136] Vgl. Ruschel, 2008, S. 459.

c) Das Drei-Zertifikate-Modell

Im deutschen dualen System entstehen am Ende der Ausbildung drei gleichwertige, aber unterschiedliche Nachweise beruflicher Qualifikation:[137]

Zertifikat	Aussteller	Gegenstand	Bedeutung
Betriebliches Ausbildungszeugnis	Ausbildungsbetrieb	Individuelle Leistungen und Verhalten im Betrieb	Spiegelt die Entwicklung im betrieblichen Kontext wider
IHK-Prüfungszeugnis	Industrie- und Handelskammer	Nachweis der bestandenen Abschlussprüfung	Bundesweit anerkannter Nachweis der beruflichen Handlungsfähigkeit
Schulisches Abschlusszeugnis	Berufsschule	Leistungen in fachtheoretischen und allgemeinbildenden Fächern	Ergänzender Nachweis schulischer und theoretischer Leistungen

Hinweis zur Zeugnisdarstellung

Die Berufsschulabschlussnote kann auf dem IHK-Prüfungszeugnis auf Wunsch der Auszubildenden mit aufgenommen werden (§ 37 Abs. 3 BBiG).

Auf dem IHK-Zeugnis wird zudem das Qualifikationsniveau nach dem DQR und EQR ausgewiesen. Der Abschluss der Kaufleute für Versicherungen und Finanzanlagen entspricht Niveau 4.

d) Klassische Systematik von Zwischen- und Abschlussprüfung

In vielen Ausbildungsberufen besteht die Berufsausbildung aus einer Zwischenprüfung (§ 48 BBiG) und einer Abschlussprüfung (§ 38 BBiG). Nur in bestimmten Berufen – wie bei den Kaufleuten für Versicherungen und Finanzanlagen – wurde diese Struktur durch die gestreckte Abschlussprüfung ersetzt.

e) Zwischenprüfung – Funktion und Bedeutung

Die Zwischenprüfung dient der Ermittlung des Ausbildungsstands und findet in der Regel in der Mitte der Ausbildung statt. Sie wird benotet, wobei die Note nicht in das Ergebnis der Abschlussprüfung eingeht. Die Teilnahme ist zwingende Voraussetzung für die Zulassung zur Abschlussprüfung. Sie erfüllt mehrere zentrale Funktionen:[138]

- **Diagnosefunktion:** Aufdeckung von Lernfortschritten und Lernlücken, sowohl für Auszubildende als auch für Ausbildende.
- **Prognosefunktion:** Einschätzung der Wahrscheinlichkeit eines erfolgreichen Prüfungsabschlusses.
- **Rückmeldefunktion:** Förderung der Selbstreflexion und der Eigenverantwortung der Lernenden.

---

137 Vgl. Fauler, 2014a, S. 87.
138 Vgl. Ruschel, 2008, S. 458.

- **Motivationsfunktion:** Anreiz, das verbleibende Ausbildungsjahr gezielt zu nutzen.

Besonders hervorzuheben ist, dass die Zwischenprüfung nicht bestanden werden kann – die Teilnahme genügt, um zur Abschlussprüfung zugelassen zu werden.

Sie dient damit zugleich der Qualitätssicherung und als Rückkopplungsinstrument zwischen Lernprozess und Prüfungssystem.

f) Gestreckte Abschlussprüfung

In vielen Berufen wurde anstelle der klassischen Zwischenprüfung die gestreckte Abschlussprüfung (GAP) eingeführt. Hierbei wird ein Teil der Abschlussprüfung (GAP 1) aus dem Gesamtverfahren herausgelöst und zeitlich in die Mitte der Ausbildung vorverlegt, während die GAP 2 am Ende der Ausbildung erfolgt. Beide Teile zusammen bilden die Abschlussprüfung im Sinne des § 38 BBiG. Vorteile der gestreckten Abschlussprüfung sind unter anderem:

- Vermeidung redundanter Prüfungsinhalte,
- realistischere Abbildung der Kompetenzentwicklung,
- höhere Motivation durch Berücksichtigung von Teil 1 in der Abschlussnote.

Damit wird das Prinzip des „prüfungsbegleitenden Lernens" umgesetzt, bei dem Prüfungs- und Lernprozesse enger miteinander verzahnt werden.

g) Der Prüfungsausschuss

Die Durchführung der Abschlussprüfung obliegt nach § 39 BBiG den zuständigen Stellen, das heißt in der Regel den Kammern, wie der IHK. Diese bilden zur Abnahme der Prüfungen Prüfungsausschüsse, deren Zusammensetzung und Aufgaben in §§ 40–42 BBiG und der Prüfungsordnung der jeweiligen Kammer geregelt sind. Der Hauptausschuss des BIBB hat eine Musterprüfungsordnung als Empfehlung herausgegeben, an der sich die Kammern orientieren.

Zusammensetzung nach § 40 Abs. 1 und 2 BBiG

Dem Prüfungsausschuss müssen als Mitglieder Beauftragte der Arbeitgebenden und Arbeitnehmenden in gleicher Zahl sowie mindestens eine Lehrkraft einer berufsbildenden Schule angehören. Mindestens zwei Drittel der Gesamtzahl der Mitglieder müssen Beauftragte der Arbeitgebenden und Arbeitnehmenden sein. Die Mitglieder haben stellvertretende Mitglieder. Die ordentlichen Mitglieder wählen aus ihrem Kreis ein vorsitzendes Mitglied sowie ein stellvertretendes vorsitzendes Mitglied.

Beispielhafte Besetzung	Arbeitgebende	Arbeitnehmende	Lehrkraft	Gesamtzahl
Variante 1	1	1	1	3
Variante 2	2	2	1	5
Variante 3	2	2	2	6

Beispielhafte Besetzung	Arbeitgebende	Arbeitnehmende	Lehrkraft	Gesamtzahl
Variante 4	3	3	1	7
Variante 5	3	3	2	8
Variante 6	3	3	3	9
Variante 7	4	4	1	9
Variante 8	4	4	2	10
Variante 9	4	4	3	11
Variante 10	4	4	4	12

Die empfohlene Musterprüfungsordnung des Hauptausschusses des BIBB legt fest, dass genau drei Mitglieder einen Prüfungsausschuss bilden. In der Praxis bestehen die Ausschüsse daher oft aus drei Mitgliedern.

Nach § 40 Abs. 1 BBiG müssen die Mitglieder des Prüfungsausschusses sachkundig und für die Mitwirkung geeignet sein. Die Kammern prüfen die Eignung in billigem Ermessen vor der Bestellung und führen oft Schulungen zur Prüferqualifizierung durch.

Autonomie des Prüfungsausschusses

Der Prüfungsausschuss ist bei seinen Entscheidungen autonom und an keine Weisungen gebunden. Weder die Kammer noch der Betrieb dürfen Einfluss auf seine Bewertungen oder Beschlüsse nehmen. Die Beratungen des Ausschusses sind vertraulich. Entscheidungen werden nach dem Mehrheitsprinzip getroffen. In einer Pattsituation zählt die Stimme des vorsitzenden Mitglieds doppelt (§ 41 Abs. 2 BBiG).

Aufgaben des Prüfungsausschusses

Der Prüfungsausschuss

- trifft in besonderen Fällen die Entscheidung über die Zulassung zur Prüfung,
- nimmt schriftliche, praktische und mündliche Prüfungen ab,
- bewertet die Prüfungsleistungen,
- entscheidet über Bestehen oder Nichtbestehen der Prüfung,
- erstellt Prüfungsniederschriften und Notenlisten und
- wirkt an der Ausstellung der Prüfungszeugnisse mit.[139]

Prüfungsorganisation und Aufgabenentwicklung

Die organisatorische Vorbereitung (Einladungen, Prüfungsräume, Prüfungsunterlagen, Protokolle) liegt bei der IHK. Sie stellt auch sicher, dass die Prüfungsordnung angewendet wird.

---

139 Vgl. Ruschel, 2008, S. 471.

Die schriftlichen Prüfungen werden in der Regel durch die Aufgabenstelle für kaufmännische Abschluss- und Zwischenprüfungen (AKA) in Nürnberg zentral erstellt. Dies gewährleistet bundesweit einheitliche Prüfungsinhalte und Bewertungsmaßstäbe. Eine Ausnahme besteht in Baden-Württemberg, wo die Prüfungsaufgaben durch das Institut für Bildungsanalysen Baden-Württemberg (IBBW) erstellt werden.

h) Ausbildungsnachweisheft

Das Ausbildungsnachweisheft dient als dokumentierte Lern- und Tätigkeitsübersicht der Auszubildenden. Es ist gemäß § 13 S. 2 Nr. 7 BBiG vom auszubildenden Menschen ordnungsgemäß zu führen und regelmäßig von dem ausbildenden Mensch zu kontrollieren. Im Rahmen der Abschlussprüfung hat es folgende Bedeutung:

- Es ist Voraussetzung für die Zulassung zur Abschlussprüfung (§ 43 Abs. 1 BBiG).
- Es dient als Nachweis, dass die im Ausbildungsrahmenplan vorgesehenen Inhalte tatsächlich vermittelt wurden.
- Es ermöglicht, bei Unklarheiten zur betrieblichen Ausbildung ergänzende Informationen heranzuziehen.

19.6.1.1.2 Anmeldung zur Abschlussprüfung

Die Anmeldung zur Abschlussprüfung bildet die Schnittstelle zwischen Ausbildung und Prüfung. Sie stellt sicher, dass alle Zulassungsvoraussetzungen nach dem BBiG, der jeweiligen Ausbildungsordnung und der Prüfungsordnung der zuständigen Kammer erfüllt sind. Bei der Proximus Versicherung AG erfolgt sie zentral koordiniert durch die Ausbildungsleitung unter Einbindung der Auszubildenden.

a) Voraussetzungen für die Zulassung

Die Zulassung zur Abschlussprüfung ist in § 43 BBiG geregelt. Demnach wird zur Abschlussprüfung zugelassen, wer:

1. die vorgeschriebene Ausbildungszeit zurückgelegt hat oder wessen Ausbildungszeit nicht später als zwei Monate nach dem Prüfungstermin endet,
2. an der Zwischenprüfung teilgenommen hat,
3. das Ausbildungsnachweisheft ordnungsgemäß geführt hat, und
4. in das Verzeichnis der Berufsausbildungsverhältnisse der zuständigen Kammer eingetragen ist.

Fehlt eine dieser Voraussetzungen, kann nach § 43 Abs. 2 BBiG ausnahmsweise dennoch zugelassen werden, wenn nachgewiesen wird, dass die erforderliche berufliche Handlungsfähigkeit auch auf andere Weise erworben wurde.

Besonderheiten bei gestreckter Abschlussprüfung

In Berufen mit GAP – wie bei den Kaufleuten für Versicherungen und Finanzanlagen – gelten ergänzende Regelungen nach § 44 BBiG:

- **Getrennte Zulassung:** Die Zulassung erfolgt jeweils gesondert für die GAP 1 und 2 der Abschlussprüfung. Es handelt sich dabei nicht um zwei getrennte Prüfungen, sondern um Teile einer einheitlichen Abschlussprüfung.
- **Zulassungsvoraussetzungen für GAP 1:** Wie bei der Zwischenprüfung muss ein ausreichender Ausbildungsstand vorliegen. Diese Zulassung erfolgt automatisch, sofern der Ausbildungsbetrieb die Anmeldung ordnungsgemäß vornimmt.
- **Zulassungsvoraussetzungen für GAP 2:** Zur Teilnahme an GAP 2 ist die vorherige Teilnahme an GAP 1 zwingend erforderlich. Eine Ausnahme ist nur dann möglich, wenn die Nichtteilnahme an Teil 1 nicht von dem auszubildenden Menschen zu vertreten ist und die zuständige Kammer eine Nachprüfung oder Ersatzleistung zulässt. Dann ist die GAP 1 grundsätzlich zusammen mit der GAP 2 abzulegen. Die genaue zeitliche Abfolge ergibt sich aus der Terminorganisation der Kammern.

Damit wird sichergestellt, dass auch in gestreckten Prüfungsformen die Einheitlichkeit und Kontinuität der Kompetenzfeststellung gewährleistet bleibt.

b) Verantwortlichkeiten und Ablauf bei der Proximus Versicherung AG

Die Anmeldung erfolgt bei der Proximus Versicherung AG über die Ausbildungsleitung. Der Ablauf unterscheidet sich leicht zwischen GAP 1 und GAP 2.

I. Allgemeiner Ablauf

1. **Information und Fristenmanagement:** Die Ausbildungsleitung informiert alle betroffenen Auszubildenden frühzeitig über die anstehenden Prüfungstermine und Fristen. Dabei werden die Zeitpunkte der Anmeldung sowie die erforderlichen Nachweise kommuniziert.
2. **Erfassung der Anmeldedaten:** Alle relevanten Daten (Name, Ausbildungsberuf, Ausbildungsbeginn/-ende, Verkürzungstatbestände, betriebliche Kontaktdaten) werden in das elektronische Ausbildungsmanagementsystem eingepflegt.
3. **Digitale Anmeldung bei der IHK:** Die Anmeldung erfolgt über das Online-Portal der zuständigen IHK. Die Ausbildungsleitung bestätigt darin:
   - ordnungsgemäße Führung des Ausbildungsnachweises,
   - Teilnahme an GAP 1 (beziehungsweise Zwischenprüfung),
   - Durchführung der Ausbildung gemäß Ausbildungsrahmenplan.
4. **Bestätigung durch Auszubildende:** Die Auszubildenden bestätigen digital ihre Angaben und können bei der Anmeldung beantragen,
   - dass die Berufsschulabschlussnote auf dem IHK-Zeugnis aufgeführt wird,

- und/oder dass das Zeugnis zusätzlich in englischer oder französischer Sprache ausgestellt wird.

5. **Übermittlung an die IHK:** Nach Prüfung übermittelt die Ausbildungsleitung die Anmeldung elektronisch an die IHK und archiviert eine Kopie in der digitalen Ausbildungsakte.

II. Besonderheiten bei der Anmeldung zur GAP 2

Für die GAP 2 gelten besondere Regelungen gemäß der VersFinKflAusbV:

- **Festlegung des Kundschaftsbedarfsfeldes:** Mit der Anmeldung zur GAP 2 legt der auszubildende Mensch sowohl das Kundschaftsbedarfsfeld fest, das in der schriftlichen Prüfung „Kundenbedarfsanalyse, Lösungsentwicklung und Versicherungsfallbearbeitung (KLV)" dem Teilbereich Versicherungsfallbearbeitung zugrunde liegt, als auch das Kundschaftsbedarfsfeld, welches im mündlichen Prüfungsteil „Kundengespräch (KG)" behandelt wird (§ 9 Abs. 3 VersFinKflAusbV).
- **Festlegung der Wahlqualifikation:** Die ausbildende Person (bei der Proximus Versicherung AG vertreten durch den ausbildenden Menschen beziehungsweise der Ausbildungsleitung) legt die Wahlqualifikation fest, innerhalb derer die Praxisaufgabe durchgeführt und über die der Report erstellt wird (§ 9 Abs. 4 VersFinKflAusbV).
- **Nachweis der eigenständigen Durchführung:** Der ausbildende Mensch bestätigt die eigenständige Durchführung der Praxisaufgabe, während der auszubildende Mensch den Report einreicht. Beides muss spätestens am ersten Tag der GAP 2 vorliegen (§ 13 Abs. 6 VersFinKflAusbV).

Diese Vorgaben werden bei der Proximus Versicherung AG automatisiert im Anmeldeworkflow berücksichtigt.

Das System erinnert an Fristen und verweist auf fehlende Bestätigungen oder Berichte.

c) Fristen und Nachweise

Prüfungsteil	Anmeldefrist bei der IHK	Verantwortlich	Benötigte Unterlagen
GAP 1	Circa 3–4 Monate vor Prüfungstermin	Ausbildungsleitung	Ausbildungsnachweis, Personaldaten, betriebliche Bestätigung
GAP 2	Circa 4 Monate vor Prüfungstermin	Ausbildungsleitung/Auszubildende	Ausbildungsnachweis, Report, Bestätigung der Eigenständigkeit, Wahlqualifikation, Kundschaftsbedarfsfelder

Das Ausbildungsmanagementsystem der Proximus Versicherung AG überwacht die Einhaltung der Fristen digital. Bei drohender Überschreitung werden Erinnerungen automatisch an die Ausbildungsleitung und die betroffenen Auszubildenden gesendet.

d) Bestätigung der Eigenständigkeit und Anforderungen an die Praxisaufgabe

Die Ausbildungsleitung bestätigt gegenüber der IHK, dass die Praxisaufgabe innerhalb der gewählten Wahlqualifikation selbstständig durch den auszubildenden Mensch durchgeführt wurde. Dabei achtet sie insbesondere auf folgende Punkte:

1. Hat die Aufgabe Bezug zu den Ausbildungsinhalten des Berufsbilds der Kaufleute für Versicherungen und Finanzanlagen?
2. Entspricht die Aufgabe mindestens einem Lernziel der zugrundeliegenden Wahlqualifikation gemäß Ausbildungsrahmenplan?
3. Handelt es sich um eine tatsächlich durchgeführte Aufgabe?
4. Kann die durchgeführte Aufgabe in den betrieblichen Zusammenhang eingeordnet werden?
5. Stellt die Aufgabe aus Sicht des auszubildenden Menschen (nicht zwingend aus Sicht der ausbildenden Menschen) eine Herausforderung dar (keine Routineaufgabe eines auszubildenden Menschen)?
6. Ist zur Bearbeitung der Aufgabe eine Recherche von Informationen (zum Beispiel über interne/externe Informationsquellen, Programme etc.) und gegebenenfalls eine Vertiefung fachlicher Kenntnisse durch den auszubildenden Mensch erforderlich?
7. Umfasst die Aufgabe eine Planungsphase, eine Durchführungsphase sowie eine Auswertungsphase (projektorientierte Arbeitsweise)?
8. Erfordert die Bearbeitung der Aufgabe die Auswahl oder Entwicklung eines Lösungsweges?
9. Bietet die Aufgabe in Abstimmung mit Verantwortungstragenden oder Prozessverantwortlichen organisatorische Freiheitsgrade beziehungsweise Entscheidungs- oder Verantwortungsspielräume?
10. Ermöglichen die Ergebnisse der Aufgabe eine Bewertung, zum Beispiel hinsichtlich Wirtschaftlichkeit oder Nachhaltigkeit, die der auszubildende Mensch selbständig vornehmen kann?
11. Ermöglicht die Aufgabe eine Reflexion zur Zielerreichung und des eigenen Lernerfolges sowie gegebenenfalls die Ableitung von Verbesserungsvorschlägen?

e) Kommunikation mit der IHK

Die gesamte Kommunikation mit der IHK erfolgt digital über das IHK-Onlineportal. Das Portal ermöglicht:

- Upload aller relevanten Dokumente,
- automatische Empfangsbestätigung,

- Statusverfolgung der Anmeldungen,
- Benachrichtigungen bei Rückfragen oder Nachforderungen,
- elektronische Archivierung der Kommunikation.

Die Ausbildungsleitung ist zentraler Ansprechpartner für die Kammer und koordiniert Rückmeldungen, Nachreichungen und Terminabsprachen. Alle Daten werden DS-GVO-konform in den Ausbildungsakten gespeichert.

f) Sonderfälle

I. Vorzeitige Zulassung nach § 45 BBiG

Nach Buchstabe D der Empfehlung des Hauptausschusses des BIBB zur „Zulassung zur Abschlussprüfung" kann eine vorzeitige Zulassung erfolgen, wenn:

- die Leistungen in Berufsschule und Betrieb deutlich über dem Durchschnitt liegen,
- alle Ausbildungsinhalte bereits vermittelt wurden,
- der Ausbildungsbetrieb und die Berufsschule die vorzeitige Zulassung befürworten, und
- zu erwarten ist, dass der auszubildende Mensch das Ausbildungsziel erreicht.

Überdurchschnittliche Leistungen liegen vor, wenn sowohl eine Durchschnittsnote in der Berufsschule (aller prüfungsrelevanten Fächer beziehungsweise Lernfelder) als auch eine praktische Ausbildungsleistung besser als 2,49 bewertet werden.

Die zuständige Stelle (Kammer) trifft die Zulassungsentscheidung. Hält sie die Zulassungsvoraussetzungen für nicht gegeben, entscheidet gemäß § 46 Abs. 1 BBiG der Prüfungsausschuss. Die konkreten Voraussetzungen und Bewertungsmaßstäbe variieren in der Praxis je nach zuständiger IHK.

Hinweis für das Ausbildungszeugnis des Betriebs:

Wenn der Ausbildungsbetrieb die vorzeitige Zulassung zur Abschlussprüfung befürwortet hat, ist es in der Regel schwer zu begründen, ein qualifiziertes Ausbildungszeugnis mit einer Gesamtbewertung schlechter als „gut (2)" auszustellen, da zu diesem Zeitpunkt bereits eine praktische Ausbildungsleistung von besser als 2,49 nachgewiesen worden sein muss.

II. Zulassung von Externen (§ 45 Abs. 2 BBiG)

Personen ohne reguläres Ausbildungsverhältnis können zugelassen werden, wenn sie eine mindestens 1½-fache Dauer der regulären Ausbildungszeit in dem Beruf tätig waren.

III. Nachträgliche Anmeldung/Fristversäumnis

Nur in begründeten Ausnahmefällen möglich, wenn ein Versäumnis nicht vom auszubildenden Menschen zu vertreten ist.

19.6.1.1.3 Zugelassene Hilfsmittel

Die zugelassenen Hilfsmittel in der Abschlussprüfung der Kaufleute für Versicherungen und Finanzanlagen ergeben sich abhängig vom jeweiligen Prüfungsteil. Für die schriftlichen Prüfungsteile gelten die bundeseinheitlichen Vorgaben der AKA in Abstimmung mit dem BIBB und den zuständigen IHKen. Sie gewährleisten, dass alle Prüfungsteilnehmenden bundesweit unter gleichen Bedingungen geprüft werden. Eine Ausnahme bildet Baden-Württemberg.

Für die mündlichen Prüfungen ergeben sich die zugelassenen Hilfsmittel aus der VersFinKflAusbV sowie aus der jeweiligen Prüfungsordnung der IHK.

1. Grundsätzliche Regelungen für die schriftlichen Prüfungen

Grundsätzlich sind nur solche Hilfsmittel erlaubt, die in den jeweils gültigen Prüfungsinformationen der AKA ausdrücklich zugelassen sind. Die Nutzung weiterer, nicht genannter Materialien, elektronischer Geräte oder digitaler Speichermedien ist unzulässig. Zulässig sind ausschließlich nicht programmierbare Arbeitsmittel, die der Unterstützung des fachlichen Arbeitens dienen. Alle Gesetzestexte und Verordnungen müssen unkommentiert vorliegen. Erlaubt sind lediglich Unterstreichungen, farbige Markierungen und Nummernverweise. Nicht zulässig sind Randbemerkungen, Kommentare, Anmerkungen oder Eintragungen.

2. Zulässige Hilfsmittel in den schriftlichen Prüfungen

a) GAP 1 – Allgemeine Versicherungswirtschaft (AVW)

Zugelassen sind ausschließlich:

- Taschenrechner, nicht programmiert, netzunabhängig und ohne Kommunikationsmöglichkeit mit Dritten,
- Bedingungswerk PROXIMUS 5 des BWV (notwendiges Hilfsmittel),
- Gesetzessammlung und/oder Textausgaben einzelner Gesetze und Verordnungen in unkommentierter Form (zum Beispiel VVG, HGB, BGB).

b) GAP 2 – Kundenbedarfsanalyse, Lösungsentwicklung und Versicherungsfallbearbeitung (KLV)

Zugelassen sind ausschließlich dieselben Hilfsmittel wie bei der GAP 1.

c) GAP 2 – Wirtschafts- und Sozialkunde (WiSo)

Zugelassen ist ausschließlich ein nicht programmierbarer, netzunabhängiger Taschenrechner, ohne Kommunikationsmöglichkeit mit Dritten. Weitere Materialien oder Gesetzestexte sind in diesem Prüfungsteil nicht gestattet.

3. Zugelassene Hilfsmittel in den mündlichen Prüfungen

a) Kundschaftsgespräch (KG)

Im Kundschaftsgespräch ist der gesprächsunterstützende Einsatz von digitalen und analogen Hilfsmitteln ausdrücklich gestattet und laut Ausbildungsordnung sogar gefordert. Somit sind während des Prüfungsgesprächs selbst sowie während der Vorbereitungszeit alle Hilfsmittel gestattet, wie zum Beispiel: Tarife, Bedingungen, Produktinformationen, Fachbücher und interne Handlungsanweisungen, Laptops, Tablets, Handys, Taschenrechner, sonstige betriebsübliche Arbeitsmaterialien. Das Kundschaftsgespräch soll sich auf das jeweilige Unternehmen, dessen Ausbildungsbetrieb der zu prüfende Mensch angehört, beziehen. Maßgeblich sind daher die Hilfsmittel (zum Beispiel Bedingungen, Tarife etc.) des jeweiligen Unternehmens. Bei der Nutzung digitaler Hilfsmittel (zum Beispiel Laptop, Handy) ist zu beachten, dass während der Vorbereitungszeit und während des Prüfungsgesprächs keine Kontaktaufnahme mit Dritten erfolgen darf. Dies ergibt sich aus dem Grundsatz der Nichtöffentlichkeit gemäß den Prüfungsordnungen der IHKen. Die Nutzung dieser Geräte als Suchmaschine oder zur Befragung einer KI ist im Rahmen der Prüfungsvorbereitung und des Gesprächs zulässig, sofern keine Kommunikation mit realen Personen stattfindet.

b) Fallbezogenes Fachgespräch (FFG)

Im fallbezogenen Fachgespräch ist nach der Ausbildungsordnung für die einleitende Darstellung die Verwendung visualisierender Hilfsmittel gestattet, jedoch nicht erforderlich. Damit sind alle Hilfsmittel, die nicht ausschließlich visualisierender Art sind, wie zum Beispiel Tonaufnahmen oder Videos mit Ton, nicht erlaubt.

In Frage kommen insbesondere: Poster, Flyer, Präsentationen (zum Beispiel PowerPoint, PDF). Der Einsatz der Hilfsmittel an sich wird nicht bewertet. Er kann jedoch Einfluss auf die Bewertung durch den Prüfungsausschuss haben, wenn die eingesetzten visuellen Hilfsmittel zur Nachvollziehbarkeit der Darstellung der Praxisaufgabe und des Lösungswegs beitragen – oder das Gegenteil bewirken. Für die Funktionalität der eingesetzten Hilfsmittel ist ausschließlich der zu prüfende Mensch verantwortlich. Technische Störungen gehen zu seinen Lasten.

c) Mündliche Ergänzungsprüfung (MEP)

Die mündliche Ergänzungsprüfung kommt nur in bestimmten Fällen in Betracht. Sie kann das Ergebnis eines schriftlichen Prüfungsteils der GAP 2 entweder in „Wirtschafts- und Sozialkunde“ oder in „Kundenbedarfsanalyse, Lösungsentwicklung und

Versicherungsfallbearbeitung" verbessern. Dementsprechend gelten hierbei dieselben Hilfsmittel, wie sie im jeweiligen zugrundeliegenden schriftlichen Prüfungsbereich zulässig sind.

4. Kontrolle und Sanktionen

Die Kontrolle der zugelassenen Hilfsmittel erfolgt durch die Aufsicht des Prüfungsausschusses gemäß § 20 Abs. 2 der Musterprüfungsordnung des Hauptausschusses des BIBB (HA 120). Die wesentlichen Regelungen zu Täuschungshandlungen und Ordnungsverstößen ergeben sich aus § 22 der Musterprüfungsordnung:

- Eine Täuschungshandlung liegt vor, wenn ein zu prüfender Mensch versucht, das Prüfungsergebnis durch Täuschung oder die Benutzung nicht zugelassener Hilfsmittel zu beeinflussen oder Beihilfe hierzu leistet.
- Wird während der Prüfung eine Täuschungshandlung festgestellt oder vermutet, wird der Sachverhalt durch die Aufsicht festgehalten und protokolliert; der zu prüfende Mensch setzt die Prüfung zunächst fort.
- Liegt eine Täuschungshandlung vor, wird die betroffene Prüfungsleistung mit „ungenügend" (0 Punkte) bewertet. In schweren Fällen kann der Prüfungsausschuss den gesamten Prüfungsteil oder die gesamte Prüfung mit „ungenügend" (0 Punkte) bewerten.
- Behindert ein zu prüfender Mensch durch sein Verhalten die ordnungsgemäße Durchführung der Prüfung, kann er von der Teilnahme ausgeschlossen werden. Die endgültige Entscheidung über die Folgen trifft der Prüfungsausschuss.
- Vor einer endgültigen Entscheidung ist der zu prüfende Mensch anzuhören.

Die Proximus Versicherung AG sensibilisiert alle Auszubildenden frühzeitig über diese Vorschriften und dokumentiert die Unterweisung. Damit wird sichergestellt, dass die Prüfungsbedingungen jederzeit rechtskonform, fair und transparent eingehalten werden.

19.6.1.1.4 Schriftliche Prüfungen – allgemeine Hinweise

Nach § 42 BBiG liegt die Verantwortung für die Bewertung sämtlicher Prüfungsleistungen grundsätzlich beim Prüfungsausschuss. Gemäß § 42 Abs. 2 BBiG kann die Kammer die Bewertung schriftlicher Arbeiten auf Prüfendendelegationen übertragen, die die Bewertung im Auftrag des Ausschusses vornehmen. Nach § 18 Abs. 2 der Musterprüfungsordnung des Hauptausschusses des BIBB (HA 120) können für die schriftlichen Prüfungen einheitliche Aufgaben verwendet werden, die durch eine gemeinsame Aufgabenstelle (zum Beispiel AKA) erstellt werden. Diese Aufgaben werden von allen beteiligten Kammern übernommen und gewährleisten eine bundesweit vergleichbare Prüfungsleistung. Die AKA stellt neben den Prüfungsaufgaben auch Lösungshinweise mit einer Punkteverteilung bereit. Diese unterscheiden sich von einer Musterlösung, die eine inhaltlich vollständige, ideale Bearbeitung der Aufgabe darstellt. Lösungshinweise dagegen geben Orientierungen zur Bewertung: Sie zeigen, welche Aspekte bewertet werden sollen und wie die Punkte zu vergeben sind, ohne eine vollständige Textvorlage zu liefern. Damit bleibt Raum für alternative, aber fachlich gleichwertige Lösungen der zu prüfende Menschen. Die schriftlichen Arbeiten werden in der Regel von zwei Prüfenden unabhängig voneinander bewertet. Bei abweichenden Ergebnissen erfolgt eine gemeinsame Abstimmung und Dokumentation der Entscheidung im Prüfungsprotokoll.

Bewertungsschlüssel

Nach § 24 der Musterprüfungsordnung erfolgt die Bewertung der Prüfungsleistungen anhand eines bundesweit einheitlichen Punkte-Noten-Schlüssels, der sowohl für schriftliche als auch mündliche Prüfungen gilt:

Punkte	Note	Bewertung
100 – 92	1	sehr gut
91 – 81	2	gut
80 – 67	3	befriedigend
66 – 50	4	ausreichend
49 – 30	5	mangelhaft
29 – 0	6	ungenügend

Die Bestehensgrenze liegt bei mindestens 50 Punkten (= Note 4, „ausreichend“). Dieser Schlüssel ist auch bei der Bewertung der mündlichen Prüfungsbestandteile verbindlich.

Aufbewahrung der Prüfungsunterlagen

Nach § 31 der Musterprüfungsordnung müssen schriftliche Prüfungsarbeiten mindestens ein Jahr, Niederschriften über Prüfungen mindestens 15 Jahre aufbewahrt werden. Dies dient der Nachvollziehbarkeit, Transparenz und Rechtskontrolle von Prüfungsentscheidungen.

19.6.1.1.4.1 Allgemeine Versicherungswirtschaft (GAP 1)

Die GAP 1 dient der Feststellung des bis zur Mitte der Ausbildung erreichten Wissens- und Kompetenzstands der Auszubildenden im Bereich der Allgemeinen Versicherungswirtschaft.

Zeitliche Einordnung

Die GAP 1 soll in der Mitte der Ausbildung abgelegt werden. Bei verkürzter Ausbildungsdauer ist sie spätestens vier Monate vor der GAP 2 zu absolvieren. Sie wird regelmäßig im Frühjahr (April/Mai) und im Herbst (Oktober/November) angeboten, während die GAP 2 im Sommer (Juni/Juli) und im Winter (Januar/Februar) stattfindet. Ausgehend von einem Ausbildungsbeginn am 01. August 2026 ergeben sich folgende Prüfungszeiträume:

Ausbildungsdauer	Zeitraum der GAP 1 (Mitte der Ausbildung)	Prüfungszeitpunkt GAP 1	Prüfungszeitpunkt GAP 2
36 Monate	01.02.2028 – 31.07.2028	**Frühjahr 2028**	**Sommer 2029**
30 Monate	01.02.2027 – 31.01.2028	**Herbst 2027 oder Frühjahr 2028**	**Winter 2028/2029**
24 Monate	01.02.2027 – 31.07.2027	**Frühjahr 2027**	**Sommer 2028**
18 Monate	01.11.2026 – 30.04.2027	**Frühjahr 2027**	**Winter 2027/2028**

Damit wird gewährleistet, dass die GAP 1 stets in der Ausbildungsmitte liegt und zeitlich ausreichend Abstand zur GAP 2 besteht.

Prüfungsinhalte gemäß § 8 Abs. 2 bis 4 VersFinKflAusbV

Im Prüfungsbereich „Allgemeine Versicherungswirtschaft" hat der zu prüfende Mensch nachzuweisen, dass er in der Lage ist, die Bedeutung der Versicherungswirtschaft einzuschätzen und zu beschreiben, geeignete Kommunikationswege bei der Beratung und Betreuung von Kundschaft zu nutzen, Kundschaftsdaten zu erheben und als Grundlage für die Beratung und Betreuung zu verwenden, individuelle, bedarfsgerechte Lösungen zu entwickeln, Angebote zu erstellen sowie ergänzende Serviceleistungen und weitere Schritte zur Vertragsschließung aufzuzeigen.

Für den Nachweis der folgenden Kompetenzen:

- die rechtlichen Rahmenbedingungen in Beratungsgesprächen sowie während der Vertragsanbahnung und der Vertragslaufzeit einzuhalten,
- Beratungsanlässe bei Privatkunden zu identifizieren sowie
- für die Beratung individuelle Bedarfe zu analysieren und zu erläutern,

sind insbesondere die folgenden thematischen Gebiete zugrunde zu legen:

- die Absicherung von Wohnen und Wohneigentum,
- die Absicherung von Berufsausübung und Freizeitgestaltung sowie
- die Absicherung von Mobilität und Reisen.

Für die Entwicklung individueller, bedarfsgerechter Lösungen sowie das Erstellen von Angeboten und ergänzenden Serviceleistungen bildet das Gebiet „Absicherung von Wohnen und Wohneigentum" die Grundlage.

Prüfungsform und -dauer

Die Prüfung erfolgt in schriftlicher Form. Sie besteht aus praxisbezogenen ungebundenen Aufgaben. Die Bearbeitungszeit beträgt 120 Minuten.

Zielsetzung

Die GAP 1 stellt sicher, dass die Auszubildenden zur Ausbildungsmitte über die notwendigen Grundkompetenzen in den Bereichen Kundenberatung, Versicherungsprodukte und rechtliche Rahmenbedingungen verfügen. Sie gibt sowohl den Auszubildenden als auch dem Ausbildungsbetrieb eine objektive Rückmeldung über den Ausbildungsstand und dient somit als zentrales Steuerungsinstrument für die weitere Ausbildungsplanung bis zur GAP 2.

19.6.1.1.4.2 Kundenbedarfsanalyse, Lösungsentwicklung und Versicherungsfallbearbeitung (KLV – GAP 2)

Der Prüfungsbereich KLV ist der zentrale schriftliche Prüfungsbereich der GAP 2 für Kaufleute für Versicherungen und Finanzanlagen. Er dient der Feststellung, inwieweit Auszubildende am Ende ihrer Ausbildung in der Lage sind, komplexe Beratungssituationen zu analysieren, individuelle Lösungen zu entwickeln und Versicherungsfälle fachgerecht zu bearbeiten.

Zeitliche Einordnung

Der schriftliche Prüfungsteil KLV wird in der Regel einen Tag vor dem Prüfungsbereich „Wirtschafts- und Sozialkunde (WiSo)" abgelegt. Ausgehend von einem Ausbildungsbeginn am 01. August 2026 ergeben sich folgende Prüfungszeiträume:

Ausbildungsdauer	Prüfungszeitpunkt GAP 2 (KLV)
36 Monate	Sommerprüfung 2029 (Ende April/Anfang Mai)
30 Monate	Winterprüfung 2028/2029 (Ende November 2028)
24 Monate	Sommerprüfung 2028 (Ende April/Anfang Mai)
18 Monate	Winterprüfung 2027/2028 (Ende November 2027)

Prüfungsinhalte gemäß § 10 VersFinKflAusbV

Im Prüfungsbereich KLV hat der zu prüfende Mensch nachzuweisen, dass er in der Lage ist,

1. für die Beratung individuelle Bedarfe zu analysieren und zu erläutern,
2. individuelle, bedarfsgerechte Lösungen zu entwickeln und dabei Anforderungen der Kundschaft mit anderen Arbeits- und Geschäftsbereichen abzustimmen,
3. Chancen und Risiken von Finanzanlageformen zu beurteilen,

4. Angebote zu erstellen,
5. ergänzende Serviceleistungen und weitere Schritte zur Vertragsschließung aufzuzeigen,
6. Auswirkungen von Geschäftsfällen auf das Unternehmen, auf betriebliche Kennzahlen sowie auf die Kosten- und Leistungsrechnung darzustellen und
7. Versicherungsfälle zu regulieren.

Für den Teilbereich „Versicherungsfallbearbeitung" wählt der zu prüfende Mensch mit der Prüfungsanmeldung ein Kundschaftsbedarfsfeld (§ 9 Abs. 3 VersFinKflAusbV). Folgende Auswahl an Gebieten steht zur Verfügung:

- Absicherung von Wohnen und Wohneigentum
- Absicherung von Berufsausübung und Freizeitgestaltung
- Absicherung von Mobilität und Reisen
- Förderung der Gesundheit sowie die Absicherung von Krankheit und Pflege
- Vorsorge für das Alter und die Vermögensbildung
- Absicherung des Einkommens und die Hinterbliebenenversorgung

Abgrenzung zur GAP 1

Nach § 9 Abs. 2 VersFinKflAusbV werden Fertigkeiten, Kenntnisse und Fähigkeiten, die bereits Gegenstand der GAP 1 waren, nur insoweit in der GAP 2 einbezogen, als dies zur Feststellung der beruflichen Handlungsfähigkeit erforderlich ist. Das bedeutet für die Relevanz der Kundschaftsbedarfsfelder in der GAP 2 konkret:

- Das Kundschaftsbedarfsfeld „Wohnen und Wohneigentum absichern" kommt grundsätzlich in der GAP 2 nicht vor, da es – mit Ausnahme der Regulierung von Versicherungsfällen – bereits vollständig in der GAP 1 geprüft wurde. Eine denkbare Ausnahme bildet somit die Versicherungsfallbearbeitung, für die der zu prüfende Mensch „Wohnen und Wohneigentum absichern" wählen kann.
- Für die Kundschaftsbedarfsfelder „Mobilität und Reisen absichern" sowie „Berufsausübung und Freizeitgestaltung absichern" wurden die Kompetenzen zur Bedarfsermittlung (Analyse und Erläuterung individueller Bedarfe) bereits in der GAP 1 geprüft. Diese Inhalte werden in der GAP 2 grundsätzlich nicht erneut abgeprüft – es sei denn, dass sie für die Feststellung der vollständigen beruflichen Handlungsfähigkeit erforderlich sind.

■ **BEISPIEL**

In der GAP 2 wird keine Aufgabe mehr gestellt, bei der schwerpunktmäßig der Bedarf einer Privatkundschaft im Kundschaftsbedarfsfeld „Berufsausübung und Freizeitgestaltung absichern" ermittelt werden muss, denn das war bereits Bestandteil der GAP 1. Wenn jedoch im Rahmen der GAP 2 eine

Aufgabe gestellt wird, in der eine Lösung samt Angebot für einen Bedarf in diesem Kundschaftsbedarfsfeld entwickelt werden soll, ist es erforderlich, dass der zu prüfende Mensch die Bedarfsermittlung nachvollziehen und auf sie Bezug nehmen kann. ■

Alle übrigen Kundschaftsbedarfsfelder werden vollständig in der GAP 2 geprüft.

Prüfungsform und -dauer

Die Prüfung erfolgt in schriftlicher Form und besteht aus praxisorientierten Aufgaben, die eine vollständige Bearbeitung eines Kundschaftsfalls einschließlich Analyse, Lösungsentwicklung und Leistungsbearbeitung erfordern. Die Bearbeitungszeit beträgt 180 Minuten. Für die Bewertung und Korrektur gelten dieselben Regelungen wie bei der GAP 1.

Es handelt sich hierbei um ein Sperrfach, das heißt: Der Prüfungsteil muss für sich isoliert bestanden werden (mindestens 50 von 100 Punkten), damit die gesamte Abschlussprüfung als bestanden gilt. Für diesen Prüfungsbereich kommt MEP in Betracht.

19.6.1.1.4.3 Wirtschafts- und Sozialkunde (WiSo – GAP 2)

Der Prüfungsbereich WiSo ist Bestandteil des zweiten Teils der gestreckten Abschlussprüfung (GAP 2). Er dient der Überprüfung, ob die Auszubildenden grundlegende wirtschaftliche und gesellschaftliche Zusammenhänge verstehen und diese im beruflichen Handeln anwenden können. Dabei steht die Fähigkeit im Vordergrund, betriebliche Entscheidungen in einen rechtlichen, wirtschaftlichen und sozialen Gesamtzusammenhang einzuordnen.

Zeitliche Einordnung

Der Prüfungsbereich WiSo wird in der Regel einen Tag nach dem schriftlichen Prüfungsteil KLV abgelegt.

Prüfungsinhalte gemäß § 14 VersFinKflAusbV

Im Prüfungsbereich WiSo hat der zu prüfende Mensch nachzuweisen, dass er in der Lage ist, wirtschaftliche und gesellschaftliche Zusammenhänge der Berufs- und Arbeitswelt darzustellen und zu beurteilen. Hierunter fallen die im Abschnitt C des Ausbildungsrahmenplans wahlqualifikationsübergreifend integrativ zu vermittelnden Fertigkeiten, Kenntnisse und Fähigkeiten, also die Berufsbildpositionen: Organisation des Ausbildungsbetriebs, Berufsbildung sowie Arbeits- und Tarifrecht, Sicherheit und Gesundheit bei der Arbeit, Umweltschutz und Nachhaltigkeit und Digitalisierte Arbeitswelt.

Prüfungsform und -dauer

Die Prüfung erfolgt in schriftlicher Form und besteht aus gebundenen Aufgaben. Die Bearbeitungszeit beträgt 60 Minuten. Die Bewertung erfolgt maschinell. Eine MEP kann unter bestimmten Voraussetzungen in Betracht kommen.

19.6.1.1.5 Mündliche Prüfungen

Die GAP 2 umfasst zwei mündliche Prüfungsbestandteile. Während das Kundengespräch auf eine realitätsnahe Beratungssituation abzielt, steht beim Fallbezogenen Fachgespräch die Reflexion und Begründung einer praktischen Aufgabe aus der Ausbildung im Mittelpunkt.

19.6.1.1.5.1 Kundschaftsgespräch (KG – GAP 2)

Das Kundschaftsgespräch ist ein eigenständiger Prüfungsbereich des zweiten Teils der gestreckten Abschlussprüfung. Ziel ist es, die Fähigkeit des zu prüfende Menschen nachzuweisen, Kundengespräche systematisch, bedarfsgerecht und zielorientiert zu führen. In diesem Prüfungsbereich hat der zu prüfende Mensch nachzuweisen, dass er in der Lage ist,

1. Kundengespräche systematisch und zielorientiert zu führen,
2. die Interessen der Kundschaft ganzheitlich zu berücksichtigen,
3. auf Kundschaftsfragen und -einwände einzugehen,
4. analoge oder digitale Medien gesprächsunterstützend einzusetzen und
5. über den Gesprächsanlass hinausgehende Kundschaftsbedarfe zu erkennen und anzusprechen.

Kundschaftsbedarfsfelder

Das KG bezieht sich auf das Kundschaftsbedarfsfeld, das der zu prüfende Mensch bei der Prüfungsanmeldung gemäß § 9 Abs. 3 VersFinKflAusbV festgelegt hat. Zur Auswahl stehen folgende Kundschaftsbedarfsfelder:

- Absicherung von Wohnen und Wohneigentum
- Absicherung von Berufsausübung und Freizeitgestaltung
- Absicherung von Mobilität und Reisen
- Förderung der Gesundheit sowie Absicherung von Krankheit und Pflege
- Vorsorge für das Alter und Vermögensbildung
- Absicherung des Einkommens und Hinterbliebenenversorgung
- Absicherung von Nicht-Privatkunden

Im Rahmen des KG soll der zu prüfende Mensch auf Grundlage der Fallvorgabe zunächst die relevanten Bedarfe identifizieren und anschließend geeignete Lösungen in Form von Versicherungs- oder Finanzanlageprodukten vorschlagen. Eine eindeutige oder exklusive Zuordnung von Produkten oder Sparten zu einem bestimmten Kundschaftsbedarfsfeld ist dabei weder möglich noch sachgerecht. Allerdings kann zwischen Hauptbedarfen und Zusatzbedarfen unterschieden werden. Welche Bedarfe und Lösungen in der konkreten Prüfungssituation als Haupt- oder Zusatzbedarf gelten, ergibt sich stets aus der jeweiligen Fallvorlage.

■ BEISPIELE

- Ein Produkt kann in mehreren Kundschaftsbedarfsfeldern den Hauptbedarf darstellen. So kann die Auslandsreisekrankenversicherung im Bedarfsfeld „Gesundheit fördern, Krankheit und Pflege absichern" als Hauptbedarf gelten, wenn laut Fallvorlage eine GKV-versicherte Person ihren Krankenversicherungsschutz erweitern möchte. Dieselbe Versicherung kann jedoch auch im Bedarfsfeld „Mobilität und Reisen absichern" zum Hauptbedarf gehören, wenn in der Fallbeschreibung Auslandreisen mit einem privaten PKW thematisiert werden.
- Abhängig von der Fallvorgabe kann ein Produkt in einem Kundschaftsbedarfsfeld einmal ein Hauptbedarf sein – und in einem anderen Fall überhaupt nicht dazugehören. Wird im Bedarfsfeld „Wohnen und Wohneigentum absichern" beschrieben, dass eine Kundin in ihre erste Mietwohnung zieht, ist die Wohngebäudeversicherung kein relevanter Bedarf. Bezieht sich die Fallvorlage hingegen auf den Erwerb eines Eigenheims, gehört sie klar zum Hauptbedarf.

Ausschlaggebend ist also immer die konkrete Situationsbeschreibung in der Fallvorlage. Erst daraus ergibt sich, welche Sparten oder Produkte als Haupt- oder Zusatzbedarf zu bewerten sind. Nur die in der Fallvorgabe enthaltenen Informationen können analysiert, priorisiert und zu erkennbaren Versorgungslücken verdichtet werden, aus denen sich ein Absicherungsbedarf ergibt, der wiederum durch konkrete Sparten oder Produkte abgedeckt wird. Ändert sich der Gesprächsanlass, ändern sich entsprechend auch die resultierenden Haupt- und Zusatzbedarfe. Wird zum Beispiel als Gesprächsanlass beschrieben: „Kunde zieht mit seiner Lebenspartnerin in eine größere Mietwohnung", liegt der Hauptbedarf typischerweise bei Hausrat-, Elementarschaden-, Mietrechtsschutz- und Glasversicherung. Produkte wie Wohngebäude- oder Vermieterrechtsschutzversicherung spielen in dieser Fallkonstellation keine Rolle. Auch die Zusatzbedarfe – etwa Privathaftpflicht- oder Rechtsschutzversicherung – können je nach Ausgestaltung der Fallvorlage variieren.

Prüfungsform und Durchführung

Das KG ist eine mündliche Prüfung mit simuliertem Beratungsgespräch (Rollenspiel). Die Prüfung gliedert sich in zwei Phasen:

1. **Vorbereitungszeit:**

   Der zu prüfende Mensch erhält zwei praxisbezogene Aufgaben (Fallvorlagen) aus dem gewählten Bedarfsfeld. Er hat 15 Minuten Zeit, um sowohl die Aufgabe auszuwählen als auch sich auf das Gespräch vorzubereiten. Das bedeutet, dass der zu prüfende Mensch beide Fallvorlagen bis zum Ende der Vorbereitungszeit zur Verfügung hat und sich nicht bereits zu Beginn auf eine Fallvariante festlegen muss. Während dieser Zeit dürfen alle Hilfsmittel genutzt werden (zum Beispiel Produktinformationen, Tarife, Bedingungen, Rechner, Laptop oder Tablet). Eine Kontaktaufnahme mit Dritten ist jedoch unzulässig. Die Fallvorgabe (praxisbezogene Aufgabe) ist in der Regel so gestaltet, dass sie ein Folgegespräch simuliert. Hintergrund ist, dass die Prüfungszeit nicht mit Formalitäten wie der Vorstellung des Unternehmens oder der Erklärung des Ombudsmannverfahrens gefüllt werden soll, da dies nicht die Bewertung der geforderten Kompetenzen zulässt. Sie enthält häufig Vorinformationen, etwa aus einem vorherigen Kundschaftsgespräch oder einer Gesprächsnotiz aus dem Kollegium. So wird ermöglicht, dass die Vorbereitungszeit bereits für die Entwicklung von Lösungsalternativen genutzt werden kann. Der Gesprächsinhalt beschränkt sich ausschließlich auf die Absicherung des gewählten Kundschaftsbedarfsfeldes und kann sowohl Neu- als auch Bestandskundschaft betreffen. Eine Schadenregulierung ist für die Gesprächssimulation nicht ausdrücklich ausgeschlossen.

2. **Durchführung des** Kundschaftsgesprächs:

   Die Gesprächsdauer beträgt maximal 15 Minuten. Nach Ablauf dieser Zeit wird das Gespräch automatisch beendet. Inhalte, die nach dem Zeitlimit geäußert werden, dürfen nicht mehr in die Bewertung einfließen. Das Gespräch kann auch früher enden, wenn die Beratung vollständig abgeschlossen ist – in der Praxis ist dies jedoch selten. Der zu prüfende Mensch führt das Gespräch in der Regel mit einem Mitglied des Prüfungsausschusses, das die Rolle der Dienstleistung in Anspruch nehmende Person übernimmt. Während des Gesprächs erfolgt noch keine Bewertung; die Ausschussmitglieder dokumentieren lediglich ihre Beobachtungen.

Bewertung des Kundschaftsgesprächs

Zu bewerten sind die nachzuweisenden Kompetenzen. Dies soll erst nach dem Kundschaftsgespräch auf Grundlage der dokumentierten Beobachtungen der prüfenden Menschen geschehen. Für den Beobachtungs- und Bewertungsprozess hat der BWV Bildungsverband gemeinsam mit dem DIHK einen Beobachtungs- und Bewertungsbogen herausgegeben, dessen Anwendung beide Akteure im Sinne einer bundeseinheitlichen Abschlussprüfung empfehlen. Gebunden ist der Prüfungsausschuss hieran allerdings nicht.

19.6.1.1.5.2 Fallbezogenes Fachgespräch (FFG – GAP 2)

Das Fallbezogene Fachgespräch ist die zweite mündliche Prüfung der GAP 2 und dient der Feststellung, ob der zu prüfende Mensch in der Lage ist, berufliche Aufgabenstellungen innerhalb der gewählten Wahlqualifikation fachlich fundiert, methodisch und reflektiert zu bearbeiten. In dieser Prüfung hat der zu prüfende Mensch nachzuweisen, dass er in der Lage ist,

1. die Bearbeitung einer komplexen berufstypischen Aufgabe prozessorientiert zu planen, durchzuführen und auszuwerten,
2. die Aufgabe nachvollziehbar darzustellen und in den betrieblichen Zusammenhang einzuordnen,
3. unterschiedliche Lösungswege zu entwickeln, eine Auswahl zu treffen, diese zu begründen und dabei insbesondere wirtschaftliche, ökologische und rechtliche Aspekte zu berücksichtigen,
4. projektorientierte Arbeitsweisen in der Bearbeitung der Aufgabe anzuwenden,
5. Ergebnisse der Aufgabenbearbeitung, insbesondere hinsichtlich der Wirtschaftlichkeit und Nachhaltigkeit, zu bewerten und
6. den gewählten Lösungsweg sowie das gesamte Vorgehen während der Aufgabenbearbeitung zu reflektieren.

Grundlagen und Bezug zur Wahlqualifikation

Das Fallbezogene Fachgespräch basiert auf einer selbstständig durchgeführten Praxisaufgabe, über die der zu prüfende Mensch einen Report erstellt. Diese Praxisaufgabe muss innerhalb der mit der Anmeldung zur GAP 2 festgelegten Wahlqualifikation erfolgen (§ 9 Abs. 4 VersFinKflAusbV). Sie bildet die Grundlage für das Fachgespräch und soll die berufliche Handlungskompetenz des zu prüfende Menschen in einem realitätsnahen betrieblichen Zusammenhang abbilden. Der Report dient dem Prüfungsausschuss als Grundlage für das Prüfungsgespräch, wird aber nicht selbst bewertet, genauso wenig wie die Durchführung der Praxisaufgabe (§ 13 Abs. 10 VersFinKflAusbV). Bewertet wird ausschließlich die mündliche Leistung im Fachgespräch.

Praxisaufgabe und Report

Die Praxisaufgabe ist vom zu prüfende Mensch eigenständig durchzuführen. Dies wird von der ausbildenden Person bestätigt. Die Bestätigung sowie der Report müssen spätestens am ersten Tag der GAP 2 der IHK vorliegen (§ 13 Abs. 6 VersFinKflAusbV). Die Ausbildungsleitung bei der Proximus Versicherung AG achtet insbesondere darauf, dass die eingereichte Aufgabe den in der „Checkliste zur Reporterstellung" des BWV Bildungsverbandes festgelegten Anforderungen entspricht. Dabei wird geprüft, ob die Aufgabe den Ausbildungsinhalten entspricht, tatsächlich durchgeführt wurde, in den betrieblichen Kontext eingebettet ist, eine Herausforderung darstellt und Planungs-, Durchführungs- und Auswertungsphasen umfasst.

Prüfungsform und Ablauf

Das Fallbezogene Fachgespräch dauert höchstens 20 Minuten. Es darf nicht länger andauern, kann aber im Ermessen des Prüfungsausschusses früher enden, wenn die Beurteilung der Kompetenzen vollständig möglich ist. Das Fachgespräch gliedert sich in zwei Abschnitte:

1. **Einleitende Darstellung durch den zu prüfende Mensch:**

   Diese soll in der Regel fünf Minuten nicht überschreiten, kann aber im Ermessen des Prüfungsausschusses auch etwas länger dauern. Der zu prüfende Mensch stellt dabei die praxisbezogene Aufgabe und den Lösungsweg dar. Während dieser einleitenden Darstellung dürfen keine Fragen durch den Prüfungsausschuss gestellt werden. Der zu prüfende Mensch kann optional visualisierende Hilfsmittel wie Präsentationen, Plakate oder Handouts nutzen, deren Einsatz jedoch nicht bewertet wird. Nicht zulässig sind Hilfsmittel mit auditiven Elementen wie Tonaufnahmen oder Videos mit Ton. Der zu prüfende Mensch trägt die Verantwortung für die Funktionsfähigkeit der von ihm eingesetzten Hilfsmittel.

2. **Fachgespräch:**

   Daran anschließend überprüft der Prüfungsausschuss durch Fragen, ob der zu prüfende Mensch die in § 13 Abs. 1 VersFinKflAusbV genannten Kompetenzen nachweisen kann.

   Dafür wurden aus den nachzuweisenden Kompetenzen im Beobachtungs- und Bewertungsbogen folgende Kategorien/Aspekte abgeleitet:

   Kategorie 1: Darstellung der Aufgabe und Einordnung in den betrieblichen Zusammenhang

   1.1 Aufgabe und Lösungsweg nachvollziehbar dargestellt (einleitende Darstellung).

   1.2 Aufgabe in den Kontext der betrieblichen Abläufe, Organisationsstruktur und Ziele eingeordnet.

   Kategorie 2: Prozessorientierte Aufgabenbearbeitung und projektorientierte Arbeitsweisen

   2.1 Relevante Arbeitsschritte nachvollziehbar geplant, durchgeführt und ausgewertet.

   2.2 Einsatzmöglichkeiten projektorientierter Arbeitsweisen bei der Aufgabenbearbeitung nachvollziehbar aufgezeigt.

   Kategorie 3: Abgrenzung verschiedener Lösungsalternativen und Begründung des gewählten Lösungsweges

   3.1 Mögliche alternative Vorgehensweisen plausibel voneinander abgegrenzt.

3.2 Gewählten Lösungsweg begründet, insbesondere unter Berücksichtigung wirtschaftlicher, ökologischer und rechtlicher Aspekte.

Kategorie 4: Bewertung und Reflexion

4.1 Ergebnisse der Aufgabenbearbeitung, insbesondere hinsichtlich Wirtschaftlichkeit und Nachhaltigkeit, bewertet.

4.2 Gewählten Lösungsweg sowie gesamtes Vorgehen während der Aufgabenbearbeitung umfassend reflektiert.

Der Prüfungsausschuss knüpft mit seinen Fragen an die im Report beschriebene praxisorientierte Aufgabe an. Dabei können im Ermessen des Prüfungsausschusses Fokusaspekte ausgewählt werden, die er zur Beurteilung der durch den zu prüfenden Menschen nachzuweisenden Kompetenzen heranziehen möchte. Der Aspekt, die Aufgabe nachvollziehbar darzustellen und in den betrieblichen Zusammenhang einzuordnen, ist aufgrund der zwingenden einleitenden Darstellung immer Bestandteil der Bewertung.

Wird beispielsweise die einleitende Darstellung länger als fünf Minuten zugelassen, reduziert sich die verbleibende Zeit für die Befragung entsprechend. Lässt der Prüfungsausschuss eine siebenminütige Darstellung zu, verbleiben ihm nur noch 13 Minuten, um Fragen zu stellen.

Bewertung

Während des Fallbezogenen Fachgesprächs notieren die Prüfenden ausschließlich ihre Beobachtungen. Die eigentliche Bewertung erfolgt erst im Anschluss an das Gespräch. Hierbei kann der Prüfungsausschuss den vom BWV Bildungsverband und dem DIHK herausgegebenen Beobachtungs- und Bewertungsbogen zum Fallbezogene Fachgespräch nutzen. Eine Pflicht hierzu besteht jedoch nicht.

Fehlerhafter oder fehlender Report

Für den Fall, dass der IHK kein geeigneter Report vorliegt oder der eingereichte Report nicht eindeutig einer Wahlqualifikation zugeordnet werden kann, hat der BWV Bildungsverband eine Empfehlung zum Vorgehen herausgegeben: Grundsätzlich ist wünschenswert, dass die IHK mit dem Ausbildungsbetrieb und dem zu prüfende Mensch eine Klärung herbeiführt. Mögliche Fälle:

Fall 1: Der Report passt nicht zur angemeldeten, aber zu einer anderen Wahlqualifikation.

- Wurde versehentlich der falsche Report eingereicht, kann der richtige Report nachgereicht werden.
- Alternativ kann die Prüfungsanmeldung mit der passenden Wahlqualifikation neu eingereicht werden.

- Wird eine Korrektur abgelehnt, liegt für die Prüfung kein gültiger Report vor. Da die Mitwirkungspflicht des zu prüfende Menschen nach § 22 Abs. 4 der Musterprüfungsordnung verletzt wurde, kann das Fallbezogene Fachgespräch nicht durchgeführt werden. Die Leistung wird mit 0 Punkten bewertet.
- Reagiert der zu prüfende Mensch erst unmittelbar vor der Prüfung, kann er erklären, dass er das Fallbezogene Fachgespräch zu einer passenden Wahlqualifikation durchführen möchte, sofern er zugleich versichert, in dieser qualifiziert ausgebildet worden zu sein. Die Prüfung kann dann durchgeführt werden.

Fall 2: Der Report passt zu keiner Wahlqualifikation (zum Beispiel Aufgabe ohne beruflichen Bezug).

- Der zu prüfende Mensch kann von der IHK aufgefordert werden, einen geeigneten Report nachzureichen.
- Liegt bis zum Prüfungstermin kein Report vor, gilt dies wie eine fehlende Prüfungsgrundlage. Das Fallbezogene Fachgespräch kann nicht abgenommen werden und wird mit 0 Punkten bewertet.

19.6.1.1.6 Bestehensregelungen und Gesamtergebnis

Die Bestehensregelungen der Abschlussprüfung der Kaufleute für Versicherungen und Finanzanlagen ergeben sich ausschließlich aus § 15 VersFinKflAusbV.

Gewichtung der Prüfungsbereiche

Prüfungsbereich	Gewichtung an der Gesamtnote
Allgemeine Versicherungswirtschaft (Teil 1)	20 %
Kundenbedarfsanalyse, Lösungsentwicklung und Versicherungsfallbearbeitung (KLV)	30 %
Wirtschafts- und Sozialkunde (WiSo)	10 %
Kundengespräch (KG)	20 %
Fallbezogenes Fachgespräch (FFG)	20 %
Gesamt	100 %

Bestehensregelungen

Die Abschlussprüfung ist bestanden, wenn

1. im Gesamtergebnis von Teil 1 und Teil 2 mit mindestens „ausreichend“,
2. im Ergebnis von Teil 2 mit mindestens „ausreichend“,
3. im Prüfungsbereich „Kundenbedarfsanalyse, Lösungsentwicklung und Versicherungsfallbearbeitung“ mit mindestens „ausreichend“,

4. in mindestens zwei weiteren Prüfungsbereichen von Teil 2 mit mindestens „ausreichend“ und
5. in keinem Prüfungsbereich von Teil 2 mit „ungenügend“

bewertet wurde. KLV ist also ein Sperrfach, das eigenständig bestanden werden muss.

Hinweise zum Vorgehen bei Nichtbestehen

Wird die Abschlussprüfung nicht bestanden, erhält der zu prüfende Mensch sowie die ausbildende Person von der zuständigen IHK einen schriftlichen Bescheid. Dieser enthält Informationen über die erzielten Ergebnisse sowie über die weiteren Handlungsmöglichkeiten, insbesondere im Hinblick auf eine mögliche Wiederholungsprüfung.

Einsichtnahme, Anfechtung und Widerspruchsmöglichkeiten

Zu prüfende Menschen haben das Recht, bei der zuständigen IHK einen Antrag auf Einsichtnahme in die Prüfungsunterlagen zu stellen. Dieses Recht gilt auch für zu prüfende Menschen, die die Prüfung bestanden haben.

Ablehnende Entscheidungen der Prüfungsausschüsse sowie Bescheide über nicht bestandene Prüfungen sind mit einer Rechtsmittelbelehrung zu versehen. Diese richtet sich nach der Verwaltungsgerichtsordnung (VwGO) des jeweiligen Bundeslands.

■ BEISPIEL EINER RECHTSBEHELFSBELEHRUNG

„Gegen diesen Bescheid kann innerhalb eines Monats nach Bekanntgabe schriftlich oder zur Niederschrift bei der auf der Vorderseite genannten Industrie- und Handelskammer Widerspruch nach den Bestimmungen der Verwaltungsgerichtsordnung eingelegt werden.“ ■

Wird keine ordnungsgemäße Rechtsbehelfsbelehrung erteilt, verlängert sich die Frist für den Widerspruch auf ein Jahr (§ 70 VwGO). Bleibt der Widerspruch bei der IHK erfolglos, besteht die Möglichkeit der gerichtlichen Überprüfung im Rahmen der Verwaltungsgerichtsbarkeit.

Bewertungssystem und Gesamtnote

Die Bewertung richtet sich nach dem bundeseinheitlichen Bewertungsschlüssel gemäß § 24 der Musterprüfungsordnung des Hauptausschusses des BIBB. Das Abschlusszeugnis weist sowohl die Einzelergebnisse der Prüfungsbereiche als auch das Gesamtergebnis der gestreckten Abschlussprüfung aus.

Hinweis zur internen Nachbereitung bei der Proximus Versicherung AG

Die Ausbildungsleitung der Proximus Versicherung AG wertet die Ergebnisse der Abschlussprüfungen systematisch aus. Ziel ist es, auf Grundlage von Prüfungsergebnissen und Beobachtungen aus den Prüfungsphasen künftige Ausbildungskohorten gezielter auf prüfungsrelevante Themen vorzubereiten sowie prüfungsstrategische Kompetenzen (zum Beispiel Zeitmanagement, Begründungskompetenz, Reflexion) zu stärken. Zudem werden die Daten für die Validierung des Auswahlverfahrend verwendet.

19.6.1.1.7 Mündliche Ergänzungsprüfung (MEP)

Die Ausbildungsordnung sieht vor, dass der zu prüfende Mensch ausschließlich zum Bestehen der Abschlussprüfung eine mündliche Ergänzungsprüfung in einem Prüfungsbereich ablegen kann. Dieser Prüfungsbereich muss zuvor als Bestandteil der Abschlussprüfung Teil 2 schriftlich abgelegt worden sein. Eine mündliche Ergänzungsprüfung dient nicht dazu, eine bereits festgestellte Note zu verbessern.

Voraussetzungen für die Zulassung zur mündlichen Ergänzungsprüfung

Die Möglichkeit, eine mündliche Ergänzungsprüfung abzulegen, ist an die folgenden Voraussetzungen geknüpft:

- Aus den schriftlichen und mündlichen Prüfungsbereichen ergibt sich, dass die Abschlussprüfung insgesamt nicht bestanden wurde.
- In einem der folgenden schriftlichen Prüfungsbereiche wurde eine Note erzielt, die schlechter als „ausreichend“ ist:
    - „Kundenbedarfsanalyse, Lösungsentwicklung und Versicherungsfallbearbeitung (KLV)“ oder
    - „Wirtschafts- und Sozialkunde (WiSo)“
- Das Ablegen der mündlichen Ergänzungsprüfung kann insgesamt zum Bestehen der Abschlussprüfung führen.

Sofern beide schriftlichen Prüfungsbereiche der GAP 2 nicht „ausreichend“ sind, muss die mündliche Ergänzungsprüfung im Prüfungsbereich KLV erfolgen, da es sich hierbei um ein Sperrfach handelt, das mit mindestens 50 Punkten bestanden werden muss.

Freiwilligkeit der Teilnahme

Die Teilnahme an der MEP ist freiwillig. Es gibt gute Gründe, sie wahrzunehmen – denn durch die mündliche Ergänzungsprüfung kann die Prüfung insgesamt bestanden werden. Allerdings kann es in Einzelfällen auch sinnvoll sein, auf die mündliche Ergänzungsprüfung zu verzichten und die Abschlussprüfung stattdessen regulär zu wiederholen, um dann die Möglichkeit zu haben, in allen Prüfungsbereichen wieder volle 100 Punkte zu erreichen. Dies kann zum Beispiel dann ratsam sein, wenn außergewöhnliche Umstände (zum Beispiel Blackout, Krankheitsfall, private Belastung) die Prüfungsleistung beeinträchtigt haben und davon auszugehen ist, dass der zu prüfende Mensch bei einer Wiederholung seine üblichen Leistungen wieder erreicht.

Wird die Teilnahme an der mündlichen Ergänzungsprüfung nicht beantragt, gilt die Abschlussprüfung als nicht bestanden.

Verfahren und Antragstellung

Der zu prüfende Mensch hat bei der zuständigen IHK einen formlosen Antrag auf Zulassung zur mündlichen Ergänzungsprüfung zu stellen. Die IHK oder der Prüfungsausschuss sollte den zu prüfende Mensch frühzeitig über die Möglichkeit informieren – idealerweise nach Bekanntgabe der schriftlichen Ergebnisse, spätestens aber vor Beginn der mündlichen Prüfungsbereiche.

Rahmenbedingungen und Ablauf der mündlichen Ergänzungsprüfung

Die mündliche Ergänzungsprüfung findet nach Abschluss aller regulären Prüfungsbereiche statt. Erst wenn feststeht, dass das Gesamtergebnis ohne mündliche Ergänzungsprüfung nicht zum Bestehen ausreicht, kann die mündliche Ergänzungsprüfung durchgeführt werden. Die Prüfungszeit soll laut Ausbildungsordnung 15 Minuten dauern. Diese Soll-Vorschrift drückt aus, dass im billigen Ermessen des Prüfungsausschusses die 15 Minuten sowohl leicht über- als auch unterschritten werden können. Eine gesonderte Vorbereitungszeit ist nicht vorgesehen.

Durchführung

Die möglichen Themenbereiche sind exakt identisch mit denen der schriftlichen Prüfung dieses Prüfungsbereichs. Dies ist denknotwendigerweise so, da es sich um ein und dieselbe Prüfung handelt. Die bereits schriftlich absolvierte Prüfung in KLV beziehungsweise WiSo wird lediglich mündlich erweitert beziehungsweise ergänzt.

Bewertung und Gewichtung

Die mündliche Ergänzungsprüfung wird analog der IHK-Notenskala mit einer eigenen Punktzahl bewertet. Zur Ermittlung des neuen Ergebnisses im betroffenen Prüfungsbereich werden das bisherige schriftliche Ergebnis und das Ergebnis der mündlichen Ergänzungsprüfung im Verhältnis 2: 1 gewichtet.

■ **BEISPIEL**

Ein zu prüfender Mensch erzielt im schriftlichen Prüfungsbereich „KLV" 45 Punkte („mangelhaft") und in der mündlichen Ergänzungsprüfung 75 Punkte („befriedigend"). Berechnung: $(45 \times 2 + 75 \times 1)/3 =$ 55 Punkte („ausreichend"). Der Prüfungsbereich gilt damit als bestanden. ■

Dokumentation und Bewertung

Das Prüfungsgespräch wird vollständig dokumentiert. Zur Unterstützung der einheitlichen Bewertung hat der BWV Bildungsverband gemeinsam mit Branchenexperten einen Dokumentations- und Bewertungsbogen entwickelt, der von den Prüfungsausschüssen genutzt werden kann.

Die Ergebnisse der mündlichen Ergänzungsprüfung werden in der Prüfungsniederschrift festgehalten und anschließend von der IHK bekannt gegeben. Im Prüfungszeugnis wird das Ergebnis der mündlichen Ergänzungsprüfung nicht gesondert ausgewiesen, sondern im jeweiligen Prüfungsbereich eingerechnet. Damit bildet die mündliche Ergänzungsprüfung einen geregelten Nachprüfungsmechanismus, der zu prüfende Menschen die Chance bietet, durch eine mündliche Leistung eine unzureichende schriftliche Leistung auszugleichen und die Abschlussprüfung insgesamt noch zu bestehen. Zugleich stellt die mündliche Ergänzungsprüfung ein Korrektiv für eine nicht perfekte Validität der Abschlussprüfung dar.

19.6.1.1.8 Wiederholungsprüfung

Die Wiederholung einer nicht bestandenen Abschlussprüfung ist in § 37 BBiG sowie in § 29 der Musterprüfungsordnung des Hauptausschusses des (BIBB) geregelt.

Anzahl der Wiederholungsmöglichkeiten

Ist die Abschlussprüfung nicht bestanden, kann sie zweimal wiederholt werden (§ 37 Abs. 1 BBiG). Wird auch der dritte Versuch nicht bestanden, gilt die Prüfung als endgültig nicht bestanden. Das bedeutet, dass der Abschluss dann nicht mehr erreicht werden kann.

Rücktritt beziehungsweise Nichtteilnahme

Ein Rücktritt beziehungsweise eine Nichtteilnahme (§ 23 Musterprüfungsordnung) ist von einer nicht bestandenen Prüfung abzugrenzen. Es ergeben sich fünf denkbare Fälle:

1. **Rücktritt von der Prüfungsanmeldung vor Prüfungsbeginn**

   Die Prüfung gilt als nicht abgelegt. Es wird also kein Prüfungsversuch verbraucht.

   Zu beachten ist, dass das Schreiben mit eigenhändiger Unterschrift der zuständigen IHK rechtzeitig zugehen muss.

2. **Rücktritt von beziehungsweise Nichtteilnahme an der Prüfung nach Prüfungsbeginn mit wichtigem Grund**

   Die Prüfung gilt als nicht abgelegt. Es wird also kein Prüfungsversuch verbraucht.

3. **Rücktritt von beziehungsweise Nichtteilnahme an der Prüfung nach Prüfungsbeginn ohne wichtigen Grund**

Die Prüfung wird mit 0 Punkten bewertet. Damit ist ein Prüfungsversuch verbraucht.

4. **Versäumnis eines Prüfungstermins mit wichtigem Grund**

   Bereits erbrachte selbstständige Prüfungsleistungen werden anerkannt.

   ■ Beispiel: Ein zu prüfender Mensch hat die schriftliche Prüfung abgelegt und ist zur mündlichen Prüfung krank. ■

5. **Versäumnis eines Prüfungstermins ohne wichtigen Grund**

   Bereits erbrachte Prüfungsleistungen werden nicht anerkannt. Es wird ein Prüfungsversuch verbraucht.

Ein wichtiger Grund ist unverzüglich mitzuteilen und nachzuweisen. Im Krankheitsfall ist die Vorlage einer ärztlichen Prüfungsunfähigkeitsbescheinigung (Attest) erforderlich. Die GAP 1 und die GAP 2 werden je gesondert betrachtet.

Umfang der Wiederholungsprüfung

Bei einer nicht bestandenen Abschlussprüfung umfasst der erste oder zweite Wiederholungsversuch grundsätzlich alle Prüfungsbereiche. Auf Antrag können jedoch Prüfungsbereiche angerechnet werden, in denen der zu prüfende Mensch bereits mindestens 50 Punkte erzielt hat (§ 37 Abs. 2 BBiG, § 29 Abs. 2 Musterprüfungsordnung). Diese Prüfungsbereiche müssen nicht erneut abgelegt werden. Das bisherige Ergebnis wird in den Wiederholungsversuch übernommen. Eine Anrechnung ist nur innerhalb von zwei Jahren nach dem Bescheid über das Nichtbestehen möglich. Maßgeblich ist dabei das Datum des IHK-Bescheids.

Beantragung der Wiederholungsprüfung

Sowohl der Antrag auf Wiederholung als auch der Antrag auf Anrechnung einzelner Prüfungsbereiche müssen bei der zuständigen IHK gestellt werden. Eine zeitliche Beschränkung für die Anmeldung zur Wiederholungsprüfung besteht nach BBiG und Musterprüfungsordnung nicht.

Verlängerung der Ausbildung

Wird die Abschlussprüfung nicht bestanden, kann der zu prüfende Mensch gemäß § 21 Abs. 3 BBiG verlangen, dass das Ausbildungsverhältnis verlängert wird. Das ausbildende Unternehmen ist verpflichtet, die Ausbildung bis zur nächsten Abschlussprüfung fortzusetzen. Dies gilt auch, wenn die Prüfung ein zweites Mal nicht bestanden wurde. Das Ausbildungsverhältnis kann insgesamt höchstens um ein Jahr verlängert werden.

Wird die Verlängerung erst nach Ablauf der vertraglichen Ausbildungszeit verlangt, kommt es auf die Umstände des Einzelfalles an – insbesondere darauf, ob das Verlangen unverzüglich nach Ausbildungsende gestellt wurde und ob die verbleibende

Zeit bis zur nächsten Prüfung ausreicht, um die berufliche Handlungsfähigkeit noch zu erwerben.[140]

Weiterer Besuch der Berufsschule

Nach einer nicht bestandenen Abschlussprüfung besteht häufig die **Pflicht oder Möglichkeit**, den **Berufsschulunterricht** weiter zu besuchen. Dies ist in der Regel **sinnvoll**, um sich gezielt auf den Wiederholungsversuch vorzubereiten.

Ob eine weitere **Berufsschulpflicht** oder ein **Teilnahmerecht** besteht, richtet sich nach dem jeweiligen **Landes-Schulrecht**.

19.6.1.2 Vorbereitung auf die Abschlussprüfung

Die Abschlussprüfung markiert den erfolgreichen Abschluss der dualen Berufsausbildung. Eine gezielte und rechtzeitige Vorbereitung ist daher von enormer Bedeutung, um die in der Ausbildungsordnung festgelegten Kompetenzen und Fertigkeiten sicher nachweisen zu können.

Die Vorbereitung auf die Abschlussprüfung dient dazu, den individuellen Wissensstand zu festigen, die praktische Handlungskompetenzen zu trainieren und Sicherheit im Umgang mit Prüfungssituationen zu gewinnen. Sie ist ein gemeinsames Anliegen von Auszubildenden, Ausbildenden und Berufsschule, wobei jede dieser Parteien eine spezifische Verantwortung trägt.

Verantwortlichkeiten

Die Auszubildenden sind verpflichtet, sich aktiv und selbstständig auf die Prüfung vorzubereiten. Dazu gehört insbesondere das Wiederholen und Vertiefen der fachlichen und rechtlichen Grundlagen, das Anwenden von Wissen in praxisnahen Fällen und die Teilnahme an vorbereitenden Veranstaltungen und internen Übungssimulationen.

Die Ausbildungsbetriebe unterstützen die Auszubildenden im Rahmen ihrer Ausbildungspflicht (§ 14 BBiG) durch systematische betriebliche Prüfungsvorbereitung, interne Fachgespräche und Simulationen von Prüfungssituationen (zum Beispiel Kundschaftsgespräch, Fallbezogenes Fachgespräch) und das Bereitstellen notwendiger Unterlagen und Materialien (zum Beispiel Bedingungen, Gesetze, interne Leitfäden).

Die Berufsschulen ergänzen die Vorbereitung durch den gezielten Unterricht in prüfungsrelevanten Themenfeldern, die Vermittlung von Prüfungstechniken und gegebenenfalls durch die Organisation von schulischen Prüfungstrainings.[141]

Darüber hinaus bieten die BWV Regional spezielle Prüfungsvorbereitungskurse an. Nach der entsprechenden Betriebsvereinbarung übernimmt die Proximus Versiche-

[140] Vgl. BAG Urteil vom 23.09.2004 – 6 AZR 519/03.
[141] Vgl. Ruschel, 2008, S. 465–466.

rung AG sowohl die Kosten als auch die zeitliche Freistellung, wenn kein adäquates eigenes Prüfungsvorbereitungsprogramm gewährleistet werden kann. Führt die Proximus Versicherung AG ein eigenes Prüfungsvorbereitungsprogramm durch, erfolgt keine zeitliche Freistellung. Die Kosten können allerdings bei Vorlage einer Teilnahmebescheinigung erstattet werden. Zudem werden beispielsweise folgende Medien für das Selbstlernen[142] von der Proximus Versicherung AG zur Verfügung gestellt:

- Europa Lehrmittel – Buch: Versicherungen und Finanzanlagen kompetent beraten – Prüfungsvorbereitung Teil 1 Gestreckte Abschlussprüfung (GAP 1); Versicherungen und Finanzanlagen kompetent beraten – Prüfungsvorbereitung Teil 2 Gestreckte Abschlussprüfung (GAP 2)
- Westermann – Buch: Versicherungen und Finanzanlagen – Prüfungsvorbereitung Sicher vorbereiten und bestehen – Gestreckte Abschlussprüfung Teil 1
- Prüfungs.TV Vocanto – App: Abonnement für Zugriff auf Prüfungs.TV-Funktionen
- appucations – App: Lernapp für die theoretische Prüfung
- u-form – Druck: Prüfungsaufgaben Teil 1 und Teil 2 Gestreckte Abschlussprüfung
- Kiehl Verlag – App: WiSo Quiz

Zeitliche Planung der Vorbereitung

Eine gute Zeitplanung ist entscheidend, um den Prüfungsstoff gezielt aufzubereiten. Dabei sind insbesondere die unterschiedlichen Zeitpunkte der beiden Prüfungsteile zu berücksichtigen:

- Die GAP 1 findet in der Regel im vierten Ausbildungshalbjahr statt. Damit beginnt die konkrete Vorbereitung sinnvollerweise etwa sechs Monate vor dem Prüfungstermin, also zu Beginn des dritten Ausbildungshalbjahres.
- Die GAP 2 wird am Ende der Ausbildung abgelegt, also im letzten Ausbildungshalbjahr. Hier sollte die gezielte Vorbereitung spätestens ein halbes Jahr vor Prüfungsbeginn starten.

Dabei ist zu beachten, dass sich die Prüfungstermine im Frühjahr/Sommer und Herbst/Winter abwechseln. Ein individueller Zeitplan, abgestimmt auf die Dauer der Ausbildung (18, 24, 30 oder 36 Monate), ermöglicht eine kontinuierliche und stressreduzierte Vorbereitung.

Vorbereitungsmaßnahmen und Unterstützungsangebote

Die Vorbereitung sollte methodisch und praxisorientiert gestaltet sein. Zu den bewährten Maßnahmen gehören:

142 Vgl. Sascha Fauler, Wirkung von Prüfungsvorbereitungsmaßnahmen auf schriftliche Prüfungsergebnisse von Auszubildenden, München, Grin Verlag, 2010, S. 40 ff.

- Prüfungssimulationen im Betrieb, insbesondere für das Kundschaftsgesprächund das Fallbezogene Fachgespräch,
- Trainings und Workshops der IHKen oder der BWV-Regional,
- Online-Vorbereitungsmodule, Lernplattformen und Fachliteratur,
- Lerngruppen zur gemeinsamen Bearbeitung von Musteraufgaben und Fällen,
- Selbstreflexion anhand von Bewertungsbögen (zum Beispiel der Beobachtungs- und Bewertungsbögen für Kundschaftsgespräche und Fallbezogenes Fachgespräche).

Eine besondere Rolle spielt die Nutzung digitaler Hilfsmittel und KI-gestützter Lernwerkzeuge.

Chat-Bots und KI-gestützte Lernunterstützung

Im KVF-Guide werden Prompts zur Verfügung gestellt, mit denen Chat-Bots genutzt werden können, um realitätsnahe Prüfungssituationen zu simulieren. Dies kann zum Beispiel beinhalten:

- die Erstellung individueller Fallvorlagen für das Kundschaftsgespräch,
- die Generierung von Fragen für das Fallbezogene Fachgespräch,
- das Erklären von Fachbegriffen oder rechtlichen Zusammenhängen,
- die Formulierung von Beratungsdialogen in unterschiedlichen Kundenkontexten.

Ein Chat-Bot kann dabei auf unterschiedliche Weise die Vorbereitung unterstützen:

- Er kann situativ auf Verständnisfragen reagieren und gezielt Wissenslücken schließen.
- Er ermöglicht interaktive Übungssituationen, die dem realen Prüfungsgespräch ähneln.
- Er hilft, Sprachkompetenz und Ausdrucksfähigkeit für mündliche Prüfungen zu verbessern.
- Er kann zur Strukturierung des Lernstoffs und zur Erstellung individueller Lernpläne beitragen.

Dabei gilt: Ein Chat-Bot ersetzt nicht die fachliche Betreuung durch ausbildende Menschen oder Lehrkräfte, sondern ergänzt sie. Sein Nutzen liegt insbesondere in der Verfügbarkeit rund um die Uhr, der individuellen Anpassbarkeit und der Möglichkeit, Inhalte wiederholt zu trainieren.

Lern- und Übungsstrategien

Erfolgreiche Prüfungsvorbereitung erfordert methodisches Vorgehen. Bewährte Strategien sind:

- **Lernplan erstellen:** Stoff in überschaubare Einheiten gliedern und feste Lernzeiten vorsehen.
- **Alte Prüfungsaufgaben bearbeiten:** Aufgaben der AKA aus vergangenen Jahren bieten wertvolle Übungsmöglichkeiten.
- **Selbsttests durchführen:** Wissensstände regelmäßig überprüfen und Schwächen gezielt bearbeiten.
- **Gruppenlernen:** Gegenseitiges Erklären fördert das Verständnis.
- **Simulationen von Prüfungssituationen:** Diese trainieren Fachwissen, Auftreten und Zeitmanagement.

Typische Fehlerquellen und Empfehlungen

Typische Fehler in der Vorbereitung sind:

- zu spät beginnende oder unstrukturierte Lernphasen,
- ausschließliches Auswendiglernen ohne Verständnis,
- Vernachlässigung praxisbezogener Zusammenhänge,
- fehlende Übung mit Zeitdrucksituationen.

Empfohlen wird daher:

- frühzeitiger Start der Vorbereitung,
- Kombination aus theoretischem Lernen und praktischen Übungen,
- Austausch mit erfahrenen ausbildenden Menschen und ehemaligen zu prüfenden Menschen,
- realitätsnahe Simulationen – idealerweise mit Feedback nach dem Beobachtungs- und Bewertungsbogen.

19.6.2 Beendigung des Ausbildungsvertrages

19.6.2.1 Rechtliche Grundlagen und Systematik der Beendigungstatbestände

Die Beendigung eines Berufsausbildungsverhältnisses stellt einen sensiblen und rechtlich klar geregelten Abschnitt innerhalb des Ausbildungsverlaufs dar. Sie markiert nicht nur das Ende eines Vertragsverhältnisses, sondern auch den Übergang von der Qualifizierungsphase in eine neue Lebens- oder Beschäftigungssituation. Neben rechtlichen Normen sind daher stets pädagogische und soziale Aspekte zu berücksichtigen. Die maßgeblichen gesetzlichen Grundlagen finden sich in den §§ 21 bis 23 BBiG, die insbesondere den Abschluss, die Beendigung und Schadensersatzansprüche regeln. Ergänzende Vorschriften ergeben sich aus dem BGB, etwa zu Willenserklärungen, Fristen und Formerfordernissen. In bestimmten Fällen greifen zudem Sonderregelungen des Sozialgesetzbuches (SGB IX), des Insolvenzrechts oder der Gewerbeordnungen.

Systematik der Beendigungstatbestände

Die Beendigung eines Berufsausbildungsverhältnisses kann aus verschiedenen rechtlichen Gründen erfolgen. Grundsätzlich lassen sich drei Hauptkategorien unterscheiden:

1. Automatische Beendigungen (tatbestandlich eintretend)

Diese Formen treten ohne gesonderte Willenserklärung einer Vertragspartei ein, sobald der im Gesetz oder Vertrag festgelegte Tatbestand eintritt.

■ BEISPIELE

- Ablauf der vertraglich vereinbarten Ausbildungszeit (§ 21 Abs. 1 BBiG)
- Bestehen der Abschlussprüfung (§ 21 Abs. 2 BBiG)
- Tod des Auszubildenden ■

2. Beendigungen durch Willenserklärung

Hier endet das Ausbildungsverhältnis aufgrund einer rechtswirksamen Erklärung einer oder beider Parteien. Dazu zählen insbesondere:

- Kündigung (§ 22 BBiG)
- Aufhebungsvertrag (§ 623 BGB – Schriftform)
- Anfechtung (§§ 119 ff. BGB, Schriftform nach § 126 BGB)

3. Beendigungen durch äußere Umstände oder gerichtliche Entscheidung

Hierbei endet das Ausbildungsverhältnis durch Faktoren, die außerhalb des Parteiwillens liegen, oder aufgrund gerichtlicher Entscheidung. Dazu gehören insbesondere:

- Betriebsstilllegung oder Insolvenz des Ausbildungsbetriebs
- Verlust der persönlichen oder fachlichen Eignung des Ausbildenden (§ 29 BBiG)
- gerichtliche Auflösung oder Feststellung der Unwirksamkeit des Ausbildungsverhältnisses

Schlichtung

Kommt es zu Streitigkeiten über die Wirksamkeit oder Zulässigkeit einer Beendigung, ist vor Anrufung eines Arbeitsgerichts in der Regel der Schlichtungsausschuss der IHK anzurufen (§ 111 Abs. 2 ArbGG). Dieser Ausschuss setzt sich aus Vertretenden der Arbeitgebenden- und Arbeitnehmendenseite zusammen und hat die Aufgabe, eine gütliche Einigung herbeizuführen. Erst wenn diese scheitert, kann eine gerichtliche Klärung erfolgen.

Pädagogische Verantwortung und Fürsorgepflicht

Neben der rechtlichen Dimension trägt die ausbildende Person gemäß § 14 BBiG die Pflicht, den auszubildenden Mensch nicht nur fachlich, sondern auch charakterlich zu fördern. Das bedeutet, dass Beendigungsprozesse – insbesondere vorzeitige Lösungen – pädagogisch begleitet werden müssen. Dazu gehören die Aufklärung über Rechtsfolgen und Alternativen, die Unterstützung bei der beruflichen Neuorientierung sowie die Kooperation mit der Berufsschule, der Kammer und gegebenenfalls der Agentur für Arbeit. So wird gewährleistet, dass selbst bei einer Beendigung des Ausbildungsverhältnisses der erzieherische Auftrag des Berufsbildungsgesetzes erfüllt bleibt und dem jungen Menschen eine Perspektive eröffnet wird.

19.6.2.2 Beendigung durch Bestehen oder Nichtbestehen der Abschlussprüfung

Die Beendigung des Berufsausbildungsverhältnisses im Zusammenhang mit der Abschlussprüfung ist in § 21 BBiG geregelt. Darin wird zwischen dem regulären Ablauf der Ausbildungszeit, der vorzeitigen Beendigung durch Bestehen der Abschlussprüfung und der Fortsetzung bei Nichtbestehen unterschieden. Gemäß § 21 Abs. 1 BBiG endet das Berufsausbildungsverhältnis grundsätzlich mit dem Ablauf der vereinbarten Ausbildungszeit. Nach § 21 Abs. 2 BBiG endet es vorzeitig mit dem Tag des Bestehens der Abschlussprüfung. Nach § 21 Abs. 3 BBiG kann es auf Verlangen des Auszubildenden verlängert werden, wenn die Abschlussprüfung nicht bestanden wurde.

1. Beendigung durch Bestehen der Abschlussprüfung

Besteht der auszubildende Mensch die Abschlussprüfung, endet das Ausbildungsverhältnis automatisch mit dem Tag der Bekanntgabe des Bestehens durch den Prüfungsausschuss (§ 21 Abs. 2 BBiG). Es bedarf keiner Kündigung oder besonderen Erklärung. Das Bestehen stellt ein auflösendes Ereignis dar, da mit dem Nachweis beruflicher Handlungsfähigkeit das Ausbildungsziel erreicht ist.

■ **BEISPIEL**

Ein Ausbildungsvertrag läuft bis zum 31. Juli. Besteht der auszubildende Mensch die Abschlussprüfung am 5. Juli, endet das Ausbildungsverhältnis bereits an diesem Tag. ■

2. Folgen für Vergütung und Beschäftigung

Mit Bestehen der Prüfung entfällt der Anspruch auf Ausbildungsvergütung (§ 17 BBiG). Wird der ehemalige auszubildende Mensch im Anschluss weiterbeschäftigt, ohne dass ein neuer Arbeitsvertrag geschlossen wurde, entsteht automatisch ein unbefristetes Arbeitsverhältnis. Soll die Weiterbeschäftigung befristet erfolgen (zum Beispiel Übernahmevertrag mit Befristung), ist zwingend das Schriftformerfordernis des

§ 14 Abs. 4 TzBfG zu beachten. Das bedeutet: Ein befristeter Arbeitsvertrag muss vor Aufnahme der Tätigkeit schriftlich befristet werden. Erfolgt die Befristung erst nachträglich oder mündlich, gilt das Arbeitsverhältnis gem. § 16 TzBfG als unbefristet. Diese Regelung ist insbesondere für Betriebe relevant, die ihre Auszubildenden zunächst befristet übernehmen möchten, zum Beispiel für ein Trainee- oder Qualifizierungsprogramm.

3. Anspruch auf Übernahme

Übernahmeregelungen nach dem Tarifvertrag für das private Versicherungsgewerbe

Der Tarifvertrag über die Übernahme von Auszubildenden (AGV-TVÜ Stand: Juli 2005, geändert bis September 2025) im privaten Versicherungsgewerbe verpflichtet tarifgebundene Unternehmen, Auszubildenden nach erfolgreichem Abschluss der Ausbildung ein Arbeitsvertragsangebot zu machen. Dieser Anspruch gilt derzeit für alle, die ihre Ausbildung spätestens bis zum 31. Dezember 2027 beenden und die tariflich festgelegten Voraussetzungen erfüllen. Das Angebot muss ein zwölf Monate befristetes Arbeitsverhältnis betreffen und so terminiert sein, dass die Beschäftigung spätestens im übernächsten Monat nach Bekanntgabe des Prüfungsergebnisses beginnt. Unternehmen können die Pflicht auch dadurch erfüllen, dass ein kooperierendes Partnerunternehmen ein gleichwertiges Angebot unterbreitet. Allerdings kann die arbeitgebende Person von einer Übernahme absehen, wenn betriebliche Gründe oder personen- beziehungsweise verhaltensbedingte Gründe gegen eine Weiterbeschäftigung sprechen. Eine automatische Entfristung ist nicht vorgesehen: Vor Ablauf des befristeten Jahresvertrags muss das Unternehmen lediglich prüfen, ob eine Übernahme in ein unbefristetes Arbeitsverhältnis möglich ist. Diese Regelungen gelten nur für Unternehmen und Auszubildende, die an die einschlägigen Tarifverträge gebunden sind oder auf diese verweisen, was bei der Proximus Versicherung AG der Fall ist.

Übernahmeanspruch von JAV-Mitgliedern

§ 78a BetrVG schützt Mitglieder der Jugend und Auszubildendenvertretung vor beruflichen Nachteilen wegen ihres Amtes. Geschützt sind JAV-Mitglieder, aktive Ersatzmitglieder sowie ehemalige JAV-Mitglieder, deren Amtszeit höchstens ein Jahr vor Ende der Ausbildung geendet hat. Ziel der Vorschrift ist es, zu verhindern, dass engagierte Interessenvertretende nach der Ausbildung schlechter gestellt werden, und die Kontinuität der betrieblichen Interessenvertretung zu sichern. Wenn ein auszubildender Mensch aus diesem geschützten Personenkreis nach Ende seiner Ausbildung weiterarbeiten möchte, kann er innerhalb der letzten drei Monate vor Beendigung des Berufsausbildungsverhältnisses schriftlich von der arbeitgebenden Person die Weiterbeschäftigung verlangen. Erfolgt dieses Verlangen form- und fristgerecht, gilt im Anschluss an das Ausbildungsverhältnis automatisch ein unbefristetes Vollzeitarbeitsverhältnis im erlernten Beruf als begründet. Eine ausdrückliche Zustimmung der arbeitgebenden Person ist dafür nicht erforderlich. Die arbeitgebende Person ist ihrerseits verpflichtet, dem JAV-Mitglied mindestens drei Monate vor Ausbildungsende schriftlich mitzuteilen, wenn sie es nicht auf unbestimmte Zeit übernehmen will. Wurde der Übernahmeantrag wirksam gestellt, kann die arbeitgebende Person bis zu zwei Wochen nach Ausbildungsende beim Arbeitsgericht beantragen, festzustellen, dass kein unbefristetes Arbeitsverhältnis begründet wurde. Eine Verweigerung der Übernahme ist allerdings nur unter engen Voraussetzungen möglich: Die arbeitgebende Person muss vor dem Arbeitsgericht darlegen, dass die Weiterbeschäftigung den Betrieb erheblich beeinträchtigen würde, etwa weil kein ausbildungsadäquater Arbeitsplatz vorhanden ist und dessen Schaffung unzumutbar wäre. Bis zur gerichtlichen Entscheidung gilt das JAV-Mitglied als vorläufig weiterbeschäftigt. Stellt die arbeitgebende Person innerhalb von zwei Wochen nach Beendigung der Ausbildung keinen entsprechenden Antrag beim Arbeitsgericht, bleibt es bei der gesetzlichen Fiktion des unbefristeten Arbeitsverhältnisses.

4. Nichtbestehen der Abschlussprüfung

Besteht der auszubildende Mensch die Abschlussprüfung nicht, endet das Ausbildungsverhältnis grundsätzlich mit dem Ablauf der vertraglich vereinbarten Ausbildungszeit (§ 21 Abs. 1 BBiG). Der auszubildende Mensch kann jedoch gem. § 21 Abs. 3 BBiG verlangen, dass das Ausbildungsverhältnis bis zur nächsten Wiederholungsprüfung verlängert wird. Die Voraussetzungen sind:

1. Die Abschlussprüfung wurde nicht bestanden.
2. Der auszubildende Mensch wird zur Wiederholungsprüfung zugelassen.
3. Der auszubildende Mensch verlangt die Verlängerung.

Das Verlangen muss rechtzeitig geltend gemacht werden. Nach der Rechtsprechung des BAG tritt die Verlängerung automatisch kraft Gesetzes ein, wenn das Verlangen vor Ablauf der Ausbildungszeit gestellt wird. Wird das Verlängerungsverlangen erst nach dem regulären Ende erklärt, kann eine Verlängerung nur noch ausnahmsweise in Betracht kommen – etwa wenn das Verlangen unverzüglich nach Beendigung gestellt wird und es in der verbleibenden Ausbildungszeit realistisch möglich ist, die für das Bestehen der Prüfung erforderliche berufliche Handlungsfähigkeit zu erwerben.[143] Die Verlängerung erfolgt automatisch; ein neuer Vertrag ist nicht erforderlich. Die Ausbildungsvergütung läuft in der Regel weiter (§ 17 BBiG).

5. Pädagogische und betriebliche Bedeutung

Das Bestehen oder Nichtbestehen der Abschlussprüfung stellt einen zentralen Wendepunkt im Ausbildungsverlauf dar. Für den ausbildenden Menschen ergibt sich daraus eine doppelte Verantwortung – rechtlich und pädagogisch. Beim Bestehen sollte

[143] Vgl. BAG, Urteil vom 14. 12. 2005 – 7 AZR 49/05.

der auszubildende Mensch Anerkennung erfahren. Ein Abschlussgespräch mit Rückmeldung und Zukunftsperspektive fördert Selbstwert und Motivation. Beim Nichtbestehen ist Empathie erforderlich: Gemeinsam sollten die Ursachen erörtert und Maßnahmen zur Vorbereitung auf die Wiederholungsprüfung festgelegt werden. Diese pädagogische Begleitung entspricht dem Erziehungsauftrag des § 14 Abs. 1 BBiG, wonach die ausbildende Person verpflichtet ist, dem auszubildenden Mensch berufliche Handlungsfähigkeit zu vermitteln und ihn charakterlich zu fördern.

19.6.2.3 Allgemeine rechtliche Grundsätze zur Kündigung des Ausbildungsverhältnisses

Die rechtlichen Anforderungen an eine Kündigung gelten unabhängig von ihrer Art. Nachfolgend werden die wesentlichen Grundsätze dargestellt, die für alle Kündigungsformen (Probezeitkündigung, ordentliche, außerordentliche Kündigung) gelten.

Schriftformerfordernis und Kündigungsberechtigung

Gemäß § 22 Abs. 3 BBiG muss jede Kündigung schriftlich erfolgen. Das Schriftformerfordernis richtet sich nach § 126 BGB, wonach das Kündigungsschreiben eigenhändig durch Namensunterschrift unterzeichnet werden muss. Eine Kündigung ohne eigenhändige Unterschrift ist formunwirksam. Nicht ausreichend sind elektronische Formen (E-Mail, Fax, Scan, WhatsApp-Nachricht), mündliche Erklärungen oder bloße Ankündigungen.

Für Aufhebungsverträge gilt § 623 BGB, der ebenfalls die strenge Schriftform verlangt.

Kündigungsberechtigt sind auf Seiten des Ausbildungsbetriebs diejenigen Personen, die den Ausbildungsvertrag rechtswirksam unterzeichnet haben beziehungsweise hierzu bevollmächtigt sind (zum Beispiel Geschäftsführer Mensch, Personalleitender Mensch, Ausbildender Mensch mit schriftlicher Vollmacht). Auf Seiten des Auszubildenden ist nur dieser selbst kündigungsberechtigt. Für Minderjährige könnte etwas anderes gelten.

Zugang der Kündigung

Die Kündigung wird gemäß § 130 BGB erst mit Zugang bei der empfangenden Person wirksam. Zugang bedeutet, dass das Schreiben so in den Machtbereich der empfangenden Person gelangt, dass unter gewöhnlichen Umständen mit der Kenntnisnahme zu rechnen ist.

■ **BEISPIELE**

- Persönliche Übergabe – Zugang sofort.
- Einwurf in den Hausbriefkasten – Zugang am Tag des Einwurfs, wenn nach den örtlichen Postzustellzeiten mit Kenntnisnahme zu rechnen ist.

- Einschreiben – Zugang mit tatsächlicher Aushändigung oder Annahme durch eine empfangsberechtigte Person. ■

Eine verspätet zugegangene Kündigung (zum Beispiel nach Ablauf der Probezeit oder Frist) ist unwirksam.

Nachweisproblematik:

Die Kündigende Person trägt im Streitfall die Beweislast für den Zugang. Daher sollte die Kündigung persönlich übergeben werden (bei Abwesenheit durch einen Boten). Empfohlen wird, sich auf einer Kopie des Kündigungsschreibens den Empfang bestätigen zu lassen. Beim Versand per Einschreiben kann nur bewiesen werden, dass etwas zugegangen ist, nicht aber, dass es sich um die Kündigung handelt. Daher empfiehlt es sich, auf der Kopie der Kündigung einen Zeugen unterschreiben zu lassen, dass die Originalkündigung vor dessen Augen eingetütet und genau dieser Umschlag versandt wurde.

Zugang und Ausspruch der Kündigung bei Minderjährigen

Bei minderjährigen Auszubildenden ist zu beachten, dass sie gemäß §§ 104 ff., 106 BGB nur beschränkt geschäftsfähig sind. Einseitige empfangsbedürftige Willenserklärungen – wie Kündigungen – können Minderjährige daher grundsätzlich nicht selbst wirksam abgeben oder entgegennehmen. Erforderlich ist regelmäßig die Mitwirkung der beziehungsweise der Zugang bei den gesetzlichen Vertretenden (§ 131 Abs. 2 BGB). Umstritten ist, ob ein Ausbildungsverhältnis als „Dienst- oder Arbeitsverhältnis" im Sinne des § 113 BGB gilt und ein minderjähriger Mensch daher zum selbstständigen Abschluss und zur selbstständigen Kündigung ermächtigt werden könnte. Die überwiegende Literatur lehnt eine Anwendung von § 113 BGB ab, weil ein Ausbildungsverhältnis primär ein Lernverhältnis sei und nicht den Austauschcharakter eines Dienst- oder Arbeitsverhältnisses aufweise.[144] Einige Stimmen bejahen die Anwendbarkeit des § 113 BGB, so auch der 9. Senat des BAG.[145] Hierzu scheint es allerdings senatsübergreifend keine Einigkeit am BAG zu geben. Jedenfalls ließ der 6. Senat die Frage der Anwendbarkeit des § 113 BGB in Ausbildungsverhältnissen lieber dahinstehen, als sich der Meinung des 9. Senates anzuschließen.[146] Unabhängig vom Meinungsstreit stellt sich für die Proximus Versicherung AG als Ausbildende die Frage, wie sie praktisch damit umgehen soll. Wegen der Rechtsunsicherheit im Meinungsstreit sollte eine Kündigung durch die Proximus Versicherung AG immer sowohl dem minderjährigen auszubildenden Mensch als auch den gesetzlichen Vertretern zugehen. Damit ist sichergestellt, dass der Zugang im Sinne des § 131 Abs. 2 BGB gegeben ist. Eine Kündigung des Ausbildungsverhältnisses durch den minderjährigen auszubildenden Mensch ist ohne Zustimmung der Erziehungsberechtigten möglicherweise unwirksam. Die Zustimmung kann entweder vorab erteilt werden (Einwilligung), oder nachträg-

[144] Vgl. ErfK/Preis, § 113 BGB Rn. 2, Palandt/Ellenberger, § 113 BGB Rn. 2, Staudinger/Singer/Benedict, § 131 BGB Rn. 5, Leinemann/Taubert, BBiG § 10 Rn. 23, Benecke in Benecke/Hergenröder, BBiG § 10 Rn. 14.

[145] BAG 22. Januar 2008 – 9 AZR 999/06 – Rn. 18, BAGE 125, 285; Munk in Braun/Mühlhausen/Munk/Stück § 3 Rn. 50 ff.

[146] BAG, 08.12.2011 – 6 AZR 354/10.

lich im Sinne einer Genehmigung (§ 108 Abs. 1 BGB). Bei einer vom auszubildenden, minderjährigen Menschen selbst erklärten Kündigung sollte der Betrieb daher unverzüglich die Zustimmung der Erziehungsberechtigten verlangen. Erteilen diese keine Genehmigung, sollte die ausbildende Person die Kündigung vorsorglich zurückweisen (§ 111 BGB analog), um klarzustellen, dass sie mangels Vertretungszustimmung unwirksam ist. Will der minderjährige auszubildende Mensch zwar kündigen, die Erziehungsberechtigten aber nicht zustimmen, bietet sich folgende pragmatische Lösung an: Innerhalb der Probezeit kann die ausbildende Person selbst kündigen, da hierfür kein wichtiger Grund erforderlich ist (§ 22 Abs. 1 BBiG). Damit endet das Ausbildungsverhältnis rechtssicher, ohne dass es der Zustimmung der Eltern zur Kündigung des Minderjährigen bedarf. Eine Kündigung durch die ausbildende Person ist nach Ablauf der Probezeit nur noch aus wichtigem Grund (§ 22 Abs. 2 BBiG) möglich. Der Weg über eine arbeitgebendenseitige Kündigung zur „Rettung" der Situation ist dann daher nur insoweit praktikabel, als dass der auszubildende Mensch einen wichtigen Grund liefert, wie beispielsweise schlicht nicht mehr zur Ausbildung erscheint.

Beteiligung des Betriebsrats

Vor jeder Kündigung ist der Betriebsrat gemäß § 102 BetrVG ordnungsgemäß anzuhören. Dies gilt auch für Berufsausbildungsverhältnisse. Eine Kündigung, die ohne vorherige Anhörung des Betriebsrats ausgesprochen wird, ist unwirksam.

a) Ablauf und Fristen der Anhörung

Die Anhörung des Betriebsrats gliedert sich in zwei zentrale Pflichten:

1. **Unterrichtungspflicht der ausbildenden Person**

   Die ausbildende Person muss den Betriebsrat vollständig informieren über:

   - die Person des auszubildenden Menschen,
   - die Art der Kündigung (Probezeit, ordentlich oder außerordentlich),
   - den Kündigungszeitpunkt,
   - die Kündigungsgründe (zum Beispiel Leistungsmängel, Fehlverhalten, betriebliche Gründe).

   Erst wenn der Betriebsrat vollständig informiert wurde, beginnt die Anhörungsfrist zu laufen. Unvollständige oder fehlerhafte Informationen führen dazu, dass die Anhörung nicht ordnungsgemäß ist. In der Praxis empfiehlt sich daher größte Sorgfalt bei der schriftlichen Unterrichtung, damit die Frist tatsächlich in Gang gesetzt wird.

2. **Stellungnahmefrist des BRs**

   - Bei einer ordentlichen Kündigung beträgt die Frist eine Woche (§ 102 Abs. 2 Satz 1 BetrVG).

- Bei einer außerordentlichen Kündigung beträgt sie drei Kalendertage (§ 102 Abs. 2 Satz 3 BetrVG). Unter Kalendertagen sind alle Tage einschließlich Samstagen, Sonn- und Feiertagen zu verstehen. Nach § 193 BGB gilt jedoch: Fällt das Fristende auf einen Sonnabend, Sonntag oder gesetzlichen Feiertag, endet die Frist erst mit Ablauf des nächsten Werktags. Beispiel: Geht die Unterrichtung des BRs am Donnerstag zu, endet die dreitägige Frist rechnerisch am Sonntag, tatsächlich aber am Montag um 24:00 Uhr.

b) Widerspruchsrechte des Betriebsrats bei ordentlichen Kündigungen

Bei ordentlichen Kündigungen kann der Betriebsrat nach § 102 Abs. 3 BetrVG der Kündigung innerhalb der Wochenfrist widersprechen. Ein solcher Widerspruch ist nur zulässig, wenn einer der gesetzlich genannten Gründe (falsche Sozialauswahl, Verstoß gegen Auswahlrichtlinien, Weiterbeschäftigung auf anderem Arbeitsplatz im Unternehmen möglich, Weiterbeschäftigung nach zumutbarer Um- oder Fortbildungsmaßnahme möglich, Weiterbeschäftigungsmöglichkeit unter geänderten Vertragsbedingungen) vorliegt. Eine ordentliche Kündigung durch die ausbildende Person ist jedoch nach Ablauf der Probezeit gesetzlich ausgeschlossen (§ 22 Abs. 2 Nr. 1 BBiG). Somit betrifft die Anhörung mit Widerspruchsrecht des Betriebsrats ausschließlich Ausbildungsverhältnisse während der Probezeit. Die Probezeitkündigung selbst ist eine ordentliche Kündigung, jedoch mit der Besonderheit, dass sie fristlos und ohne Angabe von Gründen erfolgen kann (§ 22 Abs. 1 BBiG). Hiermit ist die Begründung gegenüber der Person gemeint, welche gekündigt wird. Dem Betriebsrat gegenüber sind die Gründe mitzuteilen.

c) Handlungsmöglichkeiten des Betriebsrats

Bei ordentlichen Kündigungen kann der Betriebsrat:

1. zustimmen,
2. widersprechen,
3. eine Stellungnahme abgeben oder
4. schweigen.

Schweigt der Betriebsrat bis zum Fristende, gilt die Zustimmung fiktiv als erteilt. Bei außerordentlichen Kündigungen entfällt die Möglichkeit eines Widerspruchs. Der Betriebsrat kann lediglich eine Stellungnahme abgeben, wenn er Einwände gegen die Kündigung hat. Diese muss von der ausbildenden Person überdacht werden.

d) Bedeutung und Funktion der Anhörung

Die gesetzlich vorgeschriebene Anhörung des Betriebsrats hat eine inhaltliche Funktion: Sie soll sicherstellen, dass die ausbildende Person die Argumente des Betriebsrats tatsächlich zur Kenntnis nimmt und auf dieser Grundlage ihre Kündigungsabsicht noch einmal überdenkt. Dies setzt voraus, dass der Betriebsrat rechtzeitig und vollständig informiert wird und die ausbildende Person die Stellungnahme prüft, bevor sie die Kündigung ausspricht.

Erfolgt die Übergabe der Kündigung an den auszubildenden Menschen unmittelbar nach Eingang einer Stellungnahme, insbesondere wenn die Kündigung bereits „fertig in der Schublade liegt", hat sich die ausbildende Person erkennbar nicht (hinreichend) mit der Stellungnahme auseinandergesetzt. Eine solche „pro forma"-Anhörung genügt nicht dem Zweck des § 102 BetrVG und führt zur Unwirksamkeit der Kündigung.

e) Wirkung des Widerspruchs

Auch wenn der Betriebsrat widerspricht, kann die ausbildende Person trotzdem kündigen. Der Widerspruch hat aber folgende Rechtsfolgen:

- Erhebt der auszubildende Mensch Kündigungsschutzklage, hat er nach § 102 Abs. 5 BetrVG einen Anspruch auf Weiterbeschäftigung bis zur rechtskräftigen gerichtlichen Entscheidung.
- Anders als in vielen Arbeitsverhältnissen, in denen während des Prozesses eine Freistellung bei Lohnfortzahlung erfolgt, ist eine solche Freistellung im Ausbildungsverhältnis nicht zulässig, da der auszubildende Mensch währenddessen weiterlernen und praktische Ausbildung erfahren muss.

Beteiligung des Integrationsamtes

Bei schwerbehinderten oder gleichgestellten Auszubildenden muss nach § 168 SGB IX vor Ausspruch der Kündigung das Integrationsamt zustimmen. Ohne diese Zustimmung ist die Kündigung unwirksam. Erst nach erteilter Zustimmung darf die Kündigung ausgesprochen werden.

Hinweis- und Meldepflicht

Die ausbildende Person ist gem. § 2 Abs. 2 SGB III verpflichtet, den auszubildenden Mensch rechtzeitig darauf hinzuweisen, dass er sich gem. § 38 GGB III spätestens drei Monate vor Beendigung des Ausbildungsverhältnisses bei der Agentur für Arbeit arbeitssuchend melden muss. Erhält der auszubildende Mensch erst später Kenntnis von der Beendigung (zum Beispiel durch Kündigung), muss die Meldung innerhalb von drei Tagen erfolgen. Unterlässt die ausbildende Person diese Hinweispflicht schuldhaft, kann sie sich gegenüber der Agentur für Arbeit schadensersatzpflichtig machen (§ 2 Abs. 2 S. 2 SGB III). Die Bundesagentur kann die ausbildende Person zur Erstattung von Leistungen (zum Beispiel Arbeitslosengeld) heranziehen, wenn die verspätete Meldung des auszubildenden Menschen auf den fehlenden Hinweis zurückzuführen ist.

Klagefrist bei Kündigungen

Wer die Unwirksamkeit einer Kündigung geltend machen will, muss innerhalb von drei Wochen nach Zugang der Kündigung Kündigungsschutzklage beim zuständigen Arbeitsgericht erheben (§ 4 S. 1 KSchG). Wird diese Frist versäumt, wird selbst eine offensichtlich rechtswidrige Kündigung wirksam. Der Fristbeginn ist grundsätzlich der Tag des Zugangs der Kündigung. Bei schwerbehinderten Auszubildenden beginnt die Frist mit der Bekanntgabe der Entscheidung des Integrationsamtes. Eine nachträgliche Zulassung der Klage ist nur in Ausnahmefällen nach § 5 KSchG möglich, wenn der auszubildende Mensch die Verspätung ohne eigenes Verschulden nicht vermeiden konnte. Hiervon sind nur Streitigkeiten über die Wirksamkeit einer Kündigung umfasst, nicht hingegen zum Beispiel Streitigkeiten über die Länge der Kündigungsfrist.

19.6.2.4 Kündigung während der Probezeit

Die Kündigung während der Probezeit ist in § 22 Abs. 1 BBiG geregelt. Demnach kann das Ausbildungsverhältnis während der Probezeit von beiden Vertragsparteien jederzeit und ohne Einhaltung einer Kündigungsfrist gekündigt werden. Diese Regelung trägt dem besonderen Charakter der Probezeit Rechnung: Sie dient beiden Seiten dazu, festzustellen, ob sie zueinander passen, ob der gewählte Ausbildungsberuf geeignet ist und ob die betrieblichen sowie persönlichen Voraussetzungen für eine erfolgreiche Ausbildung gegeben sind.

Dauer der Probezeit

Nach § 20 BBiG muss die Probezeit zwischen mindestens einen Monat und höchstens vier Monate betragen. Wird die Ausbildung verkürzt, bleibt die vereinbarte Probezeit in der Regel bestehen. Wird die Ausbildung unterbrochen (zum Beispiel durch Krankheit oder Betriebsferien), kann die Probezeit verlängert werden, wenn die Unterbrechung wesentlich war und eine verlässliche Beurteilung des auszubildenden Menschen sonst nicht möglich wäre. Denknotwendigerweise gilt: Wird eine zu kurze Probezeit vereinbart, gilt eine Probezeit von einem Monat. Wird eine zu lange Probezeit vereinbart, gilt eine Probezeit von vier Monaten.

Begründungspflicht

Während der Probezeit besteht grundsätzlich keine Begründungspflicht (§ 22 Abs. 1 BBiG).

Im Rahmen der Betriebsrats-Anhörung (§ 102 BetrVG) ist dem Betriebsrat gegenüber allerdings die Begründung zur Kündigung mitgeteilt. Dabei genügt regelmäßig die kurze Angabe, dass man zu der Erkenntnis gelangt ist, nicht weiter zusammenarbeiten zu wollen. Bei schwerbehinderten Auszubildenden sind auch dem Integrationsamt die Beweggründe für die Kündigung offen zu legen.

Grenzen der Kündigungsfreiheit

Auch wenn die Probezeitkündigung ohne Frist und Begründung möglich ist, bestehen rechtliche Schranken:

- **Willkürverbot:** Eine Kündigung darf nicht gegen § 138 BGB (Sittenwidrigkeit) oder § 242 BGB (Treu und Glauben) verstoßen.
- **Diskriminierungsverbot:** Eine Kündigung aus Gründen, die gegen das AGG verstoßen, ist unzulässig.
- **Mutterschutz (§ 17 MuSchG):** Eine Kündigung gegenüber einer schwangeren Auszubildenden ist während der Schwangerschaft und bis vier Monate nach der Entbindung unwirksam, sofern der ausbildenden Person die Schwangerschaft bekannt war oder innerhalb von zwei Wochen nach Zugang der Kündigung mitgeteilt wird.

Pädagogische Bedeutung der Probezeit

Die Probezeit erfüllt neben ihrer rechtlichen auch eine pädagogisch-diagnostische Funktion. Sie ermöglicht der ausbildenden Person, die fachliche Eignung und Lernbereitschaft des auszubildenden Menschen einzuschätzen, sein Sozialverhalten im Betrieb zu beobachten und frühzeitig Fördermaßnahmen oder pädagogische Unterstützung einzuleiten. Für Auszubildende dient sie dazu, den gewählten Beruf praktisch zu erleben, betriebliche Abläufe kennenzulernen und die Entscheidung für diesen Beruf zu überprüfen. Wird während der Probezeit eine Kündigung in Erwägung gezogen, sollte sie grundsätzlich das letzte Mittel darstellen. Vorher sind pädagogische Maßnahmen wie Feedbackgespräche, Zielvereinbarungen oder Mentoringangebote sinnvoll. Allerdings ist es geboten, dass diese Maßnahmen noch in der Probezeit ihre Wirkung derart entfalten können, dass die ausbildende Person zu der Überzeugung gelangen kann, das Ausbildungsverhältnis fortsetzen zu wollen. Ansonsten scheint der Ausspruch der Probezeitkündigung angeraten, da es nach Ablauf der Probezeit für die ausbildende Person nur noch die Möglichkeit der Kündigung aus wichtigem Grund gibt und zugleich dieser Umstand eher selten dazu führen dürfte, dass sich das Verhalten des betreffenden auszubildenden Menschen verbessert.

Zusammenhang mit dem Auswahlverfahren

Treten in einem Betrieb vermehrt Probezeitkündigungen auf, kann dies ein Hinweis darauf sein, dass das Verfahren der Eignungsdiagnostik überprüft und verbessert werden sollte. Ein reflektierter Auswahlprozess trägt dazu bei, Fehleinstellungen zu vermeiden und sowohl betriebliche als auch persönliche Ressourcen zu schonen.

19.6.2.5 Ordentliche Kündigung nach der Probezeit

Nach Ablauf der Probezeit kann das Berufsausbildungsverhältnis nur noch in engen, gesetzlich klar umrissenen Fällen ordentlich gekündigt werden. Diese Regelung dient dem besonderen Schutz der Auszubildenden und der Sicherung des Ausbildungsziels. Die ordentliche Kündigung ist in § 22 Abs. 2 BBiG geregelt: „Nach der Probezeit kann der Auszubildende das Berufsausbildungsverhältnis mit einer Kündigungsfrist von vier Wochen kündigen, wenn er die Berufsausbildung aufgeben oder sich für eine andere Berufstätigkeit ausbilden lassen will." Damit gilt: Die ausbildende Person darf nach der Probezeit nicht mehr ordentlich kündigen (§ 22 Abs. 2 Nr. 1 BBiG). Nur Auszubildende haben ein einseitiges ordentliches Kündigungsrecht unter engen Voraussetzungen. Dies dient der Wahrung der Berufsfreiheit nach Art. 12 GG.

Begründungspflicht

Gemäß § 22 Abs. 3 BBiG muss die schriftliche Kündigung den Kündigungsgrund eindeutig benennen. Der auszubildende Mensch hat also ausdrücklich anzugeben, ob er die Ausbildung aufgibt oder ob er sich in einem anderen Beruf ausbilden lassen will. Fehlt dieser Hinweis, ist die Kündigung formunwirksam.

Berechnung der Kündigungsfrist

Die Frist beginnt mit dem Zugang der Kündigung bei der ausbildenden Person zu laufen (§ 130 BGB). Für die Fristberechnung gelten die allgemeinen Vorschriften der §§ 187 ff. BGB.

■ BEISPIEL

Zugang der Kündigung am 1. Juni, also Fristende am 29. Juni. ■

Eine Kündigung „zum nächstmöglichen Termin" ist zulässig und führt zum selben Ergebnis.

Pädagogische Begleitung und sozialer Umgang

Eine ordentliche Kündigung durch den auszubildenden Menschen ist für den Betrieb stets Anlass, die Situation pädagogisch aufzuarbeiten:

- **Reflexion der Ausbildungsbedingungen:** Gab es Überforderungen, fehlende Unterstützung oder unklare Kommunikation?
- **Feedback-Gespräch:** Offene Aussprache über die Gründe der Kündigung kann zur Konfliktprävention beitragen.
- **Beratung des auszubildenden Menschen:** Unterstützung bei der Neuorientierung, gegebenenfalls Weitervermittlung an Berufsberatung, Kammern oder Arbeitsagentur.
- **Betriebliche Nachbereitung:** Analyse, ob strukturelle Anpassungen in Betreuung oder Auswahlverfahren notwendig sind.

Eine respektvolle und lösungsorientierte Kommunikation trägt zur Wahrung der Würde des auszubildenden Menschen und zur positiven Außenwirkung des Betriebs bei.

19.6.2.6 Außerordentliche Kündigung

Nach der Probezeit kann die ausbildende Person das Ausbildungsverhältnis nur noch aus wichtigem Grund und ohne Einhaltung einer Kündigungsfrist kündigen. Der auszubildende Mensch kann dagegen weiterhin fristlos, nun allerding nur noch mit wichtigem Grund, oder ordentlich mit Frist kündigen (§ 22 Abs. 2 Nr. 2 BBiG).

19.6.2.6.1 Allgemeine Wirksamkeitsvoraussetzungen

Für die weitere Systematik ist es hilfreich, zunächst in Anlehnung an das Kündigungsschutzgesetz zwischen den folgenden Kündigungskategorien zu unterscheiden:

- **verhaltensbedingte Kündigung** (steuerbares Verhalten),
- **personenbedingte Kündigung** (nicht steuerbare Eigenschaften),
- **betriebsbedingte Kündigung** (dringende betriebliche Erfordernisse – im Ausbildungsverhältnis nur ausnahmsweise).

Wichtiger Grund

Ein wichtiger Grund liegt vor, wenn Tatsachen gegeben sind, die es dem kündigenden Teil unzumutbar machen, das Ausbildungsverhältnis bis zum regulären Ende fortzusetzen. Maßgeblich sind Verhältnismäßigkeit und Interessenabwägung. Dabei gilt: Je näher die Abschlussprüfung rückt, desto zumutbarer ist regelmäßig die Fortsetzung des Ausbildungsverhältnisses. In Betracht kommt in solchen Fällen, wenn die Leistung es zulässt, auch eine vorzeitige Zulassung zur Abschlussprüfung als milderes Mittel.

Zwei-Wochen-Frist

Die Kündigung muss gem. § 22 Abs. 4 BBiG innerhalb von zwei Wochen ab dem Zeitpunkt erfolgen, in dem die kündigungsberechtigte Person positive Kenntnis der maßgeblichen Tatsachen erlangt hat. Diese positive Kenntnis liegt erst dann vor, wenn der Sachverhalt hinreichend aufgeklärt und die kündigende Person zu der Überzeugung gelangt ist, dass der Kündigungssachverhalt tatsächlich trägt. Dazu gehört regelmäßig auch die Anhörung des auszubildenden Menschen, bei Kündigungen durch die ausbildende Person.

Anhörung des Betriebsrats

Die Anhörung des Betriebsrats muss innerhalb der Zwei-Wochen-Frist geschehen.

Hemmung der Kündigungsfrist durch das Integrationsamtsverfahren

Bei schwerbehinderten oder gleichgestellten Auszubildenden ist nach § 168 SGB IX vor Ausspruch der Kündigung die Zustimmung des Integrationsamts erforderlich. Das Verfahren beim Integrationsamt wirkt sich auf die Fristen wie folgt aus:

- **Antragsfrist:** Die ausbildende Person muss den Antrag auf Zustimmung zur Kündigung innerhalb von zwei Wochen stellen, nachdem sie von den Kündigungsgründen erfahren hat.
- **Hemmung der Zwei-Wochen-Frist (§ 626 Abs. 2 BGB analog):** Während des Verfahrens beim Integrationsamt ist die Frist für die Kündigung gehemmt. Das bedeutet, dass die Kündigung auch nach Ablauf der Zwei-Wochen-Frist noch wirksam sein kann, sofern der Antrag rechtzeitig gestellt wurde.
- **Zustimmungsfiktion (§ 174 Abs. 3 SGB IX):** Wenn das Integrationsamt nicht innerhalb von zwei Wochen nach Antragseingang entscheidet, gilt die Zustimmung als erteilt.
- **Unverzügliche Kündigung nach Zustimmung:** Nach Erteilung der Zustimmung muss die Kündigung unverzüglich, also ohne schuldhaftes Zögern, erfolgen.

19.6.2.6.2 Verhaltensbedingte außerordentliche Kündigung

Steuerbares Fehlverhalten kann einen wichtigen Grund bilden. Vorher ist oft eine Abmahnung erforderlich. Sie ist nur bei besonders schweren Vertrauensbrüchen entbehrlich oder wenn eine Verhaltensänderung offensichtlich nicht zu erwarten ist.

Abmahnung – Leitlinien

Die Abmahnung hat mehrere Zwecke und Funktionen:

1. **Hinweisfunktion:**

   Der auszubildende Mensch soll erkennen, welches Verhalten konkret vertragswidrig war.

   ■ BEISPIEL: Ein auszubildender Mensch fehlt mehrfach unentschuldigt. Die Abmahnung zeigt auf, dass diese Abwesenheiten gegen die Vertragspflichten verstoßen. ■

2. **Rügefunktion:**

   Die ausbildende Person bringt damit unmissverständlich zum Ausdruck, dass das beanstandete Verhalten nicht akzeptabel ist und eine Pflichtverletzung darstellt.

   ■ BEISPIEL: „Das unentschuldigte Fehlen stellt einen erheblichen Verstoß gegen Ihre Pflichten dar." ■

3. **Warnfunktion:**

   Sie soll den auszubildenden Mensch davor warnen, dass im Wiederholungsfall das Ausbildungsverhältnis gekündigt wird.

   ■ BEISPIEL: „Wir weisen ausdrücklich darauf hin, dass bei erneutem unentschuldigtem Fehlen eine Kündigung ausgesprochen wird." ■

Ohne diese ganz klare Formulierung handelt es sich im Zweifel nicht um eine Abmahnung, sondern allenfalls um eine Ermahnung. Eine Ermahnung ist als Voraussetzung für eine verhaltensbedingte Kündigung allerdings nicht hinreichend. So ist von einer durchaus in der Praxis üblichen Formulierung wie „Im Wiederholungsfalle können arbeitsrechtliche Konsequenzen bis zur Kündigung drohen" abzuraten, es sei denn, man möchte bewusst keine Abmahnung, sondern eine Ermahnung im Sinne eines starken Symbols aussprechen.

4. **Beweisfunktion:**

   Im Streitfall dient sie als Nachweis, dass der auszubildende Mensch sein Verhalten kannte und gewarnt wurde.

Weitere wichtige Aspekte:

- **Zeitnähe:** Eine Abmahnung sollte zeitnah nach dem Vorfall ausgesprochen werden, um ihre erzieherische Wirkung zu entfalten. Eine Ausschlussfrist, die nach deren Ablauf keine Abmahnung mehr möglich ist, gibt es allerdings nicht.
- **Berechtigung:** Abmahnen darf jede weisungsbefugte Person, also nicht nur die ausbildende Person selbst, sondern auch ein Abteilungsleiter oder eine bevollmächtigte Fachkraft.
- **Keine Anhörungspflichten:** Weder der auszubildende Mensch noch der Betriebsrat oder das Integrationsamt müssen im Vorfeld angehört werden.
- **Wirkzusammenhang:** Eine spätere Kündigung ist nur dann möglich, wenn das konkrete Verhalten, das zur Kündigung führt, zuvor abgemahnt wurde und die Abmahnung zeitlich wirken konnte.
- **Mehrfache Abmahnungen:** Je leichter der Pflichtverstoß, desto eher kann es erforderlich sein, mehrere Abmahnungen auszusprechen.
- **Verwirkung:** Werden zu viele gleichartige Abmahnungen ausgesprochen, ohne dass gekündigt wird, kann dies die Ernsthaftigkeit der Abmahnung in Zweifel ziehen („Verwirkung"). Das bedeutet, dass dann aus diesem Grund nicht mehr gekündigt werden kann, da der auszubildende Mensch nicht davon ausgehen konnte, dass nach unverhältnismäßig vielen Kündigungsandrohungen die letzte Kündigungsandrohung nun ernst gemeint war.
- **„Haltbarkeit":** Die Wirkdauer einer Abmahnung hängt von der Schwere des Pflichtverstoßes ab.

  ■ Beispiel: Eine Abmahnung wegen Zuspätkommens in der ersten Ausbildungswoche rechtfertigt regelmäßig keine Kündigung wegen eines weiteren Zuspätkommens am Ende des dritten Ausbildungsjahres. ■

■ **BEISPIEL – ABMAHNUNGSSCHREIBEN (AUSBILDUNG):**

Betreff: Abmahnung wegen unentschuldigten Zuspätkommens

Sehr geehrte/r Herr/Frau ...,

am [Datum] sind Sie trotz Dienstbeginn um 08:00 Uhr erst um 08:35 Uhr erschienen, ohne über Ihre Verspätung zu informieren. Das verstößt gegen Ihre Pflichten aus dem Ausbildungsvertrag.

Wir rügen diesen Pflichtverstoß und weisen ausdrücklich darauf hin, dass wir nicht bereit sind, ein solches Verhalten weiter hinzunehmen. Wir fordern Sie auf, künftig pünktlich zu erscheinen und bei unvermeidlichen Verspätungen unverzüglich Ihren ausbildenden Menschen [Vorname, Name] zu informieren.

Im Wiederholungsfall werden wir unser Ausbildungsverhältnis kündigen.

Mit freundlichen Grüßen

[Unterschrift der abmahnungsberechtigten Person]

Empfang bestätigt: [Datum, Unterschrift auszubildender Mensch] ■

Verdachtskündigung

Eine Verdachtskündigung ist zulässig, wenn nicht eine erwiesene Tat, sondern bereits der dringende Verdacht einer schwerwiegenden Pflichtverletzung das Vertrauensverhältnis so stark erschüttert, dass eine Fortsetzung des Ausbildungsverhältnisses unzumutbar wird. Sie soll die ausbildende Person vor Situationen schützen, in denen der auszubildende Mensch möglicherweise eine gravierende Pflichtverletzung begangen hat, der Beweis jedoch nicht eindeutig geführt werden kann, der Verdacht aber auf objektiven Tatsachen beruht.

Voraussetzungen:

- Dringender Verdacht einer schwerwiegenden Pflichtverletzung oder Straftat,
- objektive Tatsachen müssen diesen Verdacht stützen,
- Anhörung des auszubildenden Menschen vor Ausspruch der Kündigung,
- Interessenabwägung.

Weitere Gesichtspunkte:

- Die Zwei-Wochen-Frist beginnt erst nach Abschluss der Anhörung zu laufen.
- Maßgeblich ist der Kenntnisstand im Zeitpunkt des Zugangs der Kündigung.
- Eine spätere Entlastung kann zur Unwirksamkeit der Kündigung führen.
- Neben der Verdachtskündigung kann auch hilfsweise eine Tatkündigung ausgesprochen werden. Dies ist deshalb sinnvoll, weil ein Arbeitsgericht im Rahmen einer Kündigungsschutzklage die Verdachtskündigung für unwirksam erklären könnte, beispielsweise, weil es der Meinung ist, dass nicht genügend objektive Tatsachen zusammengetragen wurden, die den Verdacht erhärten. Zu einem späteren Zeitpunkt wird der auszubildende Mensch von einem Strafgericht hinsichtlich des Ver-

dachtes für schuldig gesprochen. Damit ist dann erwiesen, dass der Verdacht richtig war. Die Verdachtskündigung ist dennoch unwirksam. Wurde daneben hilfsweise eine Tatkündigung ausgesprochen, entfaltet diese nun ihre Wirkung und beendet das Ausbildungsverhältnis.

19.6.2.6.3 Personenbedingte außerordentliche Kündigung

Personenbedingte Gründe liegen vor, wenn der auszubildende Mensch aufgrund nicht steuerbarer Eigenschaften oder Umstände nicht (mehr) in der Lage ist, die Ausbildung ordnungsgemäß fortzuführen. Mögliche personenbedingte Kündigungsgründe in der Ausbildung sind:

- Langandauernde oder häufige Erkrankung
- Suchtverhalten (zum Beispiel Alkohol- oder Drogensucht)
- Haftstrafe oder Untersuchungshaft von erheblicher Dauer
- Fehlende geistige, psychische oder körperliche Eignung
- Verlust einer für die Ausbildung erforderlichen behördlichen Zulassung (zum Beispiel Führerschein bei Berufskraftfahrer)
- Dauerhafte Lern- oder Leistungseinschränkungen, die eine erfolgreiche Fortsetzung der Ausbildung objektiv ausschließen

Krankheitsbedingte Kündigung

Nach ständiger Rechtsprechung des BAG erfolgt die Prüfung in drei Stufen:

1. **Negative Gesundheitsprognose**

   Es muss zu erwarten sein, dass der auszubildende Mensch auch in Zukunft wiederholt oder dauerhaft arbeitsunfähig sein wird. Maßgebliche Anhaltspunkte:

   - Mehr als sechs Wochen Arbeitsunfähigkeit in drei aufeinanderfolgenden Kalenderjahren (dies spielt aufgrund der regelmäßig kürzeren Ausbildungsdauer allerdings eine nachgeordnete Rolle),
   - Mehr als 18 Monate Erkrankung insgesamt.

   Diese Schwellenwerte gestatten der ausbildenden Person aufgrund der hinsichtlich des Gesundheitszustands herrschende Informationsasymmetrie, eine negative Gesundheitsprognose anzunehmen. Die Beweislast kehrt sich danach um: Der auszubildende Mensch muss nachweisen, dass keine negative Gesundheitsprognose besteht. Laut BAG gilt: Eine negative Gesundheitsprognose besteht, wenn eine Wiederherstellung der Arbeitsfähigkeit in den nächsten 24 Monaten nicht zu erwarten ist. Eine dauerhafte Leistungsunfähigkeit gilt ebenso wie eine Ungewissheit über die Wiederherstellung der Arbeitsfähigkeit in diesem Zeitraum.

2. **Erhebliche Beeinträchtigung betrieblicher Interessen**

   Die Krankheit muss zu erheblichen betrieblichen oder organisatorischen Belastungen führen. Bei Ausbildungsverhältnissen dürfte diese Hürde deutlich höher sein als bei regulären Arbeitsverhältnissen, da der Zweck der Ausbildung nicht die Erbringung von Arbeitsleistung ist, sondern das Erlernen beruflicher Handlungsfähigkeit.

3. **Interessenabwägung**

   Es ist zu prüfen, ob der ausbildenden Person die Fortsetzung des Ausbildungsverhältnisses noch zumutbar ist. Dabei sind unter anderem zu berücksichtigen: Dauer der Ausbildung, bisherige Leistungen, soziale Aspekte und das Ergebnis eines etwaigen betrieblichen Eingliederungsmanagements (BEM).[147] Als milderes Mittel ist insbesondere auch eine Ausbildungsverlängerung nach § 8 BBiG in Betracht zu ziehen.

Betriebliches Eingliederungsmanagement (BEM)

Nach § 167 Abs. 2 SGB IX ist die Durchführung eines BEM anzubieten, wenn der auszubildende Mensch innerhalb eines Jahres mehr als sechs Wochen arbeitsunfähig ist. Der auszubildende Mensch muss das Angebot nicht annehmen. Das BEM dient der Klärung, wie Arbeitsunfähigkeit überwunden und erneuter Arbeitsunfähigkeit vorgebeugt werden kann, um das Ausbildungsverhältnis möglichst zu erhalten. Es ist keine formelle Wirksamkeitsvoraussetzung, wird aber in der Interessenabwägung regelmäßig berücksichtigt. Unterbleibt das Angebot eines BEM oder wird es nach Annahme durch den auszubildenden Menschen gleichwohl durch die ausbildende Person nicht durchgeführt, spricht dies häufig gegen die Kündigung, weil die ausbildende Person dann nicht alle zumutbaren milderen Mittel geprüft hat.

19.6.2.6.4 Betriebsbedingte außerordentliche Kündigung

Eine betriebsbedingte Kündigung liegt vor, wenn dringende betriebliche Erfordernisse dazu führen, dass eine Fortsetzung des Ausbildungsverhältnisses objektiv unmöglich ist. Sie kommt im Ausbildungsverhältnis nur in absoluten Ausnahmefällen in Betracht, da die ausbildende Person verpflichtet ist, alle zumutbaren Maßnahmen zu ergreifen, um die Ausbildung fortzuführen. Typische Fälle sind gleichwohl:

- Betriebsschließung oder Stilllegung der Ausbildungsabteilung, wenn keine Fortsetzung in einer anderen Abteilung möglich ist,
- Insolvenz, sofern kein anderer Ausbildungsbetrieb die Ausbildung übernehmen kann,

[147] Vgl. BAG, Urteil vom 12.04.2002 – 2 AZR 148/01.

- Entzug der Ausbildungseignung durch die zuständige Kammer (zum Beispiel wegen fehlender Fachkräfte oder schwerer Verstöße gegen Ausbildungspflichten).

Vor einer solchen Kündigung ist stets zu prüfen, ob:

- eine Umsetzung des auszubildenden Menschen innerhalb des Unternehmens möglich ist,
- eine Kooperation mit einem anderen Ausbildungsbetrieb zur Fortführung möglich ist,
- die Kammer eine Übernahme oder Verbundlösung vermitteln kann.

Nur wenn keine dieser Möglichkeiten besteht oder sie unzumutbar sind, kann ein betriebsbedingter wichtiger Grund angenommen werden.

19.6.2.7 Aufhebungsvertrag

Ein Aufhebungsvertrag beendet das Ausbildungsverhältnis einvernehmlich durch übereinstimmende Willenserklärungen beider Vertragsparteien. Im Gegensatz zur Kündigung geht die Beendigung nicht einseitig von einer Partei aus, sondern erfolgt durch gegenseitige Vereinbarung. Er ist also kein Gestaltungsrecht, sondern ein Vertrag, für dessen Wirksamkeit die allgemeinen Voraussetzungen des Zivilrechts gelten. Wesentliche Unterschiede zur Kündigung sind:

Merkmal	Kündigung	Aufhebungsvertrag
Rechtsnatur	einseitige empfangsbedürftige Willenserklärung	zweiseitiger Vertrag
Zustimmung erforderlich	nein	ja, beiderseitig
Schriftform	zwingend	zwingend
Widerruf möglich	nein (nach Zugang)	nein, sobald beide unterschrieben haben
Anfechtung	möglich bei Irrtum, Täuschung, Drohung	möglich, aber strenge Anforderungen

Kündigungsersetzende Wirkung und Umgehungsverbot

Der Aufhebungsvertrag darf nicht dazu dienen, die strengen Kündigungsschutzvorschriften des BBiG, insbesondere § 22, zu umgehen. Besteht ein Druckverhältnis, liegt möglicherweise eine unzulässige Umgehungskonstruktion oder eine Drohung im Sinne von § 123 BGB vor, die zur Anfechtbarkeit führt. Das gilt insbesondere bei schutzbedürftigen Auszubildenden, wenn diese nicht die Tragweite ihrer Erklärung erkennen oder zum Vertragsabschluss gedrängt werden. Nach der Rechtsprechung ist entscheidend, ob der auszubildende Mensch eine echte Wahlmöglichkeit hatte oder faktisch zum Abschluss genötigt wurde (zum Beispiel durch Androhung einer fristlosen Kündigung ohne ausreichenden Grund)[148].

Beteiligung des Betriebsrats

Der Betriebsrat hat kein Mitbestimmungsrecht beim Abschluss eines Aufhebungsvertrags. § 102 BetrVG findet keine Anwendung, da es sich nicht um eine Kündigung handelt.

Hinweispflichten nach dem SGB III

Wie bei Kündigungen ist die ausbildende Person nach § 2 Abs. 2 SGB III i. V. m. § 38 SGB III verpflichtet, den auszubildenden Menschen unverzüglich auf die Pflicht zur Meldung bei der Agentur für Arbeit hinzuweisen, sobald feststeht, dass das Ausbildungsverhältnis endet.

Widerruf, Anfechtung und Nichtigkeit

Ein Aufhebungsvertrag kann nicht widerrufen werden, sobald er von beiden Parteien unterschrieben ist. § 355 BGB ist nicht anwendbar. Eine Anfechtung kommt nur ausnahmsweise in Betracht – etwa bei Irrtum (§ 119 BGB), arglistiger Täuschung oder widerrechtlicher Drohung (§ 123 BGB), zum Beispiel wenn mit einer unberechtigten Kündigung gedroht wurde.

Zielsetzung und typische Anwendungsfälle

Ein Aufhebungsvertrag sollte im Ausbildungsverhältnis nur dann in Betracht gezogen werden, wenn beide Seiten nachvollziehbar kein Interesse mehr an der Fortsetzung haben und kein wichtiger Grund für eine fristlose Kündigung besteht oder wenn eine einvernehmliche Beendigung pädagogisch und rechtlich sinnvoller erscheint. Typische Fälle sind:

- der auszubildende Mensch möchte die Ausbildung abbrechen oder den Beruf wechseln,
- ein Betriebswechsel soll ohne Zeitverlust erfolgen,
- beide Seiten möchten Konflikte vermeiden und eine gütliche Lösung finden,
- krankheitsbedingte oder persönliche Umstände verhindern eine Fortsetzung,
- Ausbildungsbetrieb verliert die Ausbildungseignung, und eine Kammerlösung ist möglich.

Formale Anforderungen und mögliche Regelungsgegenstände

Ein Aufhebungsvertrag ist gemäß § 623 BGB schriftlich, also mit der eigenhändige Unterschriften beider Vertragsparteien zu schließen. Das Datum des Vertrags und des Beendigungszeitpunkts müssen klar bezeichnet sein.

---

148 Vgl. BAG, Urteil vom 07.02.2019 – 6 AZR 75/18.

Ein sachgerechter Aufhebungsvertrag sollte folgende Elemente enthalten:

1. **Parteien und Bezugnahme auf den Ausbildungsvertrag**

   „Zwischen dem Ausbildungsbetrieb ... und dem auszubildenden Mensch ..., geboren am ..., wird folgender Aufhebungsvertrag geschlossen."

2. **Beendigungszeitpunkt**

   „Das zwischen den Parteien bestehende Berufsausbildungsverhältnis vom ... wird im beiderseitigen Einvernehmen mit Ablauf des ... beendet."

3. **Hinweis auf Meldung bei der Agentur für Arbeit**

   „Der auszubildende Mensch wurde auf seine Verpflichtung zur unverzüglichen Meldung bei der Agentur für Arbeit gemäß § 38 SGB III hingewiesen."

4. **Abwicklung offener Ansprüche**

   „Etwaige Ansprüche aus dem Ausbildungsverhältnis (Vergütung, Urlaubsabgeltung etc.) gelten mit Erfüllung dieses Vertrags als abgegolten."

6. **Zeugnis**

   „Der Ausbildungsbetrieb ist verpflichtet, ein wohlwollendes qualifiziertes Ausbildungszeugnis zu erteilen."

6. **Rückgabe von Arbeitsmitteln, Werkzeugen, Unterlagen** und gegebenenfalls **Lernmaterialien** sollte festgehalten werden

7. **Schlussbestimmungen**

   „Änderungen und Ergänzungen dieses Vertrags bedürfen der Schriftform. Mündliche Nebenabreden bestehen nicht."

8. **Unterschriften**

Praxis- und Risikoaspekte

- Der Aufhebungsvertrag darf nicht unter Druck zustande kommen, sonst droht Anfechtbarkeit. Es sollte daher stets eine Bedenkzeit gewährt und dokumentiert werden.
- Ein Aufhebungsvertrag kann beim auszubildenden Menschen Sperrzeiten beim Arbeitslosengeld (§ 159 SGB III) auslösen, wenn die Beendigung nicht zwingend betrieblich oder gesundheitlich veranlasst war. Deshalb empfiehlt sich, die Gründe im Vertrag klar zu dokumentieren (zum Beispiel „Auf Wunsch des auszubildenden Menschen zur beruflichen Neuorientierung" oder „Einvernehmlich wegen gesundheitlicher Einschränkungen").
- Gegebenenfalls ist eine vereinbarte Abfindung aufzuführen. Insbesondere dann sollte die Vererblichkeit der Ansprüche geregelt werden.

19.6.2.8 Sonstige Beendigungsgründe

19.6.2.8.1 Beendigung durch Tod einer Vertragspartei

Tod des auszubildenden Menschen

Mit dem Tod des Auszubildenden endet das Ausbildungsverhältnis automatisch, da die geschuldete Ausbildungsleistung aus tatsächlichen Gründen nicht mehr erbracht werden kann. Rechtsgrundlage ist § 275 Abs. 1 BGB (Unmöglichkeit der Leistung). Die Berufsausbildung ist ein höchstpersönliches Schuldverhältnis, das untrennbar an die Person des auszubildenden Menschen gebunden ist. Es handelt sich um eine nicht übertragbare Leistung im Sinne von § 613 S. 1 BGB. Es bedarf keiner Kündigung. Ein Anspruch auf Ausbildungsvergütung besteht bis einschließlich des Todestages. Bereits entstandene Vergütungsansprüche bis zum Tod werden Teil des Nachlasses und gehen gemäß § 1922 BGB auf die Erben über. Gemäß § 16 BBiG ist bei Beendigung des Ausbildungsverhältnisses immer ein Zeugnis zu erteilen – auch im Todesfall. Da eine Leistungsbewertung in diesem Fall regelmäßig nicht mehr geboten ist, wird in der Regel nur ein einfaches Zeugnis ausgestellt, das Art, Dauer und Ziel der Ausbildung beschreibt.

Tod der ausbildenden Person

Beim Tod der ausbildenden Person ist zu unterscheiden, ob die Ausbildung höchstpersönlich an ihre Person gebunden war oder durch Dritte fortgeführt werden kann.

a) Höchstpersönliche Ausbildungsleistung

War die ausbildende Person eine natürliche Person (Mensch), die den auszubildenden Menschen persönlich anleitete (zum Beispiel Einzelunternehmer, freiberufliche ausbildendende Person), endet das Ausbildungsverhältnis mit ihrem Tod. Die Leistung wird unmöglich (§ 275 Abs. 1 BGB), da der Ausbildungszweck – die persönliche Vermittlung beruflicher Handlungsfähigkeit – nicht mehr erreicht werden kann. Ein gesonderter Beendigungsakt (zum Beispiel Kündigung) ist nicht erforderlich. Der Erbe oder auch der Auszubildende selbst informiert die zuständige Kammer. Diese kann bei der Fortführung der Ausbildung in einen anderen geeigneten Betrieb unterstützen.

b) Fortführung des Betriebs

Wird der Betrieb der verstorbenen ausbildenden Person von den Erben oder einem Rechtsnachfolger fortgeführt, kann die Ausbildung unter bestimmten Voraussetzungen fortgesetzt werden.

Die Fortsetzung beruht nicht auf einem gesetzlichen Übergang des Ausbildungsverhältnisses, sondern auf einer einvernehmlichen Vereinbarung zwischen den Vertragsparteien (Erben beziehungsweise Rechtsnachfolgende und auszubildendem Mensch). Die Voraussetzungen sind:

1. Der Betrieb bleibt ausbildungsgeeignet (§ 27 BBiG).
2. Eine fachlich und persönlich geeignete Person (§ 28 BBiG) übernimmt die Ausbildung.
3. Der auszubildende Mensch stimmt der Fortsetzung ausdrücklich zu, da es sich um eine Vertragsänderung handelt, die ohne seinen Willen nicht wirksam werden kann (§ 311 Abs. 1 BGB).

Die Fortführung wird regelmäßig durch eine dreiseitige Vereinbarung (Erben, auszubildender Mensch, Kammer) dokumentiert. So wird sichergestellt, dass die Ausbildung rechtssicher weitergeführt werden kann.

Beteiligung der Kammer

Die zuständige Kammer hat eine koordinierende und unterstützende Funktion: Beratung der Erben und des auszubildenden Menschen, Vermittlung eines geeigneten Ersatzbetriebs, Prüfung der Fortführungsfähigkeit des Betriebs und Sicherstellung der Einhaltung der Ausbildungsvorschriften (§ 76 BBiG).

19.6.2.8.2 Beendigung durch Wegfall der Ausbildungseignung

Der Wegfall der Ausbildungseignung stellt einen besonderen Beendigungsgrund dar, der nicht ausdrücklich im BBiG geregelt ist. Er ergibt sich jedoch aus der Systematik der §§ 27 und 28 BBiG, die bestimmen, dass ausbildende Personen persönlich und ausbildende Menschen persönlich und fachlich geeignet sein müssen und dass nur geeignete Ausbildungsstätten zur Ausbildung herangezogen werden dürfen. Die Ausbildungseignung ist damit eine zwingende Voraussetzung für das Bestehen eines Berufsausbildungsverhältnisses. Fällt sie während der laufenden Ausbildung weg, ist der Zweck des Ausbildungsverhältnisses – die ordnungsgemäße Vermittlung beruflicher Handlungsfähigkeit – gefährdet oder unmöglich geworden.

Arten des Wegfalls der Ausbildungseignung

a) Wegfall der persönlichen Eignung

Die persönliche Eignung entfällt insbesondere, wenn

- gegen das Jugendarbeitsschutzgesetz oder das BBiG schwer oder wiederholt verstoßen wird,
- die ausbildende Person oder der ausbildende Mensch wegen eines Verhaltens, das Jugendliche oder Schutzbefohlene gefährdet, strafrechtlich verurteilt wird,
- eine charakterliche Unzuverlässigkeit erkennbar wird, die eine ordnungsgemäße Ausbildung nicht mehr erwarten lässt.

Die zuständige Kammer kann in diesen Fällen durch Verwaltungsakt feststellen, dass die persönliche Eignung nicht (mehr) gegeben ist. Eine ausdrückliche gesetzliche Vorschrift zur Aberkennung enthält das BBiG nicht, sie ergibt sich aber aus der Zuständigkeit der Kammern für die Überwachung der Berufsausbildung.

b) Wegfall der fachlichen Eignung

Die fachliche Eignung entfällt, wenn die ausbildende Person oder der ausbildende Mensch nicht mehr über die erforderliche Berufsqualifikation verfügt oder der fachlich geeignete ausbildende Mensch ausscheidet und kein Ersatz bestellt wird (§ 28 BBiG). In diesem Fall kann die zuständige Kammer feststellen, dass die Ausbildungsvoraussetzungen nicht mehr erfüllt sind und die ausbildende Person zur Abstellung der Mängel oder – falls dies nicht möglich ist – zur Beendigung oder Übertragung der Ausbildung an einen geeigneten Betrieb anhalten.

c) Wegfall der Eignung der Ausbildungsstätte

Die Eignung der Ausbildungsstätte (§ 27 BBiG) entfällt, wenn der Betrieb

- nicht mehr die erforderlichen Einrichtungen oder Arbeitsmittel besitzt und auch nicht wieder beschaffen kann,
- keine für den Ausbildungsberuf typischen Tätigkeiten mehr ausführt,
- oder die Betreuungsquote in ein solches Missverhältnis gerät, dass die Ausbildung nicht planmäßig fortgeführt werden kann.

Typische Fälle sind etwa Betriebsverlagerungen, Teilstilllegungen oder gravierende betriebliche Veränderungen, die eine Fortsetzung der Ausbildung unmöglich machen.

Rechtliche Folgen

Der Wegfall der Ausbildungseignung führt nicht automatisch zur Beendigung des Ausbildungsverhältnisses. Zunächst ist zu prüfen, ob eine Fortsetzung der Ausbildung in einem anderen Betrieb möglich ist. Nach § 14 Abs. 1 Nr. 1 BBiG ist die ausbildende Person verpflichtet, dafür zu sorgen, dass dem auszubildenden Menschen die berufliche Handlungsfähigkeit vermittelt wird. Kann sie dies aufgrund des Wegfalls der Eignung nicht mehr gewährleisten, muss sie die erforderlichen Maßnahmen zur Sicherstellung der Ausbildung einleiten. Das kann beispielsweise bedeuten, dass sie die Bestellung eines anderen fachlich geeigneten ausbildenden Menschen oder die Vermittlung an einen anderen geeigneten Ausbildungsbetrieb, etwa in Zusammenarbeit mit der zuständigen Kammer, vorzunehmen hat.

Rolle der Kammern

Die Kammern haben keine gesetzliche Pflicht, bei Wegfall der Ausbildungseignung eine Beendigung herbeizuführen oder mitzuteilen. Ihre Rolle besteht vielmehr darin, die Ausbildungseignung zu überwachen, bei erkannten Mängeln den Betrieb zu beraten und zur Nachbesserung anzuhalten und bei Bedarf eine Unterstützung zur Fortführung der Ausbildung anzubieten. Die Initiative hierzu geht häufig von der ausbildenden Person oder vom auszubildenden Menschen aus, wenn er erkennt, dass die Ausbildung im bisherigen Betrieb nicht mehr ordnungsgemäß gewährleistet ist.

Beendigungstatbestand

Kann die ausbildende Person trotz aller zumutbaren Maßnahmen keine geeignete Fortsetzung sicherstellen, stellt der dauerhafte Wegfall der Ausbildungseignung einen wichtigen Grund zur außerordentlichen Kündigung nach § 22 Abs. 2 Nr. 1 BBiG dar. Dies gilt sowohl bei persönlichem oder fachlichem Eignungsverlust als auch beim vollständigen Wegfall der betrieblichen Voraussetzungen.

19.6.2.8.3 Beendigung bei Insolvenz oder Betriebsschließung

Eine Insolvenz oder Betriebsschließung führt nicht automatisch zur Beendigung eines Ausbildungsverhältnisses. Es bleibt grundsätzlich bestehen, solange es nicht auf anderem Wege beendet wird (zum Beispiel durch Kündigung, Aufhebungsvertrag, Zeitablauf oder Bestehen der Abschlussprüfung). Die Fortführung oder Beendigung hängt maßgeblich davon ab, ob der Ausbildungszweck (§ 14 Abs. 1 Nr. 1 BBiG) noch erreichbar ist und ob die insolvenzverwaltende Person oder eine betriebsnachfolgende Person den Betrieb weiterführt. Es ergeben sich drei Fallgruppen:

a) Fortführung des Betriebs durch die insolvenzverwaltende Person

Wird der Betrieb nach der Insolvenzeröffnung fortgeführt, besteht das Ausbildungsverhältnis gemäß § 108 Abs. 1 S. 1 InsO fort. Die insolvenzverwaltende Person tritt dabei nicht kraft Gesetzes als neuer Vertragspartner ein, sondern führt das bestehende Vertragsverhältnis im Namen der Insolvenzmasse fort. Das bedeutet dass das Ausbildungsverhältnis unverändert weiterläuft und die Ausbildung ordnungsgemäß fortzuführen ist, soweit der betriebliche Rahmen dies zulässt.

b) Betriebseinstellung (vollständige oder teilweise Schließung)

Wird der Betrieb vollständig stillgelegt, entfällt häufig die tatsächliche Möglichkeit, den Ausbildungszweck zu erreichen. Eine planmäßige Ausbildung ist dann nicht mehr gewährleistet. In diesem Fall kann eine außerordentliche Kündigung aus wichtigem Grund (§ 22 Abs. 2 Nr. 1 BBiG) in Betracht kommen, wenn eine Fortführung der Ausbildung – etwa durch Übernahme in einen anderen Betrieb – nicht möglich oder unzumutbar ist. Vor einer Kündigung ist daher stets zu prüfen, ob eine Weiterbeschäftigung in einem anderen Betrieb erfolgen kann (zum Beispiel durch Kammervermittlung) oder ob eine vorzeitige Zulassung zur Abschlussprüfung (§ 45 Abs. 1 BBiG) in Betracht kommt, wenn die bisherige Ausbildung bereits die nötige berufliche Handlungsfähigkeit vermittelt hat.

c) Übernahme durch neuen Betrieb (Betriebsübergang)

Wird der Betrieb oder ein Betriebsteil von einer neuen inhabenden Person übernommen, greift § 613a BGB: Das Ausbildungsverhältnis geht mit allen Rechten und Pflichten auf die neue inhabende Person über, sofern die betriebliche Einheit fortbesteht. Ein auszubildender Mensch kann dem Übergang seines Ausbildungsverhältnisses widersprechen, indem er dies innerhalb eines Monats nach der Unterrichtung schriftlich gegenüber der bisherigen oder neuen inhabenden Person erklärt (§ 613a Abs. 6 BGB). Dann bleibt das Ausbildungsverhältnis mit der bisherigen ausbildenden Person bestehen. Die bisherige ausbildende Person ist verpflichtet, den auszubildenden Mensch – soweit möglich – auf eine andere zumutbare Ausbildungsstelle zu versetzen.

Kündigungsmöglichkeiten

a) Kündigung durch die insolvenzverwaltende oder ausbildende Person

Kann die Ausbildung nachweislich nicht fortgesetzt werden, liegt ein wichtiger Grund im Sinne des § 22 Abs. 2 Nr. 1 BBiG vor. Dies ist der Fall, wenn der Ausbildungszweck objektiv nicht mehr erreicht werden kann und keine zumutbare Fortsetzungsmöglichkeit besteht. Eine Kündigung aus bloßen wirtschaftlichen Erwägungen heraus ist nicht möglich. Entscheidend ist, dass die Ausbildung faktisch unmöglich geworden ist.

b) Kündigung durch den auszubildenden Mensch

Der auszubildende Mensch kann im Fall der Insolvenz oder Betriebsschließung ebenfalls fristlos kündigen (§ 22 Abs. 2 Nr. 1 BBiG), wenn ihm die Fortsetzung der Ausbildung unzumutbar ist – beispielsweise, weil der Betrieb die Ausbildung nicht mehr fortführen kann oder weil eine längere Unterbrechung droht.

Rolle der Kammern

Die zuständige Kammer sollte in Fällen von Insolvenz oder Betriebsschließung frühzeitig einbezogen werden. Sie unterstützt insbesondere bei der Vermittlung eines Ersatz-Ausbildungsbetriebs, bei der Prüfung der vorzeitigen Zulassung zur Abschlussprüfung (§ 45 BBiG) sowie bei der rechtlichen Einordnung der Situation und Beratung beider Vertragsparteien. Zwar besteht keine gesetzliche Pflicht zur Mitteilung an die Kammer, doch ergibt sich ihre Einbindung aus der allgemeinen Überwachungs- und Beratungspflicht nach § 76 BBiG.

19.6.2.8.4 Anfechtung des Berufsausbildungsvertrags

Die Anfechtung ist ein eigenständiger Beendigungsgrund des Ausbildungsverhältnisses. Sie führt – anders als eine Kündigung – rückwirkend zur Nichtigkeit des Vertrags. Rechtsgrundlage sind die allgemeinen Vorschriften der §§ 119 ff. BGB.

Wesen und rechtlicher Charakter

Ein Vertrag kommt durch zwei übereinstimmende Willenserklärungen zustande: Angebot (§ 145 BGB) und Annahme (§ 147 BGB). Wird eine dieser Willenserklärungen wirksam angefochten, wird sie gemäß § 142 Abs. 1 BGB rückwirkend nichtig. Da ein Vertrag nur bei Vorliegen zweier übereinstimmender Willenserklärungen besteht, führt die Nichtigkeit einer dieser Erklärungen dazu, dass kein Vertrag zustande gekommen ist. Die Anfechtung unterscheidet sich damit grundsätzlich von der Kündigung. Die Kündigung beendet ein wirksam bestehendes Vertragsverhältnis mit Wirkung für die Zukunft, während die Anfechtung ein fehlerhaft zustande gekommenes Vertragsverhältnis von Anfang an beseitigt.

Zulässige Anfechtungsgründe

Die zulässigen Anfechtungsgründe ergeben sich aus den §§ 119 ff. BGB.

a) Irrtum (§ 119 BGB)

Ein Irrtum liegt vor, wenn die erklärende Person eine Willenserklärung abgibt, die nicht ihrem tatsächlichen Willen entspricht. Mögliche Fälle sind:

- **Erklärungsirrtum** (§ 119 Abs. 1 Alt. 2 BGB): Die ausbildende Person verschreibt oder verspricht sich bei der Vertragsschließung.

  ■ BEISPIEL: Im Vertrag wird versehentlich die falsche Person als auszubildender Mensch eingetragen. ■

- **Inhaltsirrtum** (§ 119 Abs. 1 Alt. 1 BGB): Die erklärende Person irrt über die Bedeutung oder Rechtsfolgen ihrer Erklärung.

  ■ BEISPIEL: Die ausbildende Person geht irrig davon aus, dass der Vertrag nur für eine Probezeit gilt, obwohl es sich um eine reguläre Ausbildung handelt. ■

- **Eigenschaftsirrtum** (§ 119 Abs. 2 BGB): Der Irrtum betrifft eine verkehrswesentliche Eigenschaft einer Person oder Sache.

  ■ BEISPIEL: Die ausbildende Person geht davon aus, dass der sich bewerbende Mensch eine Fahrerlaubnis besitzt, obwohl dies tatsächlich nicht der Fall ist. ■

  In einer ländlich gelegenen Versicherungsagentur ist die Fahrerlaubnis für Kundschaftsbesuche und Außendiensttätigkeiten von wesentlicher Bedeutung.

- **Übermittlungsirrtum** (§ 120 BGB): Eine Erklärung wird durch einen Botschaft überbringenden Menschen oder eine Hilfsperson unrichtig übermittelt.

  ■ BEISPIEL: Die Personalabteilung übermittelt versehentlich einen Vertrag mit falscher Ausbildungsvergütung. ■

b) Arglistige Täuschung (§ 123 Abs. 1 Alt. 1 BGB)

Ein Vertrag kann angefochten werden, wenn eine Partei durch bewusste Täuschung zum Vertragsabschluss veranlasst wurde.

■ BEISPIEL

Der sich bewerbende Mensch beantwortet erlaubte Fragen im Vorstellungsgespräch wissentlich falsch, um eingestellt zu werden. Beispielsweise Fragen nach relevanten Vorstrafen bei einer Kassentätigkeit oder gesundheitlichen Einschränkungen, die die Tätigkeit wesentlich beeinträchtigen würden. ■

Unzulässige Fragen, etwa nach Schwangerschaft oder Religion, dürfen hingegen wahrheitswidrig beantwortet werden, ohne dass dies eine Anfechtung rechtfertigt.

c) Widerrechtliche Drohung (§ 123 Abs. 1 Alt. 2 BGB)

Eine Anfechtung ist möglich, wenn eine Partei durch Androhung eines empfindlichen Übels zur Vertragsunterzeichnung gezwungen wurde.

■ BEISPIEL

Eine ausbildende Person wird zur Einstellung gedrängt, indem ihr geschäftliche Nachteile angedroht werden. ■

Anfechtungsberechtigung

Anfechtungsberechtigt sind die Vertragsparteien: die ausbildende Person und der auszubildende Mensch. Dritte, etwa ausbildende Menschen oder Kammern, können nicht anfechten. Bei Minderjährigen richtet sich die Geschäftsfähigkeit nach den §§ 107 ff. BGB anlog zur Kündigung.

Form und Fristen der Anfechtung

Für die Anfechtung ist keine besondere Form vorgeschrieben. Aus Gründen der Beweisbarkeit sei jedoch Schriftform oder mindestens Textform empfohlen. Die Fristen richten sich nach dem jeweiligen Anfechtungsgrund:

- § 121 BGB: Unverzüglich nach Entdeckung des Irrtums oder Übermittlungsfehlers.
- § 124 BGB: Binnen eines Jahres nach Entdeckung der Täuschung oder Wegfall der Zwangslage bei Drohung.

Die Erklärung ist nach § 143 BGB gegenüber der jeweils anderen Vertragspartei abzugeben.

Wirkungen der Anfechtung

Mit Zugang der wirksamen Anfechtungserklärung wird der Vertrag nach § 142 Abs. 1 BGB rückwirkend nichtig. Die Rechtsfolgen sind:

1. **Rückabwicklung** (§ 812 BGB): Beide Parteien haben bereits erbrachte Leistungen grundsätzlich zurückzugewähren. Da die vom auszubildenden Menschen erbrachte Ausbildungsleistung nicht rückgabefähig ist, greift die Lehre vom faktischen Arbeitsverhältnis. Die ausbildende Person muss die geleistete Tätigkeit angemessen vergüten, regelmäßig in Höhe der vereinbarten Ausbildungsvergütung.
2. **Schadensersatzpflicht** (§ 122 BGB): Wer eine Willenserklärung anficht, muss der anderen Partei den Vertrauensschaden ersetzen. Das ist der Schaden, welcher dadurch entsteht, dass die andere Partei auf die Gültigkeit der Erklärung vertraut hat.

   ■ BEISPIEL: Der auszubildende Mensch kündigt seine bisherige Stelle, weil die neue ausbildende Person ihn einstellt; der neue Vertrag wird später von der ausbildenden Person erfolgreich angefochten. Somit ist der Vertrauensschaden die nicht mehr vorhandene erste Stelle. ■
3. **Zeugnisanspruch:** Da der Vertrag rückwirkend nichtig ist, besteht kein Anspruch auf ein Ausbildungszeugnis nach § 16 BBiG. Faktisch ist jedoch eine Ausbildungstätigkeit erfolgt; daher besteht ein Anspruch auf eine Tätigkeitsbescheinigung oder ein einfaches Zeugnis analog § 109 GewO, um die tatsächlich abgeleistete Zeit und Tätigkeit zu dokumentieren.

19.6.2.8.5 Auflösende Bedingungen im Berufsausbildungsverhältnis

Eine auflösende Bedingung beendet ein Schuldverhältnis automatisch mit Eintritt eines zukünftigen ungewissen Ereignisses (§ 158 Abs. 2 BGB). Im Berufsausbildungsverhältnis ist zwischen gesetzlichen und vertraglich vereinbarten auflösenden Bedingungen zu unterscheiden:

Gesetzliche auflösende Bedingung

Das Gesetz selbst enthält eine auflösende Bedingung: Nach § 21 Abs. 2 BBiG endet das Berufsausbildungsverhältnis mit Bestehen der Abschlussprüfung. Hier tritt die Beendigung kraft Gesetzes und nicht aufgrund vertraglicher Vereinbarung ein. Eine zusätzliche vertragliche Regelung ist deshalb nicht geboten.

Vertragliche auflösende Bedingungen

Vertraglich vereinbarte auflösende Bedingungen, die das Ausbildungsverhältnis vorzeitig beenden, sind im Regelfall unzulässig. Begründung:

- **Abschließende Beendigungsregelung im BBiG:** Das BBiG enthält in § 22 BBiG eine abschließende Regelung, wann und unter welchen Voraussetzungen ein Ausbildungsverhältnis beendet werden kann. Diese Beendigungsordnung soll verhindern, dass die ausbildende Person den auszubildenden Mensch durch vertragliche Gestaltungsmöglichkeiten einseitig benachteiligt.

- **Unabdingbarkeit zugunsten des auszubildenden Mensch:** Nach § 25 BBiG sind Vereinbarungen nichtig, soweit sie von Vorschriften des Teil 1 des BBiG zum Nachteil des auszubildenden Menschen abweichen. Eine vertraglich vereinbarte auflösende Bedingung würde regelmäßig eine solche nachteilige Abweichung darstellen, weil sie den gesetzlichen Bestandsschutz des Auszubildenden aushöhlt.
- **Schutzzweck des § 14 Abs. 1 Nr. 1 BBiG:** Die ausbildende Person ist verpflichtet, dem auszubildenden Menschen die berufliche Handlungsfähigkeit zu vermitteln. Eine Beendigungsklausel, die das Ausbildungsverhältnis vom Eintritt eines ungewissen Ereignisses abhängig macht, widerspricht dem Zweck der Ausbildung, nämlich eine planmäßige und zielgerichtete Qualifizierung sicherzustellen.

Konsequenz für die Vertragsgestaltung

Auflösende Bedingungen sind im Berufsausbildungsverhältnis grundsätzlich unzulässig, soweit sie über die gesetzlich vorgesehene Beendigung nach § 21 Abs. 2 BBiG hinausgehen. In der Praxis ist daher Folgendes zu beachten:

- Keine vertraglichen Klauseln, die das Ausbildungsverhältnis „automatisch" bei Eintritt bestimmter Ereignisse (zum Beispiel Krankheit, Wegfall einer Eignung, Führerscheinverlust) enden lassen.
- Stattdessen sind die gesetzlichen Regelungen des § 22 BBiG (Kündigung) anzuwenden, gegebenenfalls unter Beachtung milderer Mittel wie Umgestaltung des Ausbildungsplans oder Anpassung des Einsatzbereichs.
- Der Bestandsschutz des Ausbildungsverhältnisses bleibt damit vollumfänglich gewahrt, wie es der Gesetzgeber im Sinne der besonderen Schutzbedürftigkeit des auszubildenden Menschen vorgesehen hat.

19.6.2.9 Abgangsinterview als Instrument des Ausbildungscontrollings

Das Abgangsinterview ist ein etabliertes Instrument und spielt im Rahmen der Personalfreisetzung – insbesondere bei der Beendigung von Ausbildungsverhältnissen – eine wichtige Rolle. Bei der Proximus Versicherung AG ist das Abgangsinterview fester Bestandteil des zentralen Ausbildungscontrollings und dient der kontinuierlichen Verbesserung der Ausbildungsqualität.[149]

Zielsetzung und Nutzen

Das Abgangsinterview verfolgt das Ziel der gezielten Informationssammlung über die Erfahrungen der Auszubildenden während ihrer Ausbildungszeit. Dabei werden insbesondere Wahrnehmungen zum Betriebsklima, zur fachlichen und persönlichen Betreuung, zu den Lernbedingungen sowie zu den Gründen für das Ausscheiden er-

[149] Vgl. Manfred Becker, Personalentwicklung: Bildung, Förderung und Organisationsentwicklung in Theorie und Praxis, Stuttgart, Schäffer-Poeschel Verlag, 2005, S. 426–427.

hoben. Die gewonnenen Erkenntnisse liefern wertvolle Hinweise auf strukturelle oder prozessuale Verbesserungsmöglichkeiten in der Ausbildung. Darüber hinaus tragen sie zur Stärkung der Arbeitgebendenattraktivität und zur Weiterentwicklung der Personalstrategie bei. Das Abgangsinterview fungiert somit als Instrument der Personal- und Ausbildungsforschung sowie des internen Personalmarketings.[150]

Durchführung bei der Proximus Versicherung AG

Bei der Proximus Versicherung AG werden die Abgangsinterviews durch den Betriebsrat geführt. Diese Entscheidung wurde bewusst getroffen, um eine vertrauensvolle Gesprächsatmosphäre zu schaffen und eine möglichst offene Rückmeldung der ausscheidenden Auszubildenden zu gewährleisten. Die Gespräche erfolgen in der Regel in persönlicher Form, können auf Wunsch der Auszubildenden jedoch auch schriftlich oder digital durchgeführt werden. Zur Sicherstellung einer einheitlichen Vorgehensweise nutzt der Betriebsrat einen von der zentralen Ausbildungsabteilung in München entwickelten Gesprächsleitfaden. Dieser Leitfaden strukturiert die Interviews thematisch und ermöglicht eine Vergleichbarkeit der Ergebnisse über verschiedene Ausbildungsjahrgänge hinweg. Solche Interviews werden bei der Proximus Versicherung AG nicht nur mit Auszubildenden geführt, die das Unternehmen nach der Ausbildung verlassen, sondern auch mit jenen, die ihre Ausbildung erfolgreich abgeschlossen haben und im Unternehmen übernommen werden. Dadurch können auch die Erfahrungen dieser Gruppe systematisch in die Weiterentwicklung der Ausbildung einfließen. Die Teilnahme an den Interviews oder Befragungen ist freiwillig.

Systematische Auswertung im zentralen Ausbildungscontrolling

Die zentrale Ausbildungsabteilung in München ist für die systematische Auswertung der Interviewdaten verantwortlich. Hier werden die Rückmeldungen anonymisiert erfasst, kategorisiert und anschließend im Rahmen des Ausbildungscontrollings analysiert. Ziel ist es, Trends, Muster und Verbesserungspotenziale zu identifizieren. Die Ergebnisse fließen in regelmäßige Qualitätsberichte ein, die sowohl den Ausbildungsleitungen als auch dem Personalmanagement zur Verfügung gestellt werden. Darüber hinaus dienen die Auswertungen als Grundlage für Maßnahmen der Qualifizierung ausbildender Menschen, der Kommunikationsverbesserung zwischen den Ausbildungsstandorten sowie für die Weiterentwicklung des Ausbildungsmarketings.

Nutzen für das Personal- und Ausbildungsmanagement

Durch die strukturierte Rückmeldung am Ende der Ausbildung erhält die Proximus Versicherung AG wertvolle Hinweise darauf, wie die Ausbildung wahrgenommen wird. Diese Erkenntnisse unterstützen das Unternehmen dabei, die Ausbildungsprozesse gezielt zu optimieren, die Bindung von Nachwuchskräften zu erhöhen und das Image als attraktiver Ausbildungsbetrieb nachhaltig zu stärken. Somit wird das Ab-

[150] Vgl. Lippold, 2014, S. 284.

gangsinterview zu einem integralen Bestandteil einer lernenden Organisation, die systematisch aus Erfahrung Wissen generiert und dieses zur Steigerung ihrer Ausbildungsqualität nutzt.

19.6.2.10 Rechtsfolgen der Beendigung eines Ausbildungsverhältnisses

Mit der Beendigung des Ausbildungsverhältnisses enden die gegenseitigen Hauptpflichten der Vertragsparteien. Dazu zählen insbesondere die Pflicht der ausbildenden Person zur Vermittlung der beruflichen Handlungsfähigkeit (§ 14 Abs. 1 Nr. 1 BBiG) sowie die Pflicht zur Zahlung der Ausbildungsvergütung. Ebenso endet die Pflicht des auszubildenden Menschen, seine Lernleistung zu erbringen. Gemäß § 241 Abs. 1 BGB erlöschen mit dem Ende des Schuldverhältnisses auch die daraus folgenden Leistungspflichten, sofern keine Nachwirkungen bestehen. Bei oder nach der Beendigung können sich aus dem Ausbildungsverhältnis Schadensersatzansprüche, Herausgabe- und Freistellungsansprüche ergeben.

Schadensersatz

§ 23 BBiG gewährt einer Vertragspartei einen Anspruch auf Schadensersatz, wenn die andere Vertragspartei die Beendigung durch ihr schuldhaftes Verhalten veranlasst hat.

■ BEISPIELE

- Der auszubildende Mensch kündigt ordentlich und ohne wichtigen Grund vorzeitig und führt dieselbe Ausbildung bei einem anderen Ausbildenden fort.
- Eine Vertragspartei provoziert die Kündigung der anderen Vertragspartei durch schweres vertragswidriges Verhalten.

Voraussetzungen

1. Wirksame vorzeitige Beendigung des Ausbildungsverhältnisses,
2. Pflichtverletzung einer Vertragspartei,
3. Verschulden,
4. Kausalität zwischen Pflichtverletzung und Schaden.

Beispielhafte Schadenspositionen auf Seiten der ausbildenden Person:

- Bereits gezahlte Ausbildungsvergütung für Zeiten, in denen der auszubildende Mensch keine Leistungen mehr erbracht hat
- Vergebliche Aufwendungen für Lehrmittel, Ausbildungsunterlagen oder Schulungen
- Verwaltungs- und Organisationsaufwand (zum Beispiel Kosten für Personalbeschaffung oder Ersatzbewerber)

Beispielhafte Schadenspositionen auf Seiten des auszubildenden Menschen:

- Verdienstausfall

- Zusätzliche Fahrtkosten, wenn eine Fortsetzung der Ausbildung in einem weiter entfernten Betrieb notwendig wird
- Verzögerungen im beruflichen Werdegang, die zu einem finanziellen Nachteil führen können

Ausschlussfrist

Nach § 23 Abs. 2 BBiG erlischt der Anspruch auf Schadensersatz, wenn er nicht innerhalb von drei Monaten nach Beendigung des Berufsausbildungsverhältnisses geltend gemacht wird. Diese Frist ist eine materiell-rechtliche Ausschlussfrist und kann nicht verlängert werden.

Freistellungsanspruch

Nach § 629 BGB gilt: „Nach der Kündigung eines dauernden Dienstverhältnisses hat der Dienstberechtigte dem Verpflichteten auf Verlangen angemessene Zeit zum Aufsuchen eines anderen Dienstverhältnisses zu gewähren." Diese Regelung findet auf Ausbildungsverhältnisse entsprechende Anwendung. Die Voraussetzungen sind:

- Es muss eine Kündigung erfolgt sein. Andere Beendigungsarten fallen nicht unter § 629 BGB. Da die ausbildende Person nach Ablauf der Probezeit nur noch fristlos aus wichtigem Grund kündigen kann und in der Probezeit ohnehin keine Kündigungsfrist einzuhalten ist, ergibt sich praktisch, dass die Einhaltung einer Kündigungsfrist nur bei ordentlichen Kündigungen nach Ablauf der Probezeit durch den auszubildenden Mensch in Betracht kommt. Da die Kündigung bereits erfolgt sein muss, bedarf es also für einen Freistellungsanspruch einer Wirkungsfrist nach der Kündigung. In Ausbildungsverhältnissen ist der Freistellungsanspruch folglich de facto nur bei Kündigung durch den Auszubildenden relevant.
- Das Ausbildungsverhältnis ist ein dauerndes Dienstverhältnis, da es auf längere Zeit angelegt ist.
- Der Auszubildende muss die Freistellung verlangen.
- Die Freistellung darf nur zur Stellensuche oder zum Aufsuchen eines anderen Dienstverhältnisses erfolgen.
- Es ist angemessene Zeit zu gewähren. Deren Dauer richtet sich nach den Umständen des Einzelfalls.

Faktoren angemessener Länge:

- **Beruf (Mangelberuf, Überangebot etc.)**: Möchte der auszubildende Mensch eine andere Ausbildung in einem Mangelberuf beginnen, wird es schneller und einfacher möglich sein, einen neuen Ausbildungsplatz zu finden, als wenn eine neue Ausbildung in einem Beruf mit Arbeitnehmerüberangebot angestrebt wird. Dementsprechend ist der Freistellungsanspruch bei Mangelberufen geringer.

- **Räumliche Lage des Unternehmens**: Möchte jemand, der sich bisher zum Optiker ausbilden ließ, nun Kaufmann für Versicherungen und Finanzanlagen werden, wird es einfacher sein, einen Ausbildungsplatz zu finden, wenn er in oder bei Köln wohnt, da dort viele Ausbildungsplätze für Kaufleute für Versicherungen und Finanzanlagen angeboten werden, als wenn der Wohnort beispielsweise Westerland auf Sylt ist. Dementsprechend wird der Freistellungsanspruch in Westerland größer sein als in Köln.
- **Länge und Lage der zeitlichen Arbeitszeit**: Bei einer festen Arbeitszeit (zum Beispiel von 09:00 Uhr bis 17:00 Uhr) werden fast alle Vorstellungsgespräche genau in dieser Zeit liegen. Gibt es beispielsweise flexible Arbeitszeit, ist der auszubildende Mensch nicht an feste Arbeitszeiten gebunden und kann den Freiraum für das Aufsuchen von Vorstellungsgesprächen selbst disponieren, sodass dann im Zweifel kein Freistellungsanspruch entsteht.
- **Allgemeine Arbeitsmarktsituation und wirtschaftliche Konjunktur**: Bei hoher Arbeitslosigkeit und schlechter konjunktureller Lage ist es tendenziell schwerer, einen Ausbildungsplatz zu finden, sodass der Freistellungsanspruch hierdurch wachsen dürfte.

Zudem gilt das Prinzip der Subsidiarität nicht: Resturlaub, Zeitguthaben oder betriebliche Freistellungsregelungen können nicht auf den Freistellung nach § 629 BGB angerechnet werden.[151] Die Zeit der Freistellung gilt als Arbeitszeit und ist zu vergüten.

Zeugnis

Gemäß § 16 BBiG ist bei Beendigung des Berufsausbildungsverhältnisses ein Zeugnis zu erteilen.

Herausgabeansprüche

Mit Beendigung des Berufsausbildungsverhältnisses besteht ein Anspruch auf Herausgabe aller Unterlagen und Gegenstände, die im Eigentum einer Vertragspartei stehen.

Herausgabeansprüche des auszubildenden Menschen gegenüber der ausbildenden Person:

- Berufsausbildungsnachweise (Berichtshefte)
- Persönliche Unterlagen (zum Beispiel Schulungszertifikate, Nachweise über Zusatzqualifikationen)
- Arbeitspapiere (zum Beispiel Sozialversicherungsausweis, Lohnsteuerbescheinigung).

[151] Vgl. Bontrup, 2001, S. 376.

Herausgabeansprüche der ausbildenden Person gegenüber dem auszubildenden Mensch:

- Dienstlaptop oder andere betriebliche Arbeitsmittel
- Werkzeuge, Fachliteratur oder sonstige Hilfsmittel
- Gegebenenfalls Schlüssel, Zutrittskarten oder sonstige Arbeitsutensilien

Die Herausgabe hat unverzüglich und vollständig zu erfolgen. Bei schuldhafter Verweigerung können Schadensersatzansprüche nach §§ 280, 985 BGB entstehen.

Verjährung und Ausschlussfristen

Für etwaige noch bestehende Ansprüche aus dem Ausbildungsverhältnis heraus sind die Verjährungs- und Ausschlussfristen zu beachten.

19.6.3 Ausbildungszeugnis

19.6.3.1 Rechtsgrundlage

Die rechtliche Grundlage für die Ausstellung des Ausbildungszeugnisses ergibt sich aus § 16 BBiG. Die Vorschrift verpflichtet die ausbildende Person, bei Beendigung des Berufsausbildungsverhältnisses ein Zeugnis auszustellen. Der Gesetzgeber formuliert hier eine unbedingte Pflicht: Das Zeugnis ist immer zu erteilen – unabhängig vom Grund der Beendigung des Ausbildungsverhältnisses. Es spielt also keine Rolle, ob das Ausbildungsverhältnis regulär endet, durch Kündigung, Aufhebungsvertrag oder in anderer Weise aufgelöst wird. Die Pflicht zur Ausstellung besteht ohne Aufforderung durch den auszubildenden Mensch. Sie ergibt sich unmittelbar aus dem Gesetz. Damit ist die ausbildende Person verpflichtet, das Zeugnis von sich aus und zeitnah nach Beendigung des Ausbildungsverhältnisses auszustellen.[152]

19.6.3.2 Arten des Ausbildungszeugnisses

Das BBiG unterscheidet in § 16 Abs. 2 ausdrücklich zwischen zwei Arten von Ausbildungszeugnissen: dem einfachen und dem qualifizierten Zeugnis. Beide Formen haben den gleichen rechtlichen Ursprung, unterscheiden sich jedoch im Umfang der enthaltenen Informationen und im Grad ihrer inhaltlichen Aussagekraft.

Einfaches Zeugnis

Das einfache Zeugnis enthält ausschließlich Angaben über Art, Dauer und Ziel der Berufsausbildung sowie über die erworbenen beruflichen Fertigkeiten, Kenntnisse und Fähigkeiten. Diese Informationen beschreiben den objektiven Verlauf und Inhalt der

152 Vgl. Josef Herkert, Harald Töll, Berufsbildungsgesetz – Kommentar mit Nebenbestimmungen, Regensburg, Berlin, Walhalla Fachverlag, 2007, S. 2–3 zu § 16 BBiG.

Ausbildung, ohne dass eine wertende oder beurteilende Aussage über die persönliche Leistung oder das Verhalten getroffen wird. Das einfache Zeugnis ist somit rein beschreibend und soll Dritten, insbesondere zukünftigen Arbeitgebenden, ermöglichen, sich ein sachliches Bild über den Ausbildungsberuf, die Ausbildungsinhalte und die Dauer der Ausbildung zu machen. Es kommt typischerweise dann zur Anwendung, wenn der auszubildende Mensch kein qualifiziertes Zeugnis verlangt oder wenn das Ausbildungsverhältnis sehr kurz war und keine hinreichende Beurteilungsgrundlage besteht. Damit ist das einfache Zeugnis ein Tatsachenzeugnis, das keinen Bewertungsteil enthält und den gesetzlichen Mindestanspruch nach § 16 Abs. 2 Satz 1 BBiG erfüllt.

Qualifiziertes Zeugnis

Das qualifizierte Ausbildungszeugnis geht über den beschreibenden Teil hinaus. Es enthält zusätzlich eine Beurteilung der Leistung und des Verhaltens während der gesamten Ausbildungszeit. Grundlage hierfür ist § 16 Abs. 2 S. 2 BBiG, wonach diese Angaben auf ausdrückliches Verlangen der Auszubildenden aufzunehmen sind. Dieses Zeugnis vermittelt ein umfassenderes Bild des auszubildenden Menschen, das sowohl die fachliche Qualifikation als auch das persönliche Auftreten und die soziale Kompetenz bewertet. Es ist deshalb regelmäßig die Form, die Auszubildende verlangen und Arbeitgebende erwarten. Das qualifizierte Zeugnis muss eine sachlich fundierte, wahrheitsgemäße und wohlwollende Gesamtbewertung enthalten.

19.6.3.3 Inhaltliche Anforderungen

Die inhaltlichen Anforderungen an ein Ausbildungszeugnis ergeben sich aus § 16 Abs. 2 BBiG und der hierzu entwickelten Rechtsprechung. Danach muss das Zeugnis wahr, klar und wohlwollend formuliert sein, den tatsächlichen Verlauf des Ausbildungsverhältnisses zutreffend wiedergeben und eine sachlich begründete Leistungs- und Verhaltensbewertung enthalten, soweit ein qualifiziertes Zeugnis verlangt wurde.

19.6.3.3.1 Grundsätze der Zeugniswahrheit und des Wohlwollens

Das Ausbildungszeugnis ist ein rechtlich relevantes Dokument mit Beweisfunktion im Arbeitsleben. Es soll dem ehemaligen Auszubildenden die berufliche Eingliederung erleichtern, darf aber gleichzeitig zukünftige Arbeitgebenden nicht in die Irre führen. Hieraus ergibt sich das Spannungsverhältnis zwischen Wahrheitspflicht und Wohlwollenspflicht, das die Zeugniserstellung maßgeblich prägt.

Die Wahrheitspflicht ergibt sich aus der allgemeinen arbeitsrechtlichen Treuepflicht und wurde durch das Urteil des BAG konkretisiert. Danach ist der Ausbildende verpflichtet, alle Angaben im Zeugnis objektiv richtig und vollständig zu formulieren. Das

Zeugnis darf weder übertriebene noch irreführende Aussagen enthalten und keine unzutreffenden positiven oder negativen Wertungen vermitteln.[153]

Die Wohlwollenspflicht, die sich aus der Entscheidung des Bundesgerichtshofs ergibt, verlangt, dass das Zeugnis so abgefasst ist, dass es das berufliche Fortkommen des ehemaligen auszubildenden Menschen nicht unnötig erschwert. Sie verpflichtet den Ausbildenden, negative Sachverhalte nur dann aufzunehmen, wenn diese für das Gesamtbild von wesentlicher Bedeutung sind, und diese in einer sozialverträglichen, wertschätzenden Form zu formulieren.[154]

Das Zeugnis soll also einerseits wahrheitsgetreu, andererseits wohlwollend im Ton und zurückhaltend in der Kritik sein.

19.6.3.3.2 Struktur und Gliederung eines Ausbildungszeugnisses

Ein vollständiges qualifiziertes Ausbildungszeugnis folgt inhaltlich und formal einer anerkannten Gliederung. Diese sollte folgende Abschnitte umfassen:

1. **Überschrift**: Bezeichnung als „Zeugnis" oder „Ausbildungszeugnis".
2. **Einleitungssatz**: Angaben zur Person, zum Ausbildungsverhältnis, zur Ausbildungsdauer, zum Ausbildungsberuf sowie zur Vorstellung des Ausbildungsunternehmens und gegebenenfalls zur Abteilung oder zum Tätigkeitsbereich.
3. **Darstellung der Ausbildungstätigkeit**: Beschreibung der vermittelten Kenntnisse, Fertigkeiten und Fähigkeiten sowie besonderer Tätigkeiten und Verantwortungsbereiche.
4. **Leistungsbeurteilung**: Bewertung der fachlichen und persönlichen Arbeitsleistung anhand der relevanten Merkmale.
5. **Zusammenfassender Leistungsbeurteilungssatz**: Verdichtung der Einzelbewertungen zu einem Gesamturteil über die Leistung.
6. **Verhaltensbeurteilung**: Bewertung des Sozialverhaltens gegenüber Vorgesetzten, Kollegium und Kundschaft.
7. **Zusammenfassender Verhaltensbeurteilungssatz**: Gesamturteil über das Sozialverhalten.
8. **Beendigungsgrund**: Angabe des Grundes für die Beendigung des Ausbildungsverhältnisses (zum Beispiel erfolgreich bestandene Abschlussprüfung, Eigenkündigung, betriebliche Umstrukturierung). Der Beendigungsgrund ist grundsätzlich anzugeben.

[153] Vgl. BAG, Urteil vom 23.06.1960 – 5 AZR 560/58.
[154] Vgl. BGH, Urteil vom 26.11.1963 – VI ZR 221/62.

9. **Schlusssatz (optional)**: Ausdruck des Dankes, Bedauerns und der Wünsche für die Zukunft.[155]

10. **Datum und Unterschriften**: Das Datum des Zeugnisses ist grundsätzlich das des Ausstellungstages, idealerweise identisch mit dem letzten Ausbildungstag. Es ist mit Ort, Datum und eigenhändiger Unterschrift der ausbildenden Person sowie – wenn nicht identisch – des ausbilden Menschen zu versehen (§ 16 Abs. 1 S. 3 BBiG).

19.6.3.3.3 Unzulässige Zeugnisbestandteile

Ein Ausbildungszeugnis darf nur ausbildungsrelevante Informationen enthalten. Angaben, die für die Beurteilung der beruflichen Qualifikation oder des Verhaltens im Rahmen der Ausbildung nicht erforderlich sind, sind unzulässig. Dies gilt insbesondere für: Betriebsratstätigkeit, Gewerkschaftszugehörigkeit, Alkoholgenuss, Arbeitsgerichtsverfahren, Konfession oder Weltanschauung, Kriegsdienstverweigerung oder Wehrdienst, Mutterschutz oder Schwangerschaft, Privatleben, Schwerbehinderteneigenschaft, Vermögensverhältnisse und Krankheiten. Die Erwähnung solcher Punkte würde einen Verstoß gegen die Wohlwollenspflicht darstellen, da sie Rückschlüsse zulassen könnten, die für die Beurteilung der beruflichen Eignung ohne Relevanz sind. In mancher Hinsicht wäre dies auch mit dem AGG nicht vereinbar.[156]

19.6.3.3.4 Formvorschriften

Das Zeugnis ist grundsätzlich schriftlich auszustellen. Nach § 16 Abs. 1 S. 2 BBiG kann es mit Einwilligung des auszubildenden Menschen auch in elektronischer Form erteilt werden. Das Zeugnis muss auf offiziellem Geschäftspapier des Unternehmens ausgestellt, frei von Flecken, Streichungen und Korrekturen sein und eine klare, einheitliche Formatierung aufweisen.

19.6.3.4 Leistungs- und Verhaltensbeurteilung

Die Leistungs- und Verhaltensbeurteilung stellt das Kernstück eines qualifizierten Ausbildungszeugnisses dar. Sie gibt ein differenziertes und objektives Bild über das fachliche Können, das Engagement sowie das Verhalten des auszubildenden Menschen während der gesamten Ausbildungszeit.

19.6.3.4.1 Leistungsbeurteilung

Die Leistungsbeurteilung beschreibt die fachliche und persönliche Leistung während der Ausbildung. Sie erfolgt nach einheitlichen Kriterien in der Zeugnissprache. Insbesondere sind folgende Leistungsmerkmale relevant:

[155] Vgl. Arnulf Weuster, Brigitte Scheer, Arbeitszeugnisse in Textbausteinen, Stuttgart, Müchen, Hannover, Berlin, Weimar, Dresden, Richard Boorberg Verlag, 2010, S. 167 ff.
[156] Vgl. Weuster, 2010, S. 42–45, 134.

- **Arbeitsbereitschaft und Motivation**: Wille, Aufgaben engagiert, zielgerichtet und eigeninitiativ zu übernehmen.
- **Auffassungsgabe und Lernfähigkeit**: Fähigkeit, neue Sachverhalte schnell zu erfassen, logisch zu verarbeiten und praxisnah umzusetzen.
- **Lern- und Entwicklungsbereitschaft**: Eigeninitiative, sich über das Notwendige hinaus Wissen anzueignen und persönliche Stärken weiterzuentwickeln.
- **Fachwissen und dessen Anwendung**: Umfang, Sicherheit und Anwendungsfähigkeit des erworbenen Wissens.
- **Urteilsvermögen und Entscheidungsfähigkeit**: Fähigkeit, Probleme zu analysieren, Alternativen zu bewerten und richtige Entscheidungen zu treffen.
- **Arbeitsweise**: Systematik, Selbstständigkeit, Organisationstalent und Zielorientierung bei der Aufgabenerledigung.
- **Belastbarkeit und Zuverlässigkeit**: Fähigkeit, auch unter Termindruck konzentriert, ausdauernd und fehlerfrei zu arbeiten.
- **Sorgfalt und Genauigkeit**: Präzision und Gewissenhaftigkeit in der Arbeitserbringung.
- **Qualität und Quantität der Arbeitsergebnisse**: Güte und Umfang der erzielten Ergebnisse im Verhältnis zu den Anforderungen.
- **Eigeninitiative und Verantwortungsbewusstsein**: Bereitschaft, Verantwortung zu übernehmen, sowie die Fähigkeit, Aufgaben vorausschauend zu planen und selbstständig zu erledigen.
- **Fähigkeit zur Problemlösung und Zielerreichung**: Anwendung von Fachwissen und Kreativität bei der Bewältigung komplexer Aufgaben.[157]

Abschließend folgt der **zusammenfassende Leistungsbeurteilungssatz**, der die Gesamtbewertung der fachlichen Leistung wiedergibt: [158]

Note	Leistungsbeurteilung – Formulierung
1 (sehr gut)	Stets zu unserer vollsten Zufriedenheit
2 (gut)	Stets zu unserer vollen Zufriedenheit
3 (befriedigend)	Zu unserer vollen Zufriedenheit/Stets zu unserer Zufriedenheit
4 (ausreichend)	Zu unserer Zufriedenheit
5 (mangelhaft)	Im Großen und Ganzen zu unserer Zufriedenheit
6 (noch schlechter als mangelhaft)	Hat sich bemüht, die Aufgaben zu unserer Zufriedenheit zu erledigen

[157] Vgl. Fauler, 2008, S. 17 f.
[158] Vgl. Weuster, 2010, S. 224 ff.

19.6.3.4.2 Verhaltensbeurteilung

Die Verhaltensbeurteilung beschreibt das soziale und kommunikative Verhalten im betrieblichen Umfeld. Sie erfasst die Art und Weise, wie sich der auszubildende Mensch gegenüber verschiedenen Personengruppen und in unterschiedlichen Arbeitssituationen verhält. Folgende Verhaltensmerkmale sind zu berücksichtigen:

- **Verhalten gegenüber Vorgesetzten**: Respekt, Loyalität und kooperativer Umgang mit Weisungsbefugten.
- **Verhalten gegenüber dem Kollegium**: Teamfähigkeit, Hilfsbereitschaft, Kollegialität und Kommunikationsfähigkeit.
- **Verhalten gegenüber Kundschaft, Geschäftspartnern oder Dritten**: Freundlichkeit, Verbindlichkeit, Serviceorientierung und professionelles Auftreten.
- **Teamfähigkeit**: Fähigkeit, sich in bestehende Teams zu integrieren und aktiv zum gemeinsamen Erfolg beizutragen.
- **Kommunikationsverhalten**: Klarheit, Angemessenheit und Empathie in der schriftlichen und mündlichen Kommunikation.
- **Kritik- und Konfliktfähigkeit**: Fähigkeit, mit Kritik sachlich umzugehen und Konflikte konstruktiv zu lösen.
- **Kooperations- und Integrationsfähigkeit**: Bereitschaft, Wissen zu teilen, andere zu unterstützen und gemeinsame Ziele zu verfolgen.
- **Loyalität, Zuverlässigkeit und Vertrauenswürdigkeit**: Wahrung der Unternehmensinteressen und Diskretion im Umgang mit sensiblen Informationen.[159]

Auch hier schließt sich ein **zusammenfassender Verhaltensbeurteilungssatz** an, der nach der üblichen Zeugnissprache abgestuft ist:[160]

Note	Verhaltensbeurteilung – Formulierung
1 (sehr gut)	War stets vorbildlich
2 (gut)	War vorbildlich
3 (befriedigend)	War stets einwandfrei
4 (ausreichend)	War einwandfrei
5 (mangelhaft)	War ohne Tadel/Gab zu keiner Klage Anlass
6 (noch schlechter als mangelhaft)	Über ... ist uns nichts Nachteiliges bekannt geworden

[159] Vgl. Fauler, 2008, S. 18.
[160] Vgl. Weuster, 2010, S. 331 ff.

19.6.3.4.3 Besonderheiten bei der Proximus Versicherung AG

Bei der Proximus Versicherung AG erfolgt die Leistungs- und Verhaltensbewertung digital und systemgestützt. Alle Beurteilungen werden im internen Bewertungssystem dokumentiert, sodass die Zeugnisdaten unmittelbar aus den erfassten Bewertungen generiert werden können. Auf diese Weise wird ein einheitlicher, transparenter und nachvollziehbarer Bewertungsprozess sichergestellt. Eine manuelle Nachbearbeitung ist nur im Ausnahmefall nötig, beispielsweise zur Ergänzung individueller Besonderheiten oder außergewöhnlicher Leistungen, die nicht standardisiert hinterlegt werden konnten.

19.6.3.5 Zeugnissprache und rechtliche Bewertung

Aus der Kombination der Wohlwollens- und Wahrheitspflicht hat sich die heute gebräuchliche Zeugnissprache entwickelt, die es ermöglicht, Bewertungen in abgestufter Form mitzuteilen, ohne den Eindruck einer direkten Negativbewertung zu erzeugen. Diese sprachliche Kodifizierung ist somit nicht Selbstzweck, sondern das Ergebnis des rechtlichen Spannungsfelds zwischen Wahrheit und Wohlwollen. Die gebräuchlichsten Techniken der Zeugnissprache sind:

1. **Positiv-Skala-Technik (Steigerungstechnik)**: Vermeidung negativer Aussagen; maßgebend ist die Stärke der positiven Formulierung. Hierbei kommt meist bei der Note „sehr gut" der Elativ als grammatikalisch richtige Form eines nicht existierenden Superlativs, der aber zur Verdeutlichung verwendet wird, zum Einsatz. Beispiel: „stets zu unserer vollsten Zufriedenheit" (sehr gut) vs. „zu unserer Zufriedenheit" (befriedigend).
2. **Leerstellentechnik**: Das bewusste Weglassen einer sonst üblichen Aussage signalisiert einen Mangel. Beispiel: Fehlt „Sorgfalt", wird Unsorgfältigkeit unterstellt. Besonderheit: Ehrlichkeit wird normalerweise nicht erwähnt; wird sie dennoch erwähnt, deutet das auf Unehrlichkeit hin – außer bei Tätigkeiten mit besonderer Vertrauensstellung (zum Beispiel Kassierende).
3. **Reihenfolgentechnik**: Die Reihenfolge der Aussagen zeigt ihre Gewichtung. Werden „unwichtigere" Merkmale (zum Beispiel Verhalten vor Leistung oder Kollegium vor Vorgesetzten) zuerst genannt, deutet dies auf eine negative Bewertung hin.
4. **Ausweich-Technik**: Unwichtiges oder Selbstverständliches wird betont, um von wesentlichen Schwächen abzulenken. ■ BEISPIEL: „Besonders zu erwähnen ist sein gepflegtes Äußeres." ■
5. **Andeutungstechnik**: Durch Relativierungen oder Nebensätze werden negative Aussagen versteckt. ■ Beispiel: „Im Rahmen seiner Fähigkeiten" oder „mit der ihr eigenen Sorgfalt". ■

6. **Negations-Technik**: Abwertung durch Verneinung negativ besetzter Begriffe. ■ BEISPIEL: „Gab nie Anlass zu Beanstandungen" oder „war nicht unwillig". ■
7. **Knappheits-Technik**: Kurze, abgehackte Aussagen oder die Vermeidung üblicher Floskeln deuten auf negative Bewertung hin.
8. **Einschränkungs-Technik**: Durch Zusätze oder Relativsätze wird eine positive Aussage abgeschwächt.

   ■ BEISPIELE:

   - Subtile Einschränkung: „Er engagierte sich in unserem Verband und galt dort als Fachmann."
   - Relativsatz: „Die Aufgaben, die wir ihm übertrugen, erledigte er gewissenhaft."
   - Erwartungsbeschreibung, ohne dass die Erwartung erfüllt wird: „Er strebte nach praktikablen Lösungen." ■[161]

Verdeckte Formulierungen

Verdeckte Formulierungen, die negative oder doppeldeutige Aussagen enthalten, sind nicht zulässig (§ 109 Abs. 2 GewO). Sie verstoßen gegen die Wohlwollenspflicht und begründen für den ehemaligen auszubildenden Menschen eine Berichtigung des Zeugnisses. Im Gegensatz zu den Zeugnistechniken, die durch sprachliche Struktur erkennbar sind, handelt es sich bei verdeckten Formulierungen um Aussagen, deren Wortlaut und Bedeutung nichts mehr miteinander zu tun haben.[162]

■ BEISPIELE VERDECKTER FORMULIERUNGEN:[163]

Wortlaut	Bedeutung
Aufgrund seiner anpassungsfähigen und freundlichen Art war er im Betrieb sehr geschätzt.	Hatte Probleme mit Alkohol im Dienst.
Mit seinen Vorgesetzten ist er gut zurechtgekommen.	Ein Mitläufer, der sich gut zu verkaufen weiß.
Für die Belange der Mitarbeitenden bewies er immer Einfühlungsvermögen.	Suchte Sexkontakte zu Mitarbeitenden.
Er war sehr tüchtig und wusste sich gut zu verkaufen.	Ein unangenehmer, überheblicher Mitarbeiter.

■

161 Vgl. Weuster, 2010, S. 37 ff.

162 Vgl. Marcel Oberkönig, Der Anspruch aus ein Arbeitszeugnis in seiner historischen Entwicklung und gegenwärtigen inhaltlichen Ausprägung, Dortmund, readbox unipress, 2020, S. 134–136.

163 Vgl. bspw. https://www.arbeitszeugnis.de/presse/geheimcodeliste.pdf?utm_source=chatgpt.com; zuletzt abgerufen am 2. Dezember 2025.

19.6.3.6 Schlusssatz

Der Schlusssatz rundet das Zeugnis ab und enthält regelmäßig persönliche, wertende Elemente, die über die reine Beurteilung hinausgehen. Er kann Dank, Bedauern und Zukunftswünsche enthalten und verleiht dem Zeugnis eine abschließende persönliche Note.

Der Schlusssatz hat jedoch keinen rechtlichen Pflichtbestandteil. Das Fehlen eines Schlusssatzes darf daher nicht als formaler Mangel des Zeugnisses gewertet werden. Dies ist höchstrichterlich bestätigt durch das Urteil des BAG, wonach der Schlusssatz freiwillig ist.[164] Daher hat der Schlusssatz in der Praxis eine erhebliche Bedeutung für die Zeugnisinterpretation: Bei einem sehr guten oder guten Zeugnis, wird ein fehlender Schlusssatz häufig als Hinweis darauf gedeutet, dass das positive Urteil nicht freiwillig erteilt wurde (zum Beispiel nach rechtlicher Auseinandersetzung). Umgekehrt kann ein wohlwollender Schlusssatz die Gesamtaussage des Zeugnisses positiv verstärken. Ein vollständiger Schlusssatz sollte sich in drei Elemente gliedern:

1. **Dank:** Ausdruck der Wertschätzung für die geleistete Arbeit („Wir danken ihr für die stets sehr gute Mitarbeit.").
2. **Bedauern:** Gegebenenfalls Ausdruck des Bedauerns über das Ausscheiden („Wir bedauern ihr Ausscheiden sehr.").
3. **Zukunftswünsche:** Gute Wünsche für den weiteren Berufs- und Lebensweg („Wir wünschen ihr für die Zukunft weiterhin viel Erfolg und alles Gute.").

Der Begriff „weiterhin" bei den Zukunftswünschen („weiterhin viel Erfolg") gilt als verstärkendes Signal, dass der ehemalige auszubildende Mensch bereits während der Ausbildung erfolgreich war und man diesen Erfolg als fortbestehend wünscht. Fehlt das Wort „weiterhin", kann dies – insbesondere in sehr guten Zeugnissen – als Abschwächung verstanden werden, und zwar nach dem Motto: Wir wünschen für die Zukunft Erfolg, denn bisher blieb er ja aus.

Ein Beispiel für einen sehr guten Schlusssatz lautet: „Wir danken [Vorname Name] für die stets sehr guten Leistungen und das vorbildliche Engagement während der gesamten Ausbildungszeit. Wir bedauern das Ausscheiden von [Vorname Name] sehr und wünschen ihr für die berufliche und persönliche Zukunft weiterhin viel Erfolg und alles Gute."[165]

19.6.3.7 Datum und Unterschriften

Das **Ausstellungsdatum** ist ein wesentlicher formaler Bestandteil des Zeugnisses. Es dokumentiert den Zeitpunkt, an dem das Zeugnis erstellt wurde, und kann rechtliche

[164] Vgl. BAG, Urteil vom 20.02.2001 – 9 AZR 44/00.
[165] Vgl. Weuster, 2010, S. 119 ff.

wie auch tatsächliche Bedeutung für den weiteren Werdegang des ehemaligen auszubildenden Menschen haben.

Nach allgemeiner Rechtsauffassung soll das Datum dem letzten Tag des Ausbildungsverhältnisses entsprechen. Sofern das Zeugnis an diesem Tag tatsächlich erstellt wird, sind Ausstellungs- und Beendigungsdatum identisch. Das Zeugnis darf nicht vor dem letzten Ausbildungstag ausgestellt werden. Je nach Zeitraum, der zwischen dem letzten Ausbildungstag und dem Ausstellungsdatum liegt, können unterschiedliche Gründe für die spätere Ausstellung in Betracht kommen, beispielsweise interne Abstimmungsprozesse, nachträgliche Ergänzungen, Streitigkeiten über Inhalt oder Bewertung oder organisatorische Verzögerungen. Ein zu spätes Datum kann den Eindruck erwecken, dass es Schwierigkeiten bei der Zeugniserstellung gegeben hat und sollte deshalb vermieden werden. Auszubildende haben nach § 16 BBiG Anspruch auf unverzügliche Ausstellung des Zeugnisses nach Beendigung des Ausbildungsverhältnisses. Das BAG hat hierzu folgende Grundsätze aufgestellt:

- Wird ein berichtigtes Zeugnis ausgestellt, muss es auf das Datum des ursprünglichen Zeugnisses zurückdatiert werden, sofern die verspätete Ausstellung nicht durch den ehemaligen auszubildenden Mansch verursacht wurde.
- Der Anspruch auf Rückdatierung besteht insbesondere dann, wenn das korrigierte Zeugnis ein neues (späteres) Datum trägt und dadurch der Eindruck entstehen könnte, dass es bei der Erstellung des Zeugnisses Probleme oder Verzögerungen gegeben habe.
- Die Rückdatierung ist zwingend erforderlich, da ein späteres Ausstellungsdatum für den ehemaligen Auszubildenden Mensch nachteilig wirken und dessen berufliches Fortkommen beeinträchtigen kann.
- Eine Ausnahme gilt nur dann, wenn Arbeitnehmende das Zeugnis erst nach dem Ausscheiden angefordert haben und die Ausstellung daher erst später erfolgte. Diese Ausnahme kommt für ein Ausbildungszeugnis wohl allenfalls für ein qualifiziertes Zeugnis in Betracht, da jedenfalls das einfache Zeugnis nicht nur auf Verlangen, wie bei einem Arbeitszeugnis, sondern unaufgefordert auszustellen ist.
- Grundsätzlich besteht kein Anspruch darauf, dass ein Zeugnis ein bestimmtes Datum trägt. Eine Rückdatierungspflicht ergibt sich aber, wenn ein Zeugnis nach gerichtlicher Entscheidung oder Vergleich korrigiert wird und die verspätete Ausstellung nicht vom ehemaligen auszubildenden Mensch zu vertreten ist.[166]

Unterschriften

Gemäß § 16 Abs. 1 S. 3 BBiG soll das Ausbildungszeugnis sowohl von der ausbildenden Person als auch – wenn nicht identisch – vom ausbildenden Mensch unterschrie-

166 Vgl. BAG, Urteil vom 09.09.1992 – 5 AZR 509/91.

ben werden. Die doppelte Unterschrift dient der Authentizität und belegt, dass das Zeugnis sowohl die formale Verantwortung des Unternehmens als auch die inhaltliche Bewertung durch den für die Ausbildung verantwortlichen ausbildenden Menchen trägt. In der Praxis bedeutet dies: Die ausbildende Person unterschreibt regelmäßig an erster Stelle. Der ausbildende Mensch unterschreibt zusätzlich, wenn er nicht zugleich die ausbildende Person ist. Beide Unterschriften müssen eigenhändig geleistet und mit Namenswiedergabe und Funktionsbezeichnung versehen sein (zum Beispiel „i. A.", „Ausbildungsleiter", „Personalleiterin"). Eine elektronische Signatur ist gemäß § 16 Abs. 1 S. 2 BBiG nur zulässig, wenn der auszubildende Mensch ausdrücklich in die elektronische Form eingewilligt hat. Das Fehlen einer ordnungsgemäßen Unterschrift kann die formelle Wirksamkeit des Zeugnisses beeinträchtigen, insbesondere wenn dadurch der Eindruck entsteht, das Zeugnis sei nicht autorisiert oder nicht verbindlich.[167]

Gestaltungshinweise

In der Gestaltungspraxis sollte beachtet werden:

- Das Datum steht am Ende des Zeugnisses, unmittelbar vor den Unterschriften.
- Zwischen den Unterschriften und dem letzten Satz des Zeugnistextes ist ein ausreichender Abstand (meist zwei Leerzeilen) einzuhalten.
- Das Zeugnis wird auf Geschäftspapier des Ausbildungsbetriebs gedruckt.
- Mehrseitige Zeugnisse müssen durchgängig nummeriert und fest verbunden sein (zum Beispiel durch Heftung oder Firmenprägung), um Manipulationen zu vermeiden.

19.6.3.8 Zwischenzeugnis

Bedeutung und rechtliche Grundlage

Das Zwischenzeugnis dient – ebenso wie das Abschlusszeugnis – der Dokumentation von Leistung und Verhalten des auszubildenden Menschen, bezieht sich jedoch auf einen noch andauernden Zeitraum der Ausbildung. Eine ausdrückliche gesetzliche Regelung für Zwischenzeugnisse besteht im BBiG nicht. Der Anspruch auf ein Zwischenzeugnis ergibt sich jedoch analog aus § 16 Abs. 1 BBiG in Verbindung mit der allgemeinen Fürsorgepflicht des Ausbildenden (§ 241 Abs. 2 BGB). Diese Verpflichtung wird in der Rechtsprechung regelmäßig anerkannt, wenn der auszubildende Mensch ein berechtigtes Interesse an der Ausstellung eines Zwischenzeugnisses nachweisen kann. Dies ist regelmäßig der Fall, wenn:

- ein Wechsel des ausbildenden Menschen oder des vorgesetzten Menschen bevorsteht,

[167] Vgl. Weuster, 2010, S. 131.

- eine längere Unterbrechung der Ausbildung (zum Beispiel Elternzeit, Krankheit) bevorsteht,
- der auszubildende Mensch sich intern oder extern bewirbt,
- das Ausbildungsverhältnis in ein Arbeitsverhältnis übergehen soll,
- der Ausbildungsbetrieb fusioniert oder umstrukturiert wird,
- betriebliche oder persönliche Veränderungen anstehen, die eine spätere Beurteilung erschweren könnten.

Der Anspruch entfällt, wenn kein sachlicher Grund besteht oder das Zwischenzeugnis offensichtlich nur zu unlauteren Zwecken verlangt wird (zum Beispiel zur wiederholten Bewertung geringfügiger Änderungen).[168]

Das Zwischenzeugnis ist in der Gegenwart zu formulieren und nicht in der Vergangenheit.

Ansonsten hat es mit folgenden Ausnahmen dieselben Bestandteile wie ein Abschlusszeugnis:

- Die Beendigungsgrund entfällt. Stattdessen enthält das Zwischenzeugnis einen Hinweis auf die Fortdauer der Ausbildung, oft in Verbindung mit der Nennung des Grundes für die Ausstellung, zum Beispiel: „Auf Wunsch von [Vorname Name] stellen wir dieses Zwischenzeugnis aus und freuen uns, [Vorname Name] weiterhin erfolgreich ausbilden zu dürfen." Oder „Dieses Zwischenzeugnis wird aufgrund eines Betriebsüberganges ausgestellt. [Vorname Name] setzt die Ausbildung in unserem Hause engagiert fort."
- Ein Schlusssatz entfällt, da die Ausbildung weiterhin besteht und somit weder ein Bedauern über das Ausscheiden noch Zukunftswünsche oder Dank zum jetzigen Zeitpunkt angebracht sind.

19.6.3.9 Verjährung, Ausschlussfristen und Verwirkung

Ausschlussfrist nach Tarifvertrag

Für die Proximus Versicherung AG gilt die tarifvertragliche Regelung des § 24 Manteltarifvertrags (MTV). Darin ist bestimmt: „Ansprüche aus dem Arbeitsverhältnis, ausgenommen solche aufgrund deliktischer Handlungen, verfallen, soweit sie nicht spätestens innerhalb von sechs Monaten nach Beendigung des Arbeitsverhältnisses in Textform geltend gemacht werden." Damit unterliegen auch Ansprüche auf Ausstellung eines Zeugnisses dieser sechsmonatigen Ausschlussfrist. Der auszubildende Mensch muss seinen Anspruch also spätestens innerhalb von sechs Monaten nach Beendigung des Ausbildungsverhältnisses in Textform (zum Beispiel per Brief oder E-Mail)

[168] Vgl. Weuster, 2010, S. 24 ff.

geltend machen. Wird die Frist versäumt, erlischt der Anspruch vollständig, das heißt er geht unter und kann auch gerichtlich nicht mehr durchgesetzt werden. Dies unterscheidet die Ausschlussfrist maßgeblich von der gesetzlichen Verjährung, bei der der Anspruch zwar bestehen bleibt, aber nicht mehr zwangsweise durchgesetzt werden kann, wenn sich die Gegenseite auf die Einrede der Verjährung beruft.

Verjährung

Ist kein Tarifvertrag anwendbar, gilt die regelmäßige gesetzliche Verjährungsfrist nach § 195 BGB. Diese beträgt drei Jahre und beginnt gemäß § 199 Abs. 1 BGB mit dem Schluss des Jahres, in dem der Anspruch entstanden ist und der auszubildende Mensch von den anspruchsbegründenden Umständen Kenntnis erlangt hat oder ohne grobe Fahrlässigkeit hätte erlangen müssen.

■ **BEISPIEL**

Endet das Ausbildungsverhältnis am 31. Juli 2026, beginnt die Verjährung am 31. Dezember 2026 zu laufen und endet am 31. Dezember 2029. ■

Bei Eintritt der Verjährung bleibt der Anspruch zwar bestehen, die ausbildende Person kann sich jedoch auf die Einrede der Verjährung berufen und ist dann nicht mehr verpflichtet, den Anspruch zu erfüllen. Erfüllt er den Anspruch gleichwohl, kann er die erbrachte Leistung nicht mehr zurückfordern, da ja ein bestehender Anspruch erfüllt wurde. Das ist bei der Ausschlussfrist anders. In der Praxis dürfte dies für die Ausstellung von Zeugnissen keine Rolle spielen, für die Zahlung noch ausstehender Ausbildungsvergütungen allerdings schon.

Verwirkung des Zeugnisanspruchs

Unabhängig von tariflichen oder gesetzlichen Fristen kann ein Anspruch auf Zeugniserteilung oder -berichtigung auch verwirken. Die Verwirkung führt dazu, dass ein an sich bestehender Anspruch nicht mehr geltend gemacht werden kann, weil sein verspätetes Einfordern gegen Treu und Glauben (§ 242 BGB) verstoßen würde. Voraussetzungen für die Verwirkung sind:

1. **Zeitmoment:** Der Anspruch wurde über einen längeren Zeitraum nicht ausgeübt, sodass bei der ausbildenden Person der Eindruck entstehen konnte, der ehemalige auszubildende Mensch wolle den Anspruch nicht mehr geltend machen.
2. **Umstandsmoment:** Die verspätete Geltendmachung wäre für die ausbildende Person unzumutbar, etwa weil die Ausbildung lange zurückliegt und eine wahrheitsgemäße Beurteilung der Leistung und des Verhaltens nicht mehr möglich ist.

Die Rechtsprechung nimmt eine Verwirkung häufig nach etwa einem Jahr seit Beendigung des Ausbildungsverhältnisses an, sofern keine besonderen Umstände entgegenstehen. Allerdings ist bei bestehenden Beurteilungssystemen, wie sie bei der Proximus Versicherung AG verwendet werden, eine Verwirkung in der Regel zunächst ausgeschlossen, da die für die Zeugniserstellung maßgeblichen Daten systemseitig dokumentiert und abrufbar sind und somit eine nachträgliche Beurteilung weiterhin möglich bleibt.

Ein weiterer Aspekt der Verwirkung ist das sogenannte „Nicht-mehr-Erinnern-Können". In der Rechtsprechung wird anerkannt, dass ein Anspruch auf Zeugnisberichtigung auch dann nicht mehr durchsetzbar sein kann, wenn die ausbildende Person glaubhaft macht, dass sie sich nicht mehr an die Leistungen und das Verhalten des ehemaligen auszubildenden Menschen erinnern kann. Dieses „Nicht-mehr-Erinnern-Können" führt faktisch zu einer Unmöglichkeit der wahrheitsgemäßen Zeugniserstellung und kann den Anspruch praktisch vereiteln, auch wenn weder Ausschlussfrist noch Verjährung eingetreten sind. Dieser Grundsatz greift jedoch nicht, wenn ein standardisiertes Beurteilungssystem existiert, das objektive Leistungsdaten speichert. In einem solchen Fall bleibt die Erstellung eines ordnungsgemäßen Zeugnisses weiterhin zumutbar und möglich. Erst wenn aus datenschutzrechtlichen Gründen eine Löschung oder Anonymisierung erfolgte, kommt folglich eine Verwirkung in Betracht.

19.7 Wirtschaftlichkeit der Ausbildung

Die betriebliche Ausbildung ist nicht nur ein Instrument der Fachkräftesicherung, sondern auch eine wirtschaftliche Entscheidung. Sie verursacht Kosten, stiftet Nutzen und unterliegt – wie jede Investition – der Wirtschaftlichkeitsprüfung. Eine fundierte Bewertung ist unerlässlich, um Ausbildungsstrategien zu begründen, Budgets zu rechtfertigen und langfristig Fachkompetenzen zu sichern.

19.7.1 Kosten der Ausbildung

Die **Gesamtkosten** der Ausbildung lassen sich nach Kostenarten gliedern und können durch eine systematische Erfassung und Bewertung in Geldbeträgen quantifiziert werden. Dabei werden sämtliche auf die Ausbildung entfallenden Aufwendungen periodisch erfasst, um sie einer Wirtschaftlichkeitsrechnung zugänglich zu machen.

Direkte Ausbildungskosten sind Aufwendungen, die unmittelbar der Ausbildung zuzurechnen sind. Dazu gehören insbesondere die Vergütungen der Auszubildenden, anteilige Vergütungen und Sozialabgaben der ausbildenden Menschen, Kosten für Lehr- und Lernmittel, Arbeitskleidung, Prüfungsgebühren oder interne Schulungen. Diese lassen sich anhand der Lohn- und Finanzbuchhaltung eindeutig in Euro erfassen.

Indirekte Ausbildungskosten entstehen mittelbar durch die Ausbildung, etwa Verwaltungskosten, anteilige Raum- und Energiekosten oder Aufwendungen für IT-Infrastruktur. Diese werden häufig mithilfe von Zuschlagssätzen oder internen Verrechnungssätzen bewertet.

Opportunitätskosten beschreiben entgangene Erträge oder Produktivitätsanteile. Beispielsweise kann ein ausbildender Mensch während einer Unterweisung keine produktive Arbeitsleistung erbringen. Der daraus resultierende Ausfall wird durch den entsprechenden Stundenlohn bewertet. Ebenso kann die geringere Produktivität eines Auszubildenden im Vergleich zu einer Fachkraft mit der Differenz zwischen Fachkraftstundenlohn und Ausbildungsvergütung angesetzt werden.

■ BEISPIEL

Ein Unternehmen überlegt, ob es 100 000 € in ein neues Computersystem oder in die Erweiterung seiner Ausbildung investieren soll. Entscheidet es sich für die Ausbildung, verzichtet es kurzfristig auf die Effizienzsteigerungen, die das neue System erbracht hätte – dieser entgangene Nutzen stellt ebenfalls Opportunitätskosten der Ausbildungsentscheidung dar. ■

Der **Kostenträger** der Ausbildung ist in der Regel der Betrieb oder die Einheit, die die Ausbildung organisiert. Um eine wirtschaftliche Analyse zu ermöglichen, werden die Kosten meist pro Ausbildungsjahr oder pro Ausbildungskohorte periodisch erfasst. Damit können Veränderungen im Zeitverlauf sichtbar gemacht werden, etwa durch Digitalisierung, neue Lernformen oder geänderte Ausbildungsstrukturen.

19.7.2 Nutzen der Ausbildung

Der Nutzen einer Ausbildung lässt sich sowohl qualitativ als auch monetär erfassen. Während qualitative Nutzenaspekte wie Image, Motivation und Wissenstransfer schwerer zu quantifizieren sind, können viele Nutzenkomponenten durchaus in Geld bewertet werden.

Produktivitätsbeiträge entstehen durch die Wertschöpfung der Auszubildenden. Diese kann durch Vergleichsrechnungen mit internen Verrechnungssätzen oder Leistungskennzahlen aus der Fachabteilung bewertet werden. Leistet ein auszubildender Mensch beispielsweise 60 % der Arbeitsmenge einer Fachkraft, deren Arbeit mit 25 € pro Stunde bewertet wird, ergibt sich ein produktiver Beitrag von 15 € je Stunde.

Bindungs- und Fluktuationsnutzen lassen sich durch eingesparte Rekrutierungs-, Einarbeitungs- und Anwerbekosten ausdrücken. Bleibt eine ausgebildete Fachkraft im Unternehmen, entfallen Kosten, die bei externer Neueinstellung entstanden wären.

Arbeitgeberattraktivität und **Imageeffekte** wirken langfristig über geringere Recruiting-Aufwendungen oder höhere Beweberzahlen. Auch diese können in Geld ausgedrückt werden, indem man den Rückgang externer Personalbeschaffungskosten berücksichtigt.

Wissensaufbau und Qualitätsnutzen lassen sich indirekt durch Kennzahlen wie verringerte Fehlerquoten, Qualitätskosten oder Stillstandszeiten bewerten. Eine Reduktion von Nacharbeitskosten um zum Beispiel 5 000 € jährlich kann dem Ausbildungsnutzen zugerechnet werden.

In der Gesamtschau wird der Ausbildungsertrag in Geld ausgedrückt, indem alle produktiven oder eingesparten Werte in Euro addiert werden. So entsteht eine monetäre Nutzenrechnung, die mit den Ausbildungskosten verglichen werden kann.

19.7.3 Wirtschaftlichkeitsmodelle

Die Wirtschaftlichkeit der Ausbildung kann mit unterschiedlichen Rechenmodellen ermittelt werden. Voraussetzung ist jeweils, dass sowohl Kosten als auch Nutzen in Geldgrößen erfasst werden.

Ein einfaches **Deckungsbeitragsschema** stellt auf den Vergleich zwischen produktivem Beitrag und Kosten ab:

Produktiver Beitrag der Auszubildenden

– Ausbildungskosten

= Nettonutzen der Ausbildung

Ein positiver Nettonutzen bedeutet, dass die Ausbildung sich innerhalb des Betrachtungszeitraums bereits bezahlt gemacht hat. Liegt der Wert im negativen Bereich, ist die Ausbildung noch im Investitionsstadium.

Im Rahmen einer **investitionsorientierten Betrachtung** wird die Ausbildung als Investition in zukünftige Fachkräfte interpretiert. Hierbei werden mit Verfahren der Investitionsrechnung (zum Beispiel Net Present Value – NPV oder Discounted Cashflow – DCF) die erwarteten Rückflüsse aus der Beschäftigung übernommener Auszubildender auf den heutigen Zeitpunkt abgezinst. Die Ausbildungskosten werden als anfängliche Investitionsausgabe betrachtet, die künftigen Erträge ergeben sich aus den Differenzen zwischen Fachkräfteleistung und Personalbeschaffungskosten, die durch Eigenqualifizierung vermieden werden.

Die **Gewinnschwelle** (Break-even-Point) beschreibt den Zeitpunkt, an dem die kumulierten Nutzen die bis dahin entstandenen Kosten decken. Wird dieser Punkt innerhalb der Ausbildungszeit erreicht, erzielt der Betrieb bereits während der Ausbildung einen positiven wirtschaftlichen Effekt.

Die **Kapitalrendite** (Return on Investment – ROI) kann als Kennzahl für die Ausbildungsrentabilität verwendet werden. Er berechnet sich als Verhältnis von Nettonutzen zu Gesamtkosten und wird in Prozent ausgedrückt.

■ BEISPIELRECHNUNG ZUM ROI:

Ein Unternehmen hat im letzten Jahr 15 Auszubildende beschäftigt. Die Ausbildungskosten beliefen sich insgesamt auf 300.000 €. Durch produktive Mitarbeit, Einsparungen bei Zeitarbeit und reduzierte Fluktuationskosten ergibt sich ein geldwerter Nutzen von 360.000 €. Der Nettonutzen beträgt somit 60.000 €. Der ROI berechnet sich wie folgt:

ROI = (Nutzen – Kosten)/Kosten = (360.000 € – 300.000 €)/300.000 € = 0,2 = 20 %

Das bedeutet, dass jeder in die Ausbildung investierte Euro einen zusätzlichen Rückfluss von 20 Cent erzeugte. ■

Die **Sensitivitätsanalyse** dient dazu, die Stabilität der Wirtschaftlichkeit gegenüber Veränderungen einzelner Einflussgrößen zu prüfen. Die verwendeten Werte (zum Beispiel Produktivitätsanteil der Auszubildenden, Übernahmequote oder Bestehensrate) werden zwar letztlich angenommen, können jedoch durch Erfahrungswerte aus vergangenen Jahrgängen oder Branchenvergleichen in ihrer Wahrscheinlichkeit, richtig zu sein, deutlich verbessert werden. Anschließend wird untersucht, wie empfindlich der ROI oder der Nettonutzen auf Veränderungen dieser Parameter reagiert.

■ BEISPIEL

Beträgt der geschätzte produktive Beitrag eines auszubildenden Menschen 12.000 € pro Jahr bei Kosten von 10.000 €, ergibt sich zunächst ein Nettonutzen von 2.000 € und damit ein ROI von 20 %. Wird nun geprüft, wie sich ein Rückgang der Produktivität um 10 % auswirkt, sinkt der Beitrag auf 10.800 € und der Nettonutzen auf 800 €, der ROI auf 8 %. Steigt hingegen die Übernahmequote um 10 %, erhöht sich der langfristige Nutzen entsprechend. ■

Durch diese Analyse erkennt der Betrieb, welche Faktoren den größten Einfluss auf die Wirtschaftlichkeit haben und wo gezielt Steuerungsmaßnahmen ansetzen sollten.

Zur Umsetzung dieser Geldbewertung in den Wirtschaftlichkeitsmodellen werden alle berechneten Kosten- und Nutzenpositionen (zum Beispiel aus Buchhaltung, Zeitaufzeichnungen, Personalstatistiken) als **Cashflows** in die jeweilige Formel eingespeist. Damit kann der Ausbildungserfolg in derselben Systematik wie bei anderen Investitionsentscheidungen analysiert werden.

■ BEISPIEL FÜR EINE WIRTSCHAFTLICHKEITSÜBERLEGUNG:

Ein Betrieb plant ein Bindungsprogramm für künftige Auszubildende, das vor Ausbildungsbeginn läuft. Dabei entstehen Kosten für gemeinsame Veranstaltungen, Mentoring und persönliche Betreuung in Höhe von 500 € pro Person. Gleichzeitig senkt das Programm die Abspringendenquote (Absage der Ausbildung vor Beginn) von 15 % auf 5 %.

Bei 100 eingestellten Auszubildenden wären ohne Programm 15 eingestellte Auszubildende vor Ausbildungsbeginn abgesprungen, was bei durchschnittlich 5.000 € Nachbesetzungskosten 75.000 € verursacht hätte. Durch das Programm springen nur noch 5 eingestellte Auszubildende vor Ausbildungsbeginn ab, also entstehen nur 25.000 € Kosten. Es werden somit 50.000 € eingespart. Gleichzeitig verursacht das Programm 500 € pro eingestelltem Auszubildendem, also 50.000 € Kosten. Damit ergibt sich insgesamt ein Nettonutzen von 0 € – das Programm ist also wirtschaftlich neutral. ■

Literaturverzeichnis

Ackermann, K.-F. (Hrsg.), Balanced Scorecard für Personalmanagement und Personalführung, Springer, 2020.

Albrecht, Arnd, Zukunftsgerecht führen: Plena-Leadership – die Synthese von Management, Neurowissenschaft und Psychologie, Wiesbaden, Springer Fachmedien, 2021.

Anderson, David J., Bozheva, Teodora, Kanban Maturity Model: A Map to Organizational Agility, Resilience and Reinvention, Seattle, Kanban University Press, 2020.

Anderson, David J., Kanban: Evolutionäres Change Management für IT-Organisationen, Heidelberg, dpunkt.verlag, 2011.

Backhaus, K., Tikoo, S., Conceptualizing and researching employer branding. Career Development International, 9(5), 2024.

Balderjahn, Ingo, Specht, Günter, Einführung in die Betriebswirtschaftslehre, Stuttgart, Schäffer-Poeschel Verlag, 2020.

Bank, Sabine, Das ideale Projektteam, Wiesbaden, Springer Gabler, 2018.

Bardmann, Manfred, Grundlagen der Allgemeinen Betriebswirtschaftslehre: Geschichte – Konzepte – Digitalisierung, Wiesbaden, Springer Gabler, 2019.

Baumeister, Roy, Die Macht der Disziplin: Wie wir unseren Willen trainieren können, München, Goldmann, 2014.

Bea, Franz Xaver, Scheurer, Steffen, Hesselmann, Sabine, Projektmanagement, München, UVK, 2020.

Beck, C. (Hrsg.), Personalmarketing 2.0: Vom Employer Branding zum Recruiting, 2. Auflage, Köln, Luchterhand, 2012.

Becker, Manfred, Personalentwicklung: Bildung, Förderung und Organisationsentwicklung in Theorie und Praxis, Stuttgart, Schäffer-Poeschel Verlag, 2005.

Becker, Manfred, Personalentwicklung: Bildung, Förderung und Organisationsentwicklung in Theorie und Praxis. 7. vollständig überarbeitete Auflage 2023, Stuttgart, Schäffer-Poeschel Verlag für Wirtschaft Steuern Recht GmbH, 2023.

Becker, W., Ulrich, P., Personalcontrolling: Instrumente – Umsetzung – Praxisbeispiele, Wiesbaden, Springer Gabler, 2016.

Becker, Wolfgang et al., Entscheidungskompetenzen für Digitalisierungs-Entscheidungen: Zum gegenwärtigen Stand der Dynamic Capabilities-Forschung, in: Becker,

Wolfgang et al. (Hrsg.), Geschäftsmodelle in der digitalen Welt, Wiesbaden, Springer Gabler, 2019.

Benecke, Cord, Brauner, Felix, Motivation und Emotion: Psychologische und psychoanalytische Perspektiven, Stuttgart, W. Kohlhammer Verlag, 2017.

Berner, Winfried, Culture Change: Unternehmenskultur als Wettbewerbsvorteil, 2. Auflage 2019, Stuttgart, Schäffer-Poeschel Verlag für Wirtschaft Steuern Recht GmbH, 2019.

Berthel, J., Becker, F. G., Personal-Management: Grundzüge für Konzeptionen betrieblicher Personalarbeit, 10. Auflage, Stuttgart, Schäffer-Poeschel, 2013.

Beyss, Bernd, Einflussfaktoren der Akzeptanz bei der Implementierung neuer Personalbeurteilungssysteme und -prinzipien: Versuch einer Wirkungsanalyse, München, Mannheim, Forschungsstelle für Betriebswirtschaft und Sozialpraxis, 1982.

Blaha, C., Bildungs-Controlling: Wir müssen Personalentwicklung messen, um sie weiterentwickeln zu können, in: Funktions-Controlling, Springer Gabler, 2021.

Blessin, Bernd, Wick, Alexander, Führen und führen lassen: Ansätze, Ergebnisse und Kritik der Führungsforschung, 8., überarbeitete Auflage, UTB Betriebswirtschaftslehre, Management 8532, München, UVK Verlagsgesellschaft mbH, 2017.

Boer, Onno, Buck, Raphael, Guggenberger, Patrick, Simon, Patrick, Wie der Wandel Wirklichkeit wird, Akzente | Germany | McKinsey & Company, Dezember 2019.

Bontrup, Heinz-J., Pulte, Peter, Hansen, Katrin, Wischerhoff, Patricia, Handbuch Ausbildung: Berufsausbildung in dualen System, Müchen, Wien, R. Oldenbourg Verlag, 2001.

Booth, C., Hammer, M., Agile manufacturing concepts and opportunities in ceramics. Ceramic Trans, zitiert nach Conboy, Kieran: Agility from First Principles: Reconstructing the Concept of Agility in ISD Information Systems Research 20(3), 1995.

Bortz, Jürgen, Döring, Nicola, Forschungsmethoden und Evaluation für Human- und Sozialwissenschaftler, Heidelberg, Springer Medizin Verlag, 2009.

Braml, Alexander, Sinnstiftung in Unternehmen ermöglichen, Marburg, Metropolis Verlag, 2021.

Braun, C., Pundt, L., Relevanz und Kontext des Personalmanagements, in: Personalmanagement klipp & klar (S. 1–15), SpringerLink, 2021.

Braun, C., Pundt, L., Relevanz und Kontext des Personalmanagements, in: Personalmanagement klipp & klar (S. 1–15), SpringerLink, 2021.

Brenner, Doris, Mitarbeitergespräche souverän führen: Eine praxisorientiertes Manual für Führungskräfte, 2. Auflage, essentials, Springer Gabler, 2020.

Britz-Averkamp, Ingrid, Eich-Fangmeier, Christine, Überleben in der neuen Arbeitswelt: Desk Sharing, Open Space, Mobiles Arbeiten & Co., Regensburg, Metropolitan, 2021.

Brocher, Tobias, Gruppenberatung und Gruppendynamik, 2. Auflage, Nachdruck 2015, Edition Rosenberger, Springer Gabler, 2015.

Brode, Felix, Coaching für gesunde Organisationen, Auerbach, Verlag Wissenschaftliche Scripten, 2011.

Bundesinstitut für Berufsbildung (BIBB), Strukturierung anerkannter Ausbildungsberufe im Dualen System, Bonn, o. V., 2015.

Bundesinstitut für Berufsbildung (BIBB), Kompetenzentwicklung in der Berufsbildung, 2024.

Bundesinstitut für Berufsbildung (Hrsg.), Ausbildungsordnungen und wie sie entstehen, Leverkusen, Verlag Barbara Budrich, 2023.

Bundesministerium für Arbeit und Soziales (BMAS), Kompetenz- und Qualifizierungsbedarfe bis 2030, 2020.

Bundesministerium für Bildung und Forschung, Kultusministerkonferenz, Deutscher EQR-Referenzbericht, o. O., o. V., 2013.

Bund-Länder-Koordinierungsstelle für den Deutschen Qualifikationsrahmen für lebenslanges Lernen (Hrsg.), Handbuch zum Deutschen Qualifikationsrahmen: Struktur – Zuordnung – Verfahren – Zuständigkeiten, o.O., o. V., 2013.

Cholin, Jochen, Kraus, Yvonne, Next Level Projektmanagement: die Katana-Methode, Berlin, Springer Gabler, 2020.

Coenenberg, A. G., Fischer, T. M., Jahresabschluss und Jahresabschlussanalyse, Stuttgart, Schäffer-Poeschel Verlag, 2024.

Csíkszentmihályi, Mihály, Flow: The Psychology of Optimal Experience, New York, Harper & Row, 1990.

Dechange, André, Projektmanagement schnell erfasst, Berlin, Springer Gabler, 2020.

Dehnbostel, Peter, Betriebliche Bildungsarbeit: Kompetenzbasierte Aus- und Weiterbildung im Betrieb, Baltmannsweiler, Schneider Verlag Hohengehren, 2010.

Deutinger, Gerhild, Kommunikation im Change: Erfolgreich kommunizieren in Veränderungsprozessen, 2. Auflage, Berlin, Heidelberg, Springer Berlin Heidelberg, 2017.

DIN Deutsches Institut für Normung e. V., DIN-Taschenbuch 472, Projektmanagement-Netzplantechnik und Projektmanagementsysteme, 4. Auflage, Berlin, Beuth, 2020.

Dittmann, Karen, Dirbanis, Konstantin, Projektmanagement (IPMA®), 2. Auflage, Freiburg, Haufe Lexware, 2023.

Dittmann, Karen, Esfahani, Mehrschad Zaeri, Hybrides Projektdesign, Freiburg, Haufe-Lexware 2023.

Dörr, Stefan, Motive, Einflussstrategien und transformationale Führung als Faktoren effektiver Führung, Augsburg, Hampp, 2008.

Drumm, H. J., Personalwirtschaft, 7. Auflage, Wiesbaden, Gabler Verlag, 2008.

Drumm, H. J., Personalwirtschaftslehre, Stuttgart, Schäffer-Poeschel, 2020.

Ehlers, U.-D., Future Skills: Lernen der Zukunft – Hochschule der Zukunft, Springer VS. SpringerLink, 2020.

Einwiller, Sabine, Sackmann, Sonja A., Zerfaß, Ansgar (Hrsg.), Handbuch Mitarbeiterkommunikation: interne Kommunikation in Unternehmen, Springer eBook Collection, Wiesbaden, Springer Gabler, 2021.

Elkington, John, Cannibals with Forks, Oxford, Capstone, 1997.

Ernst, Dietmar, Sailer, Ulrich, Gabriel, Robert (Hrsg.), Nachhaltige Betriebswirtschaft, Konstanz, München, UVK, 2021.

Erpenbeck, John, von Rosenstiel, Lutz, Handbuch Kompetenzmessung, Stuttgart, Schäffer-Poeschel Verlag, 2007.

Etzel, Stefan, Fauler, Sascha, Etzel, Anja, Einsatzfelder von modernen Online Assessments entlang der Wertschöpfungskette des HR-Managements, in: ebd. (Hrsg.), Managementdiagnostik in der Praxis: Online Assessments als Bausteine der Personalauswahl und -entwicklung Band III, Göttingen, Verlag Die Werkstatt, 2016.

EY., Work Reimagined Survey 2022: Wie Firmen Mitarbeiter halten können, abgerufen von EY Insights, 2022.

Farny, Dieter, Versicherungsbetriebslehre, 5. Auflage, Karlsruhe, Verlag Versicherungswirtschaft, 2011.

Fauler, Sascha, Berufliche Bildung: Beschäftigte müssen den Umgang mit KI lernen, in: AssCompact, Heft 11/2023, Bayreuth, bbg, 2023.

Fauler, Sascha, Die Validität des Rollenspiels in der Abschlussprüfung, in: Dieter Euler (Hrsg.), ZBW Band 1121, Heft 2, Stuttgart, Franz Steiner Verlag.

Fauler, Sascha, Geiersberger, Rena, Die Rolle der Ausbildung als Katalysator von Veränderungen, in: Gabriele Zimmermann (Hrsg.), Change Management in Versicherungsunternehmen: Die Zukunft der Assekuranz erfolgreich gestalten, Wiesbaden, Springer Gabler Verlag, 2015.

Fauler, Sascha, Gleichbehandlung in der Personalbeschaffung: Risikofaktor AGG?, Hamburg, Diplomica Verlag, 2015.

Fauler, Sascha, Handlungsorientierung in Prüfungen, Münster/New York, Waxmann Verlag, 2014a.

Fauler, Sascha, Konzeption eines Beurteilungssystems für Auszubildende unter besonderer Berücksichtigung der Pflicht des Ausbildenden zur Ausstellung eines Zeugnisses gem. § 16 BBiG, München, Grin Verlag, 2008.

Fauler, Sascha, Organisation und Prüfung: Organisationales Lernen als Ansatz zur Verbesserung von Prüfungen, in: Nicolas Engel, Ines Sausele-Bayer (Hrsg.), Organisation: Ein pädagogischer Grundbegriff, Münster/New York, Waxmann Verlag, 2014b.

Fauler, Sascha, Wirkung von Prüfungsvorbereitungsmaßnahmen auf schriftliche Prüfungsergebnisse von Auszubildenden, München, Grin Verlag, 2010.

Fleischmann, Albert, Schmidt, Werner, Stary, Christian, Obermeier, Stefan, Börger, Egon, Subjektorientiertes Prozessmanagement: Mitarbeiter einbinden, Motivation und Prozessakzeptanz steigern, Hanser eLibrary, München, Hanser Verlag, 2011.

Flick, Michaela, Flick, Mathias, Projektmanagement verstehen, Freiburg, München, Stuttgart, Haufe, 2023.

Franken, Rolf, und Franken, Swetlana, Wissen, Lernen und Innovation im digitalen Unternehmen: mit Fallstudien und Praxisbeispielen, 3., überarbeitete und erweiterte Auflage, Lehrbuch, Springer Gabler, 2023.

Franken, Swetlana, Verhaltensorientierte Führung: Handeln, Lernen und Diversity in Unternehmen, 4., vollständig überarbeitete Auflage, Lehrbuch, Springer Gabler, 2019.

Freeman, R. Edward, Strategic Management: A Stakeholder Approach, Boston/London/Melbourne/Toronto, Pitman, 1984.

Frehner, Thomas, Führung Heute: Erfolgsfaktoren des New Leadership, Berlin, Heidelberg, Springer, 2023.

Freiling, Jörg, Reckenfelderbäumer, Martin, Markt und Unternehmung, 3. Auflage, Gabler, 2010.

Gaubatz, Peter et al., Kernprozesse, Karlsruhe, Verlag Versicherungswirtschaft, 2024.

Gehmlich, Volker, Qualifizierungsrahmen im Kopenhagen- und Bologna-Prozess, in: BWP 2/2010, Stuttgart, Franz Steiner Verlag, 2010.

Göbel, Elisabeth: Unternehmensführung und Moral, Konstanz, München, UVK, 2014.

Grill et al., Versicherungen und Finanzanlagen kompetent beraten, Band 1, 8. Auflage, Haan-Gruiten, Europa-Lehrmittel, 2022.

Groß, Stefan, Moderationskompetenzen, Wiesbaden, Springer Gabler, 2021.

Gutenberg, E., Grundlagen der Betriebswirtschaftslehre: Die Produktion, 24. Auflage, Springer-Verlag, 1983.

Güttler, Alexander, Bruse, Tobias, Beyond Agile, Berlin, Springer Gabler, 2022.

Haberman, Steven und Dufresne in: Cummins, David J., Derrig, Richard A. (Hrsg.), Managing the Insolvency Risk of Insurance Companies, Heidelberg, Springer Verlag, 1991.

Hackman, J. Richard, Oldham, Greg R., Motivation through the Design of Work: Test of a Theory, in: Organizational Behavior and Human Performance, Vol. 16/No. 2, London, Elsevier B.V., 1976.

Häder, Michael, Delphi-Befragungen: Ein Arbeitsbuch, 2. Auflage, SpringerLink Bücher, Wiesbaden, VS Verlag für Sozialwissenschaften, 2009.

Hantke, Bernd, Personalentwicklung, in: Bröckermann, Reiner, Papels, Werner (Hrsg.), Personalmarketing: Akquisition – Bindung – Freistellung, Stuttgart, Schäffer-Poeschel Verlag, 2002.

Hartdegen Workshops, Persönlichkeitsstörungen im beruflichen Alltag: Herausforderungen und Strategien im Umgang mit dysfunktionalen Beziehungsmustern, 6. April 2025.

Haufe Akademie, Employability: Definition, Faktoren & Tipps zur Steigerung, https://www.haufe-akademie.de/blog/glossar/employability/, o. J.

Helmold, Marc, Leadership: agile, virtuelle und globale Führungskonzepte in Zeiten von neuen Megatrends, Wiesbaden, Springer Fachmedien GmbH, 2022.

Herkert, Josef, Töll, Harald, Berufsbildungsgesetz: Kommentar mit Nebenbestimmungen, Regensburg, Berlin, Walhalla Fachverlag, 2007.

Herzberg, Frederick, Work and the Nature of Man, London, Staples Press, 1968.

Hiatt, Jeff, ADKAR: a model for change in business, government, and our community, Loveland, Colorado, Prosci Learning Center Publications, 2006.

Hofert, Svenja, Thonet, Claudia, Der agile Kulturwandel, Wiesbaden, Springer Gabler, 2019.

Höhn, Katharina, Fauler, Sascha, Künstliche Intelligenz geht jeden Mitarbeitenden an, in: Versicherungsmagazin 1/2024, Wiesbaden, Springer Gabler Verlag, 2024.

Holzbaur, Ulrich, Fierke, Moritz, Nachhaltiges Projektmanagement, Wiesbaden, Springer Gabler, 2022.

Homburg, Christian, Schäfer, Heiko, Schneider, Janna, Sales Excellence, 7. Auflage, Wiesbaden, Gabler Verlag, 2012.

Hopfner, Sebastian, Naumann, Valerie, Schäfer, Marisa, Vögele, Tobias, Das Allgemeine Gleichbehandlungsgesetz: Ein Leitfaden für die arbeitsrechtliche Praxis, Karlsruhe, Verlag Versicherungswirtschaft, 2007.

Huf, S., Personalplanung: Bestimmung des Personalbedarfs, in: Personalmanagement: Studienwissen kompakt, Wiesbaden, Springer Gabler, 2022.

Imai, Masaaki, Kaizen, 11. Auflage, München, Wirtschaftsverlag Langen Müller Herbig, 1993.

Ivanov, Alex, Voloshchuk, Mitya, The Team Canvas, https://theteamcanvas.com; zuletzt abgerufen am 12. Februar 2026.

Jung, H., Personalwirtschaft: Grundlagen, Anwendungen, Übungen, 13. Auflage, München, Oldenbourg Verlag, 2011.

Kador, Fritz-Jürgen, Pornschlegel, Hans, Personalplanung: Grundlage eines systematischen Personalmanagements, Eschborn, RKW-Verlag, 2004.

Känel, Siegfried, Projekte und Projektmanagement, Wiesbaden, Springer Gabler, 2020.

Kanning, Uwe Peter, Möller, Jan Henning, Kolev, Nikolay, Pöttker, Jens, Systematische Leistungsbeurteilung, Stuttgart, Schaeffer-Poeschel Verlag, 2013.

Kauffeld, S., Frerichs, F., Kompetenzbedarfe ermitteln und Kompetenzen entwickeln: Ansätze und betriebskulturelle Prägungen, in: Kompetenzmanagement in kleinen und mittelständischen Unternehmen, Springer, 2017.

Kaufmann, Traute, Optionenfindung, Strategieentwicklung und Umsetzung: Strategiewerkzeuge aus der Praxis, Band 2, Springer Gabler, 2024.

Kehr, Hugo M., Strasser, Matthias, Motivierende Mitarbeiterführung: Gezielt motivieren mit dem 3K-Modell, in: Häring, Karin et al. (Hrsg.), Führungskompetenzen lernen: Eignung, Entwicklung, Aufstieg, Stuttgart, Schäffer-Poeschel Verlag, 2017.

Kehr, Hugo M., Das 3K-Modell der Motivation, in: Felfe, Jörg (Hrsg.), Trends der psychologischen Führungsforschung, Göttingen, Bern, Toronto, Seattle, Hogrefe, 2015.

Kehr, Hugo M., Motivation und Volition, Göttingen, Bern, Toronto, Seattle, Hogrefe, 2004.

Knebel, Heinz, Taschenbuch für Personalbeurteilung, Heidelberg, I. H. Sauer-Verlag, 1992.

Kor, Rudy, Bos, Jo, van der Tak, Theo, Project Canvas, Stuttgart, Schäffer-Poeschel, 2018.

Kosiol, E., Organisation der Unternehmung, 3. Auflage, Gabler Verlag, 1962.

Kotter, John P., Leading Change: Wie Sie Ihr Unternehmen in acht Schritten erfolgreich verändern, übersetzt von Werner Seidenschwarz, München, Vahlen, 2016.

Kratz, Hans-Jürgen, 30 Minuten: Mitarbeitergespräche, Gabal Verlag, 2012.

Kreutzer, Ralf T., Strategische Analyseinstrumente, in: Kreutzer, Ralf T.: Toolbox für Marketing und Management, Wiesbaden: Springer Fachmedien, 2024.

Krüger, C., Utte, A., Rowold, J., Arbeits- und Anforderungsanalyse, in: Human Resource Management, Springer, 2013.

Krüger, Wilfried, Excellence in Change: Wege zur strategischen Erneuerung, 4., überarbeitete und erweiterte Auflage, SpringerLink Bücher, Wiesbaden, Gabler, 2009.

Kübler-Ross, Elisabeth, Interviews mit Sterbenden, 19. Auflage, Stuttgart, Kreuz-Verlag, 1994.

Kuhl, Julius, Lehrbuch der Persönlichkeitspsychologie: Motivation, Emotion und Selbststeuerung, Göttingen, Hogrefe Verlag, 2010.

Küppers, Bert, Leuthold, Dieter, Pütz, Helmut, Handbuch Berufliche Aus- und Weiterbildung: Leitfaden für Betriebe, Schulen, Ausbildungsstätten und Hochschulen, München, Verlag Franz Vahlen, 2001.

Kuster, Jürg, Bachmann, Christian, Hubmann, Mike, Lippmann, Robert, Schneider, Patrick, Handbuch Projektmanagement: agil – klassisch – hybrid, 5., vollständig überarbeitete und erweiterte Auflage, Berlin, Heidelberg, Springer, 2022.

Lewin, Kurt, Frontiers in Group Dynamics: Concept, Method and Reality in Social Science; Social Equilibria and Social Change, Human Relations 1, Nr. 1, Juni 1947.

Leyendecker, Bert: Teammanagement und Moderation, in: Leyendecker, Bert, Pötters, Patrick (Hrsg.), Werkzeuge für das Projekt- und Prozessmanagement, Wiesbaden, Springer Gabler, 2022.

Lippold, Dirk, Die Personalmarketing-Gleichung: Einführung in das Wert- und Prozessorientierte Personalmanagement, München, De Gruyter Oldenbourg Wissenschaftsverlag, 2014.

Lippold, Dirk, Theoretische Ansätze der Personalwirtschaft: ein Überblick, 2., überarbeitete Auflage, Essentials, Springer Gabler, 2019.

Lüddemann, Stefan, Kultur: Eine Einführung, 2., erweiterte und überarbeitete Auflage, Kunst- und Kulturmanagement, Wiesbaden, Springer Fachmedien, 2019.

Lüdenbach, N., Hoffmann, A., Rechnungslegung nach HGB, IFRS und US-GAAP, IDW Verlag.

Lyubovnikova, Joanne, West, Michael A., Positives Projektmanagement in Teams, in: Wastian, Monika, Braumandl, Isabell, von Rosenstiel, Lutz, West, Michael A. (Hrsg.), Angewandte Psychologie für das Projektmanagement, Berlin, Springer, 2018.

Macharzina, Klaus, Wolf, Joachim, Unternehmensführung, 12. Auflage, Wiesbaden, Gabler Verlag, 2023.

Mahlstedt, Anja, Die Toolbox für die Teamentwicklung: Der Weg zum Spitzenteam, essentials, Wiesbaden, Springer Fachmedien, 2022.

Maskell, B., Software and the Agile Manufacturer-Computer Systems and World Class Manufacturing, Portland, Oregon, Productivity Press, 1996, zitiert nach Conboy, Kieran, Agility from First Principles: Reconstructing the Concept of Agility in ISD Information Systems Research 20(3).

Maslow, Abraham, Motivation und Persönlichkeit, Olten, Walter-Verlag, 1977.

Massimiani, Andrea, Kritische Erfolgsfaktoren zur Implementierung von Strategischem Trendmanagement in Handelsunternehmen: Entwicklung eines Vorgehensmodells, Wiesbaden,Springer Fachmedien, 2025.

McClelland, David, Human Motivation, Cambridge, Cambridge University Press, 1987.

McCrae, Robert R., Costa, Paul T. Jr., Openness to Experience: A Five-Factor Theory of Personality, in: Pervin, L.A., John, O.P. (Hrsg.), Handbook of personality: Theory and research, 2. Auflage, New York, Guilford, 1999.

McGregor, Douglas, The Human Side of Enterprise, Boston, Mass, 1985.

Mentzel, Wolfgang, Grotzfeld, Svenja, Haub, Christine, Mitarbeitergespräche erfolgreich führen: Einzelgespräche, Meetings, Zielvereinbarungen und Mitarbeiterbeurteilungen, 13. Auflage, Freiburg i. Br., Haufe Group, 2022.

Michaelson, Christopher, A Normative Meaning of Meaningful Work, in: Journal of Business Ethics, Vol. 170/No. 3, London, Springer Nature, 2021.

Michalke, Achim, Mitarbeiterführung: Führen als integrative Tätigkeit, Springer Gabler, 2021.

Moser, Klaus, Bewerbungsunterlagen und Referenzen, in: Schuler, Heinz, Sonntag, Karlheinz (Hrsg.), Handbuch der Arbeits- und Organisationspsychologie, Göttingen u. a., Hogrefe Verlag, 2007.

Muck, Peter M., Führung, in: Schuler, Heinz, Sonntag, Karheinz (Hrsg.), Handbuch der Arbeits- und Organisationspsychologie, Göttingen u. a., Hogrefe Verlag, 2007.

von Nerdinger, Friedemann, W., Motivierung, in: Schuler, Heinz (Hrsg.), Lehrbuch der Personalpsychologie, Göttingen u.a., Hogrefe Verlag, 2006.

Nicolai, Christiana, Betriebliche Organisation, 4. überarbeitete Auflage, [Revidierte Ausgabe], UTB 8421, Stuttgart, UTB, 2023.

Niedenhoff, Horst-Udo, Olbrisch, Constantin, Pilot, Tobias, Betriebliche Mitbestimmung: Konstruktive Zusammenarbeit von Arbeitgeber und Betriebsrat, Münster, Rieder Verlag, 2015.

Nieto-Rodriguez, Antonio, Project Management Handbook, Boston, Harvard Business Review Press, 2021.

Nitobe, Inazo, Bushido, Köln, Anaconda, 2019.

Obeng, Eddie, All Change! The Project Leader's Secret Handbook, London, FT Pearson Publishing, 1996.

Oberkönig, Marcel, Der Anspruch auf ein Arbeitszeugnis in seiner historischen Entwicklung und gegenwärtigen inhaltlichen Ausprägung, Dortmund, readbox unipress, 2020.

Oechsler, W. A., Personal und Arbeit: Grundlagen des Personalmanagements, 8. Auflage, Springer Gabler, 2011.

Ohno, Taiichi, Das Toyota-Produktionssystem, Frankfurt, Campus Verlag, 1993.

Owen, Harrison, Open Space Technology: Ein Leitfaden für die Praxis, 2. aktualisierte und erweiterte Auflage, Stuttgart, Schäffer-Poeschel Verlag für Wirtschaft Steuern Recht GmbH, 2011.

Peterke, J., Ausgewählte Konzepte, Instrumente und Methoden der Personalentwicklung, in: Personalentwicklung als Managementfunktion, Wiesbaden, Springer Gabler, 2021.

Peters, Theo, Schelter, Nicole, Kompakte Einführung in das Projektmanagement, Wiesbaden, Springer Gabler, 2021.

Pfannstiel, Mario A., Siedl, Werner, Steinhoff, Peter F.-J. (Hrsg.), Agilität in Unternehmen, Wiesbaden, Springer Gabler, 2021.

Pfister, Andres, Neumann, Uwe, Führungstheorien, in: Lippmann, Eric, Pfister, Andres, Jörg, Urs (Hrsg.), Handbuch Angewandte Psychologie für Führungskräfte, Berlin, Heidelberg, Springer, 2019.

Pine, B. Joseph II, Gilmore, James H., Welcome to the Experience Economy, Harvard Business Review, July-August 1998, Boston, Harvard Business School Publishing, 1998.

Pircher-Friedrich, Anna-Maria, Mit Sinn zum nachhaltigen Erfolg: Anleitung zur werte- und wertorientierten Führung, Berlin, Erich Schmitt Verlag, 2011.

Plum, Bernhard, Mein Business Plan: Praxisleitfaden für startups – vom Handwerkbetrieb bis zum IT-Unternehmen, Freiburg, München, Stuttgart, Haufe Gruppe, 2017.

Pohl, Jens, Performance Management: Dogma oder Einzelfallbetrachtung?, in: Erfolgsfaktor Serie, 1–16, Berlin, Heidelberg, Springer, 2016.

Preuße, Jacob, Kompaktwissen AEVO, Köln, Bildungsverlag Eins, 2012.

Preußig, Jörg, Agiles Projektmanagement, 3. Auflage, Freiburg, Haufe Lexware, 2024.

Proksch, Stephan, Konfliktmanagement im Unternehmen: Mediation und andere Methoden für Konflikt- und Kooperationsmanagement am Arbeitsplatz, 2. Auflage, SpringerLink Bücher, Springer Gabler, 2014.

Rebeggiani, Luca, Wilke, Christina Benita, Wohlmann, Monika (Hrsg.), Megatrends aus Sicht der Volkswirtschaftslehre: Demografischer Wandel – Globalisierung & Umwelt – Digitalisierung, FOM-Edition, Wiesbaden, Springer Fachmedien GmbH, 2020.

Reineke, Rolf-Dieter, Gabler Lexikon Unternehmensberatung, Wiesbaden, Springer Fachmedien, 2011.

Renz, Karl-Christof, Das 1 x 1 der Präsentation, 3. Auflage, Wiesbaden, Springer Gabler, 2022.

Rheinberg, Falko, Vollmeyer, Regina: Motivation, Stuttgart, W. Kohlhammer Verlag, 2019.

Rigby, Darrell, Berez, Steve, Elk, Sarah, Doing agile right: transformation without chaos, Boston, Harvard Business Review Press, 2020.

Röhner, Jessica, Schütz, Astrid, Psychologie der Kommunikation, 3., aktualisierte und überarbeitete Auflage, Basiswissen Psychologie, Berlin, Springer, 2020.

Rohrschneider, U., Lorenz, M., Der Personalentwickler: Instrumente, Methoden, Strategien, Gabler Verlag, 2011.

von Rosenstiel, Lutz, Comelli, Gerhard, Führung zwischen Stabilität und Wandel: Innovatives Personalmanagement, München, Verlag Franz Vahlen, 2003.

Royce, Winston, Managing the development of large software systems, in: Proceedings, IEEE WESCON.

Rump, J., Eilers, S., Die drei Dimensionen der Beschäftigungsfähigkeit (Employability), in: Arbeiten in der neuen Normalität, SpringerLink, 2022.

Ruschel, Adalbert, Arbeits- und Berufspädagogik für Ausbilder in Handlungsfeldern, Ludwigshafen (Rhein), Friedrich Kiehl Verlag, 2008.

Rüttinger, Bruno, Sauer, Jürgen, Konflikt und Konfliktlösen: kritische Situationen erkennen und bewältigen, 3. Auflage, Nachdruck, Edition Rosenberger, Springer Gabler, 2016.

Ryan, Richard M., Deci, Edward L., Self-Determination Theory: Basic psychological Needs in Motivation, Development, and Wellness, New York, London, Guilford Press, 2017.

Ryschka, J., Solga, M., Mattenklott, A., Praxishandbuch Personalentwicklung: Instrumente, Konzepte, Beispiele, Springer, 2011.

Sauermann, Peter, Personalmotivierung, in: Bröckermann, Reiner, Pepels, Werner (Hrsg.), Personalmarketing: Aquisition – Bindung – Freistellung, Stuttgart, Schäffer-Poeschel Verlag, 2002.

Schaub, Horst, Zenk, Karl G., Wörterbuch Pädagogik, München, Deutscher Taschenbuch Verlag, 2007.

Schaub, Horst, Zenke, Karl G., Wörterbuch der Pädagogik, München, dtv, 2007.

Schermuly, Carsten, New Work – Gute Arbeit gestalten: Psychologisches Empowerment von Mitarbeitern, 2. Auflage, Freiburg i. Br., Haufe Group, 2019.

Schermuly, Carsten, New Work – Gute Arbeit gestalten: Psychologisches Empowerment von Mitarbeitern, Freiburg, Haufe Verlag, 2021.

Schirmer, Uwe, Woydt, Sabine, Mitarbeiterführung, 3., aktualisierte und erweiterte Auflage, BA Kompakt, Berlin, Heidelberg, Springer, 2016.

Schmidt, Hunter, Mechanische Kombination von Auswahlinformationen der intuitiven Methode, 1998.

Schoop, Simon, Volejnik, Ulrike, Mörbe, Steffen, Lies, Jan, Erfolgsfaktor Change Communications: Klassische Fehler im Change-Management vermeiden, Wiesbaden, Springer Gabler, 2011.

Schreyögg, Georg, Organisation: Grundlagen moderner Organisationsgestaltung, Wiesbaden, Gabler Verlag, 2008.

Schreyögg, Georg, Koch, Jochen, Grundlagen des Managements: Basiswissen für Studium und Praxis, 4., ergänzte und aktualisierte Auflage, Springer Gabler, 2023.

Schröden, Martin, Der Generationenmythos, in: Köln Z Soziol 70, Wiesbaden, Springer Fachmedien, 2018.

Schuler, Heinz, Beurteilung und Förderung beruflicher Leistung, Göttingen, Hogrefe Verlag, 2004.

Schuler, Heinz, Höft, Stefan, Konstruktorientierte Verfahren der Personalauswahl, in: Schuler, Heinz (Hrsg.), Lehrbuch der Personalpsychologie, Göttingen u. a., Hogrefe Verlag, 2006.

Schulthess Manager Handbuch 2018/2019, Zürich, Schulthess Managment, 2018.

Schwarzer, Wolfgang, Stein, Rita, Lernprozesse unter didaktischen und methodischen Aspekten anleiten: Fach- und Führungskompetenz für die Assekuranz, Karlsruhe, Verlag Versicherungswirtschaft, 2012.

Senge, P. M., The Fifth Discipline: The Art and Practice of the Learning Organization, New York, Doubleday, 1990.

Simitis, S., Hornung, G., Spiecker gen. Döhmann, I. (Hrsg.), Datenschutzrecht, Baden-Baden, Nomos Verlag, 2021.

Simschek, Roman, Agilität? Frag doch einfach!, Tübingen, UVK-Verlag, 2020.

Sinek, Simion, Start with Why: How Great Leaders Inspire Everyone To Take Action, New York, Portfolio, 2009.

Snowden, Dave & Friends, Cynefin: Weaving sense-making into the fabric of our world, Singapore, Cognitive Edge Pte. Ltd., 2021.

Solga, M., Evaluation der Personalentwicklung, in: Ryschka, J. et al. (Hrsg.), Praxishandbuch Personalentwicklung, Springer, 2019.

Stacey, Ralph Douglas, Strategic management and organisational dynamics: The challenge of complexity to ways of thinking about organisations, 5. Auflage, Harlow, FT Prentice Hall, 2007.

Stacey, Ralph Douglas, Complexity and Organizational Reality, Uncertainty and the Need to Rethink Management After the Collapse of Investment Capitalism, London, Routledge, 2009.

Starker, Vera, Peschke, Tilman, Hypnosystemische Perspektiven im Change Management: Veränderung steuern in einer volatilen, komplexen und widersprüchlichen Welt, Berlin, Springer Gabler, 2022.

Steiger, Thomas, Lippmann, Eric (Hrsg.), Handbuch Angewandte Psychologie für Führungskräfte: Führungskompetenz und Führungswissen, 4. Auflage, Berlin, Heidelberg, Springer, 2013.

Steininger, T., Welche Arten von Testverfahren gibt es?, in: Der Einsatz psychologischer Testverfahren in Unternehmen, essentials, Wiesbaden, Springer, 2020.

Stender, Jörg, Berufsbildung in der Bundesrepublik Deutschland Teil 2: Reformansätze in der beruflichen Bildung, Stuttgart, S. Hirzel Verlag, 2006.

Sternad, D., Mödritscher, G., Einleitung: Unternehmenswachstum neu denken, in: Qualitatives Wachstum (S. 3–16), Springer Gabler, 2018.

Stock-Homburg, R., Groß, M., Gestaltung der Personalgewinnung, in: Homburg, C., Schäfer, H. (Hrsg.), Personalmanagement: Strategien und Instrumente moderner HR-Arbeit, Springer, 2019.

Strohmeier, S., Piazza, F. (Hrsg.), Human Resource Intelligence und Analytics: Grundlagen, Anbieter, Erfahrungen und Trends, Wiesbaden, Springer Gabler, 2015.

Strohmeier, S., Informationssysteme im Personalmanagement: Architektur – Funktionalität – Anwendung, Wiesbaden, Vieweg+Teubner, 2008.

Sutherland, Jeff, Scrum: The Art of Doing Twice the Work in Half the Time, London, Random House Business, 2019.

Szedlak, Christoph, Digitalisierung im Projektmanagement, in: Leyendecker, Bert, Pötters, Patrick (Hrsg.), Werkzeuge für das Projekt- und Prozessmanagement, Wiesbaden, Springer Gabler, 2022.

Takeuchi, Hirotaka, Nonaka, Ikujiro, Moving the Scrum Downfield: The new new product development game, Harvard Business Rev., Jan. 1986.

Ulich, Eberhard, Wülser, Marc, Gesundheitsmanagement in Unternehmen: arbeitspsychologische Perspektiven, 7., überarbeitete und erweiterte Auflage, uniscope, Publikationen der SGO Stiftung, Springer Gabler, 2018.

Vahs, Dietmar, Weiand, Achim, Workbook Change Management: Methoden und Techniken, 3. Auflage, Stuttgart, Freiburg, Schäffer-Poeschel Verlag, 2020.

Vester, Frederice, Denken, Lernen, Vergessen, München, dtv, 1998.

von Nitzsch, Rüdiger, Entscheidungslehre: Wie Menschen entscheiden und wie sie entscheiden sollten, 12. Auflage, Wiesbaden, Springer Gabler, 2024.

von Rosenstiel, Lutz, Führung zwischen Stabilität und Wandel, München, Verlag Franz Vahlen, 2003.

Walenta, Christa, Kirchler, Erich, Führung, UTB Profile 3410, Facultas-Verlag, 2011.

Weiand, Achim, Toolbox Change Management: 44 Instrumente für Vorbereitung, Analyse, Planung, Umsetzung und Kontrolle, Freiburg, Schäffer-Poeschel Verlag für Wirtschaft Steuern Recht GmbH, 2016.

Weibler, Jürgen, Personalführung, München, Verlag Franz Vahlen GmbH, 2016.

Weuster, Arnulf, Scheer, Brigitte, Arbeitszeugnisse in Textbausteinen, Stuttgart, München, Hannover, Berlin, Weimar, Dresden, Richard Boorberg Verlag, 2010.

Wieczorek, Kate, A Workplace Strategist's Response to the Harvard Research on Open Plans, Work Design Magazine, 30. August 2018.

Wiemann, John M., Explication and Test of a Model of Communicative Competence, Human Communication Research 3, Nr. 3, März 1977.

Wild, Klaus-Peter, Krapp, Andreas, Pädagogisch-psychologische Diagnostik, in: Krapp, Andreas, Weidenmann, Bernd (Hrsg.), Pädagogische Psychologie, Weinheim, Basel, Beltz Verlag, 2006.

Wildung, Xandra, Schaurer, Ines, Interkulturelle Zusammenarbeit von Auszubildenen, München, Deutsches Jugendinstitut, 2008.

Wöhe, Günter, Döring, Ulrich, Brösel, Gerrit, Einführung in die Allgemeine Betriebswirtschaftslehre, München, Verlag Franz Vahlen, 2023.

Womack, James P., Jones, Daniel T., Roos, Daniel, The Machine that changed the World, New York, Macmillan Publishing Company, 1990.

Wunderer, Rolf, Führung und Zusammenarbeit, 9. Auflage, Köln, Luchterhand Verlag, 2011.

Yukl, Gary A., Leadership in Organizations, 8th ed., Pearson, 2013.

Zornek, Walter, Strategisches Management reloaded, Freiburg, Haufe, 2024.